TRIBUTAÇÃO FEDERAL NO AGRONEGÓCIO

CIP-BRASIL. CATALOGAÇÃO NA PUBLICAÇÃO
SINDICATO NACIONAL DOS EDITORES DE LIVROS, RJ

L92t
2. ed.

Loubet, Leonardo Furtado
Tributação federal no agronegócio / Leonardo Furtado Loubet. - 2. ed. - São Paulo: Noeses, 2022.

878 p. ; 23 cm.
Inclui bibliografia
ISBN 978-65-89888-70-3

1. Direito tributário - Brasil. 2. Agricultura - Impostos - Legislação - Brasil. I. Título.

22-80690 CDU: 34:(336.321:338.43)(81))

Meri Gleice Rodrigues de Souza - Bibliotecária - CRB-7/6439

Leonardo Furtado Loubet

Advogado. Mestre (PUC/SP) e Doutorando (USP) em Direito Tributário. Professor Conferencista e Coordenador do Curso de Extensão em Tributação no Agronegócio do IBET - Instituto Brasileiro de Estudos Tributários. Professor em Cursos de Pós-Graduação em Direito Tributário. Membro do Comitê Jurídico e Membro-fundador do Comitê Tributário da SRB - Sociedade Rural Brasileira.

TRIBUTAÇÃO FEDERAL NO AGRONEGÓCIO

2ª edição revista, atualizada e ampliada

editora e livraria
NOESES
2022

Copyright ® 2022 Noeses
Fundador e Editor-chefe: Paulo de Barros Carvalho
Gerente de Produção Editorial: Rosangela Santos
Arte e Diagramação: Microart
Revisão: Microart
Designer de Capa: Aliá3 - Marcos Duarte

2022

editora e livraria
NOESES

Editora Noeses Ltda.
Tel/fax: 55 11 3666 6055
www.editoranoeses.com.br

"Peça e Eu te darei."

(Lc: 11, 9)

"Ajuda-te e Eu te ajudarei."

(Is: 41, 13)

"O que temeis, homens de pouca fé?"

(Mt: 8, 26)

"Essa é a convicção que temos diante de Deus, graças a Cristo. Não nos atreveríamos a pensar que essa obra é devida a algum mérito nosso; pelo contrário, é de Deus que vem nossa capacidade."

(Coríntios: 3, 4-6)

Dedico esta 2ª edição à família que Deus me concedeu, meu alicerce e minha maior realização:

À minha esposa Fabrina, a "Fá", que continua sendo minha grande companheira na acepção da palavra, meu porto seguro, cujo amor recíproco nos tornou pessoas melhores;

À minha filha Manuela, a "Manu", que me enche de orgulho por já vislumbrar seu caráter de retidão, por ver seu amadurecimento e por superar os desafios que a vida lhe impôs, vivenciando firmemente a teoria da linguagem;

À minha filha Giovana, a "Gigi", cuja sapequice torna nossa vida mais feliz, para que ela possa continuar, junto com a Manu, me dando exemplos de ambiguidades e, daqui para frente, de vaguezas.

SOBRE A 2ª EDIÇÃO DESTE LIVRO

Quando publiquei este livro, fiz questão de deixar registrado tudo o que esta obra significava para mim e o quão difícil foi finalizá-la. Tratava-se, sinceramente, de um sonho alcançado. Não posso esconder que já esperava uma boa aceitação do texto, haja vista os temas tratados, com certa dose de ineditismo. O grau de entusiasmo, porém, com que a comunidade acadêmica e os advogados e contadores prestigiaram o livro foi algo muito além do que eu poderia imaginar. Foram várias as manifestações de elogio que o estudo recebeu, quiçá pela sistematização empregada e pela seriedade com que os difíceis problemas propostos foram encarados. Da publicação em 2017 para cá foram quatro tiragens, com quase 1.500 exemplares vendidos. E em face desse contexto, evidentemente, só tenho a agradecer – e muito – à Editora Noeses por todo apoio na publicação e na divulgação da obra.

Em razão do sucesso do livro, vários foram os convites que recebi para participar de palestras, aulas, exposições e seminários sobre tributação no agro. De todos esses honrosos convites, aquele de que particularmente mais me orgulho foi o que recebi do Prof. Paulo de Barros Carvalho, que me confiou a missão de coordenar o Curso de Extensão em Tributação no Agronegócio do IBET. Trata-se de grande responsabilidade, haja vista o nível de excelência que o IBET representa, mas também porque o curso foi pensado para cobrir toda a cadeia tributária que repercute nesse importantíssimo setor da economia, explorando seus desafios mais pujantes. Desde 2018 já tivemos, aproximadamente, dez turmas, com centenas de alunos de todas as regiões do Brasil, o que só veio a confirmar que o agronegócio desperta interesse em todos os rincões. Daí a necessidade de que o programa estivesse à altura das expectativas. Para isso, o Curso pôde contar com um time de grandes Professores, gabaritados e experimentados nas questões práticas que a tributação do agronegócio vai impondo.

Outro aspecto digno de nota também é o fato de que, de 2017 até aqui, vários foram os livros e cursos lançados especificamente sobre "tributação no agro". Tive a oportunidade de participar de várias dessas obras e encontros (boa parte deles virtuais, em tempos de pandemia) e pude perceber o interesse que esse tema despertou, com discussões riquíssimas.

O acúmulo dessas e de outras experiências, também no exercício da advocacia voltada ao agro, me motivaram a enfrentar o projeto da 2ª edição do "Tributação Federal no Agronegócio". A maturação das ideias, os debates em sala de aula e a reflexão ponderada sobre os temas abordados no texto originário me levaram a aprimorar o livro, não só para revisá-lo e atualizá-lo (o que foi feito com detença), mas, sobretudo, para ampliá-lo, trazendo aspectos novos e mais aprofundados da tributação incidente sobre a atividade rural. Vinha sendo cobrado já há alguns anos para que uma nova edição fosse lançada. No entanto, dois aspectos justificavam para mim a necessidade de se ter paciência na publicação de um novo texto: (i) em primeiro lugar, o indispensável trato de tempo para que a obra se mostrasse madura, com o teste de que o raciocínio ali desenvolvido era consistente, de modo a que uma outra edição não se tratasse de meros reparos periféricos na anterior; (ii) e a tão propalada reforma tributária que se anunciava, que poderia modificar diversos aspectos tratados, a qual, até este momento, não veio à tona, razão pela qual a publicação não pode mais aguardar algo tão incerto.

Posso dizer que o livro foi cuidadosamente revisado e atualizado com os julgados mais relevantes dos Tribunais Superiores. Muito mais do que isso: procurei ampliar o texto, desdobrando alguns temas e suscitando outros novos, inclusive com exemplos, com explicações em linguagem simples e com comparativos de carga tributária mediante tabelas.

No Capítulo I, dediquei uma parte importante ao aprofundamento do conceito de "agronegócio", incorporando todo um item voltado a explorar suas possibilidades. Até onde vai o "agronegócio"? Quando uma determinada atividade deixa de ser rural e passa a ser tributada pelo regime comum? Criação de "pets" é agro? Qual o regime tributário do "boitel"? As UBS's – unidades de beneficiamento de sementes estão dentro desse regramento? E a produção de "energia limpa"? Quais são os limites da "transformação" de produtos rurais feita pelo produtor sem que fique descaracterizado esse modelo normativo? E o que exatamente são "agroindústrias"? Eis algumas questões que me pareceram de importante abordagem.

Também fiz algumas inserções relevantes no Capítulo II, tratando, por exemplo, dos limites de carga tributária do agro tanto no IRPF quanto no IRPJ (o que todos que lidam com o tema devem saber, mesmo não sendo da área tributária), além de destrinchar os aspectos mais detalhados da tributação dos contratos agrários de arrendamento e de parceria rurais, inclusive desvendando alguns "mitos" que, a despeito de lei "nova", continuam gravitando em torno desse assunto. Outra questão de relevo envolveu as polêmicas sobre os preços de transferência de *commodities* agrícolas. Me vi obrigado, de igual modo, a reformular o item envolvendo o imposto sobre a renda na venda de fazendas, de maneira a explicar de que forma deve ser apurado o tributo.

No Capítulo III alguns ajustes foram feitos, em especial para abarcar os dois modelos de crédito presumido de IPI.

O Capítulo do ITR (Capítulo IV) foi praticamente todo reestruturado. A preocupação foi demonstrar, com firmeza, o absurdo que vem acontecendo Brasil afora, envolvendo autuações de ITR, colocando em evidência de que forma o critério quantitativo desse imposto deve ser revelado sob o ângulo normativo e de que maneira, na prática, os Municípios vêm exigindo o imposto, ao arrepio da lei.

Quanto ao PIS e à COFINS, no Capítulo V foram introduzidas reflexões importantes da tão propalada novela sobre os "créditos" dessas contribuições, tanto no modelo ordinário quanto no dos créditos presumidos, que seguem uma sistemática própria para cada produto do agro (e que, inclusive, podem ser o fiel da balança na transformação da atividade em pessoa jurídica rural ou não).

No que concerne ao "Funrural", a preocupação do Capítulo VI foi atualizar o livro para aquilo que costumo designar de "novo Funrural", notadamente em virtude das modificações legislativas que passaram a autorizar a tributação do produtor rural pela folha de salários de seus funcionários, e não obrigatoriamente sobre sua receita bruta.

Por fim, no Capítulo VII ajustes foram necessários em razão do julgamento por parte do Supremo Tribunal Federal envolvendo a contribuição ao INCRA, cuja análise crítica mostra que, com todo respeito, a Corte não agiu de forma correta, e mais, porque algumas questões envolvendo outra faixa de incidência continuaram em aberto. Ademais, na parte do SENAR, de igual modo, atualizações se fizeram necessárias, mormente em face do advento da Lei Federal nº 13.606/18. E no trecho da contribuição à CNA, ela foi suprimida, tendo em vista que perdeu seu caráter tributário com a reforma trabalhista.

****

Quando lancei este livro, diziam que minha vida iria mudar. Tinham razão: mudou mesmo! E a isso tudo só posso, com a mais vibrante das minhas forças, agradecer a Deus, que conduz nossos caminhos.

Campo Grande, MS, 30 de setembro de 2022.

Leonardo Furtado Loubet

PREFÁCIO

Tenho afirmado, reiteradamente, que interpretar o direito consiste em conhecê-lo, atribuindo valores aos símbolos, isto é, adjudicando-lhes significações e, por meio dessas, fazer referência aos objetos do mundo, na linha dos ensinamentos de Lourival Vilanova. A interpretação pressupõe o trabalho penoso de enfrentar o percurso gerador de sentido, fazendo com que o texto possa dialogar com outros textos, no caminho da intertextualidade, onde se instala a conversação das mensagens com outras mensagens, passadas, presentes e futuras, numa trajetória sem fim, expressão da inesgotabilidade.

Esses são os pontos que suportam o trabalho interpretativo, como axiomas da interpretação: intertextualidade e inesgotabilidade. Quanto ao primeiro deles, convém registrar que os textos, assim que inseridos no sistema, iniciam a conversação com outros conteúdos, intrassistêmicos e extrassistêmicos, num denso intercâmbio de comunicações. Normas de lei ordinária dialogando com escritos constitucionais, com outras regras já revogadas, com dispositivos insertos em atos normativos infralegais, além das conversações que se instalam com mensagens advindas dos mais diversos setores do direito posto. Com o advento da lei nova, institui-se complexa e extensa rede de comunicações jurídicas e extrajurídicas, repito, perfazendo o universo do conteúdo, delimitado, unicàmente, pelos horizontes de nossa cultura. A inesgotabilidade, por sua vez, decorre da ideia de que toda a interpretação é infinita, nunca restrita a determinado campo semântico, advindo, daí, a inferência de que todo texto poderá ser sempre reinterpretado.

Segundo os padrões da moderna Ciência da Interpretação, o sujeito do conhecimento não "extrai" ou "descobre" o sentido que se achava oculto no texto. Ele o "constrói" em função de sua ideologia e, principalmente, dentro dos limites de seu "mundo", vale dizer, do seu universo de linguagem. Exsurge, com muita força, o axioma da inesgotabilidade do sentido – ao lado da intertextualidade – que opera não só no território do sistema do direito posto, mas o transcende, na direção de outros segmentos do saber.

Os predicados da inesgotabilidade e da intertextualidade não significam, porém, ausência de limites para a tarefa interpretativa. A interpretação toma por base o texto: nele tem início, por ele se conduz e, até o intercâmbio com outros discursos, instaura-se a partir dele. Ora, o texto de que falamos é o jurídico-positivo e o ingresso no plano de seu conteúdo tem de levar em conta as diretrizes do sistema. Em princípio, como bem salientou Kelsen, teríamos molduras dentro das quais múltiplas significações podem ser inseridas. Mas esse é apenas um ponto de vista sobre a linguagem das normas, mais precisamente aquele que privilegia o ângulo sintático ou lógico. Claro está que, no processo de produção normativa, os aplicadores estarão lidando com os materiais semânticos ocorrentes na cadeia de positivação, pois não teria cabimento prescindir dos conteúdos concretos, justamente aqueles que se aproximam das condutas interpessoais, postulando implementar os valores e as estimativas que a sociedade adota.

Faço essas advertências especialmente devido ao fato de que o crescimento da importância e intensidade do conjunto das operações comerciais envolvidas no chamado *agronegócio* tem produzido numerosos reflexos na seara jurídica. Por certo, as obras gerais, de boa qualidade, oferecem roteiro seguro para as necessárias incursões do estudioso nos vários campos de incidência, propiciando aos interessados o acesso a instrumentos institucionais que permitem a compreensão apropriada daquelas entidades do direito posto. A despeito dessa doutrina firmada na parte geral da temática tributária, entretanto, surge sentimento de carência com relação às especificidades de algumas estruturas negociais, como é o caso do agronegócio.

Considerando esses dados contextuais, penso ser de muito grande valia a obra que a Editora Noeses faz publicar. O livro teve origem em Dissertação de Mestrado defendida por Leonardo Loubet, na Pontifícia Universidade Católica de São Paulo. Com trabalho especificamente voltado ao segmento do agronegócio, o Autor, com suporte na sua vivência como advogado, satisfaz a essa demanda com profícuo conhecimento, dedicando-se, com reconhecido esforço de sistematização, à pormenorizada análise da *Tributação Federal no Agronegócio*.

Depois de firmar seu sistema de referência, consignando premissas epistemológicas, o Autor, que é Mestre em Direito Tributário pela PUC/SP e Professor Conferencista do Instituto Brasileiro de Estudos Tributários (IBET), analisa as disposições constitucionais e legais, assim como o entendimento jurisprudencial relativo ao Imposto sobre a Renda, nos âmbitos da pessoa física e da jurídica, CSLL, IPI, ITR, PIS, COFINS, contribuições previdenciárias, contribuições para o INCRA, SENAR e à CNA, examinando-os em seus pormenores e complexidades, sempre tendo por foco temático as práticas desempenhadas no agronegócio.

Tenho convicção de que o presente livro muito ajudará no estudo e na compreensão do tema, prestando relevantes serviços a todos aqueles cuja atividade acadêmica ou profissional requer o ingresso no âmbito de aplicação das normas tributárias federais que disciplinam atividade tão expressiva no atual cenário econômico brasileiro.

São Paulo, 28 de abril de 2017.

Paulo de Barros Carvalho

Professor Emérito e Titular de
Direito Tributário da PUC/SP e da USP

SUMÁRIO

CAPÍTULO 1
BASES EPISTEMOLÓGICAS PARA A DEMARCAÇÃO E A SISTEMATIZAÇÃO DO TEMA

CAPÍTULO 2
O IMPOSTO SOBRE A RENDA (IR) E A CONTRIBUIÇÃO SOCIAL SOBRE O LUCRO LÍQUIDO (CSLL) E O AGRONEGÓCIO

CAPÍTULO 3
O IMPOSTO SOBRE PRODUTOS INDUSTRIALIZADOS (IPI) E O AGRONEGÓCIO

CAPÍTULO 4
O IMPOSTO SOBRE PROPRIEDADE TERRITORIAL RURAL (ITR) E O AGRONEGÓCIO

CAPÍTULO 5
A CONTRIBUIÇÃO AO PROGRAMA DE INTEGRAÇÃO SOCIAL (PIS) E A CONTRIBUIÇÃO PARA O FINANCIAMENTO DA SEGURIDADE SOCIAL (COFINS) E O AGRONEGÓCIO

CAPÍTULO 6
AS CONTRIBUIÇÕES PREVIDENCIÁRIAS E O AGRONEGÓCIO

CAPÍTULO 7

OUTRAS CONTRIBUIÇÕES INCIDENTES NO AGRONEGÓCIO

INTRODUÇÃO

O conhecimento científico-tributário está em plena evolução. Não é de hoje que estudos acadêmicos vêm descortinando novos horizontes no domínio das letras jurídicas. Isso não é fruto do acaso, de coincidência: pelo contrário, é o resultado concreto da dinâmica da tributação, que empurra o intérprete a buscar soluções para seus problemas, diante do emaranhado de normas que são editadas todos os dias. Quase que no contexto de um processo tautológico, as regras de índole tributária levam os juristas à empreitada de reflexão, visando à plena compreensão, que por sua vez tornam a impulsionar a edição de novos enunciados prescritivos.

O refino dos escritos tributários, cada vez mais elaborados e alicerçados em teorias sólidas, é inequívoco. No desempenho de sua verdadeira missão, a Dogmática Tributária tem se esforçado, à custa de muito suor, em desenterrar a real racionalidade das normas jurídico-tributárias, sempre tendo por norte a apreensão cognoscitiva mais profunda possível do ordenamento, explorando suas diversas nuanças.

Foi assim que se deu no estudo de categorias tradicionais do direito tributário, como o "fato gerador", a base de cálculo, a sujeição passiva, a competência, a imunidade, a isenção e o lançamento tributários, além dos estudos acerca dos tributos em espécie, como o imposto sobre a renda (IR), o ICMS, o ISS, dentre outros, isso sem esquecer as taxas e a contribuição de melhoria.

Todavia, novos avanços se impuseram. Diante de uma sociedade hipercomplexa como a atual, em que transações são feitas em tempo real pelos meios eletrônicos e na qual há uma teia organizacional específica em cada segmento da atividade econômica, mostrou-se necessário dar um passo além do enfoque existente até então. Isso porque já não mais se revelava suficiente dominar o conjunto de normas que rege o imposto sobre a renda, por exemplo; era preciso mais, era preciso ter intimidade com as regras que incidem sobre as operações financeiras especificamente.

Por isso é que se pode dizer que o estudo de tributação setorial, hoje, é uma tendência. Não que os densos trabalhos produzidos outrora não tenham obtido a profundidade almejada ou que tenham ficado superados. Longe disso. O que se nota é, verdadeiramente, a necessidade de um novo viés de análise do fenômeno tributário. Assim, em vez de isolar uma determinada categoria jurídica, como o lançamento, por hipótese, e estudá-la a fundo, o pesquisador se sente tentado a recortar, da vida social, um dado setor econômico, vasculhando os problemas que o afligem. Sem perder a base teórica necessária, o intérprete circunscreve seu eixo temático e passa a estudá-lo em reiterados e precisos cortes metodológicos.

Foi justamente isso o que se pretendeu com este trabalho. Tendo em vista a maiúscula importância que o agronegócio ocupa no cenário econômico nacional e diante das rarefeitas reflexões sobre esse setor especificamente, pareceu relevante voltar os olhos ao exame do complexo domínio das atividades rurais, até mesmo para que se possam despertar novas perspectivas a esse respeito. Para que a pesquisa não se perdesse na vastidão de possibilidades, contudo, o autor optou por recortar, em primeiro lugar, apenas a tributação federal, e mais, somente os tributos que, de alguma maneira, direta ou indiretamente, guardassem relação com o agronegócio.

Assim, no Capítulo I foram lançadas as bases epistemológicas para a demarcação e a sistematização do tema, no qual se procurou deixar claras quais eram as premissas do raciocínio, notadamente no que diz respeito ao método de investigação empregado e aos recursos científicos utilizados para a compreensão e análise do tema proposto. Valendo-se da Dogmática Jurídica, como método empregado, e das contribuições da Lógica Jurídica, da Filosofia Analítica, da Teoria Geral do Direito e da Semiótica, como recursos utilizados, procedeu-se à aproximação do objeto cognoscente, com sua circunscrição calcada apenas em elementos jurídicos – e não econômicos, sociais ou políticos. Para se lograr êxito nessa empreitada, a *efetiva aplicação* da teoria da regra-matriz de incidência tributária foi uma ferramenta científica poderosa. Além disso, já no terreno propriamente jurídico, foram fixadas as bases jurídico-positivas para o estudo do tema, através da organização hierarquizada das regras do direito e do esquadrinhamento mais aprofundado que a Constituição Federal, como documento jurídico delineador da dinâmica tributária, pode propiciar.

O Capítulo II – sem sombra de dúvidas o mais complexo de todo o trabalho, porque a legislação assim impôs a condução da pesquisa –, adentrando no campo da investigação de cada uma das espécies tributárias que interessam ao agronegócio, preocupou-se com o imposto sobre a renda (IR), tanto na sua vertente que recai sobre as pessoas físicas (IRPF) como aquela que repercute na esfera das pessoas jurídicas (IRPJ). Imbuído desse espírito é que foi traçado o perfil constitucional do imposto sobre a renda, analisando-se os princípios que o informam, para que após se pudesse sistematizar cada um dos desdobramentos que o imposto sobre a renda das pessoas físicas que se dedicam ao agronegócio oferece. Mais uma vez a teoria da regra-matriz de incidência tributária foi decisiva. Logo em seguida, passou-se à análise do imposto que recobre as atividades rurais das pessoas jurídicas, invocando as similitudes e explorando as diferenças em relação ao regime das pessoas físicas. Dado o regramento peculiar que envolve o ganho de capital sobre imóveis rurais, a classe das regras que dizem respeito a essa faixa de incidência específica mereceu um item à parte. Por fim, haja vista a similitude entre o imposto sobre a renda das pessoas jurídicas (IRPJ) e a contribuição social sobre o lucro líquido (CSLL) – verdadeiro adicional de IRPJ – optou-se por enfocar essa contribuição no mesmo capítulo.

Por outro lado, o Capítulo III se dedica ao imposto sobre produtos industrializados (IPI) e o agronegócio. Depois de realizar o estudo das bases constitucionais do IPI, passando por sua materialidade e base de cálculo possíveis, a sujeição passiva, a seletividade em função da essencialidade do produto, a variação de alíquotas por decreto, respeitados os limites da lei, e a não-cumulatividade, foram investigados os desdobramentos específicos que o IPI provoca no agronegócio, sobretudo as repercussões na tabela de incidência do imposto sobre produtos industrializados (TIPI), em face da seletividade em razão da essencialidade e a não-cumulatividade.

No Capítulo IV, o foco de preocupações foi o imposto sobre propriedade territorial rural (ITR). Um ponto importante foi a identificação de critérios jurídicos consistentes para se distinguir imóveis rurais de imóveis urbanos, uma vez que os questionamentos nessa seara não são poucos. Além disso, foi diagnosticada também a parafiscalidade prevista no ordenamento jurídico em vigor entre pessoas políticas de direito público interno, já que os Municípios foram autorizados a fiscalizar o ITR, que é de competência federal. Sobremais, procurou-se depurar também a materialidade e a sujeição passiva no ITR, bem como a progressividade e a extrafiscalidade criada pela legislação a depender do grau de utilização da terra.

Já no Capítulo V, o objetivo foi perpassar a contribuição ao programa de integração social (PIS) e a contribuição para o financiamento da seguridade social (COFINS) e o agronegócio. Em um primeiro momento, foram cravadas as premissas em torno do fundamento de validade dessas contribuições, enfocando-se, em especial, a sistemática não-cumulativa criada para esses tributos, o que é fruto de constantes embates entre contribuintes, de um lado, e autoridades fiscais, de outro. A partir daí, foram sistematizados os problemas que a não-cumulatividade dessas contribuições acarretam no agronegócio, denunciando inúmeras incompatibilidades com a ordem jurídica superior, inclusive quanto ao modelo eleito propriamente dito.

Adiante, o Capítulo VI tratou de cuidar das contribuições previdenciárias e seus reflexos no agronegócio, sobretudo pelas peculiaridades do setor. Assim é que foram investigadas as contribuições das empresas rurais, inclusive agroindústrias, que repercutem em torno da comercialização da produção, tendo sido demonstrada a vitanda inconstitucionalidade de tais exigências, porque extrapolam o modelo hierarquicamente superior quanto ao regime substitutivo desses tributos. Além do mais, foram examinadas igualmente, em relação às pessoas jurídicas, as contribuições ao SAT, com a demonstração de que a sistemática prevista não se sustenta. Por fim, coube espaço às contribuições previdenciárias dos produtores rurais pessoas físicas, cujo intuito foi evidenciar que a exigência de tributos calculados sobre o resultado da comercialização da produção de produtores de médio e grande porte, à moda do que acontecia com o antigo "FUNRURAL", não tem respaldo no ordenamento jurídico.

Por derradeiro, foram analisadas, detidamente, no Capítulo VII, outras contribuições relevantes para o agronegócio: as contribuições ao INCRA e ao SENAR. De forma analítica, a contribuição ao INCRA passou sob o crivo crítico do enfoque científico. Como se verá, esse tributo, que advém de um cipoal de normas antigas que se entrecruzam, apresenta uma série de problemas, todos eles apontando no sentido de que essa exação não encontra abrigo no sistema constitucional. De igual forma, a contribuição ao SENAR, na forma em que foi instituída, vem sendo exigida de maneira incompatível com a ordem jurídica, porque grava a riqueza dos contribuintes.

Essa, enfim, foi a proposta deste estudo: identificar, organizar, sistematizar e examinar, com cientificidade, a tributação que recobre o agronegócio, fazendo um enlace constante com os problemas cotidianos que essa temática provoca. Em poucas palavras: aliar a base teórica a um estudo rigoroso de tributação setorial. Se quem tomar contato com o texto julgar que esse objetivo foi alcançado, então a pesquisa terá atingido seus propósitos e o esforço terá valido a pena. Afinal, quem escreve quer ser lido.

CAPÍTULO 1

BASES EPISTEMOLÓGICAS PARA A DEMARCAÇÃO E A SISTEMATIZAÇÃO DO TEMA

1.1 O corte metodológico como caminho seguro para o conhecimento: reduzindo complexidades

Conhecer é reduzir complexidades. Eis aqui uma afirmação forte, mas que assume caráter de irrefutabilidade no esquadro de um pensamento científico rigoroso. É que a realidade, o mundo fenomênico – o domínio do "real" – é multifacetário, heterogêneo, de inegável multiplicidade. Ninguém desconhece que o "reino dos objetos" (em sentido amplo), que recobre a vida social, apresenta um emaranhado de propriedades, atributos, funções e relações de variados timbres, de complexidade cada vez mais acentuada – sobretudo nos dias atuais. E o ser humano, pondo-se diante do universo que lhe cerca na sua infinita inquietude, busca incansavelmente *conhecer*, compreender esse intrincado mundo em que vive, no afã de dominá-lo.

O inexcedível Professor Lourival Vilanova, logo na abertura da mais conhecida de suas clássicas obras, já decreta: "*o conhecimento é um fato complexo*".[1] Porque o conhecimento é

1. *As estruturas lógicas e o sistema do direito positivo*. São Paulo: Ed. RT, 1977, p. 01. Convenciona-se, desde já, que todas as notas de rodapé com remissões

um fato complexo é que o sujeito cognoscente necessita "recortar" a heterogeneidade do tecido social, separando os objetos, definindo-os, conceituando-os, classificando-os; se vê na contingência de delimitar o desconhecido, o ignorado, exatamente para que possa *conhecer*. Qual um técnico que separa o material colhido na lâmina de um microscópio ou uma criança que brinca com uma lupa, o homem põe em relevo aquilo que pretende compreender, nos mais variados domínios do conhecimento.

Daí o motivo por que lança mão de técnicas que lhe permitam a aproximação do objeto a ser conhecido. Sem uma demarcação clara e precisa do objeto de estudo não se tem conhecimento, mas meras visões periféricas e distorcidas do campo de especulação cognoscitivo, sem que se atinja a profundidade necessária para se granjear o *status* de um feixe de proposições realmente científicas.

Agora, é interessante notar que o "objeto bruto" em si mesmo considerado – matéria-prima a ser trabalhada pelo pensamento – não se altera, continua o mesmo; o que muda é a perspectiva cognoscitiva, de acordo com o aprimoramento do conhecimento humano. As coisas simplesmente existem e os eventos naturais ou sociais apenas acontecem, de tal modo que é o homem que intenta compreender o *porquê* acontecem, *como* acontecem e *quando* acontecem. É nesse contexto que ganha força a metodologia. Sem uma metodologia firme, as estradas são obscuras, tortuosas, *"é navegar em mares de escolhos; é seguir pelo caminho das dúvidas e incertezas e regressar pela vereda sombria das hesitações"*, parafraseando o sempre preciso Professor Paulo de Barros Carvalho.[2]

---

bibliográficas ao longo deste estudo serão feitas com informações completas acerca da publicação, ainda que isso possa parecer desnecessário ou repetitivo. O objetivo é evitar confusões entre as obras dos autores, pois há diversos casos em que os juristas citados têm mais de uma obra utilizada neste texto.

2. *Curso de direito tributário*. 32. ed. São Paulo: Noeses, 2022, p. 274.

Por isso que é inevitável: não há conhecimento científico sem método.[3] Sem a definição sólida do caminho escolhido pelo agente cognoscente, o raciocínio se perde, torna-se quebradiço, tautológico; o discurso fica solto, bem ao gosto daqueles que não querem se comprometer com a coerência. E isso não é fazer ciência. Fazer ciência, ao revés, é armar um discurso coeso, linear, com objetivos bem definidos, é transmitir ideias estruturadas e demonstráveis ao interlocutor, fazendo avançar o conhecimento humano a partir de premissas claras que possam levar a conclusões compatíveis.[4]

Vai daí que, para que haja conhecimento, o sujeito necessita travar contato com o objeto, o que se dá pelos canais sensitivos, por intermédio dos quais o percebe e o avalia, passando então a emitir proposições descritivas sobre ele. Por isso que é essencial a delimitação do campo especulativo, sob pena de se emitir proposições que o objeto não apresenta. Noutras palavras, *é o próprio rigor do método que impõe a adoção de cortes (metodológicos),* pinçando, o sujeito cognoscente, as características do objeto que lhe interessam, o que lhe garante a aproximação desejada do seu terreno investigativo, sobretudo por trazer à tona a uniformidade e a unicidade necessárias à formação de um discurso científico.[5]

---

3. "Um método pode ser definido como uma série de regras para tentar resolver um problema". ALVES-MAZZOTTI, Alda Judith; GEWANDSZNAJDER; Fernando. *O método nas ciências naturais e sociais: pesquisa quantitativa e qualitativa.* 2. ed. São Paulo: Thomson, 1999, p. 03.

4. "A metodologia de qualquer ciência é, antes do mais e em primeiro lugar, a reflexão desta ciência sobre o seu próprio proceder, sobre os modos de pensamento e meios de conhecimento de que lança mão". LARENZ, Karl. *Metodologia da ciência do direito.* Trad. José Lamego. 3. ed. Lisboa: Fundação Calouste Gulbenkian, 1997, p. 339. Vide também a valiosa obra de Francesco Carnelutti. *Metodologia do direito.* Trad. Frederico A. Paschoal. Campinas: Bookseller, 2002, p. 17. Sobre as diversas concepções em torno do "conhecimento", vide ABBAGNANO, Nicola. *Dicionário de filosofia.* São Paulo: Martins Fontes, 2007, p. 205/213.

5. "A investigação do que seja conhecimento é imperiosa, tendo em vista que não se chega à verdade sem conhecer. Conhecimento é a relação entre dois elementos, juízo humano e objeto, que nessa relação permanecem separados um do outro". FERRAGUT, Maria Rita. *Presunções no direito tributário.* 2. ed. São Paulo: Quartier Latin, 2005, p. 65.

A suscetibilidade de manifestações diferentes sobre um mesmo fenômeno é inerente ao campo gnosiológico, vale dizer, é próprio da sensibilidade do ser humano apreender os objetos, segundo a individualidade de cada um. O mesmo objeto, colocado diante de um número variado de pessoas, por certo provocará tantas impressões quantos forem os indivíduos presentes. Daí por que qualquer objeto a ser conhecido pode ser estudado sob perspectivas, características diferentes.[6]

Como todo objeto suscita uma série de análises especulativas, segmentos cognoscentes diversos encontram-se em um mesmo objeto (bruto), *muito embora cada um deles se ocupe do seu respectivo isolamento temático*. Inclusive, dentro de uma mesma área do conhecimento, é possível ocorrer novas divisões em subáreas. Aliás, nos tempos atuais, isso vem se tornando cada vez mais comum. Agora, esse conhecer em compartimentos só se dá para fins de aprofundamento cognitivo, pois não significa desconsiderar o objeto em sua inteireza. Ninguém há de negar que a diferença entre o cardiologista e o neurologista está na seleção de informações de interesse de cada um, mas ambos se dedicam à compreensão do funcionamento do corpo humano como um todo.[7]

---

6. É mais uma vez Lourival Vilanova quem oferece as luzes que esclarecem o pensamento acerca de tão árido problema, assim se manifestando sobre a inafastável necessidade de delimitação do objeto de estudo: "Para a experiência imediata, o real se oferece múltiplo, complexo, rico em propriedade, em diferentes tipos de relação, regido por conexões diversas. *Tal como se oferece não pode ser conhecido*. Para conhecer, para que o pensamento possa representar logicamente a contextura particular das coisas e dos fatos, *necessário se faz proceder a uma decomposição analítica dessa complexidade constitutiva do ser real. É necessário separar, discernir a variedade do ser em categorias, em classes, o que vale dizer, é de mister decompor, desarticular logicamente o dado. Do ponto de vista cognoscitivo, tantas são as possibilidades de considerar o dado sob perspectivas distintas, tantos são, para o pensamento, os objetos. Neste sentido, o pensamento põe o objeto, isso sendo uma de suas características de iniciativa e atividade*". "Sobre o conceito do direito". *Escritos jurídicos e filosóficos*. São Paulo: Axis Mundi-IBET, 2003, v. I, p. 14 (sem destaques no original).

7. Sobre a necessidade de não se perder de vista a unicidade do direito, Geraldo Ataliba, em prefácio à primeira edição de *As estruturas lógicas e o sistema do direito positivo*, de Lourival Vilanova, critica com veemência – bem ao seu estilo vigoroso – a deficiência na formação jurídica brasileira, frisando que "o que falta de modo alarmante é o domínio das categorias, a visão sistemática, global, operacional e funcional do

Portanto, a pureza metódica não significa ignorar as múltiplas possibilidades investigativas de um objeto ou mesmo desprezar as relações que mantém com o seu entorno.[8] Essa é uma exigência do conhecimento, afinal de contas *"esse tecido, assim contínuo e diferenciado em aspectos, oferta margem a diversas investigações"*.[9] Tudo dependerá, desse modo, da intenção do agente cognoscente.

O pensamento científico, pois, deve ser governado pelo rigor do método. O que não parece possível ou correto é o intérprete, para justificar um determinado ponto de vista, invocar argumentos de outro matiz; o que não pode, por exemplo, é explicar um problema jurídico a partir de dados econômicos, políticos ou sociais. E é dentro desse rigor epistêmico, que impõe a adoção de constantes e sequenciais cortes metodológicos, que o presente trabalho será desenvolvido, a fim de se amarrar o objeto de estudo eleito.

Direito como conjunto, como um todo. De nada vale o conhecimento de uma seara, se se desconhece sua articulação com as demais. De pouco vale a familiaridade com certas informações, se não se as coordena com o universo do Direito, se não se sabe filiá-las, explicá-las e concatená-las com os fundamentos em geral, e com o todo sistemático onde inseridas. (...) Tanto pior quando o acervo de informações é de tal vulto que não pode sequer ser assimilado pelo estudioso, na sua universalidade, forçando as especializações e condicionando uma visão necessariamente parcial do fenômeno jurídico, com consequente perda da perspectiva mais radical e decisiva, que é precisamente a global". São Paulo: Ed. RT, 1977, p. XIII/XIV.

8. No domínio do direito, quem primeiro se preocupou com essas questões foi ninguém menos que Hans Kelsen. Logo no início daquela que foi sua maior contribuição para o direito – por tantos tão mal compreendida – Kelsen destacou a importância de se isolar o direito de suas influências políticas, econômicas ou sociais. Vide *Teoria pura do direito*. 5. ed. Trad. João Baptista Machado. Coimbra: Armênio Amado Editor, 1979, p. 17/18.

9. VILANOVA, Lourival. *As estruturas lógicas e o sistema do direito positivo*. São Paulo: Ed. RT, 1977, p. 01. No mesmo sentido: BORGES, José Souto Maior. *Obrigação tributária: uma introdução metodológica*. São Paulo: Saraiva, 1984, p. 03. Paulo de Barros Carvalho é claro ao acentuar que "toda a ciência pressupõe um corte metodológico. (...) Qualquer especulação científica que pretendamos empreender trará consigo essa necessidade irrefragável, produto das ínsitas limitações do ser cognoscente. O conhecimento jurídico não refoge a esse imperativo epistemológico". *Curso de direito tributário*. 32. ed. São Paulo: Noeses, 2022, p. 41/42.

1.2 O método empregado e os recursos científicos utilizados para a demarcação e análise do tema proposto

Os estudos jurídicos ao longo dos tempos vêm provocando posições cognoscitivas da mais variada ordem. Há aqueles que ressaltam o aspecto sociológico do ordenamento, buscando demonstrar que sua missão institucional é promover a pacificação entre os indivíduos; outros destacam o prisma político, realçando as relações de poder do Estado em face de seus integrantes; há quem se ocupe com as aspirações axiológicas do sistema, de tal arte que a ênfase é dada ao juízo que se deve fazer do universo jurídico, dentre tantas outras posturas assumidas.[10]

Isso demonstra que o conhecimento humano é inesgotável. Por mais que um determinado campo do saber às vezes pareça estagnado, exaurido, basta mera mudança de postura cognoscitiva para que novas possibilidades sejam descortinadas: é a importância da metodologia. Com efeito, a depender de como o sujeito se coloca diante do objeto, diferentes perspectivas se abrem, permitindo que características outrora inimagináveis sejam descobertas, sejam reveladas, dando espaço, assim, ao progresso do conhecimento epistemológico.

Assim como os demais objetos, com o direito não é diferente. Ao contrário do que se possa imaginar no exame do primeiro instante, em verdade, as grandes questões que se levantam dizem respeito ao *que* vem a ser o direito e *como* esse objeto cultural pode ser compreendido. É a partir dessas definições introdutórias que se pode prosseguir à busca de outras respostas; não, porém, sem uma anterior tomada de posição firme em torno do seu campo de preocupações, de modo a tornar suas conclusões coerentes e, pois, sustentáveis.[11]

---

10. "Do Direito ocupa-se hoje uma série de disciplinas diferentes: a filosofia do Direito, a teoria do Direito, a sociologia do Direito, a histórica do Direito e a Jurisprudência ('dogmática jurídica'), para referir somente as mais importantes. Todas elas contemplam o Direito sob um diferente aspecto, e assim, de modo distinto". LARENZ, Karl. *Metodologia da ciência do direito*. Trad. José Lamego. 3. ed. Lisboa: Fundação Calouste Gulbenkian, 1997, p. 01.

11. "Já têm observado os grandes mestres, não só da ciência jurídica, mas de

Por isso que se afirma que a fixação de premissas – oriundas do corte metodológico promovido – para um trabalho que se pretenda científico, nesse contexto, é fundamental. É governando-se pelo rigor do método que o sujeito pode armar seu discurso, passando pelos diversos estágios que seu raciocínio lhe conduz, numa luta incessante para obter as respostas necessárias às suas inquietações.

Com isso, tudo o que se quer expressar é que o "direito" oferece uma gama imensa de especulações – daí a necessidade de escolha de um método a ser seguido. O destaque do vocábulo "direito" entre aspas não foi acidental, muito pelo contrário, é proposital, pois não se pode falar em tributação federal sobre o agronegócio sem, antes, se conhecer o que é "direito".[12]

Eis o motivo por que é necessário eleger um critério para se examinar o objeto cognoscente. Não há jeito certo ou errado de estudá-lo – o que há são modos diferentes de se conhecê-lo.

---

todos os ramos das ciências sociais, que as mais problemáticas dentre as diferentes noções de cada ramo do conhecimento, são precisamente aquelas que são vestibulares ao estudo dos seus vários institutos. Dificilmente se discutirá a respeito de institutos complexos, porque basta, com muita frequência, a análise de um texto, razoavelmente claro para o seu conhecimento. Todos nós, no entanto, facilmente nos engalfinhamos em uma discussão prolongada, com divergências acentuadas, se nos fazemos mencionada pergunta: – 'Que é direito?'. O mesmo ocorrerá numa reunião de psicólogos, se se perguntar o que é psicologia, ou de sociólogos, se se indagar o que é sociologia. As divergências maiores estão aí. É no entanto a determinação exata do objeto da própria ciência que vai presidir os critérios de seu conhecimento". BANDEIRA DE MELLO, Celso Antônio. "Introdução". *Elementos de direito tributário: notas taquigráficas do III Curso de Especialização em Direito Tributário, realizado pela Pontifícia Universidade Católica de São Paulo.* Coord. Geraldo Ataliba. São Paulo: Ed. RT, 1978, p. 01/02.

12. Herbert L. A. Hart, naquela que se tornou sua maior contribuição à teoria jurídica, enfatiza a polissemia do vocábulo "direito", salientando o seguinte: "poucas questões respeitantes à sociedade humana têm sido postas com tanta persistência e têm obtido respostas, por parte de pensadores sérios, de formas tão numerosas, variadas, estranhas e até paradoxais como a questão '*o que é o direito?*'". *O conceito de direito.* 3. ed. Lisboa: Fundação Calouste Gulbenkian, 2001, p. 05. A esse respeito, Pontes de Miranda já advertira, há longa data, o seguinte: "Para começar, ressaltemos que continuou, meio século (1922-1972), em muitos escritores, o erro de se considerar Direito, ou sistema jurídico, a Ciência do Direito". *Sistema de ciência positiva do direito.* 2. ed. Rio de Janeiro: Borsoi, 1972, t. I (Introdução à ciência do direito), p. 303.

O mesmo acontece com o "direito". Tamanha é a complexidade do universo jurídico que se revela verdadeiramente impossível ao sujeito pretender captá-lo como um todo, na ilusão de que possa abraçá-lo na sua inteireza. Não. Qualquer investigação que se arvore em alcançar os louros de cientificidade deve, como passo inicial, traçar um método a ser percorrido, isto é, entremostra-se imprescindível que o agente, colocando-se diante de seu campo de estudo, eleja qual a forma e dentro de quais premissas irá caminhar. O método – pode-se dizer – é uma condição para o conhecimento.[13]

É possível, pois, estudar o direito de acordo com suas influências políticas (Política do Direito), conforme os valores que veicula (Axiologia Jurídica), em consonância com suas influências históricas (História do Direito), segundo os aspectos sociais que toca (Sociologia Jurídica) ou atentando-se para as características normativas que ostenta (Dogmática Jurídica), dentre outras formas.[14] Todos são métodos distintos e legítimos de se vislumbrar um mesmo fenômeno, diferençando apenas o foco temático de cada um, *de maneira que também no direito não há método correto ou equivocado de conhecê-lo; há, sim, diferentes formas de aproximação do objeto, segundo o interesse do agente cognoscente*. Não se cogita, destarte, de hierarquia entre as ciências.[15]

---

13. Como elucida Roque Antonio Carrazza, "o mundo é complexo, e o ser humano – limitado em seu poder de discernimento – não o pode compreender inteiramente. Assim, conhecer significa dividir e classificar para, depois, determinar relações sistemáticas entre o que se separou". *Imposto sobre a renda: perfil constitucional e temas específicos*. São Paulo: Malheiros, 2005, p. 21.

14. Partindo da distinção entre linguagem-objeto e metalinguagem ou linguagem de sobrenível, convenciona-se, desde já, o uso do vocábulo "direito" em letras minúsculas como a linguagem do direito positivo e "Direito" ou a denominação dos ramos da Ciência Jurídica (Axiologia, Sociologia ou Dogmática Jurídicas, dentre outras) em letras maiúsculas como a linguagem das ciências, de cunho descritivo, valendo destacar que a divisão em "ramificações" só se justifica para fins de estudo, vez que o direito é uno e indecomponível.

15. Francesco Carnelutti, em fantástica passagem, assim sintetiza o problema: "Como a matéria das diversas ciências não é um mundo diverso, e sim um aspecto diverso do único mundo ao qual devemos limitar nosso trabalho, porque somos pequenos e o mundo é imenso, assim, os resultados desse trabalho não são diversos

Agora, muito embora não haja métodos corretos ou incorretos de estudá-lo, é preciso dizer que o que o direito apresenta de peculiar, que permite isolá-lo da Ciência Política, da Sociologia ou da Axiologia, é exatamente seu *caráter normativo*, isto é, a capacidade que tem de ordenar as condutas humanas, inclusive coercitivamente se for necessário. É isso que marca, primordialmente, o direito. *E é justamente por isso que essa foi a característica eleita para estudá-lo neste trabalho,* cujo objetivo é conhecer a tributação federal que recai sobre o agronegócio, ficando evidenciado, portanto, o *método* escolhido para demarcar o campo de especulações cognoscitivas.[16]

Com efeito, para se examinar a tributação no agronegócio poder-se-ia eleger como ponto especulativo os reflexos econômicos que os tributos impactam no setor e na respectiva composição de preços dos produtos; se a tributação é justa ou não; se são necessárias mudanças na sistemática de tributação; dentre tantas outras abordagens. Contudo, é pondo em relevo o aspecto normativo que o intérprete conhecerá, nas suas entranhas, qual é e como funciona a tributação que onera o setor, para que só então, *noutro sistema de referência,* se possa falar em alterações legislativas em virtude de eventual injustiça tributária.

Postura cognoscitiva assim empreendida denomina-se Dogmática Jurídica ou Ciência do Direito em sentido estrito, que é o método pelo qual o sujeito busca conhecer o direito a partir de suas características normativas, focando única e

---

senão porque são as diversas caras de um prisma único. (...) Todos esses confins são apenas jogos de sombras encaixados na limitação do feixe luminoso projetado por nossa mente. Não há outro remédio contra essa nossa incapacidade que estarmos cientes dela". *Metodologia do direito.* Trad. Frederico A. Paschoal. Campinas: Bookseller, 2002, p. 29.

16. Lourival Vilanova põe em relevo a importância do corte metodológico dogmático ao lecionar que "não se nega a complementariedade dos outros pontos-de-vista *para um saber integral do ser do direito positivo.* Apenas, faz-se o *corte metodológico,* pondo-se entre parênteses fatores que são relevantes para outras ciências, mas não para o jurista ocupado em interpretar normas, em reconstruir conceitos e princípios do sistema de normas, *em função de sua aplicabilidade aos fatos da vida social*". *Estruturas lógicas e sistema do direito positivo.* São Paulo: Ed. RT, 1977, p. 23 (grifos no original).

exclusivamente o conjunto de normas jurídicas que compõe seu repertório, sistematizando, desse modo, os enunciados prescritivos do direito positivo para lhes conferir um tom de organicidade e coerência interna.

Mas essa não é uma tarefa tão simples assim. Muito pelo contrário, a *criação* do discurso científico é permeada de dúvidas, incertezas, hesitações. E com esses vacilos a ciência não sobrevive. Por isso que a ciência moderna, tomando consciência que o direito positivo também é *texto* – o que pressupõe delinear seu *contexto* – imerso, pois, no universo da linguagem, tem progredido e lançado mão de *recursos científicos* que permitam conferir à Dogmática Jurídica uma maior robustez.

Por paradoxal que seja, foi justamente o caótico sistema tributário impresso pelas autoridades fiscais que permitiu o avanço da ciência. Não sobrerrestam dúvidas, hoje, de que o arsenal teórico que as categorias da Filosofia Analítica, da Lógica Jurídica, da Teoria Geral do Direito e, mais recentemente, que as modernas pesquisas sobre a linguagem proporcionam são a base desse progresso. A investigação do direito positivo, a partir da linguagem que lhe é imanente nas suas instâncias semióticas sintática, semântica e pragmática descerra defronte dos olhos do intérprete um panorama inimaginável no exame do primeiro instante. Empreitada nesse sentido gera frutos cognoscentes sobremaneira importantes, na medida em que mune o cientista de ferramentas que lhe permitam compreender e organizar o sistema na sua coerência interna de sentido.[17]

Por essa razão é que este trabalho, norteado pela Dogmática Jurídica como método científico, também é inspirado nas

---

17. Paulo de Barros Carvalho, acentuando esse aspecto, leciona com precisão que "o hábito de certas reflexões filosóficas e o apelo frequente às categorias da Teoria Geral do Direito, longe de dificultar o acesso ao objeto da investigação, aparecem como condições mesmas do aprofundamento cognoscitivo". *Direito tributário: fundamentos jurídicos da incidência.* 10. ed. São Paulo: Saraiva, 2015, p. 29. E salienta também que esse modo de enxergar o direito, influenciado a partir do chamado "giro linguístico", ficou conhecido como "Constructivismo Lógico-Semântico".

valiosas e relevantíssimas contribuições que a Filosofia Analítica, a Lógica Jurídica, a Teoria Geral do Direito e a Semiótica estão a oferecer, motivo por que serão utilizadas como recursos científicos para o desenvolvimento das ideias que aqui se procurará trazer.[18]

1.3 A linguagem como dado inafastável para a compreensão do direito

De acordo com o que se demonstrou anteriormente, há diversas perspectivas cognoscitivas para se compreender o direito. Entretanto, um dado comum a todas elas, porque intrínseco ao direito, merece destaque: em qualquer seara da investigação jurídica, a linguagem estará sempre presente, irremediavelmente. Seja no plano do direito positivo, seja no campo das ciências, assim no estudo histórico, como no axiológico, político ou dogmático, nos lindes do direito público ou nas fronteiras do direito privado, necessariamente lá estará a linguagem.[19]

Isso porque só há que se imaginar o direito no contexto de uma relação intersubjetiva, vale dizer, entre, pelo menos, duas pessoas, pois direito é padrão de conduta social. Seria um sem-sentido, uma inegável heresia pensar que o direito possa disciplinar a conduta do indivíduo para consigo mesmo;

---

18. De acordo com Danilo Marcondes, "'Filosofia analítica' é uma expressão que pode ser entendida pelo menos de dois modos. Em um sentido mais amplo, significa uma maneira de se fazer filosofia recorrendo-se ao método analítico para o tratamento das questões filosóficas. Em um sentido mais específico e historicamente determinado, a filosofia analítica é uma corrente filosófica que adota o método analítico e surge ao final do século XIX, desenvolvendo-se ao longo do século XX até os tempos atuais, caracterizando-se assim como uma das principais correntes do pensamento contemporâneo". *Filosofia analítica (Coleção Filosofia passo a passo)*. Rio de Janeiro: Zahar, 2004, p. 07.

19. Regina Helena Costa, apoiada em Sainz Moreno, registra que "a relação entre o Direito e a linguagem é de vinculação essencial: não existe o Direito sem a linguagem, da mesma maneira que não existe pensamento fora da linguagem. Assim é porque o Direito se instrumentaliza por meio da linguagem, e as limitações desta vão se refletir diretamente na possibilidade da concretização de seus objetivos". *Praticabilidade e justiça tributária: exequibilidade da lei tributária e direitos do contribuinte*. São Paulo: Malheiros, 2007, p. 26.

isso é assunto para a moral ou para a religião. O direito não se ocupa com experiências intrassubjetivas, mas somente com a exteriorização de condutas em sociedade, donde se infere a alteridade como traço marcante do direito.

Por aí já se pode perceber que o regramento do agir humano só existe na conjuntura da linguagem.[20] De fato, o estabelecimento de que forma as pessoas devem se conduzir na sociedade só é possível através da linguagem, pela comunicação, na medida em que é ela que põe, em termos intersubjetivos, as prescrições do direito. Por isso que direito é linguagem. E linguagem é a capacidade do ser humano para comunicar-se por intermédio de signos – eis a razão pela qual seu estudo é imprescindível, inarredável para a compreensão do grande processo comunicacional que é o direito.[21]

---

20. Ao neurocientista americana Jill Bolte Taylor, em interessante entrevista na qual narra o aprendizado que experimentou ao ter o infortúnio de ter sido vítima de um derrame, deixa muito clara a relação entre a linguagem e o mundo exterior. Ao ser perguntada sobre o que aconteceu em seu cérebro naquele momento, respondeu: "O hemisfério esquerdo foi afetado. Ele é o lado racional, responsável pelo processamento das informações em forma de linguagem. Usa as palavras para classificar cada elemento do mundo ao nosso redor. Como essa parte se alterou, eu não era capaz de falar nem entender o que as outras pessoas diziam". "Vi meu cérebro morrendo". *Revista Veja*. Edição 2089. Publ. 03.12.2008, p. 17/18. A afirmação da neurocientista de que a linguagem é o "uso das palavras para classificar o mundo ao nosso redor" confirma a proposição de Ludwig Wittgenstein no *Tractatus logico-philosophicus,* no sentido de que "os limites do meu mundo são os limites de minha linguagem".

21. Francesco Carnelutti já havia se dado conta disso há muito tempo. Em percepções e intuições que só acontecem com aqueles que estão muito à frente de seu tempo, Carnelutti assim intuiu o cerco da linguagem: "Os fenômenos do Direito, ou seja, os dados de nossa observação, são, como já adverti, se não exclusivamente, ao menos em boa parte, ideias que contêm conceitos, ou seja, em substância, conceitos por sua vez; se, em verdade, nossa realidade está tecida, antes de mais nada, por declarações, e se a linguagem só opera por meio dos conceitos, eis que estes são, simultaneamente, *instrumentos de nosso trabalho e a matéria sobre a qual se trabalha,* o que repete, de outro ponto de vista, o imbróglio, e quase o equívoco, que tratei de esclarecer quando contrapus o dado e o resultado de nossa investigação. A confusão é fácil e quase inevitável, *não só entre o dado e o resultado,* mas, inclusive, *entre o dado e o meio da ciência do Direito.* Por isso, o perigo de construir o conceito sobre o conceito é, até certo ponto, inevitável. Depois de tudo, uma lei, uma sentença ou um contrato, como qualquer outra declaração de vontade ou de ciência, não são outra coisa que uma construção de conceitos; portanto, quando chegamos, por meio da comparação e da classificação, a construir o conceito de um ou de outra, o conceito

A fixação dessa premissa, contudo, impõe um esclarecimento: a linguagem não será tomada, aqui, como foco temático, mas sim como índice temático (Edmund Husserl). Há diversas perspectivas cognoscitivas a respeito desse processo complexo que é o direito. As teorias jurídicas não se esgotam apenas no fenômeno linguístico; mas hoje parece inequívoco que todas elas passam por ele. Dessa forma, a utilização de categorias linguísticas tem por finalidade a melhor compreensão do fenômeno jurídico, dando a conhecê-lo, pois é inconcusso que as investigações sintáticas, semânticas e pragmáticas oferecem uma instrumentalização teórica capaz de aprofundar o conhecimento jurídico. E para o estudo da tributação federal sobre o agronegócio essas ferramentas serão indispensáveis às conclusões a que se pretende chegar.

Para o estudo da tributação federal sobre o agronegócio, como se verá, essas noções são preponderantes, tendo em vista que a demarcação do campo de estudo pressupõe uma delimitação semântica que o vocábulo "agronegócio" está a sugerir.

---

construído é, por força, *um conceito de conceitos;* se me permitem, direi: *um conceito ao quadrado.* (...) O conceito, nascido e formado do pensamento, deve, até certo ponto, sair deste, transferindo-se a uma ideia e, assim, tomar sede diversa no homem. Não vejo, ao menos por ora, outro meio para tal transferência que a linguagem. Assim, da formação interna se passa à formação externa do conceito; pudera dizer-se de sua *formação* à sua *expressão*". *Metodologia do direito.* Trad. Frederico A. Paschoal. Campinas: Bookseller, 2002, p. 62/68 (com destaques no original). A referência de que não há outro meio de transferência do mundo das ideias para o mundo exterior que não através da linguagem cai bem ao método aqui adotado. Hans-Georg Gadamer acentua nesse sentido que "o problema hermenêutico não é, pois, um problema de domínio correto da língua, mas de correto acordo sobre um assunto, que se dá no *medium* da linguagem. (...) A linguagem não é somente um dentre muitos dotes atribuídos ao homem que está no mundo, mas serve de base absoluta para que os homens tenham *mundo,* nela se representa *mundo.* Para o homem, o mundo está aí como mundo numa forma como não está para qualquer outro ser vivo que esteja no mundo. Mas esse estar-aí do mundo é constituído pela linguagem". *Verdade e método I: traços fundamentais de uma hermenêutica filosófica.* Trad. Flávio Paulo Meurer. 6. ed. Petrópolis: Vozes, 2004, p. 499 e 571.

1.4 A proposta dogmática e seu foco temático: o aspecto normativo

Já foi dito que a linha de pesquisa adotada ao longo deste trabalho seguirá a metodologia da Dogmática Jurídica. Contudo, é importante alicerçar melhor essas ideias, analisando o que vem a ser Dogmática Jurídica e quais as vantagens que esse modo de enxergar o direito oferece ao intérprete.

A Ciência do Direito em sentido estrito ou Dogmática Jurídica é um método de conhecimento jurídico que busca conhecer o direito como ele se apresenta, através de um corte radical nos seus aspectos extrínsecos para demarcar seu campo de investigação, realçando o dado puramente normativo e desvendando como os elementos que compõem o repertório do sistema jurídico interagem. Noutras palavras, aquele que se põe diante do contexto legislado animado pela posição dogmática tem em mira conhecer o direito que vige *hic et nunc*, enfocando, em atitude meramente epistemológica – vez que não se cogita de hierarquia entre as ciências, reafirme-se – a norma jurídica como centro de suas atenções e empregando, assim, *uma linguagem descritiva do direito positivo*, que é a linguagem-objeto que se esforça em conhecer. Nesse contexto, despreza-se o direito que já foi, porque não vale mais, e o direito que virá a ser, porque ainda não se o conhece; o que importa é o arcabouço jurídico em vigor. Posição nesse sentido, sobre descortinar as nuanças do enredo normativo, tem a virtude de poder ser classificada como estritamente jurídica, sem que sofra influências de fatores extra ou metajurídicos.[22]

Consequência direta e imediata do método escolhido é a definição do direito a partir dessa sua característica peculiar, que é exatamente seu aspecto normativo, razão por que o *direito*

22. Nesse sentido: LOUBET, Leonardo Furtado. "Lei Federal nº 10.833/03: a nova regra-matriz de incidência da COFINS e a violação ao princípio da anterioridade nonagesimal". *PIS/COFINS: questões atuais e polêmicas.* Coord. Marcelo Magalhães Peixoto e Octavio Campos Fischer. São Paulo: Quartier Latin, 2005, p. 769.

positivo pode ser definido como um conjunto de normas jurídicas válidas que regula a vida em sociedade, dentro de um dado tempo histórico e circunscrito a um determinado território.[23]

O que a Dogmática Jurídica propõe é a descrição, num plano metalinguístico, desse conjunto de normas, buscando revelar e sistematizar a organização dessas normas dentro de critérios hermenêuticos consistentes. Sua principal virtude é, em primeiro lugar, delimitar o campo especulativo, através de um corte metodológico muito claro no sentido de pôr em relevo apenas o aspecto normativo do direito, e mais, destacando somente as normas em vigor, e, passo adiante, dar a conhecer a organicidade dessas regras jurídicas, ajeitando-as dentro dos escalões verticais e horizontais prescritos no sistema jurídico.

Há que se fazer uma ponderação relevantíssima quanto a isso, contudo: *descrever* o sistema do direito positivo não significa empreender uma *interpretação literal* desse mesmo sistema. Longe disso. O que a Dogmática Jurídica sugere é uma interpretação sistemática e coerente das regras do direito, segundo postulados exegéticos bem torneados, afastando-se as contradições existentes no direito positivo, produto que é

23. Não se pode deixar de registrar que a expressão "norma jurídica válida", em certa medida, encerra um pleonasmo, porque ou é norma jurídica – e, portanto, é "válida", isto é, pertence ao conjunto normativo – ou não é norma jurídica. O tema da "validade" é dos mais intrincados da perspectiva da Filosofia do Direito e da Teoria Geral do Direito. Não caberiam neste estudo digressões a esse respeito. Apenas para não deixar a questão em aberto, porém, o vocábulo "validade" será tomado aqui como sinônimo de produção normativa de acordo com os padrões prescritos pelo sistema, sendo esse o sentido de seu uso ao longo de todo este estudo. Assim, norma válida é norma constitucional e norma inválida é norma inconstitucional. José Souto Maior Borges, em obra primorosa, acentua que "a validade de uma norma é identificável sempre que se verifica ter o órgão que a editou atuado dentro da competência que lhe conferiu o órgão superior e com observância dos requisitos processuais estabelecidos para a sua criação. Todas as leis vigentes no Brasil derivam sua validade da Constituição Federal que, nesse sentido, é o seu 'fundamento de validade'. Portanto, uma lei somente será válida se e enquanto compatível com a Constituição". *Lei complementar tributária.* São Paulo: Ed. RT, 1975, p. 39. Sobre a teoria da nulidade, vide: GAMA, Tácio Lacerda. *Competência tributária: fundamentos para uma teoria da nulidade.* 2. ed. São Paulo: Noeses, 2011.

dos heterogêneos parlamentos, para que, então, possa galgar o estágio de um *sistema*.[24]

O direito é, indiscutivelmente, um fenômeno complexo para cuja composição muitos ingredientes concorrem. O fato social, o valor, a justiça, a ética, a estabilidade social, enfim, há inúmeros fatores que estão presentes no direito. Hans Kelsen, no entanto, elegeu como seu foco de atenções um aspecto que é inerente a qualquer ordenamento jurídico: sua faceta normativa.[25]

O positivismo jurídico nada mais é do que uma teoria do direito que pretende conhecer seu objeto como ele se apresenta. É indisputável, portanto, a pujança que o positivismo jurídico – base do corte metodológico da Dogmática Jurídica – oferta para a compreensão do direito. Não por outra razão

---

24. "O caráter orgânico das realidades componentes do mundo que nos cerca e o caráter lógico do pensamento humano conduzem o homem a abordar as realidades que pretende estudar, sob critérios unitários, de alta utilidade científica e conveniência pedagógica, em tentativa de reconhecimento coerente e harmônico da composição de diversos elementos em um todo unitário, integrado em uma realidade maior. A esta composição de elementos, sob perspectiva unitária, se denomina sistema". ATALIBA, Geraldo. *Sistema constitucional tributário.* São Paulo: Ed. RT, 1968, p. 04.

25. "El derecho pude ser objeto del conocimiento de muy diversas maneras. (...) Apoyándose en la comparación de todos los fenómenos calificados como 'derecho', se puede investigar la esencia del derecho, su estructura típica, independientemente del contenido variante que ha tenido en las diferentes épocas y países. Esta es la tarea de una teoría general del derecho, es decir, de una teoría que no se limita a un determinado orden jurídico o a determinadas normas jurídicas. Esta teoría tiene que precisar el método específico y los conceptos fundamentales con los cuales es posible describir y concebir cualquier tipo de derecho; de esta manera, proporciona la fundamentación teorética de toda consideración que tenga por objeto un derecho o institución jurídica especial. La teoría pura del derecho quiere ser una *teoría general del derecho* de este tipo". *Que es la teoría pura del derecho*? México: Fontamara, 1993, p. 07/09. O mesmo impulso cognoscitivo é compartilhado por Norberto Bobbio, quando confessa que "entendo que o melhor modo para aproximar-se da experiência jurídica e apreender seus traços característicos é considerar o direito como um conjunto de normas, ou regras de conduta. Comecemos então por uma afirmação geral do gênero: *a experiência jurídica é uma experiência normativa*". *Teoria da norma jurídica.* 2. ed. Trad. Fernando Pavan Baptista e Ariani Bueno Sudatti. São Paulo: Edipro, 2003, p. 23 (destaque no original). Sobre as bases do positivismo jurídico, vide BOBBIO, Norberto. *O positivismo jurídico: lições de filosofia do direito.* Trad. Márcio Pugliesi, Edson Bini e Carlos E. Rodrigues. São Paulo: Ícone, 1995, p. 131/134.

Paulo de Barros Carvalho, invocando a teoria de Kelsen, esclarece que

> o direito não se esgota somente no espaço normativo, sendo, como de fato é, um fenômeno complexo, de várias faces, para a configuração do qual muitos fatores concorrem. Mas esta seria uma preocupação ontológica sobre o direito, enquanto aqui nosso objetivo é meramente epistemológico, buscando saber como é possível uma ciência que estude o direito, assim como ele se apresenta.[26]

Com efeito, o direito se apresenta em uma camada de linguagem cujo compromisso é estabelecer e regrar o agir das pessoas no convívio social. Vislumbrado o universo jurídico como um dado cultural, isto é, aquilo que é criado pelo homem para atingir certa finalidade, torna-se possível ao estudioso enxergar o fenômeno jurídico na sua inteireza estrutural, sempre fincado na premissa de que a linguagem prescritiva do direito tem uma e somente uma razão de ser: disciplinar as condutas inter-humanas. E para reger a conduta das pessoas em sociedade, o direito lança mão de regras cogentes, de normas jurídicas, que buscam orientar as pessoas para certos fins que a sociedade persegue. Se o direito não é só norma jurídica, a verdade é que a ciência que o estuda a partir dessa premissa tem muito a contribuir, haja vista que essa é uma característica inafastável do direito. Daí a importância da Dogmática Jurídica ou Ciência do Direito em sentido estrito, que é a ciência que estuda o direito enquanto um conjunto de normas jurídicas.

Esse, em breve pincelada, o núcleo duro do pensamento envolto no positivismo jurídico, oriundo da contribuição kelseniana e que serve de base à Dogmática Jurídica, cujo intuito é voltar os olhos para o caráter normativo do direito, delimitando-o como um conjunto de normas jurídicas, que tem por finalidade organizar a vida social – método a ser seguido nesta pesquisa.

---

26. *Curso de direito tributário*. 32. ed. São Paulo: Noeses, 2022, p. 71.

1.5 A norma jurídica como núcleo da homogeneidade sintática do sistema jurídico

Demarcada a vereda a ser seguida, bem como os métodos, os recursos científicos e as premissas deste trabalho, é intuitivo perceber que na afirmação segundo a qual o direito é um conjunto de normas que visa a disciplinar a conduta humana nas relações intersubjetivas está contida uma concepção epistemológica calcada na proposta dogmática, o que justifica a redução do direito a um conjunto de normas apenas para fins de estudo, eis que o direito é mais do que isso. Esse reducionismo, contudo, tem por objetivo a mantença, a fidelidade, das premissas eleitas.

Vai daí que, seguindo essa linha de raciocínio, o domínio do direito positivo, que se apresenta em uma camada de linguagem prescritiva cujo compromisso é estabelecer e regrar o agir das pessoas no convívio social, forma um *conjunto* de normas jurídicas, o que significa dizer que todo e qualquer elemento que estiver inserido nesse conjunto delineado será, necessariamente, norma jurídica.[27] Noutras palavras, é a sequência lógica do raciocínio que induz à conclusão de que, em sendo o direito positivo definido como um *conjunto* de normas jurídicas, todo e qualquer elemento que dele fizer parte será, necessariamente, norma jurídica, sob pena de não pertencer a esse conjunto. Assim, os enunciados encontradiços nos variados diplomas do arcabouço jurídico formarão as respectivas normas jurídicas que compõem o todo que é o direito positivo, nada obstante se encontrem em diversos escalões hierárquicos (de natureza constitucional, legal ou infralegal). Essas noções permitem entrever que, para a Ciência do Direito em sentido estrito, é a norma jurídica o elemento mais importante, o centro das atenções, seu foco temático.

27. Ou "fragmentos de normas", isto é, o conjunto dos enunciados que irá compor as normas jurídicas em sentido completo.

Para reger o convívio social, porém, o legislador, consciente ou inconscientemente, se vê às voltas de uma mesma estrutura lógica, isso para poder imprimir eficácia aos comandos que visa a ditar. Essa estrutura formal é notada a partir da perspectiva segundo a qual o legislador prevê fatos de possível ocorrência para, em relação a eles, *se* e *quando* acontecidos, estatuir determinadas consequências jurídicas. Essa estrutura dual, bimembre ou hipotético-condicional (uma hipótese que irradia uma dada consequência) está sempre presente nas regras do direito. *E é justamente essa característica comum que forma a homogeneidade sintática do sistema jurídico*. Essa a estrutura lógica de toda e qualquer norma jurídica, independentemente de seu conteúdo.[28]

Em consequência disso, a norma jurídica assim concebida serve de alicerce à homogeneidade sintática do sistema jurídico. Todas as regras de direito apresentam essa estrutura bipartida, formando a homogeneidade sintática ou lógica do sistema, ficando à espera da saturação de substância semântica para projetar-se sobre a região material das condutas humanas, com a riqueza e as mutações sociais que a pragmática vai impondo.[29]

---

28. Sobre a estrutura sintática homogênea das normas jurídicas, vide CARVALHO, Paulo de Barros. "O direito positivo como sistema homogêneo de enunciados deônticos". *Revista de direito tributário* nº 45. São Paulo: Malheiros, p. 35/36.

29. A respeito da definição de norma jurídica – tema extremamente profundo e, por isso mesmo, controverso no âmbito da Filosofia Jurídica e da Teoria Geral do Direito, o que, portanto, extrapola a investigação central desta pesquisa – vide, dentre outras relevantes obras: KELSEN, Hans. *Teoria pura do direito*. 5. ed. Trad. João Baptista Machado. Coimbra: Armênio Amado Editor, 1979, p. 22. Também de Kelsen: *Teoria Geral das Normas*. Trad. José Florentino Duarte. Porto Alegre: Sergio Antonio Fabris Editor, 1986, p. 01; ENGISCH, Karl. *Introdução ao pensamento jurídico*. Trad. J. Baptista Machado. 10. ed. Lisboa: Fundação Calouste Gulbenkian, p. 36; ROSS, Alf. *Direito e justiça*. Trad. Edson Bini. São Paulo: Edipro, 2003, p. 31 e 41; BOBBIO, Norberto. *Teoria da norma jurídica*. Trad. Fernando Pavan Baptista e Ariani Bueno Sudatti. 2. ed. São Paulo: Edipro, 2003, p. 72/73; GUASTINI, Ricardo. *Das fontes às normas*. Trad. Edson Bini. São Paulo: Quartier Latin, 2005, p. 83/84; PONTES DE MIRANDA. *Tratado de direito privado*. Atual. Vilson Rodrigues Alves. Campinas: Bookseller, 1999, t. I (Parte Geral), p. 49; REALE, Miguel. *Filosofia do direito*. 16. ed. São Paulo: Saraiva, 1994, p. 597; VILANOVA, Lourival. "Sobre o conceito do direito". *Escritos jurídicos e filosóficos*. São Paulo: Axis Mundi-IBET, 2003,

1.6 Pressupostos teóricos para circunscrever o tema

O desenvolvimento que se deu até aqui para análise do tema proposto passou pela definição das premissas metodológicas, sobretudo da indicação clara do enfoque normativo a ser empregado ao estudo. Pois bem, se assim o é, a consequência lógica e imediata desse modo de enxergar o direito é buscar respostas, *no interior do sistema,* de como é possível conceituar o agronegócio a partir de uma perspectiva puramente jurídica, para que só então se possa voltar os olhos para a tributação federal, que incide sobre esse setor da economia.

Sendo o agronegócio um conceito *a priori* econômico, não cairia bem àquele que diz debruçar-se sobre o fenômeno jurídico firme na proposta dogmática invocar definições extrajurídicas para demarcar seu campo de investigação, sob pena de trair suas próprias premissas e de comprometer todo o raciocínio desenvolvido.

Por esse motivo, a análise deve ficar circunscrita aos desdobramentos jurídicos que o assunto está a sugerir, assepsia metodológica essa que, afinal de contas, é a que interessa ao direito. Ao assim proceder, o intérprete realça o fenômeno segundo o qual a linguagem do direito (linguagem das normas) vai recobrindo todo o domínio do real-social, juridicizando os fatos sociais, naturais ou econômicos para seu código próprio, isto é, tornando-os fatos jurídicos, e aumentando, com isso, seu repertório. São as normas jurídicas que têm a força de transformar fatos preponderantemente econômicos em fatos jurídicos.

---

v. I, p. 57; FERRAZ JR., Tercio Sampaio. *Introdução ao estudo do direito: técnica, decisão, dominação.* 2. ed. São Paulo: Atlas, 1994, p. 118/119. Ainda do mesmo autor: *Conceito de sistema no direito.* São Paulo: Ed. RT, 1976, p. 142/143; *A ciência do direito.* 2. ed. São Paulo: Atlas, 1980, p. 50/51; *A norma jurídica.* Coord. Sérgio Ferraz. Rio de Janeiro: Freitas Bastos, 1980, p. 14/15. E ainda: DINIZ, Maria Helena. *Conceito de norma jurídica como problema de essência.* 4. ed. São Paulo: Saraiva, 2003, p. 54. Da mesma autora: *Compêndio de introdução à ciência do direito.* 25. ed. São Paulo: Saraiva, 2014, p. 406; CARVALHO, Paulo de Barros. *Curso de direito tributário.* 32. ed. São Paulo: Noeses, 2022, p. 38. Do mesmo autor: *Direito tributário, linguagem e método.* 8. ed. São Paulo: Noeses, 2021, p. 134/138; *Direito tributário:* fundamentos jurídicos da incidência. 10. ed. São Paulo: Saraiva, 2015, p. 45.

Diante disso, é fundamental perquirir como se dá esse mecanismo de juridicização dos fatos econômicos, com a consequente transformação em fatos jurídicos, dado que esse processo entremostra-se de inegável importância para a sistematização da tributação que recai sobre um dado setor econômico, que é o segmento do agronegócio.

1.6.1 A linguagem das normas como selecionadora de propriedades dos eventos sociais

As normas jurídicas detêm uma mesma estrutura formal ou lógica, que consiste na previsão de um fato de possível ocorrência (hipótese) que, uma vez acontecido, gera uma dada consequência jurídica estruturada sob o arquétipo de uma relação jurídica (consequente). Isso é inexorável. Seja na legislação civil, comercial, processual, penal ou tributária, essa estrutura lógica, necessariamente, estará presente, ainda que de maneira implícita – por isso que se afirmou ser esse o núcleo da homogeneidade sintática do sistema jurídico.

Agora, é importante perceber que para que uma dada ocorrência tenha relevância para o direito, isto é, para que se tenha a linguagem da facticidade jurídica, o legislador precisa tipificá-la, prevê-la, descrevê-la normativamente como suscitadora de efeitos jurídicos; caso contrário, aquele evento será estranho ou irrelevante para o direito. Por isso que a preocupação com o preciso delineamento normativo da hipótese de incidência assume crucial destaque para o direito, tendo em vista que, se assim não o for, o legislador pode ver frustrada sua expectativa de juridicizar determinados fatos sociais, o que gerará a ineficácia do sistema, notadamente no direito tributário, que é regido pelo princípio da tipicidade cerrada.

Para saber se um determinado fato interessa ou não ao direito posto, deve-se enfocar o rol das hipóteses normativas; tudo depende, pois, da qualificação normativa do fato. Para disciplinar condutas, num primeiro momento, o direito se projeta para o futuro, na tentativa de traçar o padrão de conduta social a ser seguido, estatuindo situações hipotéticas como hábeis para gerar consequências jurídicas. Nesse percurso do mundo fenomênico, são selecionados apenas alguns aspectos que ingressarão no mundo jurídico, tendo em vista que o fato social não adentra, todo ele, na sua completude, para o universo do direito. Isso significa que o "fato social bruto" não é transformado, todo ele, em fato jurídico – e nem poderia. O que faz o legislador é selecionar, linguisticamente, propriedades, atributos, características que esse fato deve apresentar para ser considerado fato jurídico, tracejando apenas os caracteres tidos por relevantes para sua identificação e desprezando-se os demais.[30]

Para que o direito possa projetar-se sobre a região material das condutas interpessoais, regrando-as, é necessário colocar em ação sua ferramenta básica, que é a norma jurídica. Daí a importância da descrição (normativa) do fato jurídico. Como os fatos são sempre mais ricos do que as normas (Pontes de Miranda), impõe-se a seleção de quais características dos fatos sociais são relevantes para o direito. O Professor Paulo de Barros Carvalho deixa isso muito claro na seguinte passagem de sua produção intelectual:

---

30. Geraldo Ataliba, tecendo considerações teóricas a respeito da aplicação desses conceitos à estrutura das normas tributárias, assinala que "na verdade, como a h.i. é um conceito (legal), não tem nem pode ter as características do objeto conceituado (descrito), mas recolhe e espelha certos caracteres, isolados do estado de fato conceituado, dele extraídos, na medida necessária ao preenchimento da função técnico-jurídica que lhe é assinalada, como categoria jurídica conceitual-normativa. Assim, a lei – ao descrever um estado de fato – limita-se a arrecadar certos caracteres que bem o definam, para os efeitos de criar uma h.i. Com isto, pode negligenciar outros caracteres do mesmo, que não sejam reputados essenciais à configuração de uma h.i. (...) Só interessam ao exegeta, no fato concreto subsumido à hipótese de incidência, os caracteres que tenham sido contemplados pela lei (h.i.). Os demais são desprezíveis, por irrelevantes". *Hipótese de incidência tributária.* 6. ed. São Paulo: Malheiros, 2002, p. 61. Como diz Lourival Vilanova, "o que determina quais propriedades entram, quais não entram, é o ato-de-valoração que preside à feitura da hipótese da norma", tendo em vista que "o fato se torna fato jurídico porque ingressa no universo do direito através da porta aberta que é a hipótese". *As estruturas lógicas e o sistema do direito positivo.* São Paulo: Ed. RT, 1977, p. 46.

> Mas lembremo-nos de que todo conceito definido é seletor de propriedades e o trabalho de seleção dos predicados que a ocorrência deve ter para fazer parte da descrição típica é de natureza axiológica. O legislador vai privilegiar apenas alguns dos predicados do fato social que pretende utilizar na articulação jurídica da norma. (...)
>
> Também merece registro a circunstância de que u'a metalinguagem é sempre redutora da linguagem-objeto de que se ocupa. E isso significa, em outros termos, que a linguagem do direito positivo reduz as complexidades da linguagem social, que lhe serve de objeto. Para talhar o desenho da classe de eventuais fatos ou para realizar a forma enunciativa do fato concreto, o legislador se vê na contingência de promover forte diminuição na multiplicidade intensiva e extensiva dos acontecimentos da realidade social. Sem descartar uma infinidade de traços julgados irrelevantes, o legislador nunca produziria o fato jurídico, como o economista não isolaria o fato econômico, como o historiador, o fato histórico, como o biólogo, o fato biológico. Toda linguagem de sobrenível simplifica necessariamente a linguagem de nível inferior. E cumprindo a tarefa de qualificar normativamente situações da vida social, o direito não poderia escapar desse princípio axiomático.[31]

O mesmo acontece em relação ao agronegócio. Como se verá, o legislador descreve algumas características para *identificação jurídica* das atividades econômicas desse segmento – embora de maneira confusa e insuficiente, registre-se desde logo. Com isso, juridiciza esses fatos econômicos, transformando-os em fatos jurídicos (ou melhor, em hipóteses normativas, que é a marcação das normas gerais e abstratas) e trazendo relevância, dessa forma, para um estudo jurídico da tributação que recai sobre esse setor.

31. *Direito tributário: fundamentos jurídicos da incidência.* 10. ed. São Paulo: Saraiva, 2015, p. 152/154 (com destaques no original). Noutro trecho da mesma obra, Paulo de Barros Carvalho corrobora essa lição ao aduzir que "o suposto, qualificando normativamente sucessos do mundo real-social, como todos os demais conceitos, é seletor de propriedades, operando como redutor das complexidades dos acontecimentos recolhidos valorativamente. (...) Apresentam-se como seletores de propriedades, e os antecedentes normativos, conceitos jurídicos que são, elegem aspectos determinados, promovendo cortes no fato bruto tomado como ponto de referência para as consequências normativas. E essa seletividade tem caráter eminentemente axiológico". *Op. cit.*, p. 50.

1.6.2 Os enunciados conotativos das normas gerais e abstratas e a teoria das classes

Quando se diz que o legislador, para regrar a vida em sociedade, necessita criar normas jurídicas, isso significa que é imperiosa a seleção das características que os fatos sociais devem apresentar para que se tornem jurídicos, de tal modo a surtirem os efeitos normativos desejados. É através da correta confecção dessas normas que fica divisado o direito do "não-direito", vale dizer, o conjunto dos fatos jurídicos em contraponto ao conjunto dos fatos não jurídicos, irrelevantes para o direito.

Assim, o legislador seleciona, de acordo com seus padrões axiológicos, quais fatos sociais merecem ser regidos e tutelados pelo ordenamento jurídico. A partir daí, seguindo o procedimento próprio previsto no ordenamento, cria a norma jurídica e a introduz no sistema, por intermédio do veículo competente (lei complementar, lei ordinária, decreto etc.). Desse momento em diante – e desde que tenham sido observados todos os passos prescritos pelo sistema – essa norma já poderá ser aplicada sempre que ocorrido o fato por ela previsto no contexto social.[32]

---

32. Como bem esclarece Charles William McNaughton, "tais considerações nos fazem retroceder a outras de linhas precedentes, das quais discorremos, que o direito positivo, para regulamentar condutas, vincula certas circunstâncias, descritas na hipótese, a determinadas consequências jurídicas, descritas no consequente, que reputa relevantes. Ora, como já vimos, tais 'circunstâncias' não podem estar 'contidas' elas mesmas, no antecedente das normas; são apenas conceituadas. (...) Essa função classificadora é atribuída ao antecedente de certas normas que descrevem situações e prescrevem que deverão ter uma determinada consequência – e não outra – quando se sucederem na realidade fenomênica. (...) Pode-se refletir como isso se opera no direito tributário, se atinarmos à competência tributária e às diversas materialidades dos tributos, que nada mais são do que conceitos elaborados pelo constituinte originário. Mas, o legislador tem de trabalhar em um processo de seleção, porque lida, em um primeiro momento, com um 'conjunto universo' de possibilidades. (...) Nesse sentido, aplicar a norma geral e abstrata é construir um enunciado que demonstre a inclusão de uma classe unitária em uma classe geral, no antecedente, e no consequente constitua uma relação-elemento que pertença à relação-classe prevista na hipótese da norma abstrata. A incidência torna-se sinônimo e pertinência objetivada pelo operador do direito. A 'não incidência', por outro lado, é a não pertinência". *A regra-matriz de incidência tributária e a teoria das classes.* São Paulo: PUC/COGEAE, 2005. Obra inédita, p. 16/21.

Acontece, todavia, que a técnica de seleção e, em especial, de identificação dos fatos encarados como relevantes para o direito não é um processo simples. Com efeito, muito embora às vezes sejam louváveis as razões que inspiraram a produção de determinada norma jurídica, sua aplicabilidade fica comprometida em virtude de um arranjo lógico-semântico defeituoso na compostura dos enunciados prescritivos.

Aliás, boa parte dos problemas jurídicos são problemas semânticos na elaboração dos conceitos normativos. Por isso que o uso adequado do vernáculo na elaboração dos textos normativos, com a observância de todas as regras gramaticais impostas pela língua, é um passo decisivo para sua eficácia, quase que um pressuposto mesmo.

É por essa razão que tanto maior será a eficácia de uma norma jurídica quanto maior for o esmero na função selecionadora de propriedades dos fatos sociais para identificação dos fatos jurídicos.

O grau de eficácia social de uma norma não está vinculado, apenas, ao bom uso do idioma na edição de textos normativos, estando envolvidas também circunstâncias de outra ordem; contudo, é inegável que o correto manejo dos signos linguísticos na construção dos enunciados prescritivos é uma imposição apriorística para que os comandos jurídicos sejam respeitados.

Vai daí que, como é impossível ao direito apreender como um todo o fato social na sua riqueza de atributos, o legislador se vê no dever de selecionar, com rigor, quais as características importantes que o fato social deve apresentar para que a regra de direito incida, orientando a conduta humana segundo a vontade do político. Esse esquadro que se delineia é próprio das normas gerais e abstratas.

Nessas, os enunciados são construídos na sua vertente reguladora hipotética, de modo que a imposição lógica que prevalece é aquela em que o descritor da norma assume primordial caráter seletivo. A hipótese da norma esboça marcas, traços, caracteres, notas de um determinado acontecimento de possível ocorrência no "mundo da vida" como suficientes para propagação de efeitos de direito. Enunciados assim construídos, que selecionam notas dos fatos sociais, assumem função de conotação.[33]

Por isso tudo que a hipótese das normas gerais e abstratas não contém o fato, mas as notas sobre o fato. Sua função é reger as condutas humanas, tendendo a apreendê-las como um todo, e não captar certo acontecimento devidamente identificado nas suas coordenadas de espaço e de tempo de modo isolado.

Ao descreverem características ou notas sobre os fatos, as normas gerais e abstratas acabam por se estruturarem logicamente segundo a Teoria das Classes ou Teoria dos Conjuntos; aliás, isso tanto em relação à hipótese (descritor), como quanto ao consequente (prescritor). Isso porque os enunciados conotativos das normas gerais e abstratas, uma vez que indicam características factuais, acabam por formar conjuntos de elementos, a saber, o conjunto dos elementos normativos, de tal sorte que um determinado fato social só será jurídico se apresentar todas as características (critérios) previstas

33. "É bom lembrar que se constrói uma classe ou conjunto enumerando os indivíduos que a compõem, ou indicando as notas ou nota que o indivíduo precisa ter para pertencer à classe ou conjunto. A primeira é a forma tabular; a segunda, forma de construção. A modalidade em que, quase sempre, se manifesta a proposição normativa geral e abstrata não é a forma tabular, mas a forma de construção. *Nela se estatuem as notas (conotação) que os sujeitos ou as ações devem ter para pertencerem ao conjunto. A relação de pertinencialidade é determinada conotacionalmente.* Este o modo mais frequente no direito positivo. Seria infindável formar classes pela enumeração dos indivíduos ou ações, já que o real é irrepetível e a experiência é infinita e inesgotável. (...) É bom ter presente que a formação desses segmentos linguísticos com sentido completo pressupõe um processo seletivo, com a eleição dos traços julgados mais relevantes para a identificação do objeto da experiência, refletindo não o real, mas um ponto de vista sobre o real, como salienta Samira Chalhub. (...) Nos enunciados que se projetem para o futuro, selecionando marcas, aspectos, pontos de vista, linhas, traços, caracteres, que não se refiram a um acontecimento isolado, mas que se prestem a um número indeterminado de situações, reconheceremos as previsões típicas que aparecem nos antecedentes normativos, de feição predominantemente conotativa. Chamá-los-emos 'enunciados conotativos' e diremos que frequentam as normas jurídicas gerais e abstratas". CARVALHO, Paulo de Barros. *Direito tributário: fundamentos jurídicos da incidência.* 10. ed. São Paulo: Saraiva, 2015, p. 145/147 (sem destaques no original).

hipoteticamente pelo direito, o que se denomina de subsunção. Não há outra forma.[34]

Assim, existirão, por exemplo, as classes das "hipóteses", como as classes das "bases de cálculo" e as classes ou conjuntos dos "sujeitos passivos". Para que determinado fato possa ser enquadrado nesse conjunto normativo deve ostentar, necessariamente, todos os critérios indicados pelo legislador, para que se afira a relação de pertinencialidade.[35]

Essas noções lógicas são sobremaneira importantes, na medida em que a compreensão atilada da disciplina jurídica das atividades econômicas do agronegócio passa por esses enfoques, dado que no conjunto das normas jurídico-tributárias identificar-se-á o subconjunto das normas jurídico-tributárias que regem esse segmento econômico, a partir do qual é possível identificar o *"sub-subconjunto"* das normas jurídico-tributárias federais que tocam a atividade fruto destas reflexões.[36]

---

34. "A comparação entre os objetos e, por conseguinte, entre as imagens, leva-nos a comprovar que entre eles há alguns que têm certa qualidade idêntica ou comum, e outros não. Assim, os objetos se dividem em classes, e a comparação, como foi indicado, encabeça a classificação. Classificação quer dizer apenas a distribuição dos objetos em grupos homogêneos; a homogeneidade está determinada pela comunidade ou identidade de um número maior ou menor de caracteres; por isso, a classe não é mais que um grupo homogêneo de objetos; a qualidade escolhida para o agrupamento, ou seja, a base pela qual se determina a homogeneidade ou a heterogeneidade dos objetos é o que se chama o critério ou o índice da classificação". CARNELUTTI, Francesco. *Metodologia do direito.* Trad. Frederico A. Paschoal. Campinas: Bookseller, 2002, p. 57/58.

35. Sobre teoria das classes, vide RUSSELL, Bertrand. *Introdução à filosofia matemática.* Trad. Maria Luiza X. de A. Borges. Rio de Janeiro: Zahar, 2007, p. 215/229.

36. Com relação aos conceitos econômicos e a forma com que o direito os decodifica, é impossível não lembrar da teoria sistêmica de Niklas Luhmann. Isso porque os conceitos econômicos não são simplesmente "transplantados" para o interior do sistema jurídico, como se fossem meras reproduções. Pelo contrário, o direito trabalha com sua função, código e programa próprios. Vide a respeito: LUHMANN, Niklas. *El derecho de la sociedad.* Trad. Javier Torres Naffarrete. México: Universidad Iberoamericana, 2002, p. 181 e 508/509; "The coding of the legal system". *State, law and economy as autopoietic systems: regulation and autonomy in a new perspective.* Org. Gunther Teubner e Alberto Febbrajo. Milão: Dott. A. Giuffrè Editore, 1992, p. 151. Ainda sobre a teoria luhmanniana: ARAÚJO, Clarice von Oertzen. *Semiótica do direito.* São Paulo: Quartier Latin, 2005, p. 62; VALVERDE, Gustavo Sampaio. *Coisa julgada em matéria tributária.* São Paulo: Quartier Latin, 2004, p. 48 e 55;

1.7 Aplicação do conhecimento científico para solução dos problemas jurídicos do cotidiano: colocando as teorias em funcionamento

Este trabalho propõe-se a examinar a tributação federal que onera o agronegócio. Contudo, o que se viu até aqui foram considerações de ordem propedêutica que se hospedam no elevado grau da Filosofia do Direito, da Teoria Geral do Direito, da Lógica Jurídica e da Semiótica Jurídica, que, ao que parece, estão distantes das atividades do agronegócio e dos respectivos tributos aí incidentes e que, ao que tudo indica, nada têm que ver com o tema eleito.

Não é bem assim, entretanto. De fato, o que se buscou fazer até aqui foi "preparar o terreno" (falando em agronegócio) para que se possa plantar as ideias que se procurarão defender com consistência, de modo que as conclusões germinem em solo fértil. E para que isso se tornasse factível, era fundamental fazer incursões panorâmicas sobre o sistema jurídico como um todo e as inúmeras possibilidades investigativas que oferece, passando-se, a partir daí, aos constantes e sequenciais cortes metodológicos, para poder imprimir coerência e coesão ao raciocínio.

Não se trata, portanto, de um discurso distante ou alheio ao objeto de estudo, como se fosse um trecho desconexo com o exame da tributação. Longe disso. *Nutre-se neste trabalho, com todo o vigor que as convicções despertam no espírito do estudioso, a crença inarredável de que não se faz ciência longe dos objetos da experiência.* Não por outra razão, Lourival Vilanova propugnava que o jurista é o ponto de intersecção entre a teoria e a prática, entre a ciência e a experiência.[37]

CAMPILONGO, Celso Fernandes. *Política, sistema jurídico e decisão judicial.* São Paulo: Max Limonad, 2002, p. 66 e 100.

37. "Fundamentos do Estado de Direito". *Escritos jurídicos e filosóficos.* São Paulo: Axis Mundi-IBET, 2003, v. I, p. 414. A essa lapidar lição pode ser adicionada outra, também lapidar, de Pontes de Miranda, para quem não existe diferença entre teoria e prática: ou se conhece o objeto ou não se o conhece. Celso Antônio Bandeira de

Dito isso, quadra esclarecer que o objetivo das palavras tecidas nas páginas anteriores foi, sobretudo, propiciar ao leitor um enfoque claro da proposta assumida para o estudo da tributação federal sobre o agronegócio. Sobre conferir homogeneidade ao objeto de estudo, postura cognoscitiva assim inspirada tem a virtude de poder ser testada na vivência empírica, que é a razão de qualquer esforço científico.

Pois bem, como já se pôde perceber, o tema eleito versa não sobre uma determinada categoria jurídico-tributária, como imunidade, isenção ou lançamento, dentre outras; nem muito menos sobre uma dada espécie tributária, como as taxas, as contribuições, o imposto sobre a renda ou o imposto sobre serviços de qualquer natureza. Não. O objeto da obra é perquirir a tributação que recai sobre um determinado segmento econômico: as operações que marcam o agronegócio.[38]

Registre-se, com letra indelével, no entanto, *que não é intenção interpretar o direito a partir da economia,* mas sim tomar um determinado segmento econômico como paradigma para aplicar o ferramental teórico oferecido pela ciência. A ideia, desde o início e, mormente, daqui em diante, é falar

---

Mello, com rara felicidade, conseguiu sintetizar o objetivo da ciência ao dizer que "a solução concreta dos problemas jurídicos – alvo da preocupação de todas as pessoas que tratam com este ramo da ciência – há de decorrer, necessariamente, com maior proveito e fecundidade, de quanto se esteja instrumentado com um arsenal teórico". "Introdução". *Elementos de direito tributário: notas taquigráficas do III Curso de Especialização em Direito Tributário, realizado pela Pontifícia Universidade Católica de São Paulo.* Coord. Geraldo Ataliba. Ed. RT, 1978, p. 01.

38. Essa é uma tendência que se nota nos recentes trabalhos produzidos nas academias brasileiras, no sentido de isolar um determinado segmento econômico para, então, perscrutar o feixe de normas tributárias incidente sobre ele, identificando os problemas a que se sujeita e buscando soluções compatíveis à luz do ordenamento constitucional-tributário. Nesse sentido são as pesquisas coordenadas por Eurico Marcos Diniz de Santi na Fundação Getúlio Vargas de São Paulo. Vide *Curso de direito tributário e finanças públicas: do fato à norma, da realidade ao conceito jurídico.* São Paulo: Saraiva, 2008; *Tributação das empresas.* São Paulo: Quartier Latin, 2006. Pode ser tomado como paradigma também a obra *Tributação no setor de petróleo.* Coord. Heleno Taveira Tôrres e Marcos André Vinhas Catão. São Paulo: Quartier Latin, 2005. E ainda o trabalho de Daniela de Andrade Braghetta. *Tributação no comércio eletrônico à luz da teoria comunicacional do direito.* São Paulo: Quartier Latin, 2003.

da teoria não por ela própria, solta, longe da realidade social a que se propõe servir, e sim dar concretude às reflexões epistemológicas, promovendo a aliança efetiva entre o jurista dogmático e o mundo que lhe cerca. Em suma: *o objetivo é colocar as teorias em funcionamento*. Nessa perspectiva é que se procurará não *discorrer* sobre as teorias, mas *aplicá-las*, tentando demonstrar que qualquer problema jurídico – inclusive, portanto, a tributação no agronegócio – pode ser resolvido, com firmeza e precisão, pelo raciocínio científico bem construído.

É exatamente essa a proposta deste trabalho. Porém, para que se possa pesquisar a tributação que grava o setor, dois desafios saltam à evidência: (i) em primeiro lugar, delimitar, com exatidão, o que vem a ser o "agronegócio"; (ii) e, a partir disso, examinar as normas tributárias que interessam a esse segmento econômico.

Somente depois de definir o plano de abordagem é que o estudioso tem condições de aproximar-se de seu objeto de estudo, *demarcando-o, amarrando-o;* e somente depois de cumprida essa etapa é que tem condições de examinar e organizar as normas tributárias que percutem na atividade econômica eleita nas suas relações de subordinação e coordenação, revelando suas peculiaridades e desdobramentos, *sistematizando-as*, portanto. Em síntese: buscar-se-á a demarcação precisa do objeto e, então, estudar-se-á a tributação federal que recai sobre ele. Para isso, guardando fidelidade às premissas eleitas, *a delimitação do objeto de estudo será feita, necessariamente, através das normas jurídicas.*[39]

Para lograr êxito na empresa de se delinear o que vem a ser "agronegócio", uma ferramenta teórica utilíssima ganha destaque: trata-se da *regra-matriz de incidência tributária*, que estrutura logicamente a norma jurídico-tributária em sentido estrito, que é a que define a incidência do tributo.[40]

39. Como salientava Pontes de Miranda, o jurista conhece os fatos através das normas.

40. CARVALHO, Paulo de Barros. *Curso de direito tributário*. 32. ed. São Paulo: Noeses, 2022, p. 243.

Noutras palavras, para circundar as atividades do agronegócio, isolando-as das demais operações econômicas, a regra-matriz se revela um instrumento científico-dogmático poderoso, na medida em que é examinando os critérios material (mais precisamente o *complemento* do verbo), espacial (o local onde essas operações jurídicas ocorrem) e pessoal (na subclasse dos sujeitos passivos), que se poderá demarcar o objeto cognoscente "agronegócio".

É chegado o momento, pois, de fazer funcionar essas engrenagens teóricas, colocando-as a serviço do progresso científico. Desse modo, a demarcação do objeto "agronegócio" será feita por intermédio das normas que o definem, direta ou indiretamente, explícita ou implicitamente, com o que se confere unidade ao discurso e unicidade ao campo de especulações. Deparando-se diante de um imenso cipoal de possibilidades investigativas, o intérprete vai, arbitrariamente, recortando a realidade social, focando-se apenas nos aspectos normativos do direito para, a partir das normas, lograr surpreender o agronegócio e, passo adiante, estudar as normas tributárias que regem esse segmento econômico.[41]

É isso a que se propõe esta obra. O intuito é, no plano metalinguístico, identificar, demarcar, sistematizar e descrever as normas que permitem a identificação – jurídica – do agronegócio, para, em seguida, proceder da mesma forma em relação aos respectivos tributos que gravam o setor com especificidade. Porém, para que a pesquisa não se perca no oceano vastíssimo das possibilidades de exame, o estudo cingir-se-á aos tributos federais, e mais, o enfoque que será dado ficará circunscrito ao subdomínio das normas gerais e abstratas, promovendo a análise apenas dos comandos normativos hipotéticos, sem se adentrar na investigação da *aplicação* desses

41. "É preciso remarcar que a maneira que o homem tem de se apropriar da realidade, organizando seu raciocínio sobre os fatos e as coisas que o rodeiam, é, basicamente, estabelecendo conceitos e tipos, categorias com distintos graus de generalidade e abstração". COSTA, Regina Helena. *Praticabilidade e justiça tributária: exequibilidade da lei tributária e direitos do contribuinte.* São Paulo: Malheiros, 2007, p. 30.

comandos, o que pressuporia examinar também as normas individuais e concretas. Far-se-á, portanto, um estudo da estática jurídica das normas da tributação do agronegócio, situando-as no respectivo escalonamento hierárquico próprio da dinâmica jurídica, sem que se prossiga, todavia, até o ponto das normas individuais e concretas no que tange ao tema.

Nada obstante o enfoque dado fique restrito à perquirição das normas gerais e abstratas, isso não impede, contudo, que a pesquisa seja orientada também pela constante análise da *experiência jurídica*, ou seja, de como os agentes aplicadores da lei têm se posicionado acerca dos assuntos colocados, assim os órgãos do Poder Judiciário, como os Tribunais Administrativos, traçando-se um paralelo, com isso, entre a ciência e a jurisprudência.

1.8 Isolando o objeto de estudo

Dizer que esta pesquisa está preordenada a conhecer seu objeto a partir de um discurso coeso, isto é, afirmar que o método investigativo utilizado será o normativo significa reconhecer que o estudioso deve procurar suas respostas no interior do sistema jurídico, sem se deixar tomar por conceitos extra ou metajurídicos.

Essa não é uma tarefa fácil, há que se reconhecer. Não são raras as vezes em que o jurista, diante da dificuldade, é tentado a incorporar ao seu raciocínio um argumento econômico, social ou político para justificar seu ponto de vista, que – supõe-se – é puramente jurídico. É nessas horas que a ciência se enfraquece. Ao assim proceder, o hermeneuta trai a si próprio; engana a si mesmo e rompe a confiança que o seu interlocutor lhe deposita. E o que é pior: sua empreitada perde seu valor científico, pois não irá atender aos objetivos propostos pela pesquisa. Quando muito, terá valor meramente informativo, histórico, social; jamais terá densidade científica.[42]

---

42. "Expressando-me de outra maneira, estou convicto de que o discurso da Ciência será tanto mais profundo quanto mais se ativer, o autor, ao modelo filosófico por ele

Para não incorrer nesse erro grave, o isolamento temático do objeto de estudo – a tributação federal que incide sobre o agronegócio – há de seguir na linha estreita que o caminho das normas indica. Isso tanto em relação às atividades eleitas como paradigma de investigação (agronegócio), quanto no que diz respeito à tributação respectiva. Em síntese: para demarcar com segurança seu campo de especulações, o jurista deve buscar suas respostas no único material com que sabe trabalhar, sua verdadeira matéria-prima: as normas jurídicas.

Nos itens que se seguirão, o objetivo proposto será identificar critérios jurídicos para se delimitar o "agronegócio", demarcando-o, sistematizando-o e descrevendo-o. Isso tudo através das normas jurídicas que propiciam essa tarefa. Noutras palavras, o delineamento das atividades que marcam o agronegócio será feito somente através de normas jurídicas, sem se fazer concessões de qualquer ordem e sem se abandonar, um momento sequer, a pureza metódica. Com isso, a homogeneidade do discurso científico ficará preservada.

Já a análise da tributação que recai sobre o agronegócio, dada a riqueza de aspectos a serem considerados, será realizada nos demais capítulos deste estudo, de maneira separada.

1.8.1 Vaguidade (à exaustão) do vocábulo "agronegócio"

O objeto deste trabalho é a tributação federal no agronegócio. Sem muito esforço, é possível saber o que é "tributo" e sua respectiva atividade, a "tributação". Há uma infinidade de textos científicos produzidos a esse respeito. O mesmo se diga quanto à divisão da competência tributária entre "federal", "estadual", "distrital" e "municipal".

Agora, em relação ao signo linguístico "agronegócio", a irradiação semântica desse vocábulo não é assim tão simplória. Muito pelo contrário, não é comum esse vocábulo

eleito para estimular sua investigação". CARVALHO, Paulo de Barros. *Direito tributário, linguagem e método*. 8. ed. São Paulo: Noeses, 2021, p. 03.

aparecer quer nos escritos doutrinários, quer no ambiente jurisprudencial.

Essa palavra não é nem mesmo identificada nos enunciados do direito positivo. Os termos próximos são "rural", "atividade rural", "propriedade rural", "empregador rural", "rurícola", "agrícola", "agricultura", "pecuária", "agropecuária", "agroindústria" e outros signos semelhantes, no plano da linguagem do direito posto, e, quando muito, "Direito Agrário", na plataforma metalinguística da ciência.

Trata-se, em certa medida, de um neologismo. Essa expressão veio a ser incorporada à realidade brasileira pelos utentes da linguagem a partir da influência dos economistas, ao importarem a palavra inglesa *agribusiness*. O que se procura designar com esse signo linguístico é o conjunto de operações econômicas que abarca toda a cadeia produtiva do meio rural, desde as atividades anteriores à produção, como fornecimento de insumos, defensivos agrícolas, máquinas e outros, passando pela produção agropecuária em si mesma considerada até chegar à comercialização desses produtos, bem como as políticas públicas para o setor.

Como registra João Eduardo Lopes Queiroz, a primeira aparição do termo *agribusiness* foi notada na obra dos economistas americanos John H. Davis e Ray A. Goldberg, em 1957. A definição proposta pelos autores estrangeiros é de que *agribusiness* (ou agronegócio) é "a soma das operações de produção e distribuição de suprimentos agrícolas, das operações de produção nas unidades agrícolas, do armazenamento, processamento e distribuição dos produtos agrícolas e itens produzidos a partir deles".[43]

Pelo que se pode notar, cuida-se de conceituação permeada de categorias econômicas, que tem por objetivo descrever

43. DAVIS, John H.; GOLDBERG, Ray. *A concept of agribusiness*. New York, Alpine, 1957, p. 136. *Apud* QUEIROZ, João Eduardo Lopes. "Direito do agronegócio: é possível a sua existência autônoma?". *Direito do agronegócio*. Coord. Márcia Walquíria Batista dos Santos e João Eduardo Lopes Queiroz. Belo Horizonte: Fórum, 2005, p. 26.

as relações econômicas desse setor. Mas é preciso esclarecer que essa definição não é pacífica, havendo outros estudiosos que sugerem distintos ingredientes.[44]

Ao enfrentar o tema, João Eduardo Lopes Queiroz, valendo-se da obra de Massilon J. Araújo, propõe uma análise a partir de três desdobramentos: (i) "segmentos antes da porteira", (ii) "segmentos dentro da porteira" e (iii) "segmentos depois da porteira".

O primeiro aspecto teria por finalidade enfocar a cadeia de atividades anteriores à produção, subdividindo-se em (i.a) insumos para a agropecuária (corretivos de solo, fertilizantes, agroquímicos, compostos orgânicos, rações etc.); (i.b) as inter-relações de produtores de insumos com agropecuaristas (comercialização de máquinas e suprimentos agrícolas); (i.c) e os serviços agropecuários (pesquisas, assistência técnica, análises laboratoriais, planejamento agrônomo etc.).

Já o denominado "segmento dentro da porteira" consistiria na produção agropecuária propriamente dita, vale dizer, as atividades em si mesmas consideradas desenvolvidas pelos produtores, como, por exemplo, a agricultura e a pecuária.

Por fim, o "segmento fora da porteira" teria por objetivo explicar as etapas de processamento e distribuição de produtos agropecuários, até atingir os consumidores, envolvendo diferentes agentes econômicos, como o comércio, a indústria, as autoridades governamentais, dentre outras.[45]

Não é difícil perceber a partir desse contexto que o uso da palavra "agronegócio" é cambiante, incerto, sendo empregado

44. Para exame de outras conceituações econômicas, que escapam ao objeto de análise deste trabalho, vide QUEIROZ, João Eduardo Lopes. "Direito do agronegócio: é possível a sua existência autônoma?". *Direito do agronegócio.* Coord. Márcia Walquíria Batista dos Santos e João Eduardo Lopes Queiroz. Belo Horizonte: Fórum, 2005, p. 26/27.

45. QUEIROZ, João Eduardo Lopes. "Direito do agronegócio: é possível a sua existência autônoma?". *Direito do agronegócio.* Coord. Márcia Walquíria Batista dos Santos e João Eduardo Lopes Queiroz. Belo Horizonte: Fórum, 2005, p. 26/27.

ora para demarcar as atividades apenas da produção rural em si mesma tomada, ora para descrever as relações econômicas de toda a cadeia produtiva, antes, durante e após a produção, abrangendo não só os agentes econômicos, como também o Poder Público, no que tange à fixação de preços e concessão de subsídios. E mais: sua utilização tem-se dado no bojo da linguagem descritiva econômica, para explicar, portanto, as relações econômicas que o conceito agrega.

Alf Ross tem passagem célebre, sempre recordada, no sentido de que todas as palavras são vagas e potencialmente ambíguas.[46] Se é isso que se dá com as palavras em geral, no caso do "agronegócio" a vaguidade é mais acentuada ainda, na medida em que faltam critérios de uso claros para o emprego desse signo linguístico. Com efeito, vezes há em que esse vocábulo é utilizado para designar o indivíduo que desempenha uma determinada atividade, ao passo que em outras ocasiões seu uso busca designar a atividade especificamente considerada. Porém, sempre de maneira solta, acriteriosa, despida de cuidado científico.

Poder-se-ia pensar, então, diante desses problemas, que seria o caso de se abandonar essa expressão, porque ela em nada colaboraria para a transmissão das ideias, mormente no plano de uma pesquisa que se pretende rigorosa da perspectiva terminológica, inspirada pela Filosofia Analítica e pela Semiótica Jurídica.

Isso não é necessário. É que o estudioso não pode ignorar a força pragmática que esse signo linguístico angariou na linguagem social, em geral, e econômica, em particular. Bem ou mal, ainda que a demarcação semântica dessa palavra não esteja bem definida, é inequívoco que o vocábulo exerce um papel importante na sociedade, denotando, ainda que

---

46. ROSS, Alf. *Direito e justiça*. Trad. Edson Bini. São Paulo: Edipro, 2003, 143. Em primoroso trabalho, Eros Roberto Grau salienta que "a perturbação do pensamento claro e da expressão lúcida, relativamente à compreensão dos conceitos, resulta, fundamentalmente, da circunstância de serem ambíguos ou imprecisos os seus termos". "Notas sobre os conceitos jurídicos". *Revista de direito público* nº 74, p. 217.

fluidamente, um conjunto de atividades que tem peso considerável na economia brasileira.

A solução, pois, não é dar as costas a essa palavra, desprezando-a. O que deve ser feito é a indicação dos critérios de uso desse signo linguístico, procurando determinar as fronteiras semânticas em que é cabível seu emprego. Até mesmo porque – e esse é o ponto central da questão – a definição de "agronegócio" que se propõe fazer não será fincada na linguagem econômica, mas sim a partir dos enunciados dos textos do direito positivo, ou seja, a intenção é construir um *conceito jurídico* de agronegócio, e não econômico.

1.8.2 Em busca do conceito de "agronegócio": a definição de "atividade rural" pelo direito positivo

Como já foi advertido, o direito posto não conceitua o "agronegócio". Isso, no entanto, não é motivo para preocupações; a proposta acadêmica não está perdida. Há que se ter calma e serenidade nesses momentos para se afirmar, com segurança: o direito positivo também não define "República", "isonomia", "federação", "imunidade tributária", "competência tributária", "responsabilidade tributária", "isenção tributária" e tantos outros conceitos jurídicos e nem por isso a doutrina de Direito Constitucional e de Direito Tributário viu obstáculo em identificar e descrever, no plano científico, essas categorias jurídico-prescritivas.

Para que seja possível a construção metalinguística do conceito jurídico de "agronegócio", o hermeneuta deve iniciar sua empreitada epistemológica pelas referências à "atividade rural" no direito positivo. Mas, destaque-se desde logo, o sistema jurídico-positivo também não define "atividade rural". O que faz o legislador, em diversas passagens, é referir-se, de maneira imprecisa, à atividade rural, sem conceituá-la, porém.

Sucede que não é tarefa do legislador mesmo definir ou conceituar as coisas do direito; sua função é prescrever condutas interpessoais, disciplinando a vida em sociedade. Essa missão é confiada à ciência.[47] Desse modo, o intuito aqui é identificar, no sistema, enunciados que formem a noção de "atividade rural" para, a partir daí, arquitetar o conceito de "agronegócio", no plano da sobrelinguagem.[48]

É importante, destarte, averiguar o que estabeleceu o direito posto sobre esse tema. Há diversos enunciados prescritivos, de variados escalões – inclusive de índole constitucional – que estão preordenados a regulamentar a atividade rural. Seja no âmbito trabalhista, seja na esfera tributária, não é de hoje que o legislador se preocupa em disciplinar o que se passa no meio rural.

Diante disso, optou-se por pinçar alguns dispositivos que guardam relação com a atividade rural, a fim de que se possa identificar e construir no arcabouço do ordenamento esse conceito, *sem esgotar o repertório normativo,* contudo, pois isso praticamente inviabilizaria a pesquisa. Melhor esclarecendo, para construir o conceito não é necessário repassar, um a um, os dispositivos que dizem respeito à atividade rural. Afinal, o conceito nada mais é do que uma entidade lógico-teórica que tem por finalidade representar linguisticamente o objeto a ser definido; caso contrário, não seria conceito, mas seria o próprio objeto em si mesmo considerado. É uma categoria de síntese.

---

47. Nesse sentido: ATALIBA, Geraldo. *Hipótese de incidência tributária.* 6. ed. São Paulo: Malheiros, 2002, p. 32.

48. Como bem adverte Francesco Carnelutti, "o estudioso opera, antes de mais nada, no sentido da análise, isto é, decompondo os objetos e, por conseguinte, as imagens em suas várias qualidades e caracteres; porém, a decomposição não daria nenhum resultado se não fosse seguida da recomposição, mediante a qual, extraindo da *espécie,* se obtém o *gênero.* Estabelecer, observando os objetos, suas analogias e diferenças, isto é, destacar as qualidades comuns das qualidades diversas, não serviria para nada se, com as qualidades comuns, não se fabricasse um *modelo* que sirva de *termo de comparação* para pôr em um grupo os objetos similares e eliminar os objetos diversos ou, também poderia se dizer, para servir de *caudilho* do grupo. Esse modelo, ou *manequim, é o que chamamos de gênero,* em contraposição à *espécie.* (...) O que recebeu é a imagem de um objeto ou, então, uma quantidade de imagens das quais extrai, mediante sua decomposição, a qualidade com a qual, ou com algumas das quais, recompõe o conceito, o qual é, portanto, *um complexo de caracteres ou de qualidades". Metodologia do direito.* Trad. Frederico A. Paschoal. Campinas: Bookseller, 2002, p. 59/60 (com destaques no original).

O que interessa, portanto, é identificar quais os critérios usualmente utilizados pelo legislador para se referir à atividade rural. Registre-se, ademais, que as formulações legislativas a esse respeito são mais ou menos parecidas, de tal ordem que a seleção, por amostragem, de alguns desses dispositivos é suficiente para que o conceito possa ser formado. Saliente-se, por derradeiro, que os veículos normativos mencionados a seguir serão examinados no momento oportuno, com a respectiva detença.

A Lei Federal nº 4.214, de 02 de março de 1963,[49] ao introduzir o *Estatuto do Trabalhador Rural*, trouxe importante contribuição para que essa matéria possa ser assimilada. Ao tratar do trabalhador rural e do empregador rural, o legislador lançou sua disciplina da seguinte maneira:

> *Art. 2º. Trabalhador rural para os efeitos desta é toda pessoa física que presta serviços a empregador rural, em propriedade rural ou prédio rústico, mediante salário pago em dinheiro ou* in natura, *ou parte in natura e parte em dinheiro.*
>
> *Art. 3º. Considera-se empregador rural, para os efeitos desta lei, a pessoa física ou jurídica, proprietário ou não, que explore atividades agrícolas, pastoris ou na indústria rural, em temporário ou permanente, diretamente ou através de prepostos.*[50]

Já o Decreto-lei nº 276, de 28 de fevereiro de 1967,[51] ao modificar o *Estatuto do Trabalhador Rural*, igualmente incorporou substrato linguístico relevante para essa temática:

> *Art. 1º. Os arts. 158 e 160 da Lei nº 4.214, de 2 de março de 1963, passam a vigorar com a seguinte redação:*

49. Revogada pela Lei nº 5.889, de 08 de junho de 1973.

50. Redação da Lei nº 5.889, de 08 de junho de 1973:
"Art. 2º Empregado rural é toda pessoa física que, em propriedade rural ou prédio rústico, presta serviços de natureza não eventual a empregador rural, sob a dependência deste e mediante salário.
Art. 3º Considera-se empregador, rural, para os efeitos desta Lei, a pessoa física ou jurídica, proprietário ou não, que explore atividade agro-econômica, em caráter permanente ou temporário, diretamente ou através de prepostos e com auxílio de empregados".

51. Revogado pela Lei Complementar nº 11, de 1971.

"Art. 158. Fica criado o Fundo de Assistência e Previdência ao Trabalhador Rural (FUNRURAL), destinado ao custeio da prestação de assistência médico-social ao trabalhador rural e seus dependentes, e que será constituído:

I – da contribuição de 1% (um por cento), devida pelo produtor sobre o valor comercial dos produtos rurais, e recolhida:

(...)

§ 1º. Entende-se como produto rural o que provém da lavoura, da pecuária e da atividade extrativa em fonte vegetal ou animal."

Adiante, a Lei Federal nº 4.504, de 30 de novembro de 1964, que dispôs sobre o *Estatuto da Terra*, previu o seguinte sobre os imóveis rurais e as atividades rurais:

Art. 1º. Esta Lei regula os direitos e obrigações concernentes aos bens imóveis rurais, para os fins de execução da Reforma Agrária e promoção da Política Agrícola.

(...)

§ 2º. Entende-se por Política Agrícola o conjunto de providências de amparo à propriedade da terra, que se destinem a orientar, no interesse da economia rural, as atividades agropecuárias, seja no sentido de garantir-lhes o pleno emprego, seja no de harmonizá-las com o processo de industrialização do país.

(...)

Art. 4º. Para os efeitos desta Lei, definem-se:

I – "Imóvel Rural", o prédio rústico, de área contínua, qualquer que seja a sua localização, que se destina à exploração extrativa agrícola, pecuária ou agroindustrial, quer através de planos públicos de valorização, quer através de iniciativa privada.

(...)

Art. 53. Na determinação, para efeitos do imposto de renda, do rendimento líquido da exploração agrícola ou pastoril, das indústrias extrativistas, vegetal e animal, e de transformação de produtos agrícolas e pecuários feita pelo próprio agricultor ou criador, com matéria-prima da propriedade explorada, aplicar-se-á o coeficiente de três por cento sobre o valor referido no inciso I do artigo 49 desta Lei, constante da declaração de bens ou do balanço patrimonial.

A Lei Complementar nº 11, de 25 de maio de 1971, regulamentando o *Programa de Assistência ao Trabalhador Rural*, da mesma forma tem preceitos relevantes ao objetivo proposto, estabelecendo que:

> *Art. 15. Os recursos para o custeio do Programa de Assistência ao Trabalhador Rural provirão das seguintes fontes:*
>
> *(...)*
>
> *§ 1º. Entende-se como produto rural todo aquele que, não tendo sofrido qualquer processo de industrialização, provenha de origem vegetal ou animal inclusive as espécies aquáticas, ainda quando haja sido submetido a processo de beneficiamento, assim compreendido os processos primários de preparação do produto para consumo imediato ou posterior industrialização, tais como descaroçamento, pilagem, descaroçamento limpeza, abate o seccionamento de árvores, pasteurização, resfriamento, secagem, aferventação e outros do mesmo teor, estendendo-se aos subprodutos e resíduos obtidos através dessas operações a qualificação de produtos rurais. (Redação dada pela Lei Complementar nº 16, de 1973).*

Por outro lado, tratando do *Imposto de Renda sobre o resultado da atividade rural*, a Lei Federal nº 8.023, de 12 de abril de 1990, na sua redação original, disciplinou a atividade rural da seguinte forma:

> *Art. 1º. Os resultados provenientes da atividade rural estarão sujeitos ao Imposto de Renda de conformidade com o disposto nesta lei.*
>
> *Art. 2º. Considera-se atividade rural:*
>
> *I – a agricultura;*
>
> *II – a pecuária;*
>
> *III – a extração e a exploração vegetal e animal;*
>
> *IV – a exploração da apicultura, cunicultura, suinocultura, sericicultura, piscicultura e outras culturas animais;*
>
> *V – a transformação de produtos agrícolas ou pecuários, sem que sejam alteradas a composição e as características do produto in natura e não configure procedimento industrial feita pelo próprio agricultor ou criador, com equipamentos e utensílios usualmente*

> *empregados nas atividades rurais, utilizando exclusivamente matéria-prima produzida na área rural explorada.*[52]

A Lei Federal nº 8.212, de 24 de julho de 1991, de sua parte, que *"Dispõe sobre a organização da Seguridade Social, institui Plano de Custeio, e dá outras providências"*, com a redação que lhe foi dada pela Lei Federal nº 10.256, de 09 de julho de 2001, e pela Lei Federal nº 13.986, de 07 de abril de 2020, prescreve o seguinte:

> *Art. 22-A. A contribuição devida pela agroindústria, definida, para os efeitos desta Lei, como sendo o produtor rural pessoa jurídica cuja atividade econômica seja a industrialização de produção própria ou de produção própria e adquirida de terceiros, incidente sobre o valor da receita bruta proveniente da comercialização da produção, em substituição às previstas nos incisos I e II do art. 22 desta Lei, é de:*
>
> *(...)*
>
> *Art. 25. A contribuição do empregador rural pessoa física, em substituição à contribuição de que tratam os incisos I e II do art. 22, e a do segurado especial, referidos, respectivamente, na alínea a do inciso V e no inciso VII do art. 12 desta Lei, destinada à Seguridade Social, é de:*
>
> *(...)*
>
> *§ 3º. Integram a produção, para os efeitos deste artigo, os produtos de origem animal ou vegetal, em estado natural ou submetidos a processos de beneficiamento ou industrialização rudimentar, assim compreendidos, entre outros, os processos de lavagem, limpeza, descaroçamento, pilagem, descascamento, lenhamento, pasteurização, resfriamento, secagem, fermentação, embalagem, cristalização, fundição, carvoejamento, cozimento, destilação, moagem e torrefação, bem como os subprodutos e os resíduos obtidos por meio desses processos, exceto, no caso de sociedades cooperativas, a parcela da produção que não seja objeto de repasse ao cooperado por meio de fixação de preço.*

52. A Lei nº 9.250, de 26 de dezembro de 1995, alterou a redação do inciso V, dispondo que: "V – a transformação de produtos decorrentes da atividade rural, sem que sejam alteradas a composição e as características do produto *in natura*, feita pelo próprio agricultor ou criador, com equipamentos e utensílios usualmente empregados nas atividades rurais, utilizando exclusivamente matéria-prima produzida na área rural explorada, tais como a pasteurização e o acondicionamento do leite, assim como o mel e o suco de laranja, acondicionados em embalagem de apresentação".

Por derradeiro, no plano infralegal, a Instrução Normativa nº 03, de 14 de julho de 2005, da então Secretaria da Receita Previdenciária, outrora vigente, trouxe prescrições importantes a respeito dessa questão:

> *Art. 240. Considera-se:*
>
> *I – produtor rural, a pessoa física ou jurídica, proprietária ou não, que desenvolve, em área urbana ou rural, a atividade agropecuária, pesqueira ou silvicultural, bem como a extração de produtos primários, vegetais ou animais, em caráter permanente ou temporário, diretamente ou por intermédio de prepostos, sendo:*
>
> *a) produtor rural pessoa física:*
>
> *(...)*
>
> *b) produtor rural pessoa jurídica:*
>
> *(...)*
>
> *II – produção rural, os produtos de origem animal ou vegetal, em estado natural ou submetidos a processos de beneficiamento ou de industrialização rudimentar, bem como os subprodutos e os resíduos obtidos por esses processos;*
>
> *III – beneficiamento, a primeira modificação ou o preparo dos produtos de origem animal ou vegetal, por processos simples ou sofisticados, para posterior venda ou industrialização, sem lhes retirar a característica original, assim compreendidos, dentre outros, os processos de lavagem, limpeza, descaroçamento, pilagem, descascamento, debulhação, secagem, socagem e lenhamento;*
>
> *IV – industrialização rudimentar, o processo de transformação do produto rural, realizado pelo produtor rural pessoa física ou jurídica, alterando-lhe as características originais, tais como a pasteurização, o resfriamento, a fermentação, a embalagem, o carvoejamento, o cozimento, a destilação, a moagem, a torrefação, a cristalização, a fundição, dentre outros similares;*
>
> *V – subprodutos e resíduos, aqueles que, mediante processo de beneficiamento ou de industrialização rudimentar de produto rural original, surgem sob nova forma, tais como a casca, o farelo, a palha, o pêlo e o caroço, dentre outros;*
>
> *(...).*[53]

53. Refere-se, atualmente, ao art. 165 da Instrução Normativa RFB nº 971, de 17 de novembro de 2009.

Outros enunciados prescritivos poderiam ser transcritos para o fim de se demonstrar a forma com que o legislador expede seus comandos, buscando disciplinar esse segmento importante, como o é a atividade rural, inclusive na esfera infralegal, a exemplo das Instruções Normativas n°s. 971, de 13 de novembro de 2009, e 1.700, de 14 de março de 2017, ambas expedidas pela Secretaria da Receita Federal do Brasil. Esses, no entanto, são suficientes, porque já possibilitam a construção do conceito.Como se pôde notar, a legislação veio evoluindo com o passar do tempo, na medida em que a técnica redacional foi ficando cada vez mais sofisticada. Procurou o legislador abraçar todas as situações que envolvem o meio rural, esforçando-se em empregar seus enunciados com maior riqueza de detalhamentos. É perceptível, todavia, que essa não é uma tarefa fácil. Tanto assim que, em boa parte dos dispositivos, logo após descrever conotativamente os critérios de aplicação das hipóteses normativas, o legislador sentiu necessidade de elucidar, de exemplificar aquelas atividades, quase sempre atrelando no final das orações a cláusula *"tais como"*.

Com base nesse material que o estudioso deve operar para construir o conceito de "atividade rural" e, em seguida, da perspectiva científica, o de "agronegócio". Mas, para que esse estágio seja alcançado, é fundamental arrolar as atecnias cometidas pelo político na formulação do termo, até mesmo para que não se incorra nos mesmos tropeços.

1.8.3 Atecnias do conceito positivado de "atividade rural": mescla de critérios

Após a transcrição dos preceitos legais e infralegais que informam a noção de "atividade rural" pelo direito posto, já é possível ir separando as proposições prescritivas relevantes, de modo que sejam empreendidas as análises cabíveis no que diz respeito ao substrato jurídico ofertado pelo legislador.

O regramento jurídico dessa categoria econômica demonstra que o legislador, para reger a "atividade rural", valeu-se de alguns critérios para apartar esse de outros segmentos da economia. Entretanto, sua disciplina padece de algumas atecnias, porquanto o que se nota é uma mescla de critérios, o que em nada contribui para o esclarecimento dessa temática.

Com efeito, os enunciados prescritivos do sistema de direito positivo trazidos anteriormente permitem entrever que foram os seguintes os critérios elencados pelo legislador para projetar sua disciplina jurídica sobre a "atividade rural", *organizados conforme a pertinência de classe de cada um, mas nos exatos termos em que aparecem:*

(i) *quanto aos sujeitos dessa atividade econômica:* tanto podem ser pessoas físicas, como jurídicas;

(ii) *quanto ao local onde é desenvolvida essa atividade econômica:* a atividade pode ser desenvolvida em imóveis rurais ou urbanos, não importa;

(iii) *quanto à titularidade do imóvel onde é desenvolvida a atividade rural:* o sujeito pode ser proprietário ou não, também não importa;

(iv) *quanto à constância em que essa atividade é desenvolvida:* pode ser temporária ou permanente;

(v) *quanto à forma através da qual essa atividade é executada:* pode ser tanto diretamente, como por intermédio de prepostos;

(vi) *quanto ao processo por meio do qual a atividade rural é desempenhada:* essa atividade pode ser realizada através da exploração extrativista agrícola, pecuária ou agroindustrial; da apicultura, avicultura, cunicultura, suinocultura, sericicultura, piscicultura e outras culturas animais; da atividade agropecuária, pesqueira ou silvicultural; da extração de produtos primários vegetais ou animais; da transformação de produtos agrícolas e pecuários; e da industrialização própria e adquirida de terceiros;

(*vii*) *quanto ao produto obtido através da atividade rural:* produtos provenientes da lavoura, da pecuária e da atividade extrativista em fonte vegetal ou animal; produtos que provenham de origem animal ou vegetal, desde que não tenham sofrido qualquer processo de industrialização; produtos de origem animal ou vegetal;

(*viii*) *quanto ao estado em que se encontram os produtos:* produtos *in natura*; produtos resultantes de beneficiamento; produtos resultantes de industrialização rudimentar;

(*ix*) *quanto às formas para se obter o produto:* lavagem, limpeza, descaroçamento, pilagem, descascamento, debulhação, secagem, socagem, lenhagem, pasteurização, resfriamento, fermentação, embalagem, carvoejamento, cozimento, destilação, moagem, torrefação, cristalização, fundição e "outros similares".

Foram várias as notas típicas que o legislador lançou para armar a classe das hipóteses das normas gerais e abstratas que identificam a atividade rural. Esse processo, como destacado nos tópicos precedentes, dá-se através da adoção de critérios seletivos, por intermédio dos quais o legislador elege, em função conotativa, traços relevantes, características, notas, aspectos que o fato deve apresentar para se subsumir ao conjunto, tomando por base a relação de pertinencialidade.

Ocorre que não se pode deixar de registrar, entretanto, que ao projetar sua linguagem prescritiva, o legislador cometeu alguns equívocos na formação da classe das hipóteses normativas da atividade rural. Isso porque os critérios seletivos misturam-se, mesclam-se, comprometendo a boa intelecção da mensagem legislada.

Basta notar que quanto (i) aos sujeitos dessa atividade, (ii) ao local onde é desenvolvida, (iii) à titularidade do imóvel, (iv) à constância em que é desempenhada e (v) à forma através da qual é executada não há nenhum traço diferenciador que possa distinguir a atividade rural das demais atividades. De acordo com os enunciados prescritivos, a atividade rural pode ser desenvolvida por pessoas físicas ou jurídicas, em imóveis urbanos ou rurais, próprios ou não, em caráter permanente ou temporário e diretamente ou através de prepostos.

Esses critérios são irrelevantes para separar a atividade rural. Ora, boa parte das atividades econômicas também pode ser realizada nessas condições, ou seja, por pessoas físicas ou jurídicas, em imóveis urbanos ou rurais, próprios ou não, em caráter permanente ou temporário, diretamente ou por prepostos. É só imaginar a situação de um comerciante, por exemplo.

Outra atecnia cometida pelo legislador foi misturar o gênero com a espécie. Em determinados momentos os preceitos normativos referem-se à extração e à exploração animal ou vegetal como gênero, para logo em seguida focar-se na agricultura, na pecuária, na silvicultura, dentre outras, como espécies. Ou bem se disciplina a conduta humana estruturando a hipótese das normas gerais e abstrata pela forma de construção (indicação de critérios, de características dos fatos), que é a mais adequada, como gênero, ou se adota a forma tabular (enumeração dos indivíduos ou objetos que compõem o conjunto), que é mais arriscada, arvorando-se em indicar todas as espécies. O que não parece correto da perspectiva técnica é confundir uma com a outra, embaralhando o gênero e suas espécies.

O mesmo tropeço pode ser notado na confusão entre a produção (processo) e o produto. Em alguns enunciados, o legislador parece pretender disciplinar juridicamente essa atividade econômica pelos processos que a identificam (extração e exploração animal ou vegetal), enquanto que, em outros, volta sua atenção para o produto (produtos *in natura*, resultantes de beneficiamento ou de industrialização rudimentar oriundos da agricultura, da pecuária e outros).

É preciso, portanto, organizar o sentido desses enunciados prescritivos, ajeitando as proposições dentro de padrões claros de significação, de modo que o conceito possa ser projetado.

1.8.4 A teoria da regra-matriz de incidência como ferramenta científica segura para demarcar o objeto "agronegócio"

O progresso que a Ciência do Direito Tributário experimentou nos últimos anos é inegável. Houve um tempo em que não era senão um capítulo da Ciência das Finanças. Foi graças à inteligência elevada de homens como Aliomar Baleeiro e Rubens Gomes de Souza, dentre outros, que o Direito Tributário granjeou sua autonomia didático-científica. Mas o rompimento das influências econômicas, que ainda produziam efeitos, com o enaltecimento de sua pureza jurídica, deve-se, sobretudo, ao necessário radicalismo epistemológico de Geraldo Ataliba. As coisas não pararam por aí. O Direito Tributário só não ficou estacionado no tempo, no entanto, em virtude do desenvolvimento, com todo seu rigor terminológico, da teoria da regra-matriz de incidência tributária, por Paulo de Barros Carvalho.

Esse brevíssimo lembrete da síntese histórica tem por intuito situar a Ciência do Direito Tributário na sequência temporal por que passou. Hoje, com a contribuição decisiva que os estudos da linguagem proporcionam, não há dúvidas de que a regra-matriz é uma ferramenta científica poderosa para solucionar os problemas tributários. A aplicação desse modelo teórico é rica, respondendo a toda gama de questionamentos no que pertine à incidência tributária, quer em relação aos diversos impostos (IR, ICMS, ISS etc.), quer às taxas ou mesmo às contribuições. Há variados estudos nesse sentido; trata-se de entidade que transcende o domínio de seu idealizador. Sobremais, os Tribunais brasileiros também se valem desse instrumento para resolver os casos concretos que lhes são submetidos. Por isso é que se ousa dizer – com a devida licença dos juristas dos demais segmentos científicos – que o Direito Tributário é o ramo didaticamente autônomo que mais avançou nas últimas décadas, justamente por ter se aproximado dos elevados graus da Filosofia Jurídica e da Teoria Geral do Direito.

A regra-matriz é um instrumento científico que permite identificar, com precisão, a norma jurídica que define a incidência tributária, exatamente por isso norma jurídico-tributária em sentido estrito. Trata-se da chave de acesso à intimidade do mecanismo de incidência da tributação.

Como se sabe, sua estrutura lógica é bimembre (como todas as normas), dividindo-se entre hipótese de incidência e consequência jurídica. É composta, na hipótese, pelos critérios material, espacial e temporal, e, no consequente, pelos critérios pessoal (sujeitos ativo e passivo) e quantitativo (base de cálculo e alíquota). A hipótese, tendo por intuito descrever abstratamente um fato de possível ocorrência, com suas coordenadas da conduta humana em si mesma considerada (critério material), do local onde deve acontecer (critério espacial) e do momento em que se reputa ocorrida (critério temporal). O consequente, indicando que se e somente se acontecido o fato jurídico previsto na hipótese, então se instalará uma relação jurídica, tendo, de um lado, um sujeito credor (critério pessoal – sujeito ativo), com o direito subjetivo de exigir, e, de outro, um sujeito devedor (critério pessoal – sujeito passivo), com o dever jurídico de cumprir, e por objeto uma quantia em dinheiro, à qual se chega pela multiplicação da base de cálculo à alíquota (critério quantitativo).

Todavia, a regra-matriz de incidência tributária, muito embora concebida no contexto do Direito Tributário, é categoria epistemológica enquadrável no âmbito abrangente da Teoria Geral do Direito. Sua estrutura formal, por sua vez, pode ser reconduzida ao patamar da Lógica Jurídica. Isso significa que sua aplicabilidade não fica circunscrita à tributação em si mesma considerada, podendo ser utilizada em qualquer segmento do raciocínio jurídico. Logo, *serve não só para demarcar as normas de incidência da tributação em si mesmas, como, no caso, o próprio objeto a ser conhecido – o agronegócio.*[54]

---

54. Como reconhece Paulo de Barros Carvalho, "o modelo que foi nascendo jamais chamou a si a primazia de instrumento exclusivo para ensejar a aproximação do dado jurídico. Pelo contrário, alimenta a convicção de que muitos são os sistemas

Desse modo, para circunscrever, juridicamente, essa atividade econômica, isolando-a das demais, o emprego da regra-matriz, com todo o arsenal teórico que carrega consigo, é uma técnica segura e adequada. Através de seus critérios, notadamente o material (a atividade desenvolvida), o espacial (o local onde essas operações acontecem) e pessoal (os sujeitos que a praticam), é que se pode lograr surpreender o objeto cognoscente.

Destarte, a regra-matriz presta-se não apenas à compreensão dos mecanismos de incidência de um determinado tributo em particular, *como a uma pesquisa de tributação setorial em geral.* Como se verá ao longo do texto, a legislação, em diversos trechos, dispensou tratamento jurídico específico, peculiar, distinto para esse setor. É sinal que o legislador, ainda que inconscientemente e sem apego ao esmero, definiu juridicamente essa atividade econômica, caso contrário não teria meios para regrá-la. Cuida-se, portanto, de norma jurídica, instância a partir da qual o exegeta deve guiar-se para construir suas proposições descritivas. Em consequência, por se tratar de norma jurídica, fica sujeita ao viés cirúrgico da regra-matriz de incidência.

1.8.5 Definição de "agronegócio" como categoria jurídico-científica

Fixada a premissa de que o direito positivo contém enunciados prescritivos específicos que visam à disciplina da atividade rural e que, em consequência, é possível construir, da

---

de referência por intermédio dos quais o objeto do direito pode ser examinado. Eis que a pluralidade de métodos científicos instrumentando a aproximação do exegeta ao próprio objeto cultural, que é o sistema jurídico, decididamente, demonstra a complexidade da ontologia do direito. (...) Na verdade, o saber científico dos tempos atuais é enfático em um ponto: todos entendem que não há como abrir mão da uniformidade na apreciação do objeto, bem como da rigorosa demarcação do campo sobre o qual haverá de incidir a proposta cognoscitiva". *Direito tributário, linguagem e método.* 8. ed. São Paulo: Noeses, 2021, p. 06. Apesar de haver diversos caminhos, é inconteste que entre os diversos modelos para se aproximar do objeto a regra-matriz de incidência oferece um viés investigativo rico, poderoso.

perspectiva dogmática, um conceito jurídico de agronegócio através da ferramenta da regra-matriz de incidência, é chegado o momento de, finalmente, executar essa empreitada.

Um primeiro e importante aspecto que deve ser considerado é que o direito positivo não define nem atividade rural e nem, muito menos, agronegócio, como foi dito anteriormente. Não há, porém, empecilho à construção do conceito, porque tantos outros conceitos jurídicos igualmente não são definidos pelo legislador e, apesar disso, a doutrina não se furtou em identificá-los.

Outro ponto de relevo é que, muito embora não a conceitue, o legislador remete-se, indiscutivelmente, à "atividade rural", através de seus signos linguísticos próximos "empregado rural", "empregador rural", "imóvel rural", "produtor rural", "produção rural", "agricultura", "pecuária" e tantos outros. Pode-se dizer que se trata, portanto, de uma categoria eminentemente de direito positivo, na medida em que é contemplada no suporte físico de enunciados prescritivos, cuja significação indica existir, juridicamente, uma "atividade rural".

Entretanto, por opção metodológica preferiu-se empregar, neste estudo, o vocábulo "agronegócio", como categoria científica, que está preordenada a descrever todos os fatos jurídicos que envolvem a tributação dos produtores rurais, não só as atividades por eles desenvolvidas em si mesmas consideradas, como outros importantes, a exemplo da propriedade imobiliária rural.

Essa tomada de decisão, no sentido de adotar um outro signo linguístico que não aquele utilizado pelo legislador, não deve causar qualquer espanto, especialmente na área tributária. Também o legislador emprega a expressão "fato gerador" e a doutrina, há muito tempo, sem negar essa escolha política, prefere a locução "hipótese de incidência tributária", por permitir a transmissão das ideias com maior clareza.

A preferência pelo vocábulo "agronegócio" deu-se, igualmente, como ressaltado alhures, em razão da inegável força pragmática que essa palavra granjeou nas linguagens econômica e social. O que importa é esclarecer seu sentido, mormente seu sentido jurídico.[55]

Portanto, de um lado, "atividade rural" como conceito jurídico-positivo, plasmado na linguagem-objeto do direito positivo; de outro, "agronegócio" como conceito jurídico-científico, estruturado na metalinguagem da Ciência do Direito. Lá, linguagem de nível; cá, linguagem de sobrenível.

Há que se fazer um pacto semântico com o interlocutor, todavia: vez por outra essas palavras aparecerão no texto como sinônimos, mas nada que comprometa a intelecção da mensagem. O intuito foi só não repetir demasiadamente um mesmo signo linguístico, comprometendo a estilística da escrita. Desde logo, porém, o leitor perceberá em qual contexto foi empregado o vocábulo, se designando a linguagem prescritiva do direito positivo ou a linguagem descritiva científica, até mesmo porque entre "atividade rural" e "agronegócio" não há os mesmos problemas terminológicos que existem entre "fato gerador", "hipótese de incidência tributária" e "fato jurídico tributário".

Superados esses esclarecimentos – sempre importantíssimos – a definição jurídica de agronegócio passa, necessariamente, pelo afastamento dos tropeços que o legislador incorreu, selecionando apenas os critérios relevantes para formação do conceito, e não incluindo a mescla de características que a lei carrega, de resto já criticada.

Pelo que se viu, a formulação do conceito não envolve as peculiaridades do sujeito, o local de suas atividades, a titularidade ou não do imóvel, a constância em que é desenvolvida ou a forma que a executa, se diretamente ou por intermédio de empregados. Também não se pode confundir a espécie com o gênero ou o processo com o produto.

---

55. Como esclarece Paulo de Barros Carvalho, "*não existem nomes verdadeiros ou falsos das coisas. Apenas existem nomes aceitos, nomes rejeitados e nomes menos aceitos que outros, como nos ensina Ricardo Guibourg*". *Direito tributário, linguagem e método*. 8. ed. São Paulo: Noeses, 2021, p. 128.

O que verdadeiramente interessa é a atividade desenvolvida, se "atividade rural" ou não. Logo, a enunciação do conceito de agronegócio deve abranger as notas típicas descritivas dessa atividade econômica, conotativamente. Mas, não só elas. É que também importa ao agronegócio a propriedade imobiliária rural, sendo certo que, nessa hipótese, é a localização do imóvel o fator determinante, e não sua destinação, como se verá no capítulo dedicado ao estudo do ITR.

O conceito do agronegócio abarca, portanto, uma feição dinâmica (a "atividade rural") e outra estática (a propriedade imobiliária rural). Na "atividade rural", são diversos fatos econômicos importantes, como a obtenção de rendimentos da *atividade rural* (IR), a industrialização de produtos da *atividade rural* (IPI), a geração de faturamento ou de receitas da *atividade rural* (PIS/COFINS) e o pagamento de folha de salários a *empregado rural* ou a comercialização da *produção rural* (contribuições previdenciárias e SENAR). Na feição estática, basta ser proprietário de *imóvel rural* (ITR).

O enlace conceitual deve aliar, pois, esses dois desdobramentos: o da "atividade rural" e o da "propriedade rural". Ambos interessam ao agronegócio, razão por que devem integrar o conceito.

Em sendo assim, pode-se definir *agronegócio como o conjunto de atividades econômicas que abrange a extração ou a exploração de produtos de origem animal ou vegetal, em estado natural, ou submetidos a processos que não modifiquem as características originais do produto (beneficiamento) ou suas propriedades (industrialização rudimentar), nesse último caso desde que a transformação seja realizada pelo próprio produtor rural, bem como a industrialização desses produtos (agroindústrias), além da propriedade de imóveis rurais, assim entendidos aqueles situados fora da zona urbana do Município, como definido em lei complementar, independentemente da destinação que se lhes é dada.*

Nessa formulação conceitual estão os principais aspectos que demarcam o agronegócio enquanto categoria descritiva.

Independe se a atividade é desenvolvida por pessoa física ou jurídica, proprietário ou não, de imóvel urbano ou rural, em caráter permanente ou temporário, diretamente ou por prepostos. Não é isso que designa o objeto na sua perspectiva dinâmica. O que importa é se a atividade desenvolvida alberga a extração ou a exploração de produtos de origem animal ou vegetal como gênero. São essas suas características típicas.

É necessário, no entanto, atrelar o estado final do produto, se *in natura* ou, no máximo, submetido a processo de beneficiamento ou de industrialização rudimentar, além da industrialização desses produtos pelas agroindústrias. Isto porque, em última instância, quase todas as coisas do mundo têm "origem" no meio animal ou vegetal, exceção feita aos minerais, mas nem todos esses produtos estão compreendidos no conceito de "atividade rural". Por isso que o conceito deve ficar limitado a processos primários de transformação desses produtos, salvo a situação das agroindústrias, que são, de acordo com a lei, indústrias transformadoras da produção rural.

O conceito de agronegócio deve se estender para colher também a propriedade imobiliária desses indivíduos, pois, do contrário, esse importante fato tributável ficaria de fora, deixando incompleto o conjunto. Como se verá, para que incida o regime jurídico próprio do agronegócio não é necessário que as atividades sejam desenvolvidas em imóvel rural, mas ser proprietário de imóvel rural atrai a incidência de um dos seus tributos, o ITR, seja qual for a destinação dada ao imóvel.

Estruturado linguisticamente dessa maneira, em forma de construção, o conceito parece estar pronto para congregar a infinidade de fatos nele enquadráveis, de acordo com a relação de pertinencialidade, bem como para ser experimentado na realidade empírica. E o que é mais importante: sua enunciação partiu das normas jurídicas do direito positivo, preservando, assim, a retidão do discurso.

1.8.6 O conceito estrito e o conceito contextual de "agronegócio" e o vasto rol dos sujeitos passivos que se subsomem ao conceito: antes, dentro e depois da porteira

Demarcado o objeto cognoscente – o agronegócio – através de formulação conceitual descritiva de suas características, é importante refletir, agora, sobre os desdobramentos possíveis em torno do conceito e sobre as classes de sujeitos passivos que se subsomem a ele, com suas respectivas operações econômicas.

Examinada a questão de forma rigorosa e exceção feita à propriedade imobiliária rural, no conceito de agronegócio só se enquadrariam, em tese, os produtores rurais (pessoas físicas e jurídicas), na medida em que são eles que desenvolvem atividades de extração ou de exploração de produtos de origem animal ou vegetal. De fato, o núcleo duro do conceito de atividade rural aponta no sentido de que sua demarcação normativa pressupõe *a extração ou a exploração de produtos de origem animal ou vegetal* como gênero. Vai daí que qualquer atividade que indique uma extração ou exploração de origem animal ou vegetal estará enquadrada no regramento jurídico-tributário do agro, independentemente de suas espécies, se através da exploração da agricultura, como o plantio de soja, milho, sorgo, algodão ou arroz; ou então se pela exploração de uma atividade animal, como a bovinocultura, a avicultura ou a suinocultura.

Trata-se de aspecto de inegável relevo e que necessita ficar devidamente compreendido. Dos vários diplomas normativos que tocam essa matéria, tanto aqueles já revogados, como os que estão em vigor; e dos que estão em vigor, tanto os de ordem legal, como os infralegais; a chave para a solução do problema passa pela análise minuciosa do art. 2º da Lei nº 8.023/90, que pretende circunscrever aquilo que é "atividade rural" do que não é. Tal preceito, embora editado em 1990, continua norma válida, vigente e eficaz, tendo por missão disciplinar a apuração do imposto sobre a renda da atividade rural. Dada sua importância, é crucial fazer uma reflexão detida sobre sua projeção normativa.

O primeiro aspecto a se considerar é o de que, a despeito de pretensamente disciplinar a atividade rural apenas para o imposto sobre a renda, o art. 2º da Lei nº 8.023/90, na verdade, assume um papel muito maior do que esse, por ser o dispositivo legal na seara tributária que demarca o que vem a ser "atividade rural". É a partir de sua fraseologia que o intérprete pode compreender quais operações estão debaixo de sua tutela jurídica, segregando o agronegócio das outras atividades, estruturando, assim, seu conceito. E nisso referido enunciado normativo cumpre uma função de inquestionável destaque, na medida em que as normas de inferior escalão, como os decretos ou mesmo as instruções normativas, apesar de sua contribuição no sentido de esmiuçar a generalidade do comando legal, não podem, evidentemente, restringir ou de alguma forma deturpar o conceito veiculado pela lei. E como se verá ao longo desta obra, os casos em que isso acontece são muitos – daí a necessidade de o jurista estar sempre atento a essa premissa inabalável do ordenamento.

Não é só isso. O olhar demorado sobre o art. 2º da Lei nº 8.023/90 abre outras possibilidades, muitas delas impensadas na análise de primeiro instante. O *caput* do art. 2º prescreve: *"considera-se atividade rural"* – e então traz em seus cinco incisos atividades que formam o conceito. Como salientado antes, ao usar essa técnica o legislador acabou por adotar, conscientemente ou não, a forma tabular para demarcação de sua disciplina, isto é, pela indicação de atividades que estruturariam o conceito "atividade rural". Toda vez que o estudioso se depara com previsões em lei do tipo *"considera-se"*, *"entende-se"*, *"define-se"* ou algo parecido, pode ter certeza de que está diante de uma tentativa do legislador de conceituar algo, de apartar uma determinada classe de pessoas ou de fatos para, em relação a ela, dispensar-lhe um tratamento diferenciado. A marcação do *caput* do art. 2º – *"considera-se"* – atrelada à ênfase dada pelos dois pontos ao final da frase parece indicar, claramente, que o intuito do legislador foi estabelecer um rol fechado, amarrado, uma descrição restritiva do que se entende por "atividade rural".

Se essa foi a intenção, porém, os incisos desmentem o *caput*. Noutras palavras, a pretensa rigidez da cabeça do artigo acaba por ficar comprometida pela maleabilidade dos incisos. Afinal de contas, logo abaixo da cláusula fechada *"considera-se atividade rural"* o legislador fez inserir os dois grandes troncos abertos do agronegócio: a agricultura e a pecuária. Ora, o que é "agricultura"? É apenas o plantio de alimentos ou de quaisquer plantas, como árvores, flores ou grama? E o que vem a ser "pecuária", diz respeito apenas à criação de bovinos (que tem nomenclatura própria – a bovinocultura) ou de quaisquer outros animais, como cavalos, pássaros ou cachorros? E mais, o cultivo de plantas ou a criação de animais têm que estar necessariamente vinculados à alimentação humana ou animal? A propósito, quem define o que é "agricultura" ou mesmo a "pecuária"? A botânica, as ciências agronômicas, a zootecnia, o Conselho de Medicina Veterinária? Ou quem sabe o MAPA – Ministério da Agricultura, Pecuária e Abastecimento? Como se vê, não há resposta fácil a esses problemas, e o que é principal, o zoneamento semântico da "agricultura" ou mesmo da "pecuária" está longe de indicar uma atividade estrita, reforçando, pois, a assertiva de que, a despeito da pretensa rigidez do *caput*, os incisos do art. 2º da Lei nº 8.023/90 são abertos.

Prova cabal do que se acaba de sacramentar é o inciso III: *"considera-se atividade rural"*, na dicção da lei, *"a extração e a exploração vegetal e animal"*. Eis aí, a um só tempo, o tropeço pleonástico do legislador e a confirmação de que o rol da "atividade rural" é maleável. E assim se afirma pelo seguinte: a "agricultura" (inciso I) não é uma "extração e exploração vegetal" (inciso III)? E a "pecuária" (inciso II) não é uma "extração e exploração animal" (inciso III)? Ou bem deveria o legislador estruturar o conceito pela espécie (agricultura e pecuária), ou então pelo gênero (extração e exploração vegetal e animal). A lei, porém, acabou por misturar as espécies com o gênero. Trata-se de mais um exemplo, dentre inúmeros, de como os textos normativos são produzidos no Brasil sem muito cuidado, exigindo a figura do intérprete treinado pelas coisas do direito para organizar o sistema jurídico, de modo a lhe dar um mínimo de racionalidade. Vacilos linguísticos à parte, o fato é que *reside no inciso III do art. 2º da Lei nº 8.023/90 a base normativa que permite construir o conceito de "atividade rural" pelo gênero,* sendo esse comando autossuficiente: *considera-se atividade rural a extração e a exploração vegetal e animal.*

Portanto, tudo aquilo que denotar uma extração ou exploração vegetal ou animal pode ser classificado como uma atividade rural, atraindo para si o regramento tributário próprio do agro. Daí a relevância da análise e eis a confirmação de que o conceito não é rígido, diferentemente do que o *caput* do art. 2º parece indicar. Fazendo a operação de subsunção, comparando a previsão geral e abstrata da lei com as ocorrências empíricas, vertendo-as em linguagem, é possível ao hermeneuta classificar como rural qualquer atividade de extração e exploração vegetal e animal.

Essas considerações revelam o que se pode denominar de *conceito estrito* de "agronegócio", tendo por base as atividades de extração e exploração vegetal e animal, isto é, as atividades *in natura*. Por isso que se afirmou que, em princípio, apenas os produtores rurais (pessoas físicas e jurídicas), porque são eles que desenvolvem tais atividades, estariam abrangidos pelo conceito. Ocorre que, por uma opção política do legislador, o regramento das operações envolvendo essas atividades foi se ampliando, de maneira a compreender não apenas a exploração *in natura*, mas também o beneficiamento e a transformação rudimentar desses produtos. Passo adiante, a Lei Federal nº 10.256, de 09 de julho de 2001, introduziu no sistema a figura da "agroindústria", que é a pessoa jurídica que se dedica à industrialização da produção rural própria ou parte de produção própria e parte adquirida de terceiros. Como também se verá ao longo deste estudo, o legislador, em diversas passagens, preocupou-se também em conceder um regime tributário diferenciado para os fornecedores de insumos da produção rural. Recordando o escrito de João Eduardo Lopes Queiroz citado anteriormente, ao que se infere a legislação, realmente, incorporou a ideia de "segmento antes da porteira", "segmento dentro da porteira" e "segmento depois da porteira".[56]

Isso porque o regramento jurídico diferenciado acaba não ficando circunscrito às pessoas físicas e jurídicas que exploram diretamente a atividade rural, estendendo-se para colher quem está nas fases anteriores da cadeira produtiva (pré-produção) e posteriores (pós-produção), albergando tanto os fornecedores de insumos, quanto as empresas comercializadoras desses produtos. O próprio CARF – Conselho Administrativo de Recursos Fiscais também segue essa acepção conceitual, como se vê de um importante precedente nesse sentido:

> *Conceito contemporâneo do agronegócio não permite visualizar a produção agrícola de maneira isolada, mas sim dentro de um contexto sistêmico, integrando-se todas as cadeias do negócio. Tomando-se como referência o local de entrada da propriedade rural, qual seja, a porteira, fala-se em (1) setor a montante, "antes da porteira", elo da cadeia onde se situam os agentes que detêm os insumos e os bens de produção, (2) setor de produção, "dentro da porteira", ou seja, produção dentro dos limites da propriedade, e (3) setor a jusante, "depois de porteira", responsável pelo processamento, comercialização, marketing e distribuição do produto.*[57]

Mas, note-se bem: o regramento jurídico diferenciado tem sempre por pressuposto quem está no centro, ou seja, o produtor rural, em virtude de políticas de preços e de concessão de subsídios. Trata-se de uma decisão política do legislador. E isso não pode passar despercebido do olhar atento do

56. QUEIROZ, João Eduardo Lopes. "Direito do agronegócio: é possível a sua existência autônoma?". *Direito do agronegócio*. Coord. Márcia Walquíria Batista dos Santos e João Eduardo Lopes Queiroz. Belo Horizonte: Fórum, 2005, p. 26/27.

57. Processo nº 11080.013885/2007-65. Acórdão nº 1103-001.094. 1ª Câmara. 3ª Turma Ordinária. 1ª Seção de Julgamento. Rel. Cons. André Mendes de Moura, j. 26.08.2014.

jurista dogmático, dado que essas opções políticas convertem-se em normas jurídicas, carecendo, portanto, de análise.

Nesse contexto, pode-se falar em um *conceito estrito* de atividade rural (ou "atividade rural em sentido estrito"), focado na figura do produtor rural propriamente dito, ou seja, nas atividades "dentro da porteira"; e em um *conceito contextual* (ou "atividade rural em sentido amplo"), abraçando toda a cadeia produtiva, "antes" e "depois da porteira".

Feitos esses registros, neste trabalho serão examinadas, no rol dos sujeitos passivos, as operações típicas praticadas pelos produtores rurais pessoas físicas, sejam agricultores ou pecuaristas, bem como das sociedades agropecuárias (produtores rurais pessoas jurídicas), no âmbito do conceito estrito acima anunciado. Já em relação ao conceito contextual, serão investigadas as operações típicas praticadas por cooperativas agropecuárias, usinas sucroalcooleiras, cerealistas, armazenadoras, revendedores de insumos, madeireiras e frigoríficos, dentre outros, dando a conhecer o que as aproxima e o que ostentam de particular.[58]

---

58. A importância de se ter uma definição precisa do que vem a ser "agronegócio" pode ser vista também nesses dois julgados do CARF: "Desconsideração do objeto social da empresa, face à fase inicial de operação, onde não houve a colheita agrícola e instalação de equipamento. Improcedência da fiscalização para desconsiderar o objeto social da empresa. Período preparatório que antecede o início efetivo da produção não desfigura e tão pouco descaracteriza a atividade fim, em si mesma, até que ela se torne efetivamente produtiva. No caso em tela, agroindústria possui uma fase operacional longa, ainda que não tenha problemas externos, como os apontados no presente recurso voluntário, e isto implica em períodos que podem ultrapassar dois ou três anos" *(sic)*. Processo nº 19515.722062-2012-46. Acórdão nº 2301-004.261. 3ª Câmara. 1ª Turma Ordinária. 2ª Seção de Julgamento. Rel. Cons. Wilson Antônio de Souza Correa, j. 03.12.2014. "O art. 22-A da Lei nº 8.212/91 considera 'agroindústria' a atividade de industrialização da matéria-prima de produção própria. Sendo assim, não existe amparo legal para que a autoridade administrativa seccione o processo produtivo da empresa agroindustrial em cultivo de matéria-prima para consumo próprio e em industrialização propriamente dita, a fim de expurgar do cálculo do crédito os custos incorridos na fase agrícola da produção". Processo nº 10630.902490/2011-89. Acórdão nº 3403-002.815. 4ª Câmara. 3ª Turma Ordinária. 3ª Seção de Julgamento. Rel. Cons. Antônio Carlos Atulim, j. 27.02.2014.

1.9 Explorando as possibilidades que podem se enquadrar ao conceito: até onde vai o "agronegócio"?

A afirmação de que se considera atividade rural qualquer ato que indique uma extração ou exploração vegetal e animal exige que esse raciocínio seja aprofundado, investigando as possibilidades para se tentar demarcar as fronteiras do "agronegócio". Insista-se que esse ponto é bastante importante, pois, uma vez identificado que uma dada atividade se enquadra no conceito, então, por consequência, a ela será aplicável o regime tributário próprio do agro; do contrário, ou seja, em não sendo uma atividade rural, as normas aplicáveis serão aquelas previstas para os demais contribuintes. É o próprio ordenamento que cria um regime típico de "tributação da atividade rural". Logo, é fundamental que se delineie quais atividades estarão submetidas a essa classe de regras jurídicas.

Pois bem. Quando o estudioso faz essa reflexão, é claro que ele está autorizado a concluir que um agricultor que planta arroz, feijão, batata, alho, café, soja ou milho desempenha, inequivocamente, uma atividade rural. E o mesmo ele pode dizer sobre o criador de bovinos, de suínos ou de aves. Acontece que as atividades do agro vêm se tornando cada vez mais sofisticadas, com relações negociais elaboradas e com emprego de alta tecnologia no campo. E aí a indagação que surge é a seguinte: essa dada operação escapa ou não ao conceito de atividade rural? Por exemplo, o produtor que "vende" seu excedente de reserva legal de mata nativa ao fazendeiro que está com defasagem de reserva legal pode lançar o valor recebido como resultado da atividade rural? Essa intrincada questão será encarada adiante. Não só isso, o próprio conceito em si – extração ou exploração vegetal e animal – permite defender que certas atividades, embora isso possa causar estranheza, são em tudo e por tudo enquadráveis ao regime jurídico do agronegócio, como a criação de pequenos animais domésticos, haja vista que a expressão da lei é um tanto quanto vaga.

O que se fará nos subitens seguintes é justamente isso: uma vez delineado o conceito normativo, serão averiguadas algumas atividades para se checar se elas pertencem ou não a esse universo.

1.9.1 Atividades *in natura*

Nas páginas anteriores foi defendido, com veemência, que o núcleo duro do conceito de atividade rural passa por qualquer atividade que indique uma extração ou exploração vegetal e animal. Ora, dizer que foi esse o critério eleito pelo legislador para a identificação de uma atividade rural é o mesmo que afirmar que qualquer outro requisito que não seja esse não pode ser invocado para desclassificar uma atividade como rural.

Diante desse quadro, um primeiro questionamento a ser levantado é o seguinte: para ser atividade rural é necessário que a atividade seja desempenhada em um *imóvel rural?* Não, não é, porque na disciplina da lei em trecho algum se atrelou um aspecto físico acerca do local onde a atividade é desempenhada; o que importa é a atividade em si. Desse modo, é possível existir uma atividade rural mesmo que ela seja desenvolvida em um imóvel urbano. Isso pode soar inusitado, por imaginar que alguém possa auferir rendimentos decorrentes do regime da atividade rural, embora seu imóvel esteja submetido ao IPTU, por se tratar de imóvel urbano, mas essa foi a disciplina da lei. Não se pode confundir no conceito o seu aspecto estático (propriedade imobiliária, que é relevante para fins de ITR), com o seu dado dinâmico (o conjunto de operações econômicas classificáveis como rurais).

Outro ponto que vale a pena indagar é se a extração ou a exploração vegetal e animal devem, necessariamente, estar vinculadas à alimentação humana ou animal. Essa também não foi uma exigência da lei, que deixou em aberto a possibilidade de o indivíduo explorar operações econômicas com vegetais ou animais, mesmo que não tenham como finalidade a alimentação humana ou de animais. Portanto, à luz da lei não importa nem onde a atividade é desenvolvida, nem sua finalidade.

Mas, afinal de contas, o que é "extração" vegetal ou animal? E "exploração"? Como se vê, os vocábulos empregados pelo legislador necessitam ser adequadamente interpretados, pois se é fácil identificar o mundo "vegetal" e o reino "animal", os signos linguísticos "extração" e "exploração" merecem um momento de análise.

"Extração" vem de "extrair" e tem por sentido comum "tirar" ou "retirar" algo de algum lugar. Usualmente a palavra é empregada no sentido físico do termo, apontando para a ação física de se retirar algo de um determinado local, como a extração de minérios do subsolo ou da madeira da floresta. Até se pode conceber um sentido figurado de "extrair" notas do piano ou ideias do pensamento, mas geralmente a delimitação semântica da palavra é essa. Já a "exploração" tem um sentido muito mais amplo, bem ao modo da vagueza dos vocábulos no contexto da linguagem. Fala-se em "explorar" em um sentido positivo ("você tem que explorar seu potencial"), ou negativo ("você explora seus funcionários"). Na análise do texto normativo, no entanto, as pistas da lei parecem indicar, claramente, que o sentido do termo "exploração" ali empregado é de "exploração econômica", isto é, de obtenção de retorno financeiro a partir dos vegetais ou dos animais.

Nesse sentido, o termo "extração" fica até em segundo plano, pois, sob a ótica jurídica, o que vai importar é a "exploração" econômica de uma atividade envolvendo vegetais ou animais, não sendo decisivo se para isso é necessário previamente "extrair" algo de algum lugar ou não.

Uma última observação que não pode passar despercebida gira em torno da vogal "e". O texto da lei prescreve que se considera atividade rural "*a extração e a exploração vegetal e animal*". Pela construção do enunciado não há dúvida de que, nas duas vezes que a vogal "e" aparece no texto, ela foi usada como o "e" excludente, e não includente, ou seja, é o famoso "e/ou". Assim, é atividade rural *tanto* a "extração" *como* a "exploração", não sendo necessária a concomitância desses dois atos. E o mesmo se diga sobre o restante da frase: é atividade rural a extração ou a exploração vegetal *e/ou* animal.

1.9.1.1 A produção de grama, flores e plantas em geral para fins de paisagismo

Definidas as premissas para que a análise de algumas das operações seja feita, a primeira que merece ser enfrentada é a produção de grama, flores e plantas em geral para fins de paisagismo.

Ora, se o conceito legal estabelece que é rural qualquer atividade que indique uma exploração econômica de ordem vegetal, pouco importando onde é desenvolvida (se na zona rural ou se no perímetro urbano) e não se exigindo que envolva um produto comestível (para alimentação humana ou animal), é intuitivo concluir que quem planta grama, flores ou plantas em geral para uso em paisagismo desenvolve, sim, uma atividade rural. É claro que não se está a tratar aqui da loja de paisagismo que simplesmente compra e revende orquídeas, podocarpos ou murtas. O foco de análise é quem produz, isto é, quem planta e vende seus produtos vegetais para que sejam empregados no âmbito do paisagismo.

Uma questão interessante a ser pensada é a de que se não houver intermediário nessa cadeia, isto é, se o sujeito tiver sua plantação de grama, de flores ou de outras plantas para fins paisagísticos e os vender diretamente ao consumidor final, nada descaracteriza a atividade rural. Portanto, se a empresa que comercializa plantas tiver produção própria, no contexto da lei ela será considerada produtora rural pessoa jurídica, podendo recolher seus tributos segundo o regime próprio do agro.

1.9.1.2 Equinocultura, ovinocultura e caprinicultura

Outras três atividades que indiscutivelmente são rurais são a equinocultura, a ovinocultura e a caprinicultura. O motivo para que elas sejam colocadas em destaque deve-se ao fato de que, no catálogo do art. 2º da Lei nº 8.023/90, elas não aparecem. Com efeito, o art. 2º, IV, prevê que também se considera atividade rural *"a exploração da apicultura, avicultura, cunicultura, suinocultura, sericicultura, piscicultura e outras culturas animais"*, ou seja, pela ordem, abelhas, aves, coelhos, suínos, bicho-da-seda, peixes "e outras".

A despeito disso, tanto a criação de cavalos, quanto a de ovinos e caprinos, estão inseridas no contexto da atividade rural, atraindo seu regime próprio. Aliás, a equinocultura reforça a tese de que o legislador não atrelou, para fins do conceito de atividade rural, a exploração da cultura animal à alimentação humana ou animal, pois, no Brasil, não se tem o costume de consumo de carne equina. Também a previsão da sericicultura, ou seja, da criação do bicho-da-seda, reafirma que não é necessário que a cultura animal seja comestível, já que o bicho-da-seda é usado para a produção têxtil.

Assim, a exploração econômica de equinos, de ovinos e de caprinos é considerada atividade rural, aí incluídas a comercialização de sêmens, a venda de potros, de animais de raça, a produção da lã ou mesmo da carne de carneiros e de cabritos.

1.9.1.3 A carcinicultura

Outra atividade que também é rural é a aquicultura, nela incluída a criação de crustáceos em geral e, em especial, a carcinicultura, ou seja, a criação de camarões. Trata-se de atividade econômica que vem se desenvolvendo com bastante ênfase nos últimos anos, notadamente no Nordeste brasileiro, nas chamadas "fazendas de camarão". O camarão de água salgada e o criado em cativeiros em água doce representam importante parcela das riquezas geradas na região, até mesmo por existirem hoje em dia restaurantes especializados nesse prato.

Voltando à dicção da lei, o que se exige é que haja a exploração econômica de uma cultura animal. Não se exige que seja necessariamente uma cultura animal terrestre, podendo ser também aquática. E, de igual modo, pouco importa se em água doce ou salgada. O que faz o intérprete é trabalhar com seu instrumento principal de trabalho, que é a lei. E se a lei considera atividade rural a exploração econômica animal, a criação de camarões estará inserida nesse conceito.

1.9.1.4 Questões polêmicas: os "pets" e a criação de insetos

As reflexões para se saber até onde vai o "agronegócio" leva aquele que as faz a caminhos limítrofes, em ordem a se definir as fronteiras do conceito. Quando se pensa em "atividade rural", logo vem à mente a imagem da criação de bois, de aves ou de porcos, no ambiente de uma propriedade rural. Porém, como se viu, a disciplina da lei estabelece, com uma dose generosa de vagueza, que, da perspectiva estritamente jurídica, é atividade rural qualquer atividade econômica que envolva uma exploração econômica de vegetais ou de animais.

A recuperação dessa premissa permite defender que também a criação de "pets" e de insetos, à luz da lei, está debaixo desse conceito. Ainda que essa afirmação possa suscitar alguma polêmica, a função do intérprete é despir-se de qualquer ideia preconcebida, buscando circunscrever a forma com que o legislador tratou a matéria. E nisso a criação de animais e sua venda para fins comerciais, mesmo que não sejam animais que estejam no imaginário popular como "animais rurais", podem, sim, ser submetidas ao tratamento tributário do agro.

Ora, qual é a diferença, na sua essência, se o sujeito cria bois, cavalos, galinhas, carneiros, peixes ou abelhas, ou então se cria gatos, cachorros ou pássaros? Evidentemente, o foco de análise aqui não é o "pet shop", isto é, a loja que vende rações, coleiras, camas ou brinquedos para pequenos animais, ou mesmo que presta serviços de tosa e banho. O exame recai sobre a pessoa que cria e recria pequenos animais para venda, que, sob esse ângulo, em nada difere de quem cria e recria bovinos, equinos ou suínos. Se alguém dedica um espaço e desenvolve economicamente a atividade de criação de cachorros e gatos (nas suas mais diversas raças) ou mesmo de papagaios e calopsitas (respeitadas as exigências dos órgãos ambientais, é claro), essas atividades não destoam em nada da criação de outros animais. Se a cunicultura (criação de coelhos) é considerada atividade rural, e se não se exige que a cultura animal seja comestível, por qual razão estariam excluídos os gatos, cachorros e pássaros?

Aliás, o próprio texto normativo deixa espaço para essa conclusão: nos termos do art. 2º, IV, da Lei nº 8.023/90, não apenas a avicultura (criação de aves para produção de alimentos) ou a suinocultura indicam uma atividade rural, mas também *"outras culturas animais"*. Até mesmo a Secretaria da Receita Federal do Brasil reforça esse raciocínio, pois o art. 2º, IV, da Instrução Normativa nº 83, de 11 de outubro de 2001, ao cuidar da tributação dos resultados da atividade rural de pessoas físicas, estabelece que são consideradas atividades rurais *"outras culturas de pequenos animais"*. As expressões *"outras culturas animais"* e *"outras culturas de pequenos animais"* ratificam que o rol não é restritivo, ao contrário, é amplo. Fica registrada a tese, ainda que se desconheça um caso concreto em que isso tenha sido discutido. Curiosidade não falta sobre qual será o encaminhamento dado a um embate como esse, e o que é principal, a partir de que argumentos.

Não é diferente o exame envolvendo a criação de insetos. As previsões divulgadas pelos veículos especializados registram que faltará comida no mundo daqui algumas décadas. Pensando em políticas públicas de segurança alimentar, a opção para desenvolvimento de alimentos humanos à base de insetos já se tornou uma realidade na União Europeia, que aprovou, em 2021, essa prática.[59] No Brasil, também já há propriedades rurais voltadas especificamente à criação de insetos.[60] Se as abelhas são insetos e se a apicultura foi contemplada explicitamente no art. 2º, IV, da Lei nº 8.023/90, não há razão para que a criação de outros insetos seja excluída do rol considerado "atividade rural" – inclusive pela cláusula aberta

59. Vide: https://epocanegocios.globo.com/Mundo/noticia/2021/05/uniao-europeia-aprova-consumo-de-alimentos-base-de-inseto.html

60. Vide: https://www.dinheirorural.com.br/a-fantastica-fazenda-de-insetos/

ao final do dispositivo, no sentido de que "*outras culturas animais*" também estão submetidas a esse regramento.

1.9.1.5 O regime tributário dos confinamentos de bovinos: o famoso "boitel"

Uma questão interessante – e que está a merecer um estudo específico à parte – diz respeito aos contratos firmados por produtores rurais com empresas que fazem o confinamento de bovinos, o que ficou popularmente conhecido como "boitel".

De uma forma resumida, o produtor que faz a fase da engorda do animal, por ocasião da etapa final de sua produção, necessita que o gado ganhe peso, a fim de atingir os padrões mínimos de comercialização fixados pelos frigoríficos e também para obter maior retorno financeiro. Ocorre que em determinadas épocas do ano os pastos estão secos, em virtude de condições climáticas de estiagem, prejudicando o ganho de peso do animal. Não só por isso, pois pode acontecer de o pecuarista ter que "liberar" o pasto para novas reses, motivo pelo qual decide fazer a parte da terminação do gado de corte diretamente no confinamento. Ou seja, quanto menos tempo o gado estiver na fazenda, maior a rentabilidade do produtor.

Foi por conta disso que nos últimos anos empresas vêm se dedicando a essa atividade, algo que vem crescendo bastante no mercado rural. É a empresa de confinamento que se encarrega de adquirir, em larga escala, todos os insumos necessários ao acabamento do animal, notadamente rações. Além disso, ela disponibiliza toda a estrutura e equipe para manejar as reses, com cochos, bebedouros, áreas de descanso, classificação dos bovinos e controle de pesagem. De um lado, o produtor entrega seu gado ao confinamento, esperando dessa operação o ganho de peso do boi, até a etapa final do envio para abate; de outro, a empresa de confinamento recebe o animal e se encarrega, com todas as responsabilidades jurídicas daí decorrentes, de tratar a rês e de garantir o resultado buscado. Trata-se de uma espécie de "terceirização" da engorda, através de práticas intensivas. Esse processo gira em torno de 90 (noventa) dias.

Essa, em síntese, a operação. O que importa agora são seus desdobramentos tributários. Há, em geral, três formas de se estabelecer esse contrato: (i) ou o produtor paga uma diária fixa por cabeça, isto é, paga um valor previamente definido por cada animal e por cada dia que esse animal ficar no estabelecimento ("custo diária-boi"); (ii) ou a empresa paga para o produtor o preço da arroba do boi gordo, mas calculado sobre o peso que o boi magro entrou no confinamento (isto é, o produtor ganha no preço maior da arroba, mas não sobre o ganho de peso do animal); (iii) ou então se estabelece uma divisão pelas arrobas obtidas no confinamento entre o pecuarista e a empresa.

Na primeira modalidade, o confinamento funciona, na prática, como um "hotel bovino" mesmo, ou seja, o produtor entrega seu gado no estabelecimento e paga um valor diário durante a estadia. De um lado, ele tem a vantagem de que quando o gado é vendido para abate, o frigorífico paga ao pecuarista o preço de arroba de boi gordo, calculado pelo peso de cada animal (pelo preço de carcaça, como é a praxe). Porém, de outro lado, para o pecuarista o valor da diária no "boitel" é um custo adicional que ele tem, diminuindo sua margem de lucro. Note-se que, nessa hipótese, o confinamento não participa do ganho obtido, recebendo apenas sua parte pelas diárias dos bovinos. Já no segundo e no terceiro formatos a situação é diferente, pois o confinamento passa a ter participação nos resultados gerados. Com efeito, na segunda modalidade contratual o foco da empresa é fazer com que o animal ganhe peso, porque será a partir do ganho de peso do animal que será possível partilhar os resultados com o produtor. Assim, nessa espécie de contrato o boi é pesado na entrada do confinamento, sendo que, atingido o padrão de comercialização, o gado é vendido ao frigorífico, de tal modo que o produtor recebe sua parte em arroba de boi gordo (que tem maior valor de mercado, lembrando que cada arroba corresponde a 15 quilos), mas o preço é calculado com base no peso do animal na entrada, ficando a empresa de confinamento com o restante do valor (ou seja, recebe o preço em arrobas de boi gordo apenas sobre o ganho de peso obtido). E no terceiro modelo o animal também é pesado na entrada, sendo que, daquilo que obtiver em peso até o abate, o produtor e o confinamento dividem sua participação.

Postas as coisas dessa maneira, parece ficar claro, em primeiro lugar, que essa discussão sob o ângulo tributário só interessa da perspectiva do confinamento, e não do pecuarista. Com efeito, o pecuarista produz o gado e o coloca para engorda no confinamento, sendo que, quando faz a venda ao frigorífico, isso será resultado de sua atividade rural, por envolver uma exploração de atividade econômica animal. E nisso a modalidade contratual escolhida não importa. Vai daí que o ponto que interessa fixar é se o valor recebido pela empresa de confinamento pode ou não ser classificado como resultado da atividade rural, isto é, se o confinamento desempenha ou não uma atividade típica que pode ser vista como rural.

A resposta vai depender do tipo de contrato firmado. Na primeira modalidade não há uma atividade que possa ser enquadrada como rural sob a ótica estrita da legislação tributária, porque o confinamento não explora uma atividade animal, já que o gado não lhe pertence e também porque ele não participa nos resultados obtidos. Noutras palavras, a cobrança de "diárias" de animais no "boitel" não pode ser vista como ato típico rural à luz da Lei nº 8.023/90, equiparando-se muito mais a uma prestação de serviço – sem adentrar aqui na polêmica se isso seria ou não passível de incidência de ISS (imposto sobre prestação de serviços), de competência municipal, por extrapolar ao objeto da pesquisa. Assim, se o confinamento estabelece com o produtor a cobrança de diárias fixas ele não pode lançar os valores recebidos como resultado da atividade rural. Agora, no segundo e no terceiro modelos contratuais aí a situação muda de figura. E assim se afirma porque nesses formatos a empresa de confinamento assume todos os custos para a engorda do animal, sendo que o propósito do ajuste entre as partes é alcançar um resultado comum, qual seja, o ganho de peso dos bovinos, a fim de partilhar os resultados daí advindos. Esse tipo de situação se enquadra em tudo e por tudo ao conceito de parceria pecuária, que é considerado para fins legais uma atividade rural.

O artigo 96, § 1º, do Estatuto da Terra (Lei nº 4.504/64), na sua redação atual, estabelece, em seu art. 96, § 1º, que parceria rural é o contrato agrário pelo qual uma pessoa se obriga a ceder à outra o uso específico de imóvel rural, com o objetivo de nele ser exercida atividade de exploração agrícola, pecuária, agroindustrial, extrativa vegetal ou mista; *"e/ ou lhe entrega animais para cria, recria, invernagem, engorda ou extração de matérias-primas de origem animal"*, mediante partilha dos riscos da atividade. As considerações necessárias em torno dos contratos de parceria rural serão feitas adiante nesta obra. Para os fins aqui propostos neste tópico, o que interessa enfatizar é que o contrato de parceria pecuária é um contrato agrário típico, o qual é considerado no âmbito fiscal como atividade rural. Há parceria não apenas quando se cede a posse das terras de um para o outro, mas também quando há entrega de animais do parceiro-outorgante ao parceiro-outorgado para engorda. Portanto, a posição contratual da empresa de confinamento é de parceira-outorgada, de tal modo que os rendimentos que vier a obter podem ser lançados como resultado da atividade rural. E pouco importa, como já foi visto, se quem desenvolve a atividade rural é uma pessoa física ou jurídica, motivo por que o confinamento pode ser visto nessas hipóteses como produtor rural pessoa jurídica que explora parcialmente sua atividade em regime de parceria rural.

Como o resultado é dividido entre o pecuarista e a empresa de confinamento, mediante partilha de riscos (porque não se sabe quanto exatamente de peso o animal atingirá ao final do processo, nem qual será o valor da arroba nesse período), essa prática configura uma parceria pecuária e, como tal, submete-se ao regramento típico de tributação no agro. A participação do confinamento será definida pelo que as partes dispuserem na contratação, sendo certo que a individualização de seu retorno financeiro geralmente é calculada pela pesagem do gado abatido, atribuindo-se à empresa, então, o montante correspondente em arrobas.

1.9.1.6 Os rendimentos decorrentes de práticas ambientalmente adequadas e seu enquadramento no sistema de tributação inerente ao agronegócio: a Cota de Reserva Ambiental (CRA) e o Pagamento por Serviços Ambientais (PSA), inclusive envolvendo o mercado de crédito de carbono

Ainda dentro das atividades *in natura* que se ajustam ao conceito normativo de agronegócio em sentido estrito, há outro grupo de operações que não pode ser desconsiderado: trata-se da adoção de práticas ambientalmente adequadas por parte do produtor rural, abarcando também o crescente mercado de crédito de carbono. Não é de hoje que o apelo ecológico vem ganhando força na sociedade. A proteção ao meio ambiente, além de ser um valor fixado constitucionalmente, tornou-se algo presente no consciente da maior parte das pessoas. E se existe uma classe que é constantemente chamada a preservar a natureza é justamente a do produtor rural, já que sua atividade econômica é desenvolvida no campo. O produtor rural brasileiro, na sua massiva maioria, é um agente preservador das riquezas naturais, porque ele sabe, afinal de contas, que terras degradadas são terras improdutivas. Seja pela conscientização por que passaram os produtores nos últimos anos, seja pela preocupação com a produtividade das terras, seja mesmo pelo receio de sofrer as duras sanções da legislação ambiental, o fato é que a maioria dos produtores rurais busca adotar práticas de preservação do meio ambiente.

Ocorre que de uns tempos a esta parte essas práticas ambientalmente adequadas passaram a gerar retorno financeiro ao produtor rural. Essa espécie de "monetização" da conservação da natureza tornou-se uma realidade e projeta-se como um nicho que se consolidará no futuro. O próprio

Poder Público edita normas indutoras com essa finalidade, a exemplo do Código Florestal (Lei Federal nº 12.651/12) e da lei que instituiu a "Política Nacional de Pagamento por Serviços Ambientais" (Lei Federal nº 14.119/21). Em poucas palavras: preservar a natureza tornou-se um negócio. E isso, é claro, traz reflexos tributários.

A primeira prática que merece atenção nesta obra é a "Cota de Reserva Ambiental" (CRA). Os arts. 44 a 50 do Código Florestal preveem a possibilidade de emissão de um título nominativo, representativo de área com vegetação preservada, denominado "CRA". Dentre outras hipóteses, a CRA pode ser emitida quando haja excedente de reserva legal (art. 44, II). Essa cota de excedente pode ser transferida, gratuita *ou onerosamente*, a outra pessoa, a qual poderá compensar esse excedente de reserva legal existente na propriedade de quem lhe transferiu com a falta de vegetação na sua própria fazenda, desde que ambas estejam no mesmo bioma (art. 48). Ou seja, tirando a região considerada pela lei como "Amazônia Legal", nas demais regiões do País exige-se que o produtor tenha, ao menos, 20% (vinte por cento) de área com cobertura nativa a título de área de reserva legal (ARL), aí não incluídas as áreas de preservação permanente (APP's). É essa a previsão do art. 12 do Código Florestal. Se um produtor tem física e documentalmente mais do que esse mínimo de 20% (por exemplo, se tem 30% de reserva legal), ele pode negociar os 10% excedentes com outro produtor que não tenha o mínimo de 20%, a fim de que esse último utilize esse excedente adquirido para compor o mínimo exigido pela lei em sua propriedade. O Código traz uma série de formalidades para isso, mas, na sua essência, a lógica da lei é essa. E aí, é claro que o produtor rural que tem o excedente irá cobrar um valor pela negociação.

Outra possibilidade, até mesmo mais ampla, envolve a "Política Nacional de Pagamento por Serviços Ambientais" (PSA), instituída pela Lei Federal nº 14.119, de 13 de janeiro de 2021. Essa lei foi estruturada a partir de princípios e conceitos, que vão desde o "ecossistema" e os "serviços ecossistêmicos" até o "pagamento por serviços ambientais". Em linhas gerais, o que propõe a lei é que o PSA se viabilize como um instrumento fomentador do mercado para financiamento da preservação da natureza. Partindo da ideia arraigada no Direito Ambiental do usuário-pagador e do provedor-recebedor, essa lei cria exigências para quem consome os recursos naturais, de um lado; e induz a conservação das riquezas naturais, de outro. Portanto, grandes empresas poluidoras poderão comprar "créditos ambientais", através do PSA, de pessoas que adotam práticas ambientalmente adequadas, entre elas os produtores rurais que se ajustarem às condições da lei. Um dos serviços ambientais contemplados na legislação é o de crédito de carbono (art. 2º, II, "c"), algo que tanto vem sendo difundido. E dentre outras formas, o pagamento por serviços ambientais poderá ser feito por pagamento em moeda (art. 3º, I).

Pois bem, nesse cenário vem a pergunta, que é a que interessa para os fins deste estudo: os valores recebidos por produtores rurais por práticas ambientalmente adequadas, como as CRA's ou os PSA's, inclusive quanto aos créditos de carbono, podem ser classificados como resultantes da exploração da atividade rural, a atrair a incidência própria do regime de tributação no agro? A resposta é sim, inequivocamente sim. Ora, se o núcleo duro do conceito de atividade rural é formado pela *"extração e exploração vegetal e animal"*, é evidente que a preservação da natureza pode e deve ser vista como uma exploração econômica vegetal. Relembre-se que compõe o conceito não apenas a "extração", mas, muito mais do que isso, a "exploração", que, como já foi visto, deve ser compreendida como exploração econômica. E explorar economicamente uma atividade vegetal significa não apenas cortar árvores, extrair plantas, comercializar a madeira; mas também – e essa é a realidade de hoje – explorar economicamente a vegetação *mantendo a floresta em pé*, conservando nascentes de rios e preservando matas ciliares. Seria um inegável contrassenso aceitar que quem derruba a árvore e vende a madeira é um produtor rural (e à luz da legislação essa atividade é rural mesmo), mas quem preserva a floresta e recebe uma remuneração por isso não o seja, que deveria recolher seus tributos como os demais contribuintes, submetendo-se a uma carga tributária diferente (e mais onerosa).

Por isso que se defende, com convicção, que todos os valores recebidos pelos produtores rurais oriundos da adoção de práticas ambientalmente adequadas (e não apenas essas comentadas acima) são resultantes de atividades que, longe de escaparem, na verdade se amoldam ao conceito de "agronegócio".

1.9.1.7 A produção de "energia limpa" e o agronegócio: fontes de energia eólica e solar

Seguindo na trilha dos reflexos das práticas ambientalmente adequadas para a tributação do agronegócio, outra questão que faz pensar é se a produção de "energia limpa", especificamente por fontes energéticas eólica e solar, pode ou não ser subsumida ao modelo próprio da atividade rural. Trata-se de aspecto muito importante (aliás, mais um), pois o mundo vem mudando de forma acelerada e a exploração econômica da produção de energia eólica ou solar em fazendas ganha corpo, o que significa reconhecer que os estudos científicos que se pretendem sérios devem encarar esse desafio, buscando respostas.

Os produtores perceberam que uma fazenda pode comportar, perfeitamente, exploração de grãos, criação de gado, produção de frutas e "plantio" de placas solares ou de estruturas eólicas. Evidentemente, não se está a tratar aqui do produtor que instala placas solares na sua propriedade para geração de energia própria, isto é, para injetar o montante de energia gerada na rede da concessionária, de modo a diminuir o valor de sua fatura de consumo. O ponto aqui é outro. A reflexão trazida envolve as chamadas "fazendas solares" ou então as "fazendas de vento", isto é, a implantação de placas solares ou de turbinas eólicas em imóveis rurais com objetivo de exploração comercial, vendendo a energia produzida a terceiros. Em vez de plantar um pé de soja para futura comercialização, o sujeito "planta" uma placa solar ou uma turbina eólica, obtendo retornos financeiros a partir daí. Note-se que essa atividade tende a se consolidar no futuro, abrindo um espaço gigantesco de ganhos, em especial naquelas áreas em que há pouca chuva, inviabilizando uma atividade agrícola ou pecuária. A propósito disso, a imprensa noticia com frequência a instalação de grandes usinas fotovoltaicas e eólicas por conglomerados empresariais, com investimentos na casa dos bilhões de reais, a demonstrar que esse mercado só tem a crescer.

Olhando sob a ótica do produtor, a denominada "fazenda solar" nada mais é do que uma pequena usina fotovoltaica. Separa-se uma área da fazenda para implantação dos painéis solares, claro que com observância das normas técnicas do órgão regulador (ANEEL) e da concessionária de energia local, a fim de que seja produzida energia com segurança. A energia gerada, então, é comercializada com consumidores pessoas físicas ou com empresas situadas em outras localidades, as quais desejam reduzir sua conta de energia, mas não têm espaço ou capital para instalar um sistema próprio. Firmado o contrato, a energia é distribuída por meio das linhas de transmissão e distribuição, de maneira a gerar um crédito ao adquirente, o qual terá como efeito a redução do valor de sua fatura. Esse modelo de negócios, inclusive, hoje é disciplinado não apenas por resoluções da ANEEL, mas também pela Lei nº 14.300, de 06 de janeiro de 2022. De acordo com a lei a produção de energia nesse formato é enquadrada como minigeração no segmento de geração distribuída, que é considerada projeto prioritário, cujos desdobramentos *"proporcionam benefícios ambientais e sociais relevantes"* (art. 28, parágrafo único).

É indiscutível, portanto, a noção de sustentabilidade ambiental que inspira esse novo segmento do mercado. O ponto a se desvendar é se os valores recebidos pela produção de "energia limpa" são classificáveis ou não como resultantes da atividade rural. Aqui, nesse aspecto específico, à luz da legislação em vigor a resposta é negativa. O compromisso de quem faz um estudo dogmático, como o que orienta esta obra, é tentar compreender as normas vigentes do sistema jurídico colocado a exame. E o arcabouço normativo atual, do modo em que está estruturado, não comporta interpretação no sentido de que os valores recebidos pelo produtor rural pela comercialização de energia solar ou eólica possam ser vistos como oriundos da atividade rural, ainda que as estruturas para a geração de energia estejam instaladas em um imóvel rural.

O núcleo duro do regime tributário próprio do agronegócio passa pela exploração econômica vegetal ou animal, de tal maneira que valores auferidos pelo produtor que não decorram direta ou indiretamente de atividades dessa natureza não se amoldam ao conceito. E aqui não há contradição alguma com o que foi dito linhas atrás, no trecho envolvendo o pagamento por serviços ambientais (PSA). Lá, a preservação da natureza, como a manutenção da floresta em pé, é um dos elementos configuradores de uma exploração econômica rural vegetal. Porém, a geração de energia solar ou eólica em si, ainda que contribua para a preservação da natureza, não decorre de uma extração ou exploração vegetal ou animal.

É bem verdade que caberia uma atualização da lei (lembrando que a Lei nº 8.023 é de 1990), a fim de que, *de lege ferenda,* tais atividades também possam ser vistas como rurais, inclusive com o objetivo de produzir o efeito indutor de se estimular a produção de energia eólica e solar em fazendas. Entretanto, da forma em que a lei está posta hoje, essas atividades não parecem se ajustar ao conceito.

1.9.2 Atividades de transformação de produtos rurais

Examinadas algumas das atividades *in natura* que compreendem a exploração rural, de agora em diante serão feitas reflexões em torno da *transformação* dos produtos gerados.

Tomada a palavra na sua acepção semântica básica, ninguém há de negar que a agricultura pressupõe um processo em que o indivíduo lança sementes ao solo e colhe os frutos daí gerados, dos mais variados tipos, como os produtos da horticultura e da fruticultura, cabendo uma menção especial à cana-de-açúcar e aos grãos de uma maneira geral, como a soja, o milho e o café. Enfim, tudo o que se refira ao cultivo da terra. Já a pecuária é a criação e comercialização de gado para fins de consumo da carne ou do leite. As outras atividades animais, por sua vez, também envolvem algum tipo de exploração para fins comerciais, como a apicultura, a avicultura, a cunicultura, a suinocultura, a sericicultura e a piscicultura. Idêntico tratamento é dispensado ao cultivo de florestas e à transformação em carvão ou lenha.

Entretanto, são consideradas rurais não apenas essas atividades, mas também a transformação dos produtos daí decorrentes. Com efeito, essa análise é importante, na medida em que o art. 2º, V, da Lei nº 8.023/90 define como rural não apenas a atividade *in natura* em si, como também a

> *"transformação de produtos decorrentes da atividade rural, sem que sejam alteradas a composição e as características do produto in natura, feita pelo próprio agricultor ou criador, com equipamentos e utensílios usualmente empregados nas atividades rurais, utilizando exclusivamente matéria-prima produzida na área rural explorada, tais como a pasteurização e o acondicionamento do leite, assim como o mel e o suco de laranja, acondicionados em embalagem de apresentação".*

Ou seja, não apenas a produção *in natura* é considerada rural, mas, de igual modo, a transformação desses produtos feita pelo produtor, sem que fique desfigurado o conceito. Identificar até que ponto os produtos transformados se situam nas fronteiras do agro ou não é o aspecto relevante a ser investigado.

1.9.2.1 Os requisitos exigidos pela legislação para não descaracterização do regime do agro: produção própria, transformação dentro da propriedade e equipamentos e utensílios "usualmente" empregados nas propriedades rurais (o que não pode ser entendido como um desestímulo às novas tecnologias no campo)

Quando se parte para a análise da transformação de produtos rurais no contexto do regime tributário do agronegócio, uma primeira observação a ser feita é a de que o dispositivo legal que trata dessa matéria é de 1990, portanto, de mais de trinta anos atrás. Não precisa ser um entendido sobre o mundo do agro para perceber que muita coisa mudou de lá para cá no que diz respeito ao incremento de novas tecnologias na sociedade em geral, sendo certo que esse fenômeno se acentuou ainda mais no campo. Esse registro histórico é necessário para que a interpretação da norma não fique presa ao contexto do produtor "à moda antiga", cabendo ao estudioso construir o sentido do enunciado prescritivo com lastro nas acepções semânticas e pragmáticas atuais, tomando-se em conta o momento de aplicação da lei. Não há dúvida alguma de que os equipamentos "usualmente" empregados em 1990 tinham uma dada conotação; hoje, a realidade é bem diferente.

A legislação elenca quatro requisitos para que a transformação do produto não extrapole o conceito de atividade rural: (i) o sujeito que transforma o produto deve ser o próprio produtor rural; (ii) a matéria-prima utilizada deve ser produzida na área rural explorada; (iii) ele deve se valer de equipamentos e utensílios "usualmente" empregados nas atividades rurais; (iv) e o resultado desse processo não pode alterar a composição e as características do produto *in natura*. O legislador agregou ao final do preceito alguns exemplos do que consiste a transformação de produtos rurais, valendo-se das cláusulas *"tais como"* e *"assim como"*, citando a pasteurização do leite e a produção de mel e de suco de laranja, acondicionados em embalagem de apresentação.

Cabe agora destrinchar esses requisitos, para tentar compreendê-los melhor. A primeira exigência é a de que a transformação seja feita *"pelo próprio agricultor ou criador"*. Aqui, é claro que está subentendido que o produtor pode se valer de funcionários para desenvolver essa atividade, não necessitando que seja ele, pessoalmente, a promover a transformação. O que a lei quis evitar é que houvesse uma terceirização do processo, algo como uma industrialização por encomenda, porque isso extrapolaria o regramento que se quis dispensar à atividade. Portanto, o processo de transformação dos produtos rurais, para que fique compreendido dentro do conceito, deve ser feito pelo produtor, admitindo-se o auxílio de funcionários para isso. Se a transformação dos produtos for feita por terceiros estará afastado esse regime tipificado pela legislação.

A outra exigência legal também é relevante. O que se admite como atividade rural é a transformação dos produtos da própria fazenda, e não da produção de terceiros. Ao estabelecer que deve ser utilizada exclusivamente matéria-prima produzida na área rural explorada, a intenção do político foi impedir que houvesse uma espécie de escala industrial nessa atividade, com a aquisição da produção de outros agricultores ou pecuaristas. Pode-se até adquirir produção de terceiros, mas nessa hipótese não haverá incidência do subsistema tributário do agro, por se extrapolar o campo de incidência normativa delineado pela lei.

Se o primeiro e o segundo requisitos são relativamente fáceis de se compreender, o mesmo não se pode dizer dos outros dois. De acordo com a lei, na transformação o produtor tem que se valer de *"equipamentos e utensílios usualmente empregados nas atividades rurais"*. Ora, a cláusula é vaga, exacerbadamente vaga. O que são, para a lei, "equipamentos" e "utensílios" "usualmente" empregados nas atividades rurais? São os equipamentos e utensílios usados em 1990, data da lei, ou nos dias de hoje? E qual a constância ou a abrangência necessária para que seja preenchida a condição de ser "usualmente" empregados? Deve ser feita uma média para se comparar os equipamentos usados em propriedades vizinhas na região? A compra de uma máquina para ordenha automatizada das vacas e os tonéis para produção do leite, buscando a transformação em queijo finos, são equipamentos e utensílios usualmente empregados nas atividades rurais? E máquinas importadas, extrapolariam o conceito? O que dizer então de lançamentos, isto é, de novas tecnologias implantadas no mercado?

Como se vê, as perguntas são muitas, a revelarem que o dispositivo não atende adequadamente seus propósitos, que é o de estabelecer uma ordem legal clara para aplicação do conceito normativo. Não há critérios apriorísticos seguros capazes de levar à perfeita delimitação do processo em si mesmo considerado, se caracteriza industrialização ou não, porque nessa seara entra em jogo uma série de fatores, como os meios empregados para promover a transformação. O requisito "transformação com equipamentos e utensílios usualmente empregados nas atividades rurais" mostra a vagueza da mensagem prescritiva, porque falar em equipamentos e utensílios "usualmente" empregados nas atividades rurais é anuir com a indefinição e com a divergência, pois esses mecanismos podem variar de região para região e de acordo com a cultura local.

Por isso mesmo essa cláusula da lei não pode ser vista como um desestímulo ao emprego de novas tecnologias no campo. Seria um despropósito partir para esse caminho, se o Governo Federal mesmo estimula a adoção de tecnologias de ponta na área rural, a exemplo da abertura de linhas de crédito para aquisição de maquinários modernos (inclusive autorizando sua dedução como investimento da atividade rural para fins de IR) ou ainda se o Poder Público concede desoneração tributária para vários desses implementos agrícolas. A conclusão a que se chega, nessa ordem de ideias, é a seguinte: não é porque o equipamento é moderno ou porque seu valor é elevado, que seu emprego para transformação do produto resultará na desclassificação da atividade como rural. O que não se admite é a montagem de uma verdadeira indústria no campo, porque, aí sim, não haveria uma genuína transformação de produtos da fazenda. Note-se, pois, que o ponto de relevo é que a produção seja própria, não denotando uma escala industrial, com a compra de produtos de terceiros. Os equipamentos em si utilizados nesse processo não podem servir como critério *a priori* para descaracterização do conceito. Enfim, explorar a atividade rural não significa prescindir dos benefícios que os avanços tecnológicos propiciam, sendo certo que a tecnologia em si não desnatura a atividade.[61]

---

61. Sobre os equipamentos utilizados na transformação dos produtos rurais, há uma solução de consulta da Secretaria da Receita Federal do Brasil de caráter

Umbilicalmente atrelado a isso tudo está o último requisito. A transformação não pode alterar a composição e as características do produto *in natura*. Eis mais uma expressão permeada de vagueza. O que é "composição" do produto? E suas "características"? A composição e suas características são químicas, físicas, visuais, táteis, olfativas, gustativas? Quem sabe nutritivas? Ora, para ficar com o exemplo da lei, uma laranja não é igual a um suco de laranja. O mesmo se diga entre o leite cru e o leite pasteurizado. Nesse universo de incertezas a única racionalidade que pode ser construída é no sentido de que a transformação do produto da fazenda não pode admitir a inclusão de elementos químicos industriais que tenham por finalidade aumentar o prazo de consumo do alimento ou então que transforme um produto natural em produto industrial ou misto, isto é, parcialmente resultante de um processo natural e parcialmente resultante de inclusão de elementos químicos, como xaropes. A composição e as características exigidas pela lei no contexto da transformação do produto rural pelo

---

restritivo, com o seguinte teor: "Imposto sobre a Renda de Pessoa Jurídica - IRPJ. ATIVIDADE RURAL. DESCARACTERIZAÇÃO. A partir da Lei nº 8.023, de 1990, não se considera atividade rural a transformação de produtos agrícolas ou pecuários, em que sejam utilizados equipamentos e utensílios usualmente NÃO empregados nas atividades rurais. Tornada sem efeito a Decisão SRRF/10ª DT nº 78, de 15.07.87, que se lastreava em legislação posteriormente revogada pela Lei nº 8023, de 1990". Solução de Consulta SRF 10ª RF nº 107. DOU 29.08.2005. Todavia, há um importante precedente do CARF deixando claro que equipamentos de alta tecnologia não afastam o regime do agro: "ATIVIDADE RURAL - COMPATIBILIDADE COM EQUIPAMENTOS USUALMENTE EMPREGADOS NA ATIVIDADE - EQUIPAMENTOS DE ALTA TECNOLOGIA - A lei prevê como conditio juris para a caracterização da atividade como rural, a transformação de produtos, como os da exploração de avicultura, feita pelo próprio criador, sem que haja alteração da composição e das características do produto in natura, com equipamentos e utensílios usualmente empregados nas atividades rurais, utilizando exclusivamente matéria-prima produzida na área rural explorada. Não caracteriza emprego de equipamentos inusuais, o fato de se usarem equipamentos de alta tecnologia, que implicam ganho de produção em escala. A utilização de equipamentos de elevada tecnologia, pelo criador de aves, na atividade de transformação, sem que haja alteração na composição e nas características do produto in natura, não tem o condão de desvirtuar o pressuposto legal para configuração de atividade rural. Tal exegese se extrai da interpretação finalística e funcional do preceito, bem como de interpretação histórico-evolutiva". 1º Conselho de Contribuintes. 7ª Câmara. Rel. Marcos Shigueo Takata. Acórdão 107-09.548. DOU 24.03.2009.

próprio agricultor ou criador devem ser não na aparência ou na forma de apresentação do produto (se em estado líquido ou pastoso, por exemplo), mas sim nas suas características naturais intrínsecas, afastando-se da produção industrial. Essa, repita-se, é a única interpretação racional que se pode dar ao enunciado prescritivo do art. 2º, V, da Lei nº 8.023/90.

1.9.2.2 Alguns exemplos de transformação: produção de adubos orgânicos, carvão, lenha, embriões, rações, mel, lácteos (queijos, requeijões e manteigas) e frutícolas (sucos, doces, geleias, pastas e frutas desidratadas)

As ponderações que foram feitas no tópico anterior servem não só para fixar as bases normativas do raciocínio, como, fundamentalmente, para abrir o leque enorme de possibilidades envolvendo a transformação de produtos rurais pelo produtor, sem que fique descaracterizado o regramento próprio da atividade rural. Vale a pena, pois, dar alguns exemplos de produtos que vão além da exploração *in natura*.

Um primeiro grupo envolve os não-comestíveis. A produção de adubos orgânicos, carvão e lenha não está compreendida no produto *in natura* em si, mas, nem por isso, excede as margens definidas pelo legislador. Se o produtor transforma, por processo de compostagem, os resíduos de sua produção em adubo, aí compreendidos os restos vegetais (como palha, cascas, bagaços e folhas) e os restos animais (como a "cama de frango", envolvendo o esterco de aves), o resultado da venda desse adubo para outros produtores pode ser lançado como oriundo da atividade rural. A mesma lógica se aplica na transformação da madeira em lenha ou carvão. Todas essas atividades estão inseridas no conceito.

O segundo grupo que pode ser estruturado gira em torno da reprodução animal. Com efeito, a venda de sêmens e embriões selecionados para reprodução de bovinos e equinos é um mercado bastante vultoso. Aliás, o investimento em genética é o que marca a pecuária de elite brasileira. Pois bem, se o pecuarista vende não apenas o boi em pé, mas também o sêmen e embriões de animais de ponta, essa atividade não destoa do ordenamento tributário do agro.

Outra atividade que integra o conceito é a produção para alimentação animal, vale dizer, a fabricação de rações, em especial para bovinos, suínos e aves, a partir de resíduos vegetais, como farinha ou farelo de soja e milho. Essa atividade específica é incomum, porque o produtor rural não tem condições de competir no mercado com as grandes indústrias de fabricação de ração animal. De todo modo, fica o registro de que não há empecilho legal a essa atividade como denotadora de transformação de produtos rurais pelo próprio produtor.

O último grupo engloba os produtos para consumo humano. Nele está a produção de mel e de produtos de origem láctea, como queijos, requeijões e manteigas, e de origem frutícola, como sucos, doces, geleias, pastas e até frutas desidratadas. A esse respeito é necessário esclarecer que não se está a tratar aqui das exigências sanitárias envolvendo o registro desses produtos junto aos órgãos competentes. Trata-se de algo importante, sem dúvida, mas a ser avaliado em campo próprio de atuação. O que interessa enfatizar é que, à luz da legislação tributária, a produção e comercialização desses produtos pelo produtor integra aquilo que a lei tratou como "transformação de produtos rurais". Assim, se o sujeito tem um apiário e dali extrai o mel, comercializando-o, o retorno financeiro obtido é resultado da atividade rural. Não é diferente a análise a partir dos processos envolvendo o leite, transformando-o em queijos, requeijões e manteigas. Há várias regiões do Brasil que têm se destacado pela produção de queijos finos, com alto valor agregado. E isso é agro. Também a transformação de frutas em sucos, doces, geleias, pastas, bem como a produção de frutas desidratadas, que entraram em voga na moda *fitness*, igualmente estão compreendidas nesse conceito. Portanto, a produção de frutas secas, como ameixas, amêndoas, castanha de caju, nozes, damasco, uva passa, banana e figo, tudo isso pode ser explorado pelo produtor debaixo do regime do agro. Também a produção de pasta de amendoim (embora o amendoim não seja uma fruta, mas uma leguminosa) e de salames e outros embutidos. O rol, não custa dizer novamente, é bem amplo.

Enfim, o que genuinamente importa é o seguinte: todos esses produtos transformados devem ser produzidos na fazenda e o processo de transformação deve ser feito pelo produtor (ainda que com a ajuda de funcionários), e não por terceiros, valendo-se dos equipamentos implantados na propriedade rural para essa transformação. Uma vez pronto, o produto é acondicionado em embalagem de apresentação direto para o consumo final. A embalagem de apresentação é aquela que tem por finalidade alterar sua apresentação para o processo de venda, não sendo mera embalagem para transporte (como caixotes ou caixas). Isso significa que esses e outros produtos "diretos da fazenda" estarão abarcados pela disciplina normativa própria da atividade rural.

1.9.2.3 A questionável restrição imposta às atividades pesqueira e de piscicultura

A legislação cria uma restrição questionável ao tratar das atividades pesqueira e de piscicultura. Com efeito, embora a piscicultura esteja explicitamente contemplada como uma atividade rural no art. 2º, IV, da Lei nº 8.023/90, a Secretaria da Receita Federal do Brasil tem em sua normatização infralegal uma regra limitadora, estabelecendo no art. 4º, III, da Instrução Normativa nº 83, de 11 de outubro de 2001, que não se considera atividade rural "*o beneficiamento ou a industrialização de pescado* in natura".

Cabem aqui algumas ponderações, ainda que breves. Em primeiro lugar, parece desnecessário relembrar que onde a lei não restringe, não compete à norma de inferior hierarquia restringir. É com esse espírito que se deve encarar o veículo normativo subalterno. A segunda observação a ser feita é a distinção entre a atividade de pesca *in natura* e a piscicultura. A captura de pescado *in natura* consiste na pesca em ambiente livre, seja no mar ou em rios, através da qual o indivíduo se dedica profissionalmente a pescar e a vender peixes. Já a piscicultura envolve a criação de peixes em cativeiro, em ambiente controlado, tendo por atividade também a venda de peixes. Vale registrar que a piscicultura cresceu de forma exponencial nos últimos anos, sendo certo que o faturamento gerado já ombreia entre os maiores do agronegócio.

Pois bem, a despeito de o art. 2º, IV, da Lei nº 8.023/90 prever como atividade rural apenas a piscicultura, não há dúvida de que quem faz a captura do pescado *in natura* igualmente desenvolve uma atividade da mesma natureza. Aliás, o art. 2º, V, da referida IN 83/01 previu como rural *"a atividade de captura de pescado in natura, desde que a exploração se faça com apetrechos semelhantes aos da pesca artesanal (arrastões de praia, rede de cerca, etc.), inclusive a exploração em regime de parceria"*. Essa restrição específica contida na norma infralegal se justifica, pois não pode ser considerada produtora rural a grande indústria de pesca, que faz a captura do pescado em larga escala, com grandes embarcações próprias para esse fim, no mais das vezes em alto-mar.

Portanto, quem produz peixe em cativeiro ou quem faz a captura *in natura* em mares e rios é produtor rural. A questão discutível envolve a transformação do peixe, na medida em que o art. 4º, III, da IN 83/01, como se viu, exclui do conceito *"o beneficiamento ou a industrialização de pescado* in natura". Quanto à industrialização do pescado, isso, de fato, extrapola o regramento próprio rural, por indicar um processo industrial de limpeza, corte, congelamento e colocação do filé de peixe em embalagens nas gôndolas dos supermercados. O problema está na dificuldade de se circunscrever o que vem a ser o "beneficiamento" do pescado *in natura,* que a norma considera fora do conceito. Se o pescador artesanal ou o piscicultor apenas limpar o peixe, cortá-lo ao meio e salgá-lo, vendendo-o dessa forma, isso é beneficiamento? E se for, ele estará fora da atividade rural? Ou quem sabe se vender o peixe em postas?

A intuição leva a crer que a atividade de produção de peixes para consumo, até pelos riscos sanitários envolvidos, carece, realmente, de uma atenção especial. Agora, a questão sanitária deve ser examinada diante de suas normas próprias. Se as autoridades sanitárias concederem as licenças necessárias para que o pescador ou o piscicultor vendam não apenas o "peixe fresco", mas também promovam a comercialização do pescado já em fatias ou em postas, da perspectiva da Lei nº 8.023/90 esse processo seria em tudo e por tudo equiparável à "transformação dos produtos rurais" a que alude o art. 2º, V. Ora, se quem explora a pecuária leiteira pode produzir o leite, transformá-lo em queijo e vender o produto acabado, não destoando do conceito do agro, por que motivo o pescador artesanal ou o piscicultor não poderiam pescar ou criar o peixe e vendê-lo em estágio de beneficiamento artesanal, a exemplo dos processos de limpeza, fatiamento e salga (salga seca ou em salmoura)? Daí a razão pela qual a restrição criada pela Receita Federal não se sustenta.

1.9.2.4 As UBS's – unidades de beneficiamento de sementes

Outro processo de transformação de produtos rurais que deve ser abordado é o de beneficiamento de sementes. As chamadas UBS's – unidades de beneficiamento de sementes também ganharam corpo nos últimos anos, notadamente no que toca à produção de sementes de soja. E se trata de atividade inerente à transformação rural, daí o motivo pelo qual está abrangida pelo regime tributário do agro.

Em linhas gerais, o processo para produzir sementes, como o da soja, consiste na seleção, padronização e conservação dos grãos mais propícios ao cultivo de novas lavouras. Trata-se de algo de extrema relevância, pois a qualidade da semente irá impactar nos índices de produtividade da lavoura a ser plantada. Para que se tenha uma lavoura homogênea, com taxa de germinação, pureza e sanidade elevadas, é fundamental que a semente seja padronizada e de boa procedência. E exatamente por isso o valor gasto com sementes é uma parcela considerável dos investimentos feitos no custo de uma lavoura. Assim, ainda para ficar com o exemplo da soja (que é a maior *commodity* do agro brasileiro), a diferença de preço entre um grão de soja com finalidade de esmagamento (ou seja, para produção de óleo ou de ração) e um grão de soja para transformação em semente é bastante grande. Nem toda lavoura pode produzir sementes, já que há uma série de fatores que entram em jogo, como o tipo de solo, a altitude das terras, a constância das chuvas e a variedade utilizada. Pode-se até dizer que um pé de soja pode brotar em diversos rincões do Brasil, mas nem todo pé de soja é propício para gerar sementes de boa qualidade. Não por outro motivo há legislação própria tratando do tema – a Lei nº 10.711, de 05 de agosto de 2003, que versa sobre o "Sistema Nacional de Sementes e Mudas", exigindo a venda de sementes certificadas pelo MAPA.

Diante desses aspectos, nas fazendas onde é possível produzir sementes, os produtores, evidentemente, preferem plantar com esse objetivo, já que o valor agregado é muito maior – são os chamados "sementeiros". Ocorre que não se produz semente simplesmente colhendo o grão do pé e o colocando em sacas. Há uma série de investimentos que precisam ser feitos, desde a seleção dos grãos, pressupondo uma genética adequada na variedade escolhida; a aquisição de máquinas que possam fazer o processo de limpeza, através de diversas peneiras, livrando os grãos de impurezas; passando pela classificação (em tamanho, forma e massa dos grãos); depois pela padronização, por intermédio de secadores, com o intuito de se diminuir sua umidade; chegando-se, finalmente, ao armazenamento das sementes, que necessitam ficar em câmaras frias em torno de 14°C de temperatura. Os investimentos em genética e tecnologia, como se pode imaginar, não são poucos. E construir uma estrutura enorme na fazenda que possa comportar todo esse processo, especialmente para que se tenha uma refrigeração constante em propriedades rurais normalmente localizadas em regiões quentes, dá um trabalho bem grande e requer aplicação de elevadas quantias.

Pois bem, se o produtor, em vez de plantar soja, colher o grão e vendê-lo a uma *trading* para que seja esmagado e transformado em óleo, ração ou outra finalidade, tem condições de produzir sementes de soja, vendendo-as no mercado, essa atividade, inequivocamente, estará inserida no processo de transformação de um produto rural a que alude o art. 2º, V, da Lei nº 8.023/90. Afinal de contas, todos os pressupostos legais para tanto estão presentes, pois (i) é o próprio produtor que transforma o produto; (ii) a matéria-prima utilizada (o grão colhido) é produzida na fazenda; (iii) as instalações estão todas na propriedade rural, sendo todos os equipamentos voltados a esse fim específico; (iv) e o resultado desse processo não altera a composição e as características do produto *in natura*, na medida em que, através do beneficiamento, a partir do grão é produzida a semente para futuro plantio. Desse modo, a produção e comercialização de sementes por parte do produtor rural está submetida à sistemática tributária do agronegócio.

1.9.3 Afinal, o que é uma "agroindústria"?

Examinadas as atividades rurais tanto sob o prisma *in natura*, quanto da transformação dos produtos rurais, é preciso agora fazer algumas reflexões sobre o que vem a ser, juridicamente, uma "agroindústria". Essa questão é importante, porque delinear as fronteiras entre um produtor rural que transforma seus produtos e os coloca à venda e uma agroindústria, que também transforma produtos rurais, implica em distinguir as regras tributárias aplicáveis a cada um deles. O produtor rural pessoa jurídica sofre a incidência de determinados modelos tributários do agro, a exemplo do IR, da CSLL, do FUNRURAL e de PIS/COFINS. A agroindústria, por sua vez, em relação a esses mesmos tributos, rege-se por normas diferentes. Daí que não se pode confundir um produtor rural pessoa jurídica (uma sociedade agropecuária) que comercializa produtos transformados com uma agroindústria, porquanto as normas incidentes não são as mesmas.

Para se tomar posição em torno desse assunto, o passo decisivo, como não poderia deixar de ser, é buscar compreender o comando da lei. O art. 22-A da Lei nº 8.212, de 24 de julho de 1991, o qual foi inserido pela Lei nº 10.256, de 09 de julho de 2001, estabelece que *"a contribuição devida pela agroindústria, definida, para os efeitos desta Lei, como sendo o produtor rural pessoa jurídica cuja atividade econômica seja a industrialização de produção própria ou de produção própria e adquirida de terceiros, incidente sobre o valor da receita bruta proveniente da comercialização da produção"*, será de 2,5% para a Seguridade Social e de 0,1% para o financiamento do seguro de acidente de trabalho. Não vem ao caso aqui, ainda, examinar as contribuições devidas pela agroindústria. O que importa, neste capítulo, é definir quem é a "agroindústria".

Uma primeira observação, similar à que foi feita quando da análise da Lei nº 8.023/90, é se o conceito de agroindústria está restrito ou não aos *"efeitos desta Lei"*. A resposta é negativa. Não há outra formulação legal que trate da definição de agroindústria, de tal modo que esse é o único comando com *status* de lei de que pode o intérprete se socorrer para tentar resolver os problemas envolvidos. Isso significa que, mesmo para os demais tributos, todas as vezes em que o estudioso se deparar com um caso concreto no qual o debate está em se saber se determinado contribuinte é ou não agroindústria, ele terá que buscar a solução no art. 22-A da Lei nº 8.212/91. Trata-se, pois, de uma ponderação no que toca à abrangência do conceito.

A segunda está voltada ao sujeito destinatário da norma. De acordo com a lei, a agroindústria é um *"produtor rural pessoa jurídica"*. Eis mais um elemento importante, tendo em vista que o legislador não considera a "agroindústria" uma "indústria" propriamente dita, mas sim um "produtor rural pessoa jurídica". Nisso está afastada a possibilidade de um produtor rural pessoa física ser uma agroindústria. Mas, note-se bem, se um produtor rural pessoa física, em vez de simplesmente transformar seus produtos, extrapola o conceito e passa a transformar produtos de terceiros em caráter industrial, não se descarta a possibilidade de a fiscalização enquadrá-lo como contribuinte pessoa jurídica, eventualmente até como agroindústria, exigindo os tributos daí advindos conforme o regramento correspondente.

O terceiro aspecto – e mais decisivo – é o delineamento do tipo de atividade desenvolvida para que se preencha o conceito legal. É agroindústria o produtor rural pessoa jurídica *"cuja atividade econômica seja a industrialização de produção própria ou de produção própria e adquirida de terceiros"*. Isso é agroindústria, nas palavras do legislador. Para que o conceito seja esmiuçado, é preciso chamar atenção para três pontos mencionados na lei: (i) o que é "industrialização"; (ii) o que é "produção"; (iii) e a interligação entre "produção própria" e "produção própria e adquirida de terceiros".

No que diz respeito ao signo linguístico "industrialização", só se pode compreendê-lo a partir das bases do próprio sistema normativo, em especial quanto ao IPI – imposto sobre produtos industrializados. Também ainda não é o momento de tratar do IPI, mas é preciso reconhecer que os conceitos jurídicos se entrecruzam, se enlaçam. E ao se examinar a legislação do IPI, de lá se percebe que seu Regulamento (RIPI – Decreto Federal nº 7.212, de 15 de junho de 2010) prescreve no art. 4º que caracteriza industrialização qualquer operação que modifique a natureza, o funcionamento, o acabamento, a apresentação ou a finalidade do produto, ou o aperfeiçoe para consumo, como a transformação, o beneficiamento, a montagem, o acondicionamento ou reacondicionamento e a renovação ou recondicionamento. Logo, a industrialização é um processo amplo, envolvendo a *modificação* da natureza, funcionamento, acabamento, apresentação ou finalidade do produto, ou então seu aperfeiçoamento para consumo.

Mas, em que medida, exatamente, a "industrialização" a que alude o art. 22-A da Lei nº 8.212/91 se distinguiria da "transformação de produtos decorrentes da atividade rural" de que trata o art. 2º, V, da Lei nº 8.023/90, para se diferençar a agroindústria e o produtor rural, respectivamente? Pensando apenas em uma pessoa jurídica (já que, ressalvas feitas acima, pessoa física não pode ser agroindústria), e lembrando que, pela lei, existe a possibilidade de a agroindústria industrializar produção própria, qual seria a diferença entre um produtor rural pessoa jurídica que transforma seus produtos e uma agroindústria que industrializa produção própria?

A resposta passa pelo produto final resultante do processo, pela forma e pelo local da produção e pela escala produtiva. Com efeito, será produtor rural pessoa jurídica (não agroindústria) aquele que transforma os produtos da atividade rural. Para isso, como salientado antes, são quatro requisitos: a transformação deve ser feita por ele próprio, a matéria-prima deve ser produzida no seu imóvel rural, os equipamentos, ainda que modernos, devem ser os instalados na propriedade para esse fim e o produto resultante não pode indicar alteração na composição e características naturais do produto original. Para que seja uma agroindústria, porém, não se exige isso, a lei é bem mais lacônica (e por isso mesmo acentuadamente vaga). O requisito é apenas que haja uma industrialização de produção própria ou de produção própria e adquirida de terceiros.

Portanto, na agroindústria parte do processo pode ser terceirizado, não se exigindo que seja ela própria a fazê-lo, na sua inteireza. Igualmente não se exige que toda a matéria-prima seja por ela produzida (embora, necessariamente, parte deve ser de produção própria). Os equipamentos empregados podem denotar uma produção industrial em larga escala, não se exigindo que fiquem circunscritos a uma produção menor, típica de "produtos da fazenda". E, por fim, o produto final pode ser outro totalmente transformado ou novo, não sendo necessário preservar a composição e as características do produto *in natura*. É isso o que distingue o produtor rural pessoa jurídica da agroindústria.

Mas, há que se reconhecer, existem vários pontos de intersecção entre um e outro, haja vista que a agroindústria pode fazer todo o processo, apenas com matéria-prima própria, com equipamentos mais simples e o produto final pode ser decorrente de mero beneficiamento. Noutras palavras, o produtor rural, várias vezes, realiza um processo de beneficiamento de seus produtos (o que a lei classifica como "transformação de produtos decorrentes da atividade rural"). Ocorre que o beneficiamento também é considerado pela legislação uma das hipóteses de industrialização, vale dizer, o processo *"que importe em modificar, aperfeiçoar ou, de qualquer forma, alterar o funcionamento, a utilização, o acabamento ou a aparência do produto"*, tal qual prescrito pelo art. 4º, II, do RIPI. Nessa circunstância específica não haveria diferença clara entre produtor rural pessoa jurídica e agroindústria, já que os aspectos envolvidos seriam os mesmos, autorizando a conclusão de que *pessoa jurídica rural não pode ser agroindústria, mas agroindústria pode realizar atividades típicas de produtor rural pessoa jurídica.* É nessa zona cinzenta que se colocam as similitudes das operações do produtor rural pessoa jurídica e a agroindústria; nas demais hipóteses de industrialização (transformação, montagem, acondicionamento e renovação), aí as atividades são bem distintas[62].

Voltando aos pontos mencionados pela lei para que o conceito seja destrinchado, o outro gira em torno do delineamento do vocábulo "produção". Agroindústria, na dicção da lei, é quem faz a industrialização de "produção" própria ou de "produção" própria e adquirida de terceiros. Ora, se a agroindústria é o *"produtor rural pessoa jurídica"*, então só se pode concluir que a "produção" a que se refere a lei, necessariamente, é "produção rural", isto é, aquela resultante da extração e da exploração vegetal e animal. Dos vários bens de consumo existentes, o que diferencia a agroindústria das demais indústrias é o fato de que seu principal insumo é diretamente um produto *in natura* vegetal ou animal, um produto da atividade rural. O maior e mais importante fornecedor de uma agroindústria é o produtor rural, seja pessoa física ou jurídica. É claro que ela pode contar com outros fornecedores, por exemplo, aqueles que lhe vendem os maquinários, mas o que realmente vai importar é a matéria-prima que integra sua atividade-fim, como a soja, o

---

62. Tanto há uma faixa de penumbra que o art. 165, § 1º, incisos I e II, da Instrução Normativa da Secretaria da Receita Federal do Brasil nº 971, de 13 de novembro de 2009, preocupou-se em ressaltar, no âmbito infralegal, que o beneficiamento e a industrialização rudimentar não se consideram atividade de industrialização "para efeito de enquadramento do produtor rural pessoa jurídica como agroindústria".

milho, a uva, a laranja, a cana-de-açúcar, a madeira, o boi, a ave ou o suíno. Pode-se afirmar, destarte, que a análise que marca uma agroindústria está assentada mais na origem dos seus insumos (na entrada) e menos na transformação que faz em um bem pronto para consumo (na saída). Uma indústria automobilística necessita de fornecedores que possam lhe abastecer com aço, plástico e equipamentos eletrônicos. Sem isso não se faz um carro. Na agroindústria, não: o elemento crucial é um produto de origem vegetal ou animal, fornecido diretamente pelo produtor rural. É essa industrialização da produção rural que marca a agroindústria.

O terceiro elemento, não menos importante, é a exigência de que esse processo industrial deve decorrer de *"produção própria ou de produção própria e adquirida de terceiros"*. Como se vê, a lei exige que a agroindústria tenha uma parte de produção própria; afinal, a agroindústria é um "produtor rural pessoa jurídica". Se o estabelecimento industrializar apenas produção de terceiros não será considerado agroindústria. Agora, é curioso perceber que a lei não estabelece quantitativos mínimos de produção própria, dando espaço para que a agroindústria dedique pequena parte de sua operação à produção própria.

Para encerrar, cabem duas últimas observações. A primeira é a de que o art. 22-A, § 2º, da Lei nº 8.212/91 prevê que não se aplica o regime substitutivo da contribuição da agroindústria de folha de salários para a receita bruta em relação às operações *"relativas à prestação de serviços a terceiros"*. Perceba-se que a lei não estabelece que se a empresa, circunstancialmente, industrializar produção de terceiro deixará de ser agroindústria. Apenas prevê que, quanto a essas operações, o recolhimento se dará sobre a folha de salários dos funcionários, tanto assim que o § 3º determina a segregação do faturamento oriundo de prestação de serviços. O outro registro envolve o § 4º, de acordo com o qual esse regime substitutivo não se aplica às sociedades cooperativas e *"às agroindústrias de piscicultura, carcinicultura, suinocultura e avicultura"*. Também aqui é necessário reforçar que a lei não desclassifica essas atividades como agroindústria. Aliás, explicitamente o legislador as menciona como agroindústria. O que fez a norma foi somente prever que para essas atividades não se aplica o recolhimento sobre a receita bruta, e sim sobre a folha de salários.

Em síntese, estando presentes esses três pressupostos – produtor rural pessoa jurídica, industrialização de produção rural e produção própria ou própria e de terceiros – estarão satisfeitas as exigências que a lei prescreve para que se esteja diante de uma agroindústria. Aí estarão incluídos vários contribuintes, como frigoríficos, laticínios, usinas sucroalcooleiras, as empresas têxteis, as de celulose, as produtoras de bioenergia e de biocombustíveis, entre outros. Eis um quadro a respeito dessa matéria:

Característica para enquadramento como agroindústria	**Exigência legal**
Quanto ao principal insumo empregado na industrialização	Deve decorrer de uma atividade rural (origem vegetal ou animal), mas desde que parte dos insumos seja produzida pela própria agroindústria ("produção própria ou produção própria e adquirida de terceiros")
Quanto ao local em que a matéria-prima é produzida	Não se exige que seja produzida exclusivamente na área rural explorada
Quanto à exigência de que todo o processo industrial seja feito pela agroindústria	Não se exige que todo o processo industrial seja feito pela agroindústria
Quanto às máquinas e demais equipamentos empregados na industrialização	A lei não faz qualquer exigência quanto a isso
Quanto ao produto final resultante do processo de industrialização	A lei não faz qualquer exigência quanto a isso
Quanto à possibilidade de industrialização de produtos de terceiros	A lei permite que seja feita a industrialização de produto de terceiros, mas nessa hipótese o recolhimento da contribuição se dará sobre a folha de salários, devendo o faturamento respectivo ser segregado contabilmente

1.9.4 O que é e o que não é "agro" para a Receita Federal: análise crítica da normatização infralegal e suas restrições sem respaldo em lei

Percorrido todo esse trajeto, para encerrar este item sobre a amplitude do conceito de "agronegócio" cabe examinar o entendimento da Secretaria da Receita Federal do Brasil a respeito dessa matéria, analisando-se sua normatização infralegal. Para que o estudo fique mais objetivo, mas sem perder em profundidade, as ponderações que serão feitas a seguir envolverão apenas os temas que já não foram tratados antes, de maneira a que as proposições descritivas não se mostrem repetitivas.

A busca pela disciplina do que é e do que não é "agro" não poderia passar ao largo da Receita Federal, evidentemente. Afinal de contas, circunscrever bem as atividades que se situam dentro das fronteiras rurais é um pressuposto mesmo para aplicação das normas próprias do regime tributário do agronegócio: se atividade rural, então incide esse subsistema; do contrário, as regras exigíveis são aquelas dos demais contribuintes. Foi pensando nisso que a Receita Federal baixou a Instrução Normativa nº 83, de 11 de outubro de 2001, a qual dispõe sobre *"a tributação dos resultados da atividade rural das pessoas físicas"*; a Instrução Normativa nº 971, de 13 de novembro de 2009, que estabelece *"normas gerais de tributação previdenciária e de arrecadação das contribuições sociais destinadas à Previdência Social e as destinadas a outras entidades ou fundos, administradas pela Secretaria da Receita Federal do Brasil (RFB)"*; e a Instrução Normativa nº 1.700, de 14 de março de 2017, cujo intuito é, dentre outros, regulamentar *"a determinação e o pagamento do imposto sobre a renda e da contribuição social sobre o lucro líquido das pessoas jurídicas"*. A IN 83/01 está toda voltada a reger no âmbito infralegal os rendimentos da atividade rural das pessoas físicas, enquanto que a IN 971/09 cuida "Das Atividades Rural e Agroindustrial" nos arts. 165 a 188 e a IN 1.700/17 disciplina o capítulo "Da Atividade Rural" nos arts. 248 a 270.

Para facilitar a análise tomar-se-á como parâmetro somente a IN 83/01, sobretudo porque o intuito aqui é investigar o que o órgão fazendário considera como rural ou não. A IN 971/09 também trata do tema, mas com enfoque mais nas regras envolvendo a forma de cálculo das contribuições, de tal maneira que o exame apenas da IN 83/01 supre bem o propósito buscado. O mesmo se diga quanto à IN 1.700/17, a qual nos arts. 249 e 250 repete, em boa medida, prescrições similares às contidas na IN 83/01 no que toca à conceituação de "atividade rural". Portanto, o enfrentamento da IN 83/01 é suficiente para revelar o que a Receita Federal entende por "agro".

Fixada essa base do raciocínio, uma primeira colocação que deve ser feita é a de que, como se sabe, *instrução normativa é instrumento secundário de normas, de tal modo que não pode inovar originariamente na ordem jurídica, tarefa reservada à lei em sentido formal e material.* Isso significa que seus enunciados somente serão válidos *se* e *somente se* encontrarem respaldo em lei, em respeito aos princípios da legalidade, da estrita legalidade e da tipicidade. Parece desnecessário enfatizar aqui – até mesmo porque isso será feito com bastante força ao longo desta obra – que IN não se sobrepõe à lei, ainda que muitas vezes as autoridades fiscais assim o façam, seja velada, seja explicitamente. É com esse espírito que aquele que se dedica ao estudo das relações tributárias, comprometido com a coerência e a organicidade do sistema, deve se posicionar sobre o teste de validade de prescrições infralegais, a exemplo das instruções normativas. Definido esse roteiro, eis o que estabelece o art. 2º da Instrução Normativa nº 83/01:

> *"Art. 2º Considera-se atividade rural:*
>
> *I – a agricultura;*
>
> *II – a pecuária;*
>
> *III – a extração e a exploração vegetal e animal;*
>
> *IV – a exploração de atividades zootécnicas, tais como apicultura, avicultura, cunicultura, suinocultura, sericicultura, piscicultura e outras culturas de pequenos animais;*

V – a atividade de captura de pescado in natura, desde que a exploração se faça com apetrechos semelhantes aos da pesca artesanal (arrastões de praia, rede de cerca, etc.), inclusive a exploração em regime de parceria;

VI – a transformação de produtos decorrentes da atividade rural, sem que sejam alteradas as características do produto in natura, feita pelo próprio agricultor ou criador, com equipamentos e utensílios usualmente empregados nas atividades rurais, utilizando exclusivamente matéria-prima produzida na área rural explorada, tais como:

a) beneficiamento de produtos agrícolas:

1. descasque de arroz e de outros produtos semelhantes;

2. debulha de milho;

3. conservas de frutas;

b) transformação de produtos agrícolas:

1. moagem de trigo e de milho;

2. moagem de cana-de-açúcar para produção de açúcar mascavo, melado, rapadura;

3. grãos em farinha ou farelo;

c) transformação de produtos zootécnicos:

1. produção de mel acondicionado em embalagem de apresentação;

2. laticínio (pasteurização e acondicionamento de leite; transformação de leite em queijo, manteiga e requeijão);

3. produção de sucos de frutas acondicionados em embalagem de apresentação;

4. produção de adubos orgânicos;

d) transformação de produtos florestais:

1. produção de carvão vegetal;

2. produção de lenha com árvores da propriedade rural;

3. venda de pinheiros e madeira de árvores plantadas na propriedade rural;

e) produção de embriões de rebanho em geral, alevinos e girinos, em propriedade rural, independentemente de sua destinação (reprodução ou comercialização).”

Voltando os olhos para o art. 2º da instrução normativa, o intérprete perceberá que, em linhas gerais, os incisos I a IV são similares aos incisos I a IV do art. 2º da Lei nº 8.023/90, com uma pequena alteração (injustificável, é bom que se diga) especificamente no inciso IV, no sentido de que a Receita Federal considera atividade rural a exploração de atividades zootécnicas, tais como apicultura, avicultura, cunicultura, suinocultura, sericicultura, piscicultura e outras culturas de *"pequenos"* animais. Não há na lei qualquer restrição quanto ao porte dos animais, de tal modo que pouco importa se a exploração econômica de animais envolve pequenos, médios ou grandes animais. A despeito disso, o verbete *"pequenos animais"* acaba por reforçar a possibilidade de exploração econômica de "pets", como já demonstrado antes.

Em relação ao art. 2º, inciso V, da referida instrução normativa, no trecho em que trata da captura de pescado *in natura*, essa atividade também foi objeto de comentários páginas atrás, de tal modo que é desnecessário repeti-los.

A parte que interessa destacar está assentada no inciso VI. A IN 83/01 considera como compreendida no conceito não apenas a exploração *in natura*, mas, de igual modo, *"a transformação de produtos decorrentes da atividade rural"*. E para delimitar o que se entende por "transformação" a Receita Federal acaba por reiterar o que a Lei nº 8.023/90 já disciplina a esse respeito, mas, ao final do enunciado, agrega a expressão *"tais como"*, e então traz um rol de exemplos de transformação de produtos rurais. A forma com que o preceito infralegal foi construído, repetindo o que a lei já havia estabelecido e incorporando algumas modalidades de transformação logo após a expressão *"tais como"*, dá bem a nota de se tratar de um rol meramente exemplificativo. Isso significa que se o produtor transformar seus produtos e essa transformação atender às exigências previstas na Lei nº 8.023/90, a venda do produto daí resultante estará subsumida ao regramento próprio do agro, esteja sua transformação explicitamente contemplada no rol da IN 83/01 ou não, de modo que outros mecanismos de transformação podem ser enquadrados nesse conceito, fazendo jus, em consequência, a esse regime jurídico.

Na verdade, a contribuição que a instrução normativa proporciona é apenas maior clareza sobre algumas atividades que a própria Receita Federal entende como enquadradas debaixo do sistema do agronegócio, de tal ordem que, estando a transformação do caso concreto identificada no rol da IN, não haverá dúvida de se tratar de operação englobada pelo conceito. Isso não significa, porém, que se a transformação não estiver individualizada no referido rol do art. 2º, VI, da Instrução Normativa nº 83/01 estará descartada *a priori* como alheia ao regime do agro. O rol é exemplificativo. Valem, portanto, as ponderações trazidas anteriormente à luz do art. 2º, V, da Lei nº 8.023/90, acerca do que se deve compreender como transformação de produtos rurais.

Feitas essas ressalvas, aí sim o rol da IN 83/01 cumpre seu papel, estabelecendo que se consideram transformação de produtos rurais (i) o beneficiamento de produtos agrícolas, aí compreendidos o descasque do arroz e de produtos semelhantes, a debulha de milho e a conserva de frutas; (ii) a transformação de produtos agrícolas, como a moagem de trigo, de milho e de cana-de-açúcar para produção de açúcar mascavo, melado e rapadura, além da transformação de grãos em farinha ou farelo; (iii) a transformação de produtos zootécnicos, a exemplo da produção de mel acondicionado em embalagem de apresentação, de produtos laticínios (pasteurização e acondicionamento de leite e a transformação do leite em queijo, manteiga e requeijão) e a produção de adubos orgânicos; (iv) a transformação de produtos florestais, como produção de carvão vegetal, de lenha com árvores da propriedade rural e a venda de pinheiros e madeira de árvores da fazenda; (v) e a produção de embriões de rebanho em geral, alevinos e girinos da propriedade rural, *"independentemente de sua destinação (se para fins de reprodução ou comercialização)"*, de acordo com o texto. Quanto a esse último trecho, é claro que só tem sentido se pensar em uma operação tributável do agro se a destinação do embrião for para fins de comercialização, pois, se for para reprodução do próprio rebanho do produtor, não haverá fato econômico a ser alcançado pela tributação.

O art. 3º da Instrução Normativa nº 83/01, além disso, considera como *"unidade rural, para fins do imposto de renda, a embarcação para captura in natura do pescado, o imóvel ou qualquer lugar utilizado para exploração ininterrupta da atividade rural"*. A locução *"ou qualquer lugar utilizado"* será importante para se definir o critério espacial da regra-matriz do IR-atividade rural, como se verá adiante.

Por fim, o art. 4º da IN traz um catálogo daquilo que a Receita Federal *não considera* como atividade rural. Algumas restrições se justificam, mas outras não. Eis o teor do enunciado prescritivo:

> *"Art. 4º Não se considera atividade rural:*
>
> *I – a industrialização de produtos, tais como bebidas alcoólicas em geral, óleos essenciais, arroz beneficiado em máquinas industriais, fabricação de vinho com uvas ou frutas;*
>
> *II – a comercialização de produtos rurais de terceiros e a compra e venda de rebanho com permanência em poder do contribuinte em prazo inferior a 52 dias, quando em regime de confinamento, ou 138 dias, nos demais casos;*
>
> *III – o beneficiamento ou a industrialização de pescado in natura;*
>
> *IV – o ganho auferido por proprietário de rebanho, entregue, mediante contrato por escrito, a outra parte contratante (simples possuidora do rebanho) para o fim específico de procriação, ainda que o rendimento seja predeterminado em número de animais;*
>
> *V – as receitas provenientes do aluguel ou arrendamento de máquinas, equipamentos agrícolas e pastagens, e da prestação de serviços de transportes de produtos de terceiros;*
>
> *VI – as receitas decorrentes da venda de recursos minerais extraídos de propriedade rural, tais como metal nobre, pedras preciosas, areia, aterro, pedreiras;*
>
> *VII – as receitas de vendas de produtos agropecuários recebidos em herança ou doação, quando o herdeiro ou donatário não explore atividade rural;*

> *VIII – as receitas financeiras de aplicações de recursos no período compreendido entre dois ciclos de produção;*
>
> *IX – os valores dos prêmios ganhos a qualquer título pelos animais que participarem em concursos, competições, feiras e exposições;*
>
> *X – os prêmios recebidos de entidades promotoras de competições hípicas pelos proprietários, criadores e profissionais do turfe;*
>
> *XI – as receitas oriundas da exploração do turismo rural e de hotel fazenda."*

Para facilitar a análise, será seguida a sequência do dispositivo. E diga-se, desde logo, que não há fundamento legal para várias dessas restrições. As Leis Federais n^{o}s. 8.023/90, 8.383/91, 9.250/95 e 9.430/96, que norteiam a tributação do agronegócio, sobretudo a primeira, não trazem qualquer condicionante que pudesse autorizar boa parte dessas restrições via instrução normativa. Vai daí que o catálogo do art. 4º deve ser visto com desconfiança, só podendo ser aceito se estiver amparado em enunciado legal. Algumas das atividades ali incluídas não são, realmente, atividade rural, porque se afastam da previsão do art. 2º da Lei Federal nº 8.023/90. Outras, porém, não podem ser afastadas desse domínio, porque decorrentes desse contexto de atividades.

O inciso I estabelece que não é atividade rural a industrialização de produtos. Até aí, não há qualquer crítica a ser feita, pois industrialização não é atividade rural mesmo. O problema está na continuação do preceito: *"tais como bebidas alcoólicas em geral, óleos essenciais, arroz beneficiado em máquinas industriais, fabricação de vinho com uvas ou frutas"*. Duas observações a serem feitas. A primeira delas é a de que não há restrição na lei para se excluir a produção de óleos essenciais do conceito de agro. Óleos essenciais são óleos não comestíveis, os destinados no mais das vezes para fins cosméticos ou para tratamento de saúde. Ora, se o produtor extrai de raízes, folhas ou troncos de plantas de sua propriedade rural óleos essenciais a partir de maquinários instalados na própria fazenda e os comercializa, por qual razão exatamente se pode dizer que tais substâncias estão excluídas do conceito de agronegócio? Afinal de contas, a lei não contempla como núcleo duro da atividade rural a exploração econômica vegetal? Se a comercialização de sucos é considerada atividade rural, por qual motivo os óleos essenciais estariam excluídos? Como se vê, a restrição não encontra eco na lei. Basta que sejam respeitados os requisitos fixados no art. 2º, V, da Lei nº 8.023/90 para que a transformação se contenha na acepção semântica de "atividade rural". O mesmo se diga quanto à produção de vinhos. É claro que a produção em larga escala de vinhos finos envolve uma produção industrial. Porém, a produção de vinho de garrafão, tão comum na região Sul do Brasil, a qual pressupõe um processo artesanal feito pelo próprio produtor, não pode ser excluída do conceito. Aliás, nesse ponto específico se a produção de suco de uva é considerada como rural, então a produção de vinho de garrafão, que é similar, também deve ser.

Outra previsão que não fica imune a críticas é a do inciso II; aliás, de forma mais contundente. Não se considera atividade rural, conforme a IN 83/01, a *"comercialização de produtos rurais de terceiros e a compra e venda de rebanho com permanência em poder do contribuinte em prazo inferior a 52 dias, quando em regime de confinamento, ou 138 dias, nos demais casos"*. A comercialização de produtos rurais de terceiros não é mesmo atividade rural, por não envolver produção própria. Nessa exceção estão os corretores e leiloeiros, que comercializam produtos de terceiros. Agora, no que toca às limitações temporais fixadas pela Receita Federal para compra e venda de rebanho, aí a restrição não se justifica sob hipótese alguma, seja por contrariar o conceito de exploração econômica animal, seja por criar condicionante não previsto na lei. O que é pecuária senão a *"compra e venda de rebanho"*? Se o sujeito pagou pelo animal, desembolsando efetivamente um valor por ele, e depois, seja pela mudança de preços da arroba, seja por estiagem sobre os pastos, seja por necessidade de fluxo de caixa, resolve vender o gado adquirido, como dizer que essa não é uma atividade inerente à pecuária? Quem lida com pecuária, especialmente nas fases de cria (bezerros) e de recria (novilhas e garrotes), sabe que vezes por outra o produtor não consegue completar os ciclos da criação na sua propriedade, tendo que vender o animal antes de atingir os estágios esperados de maturação. Isso não é incomum. Daí a se dizer, porém, que por ter ficado com o animal por menos de 52 dias no sistema de confinamento ou de 138 dias na exploração extensiva, que usa apenas a pastagem da fazenda, que esse indivíduo não desenvolve atividade de pecuária há uma distância considerável. Se a compra e venda de bovinos não é pecuária, é que tipo de atividade então? Chama a atenção, aliás, os precisos "52 dias" para confinamento e os exatos "138 dias" para a pecuária de campo fixados pela Receita Federal. De onde exatamente vieram esses marcos temporais? Não se sabe, por mais que se pesquise. Independentemente disso, sob o ângulo exclusivamente jurídico, que é o que importa, a conclusão clara é a de que não há respaldo em lei para essa limitação temporal.[63]

Em síntese, quando o legislador estabeleceu no art. 2º, II, da Lei Federal nº 8.023/90 que a pecuária é considerada atividade rural, justificando a adoção de um regime diferenciado para apuração tributária, não impôs nenhum condicionante temporal de permanência mínima do rebanho com o contribuinte, de tal modo que não pode instrução normativa inovar a ordem jurídica sem que a lei, que lhe é superior, tenha feito isso. É inerente à atividade da pecuária a compra e venda de gado, seja para cria, recria ou engorda, *razão pela qual não é o tempo que dita a caracterização da atividade econômica, mas sim a atividade desenvolvida em si mesma considerada.*

No que concerne ao beneficiamento ou a industrialização de pescado *in natura* de que trata o inciso III, esse tema já foi objeto de análise anterior na parte envolvendo as restrições da atividade pesqueira.

---

63. A Receita Federal, no seu "Perguntas e Respostas", chega até mesmo a dizer que o produtor que ficar com o gado em prazos inferiores a esses será tributo por ganho de capital, se a exploração não for habitual, ou mesmo, sendo habitual, como "empresário" (empresa individual), equiparado a pessoa jurídica, com exigência dos tributos daí decorrentes (IRPJ, CSLL, PIS e COFINS).

Quanto ao inciso IV, estabeleceu-se que também não se considera atividade rural *"o ganho auferido por proprietário de rebanho, entregue, mediante contrato por escrito, a outra parte contratante (simples possuidora do rebanho) para o fim específico de procriação, ainda que o rendimento seja predeterminado em número de animais"*. Eis aqui mais uma restrição descabida, ao se pretender desclassificar os rendimentos da parceria pecuária. Não há, no complexo das leis federais que regem a matéria, qualquer dispositivo que possa emprestar validade a essa restrição criada por instrumento jurídico subalterno. O ganho auferido por proprietário de rebanho decorrente da entrega dos animais a outrem para o fim específico de procriação nada mais é do que um rendimento gerado por um contrato de parceria pecuária, cuja análise será feita adiante, mas que se insere, em tudo e por tudo, no contexto das atividades da pecuária – valendo lembrar que os arts. 2º, II, e 13 da Lei Federal nº 8.023/90 expressamente contemplam a pecuária e a parceria (aí incluída a parceria pecuária) como sujeitas ao regime jurídico próprio do agronegócio, de tal modo que não caberia à IN 83/01 restringi-las. É que esses rendimentos são gerados pela atividade da pecuária em si mesma considerada e, como se viu, *é a atividade desenvolvida o fator preponderante para o enquadramento nesse plexo normativo.*

O art. 4º, V, da IN 83/01, por sua vez, prescreve que estão fora do modelo *"as receitas provenientes do aluguel ou arrendamento de máquinas, equipamentos agrícolas e pastagens, e da prestação de serviços de transportes de produtos de terceiros"*. O "aluguel" em si, que para fins de tributação no agro compreende o "arrendamento" propriamente dito, de fato, está fora do que se considera atividade rural, assim como a prestação de serviços de transportes de produtos de terceiros, por não envolverem uma extração ou exploração vegetal ou animal. A distinção técnica entre "arrendamento" e "parceria" será feita em trecho próprio desta obra mais à frente, mas se pode adiantar que enquanto o arrendamento de pastagens é tributado como um aluguel, a parceria pressupõe a partilha de riscos, sendo considerada atividade rural.

O inciso VI, a seu turno, traz uma regra importante, ao estabelecer que *"as receitas decorrentes da venda de recursos minerais extraídos de propriedade rural, tais como metal nobre, pedras preciosas, areia, aterro, pedreiras"*, não estão englobadas pelo conceito. Ou seja, quem produz calcário e areia, por exemplo, que são riquezas extraídas de propriedades rurais, não pode lançar os rendimentos auferidos como resultantes da atividade rural. Na fazenda se pode criar gado (atividade rural) e se extrair calcário (que não entra como atividade rural), devendo os valores respectivos ser contabilizados de forma segregada. Lembrando dos estudos do início das carteiras escolares, é como se o legislador infralegal dissesse que compõem o conceito de atividade rural o mundo "animal" e o "vegetal", mas não o "mineral", por não decorrer de exploração econômica vegetal e animal, que foi o critério adotado pela Lei nº 8.023/90. Aqui a restrição se justifica.

É diferente a solução a ser dada ao art. 4º, VII, da IN 83/01, ao afastar desse regramento *"as receitas de vendas de produtos agropecuários recebidos em herança ou doação, quando o herdeiro ou donatário não explore atividade rural"*. A todo sentir, a lei não impôs qualquer condição de antemão para incidência do conjunto normativo diferenciado; pelo contrário, estabeleceu apenas que a venda dos produtos agropecuários se considera "atividade rural". Em sendo assim, o fato de o indivíduo se dedicar ou não a tais atividades antes de receber a herança ou a doção não foi o fator eleito pelo legislador para dar o tom de sua disciplina, razão por que essa regra padece de invalidade. Ou seja, se alguém recebe um patrimônio rural por herança ou por doação e dá continuidade à atividade, tomando todas as providências burocráticas daí decorrentes (abertura de inscrição estadual de produtor, alteração contábil etc.), não se pode excluí-lo do arcabouço normativo aplicável ao agronegócio.

O inciso VIII sim se sustenta. Não compõem a atividade rural *"as receitas financeiras de aplicações de recursos no período compreendido entre dois ciclos de produção"*. Realmente, os ganhos obtidos com aplicações financeiras extrapolam o conceito, ainda que os recursos respectivos tenham se originado de uma atividade rural.

"Os valores dos prêmios ganhos a qualquer título pelos animais que participarem em concursos, competições, feiras e exposições" não integram a atividade rural. É isso o que preceitua o inciso IX. E eis mais uma regra que não para em pé, frente ao que dispõe a lei. Afirmar que as premiações ganhas por animais de ponta em concursos, competições, feiras e exposições não decorrem de uma exploração econômica animal é desconhecer a atividade, é ignorar esse mercado. Afinal, os criadores de bovinos, de equinos, de suínos, de ovinos e de caprinos investem por anos – e muito – no melhoramento genético, na seleção dos melhores animais a cada era, pensando em robustez, peso, precocidade, sabor dos produtos gerados, dentre outros aspectos. Justamente por isso, quem quer melhorar a qualidade de seu plantel busca sêmens e embriões desses animais. E aí, o proprietário do rebanho de melhor qualidade é reconhecido por isso entre os demais produtores, recebendo premiações em exposições agropecuárias. Ora, como dizer que o retorno financeiro auferido por uma premiação pelo desenvolvimento de uma pecuária de elite não decorre da atividade pecuária em si? Não há nada na lei que comporte tal exclusão.

Situação distinta é a do inciso X. Para a Receita Federal, não envolvem atividades rurais *"os prêmios recebidos de entidades promotoras de competições hípicas pelos proprietários, criadores e profissionais do turfe"*. De fato, valores resultantes de apostas em corridas de cavalo parecem destoar mesmo da conceituação dada pela lei no que concerne à exploração economia animal. A exploração de uma atividade animal não chega ao ponto de abarcar valores gerados por apostas.

Por fim, o inciso XI dispõe que não entram no regime do agro *"as receitas oriundas da exploração do turismo rural e de hotel fazenda"*. Aqui também a restrição se justifica, na medida em que o turismo e a hotelaria, ainda que sejam desenvolvidos em um imóvel rural, não são extração ou exploração vegetal e animal. Evidentemente, nada impede de que na fazenda sejam desenvolvidas duas atividades: uma rural (criação de gado, produção de frutas, plantio de grãos) e outra não-rural (turismo e hotelaria). Basta que os valores gerados sejam segregados contabilmente.

Como se vê, o leque entre o que a Secretaria da Receita Federal do Brasil considera como "atividade rural" e o que não considera é bastante amplo, merecendo do intérprete uma análise acurada, na medida em que algumas das restrições criadas não têm respaldo em lei, sendo, por isso mesmo, inválidas. Não bastassem as imprecisões do legislador no trato da matéria, o que já dificulta o delineamento desse regime jurídico peculiar, a verdade é que a Instrução Normativa nº 83/01, em certos enunciados, só vem a tornar ainda mais problemático o assunto ao trazer um conjunto de restrições que não têm sustentação em lei, notadamente em face da cláusula genérica do art. 2º, III, da Lei Federal nº 8.023/90, que põe debaixo de sua juridicidade os rendimentos gerados pelas atividades que consistam em exploração ou extração vegetal ou animal.

1.10 Derradeiro corte metodológico: os tributos federais a serem estudados e o plano de abordagem

Demarcado o objeto cognoscente, os sujeitos passivos que nele se enquadram e o universo considerável de atividades envolvidas, é chegado o momento de adentrar no exame dos tributos que tocam o setor eleito. Todavia, como conhecer é reduzir complexidades, não se terá a pretensão de analisar todas as normas que compõem o conjunto normativo que venham a interessar ao agronegócio, mas somente aquelas que, pela sua *especificidade*, tenham maior *relevância* ao estudo do tema. Por isso, *serão separadas apenas as normas que definem a incidência dos tributos que oneram esse setor* – sempre partindo, é bom frisar, das normas do mais alto escalão do altiplano normativo.

Necessário, porém, mais um corte. Como já foi esclarecido, dos inúmeros tributos federais, estaduais e municipais que, porventura, assumam relevância para o agronegócio

– como o ICMS, por exemplo – optou-se nesta pesquisa, para que ela se tornasse viável, o estudo somente dos tributos federais, o que, como se verá adiante, já não é pouca coisa.

Dito isso, um novo corte se impõe: entre os (i) impostos, (ii) as taxas, (iii) a contribuição de melhoria, (iv) os empréstimos compulsórios e (v) as contribuições que, eventualmente, possam suscitar algum interesse ao agronegócio, o estudo só comporta análise (i) dos impostos e (v) das contribuições, até mesmo porque, de ordinário, quer parecer que em relação às taxas, à contribuição de melhoria e aos empréstimos compulsórios o agronegócio não revelaria qualquer peculiaridade que justificasse um tratamento diferenciado quanto a essas figuras jurídicas.

Mas, ainda assim, mais um corte epistemológico é necessário. Das sete competências para instituição de impostos outorgadas à União Federal pela Carta da República, apenas o imposto sobre a renda (art. 153, III), o imposto sobre produtos industrializados (art. 153, IV) e o imposto sobre propriedade territorial rural (art. 153, VI) serão examinados, dado que os demais impostos não recebem da legislação um regramento específico quanto às atividades do agronegócio.

O exame desses impostos, por mera opção de abordagem, será empreendido na sequência topológica em que aparecem no texto do art. 153 da Constituição. Já no que toca às contribuições, serão investigadas a contribuição social sobre o lucro líquido (CSLL), a contribuição ao programa de integração social (PIS), a contribuição para o financiamento da seguridade social (COFINS) e as contribuições previdenciárias, além de outras que suscitam polêmica, como as contribuições ao INCRA e ao SENAR.

É importante destacar, no entanto – sempre guardando fidelidade às premissas metodológicas eleitas – que *o objetivo do trabalho não é discorrer longamente sobre cada uma dessas espécies tributárias em si mesmas,* e sim tomar emprestadas as utilíssimas contribuições dos estudiosos que se dedicaram a cada um desses temas para, dando um passo adiante, aplicá-las à sistematização da tributação federal que onera o agronegócio, evitando, com isso, que a pesquisa eventualmente fique na superficialidade de uma mera *narração* dessas normas.[64] Com efeito, como há uma infinidade de aspectos que gravitam em torno desses tributos – sobretudo no que diz respeito ao IR, ao IPI e às contribuições, dentre os outros a serem enfocados – seria impossível descer às minúcias no trato com cada imposto ou contribuição. Exatamente por esse motivo, para que a pesquisa pudesse se tornar frutífera, adotou-se como plano de abordagem metodológica para o exame desses tributos uma incursão panorâmica no início de cada capítulo a ser desenvolvido, destacando-se, desde logo, os principais pontos envolvidos e passando-se, em seguida, ao estudo dos problemas que dizem de perto ao agronegócio, buscando soluções compatíveis à luz do sistema jurídico positivo, na tentativa de *resolver* os problemas com cientificidade.

Assim, o enfoque a ser dado passará pela definição das premissas gerais de cada um dos tributos escolhidos, em um primeiro momento, com a imediata ligação com o agronegócio logo a seguir, sempre buscando apoio nas produções intelectuais de autores do maior quilate sobre cada tributo estudado, para que o texto não perca em conteúdo.

1.11 Uma advertência necessária para que se possa avançar na empreitada anunciada: a forma com que as contribuições serão enfrentadas ao longo deste estudo

Se neste trabalho serão estudados os impostos e as contribuições que interessam ao agronegócio, é claro que não há

64. Empregando o vocábulo "Jurisprudência" com o mesmo significado que "Dogmática Jurídica", Karl Larenz enfatiza que fazer ciência não pressupõe passividade, *in verbis:* "O confinar-se, como princípio, ao quadro previamente dado de um determinado Direito 'positivo' também não significa que a Jurisprudência não seja capaz de adoptar uma postura crítica frente às normas, soluções de problemas ou decisões desse Direito". *Metodologia da ciência do direito.* Trad. José Lamego. 3. ed. Lisboa: Fundação Calouste Gulbenkian, 1997, p. 269.

como avançar nesse caminho sem, antes, fixar as bases sobre as quais as análises a respeito das contribuições serão lançadas. E não há como falar sobre contribuições sem se adentrar no arenoso – e polêmico – tema da classificação das espécies tributárias, em torno do qual há tantas divergências. Evidentemente, respeitando os limites delineados para desenvolvimento deste estudo, seria descabido perder-se em longas considerações sobre essa questão. Não é esse o foco da obra e a doutrina é farta sobre isso. O que importa – aí sim – é explicar de que forma as contribuições serão encaradas e o porquê disso.

Pois bem. Ao examinar o arcabouço constitucional, os problemas que surgem nessa matéria são os seguintes: (i) se a Constituição Federal dividiu ou não os tributos em espécies; (ii) quais são os critérios classificatórios para se chegar a essas espécies tributárias; (iii) e qual o regime jurídico aplicável a cada uma delas.

É voz corrente na doutrina que sobre, inegavelmente, trazer consigo um conceito pressuposto de tributo, a Constituição brasileira foi além, também criou as respectivas espécies tributárias, cuja distinção, longe de ser meramente nominal, em verdade é *conceitual*, sujeitando cada uma dessas espécies a regimes jurídicos diversos.[65] O exame detido dos arts. 145, 149 e 195 da Carta da República, dentre outros, apontam claramente nessa vereda. Ocorre que a temática das classificações, seja nas ciências naturais, seja nos quadrantes do direito, é assunto divergente que, dificilmente, receberá dos estudiosos uma postura unânime. Isto porque toda classificação pressupõe a escolha de um critério hábil a servir de base à reflexão, como elemento nuclear da construção intelectual – daí que haverá tantas classificações quantos sejam os critérios eleitos.[66]

---

65. V. CARRAZZA, Roque Antonio. *Curso de direito constitucional tributário*. 30. ed. São Paulo: Malheiros, 2015, p. 620.

66. Por isso que Maria Helena Diniz enfatiza que "a operação de se revelar o que um objeto é, por meio da enunciação de seus aspectos inteligíveis, chama-se operação de definir, cujo produto é a definição, que marca o objeto a estudar impossibilitando o risco de se tomar um objeto por outro. A lógica tradicional que procede,

A atividade classificatória é estudada por um capítulo da Lógica denominado Teoria das Classes ou Teoria dos Conjuntos. Tudo dependerá do critério escolhido pelo intérprete, sendo certo que, ao menos em tese, qualquer característica pode servir como elemento identificador.[67] Agora, quando se busca empreender uma *classificação jurídica*, vale dizer, uma análise do sistema jurídico, o ponto de partida deve ser o dado jurídico por excelência: a lei constitucional. O inexcedível Geraldo Ataliba demonstrou de maneira peremptória e à pena de ouro que as classificações no direito devem tomar por conta dados eminentemente jurídicos – e não sociológicos, políticos ou econômicos.[68]

Porém, como toda classificação, também a distinção das espécies tributárias suscita divergências doutrinárias, não havendo consenso entre os doutos a respeito de se saber quantos *tipos* tributários o sistema constitucional tributário comporta.[69] O grande problema que se coloca é o de identificar qual critério

essencialmente, de Aristóteles responde a nossa indagação da seguinte maneira: determina-se a essência das coisas por meio de uma definição, ou seja, por indicação do *genus proximum* e da *differentia specifica*". *Conceito de norma jurídica como problema de essência*. 4. ed. São Paulo: Saraiva, 2003, p. 03.

67. A partir de um determinado objeto torna-se possível ao exegeta levantar "n" classificações, conforme seja de seu desejo, pois as variáveis são enormes. Por exemplo: ao visualizar um livro, o agente pode classificá-lo segundo a matéria tratada, o ano de sua publicação, o tamanho, a cor da capa, o número de folhas, a nacionalidade do autor etc. Todas as classificações passarão, necessariamente, pelo critério eleito; pode ocorrer que outrem classifique o mesmo objeto sob perspectiva diversa, tomando critério alheio àquele. Em reescrita reduzida, a classe pode ser definida como o conjunto de elementos (objetos ou indivíduos) que são aglutinados, em atitude cognoscitiva, por apresentarem características comuns, capazes de justificar sua reunião para fins de estudo.

68. Eis suas palavras: "O ponto de partida de qualquer especulação jurídica é a lei. Assim, as considerações políticas, econômicas, financeiras, administrativas etc., que motivaram o legislador e lhe determinaram o comportamento se esgotam na fase pré-legislativa e nenhuma influência exercem sobre os processos exegéticos, de cunho dogmático, que informam o trabalho científico-jurídico que tem lugar depois de posto o direito (*ius positum*)". *Hipótese de incidência tributária*. 6. ed. São Paulo: Malheiros, 2002, p. 123.

69. Em termos mais técnicos, é possível falar-se em espécies de competências tributárias, dado que a Constituição Federal não criou propriamente os tributos, mas apenas atribuiu competência aos entes federados para que o façam.

lógico-científico pode ser escolhido para se empreender uma classificação das espécies tributárias. Crê-se que um primeiro passo importante é o de refutar o *nomen iuris* atribuído à exação (art. 4º do CTN). De fato, o que importa não é o nome criado pela lei ao veicular o tributo, mas sim sua estrutura normativa. Por isso que *verba non mutant substantiam rei.*[70]

De uma forma geral, a doutrina elenca os seguintes critérios classificatórios admissíveis diante do sistema constitucional tributário brasileiro: (i) ser o tributo vinculado ou não a uma atividade estatal; (ii) ter destinação legal ou não; (iii) e, por derradeiro, ser ou não restituível. A partir desses critérios é que estaria o investigador autorizado a manejar essas variáveis para encontrar as diversas espécies tributárias. No que tange às contribuições, o entendimento é de que esses seriam tributos marcados especialmente pela previsão de norma de estrutura que impõe a destinação legal específica do produto da arrecadação como condição impostergável ao exercício da competência legislativa.

A doutrina se divide quando sopesa esses critérios. De um lado, a tríade de Direito Tributário da PUC/SP, composta por mestres do quilate de Geraldo Ataliba,[71] Paulo de Barros Carvalho[72] e Roque Antonio Carrazza,[73] sustentando que só

---

70. "Essa previsão normativa é, no mínimo, curiosa. Em verdade, é um preceito que houve por bem o legislador instituir de sorte a resguardar o contribuinte dos desmandos que ele próprio – legislador – usualmente pratica. Somente na realidade brasileira, recheada de ilegalidades travestidas, um dispositivo como esse se explica. Inúmeras são as figuras tributárias batizadas de 'taxas', 'contribuições', 'empréstimos compulsórios', que, no fundo, não passam de impostos. (...) O que importa não é a alcunha forjada pelo legislador ao instituir um tributo, mas sim a sua estrutura, o que possibilita enquadrá-lo dentre as espécies tributárias existentes. Observe-se que, se fosse possível com a simples aposição de um 'nome' à exigência tributária modificar o seu regime jurídico, todo o sistema constitucional rígido ruiria (...)". LOUBET, Leonardo Furtado; LOUBET, Luciano Furtado. "A natureza jurídica da COSIP – contribuição para custeio do serviço de iluminação pública". *Revista tributária e de finanças públicas* nº 56, p. 195.

71. *Hipótese de incidência tributária.* 6. ed. São Paulo: Malheiros, 2002.

72. *Curso de direito tributário.* 32. ed. São Paulo: Noeses, 2022.

73. *Curso de direito constitucional tributário.* 30. ed. São Paulo: Malheiros, 2015.

há três espécies tributárias, sendo certo que as contribuições em si consideradas não constituem uma espécie autônoma, podendo assumir a feição ora de impostos, ora de taxas; de outro, uma gama cada vez maior de juristas, como Misabel Abreu Machado Derzi,[74] Ives Gandra da Silva Martins,[75] Hugo de Brito Machado,[76] Luciano Amaro,[77] José Eduardo Soares de Melo,[78] Ricardo Lobo Torres,[79] Eurico Marcos Diniz de Santi,[80] Humberto Ávila[81] e Márcio Severo Marques,[82] que defendem que as contribuições podem ser vistas sob uma perspectiva própria, vale dizer, de espécie tributária, porquanto o sistema constitucional vigente assim o permite.

A celeuma gravita sobre o problema de se identificar qual critério lógico-científico é hábil a servir de alicerce coerente a uma classificação das espécies tributárias. É interessante observar que aqueles que se inclinam pela classificação tripartida das imposições tributárias *não negam a existência das contribuições,* apenas entendem que elas podem ser acomodadas como impostos ou como taxas. Ou seja, desse balanço entre as duas correntes científicas, o que verdadeiramente importa é que mesmo aqueles que sustentam a existência de apenas três tipos de tributos o fazem por convicção metodológica, não fechando os olhos às contribuições, de modo que exsurge iniludível que essa competência constitucional só será

---

74. V. BALEEIRO, Aliomar. *Direito tributário brasileiro.* 13. ed. Rio de Janeiro: Forense, 2015, p. 41/43.

75. "As contribuições no sistema tributário brasileiro". *As contribuições no sistema tributário brasileiro.* Coord. Hugo de Brito Machado. São Paulo: Dialética, 2003, p. 340.

76. *Curso de direito tributário.* 37. ed. São Paulo: Malheiros, 2016, p. 422.

77. *Direito tributário brasileiro.* 21. ed. São Paulo: Saraiva, 2016, p. 105.

78. *Contribuições sociais no sistema tributário.* 4. ed. São Paulo: Malheiros, 2003, p. 42.

79. *Curso de direito financeiro e tributário.* 4. ed. Rio de Janeiro: Renovar, 1997, p. 321.

80. "As classificações no sistema tributário brasileiro". *Justiça tributária: 1º Congresso internacional de direito tributário – IBET.* São Paulo: Max Limonad, 1998.

81. "Contribuições na Constituição Federal de 1988". *As contribuições no sistema tributário brasileiro.* Coord. Hugo de Brito Machado. São Paulo: Dialética, 2003, p. 316.

82. *Classificação constitucional dos tributos.* São Paulo: Max Limonad, 2000.

legitimamente exercida quando houver previsão da finalidade do tributo, ou seja, a destinação legal do produto da arrecadação;[83] por outro lado, vale lembrar também que os juristas que se inclinam em acolher cinco espécies tributárias não negam o critério intrínseco de identificação de determinada exação a partir do binômio hipótese de incidência/base de cálculo, apenas entendem que as contribuições podem ser vistas como espécie autônoma a partir de outros critérios classificatórios constitucionalmente delineados.

Colocadas as coisas dessa maneira, é chegado o momento de uma tomada de posição. E a posição que aqui se assume é a de que, muito embora seja, de fato, possível identificar diferentes espécies tributárias, *no fundo, todas elas apresentarão características ou de impostos, ou de taxas* (não sendo descartáveis as contribuições de melhoria), sendo certo que é isso que interessa em um estudo focado na norma tributária em sentido estrito. Realmente, os empréstimos compulsórios e mesmo as outras contribuições assumirão feição ou de impostos ou de taxas, daí por que, a despeito de ser relevantíssimo para a validade das normas que instituam empréstimos compulsórios e contribuições preverem, respectivamente, a restituição e a destinação do produto arrecadado, o que verdadeiramente importa é que essas figuras nada mais serão do que impostos ou taxas.

Nesse contexto, Sacha Calmon Navarro Coêlho propõe como critério classificatório das espécies tributárias que os tributos sejam divididos em (i) vinculados e (ii) não vinculados. Entre os (i) vinculados, distinguem-se as (i.a) taxas em razão do poder de polícia ou pela prestação de serviços específicos e divisíveis, fruídos ou colocados à disposição do contribuinte, das (i.b) contribuições de melhoria e (i.c) previdenciárias. No rol dos

---

83. Como destaca Sacha Calmon Navarro Coêlho, "a relevância da *validação finalística é fundamental, agora sim, para controlar o poder de tributar.* (...) Agora, se temos em mira não a natureza jurídica específica do tributo, mas o controle do Estado, do seu poder de tributar, o *destino da arrecadação é importantíssimo*". "As contribuições especiais no direito tributário brasileiro". *Justiça Tributária: 1º Congresso internacional de direito tributário – IBET.* São Paulo: Max Limonad, 1998, p. 779 (com destaques no original).

tributos (ii) não vinculados, estariam os (ii.a) impostos gerais, (ii.b) os impostos restituíveis (empréstimos compulsórios) e (ii.c) os impostos especiais, afetados, finalísticos (as contribuições).[84]

Essa proposta – porque conciliadora das duas correntes doutrinárias sobre o tema e porque construída a partir do Texto Constitucional – carrega consigo um alto poder explicativo da repartição das competências tributárias, servindo como insumo científico poderoso aos fins deste estudo, em especial por guardar observância à simetria dos critérios classificatórios eleitos.

É relevantíssimo deixar claro o seguinte, entretanto: ao se adotar essa classificação, não se está a negar a existência das contribuições no arcabouço jurídico. Isso seria ignorar a própria literalidade do Texto Constitucional. Trata-se de tributo que tem por pressuposto lógico-jurídico a destinação do produto arrecadado a uma dada finalidade. Assim, *se não houver uma finalidade prevista constitucionalmente a ser custeada e se os recursos não forem, efetivamente, aplicados nesse objetivo, o tributo será inconstitucional.* Está intimamente ligado à norma de competência o atendimento a esses requisitos constitucionais.

O que se predica neste estudo é, apenas, que sob o signo linguístico "contribuições" designam-se tipos tributários que não passam, a bem de se ver, de impostos ou taxas e que, por isso mesmo, *não são outra realidade jurídica.* Aliás, *várias contribuições são verdadeiros impostos,* que, sob a capa de "contribuições", gravam, sem qualquer tipo de controle aparente, as rendas, as receitas e o patrimônio dos contribuintes.[85] É

---

84. *Curso de direito tributário brasileiro.* 13. ed. Rio de Janeiro: Forense, 2014, p. 387.

85. A título de ilustração, Geraldo Ataliba assim se manifestou sobre o PIS: "Ora, criando a Lei Complementar nº 7 um tributo incidente sobre o faturamento mensal, desenhou uma hipótese de incidência de imposto, já que a consistência do fato colocado como cerne material da mesma hipótese de incidência é inteiramente independente (não vinculado) de qualquer atividade. Efetivamente, não consiste ele (o faturamento) em nenhuma atuação do Poder Público, referida ao obrigado (o contribuinte). É um fato absolutamente independente, desligado, desconexo, desvinculado de qualquer atividade do Poder Público. Como tal, é imposto. Tem natureza de imposto, segundo qualquer concepção ou classificação doutrinária". "PIS – natureza de imposto". *Estudos e pareceres de direito tributário.* São Paulo: Ed. RT, 1978, v. II, p. 70.

isso que se tentará demonstrar neste estudo por ocasião do exame das contribuições incidentes sobre o agronegócio.

Exatamente por isso é que se pode afirmar que as espécies tributárias que serão estudadas adiante assumem, todas elas, *típica feição de imposto*, muito embora sejam batizadas de "contribuições", cujo traço marcante é a destinação do produto arrecadado a uma certa finalidade; porém, nada mais são do que impostos com destinação.[86]

1.12 Avançando no terreno jurídico-positivo: o sistema constitucional tributário brasileiro e o agronegócio

Examinando o ordenamento constitucional brasileiro, notadamente o sistema tributário que nele está inserido, é importante salientar que a atividade rural não mereceu do constituinte, *diretamente*, normas específicas que estipulassem a delimitação conceitual desse setor econômico. Isso não quer dizer, contudo, que o constituinte não tenha pressuposto a existência de um regramento jurídico próprio à atividade rural, nem muito menos que não tenha reconhecido a necessidade desse tratamento peculiar.

Pelo contrário. Há, na Constituição Federal, diversos enunciados que fazem referência a esse segmento econômico. Apenas a título de ilustração, os vocábulos "rural" e seu

---

86. "Para encerrar o item sobre que discorremos, quero advertir que anunciei adotar a proposta bipartida (tributos vinculados e não vinculados) sob o influxo da concepção intranormativa, isto é, analisando a norma por dentro. Nada impede e tudo recomenda que examinemos a regra jurídica também nas suas relações extranormativas, quer dizer, as normas com outras normas, em vínculos de coordenação e de subordinação, o que nos levará a identificar, com boa margem de visibilidade, as contribuições, que não a de melhoria, no seu espectro mais amplo. Trata-se, porém, de outro critério e, portanto, de classificação diversa, igualmente susceptível de ser acolhida. (...) Faz senso admitir, todavia, que o descritor atento do direito positivo venha a construir quantas classificações lhe pareçam convenientes para surpreender seu objeto do modo mais eficaz. Quero insistir que acolher a proposta intranormativa não implica rejeitar a concepção extranormativa, no quadro da qual poderei estudar, com riqueza de pormenores, o fenômeno das várias contribuições que o sistema brasileiro vem criando com grande fecundidade nas últimas décadas". CARVALHO, Paulo de Barros. *Direito tributário, linguagem e método*. 8. ed. São Paulo: Noeses, 2021, p. 425.

plural "rurais" aparecem mais de 30 (trinta) vezes ao longo da Carta da República, na sua redação em vigor, incluindo o Ato das Disposições Constitucionais Transitórias e sem contar as emendas constitucionais.[87] Já os signos linguísticos "agrário" ou "agrária" apresentam-se em mais de 10 (dez) ocasiões.[88] As palavras "agrícola" e "agrícolas", por sua vez, são empregadas quase 10 (dez) vezes.[89] A seu turno, as expressões "agropecuária", "agropecuárias" e "agroindustriais" foram utilizadas poucas vezes.[90] Os termos "agricultura" e "pecuária", por curioso que possa parecer, não foram utilizados pelo constituinte. "Agronegócio" também não.

Isso é sinal que o legislador constituinte preocupou-se com as pessoas que se dedicam à atividade rural, ainda mais pela importância que esse segmento econômico exerce no atendimento das necessidades básicas do cidadão, como a alimentação.

A prova cabal dessa afirmação está amparada no art. 187, sobretudo no inciso I, do Texto Constitucional, inserido no capítulo que cuida "Da Política Agrícola e Fundiária e da Reforma Agrária" (Título VII, "Da Ordem Econômica e Financeira", Capítulo III), que estabelece o seguinte, *in verbis:*

> *Art. 187. A política agrícola será planejada e executada na forma da lei, com a participação efetiva do setor de produção, envolvendo produtores e trabalhadores rurais, bem como dos setores de comercialização, de armazenamento e de transportes, levando em conta, especialmente:*
>
> *I – os instrumentos creditícios e fiscais;*

---

87. Arts. 5º, XXVI; 7º, *caput* e XXIX; 8º, § único; 43, § 3º; 153, VI e § 4º, II; 158, II; 183; 184; 185, I; 186; 187, *caput,* IV, VII e VIII; 189; 190; 191 (02 vezes); 194, § único, II; 195, § 8º; 201, § 7º, II (02 vezes) e § 9º; e 243. No ADCT, arts. 10, § 2º (02 vezes) e § 3º; 47, II (02 vezes) e § 2º (02 vezes) e § 3º, V; e 62.

88. Arts. 22, I; 126; no Título VII, Capítulo III; 184, *caput* (02 vezes) e § 2º, § 4º (02 vezes) e § 5º; 185; 187, § 2º; 188, *caput* e § 2º; 189 e 243.

89. Arts. 21, XXIII, "b"; no Título VII, Capítulo III; 187, *caput,* V e §§ 1º e 2º; 188; e 50 (02 vezes) do ADCT.

90. Arts. 23, VIII; 100, § 18; 187, § 1º; 97, § 3º, e 101, § 1º, do ADCT.

II – os preços compatíveis com os custos de produção e a garantia de comercialização;

III – o incentivo à pesquisa e à tecnologia;

IV – a assistência técnica e extensão rural;

V – o seguro agrícola;

VI – o cooperativismo;

VII – a eletrificação rural e irrigação;

VIII – a habitação para o trabalhador rural.

§ 1º. Incluem-se no planejamento agrícola as atividades agroindustriais, agropecuárias, pesqueiras e florestais.

§ 2º. Serão compatibilizadas as ações de política agrícola e de reforma agrária.

O enunciado é importante. Esse dispositivo dá o respaldo constitucional a todas as políticas públicas que envolvam a atividade rural. De acordo com a dicção constitucional, a política agrícola, que engloba as atividades agroindustriais, agropecuárias, pesqueiras e florestais, tem por fundamento a "*participação efetiva do setor de produção*", que abarca desde os produtores e os trabalhadores rurais até os setores de comercialização, armazenamento e de transportes. Seus objetivos são garantir preços compatíveis com os custos de produção, a garantia de comercialização, o incentivo à pesquisa e à tecnologia, a assistência técnica e o cooperativismo, dentre outros.

Tudo isso passa – e aqui ganha destaque o preceito constitucional para fins deste estudo – pelos "instrumentos creditícios e *fiscais*". Eis a comprovação de que *o constituinte tomou por certo que a manipulação da tributação para a atividade rural é um dos meios para se atingir os objetivos traçados pela Constituição.*

Isso significa que o legislador ordinário deve pautar-se por esse mandamento constitucional, orientando suas prescrições em conformidade com os anseios positivados nas normas de superior hierarquia, de tal sorte que a política agrícola – na verdade, a política para a atividade rural como um todo – possa se tornar concreta.

Há, portanto, preceitos constitucionais que indicam a existência de um arcabouço jurídico próprio, ainda que, às vezes, pressuposto, em torno da atividade rural, certamente, reitere-se, em virtude da importância desse setor para a economia.

Por outro lado, há também diversos enunciados que se referem à propriedade rural, como a imunidade em relação às pequenas glebas, por exemplo. Sobremais – e aqui é o mais relevante – o princípio da capacidade contributiva e seus vetores mais próximos, como a seletividade em razão da essencialidade dos produtos, demonstra que os produtos da cesta básica, oriundos do agronegócio, devem ser tributados com parcimônia.

Além do mais, mesmo que não haja uma regra aglutinadora específica envolvendo a atividade rural, é inequívoco que as noções gerais que envolvem a dinâmica constitucional, com sua rigidez e seus princípios sobranceiros, porque aplicáveis a todo o sistema jurídico, são em tudo e por tudo aplicáveis igualmente à tributação incidente sobre o agronegócio.

Enfim, é possível depreender da Constituição Federal o registro de normas que têm por intuito nortear o regramento jurídico da atividade rural, muito embora não sistematizadas em gravitação a um preceito nuclear, o que, porém, em nada prejudica o mister interpretativo do cientista. A atividade rural é um segmento econômico relevante, tanto assim que o constituinte determinou que o legislador manipule a tributação incidente sobre esse setor como um dos mecanismos para consecução das políticas públicas do agronegócio.[91]

---

91. Renato Buranello traça interessante paralelo entre o agronegócio e as normas de direito agrário, acentuando a vertente mais privatista daquele, conceituando, então, o agronegócio como "o conjunto organizado de atividades econômicas que envolvem a fabricação e fornecimento de insumos, a produção agropecuária, o processamento, a armazenagem, a distribuição e comercialização de produtos de origem agrícola ou pecuária, as formas privadas de financiamento e as bolsas de mercadorias e de futuros". "Autonomia didática do direito do agronegócio". *Direito do agronegócio: mercado, regulação, tributação e meio ambiente.* Coord. Renato Buranello, André Ricardo Passos de Souza e Ecio Perin Junior. São Paulo: Quartier Latin: 2011, v. I, p. 37/38.

CAPÍTULO 2
O IMPOSTO SOBRE A RENDA (IR) E A CONTRIBUIÇÃO SOCIAL SOBRE O LUCRO LÍQUIDO (CSLL) E O AGRONEGÓCIO

2.1 Observação preliminar

O estudo empreendido no capítulo inicial, como anunciado, teve por fundamento lançar as bases para o desenvolvimento das ideias que se pretende expor, tanto de ordem propedêutica, quanto jurídico-positiva. Com isso é que se pôde delimitar o objeto "agronegócio" e iniciar a sistematização das normas que envolvem a tributação desse setor – e não foi pouca coisa, como se viu.

Pois bem, seguindo o propósito de se examinar os tributos que interessam a esse segmento, segundo a relevância e a especificidade das respectivas normas sobre ele envoltas, serão destacados, doravante, os principais aspectos de cada uma das exações eleitas para pesquisa. Entretanto, porque há uma diversidade enorme de características que poderiam ser investigadas é que deve ser seguido o plano de abordagem já indicado, qual seja, de se apontar no início de cada capítulo os pontos mais importantes de cada imposto ou contribuição, passando por uma fixação de premissas específicas por tributo, porém de maneira panorâmica, para logo em seguida promover a aliança efetiva do material recolhido com os problemas sugeridos pelo agronegócio.

No caso do imposto sobre a renda – com certeza o mais complexo dos tributos brasileiros – não seria de se supor que o autor, em uma pesquisa de tributação setorial, tivesse a pretensão de esgotar todas as nuanças que o marcam. Pelo contrário, a intenção do estudo, persistindo no norte preestabelecido, é identificar os princípios que o informam para, a partir desse conjunto de informações, comparar com o que estabelece a legislação infraconstitucional, promovendo o respectivo cotejo sistêmico e enaltecendo ou não a compatibilidade das regras de escalão hierárquico subalterno com as normas superiores que dão sustentáculo à tributação por meio do imposto sobre a renda.

O mesmo se diga em relação à contribuição social sobre o lucro líquido. Essa contribuição – um verdadeiro adicional de IR, como será visto adiante – guarda com o imposto sobre a renda uma semelhança muito grande, passando, praticamente, pelas mesmas hipóteses de incidência, com uma sutil diferenciação na apuração da base de cálculo. Por isso é que, muito embora seja uma contribuição, pareceu mais adequado estudá-la juntamente com o imposto sobre a renda em um mesmo capítulo.

2.2 O perfil constitucional do Imposto sobre a Renda

É inquestionável que, no Brasil, há um verdadeiro *sistema constitucional tributário*, donde o intérprete busca inspiração para compreender as raízes do ordenamento jurídico. Essa afirmação, que aparenta ser eminentemente acadêmica, teórica, longe da pragmática jurídica, em verdade assume um papel sobremaneira relevante, na medida em que a Carta Constitucional enuncia as diretrizes prescritivas que *vinculam*, inexoravelmente, o criador e o aplicador da lei – daí por que devem ser observadas, sob pena de inválidas.[92]

Se assim acontece com os tributos de uma maneira geral, com o imposto sobre a renda não seria diferente. De fato, a Constituição Federal traz consigo uma série de enunciados que permitem identificar a roupagem desse imposto, vale dizer, sua materialidade possível, o sujeito passivo possível, sua base de cálculo possível e, ainda que fluidamente, sua alíquota possível. Nisso reside o perfil constitucional do imposto sobre a renda.

Encravado no art. 153, III, do Texto Supremo, que estabelece competir à União instituir impostos sobre *"renda e proventos de qualquer natureza"*, esse imposto vem suscitando ao longo dos anos inúmeros debates, tanto no âmbito doutrinário, como no plano jurisprudencial. Isto porque o que aconteceu durante esse período foi que houve uma proliferação enorme de regras tratando do assunto, o que acabou por criar um emaranhado de normas difícil de compreender. Seja para tratar dos inúmeros fatos que levam ao "fato-renda"; seja para disciplinar a composição da base de cálculo, com seu sistema de deduções e abatimentos; quer para dispor sobre as faixas de isenção; quer para estabelecer as regras de retenções na fonte; a verdade é que o imposto sobre a renda e proventos de qualquer natureza revelou-se um tributo hipercomplexo, bem típico do que se vê de uma maneira geral nas sociedades pós-modernas.

Apenas para se ter uma ideia, o Decreto Federal nº 9.580/18, que introduz o Regulamento do Imposto sobre a Renda – que, coincidentemente (ou não), forma a sigla "RIR" – tem mais de 1.000 artigos, muito mais do que muitos Códigos, como o Código Tributário Nacional, o que bem demonstra o grau de complexidade desse imposto. É difícil conceber que um decreto dessa extensão esteja verdadeiramente apenas "regulamentando" esse imposto.

---

92. Sobre o tema, vide a obra maiúscula de Geraldo Ataliba. *Sistema constitucional tributário brasileiro*. São Paulo: Ed. RT, 1968, *passim*.

Daí a relevância de se bem compreender o *perfil constitucional do imposto sobre a renda,* vez que norma alguma, legal ou, sobretudo, infralegal, pode desbordar das fronteiras delineadas pelo poder constituinte. É do Texto Constitucional que o intérprete deve deduzir e arquitetar o arcabouço normativo do imposto sobre a renda. O constituinte não se limitou a enunciar isoladamente essa competência tributária, muito mais do que isso, também salientou a aplicação de princípios específicos que devem acompanhar esse imposto, como a generalidade, a universalidade e a progressividade. Sobremais, o imposto sobre a renda não fica circunscrito ao respeito a esses princípios, pelo contrário, está imerso no contexto de uma série de outras normas constitucionais, que, por isso mesmo, são em tudo e por tudo aplicáveis também a esse tributo – o que importa reconhecer que um estudo acurado de IR passa, necessariamente, pela categorização de todo esse repertório jurídico de estatura constitucional.

2.2.1 O conceito constitucional (pressuposto) de "renda": polêmicas em torno do assunto

Falar que o imposto sobre a renda está incutido no plano constitucional significa tomar partido em torno de uma polêmica que de uns tempos a esta parte vem se tornando cada vez mais robusta: trata-se de se desvendar se o signo linguístico "renda" encontra uma base conceitual de ordem constitucional ou se, ao revés, "renda" é um conceito legal. Mais uma vez é preciso enfatizar que essa não é uma discussão estéril. Muito pelo contrário, o nó a desatar diz respeito em se saber se há ou não limites ao legislador infraconstitucional ao regrar o âmbito de abrangência do imposto sobre a renda, isto é, se é a lei quem detém competência para dizer o que é "renda" – e, com isso, de repente tributar, a título de imposto sobre a renda, um fato econômico que renda não é – ou se é a Constituição que estabelece o que significa juridicamente "renda", de tal modo que a lei deve se limitar a instituir o tributo dentro dessas fronteiras.

A questão não é simples e há importantes vozes defendendo ambas as posições. Note-se, inclusive, que já houve alguns pronunciamentos nos Tribunais, no sentido de que "renda" seria um conceito legal. Aqueles que assim se posicionam entendem que a Constituição Federal não definiu o que vem a ser "renda", de sorte que a lei é que deveria conceituar esse vocábulo, demarcando seu campo de incidência, corrente de pensamento que ficou conhecida como "teoria legalista de renda".[93]

Todavia, com aqueles que sustentam que o signo linguístico "renda" pode e deve ser definido pela lei não se pode concordar. Realmente, a Constituição não conceituou "renda"; no entanto, a Constituição também não conceituou "mercadoria", "serviço", "propriedade territorial urbana" ou "propriedade territorial rural", isso para falar só de alguns fatos que interessam à matéria tributária, sem mencionar "igualdade", "República", "dignidade humana", dentre outros.

E assim ocorreu porque não é tarefa do poder constituinte definir as palavras que usa. A preocupação do legislador constitucional – e também do legislador infraconstitucional – é e deve ser sempre editar o texto normativo seguindo uma técnica apurada e um correto arranjo linguístico, mas não deve chegar ao ponto de conceituar os vocábulos empregados, qual um filólogo. Esse é um trabalho para a ciência, que deve se

93. A chamada "teoria legalista de renda" certa feita encontrou eco, inclusive, em um julgamento no e. Supremo Tribunal Federal. Em seu voto-vista, que acabou por prevalecer, Sua Excelência, o Ministro Nelson Jobim, exarou um entendimento – que foi duramente criticado, ao que parece, com razão – no seguinte sentido: "Observo, desde logo, que o substantivo 'RENDA' está, na Constituição, sem qualquer adjetivação. (...) Vê-se, desde logo, que o conceito de LUCRO REAL TRIBUTÁVEL é puramente legal e decorrente exclusivamente da lei, que adota a técnica da enumeração taxativa. (...) Isso tudo demonstra que o conceito de LUCRO REAL TRIBUTÁVEL é um conceito decorrente de lei. Não é um conceito ontológico, como se existisse, nos fatos, uma entidade concreta denominada 'LUCRO REAL'. Não tem nada de material ou essencialista. É um conceito legal. Não há um LUCRO REAL que seja ínsito ao conceito de RENDA, como quer o MINISTRO RELATOR (...). O conceito de RENDA, para efeitos tributários, é o legal. Para efeitos tributários, não há que se falar em um lucro REAL que não seja o decorrente da definição legal". Recurso Extraordinário nº 201.465-MG. Rel. Min. Marco Aurélio. Rel. p/ acórdão Min. Nelson Jobim. Pleno. j. 02.05.2002, *DJU* 17.10.2003, p. 14 (com destaques no original).

preocupar em descrever o sistema posto de acordo com postulados bem definidos, iluminando, em certo sentido, a aplicação das normas pelos órgãos credenciados para tanto. Fosse incumbência do constituinte definir cada palavra talhada na Carta da República, *ter-se-ia que reivindicar que o maior documento normativo do País viesse acompanhado de um glossário como anexo*, em que cada uma daquelas expressões seria "elucidada". Enfim, os conceitos constitucionais dizem de perto com a própria distribuição de competências.[94]

Definitivamente, não é porque a Constituição Federal não traz consigo uma definição explícita de "renda" que se deve admitir que a lei pode, ao seu bel-prazer, conceituá-la com foros de primazia. Perceba-se que não se está, aqui, diminuindo a importância do papel exercido pelo legislador infraconstitucional na edição das regras jurídicas que permitem organizar a vida em sociedade, dando curso ao processo de positivação do direito reclamado pelo próprio constituinte. Longe disso, o que se defende, com toda a veemência, é que *afirmar que a Constituição da República não conceituou "renda" e que, por isso, caberia à lei fazê-lo, significa desprezar o conteúdo semântico mínimo das palavras lapidadas no Texto Supremo*, em clara inversão de valores e em franco desrespeito à organicidade inerente ao sistema jurídico, por conferir um poder quase que incontrolado à lei.[95]

---

94. A esse respeito, a advertência de Karl Larenz é precisa, ao dizer que a "missão do jurista é antes do mais preocupar-se com a salvaguarda dos princípios do Estado de Direito, bem como com o evitar contradições de valorização indesejáveis ou que conduzam a 'efeitos subsequentes' gravosos em outros domínios jurídicos. Essa tarefa transcende em muito a de uma mera ajuda de formulação". *Metodologia da ciência do direito*. Trad. José Lamego. 3. ed. Lisboa: Fundação Calouste Gulbenkian, 1997, p. 269.

95. Luís Alberto Warat leciona com propriedade que todo signo linguístico tem uma acepção de base e uma acepção contextual, sendo certo que a primeira não pode ser ignorada. Eis suas palavras: "Desta forma, um termo possui dois níveis básicos de significação: *o significado de base e o significado contextual*. O primeiro é aquele que reconhecemos no plano teórico quando abstraímos a significação contextual e consideramos o sentido congelado, a partir dos elementos de significação unificados por seus vínculos denotativos. O segundo pode ser entendido como o efeito de sentido derivado dos processos efetivos da comunicação social". *O direito e sua linguagem*. 2ª versão. Porto Alegre: Sérgio Antônio Fabris Editor, 1984, p. 65 (com destaques no original).

Como bem adverte Celso Antônio Bandeira de Mello, se os vocábulos usados no plano constitucional não tivessem um mínimo de sentido eles seriam meramente "ruídos", vale dizer, não cumpririam sequer sua função comunicacional.[96] De fato, seria o império da desordem admitir que a lei pudesse subverter a ordem jurídica, sobrepondo-se à Constituição Federal, sob a justificativa de que não há, no altiplano normativo, uma formulação direta da matéria tratada. A bem de se ver, postura assim assumida despreza ou, ao menos, diminui a força prescritiva da Carta Constitucional, que não é um mero "jogo de palavras" (Roque Carrazza).

---

96. "Segue-se que, nada obstante existam as situações fronteiriças, penumbrosas, onde proliferam as incertezas, há também áreas de inquestionável certeza sobre o cabimento do conceito. Aliás, se não existissem tais áreas, *as palavras seriam meros ruídos sem qualquer conteúdo.* Não seriam signos, é dizer, significantes, e a comunicação humana tornar-se-ia impossível". "Eficácia das normas constitucionais sobre justiça social". *Revista de direito público* nº 57/58, p. 245 (sem destaques no original). Em outra obra, Celso Antônio Bandeira de Mello, muito embora cuidando do uso do vocábulo "permissão" no direito administrativo, tem lição lapidar a respeito da forma de se compreender as palavras da linguagem do direito, lição essa que pode perfeitamente ser trazida para o estudo do imposto sobre a renda, dada a consistência das ideias e a clareza do raciocínio. São essas suas palavras: "As palavras 'permissão', 'concessão, 'autorização', 'ato unilateral', 'contrato', bem como quaisquer outras usadas em Direito, evidentemente, não guardam correlação lógica necessária com aquilo que designam, tal como se passa com quaisquer outras palavras usadas na linguagem corrente ou em quaisquer ciências. (...) Os termos jurídicos, suas palavras, ou seja, estas nominações convencionais, constituem-se em signos que representam *de uma forma breve,* sintética, um objeto do Direito. (...) Assim, quando se usa em Direito a palavra 'permissão', há nisto o pressuposto de que ela é uma designação *convencional* prestante para isolar um dado objeto jurídico, isto é, um ser do mundo do Direito; logo, caracterizado como um termo correlacionador de princípios e normas. (...) Se tal uso coincidente deixa de ser respeitado, a palavra perderá o único préstimo em função do qual era utilizada. É por isto que, para evitar uma autêntica 'babel', espera-se e pressupõe-se um uso consequente da terminologia jurídica. É óbvio que uma relação jurídica não se identifica meramente pelo fato de estar batizada de um ou de outro modo, mas pelo conjunto de normas proposto para regulá-la. Sem embargo, é lícito presumir que, ao ser nominada de tal ou qual maneira, o intérprete deverá pressupor que foi referida segundo a acepção técnica que lhe é própria, *com as inerentes consequências;* isto é: com o regime jurídico pertinente. Donde, quando se percebe que a disciplina atribuída a uma dada relação jurídica não corresponde à nominação técnica que lhe foi dada, diz-se que recebeu qualificação imprópria, justamente por estar-se perante figura jurídica diversa da que corresponderia à sobredita nominação (recebida esta na conformidade de seu sentido técnico correspondente)". *Curso de direito administrativo.* 32. ed. São Paulo: Malheiros, 2015, p. 785/786, em nota de rodapé (com destaques no original).

Transplantadas essas ideias para a matéria tributária, porque enquadráveis no grau da Teoria Geral do Direito, fica perceptível que o vocábulo "renda", como todos os demais incorporados no patamar constitucional, foi empregado no seu *uso convencional*, razão por que não pode ser alterado ou deturpado nem mesmo pela lei. Afinal de contas, como bem advertiu o Professor Celso Antônio Bandeira de Mello no trecho citado, *"se tal uso coincidente deixa de ser respeitado, a palavra perderá o único préstimo em função do qual era utilizada"*.

Eis o motivo pelo qual se deve posicionar-se no sentido de que é, sim, no plano da Constituição Federal que se encontra o conceito de "renda", e não no vacilante terreno da lei. José Artur Lima Gonçalves, em estudo de imposto sobre a renda, pautado sob a perspectiva exclusivamente constitucional, teve a felicidade de demonstrar, inequivocamente, que é o próprio sistema que induz à existência de um conceito constitucional de "renda", ainda que pressuposto, isso por um imperativo lógico, como se nota da seguinte passagem de sua valiosa obra:

> A Constituição, no art. 153, III, outorga competência à União para instituir imposto sobre a renda. Limita-se ela a esta singela referência: 'renda e proventos de qualquer natureza'.
>
> Como já tivemos oportunidade de ressaltar, considerando que o texto constitucional serviu-se da técnica de referir-se ao critério material da regra-matriz de incidência tributária para o fim de proceder à repartição de competência tributária impositiva, o conceito 'renda e proventos de qualquer natureza' foi utilizado para esse fim, sendo intuitivo que o respectivo âmbito não poderá ficar à disposição do legislador ordinário.
>
> Admitir o contrário implica conferir ao legislador infraconstitucional competência para bulir com o âmbito das próprias competências tributárias impositivas constitucionalmente estabelecidas, o que é – para quem aceita o pressuposto básico do escalonamento hierárquico da ordem jurídica – impossível.
>
> A própria Constituição fornecerá, portanto, ainda que de forma implícita, haurível de sua compreensão sistemática, o conteúdo do conceito de renda por ela – Constituição – pressuposto.
>
> Não há outra solução lógico-sistemática para essa questão. Admitindo-se que é a Constituição que confere ao legislador

> infraconstitucional as competências tributárias impositivas, o âmbito semântico dos veículos linguísticos por ela adotados para traduzir o conteúdo dessas regras de competência não pode ficar à disposição de quem recebe a outorga de competência.
>
> A questão de direito colocada, portanto, só pode ser compreendida e analisada em face das normas constitucionais que regem a matéria."[97]

Não era preciso dizer mais, para dizer melhor. De fato, seria extremamente incongruente aceitar que o direito posto está organizado de acordo com um escalonamento hierárquico, o que quer dizer que a Constituição Federal ocupa a posição de cúspide da pirâmide jurídica, mas que é a lei que define, com ampla liberdade, a competência dada pela norma que lhe é superior e que lhe serve de fundamento. Em poucas palavras: seria o mesmo que dizer que a norma superior não é, assim, "tão superior". Por isso que Celso Antônio Bandeira de Mello sustenta, com todo acerto, que *"se o legislador ou o aplicador da regra pudessem delinear, a seu talante, o campo de restrições a que estão submetidos, através da redefinição das palavras constitucionais, assumiriam, destarte, a função de constituintes"*.[98] Como se vê, essa linha de raciocínio não pode ser admitida.

Agora, se é do Texto Constitucional que se deve deduzir o conceito de "renda", que é constitucionalmente pressuposto, isso significa que o intérprete deve buscar apenas nesse plano sua formulação. José Artur Lima Gonçalves encarou essa empreitada, procedendo a um corte metodológico sob o prisma exclusivamente constitucional e separando os conceitos

---

97. *Imposto sobre a renda: pressupostos constitucionais*. São Paulo: Malheiros, 2002, p. 170/171. Nessa vereda também caminha Paulo Ayres Barreto, ao deixar assente que "se a amplitude da significação dos enunciados prescritivos que fixam a competência tributária ficasse ao talante do legislador infraconstitucional, forçoso seria reconhecer o caráter sugestivo da repartição levada a efeito pelo constituinte, o que implicaria a inexistência de limitação à competência impositiva, e a abertura de espaço para conflitos de toda a ordem entre os entes tributantes". *Imposto sobre a renda e preços de transferência*. São Paulo: Dialética, 2001, p. 65.

98. "Imposto sobre a renda – Depósitos bancários – Sinais exteriores de riqueza". *Revista de direito tributário* nº 23-24, p. 92.

próximos para lograr surpreender o conceito pressuposto de "renda", em seu conteúdo semântico mínimo. Para isso, o ilustre publicista promoveu uma varredura nos enunciados constitucionais encontrando signos linguísticos que permitem a identificação da ideia que a palavra "renda" quer expressar, destacando "faturamento", "patrimônio", "capital", "lucro", "ganho" e "resultado".[99] Depois de discorrer sobre cada uma dessas categorias, o Professor José Artur Lima Gonçalves chega ao conceito mínimo aduzindo que se trata de *"(i) saldo positivo resultante do (ii) confronto entre (ii.a) certas entradas e (ii.b) certas saídas, ocorridas ao longo de um dado (iii) período"*.[100] Para esse jurista é inerente à formulação do conceito de renda uma equação matemática que envolve alguns fatores indispensáveis: certos ingressos (+) e saídas (–) de recursos que, após um determinado lapso temporal (t), resultam (=) em um saldo positivo (+).[101]

Como se vê, para que haja renda, é imprescindível que haja, por óbvio, uma receita, uma entrada de recurso para o contribuinte. Se não houver ingresso não será possível compor, ao final, um saldo positivo, e aí se estará tributando o patrimônio já existente, e não o *acréscimo* patrimonial, o que é vedado.

---

99. *Imposto sobre a renda: pressupostos constitucionais*. São Paulo: Malheiros, 2002, p. 177.

100. *Op. cit.*, p. 179.

101. Roque Antonio Carrazza também se dedicou a um estudo de mão e sobremão acerca do imposto sobre a renda, para o bem da comunidade jurídica. Vide *Imposto sobre a renda: perfil constitucional e temas específicos*. São Paulo: Malheiros, 2005, p. 35/37. Em substancioso voto, o Ministro Cezar Peluso observa com percuciência que "embora úteis à captura dos fatos jurídicos tributários, as normas infraconstitucionais não se prestam à definição, 'de baixo para cima', do conceito de renda adotado pela Constituição, pois que isso romperia a hierarquia nomológica do sistema. (...) Ora, esse conceito corresponde, precisamente, ao cerne conceitual de renda que se deve resguardar. Segue-se daí que o conceito de renda tem, como todas as expressões categoremáticas, um núcleo semântico mínimo, empregado pela Constituição Federal, para, a um só tempo, traçar o âmbito de incidência possível do tributo e delimitar (no sentido de lhe definir os contornos) a competência do ente tributante. Ao assim dispor, a Carta Constitucional exclui da possibilidade de tributação tudo aquilo que não esteja no campo semântico por ela demarcado". RE 208.526-RS. Tribunal Pleno. Rel. Min. Marco Aurélio. *DJe* 30.10.2014.

Por outro lado, o que o constituinte autorizou tributar pela via de impostos foi a "renda", e não a "receita", de tal modo que, necessariamente, deve haver os abatimentos e deduções das despesas necessárias ao chamado "mínimo vital", expressão criada pela doutrina para designar o conjunto de direitos mínimos assegurados ao cidadão constitucionalmente, em especial os direitos sociais, como a saúde, a moradia, a alimentação e a educação, dentre outros.

Não há uma formulação positivada do que vem a ser o mínimo vital (ou mínimo existencial), mas o catálogo principiológico dos art. 3º, 6º e 7º da Carta Constitucional oferece um substrato importante para a compreensão desse conceito. Com efeito, se a todos é assegurada a saúde, por exemplo, e se o Estado não a oferece a contento, fazendo com que o contribuinte, do total de rendimentos que aufere, tenha que despender certas quantias com esse tipo de despesa, seu abatimento tem de ser autorizado, porque reduz a sobra líquida do cidadão. A todo sentir, se não se autorizasse o abatimento de certas despesas não haveria tributação da "renda", mas sim da "receita" auferida, desconfigurando o arquétipo constitucional desse imposto.[102]

Falar em "renda", portanto, pressupõe comparar "receitas" a "despesas". Perceba-se que se "renda" significa "acréscimo", intuitivamente as ideias de "receita" e "despesa" estarão sempre presentes, porque só se pode pensar em um "saldo positivo" quando são contrapostas receitas e despesas.

Mas, essas receitas não podem sofrer subtração das despesas de maneira automática, instantaneamente. É preciso que se respeite um período mínimo de tempo para que o contribuinte possa auferir seus rendimentos e, em contrapartida,

---

102. "No tocante ao mínimo existencial em relação ao Imposto sobre a Renda, em prestígio ao princípio da capacidade contributiva, constata-se que a respectiva tributação não poderá incidir sobre um *quantum* mínimo obrigatório e necessário para suprir as necessidades essenciais do indivíduo e da sua família, tendo em vista que até esse mínimo valor não se manifesta a condição ou capacidade de contribuir". QUEIROZ, Mary Elbe. *Imposto sobre a renda e proventos de qualquer natureza*. São Paulo: Manole, 2004, p. 58.

realizar suas despesas, para que aí sim haja um *acréscimo* patrimonial. Em sendo a renda uma "sobra positiva", os marcos temporais inicial e final para a constatação ou não de uma renda são inafastáveis, porque, do contrário, não haverá como saber se houve ou não o *plus* suscetível de tributação, justamente porque não haverá parâmetros de comparação. Logo, no conceito de renda, também está incutida a ideia de *transcurso de um lapso temporal.*

Portanto, ao lume de todas essas lições sacadas de autores que se dedicaram com seriedade ao estudo desse tema, pode-se afirmar que "renda" é um conceito haurível do Texto Constitucional e que significa *acréscimo patrimonial ou resultado positivo, ao qual se chega a partir da percepção de receitas produzidas pelo capital, pelo trabalho ou pela combinação de ambos, deduzidas certas despesas, que formam o chamado "mínimo vital", após um dado lapso temporal.*[103]

2.2.2 Os princípios constitucionais tributários que norteiam a tributação pelo imposto sobre a renda que interessam ao estudo

No âmbito de um estudo sistematizado, é impossível falar do imposto sobre a renda sem examinar os princípios constitucionais tributários que o informam. Todos os tributos brasileiros estão atrelados a uma série de princípios constitucionais, quer gerais, quer específicos da matéria tributária. Por exemplo, não se pode refletir sobre um determinado tributo olvidando-se do princípio constitucional que protege a propriedade ou

---

103. Como neste trabalho o estudo é voltado à tributação que incide sobre o agronegócio, não se estudará a incidência do imposto que recai sobre os proventos de qualquer natureza, porque envolvem rendimentos recebidos a título de aposentadoria, extrapolando, portanto, o âmbito desta pesquisa, que se limita às riquezas geradas pelo capital, pelo trabalho ou pela combinação de ambos. Sobre a definição de "proventos", vale a pena verificar a posição divergente de Luciano Amaro, que toma esse vocábulo com dimensão mais ampla. Vide: "Imposto de renda: regime jurídico". *Curso de direito tributário.* 8. ed. Coord. Ives Gandra da Silva Martins. São Paulo: Saraiva, 2001, p. 282.

do princípio que assegura a livre iniciativa da atividade econômica, ambos princípios constitucionais genéricos, mas que afetam, por isso mesmo, a percussão tributária.[104]

Isso é inegável. Contudo, no capítulo próprio do "Sistema Tributário Nacional" há uma série de outros princípios, específicos da atividade impositiva, que refletem os vetores axiológicos dos princípios constitucionais gerais. Esses princípios estão preordenados a ditar, de maneira obviamente vinculativa, o *modus operandi* da instituição, da fiscalização e da arrecadação de cada um dos tributos. Porém, casos há ainda em que determinados princípios são, *a priori,* aplicados de maneira específica a um determinado tributo, o que bem reforça quão recheado de detalhes é o sistema tributário nacional. É o caso do imposto sobre a renda, que se sujeita aos princípios da generalidade, universalidade e progressividade.

Neste tópico, foram selecionados os princípios mais importantes que tocam à tributação pelo imposto sobre a renda, alguns gerais, outros específicos da matéria tributária, ao lado daqueles que, pela Constituição, aplicam-se de maneira mais pontual ainda ao imposto sobre a renda. Na classe dos princípios constitucionais gerais, destacam-se os princípios da legalidade e da isonomia. Ombreando-se com eles encontram-se os correlatos princípios específicos da matéria tributária, tais como a estrita legalidade e a tipicidade, que guardam relação com o princípio geral da legalidade, e os princípios da capacidade contributiva e do não-confisco, que dizem de perto com o princípio geral da isonomia. Por fim, os princípios da generalidade, universalidade e progressividade, que uma interpretação aligeirada da Carta Constitucional parece apontar como de

---

104. Como esclarece Paulo de Barros Carvalho, "o quadro das imposições tributárias, no Brasil, encontra-se sob o influxo de muitos princípios constitucionais. Atuam sobre essa área postulados constitucionais genéricos, que se irradiam por toda a ordem jurídica, ativando e ao mesmo tempo tolhendo o Estado nas relações com seus súditos, e princípios constitucionais especificamente canalizados para o terreno dos tributos, conhecidos como princípios constitucionais tributários". *Curso de direito tributário*. 32. ed. São Paulo: Noeses, 2022, p. 160.

aplicação exclusiva ao imposto sobre a renda, mas que também irradiam efeitos sobre os demais tributos, como se verá.

2.2.2.1 *Legalidade, estrita legalidade e tipicidade*

É inconteste que os princípios jurídicos não estão por aí isolados, segregados quais prisioneiros em um âmbito restrito de aplicação. Longe disso. A Carta da República é copiosa na proliferação de princípios, que, por serem normas superiores dotadas de forte abstração, ajustam-se em situações das mais diversas, acarretando, inclusive, um inter-relacionamento principiológico inevitável. Daí o motivo por que, de regra, não existe um princípio solucionador para cada caso concreto, pelo contrário, no mais das vezes o que ocorre é a (sobre)incidência de uma gama variável de princípios nas manifestações empíricas, todos prontos para reger a interpretação e a aplicação do direito.[105]

Com isso, o que se busca demonstrar é que é quase impossível imaginar um princípio longe dos demais, ou seja, os princípios comumente se entrelaçam, formam uma teia normativa disposta a abraçar o maior número possível de situações. Qualquer isolamento que se faça ficará circunscrito, necessariamente, a fins didáticos, porque na experiência jurídica não há como pretender aplicar um determinado princípio sem a influência dos outros.

Bem entendida essa advertência, que vale também para o direito tributário, como não poderia deixar de ser, fica mais fácil compreender o agrupamento dos princípios da legalidade, da estrita legalidade e da tipicidade para fins de estudo em um só espaço. É que esses princípios, sobre sofrerem a irradiação dos efeitos dos demais, imbricam-se mutuamente, guardando entre si uma correlação lógica direta, na medida em que apresentam características semelhantes que os

105. "Bem encaradas as coisas – e o Direito não passa da *res justa*, como ensinavam os romanos – todos os dispositivos que instituem garantias constitucionais buscam, em última análise, assegurar, literalmente: 'tornar seguros' os direitos que esses dispositivos adnumeram, um experimento da realização da justiça". BORGES, José Souto Maior. "Princípio da segurança jurídica na criação e aplicação do tributo". *Revista de direito tributário* nº 63, p. 206.

aproximam. Na verdade, esses princípios são a expressão de uma só ideia: o Estado Democrático de Direito.

Com efeito, o constituinte elencou solenemente logo no art. 1º que a República Federativa do Brasil constitui-se em Estado Democrático de Direito. Bastaria dizer isso para que o intérprete estivesse autorizado a tirar as seguintes conclusões: (i) o poder emana do povo, pois só há democracia quando há participação popular; (ii) o povo exerce seu poder diretamente ou por seus representantes, via lei, pois só assim há Estado de Direito; (iii) o Estado só pode fazer aquilo que a lei determina, pois do contrário seus atos não se enfeixariam no contexto de um Estado de Direito, mas sim significariam arbítrio e autoritarismo. E prosseguindo seu raciocínio, logo perceberia o estudioso que, em relação aos tributos, só se poderia exigi-los nos exatos termos da Constituição e das leis votadas pelos representantes populares, sob pena de se negar o ideal de Estado Democrático de Direito.[106]

Essas conclusões, que decorrem diretamente do regime democrático de direito, foram confirmadas pelo legislador constituinte em outros enunciados que encravou na Carta da República. A começar pelo art. 5º, II, talhado no rol dos direitos e garantias fundamentais do cidadão, que estabelece que *"ninguém será obrigado a fazer ou deixar de fazer alguma coisa senão em virtude de lei"*. Ora, se ninguém será obrigado a fazer alguma coisa senão em virtude de lei, a toda evidência que ninguém poderá ser obrigado a pagar tributo senão quando haja lei. Trata-se do princípio da legalidade, que é princípio constitucional geral, mas que, por isso mesmo, aplica-se também ao subsistema constitucional tributário.[107]

---

106. "Se o povo é o titular da *res publica* e se o governo, como mero administrador, há de realizar a vontade do povo, é preciso que esta seja clara, solene e inequivocamente expressada. Tal é a função da lei: elaborada pelos mandatários do povo, exprime a sua vontade". ATALIBA, Geraldo. *República e Constituição.* 2. ed. São Paulo: Malheiros, 2001, p. 122.

107. Tercio Sampaio Ferraz Jr., ao examinar o primado da segurança jurídica (donde deriva o princípio da legalidade), tem importantes contribuições a dar à compreensão desse tema: "Diz-se, assim, que a segurança depende de normas capazes de garantir

Seria bastante enunciar o princípio da legalidade para que todos pudessem registrar que, no Brasil, só se pode instituir e exigir um tributo quando haja lei que o preveja. Contudo, não se conteve o constituinte com essa cláusula genérica; houve por bem ainda prescrever no art. 150, I, que, sem prejuízo de outras garantias asseguradas ao contribuinte, é vedado às entidades políticas *"exigir ou aumentar tributo sem lei que o estabeleça"*. Em rigor terminológico, seria despiciendo enunciado com esse teor, reforçando o princípio da legalidade e veiculando o princípio da estrita legalidade, pois já havia sido estabelecido que só por lei as pessoas podem ser obrigadas a fazer alguma coisa, inclusive, portanto, pagar tributos; porém, *"no Brasil, nunca é demais rememorar aquilo que todos sabem, porém poucos respeitam"*.[108] Trata-se da velha técnica da repetição fraseológica como forma de tentar aumentar a eficácia dos comandos normativos.

Os princípios da legalidade e da estrita legalidade apontam no sentido de que somente através de lei em seu sentido formal, isto é, aquele diploma normativo que conta, necessariamente, com a participação do Poder Legislativo, poderão ser instituídos e exigidos tributos. É a concretização da máxima segundo a qual, no Estado de Direito, deve prevalecer o *governo das leis, e não o governo dos homens*. Sem dúvida alguma é a manifestação da liberdade do cidadão, haja vista que a lei exprime o consentimento do povo à submissão às regras estatais.[109] Nessa ordem de ideias, é factível perceber que,

---

o chamado *câmbio das expectativas*. (...) Segurança significa a clara determinação e proteção do direito contra o não direito, para todos. Na determinação do jurídico e, pois, na obtenção da segurança, a *certeza é um elemento primordial. Por certeza entende-se a determinação permanente dos efeitos que o ordenamento jurídico atribui a um dado comportamento, de modo que o cidadão saiba ou possa saber de antemão a consequência das suas próprias ações*". "Segurança jurídica e normas gerais tributárias". *Revista de direito tributário* n° 17/18, p. 51 (com destaques no original).

108. LOUBET, Leonardo Furtado. *Comentários à Lei do Supersimples*. Org. Halley Henares Neto. São Paulo: Quartier Latin, 2007, p. 44.

109. Sobre o tão pouco falado, mas importantíssimo princípio do consentimento, José Artur Lima Gonçalves demonstra de maneira cabal que "esse princípio – do consentimento – é aquele que exige que o particular *consinta* (i) em concorrer para os gastos

uma vez que a Constituição não criou tributos, e sim conferiu competência legislativa para que as pessoas políticas, querendo, venham a instituí-los; e como está prescrito que somente mediante lei alguém pode ser compelido a fazer alguma coisa; a conclusão que se tira é: os tributos só podem ser instituídos e exigidos desde que haja lei.[110]

Consequência direta e imediata da legalidade e da estrita legalidade em matéria tributária é o princípio da tipicidade (ou da tipicidade cerrada, como denominam alguns). A tipicidade nada mais é do que um desdobramento da legalidade, pois se é a lei que cria tributo, e se criar tributo significa descrever, de maneira pormenorizada, todos os elementos da norma tributária, só haverá incidência dessa norma sobre o fato se houver previsão de todos os critérios necessários à sua perfeita identificação.

Noutras palavras, os princípios da legalidade e da estrita legalidade implicam a ideia de tipicidade, dado que a autoridade administrativa não pode, ao seu alvedrio, promover um lançamento à míngua de informações oferecidas pela lei, que lhe é hierarquicamente superior.[111]

---

públicos e (ii) em que medida o fará. E esse consentimento é expressado por intermédio dos representantes do povo no Legislativo. Ao aprovar a lei que institui ou majora tributo, o parlamento está expressando o consentimento do eleitor em contribuir, nos termos da lei aprovada, para o custeio dos gastos públicos". *Imposto sobre a renda: pressupostos constitucionais*. São Paulo: Malheiros, 2002, p. 86 (com destaques no original). Calha bem ao tema a ideia de "mandato": o mandante, quando passa uma procuração ao mandatário, delineia os poderes com que esse agirá em seu nome. O raciocínio é o mesmo no que diz respeito ao pressuposto de legitimidade para exigência dos tributos: o povo, quando vota nos seus representantes parlamentares, delimita os poderes com que editarão regras em seu nome, que devem corresponder aos mandamentos constitucionais, sob pena de extrapolarem os poderes conferidos.

110. "A atividade fiscal é regida, toda ela, sob os auspícios da lei, no contexto do Estado Democrático de Direito. Desde a criação, passando pela arrecadação e, sobretudo, pela fiscalização o manto da legalidade haverá de estar sempre presente". LOUBET, Leonardo Furtado; McNAUGTHON, Charles William. "A prova na percussão tributária". *Processo administrativo tributário: federal e estadual*. Org. Marcelo Viana Salomão e Aldo de Paula Junior. São Paulo: MP Editora, 2005, p. 272.

111. Como salienta Geraldo Ataliba, "quem fala em lei, no Brasil, está falando de norma primeira, inovadora e de alcance universal, ao contrário do que acontece em

Daí a razão pela qual sem a necessária descrição *taxativa* das características que o fato deve apresentar para ser considerado fato tributário, bem como o respectivo detalhamento da base de cálculo, dos sujeitos da relação e da alíquota, fica comprometida a incidência da norma ao fato, impedindo a percussão tributária.

O princípio da tipicidade tributária revigora e reafirma a técnica da subsunção do fato à norma, vale dizer, a linguagem denotativa do fato jurídico só se subsumirá à linguagem conotativa da norma geral e abstrata quando houver perfeita *coincidência* de atributos, permitindo a *incidência*. Não cabe, nessa seara, interpretação ampliativa ou analógica para fins de abarcar fatos não previstos na lei, somente com o perfeito encaixe entre o fato previsto na lei e o "fato concreto" é que alguém poderá ser obrigado a recolher uma quantia em dinheiro aos cofres públicos a título de tributo.[112]

Todas essas considerações acerca dos princípios da legalidade, da estrita legalidade e da tipicidade, porque decorrentes do sistema constitucional tributário brasileiro, também se aplicam, de maneira pujante, ao imposto sobre a renda. De fato, sem lei que descreva, pormenorizadamente, os fatos que

---

outros sistemas. (...) Está visto que no importantíssimo conjunto de órgãos do Estado, chamado Administração Pública, seus agentes agirão de modo impessoal, ou seja, tratarão os assuntos que estão aos seus cuidados, com a máxima objetividade, sem nenhuma consideração subjetiva que possa permitir que seus sentimentos, inclinações, simpatias ou paixões *[influenciem]* nas decisões que adotam ou sugestões que fazem". "Princípios constitucionais do processo e procedimento em matéria tributária". *Revista de direito tributário* nº 46, p. 120/121.

112. "Portanto, a atividade impositiva no sistema brasileiro pressupõe que a norma geral e abstrata indique todos os critérios, notas e características dos fatos-tipo que poderão a ela ser reconduzidos, de sorte que a aplicação de seu comando não resulte em um ato que desborde de seus esquadros". LOUBET, Leonardo Furtado; McNAUGHTON, Charles William. "A prova na percussão tributária". *Processo administrativo tributário: federal e estadual.* Org. Marcelo Viana Salomão e Aldo de Paula Junior. São Paulo: MP Editora, 2005, p. 274. Na verdade, o fato nada mais é do que uma expressão linguística relatando um evento, uma experiência empírica. Por isso que, no contexto da teoria da linguagem, é equivocado falar em "fato concreto". Daí o destaque da expressão acima entre aspas, comumente utilizada na linguagem jurídica tradicional.

levam à identificação da renda, com a consequente disciplina detalhada da sistemática de apuração do imposto, é juridicamente impossível que a União Federal, através de seus órgãos fiscalizadores e arrecadadores, pretenda exigir, das pessoas naturais ou das pessoas jurídicas, quantias em dinheiro sob a rubrica de "imposto sobre a renda".

Pelo que se pode notar, portanto, os princípios da legalidade, da estrita legalidade e da tipicidade tributárias encerram *garantias formais* do contribuinte, equivale a dizer, são mandamentos constitucionais voltados a estatuir a forma através da qual a tributação pode ser levada adiante, independentemente do conteúdo tratado. Somente através de lei, que veicule detalhadamente todos os critérios da norma jurídica, a tributação será validamente exercida, o que importa reconhecer ser esse um pré-requisito, uma condição apriorística, que prescinde até da análise do substrato de fundo da matéria versada. Se não houver lei, não há que se perder tempo com o exame do teor dos enunciados veiculados, por violação aos primados da legalidade e da estrita legalidade; e se houver lei, mas não a descrição rica dos fatos tributários e dos critérios para composição da respectiva relação jurídica, igualmente fica paralisada a incidência da norma, por lhe faltar elementos ensejadores de sua eficácia, isso por força do princípio da tipicidade tributária.[113]

---

113. Enfatizando o alcance do princípio da tipicidade em matéria tributária, que é ainda mais vigoroso até mesmo que no direito penal, por não deixar margem para subjetivismos na aplicação da lei, como ocorre com a dosimetria da pena criminal, esclarece Alberto Xavier que "no Direito Tributário a técnica da tipicidade atua, não só sobre a *hipótese* da norma tributária material, como também sobre o seu *mandamento*. Objeto da tipificação são, portanto, os *fatos* e os *efeitos*, as *situações jurídicas iniciais* e as *situações jurídicas finais*. (...) A ideia de reserva absoluta de lei (formal ou material) envolve, como já várias vezes se afirmou, que ela contenha em si não só o fundamento, como também o próprio critério da decisão. Se o órgão de aplicação do direito deve ter na lei predeterminado o conteúdo da decisão, isto não pode deixar de significar que o princípio da tipicidade atua *integralmente* na norma tributária, em todos os seus elementos, na previsão ou hipótese e na estatuição ou injunção". *Os princípios da legalidade e da tipicidade da tributação*. São Paulo: Revista dos Tribunais, 1978, p. 73/78 (com destaques no original).

Entretanto, quando se contrasta a afirmação de que somente mediante lei podem estar tipificados todos os fatos que geram ou que levam à renda com o extenso Regulamento do Imposto sobre a Renda, formado por mais de 1.000 artigos, de plano vem à mente a seguinte pergunta: todos os enunciados do RIR encontram respaldo legal? Em linha de princípio, sim, pois no final de cada artigo há referência ao dispositivo legal que lhe serve de fundamento. Por isso que Roque Antonio Carrazza atesta que o RIR não é, propriamente, um *regulamento,* mas mero *decreto de consolidação,* que aglutina, de maneira sistemática, a legislação esparsa.[114]

Todavia, isso não impede o intérprete de pôr à prova, em atitude crítica e efetiva, o regulamento às leis e essas à Constituição. Encontrando algum dispositivo legal que desborda da Constituição, ter-se-á uma inconstitucionalidade; e identificando um enunciado infralegal que vai além do suporte legal, terá diante de si uma regra ilegal e, via reflexa, inconstitucional. É que o poder regulamentador encontra limites bem estreitos, não podendo mais do que esmiuçar o que na lei já está contido, sob pena de invalidade do ato editado. A esse respeito, o inexcedível Oswaldo Aranha Bandeira de Mello tem lição lapidar:

> A lei e o regulamento, na verdade, distinguem-se sob o aspecto material e formal. Segundo a matéria, a diferença está em que *a lei inova originariamente na ordem jurídica,* enquanto o regulamento não a altera. (...) Formalmente, o regulamento subordina-se à lei, pois nela se apoia como texto anterior, para a sua execução, seja quanto a sua aplicação, seja quanto à efetivação das diretrizes por ela traçadas na habilitação legislativa. Sujeita-se, então, o regulamento à lei, como regra jurídica normativa superior, colocada acima dele, que rege as suas atividades, e ser por ele inatingível, pois não pode se opor a ela.[115]

---

114. V. *Imposto sobre a renda: perfil constitucional e temas específicos.* São Paulo: Malheiros, 2005, p. 85, em nota de rodapé.

115. *Princípios gerais de direito administrativo.* 2. ed. Rio de Janeiro: Forense, 1979, t. I, p. 357 (sem destaques no original). A esse respeito vide também: CARRAZZA, Roque Antonio. *O regulamento no direito tributário brasileiro.* São Paulo: Revista dos Tribunais, 1981, p. 127/128.

Há, pois, um limite ao poder regulamentador, que é a lei. O Poder Executivo não poderá ir além da lei, ou contra a lei, ainda que se socorra do pretexto de que apenas a regulamenta. Poderá, sim, regulamentá-la; jamais, infringi-la. Em situações de antinomia entre a lei e o regulamento, poder-se-á dizer, com Pontes de Miranda, que

> onde se estabelecem, alteram ou extinguem direitos, não há regulamentos – há abuso do poder regulamentar, invasão de competência legislativa. O regulamento não é mais do que auxiliar das leis, auxiliar que sói pretender, não raro, o lugar delas, mas sem que possa, com tal desenvoltura, justificar-se e lograr que o elevem à categoria de lei.[116]

É exatamente nessa linha de raciocínio que se investigará o imposto sobre a renda que recai sobre o agronegócio. Tomar-se-á como ponto de partida e roteiro investigativo o Regulamento do Imposto sobre a Renda, apenas por se tratar de um decreto que consolida diversas normas esparramadas pelo domínio do direito positivo, mas sem nunca perder de vista o espírito crítico e atento de comparar seus enunciados com as leis que devem lhe estear, e mais, sempre promovendo um contraponto com os magnos vetores constitucionais.

2.2.2.2 Isonomia, capacidade contributiva e não-confisco

Se os princípios da legalidade, da estrita legalidade e da tipicidade tributárias enfeixam *garantias formais* do contribuinte, os princípios da isonomia, da capacidade contributiva e do não-confisco tocam o *conteúdo* das normas do imposto sobre a renda.[117]

---

116. *Comentários à Constituição de 1967 com a Emenda nº 01 de 1969*. 2. ed. São Paulo: Revista dos Tribunais, 1970, t. III, p. 314. Nesse contexto, não é demais deixar assentado que, por injunção dos princípios da legalidade, da estrita legalidade e da tipicidade tributárias, é defeso ao Poder Legislativo "transferir" para o Poder Executivo a tarefa de *inovar a ordem jurídica*, isto é, criar regras novas, ou mesmo de "complementar" a lei, por ferir a indelegabilidade da competência tributária. A esse respeito, vide as robustas lições de Paulo de Barros Carvalho. *Curso de direito tributário*. 32. ed. São Paulo: Noeses, 2022, p. 81.

117. Em que pese alguma divergência doutrinária no uso dos vocábulos "isonomia"

No plexo de um Estado Democrático de Direito, e sob o manto de uma República, o valor "igualdade" é dos mais relevantes, pois inspira um tratamento equânime às pessoas, sem qualquer tipo de privilégio ou discriminação. Falar em igualdade jurídica é oferecer, a todos, garantias de idêntico conteúdo, de um lado, resguardando-lhes de qualquer tipo de perseguição, de outro. Tamanha a importância desse princípio que se costuma dizer que a igualdade não *está* na Constituição, ela *é* a Constituição.

Decorrência do regime republicano e do Estado Democrático de Direito, o princípio da igualdade vem estampado no art. 5º do Texto Constitucional, que estabelece que *"todos são iguais perante a lei"*. Realmente, a isonomia é um dos alicerces do edifício jurídico. Porém, o que significa "isonomia" da perspectiva jurídica?

A delimitação do conteúdo e alcance desse princípio não é tarefa das mais fáceis, sem dúvida alguma. Rui Barbosa, reproduzindo lições de Aristóteles, dizia que isonomia significa tratar os iguais, na medida de suas igualdades, e os desiguais, na medida de suas diferenças.[118]

No entanto, de cara surge uma outra questão, que é desvendar quem são os "iguais" e quem são os "diferentes" nas relações jurídicas, como forma de encontrar os limites do legislador e do aplicador da lei.[119] Cuidando desse complexo tema, o Prof. Celso Antônio Bandeira de Mello, em obra de pequena

---

e "igualdade", aquela como a igualdade em situações concretas e essa como a igualdade formal, neste trabalho utilizar-se-á ambas as expressões como sinônimas.

118. *Oração aos moços*. São Paulo: Martin Claret, 2003, p. 20.

119. "Reproduzindo o conhecimento habitual, costuma-se afirmar que a isonomia traduz-se em igualdade *na lei* – ordem dirigida ao legislador – e *perante a lei* – ordem dirigida ao aplicador da lei. Em seguida, é de praxe invocar-se a máxima aristotélica de que o princípio consiste em 'tratar igualmente os iguais e desigualmente os desiguais, na medida em que eles se desigualam'. A beleza filosófica de tal asserto não contribui, todavia, para desvendar o cerne da questão: saber quem são os iguais e os desiguais para definir em que circunstâncias é constitucionalmente legítimo o tratamento desigual". BARROSO, Luís Roberto. "Razoabilidade e isonomia no direito brasileiro". *Temas de direito constitucional.* Rio de Janeiro: Renovar, 2001, p. 159 (com destaques no original).

na extensão, mas grandiosa no seu conteúdo, teve a felicidade de demonstrar que o princípio isonômico supõe a desigualação entre os desiguais segundo um fator de discrímen compatível com o objetivo buscado. Entre o fator discriminador da lei e sua finalidade há de haver uma correlação lógica.[120]

É dessa forma que a lei pode fazer distinção entre pessoas e regimes jurídicos, sob pena de resvalar para o campo da inconstitucionalidade. Assim, só haverá respeito ao princípio da isonomia se e somente se a lei eleger um fator diferenciador compatível com a meta traçada, ou seja, para que a criação de regimes jurídicos distintos seja válida, sujeitando seus destinatários a regras distintas, deve estar presente um liame coerente entre o critério eleito para diferençar as pessoas e os fins almejados pela lei – e adiante-se, desde já, que o agronegócio recebeu um tratamento diferenciado, daí a relevância do tema.

Se a igualdade é um princípio constitucional geral, também se aplica às relações do subsistema constitucional tributário. Contudo, como acontece com o princípio da legalidade, também no que tange à igualdade não se contentou o constituinte em veicular um enunciado genérico, preferindo trazer formulação expressa à matéria tributária no art. 150, II, estabelecendo que é vedado às pessoas políticas

> *instituir tratamento desigual entre contribuintes que se encontrem em situação equivalente, proibida qualquer distinção em razão de ocupação profissional ou função por eles exercida, independentemente da denominação jurídica dos rendimentos, títulos ou direitos.*

Portanto, parece claro que na instituição de tributos o legislador não pode criar distorções, quer da ordem de privilégios, quer como situações agravantes, devendo dispensar a todos um mesmo tratamento jurídico, salvo em situações de política fiscal que requeiram mecanismos diferenciados justamente para tornar concreto o projeto da igualdade, desigualando os desiguais, como acontece com as isenções, por exemplo.

---

120. *Conteúdo jurídico do princípio da igualdade.* 3. ed. São Paulo: Malheiros, 1997, p. 37.

O princípio da isonomia encontra eco em outro princípio, agora específico da matéria tributária: trata-se do princípio da capacidade contributiva. Tendo por suporte físico o enunciado prescritivo do art. 145, § 1º, primeira parte, da Carta da República, que dispõe que *"sempre que possível, os impostos terão caráter pessoal e serão graduados segundo a capacidade econômica do contribuinte"*, esse princípio é fonte de inúmeras divergências e, infelizmente, de pouca aplicabilidade. Pelo que se percebe da mensagem legislada, quis o constituinte que a carga tributária dos impostos fosse repartida de acordo com as possibilidades do contribuinte, não permitindo que chegasse às raias do confisco.[121]

Todavia, o principal entrave para a plena eficácia desse princípio é exatamente dosar a capacidade econômica do contribuinte. De um lado, defendem os contribuintes que o fardo tributário já se tornou há muito tempo insustentável, enquanto que, de outro, as autoridades fiscais propugnam que a equalização tributária encontra-se dentro dos limites constitucionais.

Como se vê, não há confluência de visões em questões desse tope. No entanto, parece inegável que a diretriz principiológica da capacidade contributiva aponta no sentido de que somente aquele que manifestar condições de receber a carga fiscal é que poderá ser colocado como sujeito passivo de uma relação tributária. Noutras palavras, a tributação, ao menos em relação aos impostos, tem por pressuposto que a pessoa denote riqueza, ou realize fatos-signos presuntivos de riqueza (Alfredo Augusto Becker).

Esse princípio encontra-se envolto de algumas balizas. A primeira, seu móvel justificador, é exatamente a isonomia. É por intermédio do princípio da capacidade contributiva que há a diferenciação entre pessoas que se situam em circunstâncias distintas, de modo que quem é economicamente

---

121. COSTA, Regina Helena. *Princípio da capacidade contributiva*. 4. ed. São Paulo: Malheiros, 2012, p. 99.

menos dotado não será tributado (quando tributado) da mesma forma que quem exterioriza maior riqueza.

O segundo marco é o do princípio do não-confisco, que significa que a tributação deve ser conduzida com parcimônia, consoante critérios de razoabilidade e proporcionalidade, não podendo agredir a propriedade privada e a livre iniciativa da atividade econômica, ou seja, as fontes produtoras de riquezas. A obrigatoriedade de pagamento de tributos não pode resultar no efeito prático de que o Poder Público, a pretexto de tributar, em verdade, apodera-se dos bens dos particulares.

Daí que os princípios da isonomia, da capacidade contributiva e do não-confisco gravitam em torno dessa ideia nuclear, que é tributar conforme critérios isonômicos.

Por derradeiro, não se pode olvidar do princípio do não--confisco. Sendo um desdobramento do direito de propriedade e da garantia da livre iniciativa da atividade econômica, o princípio do não-confisco encontra-se previsto no art. 150, IV, da Carta Constitucional, que proíbe às pessoas tributantes *"utilizar tributo com efeito de confisco"*.

Assim, tributo algum pode ser utilizado ou pode atingir o patamar confiscatório, pois isso significa infirmar o consentimento manifestado pelo poder popular por ocasião da Assembleia Nacional Constituinte e distorcer o objetivo da tributação. O contribuinte, desse modo, não pode ser forçado a contribuir além de suas possibilidades, o que permite arquitetar a seguinte conclusão: *quando o tributo extrapola a capacidade contributiva do sujeito passivo torna-se confiscatório.*

Porém, é inegável que é extremamente difícil identificar a partir de que momento um tributo transforma-se em confiscatório. Isto porque não há, na Constituição Federal, ou em norma de inferior hierarquia um enunciado expresso estabelecendo o teto da tributação, a partir do qual a quantia em dinheiro recolhida deixaria de ser tributo para assumir a feição de confisco. Isso não impede, porém, que em um labor exegético, haurível do arcabouço constitucional, o hermeneuta deduza um patamar confiscatório de acordo com as peculiaridades de cada caso, ainda que à míngua de uma porcentagem positivada em texto normativo. Para todos os efeitos, caberá sempre ao Poder Judiciário promover esse controle casuístico, dado o princípio da universalidade da jurisdição.[122]

Percorrido esse trajeto, resta suficientemente demonstrada a aplicabilidade dos princípios da isonomia, da capacidade contributiva e do não-confisco ao imposto sobre a renda que incide sobre as atividades econômicas das pessoas físicas e das pessoas jurídicas. Em relação à sistemática de abatimentos e deduções de acordo com as peculiaridades do contribuinte, tais como gastos com dependentes, saúde e educação, dentre outros, ficam respeitados, ainda que timidamente, a isonomia e a capacidade contributiva, essa na sua característica da pessoalidade – muito embora haja algumas distorções na legislação que não encontram respaldo constitucional, como a limitação dos valores a serem deduzidos por dependente, por exemplo. Já no que toca à progressividade, que também é uma decorrência lógica da capacidade contributiva e da isonomia, a legislação prevê alíquotas diferentes conforme a variação do valor da base de cálculo, porém, igualmente aqui há atecnias a serem combatidas, dado o número reduzido de alíquotas, conforme será visto a seguir.

2.2.2.3 Generalidade, universalidade e progressividade

De acordo com o que se viu até aqui, são vários os princípios aplicáveis ao imposto sobre a renda, imprimindo-lhes seu figurino constitucional. No entanto, dispõe o art. 153, § 2º, I, da Constituição Federal que, além de se submeter aos princípios até aqui estudados e também aos demais, o imposto

122. O Supremo Tribunal Federal, embora tratando das multas, já se pronunciou sobre a calibração que o princípio do não-confisco pode realizar nas lides tributárias. Isso foi tratado no RE 833.106, Relator o Ministro Marco Aurélio. Há outros casos nos quais foi reconhecida a repercussão geral e que ainda pendem de julgamento: RE's 736.090 e 882.461, Relator o Ministro Dias Toffoli; e RE 640.452, Relator o Ministro Luís Roberto Barroso. Vale registrar que no RE 606.010, Relator o Ministro Marco Aurélio, o Supremo entendeu que não houve violação ao princípio do não-confisco.

sobre a renda deve, ainda, guardar observância aos princípios da generalidade, da universalidade e da progressividade.

A bem de se ver, essas não são nada mais do que formulações linguísticas diferentes para expressar as mesmas ideias contidas nos princípios já examinados. *A generalidade, a universalidade e a progressividade são a tradução dos princípios da isonomia, da capacidade contributiva e do não-confisco aplicados ao imposto sobre a renda.* De fato, a generalidade significa que todos aqueles que realizarem os fatos jurídicos tributários são potenciais contribuintes do imposto sobre a renda, exceção feita às pessoas imunes ou isentas. A universalidade quer dizer que todos os rendimentos do contribuinte estão sujeitos à incidência do imposto, igualmente à exceção das hipóteses de imunidade e de isenção. Por fim, a progressividade nada mais é do que um mecanismo fiscal em que as alíquotas são elevadas conforme aumente a base de cálculo.[123]

Pelo que se percebe, esses princípios supostamente específicos são meros desdobramentos daqueles outros, aplicáveis, de resto, aos demais tributos. Sim, porque afirmar que todos aqueles que realizam o fato jurídico tributário estão sujeitos ao imposto (generalidade), na inteireza de seus rendimentos (universalidade) e segundo critérios distintos (progressividade), tem o mesmo efeito que afirmar que o imposto sobre a renda deve respeitar a isonomia, a capacidade contributiva e o não-confisco. A toda evidência, é o postulado isonômico que impõe que todos são potenciais contribuintes e que estão compreendidos todos seus rendimentos, não havendo novidade alguma

123. Vale registrar a distinção doutrinária quanto ao uso das palavras "generalidade" e "universalidade". Para Roque Carrazza (*Imposto sobre a renda: perfil constitucional e temas específicos*. São Paulo: Malheiros, 2005, p. 62/63) e Luciano Amaro ("Imposto de renda: regime jurídico". *Curso de direito tributário*. 8. ed. Coord. Ives Gandra da Silva Martins. São Paulo: Saraiva, 2001, p. 275), a generalidade significa a suscetibilidade ao imposto por qualquer pessoa, ao passo que a universalidade está voltada à amplitude dos rendimentos abrangidos pelo tributo. Já para Paulo Ayres Barreto a aplicação desses conceitos seria no sentido inverso (*Imposto sobre a renda e preços de transferência*. São Paulo: Dialética, 2001, p. 62/63). Neste estudo, adotar-se-á o primeiro uso desses vocábulos.

em se criar regras "específicas" para esse imposto, porque já previstas no ordenamento jurídico. Talvez essa previsão expressa só se justifique para afastar situações de antanho, em que algumas pessoas não se sujeitavam à exação.

O que importa registrar é que a generalidade, a universalidade e a progressividade, muito embora aparentemente se apliquem apenas ao imposto sobre a renda, em verdade se esparramam também sobre os demais impostos, porque meras consequências de princípios jurídicos de grande amplitude. Todo aquele que vende mercadorias é potencial contribuinte de ICMS, de sorte que não há porque predicar essa regra apenas ao IR. Da mesma forma, toda e qualquer venda de mercadoria está, *a priori*, jungida ao ICMS, razão por que se pode atestar não se tratar de norma específica da tributação pelo imposto sobre a renda. Mesmo a progressividade, apesar de ser aplicada, sobretudo, em relação ao imposto sobre a renda (além de o IPTU e o ITR, este último como será visto no momento oportuno), deveria também ser estendida aos demais impostos, como o ISS, por exemplo, porque esse foi um desejo do constituinte ao proclamar a isonomia e a capacidade contributiva como princípios informadores da tributação.[124]

Portanto, a despeito de estarem previstas na disciplina do imposto sobre a renda, a generalidade, a universalidade e a progressividade, no contexto de uma interpretação sistemática do arcabouço constitucional, não são normas específicas desse imposto, pelo contrário, irradiam efeitos em relação aos demais tributos, porquanto decorrência direta de postulados constitucionais de maior envergadura. Por isso que esses são princípios que introduzem valores na órbita jurídica, tal qual acontece com os princípios da isonomia, da capacidade contributiva e do não-confisco.

124. Aires Fernandino Barreto entende que a progressividade só tem cabimento nos casos de extrafiscalidade e naqueles explicitamente previstos na Constituição. "Aplicação do princípio da progressividade". *Justiça Tributária: 1º Congresso internacional de direito tributário – IBET.* São Paulo: Max Limonad, 1998, p. 39.

Dito isso, é perfeitamente possível alocar esses princípios nos compartimentos próprios da regra-matriz de incidência tributária, atitude cognoscitiva que confere grau de apreensão mais intenso à matéria: *a universalidade no critério material, porque dá a tônica segundo a qual todos os fatos que signifiquem "auferir renda" estão debaixo do manto da sua incidência; a generalidade tocando o critério pessoal, de tal modo que todo aquele que auferir renda estará, em linha de princípio, inserido na classe dos sujeitos passivos, exceção feita aos imunes e aos isentos; por fim, a progressividade trabalhando no critério quantitativo, operando para que haja um aumento gradual da alíquota sempre que a base de cálculo contiver maior expressão econômica.*

Assim enxergada a configuração desses princípios em face do imposto sobre a renda, o intérprete tem, diante de si, um instrumento poderoso para absorver, na sua completude, a roupagem desse tributo, permitindo-lhe compreender o conteúdo e alcance dos princípios da generalidade, da universalidade e da progressividade sobre a atividade impositiva no exercício dessa competência.

2.3 O Imposto sobre a Renda das Pessoas Físicas (IRPF) no agronegócio

Percorridos todos os aspectos até aqui enunciados, desde os fundamentos epistemológicos, passando pelos critérios jurídico-positivos de hierarquia para, então, culminar no enfoque das bases do imposto sobre a renda – atitude indispensável para conferir solidez ao raciocínio – é chegado o momento de apreender todo esse cabedal teórico e voltar os olhos, de maneira específica, ao estudo da tributação que recai sobre o agronegócio, aspiração deste trabalho, *aplicando-o* para enfrentar os problemas sugeridos pelo segmento econômico eleito como paradigma.

Para isso é necessário examinar separadamente o imposto sobre a renda das pessoas físicas (IRPF) do imposto que incide sobre as pessoas jurídicas (IRPJ), bem ao estilo analítico, trazendo à tona suas vicissitudes, tudo de modo a transformar a compreensão do objeto ainda mais profunda.

Pois bem. Conforme já foi dito, dada a complexidade da legislação do imposto sobre a renda, dispersa em um número infindável de diplomas normativos, seguir-se-á como *roteiro investigativo* o Regulamento do Imposto sobre a Renda, que consolida todas essas normas, sempre com o espírito crítico aceso, contudo. Pelo que se nota do Decreto Federal nº 9.580/18, o RIR está dividido em 04 (quatro) livros, a saber: "Da Tributação das Pessoas Físicas" (Livro I), "Da Tributação das Pessoas Jurídicas" (Livro II), "Da Tributação na Fonte e Sobre Operações Financeiras" (Livro III) e "Da Administração do Imposto sobre a Renda" (Livro IV). Cada um desses livros é subdividido em diversos títulos, subtítulos, capítulos, seções e subseções. O que importa examinar, neste tópico, são os enunciados do primeiro livro, por cuidar da tributação das pessoas físicas.

O Livro I ("Da Tributação das Pessoas Físicas"), Título IV ("Do Rendimento Bruto"), Capítulo III ("Dos Rendimentos Tributáveis") do Regulamento arrola quais são os rendimentos tributáveis das pessoas físicas para fins de incidência do imposto. Esse capítulo é formado por 08 (oito) seções, seções essas que tipificam quais são os fatos econômicos que podem levar à renda, tais como os rendimentos gerados pelo trabalho assalariado e assemelhados (salários, ordenados, vencimentos, soldos, subsídios, gratificações etc.), os rendimentos do trabalho não assalariado e assemelhados (honorários, remunerações de serviços não comerciais, remunerações sem vínculo empregatício, corretagens etc.), os rendimentos de aluguéis e de *royalties,* dentre outros.

O que interessa a este estudo é o conjunto de normas disposto na Seção VII desse Capítulo III, por disciplinar os "Rendimentos da Atividade Rural". Pelo que se pode notar, as atividades do agronegócio foram as únicas que mereceram do legislador um *tratamento específico* na disciplina da tributação das pessoas físicas, haja vista que os demais rendimentos (salários, subsídios, gratificações, aluguéis etc.) são regidos não em função das pessoas que realizam esses fatos ou das circunstâncias que os envolvem, mas sim porque são fatos de conteúdo econômico que podem levar à existência de renda – somente isso.

Já para o agronegócio, porém, há um regramento próprio, especial, que procura levar em conta as especificidades desse segmento. Daí a razão pela qual se pode afirmar existir um *regime jurídico* diferenciado para a tributação das pessoas físicas nesse setor – o que justifica um estudo acurado desse complexo normativo.

De fato, o Livro I, Título IV, Capítulo III, Seção VII, do Regulamento do Imposto sobre a Renda traz nos arts. 50 a 64 uma série de regras a que se submetem as pessoas físicas que se dedicam às atividades do agronegócio. Algumas dizem respeito à delimitação dessas atividades para fins de incidência; outras, à forma de apuração do imposto nesse segmento específico, tanto em relação aos rendimentos tributáveis, quanto às despesas de custeio e investimentos e à compensação de prejuízos acumulados; outras, por fim, disciplinando os deveres instrumentais ("obrigações acessórias") a serem cumpridos. *Vale registrar, por relevantíssimo, que esses dispositivos encontram fundamento de validade nas Leis Federais nºs. 8.023/90, 8.383/91, 9.250/95 e 9.430/96.*

Diante desse conjunto de normas, é indispensável que o intérprete, querendo efetivamente conhecer e explorar todas as possibilidades que o repertório jurídico oferece, ponha-se defronte de seu objeto munido de um olhar analítico, pois somente assim irá atingir o âmago da mensagem legislada. E é por isso, seguindo o método e os recursos científicos adotados como ferramental teórico anunciados no Capítulo I deste trabalho, que será feita uma varredura nesses enunciados prescritivos de acordo com parâmetros dogmáticos e conforme os postulados da Filosofia Analítica e da Teoria Geral do Direito, buscando compreendê-los e alocando-os nos compartimentos próprios da respectiva *regra-matriz de incidência*, tudo com o intuito de absorver, na sua inteireza, o fenômeno normativo examinado.

Serão analisadas, pois, as nuanças dos critérios material, espacial e temporal do IRPF no agronegócio, dispostos na hipótese de incidência, assim como os desdobramentos nesse setor específico dos critérios pessoal e quantitativo, prescritos no consequente, em especial a sujeição passiva e a composição da base de cálculo.

2.3.1 O critério material do IRPF no agronegócio: o complemento do complemento do verbo e a fórmula legislativa adotada para delimitação dessas operações econômicas

Como se sabe, a norma jurídica tributária – assim como as normas jurídicas em geral – é estruturada segundo um arquétipo hipotético-condicional, de tal modo que *se* acontecido um determinado fato previsto pelo legislador, *então*, irradiar-se-ão as consequências jurídicas por ele prescritas. Nessa singela referência, é facilmente perceptível a importância do fato descrito pela lei, dado que a norma só incidirá e produzirá seus efeitos quando ocorrido o evento fenomênico descrito na previsão hipotética, e mais, desde que esse evento seja convertido em fato jurídico pela linguagem competente.[125]

Ora, se assim é, parece estreme de dúvidas que sem a perfeita identificação do fato não há sequer que se cogitar dos efeitos de norma alguma, daí a relevância de uma visão criteriosa a respeito do fato regulado pelo direito. Para que as normas irradiem seu teor de juridicidade é uma condição necessária a (co)incidência entre a previsão do fato (hipótese da norma geral e abstrata) e o fato jurídico (antecedente da norma individual e concreta).

125. Essa afirmação não significa que o autor prega a ressurreição da "Escola Glorificadora do Fato Gerador"; apenas quer dizer que a precisa identificação do fato jurídico tributário é um pressuposto indispensável para que haja incidência da norma tributária.

Acontece, no entanto, que nenhuma experiência empírica ocorre fora da tríade de elementos ação-tempo-espaço. Todo evento fenomênico ou fato jurídico acontece, necessariamente, no contexto de uma ação qualquer, mas também segundo coordenadas de tempo e de espaço. Eis o motivo por que o legislador, quando projeta seu discurso prescritivo disciplinador das condutas inter-humanas, indica qual é o fato que pretende regular, oferecendo subsídios, conscientemente ou não, de maneira explícita ou implícita, de qual é a ação prevista, em que momento ela se considera ocorrida e onde ela deve acontecer para que surtam os efeitos prescritos no ordenamento.

Para identificação de qual é ou quais são os fatos que projetarão as consequências respectivas do IRPF no agronegócio, é nessa linha de raciocínio que o intérprete deve seguir, pois de nada adianta vasculhar a composição da base de cálculo, por exemplo, se não se sabe, de antemão, em que circunstâncias essas normas específicas atuarão. Surge, desse modo, a seguinte questão: para saber qual é o fato que fará irromper as normas específicas do IRPF no agronegócio o que importa é a ação humana, o local onde ela ocorre ou o momento em que acontece? Noutras palavras, o que interessa é o critério material, o espacial ou o temporal para que o regime próprio do IRPF no agronegócio se projete? Para responder essa indagação é preciso, antes, compreender a afirmação de que fato algum, seja um comportamento humano ou um evento natural, acontece fora das balizas da ação propriamente dita, do tempo e do espaço. No mundo empírico, é impossível separar essas entidades; no plano lógico, porém, não há esses condicionantes, universo no qual *"é admissível abstrair em repetidas e elevadas gradações"*.[126] Portanto, o objetivo é revelar qual foi a tônica dada pelo legislador para a identificação dessas operações, se no critério material, no espacial ou no temporal.

126. CARVALHO, Paulo de Barros. *Curso de direito tributário*. 32. ed. São Paulo: Noeses, 2022, p. 267.

Pois bem. O critério temporal, muito embora tenha relevância para determinadas operações pontuais no agronegócio envolvendo as *commodities* agrícolas, que serão examinadas adiante, não oferece e nem poderia oferecer elementos suficientes para demarcação dessas operações, pois não é o tempo que serve para *delimitar* atos jurídicos, motivo por que fica desde logo descartado. Sobrerrestam, então, os critérios material e espacial para serem investigados. Para descobrir qual é o critério relevante e como o legislador disciplinou essas atividades, nada mais correto do que ir até os textos do direito positivo, matéria-prima do jurista dogmático.

Tratando especificamente da incidência do imposto sobre a renda nas atividades do agronegócio, o art. 50 do Decreto Federal nº 9.580/18, introduzindo a Seção VII ("Dos Rendimentos da Atividade Rural"), prescreve que *"são tributáveis os resultados positivos provenientes da atividade rural exercida pelas pessoas físicas, apurados conforme o disposto nesta Seção"*.[127]

O enunciado é importante. Muito embora o legislador, até aqui, nada mais tenha feito do que validamente prever, em homenagem ao princípio da universalidade, que também os rendimentos auferidos da atividade rural estão incluídos no conjunto de rendimentos tributáveis – até mesmo porque estabeleceu que somente os "resultados positivos" são tributáveis, o que se ajusta aos elementos formadores do conceito de "renda" previsto na Constituição Federal e no art. 43 do CTN – a bem de se ver com esse dispositivo inaugura-se um regime jurídico peculiar, chamando a atenção do intérprete.

É que, ao dispensar um regime jurídico especial para apuração do imposto dessas operações, o legislador descortinou um horizonte interessante, *que agrega um complemento ao complemento do verbo que exprime a ação do núcleo da hipótese de incidência do imposto sobre a renda.*

---

127. Vale registrar que o art. 50 do Decreto Federal nº 9.580/18 corresponde ao art. 9º da Lei Federal nº 9.250/95, que serve como seu fundamento de validade.

Explica-se: a partir das ideias desenvolvidas pelo Professor Paulo de Barros Carvalho na obra *Teoria da Norma Tributária,* parece não existir dúvida nos tempos atuais que a materialidade de qualquer tributo é representada por um verbo pessoal e de predicação incompleta, reclamando, necessariamente, pois, um complemento para que possa reger as relações inter-humanas.[128] Daí por que as materialidades dos tributos podem ser reconduzidas a estruturas linguísticas do tipo "industrializar produtos" (verbo e complemento do IPI), "realizar operações mercantis" (verbo e complemento do ICMS), "prestar serviços" (verbo e complemento do ISS) e "auferir renda" (verbo e complemento do IR), dentre outras possibilidades.

Sucede, entretanto, que se a locução "auferir renda" designa uma ação humana de obter (verbo) um acréscimo patrimonial (complemento), formando uma classe geral de inúmeros fatos econômicos que levam à existência de renda, para regrar a apuração do imposto das pessoas físicas nas atividades do agronegócio o legislador acresceu mais um elemento diferenciador justamente para armar uma subclasse, que é composta pelos eventos econômicos da atividade rural. Assim, adicionou um complemento ao complemento do verbo. Em poucas palavras: a materialidade do IRPF no agronegócio é "auferir renda *da atividade rural*" (verbo + complemento + complemento).

Essas considerações podem soar para o leitor como elucubrações vazias, sem sentido, irrelevantes, mas não são. Isto porque se o legislador traçou um regime jurídico diferente para essas atividades, é dever daquele que se debruça sobre a matéria legislada, com seriedade científica, perquirir a partir de que parâmetros é possível identificar a atuação dessas normas, vale dizer, em que circunstâncias elas incidirão. E isso somente a teoria da regra-matriz de incidência responde.

Portanto, até esta altura parece ter ficado claro que há um regime jurídico próprio para apuração do imposto sobre

128. Vide a esse respeito: *Teoria da norma tributária*. 4. ed. São Paulo: Max Limonad, 2002, p. 124/130.

a renda nas atividades rurais das pessoas físicas, apartando essas operações das demais. Porém, a dúvida subsiste: o que é "atividade rural"? Quais foram os critérios utilizados pelo legislador para identificá-la? Essa questão já foi tratada no capítulo anterior, mas, sob a ótica específica do IR, o exame de sua legislação específica deve ser enfrentado.

O Regulamento do Imposto sobre a Renda, buscando fundamento de validade no que preveem as Leis Federais n°s. 8.023/90 (art. 2º), 9.250/95 (art. 17) e 9.430/96 (art. 59), consolida a disciplina da matéria trazendo a seguinte previsão no art. 51:

> *Subseção I*
>
> *Da definição*
>
> *Art. 51. Para fins do disposto neste Regulamento, considera-se atividade rural:*
>
> *I – a agricultura;*
>
> *II – a pecuária;*
>
> *III – a extração e a exploração vegetal e animal;*
>
> *IV – a exploração:*
>
> *a) da apicultura;*
>
> *b) da avicultura;*
>
> *c) da cunicultura;*
>
> *d) da suinocultura;*
>
> *e) da sericicultura;*
>
> *f) da piscicultura; e*
>
> *g) de outras culturas animais;*
>
> *V – a transformação de produtos decorrentes da atividade rural, desde que não sejam alteradas a composição e as características do produto in natura, feita pelo próprio agricultor ou pelo criador, com equipamentos e utensílios usualmente empregados nas atividades rurais, com uso exclusivo de matéria-prima produzida na área rural explorada, tais como a pasteurização e o acondicionamento do leite e o acondicionamento do mel e do suco de laranja em embalagem de apresentação; e*

> *VI – o cultivo de florestas que se destinem ao corte para comercialização, consumo ou industrialização.*
>
> *§ 1º O disposto neste artigo não se aplica à mera intermediação de animais e de produtos agrícolas.*
>
> *§ 2º As atividades a que se refere o inciso III do caput abrangem a captura de pescado in natura, desde que a exploração se faça com apetrechos semelhantes aos da pesca artesanal, tais como arrastões de praia e rede de cerca, inclusive a exploração em regime de parceria.*

Esse comando normativo é o núcleo aglutinador em torno do qual gravitam as demais regras jurídicas do Regulamento que cuidam do IRPF no agronegócio, pois é a partir da identificação de uma "atividade rural" que as normas desse regime jurídico específico incidirão. Ocorre, no entanto, que o Regulamento, evidentemente, não pode inaugurar a ordem jurídica, criando regras não previstas em lei. E como se viu no capítulo anterior, a Lei Federal nº 8.023/90 cuida desse tema, de tal ordem que é com essa ressalva que as normas do Regulamento devem ser avaliadas. A começar pela subseção em que está inserido o preceito, que anuncia solenemente que esse dispositivo regulamentar traz a "definição" de atividade rural. Muito embora tenha sido essa a empreitada anunciada, não é isso o que se infere do art. 51 do RIR, *tendo em vista que no seu texto, assim como acontece com a Lei Federal nº 8.023/90, não há, propriamente, uma definição de atividade rural, mas sim a indicação de algumas atividades que formariam o seu conceito*. Porém, o legislador não conceituou ou definiu "atividade rural", caindo, com isso, em uma *tautologia* que só a ciência pode resolver.[129]

Fazendo uma reflexão sobre a fórmula empregada para delimitação dessas atividades econômicas, o que se percebe é que, aqui, o legislador, em vez de utilizar a forma-de-construção para estruturar a hipótese de incidência do IRPF no

129. "Tautologia. Lógica jurídica. 1. Erro lógico que, como progresso do pensamento, apresenta uma repetição em termos diferentes. É, portanto, a repetição de um mesmo pensamento em diversas formas, como diz Ferrater Mora". DINIZ, Maria Helena. *Dicionário jurídico*. São Paulo: Saraiva, 1998, v. IV, p. 498.

agronegócio, destacando as notas ou características que esses eventos deveriam apresentar para que se subsumissem ao seu regramento específico, optou pela forma tabular, limitando-se em indicar algumas atividades que formariam o conceito; porém, o fez de maneira inapropriada. Não é demais recordar a passagem da obra de Paulo de Barros Carvalho, segundo a qual

> se constrói uma classe ou conjunto enumerando os indivíduos que a compõem ou indicando as notas ou nota que o indivíduo precisa ter para pertencer à classe ou conjunto. A primeira é a forma tabular; a segunda, a forma de construção. A modalidade em que, quase sempre, se manifesta a proposição normativa geral e abstrata não é a forma tabular, mas a forma de construção.[130]

Aos ensinamentos do ilustre jurisconsulto não esteve atento o legislador. Com efeito, falta ao art. 51 do Regulamento do Imposto sobre a Renda uma definição de "atividade rural". Em vez de definir essas operações – o que era uma tarefa indispensável – para depois, aí sim, arrolar quais atividades se ajustariam ao conceito, o legislador tropeçou ao laconicamente estabelecer no *caput* desse dispositivo apenas que *"considera-se atividade rural"* – e então indica algumas atividades que supostamente *formam* o conceito, e não se *enquadram* nele.

A constatação do mau uso da forma tabular para circunscrever a atividade rural foi amplamente exposta no capítulo anterior. Essa derrapada legislativa acaba por se evidenciar também no art. 51 do RIR. Basta reiterar que, enquanto *de maneira específica* os incisos I e II delineiam os grandes troncos do agronegócio, a saber, a agricultura e a pecuária, e o inciso IV elenca algumas atividades de origem animal, como a apicultura, a avicultura e a suinocultura, dentre outras, o inciso III acaba por criar uma miscelânea legislativa ao confundir o gênero pela espécie, pois estabelece que se considera atividade rural *"a extração e a exploração vegetal e animal"*. Parafraseando Aires Barreto em genial estrofe, é como se o legislador dissesse

---

130. *Direito tributário: fundamentos jurídicos da incidência*. 10. ed. São Paulo: Saraiva, 2015, p. 145/146.

"as cores são: I – branca; II – preta; III – todas as demais".[131] Realmente, a extração ou a exploração vegetal e animal são o gênero de que são espécies a agricultura, a pecuária, a apicultura, a avicultura, a suinocultura, o cultivo de florestas, dentre tantas outras. Daí a impropriedade técnico-legislativa.

Desse modo, para fins de enquadramento do critério material do IRPF da atividade rural das pessoas físicas deve-se reforçar que o núcleo duro da previsão normativa passa pela extração e a exploração vegetal e animal.

Cabem duas considerações adicionais sobre os dispositivos do Regulamento, na medida em que cada uma das atividades consideradas pelo legislador (agricultura, pecuária, apicultura etc.) já foram detidamente escrutinadas no capítulo anterior.

A primeira delas passa pelo inciso VI. Sua base textual prevê que será considerada atividade rural *"o cultivo de florestas que se destinem ao corte para comercialização, consumo ou industrialização"*. Curioso. O legislador busca no art. 51 do RIR indicar quais são as atividades que levam à configuração de rendimentos tributáveis, mas inclui no inciso VI um ato despido completamente de conteúdo econômico, pois o "cultivo de florestas para consumo", muito embora possa ser uma atividade rural, não é um fato que gera rendimentos. Por isso que há de ficar bem entendido que, obviamente, não é o *cultivo* de florestas em si mesmo que justifica o enquadramento no IRPF do agronegócio, mas sim a *comercialização* da madeira gerada pelo cultivo de florestas para terceiros, esses sim, que irão aproveitá-la para revenda, para consumo próprio ou para industrialização.

Igual raciocínio deve ser empregado para compreender o art. 51, § 1º, do Decreto Federal nº 9.580/18, que prescreve que *"o disposto neste artigo não se aplica à mera intermediação de animais e de produtos agrícolas"*. Não é a "mera intermediação de animais e de produtos agrícolas" que escapa ao

131. BARRETO, Aires. "A nova Cofins: primeiros apontamentos". *Revista dialética de direito tributário* nº 103, p. 11.

regramento específico do IRPF no agronegócio, e sim os rendimentos gerados de comissões pagas pela intermediação da venda de animais e de produtos agrícolas. Esse comando normativo tem em mira preservar o regramento específico apenas para aqueles que estão integrados nas atividades típicas do agronegócio, não o estendendo àqueles cuja atividade é a corretagem, que ficam sujeitos, por isso mesmo, à tributação regular sob a rubrica dos "rendimentos do trabalho não assalariado e assemelhados" (art. 38, V, do RIR).

Em síntese, o que importa desse complexo normativo todo é que o art. 50 do Regulamento dispõe que os *resultados positivos da atividade rural* das pessoas físicas são tributáveis, esforçando-se o art. 51 em elencar quais atividades econômicas estão abrangidas nessa classe para fins de incidência do imposto sob esse regime específico. Por força do art. 51, inciso III (que decorre do art. 2º, III, da Lei Federal nº 8.023/90), o IRPF no agronegócio abarca todo e qualquer rendimento advindo da extração e exploração vegetal e animal como gênero, aí incluídos os rendimentos da agricultura, da pecuária, da venda direta de outros animais, da comercialização de produtos agropecuários decorrentes de transformação não industrial e da venda de madeira oriunda do cultivo de florestas como espécies. *Logo, os rendimentos gerados por essas e outras atividades que consistam na extração ou exploração vegetal e animal subsomem-se ao regramento próprio do IRPF no agronegócio.*

A ênfase do legislador recaiu, pois, sobre a atividade que gera o rendimento, e não sobre o local em que ela é desenvolvida. Isso significa dizer que o que interessa para identificação e demarcação do IRPF no agronegócio é o critério material da hipótese de incidência, mais precisamente o *complemento do complemento do verbo.*

2.3.2 Desdobramentos da irrelevância do local onde os rendimentos são auferidos para submissão ao regime jurídico específico do IRPF no agronegócio

A constatação de que o que interessa para a identificação do regime jurídico típico do IRPF no agronegócio são as atividades que geram o rendimento, e não o local onde são desempenhadas, acarreta desdobramentos importantes. Com efeito, passando em revista os diversos dispositivos que formam a disciplina dos "Rendimentos da Atividade Rural" não se encontra, quer explícita, quer implicitamente, nenhuma referência de que o critério espacial seria o timbre que marcaria esse regramento específico, pelo contrário, a distinção feita pelo legislador levou em conta, realmente, a *conduta humana*, que diz respeito à materialidade da hipótese de incidência.

Vai daí que o critério espacial do IRPF no agronegócio é do tipo genérico, isto é, aquele em que importa apenas que o fato jurídico tributário ocorra dentro das fronteiras do ente tributante. Recordando lição de Paulo de Barros Carvalho, a depender do tributo que estiver disciplinando, a lei pode eleger como critério espacial para perfeita identificação do fato jurídico tributário (i) um local específico (como o imposto de importação e o imposto de exportação, que se remetem às repartições alfandegárias), (ii) uma zona ou região (como o IPTU e o ITR, cujo critério diferenciador é justamente a "zona urbana" ou a "zona rural") ou (iii) um critério genérico, de tal modo que basta a ocorrência do fato jurídico tributário nos limites territoriais da pessoa política respectiva (como o ISS, o ICMS e o próprio IR, dentre outros).[132]

Contrastando essas noções ao modo com que o legislador entendeu por bem disciplinar o IRPF no agronegócio, é intuitivo concluir que em relação a esse segmento econômico o critério espacial é genérico, pois é suficiente a realização daquelas atividades para que haja atuação desse regramento específico,

---

132. Vide *Curso de direito tributário*. 32. ed. São Paulo: Noeses, 2022, p. 270.

independentemente da região em que são desempenhadas, ou seja, não somente na zona rural, como também na zona urbana.

É bem verdade que para algumas das atividades incluídas no rol desse regramento próprio seria difícil conceber que pudessem ser desenvolvidas na zona urbana, como a agricultura e a pecuária, sobretudo nos grandes centros. Mas, o Brasil é um país de inquestionável diferença cultural e de múltiplas realidades, formado, em sua maioria, de milhares de pequenas cidades, nas quais as influências do campo são muito fortes. Isso significa que pode acontecer de pessoas explorarem mesmo a agricultura e a pecuária em pequenas chácaras não situadas na zona rural e, ainda assim, estarem debaixo do regime do IRPF no agronegócio.

Como se isso não bastasse, outras atividades indicadas no art. 51 do RIR também são passíveis de serem exploradas na zona urbana, como a apicultura (abelhas), a avicultura (aves), a cunicultura (coelhos), a suinocultura (suínos), a sericicultura (bicho-da-seda) e a piscicultura (peixes). Não é necessária grande extensão de terras para explorá-las, bastando que sejam respeitadas as leis municipais de urbanismo. *Nessas hipóteses, igualmente haverá atuação das normas que cuidam dos rendimentos da "atividade rural", muito embora não se esteja na "zona rural".*

Tanto assim é que a própria União Federal reconhece a irrelevância do local em que essas atividades devem ser desenvolvidas para incidência desse conjunto específico de normas. Com efeito, como registrado no capítulo anterior, a Instrução Normativa nº 83/01 da Secretaria da Receita Federal do Brasil estatui no art. 3º que *"considera-se unidade rural, para fins do imposto de renda, a embarcação para captura* in natura *do pescado, o imóvel ou qualquer lugar utilizado para exploração ininterrupta da atividade rural".* Comprovada está a irrelevância do critério espacial para os fins desse regramento específico, pois em "qualquer lugar utilizado para exploração ininterrupta da atividade rural" haverá atuação de suas normas.[133]

---

133. Seguindo nessa vereda, o art. 4º, I, do Estatuto da Terra, veiculado pela Lei Federal nº 4.504/64, define imóvel rural como *"o prédio rústico, de área contínua*

Portanto, porque o critério espacial do IRPF no agronegócio está estruturado na modalidade genérica, em qualquer lugar do território nacional em que pessoas físicas desenvolvam atividades que consistam na extração ou na exploração vegetal e animal, haverá enquadramento a esse regime jurídico específico, dado que não há um enlace estreito entre os enunciados do critério material (atividade rural) e do critério espacial (onde é desenvolvida essa atividade).

2.3.3 O "momento da incidência": adoção do regime de caixa no IRPF do agronegócio e a disciplina das *commodities* agrícolas

O derradeiro critério da hipótese de incidência do IRPF no agronegócio que merece atenção agora é o critério temporal. Quando da busca por critérios para a perfeita identificação dessas operações econômicas foi dito que não é o tempo o instrumento hábil para *circunscrever* ações humanas, motivo por que esse critério foi descartado, muito embora tivesse relevância para algumas operações envolvendo as *commodities* agrícolas. Eis o momento para examiná-las.

É sobremaneira importante precisar em que exato instante se considera ocorrido o fato jurídico tributário, pois, como diz José Eduardo Soares de Melo, *"a incidência tributária ataca unicamente o resultado de uma situação, estado, operação ou atividade, que,* e enquanto não verificada, *não faz eclodir o tributo, desencadeando os efeitos que lhe são pertinentes"*.[134]

---

qualquer que seja a sua localização *que se destina à exploração extrativa agrícola, pecuária ou agroindustrial, quer através de planos públicos de valorização, quer através de iniciativa privada"* (sem destaque no original). Interpretando esse dispositivo, Maria Helena Diniz afirma que "a ruralidade do imóvel não advém de sua localização fora do perímetro urbano, mas sim da destinação que lhe é dada". *Tratado teórico e prático dos contratos*. 4. ed. São Paulo: Saraiva, 2002, v. II, p. 501.

134. "Local da incidência tributária". *Revista de direito tributário* nº 67, p. 324 (sem destaques no original).

O critério temporal do imposto sobre a renda é tema dos mais debatidos, sobretudo quanto à distinção entre "disponibilidade econômica" e "disponibilidade jurídica" a que alude o art. 43 do CTN.[135]

A partir dessa distinção do Código é que vem sendo admitida a tributação pelo IR sob o "regime de competência", em vez do "regime de caixa". Muito embora, de rigor, essa seja uma classificação que se hospede nas ciências contábeis, a verdade é que repercute na esfera jurídica, devendo, pois, ser levada em conta. Em singela síntese, a distinção entre o regime de competência e o regime de caixa apoia-se no fato de que no regime de competência basta que o sujeito de direito se torne titular de um crédito para que o tributo seja devido, haja vista que se toma, como marco temporal, a data em que houve a aquisição do referido crédito, ao passo que no regime de caixa a tributação só incidirá quando houver, efetivamente, o ingresso do recurso para o contribuinte.[136]

A tributação do imposto sobre a renda das pessoas físicas segue o regime de caixa, isto é, só há que se cogitar do imposto a partir do momento em que o contribuinte auferir um ganho efetivo, e não simplesmente se torne titular de um crédito. Tanto assim que o art. 34, parágrafo único, do Decreto Federal nº 9.580/18, incluído no Título IV ("Rendimento Bruto"), Capítulo I ("Disposições Gerais"), estabelece que *"os rendimentos serão tributados no mês em que forem recebidos,*

---

135. Sobre essa distinção, vide OLIVEIRA, Ricardo Mariz. *Fundamentos do imposto de renda*. São Paulo: Quartier Latin, 2008, p. 299/301; AMARO, Luciano. "Imposto de renda: regime jurídico". *Curso de direito tributário*. 8. ed. Coord. Ives Gandra da Silva Martins. São Paulo: Saraiva, 2001, p. 276/280; CARRAZZA, Roque Antonio. *Imposto sobre a renda: perfil constitucional e temas específicos*. São Paulo: Malheiros, 2005, p. 72.

136. "O regime de competência considera as vendas geradas no período, enquanto o regime de caixa considera apenas as vendas recebidas (encaixe). No que tange à despesa, o primeiro considera as despesas consumidas, sacrificadas no período, enquanto o segundo considera apenas as despesas pagas (desembolsadas). (...) Em termos de imposto de renda no Brasil, destacamos que, para a pessoa física, a apuração do resultado é à base do regime caixa (...)". MARION, José Carlos. *Contabilidade rural*. 8. ed. São Paulo: Atlas, 2007, p. 224.

considerado como tal aquele da entrega de recursos pela fonte pagadora, inclusive por meio de depósito em instituição financeira em favor do beneficiário". Destarte, somente a partir do momento em que há efetiva entrega de recursos ao sujeito passivo é que se pode pensar em tributação. Esse enunciado prescritivo comprova que é o regime contábil de caixa que norteia a tributação das pessoas físicas.

Se assim acontece para as pessoas físicas em geral, para quem desempenha atividades do agronegócio não poderia ser diferente. Basta ver que o art. 54 do Regulamento, muito embora disciplinando os parâmetros para composição da base de cálculo do IRPF no agronegócio, estabelece que *"a receita bruta da atividade rural é constituída pelo montante das vendas dos produtos oriundos das atividades definidas no art. 51, exploradas pelo próprio produtor-vendedor"*. Ora, se a apuração do imposto depende do "montante das vendas" dos produtos, enquanto essas não ocorrerem não há incidência da exação. Logo, somente quando o contribuinte percebe os rendimentos gerados pelo desenvolvimento de suas atividades rurais é que há incidência do imposto.

Por isso que se pode dizer que o maior planejamento tributário do produtor é o seguinte: *enquanto o gado está no pasto e a soja no armazém, não há fato tributável ainda,* porque somente se ele vender seus produtos é que se cogitará de tributação. O sujeito pode ter tido uma excelente colheita e sua pecuária pode ter visto um ótimo percentual de crias. Porém, apenas quando ele vender seus produtos é que haverá fato passível de incidência tributária.

Pois bem. De acordo com o que se viu até aqui, no caso do imposto sobre a renda das pessoas físicas o tributo só pode gravar a riqueza nova do contribuinte a partir do momento em que o rendimento for auferido pelo sujeito passivo, isto é, quando a renda for percebida, inclusive no que pertine aos resultados positivos oriundos das atividades do agronegócio. Assim, diante do que prescreve a legislação, o IRPF só será devido quando o contribuinte perceber a renda. Essas considerações são importantes para fins de fixação do critério temporal do IRPF, uma vez que só deverão ser levados à tributação os rendimentos verdadeiramente auferidos.

Mas, o tema do critério temporal do imposto sobre a renda não se resume a isso. Com efeito, durante muito tempo pairou sobre os embates acadêmicos – e ainda paira, há que se reconhecer – divergência acerca do exato instante em que se deveria considerar o imposto sobre a renda. Muito se falou sobre os "fatos complexivos", em contraponto aos "fatos instantâneos" e aos "fatos continuados". Além disso, posicionavam-se, de um lado, aqueles que julgavam que o critério temporal do imposto era o primeiro dia de cada exercício financeiro, ao passo que outros defendiam a tese de que o imposto deveria ser considerado no último instante de cada ano-base.[137]

Hoje, todavia, ainda que remanesça a divergência, o entendimento mais abalizado – que é aceito neste trabalho, não pelo fato de ser, eventualmente, majoritário, mas pela procedência dos argumentos – é que todos os fatos jurídico-tributários são "instantâneos", e mais, que o critério temporal do imposto sobre a renda das pessoas físicas ocorre no dia 31 de dezembro de cada ano (encerramento do exercício financeiro).[138] Destarte, se assim acontece com o imposto sobre a renda das pessoas físicas em geral, não é diferente quanto

137. Essa discussão, longe de ser meramente teórica, ganha relevância quando colocado em jogo o princípio da anterioridade da lei tributária que aumenta o imposto sobre a renda, dado que o tributo é apurado no exercício seguinte. Hugo de Brito Machado registra que "com a nova Constituição esperava-se um mais adequado disciplinamento para tal questão, o que infelizmente não ocorreu. Nos termos da sugestão por nós oferecida à Assembleia Nacional Constituinte, a questão deveria ficar disciplinada no próprio dispositivo em que é atribuída competência à União Federal. Neste seria dito competir à União instituir imposto sobre a renda e proventos de qualquer natureza, *que se regerá por lei anterior ao respectivo período-base*. Assim, estaria afastada a discussão a respeito de quando ocorre o fato gerador do imposto de renda, garantindo-se efetivamente a irretroatividade da lei". "Vigência e aplicação da legislação tributária". *Revista de direito tributário* nº 55, p. 235 (com destaques no original).

138. Nesse sentido: BARRETO, Paulo Ayres. *Imposto sobre a renda e preços de transferência*. São Paulo: Dialética, 2001, p. 80. Sobre o descabimento da distinção entre "fatos instantâneos, continuados e complexivos", vide Paulo de Barros Carvalho. *Curso de direito tributário*. 32. ed. São Paulo: Noeses, 2022, p. 275/278.

ao IRPF no agronegócio, *de maneira que o último instante de cada exercício financeiro é o que marca o critério temporal do IRPF no agronegócio.*[139]

Há uma questão interessante no agronegócio, todavia, que não fica circunscrita a esses aspectos gerais: trata-se da comercialização das *commodities* agrícolas. É que nesse segmento, sobretudo no mercado de grãos, como a soja e o milho, a maioria da produção é destinada ao mercado externo, sendo essas operações regidas, portanto, por contratos internacionais.

Fora aparte os intermediadores, há nesse ciclo econômico, basicamente, três atores: o agricultor; a empresa que adquire a produção para posterior revenda para o exterior, normalmente empresas multinacionais; e a empresa estrangeira que compra a produção brasileira. Entre essas três pontas, há, ainda, três fatores exógenos: o tempo despendido entre o plantio, a colheita e a venda dos grãos; o grau de produtividade da lavoura, que dependerá dos defensivos aplicados para combater as pragas naturais e dos insumos para correção do solo; e as intempéries climáticas.

Tudo isso influencia na fixação do preço do produto. Como a produção é sazonal – geralmente são colhidas duas safras, uma no verão, de produtividade maior, e outra após o inverno, de produtividade menor, a chamada "safrinha" – há variações de preço conforme a época da venda, seguindo a lei básica da economia da oferta e da procura. Quando os agricultores brasileiros colhem a safra de verão, os americanos, seus principais concorrentes, colhem a safra de inverno. Daí que os preços da soja e do milho dependem da cotação da Bolsa de Chicago, que leva em conta esse punhado de fatores, além de outros político-econômicos, isso sem falar sobre os constantes problemas por que passam os produtores brasileiros

---

139. Note-se que o critério temporal do imposto sobre a renda não se confunde com a declaração de rendimentos: aquele significa o marco temporal previsto para fins de incidência na norma geral e abstrata; essa, quer dizer o prazo para elaboração da norma individual e concreta realizada via autolançamento.

no que diz respeito ao câmbio para conversão do dólar em moeda nacional.

Essas breves considerações, que são metajurídicas e que parecem destoar do método de pesquisa eleito neste trabalho, são importantes para compreensão de uma operação jurídica comum nesse segmento, que tem relevância na apuração do imposto sobre a renda: trata-se do contrato de compra e venda de grãos para entrega futura.

Com efeito, justamente por se tratar de produtos voltados ao mercado exterior, em relação aos quais a demanda é sempre presente, é que muitas empresas entendem por bem comprar antecipadamente a safra a ser colhida pelos agricultores. Quando isso acontece, há duas modalidades de contratos possíveis, a saber, (i) ou o preço da saca é prefixado pelas partes; (ii) ou as partes estabelecem a cláusula de "preço a fixar", que pressupõe que o preço da saca seja definido por ocasião da entrega dos grãos, de acordo com a cotação em vigor no momento da entrega. O agricultor que concorda em vender antecipadamente sua lavoura, mas que é um pouco mais conservador, acaba por negociar sua produção com o preço prefixado; já aquele que resolve apostar na elevação do preço quando da entrega dos produtos ou tem condições de armazená-los até uma melhora nos preços adota a cláusula de "preço a fixar".

O legislador, acertadamente, não se descurou dessas especificidades. Por isso que o art. 54, §§ 2º e 3º, do RIR, apesar de tratar da composição da base de cálculo, dá claras mostras acerca do "momento da incidência" do IRPF no agronegócio. O § 2º desse dispositivo dispõe que

> *os adiantamentos de recursos financeiros, recebidos em decorrência de contrato de compra e venda de produtos rurais para entrega futura, serão computados como receita no mês da entrega efetiva do produto". Já o § 3º desse comando normativo prescreve que "nas vendas de produtos com preço final sujeito à cotação da bolsa de mercadorias ou à cotação internacional do produto, a diferença*

> *apurada por ocasião do fechamento da operação compõe a receita da atividade rural no mês do seu recebimento.*[140]

Pelo que se pode notar, o legislador focou o instante da realização da receita, vale dizer, apenas quando há o efetivo pagamento. Nem mesmo as parcelas antecipadas do pagamento – os adiantamentos a que se refere o § 2º – são suscetíveis de tributação isolada, sendo computadas somente por ocasião do pagamento final, com a entrega efetiva dos produtos. De igual maneira, também nos contratos firmados com a cláusula de "preço a fixar", dependentes da cotação em bolsa de mercadorias, os rendimentos serão considerados somente "no mês do seu recebimento", como previsto pelo art. 54, § 3º, do Regulamento.

O critério temporal do IRPF no agronegócio, ante esse conjunto de informações, aponta no sentido de que, em primeiro lugar, somente quando houver realização de receita é que haverá rendimento tributável para fins de imposto sobre a renda, o que corrobora a adoção do regime de caixa nesse segmento econômico, inclusive quanto à comercialização das *commodities* agrícolas, de maneira que todas as operações do agronegócio – como, de resto, as demais atividades do contribuinte – deverão ser apuradas no último momento de cada

140. Vale destacar que a expressão "momento da incidência" usada acima é figura de linguagem com fins retóricos e se refere ao critério temporal da norma geral e abstrata, pois o autor deste trabalho adota a concepção segundo a qual o fenômeno da incidência só ocorre com o ato de aplicação, isto é, com a produção da norma individual e concreta, de tal sorte que, em rigor terminológico, o "momento da incidência" é o tempo da edição do lançamento ou do autolançamento. O intuito é apenas evidenciar o critério temporal do IRPF no agronegócio nessas operações específicas. Sobre a equiparação entre "incidência" e "ato de aplicação", vide Paulo de Barros Carvalho. *Direito tributário: fundamentos jurídicos da incidência.* 10. ed. São Paulo: Saraiva, 2015, p. 34/35. Sobre esse aspecto são valiosas também as palavras de Gabriel Ivo: "É a aplicação, portanto, que dá o sentido da incidência. Separar os dois momentos como se um, o da incidência, fosse algo mecânico ou mesmo divino que nunca erra ou falha, e o outro, o da aplicação, como algo humano, vil, sujeito ao erro, é inadequado. É pensar que nada precisa da interpretação. A incidência terá sempre o sentido que o homem lhe der. Melhor: a incidência é realizada pelo homem. A norma não incide por vontade própria; é incidida". "A incidência da norma jurídica: o cerco da linguagem". *Revista de direito tributário* nº 79, p. 196/197.

exercício financeiro, nada obstante a declaração de rendimentos seja realizada no exercício seguinte.

2.3.4 Os sujeitos passivos que se enquadram no regramento específico do IRPF no agronegócio, a descaracterização do regime e o enquadramento para empresa individual

Muito embora haja divergência entre os autores quanto ao enquadramento lógico da sujeição passiva na estrutura da regra-matriz de incidência tributária – como Paulo de Barros Carvalho, que entende que a sujeição passiva compõe o consequente da norma tributária,[141] enquanto que para Sacha Calmon Navarro Coêlho, apesar de o verdadeiro sujeito passivo se enquadrar no consequente, deve haver um aspecto pessoal na hipótese de incidência[142] – a verdade é que, tanto numa quanto noutra corrente de pensamento, não há discórdia de que o fato jurídico tributário, sobretudo em relação ao critério material, aponta para uma *pessoa* que realiza esse fato, pois se o critério material é formado por um verbo e um complemento, alguém tem que ser o *sujeito* desse verbo.

Se assim é, há uma inegável vinculação entre o fato jurídico tributário e a pessoa que o realiza, mormente quanto ao critério material. Trazendo essas ideias para o agronegócio, o intérprete é levado a concluir que a pessoa que realiza a atividade de extração ou de exploração vegetal e animal e dela auferir rendimentos é que será, portanto, contribuinte do imposto. Tudo dependerá da perfeita identificação de um dos

---

141. Vide *Curso de direito tributário*. 32. ed. São Paulo: Noeses, 2022, p. 244.

142. Como forma de explicar o fenômeno da responsabilidade tributária, para Sacha Calmon Navarro Coêlho podem aparecer duas pessoas na estrutura da norma jurídica, uma que realiza o fato jurídico tributário, encontrável na hipótese de incidência – a que denomina de "aspecto pessoal da hipótese" – e outra como "sujeito passivo", disposta no consequente. Vide *Curso de direito tributário brasileiro*. 13. ed. Rio de Janeiro: Forense, 2014, p. 600/602. No mesmo sentido, porém em outra obra do mesmo autor, vide *Contribuições no direito brasileiro: seus problemas e soluções*. São Paulo: Quartier Latin, 2007, p. 14/15.

fatos descritos no art. 51 do RIR; aquele que o realizar é que será o contribuinte.[143]

Mas a questão não é tão simples quanto parece. Voltando os olhos ao rol do art. 51 do Regulamento, percebe-se que nele encontram-se previstas algumas operações específicas (como a agricultura, a pecuária, a exploração de apicultura, avicultura, cunicultura, suinocultura, sericicultura e piscicultura e o cultivo de florestas), outras genéricas (extração e exploração vegetal e animal), ao lado de outras cuja delimitação é problemática (transformação artesanal de produtos da atividade rural). A análise detida de cada uma dessas operações foi feita no capítulo anterior, de tal modo que as conclusões lá lançadas ficam aqui reafirmadas.

O aspecto controverso reside, sobretudo, no art. 51, V, do Decreto Federal nº 9.580/18, correspondente ao art. 2º, V, da Lei Federal nº 8.023/90, envolvendo a transformação dos produtos rurais. Como visto antes, há uma faixa de penumbra que suscita discussão – sem prejuízo das observações críticas que já foram feitas a esse dispositivo no que diz respeito ao desapego terminológico. Com efeito, ao estatuir que está englobada na atividade rural a transformação dos produtos, desde que não haja alteração da composição e de suas características *in natura*, e mais, desde que seja o próprio agricultor ou criador que a realize, utilizando apenas equipamentos e utensílios "usualmente" empregados nas atividades rurais e matéria-prima produzida na área rural explorada, o legislador deu margem a divergências interpretativas a respeito do enquadramento ou não de algumas atividades no regime do IRPF no agronegócio, o que repercute na sujeição passiva.[144]

143. Muito embora o presente tópico trate da sujeição passiva, não custa registrar, até mesmo para que a questão não fique em aberto, apesar de clarividente, que o sujeito ativo da relação tributária do IRPF no agronegócio é a União Federal.

144. Como esclarece Agustin Gordillo, "é óbvio que todas as palavras da linguagem têm uma zona central onde seu significado é mais ou menos certo e um círculo exterior no qual sua aplicação é menos usual e se faz cada vez mais duvidoso saber se a palavra pode ser aplicada ou não, o que em parte se resolve buscando qual é o contexto em que foi empregada por quem a utiliza, ou a expressão em que aparece, ou inclusive as

Acontece que o legislador restringiu a transformação desses produtos no contexto de um processo artesanal, haja vista que exigiu que o contribuinte o desempenhe, e mais, afastou a possibilidade de existir industrialização propriamente dita, dado que as características *in natura* do produto deverão ser preservadas.

Está aí a polêmica. Com efeito, em algumas circunstâncias, as autoridades fiscais entendem que a transformação promovida pelo produtor não se encaixa nesse domínio artesanal, o que culmina na descaracterização do regime e, via de consequência, na tributação comum pela declaração de rendimentos sem incidência dessas normas específicas, como as demais pessoas físicas, ou por equiparação como se pessoa jurídica fosse, na qualidade de empresa individual. Noutras palavras, quando o Fisco Federal se depara com uma atividade que, no seu entender, extrapola o conceito de "atividade rural" – veja-se a importância de uma conceituação positivada – a consequência imediata é a descaracterização do regime. Quando isso acontece, a depender do caso, ou o contribuinte é tributado pela sistemática regular da declaração de rendimentos, sem que tenha direito às regras específicas da atividade rural, ou é equiparado à empresa individual, sujeitando-se à apuração como pessoa jurídica.[145]

Ocorre que a precisa identificação de ser ou não artesanal o processo de transformação é uma tarefa dificultosa, sobretudo à míngua de maiores elementos jurídico-linguísticos. Tanto assim que, em precedentes mais antigos, os órgãos administrativos federais entendiam que o beneficiamento de arroz e a

---

situações com as quais está numa função de conexão". *Princípios gerais de direito público.* Trad. Marco Aurélio Greco. São Paulo: Revista dos Tribunais, 1977, p. 05.

145. Vale destacar que há precedentes nos julgamentos administrativos de que a descaracterização do regime, porém sem equiparação à pessoa jurídica, pode levar à existência de ganho de capital. Eis um julgado nesse sentido, embora antigo, do outrora Conselho de Contribuintes, hoje Conselho Administrativo de Recursos Fiscais: "ATOS MERCANTIS ALHEIOS À ATIVIDADE RURAL. A prática eventual de atos mercantis alheios à atividade de produtor rural dá ensejo à tributação como ganhos de capital, sendo a base de cálculo o diferencial positivo entre a venda e o custo". Acórdão 104-15.554. 1º Conselho de Contribuintes, 4ª Câmara, j. 22.10.1997.

produção de carvão vegetal realizados por produtores rurais configurariam "industrialização", excedendo o conceito de atividade rural e dando ensejo à equiparação à pessoa jurídica.[146] Atualmente, no entanto, em especial após pronunciamentos do Superior Tribunal de Justiça e da edição da Instrução Normativa nº 83/01, que incluiu como atividade rural o beneficiamento de arroz e a produção de carvão vegetal, a interpretação dada é a de que essas atividades enquadram-se nesse conceito, submetendo-se ao regime jurídico próprio da atividade rural.[147]

Sobre o tema já ser complexo no que diz respeito à perfeita identificação das atividades que se enquadram no seu regramento específico, há, ainda, o outro fator de equiparação do contribuinte à pessoa jurídica, na qualidade de empresa individual, a dificultar sua compreensão. O instrumento de que se tem valido o Fisco Federal é o art. 162, § 1º, II, do RIR, que estabelece que *"as empresas individuais são equiparadas às pessoas jurídicas"*, prevendo ainda que *"são empresas individuais as pessoas físicas que, em nome individual, explorem, habitual e profissionalmente, qualquer atividade econômica de*

146. Nesse sentido: "BENEFICIAMENTO DE ARROZ. O beneficiamento de arroz caracteriza a industrialização, o que impede o enquadramento de atividade agrícola. Caracterizada a exploração comercial, correta a equiparação". Acórdão nº 102-29.162/94. 1º Conselho de Contribuintes. *DOU* 15.03.1995. "CARVOAGEM. Caracteriza-se como empresa individual a pessoa física que explora a atividade de extração de madeira, sua transformação em carvão vegetal e venda deste em caráter habitual". Acórdão 105-1.673/86. 1º Conselho de Contribuinte. Resenha Tributária, Seção 1.2, ed. 25/87, p. 666.

147. "TRIBUTÁRIO. IRPJ. OPERAÇÃO DE DESCASQUE DO ARROZ. AUSÊNCIA DE PROCESSO INDUSTRIAL. ATIVIDADE RURAL. OFENSA AO ART. 535, II, DO CPC. NÃO OCORRÊNCIA. 1. A transformação ou o beneficiamento de arroz em casca realizados por produtor dentro de imóvel rural não representam processo industrial. 2. Não tendo o produtor rural praticado atividade estranha à atividade agrícola, não se equipara ele à pessoa jurídica para fins de recolhimento de imposto de renda. (...) 4. Recurso especial não provido". REsp. nº 195.997-RS. 2ª Turma. Rel. Min. João Otávio de Noronha. *DJU* 21.03.2005, p. 303. "IRPJ - BENEFICIAMENTO DE ARROZ - ATIVIDADE INDUSTRIAL - EQUIPARAÇÃO - DEFINIÇÃO DO STJ. Não se considera industrialização a operação de descasque de arroz e separação dos subprodutos, tais como farelo, canjica e canjicão, quando realizada pelo próprio produtor". Acórdão 108.07-070. 1º Conselho de Contribuintes, 8ª Câmara, Rel. Ivete Malaquias Pessoa Monteiro, j. 21.08.2002.

natureza civil ou comercial, com o fim especulativo de lucro, por meio da venda a terceiros de bens ou serviços", não estando incluído nesse rol apenas as profissões regulamentadas (advogados, médicos etc.) e outras atividades específicas (tabeliães, notários, leiloeiros, dentre outras).

Seguindo o critério da "habitualidade" é que o Fisco Federal tem promovido a descaracterização do regime do IRPF no agronegócio e o enquadramento para empresa individual. Assim, se o indivíduo explora "habitualmente" determinada atividade econômica e dela obtém lucro, oriundo da venda de bens ou da prestação de serviços, está sujeito a ser equiparado à pessoa jurídica como empresa individual.

Realmente, a fraude deve ser combatida e não se pode tolerar que alguém atue no mercado na condição de pessoa física quando há todo um aparato por detrás que permita concluir se tratar de um empreendimento empresarial, típico de pessoa jurídica, pois isso significaria concorrência desleal e sonegação fiscal. Agora, o intérprete em geral e o aplicador da lei em especial não podem perder de vista que a equiparação só se justifica diante de elementos concretos que transmitam segurança de que se está diante, verdadeiramente, de uma hipótese de fraude.

No caso do agronegócio, o simples fato de o sujeito desenvolver sua atividade rural com organização e profissionalismo, alcançando resultados mais positivos, não significa, *ipso facto*, que se trata de fraude, pouco importando se o faz pessoalmente ou com auxílio de empregados, pois, insista-se, o que interessa é o enquadramento da atividade desenvolvida ao conceito.

E para que obtenha resultados positivos, há, necessariamente, de vender sua produção, seja ela arroz, milho, soja, trigo, café, gado, mel, suínos, aves, pescado, sucos de frutas artesanais, lenha ou carvão. Por isso que o critério "habitualidade" deve ser visto com reservas, na medida em que o legislador estabeleceu que aquele que desenvolver essas atividades faz jus ao enquadramento no regime peculiar do IRPF no agronegócio, não estabelecendo qualquer outro condicionante, *seja em relação ao volume da produção, seja quanto à frequência das vendas.*

Daí a razão pela qual se pode afirmar que a solução a ser dada depende dos elementos do caso concreto, e não através da adoção de um critério apriorístico tal qual a "habitualidade", cuja acepção semântica, aliás, é extremamente fluida, não havendo como se mensurar de antemão qual constância das comercializações é necessária existir para que se esteja diante de operações que justifiquem a equiparação à pessoa jurídica.[148]

Enfim, a sujeição passiva do IRPF no agronegócio revela uma série de questões que merece ser enfrentada pela ciência, não ficando circunscrita, como se viu, à obviedade de que aquele que realiza uma atividade rural é o contribuinte do imposto. Tudo passa pela materialidade do tributo na precisa identificação da atividade desenvolvida para que, só aí, o raciocínio possa fluir para lograr surpreender o sujeito passivo.

2.3.5 A apuração da base de cálculo do IRPF no agronegócio

Examinadas as vicissitudes que circundam a hipótese de incidência do IRPF no agronegócio, seja em relação à materialidade, seja em face do critério temporal ou mesmo do aspecto espacial, e mais, tendo sido destacados os pontos relevantes da sujeição passiva, é chegada a hora de perquirir a composição da base de cálculo do imposto, providência essa indispensável para conferir maior profundidade ao estudo, haja vista que a legislação traz uma série de regras específicas acerca do assunto.

---

148. É com essas advertências que o hermeneuta deve visualizar alguns precedentes administrativos, como, por exemplo, a seguinte decisão do 1º Conselho de Contribuintes: "IRPJ - ATIVIDADE RURAL - EQUIPARAÇÃO A PESSOA JURÍDICA - COMPRA E VENDA DE GADO BOVINO - HABITUALIDADE. A habitualidade do comércio de animais em montante incompatível com a área de exploração da atividade rural e com prazo de permanência/confinamento inferior àquele estipulado na Lei 8.023/90 exclui os resultados daí decorrentes dos benefícios concedidos à atividade rural das pessoas físicas". Acórdão 108-07.184, 8ª Câmara. Rel. Ivete Malaquias Pessoa Monteiro, j. 05.11.2002. Vale destacar que, muito embora conste nesse julgado que a Lei Federal nº 8.023/90 imporia prazo mínimo de permanência do gado com o produtor para fins de enquadramento no regime, não há em qualquer parte da lei essa previsão, mas apenas na IN 83/01.

Com efeito, tendo em mente que "renda" é o resultado positivo ou a sobra líquida de determinadas receitas subtraídas de certas despesas, é importante investigar quais receitas integram as atividades do agronegócio para compor a base de cálculo e quais são as despesas que podem ser abatidas, sobretudo diante das especificidades desse segmento econômico. Prosseguindo no viés analítico, serão analisadas então, a receita bruta e as despesas dedutíveis para se chegar à base de cálculo da relação obrigacional.

2.3.5.1 A receita bruta no IRPF sobre o agronegócio

O art. 54 do Regulamento do Imposto sobre a Renda, inserto na Subseção IV ("Da Receita Bruta") da Seção VII ("Dos Rendimentos da Atividade Rural"), disciplina qual o conjunto de eventos econômicos que deve ser levado à tributação. De acordo com seu enunciado prescritivo, *"a receita bruta da atividade rural será constituída pelo montante das vendas dos produtos oriundos das atividades definidas no art. 51, exploradas pelo próprio produtor-vendedor"*.

Pelo que se pode notar, há uma íntima ligação entre a materialidade do IRPF no agronegócio e sua base de cálculo. Aliás, como acontece com os tributos em geral – não há outro meio. Isso já anotara Geraldo Ataliba há muito tempo quando definia a base de cálculo como a *"perspectiva dimensível da hipótese de incidência,"*[149]lição essa que foi robustecida por Paulo de Barros Carvalho ao desenvolver sua teoria de que um dos papéis desempenhados pela base de cálculo é justamente exercer sua função comparativa, confirmando, afirmando ou infirmando o verdadeiro critério material da hipótese de incidência.[150]

Portanto, é a partir do rol de atividades previsto no art. 51 do RIR que se chega aos rendimentos tributáveis. Todo aquele (sujeito passivo) que realizar uma das atividades tipificadas no art. 51 do Regulamento e que dela auferir rendimentos

149. *Hipótese de incidência tributária*. 6. ed. São Paulo: Malheiros, 2002, p. 108.

150. *Curso de direito tributário*. 32. ed. São Paulo: Noeses, 2022, p. 327/329.

(materialidade) estará sujeito, *a priori,* ao imposto, que será calculado levando em conta o "montante das vendas" (receita bruta que irá compor a base de cálculo).[151] Perceba-se que é o valor recebido pela venda de produtos oriundos da extração ou da exploração vegetal e animal que expressa um evento de conteúdo econômico, apto a fazer irromper a tributação; *porém, não é o valor da venda a base de cálculo do IRPF no agronegócio* – tal qual o ICMS – *pois há algumas despesas que devem ser abatidas para formar a base de cálculo do imposto.* Se assim não fosse, não estaria sendo tributada a "renda", mas sim a receita bruta das pessoas.

Todavia, a questão não se resume a isso. É que o § 1º do art. 54 do RIR traz outras grandezas discutíveis como aptas a comporem o conjunto de rendimentos tributáveis e, pois, a sofrerem a incidência do imposto. Eis o teor desse enunciado prescritivo:

> *Subseção IV*
>
> *Da Receita Bruta*
>
> *Art. 54. (...)*
>
> *§ 1º. Integram também a receita bruta da atividade rural:*
>
> *I – os valores recebidos de órgãos públicos, tais como auxílios, subvenções, subsídios, aquisições do Governo Federal e as indenizações recebidas do Programa de Garantia da Atividade Agropecuária – PROAGRO;*
>
> *II – o montante ressarcido ao produtor pela implantação e pela manutenção da cultura fumageira;*
>
> *III – o valor da alienação de bens utilizados exclusivamente na exploração da atividade rural, exceto o valor da terra nua, ainda que adquiridos pelas modalidades de arrendamento mercantil e de consórcio;*
>
> *IV – o valor dos produtos rurais entregues em permuta com outros bens ou pela dação em pagamento;*
>
> *V – o valor pelo qual o subscritor transferir, a título de integralização do capital, os bens utilizados na atividade rural, os produtos e os animais dela decorrentes; e*

151. Diz-se "*a priori*" porque podem ocorrer situações que envolvam isenção.

> *VI – as sobras líquidas decorrentes da comercialização de produtos agropecuários, apuradas na demonstração de resultado do exercício e distribuídas pelas sociedades cooperativas de produção aos associados produtores rurais.*

A primeira observação a ser feita é que o art. 54, § 1º, do Decreto Federal nº 9.580/18 não encontra suporte legal que lhe sirva de esteio. Com efeito, não há na legislação de regência – Leis Federais nºs. 8.023/90, 8.383/91, 9.250/95 e 9.430/96 – qualquer comando normativo que possa conferir fundamento de validade a essa previsão trazida no RIR. Se lei não há sobre o assunto, a toda evidência referido decreto, nessa parte, não é regulamentador, caracterizando, com isso, usurpação de competência. Perceba-se que o ordenamento constitucional não alberga o chamado decreto autônomo – exceção feita às hipóteses do art. 84, VI, "a" e "b", da Carta da República – sobretudo em matéria tributária. Em assim sendo, fica constatada a violação, a um só tempo, aos princípios constitucionais da legalidade e da estrita legalidade, que norteiam inexoravelmente a tributação no Brasil, como já demonstrado anteriormente, *razão por que as rubricas previstas no art. 54, § 1º, I a VI, do RIR, sob o aspecto formal, não podem compor a receita bruta da atividade rural.*

Não bastasse esse vício de forma quanto ao veículo introdutor, também as normas introduzidas, no que diz respeito ao seu conteúdo, igualmente não se compaginam com o sistema constitucional tributário.

Não é de hoje que doutrina e jurisprudência são obrigadas a enfrentar o conceito de "renda" para resolver múltiplos problemas que a pragmática jurídica vai impondo. Dentre esses aspectos controversos sempre esteve presente o tema das *indenizações,* se fazem parte ou não dos elementos tributáveis via imposto sobre a renda. De um lado, posicionam-se aqueles que sustentam que o que importa é definir se o indivíduo teve ou não um ganho econômico; se tiver obtido, deve ser tributado, independentemente do *nomen iuris* adotado, vale dizer, "indenização", "abono", "auxílio" ou outra alcunha que se queira dar. De outro, autorizadas vozes empunham a bandeira de que a questão não pode ser resolvida de maneira tão simplória, pelo contrário, deve-se investigar a origem do resultado econômico recebido pelo indivíduo para se saber se é passível ou não de sofrer a tributação, até mesmo porque a Carta Constitucional outorgou competência à União Federal para que grave a "renda", e não outras grandezas.

Sem embargo da polêmica, a razão parece estar com esses últimos. Com efeito, as coisas do direito não podem ser resolvidas com a singeleza que só o leigo pode conceber, isto é, como se para tudo houvesse uma resposta predefinida, tal qual um *standard*, pronta para ser sacada sempre que os problemas surgirem. Não. A todo instante, o intérprete é testado em seu raciocínio, devendo enfrentar os problemas à luz da densidade teórica que as reflexões científicas proporcionam, isso para poder adequar o caso concreto aos ditames das normas jurídicas.

Assim, falar que indenização pode ser tributada a título de imposto sobre a renda é desprezar as diferenças essenciais dessas categorias jurídicas, porque nas indenizações não há um "acréscimo" patrimonial, e sim mera "recomposição" patrimonial. O pressuposto lógico da indenização é que a vítima da agressão, material ou moral, veja seu patrimônio jurídico recomposto, retornando, por força de uma ficção criada pelo sistema, ao *status quo ante*. Logo, aquele que recebe uma indenização não adiciona ao seu patrimônio mais um ganho, ao revés, tem apenas seu plexo de direitos reestruturado.[152] Obviamente que casos de fraude devem ser combatidos, não se

152. Não por outra razão Roque Carrazza sustenta que "a indenização serve para coibir os prejuízos causados, de forma que o equilíbrio patrimonial do credor lesado se restabeleça. O montante da indenização é correlato ao valor do bem lesado: restabelece o equilíbrio rompido pelo causador do dano. Quem indeniza *repara* – isto é, compensa – prejuízos. A indenização não traz à sirga aumento da riqueza econômica do contemplado. É substituição da perda sofrida por seu correspondente valor econômico. Nela há compensação; jamais elevação patrimonial. (...) Há, sim, reparações pecuniárias pelas lesões de direitos causadas, por isso que não podem integrar a base de cálculo do IR (...)". *Imposto sobre a renda: perfil constitucional e temas específicos.* São Paulo: Malheiros, 2005, p. 177 (com destaques no original).

podendo aceitar que o sujeito classifique determinado ganho como indenização apenas para se furtar à tributação; porém, a exceção não pode se sobrepor à regra, de tal modo que as autoridades fiscais não estão autorizadas a presumir que uma indenização gere um acréscimo patrimonial.

A essas ideias não esteve atento o legislador. Isso porque quando o art. 54, § 1º, I, do Regulamento prescreve que "também" integram a receita bruta valores recebidos de órgãos públicos, tais como auxílios, subvenções e subsídios, parece ter se olvidado da premissa básica de que a ele, legislador, só compete tributar a "renda" – e não outra expressão econômica. Se os auxílios, subvenções e subsídios entregues pelo Poder Público tiverem que ser devolvidos pelo produtor rural, como se fossem uma espécie de financiamento, então parece clarividente que esses valores não podem integrar o conjunto de rendimentos tributáveis, na medida em que não decorrem diretamente das atividades rurais elencadas no art. 51 do Decreto Federal nº 9.580/18. Mesmo que esses recursos, porventura, não tenham que ser devolvidos pelos produtores rurais, consistindo, verdadeiramente, em um subsídio, ainda assim não poderiam sofrer o gravame, dado que com isso perderiam seu sentido de auxílio à classe produtora, que veria parte dos recursos a ela destinados ser diminuída em virtude da tributação.

O que importa dizer é que auxílios, subvenções e subsídios não são "renda", porque não são decorrentes de um benefício econômico gerado pelo capital, pelo trabalho, ou pela combinação de ambos, porquanto são verbas que não são geradas pelo produtor, e sim destinadas pelos órgãos públicos, sobretudo por parte do Governo Federal, para custear parte da produção de alimentos que se revertem em prol de todos. Tudo depende, obviamente, das políticas públicas adotadas, que costumam variar de um ano para outro; no entanto, apesar disso, tais recursos parecem inalcançáveis pelo imposto sobre a renda.

O mesmo se diga em relação às indenizações do PROAGRO. Embora essas indenizações tenham sido pagas no passado em virtude de turbulências agrícolas de antanho, a verdade é que, por se tratar de uma indenização, não pode ser objeto do imposto sobre a renda, motivo por que essa previsão normativa é inválida, por conflitar com o arquétipo constitucional desse imposto.[153]

Assim como as doações são inalcançáveis pelo imposto sobre a renda, por não decorrerem do produto do capital, do trabalho ou da combinação de ambos, também os auxílios, as subvenções, os subsídios e as indenizações não podem ser.[154] Portanto, briga com a materialidade constitucional do imposto a inclusão dessas rubricas no catálogo de rendimentos tributáveis.

A única grandeza do art. 54, § 1º, I, do RIR que, de fato, pode sofrer a incidência do IRPF no agronegócio são as aquisições do Governo Federal (AGF), via de regra, feitas pela CONAB (Companhia Nacional de Abastecimento), porque essas operações equiparam-se em tudo e por tudo a um contrato de compra e venda, com a única diferença de que o adquirente é o Poder Público, de modo que, como o produtor aufere um ganho econômico dessa venda, os rendimentos daí gerados devem compor o rol de rendimentos tributáveis.

Já em relação ao inciso II desse mesmo dispositivo, que prevê que o montante "ressarcido" ao produtor agrícola pela implantação e manutenção da cultura fumageira, também deve compor o conjunto de rendimentos tributáveis, igualmente é inválido, tendo em vista que se esse valor é decorrente

---

153. "O PROAGRO consistia em modalidade de garantia nas operações de crédito rural, segundo a qual, ante a ocorrência dos fenômenos naturais previstos em lei, a instituição financeira era obrigada a remir a dívida do mutuário e reembolsá-lo, em espécie, do total dos recursos próprios que ele investira no empreendimento (art. 4º da Lei nº 5.969/73). Malgrado a dicção do artigo 66, § 1º, do RIR/94 (Decreto nº 1.041/94), não há como considerar o reembolso dos recursos próprios investidos como outra coisa que não a simples recomposição do patrimônio do produtor rural, de forma que não há cogitar de acréscimo patrimonial passível de tributação pelo imposto de renda". TRF-4. AC 0009236-17.2011.4.04.9999. 1ª Turma. Rel. Des. Francisco Donizete Gomes. DJe 24.07.2013.

154. Sobre a intributabilidade das doações pelo IR, vide Roque Antonio Carrazza. *Imposto sobre a renda: perfil constitucional e temas específicos*. São Paulo: Malheiros, 2005, p. 84/85.

de um "ressarcimento", isso significa que também não pode estar debaixo da incidência tributária, pois seus efeitos jurídicos são os mesmos da indenização, a ela se equiparando, motivo por que a conclusão é a mesma.

No que diz respeito à previsão encartada no inciso III, de que o valor da alienação dos bens utilizados na exploração da atividade rural, exceto o valor da terra nua, compõe a receita bruta desse regime jurídico específico, aí a situação é diferente. Com efeito, muito embora a venda de bens não se enquadre no rol das atividades típicas do agronegócio, ao legislador pareceu prudente colocar essas operações debaixo de um mesmo enquadramento, de sorte que se houve uma receita oriunda de venda de máquinas agrícolas, por exemplo, essa receita deve integrar o montante a sofrer a incidência tributária – até mesmo porque o valor da aquisição de máquinas agrícolas é dedutível no IRPF no agronegócio, como se verá.

A regra do inciso IV do § 1º do art. 54, por outro lado, não se sustenta juridicamente. O inciso IV estabelece que o valor dos produtos agrícolas entregues "em permuta com outros bens" ou "pela dação em pagamento" fica suscetível ao imposto. Ora, *a permuta nada mais é do que uma troca*, no caso, troca de produtos agrícolas. Em assim sendo, não há um acréscimo patrimonial, dado que o patrimônio permanece exatamente o mesmo. A única diferença é que se o patrimônio do indivíduo era formado por grãos de soja, por exemplo, e é permutado por arroz, seu patrimônio será composto por sacas de arroz, mas não há acréscimo patrimonial nessa operação, não estando autorizada a exigência do tributo. Somente se o sujeito obtiver um ganho nessa operação – denominado torna – ou quando resolver vender seus produtos (independentemente se soja ou arroz no exemplo dado) é que poderá sofrer o gravame. Antes disso, não.[155]

---

155. O Conselho Administrativo de Recursos Fiscais, no entanto, vem respaldando essa sistemática: "Integram a receita bruta da atividade rural o valor dos produtos agrícolas entregues em permuta a outros bens necessários à atividade". Processo nº 16408.000391/2007-02, Acórdão nº 2102-002.080. Rel. Cons. Carlos André Rodrigues Pereira Lima, 1ª Câmara, 2ª Turma Ordinária, 2ª Seção de Julgamento, j. 19.06.2012.

A situação da dação em pagamento merece um esclarecimento. O enunciado prescritivo estabelece que também se incorpora à receita bruta da atividade rural *"o valor dos produtos entregues em permuta com outros bens ou pela dação em pagamento"*. A parte final do texto normativo, ao transmitir a mensagem de que o valor dos produtos entregues *"pela dação em pagamento"* igualmente estaria sujeito ao imposto, dá a entender que aquele que está quitando uma obrigação deveria levar a importância paga à tributação. Perceba-se que a fraseologia desse dispositivo vincula o verbo *entregar* à locução *"pela dação em pagamento"*. Ora, se o indivíduo está quitando uma obrigação, ainda que em produto, em vez de moeda em espécie, há, inegavelmente, um decréscimo patrimonial, pois seu patrimônio diminui. Desta feita, não há como pretender que o valor dos produtos que serviram para pagamento de uma obrigação possa integrar a receita bruta da atividade rural, já que receita não há. Por isso que tal exigência não tem cabimento, não encontrando esteio no ordenamento jurídico. Para conferir racionalidade a essa previsão normativa só se pode admitir que aquele que *recebe* produtos agrícolas a título de dação em pagamento, porque experimenta um acréscimo patrimonial, é que estará obrigado a sujeitar esse valor à incidência do imposto.

Não é diferente a solução para o inciso V, ao preceituar que o valor pelo qual o subscritor transfere os bens utilizados na atividade rural, ou os produtos e os animais dela decorrentes, para integralização de capital societário, também integraria a receita bruta da atividade rural. É que, nessas situações, para o produtor rural não há acréscimo patrimonial algum, pelo contrário, aquela parcela de patrimônio deixa de ser sua para integrar o acervo de uma pessoa jurídica, o que significa que para ele, produtor rural pessoa física, não há ganho que possa servir de base para fins de incidência do imposto. Note-se que o núcleo da ação supostamente suscetível de tributação está representado pelo verbo *transferir*, o que significa uma diminuição do patrimônio da pessoa física em prol da pessoa jurídica. Na verdade, o que há é uma operação com resultado equivalente, pois o sujeito entrega seus bens para serem integralizados em uma pessoa jurídica e em troca recebe cotas ou ações da empresa em idêntico valor, não havendo, portanto, ganho tributável algum que justificasse a incidência do imposto.

Por fim, o inciso VI sim se justifica. De acordo com esse dispositivo, *"as sobras líquidas decorrentes da comercialização dos produtos agropecuários"* distribuídas por cooperativas de produtores integram a receita bruta. Nessa parte não há reparo algum a ser feito, na medida em que a sobra líquida é oriunda da venda de produtos rurais, com a única diferença de que, em vez de ser o produtor diretamente o vendedor, a venda se dá através de cooperativa da qual ele faz parte, estando preenchida a hipótese de incidência do IRPF-atividade rural.

2.3.5.2 *As despesas de custeio e os investimentos: peculiaridades do setor*

Examinadas as grandezas que podem compor a receita bruta do IRPF no agronegócio, devem ser analisadas, agora, as rubricas que podem ser subtraídas, até mesmo porque renda é acréscimo patrimonial, presumindo, pois, a obtenção de certos ganhos e a dedução de certas despesas.

A Lei Federal nº 8.023/90 não estabelece, claramente, que despesas podem ser deduzidas; apenas dispõe que *"considera-se resultado da atividade rural a diferença entre os valores das receitas recebidas e das despesas pagas no ano-base"* (art. 4º). Além disso, prevê também que *"considera-se investimento na atividade rural, para os propósitos do art. 4º, a aplicação de recursos financeiros, exceto a parcela que corresponder ao valor da terra nua, com vistas ao desenvolvimento da atividade para expansão da produção ou melhoria da produtividade agrícola"* (art. 6º). A teor desse diploma normativo, é possível deduzir da receita bruta do agronegócio os valores empregados como despesas e investimentos, esses últimos caracterizados pela destinação de recursos ao desenvolvimento da atividade rural, seja pela expansão, seja pela melhoria da produtividade. Essa mensagem legislativa é corroborada pela Lei Federal nº 9.250/95, ao prescrever que *"o resultado da exploração da atividade rural apurado pelas pessoas físicas, a partir do ano-calendário de 1996, será apurado mediante escrituração do Livro Caixa, que deverá abranger as receitas, as despesas de custeio, os investimentos e demais valores que integram a atividade*" (art. 18).

Ao que se nota, a legislação prevê a possibilidade de dedução das despesas de custeio e os valores gastos a título de investimento, mas não tipifica que despesas e investimentos são esses. Coube, pois, ao Regulamento do Imposto sobre a Renda disciplinar pormenorizadamente a matéria. O assunto é tratado no art. 55 do RIR, especialmente no *caput* e §§ 1º e 2º, cuja redação é a seguinte:

> *Subseção V*
>
> *Das Despesas de Custeio e Investimentos*
>
> *Art. 55. Os investimentos serão considerados despesas no mês do pagamento.*
>
> *§ 1º As despesas de custeio e os investimentos são aqueles necessários à percepção dos rendimentos e à manutenção da fonte produtora relacionados com a natureza da atividade exercida.*
>
> *§ 2º Considera-se investimento na atividade rural a aplicação de recursos financeiros, durante o ano-calendário, exceto a parcela que corresponder ao valor da terra nua, com vistas ao desenvolvimento da atividade para expansão da produção ou à melhoria da produtividade e seja realizada com:*
>
> *I – benfeitorias resultantes de construção, instalações, melhoramentos e reparos;*
>
> *II – culturas permanentes, essências florestais e pastagens artificiais;*
>
> *III – aquisição de utensílios e bens, tratores, implementos e equipamentos, máquinas, motores, veículos de carga ou utilitários de emprego exclusivo na exploração da atividade rural;*
>
> *IV – animais de trabalho, de produção e de engorda;*
>
> *V – serviços técnicos especializados, devidamente contratados, com vistas a elevar a eficiência do uso dos recursos da propriedade ou da exploração rural;*

VI – insumos que contribuam destacadamente para a elevação da produtividade, tais como reprodutores e matrizes, girinos e alevinos, sementes e mudas selecionadas, corretivos do solo, fertilizantes, vacinas e defensivos vegetais e animais;

VII – atividades que visem especificamente a elevação socioeconômica do trabalhador rural, tais como casas de trabalhadores, prédios e galpões para atividades recreativas, educacionais e de saúde;

VIII – estradas que facilitem o acesso ou a circulação na propriedade;

IX – instalação de aparelhagem de comunicação e de energia elétrica; e

X – bolsas para formação de técnicos em atividades rurais, inclusive gerentes de estabelecimentos e contabilistas. (...)

O rol é longo. Exatamente por isso, seguindo o perfil analítico deste estudo, é que devem ser examinados, um a um, seus enunciados prescritivos. Antes, porém, é preciso registrar, como cediço, que o Regulamento do Imposto sobre a Renda, sendo veiculado por decreto, não pode mais do que *esmiuçar* o que já está implicitamente contido na lei, que lhe serve de fundamento. Em sendo assim, as disposições desse enunciado prescritivo infralegal devem ser vistas de maneira acurada mediante o confronto com os mandamentos superiores, de tal modo que seja averiguado se essas regras jurídicas limitam-se ou não em cumprir seu papel de instrumentos normativos secundários.

Dito isso, a análise deve começar pelo *caput* do art. 55 do RIR, que prevê que os "investimentos" serão considerados "despesas" no mês do pagamento.[156] Ora, equiparar investimentos a despesas é incidir em equívoco, seja, ao que parece, da perspectiva contábil, seja, fundamentalmente, a partir da própria disciplina dada pelo legislador. Os §§ 1º e 2º desmentem o *caput*, na medida em que diferenciam investimento de despesa. Por isso que a redação do *caput* do art. 55 do RIR há

---

156. Vale registrar que a redação do *caput* do art. 55 do RIR nada mais é do que a reprodução, *ipsis litteris*, do art. 4º, § 2º, da Lei Federal nº 8.023/90, de tal modo que as observações críticas ficam endereçadas também a esse comando legal.

de ser entendida, apenas, como o marco temporal em que os investimentos devem ser lançados contabilmente; isto é, não são grandezas idênticas.

Também o § 1º apresenta problemas. Muito embora tenha se esforçado em distinguir despesas de custeio de investimentos, acabou o Regulamento, mais uma vez, por misturar as duas coisas. De fato, a previsão segundo a qual *"as despesas de custeio e os investimentos são aqueles necessários à percepção dos rendimentos e à manutenção da fonte produtora relacionados com a natureza da atividade exercida"* peca pela atecnia, uma vez que os investimentos não são os gastos necessários à "percepção dos rendimentos" e à mera "manutenção da fonte produtora". Essas são as características das despesas de custeio; os investimentos, ao revés, têm por intuito dar um incremento à produção, e não apenas sua mantença. A inclusão, pois, do vocábulo "investimento" na redação do art. 55, § 1º, do RIR é indevida, já que os investimentos não têm por característica a simples manutenção da fonte produtora.[157]

Por despesa de custeio para fins de dedução para formação da base de cálculo do IRPF no agronegócio há de ser entendido todo valor despendido com a finalidade de preservar a fonte produtora, assegurando os rendimentos gerados, transmitindo uma ideia estática, de mera conservação. Voltando os olhos às atividades capituladas no art. 51 do RIR, é possível dizer que serão consideradas despesas de custeio aqueles recursos destinados ao reparo de instalações rurais, consertos de equipamentos agrícolas, dentre outros, que guardem relação com a extração e a exploração vegetal e animal. Perceba-se, entretanto, que serão considerados despesas de custeio somente os valores despendidos na preservação da fonte produtora, isto é, na atividade rural, e não gastos outros do produtor que não guardem relação com a atividade desenvolvida.

157. Tanto assim é que o art. 7º da Instrução Normativa nº 83/01 da Secretaria da Receita Federal do Brasil, ao tratar do tema, não inclui o vocábulo "investimento" no rol das despesas necessárias à "percepção dos rendimentos da atividade rural" e à "manutenção da fonte pagadora", limitando-se à despesa de custeio.

Assim, todo gasto voltado à manutenção da atividade rural será considerado despesa de custeio, sendo assegurada sua dedução dos rendimentos brutos do IRPF no agronegócio para fins de apuração da base de cálculo.

Já os investimentos, por outro lado, assumem uma feição dinâmica, de aumento da produção, de ampliação da atividade rural. Tanto assim que o art. 55, § 2º, do RIR vincula o sentido do vocábulo "investimento" à aplicação de recursos financeiros destinada ao "desenvolvimento da atividade para expansão da produção ou melhoria da produtividade". Trata-se, portanto, de situação diversa em relação às despesas de custeio, uma vez que o investimento tem por finalidade o aumento da produção, e não a mera conservação ou manutenção da atividade produtiva.

Agora, é importante observar que o art. 6º da Lei Federal nº 8.023/90 não arrolou quais rubricas deveriam ser consideradas investimento; cingiu-se em estabelecer as notas típicas para identificação desse conceito (função conotativa), atrelando a aplicação de recursos financeiros à expansão ou à melhoria da produtividade rural para que se esteja diante de um investimento. O Regulamento, por sua vez, pretendendo disciplinar esse comando legal, no art. 55, § 2º, repetiu a redação da lei, porém conectou na sua parte final a expressão *"e seja realizada com"* – e então veiculou um rol de dez incisos que caracterizariam os investimentos na atividade rural.

Essa locução final – *"e seja realizada com"* – dá a entender que esse rol seria taxativo, de tal sorte que só poderia ser deduzida como investimento a aplicação de recursos financeiros naquelas destinações previstas no Regulamento. Contudo, essa não pode ser a exegese a ser empregada à hipótese, uma vez que decreto algum pode pretender restringir a amplitude de um comando de lei, cabendo-lhe apenas regulamentar as normas superiores, jamais diminuí-las. Com isso, o que se procura transmitir é que o rol do art. 55, § 2º, do RIR é, necessariamente, exemplificativo, o que significa dizer que *havendo aplicação de recursos financeiros com vistas ao desenvolvimento da atividade para expansão da produção ou melhoria da produtividade ter-se-á um investimento, apto a ser deduzido da receita bruta da atividade rural, para fins de composição da base de cálculo do IRPF no agronegócio.*

É dessa maneira que referido rol deve ser visto. Assim, a aplicação de recursos financeiros com o intuito de incremento da produção rural, segundo o art. 55, § 2º, do RIR, pode se dar por intermédio de benfeitorias resultantes de construção, instalações, melhoramentos e reparos (inciso I); culturas permanentes, essências florestais e pastagens artificiais (inciso II); aquisição de utensílios, equipamentos e implementos destinados à exploração da atividade rural (inciso III); compra de animais de trabalho, de produção ou de engorda (inciso IV); contratação de serviços técnicos especializados, como médicos veterinários e engenheiros agrônomos (inciso V); aquisição de insumos que elevem a produtividade, para fins animal ou vegetal, tais como reprodutores, matrizes, sementes selecionadas, corretivos de solo, fertilizantes, vacinas e defensivos (inciso VI); atividades que visem à elevação socioeconômica do trabalhador rural, tais como casas de trabalhadores, prédios e galpões para atividades recreativas, educacionais e de saúde (inciso VII); estradas que facilitem o acesso ou a circulação na propriedade (inciso VIII); instalação de aparelhagem de comunicação e de energia elétrica (inciso IX); e até gastos com bolsas para formação de técnicos em atividades rurais, inclusive gerentes de estabelecimentos e contabilistas (inciso X).[158]

É bem verdade que a lista é ampla, no entanto, essa previsão extensa justifica-se dadas as peculiaridades do setor, que é o ponto inicial da cadeia econômico-produtiva, devendo receber do legislador tratamento condizente com sua realidade. Mas, apesar de vasto o rol, não são, necessariamente, apenas esses os gastos que podem ser classificados como investimentos na atividade rural. Para que seja considerado investimento

158. Previsão semelhante encontra-se no art. 8º da Instrução Normativa nº 83/01 da Secretaria da Receita Federal do Brasil.

no agronegócio, cabe ao intérprete (i) identificar a aplicação de recursos financeiros, (ii) que tenha por intuito a expansão ou a melhoria da produtividade (iii) de uma das atividades previstas no art. 51 do Regulamento do Imposto sobre a Renda.

Merece destaque, nesse ponto, a louvável previsão do art. 55, § 2º, VII, do Regulamento, que qualifica como investimento na atividade rural os gastos com atividades que visem à elevação socioeconômica do trabalhador rural, tais como a construção de casas de trabalhadores, prédios e galpões para atividades recreativas, educacionais e de saúde. Muito embora, aparentemente, esses gastos não guardem relação direta com a produção em si mesma considerada, é inequívoco que contribuem para a melhoria da produtividade, uma vez que oferecem crescimento sociointelectual aos trabalhadores rurais, estimulando-os a permanecerem com suas residências nas próprias fazendas, evitando, com isso, o êxodo para as cidades (e de seus familiares também).

Por outro lado, exatamente diante desses critérios aludidos é que, no contexto da seriedade científica, parece inválida a inclusão, como investimento na atividade rural apto a ser deduzido da receita bruta, dos valores despendidos com bolsas para formação de técnicos em atividade rural, inclusive gerentes de estabelecimentos e contabilistas, prevista no art. 55, § 2º, X, do RIR. Note-se que, muito embora possa ser favorável ao produtor, a previsão desses gastos como investimento desborda dos limites da lei, que se limitou a prever como tal a aplicação de recursos que tenham em mira a elevação da produção rural. Quando um decreto extrapola essas fronteiras, viola o princípio da legalidade. Apesar de nobre a intenção do Regulamento, quer parecer que os gastos para formação de técnicos e contabilistas não podem ser enquadrados como "aplicação de recursos com vistas ao desenvolvimento da atividade para expansão da produção ou melhoria da produtividade", especialmente porque esses profissionais são autônomos, são profissionais liberais, não estando vinculados exclusivamente ao produtor que custeia as bolsas.

Desse modo, por não haver relação que possa ser estabelecida entre a bolsa oferecida ao profissional liberal e a atividade em si mesma, a previsão de dedução desse gasto da receita bruta não se revela compatível com a lei de regência. Em conclusão, o rol é considerável. A despeito disso, não é taxativo. O art. 6º da Lei nº 8.023/90 não rotulou qual item é ou não investimento da atividade rural, apenas disciplinou a matéria conotativamente fazendo referência à "expansão" e à "melhoria" da produtividade. Portanto, qualquer dispêndio que seja aplicado para fins de expansão e melhoria da produtividade rural poderá ser enquadrado como investimento e, pois, ser deduzido da receita bruta. Gastos com tecnologia no campo, por exemplo, como drones, computadores e sistemas informatizados, não podem ser desprezados. Até mesmo a aquisição de aeronave para deslocamento até as propriedades situadas em locais de difícil acesso, como o alto Pantanal, desde que efetivamente empregada com essa finalidade, pode ser considerada investimento.[159] Apenas os gastos com a construção de sedes suntuosas de fazendas, com piscinas, saunas e quartos luxuosos, quase que como verdadeiros hotéis, ao que parece escapam do conceito de investimento na atividade rural.

Enfim, os gastos voltados à manutenção da atividade rural serão considerados despesa de custeio e os valores aplicados para expansão ou melhoria da produção da atividade rural serão classificados como investimento, podendo ambos ser deduzidos dos rendimentos brutos para fins de apuração da base de cálculo do IRPF no agronegócio.

---

159. "ATIVIDADE RURAL - DESPESAS - VEÍCULO - AERONAVE - USO EXCLUSIVO - COMPROVAÇÃO - NECESSIDADE. Havendo prova em contrário de que aeronave era utilizada para outros fins que não a atividade rural, impossível a sua dedução, por inteligência do art. 62, § 2º, III, do RIR/99". CARF. Processo nº 10880.735707/2011-97. Acórdão nº 2202-002.943. 2ª Câmara. 2ª Turma Ordinária. Rel. Cons. Rafael Pandolfo. j. 20.01.2015.

2.3.5.3 O resultado da atividade rural e a compensação de prejuízos acumulados em decorrência das causas naturais ínsitas ao segmento econômico: sazonalidade e intempéries climáticas

Perquiridas todas as nuanças que envolvem a apuração da receita bruta do IRPF no agronegócio e investigadas as vicissitudes das despesas de custeio e os investimentos que podem ser deduzidos, chega-se, finalmente, ao resultado da atividade rural.

O art. 56 do Regulamento do Imposto sobre a Renda, buscando fundamento de validade no art. 4º da Lei Federal nº 8.023/90, prescreve que *"considera-se resultado da atividade rural a diferença entre o valor da receita bruta recebida e o das despesas de custeio e de investimentos pagos no ano-calendário, correspondentes a todos os imóveis da pessoa física, independentemente de localização"*. Pelo que se pode notar, a apuração do resultado da atividade rural – que, por óbvio, não necessariamente será positivo – é calculada a partir do confronto entre receita bruta, de um lado, e despesas de custeio e investimentos, de outro. O produto dessa operação é que será o resultado da atividade rural.

Há um aspecto que chama a atenção nesse dispositivo: segundo sua fraseologia, o resultado deve abranger todos os "imóveis" do contribuinte. Todavia, muito embora o suporte físico dessa previsão normativa contenha essa expressão, o critério espacial do IRPF no agronegócio, como se demonstrou anteriormente, é daqueles de modalidade genérica, de tal sorte que o local onde a atividade é desenvolvida é irrelevante, bastando que se enquadre no conceito de "atividade rural". Tanto assim que ao final do verbete o Regulamento atual fez inserir a expressão "independentemente de localização". Logo, na apuração do resultado da atividade rural não é essencial que a receita bruta tenha sido auferida e as despesas de custeio e os investimentos tenham sido despendidos em um "imóvel rural", na medida em que não há um liame necessário, tal qual já foi dito, entre o critério material (atividade rural) e o critério espacial (onde a atividade rural é desenvolvida). O que importa, isso sim, é que a atividade que gerou a receita bruta ou que tenha levado ao dispêndio de recursos a título de despesa de custeio ou investimento se enquadre em uma daquelas espécies previstas no art. 51 do RIR.[160]

O art. 56 do Regulamento permite construir outras interpretações, além dessa. É que a regra segundo a qual o resultado da atividade rural será igual à diferença entre a receita bruta recebida e as despesas de custeio e os investimentos relacionados a *"todos os imóveis da pessoa física"*, entendida essa expressão como a origem da receita bruta e das despesas de custeio e dos investimentos, pouco importando se realizados em imóvel rural propriamente dito ou não, leva o estudioso à conclusão de que, na apuração do resultado da atividade rural, devem ser levadas em conta todas as atividades do contribuinte que guardem relação com o agronegócio.

Noutras palavras, o contribuinte pode explorar a pecuária em uma dada propriedade, por exemplo, e a agricultura em outra. Por ocasião da apuração do resultado, o sujeito passivo deverá levantar a receita bruta auferida em todas suas atividades rurais, como se uma única atividade fosse, procedendo da mesma maneira em relação às despesas de custeio e aos investimentos. A apuração não se dá "fazenda a fazenda". Assim, pode ocorrer que uma determinada atividade lhe dê resultados positivos, mas outra lhe traga prejuízos. Na apuração do resultado final, seguindo a regra do art. 56 do RIR, devem ser computadas a receita bruta e as despesas de custeio e os investimentos de maneira global, e não fracionadamente.

Assim entendido o art. 56 do Regulamento do Imposto sobre a Renda – que tem por fundamento legal o art. 4º da Lei Federal nº 8.023/90, repita-se – é possível afirmar que

160. A apuração do resultado da atividade rural, em relação aos cônjuges, deve ser feita e tributada proporcionalmente à parte de cada um ou, opcionalmente, de maneira conjunta na declaração de um dos cônjuges (art. 57, *caput* e parágrafo único, do RIR).

esse dispositivo guarda consonância com os magnos preceitos constitucionais que regem a matéria. Em primeiro lugar, porque o conceito constitucional pressuposto de renda, como já demonstrado alhures, significa acréscimo patrimonial ou resultado positivo, ao qual se chega a partir da recepção das receitas produzidas pelo capital, pelo trabalho ou pela combinação de ambos, deduzidas certas despesas necessárias à preservação da fonte produtora, após um dado lapso temporal. Desse modo, se esse comando infralegal determina que se apure o resultado da atividade rural de maneira integral, autorizando que seja calculada a receita bruta global, de um lado, e que sejam deduzidas as despesas de custeio e os investimentos igualmente de forma integral, de outro, sem sombra de dúvidas auxilia na realização concreta do mandamento constitucional, já que será tributado apenas o acréscimo patrimonial. Sobremais, o art. 56 do RIR, atuando dessa maneira, em idêntico sentido privilegia o respeito ao princípio constitucional tributário da universalidade, haja vista que põe debaixo da incidência do imposto aqueles e somente aqueles fatos que signifiquem "renda".

Feita essa apuração, chegará o contribuinte a um resultado positivo, hipótese em que deverá levá-lo à tributação, ou negativo, situação em que não haverá incidência tributária, dada a ausência de capacidade contributiva. Agora, mesmo que o resultado seja positivo, não se estará, ainda, diante do resultado final que será levado à tributação. Isto porque o art. 58 do Regulamento do Imposto sobre a Renda, calcado na disposição do art. 19 da Lei Federal nº 9.250/95 e inserto na Subseção VII, denominada "Compensação de Prejuízos", estabelece que *"o resultado positivo obtido na exploração da atividade rural pela pessoa física poderá ser compensado com prejuízos apurados em anos-calendário anteriores"*.

Trata-se de previsão sobremaneira importante. Com efeito, as atividades do agronegócio são envoltas por inúmeros fatores exógenos, que transcendem o olhar diligente do produtor rural. Esses fatores externos estão ligados, quase sempre, às causas naturais, que fogem ao controle do contribuinte. É bem verdade que também em outras atividades há influências externas ao negócio, que podem alterar o resultado do empreendimento. Ninguém há de negar que quem lida com importação e exportação, por exemplo, está sujeito à instabilidade do cenário internacional, ou mesmo que o segmento industrial igualmente depende de uma série de pontos convergentes para que haja o retorno esperado. No agronegócio, porém, essa variabilidade vai além dos fatores típicos do mercado, uma vez que, usualmente, depende de causas naturais favoráveis que são ínsitas ao desenvolvimento da atividade rural, como a chuva, que influencia diretamente a agricultura e mesmo a pecuária.

Foi, sobretudo, em razão da sazonalidade da atividade e das intempéries climáticas que o legislador previu a possibilidade de compensação do resultado positivo com os prejuízos acumulados em anos-calendário anteriores. Assim, se o contribuinte obteve um resultado positivo em um dado ano-calendário, mas experimentou prejuízos nos dois anteriores, o valor dos prejuízos poderá ser subtraído do resultado positivo. *Perceba-se que, no caso específico do IRPF no agronegócio, a legislação não prevê percentuais máximos a serem compensados – as chamadas "travas" – como acontece com as pessoas jurídicas, de tal modo que os prejuízos acumulados podem ser inteiramente compensados por ocasião da apuração do resultado final da atividade rural.*[161]

Há um outro ponto que merece análise nesse contexto. Trata-se da contraposição entre o ano-calendário – o exercício fiscal, que, no Brasil, corresponde ao ano civil – e o período de safra agrícola. O art. 55 do Regulamento talha uma limitação temporal, estabelecendo que as receitas que deverão ser

---

161. O saldo do prejuízo acumulado pelo *de cujus* poderá ser utilizado, inclusive, pelo meeiro e pelos sucessos legítimos para compensação proporcional à parte que couber a cada um, depois de encerrado o inventário, a teor do art. 58, § 3º, do RIR. Somente não terá direito à compensação o contribuinte cujo resultado negativo tenha sido obtido no exterior; o não residente que explora atividade rural no Brasil; aquele que optar pela apuração pelo resultado presumido; ou quem obtiver receita anual abaixo de R$ 56.000,00 e dispensar o livro-caixa, de acordo com os arts. 58, §§ 4º a 6º, e 59 do RIR. Os deveres instrumentais a serem observados para o gozo desse direito serão examinados adiante.

levadas em conta para fins de apuração do resultado da atividade rural, de um lado, e as despesas de custeio e os investimentos, de outro, são aquelas realizadas durante o ano-calendário, ou seja, no mesmo exercício.

Essa regra em si mesma considerada nada tem de inválida, na medida em que privilegia as mensagens prescritivas constitucionais que sugerem a adoção do lapso temporal de um ano para apuração do imposto sobre a renda, de resto confirmada pela legislação. A questão que se coloca é que o ano agrícola não corresponde ao ano civil – e, por consequência, ao exercício fiscal – de tal modo que essa limitação temporal acaba por criar distorções.

Com efeito, sobretudo no segmento de grãos, como a soja, por exemplo, o preparo da terra e o plantio da safra de verão se dão no segundo semestre de cada ano, variando o mês efetivo do plantio de região para região. É nesse período que o agricultor tem despesas de custeio e investimentos a serem feitos. Acontece, todavia, que a colheita dos grãos só ocorre no primeiro semestre do ano seguinte, o que significa dizer que é a partir daí, com a venda da produção, que auferirá receita.

Como há essa limitação temporal de que as receitas e as despesas e os investimentos devem ser apurados no mesmo ano-calendário, na prática o que ocorre é que, na safra de verão, *o produtor rural compensa os gastos com despesas de custeio e investimentos da safra futura com as receitas da safra já colhida*. Logo, a previsão de compensação dos prejuízos acumulados, a bem de se ver, não necessariamente corresponde ao mesmo período agrícola, isto é, não espelha o resultado efetivo de uma mesma safra, por exemplo.[162]

Feitos esses registros, o que importa destacar é que o resultado da atividade rural do contribuinte, que pressupõe o confronto da receita bruta global com suas despesas de custeio e seus investimentos aplicados no ano-calendário, não

162. Isso só não ocorre nas safras de inverno – a chamada "safrinha" – nas quais os gastos e as receitas são realizados no mesmo exercício, por via de regra.

são, ainda, resultado tributável do IRPF no agronegócio, já que a legislação possibilita a compensação dos prejuízos acumulados nos exercícios anteriores.

2.3.5.4 A renda tributável pelo IRPF no agronegócio e sua repercussão na declaração de rendimentos

De acordo com o que se viu até aqui, são várias as regras que devem ser percorridas para se chegar à renda tributável a título de imposto sobre a renda da pessoa física no agronegócio. Em primeiro lugar, apura-se a receita bruta da atividade rural; em seguida, subtrai-se o dispêndio com despesas de custeio e os investimentos aplicados durante o ano-calendário; após, calcula-se o resultado da atividade rural; por fim, promove-se eventual compensação com prejuízos acumulados.

Transcorrido todo esse percurso é que se alcança a renda tributável para fins de IRPF no agronegócio, que corresponde à receita bruta, de um lado, subtraída, de outro, das despesas de custeio, dos investimentos e dos prejuízos acumulados (RT = RB - DC - Inv - PA). Tanto assim que o art. 60 do Regulamento do Imposto sobre a Renda, amparado no art. 7º da Lei Federal nº 8.023/90, dispõe que *"constitui resultado tributável da atividade rural aquele apurado na forma do art. 56, observado o disposto nos arts. 54, 55 e 58"*. Os artigos mencionados são aqueles que norteiam a apuração da receita bruta, das despesas de custeio e dos investimentos, do resultado da atividade rural e da compensação dos prejuízos acumulados.

É essa a grandeza econômica tributável pelo imposto sobre a renda em relação às pessoas físicas que se dedicam às atividades do agronegócio. E, nesse particular, essa forma de apuração da base de cálculo se ajusta ao arquétipo constitucional desse imposto, uma vez que possibilita a tributação somente da efetiva renda auferida pelo produtor rural, *ressalvadas, porém, as observações críticas feitas anteriormente neste trabalho, que devem ser respeitadas para que essa conclusão seja verdadeira.*

Agora, é fundamental destacar que a renda tributável da atividade rural não será a base de cálculo do imposto a ser pago pelo contribuinte. Noutras palavras, *não há tributação em separado das atividades do agronegócio,* de modo que o sujeito passivo deve apurar o resultado tributável da atividade rural e levá-lo à tributação juntamente com seus outros rendimentos, para, aí sim, chegar à base de cálculo final do imposto. Há, inclusive, um campo próprio na declaração de IRPF para lançamento das receitas e das despesas de custeio e investimentos da atividade rural. É esse o mandamento do art. 61 do RIR, ao prescrever que *"o resultado da atividade rural, quando positivo, integrará a base de cálculo do imposto sobre a renda, na declaração de ajuste anual e, quando negativo, constituirá prejuízo compensável na forma prevista no art. 58."*[163]

Portanto, a renda auferida no agronegócio não é tributada em apartado, pelo contrário, ela deve se integrar aos demais rendimentos do contribuinte na sua declaração para formação da base de cálculo do seu imposto sobre a renda.[164] Apura-se em separado, mas não há um *recolhimento* em separado. E nem poderia ser diferente, já que há quem se dedique ao agronegócio não de maneira exclusiva, razão por que deve ter assegurado o direito aos demais abatimentos e deduções previstos na legislação, compondo uma só grandeza econômica para o cômputo da sua efetiva renda. Há, aqui, a decisiva influência prescritiva dos princípios constitucionais tributários da universalidade e da capacidade contributiva, segundo os quais todos os rendimentos do contribuinte devem ser colocados à tributação, respeitada, no entanto, a manifestação de riqueza do sujeito passivo.

Mas, é inegável que a renda tributável pelo IRPF no agronegócio repercute diretamente na declaração de rendimentos do contribuinte, o que justifica a adoção de todas essas regras para apuração em separado, muito embora não haja tributação em separado.

---

163. Esse dispositivo regulamentador corresponde ao art. 9º da Lei Federal nº 9.250/95.

164. Diante desse mecanismo, integrando-se a renda tributável da atividade rural aos demais rendimentos do contribuinte, então o imposto será exigido à razão das alíquotas de 7,5%, 15%, 22,5% e 27,5%, conforme o art. 23 da Lei Federal nº 11.945/09.

2.3.5.5 A opção pelo resultado presumido e a delimitação da carga tributária máxima a que pode se sujeitar o produtor pessoa física: uma informação que todos precisam saber

Não é simples o trajeto para se chegar à renda tributável pelo IRPF no agronegócio. O que se expôs até aqui diz respeito à sistemática regular de apuração do IRPF-atividade rural. Contudo, assim como as pessoas físicas em geral podem optar por apurar o imposto pelo modelo "simplificado", também na atividade rural é possível calcular o tributo pelo resultado "presumido". Exatamente por isso ao legislador pareceu prudente criar uma regra nesse sentido, como, aliás, vem ocorrendo não é de hoje com diversos tributos. É o que estabelece o art. 63 do Regulamento do Imposto sobre a Renda, fundado no art. 5º da Lei Federal nº 8.023/90, ao dispor que *"à opção do contribuinte, o resultado da atividade rural ficará limitada a vinte por cento da receita bruta do ano-calendário, observado o disposto no art. 59" (sic).*[165]

Diante desse comando normativo, o que se nota é que o contribuinte, opcionalmente à apuração comum, poderá calcular seu resultado da atividade rural à razão de vinte por cento da receita bruta auferida durante o ano-calendário. Não é o foco deste trabalho adentrar nas tormentosas polêmicas em torno da validade da tributação presumida em face da Carta da República, em especial diante dos princípios constitucionais tributários da estrita legalidade, da capacidade contributiva, da tipicidade cerrada, dentre outros, ao lado de princípios de igual envergadura, como o da indisponibilidade dos interesses públicos. Esse já seria um tema a merecer um trabalho específico.

O que interessa pôr em relevo, seguindo os cortes metodológicos traçados no início desta pesquisa, é que o produtor rural, por ocasião da apuração do resultado tributável para fins de IRPF no agronegócio, poderá, a seu critério, adotar como renda presumida a importância equivalente a vinte por

---

165. Essa regra não se aplica ao residente ou domiciliado no exterior, a teor do art. 20, § 1º, da Lei Federal nº 9.250/95, reproduzido no art. 63, § 2º, do RIR.

cento de sua receita bruta. A opção pelo resultado presumido, contudo, tem duas consequências importantes: (i) não dispensa o contribuinte da comprovação das receitas e das despesas, qualquer que seja a forma de apuração do resultado (art. 63, § 1º, RIR); (ii) e implica a perda do direito à compensação dos prejuízos acumulados (arts. 59 e 63, *caput*, do RIR).

Logo, é intuitivo concluir que só será vantajoso economicamente ao produtor rural optar pelo resultado presumido *se a soma das despesas, dos investimentos e dos prejuízos do exercício e os acumulados for inferior a 20% (vinte) por cento da receita bruta auferida no ano-calendário;* do contrário, não, evidentemente.

Esses dispositivos são importantíssimos no cotidiano da apuração do IRPF-atividade rural, porque eles delimitam a *carga tributária máxima* a que pode se sujeitar o produtor – informação que todos têm que saber, ainda que não lidem no dia a dia do agro. Isso porque a adoção de um ou outro modelo de apuração depende, fundamentalmente, da mensuração do resultado tributável, que tem que ser economicamente mais vantajoso do que o resultado presumido. E mais, se o contribuinte optar pelo resultado presumido, de acordo com a legislação, ele perde o direito a todos os prejuízos acumulados de anos anteriores, não podendo mais compensá-los em declarações futuras.

Eis aí, portanto, uma regra em torno da qual o contribuinte deve estar atento. É que matematicamente falando, tomando-se como parâmetro a alíquota máxima de 27,5% aplicável às pessoas físicas, *no IRPF-atividade rural o produtor, em condições normais, só pode pagar, no máximo, 5,5% de imposto calculado sobre o total da receita bruta da atividade*. Sim, porque se a legislação lhe dá a opção de apurar pelo resultado presumido à razão de 20%, e se a alíquota máxima é de 27,5%, então o resultado dessa equação é 5,5% (20% x 27,5% = 5,5%). Fala-se em "condições normais" porque, evidentemente, na situação concreta é necessário averiguar se o contribuinte tem prejuízo fiscal acumulado a compensar ou não e se ele pretende no futuro fazer novos investimentos na sua propriedade. Desse modo, *se em determinado período a diferença* *entre a receita bruta da atividade rural (RB) e as despesas de custeio (DC), os investimentos (Inv) e os prejuízos acumulados (PA) for menor que 20% (base presumida), aí valerá a pena fazer a apuração pela sistemática regular [(RB – DC – Inv – PA) < 20% RB];* do contrário, se for maior, *aí é interessante optar pelo resultado presumido.* Eis, pois, a fórmula a ser aplicada por ocasião da apuração do IRPF do produtor rural:

[(RB – DC – Inv – PA) < 20% RB]

2.3.5.6 O arrendamento e a parceria rurais e seus reflexos no IRPF sobre o agronegócio: as "novas" regras aplicáveis a esses contratos agrários e a possibilidade de se estabelecer um contrato de parceria verdadeiro em sacas de soja, em arrobas de boi ou em outra unidade de medida

O objetivo declinado nas páginas anteriores foi enfrentar, analiticamente, cada uma das regras que norteiam a tributação pelo IRPF no agronegócio, trazendo à superfície todos os seus problemas e buscando dar soluções compatíveis com o sistema posto, de acordo com o arsenal teórico fornecido pelas categorias científicas. Mas, há um assunto tormentoso que sempre ronda o aplicador da lei quando está a tratar de IRPF no agronegócio que não pode deixar de ser abordado: trata-se da distinção entre arrendamento e parceria rurais e seus reflexos tributários.

Com efeito, não é de hoje que esses contratos agrários vêm causando inúmeros confrontos entre Fisco, de um lado, e contribuinte, de outro, no que se refere à percussão tributária, seja no âmbito administrativo, seja na esfera judicial. O art. 52 do Regulamento do Imposto sobre a Renda, inserto na Subseção II ("Dos Arrendatários, dos Condôminos e dos Parceiros") da Seção VII ("Dos Rendimentos da Atividade Rural"), lastreando-se no art. 13 da Lei Federal nº 8.023/90, estabelece apenas que *"os arrendatários, os condôminos e os parceiros na exploração da atividade rural, comprovada a situação documentalmente, pagarão o imposto, separadamente, na proporção dos rendimentos que couber a cada um".*[166]

Pelo que se pode notar, esse comando normativo restringe-se somente à determinação de que arrendatários, condôminos e parceiros na exploração rural apurem o imposto segregadamente, de acordo com os rendimentos que tocarem a cada um, ficando sujeitos à comprovação mediante documentos hábeis. Nisso, não há novidade alguma, uma vez que – como acontece com os demais contribuintes – cada sujeito passivo deve apurar seu tributo, seguindo as regras prescritas pelo ordenamento. Logo, sobre cada contribuinte recairá o fardo tributário na "proporção" dos seus rendimentos.

O motivo da controvérsia assenta-se no parágrafo único do art. 52 do RIR, segundo o qual *"na hipótese de parceria rural, o disposto neste artigo aplica-se somente em relação aos rendimentos para cuja obtenção o parceiro houver assumido os riscos inerentes à exploração da atividade"*. Eis a pedra de toque dessa distinção preliminar: no arrendamento, não há "riscos", enquanto que na parceria a álea deve estar presente para que se faça jus a esse regime jurídico-tributário, em especial porque o Regulamento prevê que apenas em relação aos rendimentos "para cuja obtenção o parceiro houver assumido os riscos inerentes" é que se estará diante de uma parceria.

Acontece, no entanto, que a questão não é tão simples quanto parece; aliás, está longe disso. Para se definir se há ou não arrendamento ou parceria rurais, o intérprete deve investigar as categorias do direito privado, pois o direito tributário é uma camada linguístico-prescritiva de sobreposição: ele colhe relações já disciplinadas por outros "ramos" do direito para, em relação a elas, atribuir-lhes efeitos tributários (Gian Antonio Michelli).[167] Em sendo assim, ao direito tributário não é dado modificar a

166. Essa também é a previsão do art. 14 da Instrução Normativa nº 83/01 da Secretaria da Receita Federal do Brasil.

167. Lembrando que o direito é uno e indecomponível; sua divisão em "ramos" ou "áreas" dá-se apenas para fins didáticos.

essência dessas relações, devendo ficar preso à disciplina das consequências jurídico-fiscais propriamente ditas.[168]

O interesse nessa definição reside no fato de que o arrendamento equipara-se, para fins tributários, ao aluguel, devendo assim ser tributado.[169] O art. 41, I, do RIR estabelece que são tributáveis os rendimentos decorrentes da ocupação, uso ou exploração de bens corpóreos, *como o arrendamento ou subarrendamento*, estando sujeitos, inclusive, ao pagamento mensal através do chamado "carnê-leão", se houver rendimentos recebidos de pessoa física com essa periodicidade (art. 118, IV, RIR). A possibilidade de deduções no aluguel – e, em consequência, no arrendamento – é diminuta, tais como o valor dos impostos e taxas sobre o bem, o aluguel pago pela locação de imóvel sublocado, as despesas pagas para cobrança ou recebimento do rendimento e as despesas de condomínio, de acordo com o art. 42 do Regulamento, além das contribuições previdenciárias, da remuneração paga a terceiros, das despesas com dependentes, com pensão alimentícia e à parcela isenta dos rendimentos provenientes de aposentadoria e pensão, de acordo com os arts. 67 a 72 do RIR. Já a parceria, por sua vez, permite a dedução das *despesas do empreendimento rural* como um todo, que, não raro, são vultosas, ou então assegura a apuração *pelo resultado presumido*, de modo que, no final das contas, a carga tributária é menor.

É essa a razão da celeuma. Enquanto que na parceria há possibilidade mais abrangente de deduções ou mesmo a apuração pelo resultado presumido, no arrendamento isso não

---

168. É esse, em linhas gerais, o fundamento lógico-jurídico do art. 110 do Código Tributário Nacional, ao prescrever que "a lei tributária não pode alterar a definição, o conteúdo e o alcance de institutos, conceitos e formas de direito privado, utilizados, expressa ou implicitamente, pela Constituição Federal, pelas Constituições dos Estados, ou pelas Leis Orgânicas do Distrito Federal ou dos Municípios, para definir ou limitar competências tributárias".

169. Isso porque, também no campo do direito privado, o arrendamento "assemelha-se ao contrato de locação de coisa, porquanto tem como objeto a cessão de um imóvel em troca de uma certa retribuição", segundo Arnaldo Rizzardo. *Contratos*. 2. ed. Rio de Janeiro: Forense, 2002, p. 646.

acontece. Daí a necessidade de investigação imbuída de neutralidade científica para resolver o problema. E, para isso, nada melhor do que mergulhar no universo do sistema do direito positivo, que é o mapa a ser palmilhado pelo jurista dogmático.

O tema é tratado pelo chamado "Estatuto da Terra", veiculado pela Lei Federal nº 4.504/64.[170] A principal finalidade desse diploma legal é regulamentar o uso racional da terra, privilegiando sua função social, como preconiza a Carta Magna. A teor do art. 2º, § 1º, da Lei Federal nº 4.504/64, a propriedade da terra desempenha integralmente a sua função social quando, simultaneamente, favorece o bem-estar dos proprietários e dos trabalhadores que nela labutam, assim como de suas famílias; mantém níveis satisfatórios de produtividade; assegura a conservação dos recursos naturais; e observa as disposições legais que regulam as justas relações de trabalho entre os que a possuem e a cultivem. Foi justamente para tornar concreta essa missão que o legislador regrou o uso temporário da terra. O art. 92 dessa lei prevê a possibilidade de exercício da posse ou do uso temporário em virtude de contrato expresso ou tácito, firmado entre o proprietário e os que na terra exercem atividade agrícola ou pecuária, sob a forma de arrendamento rural ou de parceria agrícola, pecuária, agroindustrial e extrativa.

Pelo que se pode notar, a lei vincula a forma de contratação através de *contratos nominados* (arrendamento e parceria), cada um deles sujeitos a regime jurídico próprio. Não por outra razão, a ilustre jurista Maria Helena Diniz afirma que *"o arrendamento rural e a parceria são contratos típicos ou nominados, por estarem disciplinados conforme aos modelos legais"*.[171] Corroborando essa ideia, o próprio Decreto Federal nº 59.566/66, regulamentando o Estatuto da Terra nessa parte,

170. Vale registrar que o Código Civil de 1916 – anterior, portanto, ao Estatuto da Terra – também dispunha sobre o arrendamento rural (arts. 1.211 a 1.215) e sobre a parceria rural (arts. 1.410 a 1.423); o Código Civil de 2002, no entanto, não reproduziu essa disciplina, de modo que o regramento específico da matéria ficou a cargo exclusivo da Lei Federal nº 4.504/64 e de seu decreto regulamentador.

171. *Tratado teórico e prático dos contratos*. 4. ed. São Paulo: Saraiva, 2002, v. II, p. 502.

estabelece no art. 1º que *"o arrendamento e a parceria são contratos agrários que a lei reconhece, para o fim de posse ou uso temporário da terra, entre o proprietário, quem detenha a posse ou tenha a livre administração de um imóvel rural, e aquele que nela exerça qualquer atividade agrícola, pecuária, agroindustrial, extrativa ou mista"*.

Esse modo com que o legislador tratou o tema evidencia que os contratos agrários têm características regidas estritamente pela lei, minimizando, em certo sentido, a autonomia da vontade das partes, tão pujante nos contratos em geral. Tanto assim é que o art. 13 da Lei Federal nº 4.947/66, editada, dentre outras, com a finalidade de *"fixar normas de Direito Agrário"*, estabelece que os contratos agrários regulam-se pelos princípios gerais que regem os contratos de direito comum no que diz respeito ao acordo de vontade e ao objeto, mas devem respeitar, obrigatoriamente, os arts. 92 a 94 do Estatuto da Terra quanto às condições do uso e da posse temporária da propriedade; os arts. 95 e 96 também do Estatuto da Terra no que concerne ao regime jurídico do arrendamento e da parceria; e, sobretudo, à proibição de renúncia por parte do arrendatário ou do parceiro não proprietário de direitos ou vantagens previstas em leis ou regulamentos. Ou seja, não há tanta autonomia assim.

Há, pois, *cláusulas obrigatórias* nesses contratos. Basta ver que o art. 13, § 1º, da Lei Federal nº 4.947/66 e o art. 2º do Decreto Federal nº 59.566/66 preveem que essas regras se aplicam a todos os contratos agrários, *"as quais serão de obrigatória aplicação em todo o território nacional"*, sendo certo que *"qualquer estipulação contratual que contrarie as normas estabelecidas neste artigo será nula de pleno direito e de nenhum efeito"*. Os arts. 11 e 12 do referido Decreto, por sua vez, dispõem que, muito embora os contratos possam ser escritos ou verbais, nos verbais, necessariamente, considerar-se-ão ajustadas as cláusulas obrigatórias, devendo constar, por exemplo, os nomes das partes; o lugar e a data da assinatura do contrato; o objeto da avença (arrendamento ou parceria); a identificação do imóvel;

o prazo de duração; e o preço do arrendamento ou as condições de partilha dos frutos na parceria, respeitados os limites impostos pela lei. Já o art. 13 prescreve que nos contratos agrários, qualquer que seja a sua forma, constarão, obrigatoriamente, cláusulas que assegurem a conservação dos recursos naturais e a proteção social e econômica dos arrendatários e dos parceiros-outorgados, como a proibição de renúncia a direitos ou vantagens previstas em lei; observância de prazos mínimos para o arrendamento e a parceria (03, 05 ou 07 anos, conforme a atividade); e fixação, em quantia certa, do preço do arrendamento, a ser pago em dinheiro ou no seu equivalente em frutos ou produtos, e dos limites de partilha dos frutos ou produtos na parceria; dentre outras.

Disso tudo, o que interessa destacar, para fins da pesquisa da tributação que recai sobre essas atividades, são as cláusulas que permitem distinguir arrendamento de parceria, notadamente quanto à caracterização, ao regime jurídico e ao preço ou aos frutos que geram os rendimentos tributáveis, haja vista que, conforme o caso, as consequências fiscais serão diferentes. Os arts. 3º e 4º do Decreto Federal nº 59.566/66 definem, respectivamente, o que vem a ser arrendamento rural e parceria rural. Para facilitar a compreensão dessas duas figuras jurídicas, é interessante confrontar a conceituação dada a ambas pelo ordenamento jurídico:

> *Art. 3º Arrendamento rural é o contrato agrário pelo qual uma pessoa se obriga a ceder à outra, por tempo determinado ou não, o uso e gozo de imóvel rural, parte ou partes do mesmo, incluindo, ou não, outros bens, benfeitorias e ou facilidades, com o objetivo de nele ser exercida atividade de exploração agrícola, pecuária, agroindustrial, extrativa ou mista, mediante certa retribuição ou aluguel, observados os limites percentuais da lei.*
>
> *(...)*
>
> *Art. 4º Parceria rural é o contrato agrário pelo qual uma pessoa se obriga a ceder à outra, por tempo determinado ou não, o uso específico de imóvel rural, de parte ou partes do mesmo, incluindo, ou não, benfeitorias, outros bens e ou facilidades, com o objetivo de nele ser exercida atividade de exploração agrícola, pecuária,*

> *agroindustrial, extrativa vegetal ou mista; e ou lhe entrega animais para cria, recria, invernagem, engorda ou extração de matérias primas de origem animal, mediante partilha de riscos do caso fortuito e da força maior do empreendimento rural, e dos frutos, produtos ou lucros havidos nas proporções que estipularem, observados os limites percentuais da lei (art. 96, VI, do Estatuto da Terra).*

Como se pode ver, os enunciados prescritivos desses dois dispositivos são parecidos. Em ambos, há previsão de cessão, por tempo determinado ou não, do uso do imóvel rural, no todo ou em parte, incluindo ou não benfeitorias, com o objetivo de nele ser exercida atividade de exploração agrícola, pecuária, agroindustrial, extrativa ou mista. A primeira distinção entre esses dois contratos, todavia, é que na parceria há a possibilidade de entrega de animais para cria, recria, invernagem, engorda ou extração de matérias primas de origem animal, de tal modo que na parceria pecuária não há, necessariamente, cessão de imóvel.[172]

Mas, a principal diferença para fins de caracterização de uma ou outra figura jurídica gira em torno do *risco*. Com efeito, enquanto que no arrendamento a cessão do imóvel se dá "mediante certa retribuição ou aluguel, observados os limites percentuais da lei", na parceria, a cessão da terra ou a entrega dos animais ocorrem "mediante partilha de riscos do caso fortuito e da força maior do empreendimento rural, e dos frutos, produtos ou lucros havidos nas proporções que estipularem, observados os limites percentuais da lei".

---

172. Aliás, é a única modalidade de parceria em que não há cessão de imóvel, ao contrário do que ocorre na parceria agrícola, agroindustrial, extrativa e mista, demais espécies do gênero parceria. É o que prevê o art. 5º do Decreto Federal nº 59.566/66. Paulo Coelho Machado, tratando especificamente da parceria pecuária, destaca que se trata de uma "associação de capital e trabalho, visando ao desenvolvimento da produção pecuária. Na definição legal estão os elementos caracterizadores da parceria: a entrega do gado, a sua criação ou tratamento pelo parceiro e a atribuição, a este, de uma parte dos lucros produzidos. (...) Relevante, sem dúvida, a função econômica da parceria pecuária: reunir dois fatores da produção das riquezas, o capital e o trabalho. De um lado, o dono dos animais; de outro, o que possui os meios de criá-los. Ressalta, de pronto, a sua natureza associativa, visando à maior produtividade dos rebanhos". *Parceria pecuária: seus contratos e modalidades, inclusive o FICA de Mato Grosso*. São Paulo: Saraiva, 1972, p. 13/14.

Vai daí que, no arrendamento, o que há é um aluguel propriamente dito, pouco importando se o possuidor irá ou não obter bons resultados do empreendimento rural. Acaso o arrendatário não venha a colher uma boa safra, por exemplo, isso não é excludente para deixar de pagar o arrendamento, *já que o arrendador não assume perante o arrendatário nenhum risco quanto à produção*. O contrato se resume à transmissão da posse. Na parceria, no entanto, a situação é diferente. Nesses casos, o parceiro-outorgante (cedente) compartilha os riscos do empreendimento rural perante o parceiro-outorgado (cessionário).[173]

Reside exatamente nesse ponto a principal distinção entre esses dois contratos. Para que se esteja diante de uma verdadeira parceria rural, deve estar presente o risco do negócio; o arrendamento, porém, não é contrato aleatório, cujo cumprimento pressupõe, apenas, a mera transmissão da posse, de um lado, e o pagamento do preço do arrendamento, de outro, não ficando sujeito à condição exógena, alheia à vontade das partes. É isso o que caracteriza esses contratos e é esse o regime jurídico que se lhes é aplicável.

Essa diferenciação tem uma importância acentuada na matéria tributária. É que não são poucas as vezes em que as autoridades fiscais se deparam com pretensos contratos de "parceria", somente batizados com esse nome, mas que, na sua essência, revelam-se verdadeiros arrendamentos, com preço fixado líquido e certo, não estando sujeito à variação na produção.

Prosseguindo no exame desse tema para lograr surpreender sua relevância para o estudo tributário, é o caso, agora, de fixar os olhos sobre as normas que regem o preço – até mesmo porque são elas que revelarão capacidade econômica para fins fiscais. No arrendamento, não há, obviamente, uma "tabela de preços" a ser seguida, mas há limites prescritos pela lei quanto aos valores a serem desembolsados e quanto à forma de pagamento.

173. As denominações de "arrendador" e "arrendatário" e "parceiro-outorgante" e "parceiro-outorgado" são dadas pelos arts. 3º e 4º do Decreto Federal nº 59.566/66, embora seja comum a utilização da expressão "arrendante" no primeiro caso.

O art. 95, XII, do Estatuto da Terra estabelece que a remuneração do arrendamento não poderá ser superior a 15% (quinze por cento) do valor cadastral do imóvel, incluídas as benfeitorias que entrarem na composição do contrato, salvo se o arrendamento for parcial e recair apenas em glebas selecionadas para fins de exploração intensiva de alta rentabilidade, hipótese em que a remuneração poderá ir até o limite de 30% (trinta por cento). Por outro lado, o art. 18, *caput* e parágrafo único, do Decreto Federal nº 59.566/66 dispõe que o preço de arrendamento *só pode ser ajustado em quantia fixa em dinheiro*, muito embora seu pagamento possa ser feito em dinheiro ou no seu equivalente em produtos.[174] É intuitivo perceber que a intenção do legislador foi permitir ao arrendatário (possuidor) a possibilidade de fixar, à época da assinatura do contrato, o valor a ser pago pelo arrendamento, pouco importando sua produção ou mesmo a variação de preços dos produtos.[175]

---

174. "Art. 18. O preço do arrendamento só pode ser ajustado em quantia fixa de dinheiro, mas o seu pagamento pode ser ajustado que se faça em dinheiro ou em quantidade de frutos cujo preço corrente no mercado local, nunca inferior ao preço mínimo oficial, equivalha ao do aluguel, à época da liquidação.
Parágrafo único. É vedado ajustar como preço de arrendamento quantidade fixa de frutos ou produtos, ou seu equivalente em dinheiro."

175. A sistemática traçada pelo Estatuto da Terra leva o intérprete a crer que o legislador presumiu ser o arrendatário a parte mais fraca da relação jurídica, daí o motivo por que criou uma série de regras favoráveis ao possuidor. Não há que se olvidar, todavia, que nos tempos atuais é comum que empresas arrendem propriedades rurais de pessoas físicas para exploração de soja, milho, café e cana-de-açúcar, dentre outros produtos, de tal modo que a realidade hodierna acaba por inverter a lógica do sistema. Sobre esse tema, Arnaldo Rizzardo tem interessante contribuição a dar: "A matéria do preço tem se revelado controvertida, eis que, seguidamente, as partes ajustam o montante em frutos ou produtos. (...) Ocorre que, de um lado, em grande parte das vezes o arrendatário figura como a parte mais forte. Inúmeros os arrendamentos para empresas ou sociedades econômicas de grande poder econômico. De outra parte, coaduna-se mais com a natureza do contrato a base, para a retribuição, em pagamento. É que, não raramente, os preços dos produtos oscilam, ficando em níveis baixos. Obriga-se o arrendatário a vender o produto por preços não compensatórios, que sequer cobrem o custo da cultura. Assim, terá que vender a maior parte do produto para conseguir a importância necessária para alcançar o preço em dinheiro. Fosse reconhecida a possibilidade de fixar em produto o preço, e, assim, entregando-se o produto, haveria maior justiça e correspondência às realidades circunstanciais". *Contratos.* 2. ed. Rio de Janeiro: Forense, 2002, p. 660.

Já na parceria, o panorama é distinto. Não há regra impondo o pagamento em dinheiro, pelo contrário, o ajuste entre as partes deve recair em percentuais, de acordo com os tetos previstos pela lei.

O Estatuto da Terra, na sua redação original, previa no art. 96, VI, alíneas "a" a "f", que na participação dos frutos da parceria a cota do proprietário não poderia ser superior a: a) 10%, quando concorresse apenas com a terra nua; b) 20%, quando concorresse com a terra preparada e moradia; c) 30%, quando disponibilizasse o conjunto básico de benfeitorias, constituído especialmente de casa de moradia, galpões, "banheiro para gado", cercas, valas ou currais;[176] d) 50%, nos casos em que, além dos itens anteriores, fornecesse também máquinas e implementos agrícolas, bem como sementes e animais de trabalho; e) 75%, nas zonas de pecuária ultraextensiva em que fossem os animais de cria em proporção superior a 75% do rebanho e onde se adotassem a meação de leite e a comissão mínima de 5% por animal vendido; f) além disso, estava o proprietário autorizado a cobrar do parceiro, pelo seu preço de custo, o valor de fertilizantes e inseticidas fornecidos no percentual que correspondesse a sua participação.

Esse era o cenário da questão até então. Por diversas vezes, confrontaram-se Fisco e contribuintes em torno da caracterização ou não das parcerias rurais: as autoridades fiscais, de um lado, defendendo a existência de simulação em contratos que, embora sob a roupagem de parceria, denunciavam verdadeiro arrendamento; os contribuintes, de outro, sustentando que ao Fisco não é dado pretender alterar a natureza jurídica das avenças firmadas livremente entre os particulares.

O tema sempre foi diluído a partir de um critério básico: a caracterização ou não do risco do empreendimento. Se risco houvesse, então estaria presente a parceria; acaso inexistente,

---

176. A expressão "banheiro para gado" só pode ser creditada à desatenção do legislador, aliás, bem comum na produção das leis brasileiras, pois ninguém, em sã consciência, pode conceber tamanha heresia.

então seria o caso de aplicar as regras do arrendamento, tributando os rendimentos como aluguel, sem direito à dedução das despesas da atividade rural. É isso o que se depreende de diversos julgados do Conselho Administrativo de Recursos Fiscais (inclusive em alguns mais antigos, ao tempo em que o órgão era denominado Conselhos de Contribuintes), instância julgadora máxima no âmbito administrativo federal.[177]

---

177. Nesse sentido: "Imposto sobre a Renda de Pessoa Física – IRPF. Exercício: 2006. PARCERIA RURAL x ARRENDAMENTO RURAL. DISTINÇÃO. FORMA DE TRIBUTAÇÃO. A diferença intrínseca entre os contratos de parceira rural e de arrendamento rural é que os primeiros caracterizam-se pelo fato de o proprietário da terra assumir os riscos inerentes à exploração da atividade e partilhar os frutos ou os lucros na proporção que houver sido previamente estipulada, enquanto que nos segundos não há assunção dos riscos por parte do arrendador que recebe uma retribuição fixa pelo arrendamento das terras. O pagamento em quantidade fixa de produto, por si só, não descaracteriza o arrendamento e, muito menos, permite enquadrar o contrato como parceria rural, visto que a essência da parceria rural está no compartilhamento do risco, que deve ser comprovado documental. No caso de contrato de arrendamento, o rendimento recebido pelo proprietário dos bens rurais cedidos é tributado como se fosse um aluguel comum, enquanto que no contrato de parceria, as duas partes são tributadas como atividade rural na proporção que couber a cada uma delas (...)". Acórdão nº 2202-002.706, Processo nº 11516.001818/2010-36, 2ª Câmara, 2ª Turma Ordinária, Rel. Antônio Lopo Martinez, j. 16.07.2014. "IMPOSTO SOBRE A RENDA DE PESSOA FÍSICA. IRPF. Exercício: 2000. Ementa: IRPF. ATIVIDADE RURAL. ARRENDAMENTO RURAL. O que distingue o contrato de arrendamento do contrato de parceria rural é a partilha de riscos do caso fortuito e da força maior do empreendimento rural, e dos frutos, produtos ou lucros havidos nas proporções estipuladas em contrato, observados os limites percentuais legais. Não havendo nos autos a comprovação de o cedente ter assumido esse risco fica afastada a hipótese de um contrato de parceria, configura-se caso de contrato de arrendamento e os recursos auferidos com essa operação são tributados pela regra ordinária do imposto de renda da pessoa física e não pela modalidade de tributação da atividade rural (...)". Acórdão nº 2802-00.804. Processo nº 13984.000788/2003-21, 2ª Turma Especial, Rel. Jorge Cláudio Duarte Cardoso, j. 12.05.2011. "CONTRATO DE PARCERIA – CARACTERIZAÇÃO – IRRELEVÂNCIA DA DENOMINAÇÃO. A despeito de ter sido atribuída a denominação de contrato de parceria, quando, pelas características do negócio jurídico praticado, em especial pela ausência de compartilhamento de riscos, trata-se de contrato de arrendamento rural, a tributação da renda deve se dar com base na legislação aplicável ao arrendamento rural, que prevê a responsabilidade do arrendatário pela retenção e recolhimento do imposto". Recurso nº 155.153, Processo nº 10950.003029/2005-81, 4ª Câmara. Rel. Pedro Paulo Pereira Barbosa, j. 05.12.2007. "ASSUNTO: IMPOSTO SOBRE A RENDA DE PESSOA FÍSICA (IRPF). CONTRATO DE PARCERIA RURAL. DESCARACTERIZAÇÃO. ARRENDAMENTO RURAL. RENDIMENTO TRIBUTÁVEL DE ALUGUEL. Caso proprietário/arrendador não assuma os riscos inerentes à exploração da atividade rural, conclui-se que, apesar de ter sido

Diante desse entendimento, parece não haver dúvidas de que, para as autoridades fiscais, é da essência da parceria rural a existência de risco; se risco não houver, então são aplicáveis as regras do arrendamento. Esse raciocínio, à luz dos dispositivos legais do Estatuto da Terra, não está equivocado: realmente, só há que se cogitar de parceria rural quando o parceiro-outorgante (proprietário) assumir perante o parceiro-outorgado (possuidor) os riscos do empreendimento rural. A lógica que está por trás desse raciocínio é a de que, no arrendamento, o que se tem é mero contrato de aluguel, na medida em que um dos contraentes entrega ao outro o imóvel, para que lhe dê a destinação apropriada, não assumindo, porém, nenhum risco quanto ao empreendimento. Já na parceria, no entanto, é da essência do contrato a assunção dos riscos, daí receber tratamento tributário distinto.

Também os Tribunais têm se posicionado nesse sentido, ou seja, de que, para fins tributários, pouco importa o nome dado ao contrato, o que verdadeiramente interessa é sua essência *(verba non mutant substantiam rei).*[178]

---

atribuída a denominação de parceria rural, o contrato caracteriza-se como arrendamento rural, devendo os rendimentos decorrentes serem tributados como aluguéis". Processo nº 12571.720082/2018-54. Acórdão nº 2002-001.764. Rel. Cons. Thiago Duca Amoni. 2ª Seção de Julgamento. 2ª Turma Extraordinária. publ. 21.01.2020.

178. "TRIBUTÁRIO – IMPOSTO DE RENDA: RENDIMENTOS DA CÉDULA 'E', CONTRATO DE ARRENDAMENTO RURAL. 1. Discussão restrita ao critério legal para caracterização do contrato, matéria meramente de direito, passível de julgamento antecipado 2. No caso concreto, o contrato firmado é de arrendamento rural, embora nominado de 'parceria agrícola'. Estabeleceu-se remuneração fixa mínima sobre a produção, com a isenção do autor das despesas e riscos inerentes à atividade agrícola (plantio, insumos, quebra de safra, etc.). 3. Correta, portanto, a reclassificação dos rendimentos do autor para a cédula 'E', nos termos do art. 31, inciso I, do RIR. 4. Apelação improvida". Tribunal Regional Federal da 3ª Região, 4ª Turma, Rel. Des. Fed. Fábio Prieto, Apelação nº 0305087-76.1994.403.6102, *DJF3* 21.02.2011, p. 291. "TRIBUTÁRIO. EXECUÇÃO FISCAL. EMBARGOS DO DEVEDOR. CONTRATO DE ARRENDAMENTO DENOMINADO PARCERIA AGRÍCOLA. INAPLICABILIDADE DA TRIBUTAÇÃO POR ALÍQUOTA REDUZIDA. RECEITAS NÃO OPERACIONAIS. AUSÊNCIA DE RISCO DO PARCEIRO-OUTORGANTE. DESCARACTERIZAÇÃO DO CONTRATO DE PARCERIA. CONTRATO DE ARRENDAMENTO. 1. Os contratos acostados aos autos, apesar de terem sido denominados contratos de parceria agrícola, na verdade, referem-se a arrendamento rural, porque revelam ausência de uma cláusula de risco para parceira-outorgante, o que

É essa a forma como o direito vem sendo aplicado nas esferas administrativa e judicial. Cabe aqui, todavia, uma ponderação: o escopo deste trabalho, como é conhecido, é examinar a tributação que recai sobre as atividades do agronegócio, não sendo o espaço adequado para trilhar outras reflexões que escapam ao objeto delimitado. Mas, o tema da desconsideração dos atos jurídicos privados por autoridades administrativas, ainda que tenha a louvável intenção de combater a sonegação fiscal, continua gerando insegurança, a despeito do esforço científico em resolvê-lo. O parágrafo único do art. 116 do CTN, inserto pela Lei Complementar 104/01, que autoriza a desconsideração de negócios jurídicos dissimulados, persiste sendo palco de inúmeros debates nos meios acadêmicos e também no âmbito de aplicação da lei, ainda mais porque depende de regulamentação. Daí o motivo pelo qual a "desconsideração" pura e simples de contratos de parceria rural, realizada pelas autoridades fiscais, tomando-os como contratos de arrendamento, deve ser vista com reservas, mesmo que calcada em premissas à primeira vista válidas. Se a linguagem jurídico-prescritiva dos pronunciamentos judiciais se sobrepõe a qualquer outra, não é assim com os atos emanados de autoridades administrativas.

Exemplo disso é a exigência feita por algumas autoridades fiscais de contrato escrito e devidamente registrado em cartório para que a parceria rural tenha validade. Há alguns precedentes no Conselho Administrativo de Recursos Fiscais ratificando esse requisito para que a parceria rural possa produzir efeitos perante o Fisco.[179] Inclusive, o próprio Poder

---

contraria o estabelecido no art. 4º do Decreto 59.566/66. 2. A característica principal do contrato de parceria-rural é o compartilhamento dos riscos da atividade. Na parceria, o lucro é representado por uma cota ou percentual e o risco corre em comum para as duas partes. No arrendamento, o próprio locador recebe o preço contratado, tenha ou não o arrendatário realizado a tarefa. 3. Apelação improvida". Tribunal Regional Federal da 4ª Região, 1ª Turma, Rel. Des. Fed. Joel Ilan Paciornik, Apelação nº 2007.103000452-8, *DJU* 27.03.2007.

179. Pautavam-se as autoridades no item 18 da Instrução Normativa nº 138, de 28 de dezembro de 1990, do Diretor do Departamento da Receita Federal, que

Judiciário já entendeu, com base na disposição genérica da Lei de Registros Públicos (art. 128 da Lei Federal nº 6.015/73), que os contratos só valem perante terceiros quando registrados em cartório.[180]

Acontece, porém, que o Estatuto da Terra é expresso no art. 92 ao admitir o contrato tácito, previsão essa corroborada pelo seu veículo normativo regulamentador, o Decreto Federal nº 59.566/66, que estabelece no art. 11 a possibilidade de que os contratos de arrendamento e parceria rurais sejam *verbais*. Tratando-se de legislação específica, e mais, não havendo qualquer disposição legal em contrário, não há como exigir que esses contratos, tão comuns na realidade brasileira, só possam surtir efeitos perante o Fisco se forem escritos, e ainda por cima que estejam registrados em cartório. Não por outra razão, o Superior Tribunal de Justiça deixou assente que *"estando previsto no Estatuto da Terra que o contrato de parceria agrícola pode ser verbal ou escrito, e não tendo a Lei de Registros Públicos o arrolado entre aqueles em que é imprescindível o registro, incabível a exigência"*.[181] Isso significa que, embora o Regulamento do Imposto sobre a Renda preveja que a situação jurídica envolvendo o arrendamento ou

---

continha essa exigência. Muito embora essa instrução normativa já tenha sido *revogada*, são encontrados alguns precedentes contendo esse requisito. Como exemplo, podem ser citados os seguintes: "O contrato de parceria rural tem os requisitos caracterizadores de sua natureza jurídica estabelecidos no Código Civil Brasileiro e no Estatuto da Terra, sendo que a formalização do contrato, por escrito e registrado em cartório, é condição imprescindível para que se admita, para efeitos tributários, a existência de parceria de produção". Recurso nº 117.985. Processo nº 10840.003574/96-26, 4ª Câmara, Rel. Nelson Mallmann, j. 20.08.1999. "O resultado da atividade rural somente pode ser apurado separadamente na proporção dos rendimentos e despesas que couber a cada parceiro, quando essa condição for comprovada mediante contrato escrito registrado em cartório de títulos e documentos". Recurso nº 12.036, Processo nº 11051.000500/94-80, 2ª Câmara, Rel. José Clóvis Alves, j. 07.01.1998. "A parceria rural deverá ser provada mediante contrato escrito registrado em cartório de títulos e documentos". Recurso nº 124.242. Processo nº 10120.004797/95-37, Rel. Luiz Antônio de Paula, j. 23.05.2001.

180. Tribunal Regional Federal da 3ª Região, Apelação nº 189.892, Processo nº 94.03056088-6, 6ª Turma, Rel. Des. Fed. Lazarano Neto, *DJU* 23.09.2005, p. 504.

181. REsp. 137.946-RS, 1ª Turma, Rel. Min. José Delgado, *DJU* 17.11.1997, p. 59.455.

a parceria deva ser "comprovada documentalmente", tal requisito formal não pode servir para se negar a existência do respectivo contrato (de arrendamento ou de parceria). É evidente que é muito melhor que as partes tenham um contrato escrito, porque isso confere a elas maior segurança jurídica, disciplinando clara e mutuamente seus direitos e obrigações. Todavia, tanto o Código Civil admite o contrato verbal, quanto o próprio Estatuto da Terra, como mencionado, contempla o "contrato expresso ou tácito" (art. 92), de tal modo que a inexistência em si de contrato escrito não pode ser vista como empecilho definido de forma *a priori* para aplicação de um ou outro regime jurídico – menos ainda o registro do contrato em Cartório, requisito esse corretamente afastado pelo STJ em outro precedente também.[182]

Esse era o panorama dos contratos agrários que vigorava antes. Todavia, *a Lei Federal nº 11.443, de 05 de janeiro de 2007, alterou o art. 96 do Estatuto da Terra, modificando os percentuais aplicáveis à parceria rural e, em certo sentido, o próprio regime jurídico da parceria.* E essas "novas" alterações (a lei é de 2007!), ao que parece, ainda não foram notadas com a devida profundidade pela doutrina e pela jurisprudência. O aspecto relevante está em desvendar qual é, a partir da Lei nº 11.443/07, o regime jurídico do arrendamento e qual é o da parceria, porque os reflexos tributários são diferentes – aliás, bem diferentes.

Tradicionalmente, sempre se entendeu que só há verdadeiro contrato de parceria rural se o parceiro, de fato, *assume os riscos da atividade*. Isso está correto. Não por outra razão o mencionado parágrafo único do art. 52 do RIR prescreve que, no caso da parceria, os rendimentos só serão tributados separadamente, na proporção que couber a cada uma das partes, em relação aos valores "para cuja obtenção o parceiro houver assumido os riscos inerentes à exploração da atividade".

---

182. REsp. nº 721.231-SP, 4ª Turma, Rel. Min. João Otávio Noronha, *DJe* 28.04.2008.

O foco do exame, pois, deve centrar-se na pessoa do proprietário das terras. Afinal de contas, é óbvio que a outra parte – o possuidor, seja como arrendatário, seja como parceiro-outorgado – terá riscos na atividade, já que é a pessoa que assume o trabalho de campo para exploração da pecuária ou da agricultura. Desse modo, porque essa pessoa explora uma atividade rural, ela terá direito a fazer os abatimentos das despesas de sua atividade, apurando seu imposto consoante o regime próprio do IRPF-atividade rural, como foi visto páginas atrás, inclusive com a possibilidade de optar pela tributação presumida.

Para o dono das terras, no entanto, a situação pode ser diferente. Ou ele entrega a posse de suas terras ao outro contratante, *independentemente da produção,* isto é, estabelecendo um valor fixo por isso; ou então resolve estipular um *valor variável* pela entrega da posse do imóvel conforme a produção auferida, resultando exatamente aí a sua parcela de assunção dos riscos da atividade.

É essa a diferença entre um e outro contrato: a primeira hipótese é típico caso de arrendamento, *o qual se equipara juridicamente a um aluguel,* sendo tributado à razão de até 27,5% do valor recebido pelo IRPF pela tabela progressiva; enquanto que o segundo exemplo configura uma parceria rural, a qual permite a apuração pelo resultado presumido, *gerando uma carga tributária de 5,5% da importância auferida para o dono das terras.* Em poucas palavras: *o arrendamento tem uma carga tributária cinco vezes maior do que a da parceria* (5,5% x 5 = 27,5%).

Por essa razão que os produtores rurais, dono das fazendas, têm preferência por firmar contratos de parceria, já que há uma redução de carga tributária significativa. O problema é que, muitas vezes, os produtores assinam pretensos contratos de "parceria" que, na prática, não revelam parceria alguma, mas sim inequivocamente um arrendamento, por preverem um valor fixo a ser recebido pelo produtor, sem qualquer tipo de risco a ele. E nesses casos, por haver fraude à lei, essa tributação reduzida da parceria é afastada pelo Fisco para aplicar aos rendimentos auferidos o regime próprio do arrendamento.

Com efeito, há fraude quando se elabora um contrato denominado de "parceria", que, na sua essência, revela um arrendamento. E quando isso acontece, o Fisco Federal desconsidera o contrato de suposta parceria, tributando-o como arrendamento, que tem regime tributário mais oneroso. Reitere-se que enquanto os valores recebidos como parceria são tributados como resultado da atividade rural (permitindo, portanto, a submissão à regra do resultado presumido, que gera uma carga final de 5,5% para as pessoas físicas), o arrendamento é considerado locação de imóvel (aluguel), submetendo-se, pois, à tabela progressiva de até 27,5% sobre a receita auferida. Desse modo, como insistentemente exposto, o aspecto central diferenciador dos contratos de arrendamento e de parceria é a assunção ou não do risco da atividade. Se o indivíduo firma um aparente contrato de "parceria", mas se ele estabelece um preço fixo como remuneração, está afastado o risco e, pois, a verdadeira parceria rural, denotando um arrendamento, sujeito a outro regime tributário.[183]

Esse é o quadro. Diante desse contexto, poder-se-ia perguntar: pois bem, então qual a novidade nesse tema? *É possível ao produtor (dono do imóvel rural) ter uma garantia mínima pela entrega da posse de suas terras a um terceiro, sem que fique descaracterizada a parceria* e sem que fique inteiramente entregue à sorte da capacidade daquele que irá explorar a atividade de conseguir uma boa produção? *A resposta é sim,* há meios legais para que o dono da fazenda possa receber uma parcela mínima fixada em contrato, *sem que se desnature a parceria, desde que* sejam respeitadas as regras fixadas pela legislação para isso.

183. Sobre o tema, vide: CALCINI, Fábio Pallaretti. *"Efeitos fiscais para os contratos agrários de parceria e arrendamento"*. Disponível em: https://www.conjur.com.br/2017-ago-25/direito-agronegocio-efeitos-fiscais-contratos-agrarios-parceria-arrendamento.

E assim se afirma porque o Estatuto da Terra passou por reformulações importantes não é de hoje, alterações essas implementadas pela mencionada Lei nº 11.443/07, as quais ainda não foram absorvidas da forma adequada. De fato, a Lei nº 11.443/07 veiculou novas regras na compreensão desse tema (isso, como se vê, há mais de uma década), estabelecendo o seguinte:

> *SEÇÃO III*
>
> *Da Parceria Agrícola, Pecuária, Agro-Industrial e Extrativa*
>
> *Art. 96. Na parceria agrícola, pecuária, agro-industrial e extrativa, observar-se-ão os seguintes princípios:*
>
> *(...)*
>
> *VI – na participação dos frutos da parceria, a quota do proprietário não poderá ser superior a:*
>
> *a) 20% (vinte por cento), quando concorrer apenas com a terra nua; (Redação dada pela Lei nº 11.443, de 2007).*
>
> *b) 25% (vinte e cinco por cento), quando concorrer com a terra preparada; (Redação dada pela Lei nº 11.443, de 2007).*
>
> *c) 30% (trinta por cento), quando concorrer com a terra preparada e moradia; (Redação dada pela Lei nº 11.443, de 2007).*
>
> *d) 40% (quarenta por cento), caso concorra com o conjunto básico de benfeitorias, constituído especialmente de casa de moradia, galpões, banheiro para gado, cercas, valas ou currais, conforme o caso; (Redação dada pela Lei nº 11.443, de 2007).*
>
> *e) 50% (cinqüenta por cento), caso concorra com a terra preparada e o conjunto básico de benfeitorias enumeradas na alínea d deste inciso e mais o fornecimento de máquinas e implementos agrícolas, para atender aos tratos culturais, bem como as sementes e animais de tração, e, no caso de parceria pecuária, com animais de cria em proporção superior a 50% (cinqüenta por cento) do número total de cabeças objeto de parceria; (Redação dada pela Lei nº 11.443, de 2007).*
>
> *f) 75% (setenta e cinco por cento), nas zonas de pecuária ultra-extensiva em que forem os animais de cria em proporção superior a 25% (vinte e cinco por cento) do rebanho e onde se adotarem a meação do leite e a comissão mínima de 5% (cinco por cento) por animal vendido; (Redação dada pela Lei nº 11.443, de 2007).*

g) nos casos não previstos nas alíneas anteriores, a quota adicional do proprietário será fixada com base em percentagem máxima de dez por cento do valor das benfeitorias ou dos bens postos à disposição do parceiro;

§ 1º Parceria rural é o contrato agrário pelo qual uma pessoa se obriga a ceder à outra, por tempo determinado ou não, o uso específico de imóvel rural, de parte ou partes dele, incluindo, ou não, benfeitorias, outros bens e/ou facilidades, com o objetivo de nele ser exercida atividade de exploração agrícola, pecuária, agroindustrial, extrativa vegetal ou mista; e/ou lhe entrega animais para cria, recria, invernagem, engorda ou extração de matérias-primas de origem animal, mediante partilha, isolada ou cumulativamente, dos seguintes riscos: (Incluído pela Lei nº 11.443, de 2007).

I – caso fortuito e de força maior do empreendimento rural; (Incluído pela Lei nº 11.443, de 2007).

II – dos frutos, produtos ou lucros havidos nas proporções que estipularem, observados os limites percentuais estabelecidos no inciso VI do caput deste artigo; (Incluído pela Lei nº 11.443, de 2007).

III – variações de preço dos frutos obtidos na exploração do empreendimento rural. (Incluído pela Lei nº 11.443, de 2007).

§ 2º As partes contratantes poderão estabelecer a prefixação, em quantidade ou volume, do montante da participação do proprietário, desde que, ao final do contrato, seja realizado o ajustamento do percentual pertencente ao proprietário, de acordo com a produção. (Incluído pela Lei nº 11.443, de 2007).

§ 3º Eventual adiantamento do montante prefixado não descaracteriza o contrato de parceria. (Incluído pela Lei nº 11.443, de 2007).

§ 4º Os contratos que prevejam o pagamento do trabalhador, parte em dinheiro e parte em percentual na lavoura cultivada ou em gado tratado, são considerados simples locação de serviço, regulada pela legislação trabalhista, sempre que a direção dos trabalhos seja de inteira e exclusiva responsabilidade do proprietário, locatário do serviço a quem cabe todo o risco, assegurando-se ao locador, pelo menos, a percepção do salário mínimo no cômputo das 2 (duas) parcelas. (Incluído pela Lei nº 11.443, de 2007).

§ 5º O disposto neste artigo não se aplica aos contratos de parceria agroindustrial, de aves e suínos, que serão regulados por lei específica. (Incluído pela Lei nº 11.443, de 2007). [184]

---

184. Vale registrar que o art. 96, VI, alínea "g", do Estatuto da Terra já constava na sua redação original, porém, a Lei Federal nº 11.443/07 acabou por inserir um inciso IX a

As alterações são importantes e, como se disse, ainda não foram adequadamente compreendidas pela comunidade jurídica. Hoje em dia, se o dono da fazenda entregar o imóvel em regime de parceria agrícola concorrendo apenas com a terra nua, ele tem direito de exigir 20% dos frutos havidos, isso sem descaracterizar a parceria (art. 96, VI, "a").

E mais, desde a edição da Lei nº 11.443/07, a parceria rural continua sendo um contrato agrário pelo qual uma pessoa se obriga a ceder à outra, por termo determinado ou não, o uso específico de imóvel rural, de parte ou partes dele, incluindo, ou não, benfeitorias, outros bens e/ou facilidades, com o objetivo de nele ser exercida atividade de exploração agrícola, pecuária, agroindustrial, extrativa vegetal ou mista, mas agora com a partilha, *isolada ou cumulativamente,* dos seguintes *riscos:* (i) caso fortuito ou força maior; (ii) dos frutos, produtos ou lucros havidos nas proporções que estipularem, observados os limites estabelecidos no inciso VI; (iii) ou então – e aqui está a grande mudança – as *"variações de preço dos frutos obtidos na exploração do empreendimento rural"* (art. 96, § 1º, incisos I a III).

Não é só. As partes podem estabelecer *"a prefixação, em quantidade ou volume, do montante da participação do proprietário"*, com a única exigência de que, *"ao final do contrato, seja realizado o ajustamento do percentual pertencente ao proprietário, de acordo com a produção"* (art. 96, § 2º). E mais ainda, *"eventual adiantamento do montante prefixado não descaracteriza o contrato de parceria"* (art. 96, § 3º). Ou seja, ampliou-se o conceito de parceria para abarcar também as hipóteses de mera oscilação de preços dos produtos como denotadora do risco do empreendimento e inseriu-se a possibilidade de prefixação em quantidade de produtos, sem que isso afaste o regime jurídico da parceria.

Portanto, desde a Lei nº 11.443/07 o produtor dono das terras pode legitimamente firmar um contrato de parceria

---

esse mesmo artigo com a mesma redação, de modo que há dois enunciados com idêntico teor – o que só corrobora o desapego do legislador na produção normativa.

rural para exploração da cultura da soja, por exemplo, estabelecendo quantidades mínimas prefixadas de sacas por hectare como sua participação (por exemplo, 20% da produção), inclusive com adiantamento do montante prefixado, *desde que*, no final do contrato, seja feito o ajuste efetivo entre a quantidade total de produção estimada durante todo o período do contrato (por hipótese, 05 anos) e a quantidade real colhida nesse interregno. Afinal de contas, as *"variações de preço dos frutos obtidos"* foram consideradas pelo legislador como uma hipótese, *"isolada ou cumulativamente"*, de compartilhamento dos *"riscos"* da atividade – e praticamente todas as *commodities* do agronegócio, como a soja, o milho, a cana, o café ou a arroba de boi se submetem a variações consideráveis de preço, conforme o período.

Dessa forma, se as partes projetam, hipoteticamente, que a área a ser explorada gerará uma produção de "x" sacas de soja, é possível firmar um contrato de parceria agrícola de 05 (cinco) anos e estabelecer que, ano a ano, o proprietário receberá 20% desse "x" em sacas de soja (se ele concorrer apenas com a terra nua). E então, por ocasião da última colheita, as partes fazem os cálculos da produção total efetiva gerada, fazendo o respectivo ajuste para que o proprietário receba exatamente aqueles 20% de "x", recebendo no último pagamento uma quantidade menor de sacas de soja, se a produção foi inferior à projetada; ou então uma quantidade maior (o que também pode ocorrer), se a produção total ficou acima do que havia sido previsto.

Trata-se de algo extremamente relevante, que não desnatura, repita-se, o regime típico da parceria rural, tudo consoante a lei. Mas, note-se bem: essa hipótese só se aplica ao recebimento em produto, não em dinheiro (pois, se a convenção das partes for em dinheiro, isso denotará arrendamento).

Ora, nesse contexto, parece claro que toda a jurisprudência formada por décadas, a qual foi construída sob o pressuposto de que a prefixação em quantidade de produtos, por si só, afastava o "risco" para fins de parceria rural, com o advento da Lei nº 11.443/07 haverá de ser repensada, em especial porque, de acordo com a legislação em vigor, a prefixação isoladamente considerada não afasta a parceria, bastando que haja o ajuste no último ano do contrato, e porque a variação de preço dos frutos (como o preço da arroba do boi, da saca da soja, do milho, do café ou outra unidade de medida rural), *"isolada ou cumulativamente"*, já preenche o requisito legal do risco da atividade.

Essa mudança legislativa acabou por reduzir significativamente o interesse no arrendamento rural puro e simples. Não haverá, aí, como se cogitar de fraude ou simulação, uma vez que o risco assumido pelo parceiro-outorgante foi a variabilidade do preço das *commodities* agrícolas, algo que, de acordo com a legislação modificadora, não infirma a existência de uma parceria, a despeito de existir a prefixação da quantidade de grãos já no início do contrato.

Como o legislador estabeleceu que existirá a parceria quando houver a partilha "isolada ou cumulativamente" daquelas rubricas definidas como "risco", então a mera variabilidade de preços dos produtos – algo tão comum no mercado do agronegócio – passou a ser condição suficiente para que se esteja diante de um verdadeiro contrato de parceria rural, sem que contra isso possam se insurgir as autoridades fiscais.

Perceba-se que, diante dessas mutações legislativas, teoricamente arrendamento e parceria continuam sendo contratos distintos: no arrendamento, o preço é fixo em dinheiro, enquanto que, na parceria, o proprietário assume os riscos do empreendimento. A diferença é que, agora, será considerado risco do empreendimento, para fins de caracterização da parceria, a mera variação dos preços dos produtos, pouco importando a prefixação da quantidade ou do volume da produção devidos ao proprietário. Na prática, entretanto, arrendamento e parceria se assemelharam muito, na medida em que o arrendamento é um aluguel com preço certo em dinheiro, enquanto que a parceria, da perspectiva daquele que se limita a transferir a posse da terra nua, transformou-se também em um aluguel pelos primeiros anos do contrato, porém, com pagamento certo em quantidade de produtos e com a exigência de que, no último ano, seja feito o ajuste efetivo entre a produção projetada e a colhida.

Se o art. 18, parágrafo único, do Decreto Federal nº 59.566/66 continua a vedar o ajuste do arrendamento em quantidade fixa de produtos, em virtude das mudanças trazidas pela Lei Federal nº 11.443/07 na parceria não há vedação à prefixação da produção, bastando que haja o ajuste respectivo no final do contrato. Nessa ordem de ideias, é possível afirmar que, também na parceria, o parceiro-outorgante (proprietário) pode, ao menos, reduzir os riscos que assume perante o parceiro-outorgado (possuidor), na medida em que há a possibilidade de prefixar a quantidade ou o volume que receberá nos primeiros anos do contrato, bastando que preveja o respectivo ajuste ao final, sujeitando-se, apenas, à variação dos preços.[185]

Por isso é que o fator "risco", desde então, não pode ser subentendido como ausente pelo fato de haver prefixação da quantidade de produtos (toneladas ou sacas); o que vai variar é apenas o preço, sem que isso descaracterize a parceria. As mudanças provocadas pela lei posterior, desse modo, devem levar a uma revisão da jurisprudência firmada em torno do assunto, porquanto é possível, por exemplo, inserir cláusula garantindo quantidade mínima de produtos no início do contrato.[186]

---

185. Pensa assim também André Ricardo Passos de Souza. Vide: "Aspectos tributários da parceria rural diante das recentes alterações ao Estatuto da Terra". *Direito do agronegócio: mercado, regulação, tributação e meio ambiente.* Coord. Renato Buranello, André Ricardo Passos de Souza e Ecio Perin Junior. São Paulo: Quartier Latin: 2011, v. I, p. 784.

186. Valendo lembrar que a circunstância de garantia de preço mínimo já levou o Tribunal Regional Federal da 3ª Região a entender que isso descaracterizaria a parceria. TRF-3ª Região, 2ª Turma, Rel. Desª. Fed. Marianina Galante, Apelação nº 96.03014363-4, *DJU* 03.04.2002, p. 330.

2.3.6 Os deveres instrumentais ("obrigações acessórias") do IRPF no agronegócio: a obrigatoriedade de adoção do livro-caixa digital para os produtores rurais ("LCDPR") e seus potenciais reflexos

Até aqui, procurou-se examinar, detalhadamente, cada uma das nuanças que envolvem a tributação pelo IRPF no agronegócio. E, de acordo com o corte metodológico delineado no início, não é intenção deste estudo perquirir outros aspectos que não girem em torno da tributação propriamente dita que recai sobre esse conjunto de atividades econômicas. Contudo, é cabível uma palavra sobre as "obrigações acessórias" a serem cumpridas pelo contribuinte rural, ainda que em rápida abordagem, para conferir maior grau de compreensão da matéria, abarcando todos seus aspectos relevantes.

Na dicção do Código Tributário Nacional, a obrigação tributária pode ser dividida em "principal" e "acessória" (art. 113). Crê-se que é despiciendo reproduzir nestas páginas as diversas observações críticas dispensadas pela doutrina acerca da terminologia empregada pelo legislador para designar essas categorias jurídicas; juristas de melhor nota já o fizeram. Basta lembrar a posição do Prof. Paulo de Barros Carvalho sobre o tema, que desnuda a impropriedade semântica da expressão "obrigação acessória": não é "obrigação", porque não avaliável economicamente; e não é "acessória", porque nem sempre está atrelada à chamada "obrigação principal".[187] Daí o motivo pelo qual, examinando o art. 113, § 2º, do CTN, entende que o mais adequado é referir-se a "deveres instrumentais", denominação essa adotada nesta pesquisa doravante.

Sem embargo das divergências linguísticas – e as palavras nunca podem ser desprezadas – é importante deixar registrado que os deveres instrumentais envolvem condutas do contribuinte em prol da transparência fiscal, registrando as operações tributáveis, tais como emissão de notas fiscais,

187. *Curso de direito tributário*. 32. ed. São Paulo: Noeses, 2022, p. 294/297.

escrituração de livros, entrega de declarações, dentre outras, ou então uma postura omissiva do sujeito passivo, sujeitando-se à competência administrativa fiscalizadora, desde que, obviamente, exercida nos exatos limites da lei.

No âmbito do agronegócio não é diferente. Especificamente em relação ao imposto sobre a renda, a legislação também exige que o produtor rural cumpra os deveres instrumentais. É bem verdade, porém, que a realidade rurícola, em certo sentido, ainda é diferente, o que motivou o legislador a admitir um processo mais simplificado para atender aos interesses fazendários – mas esse cenário vem mudando. Desde a Lei Federal nº 8.023/90 já havia a previsão de diversas formas de apuração e registro do resultado da atividade rural (art. 3º). Com o advento da Lei Federal nº 9.250/95, contudo, a exigência passou a ser de escrituração das operações em "livro-caixa", que deve abranger as receitas, as despesas de custeio, os investimentos e demais valores que integram o agronegócio (art. 18).

O Regulamento do Imposto sobre a Renda, escorado nas leis supramencionadas, sistematiza o assunto no art. 53 (*caput* e parágrafos). Em consonância com o que prevê esse dispositivo, é dever do produtor rural registrar todas as receitas, as despesas de custeio, os investimentos e outras importâncias que componham a atividade no livro-caixa. Além disso, todas essas operações ficam sujeitas à comprovação de sua veracidade, mediante documentos idôneos que identifiquem a origem, a pessoa envolvida, o valor e a data da operação. A receita bruta, oriunda da comercialização dos produtos, deve ser comprovada pela documentação pertinente, como nota fiscal do produtor, nota fiscal de entrada, nota promissória rural vinculada à nota fiscal do produtor ou outros instrumentos de prova aceitos pelas fiscalizações estaduais.[188] Já as despesas de custeio e os investimentos serão provados igualmente mediante documentos

188. A Instrução Normativa 83/01 da Secretaria da Receita Federal do Brasil admite também, quando a receita bruta originar-se da alienação de bens utilizados na exploração rural, recibo no qual conste o nome, o CPF ou CNPJ e o endereço do adquirente ou beneficiário, bem como a data e o valor da operação (art. 6º, parágrafo único).

tidos por idôneos, como nota fiscal, fatura, recibo, contrato de prestação de serviços, laudo de vistoria de órgão financiador e folha de pagamento de empregados, ou mesmo nota fiscal simplificada ou cupom de máquina registradora, quando identifiquem o contribuinte, a teor do art. 10 da Instrução Normativa nº 83/01 da Secretaria da Receita Federal do Brasil.[189]

O livro-caixa independe de registro, devendo ser numerado sequencialmente, sem rasuras, emendas, intervalos em branco ou entrelinhas, permitida a escrituração por sistema de processamento eletrônico. Sobremais, o livro-caixa deve abranger todas as atividades rurais do contribuinte, mesmo que exploradas em imóveis distintos. Quanto ao prazo para escrituração do livro-caixa, a legislação prevê que o registro das operações deve ser realizado até a data prevista para a entrega tempestiva da declaração de rendimentos do corresponde ano-calendário, devendo os documentos e o próprio livro-caixa ser guardados à disposição da fiscalização enquanto não ocorrer a decadência ou a prescrição.[190] Caso o contribuinte deixe de fazer a escrituração do livro-caixa, a consequência é o arbitramento da base de cálculo à razão de 20% (vinte por cento) da receita bruta do ano-calendário (art. 18, § 2º, da Lei Federal nº 9.250/95).

Essas as regras aplicáveis aos produtores pessoas físicas em geral. Ocorre que a Instrução Normativa nº 1.848, de 28 de novembro de 2018, inseriu na Instrução Normativa nº 83/01 um art. 23-A, o qual passou a estabelecer que, a partir do ano-calendário de 2019, todo produtor que auferir, durante o ano, receita bruta total da atividade rural superior a R$ 4.800.000,00 (quatro milhões e oitocentos mil reais) estará obrigado a entregar, até a data da declaração de ajuste anual e em formato

---

189. O art. 22, § 5º, da IN 83/01 considera "prova documental aquela que se estrutura por documentos nos quais fiquem comprovados e demonstrados os valores das receitas recebidas, das despesas de custeio e os investimentos pagos no ano-calendário".

190. Aos contribuintes que aufiram receita bruta anual até o valor de R$ 56.000,00 (cinquenta e seis mil reais) é facultado apurar o resultado da atividade rural mediante prova documental, dispensado o livro-caixa. Nesse caso, no entanto, fica vedada a compensação de prejuízos acumulados (art. 18, § 3º, da Lei Federal nº 9.250/95; art. 58, § 6º, RIR; e art. 22, § 4º, da IN 83/01).

digital, o "Livro-Caixa Digital do Produtor Rural (LCDPR)", na redação dada pela Instrução Normativa nº 1.903, de 24 de julho de 2019. Trata-se de um dever para quem auferir receita bruta superior a esse montante e uma faculdade para os demais produtores (art. 23-A, § 4º). Especificamente para o ano-calendário de 2019 a exigência valeu para os que obtiveram receita bruta superior a R$ 7.200.000,00 (sete milhões e duzentos mil reais). Quem estiver obrigado e não entregar o LCDPR ou o apresentar com informações incorretas ou com omissões estará sujeito ao pagamento de multa (art. 23-B).

Trata-se de alteração sobremaneira relevante, na medida em que, pela primeira vez, a Receita Federal terá acesso verdadeiro às informações dos produtores rurais, a partir da base de dados digitais. Era (e ainda é) bastante comum o produtor descuidar da "papelada", não se atentar para as formalidades exigidas pela lei. No campo, muitas vezes as pessoas são simples e não estão habituadas a questões burocráticas. E há também situações de pessoas que, de má-fé, valem-se de algumas regras aplicáveis ao agro para lançar todo tipo de despesa no seu imposto de renda, como se tudo fosse "rural".

Esse cenário vai acabar. Não dá mais para o produtor tocar sua atividade com amadorismo, sem perceber que, hoje, ele é visto como um empresário rural. Os grandes produtores já se deram conta disso. O próximo passo é o de que os médios se adequem também. E não custa registrar que um faturamento bruto de R$ 4.800.000,00 (quatro milhões e oitocentos mil reais) ao ano, sobretudo na agricultura de quem faz safra e "safrinha", não é considerado um faturamento vultoso (note-se bem: faturamento bruto, não lucro). Portanto, o quadro que se anuncia é o de que a Receita Federal tende a apertar a fiscalização dessa atividade, de tal modo que, por consequência, o número de autuações envolvendo problemas documentais da atividade rural deve aumentar. É preciso estar atento a isso.

2.4 O Imposto sobre a Renda das Pessoas Jurídicas (IRPJ) no agronegócio

A análise da tributação que recai sobre a renda auferida pelas pessoas físicas que se dedicam às atividades do agronegócio, como se procurou demonstrar, não é uma tarefa que pode ser cumprida à ligeira, açodadamente. Não. É dever daquele que tem pretensão de fazer reflexões científicas, *verdadeiramente pensando o direito*, colocar-se diante de um emaranhado heterogêneo de enunciados prescritivos, alojados de maneira precariamente aglutinada, para realmente sistematizá-los, propiciando compreensão mais acentuada do produto legislado e explorando suas diversas possibilidades.

Mas, teoria que se distancia da pragmática jurídica, que não serve para, efetivamente, *resolver* os problemas do cotidiano, tem a mesma utilidade que um belo instrumento que não pode ser tocado. Por isso é que, guardando fidelidade às premissas eleitas no começo da pesquisa e sacando o ferramental teórico que o método escolhido e os recursos científicos adotados proporcionam, procurou-se adentrar nos principais aspectos que o imposto sobre a renda das pessoas físicas no agronegócio sugere.

É chegado o momento, então, de vasculhar a tributação que incide sobre as atividades do agronegócio das pessoas jurídicas, persistindo no viés analítico, porque se crê que esse modo de enxergar o direito garante ao cientista dogmático um estudo organizado, pormenorizado e poderoso, pois assegura a transmissão de informações precisas, as quais, talvez, uma abordagem assistemática, panorâmica e descontínua não atinja.

Não por outra razão a abordagem da tributação pelo imposto sobre a renda das pessoas jurídicas que se prestam às atividades do agronegócio (IRPJ) seguirá a mesma trilha metodológica percorrida por ocasião do exame do imposto incidente sobre as pessoas físicas (IRPF). Destarte, o método empírico-dialético continuará presente neste tópico: das normas aos fatos e deles a elas, recorrentemente. No plano normativo, prosseguir-se-á como *roteiro investigativo* o Regulamento do Imposto sobre a Renda, sem nunca perder de vista, contudo, o escalão hierarquizado do ordenamento. No plano da experiência, por sua vez, sempre que possível, as conclusões teóricas serão testadas – ou melhor, comparadas – à pragmática jurídica, examinando como os agentes responsáveis pela aplicação dos comandos normativos, seja no âmbito administrativo, seja na esfera judicial, vêm resolvendo esses problemas, tecendo eventuais considerações críticas, quando cabíveis.

Para conferir densidade ao estudo, é sobremaneira relevante passar em revista as normas jurídicas que regem o IRPJ no agronegócio, estruturando-as à luz da teoria da *regra-matriz de incidência tributária,* de sorte que sejam explorados os critérios material, espacial e temporal desse regime jurídico, hospedados na hipótese normativa, bem como os critérios pessoal e quantitativo, entrincheirados no consequente, sobretudo, uma vez mais, no que pertine à sujeição passiva e à composição da base de cálculo.

2.4.1 Um esclarecimento quanto à forma de abordagem da tributação das pessoas jurídicas: tratamento legislativo dispensado ao IRPJ no agronegócio

Por ocasião do estudo do IRPF no agronegócio foram examinadas as especificidades que giram em torno da delimitação jurídica das atividades econômico-rurais, em especial quanto à fórmula legislativa adotada para conceder um regramento próprio a esse conjunto de operações. Essa empreitada só foi possível porque há, no Regulamento do Imposto sobre a Renda, um conjunto de normas específicas que rege a tributação das pessoas físicas no agronegócio (Livro I, Título IV, Capítulo III, Seção VII, arts. 50 a64), respaldado pelas Leis Federais n°s. 8.023/90, 8.383/91, 9.250/95 e 9.430/96.

Acontece, porém, *que não há uma seção própria no Regulamento disciplinando as atividades do agronegócio para as pessoas jurídicas;* pelo contrário, o que há são regras genéricas, aplicáveis assim às pessoas jurídicas que se dedicam a essas atividades, como às demais. Com efeito, não há no RIR um espaço próprio para regência dessas operações praticadas por pessoas jurídicas, como há para as pessoas físicas. E isso, inegavelmente, dificulta o trabalho organizacional e sistematizador do intérprete, pois se vê na contingência de sair à cata de diversos enunciados esparramados diplomas afora para reuni-los e dar-lhes um tom de organicidade jurídica.

Muito embora, em diversas passagens, haja referência no RIR à "atividade rural", às "agropecuárias" ou mesmo à "exploração de florestas", a verdade é que há apenas um – somente um – dispositivo no Regulamento *pretensamente* voltado à disciplina específica dessas operações, inserto no Livro II ("Da Tributação das Pessoas Jurídicas"), Título VIII ("Do Lucro Real"), Capítulo VI ("Disposições Especiais sobre Atividades das Pessoas Jurídicas"), Seção VIII ("Da Atividade Rural"), que, todavia, frustrantemente limita-se à previsão de que *"a pessoa jurídica que tenha por objeto a exploração da atividade rural pagará o imposto sobre a renda e o adicional de acordo com as normas aplicáveis às demais pessoas jurídicas"*, como se nota do art. 477 do RIR, fundamentado no art. 2º da Lei Federal nº 9.249/95.

É muito pouco para um segmento econômico tão importante. Conviria ao legislador deter-se mais na disciplina dessas operações, dada a relevância que assumem no cenário nacional. Porém, apesar de esse cuidado não ter sido tomado no Regulamento, nem por isso, obviamente, o estudioso ficará tolhido de identificar, também para as pessoas jurídicas, um regime jurídico-tributário próprio no que diz respeito ao agronegócio. Para isso, basta retornar ao diploma normativo superior, que é a lei, em especial a Lei Federal nº 8.023/90, para de lá construir a exegese adequada sobre o tema.

E, de fato, examinando a Lei Federal nº 8.023/90 depreende-se que esse veículo legislativo não se limita a disciplinar o imposto sobre a renda da atividade rural das pessoas físicas, pelo contrário, volta-se à regência dos resultados da atividade rural como um todo – englobando, pois, também os rendimentos das pessoas jurídicas. É bem verdade que há dispositivos nessa lei cujos destinatários são apenas as pessoas físicas, no entanto, quando o legislador se referiu a elas apenas, o fez de maneira expressa (como nos arts. 5º, 7º, 10, 14 e 16). *Isso significa que as disposições da Lei Federal nº 8.023/90, que servem para delimitar a materialidade do imposto sobre a renda no agronegócio (art. 2º), que garantem a dedutibilidade das despesas e dos investimentos (art. 6º) e que definem o que vem a ser resultado da atividade rural (art. 4º) também são aplicáveis às pessoas jurídicas, nos mesmos moldes das pessoas físicas.*

Por outro lado, o Regulamento do Imposto sobre a Renda, compreendido na sua inteireza, acaba por desmentir o seu art. 477, na medida em que há, sim, disposições específicas voltadas ao agronegócio que permitem identificar um regime tributário característico para as pessoas jurídicas no próprio Regulamento, muito embora não estejam organizadas topicamente em uma mesma seção. Noutras palavras, a afirmação de que *"a pessoa jurídica que tenha por objeto a exploração da atividade rural pagará o imposto sobre a renda e o adicional de acordo com as normas aplicáveis às demais pessoas jurídicas"*, como prevê o art. 477, deve ser vista com reservas. Isso porque é muito pouco exigir a obrigatoriedade de "pagamento" do imposto por parte das pessoas jurídicas que exploram a atividade rural seguindo as mesmas regras das demais pessoas jurídicas, já que só haverá "pessoa jurídica que tenha por objeto a exploração da atividade rural" quando o hermeneuta puder, antes, identificá-la. E isso só se dá mediante a precisa definição da materialidade, do critério temporal, da sujeição passiva e da determinação da base de cálculo, com suas receitas típicas, suas despesas operacionais, seus investimentos e compensações sem limites, todas elas previstas também no RIR. Enfim, é a própria existência de regras típicas que impõe a necessidade de sistematização da tributação das pessoas jurídicas no agronegócio pelo imposto sobre a renda, a despeito da ausência de organização.

Portanto, diante desses dois fatores, o intérprete está autorizado a afirmar que pelo fato de a Lei Federal nº 8.023/90 não ser aplicável apenas às pessoas físicas, mas também às jurídicas, bem como por haver normas específicas sobre a tributação das pessoas jurídicas rurais no próprio Regulamento, embora não organizadas em uma mesma seção, boa parte das conclusões a que se chegou até aqui sobre o IRPF no agronegócio também são aplicáveis ao IRPJ no agronegócio.

Melhor esclarecendo: *a forma de abordagem da tributação das pessoas jurídicas no agronegócio neste trabalho, no que pertine ao imposto sobre a renda, diante do tratamento legislativo dispensado a elas, valer-se-á, em boa medida, das constatações que já foram feitas em relação às pessoas físicas, em especial quanto aos critérios material, espacial e pessoal, com apenas alguns ajustes.* O que merecerá maiores comentários é a apuração da base de cálculo e, na sujeição passiva, a situação das cooperativas, além do critério temporal, que apresenta aspectos complicados diante da realidade do setor. Assim, para evitar repetições desnecessárias, nos trechos em que as conclusões sejam as mesmas das já atingidas, o autor limitar-se-á a proposições descritivas mais enxutas, remetendo o leitor às considerações feitas anteriormente.

Importante registrar, para fechar esse raciocínio, que a própria Secretaria da Receita Federal do Brasil, ao que parece ressentindo-se da falta de organização dessas normas e percebendo a similitude, em diversos aspectos, da tributação entre pessoas físicas e pessoas jurídicas voltadas ao agronegócio, entendeu por bem editar, em um primeiro momento, a Instrução Normativa nº 257, de 11 de dezembro de 2002, que estava preordenada a dispor sobre *"a tributação dos resultados da atividade rural na apuração do imposto de renda das pessoas jurídicas"*. Posteriormente, adveio a Instrução Normativa nº 1.700, de 14 de março de 2017, que meticulosamente pretendeu consolidar, com força de instrumento normativo secundário, a disciplina do IRPJ e da CSLL aplicável a todas as receitas das pessoas jurídicas. Com isso, a IN nº 1.700/17 acabou por revogar a IN nº 257/02, tendo incorporado ao seu texto, debaixo de um mesmo diploma normativo, os comandos específicos aplicáveis à atividade rural das pessoas jurídicas, os quais eram tratados antes em separado pela IN nº 257/02. Com efeito, o tema foi enquadrado na referida norma no Livro I ("Do Imposto sobre a Renda das Pessoas Jurídicas e da Contribuição Social sobre o Lucro Líquido"), Título XIV ("Das Disposições Especiais"), Capítulo X ("Da Atividade Rural"), nos arts. 248 a 270. No entanto, correndo os olhos nessa Instrução Normativa 1.700/17, nota-se que vários de seus comandos são, praticamente, idênticos aos da Instrução Normativa 83/01, que rege, com força de regramento derivado, a tributação dos resultados da atividade rural auferidos pelas pessoas físicas. Assim acontece no que diz respeito à delimitação do que deve ser entendido por "atividade rural" (art. 249, *caput,* incisos e §§ 1º e 2º); em relação às atividades não englobadas nesse conceito (art. 250); quanto à identificação da receita bruta desse segmento econômico (arts. 251 e 252) e das despesas de custeio (art. 255); no que tange ao resultado da atividade rural (art. 257); e, por fim, à compensação de prejuízos (art. 263). A principal diferença está na disciplina da forma de apuração do imposto pelas pessoas jurídicas (lucros real, presumido ou arbitrado).

Logo, a própria IN 1.700/17 – que, é inegável, representa a "interpretação oficial" do Fisco Federal sobre o assunto – reforça a convicção de que vários dos aspectos já tratados por ocasião do exame do IRPF no agronegócio também são extensíveis ao IRPJ no agronegócio, de tal modo que basta aplicar o mesmo raciocínio quando as questões forem comuns. E nem poderia ser diferente, uma vez que o imposto sobre a renda é um só: a competência para sua instituição decorre do art. 153, III, da Carta da República. Desse modo, esse diploma normativo secundário igualmente será utilizado como insumo para a construção das conclusões a que se pretende chegar neste trabalho.

2.4.2 Reafirmando a materialidade do imposto sobre a renda no agronegócio

Devidamente esclarecida a forma em que será feita a abordagem do tema, deve ser examinada, então, a materialidade do imposto sobre a renda que incide sobre as atividades econômicas do agronegócio exercidas por pessoas jurídicas.

Por ocasião do estudo do IRPF no agronegócio, ficou assentado que a tônica dada pelo legislador para a identificação dessas operações recaiu sobre o critério material, pautando-se pela materialidade do imposto, mais precisamente no complemento do complemento do verbo que exprime a ação humana regida pelo direito (auferir renda *da atividade rural*). E para definir o que deve ser entendido por "atividade rural", o legislador declinou no art. 2º da Lei Federal nº 8.023/90 – dispositivo esse reproduzido no art. 51 do RIR, cuidando da tributação das pessoas físicas – várias atividades que formam esse conceito, donde se concluiu que a atividade rural abarca a extração e a exploração vegetal e animal como gênero.

Pois bem. Muito embora não haja, como já se destacou, um dispositivo idêntico no Regulamento do Imposto sobre a Renda para disciplinar a materialidade da tributação das pessoas jurídicas no agronegócio, a verdade é que, para fins de identificação dessas operações, permitindo a demarcação de um regime jurídico próprio, essa ausência não é empecilho à empreitada proposta. Isso porque é a lei que define o que vem a ser "atividade rural", de sorte que pouco importa a falta de comando normativo com esse teor no Regulamento. É que o art. 2º da Lei Federal nº 8.023/90 não se restringe à definição das atividades rurais das pessoas físicas, pelo contrário, espraia-se também para captar as pessoas jurídicas.

Logo, a materialidade do imposto sobre a renda das pessoas jurídicas no agronegócio é exatamente a mesma daquela que identifica a disciplina das pessoas físicas. Aliás, tanto assim é que o art. 249 da IN 1.700/17, regrando, como norma secundária, a tributação das pessoas jurídicas, tem redação muito parecida com a do art. 2º da IN 83/01, que dispõe sobre a tributação das pessoas físicas no mesmo plano hierárquico. E nem poderia ser diferente, uma vez que a norma que serve de fundamento de validade a ambos é a mesma.

Por isso é que se pode reafirmar a materialidade do imposto sobre a renda no agronegócio como um todo, nos exatos termos do que já foi dito quando da análise da tributação das pessoas físicas. Portanto, todo o contexto hermenêutico produzido em relação à materialidade do imposto das pessoas físicas nessas atividades específicas, juntamente com as observações, comentários e considerações críticas, é aplicável, em tudo e por tudo, igualmente às pessoas jurídicas, de tal modo que aquelas proposições teoréticas servem para descrever também o sistema jurídico quanto à tributação das pessoas jurídicas no agronegócio e – espera-se – da mesma maneira solucionar os problemas surgidos nesse campo do conhecimento.

2.4.3 Critério espacial do tipo genérico no IRPJ no agronegócio

Quando da investigação do critério espacial do IRPF no agronegócio, percebeu-se que a legislação não elege um ponto específico, nem mesmo uma dada região territorial, para que as normas desse regime jurídico atuem. E assim se afirmou porque o legislador escolheu o critério material como condição suficiente para delimitação dessas operações, sujeitando-as a um regramento próprio. Consequência direta disso é que o critério espacial do IRPF no agronegócio é do tipo genérico, ou seja, pouco importa onde essas atividades são desenvolvidas; basta que sejam desempenhadas no território nacional.

Se assim acontece com as pessoas físicas, com as pessoas jurídicas não poderia ser diferente. Com efeito, não há norma alguma restringindo a realização da atividade rural na zona rural. É possível que certas atividades sejam realizadas por pessoas jurídicas também na zona urbana, sem que se distancie do regime jurídico específico.[191]

Desse modo, também o critério espacial do IRPJ no agronegócio está organizado na sua vertente genérica, na medida em que o que marca a submissão ao regramento específico é a atividade desenvolvida, e não o local onde é desempenhada. A extração ou a exploração vegetal ou animal por pessoas jurídicas estão debaixo do regime do IRPJ no agronegócio, pouco importando a localidade onde são realizadas essas atividades. Assim, também aqui o raciocínio é reconduzido às observações que já foram feitas em relação ao critério espacial do imposto incidente sobre a renda advinda da atividade rural das pessoas físicas, observações essas que servem, igualmente, para a compreensão da tributação das pessoas jurídicas.

2.4.4 O critério temporal e os períodos de apuração no IRPJ incidente sobre o agronegócio: incompatibilidades com a realidade do setor

Diferentemente do que acontece com os critérios material e espacial, o estudo do critério temporal no IRPJ no agronegócio leva a conclusões distintas ao que já se viu em relação ao IRPF no agronegócio. Para as pessoas físicas, ficou demonstrado que o imposto é estruturado seguindo a lógica do regime de caixa, ou seja, somente a partir do momento em que o contribuinte obtiver um ganho efetivo é que a exação será devida, inclusive nas circunstâncias em que os rendimentos auferidos advierem de operações envolvendo as *commodities* agrícolas, sujeitas à fixação do preço da mercadoria dependendo de cotação em bolsa internacional, devendo o imposto ser apurado levando-se em conta o último instante de cada exercício financeiro.

---

191. Não fosse assim e o art. 249, § 2º, da IN 1.700/17 – tal qual o art. 3º da IN 83/01 – não prescreveria que "considera-se unidade rural, para fins do IRPJ e da CSLL, a embarcação para captura *in natura* do pescado e o imóvel, *ou qualquer lugar*, utilizado para exploração ininterrupta da atividade rural" (sem destaques no original quanto à locução "ou qualquer lugar").

No caso das pessoas jurídicas, a situação é, aparentemente, semelhante. O art. 209 do Regulamento do Imposto sobre a Renda, alicerçado no art. 25 da Lei Federal nº 8.981/95, estabelece que *"o imposto sobre a renda das pessoas jurídicas, inclusive das equiparadas e das sociedades cooperativas em relação aos resultados obtidos nas operações ou nas atividades estranhas à sua finalidade, será devido à medida que os rendimentos, os ganhos e os lucros forem sendo auferidos"*. Se o imposto será devido "à medida que os rendimentos, os ganhos e os lucros forem sendo auferidos", parece ficar claro que o tributo fica vinculado ao marco temporal em que houver um ganho para o contribuinte.

Porém, há dois aspectos que merecem ser considerados quanto às pessoas jurídicas: o primeiro deles diz respeito à adoção do regime de competência; o segundo gira em torno dos chamados períodos de apuração. Com efeito, a apuração do imposto sobre a renda das pessoas jurídicas, em regra, é feita seguindo-se o regime contábil de competência, ou seja, a base de cálculo deve computar não só a receita já auferida, como também aquela de titularidade do contribuinte, embora ainda não realizada. No caso das pessoas jurídicas que apuram – ou que devem apurar – seu imposto pelo lucro real, a legislação obriga a adoção do regime de competência (art. 177 da Lei Federal nº 6.404/76 c/c art. 6º, §§ 4º a 7º, do Decreto-lei nº 1.598/77 e arts. 263 e 285 do RIR). Por outro lado, em relação às pessoas jurídicas que optam pelo lucro presumido, a legislação autoriza a apuração pelo regime de caixa ou de competência (art. 13, § 2º, da Lei Federal nº 9.718/98 c/c art. 587, § 2º, do RIR).[192]

192. Sobre o regime de competência, Edmar Oliveira Andrade Filho sustenta que "por esse regime, a contabilidade tende a refletir uma situação patrimonial da pessoa jurídica da melhor maneira possível. De fato, esse regime impõe o registro de todos os atos e fatos jurídicos, traduzíveis em cifras, que afetam o patrimônio social, no momento em que estes ocorrem. E não poderia ser de forma diferente, porque a pessoa jurídica (contribuinte do imposto) é um sujeito de direitos e de obrigações. Se os efeitos decorrentes desses direitos e obrigações ocorrem independentemente da transformação dos mesmos em cifras, não há como admitir outro critério de contabilização que não este. Ora, se a função institucional da contabilidade é precisamente fazer espelhar a real e atual situação desse patrimônio, para que se alcance

Desse modo, diferentemente do que se viu quanto aos contribuintes pessoas físicas, no que toca às pessoas jurídicas o tributo deve ser calculado tomando-se por parâmetro o regime de competência, o que significa dizer que não apenas as receitas já efetivamente auferidas, como também aquelas em torno das quais o sujeito passivo torna-se titular de um crédito ainda não satisfeito, devem ser inseridas na base de cálculo do IRPJ, exceção feita, como se viu, às pessoas jurídicas que apuram o imposto pelo lucro presumido e que adotam o regime de caixa. Todavia, de uma forma ou de outra, eventual inobservância ao regime de competência na escrituração das receitas, custos, deduções ou reconhecimento do lucro só ganhará relevância se advier prejuízo ao Fisco, o que se caracteriza quando há redução ou postergação do imposto, a teor do art. 285 do RIR.[193]

Sucede que se para o Fisco eventual descumprimento do regime de competência só terá relevância se advier prejuízos, para o sujeito passivo do IRPJ no agronegócio – as chamadas sociedades agropecuárias – não é assim que acontece. De fato, é muito comum nesse segmento, dada a sazonalidade das atividades rurais, a venda antecipada de produtos agrícolas, para fins de garantia dos resultados da safra, com pagamento aprazado por ocasião da colheita e da entrega do produto. Ora, seguindo a lógica do regime contábil de competência, a partir do momento da venda do produto, o contribuinte tornou-se titular de um "crédito" e, como tal, deve levar à tributação imediata o valor correspondente à receita que perceberá somente por ocasião da colheita.

---

tal desiderato deve registrar esses fatos no momento em que ocorrem, pois, de outro modo, seria ela um mero conjunto de informações financeiras, desprovido de qualquer valor prático ou jurídico". *Manual de imposto de renda das pessoas jurídicas: lucro real.* São Paulo: Atlas, 2000, p. 34/35. No caso do agronegócio, como se verá, não pode ser assim, contudo.

193. Nesse sentido, vide Fortunato Bassani Campos. "Imposto de renda: pessoas jurídicas". *Curso de direito tributário.* 8. ed. Coord. Ives Gandra da Silva Martins. São Paulo: Saraiva, 2001, p. 297. Importante registrar também que o art. 285 do RIR tem por fundamento legal o art. 6º, §§ 4º a 7º, do Decreto-lei nº 1.598/77.

Contudo, essa sistemática, no âmbito do agronegócio, é incompatível. Isso porque, não raro, são necessários de três a seis meses para a colheita de grãos, por exemplo. Vai daí que o sujeito passivo sequer auferiu receita da operação de venda de sua produção, mas já pode estar obrigado ao recolhimento do tributo. Como se vê, a exegese aplicada às demais pessoas jurídicas não pode ser, simplesmente, transportada para reger e resolver os problemas das pessoas jurídicas do agronegócio, sob pena de invalidade por verdadeira tributação antecipada, ao arrepio do ordenamento constitucional. É dentro desse contexto que deve ser entendido que o imposto sobre a renda das pessoas jurídicas só pode ser devido a partir do momento em que o contribuinte auferir o "produto da venda", isto é, quando efetivamente obtiver uma receita.

Note-se que as próprias regras que norteiam a composição da base de cálculo do IRPJ no agronegócio, como será visto adiante, indicam que o resultado da atividade rural pressupõe a diferença entre *"os valores das receitas auferidas e das despesas incorridas no período de apuração"*, como previsto no art. 257 da IN 1.700/17 e como, de resto, dedutível de todo o sistema jurídico. Em sendo assim, só se pode cogitar de imposto devido quando há "valor das receitas auferidas"; caso contrário, será impossível compor a base de cálculo. Esse raciocínio é inerente à atividade, marcada por características próprias, razão por que devem ser aplicadas as mesmas regras previstas para as pessoas físicas, já analisadas, no que diz respeito ao instante da efetiva realização da receita como marco temporal que designa a partir de que momento a tributação poderá incidir (art. 54, §§ 2º e 3º, do RIR). E quanto a isso, a forma de tributação do contribuinte – se pelo lucro real ou presumido – é absolutamente irrelevante, não lhe podendo ser imposta a adoção do regime de competência com essa latitude na escrituração de suas operações para fins de apuração do imposto sobre a renda a ponto de obrigá-lo a recolher a exação antecipadamente. A todo sentir não se pode seriamente aceitar que tudo dependeria de uma "opção" do contribuinte: ou ele opta por ser tributado de acordo com a Constituição Federal ou, então, "anui" à prática do arbítrio.

No que diz respeito aos períodos de apuração do IRPJ no agronegócio, também há algumas diferenças se comparadas à sistemática do IRPF incidente sobre esse segmento. O Livro II ("Da Tributação das Pessoas Jurídicas"), Título VI ("Da Base de Cálculo e do Período de Apuração"), Capítulo III ("Do Período de Apuração"), do Regulamento do Imposto sobre a Renda prevê nos arts. 217 e 218 dois períodos de apuração: o trimestral e o anual. Na primeira hipótese, a legislação prevê que o imposto será determinado *"por períodos de apuração trimestrais, encerrados nos dias 31 de março, 30 de junho, 30 de setembro e 31 de dezembro de cada ano-calendário"*. Já na apuração anual, o Regulamento estabelece que *"a pessoa jurídica que optar pelo pagamento do imposto sobre a renda na forma estabelecida nesta Seção deverá apurar o lucro real em 31 de dezembro de cada ano"*.

A base normativa dessas duas formas de apuração assenta-se na previsão dos arts. 1º e 2º da Lei Federal nº 9.430/96. Na verdade, com o advento dessa lei o período de apuração do imposto sobre a renda das pessoas jurídicas passou a ser, como regra, trimestral; apenas opcionalmente o imposto será apurado anualmente, e ainda assim para os contribuintes sujeitos à tributação pelo lucro real.

Acontece, entretanto, que juristas de nomeada defendem que a instituição de apuração do imposto sobre a renda com periodicidade trimestral afronta a Constituição. É que a Carta da República, mesmo que implicitamente, ainda que de maneira fluida, encampou a periodicidade anual para fins de apuração do imposto sobre a renda. Esse o entendimento, por exemplo, de José Artur Lima Gonçalves:

> *A Constituição trabalha com o dado explícito da anualidade para regular uma enorme quantidade de relações jurídicas. Todo o funcionamento do Estado é calcado – assim nos aspectos organizacionais e financeiros como nos políticos – em intervalos de doze meses, períodos anuais.*

> (...)
>
> *Toda a amarração organizacional do funcionamento do Estado brasileiro é, de acordo com a sistemática constitucional, calcada na ideia de período anual. Dentre as inúmeras referências à noção de período anual, saliente-se que a organização e funcionamento dos aspectos e das questões financeiras (orçamentos, previsões, gastos, investimentos etc.) de que trata a Constituição são todos eles baseados em períodos de doze meses.*
>
> (...)
>
> *A partir de uma consideração sistemática da Constituição, pensamos que as exigências implícitas à noção de período, como ocorre com o conceito de renda, devam ser consideradas em harmonia com as demais disposições que tratam da mesma questão. Parece, portanto, que – em matéria de imposto sobre a renda – a Constituição não se limita a impor, implicitamente, a consideração de um período. Entendemos que ela estabelece – ainda que de forma também implícita – que esse período seja anual.*[194]

De fato, a adoção de apuração em regimes inferiores a um ano, como os trimestrais, sem embargo das necessidades de receitas permanentes do Poder Público, não se ajusta à luz da ordem constitucional em vigor, que é a perspectiva que importa ao jurista. É que para que haja "renda" revela-se necessário o transcurso de um período superior a três meses, já

---

194. *Imposto sobre a renda: pressupostos constitucionais.* São Paulo: Malheiros, 2002, p. 184/185. Assim também pensa Roque Carrazza: "Se levássemos em conta apenas os *verba legem,* e não a *mens legis,* sentir-nos-íamos inclinados a concluir que o legislador infraconstitucional desfrutaria de toda a liberdade para fixar o período de apuração da renda e dos proventos obtidos (anual, semestral, trimestral, mensal, semanal, diário...), em ordem a submetê-los à tributação específica. Tal entendimento não é, porém, correto. (...) A ideia de *renda* está ligada à de *período de tempo, já que representa um plus,* um *acréscimo patrimonial,* um *excedente,* que só podem ser aferidos cotejando-se a riqueza do passado com a do presente. (...) Mas qual deve ser esta *periodicidade?* Estamos convencidos de que *anual.* Por quê? Porque este é o período necessário para verificar os resultados econômicos do capital, do trabalho ou da conjugação de ambos. (...) Acrescente-se que o próprio *princípio da anterioridade* (art. 150, III, 'b' e 'c', da CF), ao qual também está jungido o IR, contribui para afastar a periodicidade inferior a um ano. De fato, se a lei que vier a majorar este tributo só poderá incidir no exercício financeiro seguinte ao de sua entrada em vigor, e se o exercício financeiro coincide, como vimos, com o ano civil, segue-se que os ganhos do contribuinte só podem ser aferidos anualmente". *Imposto sobre a renda: perfil constitucional e temas específicos.* São Paulo: Malheiros, 2005, p. 119/122 (com destaques no original).

que não há parâmetros seguros para se certificar se houve ou não acréscimo patrimonial ao contribuinte, consideradas as entradas e as saídas respectivas. E esse período aceito pela Constituição Federal – mesmo que implicitamente, é de se reconhecer – só pode ser o anual, pelas razões expostas acima.

Se essa situação já se revela gravosa para as pessoas jurídicas como um todo, àquelas que se dedicam às atividades do agronegócio, então, o panorama é ainda mais delicado.

Não se pode perder de vista – mais uma vez – a sazonalidade inerente à atividade rural. As sociedades agropecuárias assumem uma série de despesas e de custos da produção em um dado período de tempo, mas só obtêm os resultados respectivos (seja na agricultura, seja na pecuária) em momento bem posterior, por ocasião da colheita dos frutos ou da engorda e do abate de animais. Por isso que o "congelamento" de uma fração de tempo, como um trimestre, evidentemente não espelha a evolução patrimonial do contribuinte, já que não considera sua atividade de maneira global. A equação na qual há oscilação entre trimestres com altos custos de produção e outros com períodos de resultados obtidos não necessariamente equivale à renda, de fato, haurida. Com isso, não se está tributando o *acréscimo patrimonial*, mas o patrimônio, um verdadeiro arremedo de imposto sobre a renda.[195]

---

195. "Na atividade agrícola, porém, a receita concentra-se, normalmente, durante ou logo após a colheita. Ao contrário de outras atividades cuja comercialização se distribui ao longo dos 12 meses, a produção agrícola, essencialmente sazonal, concentra-se em determinado período que pode traduzir-se em alguns dias de um mês do ano. Ao término da colheita e, quase sempre, da comercialização dessa colheita, temos o encerramento do ano agrícola. Ano agrícola é o período em que se planta, colhe e, normalmente, comercializa a safra agrícola. Algumas empresas, em vez de comercializarem o produto, desde que possível, armazenam a safra para obter melhor preço. Neste caso considera-se ano agrícola o término da colheita. (...) Com o advento da Lei nº 7.450/85, o imposto de renda tornou obrigatório, para todas as empresas, o exercício social coincidindo com o ano civil, ou seja, de 1º/1 a 31/12. *Essa imposição veio trazer sérios prejuízos à contabilidade rural, já que esse setor, necessariamente, deveria ter seu exercício social coincidente com o ano agrícola, para melhor avaliar o desempenho da empresa*". MARION, José Carlos. *Contabilidade rural.* 8. ed. São Paulo: Atlas, 2007, p. 26/29 (sem destaques no original).

Parece ser esse o caso da obrigatoriedade de apuração trimestral do imposto em face das pessoas jurídicas voltadas ao agronegócio. Com essa regra afrontar o período aceito pela Carta da República, mesmo que de maneira implícita, diante da realidade do setor essa imposição revela-se ainda mais incompatível, uma vez que não permite identificar a verdadeira *renda* auferida por essas pessoas jurídicas e, nesse passo, torna-se uma tributação contrária à ordem jurídica.[196] A bem de se ver, os períodos de apuração trimestrais do IRPJ veiculados pela Lei Federal nº 9.430/96 acabam por se confundir – invalidamente – com o critério temporal do imposto. Sim, pois a partir do momento em que o legislador determina que as pessoas jurídicas levem em conta o imposto baseando-se *"por períodos de apuração trimestrais, encerrados nos dias 31 de março, 30 de junho, 30 de setembro e 31 de dezembro de cada ano-calendário"*, está prevendo que o IRPJ é passível de incidência quatro vezes ao ano. Com isso, o legislador desvirtua a anualidade inerente ao imposto sobre a renda, criando uma exação fracionada, em vez de uma única, cuja soma, no entanto, não garante que ao final do exercício financeiro o resultado seja a verdadeira renda auferida no ano-calendário, sobretudo no agronegócio.

Assim, apesar de a legislação ordinária e regulamentar em vigor indicar que o critério temporal do IRPJ dá-se nos dias 31 de março, 30 de junho, 30 de setembro e 31 de dezembro, sopesando os ditames constitucionais, em um exame acurado, o intérprete é levado a concluir que, tal qual no IRPF, também no IRPJ o critério temporal ocorre no encerramento do exercício financeiro, regra essa aplicável, por extensão, igualmente ao IRPJ incidente sobre as atividades

196. Essa intuição não passou despercebida de Paulo Ayres Barreto: "Imagine-se, por exemplo, o caso de empresa que se dedique à atividade sazonal, cujas receitas estejam concentradas num determinado trimestre, e suas despesas espraiadas durante o ano todo. Evidentemente, se o período fixado em lei, para apuração do imposto, não for de molde a permitir o cotejo entre as despesas verificadas durante todo o ano e as receitas concentradas no trimestre, teremos distorções na base de cálculo do imposto, que poderão implicar tributação sobre o patrimônio e não sobre o acréscimo patrimonial". *Imposto sobre a renda e preços de transferência.* São Paulo: Dialética, 2001, p. 80.

do agronegócio em geral, e em face das pessoas jurídicas que exploram o segmento sucroalcooleiro em particular, dada a inquestionável sazonalidade inerente a essa cultura.[197]

2.4.5 Os sujeitos passivos do IRPJ no agronegócio

Por ocasião do exame da sujeição passiva do IRPF no agronegócio, foi destacado que há uma vinculação direta entre o fato jurídico tributário e a pessoa que o realiza; em assim sendo, nesse setor econômico específico, a pessoa que realiza atividade de extração ou de exploração vegetal e animal e dela auferir rendimentos é o contribuinte do imposto. O que verdadeiramente importa, pois, é identificar a materialidade do imposto sobre a renda que rege esse segmento econômico, já que, uma vez delineado o critério material, a solução acerca da sujeição passiva é decorrência lógica.

A síntese do que se disse acerca da sujeição passiva do IRPF no agronegócio serve para iluminar a compreensão da sujeição passiva do IRPJ nesse regime jurídico específico. A bem de se ver, é fundamental demarcar a materialidade do imposto sobre a renda desse segmento econômico; a partir daí é que é possível identificar os sujeitos passivos da exação. E a materialidade do IRPJ no agronegócio, como se viu, é idêntica à do IRPF no agronegócio, com todas as suas vicissitudes, a despeito da ausência de sistematização da matéria no Regulamento do Imposto sobre a Renda nessa parte.

---

197. No âmbito do setor sucroalcooleiro, essas distorções temporais no IR podem acarretar reflexos mais negativos: "Há de se considerar, ainda, tratar-se de cultura de ciclo longo e sazonal, a exigir planejamento de longo prazo, por dificultar a tomada de decisões e a adequação às alterações de mercado de curto prazo. O primeiro corte dá-se apenas entre 12 e 18 meses após o plantio sendo que, em geral, os investimentos feitos no plantio, cultivo e tratamento do canavial são recuperados somente após cinco cortes anuais. Além disso, a cana-de-açúcar deve ser colhida nas épocas próprias – sob pena de perecimento – não podendo sequer ser armazenada e nem transportada a longas distâncias, de forma que qualquer oscilação de mercado, efetivamente, poderá implicar sérios prejuízos aos plantadores de cana". COSTA, Mário Luiz Oliveira. *Setor sucroalcooleiro: da rígida intervenção ao livre mercado*. São Paulo: Método, 2003, p. 190.

Portanto, tal qual ocorre com as pessoas físicas, o sujeito passivo do IRPJ no agronegócio é a pessoa jurídica que se dedica às atividades de extração e de exploração vegetal ou animal.[198] Logo, todas as considerações críticas que foram feitas em torno da sujeição passiva no âmbito das pessoas físicas são também aplicáveis ao estudo das pessoas jurídicas, em especial as restrições contidas no art. 250 da Instrução Normativa nº 1.700/17 da Secretaria da Receita Federal para fins de descaracterização do regime, que, nesse ponto, apresentam o mesmo teor das inválidas prescrições capituladas no art. 4º da Instrução Normativa nº 83/01.

O Regulamento do Imposto sobre a Renda não traz um elenco de quem seriam os sujeitos passivos do IRPJ no agronegócio, até mesmo porque sequer se dignou a dedicar uma seção própria para sistematizar o regime tributário aplicável às pessoas jurídicas que se dedicam a essas atividades. Nem por isso, todavia, aquele que busca *conhecer* o direito positivo fica tolhido de identificar, organizar e sistematizar, no plano descritivo, o rol dos contribuintes que se enquadram nesse regramento jurídico.

Na verdade, o Regulamento do Imposto sobre a Renda limita-se a traçar normas genéricas sobre a sujeição passiva, na tentativa de abarcar o maior número possível de situações, trazendo-as para debaixo da cobertura do direito. O Livro II ("Da Tributação das Pessoas Jurídicas"), Título I, cuida dos "Contribuintes" (arts. 158 a 195), dividindo-se em 03 Capítulos ("Das Pessoas Jurídicas", "Das Empresas Individuais" e "Das Imunidades, das Isenções e das Não Incidências"). O Título II rege a situação dos "Responsáveis" (arts. 196 a 201), desmembrando-se em 02 Capítulos ("Da Responsabilidade dos Sucessores" e "Da Responsabilidade de Terceiros").

---

198. Tal qual se disse em relação ao IRPF na atividade rural, apenas para que a abordagem teórica não fique incompleta – apesar da obviedade – o sujeito ativo do IRPJ no agronegócio é a União Federal.

Não há, nessa gama imensa de enunciados prescritivos, previsões relevantes que cuidem, especificamente, da atividade rural, salvo algumas regras norteando a tributação das pessoas jurídicas que se prestam à incorporação, ao loteamento e ao desmembramento de imóveis rurais e das cooperativas agropecuárias. Em relação às incorporadoras, o exame de seu regime jurídico escapa ao corte metodológico promovido no início deste trabalho; quanto às cooperativas, essas sim assumem papel relevante na conjugação desse sistema, sendo objeto de estudo adiante.

Nesse panorama, o intérprete deve-se guiar pelas prescrições de caráter genérico do RIR para lograr surpreender a sujeição passiva específica do IRPJ no agronegócio. Traçando enunciado de amplitude considerável, o art. 158 do Regulamento prevê que são contribuintes do imposto as pessoas jurídicas e as empresas individuais, aplicando-se suas disposições independentemente de a pessoa jurídica estar regularmente constituída ou não. Já o art. 159 estabelece que são consideradas pessoas jurídicas as domiciliadas no País, *sejam quais forem seus fins,* nacionalidade ou participantes no capital, bem como as filiais, sucursais, agências ou representações em território brasileiro de pessoas jurídicas com sede no exterior. A expressão "sejam quais forem seus fins" bem demonstra o caráter genérico desse dispositivo, albergando também as pessoas jurídicas do agronegócio.[199]

Nesse mote, pode-se reafirmar que no Regulamento do Imposto sobre a Renda não há regra específica que permita identificar a sujeição passiva do IRPJ no agronegócio; a questão se resolve pelas regras genéricas acerca dos contribuintes (arts. 158

199. Não é demais destacar que o art. 162, § 1º, I e II, do RIR prescreve que as empresas individuais, para os efeitos do imposto de renda, são equiparadas às pessoas jurídicas, assim considerados os empresários e as pessoas físicas que, em nome individual, explorem, habitual e profissionalmente, qualquer atividade econômica de natureza civil ou comercial, com o fim especulativo de lucro, mediante venda a terceiros de bens ou serviços. A impropriedade da aplicação do critério da habitualidade isoladamente no âmbito da atividade rural já foi examinada no tópico da sujeição passiva do IRPF no agronegócio, ao qual se remete o leitor.

e 159) e, sobretudo, pela precisa demarcação da materialidade do imposto, tal qual delineado na Lei Federal nº 8.023/90.[200]

2.4.5.1 As cooperativas agropecuárias e o IRPJ: a não-incidência do imposto e o conceito de "ato cooperativo"

Perpassada panoramicamente a sujeição passiva do IRPJ no agronegócio – porque assim o determina o direito positivo – é cabível, agora, uma reflexão sobre a situação das cooperativas agropecuárias em face do imposto sobre a renda. Quando se fala em tributação de cooperativas, é preciso recordar, de início, que o art. 146, III, "*c*", da Constituição Federal preconiza ser de competência de lei complementar estabelecer normas gerais em matéria tributária, especialmente sobre o "*adequado tratamento tributário ao ato cooperativo praticado pelas sociedades cooperativas*".[201]

Esse enunciado constitucional tem sido alvo, com razão, de severas críticas da doutrina a respeito de sua impropriedade terminológica. Em primeiro lugar, porque a expressão "adequado tratamento tributário ao ato cooperativo" é descabida, já que não se pode pressupor, a toda evidência, que a Constituição tenha permitido que apenas em relação a esse ato jurídico deveria ser dado tratamento "adequado", enquanto que os demais se sujeitariam a um "inadequado" tratamento tributário. Por outro lado, falar em adequado tratamento tributário

200. O art. 248 da Instrução Normativa 1.700/17, sobre denominar de "pessoa jurídica rural" esses contribuintes, confirma que a carga prescritiva recai sobre a atividade desenvolvida, estatuindo que "a pessoa jurídica rural, assim considerada a que tem por objeto a exploração de atividade rural, pagará o IRPJ e a CSLL em conformidade com as normas aplicáveis às demais pessoas jurídicas, observado o disposto neste Capítulo".

201. A antiga discussão em torno da função dessas normas gerais em matéria tributária não será abordada aqui, porque transcende o objetivo deste trabalho. Sobre os fundamentos das teorias desenvolvidas sobre o assunto, vide ATALIBA, Geraldo. "Lei complementar em matéria tributária". *Revista de direito tributário* nº 48, p. 85/97; CARVALHO, Paulo de Barros. *Curso de direito tributário*. 32. ed. São Paulo: Noeses, 2022, p. 208/212. Sobre a subsistência desse tema como algo a ser resolvido pela ciência, vide LOUBET, Leonardo Furtado. *Comentários à Lei do Supersimples*. Org. Halley Henares Neto. São Paulo: Quartier Latin, 2007, p. 26/28.

"ao ato cooperativo praticado pelas sociedades cooperativas" é, igualmente, um tropeço redacional, tendo em vista que só realizam ato cooperativo, obviamente, as sociedades cooperativas, o que bem demonstra o pleonasmo da locução.[202]

Apesar dos vacilos linguísticos do legislador constituinte, o que se pode depreender da ordem jurídica superior é que as cooperativas mereceram uma atenção especial, devendo a elas ser dispensado um regime jurídico-tributário próprio, que leve em conta suas especificidades. É claro que isso não quer dizer que os outros contribuintes também não mereçam um regramento tributário justo ou "adequado". Longe disso. Essa previsão constitucional apenas reafirma que a linguagem prescritiva do direito positivo, diferentemente do que se espera da linguagem descritiva da Ciência do Direito, utiliza o expediente da *redundância* como mecanismo para tentar aumentar o grau de eficácia dos comandos normativos.

Por curioso que seja, embora o constituinte assim tenha ordenado desde a concepção da Carta da República, não se tem notícia até os dias de hoje da edição da tal lei complementar que veicule normas gerais para o fim de se estabelecer "adequado tratamento tributário ao ato cooperativo". O veículo que tem sido utilizado para nortear a tributação das cooperativas é a chamada "Lei das Cooperativas", a Lei Federal nº 5.764/71. Justamente por isso, é possível compreender do ordenamento que essa lei, a despeito de ter sido editada como lei ordinária, foi recebida pelo sistema jurídico em vigor com força de lei complementar, ao menos em relação à matéria tributária nela contida, a teor do art. 146, III, "*c*", do Texto Constitucional.

É da essência das cooperativas, não só a partir de suas influências históricas, como decorrência do próprio sistema jurídico, a união de pessoas em torno de um objetivo comum. O próprio *nomen iuris* adotado, apesar de não ser determinante para a compreensão dessa categoria jurídica (como para as

202. Nesse sentido: Renato Lopes Becho. *Tributação das cooperativas*. 3. ed. São Paulo: Dialética, 2005, p. 194/195.

demais), já indica a ideia de cooperação. Tanto assim que os arts. 3º e 4º da Lei Federal nº 5.764/71 prescrevem, respectivamente, que *"celebram contrato de sociedade cooperativa as pessoas que reciprocamente se obrigam a contribuir com bens ou serviços para o exercício de uma atividade econômica, de proveito comum, sem objetivo de lucro"* e que *"as cooperativas são sociedades de pessoas, com forma e natureza jurídica próprias, de natureza civil, não sujeitas a falência, constituídas para prestar serviços aos associados (...)"*. Em razão desses dispositivos que a doutrina especializada no assunto, de uma maneira geral, refere-se à cooperativa como uma união de pessoas, constituída formalmente sob a roupagem de sociedade, de cunho econômico, porém sem fins lucrativos, criada para o fim de auxiliar os associados, atingindo, assim, o objetivo comum que os reúne.[203] Logo, dentre outras características, *a ausência do intuito de lucro é um traço marcante*, muito embora haja uma atividade econômica envolvida.

Não faz parte do objeto deste estudo a investigação em si mesma considerada das sociedades cooperativas, com todos os aspectos que lhes circundam. O que interessa, isso sim, é o exame da tributação que recai sobre elas, mais precisamente sobre as cooperativas agropecuárias no que toca ao IRPJ. A intenção é pesquisar a tributação das cooperativas voltadas a atuar no contexto do agronegócio, e não em outros segmentos econômicos.

O Regulamento do Imposto sobre a Renda, no Livro II ("Da Tributação das Pessoas Jurídicas"), Título I ("Contribuintes"), Capítulo III ("Das Imunidades, das Isenções e das Não Incidências"), Seção V ("Das Sociedades Cooperativas"), disciplina nos arts. 193 a 195 o regramento jurídico das cooperativas em relação ao IRPJ. O enquadramento tópico das cooperativas em um capítulo do RIR denominado "Das Imunidades, das Isenções e das Não Incidências" sugere que é necessário, antes de tudo, definir muito bem a qual categoria

203. BECHO, Renato Lopes. *Tributação das cooperativas*. 3. ed. São Paulo: Dialética, 2005, p. 95.

jurídico-desonerativa estão sujeitas as cooperativas, porque, nada obstante da perspectiva do leigo todas elas guardem em comum a circunstância de não resultar em pagamento de tributo, entre elas há profundas diferenças.

Em apertada síntese, pode-se afirmar que a imunidade tributária é o conjunto de significação de enunciados prescritivos (plano S2), situado em patamar constitucional, que delimita a competência legislativa das entidades federadas, estatuindo situações ou pessoas devidamente identificadas que são inalcançáveis via tributação.[204] Por se tratar de norma de estrutura de envergadura constitucional, a imunidade envolve a própria competência legislativa tributária: as situações albergadas pela imunidade não são suscetíveis de serem tributadas, por não terem sido outorgadas às pessoas políticas, de modo que, mesmo que advenha previsão em lei, essa lei, se existente, será inconstitucional. Já as isenções situam-se no plano infraconstitucional, revelando-se como norma de estrutura que mutila parcialmente um ou mais dos critérios da regra-matriz de incidência.[205] Nas isenções, a matéria legislada está inserida dentro da competência do ente tributante, porém, por um processo de decisão política, opta-se por desonerá-la, o que, em rigor científico, ocorre através da subtração de parte do campo de abrangência de um dos critérios da regra-matriz. Por fim, a não-incidência pode ser vista a partir de duas perspectivas: ou aquela situação em relação à qual, mesmo no plano teórico, constata-se, já de antemão, que a situação fática envolvida não se amolda ao arquétipo do tributo (não-incidência em sentido amplo), ou então as circunstâncias

---

204. Paulo de Barros Carvalho define a imunidade tributária como "a classe finita e imediata determinável de normas jurídicas, contidas no texto da Constituição Federal, e que estabelecem, de modo expresso, a incompetência tributária das pessoas políticas de direito constitucional interno para expedir regras instituidoras de tributos que alcancem situações específicas e suficientemente caracterizadas". "Imunidades tributárias". *Revista de direito tributário 27-28*. São Paulo: Revista dos Tribunais, 1984, p. 106.

205. CARVALHO, Paulo de Barros. *Curso de direito tributário*. 32. ed. São Paulo: Noeses, 2022, p. 455/456.

em que o legislador, imbuído da facultatividade que marca o exercício da competência tributária, simplesmente deixe de valer-se de sua competência ou a exerça apenas parcialmente (não-incidência em sentido estrito). Nesse último caso, apesar de compreendido no plexo competencial da pessoa política, o fato não se torna jurídico por não ter sido previsto em lei, cujo exemplo recorrente é o imposto sobre grandes fortunas, que ainda não foi instituído pela União Federal.[206]

Depurados os respectivos conceitos, ainda que a breve trecho, é o caso de averiguar se os atos praticados pelas cooperativas, em relação ao IRPJ, afiguram-se como imunidade, isenção ou não-incidência.

Quando o legislador constituinte previu que caberá à lei complementar estabelecer "adequado tratamento tributário às cooperativas" – sem embargo das impropriedades semânticas já destacadas – não afastou, em absoluto, a possibilidade de tributação dos atos por elas praticados. Noutras palavras, a Constituição não evidencia, nessa parte, estar-se diante de uma situação envolvendo *incompetência legislativa tributária;* pelo contrário, exigindo que seja dado às cooperativas um regramento tributário próprio, o constituinte reafirma que seus atos estão inseridos dentro da competência tributária das pessoas políticas, pois, do contrário, bastaria estabelecer uma imunidade pura e simples. Logo, de imunidade não se trata.

Também não é o caso de isenção. Com efeito, a isenção pressupõe que o ato jurídico esteja, em tese, albergado pela competência do ente tributante. Ocorre que as cooperativas, por expressa determinação legal, *não têm intuito de lucro,* vale dizer, são meros instrumentos para atingir os objetivos comuns dos cooperados. Elas mesmas, enquanto sujeitos de direito, não realizam a hipótese de incidência tributária do IRPJ, já que não pode haver renda se lucro não há; eventuais resultados positivos, como será visto em seguida, são repartidos entre os cooperados.

---

206. NOGUEIRA, Ruy BARBOSA. *Curso de direito tributário.* 9. ed. São Paulo: Saraiva, 1989, p. 171.

Sobrerresta, então, perquirir se, em relação ao IRPJ, as cooperativas enquadram-se no contexto da não-incidência, em sentido amplo ou estrito. Parece ser essa a hipótese. De fato, levando em conta que as cooperativas não buscam e nem podem buscar o lucro, segundo seu modelo legal, os atos por elas praticados não revelam capacidade contributiva para fins de imposto sobre a renda, até mesmo porque sequer realizam o fato previsto hipoteticamente pela norma jurídica como apto a fazer irromper o liame obrigacional tributário. Noutras palavras, só haveria de se supor que o IRPJ seria devido se as cooperativas se equiparassem às pessoas jurídicas que têm por finalidade atingir o lucro. Em assim não fazendo, só se pode concluir que os atos jurídicos praticados pelas cooperativas – os atos típicos, como detalhado adiante – não se sujeitam ao IRPJ.

Tanto assim é que o art. 193 do Regulamento do Imposto sobre a Renda, colocado debaixo da rubrica "não incidência", prescreve que *"as sociedades cooperativas que obedecerem ao disposto na legislação específica não terão incidência do imposto sobre suas atividades econômicas, de proveito comum, sem objetivo de lucro"*. Não só as categorias teóricas como o próprio direito positivo confirmam que o regramento jurídico das cooperativas, no que pertine ao imposto sobre a renda das pessoas jurídicas, amolda-se às situações de não-incidência em sentido amplo, uma vez que os atos por elas realizados não se enquadram ao arquétipo constitucional do imposto. Portanto, é incorreto referir-se ao IRPJ em face das cooperativas como um caso de "isenção" – como amiúde se faz – porquanto, em rigor terminológico, a questão debatida denota tratar-se de não-incidência.[207]

---

207. O Prof. Roque Antonio Carrazza, com a clareza que lhe é peculiar, bem explicita como deve ser entendida a não-incidência, *in verbis:* "Temos para nós que *não-incidência* é um conceito didático e, não, técnico. É simplesmente a explicitação de uma situação que ontologicamente nunca esteve dentro da *hipótese de incidência possível* do tributo. Deveras, não há incidência quando não ocorre nenhum fato ou quando ocorre um fato tributariamente irrelevante, isto é, que não se ajusta (subsume) a nenhuma hipótese de incidência tributária. (...) Vai daí, portanto, que só se pode isentar o que, em princípio, é passível de tributação. Não faz sentido isentar uma situação que não figura, nem mesmo em tese, no *campo tributável* da pessoa política. Reforçando a assertiva, não há como, nem porque, isentar uma situação de

Portanto, se assim acontece para as cooperativas em geral, *esse raciocínio também é aplicável às cooperativas agropecuárias,* que, ao realizarem os atos típicos para os quais estão preordenadas segundo seus objetivos sociais, não revelam intuito lucrativo, caracterizando, pois, situação de não-incidência (em sentido amplo) em relação ao IRPJ.

Essa afirmação merece maiores reflexões. É que dizer que as cooperativas, inclusive as agropecuárias, não realizam o fato descrito pela norma geral e abstrata do IRPJ porque não auferem lucro, não significa, evidentemente, que as cooperativas tenham que ser deficitárias, dando *prejuízos,* ou mesmo que não possam praticar atos econômicos. Não é esse o sentido da prescrição da lei. A diferença básica entre as cooperativas e as pessoas jurídicas com intuito lucrativo é que os resultados positivos não são partilhados entre os cooperados como "lucro", isto é, de acordo com suas cotas sociais, mas sim em razão do volume de operações do associado em relação à sociedade.

O conceito de lucro é trabalhado a partir de diversas perspectivas: sociológicas, políticas, econômicas, contábeis, dentre outras. Também na seara jurídica essa é uma expressão que tem causado inúmeros problemas. Em linhas gerais, no entanto, é possível afirmar que o lucro é o retorno gerado pela pessoa jurídica a partir do capital investido pela pessoa física do sócio. Por isso que o lucro varia conforme a participação no capital social. A pessoa jurídica que visa ao lucro busca extrair vantagens econômicas no mercado, propiciando um incremento não só na sua disponibilidade de caixa, como

não-incidência. Venia concessa, tomando por empréstimo a sabedoria popular, é o mesmo que 'chover no molhado'. Fica claro, diante desta situação, que enquanto a isenção depende de lei *(lato sensu)* para validamente surgir, a não-incidência decorre da própria natureza das coisas, podendo – e devendo – ser deduzida por mero labor exegético. Ou, se preferirmos, enquanto a isenção deriva da lei, a não-incidência deriva da falta de lei (em alguns casos) ou da impossibilidade jurídica de tributar-se certos fatos, em face de a eles não se ajustar a regra-matriz constitucional do tributo". "Imunidade, Isenção e Não-Incidência". *Curso de iniciação em direito tributário.* Coord. Aires Barreto e Eduardo Domingos Bottallo. São Paulo: Dialética, 2004, p. 106/107 (com destaques no original).

também, em momento posterior, no seu patrimônio, gerando de igual maneira resultados melhores aos sócios, de acordo com a participação de cada um no capital social.

Nas cooperativas, todavia, não há propriamente a figura do *lucro*, em primeiro lugar porque esse modelo de pessoa jurídica não existe para acumular riquezas. Além disso, a estruturação da cooperativa demonstra que as cotas do capital social não estão à inteira disposição dos cooperados, na medida em que há limitação do número de cotas para cada associado (art. 4º, III, da Lei Federal nº 5.764/71, c/c art. 1.094, III, do Código Civil) e porque o voto de cada cooperado é singular, independentemente do valor de sua participação (art. 4º, V, da Lei Federal nº 5.764/71, c/c art. 1.094, VI, do Código Civil). Logo, nas cooperativas não há um "dono", vale dizer, uma pessoa que detenha a maioria absoluta do capital social e que pode ditar seus rumos. Os *resultados positivos* gerados pela cooperativa, nessa ordem de ideias, não são lucro, já que não se acumulam no acervo da sociedade e não são distribuídos conforme as cotas do capital social.

Na verdade, a distribuição desses resultados deve ser correspondente ao valor das operações efetuadas pelo cooperado para com a cooperativa, desconsiderada, insista-se, sua participação no capital social (art. 4º, VII, da Lei Federal nº 5.764/71, c/c art. 1.094, VII, do Código Civil). No encerramento do exercício, será computado o total de operações feitas pelo associado, conferindo-se-lhe o retorno dos resultados obtidos: se positivos, serão distribuídas as *sobras líquidas*, conforme o montante de suas operações; se negativos, serão rateados os *prejuízos* na proporção direta da fruição dos serviços (art. 80 da Lei Federal nº 5.764/71). Resta demonstrado, dessa maneira, que os resultados positivos obtidos deverão ser destinados aos cooperados, conforme as operações realizadas por cada associado, e não conforme a participação no capital social.[208]

---

208. Segundo Renato Lopes Becho, "as cooperativas são entidades sem fins lucrativos, por expressa determinação legal. Por isso, e pela própria sistemática de suas operações, não é possível a ocorrência de lucro em atos cooperativos ou em

De uma forma ou de outra, no encerramento do exercício são apurados os resultados e partilhados entre os cooperados, de tal modo que o produto final, da perspectiva da cooperativa, seja neutro, isto é, seja igual a zero. Os resultados positivos auferidos (as sobras líquidas) serão tributados pelo imposto sobre a renda na pessoa física do cooperado, por ocasião de sua declaração de rendimentos, e não em face da cooperativa. Por isso que a situação das cooperativas – dentre elas, as agropecuárias – caracteriza uma hipótese de não-incidência do IRPJ.

Agora, é sobremaneira relevante acentuar que a correção dessa afirmação pressupõe que o ato tenha sido praticado em conformidade com a finalidade da cooperativa, isto é, que seja um *ato cooperativo*. Com efeito, o art. 79 da Lei Federal nº 5.764/71 estabelece que são atos cooperativos aqueles "*praticados entre as cooperativas e seus associados, entre estes e aquelas e pelas cooperativas entre si quando associadas, para a consecução dos objetivos sociais*". Desse enunciado prescritivo, é possível concluir que o ato típico da cooperativa é aquele realizado entre ela e seu associado e vice-versa, ou então entre cooperativas. E nem poderia ser diferente, uma vez que a cooperativa é uma reunião de pessoas que manifestam anuência em contribuir reciprocamente, em prol de um objetivo comum, sem que visem ao lucro. Respeitado esse esquadro, então não há fato jurídico tributário a título de imposto sobre a renda.

No caso das cooperativas agropecuárias, o ato cooperativo é aquele para o qual foi criada a sociedade, tais como recebimento e comercialização de insumos, grãos, algodão, leite e seus derivados ou outros produtos da atividade rural.

Perceba-se, todavia, que a operação das cooperativas com não associados não foi afastada pelo legislador. Basta notar que os arts. 85 e 86 da Lei Federal nº 5.764/71 preveem que

---

qualquer outro negócio ou atividade cooperativa. Esses atos podem proporcionar, apenas, *resultados*, como consta no novo Código Civil. Esses resultados, se positivos, passam a ter o nome de *sobras*, e se negativos, *prejuízos*". *Tributação das cooperativas*. 3. ed. São Paulo: Dialética, 2005, p. 247 (com destaques no original).

as cooperativas agropecuárias e de pescado poderão adquirir produtos de não associados para completar lotes destinados ao cumprimento de contratos ou suprir capacidade ociosa das instalações, bem como que as cooperativas em geral poderão fornecer bens e serviços a não associados, desde que isso atenda aos objetivos sociais. No entanto, o art. 87 da Lei das Cooperativas dispõe que os resultados advindos dessas operações atípicas serão creditados e contabilizados em separado, a fim de permitir a incidência de tributos. Em complemento a esse dispositivo, o art. 111 da Lei Federal nº 5.764/71 arremata preconizando que *"serão considerados como renda tributável os resultados obtidos pelas cooperativas nas operações de que tratam os arts. 85, 86 e 88 desta Lei"*.

Diante desse conjunto de informações, parece inequívoco que, em relação ao ato cooperativo, isto é, aquele praticado entre a cooperativa e seu associado sem intuito de lucro à pessoa jurídica, não pode haver incidência de IRPJ, justamente por se tratar de caso de não-incidência; já o ato praticado entre a cooperativa e não associado, por escapar dos seus objetivos sociais, sujeita-se regularmente ao imposto sobre a renda.

Não bastassem as regras da Lei das Cooperativas, também o Regulamento do Imposto sobre a Renda aponta nesse sentido. De fato, sobre o art. 193, *caput*, restringir-se às operações típicas das cooperativas como não suscetíveis ao imposto, os §§ 1º a 3º estabelecem ser vedado às cooperativas distribuírem qualquer espécie de benefício em face das cotas sociais ou mesmo preverem vantagens ou privilégios, financeiros ou não, em favor de associados e não associados, excetuados os juros de até 12% ao ano atribuídos ao capital integralizado, sob pena de tributação regular dos resultados ao estilo das demais pessoas jurídicas.

O art. 194 do Regulamento, a sua vez, tem redação contraditória. De acordo com sua fraseologia, *"as sociedades cooperativas que obedecerem ao disposto em legislação específica pagarão o imposto sobre a renda calculado sobre os resultados positivos das operações e das atividades estranhas à sua finalidade (...)"*. Na verdade, as cooperativas que respeitarem o que estabelece a legislação não estão sujeitas ao tributo, como já ressalvado. Talvez o que tenha querido dizer o Regulamento é que as cooperativas que "não obedecerem" à legislação – essas sim – estão suscetíveis ao imposto. De toda forma, previram-se nos incisos do art. 194, como exemplos de atividades estranhas às finalidades das cooperativas, a comercialização e a industrialização, pelas cooperativas agropecuárias ou de pesca, de produtos adquiridos de não associados para completar lotes destinados ao cumprimento de contratos ou para suprir capacidade ociosa de suas instalações (como previsto no art. 85 da Lei Federal nº 5.764/71), ou então o fornecimento de bens ou serviços a não associados (tal qual preconizado no art. 86 da Lei das Cooperativas).

No âmbito jurisprudencial, a sistemática da tributação das cooperativas ainda suscita divergências. O Supremo Tribunal Federal pronunciou-se sobre o assunto em dois casos, destacados sob o regime de repercussão geral, adotando entendimento menos rígido no que se refere à possibilidade de tributação. Confira-se, na parte em que interessa ao estudo:

> *RECURSO EXTRAORDINÁRIO. REPERCUSSÃO GERAL. TRIBUTÁRIO. ATO COOPERATIVO. COOPERATIVA DE TRABALHO. SOCIEDADE COOPERATIVA PRESTADORA DE SERVIÇOS MÉDICOS. POSTO REALIZAR COM TERCEIROS NÃO ASSOCIADOS (NÃO COOPERADOS) VENDA DE MERCADORIAS E DE SERVIÇOS SUJEITA-SE À INCIDÊNCIA DA COFINS, PORQUANTO AUFERIR RECEITA BRUTA OU FATURAMENTO ATRAVÉS DESTES ATOS OU NEGÓCIOS JURÍDICOS. CONSTRUÇÃO DO CONCEITO DE 'ATO NÃO COOPERATIVO' POR EXCLUSÃO, NO SENTIDO DE QUE SÃO TODOS OS ATOS OU NEGÓCIOS PRATICADOS COM TERCEIROS NÃO ASSOCIADOS (COOPERADOS),* EX VI, *PESSOAS FÍSICAS OU JURÍDICAS TOMADORAS DE SERVIÇO. (...) A LEI COMPLEMENTAR A QUE SE REFERE O ART. 146, III, 'C', DA CF/88, DETERMINANTE DO "ADEQUADO TRATAMENTO TRIBUTÁRIO AO ATO COOPERATIVO", AINDA NÃO FOI EDITADA.* EX POSITIS, *DOU PROVIMENTO AO RECURSO EXTRAORDINÁRIO.*
>
> *(...)*

3. O cooperativismo no texto constitucional logrou obter proteção e estímulo à formação de cooperativas, não como norma programática, mas como mandato constitucional, em especial nos arts. 146, III, c; 174, § 2°; 187, I e VI, e 47, § 7º, ADCT. O art. 146, c, CF/88 trata das limitações constitucionais ao poder de tributar, verdadeira regra de bloqueio, como corolário daquele, não se revelando norma imunitória, consoante já assentado pela Suprema Corte nos autos do RE 141.800, Relator Ministro Moreira Alves, 1ª Turma, DJ 03/10/1997.

4. O legislador ordinário de cada pessoa política poderá garantir a neutralidade tributária com a concessão de benefícios fiscais às cooperativas, tais como isenções, até que sobrevenha a lei complementar a que se refere o art. 146, III, c, CF/88. (...)

5. A Lei nº 5.764/71, que define o regime jurídico das sociedades cooperativas e do ato cooperativo (artigos 79, 85, 86, 87, 88 e 111), e as leis ordinárias instituidoras de cada tributo, onde não conflitem com a ratio *ora construída sobre o alcance, extensão e efetividade do art. 146, III, c, CF/88, possuem regular aplicação.*

(...)

7. Consectariamente, atos cooperativos próprios ou internos são aqueles realizados pela cooperativa com os seus associados (cooperados) na busca dos seus objetivos institucionais.

(...)

11. Ex positis, *dou provimento ao recurso extraordinário para declarar a incidência da COFINS sobre os atos (negócios jurídicos) praticados pela recorrida com terceiros tomadores de serviço, resguardadas as exclusões e deduções legalmente previstas. Ressalvo, ainda, a manutenção do acórdão recorrido naquilo que declarou inconstitucional o § 1º do art. 3º da Lei nº 9.718/98, no que ampliou o conceito de receita bruta.*

(RE 598.058. Rel. Min. Luiz Fux. Tribunal Pleno. *DJe 10.02.2015)*

RECURSO EXTRAORDINÁRIO. REPERCUSSÃO GERAL. ARTIGO 146, III, c, DA CONSTITUIÇÃO FEDERAL. ADEQUADO TRATAMENTO TRIBUTÁRIO. INEXISTÊNCIA DE IMUNIDADE OU DE NÃO INCIDÊNCIA COM RELAÇÃO AO ATO COOPERATIVO. LEI Nº 5.764/71. RECEPÇÃO COMO LEI ORDINÁRIA. PIS/PASEP. INCIDÊNCIA. MP Nº 2.158-35/2001. AFRONTA AO PRINCÍPIO DA ISONOMIA. INEXISTÊNCIA.

1. O adequado tratamento tributário referido no art. 146, III, c, CF é dirigido ao ato cooperativo. A norma constitucional concerne à tributação do ato cooperativo, e não aos tributos dos quais as cooperativas possam vir a ser contribuintes.

2. O art. 146, III, c, CF pressupõe a possibilidade de tributação do ato cooperativo ao dispor que a lei complementar estabelecerá a forma adequada para tanto. O texto constitucional a ele não garante imunidade ou mesmo não incidência de tributos, tampouco decorre diretamente da Constituição direito subjetivo das cooperativas à isenção.

3. A definição do adequado tratamento tributário ao ato cooperativo se insere na órbita da opção política do legislador. Até que sobrevenha a lei complementar que definirá esse adequado tratamento, a legislação ordinária relativa a cada espécie tributária deve, com relação a ele, garantir a neutralidade e a transparência, evitando tratamento gravoso ou prejudicial ao ato cooperativo e respeitando, ademais, as peculiaridades das cooperativas com relação às demais sociedades de pessoas e de capitais.

4. A Lei nº 5.764/71 foi recepcionada pela Constituição de 1988 com natureza de lei ordinária e o seu art. 79 apenas define o que é ato cooperativo, sem nada referir quanto ao regime de tributação. Se essa definição repercutirá ou não na materialidade de cada espécie tributária, só a análise da subsunção do fato na norma de incidência específica, em cada caso concreto, dirá.

(...)

6. Cooperativa é pessoa jurídica que, nas suas relações com terceiros, tem faturamento, constituindo seus resultados positivos receita tributável.

(...)

9. É possível, senão necessário, estabelecerem-se diferenciações entre as cooperativas, de acordo com as características de cada segmento do cooperativismo e com a maior ou a menor necessidade de fomento dessa ou daquela atividade econômica. O que não se admite são as diferenciações arbitrárias, o que não ocorreu no caso concreto.

10. Recurso extraordinário ao qual o Supremo Tribunal Federal dá provimento para declarar a incidência da contribuição ao PIS/PASEP sobre os atos (negócios jurídicos) praticados pela impetrante com terceiros tomadores de serviço, objeto da impetração.

(RE 599.362. Rel. Min. Dias Toffoli. Tribunal Pleno. *DJe* 10.02.2015).

Como se vê, para a Suprema Corte não há na Carta Constitucional um preceito protetor a tal ponto de colocar as cooperativas, em todos os seus negócios e em qualquer situação *a priori*, à margem da tributação; tudo dependerá da legislação ordinária. Não há preceito algum com esse calibre mesmo. O que irá interessar é não só a lei que trata das cooperativas, mas, sobretudo, a análise da subsunção ou não do fato jurídico à hipótese de incidência do tributo, que, no caso do imposto sobre a renda, permite concluir que não há incidência, já que as cooperativas não têm intuito de lucro. Não por outro motivo, o Superior Tribunal de Justiça, apesar desse entendimento fixado pelo Supremo Tribunal Federal, aponta no sentido de que só há incidência tributária sobre os atos não cooperativos, em virtude do que prevê a legislação infraconstitucional.[209]

Enfim, as cooperativas agropecuárias, quando realizam os atos típicos (atos cooperativos) previstos nos seus estatutos sociais, não estão sujeitas ao IRPJ que incide sobre o agronegócio, tendo em vista que se está, na hipótese, diante de situação de não-incidência tributária (em sentido amplo).

209. "TRIBUTÁRIO. AGRAVO REGIMENTAL. AGRAVO DE INSTRUMENTO. COOPERATIVA DE SERVIÇOS MÉDICOS. ATOS PRATICADOS COM TERCEIROS NÃO ASSOCIADOS. INCIDÊNCIA PIS/COFINS SOBRE A RECEITA. 1. A jurisprudência desta Corte consolidou-se no sentido da incidência tributária de PIS/COFINS sobre a prestação de serviço médico realizado por cooperativa constituída com essa finalidade, a terceiro não associado, porquanto ausente a caracterização de ato cooperativo. 2. Agravo regimental não provido". Ag. Rg. no Ag. 1.292.408. 1ª. Turma. Rel. Min. Olindo Menezes (Desembargador convocado do TRF 1ª Região). *DJe* 02.02.2016. "TRIBUTÁRIO E PROCESSUAL CIVIL. COOPERATIVA. ATOS NÃO COOPERATIVOS. INCIDÊNCIA. PIS E COFINS. REEXAME DE PROVAS. SÚMULA 7/STJ. 1. A jurisprudência do Superior Tribunal de Justiça firmou-se no sentido de que os atos cooperativos típicos – assim entendidos aqueles praticados entre as cooperativas e seus associados ou entre os associados e as cooperativas, ou entre cooperativas, para a consecução dos objetivos sociais – não geram receita ou lucro, consoante disposto no art. 79, parágrafo único, da Lei 5.764/1971 (...)". EDcl. no REsp. 1.382.587. 2ª Turma. Rel. Min. Herman Benjamin. *DJe* 04.08.2015.

2.4.6 A determinação da base de cálculo do IRPJ no agronegócio

Prosseguindo na investigação dos critérios da regra-matriz de incidência tributária do imposto sobre a renda que incide no agronegócio, resta examinar o critério quantitativo, que se hospeda no endereço sintático situado no consequente normativo e é formado pela conjugação da base de cálculo à alíquota, definindo o *quantum debeatur* da obrigação tributária.

Tal qual se sucedeu com o IRPF, também no IRPJ no agronegócio é imprescindível que sejam passadas em revista as receitas, de um lado, e as despesas, de outro, que irão compor o resultado da atividade rural, possibilitando, em momento subsequente, a análise da compensação dos prejuízos acumulados e alcançando-se, aí sim, a renda tributável pelo imposto. E nem poderia ser diferente, já que é inerente à acepção semântica de base do vocábulo "renda" o confronto de certas receitas a determinadas despesas, consideradas em um dado lapso temporal.

Persistindo, pois, no viés analítico, serão examinadas separadamente as receitas geradas nesse setor econômico e os custos, as despesas operacionais, os investimentos e a depreciação acelerada incentivada, de modo que se possa precisar o resultado da atividade rural, passando, em seguida, ao estudo da compensação dos prejuízos fiscais acumulados, atingindo, assim, a renda tributável. Antes, no entanto, é importante destacar as formas de apuração previstas na legislação do imposto sobre a renda das pessoas jurídicas.

2.4.6.1 Regimes de apuração: considerações gerais

A esparsa, complexa e assistemática legislação federal que rege o imposto sobre a renda, fora aparte seus inúmeros detalhamentos, muitos deles de duvidosa constitucionalidade, estabelece ainda regimes distintos para fins de apuração do tributo devido pelas pessoas jurídicas. Enquanto que as pessoas físicas, por força dos princípios constitucionais da universalidade, da generalidade e da progressividade, estão obrigadas a levar todos os rendimentos auferidos, sem distinção dos beneficiários, de acordo com a capacidade econômica manifestada, consideradas as deduções e os abatimentos, as pessoas jurídicas, que também estão jungidas a preceitos desse tope, podem submeter-se a modelos diferentes no que tange à formação do critério quantitativo.

Esses regimes de apuração do imposto são os seguintes: lucro real, lucro presumido e lucro arbitrado. Não faz parte do objeto deste trabalho examinar longamente cada uma dessas formas de apuração; o que interessa, isso sim, é investigar como essas sistemáticas de composição da base de cálculo afetam o imposto devido pelas pessoas jurídicas que se dedicam às atividades do agronegócio. Acontece que, para atingir esse desiderato, é necessário averiguar, mesmo que sinteticamente, as regras desses métodos de apuração, porque, tendo conteúdo genérico, envolvem igualmente a atividade rural.

Essas distintas formas de apuração estão aglutinadas no Regulamento do Imposto sobre a Renda no Livro II ("Da Tributação das Pessoas Jurídicas"), Título VIII ("Do Lucro Real", dos arts. 257 a 586), Título IX ("Do Lucro Presumido", dos arts. 587 a 601) e Título X ("Do Lucro Arbitrado", dos arts. 602 a 613).[210]

Não é preciso muito empenho para perceber que a sistemática do lucro real é a mais complexa, na medida em que engloba mais de três centenas de artigos, com seus inúmeros parágrafos, incisos e alíneas. Em linhas gerais, é o lucro real que espelha a verdadeira renda auferida pela pessoa jurídica, porque nesse regime busca-se medir, com a riqueza de nuanças contábeis pertinentes, qual o exato lucro obtido pelo contribuinte.

Em sincero esforço de síntese, buscando propiciar uma compreensão panorâmica desse tema, dada sua relevância para o estudo da tributação do agronegócio, sem, contudo, perder de vista que toda redução, por essência, deixa de fora

210. Há diversas leis que servem de base legal para esses dispositivos do Regulamento. Dentre elas, destacam-se as Leis Federais n°s. 9.249/95, 9.430/96 e 9.718/98.

uma série de aspectos do assunto tratado, a apuração da base de cálculo pelo lucro real envolve as seguintes etapas:

(i) em primeiro lugar, é destacada a *receita bruta* da pessoa jurídica, que consiste no produto da venda de bens ou da prestação de serviços que constitua seu objeto social (art. 208, RIR);

(ii) após, calcula-se a *receita líquida,* que é a receita bruta diminuída das vendas canceladas, dos descontos concedidos incondicionalmente e dos impostos incidentes (art. 208, § 1º, RIR);

(iii) passo seguinte, contabilizam-se os *custos dos bens e serviços vendidos* (arts. 301 a 303, RIR);

(iv) feita essa operação, alcança-se o *lucro bruto* (art. 290, RIR);

(v) de igual forma, devem ser considerados *outros resultados operacionais,* como as receitas e despesas financeiras, as variações monetárias e os resultados de participações societárias (arts. 397 a 445, RIR);

(vi) outrossim, devem ser apurados *os custos, as despesas operacionais e os encargos* da atividade da pessoa jurídica (arts. 311 a 387, RIR);

(vii) confrontam-se, então, o lucro bruto e os outros resultados operacionais aos custos, despesas operacionais e encargos para que seja revelado o *lucro operacional* (art. 289, RIR);

(viii) de outra parte, devem ser apuradas as *demais receitas e despesas,* como o ganho e perda de capital e a reavaliação de bens (arts. 501 a 525, RIR);

(ix) a partir da soma do lucro operacional e dos resultados não operacionais e das participações chega-se ao *lucro líquido* (art. 259, RIR);

(x) por fim, contrastado o lucro líquido aos ajustes pelas adições, exclusões ou compensações prescritas ou autorizadas pela legislação, atinge-se o *lucro real* (art. 258, RIR).[211]

Como se vê, não é pouca coisa. A apuração do imposto sobre a renda das pessoas jurídicas pelo regime do lucro real pressupõe o transcurso de um longo caminho, composto por diversas etapas. Pode-se dizer que nessa sistemática – e somente nessa – a legislação procura trazer à tona a renda verdadeiramente auferida pela pessoa jurídica, sem embargo de alguns aspectos pontuais que são questionáveis. De uma forma ou de outra, porém, no regime do lucro real as receitas e as despesas são analiticamente discriminadas, a fim de revelar a grandeza tributável pelo imposto.

Acontece que nem todas as pessoas jurídicas estão obrigadas à apuração do IRPJ pelo lucro real. Com efeito, o art. 257 do Regulamento traz consigo um rol de contribuintes obrigados ao cálculo do imposto sob essa sistemática, de maneira que, *a contrario sensu*, os demais estão desobrigados a seguirem essas regras.[212] Nesse rol, não estão as pessoas jurídicas que se

---

211. Sobre o método analítico de apuração do imposto sobre a renda pelo lucro real, vide Wilson Barroso Filho. *Base de cálculo do imposto sobre a renda da pessoa jurídica tributada pelo lucro real: análise à luz da teoria da regra-matriz de incidência*. São Paulo: PUC/SP (Tese de Doutorado), 2002, p. 114/166. E também CARVALHO, Fábio Junqueira; MURGEL, Maria Inês. *IRPJ: teoria e prática jurídica*. 2. ed. São Paulo: Dialética, 2000, *passim*.

212. De acordo com o art. 257 do RIR, com as atualizações lançadas no art. 14 da Lei Federal nº 9.718/98 pelas Leis nºs. 12.814/13 e 14.430/22, estão obrigadas à apuração pelo lucro real as pessoas jurídicas: (i) cuja receita total, no ano-calendário anterior, seja superior ao limite de R$ 78.000.000,00 ou proporcional ao número de meses do período, quando inferior a doze meses; (ii) cujas atividades sejam de bancos comerciais, bancos de investimentos, bancos de desenvolvimento, caixas econômicas, sociedades de crédito, financiamento e investimento, sociedades de crédito imobiliário, corretoras de títulos, valores mobiliários e câmbio, empresas de arrendamento mercantil, cooperativas de crédito, empresas de seguro privados e de capitalização e entidades de previdência privada aberta; (iii) que tiverem lucros, rendimentos ou ganhos de capital oriundos do exterior; (iv) que, autorizadas pela legislação, usufruam benefícios fiscais relativos à isenção ou redução do imposto; (v) que, no decorrer do ano-calendário, tenham efetuado pagamento mensal pelo regime de estimativa; (vi) que explorem as atividades de prestação cumulativa e contínua de

dedicam ao agronegócio, que só estarão obrigadas a apurar o imposto pelo lucro real, de acordo com a legislação, se incorrerem em uma das condições nela elencadas, como, por exemplo, auferir uma receita total superior ao teto de R$ 78.000.000,00, se obtiverem rendimentos oriundos do exterior, se usufruírem benefícios fiscais ou então se efetuarem pagamento mensal pelo regime de estimativa. De outra parte, é importante acentuar que, muito embora não estejam obrigadas à apuração pelo lucro real, nada impede que as pessoas jurídicas do agronegócio optem por fazê-lo, pois o art. 257, § 1º, do RIR estabelece que *"as pessoas jurídicas não enquadradas no disposto no caput poderão apurar os seus resultados tributáveis com base nas disposições deste Título"*. Logo, para alguns contribuintes, o regime do lucro real é obrigatório; para os demais, é facultativo, podendo ser adotado por qualquer pessoa jurídica.

Já a apuração pelo lucro presumido (arts. 587 a 601), como o próprio nome sugere, nada mais é do que um regime de tributação fictício, pois recai não propriamente sobre o lucro obtido, mas sim sobre a receita bruta auferida. Como foi dito em outra passagem, não é o escopo deste trabalho colocar em xeque se a lei, em descompasso com a Constituição, poderia desvirtuar a competência tributária e criar uma sistemática que confessadamente não afere a renda obtida (pois o lucro é "presumido"), mesmo sob a justificativa de que esse regime é opcional ao contribuinte. Isso, por si só, já daria um trabalho à parte, reservado à empreitada de maior fôlego.

Pois bem. Estão autorizadas a apurar seu imposto pelo lucro presumido, por exclusão, as pessoas jurídicas que não estejam

---

serviços de assessoria creditícia, mercadológica, gestão de crédito, seleção e riscos, administração de contas a pagar e a receber, compras de direitos creditórios resultante de vendas mercantis a prazo ou de prestação de serviços *(factoring)*; (vii) que explorem as atividades de securitização de créditos (vale aqui o registro que a Lei Federal nº 14.430/22 suprimiu do art. 14 da Lei Federal nº 9.718/98 a expressão "imobiliários, financeiros e do agronegócio", mas no RIR o texto ainda é esse); (viii) que tenham sido constituídas como sociedades de propósito específico, formadas por microempresas e empresas de pequeno porte; (ix) e que emitam ações de pequenas e médias empresas na forma prevista no art. 16 da Lei nº 13.043/14.

contempladas no rol do art. 257 do Regulamento do Imposto sobre a Renda. Aliás, é isso o que está explicitamente prescrito no art. 587, § 3º, do RIR. Da conjugação dessas duas regras, nota-se que todos os contribuintes devem ou podem apurar o imposto pelo lucro real, enquanto que a apuração pelo lucro presumido só está autorizada àquelas pessoas jurídicas não abrangidas pelo art. 257 do RIR (arts. 13 e 14 da Lei nº 9.718/98).

A principal diferença entre os regimes do lucro real e do lucro presumido, como não poderia deixar de ser, recai justamente sobre o critério quantitativo, mais precisamente na forma de apurar da base de cálculo. Enquanto que no lucro real há uma gama enorme de preceitos disciplinando essa complexa forma de apuração, passando por conceitos tais como *receita bruta, receita líquida, custos, despesas, resultados operacionais, lucro bruto, lucro operacional, lucro líquido* e *lucro real,* dentre outros, no lucro presumido nada disso entra em jogo, pois o legislador escolheu como base de cálculo uma parcela ou porcentagem da *receita bruta* auferida.[213]

De acordo com o art. 591 do RIR, a base de cálculo do imposto e do adicional pelo lucro presumido, em cada trimestre, será determinada mediante a aplicação do percentual de 8% (oito por cento) sobre a receita bruta auferida. Por receita bruta, seguindo o que estabelece a legislação, deve ser entendido o produto da venda de bens nas operações de conta própria, o preço dos serviços prestados e o resultado auferido nas operações de conta alheia, aí não incluídas as vendas canceladas, os descontos incondicionais concedidos e os impostos não cumulativos cobrados destacadamente do comprador ou contratante dos quais o vendedor dos bens ou o prestador dos serviços

213. Como salienta Eduardo de Andrade, "o objetivo do *lucro líquido é apurar o resultado do exercício (lucro ou prejuízo) e constituir uma informação comum para os diferentes usuários (administradores, acionistas, credores, investidores, mercado). O objetivo do lucro real, lucro presumido e lucro arbitrado é compor a base de cálculo do IR". Imposto sobre a renda e proventos de qualquer natureza: a lógica como ferramenta jurídica delimitando conceitos, demonstrando as arquiteturas da incidência e revelando as ideologias contidas no discurso jurídico do imposto.* São Paulo: PUC/SP (Dissertação de Mestrado), 2006. Obra inédita, p. 56 (com destaques no original).

seja mero depositário. O art. 592 do Regulamento, por sua vez, elenca algumas atividades para as quais o percentual incidente sobre a receita bruta é diferente, regras distintas essas não aplicáveis às pessoas jurídicas do agronegócio.[214]

Em suma, na apuração pelo lucro presumido, a base de cálculo é uma porcentagem da receita bruta, em regra 8% (oito por cento), cujo produto será multiplicado à alíquota, também expressa em porcentagem, para se chegar ao imposto devido.

Por derradeiro, deve ser mencionado o lucro arbitrado. O art. 603 do Regulamento do Imposto sobre a Renda prevê as situações em que é aplicável a apuração pelo lucro arbitrado. Também aqui a nomenclatura adotada é sugestiva. Em todos esses casos, o lucro será *arbitrado* pela autoridade fiscal. Trata-se de típico lançamento de ofício, diversamente do chamado lançamento por homologação a que estão sujeitos os regimes de lucro real e de lucro presumido. Como exemplo, podem ser citadas as hipóteses em que o contribuinte, obrigado à tributação pelo lucro real, não mantém escrita fiscal regular, ou então quando a escrituração a que estiver obrigado o contribuinte revelar indícios evidentes de fraude, dentre outras circunstâncias.

Na verdade, o conjunto de regras que disciplina a apuração pelo lucro arbitrado está muito mais preordenado a

---

214. De acordo com o art. 592 do RIR (que corresponde ao art. 15 da Lei Federal nº 9.249/95), para as atividades de revenda para consumo de combustível derivado de petróleo, álcool etílico carburante e gás natural o percentual da receita bruta é de 1,6%; para as atividades de prestação de serviço de transporte, exceto o de carga, o percentual é de 16%; é de 32% a parcela da receita bruta aplicável no regime de apuração pelo lucro presumido para as atividades de prestação de serviços em geral (exceto a de serviços hospitalares e assemelhados); para as atividades de intermediação de negócios e a administração, locação ou cessão de bens, imóveis, móveis e direitos de qualquer natureza; prestação cumulativa e contínua de serviços de assessoria creditícia, mercadológica, gestão de créditos, seleção de riscos, administração de contas a pagar e a receber, compra de direitos creditícios resultantes de vendas mercantis a prazo ou de prestação de serviços *(factoring);* e de prestação de serviços de construção, recuperação, reforma, ampliação ou melhoramento de infraestrutura vinculados a contrato de concessão de serviço público; e de 38,4% para as atividades de operação de empréstimo, de financiamento e de desconto de títulos de crédito realizadas por Empresa Simples de Crédito (ESC).

garantir os interesses fazendários do que propriamente a criar uma sistemática distinta de apuração. São regras aplicáveis às ocasiões em que o lucro do contribuinte – real ou presumido – não é ou não pode ser conhecido, diante das provas existentes. Por isso que essa sistemática igualmente pode ser vista como uma tributação fictícia, se bem que calcada em pressupostos absolutamente distintos.

Em linhas gerais, são esses os três regimes de apuração do imposto sobre a renda das pessoas jurídicas. Feita essa incursão panorâmica – sempre decisiva para a compreensão de qualquer assunto a ser examinado – já se pode passar, agora sim, ao exame específico de cada uma das sistemáticas de apuração da base de cálculo do IRPJ no agronegócio.

2.4.6.2 A apuração da base de cálculo do IRPJ no agronegócio pelo lucro real

Como foi visto anteriormente, a apuração do imposto sobre a renda das pessoas jurídicas pelo lucro real pressupõe um longo caminho a ser percorrido, revelando-se, sem sombra de dúvidas, como o mais complexo dos sistemas desse imposto. A despeito disso, no entanto, é o regime de apuração pelo lucro real aquele que melhor espelha a verdadeira riqueza nova gerada pela pessoa jurídica para ser gravada pela tributação.

É interessante recordar que sendo a base de cálculo a perspectiva dimensível da hipótese de incidência (Geraldo Ataliba), então é inequívoco que há uma íntima ligação entre a materialidade do tributo e a grandeza econômica eleita pela lei sobre a qual recairá a exação – ao menos deve haver, sob pena de invalidade da exigência, como denuncia a função comparativa da base de cálculo.

Ora, diante dos valiosos substratos doutrinários sobre esse tema, o intérprete fica autorizado a dizer que *a base de cálculo do IRPJ no agronegócio só pode ser o lucro auferido dessa atividade*. Noutras palavras, a partir do momento em que o regime jurídico específico da tributação no agronegócio foi delimitado pela materialidade do imposto, isto é, pelo conjunto de atividades desenvolvidas pelo contribuinte, a base de cálculo desse regime típico, necessariamente, deve refletir a manifestação econômica da atividade rural. Tanto assim é que o art. 251 da Instrução Normativa 1.700/17, que rege com força de instrumento secundário o imposto sobre a renda das pessoas jurídicas rurais, estabelece que *"considera-se receita bruta da atividade rural aquela decorrente da exploração das atividades relacionadas no art. 249"* – art. 249 esse que arrola justamente as atividades tidas por rurais. Logo, é sobremaneira relevante investigar quais são as receitas operacionais desse segmento econômico para que se possa chegar à renda tributável pelo regime do lucro real.

2.4.6.2.1 As receitas operacionais do setor e a segregação de receitas de outras atividades

Quando do exame da receita bruta do IRPF no agronegócio, tentou-se demonstrar que a compreensão da grandeza sobre a qual recai o tributo pressupõe que o intérprete volte os olhos à atividade desenvolvida pelo contribuinte, atividade essa espelhada no critério material da hipótese, dada a vinculação que deve haver entre a materialidade e a base de cálculo. Se assim acontece com os tributos em geral, no caso do imposto sobre a renda incidente no agronegócio isso é ainda mais visível, sobretudo pelas normas existentes na legislação para esse regramento específico, notadamente o art. 51 do RIR. Foi nesse contexto que se defendeu que para identificação dos rendimentos gerados pelo agronegócio o que importa é a atividade desenvolvida, sem se esquecer, no entanto, que não é o "montante das vendas" a base de cálculo do imposto, já que há despesas a serem abatidas.

No caso do IRPJ no agronegócio pelo regime do lucro real, a situação é equivalente. Com efeito, se para estruturação do feixe de normas que rege a tributação da atividade rural o fator relevante é a materialidade da regra-matriz, então não pode restar dúvida de que a base de cálculo deve corresponder à expressão econômica projetada pela atividade desempenhada pelo contribuinte. E, como já foi dito anteriormente, a materialidade do IRPJ no agronegócio, na esteira do que ocorre com o IRPF na atividade rural, tem por núcleo a extração e a exploração vegetal e animal como gênero. Logo, para que se chegue ao *lucro real* para fins de apuração do IRPJ incidente no agronegócio, é necessário, antes, que sejam investigadas quais são as receitas operacionais desse setor da atividade econômica; e para que se constatem quais são essas receitas, é imperioso que sejam examinadas as atividades desenvolvidas pelo contribuinte.[215]

O art. 208 do Regulamento do Imposto sobre a Renda, cuja base legal é o art. 12 do Decreto-lei nº 1.598/77, estabelece que a *receita bruta* das vendas e serviços compreende o *produto da venda* de bens nas operações de conta própria, o preço dos serviços prestados e o resultado auferido nas operações de conta alheia. É a partir dessa ideia inicial de receita bruta que se pode chegar ao lucro operacional e, após, ao lucro real. Vê-se, pois, que um primeiro passo a ser dado é examinar quais as receitas geradas por aquela atividade específica. Tanto assim é que o art. 289 do RIR, correspondente ao art.

---

215. Esse delicado percurso para identificação da base de cálculo deve ser trilhado pelo intérprete, pois é muito comum – para não dizer que é a regra – que o critério quantitativo dos tributos venha enriquecido pelo legislador, conscientemente ou não, por diversos enunciados. Essa constatação não passou ao largo da visão perspicaz de Paulo de Barros Carvalho. Muito embora o autor, nesse trecho, se refira às normas individuais e concretas, sua lição é de todo aplicável também à compreensão da construção das normas gerais e abstratas, como o é a regra-matriz de incidência tributária. São essas suas palavras: "Sem qualquer excesso retórico, legitima-se o asserto mediante o qual o *feixe de proposições prescritivas que estruturam a hipótese de incidência, de um lado, e aquelas que dão compostura à base de cálculo, de outro, desenvolvem-se sobre o mesmo objeto, operando com idêntico conteúdo.* O elemento distintivo repousa no modo de aproximação: mais distante, mais genérico, menos comprometido, no suposto; mais incisivo, mais rígido, mais objetivo, na base de cálculo. E isso se reflete não só na qualidade de precisão das articulações sobre a base, como também no aspecto numérico (número de enunciados prescritivos), pois os preceitos que falam da grandeza tomada como fator de mensuração apresentam-se acentuadamente mais abundantes do que aqueles que estipulam acerca da determinação da incidência, firmadas no pressuposto da norma". *Direito tributário: fundamentos jurídicos da incidência.* 10. ed. São Paulo: Saraiva, 2015, p. 250/251 (com destaques no original).

11 do Decreto-lei nº 1.598/77, dispõe que o lucro operacional deverá corresponder ao *resultado* das atividades, principais ou acessórias, que constituam *objeto* da pessoa jurídica.

Parece ficar claro que o legislador, ao disciplinar as receitas operacionais das pessoas jurídicas em geral, se preocupou em dar a tônica no sentido de que se enquadrarão como tais aquelas receitas que advierem da finalidade social para a qual está preordenada a pessoa jurídica, ou seja, o desenvolvimento da atividade que se caracterize como seu objeto.[216] Transportando essas noções para o agronegócio, de igual maneira serão receitas operacionais das pessoas jurídicas aquelas oriundas da atividade rural, assim considerada a extração e a exploração vegetal e animal como gênero, englobando a agricultura, a pecuária, a apicultura, a avicultura, a piscicultura, dentre outras, como espécies. Isso tudo reforça a convicção de que a única forma de se identificar, de se circunscrever e de se sistematizar a tributação específica do agronegócio quanto ao IRPJ – que é inequívoca que existe – recai justamente sobre a materialidade, isto é, sobre a conduta praticada pelo contribuinte. Se o que se busca é precisar as receitas do agronegócio que formarão a base de cálculo do IRPJ mediante apuração pelo lucro real, é indispensável que se afira a origem das receitas, se da atividade rural ou não.

Nessa ordem de ideias, no entanto, surge uma questão em torno da qual é difícil tomar uma posição: trata-se da segregação de receitas ordenada por essa IN 1.700/17, que, não é demais repetir, é instrumento normativo secundário e, dessa forma, não pode criar direitos e obrigações originariamente.

Com efeito, o art. 251, parágrafo único, estabelece que o regime tributário previsto para a pessoa jurídica rural *"não permite a inclusão de receitas e despesas de outras atividades,*

---

216. "As receitas operacionais resultam das atividades principais ou acessórias que constituem objeto da pessoa jurídica, fundamentais do negócio". CARVALHO, Fábio Junqueira; MURGEL, Maria Inês. *IRPJ: teoria e prática jurídica.* 2. ed. São Paulo: Dialética, 2000, p. 130.

as quais, se existentes, deverão ser segregadas nos termos do art. 254". O art. 254, por sua vez, dispõe que a pessoa jurídica rural que explorar outras atividades deverá segregar, contabilmente, as receitas, os custos e as despesas referentes à atividade rural das demais atividades, demonstrando o lucro ou o prejuízo de cada uma delas nos livros competentes (Lalur), de maneira separada – sem se esquecer, é claro, da escrituração fiscal digital (EFD) adotada hoje em dia.

De um lado, poder-se-ia argumentar que instrução normativa não é lei e que, portanto, na ausência de previsão legal expressa, essa segregação seria descabida. Examinada a questão friamente sob essa ótica, essa tese deveria prevalecer, por estar coberta de razão, sobretudo em virtude do princípio da legalidade, que informa a tributação no Brasil.

Acontece, por outro lado, que muito embora não haja previsão explícita na lei nesse sentido, implicitamente essa providência está autorizada pelo legislador. É que a partir do momento em que a Lei Federal nº 8.023/90 cria todo um arcabouço específico para nortear a apuração do imposto para o agronegócio, as autoridades fiscais devem estar munidas das ferramentas necessárias para diferençar e aplicar as regras específicas, em detrimento das genéricas, sob pena de infirmar o tratamento peculiar que o legislador quis dar a esse segmento econômico. O próprio art. 4º dessa lei, ao prescrever que se considera *resultado da atividade rural* a diferença entre os valores das receitas recebidas e das despesas pagas, defere, apesar de não de maneira literal, a adoção das providências necessárias para se chegar ao efetivo resultado daquela atividade especificamente considerada, o que só é possível através da segregação das receitas. Por fim, como se isso não bastasse, o art. 18 da Lei Federal nº 8.023/90 tipifica como fraude a inclusão de rendimentos auferidos em outras atividades na apuração do resultado da atividade rural, de tal modo que a segregação de receitas não deixa de ter um fundamento lógico e legal.

Portanto, para identificação das receitas operacionais do agronegócio para fins de apuração da base de cálculo do IRPJ pelo lucro real devem ser consideradas somente as receitas oriundas especificamente da atividade rural, *constituindo seu objeto social,* devendo ser contabilizadas segregadamente de eventuais receitas de outras atividades, acaso existentes. É necessário esclarecer, sobre isso, que o inverso também é verdadeiro. Para que haja incidência do regime específico do IRPJ no agronegócio não é necessário que a pessoa jurídica se dedique *exclusivamente* à atividade rural. Pode acontecer, perfeitamente, de uma pessoa jurídica que explore outro ramo da atividade econômica também investir na atividade rural. Se isso ocorrer, lhe deve ser assegurado o direito de apurar o imposto de acordo com as regras prescritas no sistema para esse setor, na medida em que não há norma alguma exigindo exclusividade nesse sentido; pelo contrário, o que importa é a atividade em si mesma desenvolvida, e não se o sujeito passivo se dedica apenas a ela, bastando que apure em separado os resultados das duas atividades.[217]

Algo parecido já acontece com a própria apuração do imposto sobre a renda das pessoas físicas (IRPF) no agronegócio. Lá, como cá, o que ocorre é *a apuração em separado* do resultado da atividade rural, *mas não há tributação em separado* dessa atividade. Pelo contrário, a renda tributável do agronegócio não é a base de cálculo do imposto a ser recolhido pelo contribuinte; esse valor é levado à tributação juntamente com seus outros rendimentos na sua declaração, formando um montante final, que é a base de cálculo efetiva do imposto. Há uma repercussão da renda tributável pelo IRPF no agronegócio na declaração de rendimentos, o que é salutar, para que se permitam ao contribuinte os abatimentos e as deduções previstas na legislação

217. Nesse sentido é o entendimento de Fábio Junqueira de Carvalho e Maria Inês de Gurgel: "Os resultados derivados das atividades rurais sempre estiveram submetidos a um regime de tributação diferenciado daquele destinado aos resultados de outra natureza. É de se salientar que *esta diferenciação ocorre em decorrência da atividade exercida,* e não da localização da pessoa jurídica que a exerce. Portanto, mesmo aquelas pessoas jurídicas com sede em áreas urbanas, desde que exerçam atividades rurais, terão de observar a tributação diferenciada". *IRPJ: teoria e prática jurídica.* 2. ed. São Paulo: Dialética, p. 540 (sem destaques no original).

quanto às demais atividades, isso em virtude dos princípios constitucionais tributários da universalidade e da capacidade contributiva, como já foi dito. No caso do IRPJ no agronegócio não é diferente. A legislação prevê que a apuração do imposto seja feita de maneira segregada, com todas suas receitas e despesas, exatamente para que se possa chegar ao resultado da atividade rural, que, assim, irá compor, quando positivo, a base de cálculo do imposto, permitindo ainda eventuais compensações cabíveis no que pertine às outras atividades eventualmente desempenhadas pela pessoa jurídica.

Agora, se essas são as receitas operacionais do IRPJ no agronegócio e a forma correta de se apurá-las é, de fato, de maneira segregada, isso não quer dizer que todas as regras previstas na IN 1.700/17 sobre a receita bruta são válidas. Isso porque, na trilha do que se defendeu por ocasião do exame do IRPF na atividade rural, sobretudo em relação ao que estabelece o art. 54, § 1º, do Regulamento do Imposto sobre a Renda, a legislação infralegal incluiu indevidamente outras grandezas na composição da receita bruta que irá compor a base de cálculo do imposto.

O art. 252 da IN 1.700/17 prevê que devem integrar também a receita bruta da atividade rural (i) os valores recebidos de órgãos públicos, tais como auxílios, subsídios, Aquisições do Governo Federal (AGF) e as indenizações recebidas do Programa de Garantia da Atividade Agropecuária (PROAGRO); (ii) o valor da entrega de produtos agrícolas, pela permuta com outros bens ou pela dação em pagamento; (iii) e as sobras líquidas da destinação para constituição do fundo de reserva e do fundo de assistência técnica, educacional e social, previstos no art. 28 da Lei nº 5.764/71, quando creditadas, distribuídas ou capitalizadas à pessoa jurídica rural cooperada.

Sempre seguindo o paralelo entre a tributação pelo IRPF e pelo IRPJ no agronegócio como forma de abordagem da matéria – dada a similitude de algumas das regras aplicáveis assim às pessoas físicas, que às pessoas jurídicas – é importante remeter o leitor às conclusões já assentadas por ocasião da análise da tributação das pessoas físicas. Como se constatou no IRPF no agronegócio, aqui também não há autorização legal para inclusão dos preceitos do art. 252 da IN 1.700/17 no que pertine ao IRPJ na atividade rural. No universo de leis que orienta de maneira prescritiva a apuração do imposto não há embasamento legal que sirva de apoio à autorização para esse tipo de exigência. Logo, as rubricas previstas no art. 252 da Instrução Normativa 1.700/17 como de inclusão obrigatória na receita bruta não podem ser exigidas das pessoas jurídicas rurais.[218]

Cabe uma análise em separado, porém, quanto à previsão de inclusão na receita bruta da atividade rural das sobras líquidas da destinação para constituição do fundo de reserva e do fundo de assistência técnica, educacional e social das cooperativas, quando creditadas, distribuídas ou capitalizadas às pessoas jurídicas rurais cooperadas. Nesse caso, é preciso investigar a legislação de regência – a Lei das Cooperativas (Lei Federal nº 5.764/71).

Quando do exame dos sujeitos passivos que se enquadram no regime típico do IRPJ no agronegócio, dedicou-se um espaço apropriado para análise das cooperativas agropecuárias. Procurou-se demonstrar, então, que a Carta Constitucional concedeu a essas pessoas jurídicas um tratamento peculiar (art. 146, III, "c"), sendo da essência das cooperativas a união de pessoas em torno de um objetivo comum, *sem intuito de lucro*. Por esse motivo é que se concluiu que, em relação aos atos

---

218. Malgrado a violação ao princípio constitucional tributário da estrita legalidade, não há como deixar de registrar que, salvo em relação às aquisições do Governo Federal (AGF), todas as demais rubricas previstas nessa norma (auxílios, subvenções, subsídios e indenizações do PROAGRO) não encontram suporte no ordenamento jurídico, uma vez que não configuram "renda". Como se viu por ocasião da formação da base de cálculo das pessoas físicas, esses fatos não caracterizam acréscimo patrimonial; logo, a regra contida no art. 252, I, da Instrução Normativa 1.700/17 não tem fundamentação jurídica. Já em relação à segunda previsão, ou seja, de inclusão como receita bruta do valor da entrega de produtos agrícolas pela permuta com outros bens ou pela dação em pagamento, também como foi abordado por ocasião da tributação das pessoas físicas, essa importância não pode compor o conceito de "receita operacional" para fins de inclusão no lucro real, pois não há acréscimo patrimonial algum nessas operações. Assim, igualmente o mandamento do art. 252, II, da IN 1.700/17 deve ser afastado, por não ter validade jurídica.

cooperativos, essas pessoas jurídicas enquadram-se no contexto da não-incidência tributária. Os *resultados positivos* gerados – as *sobras líquidas,* que não são lucro – são partilhados entre os cooperados à razão do volume de operações praticadas e são tributados na declaração de rendimentos das pessoas físicas, e não das pessoas jurídicas, que por sua vez deve apresentar resultado final igual a zero, depois de partilhadas as sobras entre os cooperados. Somente as operações com terceiros – os atos não cooperativos – é que autorizam a tributação.

Pois bem. Ocorre que o art. 252, III, da Instrução Normativa 1.700/17 prevê a inclusão na receita bruta da atividade rural das sobras líquidas mencionadas. *No entanto, a destinação de recursos ao fundo de reserva e ao fundo de assistência técnica, educacional e social (FATES), que são legalmente instituídos, não caracterizam disponibilidade econômica ou jurídica para fins de acréscimo patrimonial, de modo a justificar sua inclusão na receita bruta e consequente tributação via imposto sobre a renda.*

O fundo de reserva e o fundo de assistência técnica, educacional e social (FATES) são indivisíveis, segundo o art. 4º, VIII, da Lei das Cooperativas. Isso significa que os valores dos fundos jamais poderão ser divididos entre os associados.[219] Além disso, sua constituição é obrigatória para as cooperativas. O fundo de reserva destina-se a reparar perdas e a atender ao desenvolvimento das atividades da cooperativa, sendo formado por 10%, pelo menos, das sobras líquidas do exercício, enquanto que o fundo de assistência técnica, educacional e social destina-se à prestação de assistência aos associados, seus familiares e, quando previsto no estatuto, aos empregados da cooperativa, constituindo-se de 5%, ao menos, das sobras líquidas do exercício, conforme prevê o art. 28 da Lei Federal nº 5.764/71.

Pelo que se pode notar, é peremptório às cooperativas a constituição de tais fundos. Não há para o conselho de administração da cooperativa a prerrogativa de constituir ou não

---

219. BECHO, Renato Lopes. *Elementos de direito cooperativo.* São Paulo: Dialética, 2002, p. 109.

esses fundos, pelo contrário, é a lei que impõe sua criação. Desta feita, os recursos destinados ao fundo de reserva e ao fundo de assistência técnica, educacional e social não caracterizam disponibilidade, quer econômica, quer jurídica em torno desses recursos.

Perceba-se que tanto o fundo de reserva quanto o FATES são constituídos por, respectivamente, 10% e 5%, ao menos, das "sobras líquidas". As "sobras líquidas" ou simplesmente "sobras", de acordo com a doutrina especializada no tema, são *"o resultado positivo alcançado pela cooperativa, após o pagamento de todas as despesas da sociedade".*[220] Desse modo, a cooperativa pode – e deve, acaso queira ter viabilidade econômica – obter retornos financeiros positivos. Esses retornos servirão para fazer frente ao pagamento das despesas da sociedade. Pagas as despesas, então se remanescer um resultado final positivo, ter-se-á a *sobra;* se negativo, haverá *prejuízo.* Sucede que do valor das sobras 10% e 5%, ao menos, deverão ser destinados ao fundo de reserva e ao fundo de assistência técnica, educacional e social, respectivamente. Ora, bem por aí já se vê que esses valores – porque devem, por lei, ser carreados para uma finalidade específica – não caracterizam disponibilidade à cooperativa para fins de incidência do imposto sobre a renda. Noutras palavras, não há um acréscimo patrimonial para a cooperativa, porquanto esses recursos devem ficar reservados para outras finalidades. Nesse contexto, parece inequívoca a invalidade do art. 252, III, da IN 1.700/17, ao determinar a inclusão das sobras destinadas ao fundo de reserva e ao FATES na receita bruta da atividade rural das cooperativas agropecuárias.

Seria possível objetar essa afirmação, contudo, com a assertiva de que o dispositivo prevê a inclusão dessas sobras na receita bruta da atividade rural somente quando creditadas, distribuídas ou capitalizadas à pessoa jurídica rural cooperada.

---

220. BECHO, Renato Lopes. *Tributação das cooperativas.* 3. ed. São Paulo: Dialética, 2005, p. 248.

Entretanto, a objeção não se sustenta, na medida em que essa parte final do comando infralegal há de ser interpretada de maneira conjugada com o início do enunciado prescritivo, que corrobora, sim, a intenção de tributar as sobras preordenadas à constituição desses fundos, que, indubitavelmente, não ficam à mão da cooperativa; portanto, não são recursos disponíveis. Sobremais, obviamente que depois de destinadas essas sobras aos fundos haverão elas de serem "creditadas, distribuídas ou capitalizadas" junto à cooperativa.

Com essas colocações não se tem a pretensão de desdizer o que foi defendido páginas atrás, ou seja, de que as operações decorrentes de atos não cooperativos sujeitam-se à tributação regular. Pelo contrário. Tanto assim é que o art. 87 da Lei Federal nº 5.764/71 é claro ao prever que os resultados das operações com não associados serão levados à conta do fundo de assistência técnica, educacional e social e serão contabilizados em separado, de modo a permitir o cálculo para incidência de tributos. O que se sustenta aqui é que nem todos os recursos destinados ao fundo de reserva e ao FATES ficam à disposição da exigência fiscal, *mas apenas aqueles oriundos de atos não cooperativos,* já que esses fundos, pela interpretação sistemática da lei, sobretudo no trecho que relega boa parte das decisões da sociedade à assembleia geral, são compostos parte pelas sobras de atos cooperativos e a outra, necessariamente, pelos resultados de atos não cooperativos.

2.4.6.2.2 Os custos, as despesas operacionais, os investimentos e a depreciação acelerada incentivada

Se renda é acréscimo patrimonial, transmitindo uma ideia de sobra, de *plus,* de excedente, então ninguém há de negar que às receitas obtidas devem ser contrastadas as despesas respectivas. É justamente esse aspecto que será examinado doravante. O que se buscará fazer é sistematizar o conjunto de desembolsos do contribuinte que podem ser subtraídos das receitas auferidas, a fim de se chegar à base tributável pelo IRPJ no agronegócio.

Quando da análise dos enunciados prescritivos que disciplinam a tributação das pessoas físicas foi possível demonstrar que a legislação autoriza o abatimento das despesas de custeio e dos investimentos realizados, isso em razão das peculiaridades do setor. É a Lei Federal nº 8.023/90 que garante esse direito; na verdade, essa lei apenas explicita o que já está implicitamente contido na Carta Constitucional. Apesar de a lei não trazer consigo um rol de despesas e de investimentos a serem abatidos, o fato é que nos seus dispositivos reside a garantia desse direito (arts. 4º e 6º). O que faz o Regulamento do Imposto sobre a Renda é esmiuçar essas regras, como foi demonstrado. Nesse contexto, uma vez que a Lei Federal nº 8.023/90 não se limita ao regramento da tributação das pessoas físicas, mas também das pessoas jurídicas, tal qual se ressaltou, parece inequívoco que o raciocínio empregado lá deve ser aplicado também aqui. Noutras palavras, as premissas erguidas por ocasião do IRPF no agronegócio devem ser transportadas, porque de todo procedentes, igualmente para a análise do IRPJ na atividade rural.

São três os principais diplomas normativos que servem para a compreensão deste tema: a Lei Federal nº 8.023/90, o Regulamento do Imposto sobre a Renda e a Instrução Normativa nº 1.700/17 da Secretaria da Receita Federal do Brasil – sem se perder de vista, jamais, a ordem hierarquizada do sistema. A começar pelo documento jurídico mais importante, a Lei Federal nº 8.023/90 assegura nos arts. 4º e 6º a dedutibilidade das despesas de custeio e dos investimentos na atividade rural. Muito embora, quanto às despesas de custeio, não haja uma definição legal direta – e nem é mesmo tarefa do legislador definir as coisas do direito – a absorção cognoscitiva do ordenamento como um todo leva o intérprete à conclusão de que despesas de custeio são os gastos necessários à *manutenção* da fonte produtora, numa feição estática. Já em relação aos investimentos, por outro lado, preceitua o art. 6º que esse signo linguístico representa os recursos financeiros aplicados com o intuito de promoção do desenvolvimento da atividade rural quanto à *expansão* e à *melhoria* da produtividade, provocando na mente do hermeneuta a noção de um desdobramento dinâmico.

Também o Regulamento do Imposto sobre a Renda – a despeito de não ter dedicado uma seção específica à atividade rural das pessoas jurídicas, como fez para as pessoas físicas – contém regras importantes acerca dos abatimentos possíveis para identificação do lucro real, regras essas aplicáveis a todas as pessoas jurídicas e que, por isso mesmo, despertam o interesse daquelas que se dedicam ao agronegócio.

Na verdade, o RIR, nessa parte, reúne uma coletânea de normas mais sofisticadas sobre os desembolsos dedutíveis do que apenas despesas de custeio e investimentos. Sob sua égide é possível identificar mecanismos tais como os custos de aquisição e produção dos bens, os critérios para avaliação de estoques, as despesas operacionais, a depreciação de bens do ativo imobilizado e a depreciação acelerada incentivada, dentre outros. O que importa trazer à tona, aqui, são os comandos jurídicos que envolvem mais de perto a atividade rural.

Os arts. 301 e 302 do Regulamento, reproduções que são dos arts. 14 e 13 do Decreto-lei nº 1.598/77, respectivamente, dispõem que o custo das mercadorias revendidas e das matérias-primas utilizadas, incluindo os de transporte e seguro, será determinado como custo de aquisição, enquanto que o custo de produção dos bens ou serviços vendidos será aferível mediante o custo de aquisição de matérias-primas e quaisquer outros bens ou serviços aplicados ou consumidos na produção, o custo de mão de obra, de equipamentos, dos encargos de amortização diretamente relacionados com a produção e os encargos de exaustão dos recursos naturais utilizados. A noção de custo é importante porque irá se conjugar com a de despesas operacionais, logo mais examinadas.

Já os arts. 304 e 307 do RIR, de igual maneira calcados no Decreto-lei nº 1.598/77, prescrevem que, ao final de cada período de apuração do imposto, a pessoa jurídica deverá promover o levantamento e avaliação dos seus estoques, sendo que as mercadorias e as matérias-primas serão avaliadas pelo custo de aquisição e os produtos em fabricação e acabados pelo custo de produção, assegurada a prerrogativa de avaliação pelo custo médio. O art. 309 – esse sim o mais relevante ao estudo da matéria – prevê que os estoques de produtos agrícolas, animais e extrativos poderão ser avaliados aos preços correntes de mercado, *"conforme as práticas usuais em cada tipo de atividade"*.[221]

Essa regra merece ser refletida com maior atenção. Isso porque os produtos do agronegócio, dado que são produtos primários, situando-se no início da cadeia produtiva, podem apresentar dificuldades para serem avaliados, se tomados os parâmetros ordinariamente aplicados para a indústria e para o comércio. É que, além de não envolverem a integração em um processo produtivo propriamente dito, já que não são simplesmente adquiridos para revenda ou mesmo fabricados, os produtos da atividade rural estão sujeitos ainda a uma série de fatores, como a sazonalidade, as intempéries climáticas, a produtividade e a variação cambial, pois muitos deles são verdadeiras *commodities* agrícolas. Daí a importância de se avaliar o estoque pelos preços correntes de mercado, de acordo com o tipo de atividade envolvida.

Nesse particular, o art. 262 da IN 1.700/17, ao se remeter aos seus arts. 97, 98, 102 e 103, estabelece que a contrapartida do aumento do ativo em virtude da atualização do valor dos estoques dos produtos rurais, seja pelo registro de crias nascidas, seja pela variabilidade do preço de mercado, caracteriza receita operacional, que irá compor a base de cálculo do imposto, mas somente por ocasião da *alienação* dos respectivos estoques, isto é, revela-se necessário que haja, antes, um ingresso patrimonial no caixa da pessoa jurídica para que somente aí se cogite de tributação.[222]

---

221. O art. 309 do Regulamento do Imposto sobre a Renda encontra sua base legal no art. 14, § 4º, do Decreto-lei nº 1.598/77.

222. Nesse sentido: "RECEITA BRUTA - LUCRO PRESUMIDO. A contrapartida do aumento do ativo, em decorrência da atualização do valor dos estoques de produtos agrícolas, animais e extrativos destinados à venda, tanto em virtude do

Perpassados os custos dos bens e serviços e os critérios para avaliação dos estoques, é o caso de examinar as despesas operacionais do agronegócio que podem ser abatidas com o intuito de se chegar ao lucro real. O art. 311 do Regulamento preceitua que *"são operacionais as despesas não computadas nos custos, necessárias à atividade da empresa e à manutenção da fonte produtora"*.[223] Como se pode notar, esse comando normativo classifica como despesas operacionais aqueles gastos não enquadrados nos custos (de aquisição ou de produção), desde que sejam necessários às atividades desenvolvidas e à manutenção da fonte produtora.

No caso do agronegócio, por tudo quanto já se viu até aqui, muito embora não haja um dispositivo estruturado na forma tabular – vale dizer, aquela em que há uma enumeração de possibilidades, o que é bom que não aconteça mesmo nesse caso – o sistema jurídico orienta-se no sentido de que todo e qualquer desembolso que guarde relação com a atividade rural desenvolvida, bem como com a preservação da fonte produtora, estará assegurado como de possível dedução. Apesar da polêmica que usualmente encerra esse assunto – dado que amiúde instauram-se conflitos entre Fisco e contribuintes a respeito da pertinência ou não do gasto em face da atividade da empresa – o intérprete não pode perder de vista, no caso do agronegócio, que a despesa deve servir à preservação da atividade rural desenvolvida.

Para aprofundar o exame da matéria, é interessante destacar que a Instrução Normativa 1.700/17 da Secretaria da Receita Federal não chega a disciplinar segregadamente custo de despesa operacional, como faz o RIR; pelo contrário, cinge-se, de certa maneira, a acoplar esses dois conceitos ao referir-se às

---

registro no estoque de crias nascidas no período de apuração, como pela avaliação do estoque a preço de mercado, constitui receita operacional, que comporá a base de cálculo do imposto sobre a renda no período de apuração em que ocorrer a venda dos respectivos estoques". Solução de Consulta SRF 1ª RF nº 58, *DOU* 27.06.2007.

223. O art. 311 do RIR tem por fundamento legal o disposto no art. 47 da Lei Federal nº 4.506/64.

"despesas de custeio". De um modo ou de outro, no entanto, a marca da *necessidade* da despesa à percepção do rendimento e da *manutenção* da fonte produtora continua presente. Com efeito, o art. 255 da IN 1.700/17, à moda do que preconiza o art. 55, § 1º, do RIR em relação às pessoas físicas, prescreve que "*considera-se despesa de custeio aquela necessária à percepção dos rendimentos da atividade rural e à manutenção da respectiva fonte produtora, relacionada com a natureza das atividades rurais exercidas*". Fica demonstrado, portanto, mais uma vez, que esses dois aspectos chamam a atenção nesse dispositivo: (i) a vinculação da despesa à percepção do rendimento; (ii) e sua vinculação à manutenção da fonte produtora. A tudo isso se agrega a cláusula final – "*relacionada com a natureza das atividades rurais exercidas*" – para se acentuar que o desembolso só será considerado despesa de custeio se estiver atrelado com a atividade rural propriamente dita. Desse modo, é inequívoco que somente as despesas relacionadas ao agronegócio é que poderão ser deduzidas, como a aquisição de sementes, adubos e fertilizantes, no caso da agricultura, ou de reprodutores, no da pecuária, bem como o conserto de máquinas, o reparo das instalações rurais, dentre outras hipóteses.

Analisadas as despesas de custeio, surge, agora, uma questão interessante: *trata-se da ausência de previsão no Regulamento do Imposto sobre a Renda e na Instrução Normativa 1.700/17 de dedução dos investimentos da atividade rural no que pertine ao IRPJ no agronegócio.* Noutras palavras, enquanto que para as pessoas físicas o art. 55, § 2º, do Regulamento e o art. 8º da IN 83/01 asseguram, expressamente, a dedução dos investimentos empregados na atividade rural, o RIR e a IN 1.700/17 não trazem dispositivo que contemple a dedutibilidade dos investimentos para as pessoas jurídicas, o que poderia levar à conclusão de que esse mecanismo estaria vedado em relação a elas.

Ocorre que não é bem assim. Isso porque, seguindo sempre firme na premissa epistemológica de que o sistema está organizado segundo um escalão de hierarquia, a circunstância de o Regulamento do Imposto sobre a Renda e, em especial, da Instrução Normativa 1.700/17 não disporem a esse respeito em nada interfere, evidentemente, na construção de sentido dos textos normativos. É que o núcleo semântico do vocábulo "renda" talhado na Carta da República já denota a necessidade de dedução dos investimentos; caso contrário, de "renda" não se trataria. Como se isso não bastasse, a verdade é que os arts. 4º e 6º da Lei Federal nº 8.023/90 asseguram o direito de dedução dos investimentos às pessoas jurídicas – lembrando que essa lei não se circunscreve ao regramento do imposto para as pessoas físicas. E, recordando o que foi dito quando do estudo do IRPF no agronegócio, a despeito de o art. 6º da Lei Federal nº 8.023/90 não indicar taxativamente quais rubricas devam ser consideradas investimentos, nem por isso o trabalho do intérprete fica embaraçado, *bastando que haja aplicação de recursos financeiros à expansão ou à melhoria da produtividade rural.* A falta de dispositivo infralegal discriminando exemplificativamente esses dispêndios não prejudica de maneira alguma essa afirmação.

Além da dedução dos custos, das despesas e dos investimentos, a legislação prevê também a possibilidade de depreciação dos bens do ativo imobilizado. O art. 317 do Regulamento estabelece que *"poderá ser computada, como custo ou encargo, em cada período de apuração, a importância correspondente à diminuição do valor dos bens do ativo resultante do desgaste pelo uso, da ação da natureza e da obsolescência normal".*[224] A depreciação será deduzida pelo contribuinte que suportar o encargo econômico do desgaste ou obsolescência a partir do momento em que o bem é instalado ou colocado em condições de produzir, não podendo a depreciação ultrapassar o custo de aquisição do bem, sendo possível a depreciação de todos os bens móveis ou imóveis sujeitos a desgaste pelo uso ou por causas naturais, mas desde que intrinsecamente relacionados com a produção ou com a comercialização de

224. Art. 57, *caput*, da Lei Federal nº 4.506/64.

bens ou serviços (arts. 317, §§ 1º a 5º, c/c 318, RIR).[225] A legislação dispõe que a quota de depreciação será determinada mediante a aplicação da taxa anual de depreciação sobre o custo de aquisição do ativo (art. 319, RIR).[226] Essa taxa anual, segundo o art. 320 do Regulamento e a lei que lhe serve de fundamento, é calculada em função do prazo durante o qual se possa esperar utilização econômica do bem pelo contribuinte, na produção de seus rendimentos, cabendo à Secretaria da Receita Federal do Brasil a divulgação periódica do prazo de vida útil admissível, em condições normais ou médias, para cada espécie de bem.[227]

Se essas são as regras aplicáveis às pessoas jurídicas em geral para a depreciação de bens do ativo imobilizado, para o agronegócio há algumas peculiaridades que devem ser levadas em conta.

É que o art. 324 do Regulamento do Imposto sobre a Renda estatui que, com o objetivo de incentivar a implantação, renovação ou modernização de instalações e equipamentos, poderão ser adotados coeficientes de depreciação acelerada, a vigorar durante certo prazo para determinadas indústrias ou atividades.[228] Dando cabo a esse preceito o art. 325 apresenta um enunciado prescritivo de acordo com o qual *"os bens do ativo não circulante imobilizado, exceto a terra nua, adquiridos por pessoa jurídica que explore a atividade rural, de que trata*

---

225. Art. 57, §§ 6º, 7º, 8º e 11, da Lei Federal nº 4.506/64, c/c art. 13, III, da Lei Federal nº 9.249/95.

226. Art. 57, § 1º, da Lei Federal nº 4.506/64.

227. Art. 57, §§ 2º e 3º, da Lei Federal nº 4.506/64. A previsão normativa segundo a qual é a Secretaria da Receita Federal do Brasil que detém a competência para "fixar" abstratamente o prazo de vida útil admissível de bens é extremamente questionável, pois não se pode prescindir do exame da realidade em questões desse tope, razão pela qual a garantia de que o contribuinte pode adotar quotas de depreciação distintas, bastando que comprove a adequação das condições de depreciação de seus bens, atenua, em certo sentido, a invalidade à primeira vista desse dispositivo.

228. Art. 57, § 5º, da Lei Federal nº 4.506/64.

o art. 51, para uso nessa atividade, poderão ser depreciados integralmente no próprio ano de aquisição".[229]

Trata-se, sob certo ângulo, da adoção do instrumental da extrafiscalidade, pois com a concessão desse direito se busca atingir outro objetivo que não propriamente de fins arrecadatórios, ou seja, a extrafiscalidade consiste na utilização do aparato tributário para consecução de outras finalidades, na hipótese, o incentivo à rotatividade das máquinas e implementos agrícolas. E, de fato, a depreciação acelerada incentivada para a atividade rural justifica-se perfeitamente, porquanto, em regra, essas máquinas têm um custo muito alto, de um lado, não tendo vida útil muito longa, de outro, até mesmo em face das condições adversas nas quais são empregadas, sujeitas às intempéries climáticas, por exemplo. Logo, por ocasião da apuração do lucro real do IRPJ no agronegócio ao contribuinte é assegurado o direito de promover a depreciação integral no próprio ano de aquisição dos bens do ativo não circulante imobilizado.[230]

---

229. Esse dispositivo tem por fundamento normativo o art. 6º da Medida Provisória nº 2.159-70/01 e é reforçado pelo art. 260 da IN 1.700/17, que disciplina o procedimento contábil a ser observado. Vale registrar que o art. 260, § 6º, da referida instrução normativa dispõe que "não fará jus ao benefício de que trata este artigo a pessoa jurídica rural que direcionar a utilização do bem exclusivamente para outras atividades estranhas à atividade rural própria". A regra da depreciação acelerada incentivada deve valer também para as agroindústrias. Nesse sentido: CALCINI, Fábio Pallaretti. "IRPJ/CSLL. Depreciação incentivada acelerada e prejuízos fiscais na atividade rural. Agroindústria. Jurisprudência do CARF". *Revista dialética de direito tributário* nº 211, p. 56.

230. Não é demais registrar que o RIR/99 continha nos arts. 321, 504 e 506 regras contemplando o PDTA – Programa de Desenvolvimento Tecnológico Agropecuário, o qual consistia em um conjunto de incentivos fiscais, dentre os quais a dedução de até 4% do imposto devido em atividades de pesquisa e desenvolvimento tecnológico agropecuário; a depreciação acelerada incentivada multiplicada por dois, sem prejuízo da depreciação normal; a amortização acelerada, mediante dedução como custo ou despesa operacional dos gastos com aquisição de bens vinculados às atividades de pesquisa e desenvolvimento tecnológico; e créditos a título de *royalties* em percentuais variáveis. O PDTA foi criado pela Lei Federal nº 8.661/93 (arts. 3º e 4º) e reafirmado pela Lei Federal nº 9.532/97 (arts. 2º e 5º). O art. 133, I, "a", da Lei Federal nº 11.196/05, no entanto, revogou a Lei nº 8.661/93. E por isso mesmo o RIR/18 não traz mais qualquer regra com alusão ao PDTA. É indiscutível, porém, que quem fazia jus a esse direito e o exerceu ao seu tempo e ao seu modo deve ter seu direito adquirido preservado.

2.4.6.2.3 O resultado da atividade rural e a compensação de prejuízos fiscais sem limitações no IRPJ incidente sobre o agronegócio

Empreendidas as reflexões cabíveis em relação às receitas operacionais do setor, à segregação de receitas de outras atividades e aos custos, despesas operacionais, investimentos e depreciação acelerada incentivada, o intérprete já se encontra credenciado a tirar as conclusões possíveis acerca do resultado da atividade rural que irá refletir no lucro real do IRPJ no agronegócio.

O art. 257 da Instrução Normativa nº 1.700/17, lastreando-se no que prevê o art. 4º da Lei Federal nº 8.023/90, estabelece que *"considera-se resultado da atividade rural a diferença entre os valores das receitas auferidas e das despesas incorridas no período de apuração, correspondentes a todas as unidades rurais exploradas pela pessoa jurídica rural"*. Como se pode notar logo no exame do primeiro instante, esse dispositivo é muito semelhante ao art. 56 do Regulamento do Imposto sobre a Renda, que orienta o resultado da atividade rural das pessoas físicas – e nem poderia ser diferente, pois ambos os preceitos infralegais vão buscar fundamento de validade no art. 4º da Lei Federal nº 8.023/90. Nas duas hipóteses a apuração do resultado da atividade rural é feita mediante o confronto entre a receita auferida, de um lado, e os desembolsos da atividade, de outro. O produto é o resultado da atividade rural.

Fixada essa premissa, então é intuitivo registrar – até mesmo em observância à forma de abordagem eleita para o estudo da tributação das pessoas jurídicas – que as considerações feitas por ocasião da análise do IRPF no agronegócio são também aplicáveis aqui. Como exemplo, pode ser transportada para cá a afirmação de que quando a legislação prevê no art. 56 do RIR que o resultado das pessoas físicas deve abranger todos os "imóveis" – expressão essa substituída no art. 257 da IN 1.700/17 pela locução "unidades rurais" para as pessoas jurídicas – há de ser entendida como a atividade que gerou a receita, e não propriamente o local donde provém, na medida em que o critério espacial não é relevante para identificação do regime típico do agronegócio, como demonstrado. O que importa é que a receita tenha sido gerada por uma das atividades que venham a se enquadrar como "rurais", a teor da materialidade.

Desdobramento imediato dessa assertiva é que a apuração deve englobar todas as atividades rurais desenvolvidas pelo contribuinte, como a agricultura, a pecuária, a piscicultura, dentre outras. O resultado deve espelhar as receitas e os dispêndios de todas as atividades envolvidas, como se uma única fosse, de maneira global. O produto dessa operação é que será o resultado da atividade rural. É essa a maneira adequada de se identificar se houve ou não acréscimo patrimonial para justificar a exigência do imposto sobre a renda, em respeito aos preceitos constitucionais que ditam a matéria.[231]

Calculado o resultado da atividade rural do período, devem ser feitos, então, os ajustes necessários a título de compensação dos prejuízos acumulados. Estabelece o art. 15 da Lei Federal nº 9.065/95 que o prejuízo fiscal das pessoas jurídicas poderá ser compensado com o lucro líquido ajustado pelas adições e exclusões previstas em lei, observado o limite, no entanto, de 30%. Essa "trava" de 30% sempre foi questionada pelas empresas, por considerá-la inconstitucional, haja vista a violação ao núcleo semântico que o signo linguístico "renda" expressa.[232]

---

231. No caso das pessoas jurídicas, a questão não se resume a isso. Também irá compor o resultado da atividade rural o produto da alienação ou da reavaliação de bens utilizados exclusivamente na produção, com exceção da terra nua, diante do que preconiza o art. 257, §§ 1º e 2º, da IN 1.700/17.

232. O Supremo Tribunal Federal assentou entendimento no sentido de que essa limitação à compensação dos prejuízos acumulados não ofenderia a Constituição da República. Vide: RE 245.947. Rel. Min. Gilmar Mendes, *DJU* 27.08.2004; RE 391.347. Rel. Min. Carlos Velloso. publ. *DJU* 21.11.2003; RE 269.159, Rel. Min. Maurício Corrêa, *DJU* 29.11.2002; e RE 344.994. Rel. p/ acórdão Min. Eros Grau, j. 25.03.2009. E em um recurso submetido ao regime de repercussão geral, esse tema foi julgado em definitivo (tema 117). Confira-se o RE 591.340, Relator Min. Marco Aurélio, Redator p/ Acórdão Min. Alexandre de Moraes. *DJe* 03.02.2020.

Sucede, entretanto, que no caso do agronegócio essa limitação não se aplica.[233] Isso porque o art. 14 da Lei Federal nº 8.023/90 garante o direito de compensação do prejuízo apurado pela pessoa física e pela pessoa jurídica com o resultado positivo obtido nos anos posteriores, sem qualquer tipo de restrição. Tanto assim é que o art. 583 do Regulamento do Imposto sobre a Renda prevê expressamente que o prejuízo apurado pela pessoa jurídica rural poderá ser compensado com o resultado positivo gerado em períodos de apuração posteriores, não se lhe aplicando o limitador de 30%. A Instrução Normativa nº 1.700/17, a sua vez, reafirma esse mecanismo. A IN 1.700/17 estabelece também que, no mesmo período de apuração, *o prejuízo fiscal da atividade rural poderá ser compensado com o lucro real das demais atividades desenvolvidas pelo contribuinte, sem limites* (art. 263, § 2º). Em relação aos períodos subsequentes, contudo, aplicam-se as disposições previstas para as demais pessoas jurídicas, ou seja, a compensação do prejuízo fiscal das demais atividades com o lucro da atividade rural ou o contrário, a compensação do prejuízo fiscal da atividade rural com o lucro das demais atividades se sujeita à trava de 30% (art. 263, § 4º).[234]

A despeito da inválida restrição temporal e quantitativa de compensações com os resultados positivos ou negativos das demais atividades, a verdade é que a regra que afasta esse limite ao menos para o resultado específico do agronegócio

---

233. Essa matéria é pacífica no Conselho Administrativo de Recursos Fiscais (CARF): "Imposto sobre a Renda de Pessoa Jurídica – IRPJ. Ano-calendário: 2002. ATIVIDADE RURAL. PREJUÍZOS FISCAIS. Os prejuízos fiscais comprovadamente da atividade rural não se sujeitam ao limite de 30% imposto pela Lei nº 9.065/95". Processo nº 10935.004119/2006-68. Acórdão 1803-002.071. 1ª Seção de Julgamento. Rel. Walter Adolfo Maresch, j. 12.02.2014.

234. É louvável a previsão de compensação sem limites dos prejuízos e dos resultados obtidos da atividade rural, no mesmo ou em períodos subsequentes, e dos prejuízos da atividade rural com o lucro de outras atividades no mesmo período. Por outro lado, é condenável a restrição à compensação dos prejuízos das demais atividades com o lucro da atividade rural e vice-versa, no que toca a períodos distintos, tal qual ocorre com as demais pessoas jurídicas, porque, realmente, a limitação de 30% não se revela compatível com a Constituição Federal, já que restringe a identificação do verdadeiro acréscimo patrimonial das empresas.

para fins de apuração do lucro real é plenamente justificável, como acontece também no IRPF da atividade rural, pois nessa empreitada, de acordo com o que se procurou demonstrar na investigação da tributação das pessoas físicas, há fatores exógenos que sugerem o estabelecimento de regras distintas, como a sazonalidade e as intempéries climáticas. Não é demais recordar também o descompasso entre o exercício financeiro, uma criação do direito, e o período de safra, uma imposição da natureza, o que pode gerar reflexos e algumas distorções na apuração do imposto em relação à agricultura.

2.4.6.2.4 O lucro real tributável pelo IRPJ no agronegócio

Somente depois de percorridas as etapas precedentes é que estará o intérprete autorizado a falar que alcançou, finalmente, o lucro real tributável pelo imposto sobre a renda que recai sobre o agronegócio. Enfim, é essa a grandeza econômica tributável nesse regramento específico, amoldando-se, em linhas gerais, aos preceitos constitucionais que informam o imposto sobre a renda, observadas as considerações críticas feitas ao longo do texto para que essa proposição seja verdadeira.

Vale destacar, no entanto, até mesmo em homenagem ao princípio da universalidade, que o lucro real gerado pelas pessoas jurídicas que se dedicam à atividade rural não é tributado em apartado, como acontece, aliás, com os resultados do agronegócio das pessoas físicas. Isso porque o art. 9º da Lei Federal nº 9.250/95 prescreve que *"o resultado da atividade rural, apurado na forma da Lei nº 8.023, de 12 de abril de 1990, com as alterações posteriores, quando positivo, integrará a base de cálculo do imposto definida no artigo anterior"*.[235]

Isso significa que o lucro real da atividade rural não é a base de cálculo do imposto a ser pago pela pessoa jurídica, pois o contribuinte, muito embora deva apurar em separado os resultados do agronegócio, deve levá-los à tributação juntamente com os resultados das demais atividades, considerando-os

235. Idêntica previsão está contida no art. 257, § 3º, da IN 1.700/17.

como um todo, essa sim a verdadeira base de cálculo do imposto, finalizada na sua declaração. Não há, portanto, tributação em separado, apesar de a apuração ser segregada, providência essa que se ajusta aos princípios constitucionais tributários da universalidade e da capacidade contributiva, na medida em que dessa forma é captada a verdadeira riqueza nova auferida pelo sujeito passivo da relação jurídico-tributária.

2.4.6.3 A apuração da base de cálculo do IRPJ no agronegócio pelo lucro presumido e pelo lucro arbitrado

Não foi sem razão que por ocasião das considerações gerais acerca dos regimes de apuração do imposto sobre a renda se afirmou que a sistemática do lucro real, embora seja a mais complexa, é a que melhor espelha o verdadeiro lucro auferido pela pessoa jurídica. Como ficou patente nas páginas anteriores, há uma série de pormenorizados desdobramentos para que seja desvendado o lucro real tributável pelo IRPJ no agronegócio.

Na apuração pelo lucro presumido e pelo lucro arbitrado, todavia, nada disso entra em jogo. No lucro presumido, o que há, a bem de se ver, é a fixação fictícia do "lucro", sem que se esteja verdadeiramente diante do real lucro auferido, dado que o lucro gerado é "presumido", nas palavras da lei. Por mais de uma vez foi dito que não é o objetivo deste trabalho pôr à prova se era dado ou não à lei desvirtuar a competência tributária e declaradamente gravar aquilo não é lucro. Mas, é tentador consignar que esse mecanismo, no contexto da coerência do pensamento científico, não se acopla adequadamente ao arquétipo constitucional, ainda que a pretexto de ser opcional ao contribuinte.

De uma forma ou de outra, no entanto, restou demonstrado que as pessoas jurídicas que se dedicam ao agronegócio, desde que não incorram nas vedações do art. 257 do Regulamento do Imposto sobre a Renda, estão autorizadas a apurar seu imposto pelo lucro presumido. Não bastasse a autorização genérica contemplada nos arts. 13 e 14 da Lei Federal nº 9.718/98 e no RIR, a própria Instrução Normativa nº 1.700/17 igualmente prevê a possibilidade de apuração do imposto pelo lucro presumido para as pessoas jurídicas rurais (art. 265).

O que haverá de diferente é a forma de identificação do critério quantitativo, tendo em vista que a base de cálculo não será formada pelo lucro obtido, *mas sim por uma parcela da receita bruta auferida pela empresa rural.* Essa parcela a título de base de cálculo corresponderá a *8% (oito por cento) da receita bruta,* na forma do art. 15 da Lei Federal nº 9.249/95, sobre a qual será aplicada a alíquota respectiva, cujo resultado será o *quantum debeatur* de imposto a recolher.

Por outro lado, é fundamental registrar que a opção pelo lucro presumido retira do contribuinte a possibilidade de deduzir os custos, as despesas operacionais, os investimentos, a depreciação acelerada incentivada do ativo imobilizado e os prejuízos fiscais. Noutras palavras, a adoção do regime de lucro presumido para composição da base de cálculo do IRPJ no agronegócio faz com que sejam apuradas, exclusivamente, as receitas geradas pela atividade rural, sobre as quais será aplicado um percentual de 8% (oito por cento), que será a base de cálculo, aplicando-se, ainda, a alíquota respectiva. Em poucas palavras: é uma tributação incidente sobre a receita bruta, não abrangendo quaisquer deduções ou abatimentos. Calculado o valor respectivo, o lucro presumido da atividade rural será levado à tributação juntamente com o lucro presumido das demais atividades da pessoa jurídica.[236]

Refletindo sobre a possibilidade de opção pelo lucro presumido, parece claro que só haverá vantagem econômica ao contribuinte seguir por essa via se sua margem de lucro for maior que os 8%, isto é, se o resultado do confronto entre a soma de suas receitas, de um lado, e a soma de suas despesas da atividade rural, de seus investimentos e de seus prejuízos acumulados, de outro, for superior a essa margem de 8% (oito

---

236. Basta ver que o art. 265 da IN 1.700/17 prescreve que "a pessoa jurídica rural poderá optar pela tributação com base no lucro presumido e no resultado presumido, desde que não utilize qualquer incentivo aplicável a essa atividade, observado o disposto neste Capítulo e nas normas aplicáveis às demais pessoas jurídicas".

por cento) de lucro presumido. Se ele obtiver um lucro de 20% (vinte por cento), por exemplo, não será interessante a ele – da perspectiva econômica, repita-se – fazer a apuração pelo lucro real, podendo optar pelo lucro presumido de 8%. Logo, para quem tem várias despesas, investimentos e prejuízos acumulados da atividade rural – desde que comprovados, evidentemente – vale a pena observar a sistemática do lucro real; do contrário, pode decidir pelo lucro presumido. Porém, não se pode perder de vista que a atividade rural é bastante sazonal e está sujeita a uma série de fatores exógenos, inclusive intempéries climáticas e oscilação dos preços dos produtos, de tal modo que o resultado bom ou ruim de um determinado ano agrícola não implicará em idêntica equação no ano subsequente.

Com relação ao lucro arbitrado, essa forma de apuração, como se teve a oportunidade de deixar assentado, nada mais é do que um lançamento de ofício. Não é uma sistemática de cálculo desejável, pois só tem cabimento quando ocorrem situações ilícitas, como, por exemplo, a falta de escrita fiscal regular ou a existência de fraudes, a teor do art. 603 do RIR. Nessas hipóteses, a autoridade fazendária, presente uma das causas do art. 603 do Regulamento e assegurado o contraditório e a ampla defesa, arbitra o resultado da atividade rural do contribuinte, acrescido de 20% (vinte por cento), caracterizando, de igual sorte, uma tributação fictícia, mas alicerçada em pressupostos diversos daqueles que envolvem o lucro presumido. Não há, entretanto, regra específica que diferencie a apuração da base de cálculo do IRPJ no agronegócio pelo lucro arbitrado das pessoas jurídicas rurais em face das demais pessoas jurídicas.[237]

237. Tanto assim que o art. 3º, § 3º, da Lei Federal nº 9.249/95 e o art. 267 da Instrução Normativa 1.700/17 expressamente estabelecem que a pessoa jurídica rural pagará o imposto sobre a renda pelo lucro arbitrado nas hipóteses e nas condições previstas para as demais pessoas jurídicas.

2.4.7 As alíquotas aplicáveis no IRPJ no agronegócio e a carga tributária máxima incidente sobre as sociedades agropecuárias

Examinada com detença a determinação da base de cálculo do IRPJ no agronegócio, é o caso de mencionar, até mesmo para que a estruturação da regra-matriz de incidência tributária e o próprio raciocínio não fiquem incompletos, as alíquotas aplicáveis nesse regime tributário específico. O art. 3º da Lei Federal nº 9.249/95 dispõe que *"a pessoa jurídica, seja comercial ou civil o seu objeto, pagará o imposto à alíquota de quinze por cento sobre o lucro real, presumido ou arbitrado"* (art. 623, RIR). É essa a regra aplicável a todas as pessoas jurídicas; dessa forma, também as pessoas jurídicas que se dedicam à atividade rural estão sujeitas ao pagamento do IRPJ à alíquota de 15% (quinze por cento). Não bastasse essa ser uma norma aplicável a todas as pessoas jurídicas, o art. 3º, § 3º, da Lei Federal nº 9.249/95 traz consigo mensagem prescritiva expressa no sentido de que essa alíquota também deve ser observada pelas pessoas jurídicas que explorem atividades rurais (e o art. 623, parágrafo único, do RIR também).

Além disso, o art. 3º, § 1º, da mesma Lei Federal nº 9.249/95 estabelece que *"a parcela do lucro real, presumido ou arbitrado que exceder o valor resultante da multiplicação de R$ 20.000,00 (vinte mil reais) pelo número de meses do respectivo período de apuração, sujeita-se à incidência de adicional de imposto à alíquota de dez por cento"* (regra incorporada no art. 624 do RIR). Também em relação ao adicional de alíquota, essa é uma previsão que contempla todas as pessoas jurídicas; no entanto, pareceu prudente ao legislador deixar claro que essa regra igualmente vincula as pessoas jurídicas que exploram a atividade rural (art. 3º, § 3º, da Lei Federal nº 9.249/95 e 624, § 2º, do RIR).

Isso significa que, na prática, a alíquota aplicável às pessoas jurídicas, no Brasil, é de 25% (vinte e cinco por cento), pois a alíquota adicional de 10% (dez por cento) incide sobre todas as receitas que ultrapassarem R$ 20.000,00 (vinte mil reais) ao mês, o que é um valor módico de receita bruta para boa parte das empresas. Sempre fiel ao corte metodológico promovido no início deste estudo e ao método de abordagem e aos recursos científicos utilizados, é fundamental deixar registrado que são descabidas considerações de ordem sociológica ou de política fiscal. Mas, ninguém há de negar que chama a atenção uma alíquota total de 25% (vinte e cinco por cento) da *renda* obtida, o que soa de duvidosa compatibilidade com a Constituição Federal mesmo da perspectiva dogmática, à luz do princípio do não-confisco.

Agora, quando se compara essa alíquota com a base presumida de lucro admitida pela lei, aí o cenário muda de figura. Com efeito, o art. 15 da Lei Federal nº 9.249/95 fixa como regra geral aplicável às empresas o percentual de 8% (oito por cento) de lucro presumido. Os tais 8% (oito por cento), note-se bem, não são o valor a recolher, nem a alíquota, mas sim a margem presumida de lucro definida pela lei. Para outras atividades, como revenda de combustíveis, transporte de passageiros, prestação de serviços, dentre outras, as margens variam entre 1,6%, 16%, 32% e até 38,4%. No caso das PJ's rurais (sociedades agropecuárias), a lei não cria exceções, logo, a elas se aplica o disposto no *caput* do art. 15 da Lei nº 9.249/95, o qual contempla a regra de lucro presumido de 8% (oito por cento) – norma aplicável, não é demais lembrar, a todas as outras atividades não excepcionadas nos parágrafos do art. 15, como ao comércio, não sendo um "privilégio" das PJ's do agro.

Em sendo assim, *a carga tributária máxima que uma sociedade agropecuária pode arcar de IRPJ é de 2% (dois por cento)*. Sim, pois se a margem de lucro presumida pela lei é de 8% (oito por cento), ao se aplicar sobre essa base a alíquota cheia de 25% (vinte e cinco por cento), o resultado final será de 2% (dois por cento) (8% x 25% = 2%). No cotidiano das atividades rurais é importante ter essa informação em mente, porque o produtor pessoa jurídica deverá avaliar se para ele vale a pena optar pela apuração completa do lucro real, algo recomendado quando há muita despesa ou então quando estão sendo feitos investimentos pesados na fazenda; ou então se é o caso de apurar pelo lucro presumido, cuja margem de lucro estimada é de 8% sobre a atividade, culminando na carga tributária final de 2% de IRPJ. Não se pode esquecer, é claro, que a sociedade agropecuária não está submetida apenas ao IRPJ, na medida em que há outros tributos incidentes sobre sua operação (como a CSLL, o PIS e a COFINS).

2.4.8 Os deveres instrumentais do IRPJ no agronegócio

Concluído o trajeto em torno da tributação das pessoas jurídicas do agronegócio pelo imposto sobre a renda, é interessante trazer ao texto, com o intuito de enriquecê-lo, algumas palavras sobre os deveres instrumentais a serem cumpridos por esses contribuintes – muito embora de forma rápida e sucinta, como se fez por ocasião da análise do IRPF no agronegócio, pois não é esse o foco das atenções desta pesquisa.

Assim como as pessoas jurídicas em geral, também as pessoas jurídicas rurais estão sujeitas ao cumprimento de uma série de deveres instrumentais, como declarações, escriturações de livros, emissões de notas fiscais, dentre outros. Nisso, não há diferença alguma. Com o que a legislação se preocupa é a comprovação das receitas e das despesas desse segmento específico, de modo a tornar o processo de fiscalização mais seguro e transparente.

Nutrida dessa preocupação é que a legislação infralegal determina que a receita bruta gerada pela comercialização de produtos da atividade rural deve ser comprovada por documentos usualmente utilizados nessa atividade, como nota fiscal de produtor e outros documentos oficialmente reconhecidos pelas fiscalizações estaduais (art. 253, IN 1.700/17).

De outra parte, as despesas de custeio – e também os investimentos, obviamente – devem ser provados através de documentação idônea, como nota fiscal, fatura, duplicata, recibo, contrato de prestação de serviços, laudo de vistoria de órgão financiador e folha de pagamento de empregados, identificando claramente a destinação dos recursos (art. 256, IN 1.700/17). A nota fiscal simplificada e o cupom de máquina registradora, quando identificarem o destinatário das mercadorias ou produtos, também são documentos hábeis para demonstrar as despesas e os investimentos despendidos pela pessoa jurídica na apuração do resultado da atividade rural (art. 256, parágrafo único, IN 1.700/17).

Como se pode notar, também nesse ponto – como em diversas passagens – a disciplina da legislação aplicável às pessoas jurídicas é bem semelhante às regras a que se sujeitam as pessoas físicas do agronegócio. No mais, as pessoas jurídicas rurais devem observar as demais disposições genéricas que regem as pessoas jurídicas que se dedicam às outras atividades.

2.4.9 Reflexões críticas acerca dos preços de transferência nas exportações envolvendo as *commodities* do agronegócio

O universo que circunda o agronegócio, como se tem procurado demonstrar nesta obra, é bastante vasto, reclamando, por isso mesmo, reflexões das mais variadas ordens. Seguindo firme nesse propósito, um tema relevante, que também merece atenção, diz respeito às exportações das *commodities* do agro e seus desdobramentos fiscais. Afinal, os produtos brasileiros estão vocacionados ao mercado internacional. Daí que os preços de transferência cumprem um importante papel sob essa perspectiva.

2.4.9.1 A relevância do tema, diante do contexto econômico das commodities do agronegócio

Um sistema jurídico que se pretenda atual e moderno deve estar sempre aberto para identificar e capturar normativamente os novos acontecimentos sociais. Assim se dá porque as normas jurídicas são padrões de conduta, mas os fatos – na sua constante dinamicidade – vão empurrando o legislador à necessidade de adequação permanente do seu arcabouço jurídico, de tal modo a que o sistema tenha a capacidade de conferir respostas consistentes à nova realidade que vai se formando.

O tema que se propõe analisar neste item encaixa-se exatamente nessa ideia: em uma economia globalizada, sem fronteiras, despregada de quaisquer amarras, na qual empresas atuam instantaneamente em diversos países, o legislador interno tem que dar conta de adaptar seu modelo de regras, com o intuito de preservar os interesses do seu Estado. Para isso, ele deve nortear-se, em um vai e vem dialético, pelos fatos econômicos de maior relevo e pelos limites normativos impostos por sua Constituição. É nesse cenário que as regras de preços de transferência na exportação de *commodities* do agronegócio brasileiro afloram.

Com efeito, tornou-se matéria dita e redita no cotidiano da mídia que o agronegócio, já há alguns anos, carrega os índices positivos da balança comercial do Brasil.[238] A verticalidade dos números da atividade rural tornou-se uma realidade, sobretudo no início dos anos 90 e em especial após a estabilização da moeda. Não só isso, o desenvolvimento de novas tecnologias fez com que os índices de produtividade crescessem a cada safra, consolidando o negócio rural como um mercado atrativo. Esses dois fatores, aliado a um terceiro – o despertar econômico da China – levaram os grandes conglomerados estrangeiros a vir para o Brasil, com o intuito de explorar esse nicho do mercado.

Eis o quadro fático que estava a demandar do legislador brasileiro uma solução, voltando os olhos particularmente aos *desdobramentos fiscais* desse movimento econômico. Afinal de contas, essas empresas – que no jargão rural ficaram conhecidas apenas como *trading's* – atuam no mercado de compra e venda de grãos, com foco na exportação, e têm suas sedes situadas em outros países, notadamente nos Estados Unidos.[239]

238. Em 2021, o agronegócio respondeu por 27,4% do PIB brasileiro. Vide: https://www.cepea.esalq.usp.br/br/releases/pib-agro-cepea-pib-do-agro-cresce-8-36-em--2021-participacao-no-pib-brasileiro-chega-a-27-4.aspx.

239. São conhecidas as três maiores trading's americanas que atuam no Brasil (cujas

Isso significa dizer que os lucros produzidos em território brasileiro são remetidos ao exterior. E é aí que surge um risco potencial de erosão das bases tributáveis, na medida em que, embora a produção se dê em solo nacional, os valores auferidos dessa atividade canalizam-se para outros países.

A criação de mecanismos de controle para que não houvesse uma fuga completa das riquezas produzidas em um país para outro foi justamente o que inspirou a comunidade internacional a se preocupar com esse problema, evitando a transferência artificial de lucros, seja pelo subfaturamento das exportações ou pelo superfaturamento das importações. Entidades globais, em especial a OCDE, passaram a adotar diretrizes *(guidelines)* que pudessem de alguma forma minimizar esses efeitos, dentre elas, as regras de preços de transferência. No Brasil, porém, há uma particularidade: as exportações estão concentradas em produtos primários, formando verdadeiras *commodities*, o que é típica característica dos países em desenvolvimento. Além disso, sua vocação para o agronegócio também reforçou o rol de produtos primários exportados, a exemplo das carnes e dos grãos. A maior fatia dos produtos exportados, portanto, não envolve um produto acabado.

Entendendo que os métodos de preços de transferência aplicados aos outros produtos não se encaixavam com precisão ao mercado de exportação rural, o legislador adotou através da Lei nº 12.715/12 um novo modelo, o chamado PECEX – Método do Preço sob Cotação na Exportação, que foi inserido pelo art. 19-A à Lei nº 9.430/96. Trata-se, segundo a lei, de método *obrigatório* para as exportações de *commodities* (dentre elas, as do agro). Daí a relevância do tema: dada a pujança do mercado exportador do agronegócio brasileiro, com elevadas cifras, o exame detido do compulsório PECEX, com seus contornos ainda imprecisos e seus pontos de aperfeiçoamento, torna-se uma investigação científica que propicia, da

---

iniciais formam o trinômio "ABC"), embora também haja outros grandes conglomerados transnacionais que operam nesse mercado. Mais recentemente, juntou-se a eles um grupo importante de origem nacional, situado em Mato Grosso.

perspectiva prática, a colheita de "frutos" importantes – já que o tema é agro.

Para que o raciocínio seja proveitoso, é necessário, em primeiro lugar, compreender, em breves pinceladas, a sistemática dos *transfer pricing*, para depois partir para a análise em si do PECEX, especialmente diante da normatização que lhe deu a Secretaria da Receita Federal do Brasil via instrução normativa, identificando os *problemas operacionais* que esse modelo carrega consigo, de maneira a circunscrever analiticamente suas inconsistências normativas e os aspectos que podem e devem ser melhorados. Ainda que o PECEX tenha diminuído drasticamente a complexidade que imperava até então na apuração dos preços de exportação de *commodities*, nem por isso se pode afirmar que o método tenha resolvido todos os problemas. É esse campo que se pretende explorar neste tópico da obra, isolando especificamente o regime das *commodities* do agro, até porque o sistema de preços do petróleo não é idêntico ao da soja, por exemplo (mas, nada obstante, as duas *commodities* foram colocadas pelo legislador debaixo do mesmo regramento).

2.4.9.2 O importante papel dos preços de transferência no panorama tributário internacional

O tema dos preços de transferência corporifica um embate acirrado que veio se instalando entre os países ao longo do Século XX, sobretudo a partir do momento em que empresas de um Estado passaram a explorar o mercado econômico de outro. Mais do que isso, os *transfer pricing* surgem quando empresas passam a centralizar suas operações em um determinado país, atuando, porém, com ramificações globais, como se fossem uma única empresa mundial.

Os desdobramentos tributários decorrentes das relações com outros países revelam uma gama enorme de novos desafios a serem enfrentados. Essa empreitada não pode ser evitada, pois nos tempos atuais não tem jeito, a economia transcende as barreiras geográficas. Não há como um determinado país enclausurar-se como se fosse uma ilha, que se pretenda isolado de qualquer debate global, porque empresas nacionais atuam no exterior e empresas de lá operam cá. Desse modo, a integração dos países em bases universais de tributação, em última instância, independe do querer ou não do legislador nacional. Trata-se de um processo sem volta, que ao longo dos anos vai tomando forma.

Essas breves notas contextuais têm por intuito situar os preços de transferência de exportação das *commodities* em uma conjuntura mais ampla, em um contexto mais largo, que mostra que o PECEX *nada mais é do que um dos vários passos tomados pelo legislador brasileiro* para ajustar-se, de um lado, ao panorama internacional, frente à realidade econômica mundial; mas sem descuidar, de outro, de criar suas próprias regras, que protejam seus interesses fiscais. Hoje em dia não há espaço para pensar que a legislação interna não seja fortemente influenciada por fatores ocorridos lá fora. Ainda que seja indispensável a *tradução* desses fatos externos para o domínio do direito positivo nacional – isto é, através de lei interna, em razão do imperioso princípio da legalidade – o conteúdo de tais regras decorre, em maior ou menor dose, de políticas internacionais. E nesse aspecto, críticas à parte, é inconteste que a OCDE vem sendo o palco onde tudo isso é germinado – embora não se possa desprezar o papel da ONU, com seu "Manual Prático" para os países em desenvolvimento. Esse quadro se eleva, ainda mais, pelo fato de o Brasil postular uma vaga no clube de membros da OCDE, o que tende a aumentar sua influência sobre as regras brasileiras.[240]

Daí a relevância de se encaixar o PECEX nesse cenário, já que esse método não foi criado pela OCDE e nem consta de

240. A respeito dos preocupantes efeitos da influência da OCDE nas normas de preços de transferência adotadas pelo Brasil, vide: GALHARDO, Luciana Rosanova. *Brasil, OCDE e os reflexos tributários para a legislação de preços de transferência.* https://www.jota.info/opiniao-e-analise/colunas/coluna-da-abdf/brasil-ocde-e-os-reflexos-tributarios-para-a-legislacao-de-precos-de-transferencia-03022020.

suas *guidelines*. Pode-se dizer que o PECEX é uma regra de *transfer pricing* à brasileira.[241]

Com efeito, é intuitivo concluir que se uma empresa mantém relações comerciais com outra, estando ambas em um ambiente livre de mercado, cada uma tentará realizar o melhor negócio para si, seja quanto ao preço, seja da perspectiva estratégica. Isso não decorre de lei jurídica alguma, e sim de um fato econômico evidente. Tanto quem compra, quanto quem vende, busca sempre o melhor preço. Daí que em um ambiente normal de mercado o preço definido pelas partes envolvidas pelo bem ou pelo serviço tende a refletir seu real valor.

Entretanto, se a transação se dá entre empresas pertencentes a um mesmo conglomerado, aí a situação muda de figura. Isso é claro, já que nas transações econômicas entre empresas que integram o mesmo grupo faltará o elemento essencial do livre mercado, que é a disputa pelo melhor preço. Noutras palavras, se uma empresa (filial, coligada ou controlada) faz uma venda de um determinado bem para outra empresa (que também é uma filial, coligada ou controlada na mesma estrutura organizacional), o preço do produto não espelhará, obviamente, seu verdadeiro valor de mercado. Muito mais do que um mero "desconto", o valor da operação ficará bem aquém do preço usual, sendo um preço estipulado "intragrupo". Nenhum cliente que estiver fora dessa estrutura conseguirá esse preço, apenas a empresa que dela fizer parte. E por isso fica comprometida a ideia de livre mercado.

Note-se que a operação em si – transações entre companhias integrantes de um mesmo grupo – não é ilícita, não é contrária à ordem jurídica. Ao revés, insere-se em um negócio jurídico assegurado pela noção de liberdade econômica. A despeito disso, o valor da operação interessa aos Estados onde

241. Na verdade, como registram Luís Eduardo Schoueri e Guilherme Galdino, o chamado sexto método teve sua inspiração na legislação argentina. Vide: "PCI e PECEX: o sexto método brasileiro à luz da prática internacional". *Manual de preço de transferência BEPS, Brasil & OCDE*. Coord. Leonardo Freitas de Moraes e Castro e Francisco Lisboa Moreira. São Paulo: Quartier Latin, 2018, v. I, p. 53. Entretanto, dada a forma com que a lei nacional aplicou essa metodologia, a expressão empregada é cabível.

estão situadas essas empresas, pois uma subvalorização ou uma sobrevalorização podem implicar em transferências escamoteadas de lucros intragrupos, diminuindo em uma ponta da operação para carregar na outra. Em ocorrendo esse fenômeno, haverá aí um desdobramento fiscal importante, porque haverá uma diminuição ou um aumento artificial na base tributável da renda gerada. *O que os preços de transferência visam a evitar é justamente essa manipulação engenhosa e não-natural da grandeza tributável por decisões tomadas exclusivamente no ambiente interno das corporações.* Cuida-se, sem dúvida, de regra com importante papel na tessitura tributária internacional.

No caso do agronegócio, não fossem as regras de preços de transferência seria perfeitamente possível que uma subsidiária brasileira fizesse uma exportação de elevada quantidade de soja ou milho para outra empresa do mesmo grupo, situada na China, por preços infinitamente menores dos que os de mercado. E assim a soja ou o milho colhidos em território nacional seriam subfaturados, com valores às vezes simbólicos, remetendo essa produção diretamente para comercialização no mercado interno chinês. O problema não é a incidência de tributos sobre a exportação em si (que, no mais das vezes, é desonerada); *mas sim os reflexos econômicos que esse tipo de expediente iria impactar nas rendas auferidas pela subsidiária brasileira, pensando, sobretudo, em futuro IRPJ/CSLL devidos por ela,* isso para não dizer das distorções causadas da própria perspectiva econômica de competição.[242]

Para combater essa prática, os países, inspirados nas diretrizes da OCDE, adotam seus próprios métodos de preços de transferência, de maneira a não permitir que ocorra essa manipulação artificial dos preços, com seus indesejados efeitos tributários. Tais métodos são estruturados por um vetor interpretativo aglutinante: o princípio do *arm's lenght*. O *arm's lenght* – que, na sua literalidade, significa "à distância de um

---

242. Vide: BARRETO, Paulo Ayres. "Preço de transferência e o princípio *'arm's lenght'*: evolução e aproximação da OCDE". *Novo RIR: aspectos jurídicos relevantes do regulamento do imposto de renda 2018*. Coord. Jimir Doniak Jr. São Paulo: Quartier Latin, 2019, p. 312.

braço" – é a base que norteia toda a política normativa do *transfer pricing*, tendo por intuito estabelecer um preço-parâmetro que seria praticado, caso a operação se desse não entre partes vinculadas, mas sim em um ambiente regular de mercado. O que se busca é estabelecer, com assomos de objetividade (por isso "à distância de um braço"), o genuíno valor de mercado da mercadoria ou do serviço, promovendo os ajustes necessários, para fins fiscais, do preço *intercompany*.[243]

Se é correto dizer que essa é sua função, não menos correto é afirmar que a identificação de um preço-parâmetro está longe de ser algo objetivo. Agora, não há dúvida alguma de que a fixação do preço-parâmetro, por um dos métodos de preços de transferência calcados no *arm's lenght*, desempenha uma missão crucial no combate à ameaça de erosão das bases tributáveis. O que tem em mira o legislador nacional é corrigir preços distorcidos para não prejudicar o montante das riquezas sobre o qual irá repercutir o tributo, de modo que as regras de preços de transferência, sob essa ótica, a par de projetarem-se internacionalmente, funcionam também como elementos normativos internos de calibração da base de cálculo do IRPJ e da CSLL. E no tema em análise o PECEX acaba servindo como uma *padronização* quanto à dosagem tributável das remessas de *commodities* do agronegócio para o exterior.

2.4.9.3 Sobre os métodos adotados pelo legislador brasileiro: um perpassar panorâmico

Delineado o contexto que permeia os preços de transferência, o terreno está preparado para que seja enfrentada a forma com que o legislador brasileiro disciplinou a matéria. O

243. "O princípio *arm's length* consiste, sinteticamente, em tratar os membros de um grupo multinacional como se eles atuassem como entidades separadas, não como partes inseparáveis de um negócio único. Devendo-se tratá-los como entidades separadas *(separate entity approach)*, a atenção volta-se à natureza dos negócios celebrados entre os membros daquele grupo". SCHOUERI, Luís Eduardo. *Preços de transferência no direito tributário brasileiro*. 3. ed. São Paulo: Dialética, 2013, p. 37. Em sentido similar: OLIVEIRA, Ricardo Mariz. *Fundamentos do imposto de renda*. São Paulo: Quartier Latin, 2008, p. 839/840.

intuito aqui buscado não é se deter, com vagar, aos vários métodos plasmados pela lei – até porque isso já foi tratado, com riqueza científica, por autores de melhor nota. Ao contrário, o foco é explorar apenas um desses métodos, o PECEX. Porém, não há como não perpassar pelas regras brasileiras, mesmo que de uma forma panorâmica, para enquadrar o PECEX, na medida em que esse sistema se distingue em várias características dos demais, sobretudo por se revelar obrigatório e por ter bases mais objetivas de mensuração.

Deve-se à Lei nº 9.430/96 a incorporação, no domínio legislativo brasileiro, das regras de preços de transferência. Através desse diploma o legislador trouxe para a ordem jurídica nacional normas de *transfer pricing* adotadas em outros países (com adaptações, não custa lembrar), a partir da influência, sobretudo, dos *guidelines* definidos pela OCDE.

O primeiro ponto a ser destacado diz respeito aos pressupostos de aplicabilidade dessas regras. De acordo com a lei (arts. 18 a 24-B), os métodos de preços de transferência devem ser respeitados quando houver, em síntese, (i) operações com pessoas vinculadas; (ii) com pessoas residentes em países com tributação favorecida; (iii) ou então com pessoas residentes em países cuja legislação tribute a renda sob alíquota inferior a 20% ou que imponha sigilo quanto à composição societária. Logo, não é qualquer operação internacional que se submete aos preços de transferência, mas apenas aquelas que se enquadrarem em ao menos uma dessas três hipóteses. No caso aqui examinado, as três possibilidades interessam, pois o art. 19-A, § 1º, prescreve a adoção do PECEX em qualquer uma dessas situações.

Havendo operação que se amolde a uma dessas três faixas, aí importa averiguar qual o método de *transfer pricing* a ser aplicado. Todos eles são editados presumivelmente sob a justificativa de controle de preços de transferência, estabelecendo-se um "preço-parâmetro", tudo com a missão de garantir a neutralidade, sem qualquer vantagem indevida, nutrida, *a priori*, no princípio do *arm's lenght*. Vale destacar, porém, que a sistemática brasileira não segue exatamente essas diretrizes, na medida em que pauta o controle de preços por métodos de margens fixas.[244]

Para isso, a Lei nº 9.430/96 adota três métodos na importação (art. 18): (i) método dos preços independentes comparados – PIC; (ii) método do preço de revenda menos lucro – PRL; (iii) e método do custo de produção mais lucro – CPL. E prevê outros quatro métodos na exportação (art. 19): (i) método do preço de venda nas exportações – PVEx; (ii) método do preço de venda por atacado no país de destino, diminuído do lucro – PVA; (iii) método do preço de venda a varejo no país de destino, diminuído do lucro – PVV; (iv) e o método do custo de aquisição ou de produção mais tributos e lucro – CAP. Paralelamente a esses sete métodos, a Lei nº 12.751/12 passou a prever outros dois, *aplicáveis especificamente ao caso de operações com commodities* (no que se enquadram, pois, os produtos do agro): (i) o método do preço sob cotação na importação – PCI; (ii) e o método do preço sob cotação na exportação – PECEX, ora em exame.

Os objetivos principais dos métodos de preços de transferência, em convergência com o modelo da OCDE, são a garantia de uma base tributável em território brasileiro e a adoção de instrumentos que evitem situações de dupla tributação, ou então o contrário, de dupla não-tributação. A par desses dois nortes, agregam-se também aos fundamentos dos *transfer pricing* medidas de simplificação e de segurança jurídica.

Pelos motivos que já foram declinados, não é o caso aqui de se enveredar por examinar um a um esses métodos. Isso foge aos intuitos traçados na pesquisa. O que importa enfatizar é que o Brasil fez adaptações aos modelos tracejados pela OCDE, adaptando os respectivos métodos à avaliação política do legislador. Dentre essas adaptações o legislador brasileiro

---

244. Nesse sentido: OLIVEIRA, Ricardo Mariz. *Fundamentos do imposto de renda*. São Paulo: Quartier Latin, 2008, p. 842. Pensa do mesmo modo Paulo Ayres Barreto, para quem a lei brasileira não positivou o padrão *arm's lenght:* "Preço de transferência e o princípio *'arm's lenght'*: evolução e aproximação da OCDE". *Novo RIR: aspectos jurídicos relevantes do regulamento do imposto de renda 2018*. Coord. Jimir Doniak Jr. São Paulo: Quartier Latin, 2019, p. 312.

não adotou a regra do melhor método *(best method)*, admitindo a lógica da fungibilidade (fungibilidade entendida aqui como o reconhecimento de que o contribuinte é livre para escolher uma das hipóteses prescritas na Lei nº 9.430/96), desde que o faça por todo o ano-calendário (arts. 20-A e 20-B).[245]

O PECEX rompe com essa tradição em matéria de preços de transferência, pois a lei, no que toca às exportações de *commodities* (e também nas importações, via PCI), determinou que a apuração do preço-parâmetro por esse método é *obrigatória*. Isso se deu porque a fungibilidade até então existente também para as *commodities* acabou por gerar grandes distorções, exigindo a intervenção do legislador. Portanto, no contexto das operações com *commodities* do agronegócio não se confere ao contribuinte a prerrogativa de escolher o método que melhor lhe aprouver. É isso o que prescreve o art. 19, § 9º, da Lei nº 9.430/96: deve o preço-parâmetro ser peremptoriamente calculado pelo padrão indicado pelo legislador.

O exame analítico que será feito daqui em diante buscará justamente responder se o PECEX foi ou não uma solução adequada para o agronegócio brasileiro.

2.4.9.4 O regramento jurídico do PECEX e seus reflexos para o agronegócio

Identificada a inegável relevância do tema e delineados os principais pontos que lhe cercam, o regramento jurídico do PECEX deve ser doravante analiticamente refletido, buscando-se compreender sua racionalidade e seu alcance, de um lado, apontando-se suas inconsistências normativas e seus campos de aperfeiçoamento, de outro. Tudo isso sem perder

---

245. O que não significa que o Fisco seja obrigado a aplicar todos os métodos como condição de sua atuação: "a possibilidade de escolha do método é garantida aos contribuintes, nos termos do § 4º, do art. 18 da Lei no 9.430/96, todavia, inexiste previsão legal obrigando a fiscalização a apurar os preços de transferência por todos os métodos previstos na legislação para só então efetuar os ajustes pelo método menos oneroso ao contribuinte". CARF. Processo nº 16561.720157/2013-62. Acórdão nº 1301-002.235. 3ª Câmara. 1ª Turma Ordinária. Rel. Cons. Milene de Araújo Macedo. j. 22.03.2017.

de vista o objeto demarcado, que envolve as exportações das *commodities* do agronegócio.

Não há ainda um produto pronto e acabado em matéria de preços de transferência, a toda evidência. A própria Secretaria da Receita Federal do Brasil vem trabalhando com a OCDE para ajustar, no que for possível, o padrão brasileiro às diretrizes internacionais, tendo realizado até mesmo processo de consulta, no qual colheu de diversos setores da sociedade (multinacionais, associações, consultores e acadêmicos) sugestões para melhorias do modelo. E as questões envolvendo *commodities*, inclusive no contexto do agronegócio, igualmente foram objeto de sugestões, sinal de que o PECEX comporta aprimoramentos.

Como não é possível saber se advirão ou não mudanças, e como este texto está fincado em premissas dogmáticas, isto é, no exame das normas em vigor, o roteiro que será seguido envolverá, exclusivamente, a Lei nº 9.430/96, com as alterações da Lei nº 12.715/12, e a Instrução Normativa nº 1.312/12 da Receita Federal, também com as alterações que lhe sucederam (as IN's nºs. 1.395/13, 1.431/13, 1.458/14 e 1.870/19). Essa análise será feita com a preocupação permanente da compatibilidade da lei com a ordem constitucional superior e também da validade da instrução normativa com os instrumentos que se sobrepõem a ela. O exame minudente das regras da instrução normativa tem por mérito, porém, explorar a forma com que o órgão fiscalizador compreende o tema, ainda que sua normatização seja constantemente colocada no filtro da validade jurídica. Daí a utilidade desse caminho.

2.4.9.4.1 As operações que se submetem ao modelo: objeto, sujeitos e destino

O art. 19, § 9º, da Lei nº 9.430/96 estabelece que, havendo exportação de *commodities* sujeitas à cotação em bolsas de mercadorias e futuros reconhecidas internacionalmente, *"deverá"* ser utilizado o PECEX. O art. 34, § 1º, da IN 1.312/12 contém previsão idêntica. E o art. 19-A da Lei nº 9.430/96, inserido pela Lei nº 12.715/12, cuidou de disciplinar seu regramento.

A primeira questão a ser averiguada com maior detença gira em torno das circunstâncias nas quais o PECEX deve, obrigatoriamente, ser aplicado. De acordo com o art. 19-A, § 1º, os preços dos bens exportados serão comparados com os preços de cotação dos bens divulgados em bolsas de mercadorias nos casos de exportação para: (i) pessoas físicas ou jurídicas vinculadas; (ii) residentes ou domiciliadas em países ou dependências com tributação favorecida; (iii) *ou* pessoas físicas ou jurídicas beneficiadas por regimes fiscais privilegiados.

Perceba-se que o que fez o legislador foi um enlace de objeto, sujeitos e destino. O cerne do comando normativo para fins de PECEX diz respeito ao objeto da transação: tem que ser uma mercadoria com cotação de preços em bolsas de mercadorias e futuros reconhecidas internacionalmente ou cujos preços sejam divulgados por instituições de pesquisa setoriais ou por agências ou órgãos reguladores. Se não envolver uma comercialização com produto dessa característica, aí esse método fica de antemão afastado. Essa é a condição necessária, mas não suficiente. Além disso, aí vai depender de quem são os sujeitos, as partes da relação (se pessoas físicas ou jurídicas vinculadas), *ou então* o destino da mercadoria (se remetida para residentes ou domiciliadas em países ou dependências com tributação favorecida ou para pessoas físicas ou jurídicas beneficiadas por regimes fiscais privilegiados). Houve, como se vê, uma combinação de objeto *(commodity)* com sujeitos (pessoa vinculada) e de objeto *(commodity)* com destino (países com tributação favorecida ou com regimes fiscais privilegiados).[246]

---

246. Para Ricardo Mariz de Oliveira, o fato de o produto ser negociado em bolsa não implica necessariamente enquadramento no *arm's lenght:* "chamam especial atenção, nesta definição, a ausência de vinculação do preço *'arm's lenght'* às cotações bolsísticas ou similares e, ao invés, a concentração do conceito nas negociações entre partes não relacionadas que ajam nos seus próprios interesses. É óbvio que preços de bolsa tendem a representar os preços de negócios entre partes independentes, mas isto não exclui a possibilidade de que, nos negócios entre partes relacionadas, haja a adoção de preços diferentes dos gerais, quando as partes independentes os aceitem em seus próprios interesses". *Fundamentos do imposto de renda.* São Paulo: Quartier Latin, 2008, p. 840.

Essas três variáveis – objeto, sujeitos e destino – são as que importam no exame da aplicabilidade do PECEX. Como o conceito de *commodity* merece uma análise à parte, pela pluralidade de aspectos envolvidos (o que será visto a seguir), neste subitem cabe voltar-se à disciplina legal de partes vinculadas e de países com tributação favorecida ou com regimes fiscais privilegiados.

A bem de se ver, o legislador não conferiu um regramento distinto ao conceito de *partes vinculadas exportadoras de commodities,* limitando-se, por referência indireta, à mensagem normativa do art. 23 da Lei nº 9.430/96. Conforme esse dispositivo, há 10 (dez) hipóteses caracterizadoras da existência de pessoa vinculada. Por não haver nada de diferente ao regime de *commodities,* a configuração de pessoa vinculada segue a mesma base das demais operações (relações entre matriz, filial, sucursal etc.). Havendo exportação de uma *commodity* do agro (a soja, por exemplo) por parte de uma empresa situada no Brasil para outra pessoa física ou jurídica que se enquadre em uma das hipóteses da lei, deverá o exportador aplicar o PECEX para fins de definição do preço de transferência.

Mas, não é só. Mesmo que a transação não se dê com pessoa jurídica vinculada – aliás, independentemente se o destinatário é ou não pessoa vinculada – acaso a remessa seja para país com tributação favorecida ou com regime fiscal privilegiado, também nesses casos o PECEX revela-se obrigatório, nos termos dos arts. 24 e 24-A da Lei nº 9.430/96 (em especial para aqueles que não tributam a renda, ou que aplicam alíquota inferior a 20%, bem como aqueles cuja legislação não permita o acesso a informações relativas à composição societária de pessoas jurídicas). Aqui também a lógica é a mesma aplicável aos demais contribuintes.

Portanto, sendo o objeto da transação uma exportação de *commodity* do agro, seja com uma pessoa vinculada, seja com adquirente situado em país com tributação favorecida ou ainda com regime fiscal privilegiado, a lei brasileira manda que se aplique o PECEX. A dúvida que pode surgir é *se poderia o legislador criar um modelo à parte para essas operações específicas.* A resposta é *positiva,* na medida em que, em se entendendo que é legítima da perspectiva constitucional a adoção da política de preços de transferência, como amplamente instituída em outros países, e em havendo um parâmetro para fixação do preço-base a partir de valores divulgados em ambiente público de bolsas de mercadorias ou por instituições de pesquisas setoriais, a regra tem o condão de diminuir subjetividades no elemento de comparação. O PECEX exprime o preço de mercado do bem exportado, decorrendo daí uma projeção esperada da renda auferida, não havendo nisso mandamento que pudesse lhe tisnar de inconstitucional. Isso não significa que o modelo fique imune a críticas.

2.4.9.4.2 O velho problema de ausência de lei na definição de commodity*: novas perspectivas de análise*

A principal e mais dura crítica que se faz ao PECEX, desde sua criação, é o fato de a lei não ter definido o que se entende por *commodity.* Com efeito, o art. 19-A da Lei nº 9.430/96, malgrado preveja a aplicação do modelo tomando como orientação *"os valores médios diários da cotação de bens ou direitos sujeitos a preços públicos em bolsas de mercadorias e futuros internacionalmente reconhecidas"*, não cuidou de arrolar quais são os *"bens ou direitos"* que atrairiam a incidência desse regramento. Pelo contrário, como costuma ocorrer em vários assuntos em matéria de tributação, sempre há um dispositivo que serve de válvula de escape, contendo previsão no sentido de que *"a Secretaria da Receita Federal do Brasil disciplinará o disposto neste artigo"* (§ 6º) – inclusive, no caso em análise, no concernente à divulgação das bolsas de mercadorias e das instituições de pesquisas setoriais reconhecidas para cotação de preços. Em síntese: a lei não conceituou o que é *commodity.*

Diante do vazio da lei, e valendo-se do disposto no § 6º, a Receita Federal baixou a IN 1.312/12, catalogando o que seria *commodity* para fins de apuração obrigatória dos preços de transferência na exportação, via PECEX. Inicialmente, esse ato normativo tratou o tema estabelecendo que seriam *commodities "os produtos listados no Anexo I a esta Instrução Normativa, bem como os demais produtos negociados nas bolsas de mercadorias e futuros listadas no Anexo II a esta Instrução Normativa"*. E, de fato, a IN 1.312/12, na sua redação original (e como ainda acontece hoje), anexou uma lista de produtos (Anexo I) e das bolsas de mercadorias e futuros reconhecidas, cujas cotações divulgadas justificariam a aplicação desse sistema (Anexo II), além dos institutos de pesquisas setoriais (Anexo III).

Muitas críticas surgiram à época, calcadas, sobretudo, em duas premissas: (i) caberia à lei elucidar o conceito de *commodity* para que esse método pudesse ser aplicado, sob pena de violação ao princípio da legalidade; (ii) e a IN não tratava adequadamente da extensão do conceito, pois, ao inserir no enunciado a cláusula *"bem como os demais produtos"*, dava margem para dúvida se qualquer produto negociado em bolsa (Anexo II), ainda que não estivesse no Anexo I, deveria ou não ser submetido ao PECEX, causando forte insegurança jurídica para as empresas que atuam nesse mercado.[247]

A primeira crítica tem sua lógica, tem seu fundamento, mas não chega ao ponto de abalar a validade do modelo. É que não era necessário que a lei *catalogasse*, item a item, quais produtos se subsumiriam ou não ao PECEX. Esse problema de o legislador ter que "conceituar" ou não as categorias que emprega está longe de ser algo que envolva apenas o PECEX: está situado em patamares elevados de Teoria Geral do Direito, espraiando-se nas suas múltiplas ramificações normativas. Não é incumbência da lei ter que *esmiuçar* a extensão dos conceitos jurídicos voltados à disciplina das condutas regradas. O que importa é que, ao elaborar seus enunciados conotativos, a mensagem legislada

247. OLIVEIRA, Ricardo Mariz. "Os métodos PIC e PECEX: mais um caso de confronto entre a lei e instrução normativa? O conceito de *commodities*. O prêmio e suas vicissitudes (observações iniciais)". *Tributos e preços de transferência*. Coord. Luís Eduardo Schoueri. São Paulo: Dialética, 2013, v. IV, p. 333/334. Para Sérgio André Rocha, é desnecessário perquirir o conceito de *commodity*. Vide: *Tributação internacional*. São Paulo: Quartier Latin, 2013, p. 339.

possa ser adequadamente compreendida e aplicada. Ou seja, os critérios jurídicos de aplicação dos seus regramentos devem estar dispostos na lei, materializando a vontade do povo sob o pálio democrático, mas o princípio da legalidade não exige que o legislador exemplifique ou de alguma forma explique denotativamente qual o campo de projeção do enunciado.[248]

Em relação ao tema em exame, os critérios legais foram os seguintes: *"valores médios diários da cotação de bens ou direitos sujeitos a preços públicos em bolsas de mercadorias e futuros internacionalmente reconhecidas"* e *"na hipótese de não haver cotação dos bens em bolsas de mercadorias e futuros internacionalmente reconhecidas, os preços dos bens exportados poderão ser comparados com os obtidos a partir de fontes de dados independentes fornecidas por instituições de pesquisa setoriais internacionalmente reconhecidas e com os preços definidos por agências ou órgãos reguladores"*. Ora, há densidade normativa suficiente no art. 19-A da Lei nº 9.430/96 para que o PECEX seja aplicado. Não se poderia exigir do legislador, repita-se, que apontasse, um a um, quais produtos se submeteriam a esse método. Independentemente de um conceito *a priori* de *commodity*, a norma prescreve que, diante das situações nela tipificadas, se adote o comparativo de preço divulgado por bolsa ou por instituto de pesquisa setorial ou agência governamental. É o quanto necessário para que se tenha por cumprido o método PECEX.

Sobre isso, aliás, não é demais relembrar que há duas técnicas para o legislador veicular sua disciplina jurídica: pela fórmula tabular ou pela fórmula-de-construção. Na primeira, o legislador enumera quais objetos se subsomem àquela regra (por exemplo, ao catalogar quais são os direitos reais); na outra, ele conota os critérios normativos identificadores que permitirão a subsunção do fato à norma.[249] Com isso o que

248. Sobre a distinção entre enunciados conotativos e denotativos, vide: CARVALHO, Paulo de Barros. *Direito tributário, linguagem e método*. 8. ed. São Paulo: Noeses, 2021, p. 160.

249. "É bom lembrar que se constrói uma classe ou conjunto enumerando os indivíduos que a compõem, ou indicando as notas ou nota que o indivíduo precisa ter para

se quer dizer aqui é que o legislador adotou validamente a fórmula-de-construção. Se o legislador tivesse usado a fórmula tabular, arrolando quais mercadorias seriam *commodities* para fins de PECEX, aí todos os envolvidos nesse assunto cairiam em outro problema, *que seria o de definir se a lista seria taxativa ou exaustiva.* Sempre que se fala em lista, surgem problemas homéricos. Quem lida com as coisas do direito tributário diuturnamente bem sabe disso.

Logo, ainda que se queira sustentar que a redação legal poderia ser aperfeiçoada, nem por isso se pode cravar que houve violação à legalidade pelo fato de o legislador não ter conceituado o que é *commodity* ou por não ter catalogado quais mercadorias recebem esse tratamento jurídico.

Coisa diferente – bem diferente e importante – envolve a lista de *commodities* da Receita Federal. A IN 1.312/12, na sua redação original, previa que *"consideram-se commodities para fins de aplicação do PECEX"* tanto os produtos listados no Anexo I, quanto *"os demais produtos"* negociados nas bolsas de mercadorias e futuros listadas no Anexo II. Dois problemas aí: (i) a IN abria margem para interpretação de que, independentemente de estar ou não no Anexo I, qualquer produto negociado em bolsa seria *commodity,* sujeitando-se ao PECEX; (ii) e na redação inicial da IN, produto que não tivesse cotação em bolsa não seria *commodity,* mas, mesmo assim, a ele seria aplicável o PECEX.

O texto foi alterado pela IN 1.870/19, o qual passou a estabelecer, aí sim *taxativamente,* que só são *commodities* os produtos que estiverem listados no Anexo I, abrangendo os negociados em bolsas de mercadorias ou sujeitos a preços nas instituições de pesquisas setoriais. A intenção foi boa. Contudo, nem todos os problemas foram resolvidos.

---

pertencer à classe ou conjunto. A primeira é a fórmula tabular; a segunda, forma-de-construção. A modalidade em que, quase sempre, se manifesta a proposição normativa geral e abstrata não é a forma tabular, mas a forma-de-construção". CARVALHO, Paulo de Barros. *Curso de direito tributário.* 32. ed. São Paulo: Noeses, 2022, p. 367.

2.4.9.4.3 Os critérios adotados pela IN para identificação de uma commodity e suas dificuldades: "e" e "ou"

Em que pese o fato de a IN 1.870/19 ter sido útil sob o ângulo da praticabilidade, melhorando a redação normativa para oferecer maior segurança jurídica, há aspectos que ainda comportam questionamentos. Para circunscrever o âmbito de aplicação do PECEX, o art. 34, § 3º, incisos I e II, adotou, ao mesmo tempo, a técnica do conectivo includente "e" e do disjuntor excludente "ou". De acordo com o texto atual da IN 1.312/12, para fins de aplicação do PECEX consideram-se *commodities* os produtos listados no Anexo I *"e"* que estejam sujeitos: I – a preços públicos em bolsas de mercadorias e futuros listadas no Anexo II; II – *"ou"* a preços públicos nas instituições de pesquisas setoriais internacionalmente reconhecidas listadas no Anexo III.

Como se vê, o núcleo normativo do enunciado está focado na identificação de um produto encontrável na lista do Anexo I. *A contrario sensu,* não estando ali um determinado produto, o PECEX está descartado. Cumprida essa etapa, aí o intérprete tem que olhar para a lista de bolsas de mercadorias do Anexo II, na tentativa de encontrar para fins de *transfer pricing* o preço-parâmetro do produto; *ou então,* acaso o produto não tenha cotação em uma das bolsas do Anexo II, deve buscar o valor de comparação nas instituições de pesquisas setoriais do Anexo III. A equação é a seguinte: *Anexo I com Anexo II ou Anexo I com o Anexo III.* Há um ganho de segurança jurídica, sem dúvida, por tratar-se de regra objetiva.

Pois bem, postas as coisas dessa maneira, aí vem a pergunta: e se a Receita não incluiu um determinado produto na lista de *commodities* do Anexo I, pode ou deve o contribuinte apurar seu preço de transferência pelo método PECEX? Noutras palavras, pode ou deve a companhia olhar para qualquer produto negociado em uma das bolsas do Anexo II ou que tenha preços divulgados por institutos de pesquisa do Anexo III e aplicar o PECEX, mesmo que esse produto não esteja no Anexo I?

A pergunta é relevante, pois na redação original da IN 1.312/12 havia 21 (vinte e um) produtos listados como *commodities,* mas hoje há 25 (vinte e cinco). Não só isso: havia 22 (vinte e duas) bolsas de mercadorias credenciadas, enquanto que hoje há 23 (vinte e três). O mesmo se diga quanto aos institutos: antes eram 07 (sete), na redação atual são 13 (treze).

Como se vê, não se trata de problema de somenos. As três listas já apresentaram menos itens, *sinal de que, em algum momento, estiveram defasadas,* o mesmo podendo ocorrer amanhã ou depois. Mesmo que o art. 35, parágrafo único, da IN 1.312 contemple a possibilidade de a Receita, de ofício ou a requerimento fundamentado, incluir ou excluir bolsa de mercadorias e futuros, é claro que isso não soluciona o impasse, inclusive porque sequer há previsão na IN de alguma entidade ou o próprio contribuinte pedirem para incluir um produto como *commodity.* A definição do método para quantificação do preço de transferência aplicável é matéria de crucial importância, máxime se a lei determina que o PECEX é obrigatório. Ficaria o contribuinte, necessariamente, atrelado à exegese da Receita? É claro que, sob a perspectiva prática, em um caso concreto a empresa teria argumentos de sobra para dizer apenas que cumpriu objetivamente a normatização do órgão fiscalizador, mas isso é empobrecer demais o debate.

Em circunstâncias que tais deve o jurista voltar às raízes do sistema, ajeitando seus postulados ao escalão normativo correto para concluir que *a lista de commodities, para fins da IN, é taxativa, mas, sob o ângulo da lei, é meramente exemplificativa.* O que se quer expressar é que a lei, sobranceiramente, ordena que se aplique o PECEX sempre que o produto tenha cotação em bolsa ou em instituição de pesquisa setorial. Destarte, mesmo que a Receita Federal, independentemente do motivo, não o tenha incluído na lista do Anexo I, nem por isso o contribuinte poderá ser de alguma forma apenado se adotar o PECEX, sobretudo porque o art. 19-A da Lei nº 9.430/96, em trecho algum, conferiu à Receita o poder cogente de listar as *commodities* (ainda que ela pudesse fazê-lo, por razões funcionais), sendo certo que a ressalva concedida à Receita no § 6º congrega apenas a divulgação das bolsas de mercadorias e dos institutos de pesquisa setoriais, mas não a configuração em si de um produto ser ou não *commodity*.

Um exemplo claro, concreto e relevantíssimo disso que se afirma pode ser encontrado justamente no agronegócio: *o milho*, embora seja sem dúvida uma *commodity*, ocupando um papel importante nas exportações brasileiras, *simplesmente não foi incluído pela Receita Federal na lista do Anexo I*, seja por esquecimento, seja por desconhecimento, seja por razões ignoradas.

Ora, nesse tipo de situação é perfeitamente sustentável dizer que o contribuinte *pode* se valer de um sistema *obrigatório*. E nisso – antes que se tirem conclusões precipitadas – não há contradição alguma. Com efeito, examinando-se especificamente o milho, a companhia, ao calcular seus preços de transferência nas exportações, pode adotar outros métodos previstos em lei aplicáveis a essa operação (PVEx, PVA, PVV ou CAP). Por qual razão? Porque o órgão fiscalizador não interpreta que o milho esteja submetido ao PECEX. Porém, se por razões operacionais ou de simplificação a empresa quiser aplicar o PECEX para o milho, ela pode fazê-lo, apoiando-se na Lei nº 9.430/96, a despeito de a Receita não ter incluído essa *commodity* na sua lista, já que o comando legal vincula a adoção do PECEX às exportações de mercadorias que têm cotação em bolsas, como é o caso do milho, que tem cotação na bolsa de Chicago.[250]

Essa interpretação que ora se defende, sobre estar respaldada na hierarquização sintática das normas do sistema

---

250. Como esclarece Sérgio André Rocha, "com a utilização do valor de cotação em bolsa de mercadorias e futuros de certos bens e direitos pretende-se alcançar melhor a realidade econômica de determinada transação". "Modelos de regulação jurídica, preços de transferência e os novos métodos PIC e PECEX". *Revista de direito tributário atual* nº 28. São Paulo: Dialética/IBDT, 2012, p. 366. E a respeito da taxatividade ou não das listas da IN, vide: BIANCO, João Francisco; SILVA, Fabiana Carsoni Alves da. "O PCI e o PECEX: as listas necessárias à aplicação dos métodos e os ajustes voltados a corrigir distorções". *Manual de preço de transferência BEPS, Brasil & OCDE*. Coord. Leonardo Freitas de Moraes e Castro e Francisco Lisboa Moreira. São Paulo: Quartier Latin, 2018, v. I, p. 183/198.

jurídico, justifica-se também pelo fato de não ser dado ao órgão estatal criar situações paradoxais, como esta. Afinal de contas, o *business* das *trading's* está estruturado no binômio "soja/milho", pois são esses produtos e seus subprodutos que são exportados para o mercado chinês. E isso tem uma explicação por fator agrobiológico: na safra de verão (plantio em meados de agosto ou setembro, colheita por volta de janeiro e fevereiro) planta-se soja; na safra de inverno (ou "safrinha", com plantio em fevereiro ou março e colheita em julho ou agosto) planta-se milho. Não adianta plantar soja no inverno que a lavoura não vingará. Por esse motivo, as *trading's* estimulam os produtores a plantar essas duas culturas, porque ambas têm demanda na China.

Ora, em sendo assim, mandar que a empresa multinacional aplique o PECEX para a soja, mas não para o milho é criar um regime híbrido, o qual, com não ter respaldo na lei, acaba por criar uma complexidade enorme para a mesma operação. Logo, há de estar assegurado à *trading* o direito de calcular seu *transfer price* do milho pelo PECEX. A via inversa, todavia, não é verdadeira: caso a companhia, por qualquer motivo, deixe de aplicar o PECEX para o milho, nem por isso ela poderá ser autuada, na medida em que, nesse caso, a Receita Federal não poderia se insurgir, nem mesmo sob a justificativa de prejuízo ao erário, sob pena de ela descumprir suas próprias normas, em típico *venire contra factum proprium.*[251]

---

251. "EXPORTAÇÃO. PREÇO DE TRANSFERÊNCIA. MÉTODO PECEX. O Método do Preço sob Cotação na Exportação – PECEX é de aplicação obrigatória e exclusiva aos casos de exportação de commodities, assim entendidos os produtos negociados nas bolsas de mercadorias e futuros listadas no Anexo II e os produtos listados no Anexo I que estejam sujeitos a preços públicos nas instituições de pesquisa setoriais listadas no Anexo III, todos da Instrução Normativa RFB nº 1.312, de 28 de dezembro de 2012, antes das alterações promovidas pela Instrução Normativa RFB nº 1.870/2019. Impõe-se, assim, o cancelamento do lançamento de ofício de crédito tributário que aplica método equivocado no controle dos preços de transferência, em especial, quando utiliza o método PECEX, para operações de produtos que não são considerados pela legislação como commodities". CARF. Processo nº 10508.720642/2017-28. Acórdão nº 1302-003.989. 1ª Seção de Julgamento. 3ª Câmara. 2ª Turma Ordinária. Rel. Cons. Flávio Machado Vilhena Dias. j. 15.10.2019. No mesmo sentido é a Solução de Consulta COSIT nº 310/2014.

2.4.9.4.4 Ainda a lista de "commodities" do agro, segundo a IN: nem todas são verdadeiras commodities e há commodities que ficaram de fora

Os problemas das *commodities* do agronegócio não param por aí. É que, olhando com atenção e com o espírito crítico aceso para o rol da IN 1.312/12, logo se percebe que nem todos produtos lá incluídos como "*commodities*" são verdadeiras *commodities* para o agro e há *commodities* do mercado rural que ficaram de fora. As *commodities* são entendidas, sobretudo, a partir da sua característica de fungibilidade. No agronegócio são mercadorias que apresentam: (i) padronização (mercadoria com nível mínimo de variação); (ii) pouca perecibilidade (comportando o transporte adequado); (iii) ampla escala de consumo; (iv) fluxo livre e negociado pelo preço de oferta e demanda existentes; (v) e condição de matéria-prima ou semielaborada.[252]

O Anexo I contém atualmente um catálogo de 25 (vinte e cinco) produtos que a Receita Federal considera como "*commodities*". Esses produtos estão colocados em uma sequência *totalmente desorganizada,* seja em ordem alfabética, seja em ordem numérica de NCM, seja mesmo por tipo de produto. Desses 25 (vinte e cinco) itens, 11 (onze) deles interessam para o agro: (i) os açúcares de cana ou de beterraba e sacarose quimicamente pura, no estado sólido (NCM 17.01.1); (ii) o algodão (NCM 52); (iii) o cacau e suas preparações (NCM 18); (iv) o café, mesmo torrado ou descafeinado, bem como cascas e películas de café e os sucedâneos do café que contenham café em qualquer proporção (NCM 09.01); (v) carnes e miudezas, comestíveis (NCM 02); (vi) o farelo de soja (NCM 2304.00); (vii) farinhas de trigo ou de mistura de trigo com centeio (NCM 1101.00); (viii) óleo de soja e respectivas frações (NCM 15.07); (ix) soja, mesmo tributada (NCM 12.01); (x) suco (sumo) de laranja (NCM 2009.1); (xi) e o trigo e mistura de trigo com centeio (NCM 10.01).

---

252. Nesse sentido: CALCINI, Fábio Pallaretti. "As regras de preços de transferência: PIC e PECEX. Aplicação para o agronegócio ('*commodities*'). Algumas ponderações". *Agronegócio, tributação e questões internacionais.* Coord. Heleno Taveira Torres e Jimir Doniak Jr. São Paulo: Quartier Latin, 2019, p. 66/67.

Ocorre que essa lista contempla produtos que não são genuinamente *commodities* aos olhos do mercado do agronegócio, sendo certo que vários outros produtos importantes – além do milho – não foram incluídos nesse rol. *A IN transformou em commodity aquilo que não o é da perspectiva econômica e não considerou como commodity aquilo que é.* Tomem-se como exemplos da primeira situação o trigo e a farinha de trigo. Embora esses produtos sejam comercializados no mercado, o Brasil, na verdade, é importador de trigo, não exportador. E mais, farinha de trigo não tem cotação em bolsa internacional. No caso da soja, embora haja parâmetro em bolsa para o farelo e o óleo, a cotação usualmente leva em conta muito mais o produto em si *in natura*, do que o produto transformado em farelo ou farinha. O preço de referência é o preço do *bushel* praticado na bolsa de Chicago (01 *bushel* de soja corresponde a 27,21 kg ou a 0,41 sacas de 60 kg – sendo certo que o *bushel* da soja é diferente do *bushel* do milho). Geralmente é com essa lógica que o mercado opera.

Por outro lado, vários produtos importantes do agro simplesmente foram ignorados pela Receita Federal – embora também sejam exportados e tenham seus preços ou definidos por bolsas de mercadorias, ou então por instituições de pesquisas setoriais. Pode-se pensar no leite e seus derivados; no arroz; no feijão; nas frutas brasileiras em geral (não só o suco de laranja); as hortaliças; a celulose (que vem ocupando espaço importante); e a madeira. Enfim, o leque de produtos do agronegócio brasileiro que são exportados é enorme, com números elevados. Esses produtos, se nem todos têm cotação em bolsa, têm seus preços divulgados diariamente, em vários canais, por entidades sérias e importantes, a exemplo do CEPEA/ESALQ, entidade ligada à USP (que está indicada como uma das entidades credenciadas pelo Anexo III).

Não se pode deixar de falar também do mercado das carnes, tão relevante para o país. A exportação do gado em pé (NCM 01), por exemplo, não foi contemplada pela IN 1.312/12, nada obstante estejam aumentando as exportações de animais vivos por grandes frigoríficos que integram conglomerados multinacionais. O mesmo se diga em relação à cana-de-açúcar. Embora os açúcares de cana estejam na lista, o etanol não está. E é notório o papel desempenhado pela CONSECANA na fixação de preços desse setor. Porém, essa entidade não está no Anexo III.

Em síntese, a legislação brasileira, para fins de IRPF e de IRPJ da atividade rural, adotou na Lei nº 8.023/90 a extração ou a exploração de origem animal ou vegetal como gênero, como já se viu. Em matéria de preços de transferência na exportação dos produtos do agro, no entanto, a IN não seguiu a mesma coerência, elencando alguns produtos que não são genuínas *commodities* do agronegócio na lista e deixando vários outros produtos de fora, o que deve ser motivo de críticas. Desse modo, tudo o que foi dito em relação ao milho deve ser aplicado também a esses outros produtos.[253]

2.4.9.4.5 A mensuração do preço-parâmetro para as operações em bolsa de mercadorias

Superados os aspectos envolvendo a identificação das *commodities*, é o caso agora de examinar a mensuração do preço-parâmetro para as operações em bolsa de mercadorias. Dispõe o art. 19-A da Lei 9.430/96 que o PECEX levará em conta *"os valores médios diários da cotação"* em bolsas de mercadorias e futuros internacionalmente reconhecidas. Diante dessa grandeza, aí os preços dos bens exportados serão comparados, fazendo-se os ajustes para mais ou para menos, na data da transação. E o art. 34, § 2º-A, da IN 1.312/12 reforça: o

---

253. Importante registrar a exegese do Prof. Luís Eduardo Schoueri e de Guilherme Galdino, que afirmam "ser a melhor leitura considerar que os métodos PCI e PECEX não se aplicam exclusivamente a *commodities* que efetivamente tenham seus preços cotados em bolsas de mercadorias e futuros, mas sim que estejam sujeitas a tal cotação". Vide: "PCI e PECEX: o sexto método brasileiro à luz da prática internacional". *Manual de preço de transferência BEPS, Brasil & OCDE.* Coord. Leonardo Freitas de Moraes e Castro e Francisco Lisboa Moreira. São Paulo: Quartier Latin, 2018, v. I, p. 69. Vide também: NEDER, Marcos Vinícius; JUNQUEIRA, Lavínia Moraes de Almeida Nogueira. "Análise dos critérios para aplicação dos métodos de preços de transferência PCI e PECEX nas operações com *commodities*". *Tributos e preços de transferência.* Coord. Luís Eduardo Schoueri. São Paulo: Dialética, 2013, v. IV, p. 257.

preço parâmetro será determinado a partir da *"cotação média da data da transação"*.

Por tudo quanto já se viu, embora seja justificável a tônica contemplada pela lei, no sentido de fixar como preço intragrupo para fins de preços de transferência o valor de mercado das *commodities* divulgado em bolsas de mercadorias, mesmo assim esse tema traz algumas inquietações adicionais. A primeira delas gira em torno da necessidade de se distinguir o "preço da bolsa" do "preço real" pago pela mercadoria. Noutras palavras, se a companhia multinacional faz, por exemplo, uma exportação de grãos para outra empresa do grupo, é claro que ela teve que comprar no mercado nacional esse produto, seja diretamente dos produtores rurais, seja de terceiros intermediários. Imaginar que o preço de compra seria exatamente o mesmo do preço de exportação seria o mesmo que conceber um engessamento da economia. As coisas não são tão simples. Não basta olhar para o "preço da bolsa" e pronto.

Há inúmeros fatores que influenciam na composição do preço, a exemplo das questões climáticas e da oferta e da procura ditadas por razões de sazonalidade – para ficar apenas com os mais frequentes. Assim, apesar de o preço-parâmetro poder ser fixado pelo valor da cotação na bolsa, devem ser assegurados os ajustes inerentes ao mercado, sob pena de se estabelecer um estado de coisas de *presunção da presunção*. E nisso a IN 1.312/12 andou bem – ainda que no silêncio da lei – ao admitir esses ajustes.[254]

O segundo aspecto a ser tratado diz respeito à forma para se apurar o valor do preço-parâmetro: ele é determinado a

254. Nas palavras de Heleno Torres, "o controle fiscal dos 'preços de transferência' *(transfer pricing)* efetiva-se mediante a aplicação de métodos que têm como finalidade indicar o preço médio (preço de referência) a ser praticado nas relações com partes interdependentes, ou independentes, cujo resultado poderá, se divergente, ensejar uma necessária retificação dos preços (e eventualmente de contabilidade) sobre os atos de pagamento fixados em valores divergentes (para mais ou para menos) daquele que seriam formados em uma transação entre sujeitos independentes, em condições de livre concorrência *(arm's lenght)*". *Direito tributário internacional: planejamento e operações transnacionais.* São Paulo: Revista dos Tribunais, 2001, p. 165.

partir da *cotação média* do dia, e não do valor do fechamento do mercado. Trata-se de uma trava imposta pela legislação. Aqui também pode surgir alguma complexidade para se medir a flutuação de valores diários de algumas *commodities*, embora as cotadas em bolsas costumem divulgar o valor médio.

O terceiro questionamento – esse apenas para fins de reflexão mesmo – assenta-se no fato de que a lei determina que o PECEX tomará por base os valores médios diários divulgados *"em bolsas de mercadorias"* reconhecidas internacionalmente. Nada obstante o mercado do agro siga mundialmente o preço divulgado por determinadas bolsas (para soja e o milho, a de Chicago, enquanto que para o algodão e o café, a de Nova Iorque), problema surgiria se houvesse mais de uma bolsa que divulgasse o preço de uma determinada *commodity*. A lei não traz respostas sobre a eventual prevalência ou não entre bolsas distintas. O mercado costuma resolver esse tipo de impasse, mas o café tem cotação nas bolsas de Nova Iorque e de Londres, deixando margem para dúvida. De todo modo, fica feito o registro.

2.4.9.4.6 Os ajustes no preço-parâmetro: prêmio e outras rubricas

Todo o sistema do PECEX ficaria fortemente comprometido se a legislação não admitisse ajustes no preço-parâmetro. Afinal, o art. 19-A, § 4º, da Lei nº 9.430/96 ordena o arbitramento dos preços de transferência, vedando a aplicação do *safe harbour* de 90% previsto no *caput* do art. 19. Vai daí que a aplicação, pura e simples, do "preço da bolsa", sem se levar em conta as peculiaridades na mensuração do preço de aquisição, extrapolaria o ambiente legítimo de definição dos *transfer pricing* para tornar o PECEX inconstitucional, ultrapassando seu objetivo de ser mero critério de definição de valores.

Não é demais enfatizar que a Lei nº 9.430/96 não disciplina esses ajustes. O art. 19-A, § 1º, limita-se a determinar os ajustes *"para mais ou para menos do prêmio médio de mercado"*.

Ocorre que o prêmio médio é apenas uma das rubricas que integram o preço; há outras, igualmente relevantes, que não podem ser desprezadas. Foi por conta disso que a IN 1.312/12, na redação das IN's 1.395/13, 1.458/14 e 1.870/19, tratou de cuidar desse assunto – ressalvas à parte quanto à omissão da lei nessa matéria. São, portanto, duas coisas distintas: o valor do prêmio e os ajustes de outras rubricas. Como se pode perceber, *"há razões econômicas que são consideradas no prêmio e também podem estar presentes nos ajustes que a instrução normativa prescreve além do ajuste relativo ao prêmio"*.[255]

De acordo com o art. 34, § 7º, o valor do prêmio é decorrente de avaliação de mercado, positiva ou negativa, que deve ser adicionado ou diminuído à cotação de bolsa internacional ou do instituto de pesquisa para se obter o preço recebido pelo exportador, devendo ser consideradas, inclusive, as variações na qualidade, nas características e no teor da substância do bem vendido. O regramento sobre o valor do prêmio pela IN 1.312/12 merece duas observações. A primeira delas envolve o que vem a ser o "prêmio". A fixação do preço de *commodities* agrícolas pressupõe vários passos. Pegue-se mais uma vez a soja como ilustração, por ser o maior produto de exportação do agro brasileiro. Em linhas gerais, a multinacional exportadora de grãos situada no Brasil toma como parâmetro o "preço de Chicago no porto", descontando frete (que vai variar, evidentemente, da distância de onde o grão foi colhido), acrescentando, *se for o caso*, o valor do "prêmio", que significa um valor a mais pago ao produtor ou à empresa revendedora por necessidades logísticas para formação de lote para embarque no navio. Nem sempre há pagamento de prêmio na operação. Logo, se o ajuste ficasse reduzido a isso, o PECEX não espelharia um legítimo preço-parâmetro.[256]

---

255. OLIVEIRA, Ricardo Mariz. "Os métodos PIC e PECEX: mais um caso de confronto entre a lei e instrução normativa? O conceito de *commodities*. O prêmio e suas vicissitudes (observações iniciais)". *Tributos e preços de transferência*. Coord. Luís Eduardo Schoueri. São Paulo: Dialética, 2013, v. IV, p. 344.

256. Ainda sobre o prêmio, são pertinentes as observações de Andressa Guimarães Torquato Fernandes. "Do conceito de prêmio introduzido na legislação de preço de

A segunda observação quanto ao prêmio é a previsão de que ele comporia avaliação de mercado, positiva ou negativa, considerando-se variações de qualidade, de características e de teor da substância do bem vendido. Na verdade, quando há uma exportação, o produto agrícola já passou por uma base prévia de classificação. Ou seja, a soja exportada é soja "padrão exportação". É esse o preço cotado em bolsa, e não o preço com impurezas. Tais padrões são definidos a partir de normas técnicas do MAPA – Ministério da Agricultura, Pecuária e Abastecimento. É equivocado pressupor que a dosagem do prêmio, tratando-se de grão exportado, seria algo que influenciaria na etapa final da operação.

Por outro lado, como já anunciado, não só o prêmio implica ajuste no preço-parâmetro. Na forma do art. 34, §§ 9º a 15, da referida IN, *"além do prêmio"* o valor da *commodity* poderá sofrer ajustes correspondentes às *"diferenças entre o preço praticado e as especificações do contrato padrão"* estabelecidas pela bolsa, tendo em vista as condições específicas de negócio, condições de venda, *incoterm* (termos internacionais de comércio), de conteúdo e de natureza física. Essas variáveis compreendem: (i) prazo para pagamento; (ii) quantidades negociadas; (iii) influências climáticas nas características do bem exportado; (iv) custos de intermediação; (v) acondicionamento; (vi) frete e seguro; (vii) e custos de desembarque no porto, de transporte interno, de armazenagem e de desembaraço aduaneiro, incluídos os impostos e taxas incidentes na importação. Esses valores só poderão ser objeto de ajustes se praticados *"entre pessoas não vinculadas"*, de modo a se levar em conta as diferenças existentes *"entre o preço recebido pelo exportador e a composição do preço de bolsa de mercadorias"*.

---

transferência aplicada a *commodities* pela Lei nº 12.715/2012". *Revista dialética de direito tributário,* São Paulo: Dialética, nº 218, p. 18/27, 2013. De igual modo, para aprofundamento na matéria devem ser consultadas as ponderações de Bruno Fajersztajn e Ramon Tomazela Santos quanto à falta de clareza e transparência na formação dos prêmios pelo mercado. "O controle de preços de transferência nas exportações de *commodities* e o método do preço sob cotação na exportação (PECEX)". *Revista fórum de direito tributário – RFDT.* Belo Horizonte, v. 14, n. 84, p. 95/122, nov/dez 2016.

Aí sim, sofrendo o preço-parâmetro os ajustes pagos tanto a título de prêmio, quanto de todos esses outros itens que influenciam no valor desembolsado é que se pode dizer que o PECEX cumpre seu papel. Esses aspectos todos comporão o preço de transferência para fins fiscais, conforme o tipo de produto e a cada operação de exportação. E tais prescrições não se afastam dos limites da Lei nº 9.430/96.

2.4.9.4.7 A relevância da data da mensuração: data do contrato ou data do embarque?

Outro ponto relevante diz respeito à data em que se deve tomar por norte na mensuração. Falando objetivamente: o que importa é a data do contrato ou a data do embarque? Perceba-se que entre uma e outra coisa pode decorrer lapso temporal considerável, o que, por sua vez, implica, fatalmente, em mudança do preço da bolsa, daí o porquê esse aspecto merece atenção.

A Lei nº 9.430/96 elegeu no art. 19-A, § 1º, corretamente, um critério: os preços serão comparados aos valores médios *"na data da transação"*. O art. 34, § 2º-A, da IN 1.312/12 tem idêntico sentido. Segundo o art. 19-A, § 3º, apenas na hipótese de *"ausência de identificação da data da transação"* é que se admite a conversão considerando-se *"a data de embarque dos bens exportados"*. Trata-se de hipótese difícil de imaginar, porque conceber a exportação de produtos do agronegócio (que geralmente é feita por navios) sem lastro documental adequado, inclusive quanto à data da transação, seria admitir que uma mercadoria pudesse deixar o país de forma clandestina.

Corroborando a disciplina dada pela lei, a IN 1.312/12 dispõe ainda no art. 34, § 16, que se considera data da transação, para fins de comparação com a cotação em bolsas de mercadorias e futuros internacionalmente reconhecidas, *"a data em que o preço foi negociado"*, conforme estabelecido em contrato usualmente praticado pela empresa, inclusive com pessoas não vinculadas, ou por procedimento normal de mercado.

Nessa ordem de ideias, o dado que importa para o PECEX é a data do contrato de exportação. Deve-se então olhar para a data da transação e a data da cotação média em bolsa da *commodity* exportada naquele dia para se encontrar o preço de transferência.

2.4.9.4.8 A aplicação desse regime, carga a carga

Mais um ponto que merece rápida abordagem é a forma com que esse regime deve ser aplicado. O art. 34, § 19, da IN 1.312/12 prescreve que o contribuinte deverá calcular *"um preço praticado e um preço parâmetro para cada operação de exportação realizada"*. Trata-se, como se vê, de medida que torna extremamente complexa e burocrática a operação, elevando os custos internos de conformidade das companhias. Ao determinar a aplicação do PECEX carga a carga esse dispositivo da IN prevê também que não se aplica o método de apuração do preço médio ponderado de que trata o art. 23, o qual assegura a possibilidade de um cálculo por período para obtenção de uma estimativa razoável de valor.

Aqui houve um exagero por parte da Receita Federal, porque nada impediria – ao contrário, o bom senso orienta nessa linha – que se fizesse uma apuração média mensal de mercadorias exportadas e dos preços de bolsa de mercadorias, diminuindo bastante, com isso, a gestão fiscal das empresas. A lógica dos preços de transferência, não é demais lembrar, é impedir a erosão de bases tributáveis por preços manipulados intragrupos.[257] E os produtos do agro estão jungidos a critérios objetivos de mensuração, que são as cotações em bolsas ou por institutos de pesquisas gabaritados. A aplicação de médias por períodos (mensais ou quinzenais) em nada prejudicaria os interesses fazendários, ainda que haja oscilação de

257 . Paulo Ayres Barreto pontua a essência dos preços de transferência da seguinte forma: "toda a temática dos preços de transferência está centrada na imparcialidade dos ajustes negociais entre partes vinculadas; na comprovação de que tais ajustes não serviram para promover transferência indireta de lucros e que os preços acordados não foram objeto de manipulação com esse propósito". *Imposto sobre a renda e preços de transferência.* São Paulo: Dialética, 2001, p. 133.

preços nesse mercado. Exigir o cálculo para cada carga, para cada navio, além de não ter previsão na lei, ofende, de igual modo, qualquer contexto que se queira dar aos princípios de razoabilidade e de proporcionalidade.

2.4.9.4.9 As commodities *negociadas fora da bolsa de mercadorias e os institutos de pesquisa setoriais*

Caso a *commodity* não tenha cotação em bolsa, o art. 19-A, § 5º, da Lei nº 9.430/96 admite que se comparem os preços com os obtidos a partir de fontes de dados independentes fornecidas por instituições de pesquisa setoriais internacionalmente reconhecidas ou com os preços definidos por agências ou órgãos reguladores e publicados no Diário Oficial da União.[258] Essa última hipótese (preços definidos por agências ou órgãos reguladores governamentais) não envolve a atividade rural, servindo para outro tipo de *commodity*, como o petróleo.

A aplicabilidade da hipótese aqui tratada, no caso das *commodities* do agro, pode ser desdobrada em duas facetas: (i) a primeira, à luz da lei; (ii) outra, diante do que prevê a IN. Pela lei, havendo exportação de mercadoria entre partes vinculadas ou para países com tributação favorecida ou com regime fiscal privilegiado, e sendo a mercadoria objeto de divulgação de preços por institutos de pesquisas setoriais, é cabível o PECEX. É o caso, por exemplo, de mercadorias que não têm cotação em bolsa, mas cujos valores são divulgados pelo CEPEA/ESALQ, como o arroz ou a laranja. Por outro lado, se o enfoque se der apenas frente ao que prescreve a IN (o que não é correto, como já demonstrado), aí o exame deve passar primeiro pelo Anexo I. E dos 11 (onze) produtos do agronegócio listados pela IN como *commodities*, apenas 02 (dois) não têm

258. Fábio Pallaretti Calcini entende que a aplicabilidade desse método deveria ser em caráter subsidiário, tendo a IN extrapolado a lei. "As regras de preços de transferência: PIC e PECEX. Aplicação para o agronegócio ('*commodities*'). Algumas ponderações". *Agronegócio, tributação e questões internacionais*. Coord. Heleno Taveira Torres e Jimir Doniak Jr. São Paulo: Quartier Latin, 2019, p. 72. Isso não parece correto, pois a própria Lei nº 12.715/12 possibilitou a adoção de preço-parâmetro por instituto de pesquisa setorial gabaritado.

cotação em bolsa: (i) as carnes e miudezas, comestíveis (NCM 02); (ii) e a farinha de trigo ou de mistura de trigo com centeio (NCM 1101.00).

Portanto, esse modelo, pensando da perspectiva da atividade rural, só tem cabimento para esses dois produtos. O mais relevante deles, sem dúvida, envolve as carnes, sendo certo que para se mensurar o preço de transferência nas exportações das carnes brasileiras (bovinas, suínas e de frango) a referência ao CEPEA/ESALQ deve ser observada, segundo a IN. Há um derradeiro ponto a ser dito: o cálculo do preço médio das carnes pelo CEPEA/ESALQ toma por base apenas algumas regiões do país (especialmente o Estado de São Paulo), o que não reflete, por óbvio, a realidade do imenso mercado do agronegócio esparramado por diversos rincões do território nacional. Não se pode afastar a possibilidade de distorções no cálculo dos preços de transferência nesse cenário.

Como se vê, há muito a ser dito ainda sobre preços de transferência em *commodities* do agro (como os preços regionais, os preços independentes, a dispensa de comprovação e a margem de divergência). Só o mercado da carne já daria um trabalho à parte. As possibilidades são muitas.

2.5 O IR (IRPF e IRPJ) e o ganho de capital sobre imóveis rurais

Percorrido esse longo – e necessário – trajeto analítico no estudo da matéria, cujos objetivos maiores foram a identificação e a solução dos problemas que permeiam a tributação pelo imposto sobre a renda das atividades do agronegócio de pessoas físicas e jurídicas, não seria possível encerrar a análise desse tema se ficasse de fora uma outra questão relevante, sempre presente em indagações desse tope: trata-se do ganho de capital incidente na alienação de imóveis rurais.

Com efeito, não é de hoje que brotam controvérsias entre as autoridades fazendárias, de um lado, e os contribuintes, de outro, em torno do imposto devido nessas operações. Daí a necessidade de averiguá-las. Não se discute propriamente o dever de recolhimento de tributo nesses casos, ou seja, falando pela via técnico-científica adequada, não se coloca em xeque ser esse fato uma das dimensões possíveis da hipótese de incidência do imposto sobre a renda. O que é objeto de debate, no mais das vezes, é a base de cálculo da exação.

De pronto, vem à mente do hermeneuta a constatação de que a alienação de bens também pode caracterizar "renda", dando ensejo à incidência do imposto. Isso porque ocorrendo verdadeiramente nessa equação um *resultado positivo* entre a aquisição e a alienação de um bem, então estará realizada denotativamente a hipótese de incidência conotativa do tributo. Se o sistema acolhe o acréscimo patrimonial oriundo do capital, do trabalho ou da combinação de ambos como um fato tributável de possível ocorrência, parece inequívoco que essas operações igualmente ficam sujeitas ao imposto – desde que delas haja, obviamente, um resultado positivo. A isso se convencionou chamar "ganho de capital" (há quem use a expressão "lucro imobiliário").

Há uma série de enunciados prescritivos disciplinando o ganho de capital, em diferentes escalões normativos. A Lei Federal nº 7.713/88, por exemplo, estabelece no art. 3º, § 2º, que integra os rendimentos do contribuinte o ganho de capital, assim entendido o resultado decorrente de alienação de bens ou direitos de qualquer natureza, "*considerando-se como ganho a diferença positiva entre o valor de transmissão do bem ou direito e o respectivo custo de aquisição corrigido monetariamente*". Pelo que se pode notar desse dispositivo, para que haja tributação pelo ganho de capital devem concorrer três fatores: entre (i) o valor da transmissão e (ii) o valor de aquisição do bem deve haver (iii) um resultado positivo.[259]

259. De acordo com esse preceito normativo o imposto sobre o ganho de capital pode ser gerado na alienação de quaisquer "bens ou direitos" – com as devidas reservas do autor acerca do pleonasmo que essa locução contém, pois, obviamente, se o sujeito é titular de um "bem" é porque ele tem um "direito" sobre ele, de modo que bastaria falar em alienação de direitos sobre o bem. De qualquer forma, a

Mais uma vez, é preciso respeitar o corte metodológico traçado no início deste estudo, delimitação essa que, longe de empobrecer o texto, na verdade garante sua integridade constitutiva, permitindo que dele nasçam seus frutos esperados, pois o raciocínio desenrola-se numa sequência lógica linear. Com isso, o que se busca expressar é que não faz parte deste trabalho a análise da tributação do ganho de capital incidente na alienação de imóveis em geral, mas sim o exame da tributação do ganho de capital incidente na alienação de imóveis *rurais*, que segue um regime próprio, como se demonstrará logo em seguida. Portanto, não pode compor o repertório de especulações científicas o vasto rol de normas que disciplinam de maneira genérica o imposto nessa vertente, devendo o intérprete ater-se àquelas que ditam a tributação sobre a alienação dos imóveis rurais. A despeito desse registro, no entanto, seguindo na mesma linha discursiva de outros temas expostos até aqui, é indiscutível que a legislação apresenta pontos comuns no regramento do ganho de capital de imóveis, rurais ou não, o que justifica perpassá-los, até mesmo para que a compreensão da tributação que recai especificamente sobre a alienação de imóveis rurais possa ser mais aprofundada.

Pois bem. Quando a matéria refletida envolve tributação sobre ganho de capital de imóveis é importante examinar cada um dos fatores mencionados que a compõe: o custo de aquisição, o valor de transmissão e o resultado positivo. Na temática da tributação pelo ganho de capital, a legislação ordinária passou por diversas modificações ao longo dos anos. Uma delas envolveu justamente o custo de aquisição.

A Lei nº 7.713/88 estabeleceu nos arts. 3º, § 2º, e 17 que o custo de aquisição, isto é, o preço pago pelo bem, será corrigido monetariamente. Já a Lei nº 8.981/95 previu no art. 22 que os bens adquiridos até 31 de dezembro de 1994 deveriam ser apurados com base na UFIR, convertendo-se em reais daí em diante.

---

verdade é que o imposto sobre ganho de capital recai, além de imóveis, sobre a alienação de quaisquer direitos, dentre eles, por exemplo, os direitos negociados em bolsas de valores ou com ativos financeiros de uma maneira geral.

Além disso, essa mesma lei previu no art. 24 que os contribuintes, a partir do exercício financeiro de 1996, ficariam obrigados a declarar seus "bens e direitos", não só os rendimentos. A Lei Federal nº 9.249/95, por sua vez, reforçando essa tendência prescritiva, trouxe uma previsão no art. 17 segundo a qual as pessoas físicas e as pessoas jurídicas não tributadas pelo lucro real, para fins de apuração de ganho de capital, em relação aos bens adquiridos até o final de 1995 poderiam corrigir o custo de aquisição pela UFIR vigente em 01 de janeiro de 1996, não se aplicando qualquer correção monetária desse ponto para frente, devendo ser observada a mesma regra proibitiva aos bens adquiridos após 31 de dezembro de 1995. Por fim, a Lei Federal nº 9.250/95 ratificou nos arts. 7º e 25 a apuração dos rendimentos em reais e a necessidade de declaração dos bens.[260]

A vedação à correção do custo de aquisição dos bens não se amolda à estrutura constitucional brasileira. Isto porque com a correção monetária busca-se, apenas, preservar o valor aquisitivo da moeda, de modo que possa refletir seu poder de compra. Ora, a partir do momento em que o legislador proíbe a correção monetária é inconteste que está a desprezar a pujança da realidade, notadamente no que diz respeito à evolução inflacionária do País, amplamente divulgada pelos meios de comunicação.

E ao assim proceder, ou seja, ao desconsiderar a necessidade de correção do valor despendido a título de custo de aquisição para fins de mera preservação do poder aquisitivo da moeda, a lei acaba por afrontar uma série de princípios constitucionais tributários, dentre eles o da igualdade, o da capacidade contributiva e o do não-confisco. Sim, pois se a legislação proíbe o sujeito passivo de simplesmente atualizar o custo de aquisição em valores atuais, para que possa, efetivamente, apurar o verdadeiro ganho de capital gerado com a alienação do bem, parece claro que a base de cálculo será

---

260. O Regulamento do Imposto sobre a Renda compila todas essas regras envolvendo a apuração do ganho de capital sobre alienação de bens imóveis das pessoas físicas nos arts. 128 a 154 e das pessoas jurídicas nos arts. 222, 501 a 514 (lucro real), 595 a 598 (lucro presumido) e 609 (lucro arbitrado).

muito maior do que a que seria correta, caracterizando um arremedo de imposto sobre a "renda", já que parte da exação recairá sobre o patrimônio. E isso não se ajusta às magnas prescrições constitucionais.[261]

Já por valor de transmissão considera-se *"o preço efetivo da operação"* (art. 19 da Lei Federal nº 7.713/88; art. 134 do RIR). Logo, o valor que importa para fins de ganho de capital é o preço efetivamente praticado na operação, sendo certo que o Fisco, mediante processo regular, poderá arbitrar o valor, quando houver indícios de fraude (art. 20 da Lei Federal nº 7.713/88; art. 135 do RIR). Se o valor gasto a título de corretagem for assumido pelo adquirente, então é possível a dedução dessa importância.

Confrontados o custo de aquisição e o valor de transmissão, chega-se ao resultado do ganho de capital. É essa a base de cálculo do imposto nessa modalidade específica, ou seja, é a diferença positiva entre o valor de alienação do imóvel e o preço de sua aquisição que marca a grandeza sobre a qual incidirá a alíquota. Caso a venda seja feita a prazo, o ganho de capital será tributado na proporção das parcelas recebidas (art. 21 da Lei Federal nº 7.713/88). Em suma, a base de cálculo do IR (IRPF e IRPJ) sobre ganho de capital é o acréscimo patrimonial gerado na operação.

No caso das pessoas físicas, sobre essa base de cálculo incidem alíquotas escalonadas (progressivas) de 15% para

---

261. Por isso que Roque Carrazza defende que esse mecanismo sorrateiro configura aumento indireto do imposto, à míngua da lei. Referindo-se ao período em que as tabelas do IRPF não foram corrigidas (entre 1996 e 2001), assim se posiciona o ilustre jurisconsulto: "Se preferirmos, a não atualização dos preditos índices, tabelas e limites de dedução 'ampliou' a base de cálculo do IRPF, sem que lei assim o determinasse. Portanto, o 'congelamento' de que aqui se cogita permitiu à Fazenda Pública aumentar, sem respaldo em lei, sua arrecadação, porquanto ensejou o deslocamento de contribuintes de uma faixa a outra (*v.g.*, da faixa da isenção à submetida à alíquota de 15%) não em decorrência da ampliação de seus rendimentos, mas porque não os tiveram reajustados de acordo com os índices inflacionários. O mesmo mecanismo perverso, por diminuir, em termos de poder aquisitivo, o montante dos abatimentos e deduções permitidos, acarreta, por via oblíqua, a majoração, sem lei, da base de cálculo do tributo". *Imposto sobre a renda: perfil constitucional e temas específicos.* São Paulo: Malheiros, 2005, p. 306.

parcelas de ganhos que não ultrapassem R$ 5.000.000,00; de 17,5% para ganhos que excederem a R$ 5.000.000,00 e não ultrapassarem R$ 10.000.000,00; de 20% para ganhos acima de R$ 10.000.000,00 e abaixo de R$ 30.000.000,00; e de 22,5% para os ganhos que ultrapassarem R$ 30.000.000,00 (art. 21 da Lei nº 8.981/95, com a redação que lhe foi dada pela Lei nº 13.259/16). Em relação às pessoas jurídicas, o ganho de capital irá se somar às demais receitas, sobre as quais é exigida a alíquota de 15% e a alíquota adicional de 10% calculada sobre o valor resultante da multiplicação de R$ 20.000,00 pelo número de meses do respectivo período de apuração.[262]

Acontece, no entanto, que há uma outra questão extremamente controversa nesse tema. É que a legislação determina que o ganho de capital das pessoas físicas deve ser apurado e o imposto pago segregadamente, isto é, de maneira isolada. Com efeito, o art. 21, § 2º, da Lei Federal nº 8.981/95 estabelece que *"os ganhos a que se refere este artigo serão apurados e tributados em separado e não integrarão a base de cálculo do Imposto de Renda na declaração de ajuste anual, e o imposto pago não poderá ser deduzido do devido na declaração"*. Tanto assim que o Regulamento do Imposto sobre a Renda põe os rendimentos de ganhos de capital debaixo da rubrica "Tributação Definitiva" (Livro I, Título X, Capítulo I, arts. 128 a 153).

A tributação definitiva, porém, não encontra fundamento na Carta da República, que lhe vincula prescritivamente. Não é preciso muito esforço para recordar que o art. 153, § 2º, I, da Constituição estabelece que o imposto sobre a renda será informado pelo critério da *universalidade*. E por universalidade há de ser entendido o alcance do imposto sobre *todos* os rendimentos do contribuinte, de maneira global, conjunta, uniforme, sem qualquer segregação ou diferenciação. Somente comparando todos os ganhos com as deduções e abatimentos permitidos é que se revela possível aferir o verdadeiro

262. Se a operação envolver ativo circulante de empresa imobiliária que apura pelo lucro presumido, não se aplica o art. 19 da Lei nº 9.393/96, mas sim a base presumida de 8%. Nesse sentido: Solução de Consulta Disit/SRRF nº 4.009, de 09 de junho de 2016.

acréscimo patrimonial do sujeito passivo. É nessa linha de raciocínio que Roque Carrazza repudia a sistemática da tributação definitiva, ao verberar o seguinte:

> *O critério da universalidade também impede que apenas uma parte dos rendimentos obtidos pelo contribuinte seja levada à tributação, ainda que isto possa revelar-se, na prática, socialmente justo e economicamente adequado, como ocorreria caso os salários menos expressivos não fossem alcançados pelo imposto em tela.*
>
> *Pelo contrário, a renda e os proventos de qualquer natureza devem ser visualizados como um todo, de sorte a desvendar o real acréscimo patrimonial experimentado pelo contribuinte durante o período aquisitivo. Mais: não pode haver impostos diferentes, dependendo do tipo de rendimentos auferidos, de sua providência ou da qualificação jurídica de quem os recebe.*
>
> *(...)*
>
> *O imposto há de incidir, pois, sobre todos os rendimentos auferidos, sujeitando-os a um mesmo tratamento fiscal. Não há possibilidade jurídica de segregar a espécie de renda obtida, tributando-a por critérios diferentes, isto é, por meio de alíquotas diferençadas ou variações de bases de cálculo.*
>
> (...)
>
> *Noutros dizeres, o IR não pode ser seletivo em função da natureza do rendimento auferido. Neste sentido, o critério da universalidade contrapõe-se ao da seletividade.*[263]

De fato, aceitar a tributação em separado significa admitir um imposto não sobre a renda, mas sim sobre receitas, o que não se compatibiliza com o ordenamento jurídico em vigor, por afrontar, a um só tempo, os princípios da universalidade e da progressividade, além da isonomia, da capacidade contributiva e do não-confisco. Por isso é que se pode afirmar que a chamada tributação definitiva é inconstitucional, devendo o ganho de capital, sob a perspectiva técnico-jurídica, ser levado à base tributável juntamente com os demais rendimentos do contribuinte na declaração de ajuste.

263. *Imposto sobre a renda: perfil constitucional e temas específicos*. São Paulo: Malheiros, 2005, p. 64.

O fato é, porém, que a legislação vigente hoje não permite essa técnica (o que não significa, é claro, que o intérprete deva curvar-se às inconstitucionalidades praticadas pelo legislador). Assim, se o dono da fazenda que estiver vendendo a propriedade for uma pessoa física, a carga tributária variará entre 15% a 22,5% sobre o ganho obtido, devendo o IR-GC ser declarado e pago em separado, já a partir do mês seguinte ao recebimento (lembrando que, se a venda for parcelada, o imposto incidirá apenas sobre o valor da parcela). Entretanto, se o alienante for uma pessoa jurídica, então não haverá tributação segregada, devendo os rendimentos se somarem às demais receitas e despesas da empresa para se chegar ao exato valor a recolher, o que é um aspecto positivo, se comparado com o regime aplicável à pessoa física; o dado negativo, contudo, é que as alíquotas são maiores, podendo chegar a 34% dos ganhos auferidos (15% de IRPJ + 10% de adicional de IRPJ + 9% de CSLL).

2.5.1 Definição de "imóvel rural": lacuna na legislação do IR e a solução dada pelo sistema

Feita essa abordagem ligeira e panorâmica a respeito da tributação sobre ganho de capital na alienação de bens imóveis, com o propósito anunciado de apenas lançar as bases do raciocínio, já se pode passar a enfrentar o imposto incidente sobre o ganho de capital gerado na alienação de bens imóveis *rurais*, especificamente.

É incontestável que o legislador pretendeu dispensar um tratamento jurídico próprio ao ganho de capital sobre imóveis rurais. Em diversas passagens, leis, decretos e instruções normativas preocupam-se em dirigir suas mensagens prescritivas voltadas à disciplina das operações envolvendo esses bens. É essa constatação que justifica e motiva, então, a investigação científica dessas situações. Entretanto, apesar de os diversos diplomas normativos referirem-se ao "imóvel rural", a verdade é que não há na legislação do IR definição sobre o que deve ser entendido a partir dessa categoria jurídico-positiva. Noutras palavras, a legislação do imposto sobre a renda, curiosamente, arvora-se de maneira deliberada em criar um regime peculiar às transações com imóveis rurais, porém, não há uma delimitação desse conceito dentro do subsistema do direito positivo desse imposto.

Basta notar que a Lei Federal nº 8.023/90, que rege, como visto, o imposto sobre a renda de pessoas físicas e jurídicas nas atividades do agronegócio, estabelece nos arts. 4º, § 3º, e 6º, respectivamente, que a receita advinda da alienação da terra nua de imóvel rural não ingressa no rol de receitas da atividade rural, o mesmo acontecendo com os recursos aplicados como investimentos, pois os valores gastos com a aquisição da terra nua não compõem a apuração do imposto nesse regramento específico. Em síntese: *nem a alienação, nem a aquisição da terra nua de imóvel rural integram o imposto sobre a renda na sistemática peculiar do agronegócio, de acordo com a legislação*. Nada obstante essa previsão típica, o legislador não define o que é "imóvel rural".

No âmbito infralegal, o Regulamento do Imposto sobre a Renda, de igual maneira, prescreve nos arts. 54, § 7º, e 55, § 2º, que não fazem parte do regime da atividade rural os valores decorrentes da alienação e da aquisição da terra nua de imóvel rural. Além disso, o Regulamento traz no art. 146 um dispositivo específico a respeito da apuração do imposto sobre ganho de capital de imóveis rurais em relação às operações das pessoas físicas, contudo, nada dispõe sobre qual a dimensão semântica dessa expressão. Os arts. 596 e 609, § 15, também estão preordenados à disciplina do ganho de capital de imóvel rural, mas agora das pessoas jurídicas sujeitas à apuração pelo lucro presumido e pelo lucro arbitrado, em idêntico sentido deixando em aberto a definição desses signos linguísticos. O art. 9º da IN 83/01, para as pessoas físicas, e o art. 257, § 1º, da IN 1.700/17, para as pessoas jurídicas, também colocam à parte do regime do agronegócio a alienação e a aquisição da parcela correspondente à terra nua de imóveis rurais, entretanto, não estabelecem sua conceituação. Por fim, a IN 84/01, cujo escopo é disciplinar com força de instrumento secundário especificamente o ganho de capital nas alienações de direitos por pessoas físicas, nos arts. 9º e 10 refere-se ao imóvel rural, no entanto, também não o define.

Como se pode ver, há uma lacuna na legislação do imposto sobre a renda em torno da definição de "imóvel rural". Muito embora o legislador tenha pretendido criar um regime jurídico-tributário específico para o ganho de capital oriundo da alienação de imóveis rurais, parece ter ficado demonstrado que não há norma alguma nesse subconjunto de regras circunscrevendo o que vem a ser "imóvel rural".

Poder-se-ia argumentar que imóvel rural é o local onde são desenvolvidas atividades rurais, de modo que essas colocações seriam impertinentes. No entanto, essa afirmação é incorreta, pois, como se viu anteriormente, *não é pelo critério espacial que o sistema delimita as operações da atividade rural, mas sim pelo critério material, isto é, pela atividade desenvolvida.* Isso significa que é irrelevante o local onde os rendimentos são auferidos para submissão ao regime específico do IR no agronegócio, vale dizer, se na área urbana ou na área rural; o que importa é a conduta humana envolvida (materialidade).

Desse modo, os conceitos de "atividade rural" e "imóvel rural" não podem se confundir, por não serem coincidentes: *nem toda atividade rural é desempenhada em um imóvel rural e nem todo imóvel rural serve para exploração da atividade rural.* Assim, pode acontecer de o indivíduo estar submetido, para fins de imposto sobre a renda no agronegócio, ao seu regime específico por desenvolver uma "atividade rural", mas não estar situado em um "imóvel rural", como no caso da apicultura, da avicultura e da piscicultura, bem como pode ocorrer de o sujeito estar situado em um "imóvel rural", no entanto, não ser regido pelo regramento da "atividade rural", por explorar o turismo rural ou a mineração, por exemplo. Nesse último caso, apesar de o imóvel rural não servir para exploração de uma atividade rural, está jungido às regras específicas do ganho de capital incidente na alienação de "imóveis rurais". Diante disso, a conclusão que se tira é que se para identificação do regime peculiar do IR na atividade rural é o critério material, e não o espacial, o fator determinante, para o IR sobre ganho de capital de imóvel rural não é a materialidade que importa. Como já se está percebendo, no ganho de capital, o aspecto que ganha forma é o local onde está situado o imóvel.

Por outro lado, para circundar esse problema, seria possível sustentar que, pragmaticamente, bastaria verificar a legislação de cada Município a respeito dos marcos da zona urbana para, por exclusão, chegar-se à área rural, permitindo, dessa maneira, a identificação dos imóveis que se sujeitariam às regras específicas do ganho de capital. Essa não é uma solução adequada. Isto porque, se assim fosse, o problema ficaria relegado à casuística, e o que é pior, resultaria na ineficácia técnico-sintática da legislação federal, que ficaria na dependência da legislação de cada Município.[264] Por isso é que essa tese não pode ser aceita. A despeito de os critérios previstos no sistema para tributação de bens imóveis não serem precisos – tema que será enfrentado adiante, quando do estudo do ITR – fato é que não se pode aceitar solução tão simplista assim.

Pois bem. Delineado esse cenário, resta evidenciado que há uma lacuna na legislação do imposto sobre a renda, na medida em que o legislador pretendeu criar um regramento especial para a tributação a título de ganho de capital na alienação de imóveis rurais, porém, não há nessa mesma legislação um dispositivo que pudesse servir de mecanismo semântico para irradiação de seus efeitos, uma vez que não se definiu essa locução. Para que essa norma não se tornasse ineficaz, a solução dada pelo sistema foi disciplinar o ganho de capital de imóveis rurais na legislação do imposto sobre a propriedade territorial rural (ITR). O ordenamento, se bem interpretado, sempre dá as respostas necessárias; esse é um pressuposto ontológico do sistema.

---

264. Sobre o tema da eficácia e seus desdobramentos (eficácia jurídica, eficácia técnica e eficácia social), vide Paulo de Barros Carvalho. *Curso de direito tributário*. 32. ed. São Paulo: Noeses, 2022, p. 100/102.

O art. 19 da Lei Federal nº 9.393/96 dispõe que "*a partir do dia 01 de janeiro de 1997, para fins de apuração de ganho de capital, nos termos da legislação do imposto de renda, considera-se custo de aquisição e valor da venda do imóvel rural o VTN declarado, na forma do art. 8º, observado o disposto no art. 14, respectivamente, nos anos da ocorrência de sua aquisição e de sua alienação*". É questionável a técnica legislativa muito usada no Brasil de se criar regras em torno de um tema, no bojo de uma legislação que trata de outro. Isso em nada contribui com o primado da segurança jurídica. De uma forma ou de outra, todavia, foi isso o que aconteceu aqui, dado que a legislação do ITR traz consigo norma envolvendo a apuração de ganho de capital para fins de IR. É esse dispositivo que serve de fundamento de validade para todas as normas infralegais que regulamentam o ganho de capital nessas operações específicas.

Note-se que a partir do momento em que a legislação do ITR encampa um preceito regrando o ganho de capital de imóveis rurais, o intérprete fica autorizado a dizer que o conceito de "imóvel rural" deve ser construído diante dos enunciados prescritivos dessa mesma legislação, que, nesse caso, será coincidente para os dois tributos. Noutro versar, a definição de imóvel rural servirá tanto para a apuração do ITR, quanto para o IR sobre ganho de capital. Há, nesse ponto específico, um inter-relacionamento entre o IR sobre ganho de capital e o ITR.

Sucede que a definição de "imóvel rural" não é simplória, como se possa imaginar no exame do primeiro instante; pelo contrário, demanda uma série de reflexões que surgem no contexto do sistema. A análise apurada de todos os problemas que envolvem o conceito de "imóvel rural" será feita no capítulo dedicado ao estudo do ITR, de modo que comprometeria a coesão do raciocínio trazê-la para cá, como que adiantando o assunto. Logo, a fim de se evitar repetições desnecessárias e também para não desvirtuar o foco deste capítulo, o autor remete o leitor ao tópico próprio do capítulo envolvendo o ITR para poder tirar todas as conclusões desejadas a respeito da definição de "imóvel rural", conectando-as, a partir daí, com o ganho de capital. O escopo deste item foi, apenas, deixar demonstrado cabalmente que a legislação do IR dispensa um tratamento específico para o ganho de capital gerado pela alienação de imóveis rurais, porém, não traz uma definição a respeito desses signos linguísticos, vendo-se obrigada a socorrer-se da legislação do ITR para poder dar concretude a suas pretensões reguladoras.

2.5.2 Ainda acerca do inter-relacionamento entre o IR sobre ganho de capital de imóvel rural e o ITR: a grandeza tributável nessa modalidade específica

A identificação desse inter-relacionamento entre a legislação do ITR e a do IR sobre ganho de capital de imóvel rural não fica circunscrita somente à delimitação do seu conceito, ao revés, leva o intérprete a outras instâncias cognoscitivas. É que o art. 19 da Lei Federal nº 9.393/96, citado há pouco, insere no ordenamento outros preceitos importantes à compreensão desse tema. Ao estabelecer que, para fins de ganho de capital, considera-se custo de aquisição e valor da venda do imóvel rural o valor da terra nua (VTN) declarado nos anos da aquisição e da alienação, esse dispositivo delineia a base de cálculo do IR nessa modalidade específica.

Nesse contexto, é perceptível de pronto que o autolançamento do ITR reflete no autolançamento do IR sobre ganho de capital – não estando afastada, obviamente, a possibilidade de lançamento de ofício por parte das autoridades fiscais (art. 14 da Lei Federal nº 9.393/96).

Isto porque o art. 8º dessa lei atribui ao contribuinte o dever de entregar, em cada ano, o DIAT – Documento de Informação e Apuração do ITR, no qual deverá constar o valor da terra nua (VTN), que por sua vez deve corresponder ao preço de mercado de terras. O DIAT é que baliza a apuração do ganho de capital.[265]

---

265. Nesse sentido: "GANHO DE CAPITAL. CUSTO DE AQUISIÇÃO. IMÓVEL RURAL. O valor do custo de aquisição de imóvel rural depois de 01.01.1997 é o VTN

Pelo que se pode notar disso tudo, o contribuinte deve declarar à Secretaria da Receita Federal o valor da terra nua, para fins de ITR. Ocorre que, quando da alienação do imóvel rural, *a apuração do ganho de capital tomará por base o valor da terra nua declarado pelo próprio contribuinte, tanto no exercício financeiro em que ocorreu a aquisição, quanto no ano da alienação*. É sobre essa grandeza que a importância devida a título de imposto sobre a renda em virtude do ganho de capital será calculada. É nesse sentido também a previsão dos arts. 146, 596 e 609, § 15, do Regulamento do Imposto sobre a Renda, em relação às transações de pessoas físicas e de pessoas jurídicas sujeitas aos regimes dos lucros presumido e arbitrado, respectivamente. O ganho de capital das pessoas jurídicas submetidas ao lucro real, de acordo com o Regulamento do Imposto sobre a Renda, pressupõe a determinação com base no valor contábil do bem, assim entendido o que estiver registrado na escrituração do contribuinte (art. 501, § 1º, do RIR). Todavia, a Lei nº 9.393/96 não restringe seu modelo a determinadas operações apenas, o que significa dizer que, também em relação às pessoas jurídicas do lucro real, à luz da lei deve ser seguida essa sistemática envolvendo a fórmula do VTN. Noutras palavras, para empresas que apuram seu imposto pelo lucro real o Regulamento não contém regra explícita determinando a aplicação do VTN, mas também não traz restrição alguma, motivo pelo qual – até pelo sobranceiro princípio da legalidade – há que prevalecer, também para elas, o modelo definido no art. 19 da Lei nº 9.393/96.[266]

---

autodeclarado pelo contribuinte na DITR do ano da aquisição, correspondendo ao valor de mercado do imóvel em 1º de janeiro deste mesmo ano". Delegacia da Receita Federal de Julgamento em Curitiba, 2ª Turma, Decisão 8.271, j. 14.04.2005. Vale registrar que o art. 10, § 2º, da IN 84/01 dispõe que, caso não tenha sido apresentado o DIAT relativo ao ano de aquisição ou de alienação, ou ainda de ambos, considera-se como custo de aquisição e como valor da alienação a importância constante nos respectivos documentos de aquisição e de alienação.

266. Nesse sentido: CALCINI, Fábio Pallaretti. "Aplicação da Lei 9.393/96 quanto ao ganho de capital de imóvel rural no lucro real". https://www.conjur.com.br/2019-jul-12/direito-agronegocio-aplicacao-lei-939396-quanto-ganho-capital-imovel-rural.

Portanto, o ganho de capital é calculado apenas levando-se em conta o valor da terra nua declarado pelo contribuinte, e não o valor das benfeitorias da propriedade. As quantias correspondentes às benfeitorias do imóvel rural – como a sede, as cercas, os mangueiros, galpões ou mesmo as pastagens e os insumos agrícolas aplicados – não irão compor o ganho de capital, segundo a legislação, *porque entram na apuração da atividade rural para fins de IR sobre o agronegócio.* Logo, o preço recebido pelo alienante do imóvel rural deve ser segregado entre o valor da terra nua e das benfeitorias vendidas. O valor recebido em razão da venda da terra nua se sujeita ao ganho de capital e à inconstitucional tributação definitiva (se pessoa física), de acordo com a legislação em vigor; a importância auferida em relação aos demais itens que compõem a negociação, não, somar-se-á ao resultado da atividade rural e aos demais rendimentos do contribuinte.

Reside exatamente nesse ponto uma controvérsia bem corriqueira no âmbito do contencioso administrativo: trata-se da subavaliação do valor da terra nua. Com efeito, não são poucos os contribuintes que subavaliam o preço da terra nua com o intuito de, em afronta à legislação, recolher um valor menor de ITR e, em consequência, também de IR sobre ganho de capital. Não são raros os casos em que há um contraste entre o VTN declarado para fins de ITR, o valor declarado na escritura pública de compra e venda e o verdadeiro valor envolvido na operação estampado em contrato particular.

Nessas circunstâncias, havendo mecanismos para que as autoridades fiscais comprovem a real importância da transação, é inequívoco que será sobre essa quantia que deverá ser exigido o tributo, aliás, não só o IR sobre ganho de capital, como também o próprio ITR, pois o valor da terra nua declarado deve corresponder ao preço de mercado.[267] O acesso a

267. Nessa linha, na parte em que interessa: "(...) GANHO DE CAPITAL. VALOR DA ALIENAÇÃO. DIVERGÊNCIA ENTRE INSTRUMENTO PARTICULAR E ESCRITURA PÚBLICA QUANTO AO VALOR DE VENDA. PROVAS QUE CORROBORAM O VALOR INSERTO NO INSTRUMENTO PARTICULAR. Os dados

essas informações pode se dar tanto pela requisição aos serviços notariais do valor declarado nas escrituras públicas, como pelo cruzamento de dados da declaração do adquirente.

Quando o art. 19 da Lei nº 9.393/96 normatiza que a base de cálculo tomará por parâmetro os VTN's declarados pelo contribuinte no momento da aquisição e da alienação, ele se remete aos arts. 8º e 14 dessa mesma lei, os quais preveem que o VTN *"refletirá o preço de mercado de terras"* e que no caso de falta de declaração do ITR ou de *"subavaliação ou prestação de informações inexatas, incorretas ou fraudulentas"*, o Fisco procederá à determinação e ao lançamento de ofício do imposto, considerando informações sobre preços de terras constantes em sistema por ele instituído (no caso, trata-se do "SIPT – Sistema Integrado de Preço de Terras") e os dados do imóvel, apurados em procedimentos de fiscalização. Em situações nas quais haja uma fraude ao ITR – e, por consequência, ao IR incidente sobre o ganho de capital de imóveis rurais – o CARF vem entendendo que o VTN informado na DIAT deve ser afastado, prevalecendo os elementos negociais.[268] No entanto, apesar disso, *a exigência fiscal só pode recair sobre o valor da terra nua negociado*, e não sobre as benfeitorias

---

inseridos em escritura pública de compra e venda gozam de presunção relativa de veracidade, somente não devendo prevalecer quando restar comprovado, de maneira inequívoca, que o seu teor está em descompasso com a realidade fática, caso em que a fé pública do instrumento público deve ceder ao que demonstrado por outros meios, no caso concreto, ao que revelado pelo instrumento particular". Conselho Administrativo de Recursos Fiscais, Processo nº 13859.000294/00-77, Acórdão nº 2201-002.929, 2ª Seção de Julgamento, 2ª Câmara, 1ª Turma Ordinária, Rel. Marcelo Vasconcelos de Almeida, j. 18.02.2016.

268. "IRPF. GANHO DE CAPITAL. IMÓVEL RURAL. ALIENAÇÃO APÓS 01.01.1997. IN 84/2001. COMPATIBILIDADE LEGAL SISTÊMICA. A análise sistêmica das Leis 9.393/96, 7.713/88 e 8.023/90 conduz à conclusão da compatibilidade legal da IN 84/2001. Assim, havendo o DIAT, a Fiscalização PODE dele se utilizar; por outro lado, caso não haja ou se identifique patente subavaliação ou prestação de informações inexatas, incorretas ou fraudulentas, a fiscalização PODE se valer das informações do SIPT; contudo, caso tenha disponível os documentos negociais, que retratem, concretamente, a operação, deles DEVE se valer". Processo nº 10280.720458/2011-40. Acórdão nº 2402-006.150. 4ª Câmara. 2ª Turma Ordinária. Rel. Cons. João Victor Ribeiro Aldinucci. j. 08.05.2018.

adquiridas, que irão entrar no cômputo da receita bruta do IR-atividade rural delineado pela Lei nº 8.023/90.

Um outro aspecto polêmico envolve a questão da correção do custo de aquisição. De fato, muito embora a legislação estabeleça que o custo de aquisição e o valor da alienação serão apurados segundo o que for declarado pelo próprio contribuinte no DIAT, a verdade é que essa regra só se aplica aos imóveis rurais adquiridos a partir de 01 de janeiro de 1997. Em relação aos imóveis adquiridos anteriormente a essa data, dispõe o art. 19, parágrafo único, da Lei Federal nº 9.393/96 que *"será considerado custo de aquisição o valor constante da escritura pública, observado o disposto no art. 17 da Lei nº 9.249, de 26 de dezembro de 1995"*.

Ora, é inequívoco que o valor registrado na escritura pública (se a compra foi antes de 01 de janeiro de 1997) ou mesmo no DIAT do ano de aquisição (se após essa data) de um imóvel adquirido há muitos anos significará um custo de aquisição muito baixo, dada a evolução inflacionária do País, gerando, em contrapartida, um ganho de capital muito elevado, base de cálculo essa que não é correta. A forma encontrada pela legislação para atenuar essa invalidade foi autorizar a correção do valor de aquisição, o que, *a priori*, serviria para corrigir essa distorção. Ocorre que o art. 17 da Lei Federal nº 9.249/95, dispositivo a que se remete o art. 19, parágrafo único, da Lei Federal nº 9.393/96, impõe limites temporais à correção monetária, só a autorizando até 31 de dezembro de 1995. Isso atropela os direitos fundamentais do contribuinte, que verá apurado um ganho de capital absolutamente não condizente com o ordenamento jurídico, haja vista que se não respeitado na sua integralidade o direito à correção monetária – cujo propósito é, apenas, preservar o poder aquisitivo da moeda – o que haverá é um aumento de tributo à margem da lei, violando os princípios constitucionais tributários da legalidade, da igualdade, da capacidade contributiva e do não-confisco. Essa limitação temporal não encontra respaldo na ordem constitucional, devendo ser assegurado o direito à correção integral do custo de aquisição do bem, sob pena de ser tributado o patrimônio, e não a renda do contribuinte.[269]

Aliás, mesmo para os imóveis adquiridos posteriormente a 01 de janeiro de 1997, a partir de quando os contribuintes passaram a declarar o valor da terra nua, deve ser garantida a correção monetária. É que o valor da terra nua declarado pelo contribuinte de um imóvel adquirido anos atrás não irá corresponder, *em valores monetários,* à importância correspondente em termos atuais. Melhor esclarecendo, é óbvio que a quantia declarada no ano da aquisição fatalmente não irá corresponder à do ano da alienação, a não ser que haja desvalorização acentuada do imóvel. O valor de ontem não equivale à mesma coisa hoje, pois a moeda perde seu poder aquisitivo com o passar do tempo, em razão da inflação. E nisso nada há de ganho de capital, por não haver acréscimo patrimonial algum. Por isso é que é perfeitamente defensável a possibilidade de correção monetária do valor da terra nua declarado pelo contribuinte no ano de aquisição para, a partir daí, aí sim verificar se houve ou não valorização imobiliária, comparando com o valor da terra nua do ano da alienação e aferindo o verdadeiro ganho de capital.

Um exemplo ilustra bem o raciocínio: imagine-se que um produtor tenha comprado uma fazenda no ano 2002, cujo valor de terra nua à época valia R$ 1.000,00 por hectare. Agora, imagine-se que esse mesmo produtor está vendendo em 2022 essa fazenda pelo preço de R$ 4.000,00 por hectare a terra nua (fora o valor das benfeitorias). Imagine-se, finalmente, que a

269. Nesse sentido, há julgados no âmbito do Superior Tribunal de Justiça que, se bem interpretados, asseguram esse direito do contribuinte: "TRIBUTÁRIO. IMPOSTO DE RENDA. INTEGRALIZAÇÃO DE CAPITAL. DAÇÃO DE IMÓVEL. TRIBUTAÇÃO. 1. É legítima a incidência de imposto de renda sobre ganhos de capital decorrente da diferença entre o valor de aquisição atualizado e de incorporação de imóveis de pessoa física para integralização de capital de pessoa jurídica da qual é sócio. Precedentes da Primeira e Segunda Turmas. 2. Recurso especial provido". REsp. 867.276-RS. 2ª Turma. Rel. Ministro Castro Meira, *DJU* 08.11.2006, p. 181. Como se pode notar, o que caracteriza ganho de capital é a diferença entre o valor de venda ou de incorporação "e o valor de aquisição atualizado". Portanto, deve haver a correção monetária nesses casos.

inflação no País tenha sido, em média, de 5% ao ano. Ora, sopesando esses números se chegará à conclusão de que, em 20 anos, houve uma inflação de 100%. Portanto, ao se contrastar o VTN de venda (R$ 4.000,00/hectare) com o VTN de compra (R$ 1.000,00/hectare), a diferença que haverá para fins de base de cálculo do IR-GC será de R$ 3.000,00 por hectare. Porém, como no exemplo houve uma inflação de 100% no País nesse período, o correto seria *corrigir* o valor de aquisição, de maneira que os R$ 1.000,00 por hectare de VTN de compra corresponderiam a R$ 2.000,00 em valores atuais (levando-se em conta os 100% de inflação para fins do exemplo), reduzindo, pois, a tributação de R$ 3.000,00 por hectare para R$ 2.000,00 por hectare. Está aí o cerne do problema, que deve ser questionado.

Poder-se-ia argumentar que a legislação prevê sistemáticas de correção e que, portanto, a invalidade estaria acentuada. Com efeito, o art. 18 da Lei Federal nº 7.713/88 traz uma tabela com fatores de redução do imposto sobre o ganho de capital; sucede, contudo, que essa tabela só se aplica aos imóveis adquiridos até 31 de dezembro de 1988, o que, em contranota, significaria admitir um quadro inconstitucional para todos aqueles que adquiriram imóveis depois dessa data. Há outro argumento em sentido contrário à tese aqui defendida que poderia ser objetado: o art. 40 da Lei Federal nº 11.196/05 (a chamada "Lei do Bem") prevê também uma fórmula com fatores de redução (hoje, inclusive, há programas de computador que fazem esse cálculo), de tal ordem que não haveria motivo para tanta gritaria.

Realmente, esse último dispositivo traz uma previsão normativa importantíssima para o cidadão, a qual deve ser reconhecida e até elogiada. A questão que se coloca, no entanto, não é essa. O que interessa ser enfatizado com todas as letras, em primeiro lugar, *é que o direito à correção do custo de aquisição decorre do ordenamento superior, que é o constitucional,* pois renda é acréscimo patrimonial, e não o patrimônio em si, o que significa que se amanhã ou depois esse art. 40 da Lei nº 11.196/05 vier a ser revogado o quadro não poderá ser alterado, porque esse é um direito de índole constitucional. Mas, não só isso. Se a fórmula matemática prevista na lei resulta em uma equação cujo produto final é o custo de aquisição atualizado isso é algo que os entendidos em números devem dizer; o que é relevante para o jurista examinar e se posicionar é que, *necessariamente, a atualização do custo de aquisição deve ser assegurada e, sobretudo, respeitada.* Logo, se em um caso concreto os fatores da fórmula prevista na lei não espelharem o real custo de aquisição do imóvel atualizado monetariamente, então estará sempre assegurado ao contribuinte o direito de comprovar isso e de se insurgir, inclusive questionando a fórmula pronta da lei, se necessário, a fim de que não veja seu patrimônio onerado – mas apenas o verdadeiro acréscimo patrimonial.

No caso dos imóveis rurais, a saída para que esse direito seja preservado é assegurar ao contribuinte o direito de atualizar monetariamente o valor declarado por ele no DIAT do ano de aquisição, de maneira que, ao fim e ao cabo, seja comparado o valor de custo atualizado com o preço final da venda. É essa diferença positiva – somente – que pode ser gravada a título de ganho de capital.

2.5.3 A possibilidade de se segregar no preço o valor da terra nua e o valor das benfeitorias da fazenda: repercussão no cálculo do IR-ganho de capital e no IR-atividade rural

No item anterior se procurou demonstrar que a base de cálculo fixada pela Lei nº 9.393/96 – que fique ressaltado, é a própria lei que estabelece essa fórmula – indica que a grandeza tributável no IR-ganho de capital pressupõe o confronto apenas de VTN's, ou seja, dos valores de terra nua apurados no momento da aquisição da propriedade e de sua venda. Claro que os valores de terra nua (de aquisição e de venda) devem espelhar os respectivos valores de mercado, mas, ainda assim, os aspectos econômicos envolvidos são *os valores de mercado de terra nua*. Acontece, no entanto, que quem vende uma fazenda, não vende apenas "terra nua" – salvo raríssimas exceções, se o imóvel nunca tiver sido explorado economicamente. Pelo contrário, quem vende uma propriedade rural vende uma unidade econômica abrangendo não somente o solo, mas as matas plantadas, as riquezas hídricas do imóvel, o pasto cultivado, a terra preparada, os mourões, as cercas, os arames, mangueiros, a sede, os galpões, as casas de funcionários, estradas, os silos, sistema de comunicação e tudo o mais que estiver na propriedade (em regra, menos os animais e os maquinários). Diante disso, olhando para o modelo prescrito pela Lei nº 9.393/96, é a regra legal que induz à conclusão de que, no momento da venda da fazenda, é necessário depurar do montante pago a título de preço quanto está sendo pago de aquisição de terra nua (que se submeterá ao regramento do IR-ganho de capital, pressupondo a diferença entre VTN--saída e VTN-entrada, se pessoa física com alíquotas de 15% a 22,5% e se pessoa jurídica com carga tributária de 34%) e quanto de compra de todas as benfeitorias da propriedade (que entrará como receita bruta do IR-atividade rural, a ser declarado e recolhido seguindo as normas definidas na Lei nº 8.023/90, se pessoa física com carga tributária de 5,5% e se pessoa jurídica pelo lucro presumido com carga de 3,08%).

Note-se, portanto, que se o próprio sistema jurídico contém duas regras distintas, uma determinando a apuração pelo IR-GC tomando por base apenas o valor de terra nua, e outra ordenando que os valores resultantes de venda de benfeitorias da propriedade entrarão como receita bruta do IR-atividade rural, o intérprete está autorizado a afirmar, a partir daí, que nesse tipo de operação é necessário segregar um valor do outro, já que se enquadram em modelos distintos. Ora, diante dessa constatação, para que os valores sejam corretamente declarados pelo contribuinte revela-se imprescindível identificar o que é "terra nua" e o que é "benfeitoria".

Terra nua é terra bruta. Noutras palavras, a terra nua é o solo e a vegetação natural, sem qualquer interferência do ser humano. Sua identificação se dá por exclusão: aquilo que não foi objeto de uma ação humana, será terra nua. Se a rubrica envolvida for resultante de um melhoramento criado ou colocado pelo homem, aí já não se trata mais apenas de terra nua. E aqui é muito importante deixar registrado com letra indelével algo que muitas vezes as pessoas não se dão conta: *as benfeitorias de uma fazenda não são apenas aquilo que está "sobre" o solo, mas, fundamentalmente, também o que está "sob" o solo.* É debaixo da terra que estão as grandes benfeitorias de uma fazenda produtiva, pois é o preparo do solo, ano a ano, com aplicação de adubo e de todos os corretivos (calcário, gesso etc.), que vai cumulativamente melhorando os índices de produtividade. A capacidade de produção de uma fazenda que passará por sua primeira safra é infinitamente menor do que uma que produz há décadas. Portanto, quando se pensa em benfeitoria de uma propriedade rural (para se encontrar, em contraponto, a terra nua), não se pode olhar apenas para as construções físicas existentes sobre o solo, mas também tudo aquilo que se agregou com o passar do tempo sob o solo.

E nesse aspecto foi louvável a iniciativa da Secretaria da Receita Federal do Brasil ao reconhecer isso. Com efeito, a Instrução Normativa nº 1.877, de 14 de março de 2019, a qual *"dispõe sobre a prestação de informações sobre Valor da Terra Nua"*, estabeleceu no art. 1º, § 1º, que *"considera-se VTN o preço de mercado do imóvel, entendido como o valor do solo com sua superfície e a respectiva mata, floresta e pastagem nativa ou qualquer outra forma de vegetação natural, excluídos os valores de mercado relativos a construções, instalações e benfeitorias, culturas permanentes e temporárias, pastagens cultivadas e melhoradas e florestas plantadas"*, observando-se, ainda, a localização, a aptidão e a dimensão do imóvel. Como se vê, o VTN é o preço de mercado do imóvel, mas, para esse fim, apenas do valor do solo "com sua superfície e a respectiva mata, floresta e pastagem nativa ou qualquer outra forma de vegetação natural". Logo, terra nua é terra bruta, abrangendo sua superfície e vegetação natural. Nos termos da IN, devem ser "excluídos" os valores de mercado envolvendo construções, instalações e benfeitorias, bem como as culturas permanentes e temporárias e as pastagens cultivadas e melhoradas, além das florestas plantadas. Em poucas palavras: o que teve interferência humana deve ser excluído, não entrando na base de cálculo do IR-ganho de capital.

Há mais. Como se verá por ocasião do estudo envolvendo o ITR, é o próprio Poder Público, via "SIPT – Sistema Integrado de Preço de Terras", que hoje em dia estabelece o "valor de pauta de terra nua". Como na imensa maioria das regiões produtoras são os Municípios que fiscalizam, cobram e arrecadam o ITR (algo a ser visto e discutido, repita-se, no capítulo de ITR), o fato é que, na prática, são os Municípios que ditam, por suas "pautas", os valores de terra nua das propriedades, conforme a vocação para lavoura – aptidão boa, lavoura – aptidão regular, lavoura – aptidão restrita, pastagem plantada, silvicultura ou pastagem natural e preservação da fauna ou flora, segundo a divisão feita pela referida IN 1.877/19 da Receita Federal. É bem verdade que os Municípios têm abusado na fixação desses valores, pois não são raros os casos em que os valores informados no SIPT estão acima dos valores de mercado. Os casos de abuso podem e devem ser questionados pelo produtor, inclusive para demonstrar que os valores de mercado de suas terras especificamente não estão no patamar presumido pelo Município. Superado isso, porém, se o Município mesmo avalia qual é o valor de terra nua de seu território, o produtor rural tem aí um importante elemento a ser seguido na delimitação de quanto do preço pago por hectare deve ser computado como terra nua, na medida em que se o próprio Fisco predefine os valores de terra nua, bastará ao vendedor identificar se suas terras entram na composição de lavoura aptidão boa, regular ou restrita, ou então se devem ser classificadas como pastagem plantada, silvicultura, pastagem natural ou de preservação da fauna ou flora, mensurando, diante disso, o valor da terra nua por hectare. Vai daí que se o dono das terras, ao vendê-las, segue o valor de pauta de terra nua do Município, evidentemente que não poderá ser acusado de praticar valor abaixo ao de mercado.

Examinadas as questões que dizem respeito à terra nua, a análise agora passa pelo conceito de "benfeitoria". Como se está a ver, os dois conceitos – de terra nua e de benfeitoria – acabam por se revelar excludentes, pois o que não for terra nua em uma propriedade rural, será benfeitoria. Ora, como a terra nua, à luz da legislação infralegal do próprio órgão fiscalizador, envolve apenas o solo com sua vegetação natural, tudo o que transcender essa noção entrará como benfeitoria. Aquilo que for resultante, insista-se, de uma ação humana será benfeitoria, esteja "sobre" ou "sob" o solo. Na forma prevista na IN 1.877/19, as benfeitorias indicam para as construções, instalações, culturas permanentes e temporárias, pastagens cultivadas e melhoradas e florestas plantadas. Não só a IN 1.877/19 oferece subsídios relevantes para se compreender o que vem a ser uma "benfeitoria", mas também a Lei nº 9.393/96 e o próprio Regulamento do Imposto sobre a Renda. Eis o quadro comparativo entre uma e outra legislação, na parte em que interessa:

Art. 10 da Lei nº 9.393/96 (ITR)	**Art. 55, § 2º, RIR**
"§ 1º. Para os efeitos de apuração do ITR, considerar-se-á: *I – VTN, o valor do imóvel, excluídos os valores relativos a:* *a) construções, instalações e benfeitorias;* *b) culturas permanentes e temporárias;* *c) pastagens cultivadas e melhoradas;* *d) florestas plantadas;"*	*"§ 2º. Considera-se investimento na atividade rural a aplicação de recursos financeiros, durante o ano-calendário, exceto a parcela que corresponder ao valor da terra nua, com vistas ao desenvolvimento da atividade para expansão da produção ou à melhoria da produtividade e seja realizada com:* *I – benfeitorias resultantes de construção, instalações, melhoramentos e reparos;* *II – culturas permanentes, essências florestais e pastagens artificiais; (...)* *VI – insumos que contribuam destacadamente para a elevação da produtividade, tais como (...) sementes e mudas selecionadas, corretivos do solo, fertilizantes, vacinas e defensivos vegetais e animais; (...)* *VIII – estradas que facilitem o acesso ou a circulação na propriedade;"*

A redação é similar, mas a do RIR é mais ampla, mais detalhada. E apesar de na análise rápida parecer ter o mesmo sentido, ela, na verdade, traz elementos mais precisos para se definir o que vem a ser "benfeitoria" (como gênero). Falando pela via direta, enquanto a legislação do ITR trata de forma mais larga sobre *"construções, instalações e benfeitorias"*, o RIR, acertadamente, traz o vocábulo *"melhoramentos"*, que, por certo, se aplica também ao preparo do solo. Quando se pensa em "terra nua" está-se a falar da terra bruta, da terra em seu estágio natural, sem os necessários melhoramentos. O mesmo se diga quanto aos insumos que *"contribuam destacadamente para a elevação da produtividade"*, tais como *"sementes e mudas selecionadas, corretivos do solo e fertilizantes"*, como o calcário, o gesso, a "cama de frango" e o adubo químico. Ora, esses insumos (que são de valores elevadíssimos) se agregam ao solo e têm por objetivo precípuo justamente incrementar os índices de produtividade da terra. Da mesma forma as estradas que facilitam o acesso ou a circulação na propriedade igualmente não são mais "terra nua". Portanto, ainda que não estejam esmiuçadamente descritos no art. 10 da Lei nº 9.393/96, o vocábulo "benfeitoria" utilizado pelo legislador do ITR deve ser interpretado em harmonia com o art. 55, § 2º, do RIR, de modo a contemplar todos os dispêndios realizados para aumentar a produtividade do solo e a valorização da propriedade. Afinal de contas, melhoramentos, sementes, mudas selecionadas, corretivos de solo, fertilizantes e estradas são "benfeitorias". E nada disso pode entrar no cálculo do IR-ganho de capital, devendo ser avaliado apenas o valor da terra bruta, discriminando-se, o tanto quanto possível, inclusive via documentos fiscais pertinentes que comprovem esses custos e eventuais laudos de avaliação elaborados por profissionais da área, o efetivo valor da terra nua, de um lado, e o das benfeitorias aplicadas, de outro, cada um se submetendo a um regramento próprio.

2.5.4 O descabimento de duas restrições criadas pela normatização da Receita Federal: a pretensão de se tributar o valor total da operação como IR-ganho de capital em determinadas circunstâncias e a lógica de que as fazendas só poderiam ser vendidas no segundo semestre de cada ano

Outro ponto sobremaneira relevante – que decorre não da lei, mas da normatização da Receita Federal – refere-se à necessidade de abatimento das despesas de custeio e dos investimentos realizados na apuração do IR-atividade rural por parte do produtor, sob pena de tudo ser agregado à base de cálculo do IR-ganho de capital. O problema aqui é que o art. 9º, § 2º, da IN 84/01 da Secretaria da Receita Federal do Brasil, ao tratar do ganho de capital de pessoas físicas envolvendo a alienação de imóveis rurais, estabelece que esses gastos *"quando não tiverem sido deduzidos como despesa de custeio, na apuração do resultado da atividade rural, podem ser computados para efeito de apuração de ganho de capital"*. A confirmar esse viés adotado no diploma infralegal, o art. 19, VI, "a" e "b", prevê que se considera valor de alienação *"no caso de imóvel rural com benfeitorias, o valor correspondente: a) exclusivamente à terra nua, quando o valor das benfeitorias houver sido deduzido como custo ou despesa da atividade rural; b) a todo o imóvel alienado, quando as benfeitorias não houverem sido deduzidas como custo ou despesa da atividade rural"*. E mais, o § 2º, incisos I e II, complementa prescrevendo que na alienação dos imóveis rurais *"a parcela do preço correspondente às benfeitorias é computada: I – como receita da atividade rural, quando o seu valor de aquisição houver sido deduzido como custo ou despesa da atividade rural; II – como valor da alienação, nos demais casos"*.

Esse é o contexto do problema. E o contexto é grave. Assim se afirma porque transportar para o ganho de capital – que tem alíquotas mais onerosas, tanto no IRPF, quanto no IRPJ, como se viu – o valor recebido pelas benfeitorias, apenas porque o contribuinte não deduziu seus custos na apuração do resultado regular da atividade rural, é agredir, de forma frontal, o art. 19 da Lei nº 9.393/96. Afinal de contas, esse dispositivo prevê que a base de cálculo do IR-ganho de capital é a diferença entre o VTN-aquisição e o VTN-alienação. A incidência se dá sobre o valor da terra nua e não há trecho algum na lei que condicione essa grandeza ao abatimento das despesas de custeio e investimentos. Logo, não havendo essa exigência na lei, a imposição prevista em instrução normativa, que é veículo legislativo subalterno, deve ser afastada. Trata-se de um argumento por si só poderoso.

Entretanto, a questão não se resume a isso. Há outro aspecto igualmente relevante a ser sopesado: ora, se é a própria legislação do IR que assegura ao contribuinte o *direito* de apurar o resultado da sua atividade rural pelo regime presumido, *exigir que ele faça o abatimento das despesas e investimentos na apuração regular do IR-atividade rural como requisito para exclusão dessas grandezas no futuro IR-ganho de capital é agir maquiavelicamente, é dar com uma mão, para tirar com a outra.* Com efeito, se a lei confere ao produtor a prerrogativa de adotar carga tributária menos onerosa na apuração ano a ano, não pode a fiscalização, em momento posterior, voltar-se contra ele para exigir-lhe um imposto "inchado", computando-se as benfeitorias, até mesmo porque as despesas de custeio e os investimentos nas fazendas são feitos aos poucos, ao longo de anos (e não apenas no ano de aquisição e no ano de alienação). Na prática, é como se o Fisco dissesse assim para o produtor pessoa física: *"se você pagar 5,5% de IR-atividade rural agora, eu te pego lá na frente com 15% a 22,5% sobre todas as despesas de custeio e investimentos..."*.

Não, as coisas não funcionam desse jeito. Não se pode condicionar um regime ao outro, porque aí o que era "opcional" torna-se obrigatório. Ninguém vai querer trocar uma carga menor hoje por outra três a quatro vezes maior amanhã. E o fato de o contribuinte não ter deduzido as despesas e investimentos na sua declaração não pode ser visto como empecilho à fiscalização, *porque o livro-caixa da atividade rural, devidamente aparelhado pelos documentos fiscais pertinentes, serve para a comprovação do efetivo dispêndio desses valores.*[270]

Outra exigência estabelecida pela Receita Federal que não se sustenta é a que apregoa uma lógica de acordo com a qual as propriedades rurais no Brasil inteiro só poderiam ser vendidas no segundo semestre de cada ano. Com efeito, o art. 10, § 2º, da IN 84/01 prescreve que *"caso não tenha sido apresentado o Diat relativamente ao ano de aquisição ou de alienação, ou a ambos, considera-se como custo e como valor de alienação o valor constante nos respectivos documentos de aquisição e de alienação"*. Segue pela mesma linha o 19, § 1º, I e II, ao preceituar que *"tratando-se de imóvel rural adquirido a partir de 1997, considera-se valor de alienação da terra nua: I – o valor declarado no Diat do ano da alienação, quando houverem sido entregues os Diat relativos aos anos de aquisição e alienação; II – o valor efetivamente recebido, nos demais casos"*.

270. A despeito disso, o CARF vem exigindo o abatimento. Confira-se: "GANHO DE CAPITAL. IMÓVEL RURAL COM BENFEITORIAS. VALOR DE ALIENAÇÃO. Somente se as benfeitorias tiverem sido deduzidas como despesa de custeio na apuração da determinação da base de cálculo do imposto da atividade rural, o valor da alienação referente a elas será tributado como receita da atividade rural, do contrário integram o valor de alienação para fins de apuração do ganho de capital. Há necessidade de o contribuinte comprovar que ao tempo certo deduziu o valor das benfeitorias como custo ou despesa da atividade rural. A comprovação da realização das benfeitorias e a sua discriminação no anexo da atividade rural são condições indispensáveis para sua integração ao custo do imóvel". Processo nº 13888.003554/2010-52. Acórdão nº 2402-006.148. 4ª Câmara. 2ª Turma Ordinária. Rel. Cons. Jamed Abdul Nasser Feitoza. j. 08.05.2018. Porém, o Tribunal Regional Federal da 4ª Região vem adotando posição radicalmente contra (e acertada), entendendo que "a Instrução Normativa SRF nº 84/2001 ainda estabelece outro requisito não previsto em lei, determinando que os custos das benfeitorias (construções, instalações e melhoramentos), das culturas permanentes e temporárias, das árvores e florestas plantadas e das pastagens cultivadas ou melhoradas, quando não tiverem sido deduzidos como custo ou despesa da atividade rural, são computados para efeito de apuração de ganho de capital. Havendo definição expressa nos arts. 14 e 19 da Lei nº 9.393/1996 quanto à base de cálculo do ganho de capital – o valor da terra nua declarado ou o valor arbitrado, quando não houver declaração – sem a imposição de deduzir as benfeitorias no custeio da atividade rural, também viola o princípio da legalidade o art. 9º, § 2º, e o art. 19, inciso VI e §§ 1º e 2º da IN SRF nº 84/2001". APELREEX 5002098-90.2012.4.04.7116. 1ª Turma. Rel. Des. Joel Ilan Paciornik, j. 16.04.2015.

Essa é a tônica adotada pela Receita Federal. De acordo com suas regras, se o produtor vender sua fazenda antes da entrega do DIAT, será considerado "valor de alienação da terra nua", note-se bem, "o valor efetivamente recebido", isto é, o montante total da negociação, que, por óbvio, leva em conta no seu preço também a importância paga pelas benfeitorias. Essa interpretação, inclusive, ficou estampada na Solução de Consulta COSIT nº 118, de 26.08.2019, segundo a qual *"para fins de apuração de ganho de capital em relação à alienação de imóvel rural, deverão ser computados os valores constantes em DIAT, conforme a regra específica da Lei nº 9.393, de 1996"*, de modo que *"caso a alienação ocorra em momento anterior ao período de apresentação do DIAT, deverá ser adotado como valor de venda o efetivo da respectiva operação"*.

O problema colocado é o de que o DIAT, que é o "Documento de Informação e Apuração do ITR", só é entregue a partir do mês de agosto, indo o prazo da declaração do ITR até final de setembro. Portanto, de acordo com a lógica inventada pela Receita Federal, ninguém se sentiria motivado a vender uma fazenda no primeiro semestre, pois, se assim o fizer, terá que pagar o IR-ganho de capital sobre o total recebido pela negociação, não apenas de terra nua, mas também de benfeitorias; ao passo que se a venda for no segundo semestre, depois da declaração de ITR, aí o vendedor poderá segregar do preço o montante de terra nua e a importância recebida a título de benfeitoria.

Ora, parece evidente que essa sistemática não tem validade jurídica. Afinal de contas, a Lei nº 9.393/96 não faz qualquer restrição temporal que pudesse dar respaldo a um expediente como esse. Quando a lei define que o imposto terá como parâmetro de mensuração o "valor da terra nua", é claro que não pode a Receita Federal deturpar o conceito da lei a tal ponto de pretender equiparar "valor da terra nua" ao "valor efetivamente recebido", ou seja, ao total da negociação entabulada. Instrução normativa não tem o condão de modificar o regramento dado à matéria pela lei, a qual representa a manifestação da vontade popular no contexto democrático.

Se a Administração Pública, independentemente das razões, fixa no seu calendário que determinado tributo será declarado apenas em meados de agosto e setembro, e se esse tributo repercute na apuração de outro, não há dúvida alguma de que essa circunstância não pode levar, como pretende a IN 84/01, à mudança no critério da base de cálculo delineado pela lei. Que o órgão público altere a data da declaração, trazendo-a para o início do ano, ou então que aceite o último VTN declarado no exercício anterior. O que não dá para aceitar é a presunção descabida no sentido de que, antes da declaração do ITR, a integralidade do preço pago deve ser vista como compra apenas de terra nua, como se a propriedade rural não tivesse uma rubrica sequer de benfeitoria, nada, absolutamente nada. Ora, para tudo há limites, até para os devaneios.

2.5.5 O IR sobre ganho de capital de imóvel rural e as desapropriações para reforma agrária

Mais um tema do IR sobre ganho de capital de imóvel rural que merece atenção neste trabalho são as desapropriações para reforma agrária. O art. 184 da Constituição Federal estabelece competir à União desapropriar por interesse social, para fins de reforma agrária, o imóvel rural que não esteja cumprindo sua função social. A contrapartida da desapropriação da propriedade rural é a *"prévia e justa indenização em títulos da dívida agrária"*, com cláusula de preservação do valor real, resgatáveis no prazo de até vinte anos, a partir do segundo ano de sua emissão e cuja utilização será definida em lei. Além disso, o art. 184, § 1º, da Carta da República prescreve que as benfeitorias úteis e necessárias serão indenizadas em dinheiro.

A desapropriação é uma forma de aquisição da propriedade *manu militari* pelo Poder Público. Na desapropriação, o proprietário, obviamente, não deseja ser despojado de seus bens. Todavia, por uma decisão política, o ordenamento contempla a possibilidade de o indivíduo perder a propriedade, em prol de um interesse da coletividade, como para a construção de uma obra pública, por exemplo. Trata-se, em certa medida, de uma mitigação do direito de propriedade. Tanto assim é que, nessas hipóteses, ao proprietário só resta discutir o preço a ser pago, e não propriamente as causas da desapropriação.

No caso dos imóveis rurais, é a própria Constituição Federal que previu uma situação que pode gerar a desapropriação. De acordo com o art. 184 da CF/88, está sujeito à desapropriação por interesse social, para fins de reforma agrária, o imóvel que não cumprir sua "função social". Por função social há que ser entendido, segundo o art. 186 do Texto Supremo, o não atendimento simultâneo aos seguintes requisitos que a propriedade rural deve ostentar: (i) aproveitamento racional e adequado; (ii) utilização adequada dos recursos naturais disponíveis e preservação do meio ambiente; (iii) observância das disposições que regulam as relações de trabalho; (iv) e exploração que favoreça o bem-estar dos proprietários e dos trabalhadores.

Não faz parte do foco de investigação deste estudo o exame das desapropriações para reforma agrária em si mesmas consideradas, o que importa são os reflexos tributários que essas situações acarretam. Nesse particular, o que chama a atenção é que o art. 184, *caput* e § 1º, da Constituição prevê que as desapropriações para reforma agrária serão precedidas de prévia e justa *indenização* em títulos da dívida agrária (TDA) para a terra nua e em dinheiro para as benfeitorias úteis e necessárias.

Bastaria essa expressão linguística – *indenização* – para o intérprete descartar, desde logo, a incidência do imposto sobre a renda, inclusive no que pertine ao ganho de capital. Sim, porque indenização nada mais é do que mera recomposição do patrimônio jurídico do indivíduo, de tal maneira que a indenização não acarreta acréscimo patrimonial algum. Na desapropriação para reforma agrária o que acontece é que o sujeito é despojado de sua propriedade rural unilateralmente, recebendo um ressarcimento por isso. Sendo esse o regime jurídico atribuído à quantia paga – que, aliás, em relação à terra nua nem em dinheiro é, mas sim em TDA's – então o valor recebido não pode dar ensejo ao imposto sobre a renda.[271]

Entretanto, como, no Brasil, muitas vezes não é demais deixar as coisas explicadas nos mínimos detalhes – o que, ainda assim, nem sempre é suficiente para se evitar os descalabros acontecidos – pareceu prudente ao constituinte deixar registrado no art. 184, § 5º, que são "isentas" de impostos federais, estaduais e municipais as operações de transferência de imóveis desapropriados para fins de reforma agrária. Muito embora conste na Constituição a expressão "isentas", a verdade é que esse é um caso típico de imunidade, por representar uma norma constitucional que define a incompetência da União para instituir tributo sobre esse fato. O uso inadequado das categorias jurídicas pelo legislador não pode embaraçar o trabalho exegético do jurista.[272]

Agora, é importante anotar que a imunidade prevista no art. 184, § 5º, da Carta Constitucional refere-se às *"operações de transferência de imóveis desapropriados"*, como o ITBI, e não ao pagamento feito àquele que sofreu os efeitos da desapropriação. Assim, o fato de o até então proprietário do imóvel não estar sujeito ao imposto sobre a renda não decorre tecnicamente da imunidade do art. 184, § 5º, e sim porque a indenização caracteriza uma hipótese de não-incidência em face desse tributo. A isso não esteve atento o legislador, que no art. 22, parágrafo único, da Lei Federal nº 7.713/88 preconizou que não se

---

271. "Sendo indenização ou reparação, não há que se falar em fato gerador do imposto de renda, pois tem apenas a finalidade de repor o patrimônio compulsoriamente retirado do proprietário, ainda, contra a sua vontade e com graves prejuízos". ICHIHARA, Yoshiaki. "A desapropriação e as implicações com o imposto de renda". *Revista de direito tributário* nº 45, p. 239.

272. Nesse sentido já decidiu o e. Supremo Tribunal Federal o seguinte: "CONSTITUIÇÃO. ALCANCE POLÍTICO. SENTIDO DOS VOCÁBULOS. INTERPRETAÇÃO. O conteúdo político de uma Constituição não é conducente ao desprezo do sentido vernacular das palavras, muito menos ao do técnico, considerados institutos consagrados pelo Direito. Toda ciência pressupõe a adoção de escorreita linguagem, possuindo os institutos, as expressões e os vocábulos que a revelam conceito estabelecido com a passagem do tempo, quer por força de estudos acadêmicos, quer, no caso do Direito, pela atuação dos Pretórios". RE nº 166.772-9-RS. Rel. Min. Marco Aurélio. j. 12.05.1994.

considera ganho de capital o valor decorrente de indenização por desapropriação para fins de reforma agrária, *"conforme o disposto no § 5º do art. 184 da Constituição Federal"*. Não é o art. 184, § 5º, da CF que assegura a inexigibilidade do imposto sobre a renda, mas sim o regime jurídico típico das indenizações.[273]

Enfim, as desapropriações de imóveis rurais para fins de reforma agrária não estão submetidas ao imposto sobre a renda, inclusive a título de ganho de capital. Nisso se enquadra tanto o valor pago pela terra nua, quanto a importância recebida pelo indivíduo pelas benfeitorias úteis e necessárias. Sucede, porém, que o art. 28, parágrafo único, da Instrução Normativa 84/01 da Secretaria da Receita Federal do Brasil determina que a parcela da indenização correspondente às benfeitorias deverá ser computada como receita da atividade rural, se as benfeitorias tiverem sido deduzidas como custo ou despesa.

Se instrução normativa não pode inovar ou mesmo afrontar sequer a lei, o que dirá diante da Constituição Federal. O art. 184, § 1º, da Carta da República é muito claro quando dispõe que as benfeitorias também fazem parte do processo de desapropriação, tanto assim que devem ser *indenizadas,* e mais, em dinheiro. Tendo em vista que, também em relação às benfeitorias, o que há é uma indenização, então não se pode aceitar que as quantias recebidas sob essa rubrica sejam levadas à tributação como resultado da atividade rural, mesmo que tenham sido deduzidas em exercícios anteriores como investimentos. O regime jurídico de uma alienação não pode ser confundido com o de uma indenização. Logo, o valor recebido pelas benfeitorias não se sujeita ao IR sobre ganho de capital.[274]

---

273. Nesse mesmo equívoco incorreu o art. 131, I, do Regulamento do Imposto sobre a Renda. Somente o art. 28, I, da IN 84/01 parece ter aquilatado a questão de maneira adequada, pois se remete a ela como "não-incidência".

274. Esse tema, inclusive, já foi objeto de decisão em recurso repetitivo no STJ: "TRIBUTÁRIO. RECURSO ESPECIAL REPRESENTATIVO DE CONTROVÉRSIA. ART. 543-C DO CPC/73. IMPOSTO DE RENDA. INDENIZAÇÃO DECORRENTE DE DESAPROPRIAÇÃO. VERBA INDENIZATÓRIA. NÃO INCIDÊNCIA. VIOLAÇÃO DO ART. 535 DO CPC/73 NÃO CONFIGURADA. 1. A incidência do imposto de renda tem como fato gerador o acréscimo patrimonial (art. 43, do CTN),

Por fim, quanto aos valores a que fazem jus aqueles que sofrem a desapropriação, o entendimento que tem prevalecido é o de que, tanto no que diz respeito ao valor da terra nua, como o das benfeitorias, serão indenizados conforme declarado pelo próprio contribuinte para fins de ITR e na declaração de rendimentos de IR. E nem poderia ser diferente, pois se o próprio sujeito passivo declara ao Poder Público o valor de seus bens, e se, por acaso, eles vierem a ser desapropriados, então deverá ser essa a quantia a ser indenizada. Assim, *salvo comprovado erro no preenchimento da declaração*, a indenização será correspondente aos valores da terra nua e das benfeitorias declarados pelo contribuinte.

2.6 A CSLL e o agronegócio

Examinados analiticamente ao longo deste capítulo cada um dos aspectos que envolvem o imposto incidente sobre a renda oriunda das atividades do agronegócio das pessoas

---

sendo, por isso, imperioso perscrutar a natureza jurídica da verba percebida, a fim de verificar se há efetivamente a criação de riqueza nova: a) se indenizatória, que, via de regra, não retrata hipótese de incidência da exação; ou b) se remuneratória, ensejando a tributação. Isto porque a tributação ocorre sobre signos presuntivos de capacidade econômica, sendo a obtenção de renda e proventos de qualquer natureza um deles. 2. Com efeito, a Constituição Federal, em seu art. 5°, assim disciplina o instituto da desapropriação: 'XXIV – a lei estabelecerá o procedimento para desapropriação por necessidade ou utilidade pública, ou por interesse social, mediante justa e prévia indenização em dinheiro, ressalvados os casos previstos nesta Constituição;'. 3. Destarte, a interpretação mais consentânea com o comando emanado da Carta Maior é no sentido de que a indenização decorrente de desapropriação não encerra ganho de capital, porquanto a propriedade é transferida ao poder público por valor justo e determinado pela justiça a título de indenização, não ensejando lucro, mas mera reposição do valor do bem expropriado. (...) 4. *In casu*, a ora recorrida percebeu verba decorrente de indenização oriunda de ato expropriatório, o que, manifestamente, consubstancia verba indenizatória, razão pela qual é infensa à incidência do imposto sobre a renda. 5. Deveras, a jurisprudência do Superior Tribunal de Justiça firmou-se no sentido da não incidência da exação sobre as verbas auferidas a título de indenização advinda de desapropriação, seja por necessidade ou utilidade pública ou por interesse social, porquanto não representam acréscimo patrimonial. (...) 7. Recurso especial desprovido. Acórdão submetido ao regime do art. 543-C do CPC/73 e da Resolução STJ 08/2008". REsp. nº 1.116.460-SP, 1ª Seção, Rel. Min. Luiz Fux., *DJe* 01.02.2010.

físicas (IRPF) e das pessoas jurídicas (IRPJ), é chegado o momento, para der fecho ao raciocínio dessa perspectiva, de aquilatar os problemas apresentados pela contribuição social sobre o lucro líquido (CSLL) nesse segmento econômico.

De fato, não seria correto, em um estudo que se pretende abrangente, mas, ao mesmo tempo, profundo, deixar de fora a CSLL, até mesmo em virtude da inegável similitude existente entre essa contribuição e o IRPJ. Como adiante se verá, essa contribuição, em franca análise, não passa de um adicional de imposto sobre a renda, já que está estruturada pelo sistema, praticamente, seguindo os mesmos critérios da regra-matriz de incidência do imposto que recai sobre as pessoas jurídicas, com uma sutil distinção no que se refere à apuração da base de cálculo e à alíquota.

É graças a essa constatação – que decorre do ordenamento – que se pode afirmar, sem medo de errar, que é impossível realizar um estudo sério sobre a CSLL sem se atentar para o IRPJ, ou seja, de maneira desprendida desse imposto. Por isso é que as análises científicas realizadas em torno da CSLL são feitas paralelamente às considerações pertinentes ao IRPJ. Foi essa mesma vertente a adotada aqui: muito embora contribuições e impostos não tenham identidade de regimes jurídicos, o que afasta essas categorias jurídico-tributárias são facetas normativas externas à regra-matriz de incidência – sobretudo a destinação do produto arrecadado – o que significa dizer que, adentrando na intimidade de seus critérios, o intérprete desde logo perceberá que os impostos e as contribuições apresentam as mesmas características endonormativas, como já destacado neste trabalho.

Logo, revelou-se adequado aproximar topicamente as especulações teoréticas sobre IRPJ e CSLL, aglutinando-as em um mesmo capítulo, até mesmo com o objetivo de que fossem evitadas as repetições, que são desnecessárias e incompatíveis com um discurso científico rigoroso. Nesse contexto, a técnica de abordagem do objeto cognoscente será marcada pelo aproveitamento remissivo das conclusões já alcançadas.

2.6.1 O viés de investigação prescrito pelo sistema para compreensão da CSLL e seus desdobramentos: contribuição que não passa de um verdadeiro adicional de IRPJ

Tanto é verdade que as contribuições se apresentam ora com a feição de impostos, ora com o sainete de taxas, que, em relação à CSLL, o próprio sistema impôs a observância às mesmas regras. Desde sua criação, a CSLL vem sendo vista pela comunidade jurídica, assim nas cancelas acadêmicas, que nas tribunas do Poder Judiciário, como um verdadeiro adicional de IRPJ, tamanha a similaridade entre esses dois tributos. A única diferença relevante é que enquanto o imposto, por expressa disposição constitucional, não pode ter o produto de sua arrecadação vinculado a uma dada finalidade (art. 167, IV), as contribuições, igualmente por preceito constitucional explícito, necessariamente devem ter sua arrecadação preordenada à realização de um fim específico (arts. 149 e 195). Da perspectiva da regra-matriz de incidência tributária, todavia, nenhuma distinção há entre eles. Aliás, muito embora esse não seja um argumento tipicamente dogmático, não custa registrar que o próprio Governo Federal reconhece que a CSLL não passa de um adicional de IRPJ, incidente sobre a mesma base.[275]

Encontrando assento constitucional no enunciado do art. 195, I, "c", que prevê a possibilidade de instituição de contribuição social, em face do empregador, da empresa e da entidade a ela equiparada na forma da lei, incidente sobre o lucro, a CSLL foi criada através da Lei Federal nº 7.689, de 15 de dezembro de 1988. Essa lei, que contém poucos dispositivos,

---

275. É isso o que se depreende da mensagem de encaminhamento do texto da outrora proposta de "Reforma Tributária" endereçada pelo Exm.º Sr. Ministro de Estado da Fazenda à época ao Exm.º Sr. Presidente da República, para posterior envio ao Congresso Nacional. O Projeto de Emenda Constitucional (PEC) recebeu o número 233/2008 no Congresso Nacional. Eis o teor de parte da mensagem do Exm.º Sr. Ministro de Estado da Fazenda: "Outra importante simplificação que está sendo proposta é a incorporação da contribuição social sobre o lucro líquido (CSLL) ao imposto de renda das pessoas jurídicas (IRPJ), *dois tributos que têm a mesma base: o lucro das empresas*" (sem destaques no original).

cingiu-se em estabelecer nos arts. 1º a 4º a instituição da contribuição social sobre o lucro das pessoas jurídicas, destinada ao financiamento da Seguridade Social, cuja base de cálculo é o valor do resultado do exercício, antes da provisão para o imposto sobre a renda, ajustado por algumas adições e exclusões previstas na legislação, à alíquota de 15%, 20% e 25% para algumas pessoas jurídicas (com a redação da Lei Federal nº14.183/21) e de 9% para as demais.

No que diz respeito ao regramento jurídico paralelo entre CSLL e IRPJ, o art. 6º, parágrafo único, previu a aplicabilidade à contribuição sobre o lucro, no que couber, das disposições da legislação do imposto sobre a renda acerca da administração, do lançamento, da consulta, da cobrança, das penalidades, das garantias e do processo administrativo. Em reforço a essa vertente, o art. 38 da Lei Federal nº 8.541/92 reiterou que se aplicam à contribuição social sobre o lucro líquido as mesmas *"normas de pagamento"* estabelecidas para o imposto sobre a renda das pessoas jurídicas, mantidas a base de cálculo e as alíquotas previstas na legislação em vigor. Já o art. 57 da Lei Federal nº 8.981/95, com a redação que lhe foi dada pela Lei Federal nº 9.065/95, ampliou essa prescrição para colocar a CSLL debaixo das mesmas *"normas de apuração e de pagamento"* previstas para o IRPJ, ressalva feita à base de cálculo e à alíquota. Adiante, o art. 28 da Lei Federal nº 9.430/96, com a redação da Lei Federal nº 12.715/12, também seguiu pleonasticamente na mesma vereda, estabelecendo que se aplicam *"à apuração da base de cálculo e ao pagamento"* da CSLL as normas da legislação do IRPJ.

Como se pode notar, é inequívoco que o legislador tratou a CSLL, em verdade, como um arremedo ou adicional de IRPJ. Não há grandes diferenças entre esses dois tributos quanto à materialidade, à sujeição passiva e à base de cálculo. O hermeneuta sente-se mais encorajado ainda a fazer essa assertiva quando percebe que há diversos enunciados prescritivos ordenando a aplicação da legislação do IRPJ à CSLL – o que induz à conclusão de que, mesmo que não apresentem a identidade que existe entre PIS e COFINS, verdadeiras "irmãs siamesas", na feliz expressão de Ives Gandra da Silva Martins, IRPJ e CSLL são, ao menos, parentes muito próximos.

Ora, diante desse conjunto normativo, ratificado, em especial, pelos dispositivos que determinam a aplicação da legislação do IRPJ à CSLL, e mais, comparando esses preceitos legais com a já referida Instrução Normativa da Secretaria da Receita Federal do Brasil nº 1.700, de 14 de março de 2017, que, com força de instrumento secundário, sistematizou todas essas normas a serem observadas na apuração da CSLL, o estudioso encontra material suficiente para construir a norma-padrão de incidência dessa contribuição.

Olhos fitos no interior da norma tributária em sentido estrito da CSLL, o exegeta está autorizado a dizer, em relação à hipótese de incidência, que o critério material desse tributo nada mais é do que auferir lucro líquido; que o critério espacial é do tipo genérico, portanto, podendo incidir o tributo em qualquer lugar do território nacional; e que o critério temporal varia conforme os períodos de apuração, podendo ocorrer no dia 31 de dezembro de cada ano ou então em intervalos trimestrais, encerrados nos dias 31 de março, 30 de junho, 30 de setembro e 31 de dezembro – isso em se aceitando a possibilidade de apuração trimestral, a cujo respeito as considerações críticas já foram feitas páginas atrás. No consequente normativo, por sua vez, mais precisamente no critério pessoal, o sujeito ativo é a União Federal e o sujeito passivo é a pessoa jurídica que auferiu o lucro líquido. Até aqui, todos os critérios da regra-matriz de incidência tributária da CSLL são coincidentes aos do IRPJ.

A única distinção que existe gira em torno do critério quantitativo, mesmo assim a diferença é suave. Preveem os arts. 2º, *caput* e § 1º, da Lei Federal nº 7.689/88; 57, *caput* e § 1º, e 58 da Lei Federal nº 8.981/95; 20 da Lei Federal nº 9.249/95; 28 a 30 da Lei Federal nº 9.430/96; e 28 da IN 1.700/17, que a base de cálculo da CSLL é o resultado ajustado, presumido ou arbitrado correspondente ao período de apuração. Entende-se por resultado ajustado o lucro líquido do período de apuração auferido por pessoas jurídicas sujeitas ao regime do lucro real antes da provisão para o IRPJ, ajustado pelas adições prescritas e pelas exclusões ou compensações autorizadas pela legislação. Dentre as adições estão contemplados, por exemplo, o resultado negativo da avaliação de investimentos pelo valor de patrimônio líquido e os prejuízos e perdas incorridos no exterior e computados no resultado. Nas exclusões estão previstos, ilustrativamente, o resultado positivo da avaliação de investimentos pelo valor de patrimônio líquido e o valor das variações monetárias ativas das obrigações e direitos de crédito, em função das taxas de câmbio, não liquidadas no período, salvo na hipótese de opção pelo regime de competência. Já os resultados presumido e arbitrado correspondem a parcelas da receita bruta auferida pela pessoa jurídica. Por fim, a alíquota aplicável é de 9%, à exceção das pessoas jurídicas de seguros privados, das de capitalização, de instituições financeiras, das cooperativas de crédito e outras, que se submetem a alíquotas diferentes, que podem chegar a 25%.

Diante disso tudo, a conclusão que se tira é a de que, *minúcias contábeis à parte*, a CSLL segue os mesmos padrões do IRPJ, inclusive no que toca aos períodos (anual ou trimestral) e aos regimes de apuração (resultados ajustado, presumido ou arbitrado), com a diferença principal recaindo sobre a base de cálculo e a alíquota aplicável. Quanto à base de cálculo, no caso das pessoas jurídicas que apuram o IRPJ pelo lucro real, a distinção da CSLL é que a base de cálculo será o resultado ajustado, assim entendido o lucro líquido antes da provisão para o IRPJ, feitas as adições e as exclusões previstas na legislação. Mas, de toda forma, ressalvados, insista-se, os meandros contábeis respectivos, que fogem ao campo de análise do jurista, a CSLL, até por expresso preceito constitucional, tem por base de cálculo o lucro, como o IRPJ. Em relação aos contribuintes que calculam o IRPJ pelos lucros presumido ou arbitrado, a CSLL, à semelhança do imposto, igualmente incide sobre percentuais da receita bruta, no caso, à razão de 12% da receita bruta auferida. Por fim, a alíquota, em vez de 15%, é de 9%, em geral. Logo, a CSLL, em rigor de análise, não passa de um adicional de IRPJ.

2.6.2 Consequência direta da similitude de regimes jurídicos entre esses dois tributos: pontos convergentes e divergentes entre CSLL e IRPJ no agronegócio

A partir da constatação feita em face do que prescreve o sistema do direito positivo de que CSLL e IRPJ, no contexto de uma análise panorâmica, apresentam semelhantes regimes jurídicos, o hermeneuta é levado a concluir que, se assim é, também a CSLL no agronegócio deve seguir a mesma sorte, especificamente. Sim, pois se é a própria lei que estabelece que à CSLL se aplicam as mesmas regras do IRPJ quanto à "apuração" e ao "pagamento", *então a existência de um regime típico para o agronegócio no imposto sobre a renda das pessoas jurídicas estende-se à contribuição social sobre o lucro líquido.*

E, de fato, vasculhando os enunciados prescritivos que formam o enredo normativo, essa afirmação se confirma no Livro I ("Do Imposto sobre a Renda das Pessoas Jurídicas e da Contribuição Social sobre o Lucro Líquido"), Título XIV ("Das Disposições Especiais"), Capítulo X ("Da Atividade Rural"), dos artigos 248 a 270 da Instrução Normativa nº 1.700/17 da Secretaria da Receita Federal do Brasil (a qual, como já mencionado, passou a consolidar as normas aplicáveis ao IRPJ e à CSLL, inclusive das operações envolvendo a atividade rural). Esse instrumento infralegal, como ressaltado, em boa parte se limita a sistematizar preceitos de caráter legal, esparramados sistema jurídico afora, buscando neles seu fundamento de validade.[276]

Logo, assim como existe o regime típico do IRPJ no agronegócio, há também o regramento específico da CSLL no agronegócio. Basta notar que o art. 248 da IN 1.700/17 prescreve que *"a pessoa jurídica rural, assim considerada a que tem por objeto a exploração de atividade rural, pagará o IRPJ e a CSLL em conformidade com as normas aplicáveis às demais pessoas jurídicas, observado o disposto neste Capítulo".*

---

276. Em especial nas citadas Leis Federais nºs. 7.689/88, 8.541/92, 8.981/95, 9.249/95 e 9.430/96.

Desta feita, é absolutamente desnecessário para compreender a CSLL no agronegócio discorrer longamente sobre cada uma das questões já examinadas no IRPJ no agronegócio. Se entre esses dois tributos há similitude de regimes jurídicos, as considerações críticas e as soluções dadas lá devem ser transportadas para cá, providência essa que em nada compromete a consistência do raciocínio. É suficiente que a abordagem da CSLL no agronegócio seja realizada através de um enfoque remissivo, fazendo a conexão desse tema com as conclusões tiradas por ocasião do exame do IRPJ incidente sobre a atividade rural. Portanto, aqui basta que sejam sucintamente elencados *os pontos convergentes e divergentes entre um e outro tributo.*

Assim, tal qual no IRPJ no agronegócio, também em relação à CSLL no agronegócio deve ser observada a proposição descritiva no sentido de que não há na legislação um diploma legal ou mesmo infralegal sistematizador desse tributo no que toca à atividade rural. Entretanto, isso não impede o trabalho exegético do intérprete, que, sopesando adequadamente as regras que formam o conjunto normativo, dele consegue construir os vetores prescritivos do sistema que norteiam a tributação desse segmento econômico.

Em idêntica vertente, a materialidade da CSLL no agronegócio, como ocorre no imposto sobre a renda das pessoas jurídicas, é auferir lucro da atividade rural, assim entendido o retorno financeiro oriundo da extração e exploração vegetal e animal como gênero. O critério espacial, a seu turno, é estruturado pela modalidade genérica, de tal modo que em qualquer local do território nacional as normas da CSLL sobre o agronegócio têm condições de produzir efeitos. No que se refere ao critério temporal, muito embora a legislação preveja a apuração da CSLL no agronegócio em períodos trimestrais, inclusive com recolhimentos mensais por estimativa para quem se sujeita à apuração anual, os preceitos constitucionais apontam para a direção de que o critério temporal desse tributo deve se dar no encerramento do exercício financeiro.

Por outro lado, no que toca ao critério pessoal, não sobrerresta dúvida de que o sujeito ativo da CSLL no agronegócio é a União Federal e o sujeito passivo a pessoa jurídica que auferir lucro da atividade rural. Perceba-se, nesse ponto, que a CSLL abarca como sujeitos passivos apenas as pessoas jurídicas, e não as pessoas físicas, até mesmo porque pessoas físicas não obtêm, tecnicamente, "lucro", base tributável eleita pela Constituição Federal como apta a incidir esse tributo (art. 195, I, "c"). Logo, estará incluída no rol de sujeitos passivos possíveis da CSLL no agronegócio a pessoa jurídica que explorar uma das diversas atividades consideradas rurais, dela extraindo lucro.

Ainda em relação à sujeição passiva, é importante fazer um registro no que diz respeito à situação das cooperativas agropecuárias especificamente: tal qual se sucede com o IRPJ no agronegócio, também na CSLL no agronegócio a exigência do tributo só se justifica se houver a prática de um ato não cooperativo. Nesse ponto o art. 24, incisos I e II, da Instrução Normativa nº 1.700/17 preceitua que *"atendidos os requisitos da legislação específica, as sociedades cooperativas ficam obrigadas ao pagamento do IRPJ e da CSLL incidentes sobre os resultados positivos das operações e atividades estranhas à sua finalidade, tais como: I – de comercialização ou industrialização, pelas cooperativas agropecuárias ou de pesca, de produtos adquiridos de não associados, agricultores, pecuaristas ou pescadores, para completar lotes destinados ao cumprimento de contratos ou para suprir capacidade ociosa de suas instalações industriais; II – de fornecimento de bens ou serviços a não associados, para atender aos objetivos sociais (...)"*.

De fato, cooperativa não aufere lucro, pois, segundo o modelo legal, não tem intuito lucrativo, de maneira que é equivocado incluí-la como sujeito passivo de uma contribuição que incide sobre essa grandeza. Trata-se de típico caso de não-incidência, salvo em se tratando de atos não cooperativos. Por outro lado, mesmo que assim não fosse, eventual ordem para que as cooperativas – e, pois, as cooperativas agropecuárias – calculem seus resultados decorrentes de operações realizadas também com cooperados afrontaria, além do princípio da capacidade contributiva, a própria Lei das Cooperativas, que expressamente prevê a tributação apenas dos atos não cooperativos (arts. 85 a 88 e 111, Lei nº 5.764/71). Assim, esse instrumento secundário deve ser interpretado para o fim de se admitir a incidência da CSLL apenas sobre os atos não cooperativos, jamais sobre os cooperativos. Não é preciso dizer que instrução normativa não pode agredir lei, que lhe é hierarquicamente superior nos escalões do ordenamento.

Por fim, quanto ao critério quantitativo, parece relevante reiterar que a legislação estabelece que a pessoa jurídica rural deverá apurar a CSLL de acordo com as normas aplicáveis ao IRPJ, pois *"ressalvadas as normas específicas, aplicam-se à CSLL as normas de apuração e de pagamento estabelecidas para o IRPJ"* (art. 3º, IN 1.700/17). Desta feita, todas as considerações feitas em relação à determinação da base de cálculo do IRPJ no agronegócio são aplicáveis em tudo e por tudo também à CSLL na atividade rural.

A começar pelos regimes de apuração. De acordo com a lei, o IRPJ pode ser apurado pelos lucros real, presumido ou arbitrado; já a CSLL deverá ser calculada conforme os resultados ajustado, presumido ou arbitrado – sem se esquecer das ressalvas feitas quanto à discutível possibilidade de a lei desvirtuar a competência legislativa deferida constitucionalmente.

Aproximando o lucro real do IRPJ e o resultado ajustado da CSLL no agronegócio conclui-se que também aqui as receitas operacionais são apenas aquelas que envolvem a atividade rural, de modo que as demais receitas devem ser segregadas. Além disso, é possível deduzir os custos, as despesas operacionais, os investimentos e a depreciação acelerada incentivada. Até aqui, especificidades contábeis afora, o caminho para chegar ao resultado ajustado da atividade rural é o mesmo daquele percorrido para alcançar o lucro real nesse segmento econômico. Chega-se, então, ao resultado da atividade rural e à possibilidade de compensação das bases negativas na CSLL, tudo como se sucede também no IRPJ, para, finalmente, exsurgir o resultado ajustado dessa contribuição.

Quanto aos resultados presumido e arbitrado da CSLL na atividade rural, de igual maneira a legislação prevê o mesmo regramento jurídico que dispensa ao IRPJ. A base de cálculo da CSLL no regime presumido ou arbitrado corresponde a 12% (doze por cento) da receita bruta auferida no período de apuração (art. 258, § 1º, IN 1.700/17), sobre a qual incidirá a alíquota de 9% (nove por cento), com a única diferença de que as receitas decorrentes de ganho de capital não são tributadas de maneira apartada, como no IRPJ, pois integram a própria base de cálculo da contribuição (art. 29, II, Lei Federal nº 9.430/96).

Enfim, diante do que prescreve o arcabouço normativo, a contribuição social sobre o lucro líquido incidente sobre a atividade rural das pessoas jurídicas segue a mesma disciplina da prevista para o imposto sobre a renda. Logo, o raciocínio aplicável à CSLL no agronegócio norteia-se pelas mesmas premissas e conclusões.[277]

---

277. "CSLL – ATIVIDADE RURAL EXCLUSIVA NÃO INFIRMADA – DESCARACTERIZAÇÃO FISCAL EM FACE DE DESPESAS, BONIFICAÇÕES E RECEITAS DECORRENTES – IMPROCEDÊNCIA ACUSATÓRIA – Se a receita bruta sempre decorrera de uma única atividade, o lucro dessa receita sempre provirá. CSLL – PROCESSO ADMINISTRATIVO FISCAL – BASE DE CÁLCULO NEGATIVA – TRAVA DE 30% – GLOSA DO EXCESSO – ATIVIDADE RURAL – ATO ACUSATÓRIO COM FUNDAMENTO EM PRINCÍPIOS LEGAIS GENÉRICOS – DECISÃO DE PRIMEIRO GRAU – PROVIMENTO SE PRESENTES OS PRESSUPOSTOS ACUSATÓRIOS – DILIGÊNCIA NA FASE DE JULGAMENTO – PROPOSIÇÃO – DEMONSTRAÇÃO DE ATIVIDADES MISTAS COM RECOMPOSIÇÃO DO LUCRO LÍQUIDO DA ATIVIDADE – INOVAÇÃO – IMPOSSIBILIDADE – Se a decisão de primeiro grau louva-se nos trabalhos conclusivos de diligência levados a efeito já no período decadencial onde restara confirmado o acerto do ente acusatório, porém fundados os respectivos trabalhos, em razões diversas, e ainda abrangendo períodos não levados a termo pela exigência fiscal *ab initio*, timbra-se de nulidade, por inovação, a decisão prévia. Supera-se essa preliminar quando se queda provado que inexistira permissivo legal para se impor à atividade rural limitação à compensação da base de cálculo negativa da CSLL. CSLL – ATIVIDADE RURAL – COMPENSAÇÃO PLENA DE BASES NEGATIVAS – FORMA DE LIQUIDAÇÃO DO CRÉDITO TRIBUTÁRIO – PREVISIBILIDADE NA HIPÓTESE DE PREJUÍZOS FISCAIS – EXTENSÃO POR ANALOGIA – COMPENSAÇÃO SUBSISTENTE – Se à CSLL aplicam-se as normas de pagamento próprias do IRPJ; e, se a compensação é uma forma de liquidar o crédito tributário, logo haverá de se concluir que a compensação em sendo plena na hipótese do IRPJ à CSLL se estenderá, por analogia. CSLL – ATIVIDADE RURAL – BENEFÍCIOS CONCEDIDOS EXPRESSAMENTE. LIMITAÇÃO POR COMPENSAÇÃO DA BASE NEGATIVA – RETIRADA OU ANULAÇÃO DOS BENEFÍCIOS ANTES CONCEDIDOS – CARÁTER E

2.6.3 Carga tributária final máxima de IRPJ e de CSLL incidente sobre as pessoas jurídicas do agro

Em conclusão a este capítulo, não é demais trazer, em palavras objetivas, qual é a carga tributária final máxima de IRPJ e de CSLL incidente sobre as pessoas jurídicas do agro.

Como se viu antes, em matéria de IRPJ a base presumida, que pode ser vista como um delimitador para as pessoas jurídicas rurais, é de 8% (oito por cento), nos moldes do art. 15 da Lei nº 9.249/95. Tomada a base de cálculo presumida de 8%, multiplicada pela alíquota cheia de 25% (vinte e cinco por cento), o número alcançado é de 2% (dois por cento) de carga tributária final de IRPJ.

Já para a CSLL o raciocínio é parecido. O art. 20, inciso III, da mesma Lei nº 9.249/95, na redação que lhe foi dada pela Lei Complementar nº 167/19, prescreve que a base estimada da CSLL em relação às "demais receitas brutas" é de 12% (doze por cento). Não há como não criticar a circunstância de uma lei complementar modificar lei ordinária e vice-versa. Isso vem ocorrendo, de forma inusitada, desde que se concebeu a figura da lei "formalmente" complementar. A despeito da crítica, foi essa a alteração empreendida na Lei nº 9.249/95. E nas tais "demais receitas brutas" se enquadram as oriundas da atividade rural, o que significa dizer que os valores auferidos por uma sociedade agropecuária se limitam a 12% (doze por cento) de base estimada de CSLL (o que é reforçado pelo art. 258, § 1º, da IN 1.700/17). Ora, aplicando-se sobre essa base a alíquota de 9% definida no art. 3º, III, da Lei nº 7.689/88, com a redação da Lei nº 13.169/15, o resultado encontrado de CSLL é de 1,08% (12% x 9% = 1,08%).

ALCANCE IMPROVÁVEIS DA LEGISLAÇÃO TRIBUTÁRIA – Se na atividade rural os prejuízos fiscais, desde os idos de 1990, não estão sujeitos à prescrição; se os bens do imobilizado são tratados como despesa; e se o resultado não operacional proveniente da venda desses bens – ora com custo contábil igual a zero é excluído do lucro da exploração, não há como admitir que, pela via da limitação de 30% da base de cálculo negativa poder-se-ia usurpar os benefícios antes concedidos". 1º Conselho de Contribuintes, 7ª Câmara, Rel. Neicyr de Almeida, Acórdão nº 107-07.966, *DOU* 14.06.2006.

Desse modo, somando a carga máxima projetada sobre o lucro presumido de IRPJ (2%) com a carga máxima de CSLL (1,08%), o resultado final é de 3,08% envolvendo esses dois tributos. Logo se vê, a partir desses números, que a carga da PJ do agro (3,08%) se apresenta como menor que a da PF do agro (5,5%). É necessário lembrar, porém, que esse exame comparativo envolve apenas o imposto sobre a renda (no caso das pessoas jurídicas, o IRPJ e a CSLL, um verdadeiro adicional de IRPJ, como já salientado), não se podendo esquecer que para as pessoas jurídicas há, ainda, o PIS e a COFINS, cujas alíquotas somadas dão 3,65% (para o modelo cumulativo, como se verá). E as pessoas físicas não se submetem a esses dois tributos. Não é necessariamente verdadeiro, pois, que a carga é menor na pessoa jurídica. Contudo, alguns produtos do agronegócio foram desonerados de PIS/COFINS, havendo, nesses casos específicos, vantagens fiscais em se transformar a atividade rural em pessoa jurídica. Saber trabalhar com essas regras é o grande diferencial para a adoção ou não do modelo de empresa, se bem que a tomada de uma decisão como essa não pode passar apenas pelas cargas tributárias envolvidas, já que outras importantes questões (como sucessórias, familiares, contábeis e societárias) devem ser levadas em conta.[278]

278. Sobre o tema, vide: LOUBET, Leonardo Furtado. "Qual regime tributário é mais vantajoso no agro: ser pessoa física ou pessoa jurídica?". *XVII Congresso Nacional de Estudos Tributários: meio século de tradição.* Coord. Paulo de Barros Carvalho. Org. Priscila de Souza. São Paulo: Noeses, 2021, p. 973/989.

CAPÍTULO 3

O IMPOSTO SOBRE PRODUTOS INDUSTRIALIZADOS (IPI) E O AGRONEGÓCIO

3.1 Bases constitucionais do IPI: breves considerações

A Constituição da República elencou dentro das sete competências possíveis para instituição de impostos federais a criação, no art. 153, IV, de imposto sobre *"produtos industrializados"*. Esse é o fundamento de validade do denominado IPI. Trata-se de um tributo de grande relevância para a União Federal, imposto esse que – como quase tudo no direito – apresenta alguns pontos a serem enfrentados, de modo a ser bem compreendido.

Nada obstante a forma lacônica com que o constituinte se referiu a esse imposto, o art. 153, § 3º, estabelece ainda que, em relação ao IPI, deverá ser observado o seguinte: (i) o imposto será seletivo, em função da essencialidade do produto; (ii) será não-cumulativo, compensando-se o que for devido em cada operação com o montante cobrado nas anteriores; (iii) não incidirá sobre produtos industrializados destinados ao exterior; (iv) e terá reduzido seu impacto sobre a aquisição de bens de capital pelo contribuinte do imposto, na forma da lei.

Essa a roupagem constitucional do IPI. Pelo que se pode notar dessas palavras iniciais, a exação em análise recai, em regra, sobre o setor industrial, uma vez que somente os agentes econômicos que se dedicam a essas atividades dão origem a "produtos industrializados". Na verdade, o IPI, que veio a substituir o imposto sobre consumo com a Reforma Tributária estampada na Emenda Constitucional 18/65 à Carta de 1946, *juridicamente* incide sobre a produção de bens manufaturados, isto é, no início da cadeia produtiva, muito embora *economicamente* repercuta na massa consumidora como um todo.[279]

O querer da Constituição é que esse imposto – que, como sua hipótese de incidência sugere, abarca uma considerável parcela do ciclo econômico – tenha seu peso mitigado, de maneira que a influência do tributo no preço dos produtos seja, ao menos, controlada pelo Poder Público. Os mecanismos jurídicos para que esse objetivo político-social se concretize são justamente a tributação seletiva, segundo o caráter essencial do produto envolvido; o estabelecimento da técnica da não-cumulatividade, para que não ocorra o chamado "efeito cascata"; a imunidade dos produtos industrializados exportados; e a redução da carga tributária em face da aquisição de bens de capital a serem empregados pelos industriais.

Acontece, no entanto, que as coisas não são tão simples como parecem. Cada um desses aspectos mencionados apresenta uma peculiaridade a ser devidamente aquilatada, a começar pela própria materialidade, que reflete na sujeição passiva, obviamente. Isso porque a definição precisa do que vem a ser "industrializar produtos" requer um trabalho exegético consistente, sob pena de acarretar a perigosa invasão

---

279. Talvez por essa razão, Sacha Calmon Navarro Coêlho afirme que "o IPI continua a ser, financeiramente, imposto sobre o consumo de bens industrializados (...)". *Curso de direito tributário brasileiro*. 13. ed. Rio de Janeiro: Forense, 2014, p. 292. Sobre o histórico do imposto sobre consumo, inclusive com farta remissão doutrinária, vide ELALI, André. *Comentários ao Código Tributário Nacional*. Coord. Marcelo Magalhães Peixoto e Rodrigo Santos Masset Lacombe. São Paulo: MP Editora, 2005, p. 372/373.

de competência de um ente federado por outro, em especial no que toca ao imposto sobre serviços (ISS).

Seguindo convictamente a trilha metodológica delineada no início desta pesquisa, não se terá a pretensão, a todo sentir, de adentrar em todos os meandros que envolvem o IPI. Isso é tarefa para trabalho de maior fôlego, tendo o imposto em referência como propósito privativo.[280] O escopo destas reflexões é trazer os principais aspectos desse imposto, como a materialidade, a base de cálculo, a sujeição passiva, a seletividade, a não-cumulatividade e a variação de alíquotas, procurando respondê-los de maneira alicerçada nas bases constitucionais que regem a tributação brasileira. Esse é um passo indispensável porque o IPI interessa também ao agronegócio, cerne deste estudo, já que incide sobre as atividades das *agroindústrias*. Destarte, se o IPI e o agronegócio guardam relação, merecendo ser investigado, então é fundamental que, antes, sejam circunscritos os pontos cardeais desse imposto, para que somente aí o raciocínio seja direcionado à incidência dessa exação em face do agronegócio especificamente.

3.1.1 Conotação constitucional: a materialidade e a base de cálculo possíveis no IPI

Malgrado algumas divergências na doutrina, um exame atilado dos enunciados constitucionais leva o hermeneuta à conclusão de que a Carta da República não criou tributos, pelo contrário, limitou-se a dar competência legislativa aos entes federados para que, querendo, venham a instituí-los – obviamente que desde que mediante lei. Isso significa que é da própria Constituição que se deduz o arcabouço tributário brasileiro. Não por outro motivo Roque Antonio Carrazza defende com veemência que a Constituição do Brasil é a "Carta

280. Dentre inúmeros escritos envolvendo o IPI, vale ser citado o trabalho do Prof. Eduardo Domingos Bottallo, até mesmo pelo prestígio granjeado pela obra junto à comunidade científica. *Fundamentos do IPI: imposto sobre produtos industrializados*. São Paulo: Ed. RT, 2002.

das Competências", pois nela se contêm (apesar de, às vezes, fazê-lo de maneira implícita) todas as diretrizes prescritivas que orientam a criação de tributos em território nacional.

Esse modo de enxergar o sistema constitucional tributário brasileiro, sobre ser correto, é extremamente útil. Realmente, a repartição da competência tributária entre União, Estados, Distrito Federal e Municípios, ao menos em relação aos impostos, foi elaborada pelo legislador constituinte conforme a descrição dos fatos aptos a darem ensejo à tributação, ou seja, de acordo com as materialidades. Noutras palavras, do rol de fatos-signo presuntivos de riqueza (Alfredo Augusto Becker), o constituinte os colocou de lado e outorgou a possibilidade de tributação sobre eles. Nesse rol, estão contidas a propriedade de imóveis (urbanos e rurais) e de móveis (veículos automotores), as operações financeiras, de importação, de exportação, de industrialização e de comercialização, a prestação de serviços, a transmissão de bens por herança ou *inter vivos,* a renda, dentre outros. Alguns desses fatos, o constituinte deferiu à União, no art. 153; outros, aos Estados e ao Distrito Federal, no art. 155; outros ainda aos Municípios e ao Distrito Federal, no art. 156; deixando prevista, sobremais, a possibilidade de criação de impostos sobre outros fatos não imaginados, conquanto que não tenham identidade com os demais já anunciados, que sejam não-cumulativos e que sejam veiculados por lei complementar, como se nota da competência residual do art. 154, I, da Carta Magna.

Ora, se assim é, vale dizer, se o constituinte tracejou uma rigorosa e minuciosa disciplina na partilha das competências impositivas, é inequívoco que tomou aqueles vocábulos com um mínimo de significação semântica, buscando preservar a organicidade do sistema dado à tona. Pensar o contrário seria um absoluto contrassenso, seria o mesmo que aceitar que, em um primeiro momento lógico (e até mesmo cronológico, da perspectiva pré-jurídica), as espécies tributárias foram divididas entre pessoas políticas distintas, mas que, logo em seguida, toda aquela separação detalhada poderia ser misturada pela ausência de um rigor semântico, resultando em incontáveis e indesejáveis conflitos de competência. Ninguém parece duvidar que a Carta da República distribuiu a competência tributária entre os entes federados. Portanto, partindo dessa premissa, nessa ordem de ideias, é a própria repartição das competências impositivas que leva, necessariamente, à assertiva de que a Constituição elenca a *regra-matriz de incidência possível* de cada um dos tributos. Sob pena de ruína do sistema jurídico, essa é uma premissa em torno da qual não se pode abrir mão. Por isso é que se pode sustentar que a Constituição descreve conotativamente os critérios da regra-matriz de incidência a serem estabelecidos pela legislação ordinária.[281]

Desse modo, é a Constituição Federal que, direta ou indiretamente, fornece elementos para a construção da regra-matriz de incidência possível de cada uma das exações. No caso do IPI, não é diferente. Em relação a esse imposto, a preocupação do intérprete deve começar pela precisa demarcação de sua hipótese de incidência, pois, acaso não seja bem absorvida, pode até mesmo se confundir indevidamente com a materialidade de outros impostos.

O art. 153, IV, da CF/88 estabelece apenas a possibilidade de instituição de *"imposto sobre produtos industrializados"*. Levado o enunciado na sua literalidade, poder-se-ia imaginar que esse tributo incide sobre o "produto industrializado" em si mesmo considerado, isto é, sobre o objeto. Não é assim, todavia. O direito, enquanto ordem coativa de regulação social, não direciona seus comandos aos objetos, *mas sim às condutas*

281. Com essa afirmação, o autor não nega que a noção de "conceitos constitucionais" apresenta problemas. Em que sentido devem ser interpretadas as palavras da Constituição? Pelo sentido léxico? Pelo histórico? Pelo vulgar? De acordo com a legislação infraconstitucional? Essa é uma questão difícil de responder e vem atormentando em larga escala e há um bom tempo juristas de escol e os Tribunais Superiores. A própria técnica de comparação de um vocábulo constitucional a outro – p. ex. "renda" não é "faturamento", "patrimônio", "capital" – não resolve satisfatoriamente o problema, pois pressuporia um sentido unívoco de, ao menos, um desses signos linguísticos, para que pudesse ser comparado ao outro. De um modo ou de outro, no entanto, não se pode deixar de reconhecer a necessidade de um núcleo semântico mínimo às palavras utilizadas na Constituição.

humanas. Desta feita, o imposto não tem por pressuposto – e nem pode ter – a existência de um produto industrializado isoladamente, pelo contrário, tem por hipótese a conduta humana de industrializar produtos. Em assim sendo, não é pelo fato de que o art. 153, IV, não vincula nenhum verbo a sua fraseologia que o intérprete ficará impedido de identificar a verdadeira materialidade do IPI: como todo critério material, fruto do trabalho exegético do jurista, a materialidade do IPI é formada por um verbo de predicação incompleta (industrializar) e por um complemento (produtos).[282]

Mas isso não é suficiente para delinear com precisão a hipótese de incidência desse imposto. Isso porque é necessário investigar qual o sentido da ação humana "industrializar" e de seu objeto, o "produto". A Constituição da República aponta no sentido de que a hipótese de incidência desse imposto é industrializar produtos *e* realizar operações jurídicas com o produto industrializado. Ou, noutros termos, realizar operações jurídicas com os próprios produtos industrializados. Não basta que o indivíduo industrialize um produto; a industrialização isoladamente considerada não tem caráter econômico. Assim, é necessário que o sujeito passivo industrialize um produto e realize uma operação jurídica envolvendo esse mesmo produto. Por outro lado, não basta entabular um negócio jurídico; é indispensável que o objeto desse negócio envolva a industrialização de um produto.

Esses condicionantes têm por intuito deixar claro que o indivíduo que apenas revende produtos industrializados não pode ser sujeito passivo do IPI justamente porque não é ele quem os industrializa. A materialidade desse tributo pressupõe que a pessoa física ou jurídica industrialize e comercialize

---

282. "De início, diga-se que o conceito de industrialização, para fins de IPI, é meramente acessório, já que a Constituição brasileira não prevê a tributação da industrialização, senão da 'operação' que tem por produto industrializado por objeto, o que é coisa diferente". ATALIBA, Geraldo; GIARDINO, Cleber. "Hipótese de incidência do IPI". *Revista de direito tributário* nº 37, p. 147. Sobre esse tema, vide também ATALIBA, Geraldo. "Conflitos entre ICM, ISS e IPI". *Revista de direito tributário* nº 7-8, p. 105/131.

produtos.[283] Sob outra perspectiva, a industrialização, que agrega como modalidades a montagem e o acondicionamento, por exemplo, não pode envolver bens de terceiros, sob pena de caracterização de uma prestação de serviços, e não propriamente uma industrialização. Assim, é necessário que, subjacente à industrialização, haja um negócio jurídico.[284]

---

283. "É que, sendo o IPI e o ICM parcialmente concorrentes do ponto de vista material, as superposições eventualmente reconhecíveis nesses tributos não constituem agravos ao sistema eis que, nesse aspecto, estão constitucionalmente permitidas. (...) Do ponto de vista material, não há a menor dúvida de que a Constituição comporta, no caso, uma superposição, ao menos parcial (pois, efetivamente, na generalidade dos casos, uma 'operação versando produtos industrializados' significa também uma espécie de 'operação relativa à circulação de mercadorias')". GIARDINO, Cleber. "Conflitos entre imposto sobre produtos industrializados e imposto sobre operações relativas à circulação de mercadorias". *Revista de direito tributário* nº 13-14, p. 137.

284. O grandioso Geraldo Ataliba sustentava que "é, em princípio, hipótese de incidência do IPI o fato de um produto, sendo industrializado, sair de estabelecimento produtor, em razão de um negócio jurídico translativo da posse ou da propriedade do mesmo. Esta definição é jurídica e se despreocupa quer dos ângulos econômicos, do fenômeno subjacente, quer da motivação do legislador ou de seus desígnios". "IPI - Hipótese de incidência". *Estudos e pareceres de direito tributário.* São Paulo: Ed. RT, 1978, v. I, p. 03. Não é diferente o pensamento de José Eduardo Soares de Melo: "A realização de operações é que molda a tipicidade prevista na CF, configurando o verdadeiro sentido do fato jurídico tributário, ou seja, a prática de operação jurídica, como a transmissão de um direito (posse ou propriedade). Essa operação tem produto industrializado por objeto, em razão do que, para a configuração do IPI, podem ser apontados os requisitos seguintes: a) existência de um produto industrializado; e b) um negócio jurídico". "O imposto sobre produtos industrializados (IPI)". *Curso de iniciação em direito tributário.* Coord. Aires F. Barreto e Eduardo Domingos Bottallo. São Paulo: Dialética, 2004, p. 131. No mesmo sentido, posiciona-se Eduardo Domingos Bottallo, para quem "o IPI incide sobre operações jurídicas praticadas com produtos industrializados. Nos termos da Constituição, ele deve ter por hipótese de incidência o fato de alguém industrializar produto e levá-lo para além do estabelecimento produtor, por força da celebração de um negócio jurídico translativo de sua posse ou propriedade". *Fundamentos do IPI: imposto sobre produtos industrializados.* São Paulo: Ed. RT, 2002, p. 35. Júlio Maria de Oliveira também entende que a hipótese de incidência do IPI é marcada pela "realização de operações de produtos industrializados, o que o distingue do imposto de consumo e o aproxima em alguns aspectos do ICMS". Dentre outros fundamentos para chegar a essa conclusão, o autor, perspicazmente, bem observa que o art. 153, § 3º, II, da Constituição, ao veicular a não-cumulatividade para o IPI, usa o signo linguístico "operação" – o que pressupõe a necessidade de um negócio jurídico para que o imposto seja devido. São essas suas palavras: "Como se vê, ao dispor sobre a não-cumulatividade do imposto, o legislador constituinte referiu-se expressamente à operação, indicando com absoluta clareza que a incidência do tributo está relacionada com a prática do ato 'operação'. De conseguinte, não é a só existência do produto

Sobrerresta investigar agora o que deve ser compreendido como "industrializar". O art. 46 do CTN buscou prever três materialidades possíveis ao IPI: a importação de produtos industrializados, a "saída" dos estabelecimentos industriais e a arrematação desses produtos quando apreendidos ou abandonados e levados a leilão. Guardando a mensagem prescritiva do art. 46 do CTN e retornando aos escalões maiores do ordenamento, sobretudo ao art. 153, IV, da Constituição Federal, o intérprete sente-se encorajado a defender que a previsibilidade de incidência do IPI sobre importação e sobre arrematação de produtos industrializados não encontra respaldo constitucional, vez que esses atos não envolvem uma operação jurídica de industrialização, de maneira que as alíneas I e III do art. 46 do CTN não foram recepcionadas pela Carta Constitucional de 1988.[285]

Focando a atenção especificamente no art. 46, II, do CTN, é evidente que o "fato gerador" do IPI, em relação às operações de industrialização, não é a "saída" do produto do estabelecimento. A "saída" é o que marca o critério temporal, vale dizer, o momento em que se considera realizado o fato jurídico tributário. Mas, apesar de tudo isso, o art. 46 oferece substrato importante

---

industrializado, mas, a realização de operação com esta espécie de coisas móveis o fato objeto da tributação. (...) Temos, portanto, que a competência impositiva da União em matéria de IPI abrange, na verdade, as operações com produtos industrializados. É a realização de operações o real objeto do tributo". "A Constituição, a lei e o regulamento do IPI – hipóteses de conflito". *IPI – aspectos jurídicos relevantes*. Coord. Marcelo Magalhães Peixoto. São Paulo: Quartier Latin, 2003, p. 222/230.

285. Nesse sentido é o entendimento de José Eduardo Soares de Melo. "IPI". *Curso de direito tributário*. Coord. Ives Gandra da Silva Martins. 8. ed. São Paulo: Saraiva, 2001, p. 427. Seguem pela mesma orientação André Elali, *Comentários ao Código Tributário Nacional*. Coord. Marcelo Magalhães Peixoto e Rodrigo Santos Masset Lacombe. São Paulo: MP Editora, 2005, p. 385; e José Eduardo Tellini Toledo, *O imposto sobre produtos industrializados: incidência tributária e princípios constitucionais*. São Paulo: Quartier Latin, 2006, p. 74/75 e 79. Tem posicionamento diferente, entendendo ser possível a exigência de IPI nessas hipóteses, o Prof. Paulo de Barros Carvalho. *Direito tributário, linguagem e método*. 8. ed. São Paulo: Noeses, 2021, p. 709/710. Igualmente sustenta a possibilidade de incidência de IPI sobre importação e arrematação Cristiano Carvalho. "O IPI e a industrialização por encomenda". *IPI – aspectos jurídicos relevantes*. Coord. Marcelo Magalhães Peixoto. São Paulo: Quartier Latin, 2003, p. 51.

ao veicular no parágrafo único que se considera industrializado o produto que tenha sido submetido a qualquer operação que *"lhe modifique a natureza ou a finalidade, ou o aperfeiçoe para o consumo"*. De fato, o processo industrial pressupõe que o sujeito passivo transforme um produto em outro, alterando suas características, de maneira a modificar sua natureza ou sua finalidade. O processo de transformação é irrelevante, ou seja, pouco importa se a transformação decorre de um mecanismo químico, físico, tecnológico ou outro qualquer. O que interessa – isso sim – é que o indivíduo crie um objeto novo ou, ao menos, que mude suas características, dando-lhe uma nova utilidade, aí não incluídas as obras artesanais ou artísticas.

No plano infralegal, o Regulamento do Imposto sobre Produtos Industrializados, veiculado pelo Decreto Federal nº 7.212/10, dispôs no art. 4º que *"caracteriza industrialização qualquer operação que modifique a natureza, o funcionamento, o acabamento, a apresentação ou a finalidade do produto, ou o aperfeiçoe para consumo"*, incluindo, como modalidades, a transformação, o beneficiamento, a montagem, o acondicionamento ou o reacondicionamento e a renovação ou recondicionamento. Além disso, a teor do parágrafo único desse preceito infralegal, são irrelevantes, para caracterizar a operação como industrialização, o processo utilizado para obtenção do produto e a localização e condições das instalações ou equipamentos empregados. O processo industrial, realmente, não fica na dependência do processo utilizado ou mesmo da localização e das condições das instalações ou equipamentos empregados. Isso é irrelevante para caracterização do processo industrial. Vale registrar, no entanto, que todos aqueles processos declinados como modalidades de industrialização, como a transformação, o beneficiamento, a montagem, o acondicionamento e a restauração, só serão tributáveis pelo IPI se envolver bem do próprio contribuinte, e não de terceiro, sob pena de se estar diante de um serviço, e não propriamente de uma industrialização.

Em síntese, a conotação constitucional a respeito do IPI aponta no sentido de que a materialidade desse imposto enlaça a realização de operações jurídicas envolvendo a transferência de titularidade de produtos industrializados pelo próprio contribuinte. É essa a única hipótese de incidência possível do IPI.

Em contranota, até mesmo diante da necessária identidade que deve haver entre critério material e critério quantitativo para que a tributação seja levada adiante validamente, a base de cálculo possível do IPI é justamente o valor da operação, ou seja, o valor pelo qual o produto industrializado é transferido. Foi com essa latitude que o art. 47, II, "a", do CTN acolheu a base de cálculo do IPI, ao estabelecer que a grandeza tributável é o *"valor da operação de que decorrer a saída da mercadoria"*. Mas, o valor a ser recolhido aos cofres públicos não é o resultado da multiplicação da base de cálculo à alíquota, uma vez que o IPI se sujeita, por expressa inferência constitucional, ao mecanismo da não-cumulatividade, que será examinado adiante.

3.1.2 A sujeição passiva no IPI

Lançadas as principais ideias sobre a conduta humana que pode dar ensejo à incidência do imposto sobre produto industrializado (critério material), bem como seu elemento normativo mensurador, que não pode dela se afastar, por indicar a grandeza tributável (critério quantitativo, mais precisamente no endereço sintático da base de cálculo), fica menos dificultoso ao hermeneuta checar nos rincões do ordenamento jurídico qual a pessoa de quem pode ser exigido o tributo.

Ora, as incursões no degrau das reflexões maturadas a respeito das categorias epistemológicas revelam ser inequívoco que todos os critérios da regra-matriz de incidência tributária estão implicados. Se o critério material espelha a conduta humana apta a fazer irromper o vínculo obrigacional de tino tributário e o critério quantitativo representa a medição do desdobramento econômico desse comportamento, então é porque alguém realiza essa conduta. Esse "alguém" – pronome indefinido que denota uma classe geral que congrega qualquer pessoa que praticar o fato descrito na norma geral e abstrata – será enquadrado pelo sistema jurídico como o sujeito de quem se exigirá o pagamento de uma quantia em dinheiro a título de tributo. Em poucas palavras: será o sujeito passivo do liame jurídico-fiscal, na condição de contribuinte.

Ressalvas feitas às hipóteses de responsabilidade e de substituição tributárias que não cabem aqui ser examinadas, por desbordarem do centro do estudo, o contribuinte do imposto sobre produtos industrializados só pode ser, evidentemente, aquele que promoveu o ato de industrialização de produtos e que realizou um negócio jurídico com esse mesmo produto industrializado. Buscando a síntese, se a hipótese de incidência desse imposto é realizar operações jurídicas com os próprios produtos industrializados, o tópico do sujeito passivo estará preenchido pelo industrial ou alguém a ele equiparado, vale dizer, pela pessoa física ou jurídica que realizou esse fato. Logo, contribuinte do IPI é a pessoa que promove atos de industrialização, aparecendo como sujeito ativo desse imposto a União Federal.

Dessa maneira, até mesmo em decorrência do que foi dito em virtude da verdadeira materialidade desse imposto, não parece obter respaldo constitucional o enunciado do art. 51 do CTN, ao estatuir que contribuinte do IPI é (i) o importador ou quem a lei a ele equiparar; (ii) o industrial ou quem a lei a ele equiparar; (iii) o comerciante de produtos sujeitos ao imposto, que os forneça aos contribuintes definidos no inciso anterior; (iv) e o arrematante de produtos apreendidos ou abandonados, levados a leilão. Salvo no que diz respeito ao industrial (hipótese "ii"), as demais não têm assento nos padrões superiores da ordem jurídica. O importador e o arrematante, pelas razões já declinadas; e o comerciante de produtos sujeitos ao imposto, porque não realiza a hipótese de incidência do IPI, isto é, porque não industrializa produtos, apenas os revende.[286]

---

286. Pensa assim, igualmente, José Eduardo Soares de Melo. Vide "IPI". *Curso de direito tributário.* Coord. Ives Gandra da Silva Martins. 8. ed. São Paulo: Saraiva, 2001, p. 426/427. Sobre o assunto, vale a pena verificar também – muito embora com

Portanto, a única hipótese a ser aceita do art. 51 do CTN é a capitulada no inciso II, ao incluir como contribuinte do IPI o industrial ou quem a lei a ele equiparar, tendo em vista que, realmente, somente essas pessoas realizam atos de industrialização. Mas, mesmo assim, é fundamental esclarecer que a "equiparação ao industrial" a que se refere o CTN tem por pressuposto lógico-jurídico, apenas, abarcar eventuais operações de industrialização realizadas por pessoas físicas, não chegando ao ponto de "equiparar" como contribuinte do imposto quem não realiza industrialização alguma.

3.1.3 A seletividade em função da essencialidade do produto

De acordo com o modelo teórico adotado neste trabalho, é inadmissível conceber que a Constituição da República, justamente a "Lei das Leis", contenha preceito que não ostente caráter vinculativo. Eros Roberto Grau, examinando os diversos mecanismos através dos quais o Estado interfere nas relações sociais utilizando o direito, apresenta um projeto de abordagem muito interessante. Apesar de voltada ao estudo do Direito Econômico, sua contribuição é em tudo e por tudo aplicável aos demais campos do conhecimento jurídico, em especial naqueles que envolvem mais de perto as tramas entre Estado e particular. Para o ilustre jurisconsulto, o Poder Público pode intervir no domínio econômico de três maneiras: (i) por absorção ou participação; (ii) por direção; (iii) e por indução. A intervenção por absorção ou participação pressupõe que o Estado aja diretamente *na* atividade econômica propriamente dita, como agente econômico, seja assumindo

---

conclusão diversa da que aqui se defende – o trabalho publicado por Tercio Sampaio Ferraz Jr. "Equiparação. CTN – art. 51". *Caderno de direito tributário e finanças públicas* nº 28, p. 09/14. Também o Supremo Tribunal Federal, ao julgar o Tema 906, fixou a seguinte tese: "É constitucional a incidência do Imposto sobre Produtos Industrializados – IPI no desembaraço aduaneiro de bem industrializado e na saída do estabelecimento importador para comercialização no mercado interno". RE 946.648. Rel. Min. Marco Aurélio. Rel. p/ Acórdão Min. Alexandre de Moraes. *DJe* 16.11.2020.

totalmente o controle dos meios de produção, como no monopólio (absorção), seja controlando-os parcialmente, em regime de competição (participação). Na intervenção por direção e na intervenção por indução, o Estado atua *sobre* a atividade econômica, na qualidade de agente regulador: por direção, na medida em que estabelece normas de comportamento cogentes a serem observadas pelos atores econômicos, como o controle de preços; por indução, quando manipula os instrumentos jurídicos com o intuito de regular o funcionamento dos mercados, a exemplo dos tributos.[287]

Não é o caso de adentrar, uma a uma, no exame dessas categorias de normas sugeridas por Eros Grau. O que interessa – isso sim – é transplantar suas reflexões ao estudo da tributação no agronegócio, mais propriamente, neste espaço, à análise da seletividade em razão da essencialidade do produto industrializado que norteia o IPI, sem perder de vista o universo prescritivo do direito posto. E, nessa ordem de ideias, é de logo perceptível o enquadramento da norma que ordena a observância da seletividade como *norma de indução*, tendo em vista que por intermédio dessa ferramenta o Estado busca atingir outros propósitos que não apenas os fiscais.[288]

A utilização da tributação para a consecução de objetivos diversos do mero intuito arrecadatório é o que se há por nome de *extrafiscalidade*. Com efeito, costuma-se esclarecer, na seara da competência tributária, que a atividade de instituição e arrecadação de tributos pode ser dividida em fiscal, parafiscal e extrafiscal. A primeira quando o Poder Público tem em mira apenas o incremento de receita, isto é, a singela percepção de recursos aos cofres públicos; a parafiscalidade envolvendo as hipóteses em que, por uma decisão política, a

287. GRAU, Eros Roberto. *A ordem econômica na Constituição de 1988*. 4. ed. São Paulo: Malheiros, 1998, p. 156/159.

288. Vale registrar, todavia, que Eros Roberto Grau entende que as normas de indução não teriam caráter prescritivo, vislumbrando-as como normas dispositivas ou de adesão, proposta essa que não se encaixa ao modelo teórico adotado neste trabalho. *A ordem econômica na Constituição de 1988*. 4. ed. São Paulo: Malheiros, 1998, p. 159.

capacidade tributária ativa, é dizer, a sujeição ativa, é transferida a outra pessoa, física ou jurídica, de direito público ou de direito privado, tendo em vista a realização de um interesse público; por fim, a extrafiscalidade apresentando-se como um instrumento para a implementação de outros desígnios, por intermédio dos tributos.[289]

Pois bem. É exatamente nesse cenário que deve ser interpretado o art. 153, § 3º, I, da Carta Constitucional, ao prescrever que o IPI *"será seletivo, em função da essencialidade do produto"*. Como se pode notar, desejou o constituinte que a repercussão econômica do imposto sobre os produtos industrializados não fosse linear, equânime; pelo contrário, a exigência tributária deve variar conforme a essencialidade do produto objeto da operação, seguindo-se daí o caráter indutivo, que se instrumentaliza pela seletividade entre produtos.

Quiçá a seletividade, juntamente com a não-cumulatividade, sejam os únicos princípios jurídico-tributários – para aqueles que lhes atribuem o *status* de princípios – que não são dirigidos aos contribuintes em si mesmos considerados, mas sim a pessoas estranhas à relação obrigacional tributária, no caso, os destinatários dos produtos, e não seus fabricantes. Para que isso ocorra, são diversas as possibilidades legislativas, como o estabelecimento de isenções ou mesmo reduções de bases de cálculo. A mais comum, todavia, notadamente no IPI, é o manejo das alíquotas, que pode variar de zero – típica isenção – a percentuais elevados definidos em lei.

Parece incontestável que a carga valorativa incrustada nesse comando constitucional não recai sobre a seletividade ou a essencialidade propriamente ditas. A bem de se ver, o intuito maior revelado por esse mandamento é a promoção da igualdade, a realização da justiça fiscal. Noutras palavras, seletividade e essencialidade não são núcleos axiológicos autônomos, pelo contrário, servem de instrumento para atingir

289. Vide nesse sentido CARVALHO, Paulo de Barros. *Curso de direito tributário*. 32. ed. São Paulo: Noeses, 2022, p. 237/240.

– agora sim – os verdadeiros valores prestigiados pela Constituição, como a isonomia e a equalização da justiça tributária. A seletividade em virtude da essencialidade dos produtos opera, nesse sentido, como uma ferramenta consistente na variabilidade da incidência tributária, de modo que os produtos de primeira necessidade não sejam gravados pelo imposto ou, ao menos, tenham sua exigência suavizada, de um lado, ao passo que os considerados produtos supérfluos sejam tributados a uma razão maior, de outro.[290]

Essas são as diretrizes constitucionais que devem orientar a compreensão da seletividade do IPI. É a Constituição que traça uma pauta de valores a ser observada para a fixação das alíquotas do imposto sobre produtos industrializados. Por ocasião da instituição desse tributo, o legislador, *necessariamente*, deve estar atento, de modo a tributar mais gravosamente os produtos supérfluos e a isentar ou ao menos a reduzir drasticamente o fardo tributário sobre os produtos essenciais à vida das pessoas, sobretudo aqueles que envolvam

290. Partindo do pressuposto que a Constituição Federal tem força normativa, é um dever do hermeneuta buscar as formas para que a seletividade se faça respeitar. Poder-se-ia argumentar que a Constituição não esclarece que produtos são essenciais para que a seletividade pudesse ser observada. A Constituição não esclarece e nem precisaria esclarecer mesmo. Esse tipo de raciocínio raso, infelizmente, ainda graceja em boa parte dos escritos doutrinários e das decisões pretorianas, exigindo da Constituição uma dose analítica tal que resulta na conclusão equivocada de que se a Constituição nada estabelece, o legislador infraconstitucional ficaria dotado de toda a liberdade para fazê-lo, como bem lhe aprouvesse. Absurdo seria exigir que o maior documento jurídico do País trouxesse um catálogo de produtos para que um preceito por ele próprio almejado tivesse aplicabilidade. Basta interpretar a Carta da República adequadamente para identificar quais foram os valores elevados pelo constituinte, aglutinados no princípio da dignidade humana (art. 1º, III) e desdobrados em todos os direitos sociais, como a alimentação, a educação, a saúde, a moradia, o lazer, dentre outros (art. 6º), mas não apenas nos direitos ditos sociais. Nessa linha de pensamento, o eminente jurista Humberto Ávila defende que "quanto mais essencial for o produto, a mercadoria ou o serviço, menor deverá ser a alíquota. 'Essencial' significa que algo é de importância decisiva. Decisiva para quê? A essencialidade só pode ser vista na perspectiva da garantia e do desenvolvimento das decisões valorativas constitucionais, isto é, aquilo que for essencial para a dignidade humana, para a vida ou para a saúde do homem. Isso significa que a tributação de alimentos e de remédios deve ser regressiva". *Sistema constitucional tributário*. 5. ed. São Paulo: Saraiva, 2012, p. 380.

a alimentação básica, a saúde e a educação. É bem verdade que esses produtos podem variar conforme o tempo histórico, mas esse é um dever do qual o legislador não pode se descurar a todo instante.

É interessante observar que o dado da essencialidade, que irá guiar a seletividade, implica, de maneira inafastável, na *comparação* de produtos industrializados.[291] Noutro giro verbal, nenhum produto é "essencial" em si mesmo, é sempre essencial em face de outro produto, isto é, comparando-o a outro produto. A dimensão semântica do signo linguístico "essencialidade" leva à necessária comparação, de modo que se possa contrastar o produto essencial do não essencial. Logo, é essa tábua de valores que o legislador deve palmilhar para poder atender ao mandamento da seletividade em virtude da essencialidade dos produtos industrializados.

Todavia, é de se reconhecer que o legislador goza de certa dose de discricionariedade na fixação das alíquotas do IPI, entendida a discricionariedade, aqui, não no sentido de "opção" conferida ao legislador, de sorte que poderia seguir a seletividade ou não como lhe parecesse conveniente. Não é isso. É que o estabelecimento das alíquotas do imposto passa por um processo de decisão política, que, sopesando aqueles valores constitucionais, adjudica-lhes os respectivos pesos normativos, de maneira que os mais onerados serão considerados supérfluos e os menos onerados tidos por essenciais.[292]

É evidente que ninguém, nem mesmo o legislador, desrespeita a seletividade em nome de um ato de rebeldia frente

---

291. Nesse sentido, CARRAZZA, Roque Antonio. *Curso de direito constitucional tributário*. 30. ed. São Paulo: Malheiros, 2015, p. 117; BOTTALLO, Eduardo Domingos. *Fundamentos do IPI: imposto sobre produtos industrializados*. São Paulo: Ed. RT, 2002, p. 67.

292. Por esse motivo é que Paulo de Barros Carvalho deixa assente que "dada sua regra-matriz, quaisquer alterações das alíquotas nos produtos, dentro do critério quantitativo desta exação, denunciam as vontades políticas por detrás destas escolhas, que são trazidas na TIPI (Tabela de Incidência do IPI)". *Direito tributário, linguagem e método*. 8. ed. São Paulo: Noeses, 2021, p. 714.

à Constituição. A lei é produzida sob o pressuposto de subserviência à seletividade. O grande problema está no controle da atividade legislativa. Com efeito, diante desse descampado de fluidez de conceitos é sempre difícil a demonstração concreta de respeito ou não à seletividade. Daí o motivo para que o jurista domine habilmente as categorias dogmáticas, exercendo juízo crítico munido de argumentos estritamente técnicos, capitaneados pelos enunciados constitucionais.

3.1.4 A variação de alíquotas por decreto, respeitados os limites da lei

O caráter implicacional que amarra todos os critérios da regra-matriz de incidência tributária fica denunciado a partir do momento em que o intérprete percebe que a materialidade guarda relação com o critério quantitativo e este com a sujeição passiva. Tudo está relacionado: o fato, a mensuração do fato e a pessoa que pratica o fato. Essa é a lógica que governa a percussão tributária, mesmo nas hipóteses de responsabilidade e de substituição tributárias, que não podem prescindir desse esquadro.

No caso específico do IPI, entretanto, o estabelecimento do objeto da obrigação tributária, isto é, da quantia em dinheiro a ser levada aos cofres públicos a título de tributo, não fica circunscrito à determinação da base de cálculo e à fixação de uma alíquota qualquer, conquanto que não agrida o postulado da não confiscatoriedade. É preciso mais, é necessário que as alíquotas sejam graduadas segundo a essencialidade do produto envolvido na operação, de maneira que o percentual incidente seja seletivo: progressivamente para os produtos supérfluos e regressivamente para os indispensáveis à dignidade humana. Nisso, reside a feição extrafiscal do IPI.

Justamente para que a extrafiscalidade estampada na seletividade pudesse ser respeitada é que a Constituição Federal previu no art. 153, § 1º, que *"é facultado ao Poder Executivo, atendidas as condições e os limites estabelecidos em lei, alterar as alíquotas dos impostos enumerados nos incisos I, II, IV e V".* Os impostos mencionados nesse dispositivo são o imposto sobre a importação (II), o imposto sobre exportação (IE), o imposto sobre produtos industrializados (IPI) e o imposto sobre operações de crédito, câmbio e seguro, ou relativas a títulos ou valores mobiliários (IOF). O que importa a este estudo é a análise do IPI.

Esse preceito constitucional amiúde é distorcido, mal interpretado. Não é incomum a defesa de teses no sentido de que o Poder Executivo, pelo simples fato de o IPI ser um tributo extrafiscal, gozaria de ampla liberdade para fixar os elementos da obrigação tributária. O argumento central é que o Governo Federal precisa direcionar a economia, a depender das conjunturas da época, sendo o IPI uma ferramenta adequada para atingir esse objetivo, de maneira que as autoridades públicas necessitariam de uma ampla liberdade para manejá-lo.

Isso é um equívoco, porém. Em primeiro lugar, porque não é pelo fato de que determinado tributo ostenta caráter extrafiscal que ele deixará, por certo, de submeter-se ao influxo do rígido regime tributário. Em nome da extrafiscalidade não podem ser tolerados abusos, abusos esses constatáveis diante dos enunciados constitucionais. O jurista dogmático não pode se afastar das normas colocadas pelo sistema de direito positivo, devendo aquilatá-las adequadamente, sob pena de, ao seu alvedrio, criar regras que o ordenamento não contém.

Firme nesse propósito é que o art. 153, § 1º, deve ser sobrepensado. Nesse contexto, são os seguintes os aspectos que merecem ser enfrentados a partir de sua prescrição, na ordem em que aparecem na sua fraseologia: (i) a competência deferida ao Poder Executivo, denominada de "faculdade"; (ii) quem é o agente que pode representar o Poder Executivo; (iii) como deve ser compreendida a cláusula "atendidas as condições e os limites estabelecidos em lei"; (iv) e o que significa "alterar as alíquotas".

Expostos os pontos cardeais do art. 153, § 1º, na ordem em que aparecem, o dispositivo merece ser reordenado, realçando-se logo de plano o núcleo da prescrição, *que é a indispensabilidade de lei para a fixação das alíquotas do IPI.* Com efeito, a tônica não recai sobre uma suposta liberdade atribuída ao Poder Executivo, pelo contrário, a ênfase deve ser dada à lei, pois é ela o instrumento responsável pela imposição das alíquotas, cuja singela variação – aí sim – pode ser delegada ao Poder Executivo.

Destarte, o que se apresenta como mais importante desse enunciado prescritivo é a locução *"atendidas as condições e os limites estabelecidos em lei"*. O verbete é forte: é a lei, expressão maior do postulado do Estado Democrático de Direito, que estabelece as condições e, sobretudo, os limites para que o Executivo possa variar as alíquotas do IPI, seguindo sua missão extrafiscal. Noutras palavras, a lei deve fixar em que circunstâncias pode o Poder Executivo manejar as alíquotas do IPI, e mais, qual o *piso* e o *teto* dos percentuais a serem observados. Em regra, o limite mínimo é a alíquota zero, tendo por máximo um percentual que varia conforme o produto envolvido – se voluptuário ou não.

É essa, portanto, a competência atribuída excepcionalmente ao Poder Executivo: a possibilidade de variação de alíquotas, seguindo fielmente as condições e os limites inferiores e superiores estabelecidos na lei em sentido formal e material. A tal "faculdade", pois, a que se refere o art. 153, § 1º, da Constituição, há de ser entendida não como uma liberdade plena, descontrolada, mas sim apenas como a permissão para variação das alíquotas dentro de patamares já predefinidos pelo legislador. Nesse particular, fica evidenciado que o IPI, por expressa inferência da Carta Constitucional originária, não está jungido ao princípio da estrita legalidade, porém deve observância, mesmo assim, ao princípio da legalidade. Sobreleva salientar – e esse é um ponto decisivo – que, no IPI, não é o Poder Executivo que "cria" as alíquotas aplicáveis. Muito pelo contrário, as alíquotas são instituídas por lei, com a única diferença de que, em vez de estabelecer uma alíquota fixa, o legislador define os percentuais mínimos e máximos dentro dos quais o Poder Executivo pode enquadrar os produtos. Insista-se nesse ponto: a teor da regra do art. 153, § 1º, o que é dado ao Executivo é "alterar" as alíquotas, isto é, variá-las, jamais criá-las ou mesmo extrapolar aquelas preordenadas pela lei.

Por derradeiro, exatamente porque o IPI, nessa parte, excepciona-se ao primado da estrita legalidade, é que toda e qualquer exegese que se faça em torno desse assunto deve seguir a lógica da interpretação restritiva. Com isso, o que se busca deixar transparecer é que é o Presidente da República – e somente ele – quem está autorizado a manejar as alíquotas do imposto, mediante decreto. Não se revela possível, diante do ordenamento constitucional em vigor, exegese ampliativa que dê sustento à tese de que o Presidente da República poderia delegar essa competência aos Ministros de Estado, porque esses, quiçá, poderiam subdelegar tal mister aos seus subordinados, em um absoluto cenário de falta de controle sistêmico.

3.1.5 A não-cumulatividade no IPI

Dentre os aspectos mais relevantes que marcam o perfil constitucional do IPI, há um derradeiro que não pode ser esquecido: trata-se da não-cumulatividade. Independentemente da exegese que se faça em torno da não-cumulatividade, se é princípio ou mera regra constitucional que tem por objetivo viabilizar, aí sim, princípios constitucionais, a verdade é que o art. 153, § 3º, II, da Carta da República prescreve que o IPI *"será não-cumulativo, compensando-se o que for devido em cada operação com o montante cobrado nas anteriores"*.

Diante desse enunciado constitucional, nota-se que o IPI, assim como o ICMS, está sujeito ao regime da "não-cumulatividade". Essa sistemática vem sendo centro das discussões jurídico-tributárias há muito tempo e quem sabe se possa afirmar que esse tema ainda está longe de atingir a acomodação que dele se espera nas relações entre Fisco e contribuintes. Não são poucos os embates sobre qual a extensão da não-cumulatividade, quais produtos e operações geram créditos, dentre as quais as operações isentas e sujeitas à denominada "alíquota zero" – que não passa de um expediente de isenção.

O intuito desse engenho constitucional – isso soa inequívoco – é garantir a redução, ao menos, do impacto dos tributos no preço dos produtos. Classificado economicamente como "imposto indireto", ao constituinte mostrou-se importante criar um mecanismo que reduzisse o chamado efeito cascata na composição dos preços, de modo que, a cada etapa da cadeia econômica, o custo tributário embutido na circulação jurídica dos produtos não se acumulasse. Logo, do valor a recolher na operação praticada o contribuinte tem direito a descontar o montante devido nas operações que lhe antecederam.

Tanto assim é que a Constituição, no caso do IPI e do ICMS – e diferentemente do que acontece para a não-cumulatividade do PIS e da COFINS, como será visto adiante – trouxe consigo não só o mandamento para que a não-cumulatividade seja observada, como também estabeleceu a forma como essa técnica deve se dar. Noutras palavras, a Carta da República não se limitou a prever a não-cumulatividade para IPI e ICMS, ela foi além: deixou prescritivamente dito o mecanismo por intermédio do qual a não-cumulatividade há de ser respeitada. Dessa forma, a não-cumulatividade é matéria de índole exclusivamente constitucional, não cabendo à lei fazer senão detalhar o que a Constituição ordenou; jamais atravancá-la. Não por outro motivo o Prof. Paulo de Barros Carvalho afirma que *"tomando a Constituição como carta de competências, aquilo que se verifica é a inexistência de qualquer previsão restritiva ao direito subjetivo do contribuinte, com vistas à não-cumulatividade do IPI"*.[293]

Destarte, quando promove a *saída* de produtos (lembrando que a saída nada mais é que o critério temporal do IPI), o contribuinte deve recolher o imposto calculado com base no valor da operação. Bem por isso é que o IPI e o ICMS não são impostos sobre o valor agregado, já que suas bases de cálculo recaem sobre o valor total da operação, e não apenas sobre a importância acrescida em cada etapa da cadeia econômica. O

---

293. *Direito tributário, linguagem e método*. 8. ed. São Paulo: Noeses, 2021, p. 718.

que a não-cumulatividade predica é que do valor devido o contribuinte deduza o montante do imposto incidente nos insumos por ele adquiridos para a industrialização promovida. Cuida-se, pois, de uma compensação entre os créditos gerados pelos produtos adquiridos e os débitos oriundos das operações praticadas. Se os créditos forem insuficientes para cobrir os débitos, então há saldo a pagar em dinheiro; se forem suficientes, nada precisa ser recolhido. Diante desse cenário, fica devidamente demonstrado que o crédito no IPI assume o papel de moeda para fins de liquidação da obrigação tributária.[294]

Há uma questão que sempre vem à tona quando se reflete sobre a não-cumulatividade: cuida-se da delimitação semântica do termo "cobrado" previsto constitucionalmente. Com efeito, ao prever a Constituição a compensação do montante devido na operação com o montante "cobrado" nas anteriores, aquele que lê, mas não interpreta, afoitamente poderia entender que o contribuinte só teria *direito ao crédito* se aquele de quem o industrial adquiriu o insumo efetivamente tiver quitado o imposto.[295] Não é assim, contudo. O Texto Constitucional não exige que o imposto tenha sido efetivamente *recolhido* para que o adquirente tenha direito ao crédito; basta que a operação anterior esteja sujeita à incidência da norma geral e abstrata do imposto.[296]

---

294. Vide a propósito, muito embora para o ICMS, mas cujo regime, *nesse ponto*, é similar ao IPI: CARRAZZA, Roque. *ICMS*. 17. ed. São Paulo: Malheiros, 2015, p. 448/451.

295. A expressão "direito ao crédito" parece encerrar um pleonasmo. Isso porque se o crédito é um direito, a locução "direito ao crédito" pode ser vista como "direito ao direito". Tendo em vista, no entanto, que a função da linguagem é transmitir as ideias de maneira clara ao destinatário e que a ênfase é um dos expedientes retóricos que a viabiliza, o autor julgou melhor deixar a expressão dessa maneira, até mesmo porque é empregada com habitualidade na doutrina e na jurisprudência. Fica registrada, de toda forma, a impropriedade.

296. É nesse sentido o posicionamento de Eduardo Domingos Bottallo. *Fundamentos do IPI: imposto sobre produtos industrializados*. São Paulo: Ed. RT, 2002, p. 47. Na mesma linha é a exegese feita por José Roberto Vieira. "Crédito de IPI relativo a operações anteriores beneficiadas: maiô completo ou completa nudez?". *Curso de especialização em direito tributário: estudos analíticos em homenagem a Paulo de Barros Carvalho*. Coord. Eurico Marcos Diniz de Santi. Rio de Janeiro: Forense, 2005, p. 724.

Outro ponto que chama a atenção a respeito da não-cumulatividade no IPI é que, ao inverso do regime não-cumulativo para o ICMS, as operações isentas ou que, de qualquer forma, impliquem em não-incidência não afastam a possibilidade de creditamento, nem muito menos acarreta anulação dos créditos anteriores. O art. 153, § 3º, II, para o IPI, não restringe os créditos nessas hipóteses como o faz o art. 155, § 2º, II, alíneas "a" e "b", para o ICMS. Dessa maneira, à margem da Constituição, o exegeta não pode sustentar que essas operações não dão direito ao crédito no IPI. Esse tema será retomado adiante.

3.2 O IPI e o agronegócio

Examinadas as principais vicissitudes que gravitam em torno do imposto sobre produtos industrializados, é o caso agora de canalizar essas proposições descritivas à compreensão da tributação incidente sobre as operações do agronegócio. Dado que o IPI incide sobre a "industrialização de produtos" – na verdade, sobre operações jurídicas que envolvam produtos industrializados pelo próprio sujeito passivo, como se teve a oportunidade de demonstrar – é evidente que também os produtos do agronegócio estão suscetíveis a esse tributo. Sim, porque o signo linguístico "produto" conota uma classe geral debaixo da qual cabem produtos de diversas ordens, dentre elas aqueles que se originam, direta ou indiretamente, da atividade rural. No caso específico do IPI sobre o agronegócio, ganha relevância o estudo da tributação sobre as chamadas "agroindústrias", conceito vago esse que, como se viu no Capítulo I, merece reflexões mais atiladas para fins de delimitar a incidência tributária.

Como ficará evidenciado ao longo do texto, o IPI, assim como o IR, igualmente apresenta um regime jurídico típico no agronegócio que recomenda análise. Entretanto, tendo em vista as peculiaridades da legislação, a identificação desse regramento diferençado não se faz no plano dos enunciados prescritivos comuns, ou seja, tanto nas leis de regência, como no Regulamento do Imposto sobre Produtos Industrializados.

Na verdade, a construção desse subsistema no sistema desse imposto se opera diante da TIPI – Tabela de Incidência do IPI, que traz consigo o catálogo de todos os produtos tributáveis, incluindo os produtos do agronegócio.

Nesse contexto, voltando a atenção, doravante, para o relacionamento entre o IPI e o agronegócio, serão perquiridos analiticamente os critérios da hipótese e do consequente da regra-matriz de incidência do IPI em face dessas operações. Logo em seguida será investigada a TIPI, em especial no que pertine à seletividade e aos produtos da atividade rural, passando-se, daí em diante, às reflexões envolvendo os insumos da industrialização desses produtos e a teoria da proibição de intervenção jurisdicional como legislador positivo. Por fim, serão examinados os pontos de relevo a respeito da não-cumulatividade no IPI sobre o agronegócio, merecendo um destaque especial a questão do crédito presumido.

3.2.1 Os critérios da hipótese e do consequente da regra-matriz do IPI sobre operações do agronegócio

A precisa identificação de um regramento típico envolvendo o agronegócio dentro do sistema do IPI passa, necessariamente, pela Teoria das Classes (ou Teoria dos Conjuntos). De acordo com o que se expôs no Capítulo I, as normas gerais e abstratas, nas quais se encaixa a norma tributária em sentido estrito (regra-matriz), para reger a conduta interpessoal descreve características ou notas sobre os fatos que pretende disciplinar, vinculando à descrição desses fatos os desdobramentos que *devem ser* suscitados no interior do ordenamento (dever-ser). Os enunciados conotativos das normas gerais e abstratas, ao declinarem as características dos fatos e das respectivas consequências jurídicas, formam *classes* ou *conjuntos*. Só haverá subsunção se o evento social, relatado em linguagem competente e constituindo-se em fato jurídico, encaixar-se perfeitamente à descrição normativa.

Dissecando ainda mais o raciocínio, na verdade uma única norma geral e abstrata – como a regra-matriz – forma diversas classes ou conjuntos, como as classes das "hipóteses", das "bases de cálculo" e dos "sujeitos passivos". Um fato qualquer – inclusive o fato relacional, imbricado no consequente normativo – somente se enquadrará nessas respectivas classes se apresentar *pertinência* ao conjunto, isto é, se ostentar o fator de pertinencialidade exigido como elemento diferenciador para ingressar naquele conjunto.

Essas breves considerações de cunho lógico, que parecem estar distantes do exame da matéria a que se propõe o texto, na verdade são a garantia de sua sustentação, pois o discurso só pode prosseguir no caminho do estudo da incidência do IPI sobre o agronegócio se, antes, for possível identificar um regime jurídico-tributário peculiar, especial, característico; caso contrário, de nada terá valido o esforço.

Uma vez que a ordem jurídica prevê a incidência de um imposto denominado *imposto sobre produtos industrializados,* que, por sua vez, tem por pressuposto a realização de operações jurídicas com produtos industrializados pelo próprio sujeito passivo, e mais, tendo em vista que por "industrialização de produtos" deve-se entender qualquer atividade que modifique a natureza, o funcionamento, o acabamento, a apresentação ou a finalidade de um produto, ou o aperfeiçoe para o consumo, então, a partir desses substratos jurídico-positivos, é possível estruturar um regramento próprio para o agronegócio.

Com efeito, o categorema "produto" forma uma classe, um gênero, de que são espécies os produtos de origem animal, vegetal ou mineral, ou mesmo os produtos químicos, eletrônicos, têxteis, dentre outros, vertidos em subclasses. Do conjunto total dos "produtos" identificam-se subconjuntos que dizem de perto com o agronegócio, que são aqueles oriundos da atividade rural.

Em sendo assim, dado que a materialidade do IPI é realizar (verbo) operações jurídicas com os próprios produtos industrializados (complemento), o que interessa enfocar é o núcleo do objeto do complemento verbal, vale dizer, o "produto". Em tese, a realização de operações jurídicas com *qualquer produto industrializado* estará sujeita ao IPI. Nisso reside o caráter conotativo da hipótese de incidência da regra-matriz do imposto. Agora, da classe de produtos suscetíveis à incidência tributária, a ênfase deve ser dada ao subconjunto de produtos do agronegócio, justamente para se estruturar seu regramento específico. *Desse modo, das diversas operações geradoras do IPI, importam aquelas que envolvam produtos oriundos da atividade rural.*

Bem por aí o leitor já pode perceber que essas palavras se aproximam da ideia de *"complemento do complemento do verbo"*, bosquejada por ocasião da análise do imposto sobre a renda. Realmente, é isso o que acontece, na medida em que não são todos os produtos que devem ser levados em conta por parte de quem pretende empreender um estudo de tributação setorial, como aqui se propõe, mas apenas aqueles que guardam relação (pertinencialidade) com a cisão metodológica promovida no início da pesquisa.

É inequívoco, pois, que a perfeita identificação desse regramento específico só é possível à luz do ferramental teórico da regra-matriz de incidência tributária, que serve de instrumento para que o intérprete consiga demarcar o objeto de estudo, com vistas a sua sistematização. E isso se passa, sobretudo, a partir da correta apreciação do critério material da hipótese de incidência, exatamente porque é nesse fragmento normativo que se encontra descrita a conduta humana apta a gerar a relação obrigacional de índole tributária.

No caso do IPI, esse quadro não se altera. De fato, para identificação e isolamento do regime jurídico do IPI sobre o agronegócio, o aspecto que ganha corpo é a materialidade, isto é, a industrialização dos itens contidos na subclasse dos produtos da atividade rural. Entretanto, dada a particularidade da legislação do IPI, um único viés de investigação se modifica: *é que os produtos sujeitos ao IPI, dos quais são pinçados os produtos típicos do agronegócio, não estão descritos em um mesmo texto normativo, e sim em documento jurídico apartado, a saber, a TIPI.*

Melhor esclarecendo, os "produtos industrializados" não estão catalogados no Regulamento do IPI, introduzido pelo Decreto Federal nº 7.212/10, mas na Tabela de Incidência desse imposto (TIPI), veiculada pelo Decreto Federal nº 11.158, de 29 de julho de 2022.[297] Essa característica, porém, não pode, evidentemente, prejudicar o raciocínio do intérprete. Como já foi dito e redito, a construção de sentido das palavras da lei, para formar a estrutura completa da norma jurídica, amiúde não se faz a partir de um único diploma normativo, sendo necessário que o hermeneuta, muitas vezes, saia à cata de diversos veículos, em diferentes escalões, para poder arrumar a mensagem deôntica.

Em relação ao IPI sobre o agronegócio, o que se busca deixar claro é que a TIPI não serve apenas para introduzir as *alíquotas* incidentes sobre os produtos, senão também que permite alocar esses produtos no *complemento verbal da materialidade do imposto* e, através desse expediente, armar o regramento peculiar do IPI sobre o agronegócio. A TIPI, assim, diferentemente do que se possa imaginar, não se presta apenas a enunciar as alíquotas dos produtos, pelo contrário, ela serve também, sobretudo, *para indicar quais são os produtos tributáveis pelo IPI*, no que se vincula não só ao critério quantitativo, em relação à alíquota, mas de igual maneira ao critério material, mais precisamente quanto ao complemento verbal.

Logo, se a norma geral e abstrata do IPI pode ser organizada linguisticamente através da locução *"se alguém realizar operações jurídicas com os próprios produtos industrializados, então deve ser o pagamento do IPI"*, a construção de uma subclasse de incidência tributária para o agronegócio autoriza a dizer que *"se alguém transformar leite 'in natura' em queijo e o comercializar, então deve ser o pagamento do IPI"*, já que a

297. Esse decreto foi questionado no âmbito do Supremo Tribunal Federal através da ADIn nº 7.153, relatada pelo Ministro Alexandre de Moraes.

transformação é uma das formas de industrialização e que os produtos de origem animal, como o leite, estão inseridos no contexto da produção da atividade rural.[298]

Feito esse balanço, o que irá diferençar o regime geral do IPI para o regramento específico do agronegócio são os produtos envolvidos, que se encontram arrolados na TIPI, que, a seu turno, serve para a identificação do produto e da alíquota aplicável.

Fixada a fórmula através da qual é possível identificar o regramento específico do IPI no agronegócio, não custa agora passar em revista os enunciados prescritivos do direito positivo que ditam os critérios da regra-matriz de incidência do IPI, justamente para poder reaproximá-los às operações da atividade rural. No plano genérico, o Regulamento do IPI (RIPI), veiculado pelo Decreto Federal nº 7.212/10, busca definir o cerne da incidência do imposto ao prever no art. 4º o seguinte:

> *Art. 4º. Caracteriza industrialização qualquer operação que modifique a natureza, o funcionamento, o acabamento, a apresentação ou a finalidade do produto, ou o aperfeiçoe para consumo, tal como:*
>
> *I – a que, exercida sobre matérias-primas ou produtos intermediários, importe na obtenção de espécie nova (transformação);*
>
> *II – a que importe em modificar, aperfeiçoar ou, de qualquer forma, alterar o funcionamento, a utilização, o acabamento ou a aparência do produto (beneficiamento);*
>
> *III – a que consista na reunião de produtos, peças ou partes e de que resulte um novo produto ou unidade autônoma, ainda que sob a mesma classificação fiscal (montagem);*
>
> *IV – a que importe em alterar a apresentação do produto, pela colocação de embalagem, ainda que em substituição da original, salvo quando a embalagem colocada se destine apenas ao transporte da mercadoria (acondicionamento ou reacondicionamento); ou*
>
> *V – a que, exercida sobre produto usado ou parte remanescente de produto deteriorado ou inutilizado, renove ou restaure o produto para utilização (renovação ou recondicionamento).*

---

298. Por uma correta opção política, o queijo é isento do IPI, de acordo com a Seção I, Capítulo 4, notação 04.06, da TIPI. A intenção foi apenas ilustrar o raciocínio.

> *Parágrafo único. São irrelevantes, para caracterizar a operação como industrialização, o processo utilizado para obtenção do produto e a localização e condições das instalações ou equipamentos empregados.*

De acordo com o que se vê desse comando normativo, para o sistema jurídico a industrialização comporta "qualquer operação" que (i) *modifique* (i.a) a natureza, (i.b) o funcionamento, (i.c) o acabamento, (i.d) a apresentação, (i.e) ou a finalidade do produto; ou então que (ii) *aperfeiçoe* o produto para consumo. É possível identificar, em tese, duas faixas distintas de incidência: a modificação e o aperfeiçoamento de produtos. Diz-se "em tese" porque, de uma forma ou de outra, todo aperfeiçoamento configura uma modificação no produto, embora nem toda modificação signifique aperfeiçoamento. Apesar disso, porém, previu-se que ambas caracterizam "industrialização" para fins de incidência do IPI, sendo certo que pouco importa o método utilizado, uma vez que "qualquer operação" que dê esses resultados enquadrar-se-á como industrialização. A reforçar esse mote, o parágrafo único do dispositivo citado preconiza a irrelevância do processo utilizado para obtenção do produto para fins de caracterização da industrialização.

O leque é amplo. Da perspectiva teórica, qualquer conduta humana que signifique *modificação* da natureza, funcionamento, acabamento, apresentação ou finalidade de produtos, ou seu *aperfeiçoamento* para consumo estará no campo de abrangência do imposto. A largueza semântica dessas expressões é clarividente. Para tentar dar um tom de objetividade aos preceitos normativos, o RIPI declina os procedimentos por intermédio dos quais se torna viável a identificação da industrialização: a transformação, o beneficiamento, a montagem, o acondicionamento ou reacondicionamento e a renovação ou recondicionamento. Acontece, no entanto, que na cláusula do *caput* do art. 4º que antecede os incisos I a V encontra-se cravada a expressão "tal como", o que, ligada àquela outra "qualquer operação", sugere ser esse rol meramente exemplificativo, ilustrativo, de tal maneira que o que assume importância para a legislação é se houve ou não modificação ou aperfeiçoamento de produtos.

Aqui é cabível uma ressalva, que parece de todo procedente: a modificação da natureza, funcionamento, acabamento, apresentação ou finalidade do produto, ou mesmo seu aperfeiçoamento para o consumo só serão suscetíveis ao IPI *se esses processos forem empregados sobre produtos próprios,* vale dizer, se o sujeito passivo realizar essas operações consideradas industrialização em relação a sua matéria-prima ou produtos intermediários, e não sobre bens de terceiro. Aliás, isso parece ter ficado muito claro por ocasião da análise panorâmica da materialidade do IPI. Logo, é com esse enfoque intelectivo que devem ser recebidos os enunciados prescritivos do art. 4º do RIPI.

Retomando o raciocínio, para a sistematização da tributação que incide sobre o agronegócio, sem se esquecer dessas noções, o intérprete fica autorizado a dizer que qualquer operação que consista em modificação da natureza, do funcionamento, do acabamento, da apresentação ou da finalidade *dos produtos oriundos da atividade rural,* ou ainda que implique seu aperfeiçoamento para consumo, assim entendidos aqueles advindos da extração e da exploração vegetal e animal como gênero, estarão debaixo da hipótese de incidência possível do IPI sobre o agronegócio. Enfatize-se que o processo de modificação ou aperfeiçoamento não é o fator relevante, podendo se dar por intermédio de um mecanismo físico, químico, tecnológico ou outro qualquer. O importante é a modificação ou o aperfeiçoamento dos produtos em si mesmos considerados.

Agora, é fundamental pôr em relevo que, para identificação desse regime jurídico específico, não basta a existência de uma operação que modifique produtos ou os aperfeiçoe para consumo, de um lado; e nem a existência de produtos oriundos da atividade rural, de outro. É necessária a concomitância de fatores, isto é, é imprescindível que haja modificação ou aperfeiçoamento para consumo dos produtos específicos provenientes da atividade rural.

Como esses produtos estão declinados na TIPI, não é possível fechar conclusão acerca da materialidade do IPI sobre o agronegócio se não for feito um estudo comparativo com essa tabela. É nela que estão declinados, um a um, todos os produtos sujeitos à incidência do IPI. Ou, em termos lógico-jurídicos mais precisos, é na TIPI que o intérprete encontrará o complemento do verbo que representa a materialidade do imposto.

É preciso dizer, no entanto, que por mera questão metodológica optou-se por dedicar um item específico à análise dos produtos do agronegócio em face da TIPI, de sorte a propiciar a absorção da matéria de maneira concatenada. Esse exame será feito logo em seguida, no item subsequente, ocasião em que se pretende refletir sobre as rubricas colocadas pelo legislador como "produtos industrializados". Para não deixar o tema em aberto, contudo, cabem algumas palavras acerca dos produtos lá indicados.

A TIPI é formada por 21 (vinte e uma) seções, cada uma delas dividida em capítulos, subcapítulos, posições, subposições, itens e subitens. Nela, os produtos são classificados de acordo com as Regras Gerais para Interpretação (RGI), Regras Gerais Complementares (RGC) e Notas Complementares (NC) da Nomenclatura Comum do Mercosul (NCM), que por sua vez constitui a Nomenclatura Brasileira de Mercadorias baseada no Sistema Harmonizado (NBM/SH), de acordo com o que estabelecem os arts. 15 a 17 do Decreto Federal nº 7.212/10 e 2º e 3º do Decreto Federal nº 11.158/22.

Dessas vinte e uma seções da TIPI, as que interessam ao agronegócio são a Seção I ("Animais Vivos e Produtos do Reino Animal"), a Seção II ("Produtos do Reino Vegetal"), a Seção III ("Gorduras e Óleos Animais, Vegetais ou de Origem Microbiana e Produtos da sua Dissociação; Gorduras Alimentícias Elaboradas; Ceras de Origem Animal ou Vegetal"), a Seção IV ("Produtos das Indústrias Alimentares; Bebidas, Líquidos Alcoólicos e Vinagres; Tabaco e seus Sucedâneos Manufaturados; Produtos, mesmo com Nicotina, destinados à Inalação sem Combustão; Outros Produtos que contenham Nicotina destinados à Absorção da Nicotina pelo Corpo Humano"), a Seção VI ("Produtos das Indústrias Químicas ou das Indústrias Conexas"), a Seção VIII ("Peles, Couros, Peles com Pelo e Obras destas Matérias; Artigos de Correeiro ou de Seleiro; Artigos de Viagem, Bolsas e Artigos Semelhantes; Obras de Tripa"), a Seção IX ("Madeira, Carvão Vegetal e Obras de Madeira; Cortiça e suas Obras; Obras de Espartaria ou de Cestaria") e a Seção X ("Pastas de Madeira ou de outras Matérias Fibrosas Celulósicas; Papel ou Cartão para Reciclar – Desperdícios e Resíduos; Papel ou Cartão e suas Obras").

Obviamente que nem todos os produtos contidos nessas seções envolvem produtos oriundos da atividade rural. Mas aqueles que importam ao estudo estão aí classificados, como os produtos envolvendo a pecuária (bovinos), a ovinocultura (ovinos), a suinocultura (suínos), a cunicultura (coelhos), a piscicultura (peixes), a apicultura (abelhas), a sericicultura (bicho-da-seda) e a agricultura de uma maneira geral, já que provenientes da extração e da exploração vegetal e animal. Dada a amplitude de produtos é que se optou por dedicar um tópico específico para análise da TIPI e os produtos do agronegócio.

Pois bem, do catálogo de produtos envoltos no agronegócio e diante das modalidades de industrialização contempladas na legislação (transformação, beneficiamento, montagem, acondicionamento ou reacondicionamento e renovação ou recondicionamento), apenas a transformação, o beneficiamento e o acondicionamento guardam relação com o IPI sobre o agronegócio, pois as demais atividades se afastam da necessária vinculação do empreendimento industrial com os produtos originários da atividade rural.

Delineado o critério material da hipótese de incidência da regra-matriz do IPI incidente sobre as operações envolvendo o agronegócio, já se entremostra possível passar para os demais, a começar pelo critério espacial. No que diz respeito ao IPI incidente sobre as atividades do agronegócio, o que se nota é a adoção do critério genérico, na medida em que é irrelevante o local onde as operações de industrialização dos produtos da atividade rural ocorram, conquanto que se situem dentro das fronteiras nacionais. Aliás, o IPI como um todo se estrutura debaixo dessa modalidade, exceção feita à isenção outorgada à Zona Franca de Manaus. A própria legislação confirma essa assertiva, pois o art. 4º, parágrafo único, do Regulamento do IPI estabelece que são irrelevantes para caracterizar a industrialização tanto o processo utilizado para obtenção do produto como a *localização* e as condições das instalações e equipamentos empregados. Em poucas palavras: não interessa a coordenada geográfica onde se dá a industrialização, de modo que o regime específico do agronegócio, em relação ao IPI, não se constata pela "zona rural" – tal qual se sucede com o IR.

Por outro lado, quanto ao critério temporal, o próprio Código Tributário Nacional, como se viu, estabelece ser a "saída" dos produtos o "fato gerador" do IPI (art. 46, II). O Regulamento do IPI, nessa mesma trilha, também previu que o "fato gerador" do IPI é a "saída" do produto do estabelecimento industrial ou equiparado a industrial (art. 35, II). Acontece que a saída não é fato gerador de nada, a saída é o que designa o critério temporal do imposto, ou seja, o momento em que se considera realizado o fato jurídico tributário. Portanto, o critério temporal do IPI no agronegócio é o momento em que o produto industrializado deixa o estabelecimento.

Passando para o consequente da regra-matriz, o critério quantitativo do IPI no agronegócio, formado pela base de cálculo e pela alíquota, também merece atenção, mas não apresenta nenhuma distinção em face do regime comum. Quanto às alíquotas, como já se mencionou, o item subsequente deste trabalho é dedicado a elas, de tal sorte que não é o caso de tecer considerações sobre elas neste espaço. Já a base de cálculo, sendo a perspectiva dimensível da hipótese de incidência (Geraldo Ataliba), deve refletir a intensidade econômica do comportamento do contribuinte inserto na materialidade (Paulo de Barros Carvalho).

Dessa forma, a base de cálculo do imposto só pode ter por parâmetro o valor da operação. Aliás, é isso o que preveem o art. 47, II, "a", do CTN e o art. 190, II, do RIPI, ao estatuírem que a base de cálculo é o valor da operação de que decorrer a saída do produto do estabelecimento industrial. Cabe uma ressalva, no entanto, no sentido de que a previsão contida no art. 190, § 1º, do RIPI, ao pretender incluir na base de cálculo do imposto o valor do frete e outras despesas acessórias cobradas do destinatário, destoa da base tributável autorizada constitucionalmente, vez que essas outras rubricas não decorrem da industrialização propriamente dita e, nessa medida, não podem ser incluídas na base calculada.

Por fim, em relação ao critério pessoal deve ser enfrentada a questão das chamadas "agroindústrias" no polo da sujeição passiva, já que a sujeição ativa é da União Federal, evidentemente. O emprego dessa expressão não tem seguido o rigor terminológico que dele se espera. Não são poucos os casos em que o termo é utilizado de maneira dissociada da feição jurídica que lhe circunda. Por isso mesmo o Capítulo I desta obra dedicou-se a examinar esse tema, explorando todos os desdobramentos que pareceram relevantes em torno da circunscrição semântica que se deve dar ao signo "agroindústria". A essas reflexões se remete o leitor, a fim de que a sujeição passiva do IPI incidente sobre o agronegócio seja adequadamente compreendida.

3.2.2 A TIPI, a seletividade em razão da essencialidade e os produtos do agronegócio

Trazidos à tona os critérios da regra-matriz de incidência tributária que permitem circunscrever o IPI que recai sobre o agronegócio, com todas suas nuanças, devem ser enfocados doravante os produtos oriundos da atividade rural, até mesmo para não se permitir que o raciocínio fique incompleto. É que o exame desses produtos serve não só para os respectivos enquadramentos nas alíquotas, revelando o *quantum debeatur* no critério quantitativo, mas também define a própria incidência tributária no critério material.

Os produtos da atividade rural – assim como os demais – encontram-se catalogados na Tabela de Incidência do IPI, a TIPI.[299] Para compreender a TIPI, o hermeneuta não pode se esquecer jamais da *seletividade em função da essencialidade dos produtos*. Trata-se de uma diretriz constitucional com força normativa bastante para ordenar que as alíquotas do IPI sejam graduadas conforme a necessidade do produto para a vida das pessoas, necessidade essa pautada pelo primado da dignidade humana. *Ora, diante desses concisos lembretes, parece claro que boa parte dos produtos provenientes da atividade rural deverá se enquadrar nas faixas mais suaves de incidência, para não dizer nos intervalos de isenção, uma vez que destinados, direta ou indiretamente, à alimentação humana.*[300]

---

299. Essa tabela é construída a partir de normas internacionais, que elucidam os critérios classificatórios para o enquadramento dos produtos nos campos próprios, as quais foram incorporadas ao ordenamento jurídico interno, constituindo, para todos os efeitos, a Nomenclatura Brasileira de Mercadorias baseada no Sistema Harmonizado (NBM/SH). A Nomenclatura Comum do Mercosul (NCM) representa uma adaptação do Sistema Harmonizado de Designação e de Codificação de Mercadorias para a realidade dos respectivos países signatários. O Sistema Harmonizado decorre de convenção internacional firmada em Bruxelas e ratificada pelo Brasil, de modo a propiciar uma padronização dos códigos de identificação dos produtos, uniformizando-os. Trata-se de uma convenção entre os países signatários que tem por intuito *classificar* os inúmeros produtos, de acordo com códigos numéricos, facilitando o comércio. Segundo Paulo de Barros Carvalho, "os vários países signatários da Convenção adotam-na, promovendo os acréscimos que a política tributária de cada um sugerir, em termos de melhor adaptação à realidade nacional e aos juízos de valor que as circunstâncias internas venham a recomendar sobre a multiplicidade dos produtos classificados". *Direito tributário, linguagem e método*. 8. ed. São Paulo: Noeses, 2021, p. 714. Assim, a cada produto é atribuído estipulativamente um número, que o identifica. Como diz Eurico Marcos Diniz de Santi, "as coisas não mudam de nome; nós é que mudamos o modo de nomear as coisas. Portanto, não existem nomes verdadeiros das coisas. Apenas existem nomes aceitos, nomes rejeitados e nomes menos aceitos que outros. A possibilidade de inventar nomes para as coisas chama-se liberdade de estipulação". "As classificações no sistema tributário brasileiro". *Justiça tributária: 1º Congresso internacional de direito tributário*. São Paulo: Max Limonad, 1998, p. 127.

300. "Seletividade em função da essencialidade *é o* único critério para incidência do IPI e significa que o tributo recai sobre os bens na razão inversa de sua necessidade para o consumo popular e na razão direta de sua superfluidade. A

De fato, os produtos que compõem a alimentação básica das pessoas não podem receber o mesmo tratamento jurídico dos produtos voluptuários, supérfluos, de mero adorno. Daí o motivo pelo qual a TIPI dispensa a eles a "alíquota zero", expediente esse que consiste, na verdade, em isenção, pois não pode haver tributação se a porcentagem escolhida pelo legislador equivale a zero.[301] E nisso andou bem o legislador, na medida em que os produtos que integram a chamada cesta básica, representando a alimentação essencial das pessoas, não podem ficar sujeitos ao gravame tributário diante do critério da seletividade em face da essencialidade, sendo certo que nada há de mais essencial do que a alimentação humana.

Agora, examinando detidamente a TIPI, o intérprete notará que em diversas passagens o legislador ora classifica esses produtos debaixo da rubrica "alíquota zero", ora sob a notação "NT", ou seja, não tributado. Esse é um aspecto importante do tema. O art. 2º, parágrafo único, do RIPI estabelece que *"o campo de incidência do imposto abrange todos os produtos com alíquota, ainda que zero, relacionados na TIPI, observadas as disposições contidas nas respectivas notas complementares, excluídos aqueles a que corresponde a notação 'NT' (não tributado)"*.

A teor desse enunciado prescritivo, dá-se a entender que o legislador dividiu a matéria em dois blocos: de um lado, os produtos sujeitos ao imposto, mesmo que colocados à alíquota zero; e, de outro, os produtos *excluídos* da incidência,

---

essencialidade admite graduação, de modo que a alíquota ou não existirá, quando o produto se tornar absolutamente essencial para atender às necessidades primárias, ou será fixada em escala ascendente na proporção em que menor for a sua utilidade social. (...) Toda essa problemática ética e jurídica se consubstancia na tabela do IPI, que, baseada na Nomenclatura Brasileira de Mercadorias, é a escala de seleção da incidência do imposto segundo a essencialidade dos produtos. Em outras palavras, a TIPI é a tabela de quantificação de valores jurídicos segundo critérios de justiça distributiva". TORRES, Ricardo Lobo. "O IPI e o princípio da seletividade". *Revista dialética de direito tributário* nº 18, p. 95/96 (com destaques no original).

301. CARVALHO, Paulo de Barros. *Curso de direito tributário.* 32. ed. São Paulo: Noeses, 2022, p. 457.

conduzidos à notação de "não tributados". No que diz respeito à primeira hipótese, quando o Regulamento prevê que ainda que o produto esteja debaixo da alíquota zero estará no "campo de incidência do imposto", deve-se interpretar esse dispositivo como a mera possibilidade de o produto vir a ser reconduzido às faixas de incidência do IPI, haja vista a variabilidade das alíquotas via decreto, porque, enquanto a alíquota for zero, não haverá incidência tributária alguma.

Por outro lado, o problema envolvendo os "não tributados" não é tão simples de resolver. Isso porque, ao estatuir que "excluem-se" da incidência do imposto os produtos classificados como não tributados, o dispositivo em análise sugere que o legislador regulamentar tenha apenas, conscientemente, explicitado aqueles produtos que não se submetem ao IPI. Vale lembrar que a TIPI é construída com base em uma pauta de códigos que não tem, necessariamente, fins tributários, mas apenas de mera padronização de nomenclaturas, de modo a facilitar o comércio entre os países signatários.

Logo, nem todos os produtos classificados pela Nomenclatura Comum do Mercosul (NCM) seriam produtos sujeitos ao IPI. Nesse sentido, os produtos "não tributados" revelariam singelos casos de *não-incidência em sentido estrito,* isto é, aqueles fatos que, diante da matriz constitucional, não autorizam a percussão tributária, por não se enfeixarem ao arquétipo do tributo – tarefa essa que, de ordinário, seria até mesmo desnecessária, por não competir ao legislador "interpretar" o sistema.

Não é sempre assim que ocorre, todavia. Com efeito, em vários casos, realmente, o Regulamento simplesmente reconhece que alguns itens contidos na TIPI não se sujeitam à tributação, por não consistirem operações de industrialização (não-incidência em sentido estrito). Em outras circunstâncias, porém, os produtos são decorrentes de industrialização, submetendo-se, *a priori,* ao IPI, mas o legislador os trata como "não tributados". E é aqui que reside a confusão: os produtos enquadrados na TIPI debaixo da alíquota zero são produtos não tributados por força da isenção, mas *tributáveis,* ao passo que os produtos classificados como "NT" (não tributados) congregam hipóteses de não-incidência em sentido estrito e casos de incidência possível, pois originários de operações de industrialização. Ou seja, em vez de o Regulamento separar, com rigor, as hipóteses de não-incidência em sentido estrito pela notação "não tributados" (NT) e os produtos de incidência possível, mas em relação aos quais se lhes outorgou isenção, pela alíquota zero, o legislador regulamentar acabou por misturar as duas coisas, causando dificuldade na correta apreciação da matéria. Conviria a quem lida com a inserção de regras jurídicas no interior do ordenamento, apesar de não ser um técnico no assunto, ter mais cuidado com a produção normativa.

A prova disso está no próprio rol da TIPI. Para demonstrá-lo, é importante acentuar que foram destacadas para a análise da tributação pelo IPI sobre o agronegócio, das 21 (vinte e uma) seções que a integram, aquelas que dizem de perto com a atividade rural, como as Seções I, II, III, IV, VI, VIII, IX e X – valendo a ressalva de que nem todos os produtos aí incluídos são produtos da atividade rural.[302]

A Seção I tem por título "Animais Vivos e Produtos do Reino Animal", sendo composta pelo Capítulo 01 ("Animais Vivos"), Capítulo 02 ("Carnes e miudezas, comestíveis"), Capítulo 03 ("Peixes e crustáceos, moluscos e os outros invertebrados aquáticos"), Capítulo 04 ("Leite e laticínios; ovos de aves; mel natural; produtos comestíveis de origem animal, não especificados nem compreendidos noutros Capítulos") e pelo Capítulo 05 ("Outros produtos de origem animal, não especificados nem compreendidos noutros Capítulos"). Parece inequívoco que os "produtos" do Capítulo 01, formado por "animais vivos", dentre eles os "cavalos, asininos e muares, vivos" (posição 01.01), os "animais vivos da espécie bovina"

302. Vide a respeito interessante tabela com alguns produtos do agronegócio apresentada por André Ricardo Passos de Souza e Ralph Melles Sticca. "Aspectos de tributação da produção, industrialização e comercialização agropecuária no Brasil". *Direito do agronegócio: mercado, regulação, tributação e meio ambiente.* Coord. Renato Buranello, André Ricardo Passos de Souza e Ecio Perin Junior. São Paulo: Quartier Latin: 2011, v. I, p. 764.

(posição 01.02), os "animais vivos da espécie suína" (posição 01.03) e os da espécie ovina e caprina (posição 01.04), além das aves (posição 01.05) e outros animais vivos (posição 01.06), não podem se submeter ao IPI simplesmente porque, *sendo vivos*, jamais podem ser caracterizados como produtos, nem muito menos como decorrentes de industrialização. Bem por isso estão classificados debaixo da notação "NT".

Já os produtos do Capítulo 02, intitulado "carnes e miudezas, comestíveis", estão acertadamente compreendidos sob o influxo da alíquota zero, porque podem vir a ser tributados da perspectiva teórica, por consistirem em processo de transformação ou aperfeiçoamento para o consumo, como o corte, refrigeração, congelamento e embalagem de carnes bovinas, suínas, ovinas e caprinas ou as miudezas comestíveis (posições 02.01 a 02.10 e suas respectivas subposições).

O Capítulo 03, por sua vez, que aglutina os "peixes e crustáceos, moluscos e outros invertebrados aquáticos", também está adequadamente dividido: os peixes vivos, classificados pela posição 03.01 e respectivas subposições, estão colocados debaixo da notação "não tributados", por não serem produtos industrializados, ao passo que os peixes frescos ou refrigerados, os filés de peixes ou outras carnes de peixes, os peixes secos, salgados e defumados, os crustáceos e os moluscos estão submetidos à alíquota zero (posições 03.02 a 03.07 e subposições), por caracterizarem possível industrialização no aperfeiçoamento para consumo. Tanto assim é que alguns peixes secos, salgados ou defumados são tributados, como os salmões e os bacalhaus (subposições 0305.41.00 e 0305.49.10), submetidos à alíquota de 3,25%. Curioso registrar que salmões e bacalhaus são tributados, mas lagostas e camarões, não (posição 03.06).

De outra parte, o Capítulo 04 contempla o leite e seus derivados, ovos e mel. Aqui, já se nota o mau uso da expressão "NT", porque alguns dos produtos contidos debaixo dessa sigla não caracterizam não-incidência, pelo contrário, decorrem de um processo de industrialização. Isso não significa, obviamente, que se está a defender que devam ser tributados;

pelo contrário, compondo a alimentação básica das pessoas devem ser situados nas faixas de isenção. No entanto, em vez de serem colocados sob o manto da alíquota zero, foram indevidamente classificados como não tributados. Exemplo disso é a pasteurização de leite (subposição 0401.10.10) e a fabricação de iogurtes (subposição 0403.20.00). Esses produtos originam-se de industrialização, apesar de não deverem ser tributados, de tal maneira que não poderiam ser classificados como "NT", mas como alíquota zero. Os demais derivados do leite, como creme de leite (subposição 0402.29.30), manteiga (subposição 0405.10.00) e queijos e requeijão (subposição 0406.10) estão postos à alíquota zero. Os outros produtos naturais previstos nesse capítulo, como ovos e mel natural (posições 04.07, 04.08 e 0409.00.00) não se sujeitam ao imposto (não tributados), justamente por não envolverem industrialização. Por fim, o último capítulo da Seção I (Capítulo 05 – "Outros produtos de origem animal, não especificados nem compreendidos noutros Capítulos") abrange restos de animais que podem ser utilizados pela indústria, como crinas, cerdas, pelos, penas, ossos, carcaças, tripas e afins (posições 05.01 a 05.11). Como são produtos que não decorrem de industrialização são classificados como não tributados, muito embora sirvam de insumos para futuras industrializações. Vale destacar que nesse capítulo estão a produção de *sêmen e embriões bovinos,* algo muito importante para a pecuária, igualmente debaixo da notação NT (subposições 0511.10.00 e 0511.99.10).

Já a Seção II é composta pelos "Produtos do Reino Vegetal". Essa seção também é relevante para o agronegócio, porque, evidentemente, congrega produtos da atividade rural. Nessa Seção, encontram-se o Capítulo 06 ("Plantas vivas e produtos de floricultura"); o Capítulo 07 ("Produtos hortícolas, plantas, raízes e tubérculos, comestíveis"); o Capítulo 08 ("Frutas; cascas de citros – citrinos e de melões"); o Capítulo 09 ("Café, chá, mate e especiarias"); o Capítulo 10 ("Cereais"); o Capítulo 11 ("Produtos da indústria de moagem; malte; amidos e féculas; inulina; glúten de trigo"); o Capítulo 12 ("Sementes e frutos oleaginosos; grãos, sementes e frutos diversos; plantas industriais ou medicinais;

palhas e forragens"); o Capítulo 13 ("Gomas, resinas e outros sucos e extratos vegetais"); e o Capítulo 14 ("Matérias para entrançar e outros produtos de origem vegetal, não especificados nem compreendidos noutros Capítulos").

Em relação ao Capítulo 06, por envolver plantas vivas e produtos da floricultura, o legislador escorreitamente os classificou como não tributados, porque não se originam de qualquer processo de industrialização (posições 06.01 a 06.04). Quanto ao Capítulo 07, porém, que contém produtos hortícolas, plantas e raízes comestíveis, em quase todos os itens o legislador os classificou também como não tributados, mas o correto, para alguns deles, seria alíquota zero, na medida em que, envolvendo produtos que são aperfeiçoados para o consumo humano, como legumes colocados em conserva, demandam, em certa medida, um processo industrial (posições 07.01 a 07.14). Vale anotar que o feijão – item indispensável na cesta básica – está incluído nesse capítulo na subposição 0708.20.00 como não tributado, entretanto, o feijão passa por um processo de beneficiamento, o que recomendaria, rigorosamente falando, enquadrá-lo como sujeito à alíquota zero.

O Capítulo 08 abarca as frutas. As frutas *in natura* não envolvem industrialização alguma, razão por que são colocadas sob a notação "NT". Como, no entanto, as frutas podem passar por um processo de beneficiamento ou de acondicionamento, com vistas a aperfeiçoá-las para o consumo, nessas hipóteses pode vir a se configurar a industrialização, submetendo esses produtos à incidência tributária. Foi essa distinção que fez o legislador, pois em boa dose classificou as frutas ao natural como produtos não tributados, enquanto que as acondicionadas em embalagens de apresentação ou que passam por processo de desidratação (frutas secas) foram postas sob a alíquota zero (posições 08.01 a 08.14). Por exemplo, as tâmaras e os figos recebem classificações distintas se esses frutos estiverem frescos ou secos (subposições 0804.10.10 e 0804.10.20; 0804.20.10 e 0804.20.20, respectivamente).

De outra feita, o Capítulo 09 cuida do café, chá, mate e especiarias. Nesse capítulo, os produtos igualmente são divididos entre não tributados e alíquota zero, como o café torrado e descafeinado; o chá verde ou preto, mesmo aromatizado; o mate; a baunilha; a canela; o cravo-da-índia; a noz-moscada; dentre outros (posições 09.01 a 09.10). Esses produtos podem ser comercializados *in natura* ou moídos, torrados, triturados, descascados, fermentados ou simplesmente embalados para apresentação. Nessas últimas hipóteses, pode-se caracterizar a industrialização, daí a diferenciação entre não tributados e sujeitos à alíquota zero.

O Capítulo 10 contempla os cereais, tais como o trigo, o centeio, a cevada, a aveia, o milho, o arroz, o sorgo e o alpiste (posições 10.01 a 10.08). Todos eles são classificados como não tributados, tendo em vista que os produtos mencionados nesse capítulo só se incluem nessas posições quando se apresentem em grãos no seu estado natural, não compreendendo grãos descascados ou trabalhados de outro modo, tal qual prevê a nota 01, alíneas "a" e "b", desse capítulo, exceção feita ao arroz descascado, branqueado, polido, brunido, parboilizado ou quebrado, que se mantém nessa posição.

Já o Capítulo 11 hospeda os "produtos da indústria de moagem; malte; amidos e féculas; inulina; glúten de trigo" (posições 1101.00 a 1109.00.00). Nesse capítulo estão incluídos as farinhas de trigo e de cereais, os grãos de cereais, o malte, os amidos e féculas, entre outros. Mais uma vez, os produtos são distribuídos entre não tributados e alíquota zero. E mais uma vez o emprego da expressão não tributado é incorreto, pois a farinha de trigo, por exemplo, está colocada com a notação "NT", quando, está-se a ver, é decorrente de um processo industrial (subposição 1101.00.10). Vale registrar, outrossim, que o único produto tributado desse capítulo é o malte, que se sujeita à alíquota de 3,25% (posição 11.07).

O Capítulo 12 congrega as "sementes e frutos oleaginosos; grãos, sementes e frutos diversos; plantas industriais ou medicinais; palhas e forragens". Estão aí incluídos a soja, o amendoim, as sementes (de linhaça e de girassol), as algas e a cana-de-açúcar (posições 1201.00 a 12.14). Esses produtos, na sua feição natural, afastam-se do conceito de produção industrial, já que não envolvem transformação ou aperfeiçoamento para consumo. Eis a razão por que são enquadrados como não tributados. No entanto, deve-se registrar que a trituração de soja e amendoim, embora classificada como "NT", configura industrialização, o que significa que o correto seria colocá-la sob a alíquota zero (subposições 12.01 e 12.02).

O Capítulo 13, por sua vez, cuida das gomas, resinas, sucos e extratos vegetais (posições 13.01 a 13.02). Esses produtos implicam transformação de produtos, de tal maneira que são parte de uma industrialização. Por esse motivo, estão classificados sob a alíquota zero. Contudo, nesse capítulo não estão incluídos os sucos ou extratos vegetais que constituam bebidas alcoólicas, de acordo com o que estabelece a nota 01, "d".

Encerrando a Seção II, o Capítulo 14 congrega outros produtos de origem vegetal, como aqueles utilizados em cestaria, tais como bambus, e os materiais vegetais empregados na utilização de vassouras, escovas e pincéis, como o sorgo (posições 14.01 e 14.04). Esses produtos, na sua vertente natural, não se sujeitam ao IPI (não tributados), apesar de serem insumos para outros produtos. Nessa classificação não estão inseridas as matérias e as fibras vegetais preparadas especialmente para a fabricação têxtil, segundo prevê a nota 01 desse capítulo.

Fechado esse balanço, é de sobrelevo destacar que os produtos da atividade rural têm seus dois grandes troncos justamente nos "produtos do reino animal" e nos "produtos do reino vegetal", catalogados, respectivamente, nas Seções I e II, que acabaram de ser vistas. Todos os demais itens nada mais são do que seus subprodutos. Desse modo, não se pode perder de vista que as outras seções a serem analisadas compreendem, em certa medida, produtos originários daqueles outros, mera elaboração ou aperfeiçoamento deles, se bem que destacados em produtos autônomos, o que requereu sua classificação à parte.

A Seção III abarca as gorduras e óleos animais e vegetais (posições 1501.00.00 a 1522.00.00). Composta apenas pelo Capítulo 15, todos os produtos de sua lista estão classificados ou como alíquota zero, ou como não tributados, a depender da elaboração ou não do produto. A título de exemplo, as gorduras de bovinos, ovinos e caprinos em bruto, como o sebo, são enquadradas como não tributadas, enquanto que os óleos de porco e de bacalhau são postos debaixo da alíquota zero (subposições 15.02, 1503.00.00 e 1504.10.1). Em idêntico sentido, os óleos de soja, de amendoim, de girassol e de coco e o azeite de oliva, mesmo refinados, também estão contemplados nas faixas de isenção (na sequência, posições 15.07, 15.08, 15.12, 15.13 e 15.09), além da margarina (posição 15.17).

A Seção IV é abrangente. Debaixo do rótulo "Produtos das Indústrias Alimentares; Bebidas, Líquidos Alcoólicos e Vinagres; Tabaco e seus Sucedâneos Manufaturados; Produtos, mesmo com Nicotina, destinados à Inalação sem Combustão; Outros Produtos que contenham Nicotina destinados à Absorção da Nicotina pelo Corpo Humano", essa seção é composta pelo Capítulo 16 ("Preparações de carne, peixes, crustáceos, moluscos, outros invertebrados aquáticos ou de insetos"), Capítulo 17 ("Açúcares e produtos de confeitaria"), Capítulo 18 ("Cacau e suas preparações"), Capítulo 19 ("Preparações à base de cereais, farinhas, amidos, féculas ou leite; produtos de pastelaria"), Capítulo 20 ("Preparações de produtos hortícolas, frutas ou de outras partes de plantas"), Capítulo 21 ("Preparações alimentícias diversas"), Capítulo 22 ("Bebidas, líquidos alcoólicos e vinagres"), Capítulo 23 ("Resíduos e desperdícios das indústrias alimentares; alimentos preparados para animais") e pelo Capítulo 24 ("Tabaco e seus sucedâneos manufaturados; produtos, mesmo com nicotina, destinados à inalação sem combustão; outros produtos que contenham nicotina destinados à absorção da nicotina pelo corpo humano").

Obviamente que nem todos os capítulos insertos nessa seção dizem respeito às atividades do agronegócio, como a fabricação de bebidas alcoólicas e de cigarros. No entanto, há vários que importam à atividade rural. A começar pelo

Capítulo 16, que contempla a preparação de carnes, de peixes, de crustáceos ou de moluscos (posições 1601.00.00 a 16.05). Como nenhum dos produtos indicados nesse capítulo é produto *in natura*, não há notação "NT" nessa tabela. Dentre os produtos aí contidos, estão os enchidos e os extratos de carne, peixes, crustáceos e moluscos. As preparações e conservas de salmões e de caviar são tributadas à alíquota de 3,25%, ao passo que os caranguejos e camarões, não (posições 16.04 e 16.05), no que não há qualquer censura a ser feita, pois o salmão e o caviar não são produtos de primeira necessidade – aliás, nem mesmo o camarão, que recebeu o beneplácito do legislador.

Não é assim, no entanto, que se sucede com o Capítulo 17, que congrega os açúcares e os produtos de confeitaria (posições 17.01 a 1704.90.90). O problema não está no fato de os produtos de confeitaria serem tributados à alíquota de 3,25%, como as gomas de mascar, o chocolate branco, os caramelos, dropes, pastilhas e os doces em geral. O que se coloca em discussão é a TIPI declinar, nesse capítulo, o açúcar como sujeito a uma alíquota de também 3,25% para fins de incidência de IPI. Ora, ninguém há de negar que o açúcar integra a chamada cesta básica da população, pois esse produto é um produto essencial. Se o arroz, o feijão, a carne e o leite estão acobertados pela isenção, não há motivos justificáveis para também o açúcar não estar. Sob essa perspectiva, encontra-se violado o mandamento constitucional que determina seja observada a seletividade em função da essencialidade do produto.

O Capítulo 18 disciplina as operações com cacau e seus derivados, inclusive chocolates (posições 1801.00.00 a 1806.90.00), e o Capítulo 19 rege o preparo de massas, produtos à base de cereais e da indústria de bolachas, dentre outros (posições 19.01 a 19.05). Esses produtos, no entanto, extrapolam o contexto da atividade rural.

O Capítulo 20, por sua vez, ordena a preparação de produtos hortícolas, de frutas e assemelhados, sobretudo em conservas, tais como pepinos, tomates, batatas, cogumelos, ervilhas e azeitonas, ou então através de sucos de frutas (posições

20.01 a 20.09). Como esses produtos decorrem de transformação, que configura industrialização, foram considerados pelo legislador como "tributáveis", nada obstante tenham sido situados nas faixas de isenção (à exceção dos preparos de trufas, submetidos a 3,25%).

Já o Capítulo 21 cuida de "preparações alimentícias diversas", tais como os extratos, as essências e os concentrados de café, chá ou mate, as leveduras, os molhos e condimentos e os preparos para caldos e sopas (posições 21.01 a 2106.90.90). Também vários deles estão submetidos à alíquota zero, se bem que esses produtos igualmente extravasam o âmbito do agronegócio.

Os Capítulos 22 e 24 da mesma maneira ultrapassam as fronteiras da atividade rural, pois disciplinam a produção de bebidas alcoólicas e de cigarros (posições 2201.10.00 a 2209.00.00 e 24.01 a 2403.99.90, respectivamente). Dessa maneira, porque esses produtos não integram a atividade rural não serão analisados, vez que destoantes ao objeto de estudo deste trabalho.

Para finalizar essa seção, o Capítulo 23 regulamenta as operações com resíduos das indústrias alimentares, como farinhas, pós e "pellets" de carnes, miudezas, peixes, crustáceos ou moluscos, impróprios para a alimentação humana, bem como outros resíduos decorrentes da peneiração ou moagem de cereais e restos da indústria do açúcar (posições 23.01 a 2309.90.90).[303] Esses produtos igualmente não são tributados, seja por isenção, seja por notação "NT".

Já a Seção VI, embora voltada à disciplina da indústria química (o que, em princípio, não teria relação alguma com o agronegócio), justifica sua análise neste trabalho por trazer um item que é indispensável à atividade rural: o adubo. Tratado no Capítulo 31, esse importante insumo está catalogado nas posições 3101.00.00 a 3105.90.90. E, de acordo com o

303. De acordo com a nota 01 que abre a Seção IV, o termo "pellets" designa os produtos apresentados sob a forma cilíndrica ou esférica, aglomerados, quer por simples pressão, quer por adição de um aglutinante em proporção não superior a 3% em peso.

regramento que lhe foi dado, acertou o legislador ao lhe dispensar a alíquota zero (a despeito de ter lançado em algumas posições a notação "NT"), já que, dessa forma, permite o pleno desenvolvimento do agronegócio, sempre primando pelos produtos de primeira necessidade.

A Seção VIII interessa à indústria do couro. No Capítulo 41, estão os produtos envolvendo "Peles, exceto as peles com pelo, e couros" (posições 41.01 a 41.15). Os couros brutos de bovinos, ovinos e outros animais, isto é, os couros não submetidos a qualquer processo de beneficiamento, são classificados como não tributados (posições 41.01 a 41.03). Já os couros curtidos, trabalhados por diversos mecanismos, inclusive o *wet-blue*, são considerados produtos industrializados, no entanto, estão submetidos à alíquota zero (posições 41.04 a 41.15). Os artigos de couro, como baús, bolsas, malas e maletas, são tributados à alíquota de 6,5% no Capítulo 42 (posições 4201.00 a 4206.00.00). Por fim, os produtos de peles com pelo também estão previstos, agora no Capítulo 43, desde casos de não incidência (NT) até alíquotas de 39% para alguns produtos (posições 43.01 a 4304.00.00).

A Seção IX, por sua vez, importa à indústria da madeira. Formada pelos Capítulos 44 ("Madeira, carvão vegetal e obras de madeira; cortiças e suas obras; obras de espartaria ou de cestaria", posições 44.01 a 44.21), 45 ("Cortiça e suas obras", posições 45.01 a 45.04) e 46 ("Obras de espartaria ou de cestaria", posições 46.01 a 46.02), essa seção congrega diversos produtos que se originam da madeira e que, portanto, guardam relação com a atividade rural. Todavia, nem todos os produtos aí catalogados envolvem um processo industrial. A lenha e o carvão vegetal, por exemplo, estão situados debaixo da notação "não tributados" (posições 44.01 e 44.02), o que significa dizer que esses produtos não se sujeitam ao IPI. Já outros produtos elaborados a partir da madeira, como esquadrias e arcos, por se tratar de produtos industrializados, estão sujeitos, em tese, à tributação, apesar de terem sido contemplados com as faixas de isenção (posições 44.03, 44.04), o que não ocorre com os folheados de madeira, os tacos, painéis e madeiras compensadas, que foram regrados como passível de tributação, variando as alíquotas de 3,25% a 6,5%, a depender da espécie de madeira (posições 44.08 a 44.12).

Por derradeiro, a Seção X cuida das "Pastas de madeira ou de outras matérias fibrosas celulósicas; papel ou cartão para reciclar – desperdícios e resíduos; papel ou cartão e suas obras". Essa seção está organizada em três capítulos: o Capítulo 47 ("Pastas de madeira ou de outras matérias fibrosas celulósicas; papel ou cartão para reciclar – desperdícios e resíduos", posições 4701.00.00 a 4707.90.00), o Capítulo 48 ("Papel e cartão; obras de pasta de celulose, de papel ou de cartão", posições 4801.00 a 48.23) e o Capítulo 49 ("Livros, jornais, gravuras e outros produtos das indústrias gráficas; textos manuscritos ou datilografados, planos e plantas", posições 49.01 a 49.11).

A indústria do papel e da celulose tem por insumo diretamente a aquisição de madeira e, nesse sentido, não deixa de estar também ligada à atividade rural. No Capítulo 47, estão catalogados produtos industrializados envolvendo pastas mecânicas e químicas de madeira, que se dividem entre sujeitas à alíquota zero e não tributados. O Capítulo 48 contempla diversos tipos de papel, como papel para escrita, papel-toalha, papel para cigarros, papel de parede, dentre outros. Nesses casos, a depender da finalidade, os produtos variam da alíquota zero até 29,25%. Por fim, o Capítulo 49 disciplina o regime jurídico dos livros, jornais, gravuras e outros produtos das indústrias gráficas, bem como os textos manuscritos ou datilografados. Os livros, jornais, periódicos e o papel destinado a sua impressão, por expressa inferência constitucional, são imunes (art. 150, VI, "d"), de tal sorte que à TIPI só caberia, realmente, colocá-los debaixo da notação de "não tributados".

Percorrido esse longo – mas necessário – trajeto, a conclusão a que se chega é que a TIPI cataloga inúmeros produtos, dentre eles os produtos que se originam da atividade rural, ou seja, da extração e da exploração vegetal e animal como gênero, como os provenientes da pecuária, da ovinocultura, da suinocultura, da cunicultura, da piscicultura, da apicultura, da agricultura e da sericultura. E o que se percebe é que o legislador regulamentar, a despeito de alguns vacilos entre produtos tributáveis e não tributáveis (alíquota zero e não tributados), no que diz respeito à observância da seletividade em função da essencialidade dos produtos os disciplinou adequadamente, deixando de onerá-los (exceção feita ao açúcar), porque compõem itens de primeira necessidade.

3.2.3 Os insumos e os materiais de embalagem dos produtos do agronegócio e o IPI

A determinação constitucional para que o IPI onere os produtos à luz da seletividade, segundo sua essencialidade, deve ser interpretada com inteligência pelo exegeta. Já dizia o insuperável Carlos Maximiliano, há longa data, que o direito deve ser interpretado inteligentemente.[304] Essa lição, sempre atual, é perfeitamente cabível quando se está a refletir acerca do alcance da seletividade no IPI.

Ora, a partir da premissa de que os produtos tidos por essenciais devem ter sua carga tributária diminuída, para não dizer anulada, é evidente que o constituinte não teve por mira desonerar apenas o *produto final,* senão também todos os componentes que concorrem para sua industrialização. Noutras palavras, a mensagem constitucional de que o IPI não pode gravar os produtos essenciais não pode ficar circunscrita à última etapa da cadeia econômica, ao produto em si mesmo considerado, pois deve levar em conta os insumos que levam a ele – tomada a palavra "insumo", aqui, no seu sentido comum, de todos os materiais que geram o produto. Da perspectiva técnica, o correto é empregar a locução *bens de produção,* que congrega, na dicção do art. 610 do Regulamento do IPI, as matérias-primas; os produtos intermediários, inclusive os que, embora não integrando o produto final, sejam consumidos ou utilizados no

304. *Hermenêutica e aplicação do direito.* 9. ed. Rio de Janeiro: Forense, 1980, p. 10.

processo industrial; os produtos destinados à embalagem e ao acondicionamento; as ferramentas empregadas no processo industrial; e as máquinas, instrumentos, aparelhos e equipamentos, inclusive suas peças, partes e outros componentes, que se destinem ao emprego no processo industrial.

Acontece que de nada adianta isentar um determinado produto se os ingredientes que conduzem a sua industrialização – ou seja, os bens de produção – são tributados pelo IPI, haja vista que na composição do seu preço o custo tributário incidente ao longo da cadeia econômica ali estará embutido, o que, em outras palavras, significa infirmar a seletividade.

Portanto, a seletividade em função da essencialidade dos produtos não comporta uma interpretação rasa, restrita, limitada. Se essa for a orientação do hermeneuta estará ele, em nome da seletividade, a desdizê-la. Daí a razão pela qual se pode afirmar, sem medo de errar, que a tributação seletiva deve abranger todos os bens de produção que levam ao produto final que se pretende desonerar.[305]

No caso do agronegócio, de acordo com o que se viu no item precedente, o legislador até que andou bem ao isentar do IPI os produtos da atividade rural. Ocorre que se as matérias-primas, os produtos intermediários e os materiais de embalagens também não o forem ter-se-á uma "meia-seletividade", uma seletividade apenas aparente, pois, apesar de o produto final ser desonerado, os bens de produção que permitem sua

---

305. "Minimizar a carga tributária do IPI incidente sobre tão somente os produtos essenciais em si pode não ser suficiente se o mesmo legislador optar por tributar pesadamente os insumos fundamentais relacionados à sua produção, como, por exemplo, as embalagens destinadas a acondicionar-lhes, tema do presente estudo. Ora, considerando que o objetivo do legislador constitucional originário, ao inserir o princípio da seletividade no subsistema constitucional tributário brasileiro, foi obter um resultado econômico favorável ao consumidor final do produto essencial, não se pode admitir que este benefício seja anulado em decorrência de uma pesada tributação, por meio do IPI, de insumos absolutamente necessários à produção deste mesmo produto". GONÇALVES, Renato Lacerda de Lima. "A tributação pelo IPI de embalagens destinadas ao acondicionamento de produtos alimentícios essenciais". *Tributação no agronegócio.* Coord. Eduardo de Carvalho Borges. São Paulo: Quartier Latin, 2005, p. 357.

industrialização carregarão consigo o custo do imposto gerado em cada etapa do ciclo econômico.

Voltando os olhos para a TIPI, são vários os bens de produção que importam ao agronegócio. Em relação à agricultura, por exemplo, os componentes para correção do solo e os adubos e fertilizantes são fundamentais, pois, sem eles, não é possível o cultivo da terra, com a esperada colheita, e, por corolário, não há produto final a ser desonerado. A cal (posição 25.22) e, como já mencionado, os adubos e fertilizantes de origem animal, vegetal, mineral ou química (posições 3101.00.00 a 3105.90.90) foram acertadamente colocados à parte da tributação, muito embora não da maneira adequada, já que postos debaixo da notação "NT", quando o correto seria alíquota zero (isenção), por se tratar de produtos decorrentes de processo industrial.

No que diz respeito às máquinas, os tratores de igual sorte foram – corretamente – desonerados sob a alíquota zero (posição 87.01). Idêntico tratamento isentivo receberam os arados, as grades, as semeadoras, as colheitadeiras, as máquinas de ordenhar, as prensas, as esmagadoras, as chocadeiras e criadeiras, as máquinas para limpeza, seleção ou peneiração de grãos ou de produtos hortícolas secos e as máquinas para a indústria de açúcar, para preparação de carnes e de frutas (posições 84.32 a 84.38). Sem a isenção desses bens de produção, não há como cogitar de desoneração do produto final.

Por fim, também as embalagens destinadas aos produtos desonerados do agronegócio devem receber o mesmo tratamento, *independentemente de sua composição química e da classificação que lhe seja emprestada na Seção VII da TIPI*. Como bem se posiciona o Prof. Roque Antonio Carrazza sobre esse tema, não há sentido imaginar que o constituinte tenha pretendido desonerar somente o produto final, e não os componentes que o integram. Eis suas palavras:

> *Ainda a respeito da seletividade, estamos convencidos de que ela alcança igualmente as embalagens que servem de "acessórios" aos*

> *produtos que, em atenção a este princípio, tenham sido isentados de IPI ou de ICMS. Melhor esclarecendo, as embalagens que acondicionam tais produtos (lata, papelão, plástico, poliuretano, madeira, isopor, papel aluminizado, papel celofane etc.) – mesmo que submetidas à incidência destes tributos quando negociadas isoladamente – devem, no caso, deles serem consideradas isentas, sob pena de restar anulado o benefício constitucional.*[306]

Logo, os bens de produção, como as matérias-primas, os produtos intermediários, as embalagens e as máquinas e equipamentos que sejam empregados para a industrialização dos produtos da atividade rural merecem ser desonerados, tendo em vista o mandamento constitucional de tributação seletiva pelo IPI, conforme a essencialidade dos produtos.

3.2.4 A seletividade e a teoria da proibição de intervenção jurisdicional como legislador positivo: a tributação do açúcar

A previsão contida na Carta da República de tributação seletiva pelo IPI segundo a essencialidade do produto provoca desdobramentos jurídico-filosóficos muito superiores à mera solução de uma questão pontual envolvendo as alíquotas aplicadas e aplicáveis a determinado produto. Na verdade, se bem refletido esse tema, o estudioso perceberá que por trás disso tudo, escondido como pano de fundo, encontram-se aspectos muito mais densos da ordem jurídica, que contrapõem os direitos fundamentais do cidadão perante o Estado e a forma como o sistema responde a essas zonas de conflito, diante de seus próprios limites estruturais.

Parece ter ficado claro que os produtos essenciais *merecem* receber do legislador um tratamento adequado, desonerativo, pois é essa a mensagem proveniente da tributação seletiva. E isso tanto em relação ao produto final em si mesmo considerado, como também aos bens de produção que

---

306. *Curso de direito constitucional tributário*. 30. ed. São Paulo: Malheiros, 2015, p. 119/120.

viabilizam sua industrialização. Essa é uma premissa importante para o raciocínio, cuja sustentabilidade decorre da exegese serena da própria Constituição Federal.

Dizer que os produtos essenciais *merecem* receber um regramento desonerativo significa que o sujeito passivo, aquele que industrializa, tem o *direito* de exigir, inclusive judicialmente, se for necessário, o reconhecimento dessa situação jurídica. Para orientar o fio condutor do pensamento, primeiro o hermeneuta precisa fechar conclusão em torno da garantia constitucional de tratamento desonerativo para os produtos essenciais e seus bens de produção. Chegando a essa constatação – e é isso o que decorre do art. 153, § 3º, I, da CF – então é o caso de investigar os mecanismos jurídicos colocados à disposição pelo sistema para exercício desse direito.

Tudo que se expôs até aqui, o discurso descritivo empreendido até esta altura, não foi pautado pelo espírito de uma *narração de normas*. Pelo contrário. O objetivo proposto foi descrever as normas que compõem o subconjunto normativo do IPI sobre o agronegócio, mas sempre – sempre – com o senso crítico aceso. É essa a missão da Dogmática Jurídica. O jurista dogmático não é um mero espectador do sistema, que se satisfaz com a singela contemplação da dinâmica de proliferação de regras do direito. Fosse essa sua tarefa não seria necessário sequer ter formação jurídica, bastaria ser um *leitor* dos textos normativos. Ler não é interpretar; interpretar é organizar as normas jurídicas segundo critérios de subordinação e de coordenação previstos pelo próprio ordenamento; é ir além da fraseologia da lei, muito embora sem abandonar sua base textual.

Firme nesse propósito é que o exegeta deve explorar todas as possibilidades que o repertório jurídico oferece, inclusive as hipóteses de *desrespeito à seletividade*. No agronegócio, de acordo com o que se procurou demonstrar, a seletividade foi em boa dose observada, tendo em vista que quase todos os produtos essenciais que integram a alimentação básica foram corretamente desonerados, como o arroz, o feijão, a carne, o leite, as verduras e os legumes.

Não foi isso o que aconteceu, entretanto, no caso do açúcar, que é tributado pelo IPI à alíquota de 3,25%, tanto o açúcar de cana em bruto sem adição de aromatizantes ou de corantes (subposição 1701.13.00), quanto o adicionado de aromatizantes ou de corantes (subposição 1701.91.00). É nessa faixa cinzenta que os problemas do direito se colocam: o açúcar é onerado pelo IPI à mesma razão do salmão e do bacalhau (subposições 0305.41.00 e 0305.49.10), que se submetem ao mesmíssimo tratamento dispensado pelo legislador.

Já se teve a oportunidade de demonstrar neste trabalho, guiando-se por abalizada doutrina (Roque Carrazza e Eduardo Domingos Bottallo), que a seletividade em função da essencialidade pressupõe um estudo de comparação entre os produtos, pois nenhum produto é "essencial" em si mesmo, é sempre essencial em face de outro produto. Só se chega à essencialidade por intermédio da comparação, distinguindo o produto essencial do não essencial. É o caso, agora, de aplicar essa teoria para resolver os problemas práticos do cotidiano.

Colocando à mesa – sem qualquer trocadilho – três produtos, apenas para fins de comparação, como o arroz, o açúcar e o bacalhau: o arroz é isento (alíquota zero), enquanto que o açúcar e o bacalhau estão sujeitos à alíquota de 3,25%. Na realidade brasileira – o intérprete não pode prescindir jamais da realidade social – é difícil imaginar a alimentação básica sem o arroz.

Logo, a isenção para esse produto é adequada. Na outra extremidade, é perfeitamente possível conceber a alimentação básica sem o bacalhau, aliás, até mesmo porque a imensa maioria das pessoas nem tem acesso a esse produto – e quando o tem é apenas uma vez ao ano. Por isso, esse produto é enquadrado como um artigo de luxo, já que não essencial. Nesse sentido, sem entrar na controvérsia se o bacalhau tem que ser visto como uma espécie de peixe ou somente como um processo de desidratação da carne do peixe, como acontece com o charque, a tributação à razão de 3,25% também se revela adequada.

Na zona de entremeio aparece o açúcar. Desenvolvido esse raciocínio, isto é, contrastando arroz e bacalhau, não existe dúvida de que esse produto é, sim, um ingrediente da alimentação básica das pessoas, pois, diante da pujança da realidade, não há como excluir o açúcar dos produtos essenciais, indispensáveis à vida dos cidadãos. Apesar dessa constatação evidente, o legislador coloca o açúcar debaixo do mesmo regime jurídico dado ao bacalhau, em vez de submetê-lo ao regramento concedido ao arroz.

Ora, se os produtos da cesta básica são essenciais; se o açúcar faz parte da cesta básica; mas se a esse produto não foi dado o mesmo tratamento jurídico, como para o arroz, o feijão, a carne, o leite, as verduras e os legumes; então parece claro que há, aqui, uma violação ao mandamento de observância da tributação pelo IPI seguindo a seletividade, consoante a essencialidade dos produtos. A intenção não é pôr no centro das atenções desta pesquisa o açúcar – se bem que isso não deixa de ser importante – mas apenas utilizar esse produto como ilustração, como paradigma para demonstrar a necessidade de respeito à seletividade e as formas previstas no sistema para garanti-la.

É curioso notar que foi justamente a tributação do açúcar que provocou o debate que aqui se propõe. Tendo em vista a discriminação existente entre a tributação do açúcar e dos demais ingredientes da cesta básica, os industriais provocaram o Poder Judiciário a reconhecer a inconstitucionalidade da tributação do açúcar pelo IPI, porquanto se trata de produto essencial. Chegando esse tema ao e. Supremo Tribunal Federal, a Excelsa Corte entendeu que, nada obstante a virtual inconstitucionalidade da norma, ao Poder Judiciário não cabe inserir regras no ordenamento jurídico, mas apenas eventualmente afastá-las, de tal maneira que a intervenção jurisdicional não poderia atuar como legislador positivo. Vários são os julgados nesse sentido.[307]

307. A título de ilustração, eis um precedente que assim deixou assentado: "AGRAVO DE INSTRUMENTO - IPI - AÇÚCAR DE CANA - LEI Nº 8.393/91 (ART. 2º) - ISENÇÃO FISCAL - CRITÉRIO ESPACIAL - APLICABILIDADE - EXCLUSÃO DE BENEFÍCIO - ALEGADA OFENSA AO PRINCÍPIO DA ISONOMIA - INOCORRÊNCIA - NORMA LEGAL DESTITUÍDA DE CONTEÚDO ARBITRÁRIO - ATUAÇÃO DO JUDICIÁRIO COMO LEGISLADOR POSITIVO - INADMISSIBILIDADE

Os fundamentos jurídicos dessas decisões é que o primado da tripartição de Poderes não autorizaria o Poder Judiciário escolher ou valorar a qual alíquota o contribuinte deveria estar sujeito. Essa seria uma decisão eminentemente política, cabendo ao legislador graduar as alíquotas conforme os produtos se lhe apresentassem essenciais. Nesse mote, ao julgador não seria dado extrapolar os lindes do caso concreto para dar uma solução supraprocessual, como que legislando individualmente. Esse seria, portanto, um limite sistêmico à jurisdição.

A tese é robusta e respeitável. Realmente, na concepção tripartida dos Poderes, o Poder Judiciário não está investido de competência para ditar as regras a que devem se submeter os indivíduos, já que essa é uma tarefa do Poder Legislativo, legítimo representante do povo. Ao Judiciário cabe, apenas, julgar conflitos de interesses, segundo as regras do direito, mesmo assim somente quando provocado (princípio da inércia da jurisdição).

Não se discute essa premissa. Contudo, essa é uma questão, no ambiente de um debate acadêmico respeitoso, que merece ser repensada, talvez por estar mal colocada. Isso

---

– RECURSO IMPROVIDO. CONCESSÃO DE ISENÇÃO TRIBUTÁRIA E UTILIZAÇÃO EXTRAFISCAL DO IPI. – A concessão de isenção em matéria tributária traduz ato discricionário, que, fundado em juízo de conveniência e oportunidade do Poder Público (RE 157.228/SP), destina-se – a partir de critérios racionais, lógicos e impessoais estabelecidos de modo legítimo em norma legal – a implementar objetivos estatais nitidamente qualificados pela nota da extrafiscalidade. (...) ISENÇÃO TRIBUTÁRIA: RESERVA CONSTITUCIONAL DE LEI EM SENTIDO FORMAL E POSTULADO DA SEPARAÇÃO DE PODERES. – A exigência constitucional de lei em sentido formal para a veiculação ordinária de isenções tributárias impede que o Judiciário estenda semelhante benefício a quem, por razões impregnadas de legitimidade jurídica, não foi contemplado com esse "favor legis". A extensão dos benefícios isencionais, por via jurisdicional, encontra limitação absoluta no dogma da separação de poderes. Os magistrados e Tribunais, que não dispõem de função legislativa – considerado o princípio da divisão funcional do poder –, não podem conceder, ainda que sob fundamento de isonomia, isenção tributária em favor daqueles a quem o legislador, com apoio em critérios impessoais, racionais e objetivos, não quis contemplar com a vantagem desse benefício de ordem legal. Entendimento diverso, que reconhecesse aos magistrados essa anômala função jurídica, equivaleria, em última análise, a converter o Poder Judiciário em inadmissível legislador positivo, condição institucional que lhe recusa a própria Lei Fundamental do Estado. Em tema de controle de constitucionalidade de atos estatais, o Poder Judiciário só deve atuar como legislador negativo. Precedentes". AI nº 360461 AgR, 2ª Turma, Rel. Min. Celso de Mello, *DJe*-055, 28.03.2008.

porque não é contraditório defender a teoria da proibição de intervenção jurisdicional como legislador positivo e, ao mesmo tempo, sustentar a observância à ordem constitucional de tributação seletiva, segundo a essencialidade do produto.

Em primeiro lugar, o que é fundamental decidir é se a norma que determina o respeito à seletividade está voltada apenas ao legislador ordinário ou se assume importância para ser vista como uma garantia do contribuinte. A convicção que se nutre neste estudo é que essa norma, muito embora esteja preordenada a regrar a forma como o legislador deve disciplinar esse tema, ganha a dimensão de um direito do contribuinte justamente a partir do momento em que o legislador dela se afasta. Noutras palavras, se a Constituição ordena que o legislador gradue as alíquotas do IPI seletivamente conforme a essencialidade do produto, mas se o legislador se distancia desse mandamento, é porque houve uma deturpação da competência tributária, resvalando, nessa medida, para o terreno da inconstitucionalidade. Pensar o contrário significaria admitir que a Constituição se limita a "recomendar" comportamentos, quer ao legislador, quer ao cidadão, o que ninguém com seriedade científica admite.

Logo, se a seletividade não é uma mera recomendação, então deve ser concretizada, de tal modo que devem existir mecanismos para poder assegurá-la. *Nesse contexto, não há empecilho algum para que o Poder Judiciário, diante de um caso concreto, deparando-se com um produto essencial submetido a uma alíquota que não atenda à seletividade, reconheça a inconstitucionalidade da norma, afastando a tributação em relação àquele produto, até que o Poder Legislativo venha a criar regra nova e adequada.*

Se assim não for, corre-se o risco de manifesta afronta à determinação de tributação seletiva, violando, dessa perspectiva, a igualdade, que lhe serve de esteio. Dispensar tratamento jurídico-tributário distinto a quem se encontra na mesma posição jurídica (industrialização de produtos da cesta básica) é agredir a isonomia, um dos valores mais prestigiados pela

Constituição. Não por acaso se diz que a isonomia não *está* na Constituição, ela *é* a Constituição.

Foi justamente diante dessa polêmica que Humberto Ávila se propôs a examinar os fundamentos teóricos da teoria da proibição de intervenção jurisdicional como legislador positivo. Passando em revista vários precedentes do Supremo Tribunal, e calçado na doutrina alemã, onde foi buscar inspiração, o insigne autor assim se posiciona a esse respeito, sobretudo diante do princípio isonômico:

> *As exigências decorrentes da proporcionalidade não têm sido, contudo, aplicadas no âmbito da igualdade pela jurisprudência do Supremo Tribunal Federal. Em vez de controlar a aplicação proporcional dos princípios colidentes, o Supremo Tribunal Federal apenas afirma que a medida do Poder Legislativo ou do Poder Executivo é adotada no exercício de uma apreciação discricionária não passível de controle pelo Poder Judiciário. O Poder Judiciário somente poderia controlar se a discriminação mantinha uma relação lógica com a finalidade da distinção estabelecida pela lei. Isso significa que o Supremo Tribunal Federal faz um controle de congruência nos casos de desigualdade baseada em finalidades extrafiscais. (...)*
>
> *Importante salientar, ainda, que a referida "tese do legislador negativo" refere-se a uma* autolimitação *da atividade do Poder Judiciário: ele só pode declarar a nulidade da norma, não, porém, alterar seu significado. Por exemplo, uma isenção não será inconstitucional se o Poder Legislativo afastou-se do princípio da igualdade para perseguir uma finalidade extrafiscal.*
>
> *O controle da igualdade efetuado pelo Supremo Tribunal Federal, que analisa bens jurídicos individuais, é, porém, errôneo, porque a promoção de finalidades econômico-políticas diz respeito a bens jurídicos coletivos e não a pessoas que diretamente possam ter proveito dela. Em vez de limitar-se ao exame do direito individual à igualdade, o Tribunal deveria controlar justamente a promoção dessas finalidades econômico-políticas. Isso só poderá ser feito por meio do postulado da proporcionalidade. O direito individual à igualdade não serve de método de controle, como bem demonstra a jurisprudência do Supremo Tribunal Federal.*
>
> *A tese do "legislador negativo" é decorrente da aplicação do princípio da separação dos poderes. Porém, quando o Supremo Tribunal Federal afirma que o Poder Judiciário não pode alterar as*

normas jurídicas sob pena de violar o princípio da separação dos poderes pelo exercício da função legislativa, ele apequena a sua própria função de controle da compatibilidade dos atos do Poder Legislativo e do Poder Judiciário com a Constituição Federal (art. 102, III, "a", CF).

Paradoxalmente o princípio da separação dos poderes, que exige independência e harmonia entre os Poderes (art. 2º), termina não sendo promovido. Ao contrário, ele é violado pelo exercício arbitrário da função estatal: o Estado pode restringir o conteúdo das normas constitucionais com base em qualquer fim, sem que isso seja objeto de controle pela jurisdição constitucional. O princípio do Estado de Direito é, com isso, violado.

(...)

Por conseguinte, é preciso ultrapassar o controle formal, aplicativo e limitado à evidência de arbitrariedade em favor de um modelo material, integral e justificativo de controle do princípio da igualdade. O Estado pode diferenciar, mas deve dizer por que o faz. Não é o particular que deve apresentar um motivo objetivo para ser tratado igualmente; é o Estado que deve apresentar um motivo fundamentado para fazer a diferenciação. O ônus argumentativo – repita-se o quanto for necessário – é do Estado e, não, do cidadão. (...)

Por fim, é necessário aprofundar o exame de autolimitação de competência *feita pelo Supremo Tribunal Federal, especialmente para abandonar a posição simplista no sentido de que o Poder Judiciário, forte no princípio da separação dos poderes, não pode exercer controle sobre decisões tomadas por outros poderes.*

É certo que o Poder Legislativo, justamente porque toma decisões resultantes de discussões e votações democráticas, tem uma liberdade de configuração (Gestaltungsfreiheit) *ou* margem de apreciação (Beurteilungsspielraum) *relativamente ao conteúdo dos seus atos. (...)*

(...)

É também certo, porém, que o exercício dessas prerrogativas decorrentes do princípio democrático deve ser controlado pelo Poder Judiciário, especialmente porque restringe direitos fundamentais. (...)

(...)

Todas essas considerações levam ao entendimento de que o controle de constitucionalidade poderá ser maior ou menor, mas sempre existirá, devendo ser afastada, de plano, a solução simplista de

> *que o Poder Judiciário não pode controlar outro poder com base no princípio da separação dos poderes. O princípio democrático só será realizado se o Poder Legislativo escolher premissas concretas que levem à realização dos direitos fundamentais e das finalidades estatais. Os direitos fundamentais, quanto mais forem restringidos e mais importantes forem na ordem constitucional, mais devem ter sua realização controlada. A tese da insindicabilidade das decisões do Poder Legislativo, sustentada de modo simplista, é uma monstruosidade que viola a função de guardião da Constituição atribuída ao Supremo Tribunal Federal, a plena realização do princípio democrático e dos direitos fundamentais bem como a concretização do princípio da universalidade da jurisdição.*[308]

A transcrição foi longa, mas necessária. O trecho consegue demonstrar, com densidade teórica, o acerto da tese, ainda mais por se tratar do tema da isonomia, sujeito a antitéticos posicionamentos. Com efeito, tangenciar o enfrentamento dessa questão sob a justificativa da separação dos Poderes significa exatamente negar a separação dos Poderes, por paradoxal que possa parecer. É que se o Poder Judiciário, notadamente o Supremo Tribunal Federal, não executa sua função de guardião da ordem jurídica, como determina a Constituição Federal, há, aí sim, uma violação à tripartição estatal, pois um dos Poderes da República não cumpre seu mister.

A bem de se ver, a tese da proibição de intervenção jurisdicional como legislador positivo representa, em franca análise, quase que uma *confissão* acerca da inconstitucionalidade da norma impugnada, porque, não fosse a regra inválida, não haveria motivos para se opor a essa tese. E reconhecer a inconstitucionalidade de uma norma, sem declará-la, é o mesmo que dizer que a parte tem o direito vindicado, mas que o poder jurisdicional não tem como assegurá-lo, o que, na prática, é não reconhecer esse direito, negando o princípio da inafastabilidade da jurisdição, uma das cláusulas pétreas da Carta da República.

---

308. *Sistema constitucional tributário.* 5. ed. São Paulo: Saraiva, 2012, p. 345/355 (com destaques no original). Vide a respeito também Eduardo Domingos Bottallo. "Tributação, ecologia e meio ambiente". *Revista de direito tributário* nº 78, p. 71.

3.2.5 A não-cumulatividade do IPI e a política jurídico-desonerativa para os produtos do agronegócio

O estudo da tributação pelo IPI sobre as operações do agronegócio desperta outras questões tão complexas quanto as que já foram expostas. É que os produtos da atividade rural, em larga extensão, foram acertadamente *desonerados* pelo legislador, o mesmo ocorrendo com os bens de produção (matérias-primas, produtos intermediários, embalagens, máquinas e equipamentos).[309] Tudo em nome da seletividade.

Esse regramento jurídico remete o intérprete a outro núcleo prescritivo constitucional: cuida-se da não-cumulatividade em face do agronegócio. De acordo com o que se viu noutra passagem, a não-cumulatividade é um mecanismo através do qual o contribuinte apura seu imposto com base no valor da operação, ficando autorizado, entretanto, a descontar dessa importância numérica o montante correspondente ao imposto incidente nos insumos adquiridos no processo industrial. Nada mais é do que um sistema de compensação entre os créditos gerados pelas *entradas* e os débitos provenientes das *saídas*. Por intermédio dessa engrenagem busca-se reduzir o denominado efeito cascata que o custo dos tributos acarreta no ciclo produtivo, sendo essa matéria de caráter exclusivamente constitucional, de sorte que lei alguma pode criar obstáculos ao gozo desse direito.

Postas as coisas dessa maneira, não haveria grandes problemas envolvendo o assunto. Não é assim, todavia. Se no isolamento de uma operação "regular" a não-cumulatividade já apresenta tormentosas dificuldades, como, por exemplo, a fixação de quais insumos dão direito ao crédito, entendendo-se por "regular" a operação em que tanto os insumos adquiridos

309. O autor emprega neste trabalho o signo "desoneração" como gênero que congrega as diversas circunstâncias que resultam na impossibilidade ou na ausência de produção de efeitos da norma tributária em sentido estrito (regra-matriz de incidência tributária), como a imunidade, a não-incidência em sentido amplo, a não-incidência em sentido estrito, a isenção, a "alíquota zero" e os "não tributados".

(entradas) quanto os produtos negociados (saídas) são tributados, no contexto de uma operação desonerada, então, os desafios redobram de tamanho.

Muito se discutiu na doutrina e no âmbito da jurisprudência do Supremo Tribunal Federal se a *aquisição* (entrada) de matérias-primas, produtos intermediários ou materiais de embalagens isentos, sujeitos à alíquota zero ou não tributados garante ou não direito ao crédito de IPI. O que defendem os contribuintes é que se não for reconhecido esse direito, o imposto, que deve ser não-cumulativo, transforma-se em cumulativo, já que a desoneração teria o mero efeito de diferimento.

É muito comum a discussão acerca dos créditos girar em torno apenas da aquisição de produtos isentos. No entanto, essa possibilidade não exaure as variáveis que podem ocorrer, *sobretudo no contexto do agronegócio*. É que também pode ocorrer de os produtos adquiridos serem tributados, porém suas saídas serem desoneradas. Sobremais, pode ser que tanto as entradas quanto as saídas sejam desoneradas. Assim, são as seguintes as variáveis desonerativas que podem se apresentar ao intérprete no enfrentamento desse tema: (i) entrada desonerada e saída tributada; (ii) entrada tributada e saída desonerada; (iii) ou entrada desonerada e saída desonerada. Essas possibilidades devem ser confrontadas àqueles conceitos desonerativos, pois, a depender da hipótese, os desdobramentos serão diferentes.

O primeiro caso que se coloca é de entrada desonerada e saída tributada. Nessa hipótese, o insumo adquirido para industrialização não se sujeita ao IPI (entrada), porém a operação envolvendo o produto industrializado (saída) submete-se à incidência do imposto. A desoneração dos insumos adquiridos pode-se dar, em tese, porque o produto se sujeita à imunidade, à não-incidência em sentido amplo, à não-incidência em sentido estrito, à isenção, à alíquota zero ou por estar classificado como "não tributado".

A aquisição de produtos desonerados, com saídas tributadas, deve gerar direito ao crédito de IPI, sob pena de quebra da não-cumulatividade. Isso porque, se assim não for, realmente não haverá uma desoneração, mas mero diferimento do imposto, porém, sem direito ao crédito, ao arrepio da não-cumulatividade. Imagine-se um ciclo produtivo composto por três industriais ("A", "B" e "C"), no qual o industrial que se situa no meio da cadeia econômica é desonerado ("B"). Se ao adquirente de seu produto ("C") não for reconhecido direito ao crédito ter-se-á mero diferimento (adiamento) do IPI gerado na primeira etapa ("A"), porquanto o custo tributário estará embutido na operação, no entanto, sem que seja dado o crédito. Se àquele que se situa no final da cadeia econômica ("C") não for reconhecido o crédito, o imposto da primeira operação (de "A" para "B") irá repercutir no preço do produto, mas sem a possibilidade de creditamento, violando a não-cumulatividade. O imposto que deve ser não-cumulativo configurar-se-ia em cumulativo.

No IPI, diferente do que ocorre expressamente no ICMS (art. 155, § 2º, II, "a" e "b", da CF), não há previsão constitucional no sentido de que a desoneração não dá direito ao crédito ou mesmo que acarreta anulação dos créditos gerados nas operações anteriores. Logo, é nítido que o regramento do IPI não é o mesmo do ICMS.[310] Na ausência de restrição colocada na Carta Constitucional, não se pode negar o creditamento.

O direito ao crédito não decorre da norma de tributação. É a aquisição, pelo industrial, de um produto submetido a esse ciclo econômico que garante o creditamento, e não a incidência da regra tributária em si mesma considerada. Logo, mesmo que o insumo adquirido seja desonerado haverá para o adquirente direito ao crédito. O nascimento do crédito na entrada não está vinculado à efetiva instalação de uma obrigação tributária incidente sobre esse produto: basta que a operação realizada denote a existência de um produto industrializado. O que importa é que o fato praticado seja, em tese,

---

310. Nesse sentido: CARVALHO, Paulo de Barros. *Direito tributário, linguagem e método*. 8. ed. São Paulo: Noeses, 2021, p. 715/721; BOTTALLO, Eduardo Domingos. *Fundamentos do IPI: imposto sobre produtos industrializados*. São Paulo: Ed. RT, 2002, p. 51.

legitimador da competência para instituição do imposto, por se tratar de um produto submetido à industrialização.

Mesmo que o produto adquirido esteja enquadrado no regime da imunidade, da não-incidência em sentido amplo ou da isenção, haverá direito ao creditamento. Vale notar que a possibilidade de manutenção – e, em consequência, de transmissão – dos créditos em operações imunes já está prevista pela própria Constituição Federal, muito embora para o ICMS (art. 155, § 2º, X, "a"), sendo certo que, *da perspectiva desonerativa,* diferença alguma há entre imunidade e isenção em face da não-cumulatividade.

O intuito do legislador constitucional e ordinário é desonerar a cadeia produtiva. Seguindo o mesmo raciocínio, também os casos envolvendo não-incidência em sentido amplo devem comportar o direito ao crédito, porque o fato de que sobre um específico produto ainda não ter sido instituído o imposto não é empecilho para o creditamento, justamente porque o crédito independe da obrigação tributária. Igualmente na isenção – e na sua espécie "alíquota zero" – deve ser garantido o crédito, cujo direito é autônomo em relação à incidência da norma de tributação. Apenas os casos de não-incidência em sentido estrito não podem gerar crédito, já que, nessas hipóteses, o produto não se amolda ao perfil constitucional do IPI, denunciando que não se trata de produto industrializado. Em consequência disso, saber se os "não tributados" geram ou não crédito depende do correto enquadramento técnico do produto, se sujeito à isenção ou à não-incidência em sentido estrito.

O Supremo Tribunal Federal, há longa data, sempre reconheceu o direito ao crédito na entrada de produtos desonerados. Isso tanto no que diz respeito aos produtos nominalmente isentos, quanto aos sujeitos à "alíquota zero". O entendimento prevalecente para quantificação do crédito era o de que, como nos produtos desonerados não há tributação na entrada, a alíquota aplicável para cálculo do crédito deveria pautar-se pela alíquota incidente na saída. No entanto, contrariando consistente doutrina e – o que é pior – sua própria jurisprudência consolidada, o Supremo Tribunal reviu sua posição, entendendo em caso submetido ao regime de repercussão geral que a aquisição de produtos desonerados não dá direito ao crédito.[311]

A segunda possibilidade envolve a aquisição de insumos tributados e operações com produtos industrializados desoneradas (entrada tributada e saída desonerada). Se na entrada desonerada o direito ao crédito não pode deixar de ser reconhecido, na aquisição de produtos tributados, então, esse direito é mais cristalino ainda. Tendo matiz constitucional, o direito aos créditos não pode ser objetado. É condição suficiente para que a técnica da não-cumulatividade produza seus efeitos – mas não condição necessária – o pagamento do tributo na entrada dos insumos, abrindo-se para o contribuinte, a partir daí, o direito subjetivo público ao creditamento, decorrente de norma constitucional de eficácia plena e de aplicabilidade imediata.[312]

Noutras palavras, o nascimento do crédito na entrada não está atrelado à existência da obrigação tributária na saída, bastando que o produto adquirido tenha sido tributado para que se dê o crédito. A forma como o contribuinte irá usufruir esse crédito – na realização de outra operação que seja tributada, através de pedido de compensação com outro tributo ou outro qualquer – é irrelevante e em nada pode prejudicar o reconhecimento ao crédito.

Portanto, se o insumo adquirido está sujeito ao IPI, por ser um produto industrializado, ao adquirente não pode ser negado o crédito, malgrado suas operações sejam desoneradas.

---

311. "Recurso extraordinário. 1. Repercussão geral. 2. Tributário. Aquisição de insumos isentos, não tributados ou sujeitos à alíquota zero. 3. Creditamento de IPI. Impossibilidade. 4. Os princípios da não cumulatividade e da seletividade, previstos no art. 153, § 3º, I e II, da Constituição Federal, não asseguram direito de crédito presumido de IPI para o contribuinte adquirente de insumos não tributados ou sujeitos à alíquota zero. Precedentes.5. Recurso não provido. Reafirmação de jurisprudência". Recurso Extraordinário nº 398.365-RS, Rel. Min. Gilmar Mendes, *DJe* 22.09.2015.

312. Sobre o sentido lógico das expressões "condição suficiente" e "condição necessária", vide ECHAVE, Delia Teresa; URQUIJO, María Eugenia; GUIBOURG, Ricardo A. *Lógica, proposición y norma.* 4. ed. Buenos Aires: Editorial Astrea de Alfredo y Ricardo Depalma, 1995, p. 61.

Exatamente em razão da dissociabilidade entre norma de crédito e norma de tributação é que o tratamento dado às saídas é secundário. Assim, as operações de *saída* imunes, sujeitas à não-incidência em sentido amplo ou mesmo isentas (inclusive mediante alíquota zero), pelos mesmos motivos já declinados, não afastam o direito ao crédito. Somente se o caso envolver uma hipótese de não-incidência em sentido estrito é que não será possível o creditamento, pois, sob esse ângulo, o adquirente será enquadrado como consumidor final, a quem não se concede o crédito por ser moeda-escritural.[313]

A derradeira hipótese consiste na aquisição (entrada) e na venda (saída) de produtos desonerados. Esse é o caso de boa parte dos produtos do agronegócio, pois tanto os bens de produção quanto os produtos em si mesmos considerados são

313. O direito ao crédito nessa segunda hipótese contém previsão no art. 11 da Lei nº 9.779/99. Em caso envolvendo controvérsia antes da lei, o e. STF posicionou-se da seguinte maneira: "IPI. INSUMOS OU MATÉRIAS PRIMAS TRIBUTADOS. SAÍDA ISENTA OU SUJEITA À ALÍQUOTA ZERO. ART. 153, § 3º, INC. II, DA CF. ART. 11 DA LEI N. 9.779/1999. PRINCÍPIO DA NÃO CUMULATIVIDADE. DIREITO AO CREDITAMENTO: INEXISTÊNCIA. RECURSO EXTRAORDINÁRIO PROVIDO. 1. Direito ao creditamento do montante de Imposto sobre Produtos Industrializados pago na aquisição de insumos ou matérias primas tributados e utilizados na industrialização de produtos cuja saída do estabelecimento industrial é isenta ou sujeita à alíquota zero. 2. A compensação prevista na Constituição da República, para fins da não cumulatividade, depende do cotejo de valores apurados entre o que foi cobrado na entrada e o que foi devido na saída: o crédito do adquirente se dará em função do montante cobrado do vendedor do insumo e o débito do adquirente existirá quando o produto industrializado é vendido a terceiro, dentro da cadeia produtiva. 3. Embora a isenção e a alíquota zero tenham naturezas jurídicas diferentes, a consequência é a mesma, em razão da desoneração do tributo. 4. O regime constitucional do Imposto sobre Produtos Industrializados determina a compensação do que for devido em cada operação com o montante cobrado nas operações anteriores, esta a substância jurídica do princípio da não cumulatividade, não aperfeiçoada quando não houver produto onerado na saída, pois o ciclo não se completa. 5. Com o advento do art. 11 da Lei n. 9.779/1999 é que o regime jurídico do Imposto sobre Produtos Industrializados se completou, apenas a partir do início de sua vigência se tendo o direito ao crédito tributário decorrente da aquisição de insumos ou matérias primas tributadas e utilizadas na industrialização de produtos isentos ou submetidos à alíquota zero. 6. Recurso extraordinário provido". Recurso Extraordinário nº 475.551-PR. Rel. p/ acórdão Min. Carmen Lúcia. *DJe* 13.11.2009. O grande problema quanto à solução dada nesse precedente é que se pode passar a ideia de que a calibragem do princípio da não-cumulatividade está nas mãos do legislador infraconstitucional, premissa que não é adotada neste trabalho, pois se trata de mandamento constitucional.

postos à parte da tributação. Surge, dessa maneira, o delicado problema acerca da possibilidade ou não de concessão de algum crédito à agroindústria.

Para responder essa questão é preciso recuperar a finalidade para a qual está preordenada a não-cumulatividade: trata-se de mecanismo constitucional que tem em vista desonerar a cadeia produtiva, obstando a repercussão dos tributos nos preços dos produtos. Daí o motivo pelo qual se permite o abatimento correspondente ao valor dos impostos incidentes na aquisição de produtos do montante a recolher.

Nesse contexto, se sobre a *entrada* de insumos e se sobre a *saída* dos produtos não há incidência tributária, independentemente da categoria jurídico-desonerativa que leva a isso, então, em tese, não há possibilidade de creditamento algum. Sim, porque se a cadeia econômica como um todo é desonerada não se dá a repercussão do custo do tributo, justamente o que a não-cumulatividade visa a impedir. A ressalva contida na afirmação tem por finalidade deixar claro que esse raciocínio só é aplicável se todas as entradas *e* saídas forem desoneradas. Entradas e saídas, concomitantemente, devem ser desoneradas, e mais, a concessão desse direito deve abranger todos os produtos. Caso contrário, deve ser dado o crédito.

Se apenas uma parcela dos insumos é desonerada ou se somente um grupo de produtos comercializados não se submete à tributação, o direito de crédito merece ser assegurado, sob pena de um imposto que é não-cumulativo transformar-se em parcialmente cumulativo, em desrespeito ao mandamento constitucional. Não se pode olvidar que o imposto é calculado por períodos de apuração, o que significa que todas as entradas e todas as saídas são computadas em um só bloco, e não produto a produto. Se não for reconhecido o crédito fatalmente ocorrerá a cumulatividade do imposto. Por isso que somente se todas as entradas e todas as saídas forem desoneradas é que não haverá direito ao crédito.

3.2.6 O crédito presumido de IPI no agronegócio para as agroindústrias e cooperativas, os dois modelos de créditos presumidos existentes e a aquisição de insumos de pessoas físicas

Em matéria de créditos na sistemática do IPI, um outro tema que deve merecer a atenção no estudo da tributação sobre o agronegócio é o crédito presumido existente para esse imposto, tema esse de interesse das agroindústrias e cooperativas. Na verdade, o crédito presumido de IPI não está compreendido na técnica linear da não-cumulatividade propriamente dita, ou seja, no sistema direto de créditos e débitos. Trata-se – como o próprio nome sugere – de uma ficção jurídica criada pela lei. Porém, é inequívoco que o crédito presumido de IPI tem por pressuposto a mesma lógica que orienta a não-cumulatividade, isto é, a redução da carga tributária na cadeia econômica.

O crédito presumido de IPI foi criado, inicialmente, pela Lei Federal nº 9.363/96. Seu núcleo prescritivo está preordenado às *empresas produtoras exportadoras* (art. 1º). Portanto, apenas as empresas que se dedicam à produção de mercadorias nacionais e a sua exportação (como as agroindústrias e as cooperativas do agro) é que estão colocadas debaixo do regramento jurídico dessa lei, a quem é concedido o crédito presumido. Pelo que se percebe, o intuito do comando normativo foi fomentar a indústria nacional a se dedicar à exploração do mercado externo, colocando-a em patamar de igualdade com outras empresas na disputa por um espaço nesse cenário. Tanto assim é que o art. 1º, parágrafo único, prevê que o direito ao crédito presumido de IPI *compreende não só a exportação direta,* estendendo-se também aos casos de *venda às empresas comerciais exportadoras* com o fim específico de exportação (as chamadas *trading companies*), ou seja, *também as exportações indiretas,* reforçando a finalidade de desoneração da exportação.

A hipótese de incidência da norma que concede o direito ao crédito presumido de IPI da Lei nº 9.363/96, desse modo, é produzir e exportar produtos nacionais. Já no que diz respeito à apuração do valor desse crédito presumido (pode-se dizer seu critério quantitativo), o art. 2º estabelece os seguintes procedimentos: (i) em primeiro lugar, a empresa deve calcular o valor total dos insumos adquiridos pela indústria para utilização no processo produtivo (matéria-prima, produtos intermediários e material de embalagem); (ii) em seguida, a empresa apura o coeficiente decorrente da relação entre a receita de exportação e a receita operacional bruta do produtor exportador; (iii) passo adiante, aplica o percentual da relação entre a receita de exportação e a receita operacional bruta do exportador sobre o valor total das aquisições de matérias-primas, produtos intermediários e material de embalagem, alcançando, desse modo, a *base de cálculo* do crédito presumido de IPI; (iv) por fim, sobre a base de cálculo apurada aplica a *alíquota* de 5,37%, encontrando o valor do crédito presumido.

De acordo com o entendimento das próprias autoridades fiscais – Portaria do Ministério da Fazenda nº 093/04 – o crédito presumido será apurado desde o início de cada exercício até o final de cada mês em que houver ocorrido exportação ou venda para empresa comercial exportadora, deduzindo, do valor apurado, os créditos presumidos já utilizados (art. 3º). A apuração do crédito presumido deve ser efetuada com base em sistema de custos coordenado e integrado com a escrituração comercial da pessoa jurídica, que permita determinar a quantidade de matéria-prima, produtos intermediários e materiais de embalagem utilizados na produção (art. 3º, § 5º). Ainda consoante a Portaria MF 093/04, considera-se receita operacional bruta o produto da venda de produtos industrializados pela pessoa jurídica produtora e exportadora nos mercados interno e externo, ao passo que o conceito de receita bruta de exportação entende-se como o produto da venda para o exterior e para empresa comercial exportadora (art. 3º, § 12).

Esse o cenário geral do crédito presumido de IPI reconhecido às empresas produtoras e exportadoras de uma maneira geral, aí incluídas as agroindústrias e as cooperativas, que realizam beneficiamento dos produtos (o que é considerado pela lei industrialização).

Ocorre, no entanto, que outro diploma normativo veio a criar um segundo modelo de crédito presumido de IPI: trata-se da Lei Federal nº 10.276, de 10 de setembro de 2001. Essa lei estabelece uma forma de apuração de crédito presumido diferente, dispondo sobre outras rubricas que geram crédito e com valores distintos. Ora, como a exportação de produtos industrializados é imune (e boa parte dos produtos das agroindústrias é exportada, como o açúcar, por exemplo, não sendo diferente o modelo de negócio das cooperativas), o legislador entendeu por bem conceder esse incentivo às exportações. Primeiro, como visto, veio a Lei nº 9.363/96 tratando do tema; depois, a Lei nº 10.276/01. Eis o quadro comparativo entre uma e outra:

Lei nº 9.363/96	**Lei nº 10.276/01**
Art. 1º A empresa produtora e exportadora de mercadorias nacionais fará jus a crédito presumido do Imposto sobre Produtos Industrializados, como ressarcimento das contribuições de que tratam as Leis Complementares nos 7, de 7 de setembro de 1970, 8, de 3 de dezembro de 1970, *e 70, de 30 de dezembro de 1991, incidentes sobre as respectivas aquisições, no mercado interno, de matérias-primas, produtos intermediários e material de embalagem, para utilização no processo produtivo.* *Parágrafo único. O disposto neste artigo aplica-se, inclusive, nos casos de venda a empresa comercial exportadora com o fim específico de exportação para o exterior.*	*Art. 1º Alternativamente ao disposto na Lei nº 9.363, de 13 de dezembro de 1996, a pessoa jurídica produtora e exportadora de mercadorias nacionais para o exterior poderá determinar o valor do crédito presumido do Imposto sobre Produtos Industrializados (IPI), como ressarcimento relativo às contribuições para os Programas de Integração Social e de Formação do Patrimônio do Servidor Público (PIS/PASEP) e para a Seguridade Social (COFINS), de conformidade com o disposto em regulamento.* § 1º A base de cálculo do crédito presumido será o somatório dos seguintes custos, sobre os quais incidiram as contribuições referidas no caput: *I – de aquisição de insumos, correspondentes a matérias-primas, a produtos intermediários e a materiais de embalagem, bem assim de energia elétrica e combustíveis, adquiridos no mercado interno e utilizados no processo produtivo;*

Art. 2º A base de cálculo do crédito presumido será determinada mediante a aplicação, sobre o valor total das aquisições de matérias-primas, produtos intermediários e material de embalagem referidos no artigo anterior, do percentual correspondente à relação entre a receita de exportação e a receita operacional bruta do produtor exportador. § 1º O crédito fiscal será o resultado da aplicação do percentual de 5,37% sobre a base de cálculo definida neste artigo. (...)	*II – correspondentes ao valor da prestação de serviços decorrente de industrialização por encomenda, na hipótese em que o encomendante seja o contribuinte do IPI, na forma da legislação deste imposto.* § 2º O crédito presumido será determinado mediante a aplicação, sobre a base de cálculo referida no § 1º, do fator calculado pela fórmula constante do Anexo. § 3º Na determinação do fator (F), indicado no Anexo, serão observadas as seguintes limitações: *I – o quociente será reduzido a cinco, quando resultar superior;* *II – o valor dos custos previstos no § 1º será apropriado até o limite de oitenta por cento da receita bruta operacional. (...)* Anexo *F = 0,0365. Rx, onde:* *(Rt-C)* *F é o fator; Rx* é a receita de exportação; *Rt* é a receita operacional bruta; C é o custo de produção determinado na forma do § 1º do art. 1º; *Rx* é o quociente de que trata o inciso I do § 3º do art. 1º.

Diante desse cenário, a primeira controvérsia a esse respeito é se são modelos distintos ou justapostos. A resposta é a de que são sistemáticas diferentes: ou o contribuinte adere ao regramento da Lei nº 9.363/96, ou da Lei nº 10.276/01. Tanto assim que o art. 1º da Lei nº 10.267/01 estabelece que *"alternativamente ao disposto na Lei nº 9.363 (...)"*, o que denota que são duas modalidades de crédito presumido existentes.

A segunda discussão é qual modelo é mais vantajoso. Os itens que integram a base de cálculo do direito ao crédito da

Lei nº 9.363 englobam as matérias-primas, os produtos intermediários e os materiais de embalagem para utilização no processo produtivo, enquanto que a Lei nº 10.276/01 contempla os custos sobre os quais incidiram PIS/COFINS, envolvendo matérias-primas, produtos intermediários, materiais de embalagem, *"bem assim de energia elétrica e combustíveis"*. O segundo modelo abrange custos com energia elétrica e combustíveis, o que o primeiro não prevê textualmente. Isso levou o CARF a editar a Súmula 19, de acordo com a qual *"não integram a base de cálculo do crédito presumido da Lei nº 9.363, de 1996, as aquisições de combustíveis e energia elétrica, uma vez que não são consumidos em contato direto com o produto, não se enquadrando nos conceitos de matéria-prima ou produto intermediário"*.

Outra diferença diz respeito aos valores. A base de cálculo do crédito da Lei nº 9.363/96 é o percentual correspondente à relação entre a receita de exportação e a receita operacional bruta do produtor exportador, sobre a qual incidirá a alíquota de 5,37% para definição do valor exato do crédito. Já na Lei nº 10.276/01 a base de cálculo é *a própria soma dos itens que dão crédito, incluindo energia elétrica e combustíveis, mas tudo limitado a 80% da receita operacional*, e mais, a alíquota é definida pela fórmula do fator de aplicação, que ainda assim restringe o quociente aplicável a cinco. Como se vê, embora esse segundo modelo inclua energia elétrica e combustíveis, só as peculiaridades do caso concreto indicarão qual o melhor regime.

Há um aspecto muito relevante, no entanto, que é comum aos dois modelos: *a sistemática de crédito presumido de IPI só se aplica às pessoas jurídicas que se sujeitam ao regime cumulativo de PIS e de COFINS*, regido pela Lei Federal nº 9.718/98, e não àquelas que apuram essas contribuições pela sistemática não-cumulativa disciplinada pelas Leis Federais nº 10.637/02 e 10.833/03, respectivamente. Essa a previsão do art. 14 da Lei nº 10.833/03 e também do art. 32 da Instrução Normativa nº 419/04 da Receita Federal, sob o pressuposto de que, nesses casos, a legislação concede outros créditos.

Portanto, em se tratando de agroindústria, é necessário avaliar qual o regime de PIS/COFINS a que está submetida, se o cumulativo ou o não-cumulativo, para saber se haverá direito ao crédito presumido de IPI ou não. O mesmo se diga quanto às cooperativas do agro, na medida em que os arts. 10, VI, e 15, V, Lei nº 10.833/03 não incluem as cooperativas de produção agropecuária como obrigatoriamente sujeitas ao regime cumulativo.

Uma última reflexão sobre esse tema gira em torno da possibilidade ou não de geração de créditos de insumos adquiridos de pessoas físicas. Para as agroindústrias e as cooperativas isso ganha outros contornos que merecem ser aqui enfrentados, sobretudo diante das inúmeras disputas entre Fisco e contribuintes, assim no âmbito do contencioso administrativo, que no judicial. Isto porque o art. 1º da Lei Federal nº 9.363/96, que criou o crédito presumido, estabeleceu que essas empresas fariam jus a esse incentivo *"como ressarcimento das contribuições de que tratam as Leis Complementares 7, de 7 de setembro de 1970, 8, de 3 de dezembro de 1970, e 70, de 30 de dezembro de 1991"*. Apenas a título de lembrança, as Leis Complementares nºs. 07 e 08 de 1970 disciplinam o PIS, enquanto que a Lei Complementar nº 70/91 instituiu a COFINS.

Foi sentindo-se autorizada por essa disposição contida na lei que a Secretaria da Receita Federal do Brasil entendeu por bem editar a Instrução Normativa nº 419, de 10 de maio de 2004, por intermédio da qual previu uma restrição para a utilização do crédito presumido de IPI especificamente em relação ao agronegócio, dispondo no art. 2º, § 2º, que *"o crédito presumido relativo a produtos oriundos da atividade rural, conforme definida no art. 2º da Lei nº 8.023, de 12 de abril de 1990, utilizados como MP, PI ou ME, na industrialização de produtos exportados, será calculado, exclusivamente, em relação às aquisições efetuadas de pessoas jurídicas sujeitas à contribuição para o PIS/PASEP e à Cofins"*.

Como se pode perceber, pretendeu a Secretaria da Receita Federal limitar a apuração do crédito presumido no agronegócio aos insumos adquiridos de pessoas jurídicas, pois somente elas se submetem ao PIS e à COFINS, *vedando, portanto, a inclusão das matérias-primas, dos produtos intermediários e dos materiais de embalagem produzidos por pessoas físicas na base de cálculo do crédito presumido de IPI*. Essa limitação provoca um impacto muito grande no agronegócio, na medida em que, por óbvio, a imensa maioria dos insumos adquiridos pelas agroindústrias e cooperativas advém de produtores rurais pessoas físicas, de tal sorte que, a prevalecer a restrição, o crédito presumido de IPI, na prática, surtiria efeito diminuto em relação a esses contribuintes.

Acontece que essa limitação inserida no ordenamento por instrumento secundário, como o é a instrução normativa, não se sustém. Isso porque a Lei Federal nº 9.363/96 (e também a Lei Federal nº 10.276/01) – cujos limites deveriam ser respeitados pela instrução normativa – em nenhum momento fizeram essa restrição, dado que o legislador, no primeiro veículo normativo, cingiu-se em fazer referência ao *"valor total das aquisições"* para compor a base de cálculo do crédito presumido de IPI. Não houve distinção sobre insumos originários da atividade rural ou urbana ou mesmo de pessoas físicas ou jurídicas. Insista-se nesse ponto: a base de cálculo do crédito presumido de IPI fixada na Lei Federal nº 9.363/96 tomou como parâmetro a aplicação do coeficiente entre receita de exportação e receita operacional bruta do produtor exportador sobre o *valor total* das matérias-primas, produtos intermediários e material de embalagem. Nesse sentido, a IN 419/04 não poderia limitar a base de cálculo aos insumos sobre os quais incidiram o PIS e a COFINS.

Logo, parece incontestável que o órgão administrativo, que deve estar sempre jungido à lei, não estava autorizado a baixar instrução normativa que desbordasse das fronteiras da norma hierarquicamente superior que, em última instância, criou o próprio benefício e não estabeleceu obstáculo algum para o gozo desse direito. Crê-se que é desnecessário reprisar todos os argumentos pelos quais, em matéria tributária, vigoram, com toda a força de sua juridicidade, os princípios constitucionais da legalidade e da estrita legalidade, até mesmo porque já foram examinados neste trabalho e porque são comezinhos.

A restrição na composição da base de cálculo do crédito presumido em relação às aquisições de insumos oriundos da atividade rural apenas de pessoas jurídicas contribuintes de PIS/

COFINS, portanto, não é juridicamente legítima. A autoridade administrativa, mesmo quando imbuída da competência para veicular normas complementares ao cumprimento da lei, não pode modificar seu conteúdo, mas apenas regulamentá-la, aliás, em limites bem estreitos. Nesse particular, diga-se de passagem, a IN 419/04 afrontou não só a Lei Federal nº 9.363/96, como a própria Portaria MF nº 93/04, que, no plano da Administração Pública Federal, lhe é hierarquicamente superior, pois mesmo essa portaria não traz consigo tal condicionante (art. 3º, § 1º, I).

Assim, se o legislador – autoridade credenciada pelo sistema jurídico para inovar legislativamente – fixou que a base de cálculo do crédito presumido de IPI considerará o *"valor total"* das aquisições de insumos, não poderia a autoridade administrativa dispor em sentido contrário ao estabelecer que a base será composta pelo *"somatório dos custos de insumos sobre os quais incidiram PIS/COFINS"*.

Como se isso tudo não bastasse, há um outro aspecto – quem sabe, até mais consistente da perspectiva teórica – que afasta essa inválida restrição: é que o crédito presumido de IPI é uma ficção jurídica criada pela lei, *independente, portanto, da incidência tributária propriamente dita*. Noutras palavras, o industrial não precisa demonstrar a incidência do PIS e da COFINS na etapa anterior porque para a legislação, das duas, uma: ou esse é um dado irrelevante, tanto assim que a base de cálculo engloba o total dos insumos adquiridos, ou porque a lei presumiu que *sobre os insumos dos insumos* adquiridos há percussão tributária dessas contribuições, justificando, pois, a concessão do crédito.[314]

Portanto, para a formação do crédito presumido de IPI não há que se indagar acerca da incidência ou não das contribuições

314. Sobre o assunto, vide: CARVALHO, Paulo de Barros. "Aproveitamento de crédito presumido decorrente de receitas de exportação previsto na Lei nº 9.363/96 e os produtos isentos, submetidos à alíquota zero, NT ou não sujeitos à tributação pelo IPI". *Aspectos polêmicos do agronegócio: uma visão através do contencioso*. Coord. Elias Marques de Medeiros Neto. São Paulo: Editora Castro Lopes, 2013, p. 25/51. Vide também: TUBINO, Rogério de Miranda. "PIS/COFINS – análise da possibilidade de as aquisições de produtos oriundos da atividade rural, efetuadas de pessoas físicas e cooperativas, integrarem a base de cálculo na apuração do crédito presumido de IPI, instituído como forma de ressarcimento do PIS e da COFINS – aplicação da taxa SELIC". *Tributação no agronegócio*. Coord. Eduardo de Carvalho Borges. São Paulo: Quartier Latin, 2005, p. 241.

ao PIS e à COFINS sobre a operação jurídica, simplesmente porque para a Lei Federal nº 9.363/96 esse não foi um aspecto relevante. Por hipótese, mesmo os produtos adquiridos com isenção darão crédito. O fato de constar na fraseologia do art. 1º que esse crédito tem por mote um "ressarcimento" de PIS/COFINS não autoriza o intérprete a vincular a concessão do crédito presumido de IPI à efetiva incidência das contribuições na etapa anterior, já que, se assim fosse, a própria Lei Federal nº 9.363/96 se encarregaria de disciplinar nos seus enunciados prescritivos os meios pelos quais o adquirente deveria comprovar a incidência das contribuições para justificar esse "ressarcimento". Se assim não fez, é a prova de que esse é um crédito – a conclusão é óbvia – "presumido". Isto é, uma ficção jurídica em relação à qual a Administração Pública não pode querer fazer prova em contrário.

Não por outra razão o entendimento que tem prevalecido é o de se reconhecer que a restrição imposta especificamente às atividades do agronegócio, no sentido de que somente os insumos adquiridos de pessoas jurídicas poderiam ser incluídos na base de cálculo do crédito presumido de IPI, não se sustenta juridicamente, ficando autorizado, pois, o cômputo dos valores das matérias-primas, produtos intermediários e materiais de embalagem fornecidos por produtores rurais pessoas físicas na composição desse benefício, isso tanto no âmbito do Conselho Administrativo de Recursos Fiscais,[315] quanto do próprio Superior Tribunal de Justiça.[316]

---

315. "(...) IPI. CRÉDITO PRESUMIDO. INSUMOS ADQUIRIDOS DE NÃO CONTRIBUINTES. POSSIBILIDADE. ENTENDIMENTO FIRMADO EM RECURSO REPETITIVO PELO SUPERIOR TRIBUNAL DE JUSTIÇA. ART. 62, § 2º DO ANEXO II DO RICARF. O Superior Tribunal de Justiça decidiu, na sistemática de recursos repetitivos, que devem ser incluídos, na base de cálculo do crédito presumido de IPI, o valor das aquisições de insumos que não sofreram a incidência do PIS e Cofins, de modo que devem ser computadas as aquisições de pessoas físicas e cooperativas. Esse entendimento por força regimental deve ser reproduzido no julgamento dos recursos (...)". Processo nº 13804.002403/2002-50. Acórdão nº 3302-003.093, 3ª Seção de Julgamento, 3ª Câmara, 2ª Turma Ordinária, j. 25.02.2016.

316. "O benefício fiscal do ressarcimento do crédito presumido do IPI relativo às exportações incide mesmo quando as matérias-primas ou os insumos sejam adquiridos de pessoa física ou jurídica não contribuinte do PIS/PASEP" (Súmula 494). Vide também: "É devida a correção monetária ao creditamento do IPI quando há

oposição ao seu aproveitamento decorrente de resistência ilegítima do Fisco" (Súmula 411). Confira-se, ainda, o seguinte precedente firmado em sede de recurso repetitivo: "PROCESSUAL CIVIL. RECURSO ESPECIAL REPRESENTATIVO DE CONTROVÉRSIA. IPI. CRÉDITO PRESUMIDO PARA RESSARCIMENTO DO VALOR DO PIS/PASEP E DA COFINS. EMPRESAS PRODUTORAS E EXPORTADORAS DE MERCADORIAS NACIONAIS. LEI 9.363/96. INSTRUÇÃO NORMATIVA SRF 23/97. CONDICIONAMENTO DO INCENTIVO FISCAL AOS INSUMOS ADQUIRIDOS DE FORNECEDORES SUJEITOS À TRIBUTAÇÃO PELO PIS E PELA COFINS. EXORBITÂNCIA DOS LIMITES IMPOSTOS PELA LEI ORDINÁRIA. SÚMULA VINCULANTE 10/STF. OBSERVÂNCIA. INSTRUÇÃO NORMATIVA (ATO NORMATIVO SECUNDÁRIO). CORREÇÃO MONETÁRIA. INCIDÊNCIA. EXERCÍCIO DO DIREITO DE CRÉDITO POSTERGADO PELO FISCO. NÃO CARACTERIZAÇÃO DE CRÉDITO ESCRITURAL. TAXA SELIC. APLICAÇÃO. VIOLAÇÃO DO ART. 535, DO CPC/73. INOCORRÊNCIA. 1. O crédito presumido de IPI, instituído pela Lei 9.363/96, não poderia ter sua aplicação restringida por força da Instrução Normativa SRF 23/97, ato normativo secundário, que não pode inovar no ordenamento jurídico, subordinando-se aos limites do texto legal. (...) 6. Com efeito, o § 2°, do art. 2°, da Instrução Normativa SRF 23/97, restringiu a dedução do crédito presumido do IPI (instituído pela Lei 9.363/96), no que concerne às empresas produtoras e exportadoras de produtos oriundos de atividade rural, às aquisições, no mercado interno, efetuadas de pessoas jurídicas sujeitas às contribuições destinadas ao PIS/PASEP e à COFINS. 7. Como de sabença, a validade das instruções normativas (atos normativos secundários) pressupõe a estrita observância dos limites impostos pelos atos normativos primários a que se subordinam (leis, tratados, convenções internacionais, etc.), sendo certo que, se vierem a positivar em seu texto uma exegese que possa irromper a hierarquia normativa sobrejacente, viciar-se-ão de ilegalidade e não de inconstitucionalidade (...). 8. Consequentemente, sobressai a 'ilegalidade' da instrução normativa que extrapolou os limites impostos pela Lei 9.363/96, ao excluir, da base de cálculo do benefício do crédito presumido do IPI, as aquisições (relativamente aos produtos oriundos de atividade rural) de matéria-prima e de insumos de fornecedores não sujeito à tributação pelo PIS/PASEP e pela COFINS (...). 9. É que: (i) 'a COFINS e o PIS oneram em cascata o produto rural e, por isso, estão embutidos no valor do produto final adquirido pelo produtor-exportador, mesmo não havendo incidência na sua última aquisição'; (ii) 'o Decreto 2.367/98 – Regulamento do IPI -, posterior à Lei 9.363/96, não fez restrição às aquisições de produtos rurais'; e (iii) 'a base de cálculo do ressarcimento é o valor total das aquisições dos insumos utilizados no processo produtivo (art. 2°), sem condicionantes' (REsp 586392/RN). (...)". REsp. n° 993.164-MG. 1ª Seção. Rel. Min. Luiz Fux. *DJe* 17.12.2010.

CAPÍTULO 4

O IMPOSTO SOBRE PROPRIEDADE TERRITORIAL RURAL (ITR) E O AGRONEGÓCIO

4.1 O ITR ganhou relevância no cenário nacional

O ITR ganhou relevância no cenário nacional. A frase pode soar impactante, mas, para quem lida com o cotidiano do agro, não é de causar estranheza. Afinal, esse foi um tributo durante muitos anos deixado de lado. Hoje, no entanto, a situação é outra, inteiramente outra.

O imposto sobre propriedade territorial rural sempre foi visto como um imposto federal de caráter exclusivamente extrafiscal, cuja precípua missão seria demonstrar o cumprimento da função social da propriedade, de modo a afastar o risco de que o imóvel pudesse passar pelo temido processo de reforma agrária. Essa lógica prevaleceu durante muito tempo, desde o Estatuto da Terra. E mesmo após a Constituição Federal de 1988 esse estado de coisas se manteve, ocupando o imposto territorial rural um espaço normativo que tinha por objetivo apenas o controle, para fins agrários, se as terras eram ou não exploradas adequadamente.

Com o advento da Lei nº 9.393/96 – que ainda disciplina o ITR – as preocupações extrafiscais se mantiveram. No entanto, essa era uma impressão equivocada, pois a Lei nº 9.393/96, a bem de se ver, desde sua redação originária já contemplava regras apontando para aspectos relevantes no que diz respeito à identificação da grandeza tributável das propriedades rurais. E essa tendência se reforçou com a promulgação da Emenda Constitucional nº 42/03, diploma normativo esse que inseriu na ordem jurídica um preceito que poucos se deram conta: o ITR, além de ter suas alíquotas fixadas de forma a desestimular a manutenção de propriedades improdutivas, passou a ser *"progressivo"*. Essa modificação no contexto constitucional denotou que esse imposto deixou de ter um viés simplesmente extrafiscal, passando a admitir também que tivesse suas alíquotas calibradas segundo o valor da propriedade. Não fosse assim e o texto da Constituição Federal, na sua versão anterior, não estabeleceria apenas que o ITR teria suas alíquotas dosadas de maneira a desestimular a manutenção de propriedades improdutivas.[317]

Mas a grande inovação da EC 42/03 foi, sem sombra de dúvidas, a previsão de que o ITR poderia ser "municipalizado". A colocação entre aspas do vocábulo – "municipalizado" – é proposital, porque o ITR continua a ser um imposto federal, mas fortemente influenciado por atos fiscalizatórios realizados pelos Municípios. Com efeito, o art. 156, § 4º, III, da Carta da República passou a admitir que o ITR seja *"fiscalizado e cobrado pelos Municípios que assim optarem, na forma da lei, desde que não implique redução do imposto ou qualquer outra forma de renúncia fiscal"*.

Apesar de essa autorização ser de 2003, foi só em 2005, através da Lei nº 11.250, e depois em 2008, por intermédio do Decreto nº 6.433, que o dispositivo constitucional foi disciplinado – quer dizer, pretensamente disciplinado, como se verá.

---

317. Eis o que dispunha o texto originário da Constituição (art. 153, § 4º): "§ 4º O imposto previsto no inciso VI terá suas alíquotas fixadas de forma a desestimular a manutenção de propriedades improdutivas e não incidirá sobre pequenas glebas rurais, definidas em lei, quando as explore, só ou com sua família, o proprietário que não possua outro imóvel".

Ainda assim, somente nos idos de 2010 em diante que os Municípios se deram conta de que o ITR poderia ser uma boa "fonte de arrecadação". E foi aí que os problemas começaram.[318]

Pois bem, neste capítulo o intuito é justamente adentrar nos aspectos relevantes desse tributo da perspectiva teórica, mas, é claro, não só isso: far-se-á um exame detalhado sob o prisma prático dos verdadeiros abusos cometidos pelos Municípios em matéria de ITR. Antes, porém, a abordagem passará pelos pontos envolvendo o que marca um imóvel para ser considerado rural, as polêmicas sobre a materialidade do imposto e seus reflexos na sujeição passiva.

4.2 Critérios jurídicos para se tributar a propriedade imobiliária: divisor entre imóvel rural e imóvel urbano

Há, na Carta Constitucional, um catálogo recheado de fatos que o constituinte entendeu representarem manifestação de riqueza por parte das pessoas, razão pela qual os colocou sujeitos à possibilidade de tributação. São diversas as hipóteses tributáveis, como a importação, a exportação, a renda, a industrialização, as operações financeiras, a transmissão de bens por herança, as operações mercantis, a prestação de serviços, a transmissão de imóveis *inter vivos*, o faturamento, a receita, dentre outros.

Um fato-signo presuntivo de riqueza que não poderia ficar de fora desse rol é a *propriedade*. Realmente, talvez não haja situação jurídica mais objetiva para caracterizar a capacidade contributiva do indivíduo do que a propriedade, porque esse direito representa a incorporação ao acervo jurídico da pessoa,

---

318. Essa intenção de aumento de arrecadação com o ITR tende a se intensificar. O ITR representou por muito tempo menos de 1% da arrecadação federal e o número de guias DARF (Documento de Arrecadação Federal) de R$ 10,00, valor mínimo para expedição desse tipo de documento, era grande. Por outro lado, dos mais de 5.000 Municípios, nem a metade tem convênio com a Receita Federal para cobrar o ITR, de modo que a possibilidade de expansão é considerável. Sobre essas informações, vide: https://valor.globo.com/brasil/noticia/2020/06/22/receita-quer-aumentar-arrecadacao-do-itr.ghtml.

que dele poderá usar, gozar e dispor. Além disso, a propriedade é avaliável economicamente, de tal sorte que sobre esse direito é perfeitamente possível recair o tributo. Foi com essa convicção que o constituinte conferiu competência à União para tributar a propriedade territorial rural (ITR), aos Estados e ao Distrito Federal para gravarem a propriedade de veículos automotores (IPVA) e aos Municípios e ao Distrito Federal para onerarem a propriedade predial e territorial urbana (IPTU).

O cerne das preocupações agora é, justamente, o *"imposto sobre propriedade territorial rural"*, capitulado como de competência federal no art. 153, VI, do Texto Magno.

Dado o corte metodológico empreendido no início deste estudo, que se lançou a identificar, demarcar e sistematizar a tributação que incide sobre o agronegócio, não haveria como o imposto que recai sobre a propriedade imobiliária nesse setor deixar de ser investigado. Muito embora nem todos os proprietários de imóveis rurais dediquem-se, necessariamente, às atividades rurais (pois podem empreender no ecoturismo, por exemplo), a verdade é que aqueles que exploram o segmento econômico do agronegócio o fazem em imóveis rurais, justificando, pois, a perquirição dessa figura tributária.[319]

Diante disso, é fundamental fixar as bases científicas que permitam identificar os critérios jurídicos para tributação sobre a propriedade imobiliária, divisando imóveis rurais de urbanos. Essa é uma empreitada inicial de que não se pode abrir mão, haja vista que a Constituição outorgou competência tributária para exigência de imposto sobre *propriedade imobiliária rural* à União e sobre *propriedade imobiliária urbana* aos Municípios, recomendando, pois, uma análise acurada em torno desse tema, a fim de se evitar conflitos de competência. A propósito, o IPTU e o ITR são dos poucos tributos que

319. Não é demais lembrar que, para fins de imposto sobre a renda, o indivíduo pode se sujeitar ao IRPF ou ao IRPJ incidentes sobre a atividade rural, mas isso não significa que, necessariamente, suas atividades sejam desenvolvidas em imóvel rural, como já destacado neste estudo.

apresentam esse aspecto problemático no critério espacial da regra-matriz de incidência tributária, o que, por sua vez, repercute na própria fixação da competência tributária em si.[320]

Sobremais, não se pode deixar de registrar – com o devido respeito – que tem havido uma considerável dose de confusão nessa matéria em certos setores da doutrina e também em precedentes dos Tribunais. Portanto, antes de partir para análise da materialidade, da sujeição passiva e do critério quantitativo do ITR, é o caso de averiguar adequadamente a própria competência tributária.[321]

O art. 153, VI, da Constituição Federal limita-se a prever que compete à União instituir impostos sobre "propriedade territorial rural". Não há, na Carta da República, um enunciado que defina o que deve ser entendido por "imóvel rural". De outra parte, o art. 156, I, da Constituição prescreve caber aos Municípios e ao Distrito Federal criarem impostos sobre "propriedade predial e territorial urbana". Também não há na Lei Fundamental um dispositivo conceituando "imóvel urbano".

De fato, não aparece na Constituição Federal o conceito de "imóvel rural", nem muito menos de "imóvel urbano". Não há esse conceito e nem deveria existir mesmo. É que a Carta Constitucional – isso já foi dito neste trabalho – não é um texto

---

320. Sobre o histórico da competência sobre a tributação de "imóveis rurais" e "imóveis urbanos", vide Aires Barreto. *Curso de direito tributário municipal.* São Paulo: Saraiva, 2009, p. 175/178.

321. É voz corrente na doutrina que o ITR é um imposto pouco estudado. Nesse sentido são as palavras de Misabel Derzi no prefácio à obra de Luciano Dias Bicalho Camargos: "Em primeiro lugar, a literatura jurídica se ressente da ausência quase total de estudos sistemáticos relacionados ao Imposto Territorial Rural. Coincidentemente, o desinteresse da Dogmática Jurídica por tal espécie de imposto coincide ou é evidência sintomática de sua utilização deficiente e pouco eficaz. Dá-se um círculo vicioso, que é preciso romper". *O imposto territorial rural e a função social da propriedade.* Belo Horizonte: Del Rey, 2001, p. XII. A anemia jurídica sobre essa matéria talvez se explique porque a própria União não tem dado mostras de que se preocupa muito com o ITR. Tanto assim é que a fiscalização e a arrecadação do imposto, de acordo com a ordem jurídica em vigor, podem até mesmo ser delegadas, conforme será visto adiante. Contudo, a verdade é que há muito a ser dito sobre esse imposto.

lexicográfico, que necessite de um glossário para ser adequadamente compreendido.

Há um mínimo de significação nas palavras usadas pela Constituição, um núcleo semântico básico que não pode ser desprezado pelo exegeta. Ninguém há de questionar que uma fazenda, longínqua de qualquer perímetro urbano, é, inequivocamente, um imóvel rural, enquanto que uma casa localizada na região central de uma cidade é um imóvel urbano. A faixa de penumbra pode-se localizar no divisor entre área urbana e área rural, mas situações há em que a condição topográfica do imóvel é clarividente.[322]

Com essas ressalvas é que se pode aceitar que coube ao Código Tributário Nacional esmiuçar os conceitos de imóvel rural e imóvel urbano. Note-se que, da perspectiva tributária, o território nacional é dividido, obviamente, entre zona urbana e zona rural apenas; não há uma terceira hipótese. Assim, optou o legislador do Código por estabelecer o que é imóvel urbano e, *por exclusão,* apartou os imóveis rurais. Para facilitar a visualização e compreensão do tema, eis o que

322. Em memorável passagem de seu clássico, Carlos Maximiliano bem evidencia que o labor exegético requer esmero. Muito embora seu modo de enxergar o processo interpretativo não coincida com o adotado neste trabalho – pois, para ele, o hermeneuta *extrairia* os sentidos das palavras, o que significaria admitir um sentido unívoco dos vocábulos, ao passo que o modelo teórico adotado neste estudo parte do pressuposto de que direito é linguagem e que, portanto, o exegeta *constrói* sua interpretação – vale a pena transcrever o seguinte trecho: "O jurista, esclarecido pela Hermenêutica, descobre, em Código, ou em um ato escrito, a frase implícita, mais diretamente aplicável a um fato do que o texto expresso. Multiplica as utilidades de uma obra; afirma o que o legislador decretaria, se previsse o incidente e o quisesse prevenir ou resolver; intervém como auxiliar prestimoso da realização do Direito. (...) Não perturba a harmonia do conjunto, nem altera as linhas arquitetônicas da obra; desce aos alicerces, e dali arranca tesouros de ideias, latentes até aquele dia, porém vivazes e lúcidos. Explica a matéria, afasta as contradições aparentes, dissipa as obscuridades e faltas de precisão, põe em relevo todo o conteúdo do preceito legal, deduz das disposições isoladas o princípio que lhes forma a base, e desse princípio as consequências que do mesmo decorrem. Todo ato jurídico, ou lei positiva, consta de duas partes – o sentido íntimo e a expressão visível. Partir desta para descobrir aquele, através dos vocábulos atingir a ideia, fazer passar pela própria consciência a norma concreta, compreender o texto em seu significado e alcance; em uma palavra, subjetivar a regra objetiva: eis a operação mental que o intérprete realiza". *Hermenêutica e aplicação do direito.* 9. ed. Rio de Janeiro: Forense, 1980, p. 14.

dispõem os arts. 29 e 32 do CTN sobre imóveis rural e urbano, respectivamente:

> *Art. 29. O imposto, de competência da União, sobre a propriedade territorial rural, tem como fato gerador a propriedade, o domínio útil ou a posse de imóvel por natureza, como definido na lei civil,* localizado fora da zona urbana do Município.
>
> *(...)*
>
> *Art. 32. O imposto, de competência dos Municípios, sobre a propriedade predial e territorial urbana tem como fato gerador a propriedade, o domínio útil ou a posse de bem imóvel por natureza ou por acessão física, como definido na lei civil,* localizado na zona urbana do Município.
>
> *§ 1º Para os efeitos deste imposto,* entende-se como zona urbana a definida em lei municipal, observado o requisito mínimo da existência de melhoramentos indicados em pelo menos dois dos incisos seguintes, construídos ou mantidos pelo Poder Público:
>
> *I – meio-fio ou calçamento, com canalização de águas pluviais;*
>
> *II – abastecimento de água;*
>
> *III – sistema de esgotos sanitários;*
>
> *IV – rede de iluminação pública, com ou sem posteamento para distribuição domiciliar;*
>
> *V – escola primária ou posto de saúde a uma distância máxima de três quilômetros do imóvel considerado.*
>
> *§ 2º A lei municipal pode considerar urbanas as áreas urbanizáveis, ou de expansão urbana, constantes de loteamentos aprovados pelos órgãos competentes, destinados à habitação, à indústria ou ao comércio,* mesmo que localizados fora das zonas definidas nos termos do parágrafo anterior. (destacou-se)

Pelo que se pode perceber, a identificação do imóvel rural se deu por exclusão, ou seja, imóvel rural é aquele situado fora da zona urbana. Para descobrir o que vem a ser imóvel rural, portanto, o intérprete deve voltar os olhos para a demarcação da área urbana. Acontece que o Código Tributário Nacional estabeleceu que a definição da zona urbana será feita por lei municipal, o que poderia levar o hermeneuta apressado a imaginar que nem a Constituição Federal, nem o CTN conceituariam zona rural (e imóvel rural) e zona urbana (e imóvel urbano), causando, assim, um caos jurídico, pois tudo ficaria na dependência das leis de inúmeros Municípios País afora. Esse panorama resultaria, até mesmo, na ineficácia técnico-sintática da legislação do ITR, que teria que aguardar a formulação cambiante da zona urbana de cada Município para que pudesse, então, produzir todos os seus efeitos desejados.

Ocorre que não é bem assim. Apesar de ser verdade que a circunscrição precisa da zona urbana dos Municípios depende de lei local, o Código não deixou ao bel-prazer do legislador municipal fixar a área urbana como bem lhe aprouvesse, sem qualquer controle. Não que o Município não goze de autonomia e que vá buscar sua competência legislativa no Código Tributário Nacional, em vez de hauri-la da Constituição, em desapego ao pacto federativo. Não é isso. É que, especificamente nesse ponto, o CTN legitimamente exerce o papel de introduzir no sistema normas gerais em matéria tributária, com o escopo de dispor sobre conflitos de competência entre as entidades tributantes (art. 146, I, CF). A ausência de qualquer critério no âmbito do CTN, aliás, seria extremamente indesejável, pois, em tese, o Município poderia ampliar demasiadamente sua zona urbana, chamando de urbana área que, evidentemente, não o é e, com isso, invadindo a competência da União para tributar os imóveis rurais.[323]

Desse modo, pode-se dizer que, independentemente do que dispuser a lei municipal, a zona urbana, onde se situam os imóveis urbanos, é aquela em que existam, em número de dois ao mesmo tempo, pelo menos, os requisitos de: (i) meio-fio ou calçamento, com canalização de águas pluviais; (ii) abastecimento de água; (iii) sistema de esgoto sanitário; (iv) rede de iluminação pública, com ou sem posteamento para distribuição

---

323. Aires Barreto adverte com muita propriedade que "se, de um lado, a competência municipal é exclusiva, no que pertine à tributação imobiliária urbana, de outro, é a União igualmente competente, e também em caráter exclusivo, para criar o imposto sobre a propriedade imobiliária rural". "Imposto predial e territorial urbano – IPTU". *Curso de direito tributário.* Coord. Ives Gandra da Silva Martins. 8. ed. São Paulo: Saraiva, 2001, p. 730.

domiciliar; (v) e escola primária ou posto de saúde a uma distância máxima de três quilômetros do imóvel considerado. Ademais, esses melhoramentos devem ter sido construídos ou ser mantidos pelo Poder Público Municipal, de maneira que eventual benfeitoria construída pelo particular não supre a exigência da lei. É essa a mensagem prescritiva do art. 32, § 1º, do CTN. Portanto, se em relação ao imóvel não estiverem presentes pelo menos dois desses critérios jurídico-positivos de maneira concomitante o imóvel será, necessariamente, rural.

A possibilidade de a lei municipal considerar área urbanizável ou de expansão urbana loteamentos aprovados pelos órgãos competentes destinados à habitação, à indústria ou ao comércio, mesmo que ausentes esses requisitos, como prevê o art. 32, § 2º, do CTN, não prejudica em nada a conclusão a que se chegou, pois, nesses casos, há dependência de loteamento com o propósito específico de transformar uma área em urbana, servindo o IPTU incidente, em certo sentido, para carrear recursos às despesas públicas gerais com os melhoramentos, com o objetivo de fomentar a ocupação dessas áreas. Enfim, essas áreas já são inseridas no contexto urbano. Afinal de contas, não se pode perder de vista que, *tudo que hoje é urbano, um dia já foi rural.*

Destarte, parece inequívoco que o critério eleito para divisão da competência tributária entre União e Municípios foi o da localização do imóvel. Trata-se de um dado físico, palpável, concreto, que se afere diante do local onde se encontra o bem, fornecendo a legislação os mecanismos empíricos necessários a sua identificação (meio-fio, abastecimento de água etc.).

4.2.1 O descabimento de uma sobreposição de critérios para se definir se um imóvel é "rural" ou "urbano": a não-recepção do Decreto-lei nº 57/66 e o desacerto do STJ nessa matéria

Há um importante esclarecimento a ser feito sobre essa matéria. Logo após a publicação do Código Tributário Nacional, que foi veiculado pela Lei Federal nº 5.172, de 25 de outubro de

1966, adveio o Decreto Federal nº 59.428, de 27 de outubro de 1966 – dois dias após, portanto – que pretendeu modificar esse critério de identificação, passando da localização do bem para a *destinação* empregada (art. 93). Assim, o imóvel rural deixaria de ser aquele localizado na zona rural para compreender aquele em que é explorada uma atividade rural, mesmo que situado na área urbana. Como singelo decreto regulamentar não poderia introduzir essa modificação, foi editado o Decreto-lei nº 57, de 18 de novembro de 1966, instrumento que, à época da Carta de 1946, tinha força de lei, para reiterar a alteração do critério identificador do imóvel rural da localização para a destinação dada. O art. 15 do DL 57/66 prescreveu que *"o disposto no art. 32 da Lei nº 5.172, de 25 de outubro de 1966* [Código Tributário Nacional], *não abrange o imóvel de que, comprovadamente, seja utilizado em exploração extrativa vegetal, agrícola, pecuária ou agroindustrial, incidindo assim, sobre o mesmo, o ITR e demais tributos com o mesmo cobrados"* – como se vê, até a redação do dispositivo é sofrível.

A mudança em tempo tão exíguo, menos de um mês da publicação do CTN – quando nem sequer o Código tinha entrado em vigor, pois só passaria a produzir efeitos em 01 de janeiro de 1967 (art. 218) – mostra que essa modalidade de prática, infelizmente, não é nova no Brasil. Essa manobra evidencia, basicamente, dois fatores: que a revogação de afogadilho de dispositivos que nem mesmo entraram em vigor demonstra pouco apreço ao trabalho legislativo e que não é de hoje que a União Federal detém o poder político para manejar as regras em seu favor.

Gabriel Lacerda Troianelli traz interessante relato histórico de como os fatos se sucederam àquela época.[324] Mesmo com a alteração promovida pelo Decreto-lei nº 57/66, os Municípios empreenderam força para tentar fazer prevalecer, em todas as hipóteses, a regra da localização prevista no art. 32

324. "ITR ou IPTU? Critérios para a definição da competência para tributar a propriedade". *Tributação no agronegócio*. Coord. Eduardo de Carvalho Borges. São Paulo: Quartier Latin, 2005, p. 132/133.

do CTN, o que foi repudiado pelo Supremo Tribunal Federal, ao julgar que sobre os imóveis utilizados para exploração agropastoril, ainda que situados nos limites da zona urbana, deveria incidir o ITR, e não o IPTU.[325]

Não se dando por satisfeitos, os Municípios lograram êxito em fazer aprovar a Lei Federal nº 5.868, de 12 de dezembro de 1972, que no art. 6º restringiu a possibilidade de incidir ITR sobre o imóvel destinado à exploração rural, mas localizado na zona urbana, àqueles superiores a um hectare, limitando, desse modo, a probabilidade de exigência do imposto federal, pois são raros os imóveis localizados dentro do perímetro urbano que tenham área superior a um hectare. Além disso, o art. 6º, parágrafo único, previu a possibilidade de incidência automática do IPTU sobre imóveis inferiores a um hectare, independentemente de sua localização, invertendo, em certo sentido, o efeito buscado pelo Decreto-lei nº 57/66. Por fim, o art. 12 da Lei Federal nº 5.868/72 revogou expressamente o art. 15 do Decreto-lei nº 57/66, justamente aquele que alterara o critério jurídico da localização para a destinação do bem.

Porém, mais uma vez o Supremo Tribunal Federal rechaçou essa pretensão, agora por entender que lei ordinária (como a Lei Federal nº 5.868/72) não poderia dispor sobre matéria reservada a veículo normativo com força de lei complementar (como o Decreto-lei nº 57/66, que fora recepcionado com esse *status* normativo pela Carta de 1967), pronunciando a inconstitucionalidade, *por vício formal,* da Lei Federal nº 5.868/72, que introduzira nova regra.[326]

É esse o panorama da questão no âmbito infraconstitucional, o que o autor deste estudo classifica como "salada legislativa". Entendendo que, diante da inconstitucionalidade da Lei Federal nº 5.868/72, proclamada pelo STF, deve prevalecer o conceito territorial de imóvel urbano previsto no

325. Recurso extraordinário nº 76.057-PR, 2ª Turma, Rel. Min. Xavier de Albuquerque. *DJU* 07.06.1974.

326. Recurso extraordinário nº 83.850-MG, Pleno, *DJU* 27.08.1982.

art. 32 do CTN para fins de IPTU e o critério da destinação albergado pelo art. 15 do Decreto-lei nº 57/66 para o ITR, o Superior Tribunal de Justiça, em diversos precedentes, vem julgando que *"não incide IPTU, mas ITR, sobre imóvel localizado na área urbana do Município, desde que comprovadamente utilizado em exploração extrativa, vegetal, agrícola, pecuária ou agroindustrial (art. 15 do DL 57/1966)"*, inclusive fixando essa tese em sede de recurso repetitivo.[327]

Reside exatamente nesse ponto, ao que parece, a questão central a ser resolvida: a possibilidade ou não de a legislação infraconstitucional, ainda que complementar, eleger como critério discriminador da competência tributária de um imposto que recai sobre a propriedade territorial a destinação econômica a ele dada. A resposta só pode ser negativa.

Com efeito, um primeiro passo no sentido de dirimir esse intrincado problema é rememorar que *não é a lei complementar que define a competência tributária dos entes federados.* A competência tributária é matéria eminentemente constitucional. Falar, portanto, que a lei complementar teria ampla liberdade para escolher o critério que bem lhe conviesse é desconhecer a ordem hierarquizada das coisas do direito, é minimizar a força vinculante da Constituição Federal. Como bem salientava Geraldo Ataliba, com sua peculiar retórica provocante, aceitar desveladamente que a Constituição repartiu a competência tributária e admitiu, ao mesmo tempo, conflitos de competência é uma contradição entre termos.[328] Por isso que Roque Antonio

327. REsp. nº 1.112.646-SP. 1ª Seção, Rel. Min. Herman Benjamin, *DJe* 28.08.2009.

328. A esse respeito, vide "Conflitos entre ICMS, ISS e IPI". *Revista de direito tributário* nº 07-08, p. 109/110. Em outro trabalho, Geraldo Ataliba, com a ênfase que lhe era particular, assim se manifestou: "Quero que o Brasil seja civilizado e meu diagnóstico é esse: enquanto existir a cultura do Código Tributário Nacional e a novela das leis complementares em matéria tributária não vamos cumprir nem um pouco dessa Constituição e, portanto, não vamos gozar dos benefícios que ela promete, desde que possa ter eficácia; eficácia que vai depender de ser obedecida; obediência essa que vai depender de ser entendida e quem tem que começar a entender somos nós, os juristas". "Lei complementar em matéria tributária". *Revista de direito tributário* nº 48, p. 97.

Carrazza adverte que mesmo a lei complementar que se propõe a veicular normas gerais em matéria tributária com o intuito de dispor sobre conflitos de competência só pode elucidar o que já está implicitamente contido na Constituição, não podendo, a pretexto de dirimir conflitos de competência, subverter e negar a própria competência outorgada.[329]

Portanto, a todo sentir não será no Código Tributário Nacional e nem muito menos no Decreto-lei nº 57/66 que o intérprete, por certo, deverá buscar sua resposta. Por mais que a construção de sentido do arcabouço constitucional não seja tarefa das mais fáceis, não é descendo um degrau e entregando-se imbele à volatilidade da legislação infraconstitucional que se organiza o sistema. Em poucas palavras: não são as normas de baixo que ditam a distribuição das normas de cima. Isso seria inverter a pirâmide normativa.

Para identificar o critério constitucionalmente aceito para repartição da competência tributária o exegeta deve mirar, atentamente, para os próprios enunciados constitucionais. E é de lá que se pinça um vocábulo cuja dimensão semântica induz à conclusão de que o correto é o dado da localização, e não da destinação do imóvel: a Constituição outorgou competência à União para tributar a propriedade *"territorial"* rural. A noção de territorialidade, aqui, é muito forte. Quando o Texto Constitucional refere-se à propriedade "territorial" – portanto, de bem imóvel – e mais, agrega a essa locução a nota de ter de ser "rural", transmite a nítida mensagem prescritiva de que a precisa sistematização do critério distintivo deve passar por um dado físico, da localização do bem, separando as áreas rurais das áreas urbanas ("propriedade" + "territorial" + "rural"). Afinal, o território só pode ser dividido em rural ou urbano, não há uma terceira hipótese.

"Área" ou "zona" rural é um conceito topográfico, físico, e não econômico. Noutras palavras, se o imposto recai sobre a

---

329. *Curso de direito constitucional tributário*. 30. ed. São Paulo: Malheiros, 2015, p. 1.093/1.096.

propriedade *territorial* não é a destinação econômica que lhe é empregada o fator relevante, mas sim o local onde se encontra. *A competência outorgada não foi a de tributar os imóveis onde são exploradas atividades rurais;* o que se deferiu foi tributar os imóveis localizados na zona rural. *Se não fosse assim, ter-se-ia que admitir que a materialidade do ITR não é "ser proprietário de imóvel rural", mas sim "explorar uma atividade econômica rural"*, o que seria um incontornável equívoco, por deturpar a própria competência tributária fixada constitucionalmente. Nesse sentido, a legislação complementar, a pretexto de definir o que deve ser compreendido por "imóvel rural", não pode adotar um conceito econômico, que lhe é estranho. Caberia à lei apenas definir critérios divisórios a partir de dados topográficos, não econômicos, porque "área rural" ou "zona rural" remetem a uma ideia de territorialidade, e não de exploração econômica.

A forma como a questão está posta atualmente – para os imóveis urbanos vale o critério da localização, mas para os rurais prevalece o da destinação – cria incontornáveis problemas. Aceitar que sobre os imóveis localizados na zona rural não pode incidir o IPTU, porém que sobre os imóveis situados na zona urbana pode recair o ITR, é o mesmo que tolerar uma *supraterritorialidade* do critério espacial do imposto federal, denotando uma sobreposição normativa que acarreta – aí sim – conflito de competência. Melhor esclarecendo, a tese que vinga hoje em dia, em franca análise, propugna equivocadamente que para tudo que é rural incide o ITR, seja física ou economicamente, mas nem tudo o que é urbano, da perspectiva física, tem o IPTU. Se para o imóvel rural que não tem finalidade rural, como o ecoturismo, não tem cabimento o IPTU, então não se pode acolher o inverso, pois isso seria adotar dois pesos e duas medidas.

Valendo-se dos insuperáveis postulados lógicos, que pairam sobranceiramente até mesmo sobre a instância fraseológica dos textos normativos, a construção de uma classe ou conjunto – a competência tributária não deixa de formar uma classificação – admite um e somente um critério classificatório. *Como não há uma terceira hipótese, isto é, como os imóveis são urbanos ou rurais, ou se aceita o fator da destinação do imóvel tanto para o ITR, quanto para o IPTU, ou se adota o dado da localização do bem para ambos.* O que não se pode admitir é a aleatoriedade de critérios, misturando as duas entidades jurídicas. Dado que a Constituição repartiu rigidamente a competência tributária entre as pessoas políticas e tendo em vista que o critério eleito constitucionalmente foi o da localização, o que deve prevalecer é o aspecto físico, vale dizer, o local onde se encontra o bem, evitando-se, com isso, conflitos de competência nessa seara.[330]

Em assim sendo, o art. 15 do Decreto-lei nº 57/66, porque adota um critério econômico para fixação do imóvel rural, em vez de sua localização, não foi recepcionado pela Constituição Federal de 1988. Há que prevalecer exclusivamente, portanto, a disciplina dos arts. 29 e 32 do CTN sobre essa matéria, ao dividir as áreas em rural e urbana e ao elencar os melhoramentos *físicos, topográficos* que caracterizam a existência de uma zona urbana.[331]

---

330. José Souto Maior Borges, em clássica passagem, deixa claro que "os conceitos de competência e de capacidade, porque comuns às diversas províncias do direito, têm como único ponto de contato a sua sede apropriada de estudo, que é a teoria geral do direito. Mas, a competência se diversifica da capacidade porque não comporta, o conceito de competência, nenhuma ideia de graduação. As pessoas constitucionais não são mais ou menos competentes: ou são competentes para regular determinadas matérias ou, pura e simplesmente, não o são". *Lei complementar tributária.* São Paulo: Ed. RT, 1975, p. 93/94.

331. Também pensa assim Geilson Salomão Leite. *Do imposto territorial rural – ITR.* São Paulo: Max Limonad, 1996, p. 69. Em idêntico sentido é o posicionamento de José Antônio Francisco e Marcello Jorge Pellegrina. "O imposto sobre a propriedade territorial rural". *Curso de direito tributário.* Coord. Ives Gandra da Silva Martins. 8. ed. São Paulo: Saraiva, 2001, p. 474. Vide também Dejalma de Campos. *Do imposto sobre a propriedade territorial rural.* São Paulo: Atlas, 1993, p. 42. Larissa Cássia Favaro Boldrin, muito embora entenda que a regra para solução desse problema assenta-se no critério da localização do imóvel, acaba por admitir a sobreposição do critério da destinação econômica ao bem. *A regra-matriz de incidência do imposto sobre a propriedade territorial rural.* São Paulo: Pontifícia Universidade Católica de São Paulo (Dissertação de Mestrado), 2005, p. 158. Para o Prof. Paulo de Barros Carvalho, o critério da destinação pode ser aceito. "Algumas considerações sobre as regras-matrizes do IPTU e do ITR". *Derivação e positivação no direito tributário.* São Paulo: Noeses, 2013, v. II, p. 309.

Já é tempo da doutrina e da jurisprudência reconhecerem isso, colocando as coisas no seu devido eixo. Naquele julgamento de 1974, apesar de já existir à época no ordenamento jurídico a Lei Federal nº 5.868/72, o Supremo Tribunal Federal focou o debate em torno da aplicação do CTN, em confronto ao Decreto-lei nº 57/66, mas não consta no acórdão que tenha sido suscitada naquele caso a inconstitucionalidade do próprio Decreto-lei nº 57/66. E, até hoje, o e. STF não se manifestou sobre isso.

Há um último aspecto importantíssimo a ser considerado, que tem passado preocupantemente despercebido: com o advento da Lei Federal nº 9.393/96, o veículo normativo que rege atualmente o ITR, o legislador fez no art. 1º claramente uma correta opção pela *localização* do imóvel como critério espacial do imposto, "abrindo mão" (se é que se pode falar nisso) do fator destinação que gracejava até então, pois em nenhum enunciado dessa lei se cogita da utilização econômica explorada no imóvel, pelo contrário, há referência apenas à *"localização fora da zona urbana do município"*, como prevê o CTN. Ora, se a lei ordinária que permite a exigência do ITR atualmente não encampou essa polêmica, parece claro que o problema, sob mais esse ângulo de análise, está resolvido. Desse modo, não tem mais sentido cogitar de tributação, pelo ITR, sobre imóveis reconhecidamente situados no âmbito da zona urbana dos Municípios, onde só tem cabimento o IPTU.

4.2.2 Um rápido desdobramento desse raciocínio: a indevida invasão de competência em matéria de IPTU, a permitir verdadeiros "vazios urbanos" nas cidades

Esta obra está preordenada a tratar das questões do agro, de tal modo que não lhe incumbe adentrar em aspectos envolvendo outros tributos que extrapolem seu âmbito de análise. Agora, é inevitável perceber por tudo o que foi exposto nas páginas anteriores que a maneira com que o critério espacial do ITR tem sido tratado acaba por permitir a criação de verdadeiros "vazios urbanos" nas cidades, em franca invasão de competência em matéria de IPTU.

Com efeito, a chancela que se deu ao art. 15 do Decreto-lei nº 57/66 fez, na prática, com que os Municípios se vissem obstados de exigir o IPTU de imóveis encravados na sua zona urbana, muitos deles em regiões centrais das cidades. O expediente usado – beirando as raias da fraude – é simplesmente o sujeito plantar alguma coisa no seu lote ou então fazer uma criação qualquer de pequenos animais para defender que ele está protegido do IPTU, já que desenvolve uma "atividade rural". Como no conceito de atividade rural está colocado como núcleo de incidência a extração ou a exploração vegetal e animal, sob o ângulo normativo não se pode dizer que aquela não seja uma atividade rural propriamente dita – ainda que sua exploração se faça não pela atividade em si, mas apenas para escapar do imposto municipal.

Esse cenário narrado é uma realidade em diversas cidades brasileiras e está a merecer uma reação forte (e unida) por parte dos Municípios. A atividade rural é corretamente regida pela lei para dispensar regras específicas a esse setor econômico, tendo em vista os aspectos que lhe circundam, a exemplo de sua vocação para produção de alimentos. Por isso mesmo não se pode aceitar que o sistema seja usado para albergar situações deturpadas. Não há incompatibilidade alguma em dizer que a atividade rural pode ser explorada tanto em imóveis rurais, como urbanos, e defender, ao mesmo tempo, que em relação aos tributos que incidem sobre a propriedade imobiliária o critério discriminador eleito pela Constituição foi o dado topográfico, físico. Portanto, os imóveis rurais estão submetidos ao ITR, enquanto que os urbanos ao IPTU. É possível o indivíduo explorar uma atividade rural em imóvel urbano, sujeitando-se ao IPTU. Caberá à legislação de cada Município, respeitando as peculiaridades desses imóveis, classificá-los na planta genérica de valores segundo as utilidades neles existentes.

O que não dá para aceitar é que imóveis nitidamente urbanos, lotes enraizados nas zonas centrais das cidades, descumpram sua função social e sejam maliciosamente enquadrados como suscetíveis ao ITR porque neles supostamente são desempenhadas atividades rurais. É necessário rever esse estado de coisas e já passou da hora dessa matéria ser levada à Suprema Corte.

4.3 Materialidade e sujeição passiva no ITR: "propriedade" é "propriedade"

Devidamente examinados esses aspectos constitucionais que timbram a competência tributária do ITR, já se revela possível adentrar na intimidade dos outros critérios da regra-matriz de incidência tributária desse imposto, sobretudo no que diz respeito à materialidade, que reflete, de maneira decisiva, também na sujeição passiva.

A começar pela materialidade, é importante contrastar a disciplina dispensada pela Constituição Federal quanto à possibilidade de tributação de bens imóveis. O art. 153, VI, da Carta Magna previu caber à União instituir impostos sobre a "propriedade *territorial* rural", ao passo que o art. 156, I, dispôs competir aos Municípios e ao Distrito Federal criarem impostos sobre a "propriedade *predial e territorial* urbana". A diferença é sutil, mas importante. Com distribuir a competência tributária entre imóveis rurais e urbanos, a Constituição deliberadamente possibilitou à União gravar, apenas, a propriedade territorial, e não a predial. *Isso significa que o ITR deve abranger somente a terra nua, sem suas construções, instalações ou outras benfeitorias quaisquer.* Noutras palavras, diferentemente do que ocorre com o IPTU, o ITR só pode abarcar a propriedade do imóvel em si mesmo considerado, e não os melhoramentos que sobre o solo implantar o contribuinte.[332]

Tanto assim é que o art. 29 do CTN estabelece que o "fato gerador" do ITR é a propriedade de imóvel "por natureza", enquanto que o art. 32 do Código dispõe que o "fato gerador" do IPTU é a propriedade de imóvel "por natureza ou por acessão física". Acessão física é aquilo que se agrega ao imóvel.

---

332. Nesse sentido: BARRETO, Aires. "Imposto sobre a propriedade imobiliária". *Revista de direito tributário* nº 58, p. 229.

Desse modo, a materialidade do ITR comporta apenas a titularidade de imóvel enquanto entidade territorial, isto é, a terra nua, desconsideradas eventuais benfeitorias que sobre o bem se assentem. Ademais, como adiante será visto por ocasião da composição da base de cálculo, o art. 10 da Lei Federal nº 9.393/96 ordena que o contribuinte exclua da apuração os valores relativos às construções, instalações, benfeitorias, culturas permanentes e temporárias, pastagens cultivadas e melhoradas e florestas plantadas. É a comprovação, aferível diretamente do direito positivo, de que o imposto só pode congregar a terra nua, e não suas benfeitorias.

Por outro lado, a análise do critério material do ITR não se resume a isso. É que a Constituição Federal previu a possibilidade de instituição do imposto sobre a "propriedade"; o Código Tributário Nacional (art. 29) e a Lei Federal nº 9.393/96 (art. 1º), por sua vez, dispuseram que a hipótese de incidência do ITR é a "propriedade, o domínio útil ou a posse". Aparentemente, surge, aqui, um conflito entre a Constituição Federal e as normas que lhe são hierarquicamente inferiores. A Carta Constitucional limitou-se a incluir a propriedade no núcleo da hipótese de incidência possível, mas o CTN e a Lei Federal nº 9.393/96 estenderam a materialidade não só para a propriedade, como também para o domínio útil ou a posse de imóvel rural.[333]

Para desvendar se há ou não inconstitucionalidade, é necessário investigar essas categorias do direito civil, a fim de identificar seu regime jurídico. O art. 1.225 do Código Civil estabelece que são direitos reais: (i) a propriedade; (ii) a superfície; (iii) as servidões; (iv) o usufruto; (v) o uso; (vi) a habitação; (vii) o direito do promitente comprador do imóvel; (viii) o penhor; (ix) a hipoteca; (x) a anticrese; (xi) a concessão de uso especial para fins de moradia; (xii) a concessão de direito

333. Como o critério espacial da regra-matriz de incidência tributária do ITR já foi examinado, e mais, como o critério material e a sujeição passiva estão sendo analisados neste item e o critério quantitativo será no próximo, apenas para que a regra-matriz não fique incompleta é importante mencionar que o critério temporal dá-se no primeiro dia de cada exercício financeiro (art. 1º da Lei Federal nº 9.393/96).

real de uso; (xii) e a laje. Com o intuito de solucionar a questão posta, quadra examinar apenas aqueles conceitos utilizados pelo CTN, a saber, a propriedade, o domínio útil e a posse.

O direito de propriedade é o direito real por excelência. De acordo com o art. 1.228 do Código Civil, *"o proprietário tem a faculdade de usar, gozar e dispor da coisa, e o direito de reavê-la do poder de quem quer que injustamente a possua ou detenha"*. Cuida-se, pois, de um direito que garante a plenitude do uso, gozo e disposição sobre o bem. Aliás, é isso o que estabelece o art. 1.231 do Código Civil: *"a propriedade presume-se plena e exclusiva, até prova em contrário"*. Como esclarece Maria Helena Diniz, *"poder-se-á definir, analiticamente, a propriedade, como sendo o direito que a pessoa natural ou jurídica tem, dentro dos limites normativos, de usar, gozar e dispor de um bem, corpóreo ou incorpóreo, bem como reivindicá-lo de quem injustamente o detenha"*.[334] Nessa vereda, pode-se dizer que o direito de propriedade é o direito real sobre coisa própria. Não há a figura de um terceiro vinculado à coisa que não o proprietário, salvo os sujeitos indeterminados, mas determináveis, que devem indistintamente respeitar o direito de propriedade.

Quanto ao domínio útil, é importante lembrar, com Maria Helena Diniz, que os direitos reais se dividem entre direitos reais sobre coisa própria *(jus in re propria)*, sendo esse o caso da propriedade, e direitos reais sobre coisa alheia *(jus in re aliena)*. Esses, por sua vez, podem ser subdivididos entre direitos reais limitados de gozo ou fruição (enfiteuse, servidões prediais, usufruto, uso, habitação, superfície, concessão de uso especial para fins de moradia e concessão de direito real de uso), direitos reais de garantia (penhor, anticrese, hipoteca e alienação fiduciária em garantia) e direito real de aquisição (compromisso ou promessa irretratável de venda).[335]

---

334. *Curso de direito civil brasileiro*. 30. ed. São Paulo: Saraiva, 2015, v. IV, p. 134. Em idêntico sentido é o entendimento de Caio Mário da Silva Pereira. *Instituições de direito civil*. 14. ed. rev. e atual. Carlos Edison do Rêgo Monteiro Filho. Rio de Janeiro: Forense, 2003, v. IV, p. 91.

335. *Curso de direito civil brasileiro*. 30. ed. São Paulo: Saraiva, 2015, v. IV, p. 403/404.

A figura do *domínio útil* estava ligada à enfiteuse, direito real sobre coisa alheia dos mais amplos, que pressupunha a transferência perpétua, por parte do proprietário, de quase todos os direitos inerentes à propriedade, salvo a propriedade em si mesma considerada. O transmitente, denominado de senhorio direto, permanecia com o direito, apenas, de percepção de foro anual e do laudêmio, em caso de alienação. O adquirente, chamado de enfiteuta ou foreiro, ficava investido da possibilidade de usar e gozar o bem, inclusive alienar seu direito sem necessidade de aquiescência do senhorio direto. *Porém, o enfiteuta não chegava a se tornar proprietário*, pois a coisa permanecia na titularidade do senhorio direto, muito embora o enfiteuta pudesse usar livremente o bem, bastando que pagasse a pensão anual. Por isso é que a doutrina especializada afirmava que o enfiteuta exercia o *domínio útil*.

Acontece, entretanto, que a enfiteuse, modelo oriundo do Código Civil de 1916, não foi acolhida pelo Código Civil de 2002, porque, segundo se alega, *caiu em desuso*. O atual Código admitiu somente uma regra de transição, preservando eventuais enfiteuses constituídas até então; contudo, novas enfiteuses foram proibidas (art. 2.038).

Nos demais direitos reais sobre coisas alheias que recaem sobre o gozo ou fruição, como a servidão, o usufruto, o uso e a habitação, não há domínio útil. E assim acontece porque o que é transferido é o direito de usar e gozar ou então somente usar coisa alheia. Não se cogita de qualquer direito de disposição sobre a coisa.

Da mesma forma se opera com os direitos reais de garantia, como o penhor, a anticrese, a hipoteca e alienação fiduciária em garantia. Nessas hipóteses, o proprietário do bem dá a coisa em garantia de uma dívida, não havendo disposição sobre a coisa por parte do credor. Em favor do credor é constituída somente uma garantia, e não uma transferência propriamente dita. Mesmo na chamada alienação fiduciária em garantia, a situação é equivalente. Nessa modalidade jurídica, o proprietário (devedor ou fiduciante) transfere a propriedade resolúvel ao credor (fiduciário). Ou seja, o direito de propriedade transferido é resolúvel, de maneira que, paga a dívida, implementa-se a condição resolutiva, ficando o direito de propriedade plena do bem fixado na figura do proprietário. Logo, trata-se, inequivocamente, de um direito real de garantia, e não de transferência efetiva da propriedade em si mesma a outrem. Somente se a dívida não for paga é que, em momento cronológico posterior, a propriedade será efetivamente transferida ao credor. Note-se, todavia, na parte que interessa ao estudo, que também aqui não há domínio útil, na medida em que o que se passa é a mera constituição de um direito real de garantia.[336]

Por fim, sobrerresta examinar a posse. Fora aparte as teorias que se formaram em torno da posse no ordenamento jurídico brasileiro – se acolhidas as proposições objetivas de Ihering ou as subjetivas de Savigny – a verdade é que *a posse em si mesma não é um direito real.* Sua formatação jurídica está muito mais ligada a uma situação de fato, a um comportamento do indivíduo sobre a coisa, do que propriamente a que título a utiliza.

O direito protege o exercício da posse, estabelecendo no art. 1.196 do Código Civil que *"considera-se possuidor todo aquele que tem de fato o exercício, pleno ou não, de algum dos poderes inerentes à propriedade".* A menção ao "exercício" de um dos poderes da propriedade é sugestiva. Realmente, a posse pressupõe a existência de uma situação de fato inequívoca, se bem que esse dado só é relevante para o direito porque há uma norma jurídica prevendo-o.

336. Tanto assim que o art. 1.359 do Código Civil estabelece que "resolvida a propriedade pelo implemento da condição ou pelo advento do termo, entendem-se também resolvidos os direitos reais concedidos na sua pendência, e o proprietário, em cujo favor se opera a resolução, pode reivindicar a coisa do poder de quem a possua ou detenha". Esse dispositivo deixa claro que há, na verdade, constituição de um direito real de garantia por força do contrato, tanto assim que, paga a dívida, entendem-se resolvidos os direitos reais concedidos. Essa circunstância pode trazer reflexos na esfera tributária, a depender do seu critério temporal, mas somente a partir do momento em que a dívida não for paga e que a propriedade for considerada efetivamente transferida ao credor, que passará a ser o novo proprietário.

Como a posse pressupõe o exercício de um dos poderes inerentes à propriedade, e como a propriedade contempla o direito de uso, gozo e disposição, segue-se daí que a posse deve apresentar uma dessas características. Vale destacar, de outra parte, que a posse pode ser justa, assim entendida aquela que não é violenta, clandestina ou precária, e injusta, ou seja, aquela que apresenta uma dessas características. Sobremais, a posse pode-se dar com justo título e sem justo título: naquele caso, quando o possuidor for detentor de documento capaz de, em tese, transferir-lhe a propriedade, enquanto que na última hipótese não há essa possibilidade.[337] Por fim, o exercício continuado da posse durante certo trato de tempo, de maneira mansa e pacífica, pode vir a ser causa jurídica para transferência do domínio, o que se dá com o usucapião.

Pois bem. Esboçado esse sintético cenário acerca dessas categorias de direito civil – sendo certo que não é esse o foco deste trabalho, mas são constatações importantes para as conclusões a serem tiradas – é chegado o momento, então, de contrastá-las à competência tributária prevista na Constituição Federal e às materialidades prescritas no Código Tributário Nacional e na Lei Federal nº 9.393/96 para fins de ITR.

E, diante do que foi exposto, só se pode concluir pela invalidade de tributação, pelo ITR, de quem não seja, efetivamente, proprietário. Isso porque a propriedade é um conceito técnico-jurídico, sujeito a regime próprio, distinto do domínio útil, da posse ou outro direito qualquer.

Em primeiro lugar, porque a propriedade é um direito real sobre coisa própria que liga o dono ao bem, direito esse oponível contra todos. Não há um terceiro vinculado à coisa, por isso que é o único direito real sobre coisa própria. Esse é um dado fundamental para fixação do destinatário constitucional do tributo. No domínio útil, na posse e em todos os outros direitos dessa estirpe um terceiro se prende à *coisa*

337. PEREIRA, Caio Mário da Silva. *Instituições de direito civil.* 18. ed. rev. e atual. Carlos Edison do Rêgo Monteiro Filho. Rio de Janeiro: Forense, 2003, v. IV, p. 28/32.

alheia. Justamente por isso não é seu proprietário. Pretender equiparar o regime jurídico da propriedade ao regime jurídico do domínio útil ou mesmo da posse é um equívoco. São categorias jurídicas distintas que não podem ser igualadas. Quem tem a titularidade sobre o bem é somente o proprietário; os demais, mesmo o antigo enfiteuta, não tem direito de propriedade sobre a coisa, mas apenas a disposição do exercício do direito de uso e gozo.

Amiúde se sustenta, para convalidar o art. 29 do CTN, que a Constituição não teria empregado o vocábulo "propriedade" no seu sentido preciso definido pela legislação civil, mas sim como uma singela relação do sujeito para com o bem, ou seja, a "propriedade" enquanto coisa corpórea (o que se poderia chamar de "propriedade em sentido amplo"). Assim, o termo "propriedade", adotado no Texto Constitucional, englobaria, pois, qualquer daqueles poderes da propriedade em seu sentido técnico (ou "propriedade em sentido estrito"), a saber, o uso, gozo e a disposição.[338] Nessa linha de pensamento, defende-se que *"falando a Constituição em 'propriedade', naturalmente abrangeu a posse, que nada mais é que um direito inerente à propriedade. A autorização constitucional é para tributar a propriedade, e o CTN facultou à lei ordinária tomar para fato gerador do tributo a propriedade, o domínio útil ou a posse, vale dizer,* o direito pleno, total, que é a propriedade, ou um dos seus elementos, o domínio útil, ou ainda a posse".[339]

Sem embargo de opiniões em contrário – e no âmbito de uma divergência respeitosa – parece que é aqui que se situa o equívoco. Se a Constituição utilizou o vocábulo "propriedade",

338. Nesse sentido: BARRETO, Aires. "Imposto predial e territorial urbano – IPTU". *Curso de direito tributário*. Coord. Ives Gandra da Silva Martins. 8. ed. São Paulo: Saraiva, 2001, p. 710; FRANCISCO, José Antônio; PELLEGRINA, Marcello Jorge. "O imposto sobre a propriedade territorial rural". *Curso de direito tributário*. Coord. Ives Gandra da Silva Martins. 8. ed. São Paulo: Saraiva, 2001, p. 470; LEITE, Geilson Salomão. *Do imposto territorial rural – ITR*. São Paulo: Max Limonad, 1996, p. 67; MELO, José Eduardo Soares. *IPTU e ITR: teoria e prática*. São Paulo: Dialética, 2015, p. 14.

339. MACHADO, Hugo de Brito. *Curso de direito tributário*. 37. ed. São Paulo: Malheiros, 2016, p. 352 (sem destaques no original).

o intérprete não está autorizado a concluir que "naturalmente abrangeu a posse, que nada mais é que um direito inerente à propriedade". *É que todo proprietário tem o direito de posse (embora possa não o exercitar momentaneamente), mas nem todo possuidor tem direito à propriedade.* Vai daí que não é uma decorrência natural que a Constituição abrangeu a posse como hipótese de incidência do ITR. Aliás, é justamente porque a autorização constitucional é para tributar a propriedade que não se pode aceitar que o CTN tenha "facultado" à lei ordinária tributar outro fato que não seja a propriedade em si mesma. É errôneo, pois, ver a propriedade como um "direito pleno, total" e o domínio útil e a posse como um de seus elementos para fins do gravame tributário, já que o detentor do domínio útil ou o possuidor não são, decididamente, proprietários.

Insista-se nesse ponto: o proprietário tem direito ao uso, gozo e disposição. *Esses direitos (uso, gozo e disposição) só o proprietário reúne.* Logo, *entre propriedade e posse não há uma relação de gênero e espécie.* É o proprietário, pois, quem manifesta capacidade contributiva. Se ele exercita ou não na plenitude seu direito de propriedade isso é outro problema que não interfere no isolamento da hipótese de incidência possível do ITR. Portanto, o termo "propriedade" empregado pela Constituição Federal no art. 153, VI, não pode ser visto como uma relação de gênero para espécie, de sorte a abarcar o domínio útil e a posse, *até mesmo porque, em consonância com o Código Civil, entre propriedade, domínio útil e posse não há vínculo de gênero e espécies:* são categorias jurídico-positivas distintas, não existindo qualquer tipo de sobreposição entre elas. E porque o detentor do domínio útil e o possuidor não reúnem essas prerrogativas é o que basta para desautorizar a legislação infraconstitucional a incluí-los como sujeitos passivos de um imposto que tem por materialidade a propriedade no seu sentido técnico. Daí o equívoco da equiparação.

Sob outro prisma, é curioso anotar que em todos os direitos reais há transmissão de um dos componentes da propriedade, como o uso, por exemplo, e nem por isso se cogita que o usufrutuário ou o usuário podem se tornar sujeitos passivos do ITR. A prevalecer a tese de que a Constituição não empregou o signo "propriedade" em sua acepção estrita *ter-se-ia que admitir ser possível tributar não só o detentor de domínio útil e o possuidor, mas todos – absolutamente todos – titulares de direito real sobre coisa alheia, já que nessas hipóteses há transferência de ao menos um dos atributos da propriedade.* Como se vê, esse raciocínio não pode prosperar.

Além disso, no caso do domínio útil, como se tudo isso não bastasse, objetivamente falando deve ser destacado que com a revogação da enfiteuse pelo Código Civil em vigor, acaso o domínio útil pudesse ser tributado – coisa que não pode – seria o caso de reconhecer, então, que essa faixa de incidência ficou com sua eficácia técnico-sintática paralisada, mercê do desaparecimento dessa figura do sistema.

Por outro lado, no que pertine à posse, sendo ela uma "situação de fato", como se predica, não haveria como o possuidor ser eleito como sujeito passivo, dado que a lei tributária deve ter um destinatário certo; se a posse, por ser um dado empírico, não pode ser controlada com rigor, é o que basta para afastar a possibilidade de tributação do mero possuidor.

É por isso tudo que o que interessa é quem é o detentor do *título jurídico* sobre o bem, para fins de sujeição passiva. Não custa lembrar que o art. 1.227 do Código Civil estabelece que "*os direitos reais sobre imóveis constituídos, ou transmitidos por atos entre vivos, só se adquirem com o registro no Cartório de Registro de Imóveis dos referidos títulos, salvo os casos expressos neste Código*". Portanto, é titular do direito real de propriedade aquele em cujo nome estiver registrada a matrícula do imóvel. Tanto assim é que o art. 1.245 prevê que a transferência da propriedade se dá mediante o registro do título translativo no Registro de Imóveis, sendo certo que "*enquanto não se registrar o título translativo, o alienante continua a ser havido como dono do imóvel*" (art. 1.245, § 1º) – isso, ao ver do autor, já seria suficiente para pôr um ponto final nessa questão.

Mesmo que a exegese aqui desenvolvida não fosse adequada, poder-se-ia resolver o problema de outra perspectiva: a

Constituição outorga competência à União para tributar a propriedade e o proprietário, de acordo com o Código Civil, é o indivíduo em nome de quem está registrada a matrícula – e ninguém mais. O que interessa, pois, é o título. *Eventual direito de regresso entre as partes no que diz respeito ao ônus econômico do tributo é algo que deve ser perquirido no bojo de uma relação jurídica privada, que nada tem que ver com os limites da competência tributária.*

Os argumentos declinados para relativizar o núcleo da hipótese de incidência delineada no altiplano constitucional, a fim de admitir a tributação do domínio útil e também da posse, no fundo, revelam um sentimento de justiça, de modo a se evitar que aquele em nome de quem está titulado o bem – o proprietário – continue sendo compelido a pagar o imposto quando, muitas vezes, nem sequer recebe qualquer utilidade da coisa, pois já a alienou, mas não transferiu a matrícula em nome do adquirente. Entretanto, o sentimento pessoal de justiça de cada um não pode se sobrepor à rígida discriminação das competências impositivas, sendo certo que o proprietário tem, ao alcance de suas mãos, os mecanismos jurídicos necessários para transferir a propriedade de seu nome, inclusive reavendo as quantias pagas a título de tributo, se for o caso. Logo, esse tipo de argumento não pode ser aceito.

Chega-se, aqui, ao ponto nuclear da questão: é incômodo notar como a doutrina especializada, sempre tão coerente com os princípios constitucionais tributários, em certas ocasiões tolera expedientes que escapam ao arcabouço constitucional. Ninguém põe em dúvida que o sistema constitucional brasileiro é organizado à luz da rígida repartição das competências tributárias. Ninguém coloca em jogo também a irradiação de efeitos significativos do princípio da tipicidade cerrada nesse campo do conhecimento jurídico. "Renda" é "renda", "mercadoria" é "mercadoria" e "serviço" é "serviço". Todos conceitos bem definidos. Nada obstante, para fins de ITR, "propriedade" não é "propriedade". É estranho.

Em nome da coerência e da composição orgânica da ordem constitucional tributária, o ITR só pode ter por hipótese de incidência a propriedade de imóvel rural, entendido o conceito no seu sentido preciso definido pelo Código Civil, e não na sua expressão vulgar. Esse é um predicado não só cravado no horizonte constitucional, como pelos próprios arts. 110 e 123 do CTN, de acordo com os quais a legislação tributária não pode alterar os conceitos de direito privado para fins de ampliar sua competência, e mais, que as convenções entre os particulares não têm o condão de modificar a definição legal do sujeito passivo. Em assim sendo, não pode ser tributado quem não é o titular, o proprietário do imóvel rural.[340]

Essas questões todas – as quais, longe de serem meramente acadêmicas, revelam-se de inegável aplicabilidade prática – vêm passando ao largo de reflexões mais detidas dos Tribunais, inclusive do Superior Tribunal de Justiça. Chega-se a falar, até mesmo, que haveria "discricionariedade" na escolha do sujeito passivo, se o proprietário em cujo nome está a matrícula ou se em face do promitente-comprador, não cabendo ao Poder Judiciário examinar essa controvérsia, sob pena de adentrar no "mérito da discricionariedade administrativa" – o que chega a ser uma heresia, porque o lançamento tributário é um ato administrativo vinculado (art. 142, parágrafo único, CTN), sendo certo que o sujeito passivo da obrigação tributária decorre da lei.[341] Ao fim, o Tribunal Superior acabou por assentar a possibilidade de incidência do ITR sobre outra pessoa que não seja o proprietário em caso submetido ao regime de recurso repetitivo.[342]

---

340. "Num horizonte infinito de possibilidades abertas ao pensamento, cada um deve escolher o seu próprio itinerário". BORGES, José Souto Maior. *Ciência feliz*. 3. ed. São Paulo: Quartier Latin, 2007, p. 29.

341. É isso o que constou em um aresto do c. STJ: "AGRAVO REGIMENTAL EM EMBARGOS DE DECLARAÇÃO EM AGRAVO DE INSTRUMENTO. EXECUÇÃO FISCAL. IPTU. CONTRATO DE COMPRA E VENDA. LEGITIMIDADE PASSIVA DO PROMITENTE COMPRADOR. INCLUSÃO NO POLO PASSIVO. DISCRICIONARIEDADE DA AUTORIDADE FISCAL. (...) Compete à autoridade fiscal escolher discricionariamente contra quem vai direcionar a execução, não sendo possível ao Judiciário impor-lhe a escolha, pena de incursionar no mérito da discricionariedade administrativa". Ag.Rg. EDcl. AI nº 1.160.369-SP, 1ª Turma, Rel. Min. Hamilton Carvalhido, j. 23.10.2010.

342. Vide REsp. nº 1.073.846-SP, 1ª Seção, Rel. Min. Luiz Fux, *DJe* 18.12.2009.

O ilustre Professor Aires Fernandino Barreto, um dentre tantos eminentes juristas que entendem que o ITR poderia colher outro indivíduo que não o proprietário no seu sentido técnico-jurídico preciso, conforme definido pelo Código Civil, justifica seu ponto de vista da seguinte maneira:

> *Tenho convicção formada no sentido de que a referência não é técnica, que o termo foi utilizado no sentido comum, na acepção de patrimônio imobiliário, abrangendo, pois, tanto o fato de alguém ser proprietário como de ser titular do domínio útil ou de ser possuidor a qualquer título. E nem poderia ser diferente, penso eu, porque se pudéssemos imaginar que o vocábulo "propriedade" foi utilizado, em relação a esses dois impostos, na acepção técnica, isto é, refletindo os direitos que alguém detêm, que alguém enfeixa relativamente a um imóvel e que são os direitos (poderes) de uso, gozo e disposição (daquele que reúne os poderes internos) que o qualificam como proprietário – isso para não tecer considerações com relação ao chamado poder externo, vale dizer, de reaver de quem injustamente os possua* – se esta fosse a acepção utilizada pelo texto constitucional, então bastaria que todos nós transformássemos as nossas propriedades, da perspectiva jurídica, em contratos de enfiteuse, de emprazamento ou de aforamento e isso seria suficiente para que nos forrássemos à incidência de ambos os impostos. *Ora, se o texto constitucional trata a propriedade imobiliária como manifestação de um signo presuntivo de riqueza (para utilizar a expressão de Alfredo Augusto Becker), seguramente não poderíamos pretender que o texto constitucional tivesse esgotado, com a utilização do vocábulo "propriedade" (na acepção jurídica), na acepção rigorosa e estreita que lhe dá o Direito Civil.*[343]

A despeito da envergadura e da densidade teórica do ilustre jurista, o argumento do Prof. Aires Barreto, nesse ponto específico, não soa correto.[344] O ponto central de seu raciocí-

343. "Impostos sobre a propriedade imobiliária". *Revista de direito tributário* nº 58, p. 228 (sem destaques no original).

344. Como salienta Humberto Ávila, a forma mais respeitosa, no discurso científico, de render homenagem a um autor é exatamente analisar criticamente o conjunto de sua obra. São essas suas palavras: "Todos esses critérios de distinção são importantes, pois apontam para qualidades dignas de serem examinadas pela Ciência do Direito. Isso não nos impede, porém, de investigar modos de aperfeiçoamento desses critérios de distinção, não no sentido de desprezar sua importância e, muito menos ainda, de negar o mérito das obras que os examinaram; mas, em vez disso,

nio para concluir que o constituinte não empregou o vocábulo "propriedade" no seu sentido semântico técnico-jurídico, mas sim na acepção que lhe dá a linguagem ordinária (propriedade enquanto "imóvel"), assenta-se na premissa de que, não fosse assim, bastaria aos verdadeiros proprietários celebrar contratos de enfiteuse, de emprazamento ou de aforamento para se furtarem ao imposto.

Esse argumento não se sustenta porque parte de um pressuposto de ilicitude, de intuito fraudatório, não servindo, justamente por essa razão, para explicar o mecanismo tributário. O expediente retórico, tão presente na linguagem jurídica, não é autossuficiente para dar amparo à tese. A ilustração da mensagem expositiva com a seleção de exemplos serve para reforçar o raciocínio, e não para substituir o argumento. Ainda que assim não fosse, o próprio exemplo invocado não tem força bastante para suportar a convicção manifestada, na medida em que, com toda certeza, não seriam contratos fraudulentos que impediriam o Poder Público de promover a tributação como deve ser. Até mesmo porque, caso um contrato simulado tivesse esse condão, ninguém pagaria imposto sobre a renda: bastaria que os contribuintes – seguindo a mesma linha argumentativa do Prof. Aires – assinassem contratos de "empréstimo", de maneira que todas as rubricas por eles recebidas não seriam "rendimentos", mas meros "empréstimos". Ao que parece, nem mesmo o Prof. Aires Barreto concordaria com uma tese assim engendrada.

Logo, o critério material do imposto só pode ter por parâmetro a propriedade, no seu sentido técnico-jurídico. Por tudo quanto se expôs em relação à materialidade, fica evidente que o sujeito passivo do ITR, em contranota, só pode ser o proprietário.[345]

---

naquele de confirmar sua valia pela forma mais adequada para demonstrar consideração e respeito científicos: a crítica". *Teoria dos princípios: da definição à aplicação dos princípios jurídicos*. 20. ed. São Paulo: Malheiros, 2021, p. 60.

345. Não custa registrar que para o STJ a invasão do imóvel rural por integrantes do movimento "sem terra" configura hipótese excludente da tributação. Vide:

4.4 A complexa apuração do ITR: a progressividade, a extrafiscalidade e o sistema de alíquotas consoante o grau de utilização da terra

É chegado o momento de estudo do critério quantitativo, com certeza o que há de mais relevante, sob o ângulo prático, em matéria de ITR. Tanto a base de cálculo, quanto a alíquota apresentam aspectos peculiares, notadamente porque esse tributo está submetido, de acordo com a Constituição, à progressividade e à extrafiscalidade, a um só tempo. Com efeito, estabelece o art. 153, § 4º, I, da Carta Constitucional que o ITR *"será progressivo e terá suas alíquotas fixadas de forma a desestimular a manutenção de propriedades improdutivas"*.[346] Pelo que se pode notar desse enunciado constitucional, são dois os vetores prescritivos que o ITR deve observar concomitantemente: a progressividade e a extrafiscalidade, de modo que as propriedades improdutivas sejam desestimuladas.

A progressividade nada mais é do que um desdobramento do princípio isonômico, estando preordenada ao aumento gradual das alíquotas, conforme aumente a expressão econômica da base de cálculo. Noutras palavras, a progressividade segue a lógica segundo a qual, quanto maior a base de cálculo, maior deverá ser nominalmente o porcentual correspondente à alíquota. À evidência que a progressividade lida, diretamente, com o critério quantitativo. E progressividade aqui indica que o ITR, desde a EC 42/03, deve igualmente tomar por parâmetro para fixação das alíquotas o valor da propriedade, já que esse é um imposto que grava o patrimônio. É equivocado pressupor

---

REsp. nº 1.144.982-PR, 2ª Turma, Rel. Min. Mauro Campbell Marques, *DJe* 15.10.2009. Isso, todavia, em nada prejudica as afirmações feitas, porque, nessas hipóteses, é o próprio direito de propriedade (de usar e gozar a coisa) que é ofendido.

346. Redação dada pela Emenda Constitucional nº 42/03. A redação anterior, como salientado antes, previa que o imposto "terá suas alíquotas fixadas de forma a desestimular a manutenção de propriedades improdutivas e não incidirá sobre pequenas glebas rurais definidas em lei, quando as explore, só ou com sua família, o proprietário que não possua outro imóvel". Não havia previsão explícita acerca da progressividade. A imunidade das pequenas glebas rurais, por sua vez, continua subsistindo; apenas foi desmembrada em outro inciso.

que o vocábulo "progressivo" tenha sido tomado pelo constituinte reformador como sinônimo de "progressivo regressivo", isto é, tomando-se por parâmetro apenas a função de desestimular a manutenção de propriedades improdutivas, porque isso é o equivalente nominal da extrafiscalidade, que já estava prevista no texto originário e que foi mantida com o novo texto. Logo, a progressividade do ITR deve ser compreendida como a progressividade aplicável aos demais tributos, ou seja, com o aumento das alíquotas levando-se em conta o valor do imóvel.

Já a extrafiscalidade, como se teve a oportunidade de demonstrar, é a utilização da aparelhagem tributária para fins outros que não os meramente arrecadatórios. Cuida-se de típica norma de indução, pois, através da extrafiscalidade, o legislador não pode ter em mira o abastecimento dos cofres públicos, mas sim o emprego do tributo para estimular o comportamento do contribuinte de acordo com um ato de valoração política.

Surge, então, o desafio no ITR: compatibilizar a progressividade à extrafiscalidade. A progressividade ordena que, quanto maior a base de cálculo, maior a alíquota; a extrafiscalidade no ITR, por sua vez, deve desestimular a manutenção das propriedades improdutivas, de tal maneira que, quanto maior for o índice de improdutividade, maiores serão as alíquotas.

Trabalhando com essas duas variáveis, a tabela de possibilidades é a seguinte: (i) imóvel com valor baixo e com índice de improdutividade baixo; (ii) imóvel com valor baixo e com índice de improdutividade alto; (iii) imóvel com valor alto e com índice de improdutividade baixo; (iv) e imóvel com valor alto e com índice de improdutividade alto. Obviamente que entre "valor baixo" e "valor alto" e "índice de improdutividade baixo" e "índice de improdutividade alto" há outras variantes. Aliás, a própria definição dessas categorias é subjetiva. O intuito é apenas simplificar o modelo para facilitar sua compreensão.

O que interessa por enquanto é que a progressividade, *necessariamente*, só pode tomar como parâmetro o *valor* do imóvel. Não há outra grandeza dimensível juridicamente válida nos impostos sobre a propriedade de imóveis, sobretudo a área. Se o tributo incide sobre a propriedade de imóveis rurais, obviamente que apenas o seu valor pode ser eleito como base de cálculo possível, seguindo sua diretriz constitucional. Assim é que tanto será maior a alíquota quanto maior for o valor do imóvel.

Que a base de cálculo deve pautar-se pelo valor do imóvel isso parece indisputável. Diante da progressividade, no entanto, surge uma questão interessante, que é desvendar se para fins de cálculo do valor do imóvel deve ser enfocada uma unidade de medida (como a hectare, por exemplo) ou então se a fixação das alíquotas depende do valor do imóvel como um todo. Os casos são distintos. Se o cálculo for fracionado, pode acontecer de uma determinada propriedade ter um elevado valor por hectare, por estar próxima a um centro urbano, por exemplo, e outra ter um valor por hectare menor, mas que, pela extensão de terras, acaba por ultrapassar, em valores globais, aquela, dado que seu tamanho compensa a individualização valorativa por hectare. Em síntese: se tomado como parâmetro o valor do hectare, a primeira propriedade será considerada de maior valor, sujeitando-se, em tese, a uma alíquota maior; se, ao contrário, for vislumbrado o valor global, será a segunda propriedade que se submeterá a uma alíquota maior.

Uma vez que o ITR é um imposto que recai sobre o patrimônio, não pode existir dúvida de que a fixação das alíquotas deve nortear-se pelo valor da propriedade como um todo considerado. É assim que se verifica a capacidade contributiva. Por mais que, fracionadamente, a gleba rural possa não significar uma quantia elevada, o cálculo há de observar seu valor de mercado como um todo. Logo, a legislação do ITR, para respeitar o princípio da progressividade, deve, em primeiro lugar, fixar faixas de valores (em reais) de propriedades rurais e, a partir daí, ir graduando para cima as alíquotas aplicáveis.

Por outro lado, a extrafiscalidade instituída pelo ITR insere no manejo das alíquotas um outro fator, que é o índice de improdutividade. Como a mensagem constitucional é desestimular a manutenção de propriedades improdutivas, segue-se que as alíquotas serão maiores quanto maiores forem os índices de improdutividade. Isso não deixa de ser também uma progressividade, já que as alíquotas variam, mas não conforme o valor da propriedade, e sim consoante o grau de sua utilização. A progressividade, nesse ponto, não se dá em função do valor do bem, cuida-se de uma progressividade que poderia ser chamada de progressividade social (por isso que extrafiscal).[347]

Reside exatamente aqui a dificuldade de se conjugar esses dois mandamentos constitucionais: é operacionalmente complicado construir um sistema de alíquotas em que, tomado um parâmetro como orientação prescritiva (o valor do imóvel), suas expressões nominais devem ser elevadas, mas que, ao mesmo tempo, norteando-se pela outra vertente (índice de improdutividade), as alíquotas tenham que ser reduzidas, porque a propriedade, apesar de ostentar um alto valor, tem um baixo índice de improdutividade.

Pode ocorrer, portanto, um "choque prescritivo", pois se o imposto é progressivo, pressupõe-se o aumento das alíquotas, conforme aumente a base de cálculo; e se é extrafiscal, deve-se levar em conta o grau de utilização da terra, de modo que as alíquotas têm que ser progressivas quanto maior for o índice de improdutividade (o que significa que devem ser regressivas quanto maior a produtividade). Aparentemente, são vetores incompatíveis.

Não é assim, todavia. Para respeitar ambos os comandos constitucionais, basta que o legislador estruture as diversas possibilidades no corpo de uma tabela, tomando como variáveis os dois fatores: o valor do imóvel e o grau de sua utilização, de tal maneira que os sujeitos passivos proprietários de uma gleba rural de baixo valor, mas baixo índice de improdutividade, paguem menos imposto que os proprietários de um imóvel de baixo valor e alto índice de improdutividade, o mesmo ocorrendo com as grandes e médias propriedades. Há que

347. Nesse sentido: VERGUEIRO, Guilherme von Mülller Lessa. "Os limites da progressividade do imposto sobre a propriedade territorial rural". *Tributação no agronegócio*. Coord. Eduardo de Carvalho Borges. São Paulo: Quartier Latin, 2005, p. 145.

se reconhecer, no entanto, tratar-se de um trabalho delicado, que requer do legislador um elevado grau de zelo.

4.4.1 As regras da Lei Federal nº 9.393/96 envolvendo a base de cálculo e as alíquotas do ITR

Organizadas as coisas no altiplano constitucional, o intérprete deve voltar suas atenções agora para verificar de que maneira a lei disciplinou a matéria. A Lei Federal nº 9.393/96 prescreveu no art. 10 um sofisticado sistema para apuração do critério quantitativo do ITR, tanto em relação à base de cálculo, como no que diz respeito à alíquota. Vale a pena examinar a matéria analiticamente, de tal modo a propiciar um grau de compreensão maior.

A legislação traz consigo uma série de conceitos que precisam ser devidamente absorvidos, até mesmo para o processo de checagem de sua compatibilidade com o ordenamento constitucional. Fala-se em (i) valor da terra nua (VTN); (ii) área tributável; (iii) valor da terra nua tributável (VTNt); (iv) área aproveitável; (v) área efetivamente utilizada; (vi) e grau de utilização (GU). Para chegar ao *quantum debeatur*, o hermeneuta deve fracionar esses elementos, distribuindo-os entre aqueles que orientam a composição da base de cálculo e os outros que norteiam a alíquota.

A base de cálculo demanda análise das três primeiras rubricas, a saber, (i) o valor da terra nua (VTN), (ii) a área tributável e (iii) o valor da terra nua tributável (VTNt). O valor da terra nua (VTN), de acordo com o art. 10, § 1º, I, é o valor do imóvel, excluídos os valores relativos às construções, instalações e benfeitorias; culturas permanentes e temporárias; pastagens cultivadas e melhoradas; e florestas plantadas. Pelo que se percebe desse dispositivo, o legislador, acertadamente, elege como grandeza o *valor* do imóvel, porém ordena que sejam expurgadas as importâncias correspondentes aos melhoramentos, pois o ITR só pode recair sobre a terra nua. Trata-se de providência correta juridicamente e importante economicamente, já que na agricultura, por exemplo, os investimentos na estrutura das fazendas (como armazéns) e na produtividade do solo costumam ser vultosos. Nada disso entra na base de cálculo do imposto.

Cuida-se, indiscutivelmente, de um sistema complexo para se apurar o VTN. E isso tudo apenas envolvendo a mensuração do primeiro item que compõe a base de cálculo do ITR. No passo seguinte, deve ser enfocada a área tributável, a qual, segundo o art. 10, § 1º, II, é a área total do imóvel, subtraídas as áreas de cunho ambiental, como a área de preservação permanente (APP) e de reserva legal (ARL); a de interesse ecológico para proteção dos ecossistemas, assim reconhecidas pelos órgãos ambientais competentes; as comprovadamente imprestáveis para qualquer exploração agrícola, pecuária, granjeira, aquícola ou florestal, declaradas de interesse ecológico pelo órgão competente; sob regime de servidão florestal ou ambiental; cobertas por florestas nativas, primárias ou secundárias em estágio médio ou avançado de regeneração; e alagadas para fins de constituição de reservatório de usinas hidrelétricas autorizada pelo Poder Público.

Diante desses preceitos, fica claro que o legislador teve uma preocupação com o meio ambiente ao delinear a base de cálculo do imposto, pois apartou a área *tributável* da área total do imóvel, de tal sorte que o imposto incida apenas sobre a parte economicamente viável. Note-se que esse dispositivo *não estabelece que a base de cálculo é a área do imóvel,* pelo contrário, esse preceito presta-se tão somente à demarcação de qual a extensão territorial que deve ser levada em conta para fins de fixação de seu valor.

Por derradeiro, o art. 10, § 1º, III, prevê que o valor da terra nua tributável (VTNt) é obtido pela multiplicação do valor da terra nua (VTN) pelo quociente entre a área tributável e a área total. *A lógica é que seja medido o valor da terra nua da área passível de exploração.* A base de cálculo do imposto, portanto, não é o valor total do imóvel (pois são excluídos os melhoramentos), nem o valor total da terra nua (já que são expurgadas as áreas de interesse ambiental), *mas apenas o valor da terra nua aproveitável economicamente.*

Por outro lado, no que pertine às alíquotas, devem ser levados em conta (iv) a área aproveitável; (v) a área efetivamente utilizada; (vi) e o grau de utilização (GU). A área aproveitável, de acordo com o art. 10, § 1º, IV, é a que *"for passível de exploração"* agrícola, pecuária, granjeira, aquícola ou florestal, excluídas as ocupadas com benfeitorias úteis e necessárias e todas aquelas de interesse ambiental arroladas na área tributável (área de preservação permanente, de reserva legal, de interesse ecológico etc.). Desse modo, para começar a calibrar a alíquota, o legislador tomou por base apenas a extensão territorial que possa ser explorada.

A área efetivamente utilizada, na forma do art. 10, § 1º, V, é a porção do imóvel que no ano anterior tenha sido plantada com produtos vegetais; que tenha servido de pastagem, nativa ou plantada, observados índices de lotação por zona de pecuária; que tenha sido objeto de exploração extrativa, observados os índices de rendimento por produto e a legislação ambiental; que tenha servido para exploração de atividades granjeira ou aquícola; e que tenha sido objeto de implantação de projeto técnico. A preocupação aqui é com a ocupação efetiva da propriedade, de modo a permitir a aferição de sua produtividade.

Nesse ponto cabe uma consideração atual, que traz reflexos no ITR. É que hoje em dia vem ganhando força a adoção de formas alternativas de geração de energia, como os parques eólicos e os parques solares instalados em imóveis rurais (tema, aliás, já tratado no Capítulo I desta obra). E isso traz uma complexidade na apuração do ITR, já que a legislação considera como área tributável, a área total do imóvel, menos aquelas indicadas anteriormente (de reserva legal, de preservação permanente, de interesse ecológico, dentre outras); área aproveitável, a que for passível de exploração agrícola, pecuária, granjeira, aquícola ou florestal, excluídas as áreas ocupadas por benfeitorias úteis e necessárias e as áreas ambientais; e área efetivamente utilizada, a porção do imóvel que no ano anterior tenha sido plantada com produtos vegetais, servido de pastagem, nativa ou plantada, sido objeto de exploração extrativa, servido para exploração de atividades granjeira e aquícola ou sido objeto de implantação de projeto técnico, nos termos da legislação aplicável à reforma agrária. Como se vê, *a priori* os parques eólicos ou solares não se enquadram na literalidade de nenhuma das categorias utilizadas pela Lei nº 9.393/96, que está voltada à exploração da atividade rural em si. A despeito disso, não se pode ignorar que parques eólicos e solares representam, indiscutivelmente, a exploração legítima de uma atividade econômica do imóvel rural, aliás, mais do que isso, em tempos em que a preocupação ambiental anda (corretamente) tão em voga, por certo que a geração de energia limpa não pode ser vista como uma atividade "improdutiva" para fins de ITR. A única solução possível, com base na legislação em vigor, é enquadrar as áreas ocupadas por esses parques como construções, instalações e benfeitorias (art. 10, § 1º, I, "a"), o que não entra no cálculo do valor da terra nua, e, por consequência, excluí-las da área aproveitável (art. 10, § 1º, IV), de maneira a não incluí-las no cálculo do ITR. Cairia bem, *de lege ferenda*, uma alteração na lei para deixar isso mais claro.

Por fim, o art. 10, § 1º, VI, estabelece que *o grau de utilização (GU) é a relação percentual entre a área efetivamente utilizada e a área aproveitável.* E isso é tratado em uma tabela na Lei nº 9.393/96. Como se pode notar, é o grau de utilização que irá orientar a fixação das alíquotas para fins de estabelecimento da produtividade do imóvel rural.

Pois bem. Para chegar ao valor do imposto, que, de ordinário, deve corresponder à multiplicação da base de cálculo pela alíquota, o art. 11 da Lei Federal nº 9.393/96 prescreve que *"o valor do imposto será apurado aplicando-se sobre o Valor da Terra Nua Tributável – VTNt a alíquota correspondente, prevista no Anexo desta Lei, considerados a área total do imóvel e o Grau de Utilização – GU".*[348]

---

348. Esse complexo procedimento deve ser realizado pelo próprio contribuinte, via autolançamento, à luz do que estabelece o art. 10 da Lei Federal nº 9.393/96.

A partir desse enunciado prescritivo, fica claro que a base de cálculo do ITR é, efetivamente, o valor da terra nua tributável (VTNt), isto é, o valor da terra nua multiplicado pelo quociente entre área tributável e área total. Somente a área aproveitável economicamente entra na composição da base de cálculo. As alíquotas no ITR, a seu turno, são pautadas segundo o grau de utilização (GU), que tem por pressuposto aferir a produtividade da gleba rural em face da correspondência entre a área efetivamente utilizada e aquela que poderia ser utilizada (a área aproveitável). Eis o quadro desse complexo sistema:

Base de cálculo	**Alíquota**
Valor da terra nua (VTN)	Área aproveitável
Área tributável	Área efetivamente utilizada
Valor da terra nua tributável (VTNt)	Grau de utilização (GU)

4.4.2 A preservação do meio ambiente, o "novo" Código Florestal e seus inegáveis reflexos no ITR

Quando se estuda o ITR, é impossível não meditar sobre os desdobramentos que o direito ambiental pode surtir no âmbito fiscal. Nos tempos atuais, o apelo à preservação do meio ambiente não vem apenas de certos setores da sociedade; pelo contrário, tornou-se norma jurídica, aliás, com facetas cada vez mais rigorosas. E tais desdobramentos são sentidos também no ITR, daí a relevância desse ângulo de análise.

Aparentemente, o direito tributário nada tem que ver com o direito ambiental. Só na aparência, porém. Uma vez que o direito positivo é um conjunto integrado de normas jurídicas, está equivocado o intérprete que fecha os olhos na clausura do subsistema de seu interesse, olvidando-se dos mútuos estímulos que as normas provocam entre si, refletindo, em consequência, no domínio do real-social. Por isso que a divisão do direito em "ramos" só se explica para fins didáticos.

Talvez ainda seja cedo para falar em "direito tributário ambiental" ou "direito ambiental tributário". Talvez nem se justifique essa nomenclatura. Idêntico problema se dá com o chamado "direito tributário penal" ou "direito penal tributário".[349]

Não é isso que importa. O que interessa é que o hermeneuta identifique no sistema jurídico positivo normas de distinto calibre, mas que, apesar disso, comunicam-se, conjugam-se, enfim, que apresentam confluência. É esse o caso das normas fiscais que têm por finalidade gravar a propriedade rural e as regras jurídicas que têm por objetivo proteger o meio ambiente.

A preocupação com o meio ambiente foi manifestada explicitamente pelo constituinte. Não por outra razão estabeleceu no art. 225 que *"todos têm direito ao meio ambiente ecologicamente equilibrado, bem de uso comum do povo e essencial à sadia qualidade de vida, impondo-se ao Poder Público e à coletividade o dever de defendê-lo e preservá-lo para as presentes e futuras gerações"*. Essa orientação programática não se limitou ao capítulo próprio do meio ambiente; também em outros temas o constituinte expressou idêntica vontade. Tanto assim que no capítulo que cuida dos princípios gerais da atividade econômica fez constar no art. 170, VI, com a redação dada pela Emenda Constitucional 42/03, que a ordem econômica, ao lado da propriedade privada, se funda também no princípio da defesa do meio ambiente, inclusive mediante tratamento diferenciado conforme o impacto ambiental dos produtos e serviços e de seus processos de elaboração e prestação.

A prova de que a proteção ao meio ambiente não é um vetor isolado advém da análise dos dispositivos que definem o uso da propriedade rural. Com efeito, o art. 184 da Carta

---

349. "Começaria minha fala definindo singelamente o que se deve entender por tributação ambiental (essa é a expressão que tem sido usada). Podemos entender por tributação ambiental o emprego de instrumentos tributários com duas finalidades: a geração de recursos para o custeio de serviços públicos de natureza ambiental e a orientação do comportamento dos contribuintes para a preservação do meio ambiente". COSTA, Regina Helena. "Tributação, ecologia e meio ambiente". *Revista de direito tributário* nº 78, p. 73.

da República prevê que o imóvel rural que não esteja cumprindo sua função social está sujeito às graves consequências da desapropriação por interesse social para fins de reforma agrária. O art. 185, II, por sua vez, protege da desapropriação a propriedade produtiva. E o art. 186 estabelece que a função social é cumprida quando a propriedade rural atende a alguns requisitos, dentre eles, ao aproveitamento racional e adequado e à *"utilização adequada dos recursos naturais disponíveis e preservação do meio ambiente"*.

Todas essas questões ficaram incorporadas no "novo" Código Florestal, introduzido no ordenamento pela Lei Federal nº 12.651, de 25 de maio de 2012 – o qual, como se vê, não é tão novo assim, daí sua notação entre aspas, mas essa é a alcunha que vem recebendo da doutrina.[350] Esse Código (que já passou por algumas reformas) tem por princípio, de um lado, a *"reafirmação da importância estratégica da atividade agropecuária e do papel das florestas e demais formas de vegetação nativa na sustentabilidade, no crescimento econômico, na melhoria da qualidade de vida da população brasileira e na presença do País nos mercados nacional e internacional de alimentos e bioenergia"* (art. 1º-A, parágrafo único, inciso II, incluído pela Lei nº 12.727/12), mas, de outro, que *"as florestas existentes no território nacional e as demais formas de vegetação nativa, reconhecidas de utilidade às terras que revestem, são bens de interesse comum a todos os habitantes do País, exercendo-se os direitos de propriedade com as limitações que a legislação em geral e especialmente esta Lei estabelecem"* (art. 2º). Na parte em que interessa ao ITR, o Código altera e introduz novas categorias jurídicas, dentre as quais as que envolvem: (i) as áreas de preservação permanente (APP's); (ii) as de reserva legal (ARL's); (iii) as de uso restrito; (iv) e as áreas consolidadas.

No que toca às APP's, o Código tipifica-as no art. 4º como sendo (a) as faixas marginais de qualquer curso d'água natural

---

350. O próprio nome "Código Florestal" não soa adequado, pois o Código trata de muito mais questões do que o nome "florestal" indica. Conviria chamá-lo de "Código Ambiental".

perene e intermitente, excluídos os efêmeros, desde a borda da calha do leito regular, em larguras mínimas que podem variar de 30 (trinta) a 500 (quinhentos) metros, a depender da largura do curso d'água; (b) as áreas no entorno de lagos e lagoas naturais, cujas larguras também variam; (c) as áreas no entorno dos reservatórios d'água artificiais, decorrentes de barramento ou represamento de cursos d'água naturais, na faixa definida na licença ambiental do empreendimento; (d) as áreas no entorno das nascentes e dos olhos d'água perenes, qualquer que seja sua situação topográfica, no raio mínimo de 50 (cinquenta) metros; (e) as encostas ou partes destas com declividade superior a 45°, equivalente a 100% na linha de maior declive; (f) as restingas; (g) os manguezais; (h) as bordas dos tabuleiros ou chapadas, até a linha de ruptura do relevo, em faixa nunca inferior a 100 (cem) metros em projeções horizontais; (i) no topo de morros, montes, montanhas e serras, nos termos especificados pela legislação; (j) as áreas em altitude superior a 1.800 metros, qualquer que seja a vegetação; (k) por fim, em veredas, a faixa marginal, em posição horizontal, com largura mínima de 50 (cinquenta) metros, a partir do espaço permanentemente brejoso e encharcado. A lei autoriza o desenvolvimento de algumas poucas atividades nessas áreas (art. 4º, §§ 5º e 6º) e prevê a possibilidade de inclusão de outras, quando declaradas de interesse social por ato do Chefe do Poder Executivo (art. 6º).

Com relação às áreas de reserva legal, o art. 12 do Código Florestal prescreve que todo imóvel rural deve manter área com cobertura de vegetação nativa, a título de reserva legal, sem prejuízo da aplicação das normas sobre as áreas de preservação permanente. Para os imóveis localizados nas coordenadas geográficas situadas dentro da chamada "Amazônia Legal", a reserva legal será de 80%, se a propriedade estiver em área de florestas; de 35%, se em área de cerrado; e de 20%, se em área de campos gerais. *Para os imóveis situados nas demais regiões do País (onde se situa a maior parte das regiões do agro), a reserva legal também será de 20%.* Essas faixas poderão ser reduzidas ou ampliadas, quando indicado pelo

"Zoneamento Ecológico-Econômico - ZEE" estadual (art. 13) e a localização da área de reserva legal no imóvel rural deverá levar em consideração o plano da bacia hidrográfica, o ZEE, a formação de corredores ecológicos com outras áreas ambientais protegidas, as áreas de maior importância para conservação da biodiversidade e as áreas de maior fragilidade ambiental (art. 14). Em algumas situações, será permitido o cômputo das áreas de preservação permanente no cálculo do percentual da reserva legal (art. 15).

Outra figura tratada pelo Código foi a das "áreas de uso restrito". Segundo o que contempla o art. 10, nos pantanais e planícies pantaneiras é permitida a exploração ecologicamente sustentável, devendo-se considerar as recomendações técnicas dos órgãos de pesquisa, ficando novas supressões de vegetação nativa para uso alternativo do solo condicionadas à autorização do órgão estadual do meio ambiente. Em áreas de inclinação entre 25° e 45°, serão permitidos o manejo florestal sustentável e o exercício de atividades agrossilvipastoris, bem como a manutenção da infraestrutura física associada ao desenvolvimento das atividades, observadas boas práticas agronômicas, vedada a conversão de novas áreas, à exceção das hipóteses de utilidade pública e interesse social (art. 11).

As chamadas "áreas consolidadas" mereceram, de igual sorte, atenção do legislador. De acordo com o art. 3º, inciso IV, será assim considerado o imóvel rural com ocupação antrópica pré-existente a 22 de julho de 2008, com edificações, benfeitorias ou atividades agrossilvipastoris. Tanto nas áreas consolidadas situadas dentro de áreas de preservação permanente (art. 61-A), quanto de reserva legal (art. 66), a lei prevê regras diferentes para recomposição do meio ambiente, permitida, com vários condicionantes, a continuidade das atividades até então existentes. Os proprietários de imóveis rurais que realizaram supressão da vegetação nativa respeitando os percentuais de reserva legal previstos na lei vigente à época em que ocorreu a supressão estão dispensados de promover a recomposição, compensação ou regeneração para os novos percentuais, podendo provar as situações consolidadas por documentos, tais como contratos, dados agropecuários da atividade, documentos bancários relativos à produção e outros (art. 68).

Pois bem. Retornando os olhos ao ITR – que, afinal de contas, é o objeto de estudo neste capítulo – a conclusão a que chega o intérprete é que *nenhuma dessas áreas – APP's, reserva legal, de uso restrito e mesmo as consolidadas – pode entrar na base de cálculo do imposto*. Isso porque todas elas mereceram do Código Florestal uma disciplina específica, de tal ordem que nem a lei tributária, nem, muito menos, seu aplicador podem pretender modificar o regramento dado pela lei ambiental, sobretudo para restringi-la. Note-se que, quanto às APP's e às áreas de reserva legal, elas já estavam previstas no Código Florestal anterior, de sorte que, ao apurar o ITR hoje, o intérprete deve tomar por base o regramento dado pelo Código Florestal em vigor, inclusive quanto às faixas de extensão de terras exigidas e os percentuais respectivos atualmente previstos. Tanto assim, aliás, que o art. 10, § 1º, II, "a", da Lei Federal nº 9.393/96 foi alterado pela Lei Federal nº 12.844/13, adaptando sua redação para passar a prever que não se incluem como área tributável as áreas *"de preservação permanente e de reserva legal, previstas na Lei nº 12.651, de 25 de maio de 2012"*.

A conclusão não é diferente quanto às áreas de uso restrito e às áreas consolidadas. Com relação àquelas, o fato de não constar, na literalidade da Lei nº 9.393/96, a possibilidade de exclusão dessas áreas não significa que sobre elas haverá de incidir o ITR. Afinal, as áreas de uso restrito – como o próprio nome sugere – nada mais são do que áreas de interesse ambiental; basta ver que receberam do Código Florestal um capítulo próprio (o "Capítulo III"), ombreando-se com o capítulo das APP's (o "Capítulo II") e o das áreas de reserva legal (o "Capítulo IV"). Logo, é inequívoco que foram submetidos ao mesmo tratamento jurídico ambiental, devendo, pois, receber o mesmo tratamento jurídico tributário.

E sobre isso é descabida a invocação do art. 111 do CTN, no sentido de que as isenções devem ser interpretadas literalmente, porque a intributabilidade dessas áreas não decorre propriamente de uma "isenção", como será visto a seguir (daí o apego que se deve ter no trato dos conceitos dogmáticos), e mais, foi a própria lei ambiental que dispensou a essas áreas disciplina protetiva equivalente às APP's e às de reserva legal. No que concerne às outras áreas, pelo que também se viu, foi o Código Florestal mesmo que as colocou como "consolidadas" em APP's e em reserva legal, de modo que, ao fim e ao cabo, elas não deixam de ser, juridicamente, ou APP's ou reserva legal – sem embargo, é claro, das duras críticas que o legislador recebeu à época por aceitar convalidar essas situações.

4.4.3 As áreas de reserva legal (ARL's) e o entendimento de que só é possível excluí-las se houver averbação à margem da matrícula

Como se viu antes, a Lei nº 9.393/96 prevê que da grandeza tributável para fins de ITR devem ser excluídas as áreas ambientais, tanto as áreas de reserva legal (ARL's), quanto as áreas de preservação permanente (APP's). O Código Florestal, por sua vez, cuidou de dar os contornos jurídicos a essas áreas, inclusive abrangendo outras tidas como de interesse ecológico. Quando o art. 153, § 4º, I, prescreve que o ITR será progressivo e terá suas alíquotas fixadas de forma a desestimular a *"manutenção de propriedades improdutivas"*, evidentemente que a preservação do meio ambiente não está afastada, de forma alguma, desse contexto. Noutras palavras, propriedade produtiva é aquela que atende a sua função social *e a função social é observada quando também há preservação do meio ambiente* (art. 186, II, CF). Isso significa que, ao empregar o mecanismo da extrafiscalidade no ITR, o legislador não pode se descurar da preservação do meio ambiente.

Nesse particular, andou bem a Lei Federal nº 9.393/96, ao excluir da área tributável para fins de composição da base de cálculo as áreas de reserva legal, de preservação permanente, de interesse ecológico, sob regime de servidão ambiental e cobertas por florestas nativas, primárias ou secundárias, em estágio médio ou avançado de regeneração (art. 10, § 1º, II, “a” a “e”). Se assim não fosse, o contribuinte se sentiria motivado a degradar o meio ambiente, o que não se compadece com as políticas públicas nessa seara.

Pois bem, uma primeira observação que deve ser feita, de cara, é a seguinte: há que se afastar a concepção usualmente adotada pela jurisprudência (e em alguns escritos doutrinários também) de que a exclusão da base de cálculo do ITR das áreas ambientais configuraria uma “isenção”. Ora, não se trata de isenção. Seria isenção se o legislador pudesse validamente instituir o tributo sobre essas áreas, mas, por uma opção de política legislativa no plano ordinário, reduzisse um ou mais dos critérios da regra-matriz de incidência do ITR. Na verdade, como a Constituição exige que o ITR seja calibrado tomando-se como um de seus vetores “desestimular a manutenção de propriedades improdutivas”, é evidente que nas áreas ambientais não pode haver produção rural, logo, quando a lei prevê a exclusão dessas áreas *não está concedendo isenção alguma, mas apenas permitindo a correta apuração do imposto,* que deve projetar-se sobre as extensões de terra da fazenda onde possa haver produção. Vai daí que se o contribuinte não pode produzir nessas áreas, é claro que tais extensões territoriais não podem entrar no cômputo das terras “improdutivas”.

A controvérsia não se resume a isso, porém. Por área de reserva legal deve ser compreendida a que seja coberta de vegetação nativa, a título de reserva legal, o que todo imóvel rural deve ter, sem prejuízo da aplicação das normas sobre as áreas de preservação permanente (art. 12 do Código Florestal). As áreas de reserva legal, como foi visto, variam de 80%, se o imóvel estiver compreendido em áreas de florestas dentro da chamada “Amazônia Legal”, a 20%, para as demais regiões do País (onde se situam, na sua expressiva maioria, os imóveis onde há produção agropecuária). Os 20% da fazenda que se enquadram como reserva legal devem ser excluídos da base de cálculo do ITR em respeito ao mandamento constitucional e também à legislação ambiental.

Acontece que o Fisco, para aceitar a exclusão da reserva legal na apuração do ITR, passou a exigir dos produtores o cumprimento de uma formalidade: a sua averbação na matrícula do imóvel. O Superior Tribunal de Justiça, por algum período, andou cambiante, entendendo em alguns momentos que isso não seria exigível,[351] enquanto que em outros se posicionou em sentido contrário, ou seja, que seria, sim, um dever do contribuinte averbar a reserva legal na matrícula para que pudesse excluí-la da base de cálculo do ITR.[352] A partir de julgamento de caso em embargos de divergência, no entanto, o Tribunal Superior fixou a tese de que a averbação da reserva legal na matrícula é condição necessária, porque o art. 16, § 8º, do Código Florestal antigo fazia essa exigência.[353] Não só isso, por conta dessa orientação firmada a Corte não tem admitido a exclusão, *mesmo que o contribuinte queira provar a existência de reserva legal mediante perícia.*[354]

Ora, trata-se de um exagero. A formalidade – averbação ou não da reserva legal na matrícula – não pode se sobrepor à pujança da realidade, da denominada "verdade material" no cômputo de um tributo. Afinal de contas, a lógica que importa para a legislação ambiental é a floresta em pé, e não o aspecto formal de se ter previamente levado essa informação à matrícula do imóvel ou não. Eis o motivo pelo qual não se pode cercear o direito de defesa do contribuinte de *tentar provar* a existência da reserva legal na sua propriedade. Ademais, o art. 18, § 4º, do Código Florestal, com a redação que lhe foi dada pela Lei nº 12.727/12, prescreve que *"o registro da Reserva*

---

351. REsp. nº 1.060.886-PR, 1ª Turma, Rel. Min. Luiz Fux, *DJe* 18.12.2009; Ag. Rg. REsp. nº 1.157.239-DF, 1ª Turma, Rel. Min. Hamilton Carvalhido, *DJe* 04.06.2010.

352. REsp. nº 1.125.632-PR, 1ª Turma, Rel. Min. Benedito Gonçalves, *DJe* 31.08.2009.

353. EREsp. nº 1.027.051-SC, 1ª Seção, Rel. Min. Benedito Gonçalves, *DJe* 21.10.2013. A partir daí, essa orientação passou a ser respeitada, inclusive nos precedentes mais atuais: EDcl. REsp. nº 1.541.764-SC, 2ª Turma, Rel. Min. Herman Benjamin, *DJe* 05.02.2016.

354. REsp 1.638.210-MG. 2ª Turma. Rel. Min. Og Fernandes. *DJe* 05.12.2017. REsp. 1.027.051-SC. 2ª Turma. Rel. Min. Humberto Martins. Rel. p/ acórdão Min. Mauro Campbell Marques. *DJe* 17.05.2011.

Legal no CAR desobriga a averbação no Cartório de Registro de Imóveis, sendo que, no período entre a data da publicação desta Lei e o registro no CAR, o proprietário ou possuidor rural que desejar fazer a averbação terá direito à gratuidade deste ato".

Enfim, a prévia averbação da existência da reserva legal na matrícula não pode ser uma condição previamente estabelecida para que o contribuinte tenha direito de excluir da base de cálculo do ITR essa área ambiental. De um modo ou de outro, porém, o STJ vem entendendo que se trata de requisito formal, motivo por que convém que o produtor siga essa formalidade. Isso tende a mudar com a aplicação das regras do Código Florestal em vigor, que explicitamente deixou de exigir tal condicionante.

4.4.4 As áreas de preservação permanente (APP's) e o dispensável ato declaratório ambiental (ADA) do IBAMA

Outra formalidade que o Fisco exige dos produtores na declaração de ITR gira em torno do prévio ato declaratório ambiental (ADA) emitido pelo IBAMA como pressuposto para que as áreas de preservação permanente (APP's) da propriedade sejam excluídas da base de cálculo. As APP's, relembre-se, diferem-se das ARL's, porque são áreas que envolvem faixas marginais de cursos d´água, entorno de lagoas e lagos naturais, encostas de morro, restingas, manguezais, topo de montes e montanhas e outras (art. 4º do Código Florestal).

Assim que a Lei Federal nº 9.393/96 foi editada, surgiram vários questionamentos a respeito dos requisitos a serem cumpridos para que fosse possível excluir da base de cálculo essas áreas de interesse ambiental. O art. 10, § 1º, II, "a", na sua redação original, previa que poderiam ser excluídas as áreas "*de preservação permanente e de reserva legal, previstas na Lei nº 4.771, de 15 de setembro de 1965, com a redação dada pela Lei nº 7.803, de 18 de julho de 1989*" – ou seja, as áreas tratadas pelo antigo Código Florestal, veiculado pela Lei nº

4.771/65. Acontece que a Receita Federal passou a entender, com base em toda a legislação ambiental (não só no até então vigente Código Florestal), que as áreas de preservação permanente (as chamadas "APP's"), para serem reconhecidas como tais, dependiam de reconhecimento prévio do IBAMA através de ato declaratório ambiental (o denominado "ADA"). Essa exigência, inclusive, foi oficializada pela Receita Federal através da Instrução Normativa nº 67/97.

Como o ITR, a partir da Lei nº 9.393/96, passou a ser um tributo sujeito ao lançamento por homologação e como essa exegese, na prática, significaria que os órgãos ambientais deveriam fiscalizar previamente todos os imóveis rurais do País, desnaturando, em certo sentido, o autolançamento do imposto, por intermédio da Medida Provisória nº 2.166-67/01 foi inserido um § 7º ao art. 10, o qual previu que *"a declaração para fim de isenção do ITR relativa às áreas de que tratam as alíneas 'a' e 'd' do inciso II, § 1º, deste artigo, não está sujeita à prévia comprovação por parte do declarante, ficando o mesmo responsável pelo pagamento do imposto correspondente, com juros e multa previstos nesta Lei, caso fique comprovado que a sua declaração não é verdadeira, sem prejuízo de outras sanções aplicáveis"*. Ou seja, se o sujeito mentir, excluindo da base de cálculo do ITR uma APP que não existe, ele será submetido não só à aplicação de juros e multas para cobrança do imposto, como também às sanções ambientais e criminais correspondentes.

Assim que esse tema chegou ao Superior Tribunal de Justiça, essa orientação foi confirmada, isto é, da desnecessidade do ADA, desde os primeiros precedentes tanto do Ministro Luiz Fux,[355] quanto da Ministra Eliana Calmon.[356] Hoje, essa questão está pacificada naquela Corte.[357]

---

355. REsp. nº 587.429-AL, 1ª Turma, Rel. Min. Luiz Fux, *DJ* 02.08.2004, p. 323.

356. REsp. nº 665.123-PR, 2ª Turma, Rel. Min. Eliana Calmon, *DJ* 05.02.2007, p. 202.

357. Ag. Rg. REsp. nº 1.395.393-MG, 1ª Turma, Rel. Min. Benedito Gonçalves, *DJe* 31.03.2015.

Portanto, pela jurisprudência atual, para excluir reserva legal deve haver ato prévio de averbação na matrícula; quanto à APP, porém, não é necessário prévio ADA do IBAMA. Daí a necessidade da correta identificação de tratar-se de uma ou outra área, sendo certo que *"concluir que se trata de área de preservação permanente, e não de área de reserva legal, não é possível, uma vez que a fase de análise de provas pertence às instâncias ordinárias, pois, examinar em Recurso Especial matérias fático-probatórias encontra óbice da Súmula 7 desta Corte".*[358] Apesar disso, o CARF continua se manifestando no sentido de que *"para ser possível a dedução de áreas de preservação permanente e de florestas nativas da base de cálculo do ITR, a partir do exercício de 2001, é necessária a comprovação de que foi requerido tempestivamente ao IBAMA a expedição de Ato Declaratório Ambiental (ADA) até o início da ação fiscal".*[359]

4.4.5 Os problemas da tabela que mensura o grau de utilização das terras (GU)

Outro aspecto crucial do complexo critério quantitativo do ITR que não poderia deixar de ser enfrentado diz respeito à tabela da Lei nº 9.393/96, que busca mensurar o grau de utilização das terras (o GU).

Consultando a tabela das alíquotas, o estudioso notará que o legislador criou diversas colunas e linhas. Nas colunas, colocou a área total dos imóveis em hectares, à esquerda, e o grau de utilização em percentual, à direita, esse dividido em subcolunas entre grau de utilização maior que 80; entre 65 e 80; entre 50 e 65; entre 30 e 50; e até 30. Nas linhas, por sua vez, criou faixas de extensão territorial, de modo que as propriedades foram classificadas em até 50 hectares; entre 50 e 200; entre 200 e 500; entre 500 e 1.000; entre 1.000 até 5.000; e

358. REsp 1.668.718-SE. 2ª Turma. Rel. Min. Herman Benjamin. *DJe* 13/09/2017.

359. Processo nº 13609.721177/2013-79. Acórdão nº 2301-005.188. 3ª Câmara. 1ª Turma Ordinária. Rel. Cons. Alexandre Evaristo Pinto. j. 06.03.2018.

maiores que 5.000 hectares. Para cada uma dessas faixas foi atribuída uma alíquota, conforme as colunas do grau de utilização, podendo variar de uma diminuta alíquota de 0,03% a até o elevado patamar de 20%.

Examinando a base de cálculo eleita pelo legislador, que tem por pressuposto o valor da terra nua tributável, não há censuras a serem feitas, pois, de fato, a lei grava seu *valor*, e não a área da propriedade, de tal modo que se ajusta ao arquétipo constitucional do imposto. E verificando as alíquotas, o exegeta fica inclinado a também reconhecer que o legislador as graduou corretamente, mirando o grau de utilização, de maneira a desestimular a manutenção de propriedades improdutivas.

Porém, essa é apenas uma impressão do primeiro instante. Serenamente refletidas as alíquotas delineadas pela Lei Federal nº 9.393/96, o intérprete notará que o legislador, simplesmente, esqueceu-se ou fez pouco caso para o fato de que deveria graduar as alíquotas tomando por parâmetro de idêntica força vinculante o *valor da propriedade*, por expressa ordem constitucional.

Noutras palavras, o ITR não está jungido somente à extrafiscalidade, está preso também à progressividade. Isso significa que, necessariamente, as alíquotas deveriam ser organizadas consoante o valor da propriedade. Mas, não foram. O critério eleito pelo legislador foi apenas a "área total" do imóvel para aferir seu grau de utilização. E, nesse particular, o sistema de alíquotas prescrito na Lei Federal nº 9.393/96 atende apenas parcialmente ao mandamento constitucional, o que não pode ser aceito, razão por que se pode afirmar que as alíquotas do ITR, na forma como estão previstas na ordem jurídica em vigor, revelam-se inconstitucionais.[360]

---

360. Essa constatação, ao que parece, passou despercebida por Luís Fernando de Souza Neves, que deu por boa a sistemática criada pelo legislador, insurgindo-se, apenas, em face da alíquota de 20%, tida por confiscatória. Vide "Apontamentos sobre o ITR e sua progressividade". *Curso de especialização em direito tributário: estudos analíticos em homenagem a Paulo de Barros Carvalho*. Coord. Eurico Marcos Diniz de Santi. Rio de Janeiro: Forense, 2005, p. 1.103/1.104.

O que ocorreu, a bem de se ver, foi que Lei Federal nº 9.393/96 veio à tona à época da redação originária do art. 153 da Constituição, o qual previa antes, na parte em que interessa a esse tema, apenas que o imposto *"terá suas alíquotas fixadas de forma a desestimular a manutenção de propriedades improdutivas"*. Tratava-se, pois, de comando normativo com nítida coloração extrafiscal. Foi nesse contexto que adveio a Lei nº 9.393/96, que *à época* deu nova roupagem ao ITR e que ainda o disciplina até hoje. Pelo que se pode inferir, não se cogitava naquele tempo que o ITR deveria também atender à progressividade, o que só surgiu com o advento da Emenda Constitucional nº 42/03. Ocorre que, com a mudança empreendida no arcabouço constitucional, que está situado em patamar hierárquico superior, *o sistema de alíquotas da tabela da Lei nº 9.393/96 ficou "defasado"*, se é que se pode assim dizer, pois não atende às prescrições do sistema em vigor, já que tomou como critério apenas a "área" do imóvel, e não o seu "valor". Ao não atender aos mandamentos constitucionais, a tabela configura afronta à ordem jurídica, comprometendo sua validade.

Outra questão extremamente discutível é a circunstância de que *a tabela da lei aplica alíquotas diferentes para quem está enquadrado na mesma coluna de GU (grau de utilização).* Como exemplo, se grandes propriedades rurais tiverem percentualmente a mesma improdutividade, ainda assim a lei prevê para elas alíquotas distintas. Se o GU de uma fazenda de 4.800 hectares for de 30%, a alíquota será de 8,6% (faixa de 1.000 a 5.000 hectares); agora, se uma fazenda de 5.001 hectares denotar a mesma improdutividade, essa alíquota salta para 20% (faixa de propriedades maiores que 5.000 hectares). O mesmo raciocínio pode ser desenvolvido para imóveis com boa produtividade, na medida em que as alíquotas variam, mesmo se uma propriedade de 1.000 hectares e outra de 1.200 hectares, por exemplo, tiverem o mesmo índice de produtividade, acima de 80% (no primeiro caso, a alíquota será de 0,15%, enquanto que, no outro, de 0,30%). Ora, se o mandamento constitucional é desestimular a manutenção de propriedades improdutivas e se o GU é a relação percentual entre a área efetivamente utilizada e a área aproveitável (art. 10, § 1º, VI, da Lei 9.393), não parece correto tributar com alíquotas diferentes quem se enquadra nos mesmos percentuais de produtividade/improdutividade.

Uma derradeira consideração deve ser feita quanto às alíquotas fixadas nessa tabela: segundo o que está na lei, o ITR pode chegar a ser exigido à razão de 20% sobre o valor da terra nua tributável (VTNt). As discussões sobre isso são intermináveis. Há quem defenda que, como a determinação constitucional é para que a manutenção de propriedades improdutivas seja desestimulada, somente a imposição de uma alíquota considerável irá conseguir tornar concreto esse objetivo. Outros, porém, entendem que mesmo os tributos extrafiscais submetem-se ao primado do não-confisco, razão pela qual se poderia afirmar que 20% de alíquota esbarraria para as raias do confisco, porquanto, em 05 (cinco) anos, o ITR atingiria o próprio valor do imóvel.

A evolução das letras jurídico-tributárias, assim no meio científico, que na seara jurisprudencial, está longe de pavimentar um caminho seguro para delinear o âmbito de aplicação do princípio do não-confisco. Todas as palavras são vagas e potencialmente ambíguas (Alf Ross), porém, há que se admitir, essa expressão "não-confisco" padece ainda mais de obscuridade semântica. Um primeiro passo para tomar posição sobre esse intrincado tema é reconhecer que, realmente, a circunstância de um determinado tributo ser extrafiscal não lhe exime da observância ao princípio do não-confisco. Afinal, ou uma dada atividade ou conduta é lícita, ou é ilícita. Se ela for considerada lícita para o direito (como a fabricação e a comercialização de produtos considerados supérfluos para o IPI ou mesmo o direito à propriedade de terras improdutivas para o ITR), não é dado ao Estado tratá-la como lícita, de um lado, não a proibindo taxativamente, mas submetê-la a um regime jurídico, de outro, como se de atividade ilícita se tratasse, ainda mais se valendo do aparato tributário para isso (fixando alíquotas abusivas). Note-se que se a conduta em si mesma de ter uma propriedade improdutiva fosse classificada puramente como ilícita, então nem se haveria de cogitar de tributação sobre ela, e sim de desapropriação direta, como determina a Constituição Federal. Assim, o fato de o ITR ser um tributo extrafiscal não quer dizer que esteja ao largo da juridicidade do princípio do não-confisco – *até mesmo porque, se não fosse aplicável esse princípio à hipótese, não haveria sentido algum cogitar-se de alíquota "confiscatória"*.

Definida essa premissa, cabe agora dizer se uma alíquota de 20% é ou não confiscatória. Não é tarefa do jurista interpretar o direito com a calculadora na mão. Contudo, situações há em que somente reflexões comparativas esclarecem o pensamento, auxiliando na solução. A aplicação de uma alíquota de 1% seria confiscatória? Com certeza absoluta todos diriam que não. E de uma alíquota de 100%? Também com certeza absoluta todos diriam que sim. Os extremos, como é intuitivo perceber, dão bem a tônica para se definir em quais situações são ou não aplicáveis esse princípio. Mas, e 5%? Alguns já levantarão o dedo para sustentar que 5% sobre o valor da propriedade rural é confiscatório. Quem sabe, ainda em menor número de pessoas. Todavia, se os percentuais forem subindo para 10%, 15%, 20%, 25%, 30%, 40% ou até 50%, o que fatalmente ocorrerá é que as pessoas que se dedicarem a encarar esse problema com seriedade se separarão, cada um escolhendo um percentual que, a seu ver, é justo.

Reside exatamente nesse ponto o problema: tudo dependerá das convicções pessoais de cada um sobre o que é justo e o que é injusto, sobre o que é adequado e o que não é. Por isso que esse tipo de caso precisa de uma resposta sobre *o que é "justo" para o direito*, isto é, através de um posicionamento definitivo do Supremo Tribunal Federal, que é quem deve dar a palavra final, estabelecendo uma baliza que possa dirimir não apenas os casos envolvendo o ITR, como os demais tributos nos quais esse debate aparece, em nome do norte maior da segurança jurídica. Especificamente quanto ao ITR, não se pode perder de vista, entretanto, que a Constituição adotou como um desvalor a manutenção de propriedades improdutivas, de tal maneira que se não for aplicada uma alíquota que efetivamente desestimule a inércia do contribuinte haverá uma tributação contrária ao querer constitucional. De igual forma, para auxiliar no encaminhamento de uma solução, não se pode esquecer que os 20% *não incidirão sobre o valor total da propriedade,* mas sobre o valor da terra nua tributável (VTNt).

Delineadas as coisas dessa maneira, com todas suas vicissitudes, a alíquota de 20% aparenta, realmente, ter excedido um pouco. O teto mais adequado, ao que parece, seria uma alíquota de 15%. Essa conclusão, porém, é fruto das convicções pessoais e da visão de mundo do autor deste trabalho. Por isso mesmo que não há como censurar quem julgue que os 20% são o patamar ideal – ou até quem pense que o percentual deveria estar aquém ou além desse indicado.

4.4.6 O cadastro ambiental rural (CAR) e seus pujantes efeitos na apuração e fiscalização do ITR

Resta examinar, enfim, o tão propalado "CAR", essa sim a grande novidade do Código Florestal, que, a seu turno, traz pujantes efeitos na apuração e fiscalização do ITR. Com efeito, diferentemente do que ocorria antes, foi criada uma espécie de "lançamento por homologação ambiental", ou seja, é o indivíduo que deve declinar, com maiores detalhes, quais são as especificidades de seu imóvel rural, indicando quais são e onde estão suas áreas de reserva legal (ARL's), as áreas de preservação permanente (APP's), as áreas produtivas, as áreas ocupadas com benfeitorias e outras – o que, por certo, será o maior motivo para divergências, tanto na área ambiental, quanto na tributária.

Dispõe o art. 29, *caput,* do Código Florestal que fica criado o *"Cadastro Ambiental Rural – CAR, no âmbito do Sistema Nacional de Informação sobre Meio Ambiente – SINIMA, registro público eletrônico de âmbito nacional, obrigatório para todos os imóveis rurais, com a finalidade de integrar as informações ambientais das propriedades e posses rurais, compondo base de dados para controle, monitoramento, planejamento ambiental e econômico e combate ao desmatamento".* O art. 29, § 1º, por sua vez, estabelece que a inscrição no CAR deve ser feita, preferencialmente, no órgão ambiental municipal ou estadual, nos termos do que vier a ser fixado em regulamento, devendo ser exigido do proprietário sua identificação (inciso I), a comprovação da propriedade e da posse (inciso II) e a identificação do imóvel por meio de planta e memorial descritivo, contendo a indicação das coordenadas geográficas com pelo menos um ponto de amarração do perímetro do imóvel, informando a localização dos remanescentes de vegetação nativa, das áreas de preservação permanente, das áreas de uso restrito, das áreas consolidadas e, caso existente, também da localização da reserva legal (inciso III).[361]

É no CAR, portanto, que o produtor indica todas as informações pertinentes quanto às áreas ambientais (APP's, de reserva legal, de uso restrito e as consolidadas), inclusive por meio de planta e memorial descritivo. Tanto assim que o Código previu que a área de reserva legal deverá ser registrada no órgão ambiental competente por meio do CAR (art. 18), a qual será feita mediante a apresentação de planta e memorial descritivo, contendo as coordenadas geográficas (art. 18, § 1º). Porém, a localização da reserva legal indicada pelo produtor rural no CAR deverá ser aprovada pelo órgão ambiental (art. 14, § 1º), sendo certo que, *enquanto não for apreciado o pedido, ao produtor não poderá ser aplicada qualquer sanção* (art. 14, § 2º). Uma vez implantado o CAR, a supressão de novas áreas de floresta ou outras formas de vegetação nativa só será autorizada pelo órgão ambiental se o imóvel estiver devidamente inscrito nesse cadastro (art. 12, § 3º).

---

361. O CAR foi regulamentado pelo Decreto Federal nº 7.830, de 17 de outubro de 2012, o qual preceitua no art. 6º que o cadastro tem "natureza declaratória e permanente" e que as informações "são de responsabilidade do declarante, que incorrerá em sanções penais e administrativas, sem prejuízo de outras previstas na legislação, quando total ou parcialmente falsas, enganosas ou omissas". Vide também o Decreto Federal nº 8.235, de 05 de maio de 2014.

O CAR, como se vê, é obrigatório (art. 29). E desde 31 de dezembro de 2017, as instituições financeiras só podem conceder crédito agrícola, em qualquer de suas modalidades, para proprietários de imóveis rurais que estejam inscritos no CAR (art. 78-A). Justamente porque ele é obrigatório e porque todas as informações ambientais ficam concentradas no CAR, *não há mais sentido algum falar-se seja em ato declaratório ambiental, seja em averbação na matrícula do imóvel,* temas que eram importantes antes para o ITR. Aliás, especificamente quanto à questão da matrícula, o art. 30 do Código Florestal preconizou que, nos casos em que a reserva legal já tenha sido averbada na matrícula com indicação do perímetro e a localização da reserva, o proprietário não precisará incluir essa informação no CAR, bastando que apresente ao órgão ambiental a certidão do registro de imóveis.

Por igual razão, o art. 10, § 7º, da Lei Federal nº 9.393/96, que havia sido inserido pela Medida Provisória nº 2.166-67/01 e que previa que as áreas ambientais, sobretudo as APP's e as áreas de reserva legal, não precisavam ser previamente comprovadas pelo contribuinte para excluí-las da base de cálculo do ITR, foi revogado pelo Código Florestal (art. 83), porque, diante da nova sistemática, tudo está concentrado no âmbito do CAR. Assim, todo o cenário jurisprudencial estabelecido antes da implantação do CAR tende a ser modificado – e deve mesmo – pois se o CAR é um "lançamento por homologação" ambiental, através do qual o produtor identifica todas as áreas da sua fazenda, não há mais sentido exigir-se averbação na matrícula, ADA ou (o que é mais frequente) laudo comprobatório.

O maior problema enfrentado depois do Código nessa temática foi que o CAR pressupõe um sistema integrado de informações dos órgãos ambientais federais, estaduais e municipais. E isso, é claro, é complicado. Não por outro motivo o art. 29, § 3º, antes previa que a inscrição no CAR seria obrigatória para todas as propriedades e posses rurais, *"devendo ser requerida no prazo de 01 (um) ano, contado de sua implantação"*, prorrogável, uma única vez, por igual período por ato do Chefe do Poder

Executivo. Porém, esses prazos foram sendo sucessivamente prorrogados, por diversos instrumentos normativos, até se culminar na edição da Lei nº 13.887/19, a qual passou a prever que *"a inscrição no CAR é obrigatória e por prazo indeterminado para todas as propriedades e posses rurais"*.

Na verdade, o problema hoje em dia não está na inscrição no CAR por parte do produtor (dado que a maioria dos produtores já fez o protocolo dos seus CAR's), mas sim na sua homologação por parte das autoridades ambientais, haja vista o número de cadastros para serem analisados e o diminuto número de servidores responsáveis para tanto. Independentemente disso, uma vez protocolado o CAR presume-se válida a declaração, até prova em contrário.

4.4.7 Derradeiras considerações sobre a influência das normas ambientais no ITR: pelo sistema, quem agride o meio ambiente pode pagar mais imposto

Concluída a análise das mudanças que o "novo" Código Florestal proporcionam, é importante afirmar, por outro lado, justamente pela proteção dada pelo sistema jurídico ao meio ambiente, que nada impede que o legislador amanhã venha a utilizar a extrafiscalidade para tributar de maneira mais gravosa a propriedade de quem desrespeita o meio ambiente. A proteção ambiental, que é um valor constitucional, encerra uma via de mão dupla: deve privilegiar aquele que a respeita e em certa medida punir o infrator.[362]

---

362. Em interessantes reflexões sobre essa perspectiva de análise, apoiado em doutrina estrangeira, Marcelo de Aguiar Coimbra assim se manifesta: "No Estado Ambiental de Direito não só a capacidade contributiva funciona como medida para a fixação da carga fiscal individual. Exerce também este mister a chamada capacidade destrutiva, ou seja, a potencialidade poluidora de um determinado agronegócio. Em outras palavras, cada um deve ser tributado na proporção de sua capacidade destrutiva: quem polui mais paga mais, quem polui menos paga menos. (...) A extrafiscalidade ambiental fomenta a prática de condutas amigas do meio ambiente, incentivando o uso racional e ordenado dos recursos naturais, com a adoção de tecnologias, fontes de energia e formas de consumo mais limpas do ponto de vista ecológico, além de desencorajar atos destrutivos à qualidade ambiental, como uso

A Constituição induz o intérprete a concluir que o ITR é um imposto timbrado também pela marca da extrafiscalidade. A meta a ser atingida com a extrafiscalidade prevista para esse tributo é o desestímulo à manutenção de propriedades improdutivas. E para se aferir se uma propriedade é ou não produtiva, deve-se verificar se ela cumpre sua função social, devendo ser investigado, dentre outras coisas, o respeito ou não ao meio ambiente.

Em sendo assim, além da correta fórmula positivada na Lei Federal nº 9.393/96 (na parte envolvendo a base de cálculo, não as alíquotas, como se viu), excluindo as áreas de interesse ambiental, a Constituição autoriza que o legislador utilize a ferramenta da extrafiscalidade para proteger, ainda mais, o meio ambiente, tributando de maneira mais gravosa

---

de energias fósseis e produção de resíduos, gravando-os tributariamente. Todavia, é preciso estar alerta para a extrafiscalidade ambiental com efeitos proibitivos, na medida em que é facultado ao Estado desencorajar o exercício de atividade econômica altamente poluente, porém sendo defeso impedi-la por uma imposição tributária extremamente gravosa. Compete ao legislador ambiental estabelecer padrões ambientais rígidos. A partir do momento que uma determinada atividade econômica é considerada lícita pelo Direito Ambiental, não deve ser proibida por via transversa, instituindo o mesmo Estado um tributo com efeitos proibitivos. (...) Ao lado de sua finalidade arrecadatória, presente autorização constitucional para tanto, o tributo pode exercer igualmente funções extrafiscais com o propósito de estimular comportamentos desejáveis ou desincentivar os indesejáveis, bem como promover determinados fins de interesse social ou outros fins ligados a valores constitucionais". "Fundamentos constitucionais da justiça fiscal no campo: em defesa da tríade liberdade econômica, capacidade contributiva e preservação do meio ambiente". *Tributação no agronegócio.* Coord. Eduardo de Carvalho Borges. São Paulo: Quartier Latin, 2005, 175/176. Na mesma linha é o pensamento de Regina Helena Costa: "Dentro desse contexto, dessa visão, o direito à propriedade deve ser exercido com a compreensão de sua importância ambiental. Em relação à propriedade rural, talvez isso seja ainda mais facilmente visível, porque sabemos que a própria Constituição, expressamente, diz que a propriedade rural atenderá à função social, preenchendo, dentre outros requisitos, o da 'utilização adequada dos recursos naturais disponíveis e preservação do meio ambiente'. Isso está contido com todas as letras no art. 186, inciso II, da Lei Maior. Por que não se pensa, então, no ITR, muito mais voltado à preocupação ambiental? Está na Constituição, mas também resta não aplicado". "Tributação, ecologia e meio ambiente". *Revista de direito tributário* nº 78, p. 73. Vide também: SILVEIRA, Rodrigo Maito da. "A preservação ambiental e a tributação da propriedade rural". *Direito do agronegócio: mercado, regulação, tributação e meio ambiente.* Coord. Renato Buranello, André Ricardo Passos de Souza e Ecio Perin Junior. São Paulo: Quartier Latin: 2011, v. II, p. 839/861.

a propriedade que desrespeita critérios ambientais definidos em lei, desde que não chegue a patamares confiscatórios, bem como diminuindo a carga tributária do contribuinte que, voluntariamente, entende por bem destinar áreas de sua propriedade para fins de proteção ambiental, além daquelas obrigatórias já previstas em lei.

4.5 A competência tributária, a "municipalização" do ITR e seus problemas

No início deste capítulo foi afirmado que o ITR ganhou relevância no cenário nacional. De um lado, isso é bom, pois não se pode conceber mesmo que um tributo do sistema tenha sido "esquecido" por tantos anos, tenha feito papel de coadjuvante por décadas. De outro, no entanto, é ruim constatar que a relevância assumida tenha decorrido de práticas abusivas cometidas no contexto da chamada "municipalização" do ITR, geradora de autuações de valores elevados e com boa dose de arbitrariedade.

Esse aspecto do problema pode soar acadêmico demais, mera especulação desprovida de sustentação, mas não é. E assim se afirma porque os dados empíricos que a realidade atual demonstra só vêm a confirmar aquilo que já se anunciava desde que esse modelo híbrido (e, ao que parece, inédito na experiência brasileira) foi instituído: *um imposto em que um manda, mas não controla, e outro obedece, quando lhe convém.* Chega a ser prosaico. Contudo, a comparação é inevitável: *o ITR de hoje parece um adolescente rebelde à busca de uma identidade.*

Com efeito, essa delegação de competências fiscalizatórias e arrecadatórias vem se mostrando um problema, na medida em que a União, na prática, se antes já não se preocupava muito com o ITR, agora então parece ter virado as costas de vez para esse imposto, quase que o desprezando. Limitou-se a União a estabelecer um "modelo" de auto de infração, o qual tem servido para todo tipo de abuso pelos Municípios. Não são poucos os casos em que Municípios, a pretexto de seguirem as regras padronizadas da Receita Federal, vêm se valendo disso para arbitrar valores de ITR totalmente dissociados da realidade. Prova disso é o preocupante – e discrepante – valor de terra nua informado pelos entes municipais para formação do SIPT (sistema integrado de preços de terras). Daí o porquê da comparação feita acima: a União, que detém a competência tributária, fixa as regras, mas não checa se elas vêm sendo adequadamente cumpridas; e os Municípios as cumprem quando lhes convêm.

O que se procurará fazer neste item, com seus respectivos subitens, será analisar de forma detida cada um dos problemas ocasionados por esse processo, a começar pela competência em si mesma considerada.

É sabido que, no domínio científico, que reflete as prescrições do direito positivo, competência tributária e capacidade tributária ativa são categorias jurídicas verdadeiramente distintas. São dois planos que não podem ser confundidos, vez que sujeitos a regimes diferençados.

Por competência tributária – não é demais reiterar – entende-se a atribuição dada pela Constituição aos entes federados para, querendo, instituírem seus tributos, desde que o façam através de lei e dentro do arquétipo delineado constitucionalmente. Trata-se, pois, de *competência legislativa tributária*. Paulo de Barros Carvalho adscreve que *"a competência tributária, em síntese, é uma das parcelas entre as prerrogativas legiferantes de que são portadoras as pessoas políticas, consubstanciada na possibilidade de legislar para a produção de normas jurídicas sobre tributos"*.[363]

Fora aparte a discordância doutrinária acerca das características da competência tributária – se três, como para Paulo de Barros Carvalho,[364] que enxerga apenas (i) a indelegabilidade, (ii) a irrenunciabilidade e (iii) a incaducabilidade, ou

363. *Curso de direito tributário*. 32. ed. São Paulo: Noeses, 2022, p. 222.

364. *Curso de direito tributário*. 32. ed. São Paulo: Noeses, 2022, p. 225.

se seis, como defende Roque Carrazza,[365] que, além dessas, inclui ainda (iv) a inalterabilidade, (v) a privatividade e (vi) a facultatividade do exercício – a verdade é que em relação àquela que aqui importa não há dissenso: a indelegabilidade da competência tributária.

A indelegabilidade da competência tributária significa que a entidade federada, ainda que mediante lei, não pode transferir ou permutar a prerrogativa de legislar sobre o tributo que lhe foi deferido pela Carta Constitucional com outra pessoa política. Como esclarece o Prof. Roque Carrazza, "*as competências tributárias são indelegáveis. Cada pessoa política recebeu da Constituição a sua, mas não a pode renunciar, nem delegar a terceiros. É livre, até, para deixar de exercitá-la; não lhe é dado, porém, permitir, mesmo que por meio de lei, que terceira pessoa a encampe*".[366] Se assim não fosse, ter-se-ia a desconfiguração da rígida distribuição das competências impositivas empreendida pela Carta da República.

Coisa diferente é a capacidade tributária ativa. Por capacidade tributária ativa deve-se compreender a *competência administrativa tributária*. Cuida-se, portanto, de identificar quem é o credor da relação obrigacional fiscal, isto é, o sujeito ativo, que pode exigir determinada quantia em dinheiro do sujeito passivo a título de tributo. Essa, sim, é transferível a outrem. A depender de um processo de decisão política, o titular da competência tributária (competência legislativa) delega a outro sujeito, por lei, a capacidade tributária ativa (competência administrativa).

A transferência da capacidade tributária ativa engloba a competência administrativa para fiscalizar, cobrar e arrecadar tributos. Quem recebe a delegação da capacidade tributária ativa, portanto, está autorizado a fiscalizar o contribuinte e a cobrar e receber as importâncias devidas. A bem de se ver, para que haja verdadeira transferência da capacidade

---

365. *Curso de direito constitucional tributário*. 30 ed. São Paulo: Malheiros, 2015, p. 609.

366. *Curso de direito constitucional tributário*. 30 ed. São Paulo: Malheiros, 2015, p. 771.

tributária ativa os recursos angariados devem ser destinados ao próprio sujeito ativo; caso contrário, isto é, se um outro sujeito que não o detentor da competência tributária puder fiscalizar, cobrar e arrecadar o tributo, mas tiver que repassar a quantia arrecadada ao titular da competência tributária, ter-se-á mera *sujeição ativa auxiliar.* Somente quando os recursos são mantidos com o sujeito ativo é que ocorre, em toda sua extensão, a transferência da capacidade tributária ativa. A isso se convencionou chamar de *parafiscalidade.*

Pois bem, recuperados esses conceitos é o caso de averiguar a sujeição ativa no ITR, que apresenta algumas peculiaridades até então desconhecidas. Ninguém discute que a competência tributária envolvendo o imposto sobre propriedade territorial rural é da União Federal, a teor do que estabelece o art. 153, VI, da CF/88. Somente a União pode legislar em matéria de ITR. Portanto, em princípio, é a União que se coloca como sujeito ativo da relação obrigacional desse imposto.

A inovação nesse assunto adveio com a Emenda Constitucional nº 42, de 19 de dezembro de 2003. Essa emenda permitiu, estranhamente, *a parafiscalidade entre pessoas políticas de direito constitucional interno,* vale dizer, entre entidades federadas. Ao alterar o art. 153, que trata da competência tributária da União, e o art. 158, que cuida da destinação da receita tributária aos Municípios, a EC 42/03 deixou a Carta Constitucional com a seguinte tessitura:

> *Art. 153. Compete à União instituir impostos sobre:*
>
> *(...)*
>
> *VI – propriedade territorial rural;*
>
> *(...)*
>
> *§ 4º. O imposto previsto no inciso VI do* caput*:*
>
> *(...)*
>
> *III – será fiscalizado e cobrado pelos Municípios que assim optarem, na forma da lei, desde que não implique redução do imposto ou qualquer outra forma de renúncia fiscal.*

> *(...)*
>
> *Art. 158. Pertencem aos Municípios:*
>
> *(...)*
>
> *II – cinquenta por cento do produto da arrecadação do imposto da União sobre a propriedade territorial rural, relativamente aos imóveis neles situados, cabendo a totalidade na hipótese da opção a que se refere o art. 153, § 4º, III;*
>
> *(...).*

De acordo com as alterações inseridas pela Emenda Constitucional 42/03, a depender da "opção" do Município o ITR, que é um imposto federal, poderá ser fiscalizado e cobrado pelas autoridades municipais, ficando consigo a totalidade do produto arrecadado nessas hipóteses. Como se vê, *não se alterou a competência tributária para legislar sobre ITR,* que permanece com a União, o que houve foi uma "constitucionalização" da parafiscalidade entre pessoas políticas.

A mudança deve ser refletida com espírito crítico. Apesar de, *financeiramente,* poder vir a ser interessante aos Municípios fiscalizarem e cobrarem o ITR, por se tratar de mais uma fonte de receitas, não é pelo prisma do cofre que o intérprete deve guiar seu raciocínio. Valores muito mais caros à ordem jurídica estão em jogo. A tese que doravante se defende deita raízes naquilo que o núcleo duro da Constituição permite fazer, o que denota a base dogmática das reflexões que devem guiar o jurista, *a despeito, repita-se, da eventual vantagem financeira que a alteração possa propiciar aos Municípios.*

Não se pode deixar de reconhecer que *a parafiscalidade tem por pressuposto certa dose de subserviência* de quem recebe a capacidade tributária ativa para quem é o titular da competência tributária. Com efeito, quem delega pode, a qualquer momento, avocar a competência administrativa. No direito tributário, a pessoa política detentora da prerrogativa de legislar sobre o tributo pode, mediante singela lei ordinária, retomar para si a condição de sujeito ativo da relação obrigacional. Nisso reside um incômodo aspecto de subordinação do incerto titular da capacidade tributária ativa em face do perene titular da competência tributária.

Esse cenário que se delineia não combina com o pacto federativo, inspiração de todo o arcabouço constitucional, tanto que erigido à condição de cláusula imodificável. Noutras palavras, não parece ser possível subsistir, diante da organicidade do sistema constitucional em vigor, a parafiscalidade entre pessoas políticas, *justamente porque elas estão colocadas no mesmo plano hierárquico da perspectiva jurídica, não podendo haver subordinação, por inferência constitucional, entre quem se situa em pé de igualdade umas com as outras.*

Basta registrar que a transferência da capacidade tributária ativa da União para os Municípios deve se dar mediante convênio, que, se não for cumprido à risca de acordo com as regras impostas pela União, poderá ser a qualquer momento cancelado. Decididamente essa condição de subserviência, de prestação de contas, não é agasalhada pela inteligência do federalismo, razão pela qual é possível afirmar que *a Emenda Constitucional 42/03, na parte em que criou uma parafiscalidade entre pessoas políticas, é inconstitucional,* por ferir o núcleo duro da Carta da República – por isso que essa "parafiscalidade constitucional" deve ser vista assim, entre aspas mesmo.

Além desse enfoque dado ao tema, há outro que merece investigação: trata-se da radical mudança nas atribuições das autoridades administrativas municipais, que receberam da lei que os rege competência para fiscalizar tributos do Município e que, pelo milagroso convênio, ampliam seu poder de atuação. É, no mínimo, questionável se isso não viola os limites da investidura no cargo do serviço público. Ora, é de se ter presente que o sujeito estuda para o concurso de fiscal tributário municipal, passa no respectivo concurso e, portanto, está habilitado para lidar com os impostos, taxas e contribuições (de melhoria e COSIP) municipais.

Todavia, *a depender se o Prefeito de plantão assina ou não um singelo convênio,* o agente público recebe, da noite para o dia, outra atribuição, para a qual não foi habilitado, que é fiscalizar um imposto federal, envolvendo propriedades rurais, cuja sistemática de apuração nada tem de simples, pelo que se demonstrou. Há um perigoso risco – e isso se deduz das lições dos doutos do Direito Administrativo – de essa prática afrontar as regras de investidura no cargo público, porque servidor administrativo algum pode exercer atividade para a qual não foi selecionado mediante prévio e regular concurso. Isso sem se esquecer dos outros problemas que poderão surgir no futuro, tais como reivindicações de equiparação salarial entre fiscais municipais e fiscais federais.[367]

Contra tudo isso que foi defendido até aqui, *poder-se-ia argumentar que a fiscalização do ITR pelo Município é uma "opção"*. Realmente, é isso o que está dito atualmente na Constituição Federal, com a redação que lhe foi empregada pela questionada EC 42/03. Acontece, porém, que *o mandatário de ocasião não tem a "opção" de abrir mão da autonomia federativa do ente municipal que representa*, ou seja, não é dado ao Prefeito que estiver ocupando o cargo político assinar um ato que, inquestionavelmente, retira parcela da autonomia do Município, por configurar manifesta relação de subserviência em face das regras que lhe são impostas pela União (*rectius:* pela Receita Federal). Nesse ponto, nem eventual chancela da Câmara de Vereadores teria o condão de respaldar o ato do Prefeito, porque também os Vereadores não podem "optar" por desestruturar o sistema federativo.

A rigidez do ordenamento constitucional tributário brasileiro e a indelegabilidade e a inalterabilidade das competências tributárias contrariam essa possibilidade. Para que o raciocínio não fique prejudicado, é fundamental reiterar (com

367. Quem conhece a realidade brasileira sabe que na imensa maioria dos Municípios pequenos do interior do País o número de fiscais é reduzido e a base salarial costuma ser baixa. Nos Municípios menores há, no mais das vezes, 04 ou 05 agentes fiscais de tributos municipais, que não prestaram concurso público para fiscalizar tributos federais. Ora, a partir do momento em que eles passam a ser obrigados a fiscalizar um tributo federal, vai chegar a hora, fatalmente, que postularão equiparação salarial com os auditores da Receita Federal. Isso pode soar um disparate, em um primeiro momento, mas não há que se duvidar.

o perdão da repetição) que o autor não discute a vantagem financeira que a fiscalização do ITR pode trazer aos Municípios; o problema está um passo atrás, está assentado na possibilidade ou não dessa prática, diante do que prescreve peremptoriamente a Carta da República (claro, naquilo que não foi invalidamente alterada).

4.5.1 A dupla invalidade dessa "parafiscalidade constitucional": o tema foi delegado à disciplina da lei, mas a lei nada disciplinou

Apesar dessas questões colocadas, para não deixar a matéria em aberto – e até mesmo para reforçar essas convicções – é interessante examinar qual a disciplina dada ao tema pelas normas de inferior hierarquia.

Como o art. 153, § 4º, III, da CF/88, acrescentado pela malsinada EC 42/03, exige "lei" para regrar a forma como a capacidade tributária ativa do ITR pode ser transferida, foi aprovada a Lei Federal nº 11.250, de 27 de dezembro de 2005, supostamente com essa intenção. Acontece, todavia, que essa lei, *composta por minguados três artigos, não disciplinou nada*, cingindo-se à previsão de que a Secretaria da Receita Federal do Brasil poderá celebrar convênios com os Municípios para viabilizar a parafiscalidade, segundo normatização a ser baixada pelo próprio órgão. Em poucas palavras: *não bastasse a inconstitucionalidade da EC 42/03, a própria Lei Federal nº 11.250/05 revela-se inconstitucional*, porque, em vez de veicular os requisitos a serem observados, delegou essa missão à Receita Federal, que não tem competência para introduzir regras inaugurais no ordenamento.

Em complemento a essa vitanda inconstitucionalidade e como se isso tudo não fosse suficiente, foi editado o Decreto Federal nº 6.433, de 15 de abril de 2008, que, nada obstante a absoluta ausência de lei, simplesmente criou um órgão denominado de "CGITR – Comitê Gestor do Imposto sobre a Propriedade Territorial Rural", a quem caberá *"dispor sobre matérias relativas à opção pelos Municípios e pelo Distrito Federal para fins de fiscalização, inclusive a de lançamento de créditos tributários, e de cobrança do Imposto sobre a Propriedade Territorial Rural – ITR (...)"* (art. 1º).

Não é necessário muito esforço para demonstrar que órgão algum pode ser criado senão por lei, ainda mais quando se lhe é dada a prerrogativa de disciplinar a fiscalização de um tributo. A moda dos "Comitês", como já acontece no Simples Nacional, órgãos invalidamente investidos de poderes normativos à margem da lei, vem se espraiando perigosamente para outros campos do domínio jurídico-tributário.[368]

A forma pela qual os Municípios poderão celebrar os convênios e quais os requisitos a serem cumpridos, de acordo com o art. 10 do Decreto Federal nº 6.433/08, dependem do que dispuser a Secretaria da Receita Federal do Brasil. Dando cabo a esse mosaico de inconstitucionalidades, a Receita Federal baixou, inicialmente, a Instrução Normativa nº 884, de 05 de novembro de 2008, estabelecendo as condições que deveriam ser atendidas pelos Municípios, como, por exemplo, a existência de estrutura tecnológica compatível com os sistemas da Receita Federal, possuir quadro de carreira de servidores com atribuição para expedirem lançamentos tributários e arcar com todos os custos decorrentes de treinamento de servidores e da fiscalização propriamente dita (art. 5º). Hoje esse diploma encontra-se revogado pela Instrução Normativa nº 1.640, de 11 de maio de 2016.

368. A criação dos tais "Comitês", que não vem de hoje, também foi impregnada no Simples Nacional. Mas, há limites: "Sucede, todavia, que, sendo um órgão administrativo, ao Comitê Gestor de Tributação não será dado, sob hipótese alguma, impor deveres aos contribuintes que não estejam específica e exaustivamente tipificados na lei. É que o poder regulamentador encontra limites bem estreitos, não podendo mais do que esmiuçar o que na lei já está contido, sob pena de invalidade do ato editado. (...) Há, pois, limites para a atividade do Comitê Gestor de Tributação, que é a lei. O Comitê Gestor não poderá ir além da lei, ou contra a lei, ainda que se socorra do pretexto de que apenas a regulamenta. Poderá, sim, regulamentá-la; jamais, infringi-la". LOUBET, Leonardo Furtado. *Comentários à lei do supersimples*. Org. Halley Henares Neto. São Paulo: Quartier Latin, 2007, p. 43/44.

De acordo com a atual IN 1.640/16, *a Secretaria da Receita Federal do Brasil continuará com a competência supletiva para fiscalizar e cobrar o ITR* (art. 2º, § 1º), devendo os Municípios observar a legislação do imposto e os atos expedidos pelo Comitê Gestor do ITR (art. 3º). Somente assim o conveniado terá direito à integralidade do produto arrecadado (arts. 7º a 18). Caso contrário, o convênio poderá ser denunciado, a qualquer momento, se o Município não *"cumprir as metas mínimas de fiscalização definidas pela RFB, observadas as resoluções do CGITR"* (arts. 17, IV, c/c 19, II). Vale registrar, outrossim, que a transferência da capacidade tributária ativa foi, ainda por cima, dotada de efeitos retroativos, pois se previu no instrumento anterior – a IN nº 884/08 – que essas atribuições *"abrangerão os fatos geradores ocorridos nos 5 (cinco) anos anteriores ao da vigência do convênio"* (art. 9º, IN 884/08). O princípio da irretroatividade passou longe.

Esses preceitos da legislação infraconstitucional só vêm a confirmar que a transferência da capacidade tributária ativa do ITR da União para os Municípios não tem sustentáculo nos postulados da Carta da República, sobre serem, eles mesmos, inconstitucionais.

Tudo ficou a cargo da Secretaria da Receita Federal do Brasil. É a Receita que, *através de seus atos infralegais,* dita o que deve e o que não deve ser feito em matéria de ITR. E é nesse aspecto que se constata a inconstitucionalidade do modelo, porque essa sistemática, indiscutivelmente, além de afrontar a legalidade, cria uma relação de subserviência dos Municípios para com a Receita Federal, ao arrepio do equilíbrio federativo. Daí a inconstitucionalidade da propalada "municipalização", que, em rigor terminológico, nem sequer houve genuinamente. O Município se limita a fiscalizar e cobrar o tributo, mas em caso de consulta ou então de questionamento sobre uma dada autuação, tudo será resolvido pela União, que fica responsável também pelas execuções fiscais de ITR.

De forma atípica e incompatível com o sistema federativo, os Municípios executam a "tarefa braçal" do ITR; se fizerem tudo direito, receberão os valores apurados. Mas, se o contribuinte discutir a cobrança no âmbito administrativo ou judicial, ou se não pagar o imposto, aí, paternalmente, quem assume suas funções é a União, pois, ao que parece, para o legislador os Municípios não deteriam aptidão intelectual para defenderem os atos administrativos por eles próprios lavrados. Essa é a previsão dos arts. 15 e 16 do Decreto Federal nº 6.433/08, que serão examinadas adiante. E é nesse universo que o ITR revela-se um caso *sui generis* na experiência brasileira. Muitos (para não dizer todos) dos problemas vivenciados pelos produtores rurais hoje em dia em matéria de ITR têm sua explicação lá atrás, quando inventaram essa preocupante e híbrida sistemática.[369]

4.5.2 A apuração do ITR pelo contribuinte e as "autuações-modelo" que são lavradas: o absurdo da exigência de laudos a serem produzidos pelo produtor, sob pena de presunção de que a fazenda deve ser integralmente tributada por arbitramento

Nada obstante as questões trazidas nos tópicos anteriores, a verdade é, porém, que o cofre falou mais alto, o que significa dizer que praticamente todos os Municípios que têm vocação para o agronegócio fizeram a tal "opção" mencionada, passando a fiscalizar o ITR. E isso, como era de se imaginar, vem causando inúmeros outros problemas, vários deles de ordem prática mesmo (não que os problemas institucionais já não fossem graves). Isso porque os Municípios, sobretudo os menores, não têm estrutura, equipe e, várias vezes, sequer conhecimento técnico para fiscalizar o ITR e realizar eventuais lançamentos tributários. Com efeito, não são poucos os casos que têm suscitado arbitramentos absolutamente obscuros, desconexos, alheios à realidade. Evidentemente, a fraude deve ser combatida, o que não justifica, por outro lado,

369. A respeito do tema da "municipalização", vide também: TOSELLI, Luís Henrique Marotti. "O ITR após a Emenda Constitucional 42/03. O ITR foi municipalizado?". *Imposto sobre a propriedade territorial rural à luz da jurisprudência do Conselho de Recursos Fiscais*. Coord. Pedro Anan Jr. e Marcelo Magalhães Peixoto. São Paulo: MP Editora, 2015, v. II, p. 243.

atos manifestos de abuso de poder, de autuações lavradas sem qualquer respaldo técnico-jurídico.

Os aspectos apontados no tópico anterior acabam por desaguar nos desafios cotidianos que os contribuintes vêm sofrendo. O art. 10, § 4º, do Decreto nº 6.433/08, ao tratar dos convênios de delegação firmados pela Receita Federal com os Municípios, estabeleceu que o portal do ITR conterá a relação dos optantes e as informações e os aplicativos relacionados a ele, *"inclusive os modelos de documentos utilizados nas atividades de fiscalização e cobrança do imposto"*.

E é com base nessa previsão que hoje em dia todas as autuações de ITR não passam de cópia uma da outra. Primeiro, a pretexto de "comprovar" as informações prestadas na sua declaração, *o contribuinte é intimado pelo Fisco municipal a apresentar laudos de engenheiros agrônomos, ambientais, agrimensores ou de outro profissional da área, os quais devem seguir as normas da ABNT.* Esses laudos devem provar a existência e os valores (i) das benfeitorias existentes na propriedade, (ii) das áreas ambientais (ARL – área de reserva legal e APP – área de preservação permanente) e (iii) o valor da terra nua do imóvel (VTN). Quanto à APP, deve ainda comprovar a existência do prévio ADA – Ato Declaratório Ambiental do IBAMA. Se não o fizer no prazo assinalado, ou seja, se não apresentar referido laudo, a ameaça não é velada, ela é explícita: o produtor fica sujeito à desconsideração por completo das benfeitorias e das áreas ambientais declaradas, bem como ao arbitramento do VTN pelo Município segundo o "valor de pauta" por ele apurado no SIPT. Em poucas palavras: *cria-se uma presunção de que 100% da fazenda seria produtiva, como se não tivesse uma área de mata, uma área inapropriada para exploração agropecuária, que não houvesse um metro sequer ocupado por benfeitorias, e que o valor por hectare é aquele apontado pelo Fisco.* Esse é o roteiro que vem sendo seguido diuturnamente por fiscais municipais Brasil afora.[370]

---

370. Como esclarece Marcelo Peres Carvalho Lemos de Melo, "este imposto vem se tornando, cada vez mais, uma importante fonte de receita para o município, que vem

A situação é preocupante. E isso não por se defender este ou aquele polo da relação jurídica, menos ainda por eventualmente não poder o Fisco realizar o lançamento por arbitramento. A questão não é essa, *o problema é que a ordem jurídica brasileira não permite esse tipo de prática;* e, ao não permiti-la, qualquer investida com esse viés torna-se abusiva, ilegal, e por isso mesmo deve ser denunciada.

Mas, o ITR não é um tributo sujeito ao autolançamento, de tal ordem que cabe ao contribuinte dizer quanto vale a terra nua de sua propriedade rural, podendo o Fisco, se discordar, realizar a fiscalização e o lançamento de ofício? Sim, é. Todavia, não é isso o que se nota na prática. O que estabelece a legislação é que o valor será informado pelo sujeito passivo e que *"será considerado autoavaliação da terra nua a preço de mercado"* (art. 8º, § 2º, da Lei Federal nº 9.393/96). Os Municípios, sem saberem ao certo se os valores informados estão ou não corretos, começaram a solicitar esclarecimentos dos contribuintes. Até aí, não há problema algum. O problema maior constatado é que se tornou praxe – de acordo com as "autuações-modelo" – os Municípios exigirem dos contribuintes a entrega desses substanciosos laudos, a serem elaborados e firmados por profissionais credenciados, gerando dispendiosos custos, os quais devem seguir critérios fixados pela ABNT (critérios esses muitas vezes impossíveis de serem atendidos, a despeito da extremamente discutível invocação de normas técnicas da ABNT para fins tributários) e serem instruídos com fotos, mapas, levantamento topográficos de campo e tantos outros condicionantes, sob pena de dar ensejo ao arbitramento dos valores que o Município bem entender, glosando todas as áreas ambientais e as ocupadas por benfeitorias.

---

se especializando em como poder cobrar e fiscalizar cada vez mais o contribuinte ou seu sucessor que, ao fazer sua declaração do imposto territorial rural, vem sendo obrigado a atribuir valores fixados pela prefeitura municipal do imóvel objeto do imposto, que nem sempre espelham a realidade do imóvel". "Imposto territorial rural – alterações". *Agronegócio, Tributação e Questões Internacionais.* Coord. Heleno Taveira Torres e Jimir Doniak Jr. São Paulo: Quartier Latin, 2019, p. 284.

A possibilidade de o Fisco, mesmo no lançamento por homologação, determinar que o contribuinte apresente esclarecimentos não tem vedação alguma. *Agora, daí ao Fisco querer que o contribuinte, na prática, faça o lançamento por ele,* produzindo todas as provas, há uma distância considerável. A lei determina que o valor declarado pelo contribuinte será considerado autoavaliação. Se o Fisco discorda, então que faça o lançamento de ofício. Esse cenário se agrava porque esses laudos são caros, são de valor expressivo. Não há laudo atualmente que não atinja a casa de dezenas de milhares de reais para ser produzido. Aliás, não por outro motivo muitos produtores acabam se submetendo aos abusos dos Municípios, por julgarem que "não compensa" questionar tais atos. E daí vem a pergunta: *há respaldo na ordem jurídica brasileira para que os Municípios exijam dos produtores, a cada ano, a elaboração e entrega de laudos como condição de validade do autolançamento do ITR,* sob pena de arbitramento automático pelo Fisco com desconsideração das benfeitorias informadas e das áreas ambientais e com a adoção de "pauta de valores" para fins de terra nua?

A resposta deve ser curta e direta: *não, não há autorização no sistema para isso* e, nesse passo, essa exigência revela-se um abuso.

A própria lei do ITR – Lei nº 9.393/96 – se bem interpretada, aponta nesse sentido. O art. 10 da Lei nº 9.393/96 dispõe que "*a apuração e o pagamento do ITR serão efetuados pelo contribuinte, independentemente de prévio procedimento da administração tributária, nos prazos e condições estabelecidos pela Secretaria da Receita Federal, sujeitando-se a homologação posterior*", estabelecendo também que é dever do contribuinte entregar o Documento de Informação e Apuração do ITR – DIAT, no qual o produtor declarará o valor da terra nua, que, por sua vez, será considerado autoavaliação a preço de mercado das terras.

Eis a primeira premissa do raciocínio: a lei, indiscutivelmente, coloca o ITR debaixo do regramento do lançamento por homologação. E o VTN declarado é considerado autoavaliação do contribuinte. Mais ainda, o art. 10, § 7º, da Lei

9.393/96 (nesse aspecto revogado pelo Código Florestal por conta da adoção do CAR) já estabelecia que as áreas ambientais declaradas não estavam sujeitas à prévia comprovação – embora, é claro, o contribuinte ficasse sujeito às sanções cabíveis, na hipótese de falsidade da declaração.

Não é só. O principal aspecto envolvendo essa temática gira em torno do art. 14 da Lei nº 9.393/96, ao prescrever que, em caso de falta de entrega do DIAC ou do DIAT, ou ainda de subavaliação ou prestação de informações inexatas, incorretas ou fraudulentas, é dever da Receita Federal proceder à *"determinação e ao lançamento de ofício do imposto"*. Portanto, se a declaração não for feita pelo contribuinte ou se ela for inexata ou fraudulenta, o procedimento correto é o lançamento de ofício. A autuação tomará por base o preço de terras do SIPT *e os dados da área total, da área tributável e do grau de utilização do imóvel* (e não o total de extensão de terras da fazenda). É isso o que estabelece a lei. Mas, note-se bem: tudo devidamente apurado *"em procedimentos de fiscalização"*. Deve haver, à luz desse dispositivo, um procedimento de fiscalização. O que não é correto é condicionar a aceitação ou não da autoavaliação feita pelo contribuinte à entrega de um laudo, pelo simples fato de que isso não é autoavaliação. Ou o Fisco aceita o lançamento por homologação, ou faz o lançamento de ofício, nos moldes não só do art. 142 do CTN, mas também do art. 14 da Lei nº 9.393/96, apresentando as provas de que a autoavaliação está incorreta, podendo se valer, inclusive, do arbitramento previsto no art. 148 do CTN, mas isso somente para as estritas circunstâncias tipificadas naquele dispositivo.[371]

Ora, isso significa dizer que se o produtor rural não declara o ITR, ou então (o que é mais comum), se ele declara e o Fisco não concorda, *não cabe à fiscalização, comodamente, no interior das repartições públicas, ficar expedindo notificações e mais notificações para o contribuinte contratar profissionais*

---

371. Sobre o tema, vide o alentado estudo de Luiz Roberto Domingo. "O ITR e o lançamento de ofício com base no SIPT". *Direito tributário e os novos horizontes do processo.* Coord. Paulo de Barros Carvalho. São Paulo: Noeses, 2015, p. 817/831.

para elaborar laudos, para realizar o trabalho de campo, jogando sobre seus ombros o ônus que cabe ao Fisco, como se o desatendimento dessa exigência ilegal fosse causa bastante para legitimar o arbitramento dos valores que bem entender a fiscalização. Trata-se de procedimento que não tem respaldo na lei. Por conta disso, seu eventual descumprimento não legitima o arbitramento sob o talante do fiscal.

A lei estabelece que os dados do ITR devem ser *"apurados em procedimentos de fiscalização"*. O que cabe ao contribuinte é fazer a declaração, a qual é considerada autoavaliação. Se o Fisco discorda, ele que inicie a fiscalização e comprove que as informações não são corretas. Tanto assim que o art. 15 da Lei nº 9.393/96 dispõe que cabe à Receita Federal (nesse ponto substituída pelos Municípios) a administração do ITR, incluídas as atividades de arrecadação, tributação e *"fiscalização"*.

Outro ponto relevante dessa análise assenta-se no artigo 16, *caput* e § 2º, da Lei nº 9.393/96, o qual prevê a possibilidade de celebração de convênio com o INCRA, *"com a finalidade de delegar as atividades de fiscalização das informações sobre os imóveis rurais, contidas no DIAC e no DIAT"*, de modo que, no uso de suas atribuições, *"os agentes do INCRA terão acesso ao imóvel de propriedade particular, para levantamento de dados e informações"*. Eis aí a prova do que se afirma: se a lei previu que os agentes devem ter acesso ao imóvel para levantamento de dados e informações, isso é sinal de que não cabe ao Fisco mandar o contribuinte fazer aquilo que é incumbência sua.

De igual modo, os arts. 16, § 3º, e 17, I, preveem que a Receita Federal, com o apoio do INCRA, deve administrar o CAFIR (Cadastro de Imóveis Rurais) para fins de levantamento e pesquisa de dados *"e de proposição de ações administrativas"* ou judiciais, bem como a delegação a outros órgãos da administração tributária das unidades federadas, para fins de cobrança e lançamento do ITR.

Não há, pois, respaldo na Lei nº 9.393/96 para a prática que vem sendo adotada. Ao revés, a lei exige a fiscalização efetiva. E nesse aspecto nem mesmo os arts. 47 e 51 do Decreto

4.382/02 (diploma regulamentador da lei do ITR) podem servir de alicerce para esse expediente. Embora haja previsão de que *"se for o caso"*, o Fisco *"pode exigir do sujeito passivo a apresentação dos comprovantes necessários à verificação da autenticidade das informações prestadas"*, consistente em *"esclarecimentos verbais ou escritos solicitados ao contribuinte ou por outros meios previstos na legislação"*, nem por isso se pode chegar ao ponto de se exigir do produtor, como condição de validade do seu autolançamento, a produção de laudos a cada ano. Segundo a lógica da Receita Federal e dos Municípios, para cada declaração anual de ITR (cujo valor a pagar de tributo costuma ser elevado) o produtor tem que produzir um laudo (para cuja produção o custo também é elevado, na casa das dezenas de milhares de reais).

Perceba-se que o preceito regulamentar contempla a hipótese de o contribuinte *"que deixar de atender ao pedido de esclarecimentos ficará sujeito ao lançamento de ofício de que tratam os arts. 50 e 51"*. Uma das causas do lançamento de ofício do art. 51 é o contribuinte *"deixar de atender aos pedidos de esclarecimentos que lhe forem dirigidos, recusar-se a prestá-los ou não os prestar satisfatoriamente no tempo aprazado"*. Deixar de prestar esclarecimentos é uma coisa; ter que fazer o trabalho das autoridades fiscais é outra absolutamente diferente. Ninguém questiona que o lançamento por homologação – qualquer um – fica sujeito ao posterior exame da autoridade administrativa, a qual, inclusive, pode solicitar esclarecimentos. Em assim sendo, *"o que não tem cabimento (até mesmo porque não tem respaldo na Lei nº 9.393/96) é a atitude sorrateira do Fisco de, a pretexto de pedir esclarecimentos, na prática mandar o contribuinte realizar o trabalho que é seu, fazendo todos os levantamentos de campo via laudos e mais laudos, sob pena de ser considerado sonegador. Isso não é lançamento por homologação"*.[372]

---

372. LOUBET, Leonardo Furtado. "Tributação do agronegócio: uma abordagem sistematizada". *Agronegócio, Tributação e Questões Internacionais.* Coord. Heleno Taveira Torres e Jimir Doniak Jr. São Paulo: Quartier Latin, 2019, p. 423/424. Esse não é,

Nem mesmo o Código Tributário Nacional dá sinal verde para essa prática. É que o art. 150 do CTN, ao tratar do lançamento por homologação, dispõe apenas que essa modalidade de constituição do crédito tributário ocorre quanto aos tributos cuja legislação atribua ao sujeito passivo o dever de antecipar o pagamento sem prévio exame da autoridade administrativa, operando-se pelo ato em que a referida autoridade, tomando conhecimento da atividade assim exercida pelo obrigado, expressamente a homologa. Em lugar algum desse dispositivo há espaço para se concluir que o autolançamento possa ser transformado em um "lançamento de ofício" realizado pelo contribuinte, aparamentado por todas as provas.

O mesmo se diga quanto ao art. 148 do Código. As hipóteses de arbitramento prescritas no CTN só são autorizadas quando *"sejam omissos ou não mereçam fé as declarações ou os esclarecimentos prestados, ou os documentos expedidos pelo sujeito passivo ou pelo terceiro legalmente obrigado"*. Os casos aqui são de omissão ou não merecimento de fé das declarações, esclarecimentos e documentos apresentados. A confecção de laudos por profissionais da área não encontra abrigo no art. 148 do CTN, por extrapolar o teor da norma. Isso significa que há de haver limites nesses pedidos de esclarecimentos no bojo do ITR. O desatendimento da apresentação de laudo, por si só, *não autoriza o lançamento de ofício com presunção absoluta pelo Fisco, sem apresentação de qualquer prova pela autoridade fiscal.*[373]

---

todavia, o entendimento do CARF sobre a matéria, que vem avalizando a exigência dos laudos: "No caso de lançamento de ofício do ITR, a falta de apresentação de Laudo de Avaliação ensejará o arbitramento do valor da terra nua, com base nas informações do Sistema de Preços de Terra – SIPT da Secretaria da Receita Federal do Brasil". Processo nº 10215.720130/2008-66. Acórdão nº 2401-005.481. 4ª Câmara. 1ª Turma Ordinária. Rel. Cons. Francisco Ricardo Gouveia Coutinho. j. 09.05.2018.

373. Manuel Eduardo Cruvinel Machado Borges também nutre o mesmo entendimento, ao afirmar que "inicialmente, é importante recordar que o ITR se sujeita à modalidade de lançamento por homologação e, assim sendo, o Código Tributário Nacional autoriza a revisão de ofício pela autoridade administrativa. No entanto, atendendo a declaração do contribuinte as formalidades estabelecidas em lei, inclusive em relação à avaliação do VTN constante no DIAT, seu conteúdo somente merece ser revisto apenas se existir prova contundente que disponha de forma diversa. Diante dessa conclusão, a abordagem específica sobre a aplicação do SIPT no

Nessa linha de ideias é conveniente fazer um paralelo entre o IR e o ITR. No IR, comumente o contribuinte também utiliza algumas rubricas para deduzir da base de cálculo do imposto, como despesas médicas. Caso a fiscalização solicite esclarecimentos, deverá o contribuinte comprovar esses gastos. A diferença no IR é que o contribuinte entrega os documentos que tem em mãos, que são declarados, que são seus gastos. No ITR, o que se pede não é a simples entrega de documentos, mas a *confecção* de documentos, de laudos, de provas, seguindo minuciosamente os critérios do Fisco à luz de regras da ABNT, laudos esses que dependem da contratação de terceiros, de profissionais habilitados, os quais são caros, dispendiosos. Como já disse o Min. Mauro Campbell Marques, *"existe uma diferença entre a existência do fato jurígeno e sua prova".*[374]

Talvez o que seja pior disso tudo é condicionar o laudo à tal norma técnica NBR 14.653-3 da ABNT. Em primeiro lugar, porque, não custa lembrar, existe uma regra encravada no documento jurídico mais importante do País, de acordo com a qual *"ninguém será obrigado a fazer ou deixar de fazer alguma coisa, senão em virtude de lei"* (art. 5º, II, da CF), e não há lei criando essa obrigatoriedade. Em segundo lugar, porque a ABNT – com todo o respeito que essa entidade merece – não tem função legislativa

---

procedimento de fiscalização do ITR deve ter em consideração se esse sistema atende, por si só, os requisitos para revisão de ofício do lançamento". "ITR e o SIPT – sistema de preço de terras: aspectos legais e limites". *Imposto sobre a propriedade territorial rural à luz da jurisprudência do Conselho de Recursos Fiscais.* Coord. Pedro Anan Jr. e Marcelo Magalhães Peixoto. São Paulo: MP Editora, 2015, v. II, p. 281. Como diz Luiz Roberto Domingo, "o enunciado prescritivo estabelece que caberá à administração tributária a identificação da inconsistência da declaração e, atendendo aos requisitos legais do ato administrativo, apresentar o motivo e a motivação do ato, expondo os elementos materiais bastantes e suficientes a demonstrar a subavaliação ou a informação inverídica ou equivocada. Caberá, portanto, à administração tributária o ônus da prova da inconsistência encontrada na apuração do tributo no âmbito do lançamento por homologação. Por isso a necessidade de a administração provar que houve subavaliação. A prova é o elemento fundamental para acusação de subavaliação e, assim, motivar o lançamento". "O ITR e o lançamento de ofício com base no SIPT". *Direito tributário e os novos horizontes do processo.* Coord. Paulo de Barros Carvalho. São Paulo: Noeses, 2015, p. 825.

374. REsp. nº 1.027.051-SC. 2ª Turma. *DJe* 17.05.2011.

e não detém legitimidade institucional e popular para que suas regras técnicas sejam dotadas de força vinculante. Em terceiro, porque, no âmbito tributário, o que importa é a demonstração do fato jurídico tributário, sendo certo que os autos de infração *"deverão estar instruídos com todos os termos, depoimentos, laudos e demais elementos de prova indispensáveis à comprovação do ilícito"* (art. 9º do Decreto nº 70.235/72, que versa sobre o processo administrativo tributário federal), incumbência essa do Fisco, sendo certo que nesse dispositivo não há nenhuma referência a atendimento de normas da ABNT. Logo, é inconcebível admitir que *"o arbitramento do valor da terra nua, apurado com base nos valores do Sistema de Preços de Terra (SIPT), deve prevalecer sempre que o laudo de avaliação do imóvel apresentado pelo contribuinte, para contestar o lançamento, não seja elaborado nos termos da Norma Brasileira NBR ABNT 146533-3"*.[375] Sobre ser dispendioso, ilegal e inexigível, o laudo revela-se, muitas vezes, materialmente impossível de ser confeccionado com a precisão exigida, dada a dificuldade de se comprovar, em detalhes, a existência de dados físicos ocorridos cinco anos atrás.

Em termos mais genéricos, a pergunta que se coloca é a seguinte: *a inércia do contribuinte na fase administrativa legitima o lançamento realizado pelo Fisco com base na presunção?* E a resposta, de forma contundente, é só uma: *evidentemente que não*. E assim se afirma, com todas as letras, porque o Fisco não lança ou deixa de lançar porque o contribuinte disse ou deixou de dizer alguma coisa. O Fisco lança – pelo menos é isso o que estabelece a lei, como se viu – porque encontrou provas cabais da ocorrência do fato gerador.[376]

---

375. CARF. Processo nº 13609.721177/2013-79. Acórdão nº 2301-005.188. 3ª Câmara. 1ª Turma Ordinária. Rel. Cons. Alexandre Evaristo Pinto. j. 06.03.2018.

376. Como bem pondera Fabiana Del Padre Tomé, "essa presunção, entretanto, não exime a Administração do dever de comprovar a ocorrência do fato jurídico, bem como das circunstâncias em que este se verificou. É que, sendo os atos de lançamento e de aplicação de penalidade vinculados e regidos, dentre outros, pelos princípios da estrita legalidade e da tipicidade, tais expedientes dependem, necessariamente, da cabal demonstração da ocorrência dos motivos que os ensejaram. A motivação deve ser, portanto, respaldada em provas". "O ônus/dever da prova no

Diante desse quadro, basta fazer as seguintes perguntas: se o contribuinte não declarar o ITR, que providência o Fisco tem que tomar? Realizar o lançamento de ofício. E ao lançar, o Fisco pode praticar o ato de qualquer maneira? É claro que não, o Fisco deverá *provar* o valor da terra nua da área e deverá *apurar* as rubricas que devem ser *excluídas* do cálculo do tributo, como benfeitorias, construções e áreas ambientais (e isso está explícito como uma exigência atribuída a ele no art. 14 da Lei nº 9.393/96). Por que motivo, então, se o contribuinte declara e o Fisco discorda, haveria de ser diferente?

Uma última questão, que igualmente nao pode deixar de ser mencionada, pois causa uma inegável insegurança jurídica no contexto dessa "parafiscalidade constitucionalizada entre pessoas políticas" (mas inconstitucional): de acordo com a normatização infralegal, fica sempre a cargo da Receita Federal a "competência supletiva" para fiscalizar e cobrar o ITR. Parece claro que essa regra ocasiona o fundado risco de existirem interpretações divergentes sobre um mesmo assunto, porque enquanto o Município pode julgar que o valor da terra nua de determinado imóvel rural tem um dado valor, a Receita Federal, reputando que as terras estão subavaliadas, também pode, sobranceiramente, desdizer aquele ato do fiscal municipal, majorando o valor do tributo cobrado. As informações dos "sistemas" computadorizados, geradores dos "valores de pauta" para fins de arbitramento, podem ser divergentes, ocasionando mais litígios ainda entre o contribuinte, no centro, e o Fisco Federal, de um lado, e o Fisco Municipal, de outro. É difícil atender a gregos e troianos.[377]

---

processo administrativo tributário". *Segurança jurídica na tributação e no Estado de Direito*. São Paulo: Noeses, 2009, p. 155.

377. Situação semelhante ocorreu por ocasião da edição do Simples Nacional, que outorgou competência fiscalizatória a todos os entes. Porém, há de se ter muito cuidado com isso: "Esse aspecto é relevantíssimo, pois, agora, poderão ocorrer não só conflitos de competência legislativa, como também conflitos de competência administrativa". LOUBET, Leonardo Furtado. *Comentários à lei do supersimples*. Org. Halley Henares Neto. São Paulo: Quartier Latin, 2007, p. 24.

4.5.3 Mais um argumento contra a exigência do laudo imposta ao produtor: para as propriedades que têm CAR, isso é inteiramente descabido

A partir dos argumentos trabalhados nas páginas anteriores parece ter ficado suficientemente claro que não há respaldo algum para se exigir do produtor rural a apresentação de laudos como condição para que o lançamento por homologação por ele realizado seja aceito pela fiscalização. Se isso é correto para todos os contribuintes do ITR, com muito mais razão ainda para as propriedades que já têm o CAR.

O CAR, como foi visto antes, é uma espécie de "lançamento por homologação ambiental", por intermédio do qual o proprietário indica ao Poder Público, através de imagens de satélites, de levantamento topográficos, de plantas, de memoriais descritivos e de laudos firmados por profissionais especializados, todas as informações necessárias envolvendo sua fazenda. No CAR constam, afinal de contas, as áreas de reserva legal, as áreas de preservação permanente, as áreas ocupadas com benfeitorias, as áreas inaproveitáveis para exploração agropecuária e as áreas produtivas. Está tudo lá, inclusive, repita-se, com imagens de satélite. Trata-se de um genuíno mapeamento individualizado da propriedade.

Ora, se o produtor contrata um profissional para fazer um levantamento completo de sua propriedade, com todas suas características, a fim de cumprir o rigor dos órgãos ambientais, a exigência das autoridades fiscais para que ele *refaça* esse trabalho, ano a ano, a cada declaração de ITR, não tem o mínimo cabimento, além de desafiar qualquer lógica de razoabilidade. Todas as informações pertinentes para se quantificar o tributo, sobretudo com relação às áreas ambientais, já estão contidas no CAR.

A questão, todavia, não fica limitada ao plano abstrato da razoabilidade, decorrendo também de enunciados expressos proibitivos. Em primeiro lugar, porque o art. 10, § 7º, da Lei nº 9.393/96, inserido pela MP nº 2.166-67/01, estabelecia contundentemente que a exclusão das áreas de reserva legal e das APP's *não dependiam de prévia comprovação.* Vai daí que se esse dispositivo foi revogado porque foi substituído por outro no sentido de que, agora, as informações constarão em um sistema informatizado – o CAR – não se pode pretender ressuscitar exigência que já havia sido sepultada pela norma anterior, a qual, nesse ponto, ficou superada justamente porque *o CAR é apresentado uma vez só.*

O segundo fundamento para se coibir tal prática passa pelo art. 29, § 3º, do Código Florestal, na redação dada pela Lei nº 13.887/19, que prevê que a inscrição no CAR *"é obrigatória e por prazo indeterminado para todas as propriedades e posses rurais"*. Isso dá bem a nota de que o CAR não é um dever legal temporário, pelo contrário, ele envolve informações perenes da propriedade, tanto sob a ótica ambiental, quanto territorial. Basta ver que o Decreto nº 7.830/12 previu no art. 6º que o CAR ostenta *"natureza declaratória e permanente"*. As informações são de responsabilidade do declarante, isso é evidente, o qual fica sujeito às sanções penais e administrativas se vier a ser constatado algum dado falso, mas isso não tem o condão de justificar *um laudo por ano.* E mais, nem mesmo a previsão do art. 6º, § 3º, do referido decreto, ao contemplar a atualização periódica das informações sempre que for necessário. A previsão da norma é que a atualização será feita *"sempre que houver alteração de natureza dominial ou possessória"*, e não anualmente.

O terceiro alicerce à tese é o de que o Código Florestal estabelece que o registro da reserva legal no CAR *desobriga* a averbação no Cartório de Registro de Imóveis (art. 18), a demonstrar, portanto, a presunção legal que o próprio CAR ostenta. Não fosse assim, permaneceria a sistemática anterior, de que só seria válida a existência de reserva legal se e somente se averbada à margem da matrícula.

O quarto e, quiçá, mais robusto argumento é o de que, apresentada a área de reserva legal no CAR, *"ao proprietário ou possuidor rural não poderá ser imputada sanção administrativa, inclusive restrição a direitos"*, por parte de qualquer órgão ambiental (art. 14, § 2º, do Código Florestal). Se o produtor, uma vez protocolada a informação, não pode sofrer qualquer restrição a direitos, essa restrição se estende também ao Fisco, na medida em que o cidadão não pode ser punido pela ineficiência do Poder Público na análise de seu pedido. Destarte, uma vez protocolado o CAR, presume-se válida a declaração, até prova em contrário.

Como se tudo isso não bastasse, o próprio CNJ – Conselho Nacional de Justiça reconheceu na Resolução nº 433/2021 ("Política Nacional do Poder Judiciário para o Meio Ambiente") que os recursos tecnológicos, de sensoriamento remoto e de imagens de satélites *serão admitidos como prova judicial* nos embates ambientais. Ora, com todo respeito, se os recursos tecnológicos, de sensoriamento remoto e de imagens de satélites devem ser admitidos como prova judicial, a exemplo do CAR, com muito mais razão ainda devem ser aceitos no âmbito administrativo, sendo totalmente descabida a arbitrária posição do Fisco no sentido de que ou se apresenta o tal laudo fiel às normas da ABNT, ou nenhuma outra prova será considerada. É preciso dar um basta nisso.

4.5.4 O problema das "pautas" de valores das terras e a importante alteração ocasionada pela IN/RFB nº 1.877/19: agora o levantamento do VTN por laudos fica a cargo dos Municípios – e o laudo do Poder Público tornou-se condição de validade da autuação

O ITR, está-se a ver, apresenta múltiplas questões a serem encaradas, várias delas muito provavelmente não conhecidas por quem não lida no seu cotidiano com esse tributo. Outro problema sério criado nos últimos anos gira em torno dos absurdos valores das "pautas" dos Municípios para indicar a apuração do preço médio do VTN. O que se tem passado é que os Municípios colocam os valores de pauta do VTN no SIPT (Sistema Integrado de Preço de Terras) em cifras bastante elevadas, e aí o contribuinte, ao declarar o ITR, informa o seu valor de autoavaliação; como, muitas vezes, o valor informado está abaixo da pauta do Município, instaurou-se uma espécie de "malha fina" do ITR, de modo que esses contribuintes, automaticamente, ficam obrigados a apresentar o tal laudo comprobatório que vem sendo aqui criticado. Se apresentam e se a juízo da autoridade municipal o laudo está conforme as normas da ABNT, então está tudo certo (como se o fiscal municipal tivesse conhecimento técnico para "julgar" um laudo da área de engenharia); do contrário, ele lavrará a autuação por arbitramento. Simples assim.

O estado de coisas envolvendo o ITR era (e é) tão preocupante, que providências deveriam ser tomadas. Com efeito, não bastasse toda sorte de verdadeiros abusos cometidos por Municípios quanto ao procedimento em si do arbitramento, de igual modo os valores apurados revelaram-se assustadoramente discrepantes, inexplicáveis. O problema não é o SIPT (Sistema Integrado de Preços de Terras) em si mesmo; a real controvérsia diz respeito à inclusão de dados nesse sistema com claro propósito de malicioso aumento de arrecadação. Manuel Eduardo Cruvinel Machado Borges, com precisão, apontou as mazelas dessa prática:

> *Em brevíssima síntese, o sistema, por seu cunho informativo, compete servir como instrumento de parâmetro a ser empregado na fiscalização do cumprimento dos elementos e requisitos do ITR no lançamento realizado pelo contribuinte, ou seja, revela uma função essencialmente confirmatória, e não modificadora, dos preceitos legais do imposto.*
>
> *(...)*
>
> *Constata-se que, na medida em que determinado Município extrapola suas atribuições e sobrepõe seus atos sobre a competência exclusiva da União, se tornam mais frequentes as ilegalidades cometidas sobre a base de cálculo do imposto e os abusos na aplicação e imposição do SIPT, que deixa de funcionar apenas como referência ao procedimento de fiscalização e de lançamento de ofício e passa a ser aplicado como VTN impositivo aos contribuintes.*
>
> *Nessa conjuntura, o melhor entendimento dessas fronteiras legais nos leva à seguinte indagação: afinal, quais aplicações do SIPT na fiscalização do ITR poderiam ser consideradas legais ou ilegais?*

> *A resposta apropriada é encontrada a partir da própria base de cálculo do imposto, o VTN, pois é este o objeto de análise da fiscalização ao se empregar o SIPT. Para tanto, é importante recordar que a determinação do VTN parte do valor de mercado do imóvel rural, subtraído da importância correspondente às benfeitorias e outros acessórios da propriedade que não compõem a terra nua.*
>
> *(...)*
>
> *Nem sempre a avaliação da terra nua obtida pelo contribuinte coincide ou se aproxima dos valores de terra nua por hectare adotados no SIPT, seja porque determinada propriedade rural possui peculiaridades que implicam a valorização acima ou abaixo da média regional, até aqui nenhuma ilegalidade, ou seja porque a avaliação oficial lançada no sistema tenha se dado de modo superficial ou em parâmetros distantes da realidade de mercado.*
>
> *Se constatada essa disparidade, a solução mais adequada não se trata em simplesmente acatar a estimativa apresentada pelo fisco municipal ou federal. Apesar de muitos buscarem essa conveniente saída, pois têm a convicção de que a submissão ao VTN mínimo constante no SIPT afasta o receio de fiscalização e lançamento de ofício, a legítima providência a ser tomada pelo contribuinte consiste em fazer prevalecer o real valor de mercado da terra nua objeto do lançamento, de acordo com suas características e aptidões próprias.*[378]

Embora a Lei nº 9.393/96 já previsse a possibilidade de criação do SIPT, a verdade é que a alimentação com as informações desse sistema veio se tornando algo sem qualquer critério nos últimos anos. Isso não é uma opinião. É um fato. E a prova disso é o seguinte: a cada ano, antes da declaração do ITR, a Secretaria da Receita Federal divulga a tabela com a consolidação dos números informados pelos Municípios, a qual contém o "valor de pauta" por hectare em cada Município, considerando-se a "lavoura – aptidão boa", "lavoura – aptidão regular", "lavoura – aptidão restrita", "pastagem plantada", "silvicultura ou pastagem natural" e "preservação da fauna ou flora". Até aí, tudo certo, trata-se de medida que tem por objetivo dar transparência aos valores apurados.

---

378. "ITR e o SIPT – sistema de preço de terras: aspectos legais e limites". *Imposto sobre a propriedade territorial rural à luz da jurisprudência do Conselho de Recursos Fiscais*. Coord. Pedro Anan Jr. e Marcelo Magalhães Peixoto. São Paulo: MP Editora, 2015, v. II, p. 281.

Ocorre, no entanto, que basta um correr de olhos nessa tabela para concluir, sem qualquer dificuldade, *o quão absurda ela se revela*. Tome-se como exemplo a tabela do SIPT de 2022. O Município de Sorriso, em Mato Grosso, conhecido nacionalmente por ser um dos maiores produtores de soja do País (se não for o maior), informou um VTN para "lavoura – aptidão boa" de R$ 5.226,76 por hectare. Já em Luís Eduardo Magalhães, na Bahia, outro celeiro do agronegócio, o VTN no enquadramento "lavoura – aptidão boa" foi de R$ 8.100,00. Porém, em Lucas do Rio Verde, voltando ao Estado de Mato Grosso, outro grande produtor de soja, o VTN dentro da mesma categoria foi de R$ 16.098,15. Ora, será que o valor da terra nua – note-se bem: terra nua – de Lucas do Rio Verde é mesmo de mais de três vezes do que Sorriso (aliás, seu município vizinho) e praticamente o dobro de Luís Eduardo Magalhães? E o que dizer de Maracaju, em Mato Grosso do Sul, outro grande produtor de soja, cujo VTN foi de R$ 30.000,00? Ou então de Jataí, Goiás, cujo VTN foi de R$ 25.940,00? E por qual razão em Maringá, no Paraná, o VTN foi de R$ 138.800,00? E o que dizer então – e esse dado é imbatível – de Sarzedo, Minas Gerais, *cujo VTN foi de R$ 375.659,78 por hectare?*

Ora, a discrepância é evidente, a denunciar que há algo de muito errado. A despeito de existir diferença de valor de mercado de região para região, de Estado para Estado, nada justifica que Municípios que apresentam terras com índices similares de produtividade informem valores tão diferentes. Muitas vezes Municípios vizinhos, com mesma qualidade de solo, adotam valores muito distintos um do outro, denotando, portanto, que o SIPT está longe de ser perfeito – pelo contrário, apresenta seriíssimos problemas.

Foi justamente por conta disso que os órgãos de classe dos produtores passaram a cobrar da Receita Federal medidas que atenuassem essas discrepâncias. Afinal de contas, não é possível que a base de cálculo de um imposto fique submetida a uma elasticidade tão grande de um lugar para outro.

Diante desse quadro, a Secretaria da Receita Federal do Brasil editou a Instrução Normativa nº 1.877, de 14 de março de 2019, a qual teve duas grandes virtudes: (i) reforçou a previsão (já contida na lei) de que terra nua é "terra bruta" (tema já analisado por ocasião do IR-ganho de capital); (ii) e muito mais do que isso, estabeleceu que, doravante, *os Municípios deverão fazer os levantamentos dos preços médios de terras por profissional da área,* que deverá realizar seu trabalho mediante ART - anotação de responsabilidade técnica. Esse último comando, quiçá, foi o mais importante, pois, por incrível que pareça, há notícias de Municípios que criavam "pautas" sem qualquer critério, por gente sem qualquer qualificação para tanto. Eis as prescrições da IN 1.877/19 a respeito:

> *Art. 1º Esta Instrução Normativa disciplina a prestação de informações sobre Valor da Terra Nua (VTN) à Secretaria Especial da Receita Federal do Brasil (RFB) para fins de arbitramento da base de cálculo do Imposto sobre a Propriedade Territorial Rural (ITR), na hipótese prevista no art. 14 da Lei nº 9.393, de 19 de dezembro de 1996.*
>
> *§ 1º Para efeito do disposto nesta Instrução Normativa, considera-se VTN o preço de mercado do imóvel, entendido como o valor do solo com sua superfície e a respectiva mata, floresta e pastagem nativa ou qualquer outra forma de vegetação natural, excluídos os valores de mercado relativos a construções, instalações e benfeitorias, culturas permanentes e temporárias, pastagens cultivadas e melhoradas e florestas plantadas, observados os seguintes critérios, referidos nos incisos I a III do art. 12 da Lei nº 8.629, de 25 de fevereiro de 1993:*
>
> *I - localização do imóvel;*
>
> *II - aptidão agrícola; e*
>
> *III - dimensão do imóvel.*
>
> *(...)*
>
> *Art. 4º As informações a que se refere o art. 1º serão prestadas pelos municípios ou pelo Distrito Federal e servirão de base para o cálculo do valor médio do VTN, por hectare, para cada enquadramento de aptidão agrícola de terras existentes no território do respectivo ente federado, conforme descrito no art. 3º.*
>
> *Art. 5º As informações referidas no art. 4º serão compostas pelos valores obtidos mediante levantamento técnico realizado por profissional legalmente habilitado, vinculado ao Conselho Federal de Engenharia e Agronomia (Confea) e aos correspondentes Conselhos Regionais de Engenharia e Agronomia (Crea), que se responsabilizará tecnicamente pelo trabalho.*

§ 1º Para fins do disposto nesta Instrução Normativa, levantamento técnico de preços de terras é o conjunto de atividades de coleta, seleção e processamento de dados, realizado segundo metodologia científica adotada pela pessoa a que se refere o art. 4º, que deve:

I – refletir o preço de mercado da terra nua apurado no dia 1º de janeiro do ano a que se refere;

II – resultar em valoração massiva e homogênea para a porção territorial das aptidões agrícolas existentes na área territorial do município ou do Distrito Federal, tendo em vista que a finalidade do levantamento é produzir valor médio do VTN; e

III – informar o valor médio do VTN, por hectare, para cada enquadramento de aptidão agrícola existente no território do município ou do DF, conforme descrito no art. 3º.

§ 2º O valor médio do VTN informado para a terra enquadrada na aptidão agrícola 'lavoura – aptidão boa' deverá ser maior do que o apurado para a aptidão agrícola 'lavoura – aptidão regular', que deverá ser maior do que o apurado para a aptidão agrícola 'lavoura – aptidão restrita'.

§ 3º Caso o levantamento seja realizado com base em aptidões agrícolas cujas descrições diferirem das indicadas nos incisos I a VI do caput do art. 3º, o responsável pelo trabalho deverá fazer a adequação, mediante justificativa técnica, entre as aptidões levantadas e as indicadas nesta Instrução Normativa.

Art. 6º O responsável pelo levantamento de que trata o art. 5º deverá abster-se de indicar o valor médio do VTN caso:

I – não seja tecnicamente possível fazer a adequação de que trata o § 3º do art. 5º;

II – não tenha sido realizado o levantamento para alguma das aptidões indicadas nos incisos I a VI do caput do art. 3º; ou

III – tenha apurado valor equivalente a zero.

Art. 7º Deverão constar das informações a que se refere o art. 5º:

I – o número de inscrição no Cadastro Nacional de Pessoas Físicas (CPF) e inscrição no Registro Nacional Profissional (RNP) do responsável técnico pelo levantamento;

II – o número da Anotação de Responsabilidade Técnica (ART) registrada na forma preconizada pelo Confea ou pelo Crea;

III – o período da realização da coleta;

IV – a descrição simplificada da metodologia utilizada; e

V – o laudo do levantamento técnico realizado pelo profissional responsável, em arquivo no formato PDF.

Parece óbvio, mas, no Brasil, muitas vezes as coisas óbvias têm que ser ditas e reditas. O art. 1º, § 1º, deixa claro que o VTN é o preço de mercado do imóvel, entendido como o *"valor do solo com sua superfície e a respectiva mata, floresta e pastagem nativa ou qualquer outra forma de vegetação natural"*. Portanto, trata-se da "terra bruta". Tanto assim que a continuação do fragmento normativo prescreve que devem ser *"excluídos os valores de mercado relativos a construções, instalações e benfeitorias, culturas permanentes e temporárias, pastagens cultivadas e melhoradas e florestas plantadas"*. Logo, nenhum item do imóvel que tenha sofrido interferência do ser humano pode integrar a base de cálculo do ITR.

Por outro lado, os arts. 4º a 7º da IN 1.877/19 estabelecem que as informações serão prestadas pelos Municípios e servirão de base para o cálculo do valor médio do VTN por hectare, para cada enquadramento de aptidão agrícola de terras existentes nos respectivos territórios. Tais informações – e isso é o mais importante – serão levantadas por profissional legalmente habilitado no sistema CONFEA/CREA, o qual *"se responsabilizará tecnicamente pelo trabalho"*.

O levantamento consistirá nas atividades de coleta, seleção e processamento de dados, segundo metodologia científica, que deve refletir o preço de mercado *"da terra nua"*, resultar em valoração massiva e homogênea da porção territorial das aptidões agrícolas existentes no território do Município para apurar o valor médio do VTN e discriminar cada aptidão agrícola (aptidão boa, regular e restrita). Nesses laudos o profissional deverá informar seus dados e o *"número da Anotação de Responsabilidade Técnica (ART)"*, bem como o período da coleta e a descrição simplificada da metodologia científica utilizada. A IN traz outra advertência importante: o profissional deve abster-se de indicar o valor médio do VTN caso não seja tecnicamente possível fazer as adequações mencionadas no seu texto ou não tenha sido realizado o levantamento para alguma das aptidões agrícolas.

Como se vê, se desde a IN 1.877/19 o VTN do Município tem que ser apurado seguindo essas previsões, tanto quanto aos itens que compõem a terra nua quanto ao procedimento para sua identificação; e se isso tudo tem que ser feito por um laudo de um profissional, o qual se responsabiliza pelas informações técnicas apontadas; *então, evidentemente, desde a edição da IN 1.877/19, ao menos, passou a ser condição de validade do arbitramento do VTN realizado pelo Município a existência desse laudo e seu acesso a ele por parte do contribuinte.*

Com efeito, se o Município se vale do arbitramento do VTN em suas autuações, mas se a normatização da Receita Federal exige o laudo de apuração do valor médio do VTN, isso significa que, sem o prévio laudo com a ART do profissional do sistema CONFEA/CREA, não é dado ao Município arvorar-se em arbitrar valor algum. Mais ainda, se esse é um elemento de apuração da base de cálculo, o qual refletirá no valor a ser pago pelo produtor, parece claro que, até mesmo em nome dos princípios da legalidade e da publicidade dos atos estatais, é um direito do contribuinte ter acesso a esse laudo, como forma de controle de validade do lançamento realizado. Sem isso, a autuação não terá subsistência na ordem jurídica.[379]

4.5.5 O atípico (e de validade duvidosa) contencioso administrativo criado para o ITR: ato municipal examinado na esfera federal

Outro problema atual criado com essa "municipalização" do ITR diz respeito ao procedimento adotado no contencioso administrativo – de validade duvidosa, para dizer o mínimo.

Ora, todo trabalho de levantamento do valor médio do VTN por hectare, de apuração das informações e de fiscalização

379. A edição da IN 1.877/19 pela Receita Federal parece ser um indicativo de que aquele órgão percebeu que o ITR "municipalizado", na forma como vinha sendo tratado pelos Municípios, estava fora de controle. Outra iniciativa que os contribuintes esperam que possa dar bons frutos é a criação na Receita Federal de uma "Equipe Nacional Especializada" em ITR, como previsto pela Portaria RFB nº 201, de 18 de julho de 2022. Espera-se com isso que haja definição de critérios mais claros e homogêneos na interpretação desse imposto.

e cobrança do imposto são feitos pelo Município (inclusive quanto às já criticadas intimações prévias para apresentação de laudos). Apesar disso, em caso de consulta formulada pelo contribuinte, ou então (o que é mais comum), na hipótese de ser lavrada a autuação e o contribuinte questioná-la pela via administrativa ou judicial, tudo será dirimido pela União Federal, através da Receita Federal (na análise administrativa de 1ª Instância), do CARF – Conselho Administrativo de Recursos Fiscais (no julgamento administrativo de 2ª Instância) ou então pela Justiça Federal (quanto aos casos judiciais).

Como se vê, nada explica essa prática. Se o ato administrativo de constituição do crédito tributário pelo lançamento é feito pelo Município, como pode outro ente da federação "examiná-lo", a fim de dizer se ele está ou não "de acordo" com a ordem jurídica? Esse quadro que se narra é incompatível com o modelo federativo adotado pela Carta de 1988, como já se expôs em tópico anterior deste texto. O Município, nessa sistemática, é colocado como ente subalterno, que se limita às tarefas operacionais, não tendo presumivelmente capacidade de defender a validade do ato por ele próprio lavrado. Depende da "benção" da União.

A Medida Provisória nº 656/14 tentou reverter esse quadro, delegando efetivamente o ITR aos Municípios – e aí sim se poderia falar em uma "municipalização" verdadeira, sem embargo do posicionamento acadêmico contrário no sentido de que isso não é permitido por cláusula pétrea. O mérito dessa proposição legislativa, no entanto, é o de reconhecer que, nessa hipótese, caberia ao Município lavrar seus atos e suportar os ônus de eventuais ilegalidades por ele cometidas, pois ao ente municipal seria dada a incumbência de realizar a cobrança administrativa e judicial do imposto. Com efeito, haveria delegação da *"cobrança administrativa e judicial"* do ITR, inclusive mediante *"inscrição em dívida ativa distrital ou municipal"*.

Entretanto, referida medida provisória não foi convertida em lei, de modo que hoje em dia é o Município que executa a fase preparatória da fiscalização, exigindo dos contribuintes a entrega de laudos como condição de validade do autolançamento realizado, e, na hipótese de não apresentação do laudo, ou então se a critério da autoridade municipal o laudo é insatisfatório, o Município realiza o lançamento. Porém, se o contribuinte resolver questionar a autuação administrativamente, ele deve fazê-lo perante o órgão municipal, que, na prática, limita-se a fazer o trabalho burocrático (e incompatível com o modelo federativo, repita-se) de realizar o protocolo da defesa e de encaminhar o processo para a Receita Federal, a fim de que o contencioso administrativo federal se instaure (art. 15, § 1º, do Decreto nº 6.433/08).

Não é preciso dizer muito para se concluir que esse sistema é capenga, é injustificável, não se amolda aos preceitos constitucionais e não espelha uma verdadeira delegação de capacidade tributária ativa (isto é, uma real parafiscalidade). Trata-se de um *ornitorrinco jurídico*. E ainda por cima traz uma série de problemas práticos aos contribuintes, já que um órgão autua, enquanto que outro julga o ato administrativo.

4.5.6 Uma estratégia útil para os produtores rurais no enfrentamento dessas questões: propositura de ação de produção antecipada de provas em face da União, inclusive no juízo estadual, para produção de laudo oficial

Diante desse caos todo que se tornou o ITR, vale a pena refletir sobre uma estratégia útil e atual, sobretudo após o Código de Processo Civil de 2015: trata-se da possibilidade de o contribuinte promover ação de produção antecipada de provas em face da União, inclusive no juízo estadual, para elaboração de laudo oficial.

Essa possibilidade se justifica – falando da perspectiva prática do contencioso do ITR – quando ou o contribuinte perdeu o prazo na esfera administrativa para produzir o laudo, ou então quando ele abdica do debate administrativo e decide ir direto para o âmbito judicial. A questão que se coloca é a seguinte: se ele não produz laudo na esfera administrativa, o entendimento do CARF, como já mencionado, é o de que a presunção do lançamento está autorizada.[380] E se ele decide ir para o âmbito judicial, até uma ação anulatória do lançamento lavrado (que segue o procedimento comum) chegar à fase probatória da produção do laudo, por certo terão se passado dois, três, quatro anos ou mais. Ocorre que enquanto não houver laudo para checar o valor correto do VTN (e, por consequência, da autuação), dificilmente o juiz concederá ao contribuinte uma tutela de urgência para suspender a exigibilidade do crédito tributário (art. 151, V, do CTN), só lhe restando a possibilidade de fazer o depósito em juízo do montante integral e em dinheiro da autuação, se quiser obter a suspensão da exigibilidade do crédito (art. 151, II, do CTN, c/c Súmula 112 do STJ).

Vai daí que uma alternativa para essa situação é a propositura de ação de produção antecipada de provas, que tem um trâmite mais rápido e que permite identificar o verdadeiro valor devido. Como hoje em dia o fator decisivo nas discussões de ITR é a existência de laudo ou não (sem se abdicar, é claro, de todos os fundamentos trazidos antes no sentido de sua inexigibilidade, surge para o contribuinte o interesse jurídico na produção de laudo judicial confirmatório de suas informações prestadas na declaração do imposto. Esgotada a esfera administrativa sem produção de laudo, qualquer laudo produzido posteriormente pelo contribuinte será tido como unilateral, motivo por que somente um laudo judicial pode corroborar ou não sua declaração de ITR, conferindo contornos de certeza quanto ao valor declarado, em contraponto àquele apurado pelo Fisco via SIPT.

São três, basicamente, as questões relevantes sobre isso: (i) o ente legitimado processualmente a figurar no polo passivo; (ii) o juízo competente perante o qual a ação tem que ser proposta; (iii) e os requisitos a serem demonstrados na petição inicial.

Essa medida judicial deve ser intentada em face da União Federal. E por qual razão a ação é movida contra a União, e

380. Processo nº 10215.720130/2008-66. Acórdão nº 2401-005.481. 4ª Câmara. 1ª Turma Ordinária. Rel. Cons. Francisco Ricardo Gouveia Coutinho. j. 09.05.2018.

não em face do Município? Porque, como já mencionado, é ela que deve responder pelo contencioso envolvendo o ITR, à luz dos arts. 15 e 16 do Decreto nº 6.433/08.

No que diz respeito ao juízo competente, inclusive quanto à possibilidade de a ação ser proposta perante o juízo estadual, o Código de Processo Civil estabelece o seguinte:

> *Seção II*
>
> *Da Produção Antecipada da Prova*
>
> *Art. 381. (...)*
>
> *§ 2º A produção antecipada da prova é da competência do juízo do foro* onde esta deva ser produzida ou do foro *de domicílio do réu.*
>
> *§ 3º A produção antecipada da prova não previne a competência do juízo para a ação que venha a ser proposta.*
>
> *§ 4º* O juízo estadual tem competência para produção antecipada de prova requerida em face da União, *de entidade autárquica ou de empresa pública federal* se, na localidade, não houver vara federal.
>
> *§ 5º Aplica-se o disposto nesta Seção àquele que pretender justificar a existência de algum fato ou relação jurídica para simples documento e sem caráter contencioso, que exporá, em petição circunstanciada, a sua intenção."* (sem destaques no original)

Fredie Didier Jr. esclarece essa questão, afirmando que "*a observação é importante, pois não há sentido algum, por exemplo, na propositura de uma produção antecipada de prova pericial sobre um imóvel em foro distinto do local do imóvel, onde a prova será produzida*", concluindo que "*o § 4º do art. 381 atribui ao juízo estadual competência para produção antecipada de prova requerida em face da União, entidade autarquia ou empresa pública federal se, na localidade, não houver vara federal*".[381]

Por fim, no que concerne aos requisitos a serem demonstrados na petição inicial, em relação a isso vale registrar que o Código de Processo Civil de 2015 trouxe consideráveis inovações e aperfeiçoamentos na legislação processual, em

381. *Curso de direito processual civil.* 11. ed. Salvador: JusPodivm, 2016, v. II, p. 146/147.

diversos aspectos (ainda que sofra críticas em algumas questões pontuais). E uma delas, ainda pouco notada, é justamente a possibilidade de promoção de uma medida para produzir a prova, *com a finalidade de se evitar futuro litígio, ou então, justificá-lo*. Com efeito, o art. 381 do Código, tratando da "Produção Antecipada da Prova", prescreve que ficará autorizada a adoção dessa medida nas seguintes hipóteses:

> *Art. 381. A produção antecipada da prova será admitida nos casos em que:*
>
> *I – haja fundado receio de que venha a tornar-se impossível ou muito difícil a verificação de certos fatos na pendência da ação;*
>
> *II – a prova a ser produzida seja suscetível de viabilizar a autocomposição ou outro meio adequado de solução de conflito;*
>
> *III* – o prévio conhecimento dos fatos possa justificar ou evitar o ajuizamento de ação." (sem destaques no original)

O inciso III do referido art. 381 representa significativo avanço, pois, a partir desse comando legal, o legislador reconheceu a possibilidade de produção antecipada da prova com a intenção específica de que, uma vez conhecidos previamente os fatos, isso possa evitar ou justificar o ajuizamento de outra futura ação. Tratando desse tema, Fredie Didier Jr. leciona que "*o processo autônomo de produção antecipada de prova é de jurisdição voluntária. Não é processo cautelar – não há sequer a necessidade de alegar urgência. A circunstância de poder haver conflito quanto à existência do direito à prova não o desnatura: é da essência da jurisdição voluntária a existência de uma* litigiosidade potencial. É jurisdição voluntária pelo fato de que não há necessidade de afirmação do conflito em torno da produção da prova".[382] E examinando especificamente o art. 381, inciso III, o doutrinador esclarece que é "*mais uma novidade do CPC. Também aqui há o reforço à ideia de que as provas possuem as partes como destinatárias, e não apenas o juiz. Busca-se a*

382. *Curso de direito processual civil*. 11. ed. Salvador: JusPodivm, 2016, v. II, p. 142/143 (com destaques no original).

produção antecipada da prova para que se possa obter um lastro probatório mínimo para o ajuizamento de uma demanda futura ou a certeza de que essa demanda seria inviável".[383]

Logo, esse dispositivo dá respaldo à pretensão do produtor rural, na medida em que viabiliza a produção da prova (a realização de laudo que confirme ou infirme suas informações prestadas no DITR) e tem o condão de evitar futuro litígio (ou seja, se correto o valor apurado pelo Município), ou então serve de alicerce a uma futura ação anulatória de lançamento tributário (caso o valor da autuação esteja equivocado).[384]

---

383. *Curso de direito processual civil.* 11. ed. Salvador: JusPodivm, 2016, v. II, p. 144.

384. Quanto aos demais aspectos procedimentais, o CPC prescreve o seguinte: "Art. 382. Na petição, o requerente apresentará as razões que justificam a necessidade de antecipação da prova e mencionará com precisão os fatos sobre os quais a prova há de recair. § 1º O juiz determinará, de ofício ou a requerimento da parte, a citação de interessados na produção da prova ou no fato a ser provado, salvo se inexistente caráter contencioso. § 2º O juiz não se pronunciará sobre a ocorrência ou a inocorrência do fato, nem sobre as respectivas consequências jurídicas. § 3º Os interessados poderão requerer a produção de qualquer prova no mesmo procedimento, desde que relacionada ao mesmo fato, salvo se a sua produção conjunta acarretar excessiva demora. § 4º Neste procedimento, não se admitirá defesa ou recurso, salvo contra decisão que indeferir totalmente a produção da prova pleiteada pelo requerente originário.
Art. 383. Os autos permanecerão em cartório durante 1 (um) mês para extração de cópias e certidões pelos interessados. Parágrafo único. Findo o prazo, os autos serão entregues ao promovente da medida".

CAPÍTULO 5
A CONTRIBUIÇÃO AO PROGRAMA DE INTEGRAÇÃO SOCIAL (PIS) E A CONTRIBUIÇÃO PARA O FINANCIAMENTO DA SEGURIDADE SOCIAL (COFINS) E O AGRONEGÓCIO

5.1 O fundamento de validade das contribuições ao PIS e à COFINS

A evolução do conhecimento científico é sempre salutar e esperada. Nos mais diversos segmentos do saber humano, sempre se busca testar e reafirmar as conclusões obtidas até então, de modo que *a ciência esteja a serviço da comunidade*. Quando as especulações epistemológicas já não mais servem para responder aos anseios da vida em sociedade, sobretudo no campo das ciências sociais, é porque novos avanços se impõem.

Com a Ciência do Direito Tributário não foi diferente. No passado, em um primeiro momento, houve uma forte tendência de separação do Direito Tributário em face do Direito Financeiro, a fim de se autoafirmar sua independência científica. A essa época, sustentava-se, com veemência, que o que importava era apenas o conjunto de normas que trata da *criação* do tributo, sua *fiscalização* e das *formas* de sua arrecadação, não sendo relevante para o jurista, voltado ao conhecimento das regras da legislação tributária, a efetiva *destinação* do produto arrecadado, que tem índole financeira – tanto assim que essa ideia restou positivada no art. 4º, II, do Código Tributário Nacional.

Esse modelo teórico, que de maneira alguma está equivocado, serviu muito bem, por longos anos, e ainda serve, para resolver os problemas envolvendo o trinômio impostos, taxas e contribuição de melhoria. Contudo, é inegável que do início da década de 1990 a esta parte, o estudo das contribuições ganhou importância ainda mais acentuada, notadamente porque a Carta Constitucional de 1988 trouxe consigo uma nova roupagem prescritiva para esse tributo. Sobremais, parece também indiscutível que desde então o Poder Público Federal vem lançando mão cada vez mais dessa exação, o que impôs à Dogmática Tributária a necessidade de aprofundar as reflexões canalizadas para todas as facetas que envolvem as contribuições, tendo em vista a atitude desenfreada das autoridades fiscais no trato desse tema, efeitos esses que são sentidos ainda hoje.[385]

Nesse contexto, é preciso reconhecer que a Ciência do Direito Tributário ainda não conseguiu definir, com precisão, quais os limites para criação de contribuições. Não há consenso entre os estudiosos acerca dos exatos contornos para instituição dessa figura tributária, o que acaba por respingar nos vacilos da jurisprudência sobre esse assunto. E, enquanto isso, a União Federal, acriteriosamente, aproveita esse cenário de incertezas para continuar aumentando seus índices de arrecadação, que estão calcados com vigor nas contribuições.[386]

385. Paulo Ayres Barreto bem observa que "a produção científica em torno de aspectos específicos que dizem com a instituição de contribuições ganhou corpo apenas nos últimos anos, período que coincide com uma intensa atividade legislativa nessa matéria". *Contribuições: regime jurídico, destinação e controle*. 2. ed. São Paulo: Noeses, 2011, p. 139.

386. Uma das inúmeras divergências que podem ser citadas envolve a questão da *referibilidade*, ou seja, se as contribuições só podem ser exigidas ou não de sujeitos passivos que guardem relação, mesmo que indireta, com a atuação do Poder Público.

Ninguém nega que o tema é difícil. A doutrina vem se empenhando para encontrar mecanismos jurídicos de controle ao exercício dessa competência tributária, porque os abusos praticados através dessas figuras não têm sido poucos. E a resposta parece residir justamente na *reaproximação* do Direito Tributário e do Direito Financeiro. Não uma reaproximação casuística, *a fortiori*, mas uma *reaproximação normativa*, pois se as contribuições são tributos marcados pela necessidade de destinação do produto arrecadado a uma finalidade específica – isso ninguém recusa – a previsibilidade constitucional e legal do efetivo emprego dos recursos angariados àquele fim previsto deve estar positivada, e mais, há de haver real aplicação dos recursos aos fins previstos, permitindo, assim, o monitoramento do exercício válido dessa competência. E esse rico substrato normativo é oferecido pelo Direito Financeiro. Daí por que interessa também ao Direito Tributário.[387]

Feita essa contextualização inicial deste capítulo, indispensável ao viés investigativo traçado ao longo da pesquisa, é preciso salientar que no preocupante rol das contribuições duas delas se destacam: as contribuições para o PIS/PASEP – Programa de Integração Social e de Formação do Patrimônio do Servidor Público e para a COFINS – Contribuição para o Financiamento da Seguridade Social.[388]

Se as contribuições, de uma maneira geral, têm despertado a atenção dos juristas, o PIS e a COFINS, então, ganham maior relevo nesse cenário, haja vista que têm sido manipulados com deliberado intuito de incremento de receita. Com efeito, essas contribuições têm servido de instrumento inequívoco de aumento de arrecadação, porém estudos atuais revelam que as receitas auferidas com essas exações não têm sido

387. Vale destacar que trabalhos acadêmicos dos últimos anos têm justamente esse enfoque para responder esses problemas. Vide, por exemplo, BARRETO. Paulo Ayres. *Contribuições: regime jurídico, destinação e controle.* 2. ed. São Paulo: Noeses, 2011.

388. Tendo em vista a similitude com que a legislação cuida dessas contribuições, em várias passagens deste estudo serão dispensadas a ambas os mesmos comentários, inclusive com menção a elas de maneira conjunta, sob a sigla "PIS/COFINS".

aplicadas aos fins preordenados – o que configura flagrante desvio de finalidade.[389]

No plano normativo, o art. 149 da Constituição Federal confere à União competência para instituir (i) contribuições sociais, (ii) de intervenção no domínio econômico e (iii) de interesse de categorias profissionais ou econômicas. Em todas elas, no entanto, exige-se que a contribuição seja criada "*como instrumento de sua atuação nas respectivas áreas*", sendo esse seu pressuposto constitucional. Isso significa que, com as contribuições, a União deve *agir*, só pode ter por intuito custear essas despesas específicas; jamais vislumbrar uma finalidade arrecadatória deliberada.

O art. 195 da Carta Constitucional, por sua vez, dá detalhes acerca das contribuições sociais, estabelecendo que a Seguridade Social será financiada por toda a sociedade, especialmente pelas contribuições sociais do empregador, da empresa e da entidade a ela equiparada na forma da lei, incidentes sobre: a) a folha de salários e demais rendimentos do trabalho pagos ou creditados, a qualquer título, à pessoa física que lhe preste serviço, mesmo sem vínculo empregatício; b) a receita ou o faturamento; c) e o lucro. Além dessas grandezas, as contribuições podem incidir também sobre as verbas recebidas pelo trabalhador, sobre a receita de concursos de prognósticos e sobre o importador de bens ou serviços, mas essas faixas de incidência não importam a este estudo.

As contribuições ao PIS e à COFINS encaixam-se, pois, como (i) contribuições sociais incidentes sobre ("b)") a receita ou o faturamento. Portanto, o fundamento de validade dessas contribuições apoia-se nos arts. 149 e 195, I, "b", da Carta Constitucional.[390]

---

389. Essa gravíssima situação foi constatada, já há algum tempo, pelo Núcleo de Tributação e Finanças Públicas da Escola de Direito da Fundação Getulio Vargas (FGV), integrado por Eurico Marcos Diniz de Santi e Andréa Mascitto, conforme reportagem veiculada no Jornal *Valor Econômico* do dia 20 de dezembro de 2007, Caderno A4, denunciando que boa parte dos recursos auferidos com a CIDE-combustíveis não é aplicada ou então serve para custear despesas não inseridas na sua finalidade.

390. Especificamente sobre o PIS/PASEP, há que ser lembrado também que o art. 239 da Carta Magna incorporou expressamente ao ordenamento constitucional

Isso significa que, ao introduzir no sistema normas que criam esses tributos, a União Federal deve ter em vista, por expressa inferência constitucional, o efetivo custeio das despesas que tem na área social, porquanto a contribuição é um *"instrumento de sua atuação nas respectivas áreas"*. Logo, ao exigir das empresas o pagamento das contribuições ao PIS/COFINS incidentes sobre a receita ou o faturamento, são os próprios comandos normativos que lhes servem de suporte que prescrevem que o Poder Público deve ter na exata medida uma relação de arrecadação, de um lado, e custeio da despesa, de outro.

Não se trata de um estudo casuístico, fático, de cunho eminentemente financeiro; pelo contrário, interessa, sim, ao jurista dogmático tributário a investigação sobre as normas que cuidam do emprego desses recursos, pois dizem de perto com o fundamento de validade das contribuições, de maneira a permitir o controle da tributação.[391]

5.2 A implicação lógica entre os critérios material e quantitativo e a polêmica envolvendo a base de cálculo das contribuições ao PIS e à COFINS

Não se pode falar de PIS e COFINS sem enfrentar a questão da materialidade e da grandeza (base de cálculo) sobre a qual podem recair essas contribuições. A esse respeito o art. 195 da Constituição previa, originariamente, que esses tributos só poderiam incidir sobre o *faturamento*. Nesse contexto, é importante registrar que a contribuição ao PIS foi criada pela

---

essa contribuição, ao se remeter à legislação anterior que a criou e ao estabelecer como sua finalidade o financiamento do seguro-desemprego e do abono de um salário mínimo anual para os empregados que percebam de empregadores que contribuem ao programa até dois salários-mínimos de remuneração mensal.

391. Como salienta Paulo Ayres Barreto, "nos termos do art. 149 da Constituição Federal, a outorga de competência para a instituição de contribuições subordina-se à efetiva atuação da União em determinada finalidade. Os recursos advindos de contribuições devem, obrigatoriamente, ser aplicados na finalidade que motivou a instituição do tributo, sempre como instrumento de atuação da União". *Contribuições: regime jurídico, destinação e controle*. 2. ed. São Paulo: Noeses, 2011, p. 146.

Lei Complementar 07/70, logo após alterada pela Lei Complementar 08/70, tendo sido recepcionada pela Carta de 1988 pelos arts. 149 e 195, I, "b", até mesmo em virtude de disposição expressa do art. 239.[392] Já a contribuição à COFINS foi introduzida no ordenamento pela Lei Complementar 70/91.

Tanto PIS quanto COFINS previam como hipótese de incidência o *faturamento* das empresas, ajustando-se, em tese, ao núcleo constitucional. Diz-se em tese porque assim que publicada a Lei Complementar 70/91, que veiculou a COFINS, o Judiciário foi chamado a dirimir a equiparação entre "faturamento" e "receita bruta", dado que o art. 2º desse veículo normativo estabeleceu que a contribuição incidiria *"sobre o faturamento mensal, assim considerado a receita bruta das vendas de mercadorias, de mercadorias e serviços e de serviços de qualquer natureza"*. No entanto, o Supremo Tribunal Federal, ao julgar a Ação Direta de Constitucionalidade (ADC) nº 01, decidiu que, para fins jurídicos, "faturamento" e "receita bruta" têm o mesmo significado.[393] A partir desse julgado, ficou fixado que *o faturamento é formado pelo conjunto de receitas operacionais,* isto é, por aquelas receitas que advêm do desempenho do objeto social das empresas, como a industrialização, a venda de mercadorias ou a prestação de serviços. As contribuições ao PIS/COFINS, nessa esteira, só poderiam ser exigidas sobre essas grandezas.

Um outro aspecto de relevo sobre esse tema é que, por ocasião do julgamento da ADC nº 01, o Supremo Tribunal Federal entendeu que as contribuições sociais não necessitam ser criadas, nem muito menos alteradas, por lei complementar. O

---

392. A respeito do PIS/PASEP, Humberto Ávila classifica essa contribuição como "contribuição legal constitucionalizada". Vide "Contribuições na Constituição Federal de 1988". *As contribuições no sistema tributário brasileiro*. Coord. Hugo de Brito Machado. São Paulo: Dialética, 2003, p. 319.

393. Do voto do Min. Ilmar Galvão colhe-se que "o conceito de 'receita bruta' não discrepa do 'faturamento', ou seja, o que corresponde ao produto de todas as vendas, não havendo qualquer razão para que lhe seja restringida a compreensão, estreitando-o nos limites do significado que o termo possui em direito comercial, ou seja, aquele que abrange tão somente as vendas a prazo (art. 1º da Lei nº 187/68), em que a emissão de uma 'fatura' constitui formalidade indispensável ao saque da correspondente duplicata".

fato de a COFINS ter sido introduzida pela Lei Complementar 70/91, assim, não lhe emprestava grau de legislação complementar, que o era apenas na forma, mas não no conteúdo, ou seja, trata-se, segundo essa orientação jurisprudencial, de uma lei apenas formalmente complementar. Diante desse entendimento, foi editada a Lei Federal nº 9.715/98, que passou a disciplinar o PIS e a COFINS em conjunto.

Pois bem, esse rápido cenário que se delineia serve para deixar claro que PIS e COFINS, consideradas contribuições sociais, tinham por hipótese de incidência e por base de cálculo autorizadas constitucionalmente o *faturamento,* assim entendidas as receitas operacionais das pessoas jurídicas.

Acontece, entretanto, que a Lei Federal nº 9.718/98, ao dar novo tratamento jurídico a ambas as contribuições, nominalmente previu que os tributos continuariam a ter por "fato gerador" e base de cálculo o faturamento, porém, ao supostamente esmiuçar esse conceito, a lei acabou por estender invalidamente a noção de faturamento, alargando seu espectro de incidência, na medida em que prescreveu que o faturamento abrangeria *"todas as receitas"* – inclusive, portanto, as receitas não operacionais, como aluguéis e aplicações financeiras.

Poucos dias após a publicação da Lei Federal nº 9.718/98 (que é datada de 27 de novembro daquele ano), o Congresso Nacional deu-se pressa em aprovar a Emenda Constitucional nº 20 no dia 15 de dezembro de 1998, alterando o art. 195 da Constituição para abranger, como passível de incidência de contribuições sociais, não só o "faturamento", como também a "receita" das empresas.

Instado a se manifestar sobre o assunto, o e. Supremo Tribunal Federal, em boa hora, declarou a inconstitucionalidade do art. 3º, § 1º, da Lei Federal nº 9.718/98, na parte em que abarcava como grandeza tributável a totalidade das receitas.[394] Para a Excelsa Corte, a EC 20/98 não teria o condão de imprimir

394. Recurso Extraordinário nº 346.084, Pleno, Rel. Min. Ilmar Galvão, Rel. p/ acórdão Min. Marco Aurélio, *DJU* 01.09.2006.

efeitos retroativos, dado que a compatibilidade da norma inferior deve ser vista consoante o ordenamento constitucional em vigor ao tempo de sua promulgação.[395] Tanto assim que esse dispositivo acabou revogado pela Lei nº 11.941/09.

Portanto, apesar de a Constituição Federal permitir, com a redação atual, que as contribuições ao PIS/COFINS possam recair sobre a receita, diante do pronunciamento da Suprema Corte os contribuintes regidos pela Lei Federal nº 9.718/98, que normatiza essas contribuições na modalidade cumulativa, só puderam ser tributados à razão de seu faturamento, conforme a redação anterior da lei e do decidido pelo c. STF.

Adiante, com a inovação da Emenda Constitucional 42/03 permitiu-se que às contribuições sociais fosse adotado o regime não-cumulativo. Para instituir a não-cumulatividade no PIS e na COFINS foram publicadas, respectivamente, as Leis Federais nºs. 10.637/02 e 10.833/03. Essas leis, para disciplinar essas contribuições, acabaram por reiterar a redação dada pela Lei Federal nº 9.718/98 no regime cumulativo, estatuindo que as contribuições ao PIS e à COFINS têm por "fato gerador" e por base de cálculo o faturamento, assim entendida a *totalidade das receitas*. Partindo do pressuposto que a EC 20/98, na parte em que ampliou a faixa de incidência das contribuições sociais de faturamento para abarcar também a receita, é constitucional, então as Leis Federais nº 10.637/02 e 10.833/03 mostram-se compatíveis com a ordem jurídica em vigor, não havendo qualquer pecha a lhes ser atribuída.

---

395. "Contudo, como ecoa na voz uníssona de juristas de melhor nota, norma que ingressa no domínio do direito positivo de forma inconstitucional é natimorta, não gera efeitos válidos, não podendo ser 'convalidada', nem mesmo por emenda. De fato, aduzir-se à lei inconstitucional é um contrassenso, uma contradição entre termos. (...) Em assim sendo, não há dúvidas de que a Emenda Constitucional nº 20/98 não teve o condão de tornar válida a Lei Federal nº 9.718/98, pois, frise-se, ao tempo em que promulgado esse comando legal não havia permissivo constitucional para instituição de contribuição social sobre receita". LOUBET, Leonardo Furtado. "Lei Federal nº 10.833/03: a nova regra-matriz de incidência da COFINS e a violação ao princípio da anterioridade nonagesimal". *PIS/COFINS: questões atuais e polêmicas*. Coord. Marcelo Magalhães Peixoto e Octavio Campos Fischer. São Paulo: Quartier Latin, 2005, p. 777/778.

Focadas as coisas dessa maneira, formou-se, então, um novo cenário nessa matéria, já que os contribuintes sujeitos ao regime cumulativo de PIS/COFINS, dado o pronunciamento do e. STF, só estavam obrigados a recolher essas contribuições sobre o efetivo *faturamento,* isto é, apenas sobre a receita bruta operacional, enquanto que as pessoas jurídicas jungidas ao regime da não-cumulatividade para essas contribuições viam-se compelidas a calculá-las levando em conta a *totalidade das receitas,* portanto, não só a receita bruta operacional, como sobre as receitas não operacionais, a exemplo de aluguéis e aplicações financeiras.[396]

Assim, os contribuintes sujeitos ao regramento anterior da Lei Federal nº 9.718/98, diante da proclamação da inconstitucionalidade do art. 3º, § 1º, na parte em que ampliava o conceito de faturamento para abarcar todas as receitas, tinham por base de cálculo de PIS/COFINS somente o faturamento (receitas operacionais), pois a Emenda Constitucional 20/98, que permitiu a incidência também sobre a totalidade das receitas, é posterior à lei, não tendo força normativa bastante para resgatá-la do terreno da invalidade, como decidiu o e. STF. Já os contribuintes regidos pelas Leis Federais nº 10.637/02 e 10.833/03, porque editadas posteriormente à Emenda Constitucional 20/98, ao pretensamente apenas disciplinarem a sistemática não-cumulativa para essas contribuições, acabaram por juridicizar uma nova base de cálculo, que para esses contribuintes é composta pela totalidade das receitas (operacionais e não operacionais).

Desse modo, com o advento da sistemática não-cumulativa para essas contribuições, um novo paradigma foi criado:

---

396. Sobre o conceito de "receita", José Antônio Minatel sustenta que "receita é qualificada pelo ingresso de recursos financeiros no patrimônio da pessoa jurídica, em caráter definitivo, proveniente dos negócios jurídicos que envolvam o exercício da atividade empresarial, que corresponda à contraprestação pela venda de mercadorias, pela prestação de serviços, assim como pela remuneração de investimentos ou pela cessão onerosa e temporária de bens e direitos a terceiros, aferido instantaneamente pela contrapartida que remunera cada um desses eventos". *Conteúdo do conceito de receita e regime jurídico para sua tributação.* São Paulo: MP Editora, 2005, p. 146.

conforme o regime de apuração (cumulativo ou não-cumulativo), o contribuinte tinha distintas bases de cálculo (faturamento ou receita).[397]

Posteriormente, no entanto, a Lei Federal nº 12.973/14, que alterou o art. 3º da Lei Federal nº 9.718/98 e nesse ponto foi editada com o claro intuito de equalizar as hipóteses de incidência para os dois regimes, estabeleceu que também aqueles que estão enquadrados na apuração cumulativa sofrerão a incidência sobre a totalidade das receitas. Isso porque a referida Lei nº 12.973/14, ao imprimir nova redação ao art. 3º da Lei nº 9.718/98, previu que o faturamento *"compreende a receita bruta de que trata o art. 12 do Decreto-lei nº 1.598, de 26 de dezembro de 1977"*. O art. 12 do DL 1.598/77, por sua vez, também foi alterado pela Lei nº 12.973/14, passando a prever que a receita bruta compreende não apenas o produto da venda de bens, da prestação de serviços em geral e o resultado auferido nas operações de conta alheia, como também as demais receitas não compreendidas nessas três hipóteses, ou seja, todas as demais receitas obtidas. Com isso, a materialidade e a base de cálculo dessas contribuições passaram a repercutir sobre a "receita" para todos.

5.3 Regimes de apuração do PIS e da COFINS através das sistemáticas cumulativa e não-cumulativa: miscelânea legislativa

As contribuições ao PIS e à COFINS assumiram nos últimos tempos um papel de destaque na literatura jurídica especializada. E isso não é nada bom. Isso porque os motivos que levaram os estudiosos a voltarem sua atenção ao exame desses tributos decorrem do fato de que a legislação que os regulamenta passou por profundas e constantes alterações. Com efeito, se no passado PIS e COFINS mereciam investigações calcadas apenas no plano de sua regra-matriz de incidência

397. O STJ reconheceu aos contribuintes enquadrados no regime cumulativo direito à restituição dos valores indevidos. REsp. nº 1.354.506-SP, 2ª Turma, Rel. Min. Mauro Campbell Marques, *DJe* 14.08.2013.

(como a materialidade e a base de cálculo, por exemplo), hoje vêm despertando reflexões mais amplas, tais quais sua efetiva destinação e sua sistemática de não-cumulatividade.

Aliás, o tema central das atuais preocupações é justamente a não-cumulatividade dessas contribuições. É que a Emenda Constitucional nº 42/03 incorporou ao estrato de linguagem jurídico-prescritivo de maior envergadura do sistema a possibilidade de esses tributos virem a ser "não-cumulativos". Ocorre que o legislador ordinário, ao supostamente exercitar essa competência, destoou-se – e muito – do norte constitucional, criando uma verdadeira miscelânea legislativa, na medida em que discriminou os regimes jurídicos dos contribuintes a partir de parâmetros que não se sustentam.

Era da tradição do direito brasileiro a convivência com a não-cumulatividade apenas para o IPI e para o ICMS. Noutras palavras, essa categoria jurídica era aplicável somente para esses impostos, estruturada segundo um mecanismo de créditos e débitos, como determinado constitucionalmente.[398] Porém, com a Medida Provisória nº 66/02 adveio uma novidade nessa temática: a não-cumulatividade para o PIS.

Assim que dada à publicidade, a não-cumulatividade para o PIS suscitou polêmicas, tendo em vista que aquela "não-cumulatividade" não se assemelhava à conhecida até então, aplicável ao IPI e ao ICMS. E assim se sucedeu igualmente com a conversão da MP 66/02 na Lei Federal nº 10.637, de 30 de dezembro de 2002. Foi só com a Emenda Constitucional nº 42, de 19 de dezembro de 2003, que se criou um permissivo constitucional expresso para instituição de não-cumulatividade em contribuições.[399] Posteriormente, a Lei Federal nº 10.833,

---

398. Apesar da determinação constitucional, isso não significa que todos os comandos da legislação complementar e ordinária que cuidam da não-cumulatividade do IPI e do ICMS são válidos, pois, como se sabe, há diversos dispositivos restringindo o aproveitamento de créditos, o que não encontra abrigo na ordem jurídica em vigor.

399. O que pode levar o hermeneuta até mesmo a questionar se o regime de não-cumulatividade do PIS é válido, pois à época de sua criação não havia embasamento constitucional o autorizando.

de 29 de dezembro de 2003, positivou a não-cumulatividade também para a COFINS.

O que fez a Emenda Constitucional nº 42/03 foi inserir um § 12 ao art. 195 da Carta da República, prescrevendo que *"a lei definirá os setores de atividade econômica para os quais as contribuições incidentes na forma dos incisos I, b; e IV do caput, serão não-cumulativas"*. É essa a base constitucional da não-cumulatividade para as contribuições que incidem sobre a receita ou o faturamento, como o PIS e a COFINS. E apesar de ser um fragmento normativo singelo, várias questões surgem, notadamente no que pertine à forma de compreensão da não-cumulatividade criada para contribuições.

Note-se que, diferentemente do IPI e do ICMS, em relação às contribuições o constituinte reformador não estabeleceu qual seria o mecanismo a ser seguido, cingindo-se em dispor que a lei definirá os *"setores de atividade econômica"* para os quais PIS e COFINS seriam não-cumulativos. Entretanto, malgrado não haja uma disciplina constitucional expressa regrando a não-cumulatividade para contribuições, *isso não significa, evidentemente, que o legislador ordinário era livre para criar, sob a capa de "não-cumulatividade", um regime que, a bem de se ver, não é verdadeiramente "não-cumulativo", com restrições de créditos,* como acabou por fazer.

Como será visto adiante, a despeito de não estar explícita na Constituição a *sistemática* não-cumulativa a ser adotada para as contribuições, o *objetivo* perseguido com essa técnica não poderia ser desvirtuado, como ocorreu.

5.3.1 O regramento constitucional acerca da não-cumulatividade para contribuições

É indiscutível que há, não é de hoje, um anseio acentuado de diversos setores da sociedade para se reduzir a *carga tributária* que recai sobre o consumo. O tema "carga tributária", aliás, ocupa diariamente as manchetes da mídia, espelhando o sentimento da população em torno desse assunto.

Essa preocupação não é fruto de análises metajurídicas; pelo contrário, decorre de normas positivadas na própria Constituição Federal. Há mandamentos constitucionais que estão a exigir que os tributos não ofendam a propriedade privada e a livre iniciativa da atividade econômica, ordens essas traduzidas nos princípios constitucionais gerais da razoabilidade e da proporcionalidade e nos princípios constitucionais tributários específicos da capacidade contributiva e do não-confisco. A atividade impositiva, sob essa perspectiva, deve ser dirigida com o zelo e o equilíbrio que a sobriedade sugere. Embora a tributação tenha uma função social importante, não pode açambarcar a produção de riquezas econômicas.

Exatamente nesse espaço que ganha corpo a não-cumulatividade. Trata-se de uma técnica jurídico-fiscal, plasmada no horizonte constitucional, que tem por finalidade suavizar o ônus que o tributo reflete na composição dos preços, notadamente em relação àquelas figuras exacionais que incidem mais diretamente sobre o consumo. Não por outro motivo, a Constituição Federal estabelece que o IPI e o ICMS estão sujeitos a essa sistemática.[400]

A não-cumulatividade prevista no texto original da Constituição da República restringia-se ao IPI e ao ICMS; agora, entretanto, em virtude das modificações introduzidas pela Emenda Constitucional 42/03, previu-se que a não-cumulatividade estender-se-á também às contribuições, como o PIS e a COFINS. Daí a razão pela qual é interessante, para propiciar o aprofundamento do raciocínio, traçar um sucinto paralelo entre a não-cumulatividade para impostos (IPI e ICMS) e

---

400. "A expressão não-cumulatividade do tributo pode ter vários significados. Um deles seria o de que sobre o mesmo fato não poderiam incidir vários tributos. Outro seria o de que um tributo sobre fato integrante de uma sucessão de fatos da mesma natureza não pode incidir sobre cada um desses fatos de forma autônoma, acumulando-se cada incidência com as incidências anteriores. É com este segundo significado que a expressão tem sido geralmente empregada em nosso sistema tributário". MACHADO, Hugo de Brito. "Virtudes e defeitos da não-cumulatividade no sistema tributário brasileiro". *O princípio da não-cumulatividade.* Coord. Ives Gandra da Silva Martins. São Paulo: Ed. RT, 2004, p. 70.

a não-cumulatividade para contribuições (PIS e COFINS), de modo a se concluir se são ou não modelos idênticos.

A não-cumulatividade do IPI e do ICMS está estruturada segundo uma engrenagem de compensações, deduções ou abatimentos do *valor do imposto* incidente ao longo do processo produtivo. Noutras palavras, quem adquire mercadorias como insumo ou para revenda tem garantido o direito de se "apropriar" numericamente do valor do tributo incidente nas operações anteriores para, quando de sua venda, diminuí-lo do seu imposto a recolher. Não fosse assim, haveria uma tributação em cascata em cada etapa do elo produtivo, onerando o preço final do produto ao consumidor. Por isso é que o constituinte possibilitou o abatimento do valor do imposto incidente na etapa anterior do processo produtivo, até mesmo para que na base de cálculo do tributo não estivesse embutida a quantia desse mesmo tributo.[401]

A base de cálculo corresponde ao valor da venda da mercadoria, sobre a qual incide a alíquota prevista em lei, alcançando-se, dessa maneira, o valor a recolher do imposto. Até aqui, a lógica é a mesma. O único aspecto que distingue impostos não-cumulativos dos chamados cumulativos é que do montante a entregar aos cofres públicos a título de tributo (imposto devido) abate-se o valor do imposto incidente nas etapas anteriores, resultando no valor do imposto a ser pago em pecúnia (imposto a recolher). Nessa ótica fica claro que, na

---

401. Cuidando da não-cumulatividade para o ICMS, Roque Antonio Carrazza salienta o seguinte: "A Constituição, ao aludir à 'compensação', consagrou a ideia que a quantia a ser desembolsada pelo contribuinte a título de ICMS é o *resultado* de uma subtração em que o *minuendo é o montante de imposto devido e o subtraendo é o montante de imposto anteriormente cobrado. O realizador da operação ou prestação tem o direito constitucional subjetivo de abater do montante de ICMS a recolher os valores cobrados* (na acepção acima fixada), a esse título, nas operações ou prestações anteriores. O contribuinte, se for o caso, apenas recolhe, em dinheiro, aos cofres públicos, a *diferença* resultante desta operação matemática". *ICMS.* 17. ed. São Paulo: Malheiros, 2015, p. 448 (com destaques no original). Sobre a não-cumulatividade do antigo ICM, vide Alcides Jorge Costa. *ICM na Constituição e na lei complementar.* São Paulo: Resenha Tributária, 1978, p. 149. E também: CANTO, Gilberto de Ulhôa. "ICM – não-cumulatividade – abatimento constitucional". *Revista de direito tributário* nº 29-30, p. 197/208.

não-cumulatividade do IPI e do ICMS, as operações anteriores geram créditos nas operações subsequentes, e mais, que o contribuinte pode utilizar esses créditos para deduzir de seus débitos. Em poucas palavras: os créditos gerados pelos tributos incidentes nas operações anteriores de terceiros servem como forma de pagamento para as operações próprias.[402]

Se assim se passa com o IPI e o ICMS, para o PIS e a COFINS o cenário é um pouco diferente. Isso porque, em relação às contribuições, *o constituinte não disciplinou claramente o modelo não-cumulativo;* de acordo com o art. 195, § 12, da Constituição Federal, cabe à lei definir os "setores da atividade econômica" em torno dos quais PIS e COFINS seguirão a não-cumulatividade.

Eis uma intrincada questão, que demanda do intérprete uma tomada de posição firme, não podendo prosseguir seu raciocínio sem, antes, respondê-la: *trata-se de desvendar se, à míngua de preceito explícito, a sistemática da não-cumulatividade para contribuições deveria ou não seguir o mesmo modelo tipificado para os impostos.* O problema que se coloca é que o art. 195, § 12, da Carta Constitucional não determinou que a não-cumulatividade para contribuições deve ser instituída de acordo com um mecanismo de geração de créditos a partir dos *tributos incidentes* na etapa anterior da cadeia produtiva. Logo, é preciso saber se a lei seria livre para veicular um outro modelo de não-cumulatividade ou, então, se deveria reproduzir aquela sistemática já existente. Como a legislação, ao tratar da não-cumulatividade para PIS e COFINS, não espelhou o mesmo engenho aplicável para o IPI e o ICMS, esse se torna um ponto de sobrelevo, pois ou se admite a validade do novel modelo ou, ao revés, se o tem por absolutamente inconstitucional.

---

402. É por isso que, em franca análise, não é correto dizer que IPI e ICMS são "impostos sobre valor agregado", como o IVA europeu, porquanto não são calculados apenas sobre o valor acrescido à mercadoria em determinada etapa da cadeia produtiva. A base de cálculo é a quantia total da venda, e não apenas seu valor agregado. A única diferença é que se autoriza a dedução dos tributos incidentes nas fases anteriores.

Apesar de que era possível ao legislador seguir o mesmo mecanismo, *nada impedia a adoção de outra sistemática de não-cumulatividade para contribuições*. E foi exatamente isso o que ocorreu. Com efeito, a não-cumulatividade veiculada para o PIS e a COFINS não é a mesma sistemática não-cumulativa do IPI e do ICMS. Nisso nada há de errado, porque a Constituição não vinculou a aplicação do mesmo mecanismo capitulado nos arts. 153, § 3º, II, e 155, § 2º, I, ao disposto no art. 195, § 12. O que verdadeiramente importa não é se a *sistemática* é a mesma, mas sim se a *finalidade* buscada com essa técnica foi alcançada.

Perceba-se que a não-cumulatividade em si mesma considerada, enquanto técnica de apuração de tributos, não chega a alcançar o posto de um princípio, pois princípio é um mandamento que se espalha por todo o sistema jurídico e, por isso mesmo, é abrangente.[403] Não é isso o que se dá com a não-cumulatividade. A não-cumulatividade nada mais é do que uma fórmula para se quantificar o valor a ser recolhido para determinados tributos, com o escopo de tornar palpável o comando constitucional da Justiça Fiscal, essa sim um princípio, esmiuçada por intermédio da capacidade contributiva e do não-confisco. Por isso é que se pode dizer que a não-cumulatividade é um limite-objetivo, e não um princípio – ao menos não na acepção clássica.[404]

Portanto, a não-cumulatividade de PIS/COFINS não necessitava, por inferência constitucional, seguir o mesmo modelo da não-cumulatividade do IPI e do ICMS – apesar de que, é preciso reconhecer, nada impedia também que a sistemática fosse a mesma. *O que interessa verificar é se o objetivo*

403. V. BANDEIRA DE MELLO, Celso Antônio. *Curso de direito administrativo*. 32. ed. São Paulo: Malheiros, 2015, p. 986.

404. Limite-objetivo é uma regra que visa a implantar um princípio. De acordo com Paulo de Barros Carvalho, "os 'limites objetivos' são postos para atingir certas metas, certos fins. Estes, sim, assumem o porte de valores. Aqueles limites não são valores, se os considerarmos em si mesmos, mas voltam-se para realizar valores, de forma indireta, mediata". *Curso de direito tributário*. 32. ed. São Paulo: Noeses, 2022, p. 164.

buscado com a não-cumulatividade foi ou não respeitado pelo legislador. A falta de um preceito constitucional no sentido de se "compensar o montante devido nas operações anteriores", tal qual existe para os impostos, solidifica a conclusão de que, para as contribuições, o modelo poderia ser diferente.

Não havia óbices para que o legislador, à semelhança do engenho dos impostos, permitisse a dedução das contribuições incidentes na fase anterior da cadeia produtiva, destacadas na nota fiscal, com os valores devidos na operação própria. O PIS e a COFINS gerados em certa etapa do processo dariam créditos a serem abatidos nas etapas seguintes. Contudo, o legislador não estava obrigado a instituir a mesma sistemática não-cumulativa em relação às contribuições, pois, insista-se, não há exigência constitucional nesse sentido. E tanto assim que não o fez. Por isso que não é correto importar toda a doutrina e a jurisprudência sedimentadas à luz da não-cumulatividade do IPI e do ICMS, sem que se façam os ajustes necessários, para compreender a não-cumulatividade de PIS e de COFINS, tendo em vista que o modelo prescritivo é diferente.

É preciso deixar bem claro, entretanto, o seguinte: *apesar de não estar vinculado à mesma sistemática, o legislador, ao introduzir para as contribuições um novo modelo não-cumulativo, não poderia, como fez, restringir créditos.* Quando assim age, o legislador está a criar, sob o manto de não-cumulativo, um sistema "meio-cumulativo", em afronta ao ordenamento constitucional. E, como bem esclarece Aires Barreto, isso é o mesmo que veicular um sistema parcialmente cumulativo.[405]

A partir do momento em que a sistemática desenhada pela lei não se amolda ao arcabouço constitucional, esse modelo, evidentemente, desborda dos limites da competência legislativa e, pois, não se sustenta. Afirmar que o legislador poderia adotar um outro mecanismo de não-cumulatividade, tendo em vista a falta de prescrição constitucional explícita

---

405. "A nova COFINS: primeiros apontamentos". *Revista dialética de direito tributário* nº 103, p. 09.

quanto à imposição da mesma estrutura, não quer dizer que o legislador era livre para, a seu bel-prazer, construir um sistema que não é verdadeiramente não-cumulativo. O desejo da Constituição é que as contribuições sejam não-cumulativas; vai daí que a lei, em nome da não-cumulatividade, não poderia, como ocorreu, restringir créditos, dado que a ordem do poder reformador foi outra. Só há efetiva desoneração da cadeia produtiva quando há real não-cumulatividade.

Muito embora em relação à *sistemática* o legislador pudesse seguir outro modelo não-cumulativo, quanto ao *alcance* desse mecanismo não havia margem de liberdade à lei, haja vista que a *finalidade* dessa técnica de apuração ordenada constitucionalmente haveria de ser respeitada. O constituinte derivado conferiu à lei a tarefa de apenas *definir os setores da atividade econômica* para os quais as contribuições seriam não-cumulativas, de maneira que, uma vez criado na lei o novo regime, no mesmo diploma normativo deveriam ser elencados os setores para os quais essa técnica seria aplicável.

Insista-se que o art. 195, § 12, da Carta Constitucional deferiu à lei a restrita tarefa de definir a quais setores da atividade econômica seria aplicável a não-cumulatividade. Logo, tanto quanto introduzida a sistemática não-cumulativa – que até poderia ser diferenciada, como se viu – caberia ao legislador estabelecer os setores da economia que deveriam se submeter às novas regras, mas desde que observasse as peculiaridades de cada setor, em prol do tratamento isonômico, baluarte do regime republicano. Qualquer outra prescrição que fuja desse cenário desborda das fronteiras constitucionais, não tendo, por isso mesmo, alicerce:

> *Setor da atividade econômica, aqui, indica uma abrangência considerável, na medida em que significa uma delimitação de determinada atividade produtora de riquezas, segundo as características que a aproximam. Assim, se poderia imaginar o setor elétrico, setor de telecomunicações, setor siderúrgico, setor petroquímico, setor atacadista, setor varejista, setor da agricultura ou setor da pecuária, dentre inúmeros outros. Reafirme-se que – com a licença dos economistas – a linguagem utilizada denota claramente*

> *que* não basta selecionar certas atividades econômicas (microssistema) para impingir a não-cumulatividade criada, é preciso mais, é necessário organizá-las em grupos consoante os setores a que pertençam (macrossistema), para, aí sim, impor o novo mecanismo.
>
> *O que não se pode admitir é a seleção acriteriosa de setores da atividade econômica, sem que sejam respeitadas suas especificidades, e o que é pior, a prescrição de regimes jurídicos dentro de um mesmo setor da atividade econômica de maneira discriminatória – eis as balizas que devem ser respeitadas pelo legislador nesse tema, sob pena de insuperável inconstitucionalidade.*[406]

De fato, o campo de atuação do legislador era muito claro: caberia à lei "definir os setores da atividade econômica para os quais as contribuições serão não-cumulativas". Não era outra a tarefa a ser realizada. Ao cuidar do tema, não poderia a lei descurar de definir esses setores, obviamente que no contexto da isonomia. Não foi isso, todavia, o que se deu.

5.3.2 A sistemática não-cumulativa eleita pelo legislador ordinário: incompatibilidade com seu fundamento de validade

Apesar da clarividência da mensagem prescritiva de índole constitucional, o legislador arvorou-se em ousar desrespeitar o mandamento superior, afastando-se da missão que lhe fora confiada. Em vez de simplesmente "definir os setores da atividade econômica" que ficariam submetidos à novel não-cumulatividade do PIS e da COFINS, a lei elegeu fator de discrímen que não se compatibiliza com seu fundamento de validade.

Com efeito, o elemento diferenciador escolhido pela lei para definir quais contribuintes seguiriam no regime cumulativo e quais migrariam para o novo modelo não-cumulativo

406. LOUBET, Leonardo Furtado. "Não-cumulatividade de PIS/COFINS e restrições de créditos na atividade rural". *Fundamentos do PIS e da COFINS e o regime jurídico da não-cumulatividade.* Coord. Samuel Carvalho Gaudêncio e Marcelo Magalhães Peixoto. São Paulo: MP Editora, 2007, p. 319/320 (com destaques no original).

tomou por base *a forma de apuração do imposto sobre a renda:* se pelo lucro real ou pelo lucro presumido. É isso o que se depreende dos arts. 8º e 10 das Leis Federais nºs. 10.637/02 e 10.833/03, respectivamente. Não foi somente esse o critério eleito, mas esse foi o principal, pela abrangência que possui.[407]

Ora, diante dessas singelas palavras, parece inequívoco que o critério adotado pela lei para distinguir os sistemas cumulativo e não-cumulativo não encontra amparo na Constituição da República. O que ordenou o constituinte foi que se definissem quais os setores da atividade econômica que deveriam se submeter à não-cumulatividade; em vez de observar a determinação constitucional, a lei elencou como fator preponderante o regime de apuração do imposto sobre a renda, que não tem nada que ver, a toda evidência, com o único critério de distinção aceito pelo constituinte: o "setor da atividade econômica".

Isso significa que a lei não distinguiu os setores da atividade econômica que deveriam se submeter à não-cumulatividade do PIS e da COFINS. Pelo contrário, *as Leis Federais nºs. 10.637/02 e 10.833/03 acabaram por adotar como regra geral a nova sistemática não-cumulativa,* deturpando a determinação constitucional e excluindo apenas alguns contribuintes a partir de critérios desarrazoados, como o regime de apuração do imposto sobre a renda, a inclusão ou não no Simples e algumas atividades econômicas – e não setores da atividade econômica. Esse modelo não se ajusta ao ordenamento superior. Nesse contexto, a incompatibilidade da lei com as normas superiores que deveriam lhe servir de esteio fica evidenciada, sobretudo porque o fator de discrímen prescrito pelo legislador, a saber, a forma de apuração do IR, não espelha os "setores da atividade econômica", como previsto na Carta da República.

---

407. Os outros critérios, como as pessoas jurídicas optantes do Simples, as prestadoras de serviços de telecomunicações e as prestadoras de serviços de transporte coletivo rodoviário, metroviário, ferroviário e aquaviário de passageiros, dentre outras, escapam ao objeto de análise desta pesquisa.

Mas, os desatinos do político não pararam por aí. Com efeito, sobre eleger critério diferenciador sem amparo na Constituição Federal, o próprio mecanismo "não-cumulativo" criado pela lei não é tão "não-cumulativo" assim. Noutras palavras, malgrado até fosse livre o legislador para imaginar uma outra sistemática, a verdade é que esse novo modelo deveria ser, efetivamente, "não-cumulativo", sem restrição de créditos, pois é isso que a mensagem constitucional estava a indicar. Não foi o que ocorreu, todavia.

Os arts. 1º, 2º e 3º das Leis Federais nºs. 10.637/02 e 10.833/03, com suas alterações, prescrevem em relação ao PIS e à COFINS, respectivamente, que a hipótese de incidência desses tributos é auferir receita, cuja base de cálculo é a receita auferida, sobre a qual incidirá uma alíquota de 1,65% para o PIS e de 7,6% para a COFINS, salvo as exceções devidamente previstas na própria legislação.[408]

O móvel que norteia a não-cumulatividade para o PIS e a COFINS é que, apurado o *quantum debeatur*, a lei autoriza o contribuinte a deduzir alguns créditos, alcançando-se, enfim, o valor a recolher. Até aqui, não há diferença alguma em relação à não-cumulatividade do IPI e do ICMS. O que diferencia ambos os mecanismos é que os créditos previstos pela lei não estão ligados diretamente à operação em cadeia, ou seja, às contribuições recolhidas nas etapas anteriores, *mas sim aos insumos consumidos pelo próprio contribuinte na realização daquela receita.*

O art. 3º da Lei Federal nº 10.637/02, para o PIS, e o art. 3º da Lei Federal nº 10.833/03, para a COFINS, trazem consigo um rol de itens que geram créditos, como energia elétrica; máquinas, equipamentos e outros bens incorporados ao ativo imobilizado; aluguéis de prédios; *e, de maneira vaga, bens e serviços utilizados como insumo na prestação de serviços e na produção ou fabricação de bens ou produtos destinados à venda,* dentre outros. Note-se que *o que gera crédito não são o PIS e a COFINS recolhidos na etapa anterior da cadeia produtiva,*

408. Cujo exame detalhado não é objeto deste estudo.

como se dá com o IPI e o ICMS, mas sim algumas rubricas consumidas ou utilizadas pelo próprio contribuinte.

A lei estabelece que o valor do crédito será apurado mediante a aplicação das alíquotas dos tributos (1,65% para o PIS e 7,6% para a COFINS) sobre o montante daqueles itens previstos na legislação. Por exemplo, da quantia consumida constante na sua fatura de energia elétrica o sujeito passivo pode aplicar os percentuais de 1,65% e 7,6% e descontar os valores encontrados da importância a recolher de PIS e COFINS, respectivamente. Assim, fica claro que a não-cumulatividade de PIS/COFINS não tem os mesmos contornos daquela existente para o IPI e o para ICMS. O único ponto que as aproxima é a possibilidade de abater créditos.

Ao passo que no IPI e no ICMS o crédito é gerado a partir do tributo incidente sobre a operação em cadeia, na sistemática prevista para o PIS e para a COFINS o crédito é calculado não pelo *tributo* incidente sobre o item que gerou o crédito (como a energia elétrica), mas sim na aplicação da alíquota que incidirá sobre a operação própria do contribuinte, apurada sobre o *valor do insumo* que propiciou o creditamento – *e não sobre o valor das contribuições incidentes sobre aquele insumo*. Esse mecanismo é similar à não-cumulatividade do IPI e do ICMS, com a distinção de que, em vez de tomar o crédito a partir do tributo devido na etapa anterior, o cálculo do crédito é realizado a partir do valor do insumo, sobre o qual é aplicada a alíquota a que se sujeita para as contribuições.[409]

Por isso que se pode dizer que a sistemática não-cumulativa de PIS e de COFINS, ao contrário do que se passa no IPI

---

409. Esse mecanismo não é de todo criticável, podendo ser enxergado até como um avanço, porquanto afasta o controle burocrático existente para o aproveitamento de créditos, como a organização rigorosa de notas fiscais, a correta escrituração de livros de entrada e saída, além do atendimento a inúmeras outras "obrigações acessórias", o que, se não cumprido, pode levar à glosa dos créditos pela fiscalização. Entretanto, o cálculo dos créditos é problemático quando as alíquotas dos itens que dão direito ao crédito e as alíquotas às quais se submete o contribuinte não são uniformes, como acontece para algumas atividades econômicas.

e no ICMS, é extrínseca à regra-matriz de incidência dessas contribuições:

> *Daí uma afirmação que assume ares de irrefutabilidade:* a não-cumulatividade do IPI e do ICMS está ligada à hipótese de incidência desses impostos, ao passo que a não-cumulatividade de PIS e de Cofins não tem relação direta com suas respectivas hipóteses normativas. *Se a hipótese de incidência do ICMS na vertente que regula as operações relativas à circulação de mercadorias, à guisa de ilustração, é "vender mercadorias", o fato de alguém realizar a hipótese de incidência (vender esses produtos) gerará crédito a um terceiro, no caso, o adquirente. No entanto, o fato de o contribuinte ter uma despesa, como "pagar aluguel" (que é um dos fatos geradores de crédito de PIS/Cofins), não guarda implicação umbilical com "auferir receita", que é a hipótese de incidência dessas contribuições.*
>
> (...)
>
> *Assim, se o critério material da regra-matriz de incidência tributária do ICMS-mercadorias é "vender mercadorias", a regra-matriz do direito ao crédito indica que seu critério material é "adquirir mercadorias" (relação assimétrica). No PIS e na Cofins, todavia, na forma como o legislador disciplinou o assunto, o critério material da regra-matriz de incidência dessas contribuições (auferir receita) não tem ligação direta com o critério material da regra--matriz do direito ao crédito (consumir energia elétrica, adquirir equipamentos, pagar aluguel etc.) – donde se realça a distinção entre os dois sistemas. É bem verdade que se pode intuir que esses itens geradores de créditos previstos pelo legislador concorrem para a realização de uma receita, mas não se pode afirmar que a mera aquisição de uma máquina, por exemplo, foi o motivo preponderante de um bom resultado financeiro.*[410]

410. LOUBET, Leonardo Furtado. "Não-cumulatividade de PIS/COFINS e restrições de créditos na atividade rural". *Fundamentos do PIS e da COFINS e o regime jurídico da não-cumulatividade.* Coord. Samuel Carvalho Gaudêncio e Marcelo Magalhães Peixoto. São Paulo: MP Editora, 2007, p. 321/322 (com destaques no original). Vale lembrar que relação assimétrica é aquela em que a inversão dos termos da relação não implica no mesmo resultado, pois a relação original e sua conversa não são as mesmas. Afirmar que "A" é credor de "B" não é o mesmo que dizer que "B" é credor de "A". Nessa hipótese, "B" é devedor de "A". Vide a esse respeito CARVALHO, Paulo de Barros. *Direito tributário, linguagem e método.* 8. ed. São Paulo: Noeses, 2021, p. 110.

Agora, ainda que o legislador quisesse adotar uma sistemática distinta a título de não-cumulatividade – como acabou por fazer – isso não lhe conferia um salvo-conduto para, a pretexto de instituir um novo modelo não-cumulativo, criar um sistema que não tem, em verdade, essa força. Noutras palavras, para que esse mecanismo fosse, de fato, não-cumulativo, *todas as rubricas que levam à realização de receita das pessoas jurídicas deveriam estar contempladas no rol dos itens geradores de créditos,* mas não estão.

Foi tímida a atitude do legislador em tentar impedir a repercussão econômica do PIS e da COFINS na realização da receita do contribuinte. Apesar de a legislação estabelecer que não confere direito ao crédito o valor da aquisição de bens ou serviços não alcançados pela incidência dessas contribuições (pois se não há incidência de PIS/COFINS, então não haveria que se falar em créditos) e que os créditos aplicam-se apenas quanto aos bens e serviços adquiridos de pessoas jurídicas domiciliadas no País (tendo em vista que só elas estão sujeitas a essas exações), como se depreende do art. 3º, § 2º, II, e § 3º, I, das Leis Federais nºs. 10.637/02 e 10.833/03, com a redação dada pela Lei Federal nº 10.865/04, a verdade é que há inúmeros outros insumos que não foram incluídos e que deveriam sê-lo.

Afinal, o mandamento constitucional foi no sentido de que essas contribuições deveriam ser "não-cumulativas". *E um tributo ser "não-cumulativo" significa que na sua composição final não pode estar incluído esse mesmo tributo, direta ou indiretamente.* À lei compete a tarefa de criar mecanismos para que o anseio constitucional seja respeitado. Porém, a legislação de regência não permitiu o integral abatimento dos créditos de todas as despesas que concorrem para a realização de receitas dos contribuintes, resvalando, nesse ponto, para o terreno da inconstitucionalidade, *sobretudo diante da majoração das alíquotas.* A título de ilustração podem ser citadas as despesas com telefonia, que não autorizam o creditamento, mas que, obviamente, viabilizam a realização de receitas das empresas, notadamente nos dias atuais, em que a comunicação célere é tão importante. Ninguém há de negar que esse tipo de despesa compõe o conjunto de insumos (em sentido amplo) para que a receita seja auferida.

Esse é apenas um dos inúmeros exemplos que poderiam ser citados. É o que basta para atestar que nem todas as despesas que permitem a obtenção de receitas pelas empresas foram incluídas na listagem da lei como hábeis a gerarem créditos. E, nessa medida, o PIS e a COFINS, que, de acordo com a Constituição, deveriam ser "não-cumulativos", tornam-se "meio-cumulativos" ou parcialmente cumulativos. A circunstância de a Constituição Federal não detalhar, claramente, qual seria a fórmula a ser aplicada para a não-cumulatividade do PIS e da COFINS não autorizava o legislador, ao veiculá-la, a restringir créditos, adotando, assim, uma não-cumulatividade incompleta, capenga, mitigada, que não autoriza o integral abatimento dos créditos de todas as despesas que comportam a obtenção de receitas. Se o intuito era evitar a repercussão de PIS/COFINS sobre os insumos adquiridos e demais operações praticadas pelo sujeito passivo, parece claro que esse objetivo não foi atendido, ao menos não em sua totalidade.

Portanto, seja porque o critério diferenciador escolhido pelo legislador, a saber, a forma de apuração do imposto sobre a renda, é incompatível com o art. 195, § 12, da Carta da República, que determina que a distinção só seria válida a partir dos "setores da atividade econômica"; seja porque a nova sistemática criada não é, verdadeiramente, não-cumulativa, pois não contempla todos os itens que levam à obtenção de receitas, restringindo, com isso, a tomada de créditos, a conclusão é uma só: apesar de que até estava autorizada a instituir um novo modelo, a não-cumulatividade introduzida pela legislação para o PIS e para a COFINS não é compatível com o ordenamento constitucional.

5.4 O PIS e a COFINS não-cumulativos e o agronegócio

Até aqui se procurou demonstrar que a sistemática não-cumulativa do PIS e da COFINS apresenta uma série de problemas. E todos eles são sentidos pelo segmento do agronegócio.

Uma vez que a atividade rural integra parcela considerável da economia brasileira, em sendo constatados esses vícios na composição do mecanismo, evidentemente que tais defeitos repercutem negativamente também no âmbito do agronegócio.

Aliás, especificamente em relação à atividade rural, o legislador deveria redobrar sua atenção. É que boa parte – para não dizer a imensa parte – dos insumos adquiridos das pessoas jurídicas do agronegócio advém de pessoas físicas, seja na agricultura, seja na pecuária. Vai daí que a lei não poderia, ao mesmo tempo, aplicar para esses contribuintes o novo modelo, cujas alíquotas são maiores, e tolher-lhes os créditos. Sob essa perspectiva, o sistema não-cumulativo, que deveria resultar em diminuição de carga tributária, acaba por acarretar o efeito contrário.

Traçado esse cenário, é o caso, então, de se investigar de que maneira as prescrições legais que disciplinam a não-cumulatividade de PIS/COFINS irradiam seus efeitos em face das atividades do agronegócio.

5.4.1 A cláusula "setor da atividade econômica" prevista constitucionalmente e a não-cumulatividade de contribuições sobre operações do agronegócio

O critério eleito pelo legislador para separar os contribuintes que se submetem e os que não se sujeitam à não-cumulatividade de PIS/COFINS, como se viu anteriormente, foi a apuração ou não do imposto sobre a renda pelo regime do lucro real. É isso o que estabelecem os arts. 8º e 10 das Leis Federais nºs. 10.637/02 e 10.833/03, com suas redações atuais. Desse modo, os contribuintes que se dedicam ao agronegócio e que, por um motivo ou outro – inclusive por determinação legal, para as empresas que ultrapassam as faixas de faturamento previstas na legislação – apurem seu IRPJ pelo lucro real enquadrar-se-ão, automaticamente, no sistema não-cumulativo dessas contribuições.

É exatamente aqui que vem à tona, com toda sua evidência, a absoluta impropriedade do critério escolhido pela lei para divisar os contribuintes sujeitos ao novo modelo. Ora, a Constituição Federal *impôs* à lei a tarefa de "definir os setores da atividade econômica" para os quais as contribuições seriam não-cumulativas. No entanto, em vez de seguir o mandamento constitucional, preferiu o legislador prever, genericamente, que todo aquele que apurar seu IRPJ pelo lucro real estará, *ipso facto,* submetido à não-cumulatividade de PIS/COFINS.

Não se preocupou o legislador com as peculiaridades dos setores da atividade econômica para decidir se a eles seriam ou não aplicáveis as novas regras. *Em relação ao agronegócio, essa distorção é ainda mais acentuada.* É que essas empresas atuam no setor primário, no qual a maioria dos produtos advém de pessoas físicas. Desse modo, como a lei veda a tomada de créditos de insumos adquiridos de pessoas físicas, há indisfarçável aumento de carga tributária para as pessoas jurídicas do agronegócio, pois as alíquotas do sistema não-cumulativo (de 1,65% para o PIS e de 7,6% para a COFINS) são bem maiores do que as do regime cumulativo (de 0,65% e 3%, respectivamente).[411]

Apenas para ilustrar essa situação, basta notar que se um frigorífico ou uma empresa comercializadora de soja adquirir gado de um pecuarista ou grãos de um agricultor e, se, porventura, a sistemática de apuração do IRPJ dessas empresas pautar-se pelo lucro real, então estarão compelidas, de um lado, ao modelo não-cumulativo de PIS e de COFINS, cujas

---

411. Bem adverte Fabiana Del Padre Tomé que "para a implementação dessa forma especial de tributação, exige a edição de lei, a qual deve indicar os setores da atividade econômica a ela sujeitos. Ao fazê-lo, o legislador infraconstitucional não tem liberdade irrestrita. Deve primar pela observância dos princípios magnos que regem todo o ordenamento jurídico, como é o caso da isonomia tributária. Logo, ao eleger alguns setores para fins de aplicação da não-cumulatividade, dela ficando excluídas outras atividades econômicas, imprescindível que tal seleção acarrete ônus tributário proporcional à condição econômica de cada contribuinte, respeitando-se as diversidades existentes nas cadeias produtivas dos vários setores. Tudo, visando ao tratamento igualitário dos contribuintes que se encontrem em situação financeira equivalente, sem onerá-los de forma diferenciada em razão da ocupação profissional ou função por eles exercida, nos exatos termos preceituados pelo art. 150, II, da Constituição Federal". "Contribuições para a Seguridade Social incidentes sobre o faturamento e o lucro". *Curso de iniciação em direito tributário.* Coord. Aires F. Barreto e Eduardo Domingos Bottallo. São Paulo: Dialética, 2004, p. 203.

alíquotas são mais penosas, sendo-lhes vedados, de outro, os créditos dos insumos adquiridos, porque, em tese, não há incidência desses tributos sobre as pessoas físicas.

Como o pressuposto lógico-jurídico de qualquer sistemática não-cumulativa é a diminuição da carga tributária, e não seu aumento, das duas, uma: *ou o legislador exclui de plano as pessoas jurídicas do agronegócio desse mecanismo ou se lhes assegura o direito à integral tomada de créditos dos tributos incidentes, ainda que indiretamente, ao longo da cadeia produtiva.* O que não pode é admitir a sujeição desses contribuintes ao novo sistema e, paradoxalmente, negar-lhes os créditos respectivos.

Esse último aspecto levantado merece algumas considerações adicionais. Realmente, as operações realizadas pelas pessoas físicas não estão sujeitas às contribuições sociais ao PIS e à COFINS. Agora, quando o tema tratado gira em torno da não-cumulatividade, o raciocínio não pode ser assim tão simplório, o horizonte de análise não pode ser tão reduzido. A finalidade, a meta a ser alcançada com a não-cumulatividade é o afastamento dos tributos que repercutem economicamente na cadeia produtiva.

Isso significa reconhecer que muito embora na operação isoladamente considerada entre o produtor rural e a empresa adquirente não haja incidência de PIS/COFINS, nos insumos adquiridos pelo produtor rural, porque oriundos de outras pessoas jurídicas, esses tributos repercutiram. E se repercutiram nos insumos adquiridos pelo produtor rural, esses tributos estarão embutidos no *custo* de sua produção. Quando o produtor vende sua produção à empresa adquirente (frigorífico, armazéns etc.), haverá, pois, a transferência econômica dessas contribuições, justamente o que a não-cumulatividade visa a combater.

Melhor esclarecendo, o agricultor, para produzir, adquire uma série de insumos, como adubos, defensivos agrícolas, sementes e máquinas. O pecuarista também adquire insumos, como vacinas, rações e implementos agrícolas. Em todos esses insumos *adquiridos* pelos produtores rurais há incidência de PIS/COFINS, porque a operação de venda de uma pessoa jurídica para uma pessoa física é suscetível de ser gravada pela tributação. Para o produtor rural, o valor de aquisição daqueles insumos é custo de produção. Mas, nesse valor estarão incluídas as contribuições que o vendedor dos insumos as embutiu no preço da mercadoria alienada ao produtor. Ao calcular seu preço de venda (de soja, de milho, do boi etc.), o produtor leva em conta os custos de sua produção, nos quais estão englobadas, ainda que não saiba, as contribuições sociais.

Portanto, se a lei não garantir às empresas do agronegócio adquirentes de mercadorias de pessoas físicas a tomada de créditos, haverá repercussão econômica do PIS e da COFINS gerados nas operações de aquisição dos inúmeros insumos utilizados pelo produtor rural, mesmo que indireta. *Na prática, os tributos devidos pelos revendedores de insumos repercutirão nos produtos agropecuários adquiridos.* E, com isso, o sistema, que deveria ser não-cumulativo, torna-se cumulativo, ainda que parcialmente.

É levando-se em conta essa realidade incontornável que se pode dizer que o fato de existir uma pessoa física no meio da cadeia produtiva em nada pode prejudicar a não-cumulatividade. Se o legislador não admitir isso e não garantir os créditos, esse mecanismo deixa de ser não-cumulativo, perdendo seu fundamento de validade, sobretudo no que pertine ao agronegócio, em que a maioria da produção, reitere-se, é adquirida de pessoas físicas. Logo, não é compatível com a Constituição Federal qualquer dispositivo legal que submeta uma pessoa jurídica do agronegócio à apuração de PIS/COFINS pelo sistema não-cumulativo se não lhe é assegurado o direito ao abatimento dos créditos, mesmo que advindo de pessoas físicas.

Isso só vem a denunciar que o fator de discrímen eleito pelo legislador, a saber, a forma de apuração do IRPJ, não encontra respaldo na Constituição, notadamente para as sociedades agropecuárias. A segregação *dentro de um mesmo setor da atividade econômica*, variando apenas de acordo com a sistemática do IRPJ, desconsidera a pujança da insuperável realidade fática desse segmento, punindo as empresas que calculam seu imposto pelo lucro real. A lei faz pouco caso dos postulados isonômicos e da própria competência dada a ela pela Constituição, cujo norte deveria ter por parâmetro a definição de "blocos econômicos" sobre os quais seriam exigíveis as contribuições na nova formatação, jamais a distinção pela forma de apuração do IRPJ.

E nem se argumente que a submissão à não-cumulatividade de PIS/COFINS seria uma "opção" para o contribuinte, que a teria por boa, se para ele fosse conveniente, ou a rejeitaria por má, se contrária a seus interesses. Isso porque a legislação do imposto sobre a renda *obriga* que as empresas que ultrapassarem determinada faixa de faturamento – inclusive, portanto, as agropecuárias – façam a apuração pelo lucro real. Em consequência, essas empresas estarão automaticamente submetidas ao novo modelo não-cumulativo de contribuições. Destarte, de "opcional" nada tem.

Por outro lado, mesmo para aquelas empresas que não estejam compulsoriamente sujeitas ao regime de apuração do IRPJ pelo lucro real, as ideias aqui defendidas em nada ficam prejudicadas. É que lei alguma pode compelir o contribuinte a alterar o sistema de apuração de seu imposto por força de um outro tributo. Esse é um direito do contribuinte, que pode escolher a qual forma de apuração irá aderir.

A distinção do regime de apuração de determinado tributo (PIS/COFINS), que leva em conta a apuração de outro (IRPJ), pois, não é um critério válido para se distinguir as sociedades agropecuárias, em especial porque *todas elas integram uma mesma atividade econômica.*

5.4.2 Os contribuintes desse segmento econômico sujeitos ao regime não-cumulativo e a agravante das cooperativas agropecuárias: inconstitucionalidade do fator de discrímen

As pessoas jurídicas que exploram a atividade rural estão submetidas, como as demais, às contribuições sociais que recaem sobre o faturamento ou a receita. Nisso, não há novidade alguma. Se assim se passa com as pessoas jurídicas em geral, com as cooperativas é diferente. É que essas pessoas jurídicas não têm por pressuposto auferir lucro. Trata-se de entidade de caráter eminentemente instrumental, que está aí para servir os associados, *justamente porque a cooperativa nada mais é do que uma reunião de pessoas em prol de um objetivo comum, sem intuito de lucro.*

Em sendo assim, porque a cooperativa se apresenta como uma espécie de intermediária entre o associado e o adquirente das mercadorias, ela própria não tem por objetivo o lucro e nem, muito menos, "fatura", na acepção de ter para si as riquezas. Por isso que sobre as cooperativas é descabida a exigência de contribuições sobre o faturamento ou a receita bruta.[412]

Mas, o objetivo principal deste trecho não é demonstrar a não-incidência das cooperativas em relação às contribuições. Isso já foi feito pela melhor doutrina. O aspecto problemático a ser destacado, de acordo com o que se viu, diz respeito ao mecanismo não-cumulativo do PIS e da COFINS, que segrega os contribuintes conforme o regime de apuração do IRPJ e que não assegura o integral abatimento dos créditos.

Se não bastassem essas inconsistências da legislação em face das pessoas jurídicas em geral, no caso das cooperativas agropecuárias o cenário é ainda mais preocupante. É que para as demais pessoas jurídicas, até se poderia imaginar, em uma perspectiva bem remota e frágil, que o modelo não-cumulativo de contribuições sociais seria uma "opção" para o contribuinte – o que não condiz com a realidade e nem é sustentável juridicamente, em conformidade com as considerações anteriormente declinadas. Porém, para as cooperativas agropecuárias, nem mesmo essa "opção" o legislador deixou: essas pessoas jurídicas estão compulsoriamente atreladas ao novo regime.

412. Vide a esse respeito CARVALHO, Paulo de Barros. *Direito tributário, linguagem e método*. 8. ed. São Paulo: Noeses, 2021, p. 855/861.

Com efeito, as cooperativas não estão sujeitas ao imposto sobre a renda, tendo em vista que não visam ao lucro, como já visto no Capítulo II deste trabalho. Não realizam, portanto, o fato jurídico tributário descrito na hipótese de incidência desse imposto, ao menos não quanto aos atos típicos (atos cooperativos). Destarte, o insustentável critério "forma de apuração do IRPJ" não poderia ser utilizado para as cooperativas.

A solução encontrada pelo legislador, diante desse impasse, foi muito simples, mas, ao mesmo tempo, extremamente arbitrária: enquadrou as sociedades cooperativas agropecuárias, a uma penada, no sistema não-cumulativo do PIS e da COFINS, à míngua de melhor saída. É isso o que se depreende dos arts. 10, VI, e 15, V, da Lei Federal nº 10.833/03, com a redação dada pelas Leis nºs. 10.865/04 e 11.196/05:

> Art. 10. Permanecem sujeitas às normas da legislação da COFINS, vigentes anteriormente a esta Lei, não se lhes aplicando as disposições dos arts. 1º a 8º:
>
> (...)
>
> *VI – sociedades cooperativas,* exceto as de produção agropecuária, *sem prejuízo das deduções de que trata o art. 15 da Medida Provisória nº 2.158-35, de 24 de agosto de 2001, e o art. 17 da Lei nº 10.684, de 30 de maio de 2003, não lhes aplicando as disposições do § 7º do art. 3º das Leis nºs 10.637 de 30 de dezembro de 2002, e 10.833, de 29 de dezembro de 2003, e as de consumo;*
>
> (...)
>
> *Art. 15. Aplica-se à contribuição para o PIS/PASEP não-cumulativa de que trata a Lei nº 10.637, de 30 de dezembro de 2002, o disposto:*
>
> (...)
>
> *V – nos incisos* VI, *IX a XXVII do caput e nos §§ 1º e 2º do art. 10 desta Lei;*
>
> (sem destaques no original)

A transcrição desses enunciados prescritivos provoca algumas reflexões. Em primeiro lugar, a Lei nº 10.637/02 não traz qualquer prescrição específica do PIS em relação às cooperativas agropecuárias. Porém, a Lei nº 10.833/03 dispõe que as cooperativas agropecuárias não permanecerão no sistema cumulativo no que pertine à COFINS (art. 10, VI), prevendo também a aplicação do regime não-cumulativo do PIS em face desses contribuintes (art. 15, V).

Pelo que se pode notar, o legislador excepcionou, claramente, as cooperativas de produção agropecuária na sua disciplina jurídica. Apesar de a lei estatuir que as sociedades cooperativas continuarão submetidas ao regime anterior, isto é, à apuração cumulativa, as cooperativas de produção agropecuária mereceram uma atenção especial do legislador, ao deixar assentado que a permanência no sistema antigo *não se aplica a esse tipo de cooperativa*. Em síntese: pela dicção da lei, as cooperativas agropecuárias, *a contrario sensu*, estarão obrigatoriamente sujeitas à não-cumulatividade de PIS e de COFINS.

Ocorre que não havia o mínimo espaço para que o legislador assim procedesse. A Constituição determinou que a lei definisse os setores da atividade econômica para os quais o PIS e a COFINS seriam não-cumulativos. O legislador não obedeceu. Criou distorções dentro das atividades econômicas, a depender da forma de apuração do IRPJ. E o que é pior: *criou discriminações ainda mais insustentáveis dentro de uma mesma categoria, como a das cooperativas*. Evidentemente, se a lei não poderia introduzir tratamento jurídico diferenciado dentro de um mesmo setor da atividade econômica, com muito menos razão ainda poderia ter agido dessa forma *entre* cooperativas. A todas elas se aplicam os mesmos princípios e todas elas têm a mesma natureza jurídica.

O constituinte, em diversas passagens, deixou registrada sua preocupação com as cooperativas. Não por outro motivo dispôs que a criação de cooperativas independe de autorização do Poder Público, sendo vedada a interferência estatal em seu funcionamento (art. 5º, XVIII); que a lei apoiará e estimulará o cooperativismo e outras formas de associativismo (art. 174, § 2º); que lei complementar se encarregará de dar adequado tratamento tributário ao ato cooperativo praticado pelas sociedades cooperativas (art. 146, III, "c"); dentre outras previsões normativas. No plano infraconstitucional, a Lei nº 5.764/71 estabeleceu que as cooperativas têm por missão institucional atender aos interesses dos cooperados, não tendo cunho lucrativo.

No que diz respeito ao tema em análise, a lei, como não poderia deixar de ser, não fez qualquer distinção entre os modelos cooperativos. Logo, não há justificativa alguma à maneira discriminatória com que o legislador regulamentou essa matéria, ao determinar que as sociedades cooperativas agropecuárias estão submetidas à não-cumulatividade de PIS/COFINS. Pelo contrário, uma interpretação sistemática da Constituição e da própria Lei Federal nº 5.764/71 indicam que as cooperativas merecem um tratamento tributário mais benéfico, sendo certo que entre cooperativas não há distinção alguma; todas elas apresentam o mesmo perfil jurídico.[413]

Portanto, o fator de discrímen adotado pelo legislador para fins de sujeição ao novo regime – simplesmente "ser cooperativa agropecuária" – não tem fundamento constitucional, porquanto esse critério não justifica fim algum pretendido pelo legislador. Ser cooperativa, por si só, ou mesmo ser cooperativa agropecuária não dá esteio à discriminação promovida pela lei. Não é demais recordar que as cooperativas agropecuárias, quanto aos seus atos típicos, não estão sujeitas ao IRPJ. E se pelo simples fato de explorarem a atividade rural forem obrigadas a recolher o PIS e a COFINS na sistemática não-cumulativa, que tem alíquotas mais altas e que tolhe a tomada integral de créditos, haverá inequívoco aumento de carga tributária.

Em conclusão, a falta de critérios do legislador para definir os setores da atividade econômica em torno dos quais PIS e COFINS seriam não-cumulativos só se acentua quando do exame da situação jurídica das cooperativas do agronegócio.

---

413. Nesse sentido: RODRIGUES, Marcelo de Carvalho. "A vedação imposta às cooperativas, na apropriação de crédito presumido de PIS/COFINS na aquisição de insumos de pessoas físicas e cooperados". *Tributação no agronegócio*. Coord. Eduardo de Carvalho Borges. São Paulo: Quartier Latin, 2005, p. 326.

Uma vez que as cooperativas agropecuárias integram uma mesma categoria jurídica – a das cooperativas – a lei não poderia ter imposto o novo sistema a esses contribuintes.

5.4.3 A invalidade de restrições de créditos, sobretudo de insumos adquiridos de pessoas físicas

Para que um sistema seja verdadeiramente "não-cumulativo", de acordo com o que se viu anteriormente, é descabida a ideia de restrição de créditos. Com efeito, é a Carta da República que determina, em homenagem à capacidade contributiva e ao não-confisco, desdobramentos da isonomia, que a apuração dos tributos não-cumulativos assegure o abatimento de créditos. Essa não é uma prerrogativa do Poder Público, uma discricionariedade, como amiúde se pensa; pelo contrário, é decorrência direta do sistema normativo, que impõe aos tributos não-cumulativos a impossibilidade de restrição aos créditos. Por isso que qualquer mecanismo não-cumulativo deve permitir a fruição de créditos. Não interessa a *sistemática* adotada, o que importa é garantir que o *objetivo* seja alcançado. Logo, não basta ser um sistema "não-cumulativo" apenas nominalmente: deve sê-lo na sua essência.

Não é isso o que se dá com a "não-cumulatividade" prevista para o PIS e a COFINS, ao menos não no âmbito do agronegócio. Isso porque, sobre o legislador ter escolhido critério de discrímen que não se sustenta (a forma de apuração do IRPJ), a verdade é que o político foi além, ao expressamente vedar a tomada de créditos dos insumos adquiridos de pessoas físicas. O móvel que norteia os arts. 3º, § 2º, I e II, das Leis Federais nºs. 10.637/02 e 10.833/03, que cuidam do PIS e da COFINS, respectivamente, ao prescreverem que não dará direito ao crédito o valor de mão de obra paga a pessoa física e de aquisição de bens ou serviços não sujeitos ao pagamento das contribuições, é que essas rubricas não seriam alcançadas por esses tributos, de sorte que seria descabido o aproveitamento de créditos nessas circunstâncias.

Ocorre que a questão não é tão simples assim. Isso porque não se pode encarar a circulação econômica com um olhar instantâneo, estático, qual uma fotografia. Noutras palavras, para que não haja repercussão de tributos ao longo da cadeia econômica – essa é a lógica da não-cumulatividade – não basta, a toda evidência, enfocar uma operação isoladamente.

Desse modo, restringir amplamente os créditos àqueles que lidam com o setor primário é o mesmo que aplicar um regime cumulativo, sob a capa de "não-cumulativo". Ninguém há de desconhecer que quase todos os insumos oriundos da atividade rural provêm de pessoas físicas. Vai daí que a vedação ao crédito de insumos adquiridos de pessoas físicas significa inquestionável cumulatividade, *porque sobre os insumos dos produtos gerados por pessoas físicas há incidência de contribuições.*

A esse respeito, reflexões adicionais se impõem, além daquelas já expostas anteriormente. Apesar de o produtor rural pessoa física não ser sujeito passivo das contribuições, em vários insumos de que necessita para produzir, como já salientado, incidem PIS e COFINS, como sementes, defensivos agrícolas, adubos, máquinas, vacinas e rações, isso para não falar dos materiais de embalagem, frete, dentre outros. Desta feita, se bem analisada a questão chega-se à conclusão de que o que há, em verdade, *é uma mera relação intercalar entre a indústria produtora dos insumos de pessoas físicas e a agroindústria adquirente dos produtos gerados por esses produtores, que se situam no meio da cadeia produtiva.*

É equivocado pressupor, pois, que não haveria repercussão alguma de PIS/COFINS nos produtos adquiridos pelas agroindústrias, na medida em que, nada obstante essa não seja uma repercussão direta, é inconcusso que ela ocorre, ainda que disfarçada na composição do custo de produção. A partir da constatação de que as contribuições ao PIS e à COFINS influenciam na composição dos preços dos produtos vendidos pelas pessoas físicas, a proibição de tomada de créditos pelo adquirente configura violação à não-cumulatividade, tal qual ordenada constitucionalmente. E, nessa medida, *a sistemática não atinge seu objetivo,* pelo contrário, leva ao aumento de carga tributária, fazendo pouco caso dos primados da capacidade contributiva e do não-confisco.

O universo do meio rural é formado, em sua maioria, por produtores pessoas físicas. Essa é a massa produtora. Tolher os créditos é aceitar, a ouvidos moucos, a elevação de tributos à margem das normas constitucionais. Nessa situação estão as cerealistas, as empresas comercializadoras de grãos, os frigoríficos, além de outros. A lei não pode ignorar a realidade social sobre a qual paira. Por isso é que se pode dizer que esse mecanismo, na forma em que se encontra disciplinado pela legislação em vigor, de "não-cumulativo" tem pouco ou quase nada para as pessoas jurídicas do agronegócio.

É firme nessa orientação que se sustenta que toda e qualquer restrição de créditos, inclusive de insumos adquiridos de pessoas físicas, não tem guarida na Constituição.

5.4.4 A concessão de crédito presumido não atenua a invalidade do modelo eleito para o setor

Que o legislador andou mal ao instituir o regime não-cumulativo de PIS/COFINS isso parece ter ficado suficientemente demonstrado. Não havia permissão constitucional senão para que a lei definisse os setores da atividade econômica submetidos ao novo sistema. O legislador ordinário, em vez de se curvar a esse mandamento, preferiu, invalidamente, aplicar o novel regime a todos que apurem seu imposto sobre a renda pelo lucro real. Além disso, restringiu a tomada de créditos. Tudo isso repercute com intensidade no segmento do agronegócio.

Talvez cônscio de seus desatinos, o legislador quis atenuar seus impropérios, na tentativa de minimizar os efeitos das suas prescrições inconstitucionais. Para isso, criou um "crédito presumido" para as pessoas jurídicas do agronegócio adquirentes de insumos de pessoas físicas. Ainda que a intenção fosse boa, a verdade é que o resultado não teve o condão de atenuar a invalidade do modelo eleito para o setor. A Lei

Federal nº 10.925/04 estabeleceu no art. 8º que as pessoas jurídicas, inclusive cooperativas, que produzam mercadorias de origem animal ou vegetal abrangidas na sua previsão, desde que destinadas à alimentação humana ou animal, têm direito a um "crédito presumido".[414] Se o legislador se refere a um "crédito presumido" é porque admite que, realmente, há repercussão do PIS e da COFINS nessa cadeia produtiva.

A teor do art. 8º da Lei nº 10.925/04, portanto, o crédito presumido estende-se a "Carnes e miudezas, comestíveis" (Capítulo 2); "Peixes e crustáceos, moluscos e os outros invertebrados aquáticos" (Capítulo 3); "Leite e laticínios; ovos de aves; mel natural; produtos comestíveis de origem animal, não especificados nem compreendidos noutros Capítulos" (Capítulo 4); "Frutas; cascas de citros – citrinos e de melões" (Capítulo 8); "Café, chá, mate e especiarias" (Capítulo 9); "Cereais" (Capítulo 10); "Produtos da indústria de moagem; malte; amidos e féculas; inulina; glúten de trigo" (Capítulo 11); "Sementes e frutos oleaginosos; grãos, sementes e frutos diversos; plantas industriais ou medicinais; palhas e forragens" (Capítulo 12); "Gorduras e óleos animais, vegetais ou de origem microbiana e produtos da sua dissociação; gorduras alimentícias elaboradas; ceras de origem animal ou vegetal" (Capítulo 15); "Preparações de carne, peixes, crustáceos, moluscos, outros invertebrados aquáticos ou de insetos" (Capítulo 16); e "Resíduos e desperdícios das indústrias alimentares; alimentos preparados para animais" (Capítulo 23), além de algumas subposições tratadas nos Capítulos 17, 18 e 20 a 22.

---

414. Art. 8º, *caput:* "As pessoas jurídicas, inclusive cooperativas, que produzam mercadorias de origem animal ou vegetal, classificadas nos capítulos 2, 3, exceto os produtos vivos desse capítulo, e 4, 8 a 12, 15, 16 e 23, e nos códigos 03.02, 03.03, 03.04, 03.05, 0504.00, 0701.90.00, 0702.00.00, 0706.10.00, 07.08, 0709.90, 07.10, 07.12 a 07.14, exceto os códigos 0713.33.19, 0713.33.29 e 0713.33.99, 1701.11.00, 1701.99.00, 1702.90.00, 18.01, 18.03, 1804.00.00, 1805.00.00, 20.09, 2101.11.10 e 2209.00.00, todos da NCM, destinadas à alimentação humana ou animal, poderão deduzir da Contribuição para o PIS/Pasep e da Cofins, devidas em cada período de apuração, crédito presumido, calculado sobre o valor dos bens referidos no inciso II do *caput* do art. 3º das Leis nºs. 10.637, de 30 de dezembro de 2002, e 10.833, de 29 de dezembro de 2003, adquiridos de pessoa física ou recebidos de cooperado pessoa física".

A produção desses itens por pessoas jurídicas, inclusive cooperativas, desde que tenha por finalidade a alimentação humana ou animal, dá direito ao crédito presumido, que poderá ser deduzido do PIS e da COFINS devidos no período de apuração. Seu pressuposto nuclear é a aquisição de insumos de pessoas físicas, inclusive cooperados pessoas físicas. No entanto, de acordo com o art. 8º, § 1º, I a III, da Lei nº 10.925/04, o crédito presumido alberga também as aquisições feitas de cerealistas que exerçam cumulativamente as atividades de limpar, padronizar, armazenar e comercializar os produtos *in natura* de origem vegetal previstos na legislação; de pessoas jurídicas que exerçam cumulativamente as atividades de transporte, resfriamento e venda a granel de leite *in natura;* e de pessoa jurídica que exerça atividade agropecuária e cooperativa de produção agropecuária.

Até aqui, o que se nota é que a lei concede crédito presumido às pessoas jurídicas produtoras das mercadorias indicadas no art. 8º da Lei nº 10.925/04, abarcando os insumos fornecidos não só por pessoas físicas, como também por cerealistas, por pessoas jurídicas que se dedicam à venda a granel de leite *in natura* e por agropecuárias e cooperativas de produção agropecuária. Isso tudo, contudo, somente em relação aos produtos destinados à alimentação humana ou animal.

O problema não está na concessão de crédito presumido em si mesma considerada. O aspecto complicado reside na apuração desse crédito presumido. Isso porque o art. 8º, § 3º, I a V, da Lei nº 10.925/04 contém a seguinte previsão, com a redação dada pelas Leis nºs. 11.488/07, 12.865/13 e 13.137/15:

> *Art. 8º. (...)*
>
> *§ 3º. O montante do crédito a que se referem o caput e o § 1º deste artigo será determinado mediante aplicação, sobre o valor das mencionadas aquisições, de alíquota correspondente a:*
>
> *I – 60% (sessenta por cento) daquela prevista no art. 2º da Lei nº. 10.637, de 30 de dezembro de 2002, e no art. 2º da Lei nº 10.833, de 29 de dezembro de 2003, para os produtos de origem animal classificados nos Capítulos 2, 3, 4, exceto leite* in natura, *16, e nos*

> *códigos 15.01 a 15.06, 1516.10, e as misturas ou preparações de gorduras ou de óleos animais dos códigos 15.17 e 15.18;*
>
> *II – (REVOGADO);*
>
> *III – 35% (trinta e cinco por cento) daquela prevista no art. 2º das Leis nºs. 10.637, de 30 de dezembro de 2002, e 10.833, de 29 de dezembro de 2003, para os demais produtos;*
>
> *IV – 50% (cinquenta por cento) daquela prevista no caput do art. 2º da Lei nº 10.637, de 30 de dezembro de 2002, e no caput do art. 2º da Lei nº 10.833, de 29 de dezembro de 2003, para o leite* in natura, *adquirido por pessoa jurídica, inclusive cooperativa, regularmente habilitada, provisória ou definitivamente, perante o Poder Executivo na forma do art. 9º-A;*
>
> *V – 20% (vinte por cento) daquela prevista no caput do art. 2º da Lei nº 10.637, de 30 de dezembro de 2002, e no caput do art. 2º da Lei nº 10.833, de 29 de dezembro de 2003, para o leite* in natura, *adquirido por pessoa jurídica, inclusive cooperativa, não habilitada perante o Poder Executivo na forma do art. 9º-A.*

O crédito presumido não corresponde aos tributos incidentes ao longo da cadeira produtiva. Seu valor é de 60% das alíquotas do PIS e da COFINS não-cumulativos para alguns produtos de origem animal (isto é, 60% de 1,65% e 60% de 7,6%), de 35% para os demais produtos, sobretudo os outros produtos de origem vegetal, e de 50% e 20% para o leite *in natura*, a depender se o adquirente estiver habilitado perante o Executivo.[415]

Bem por isso, o mecanismo de crédito presumido não tem o efeito de circundar a invalidade da sistemática não-cumulativa para o setor do agronegócio. A concessão dos créditos não é um favor do Poder Público, que possa ser maquiado

415. O art. 9º-A da Lei nº 10.925/04, introduzido pela Lei nº 13.137/15, traz uma série de exigências a serem cumpridas pelas empresas produtoras e comercializadoras de leite, dentre as quais se destacam a limitação temporal para compensação ou ressarcimento de créditos acumulados (que podem ser formulados, em alguns casos, somente a partir de 01 de janeiro de 2019) e a necessidade de habilitação perante o Poder Executivo, a qual fica condicionada à regularidade fiscal e à realização de investimentos em projetos aprovados pelo Ministério da Agricultura, Pecuária e Abastecimento destinados a auxiliar produtores de leite no desenvolvimento da qualidade e da produtividade, correspondentes a 5%, no mínimo, do somatório dos valores dos créditos presumidos.

via "crédito presumido". Pelo contrário, é a Constituição que assegura que os tributos não-cumulativos não toleram a restrição de créditos. Portanto, a partir do momento em que a lei não garante a fruição da integralidade dos créditos, mas apenas o valor correspondente a 60%, 50%, 35% e 20% das alíquotas respectivas, esse mecanismo é parcialmente cumulativo, não tendo amparo na Carta da República.

Por outro lado, como insistentemente destacado, a lei não pode criar distorções dentro de um mesmo setor da atividade econômica, como o é o agronegócio, razão pela qual seus distintos tratamentos jurídicos escapam à moldura constitucional.

Mas, não é só, o espectro de análise não se resume a isso. É que o art. 9º da Lei nº 10.925/04 prescreve que a incidência do PIS e da COFINS ficará "suspensa" no caso de venda de produtos pelas cerealistas, pelas pessoas jurídicas que se dediquem à venda a granel do leite *in natura* e pelas pessoas jurídicas que desenvolvam atividades agropecuárias ou que sejam cooperativas de produção agropecuária. Em poucas palavras: as pessoas jurídicas discriminadas no art. 8º, § 1º, I a III, da Lei nº 10.925/04, quando vendem seus produtos às empresas produtoras das mercadorias de origem animal ou vegetal, destinadas à alimentação humana ou animal descritas no *caput* do art. 8º, ficarão isentas do PIS e da COFINS.[416] Por esse motivo que o legislador proibiu essas pessoas jurídicas de aproveitarem o crédito presumido ou mesmo outros créditos em relação às receitas das vendas isentas (art. 8º, § 4º).

Esses enunciados normativos abrem um leque de investigação relevante, que separa, de um lado, as pessoas beneficiárias dos créditos e, de outro, aqueles que geram esses créditos.

Quanto aos contribuintes a quem a lei garantiu o crédito presumido não se pode deixar de registrar que o legislador não beneficiou todo o segmento do agronegócio, como deveria;

416. Como bem observa Paulo de Barros Carvalho, a chamada "suspensão" não passa de um expediente legislativo para se introduzir no sistema uma isenção. *Curso de direito tributário*. 32. ed. São Paulo: Noeses, 2022, p. 459.

pelo contrário, o legislador escolheu alguns produtos que, sob sua ótica, mereceriam o benefício, deixando de lado todos os demais e olvidando-se que a atividade rural pertence a um só setor econômico. Nessa parte, ao aleatoriamente discriminar os produtores de outros itens rurais, a lei cria uma distorção insustentável. Mas, mesmo para os contribuintes beneficiados, como o crédito presumido supre apenas parcialmente o desígnio constitucional, dado que as alíquotas da regra-matriz do direito ao crédito não correspondem às alíquotas da regra-matriz de incidência do PIS e da COFINS, esse mecanismo igualmente não se firma diante do mandamento constitucional.

Logo, tanto para os produtores que ficaram de fora do benefício, como para os próprios produtores incluídos, a conclusão é a mesma: essa sistemática não preenche a determinação de que o PIS e a COFINS devem ser não-cumulativos, não encontrando, portanto, respaldo na norma de superior hierarquia.

De outro lado, no que diz respeito às pessoas jurídicas que geram os créditos presumidos, a situação não muda de figura. Em primeiro lugar, porque apenas em relação aos produtos tipificados no *caput* do art. 8º da Lei nº 10.925/04 as operações estarão isentas e darão direito ao crédito; caso contrário, isto é, se a operação envolver um produto da atividade rural, mas que não estiver contemplado no rol do art. 8º, a venda será regularmente tributada e não gerará o crédito presumido. Mais uma vez, o critério discriminador da lei não se sustenta, pois a disciplina jurídica da lei deve ser dispensada ao setor econômico como um todo, e não apenas em face de alguns produtos.

Entretanto, a questão principal sob essa perspectiva gira em torno do art. 9º, § 1º, I, ao estabelecer que a isenção só se aplica no caso de vendas efetuadas à pessoa jurídica tributada com base no lucro real. Nesse ponto, o regramento da lei traz alguns problemas adicionais, notadamente em face das cooperativas agropecuárias. É que em relação a elas, a lei impôs, sem distinção, que estariam submetidas ao sistema não-cumulativo. Desse modo, como a cooperativa pode ser uma das pessoas jurídicas produtoras das mercadorias descritas no *caput* do art. 8º, terá direito ao crédito presumido, mas os insumos que adquirir serão regularmente tributados, já que não está sujeita ao IRPJ, ainda mais pelo regime de lucro real. Isso significa que a operação de venda de um insumo para uma cooperativa que produza uma daquelas mercadorias de origem animal ou vegetal será normalmente tributada pelo PIS/COFINS, contudo, a cooperativa só poderá se creditar em 60% ou 35% do valor das alíquotas das contribuições, conforme o caso (ou de 50% e 20%, se envolver cooperativa de leite). É a prova de que o Texto Constitucional não foi respeitado.

Percorrido esse trajeto, o que se percebe é que a criação de mecanismos secundários, que não resolvem, efetivamente, os problemas, como a concessão do crédito presumido de que cuida a Lei Federal nº 10.925/04, não tem força jurídica bastante para suprir a incompatibilidade do modelo não-cumulativo adotado pela lei para o setor do agronegócio. Por isso mesmo, os contribuintes que se enquadram nesse segmento da atividade econômica têm salvaguardado o conjunto de direitos fixados na Carta Constitucional.

5.4.5 Regimes híbridos de apuração dessas contribuições e as peculiaridades da indústria sucroalcooleira

Como se não bastassem todas essas dificuldades que a legislação que implementou o sistema não-cumulativo de PIS e de COFINS apresenta, notadamente em face das atividades econômicas desenvolvidas pelas pessoas jurídicas do agronegócio, há, ainda, outros aspectos de duvidosa validade que a lei previu. É que não contente em deixar de "definir os setores da atividade econômica" para os quais PIS e COFINS seriam não-cumulativos; em criar discriminações dentro de uma mesma atividade econômica; e, inclusive, introduzir distorções dentro de uma mesma categoria econômica, como as cooperativas; *o legislador ainda por cima fracionou o sistema para uma mesma classe de contribuintes.*

Isso porque tanto a Lei Federal nº 10.637/02, para o PIS, quanto a Lei Federal nº 10.833/03, para a COFINS, preveem a possibilidade de apuração dos tributos através de um regime híbrido, no qual o contribuinte estará submetido, *ao mesmo tempo*, às sistemáticas cumulativa (anterior) e não-cumulativa (posterior).

Exemplo típico dessa canhestra disciplina jurídica é a situação das indústrias sucroalcooleiras. Essas empresas estão inseridas, sem sombra de dúvidas, no contexto do agronegócio, na medida em que (i) adquirem seu principal insumo diretamente da atividade rural, que é a cana-de-açúcar, mormente de produtores pessoas físicas; (ii) em consequência, sua produção fica caracterizada como advinda do setor primário; (iii) e estão situadas na zona rural.[417] O objeto social de uma usina sucroalcooleira nada mais é do que extrair de uma planta (a cana-de-açúcar) seu sumo. Esse caldo, por sua vez, é que será transformado em açúcar ou em álcool, a depender do processo a que será submetido.

Isso significa que se a indústria sucroalcooleira apurar seu IRPJ pelo lucro real – o que boa parte delas é obrigada a fazer, por ultrapassarem as faixas de faturamento previstas pela lei – ela estará enquadrada em dois regimes distintos de PIS e de COFINS: o cumulativo e o não-cumulativo. Em relação às receitas oriundas da produção do açúcar, deverá apurar o PIS/COFINS pelo sistema não-cumulativo; quanto às receitas da produção do álcool, deverá calcular as contribuições pela sistemática anterior, isto é, cumulativa. É o que se depreende dos seguintes dispositivos da Lei Federal nº 10.833/03, com sua redação atual, que rege a COFINS:

> Art. 1º. A contribuição para o Financiamento da Seguridade Social – COFINS, com a incidência não-cumulativa, incide sobre o total das receitas auferidas no mês pela pessoa jurídica, independentemente de sua denominação ou classificação contábil. (...)
>
> *Art. 2º. Para determinação do valor da COFINS aplicar-se-á, sobre a base de cálculo apurada conforme o disposto no art. 1º, a alíquota de 7,6% (sete inteiros e seis décimos por cento).*
>
> *(...)*

417. Se bem que, pelas considerações que já foram feitas neste trabalho, estar na zona rural não é condição necessária para se enquadrar na atividade rural.

§ 1º-A. Excetua-se do disposto no caput deste artigo a receita bruta auferida pelos produtores, importadores ou distribuidores com a venda de álcool, inclusive para fins carburantes, *à qual se aplicam as alíquotas previstas no caput e no § 4º do art. 5º da Lei nº 9.718, de 27 de novembro de 1998.*

(...)

Art. 3º. Do valor apurado na forma do art. 2º a pessoa jurídica poderá descontar créditos calculados em relação a:

I – bens adquiridos para revenda, exceto em relação às mercadorias e aos produtos referidos:

(...)

b) nos §§ 1º e 1º-A do art. 2º desta Lei; *(...)*

§ 7º. Na hipótese de a pessoa jurídica sujeitar-se à incidência não-cumulativa da COFINS, em relação apenas à parte de suas receitas, o crédito será apurado, exclusivamente, em relação aos custos, despesas e encargos vinculados a essas receitas.

§ 8º. Observadas as normas a serem editadas pela Secretaria da Receita Federal, no caso de custos, despesas e encargos vinculados às receitas referidas no § 7º e àquelas submetidas ao regime de incidência cumulativa dessa contribuição, o crédito será determinado, a critério da pessoa jurídica, pelo método de:

I – apropriação direta, inclusive em relação aos custos, por meio de sistema de contabilidade de custos integrada e coordenada com a escrituração; ou

II – rateio proporcional, aplicando-se aos custos, despesas e encargos comuns a relação percentual existente entre a receita bruta sujeita à incidência não-cumulativa e a receita bruta total, auferida em cada mês.

§ 9º. O método eleito pela pessoa jurídica para determinação do crédito, na forma do § 8º, será aplicado consistentemente por todo o ano-calendário e, igualmente, adotado na apuração do crédito relativo à contribuição para o PIS/PASEP não-cumulativa, observadas as normas a serem editadas pela Secretaria da Receita Federal. (sem destaques no original)[418]

---

418. A Lei Federal nº 10.637/02 tem dispositivos semelhantes para disciplinar a tributação pelo PIS em face das indústrias sucroalcooleiras, de modo que o raciocínio é o mesmo.

O rol da lei foi extenso, mas importante para compreensão da sistemática. Pelo que se pode inferir desses enunciados prescritivos, a lei expressamente afastou a venda de álcool da apuração pelo novo regime, determinando que o tributo seja calculado pelo mecanismo anterior (cumulativo). No entanto, no que pertine à venda de açúcar, não houve qualquer regramento a esse respeito, de tal sorte que se a empresa apurar seu IRPJ pelo lucro real deverá, necessariamente, adotar o sistema não-cumulativo de PIS/COFINS.

Diante desses preceitos legais, a conclusão a que se chega é a de que um mesmo contribuinte (a usina sucroalcooleira) está sujeita aos dois sistemas, dependendo do produto final comercializado. Tanto assim que o art. 3º, § 7º, da Lei nº 10.833/03 estabeleceu que se a pessoa jurídica estiver submetida à incidência não-cumulativa da COFINS em relação à parte de suas receitas, o crédito será apurado, exclusivamente, em relação aos custos, despesas e encargos vinculados a essas receitas.

Ora, essa é a prova incontestável de que essa sistemática não-cumulativa de PIS e de COFINS destoa assombrosamente da competência que foi atribuída à lei pela Constituição Federal. O que a Constituição deferiu à lei, quanto à não-cumulatividade de PIS/COFINS, foi "definir os setores da atividade econômica", somente isso. E não introduzir discriminações para uma mesma atividade econômica, e o que é pior ainda, *para uma específica classe de contribuintes,* como as indústrias sucroalcooleiras.

Não há respaldo constitucional nesse tipo de previsão normativa da lei. O legislador desprezou por completo que as usinas sucroalcooleiras estão imersas em um mesmo tipo de atividade econômica. O fato de produzirem dois tipos de produtos finais não as coloca, evidentemente, em dois blocos econômicos distintos. Também o laticínio pode produzir leite pasteurizado, queijo, manteiga ou requeijão. Nem por isso o laticínio merece quatro regimes jurídicos diferentes.

A forma com que o legislador regulamentou esse tema acarreta um impacto burocrático considerável nas atividades desses contribuintes. Como estão sujeitas a dois modelos, um que gera créditos e outro que não, as indústrias sucroalcooleiras têm que ter um controle rigoroso acerca dos insumos adquiridos. Aquele pé de cana-de-açúcar adquirido de determinado produtor deve ter sua destinação já resolvida antes da compra, se servirá para produção de álcool ou de açúcar, pois um produto gera créditos, ao passo que o outro não; um tem alíquotas mais elevadas, enquanto que o outro tem alíquotas menores.[419]

Não é preciso ser um *expert* nesse mercado para imaginar a absurda burocracia criada para essas empresas. E isso, é claro, tem um custo para elas. Distintos sistemas de controle contábil necessitam ser criados apenas para atender aos interesses do Fisco. Isso para não dizer dos verdadeiros departamentos que são montados, com o aparato de equipe técnica responsável, somente para cumprir a legislação. Sucede que esses custos, que têm reflexos na atividade, não podem ser deduzidos por ocasião da apuração dos tributos, evidenciando ainda mais os problemas estruturais desse sistema.

Em síntese, não há amparo na Constituição para que a lei crie regimes híbridos de apuração do PIS e da COFINS pelas sistemáticas cumulativa e não-cumulativa, inclusive em relação às indústrias sucroalcooleiras, de maneira que as disposições legais nesse sentido devem ser tidas por inválidas.

5.4.6 Algumas ponderações sobre os créditos ordinários de PIS/COFINS e as operações do agronegócio

Como vem sendo demonstrado, o principal problema sob a ótica do sistema não-cumulativo enfrentado pelas empresas diz respeito às rubricas que dão ou não direito a crédito. Se isso é um tormento para as empresas em geral, para aquelas

419. Como salienta Mário Luiz Oliveira da Costa, "no que respeita ao açúcar, o grande problema é sua estreita vinculação com o álcool. Não fosse isso, tratar-se-ia de produto que demandaria atenção governamental no mesmo nível daquela necessária em relação aos produtos agroindustriais em geral de modo a, certamente, atuarem as forças de mercado de forma satisfatória". *Setor sucroalcooleiro: da rígida intervenção ao livre mercado*. São Paulo: Método, 2003, p. 190.

que estão inseridas no contexto do agronegócio não é diferente, notadamente porque, pelo que já foi dito, seus principais fornecedores são pessoas físicas, cujas aquisições, à luz da lei, não geram crédito. E por isso o legislador houve por bem criar um modelo de crédito presumido, que, todavia, não resolve adequadamente o cenário criado.

Está-se a ver, portanto, que as polêmicas envolvendo o PIS e a COFINS na modalidade não-cumulativa não poderiam passar ao largo das empresas que atuam no agronegócio. São inúmeras e graves as distorções criadas por essa técnica de tributação na cadeia da atividade rural. Até o legislador, ao criar o tal "crédito presumido", teve que reconhecer isso. Nesse contexto, especificamente na atividade rural são duas as modalidades de créditos: (i) os créditos ordinários (ou regulares); (ii) e os créditos presumidos.

Em relação ao primeiro tipo, os arts. 3º das Leis nºs. 10.637/02 e 10.833/03 estabelecem que dá direito ao crédito o *"insumo na prestação de serviços e na produção ou fabricação de bens ou produtos destinados à venda"*. Desde a edição da lei surgiram vários questionamentos sobre quais itens, precisamente, davam direito ao crédito. Afinal de contas, o que vem a ser um "insumo" na prestação de serviços e na produção ou fabricação de bens ou produtos destinados à venda? A vagueza da expressão prejudica sobremaneira o estabelecimento de regras claras, a nortearem a saudável relação que se espera entre Fisco e contribuinte.

No CARF – Conselho Administrativo de Recursos Fiscais, o entendimento que foi se formando é o de que o termo "insumo" para fins de PIS/COFINS tem dimensão semântica intermediária, se comparada ao IPI e ao IRPJ: de acordo com a Câmara Superior daquele órgão, o signo *"denota uma abrangência maior do que MP, PI e ME relacionados ao IPI. Por outro lado, tal abrangência não é tão elástica como no caso do IRPJ, a ponto de abarcar todos os custos de produção e as despesas necessárias à atividade da empresa"*. Prossegue aquele órgão julgador dizendo que *"sua justa medida caracteriza-se como o elemento diretamente responsável pela produção dos bens ou produtos destinados à venda, ainda que este elemento não entre em contato direto com os bens produzidos, atendidas as demais exigências legais".*[420]

Examinando especificamente as atividades das agroindústrias – diretamente interessadas na definição de critérios objetivos nessa questão – o CARF já se pronunciou no sentido de que *"o ciclo produtivo da atividade agroindustrial compreende a atividade de produção rural ou agropecuária e a atividade de fabricação ou industrialização do produto final comercializado"*. Dadas suas peculiaridades, *"no âmbito da referida atividade* são considerados insumos de produção ou fabricação tanto os bens e serviços aplicados na fase de produção agropecuária, quanto os bens e serviços aplicados na *fase de fabricação do bem final"*. Assim, nas palavras do Conselho Administrativo de Recursos Fiscais, *"se utilizada matéria prima agropecuária de produção própria, a empresa agroindustrial submetida ao regime não-cumulativo da Cofins tem o direito de apropriar os créditos calculados sobre os valores de aquisição dos bens e serviços aplicados nas duas fases do ciclo produtivo".*[421] Portanto, também os insumos utilizados na fase agrícola devem gerar direito ao crédito, a ponto de ser compreendido que o "insumo do insumo" deve receber esse tratamento.

Já na esfera judicial, o Superior Tribunal de Justiça, depois de longos debates, fixou em recurso repetitivo como critérios para se compreender o insumo gerador do crédito a *"essencialidade ou relevância".*[422] Isso significa que se antes o

420. Processo nº 10410.723727/2011-51. Acórdão nº 9303-004.918. Câmara Superior de Recursos Fiscais. Rel. Cons. Rodrigo da Costa Possas. j. 10.04.2017.

421. Processo nº 15956.000250/2009-74. Acórdão nº 3302-005.414. 3ª Câmara. 2ª Turma Ordinária. Rel. Cons. José Fernandes do Nascimento. j. 21.05.2018.

422. "O conceito de insumo deve ser aferido à luz dos critérios da essencialidade ou relevância, vale dizer, considerando-se a imprescindibilidade ou a importância de determinado item – bem ou serviço – para o desenvolvimento da atividade econômica desempenhada pelo contribuinte". REsp. nº 1.221.170-PR. 1ª Seção. Rel. Min. Napoleão Nunes Maia Filho. *DJe* 24/04/2018.

problema era normativo, a partir desse precedente a questão passa para um plano inteiramente casuístico.

Desse modo, não mais se discute que as empresas do agro, sobretudo as agroindústrias, têm direito aos créditos ordinários. O aspecto a ser levado em conta desse precedente em diante se desloca para a análise individual, empresa a empresa, operação por operação, sobre o que pode ou não ser classificado como "essencial" e "relevante" a ponto de ser considerado um insumo que dá crédito. É essa análise percuciente que deve ser feita na situação específica de cada contribuinte integrado à atividade rural.

5.4.7 Ainda sobre a sistemática de créditos presumidos para o agro: para cada produto, um regramento

Até pelas especificidades do agro, o legislador mesmo teve que admitir que o mecanismo não-cumulativo, se chapado sobre esse setor sem qualquer adaptação, criaria distorções mais danosas. Por isso ele se viu obrigado a veicular um sistema denominado de crédito presumido, de modo a assegurar às empresas rurais, além dos créditos ordinários, créditos adicionais. É isso o que decorre do art. 8º da Lei nº 10.925/04.[423]

Sucede que esse regramento não resolve os problemas criados, como insistemente tem sido afirmado. Pelo contrário, sobre ser complexo, segregando produto a produto, o mecanismo previsto pelo legislador não defere ao adquirente calcular a totalidade do crédito sobre o insumo adquirido, e, nesse ponto, acaba por não disponibilizar uma sistemática verdadeiramente não-cumulativa no âmbito do PIS e da COFINS.

A despeito disso, no entanto, é essa a regra posta. Por tal motivo, deve o intérprete tentar compreendê-la, fazendo as considerações críticas cabíveis. É isso o que se fará agora, de maneira analítica.

---

423. Vale frisar que, nos termos do art. 35 da Lei nº 12.058/39, os contribuintes são obrigados a contabilizar de forma segregada os créditos ordinários e os créditos presumidos.

O primeiro aspecto relevante diz respeito ao destinatário da norma, isto é, a quem se aplica o crédito presumido: o regramento é aplicável às pessoas jurídicas, inclusive cooperativas, *que produzam mercadorias de origem animal ou vegetal mencionadas no dispositivo destinadas à alimentação humana ou animal,* ou seja, o crédito presumido é aplicável às agroindústrias. Incidindo o PIS e a COFINS sobre as receitas de pessoas jurídicas; apurando essas empresas seu IRPJ pelo sistema do lucro real (o que as coloca, pois, debaixo do sistema não-cumulativo de PIS/COFINS); produzindo elas um daqueles produtos tipificados no art. 8º; e sendo esses produtos destinados à alimentação humana ou animal; terão direito ao crédito presumido. Perceba-se que o núcleo da previsão normativa é *a produção de mercadorias de origem animal ou vegetal voltadas à alimentação humana ou animal.*

O segundo ponto relevante envolve *o rol de mercadorias produzidas catalogadas como hábeis a gerar o crédito.* A lei se refere aos produtos tratados na NCM – Nomenclatura Comum do Mercosul, e para isso nada melhor do que ir direto à TIPI – Tabela de Incidência do IPI (Decreto nº 11.158/22), que tratá dessas mercadorias referindo-se à NCM. Eis a compilação dessas informações:

Posição na TIPI (Capítulos e códigos)	**Produto**	**Exceções**
02	Carnes e miudezas, comestíveis (incluindo carnes bovina, suína, ovina, caprina e de aves)	
03, 03.02, 03.03, 03.04 e 03.05	Peixes e crustáceos, moluscos e outros invertebrados aquáticos (incluindo peixes frescos, refrigerados, congelados, filés de peixes e peixes secos, salgados, em salmoura ou defumados)	Os produtos vivos desse capítulo

Posição na TIPI (Capítulos e códigos)	Produto	Exceções
04	Leite e lacticínios (incluindo creme de leite, iogurte, queijos, requeijão e manteiga), ovos de aves, mel natural e produtos comestíveis de origem animal, não especificados nem compreendidos noutros Capítulos	
05.04.00	Tripas, bexigas e estômagos de animais, inteiros ou em pedaços (incluindo tripas de bovinos, ovinos e suínos), exceto de peixes, frescos, refrigerados, congelados, salgados ou em salmoura, secos ou defumados	
0701.90.00, 0702.00.00, 0706.10.00, 0708, 0709.90, 07.10, 07.12 a 07.14	Batatas, tomates frescos ou refrigerados, cenouras, nabos, ervilhas, feijões, alcachofras, azeitonas, espinafres, milhos doces, cebola, alho, grão-de-bico, lentilhas, mandioca e batata-doce	Códigos 0713.33.19 (outros tipos de feijões preto), 0713.33.29 (outros tipos de feijões branco) e 0713.33.99 (outros tipos de feijões)
08	Frutas, cascas de citros e de melões (incluindo castanhas e frutas desidratadas)	
09	Café, chá, mate e especiarias (incluindo canela, pimenta, baunilha, noz-moscada e outras)	
10	Cereais (incluindo trigo, centeio, cevada, aveia, milho, arroz, sorgo e milheto)	
11	Produtos da indústria de moagem, malte, amidos e féculas, inulina e glúten de trigo (incluindo farinha de trigo)	

Posição na TIPI (Capítulos e códigos)	Produto	Exceções
12	Sementes e frutos oleaginosos, grãos, sementes e frutos diversos, plantas industriais ou medicinais e palhas e forragens (incluindo soja e farinha de soja)	
15	Gorduras e óleos animais ou vegetais, os produtos da sua dissociação, gorduras alimentícias elaboradas e ceras de origem animal ou vegetal (banha, sebo, óleo de soja, de côco, de dendê, de girassol, de linhaça, azeite de oliva e margarina)	
16	Preparações de carne, de peixes ou de crustáceos, de moluscos ou de outros invertebrados aquáticos (incluindo lingüiças, salmões, sardinhas, atuns, caranguejos e camarões em conserva)	
1701.11.00, 1701.99.00 e 1702.90.00	Açúcares de cana ou de beterraba e sacarose quimicamente pura, no estado sólido (incluindo açúcares brutos sem adição de aromatizantes ou de corantes e sacarose quimicamente pura) e outros tipos de açúcares, incluindo o açúcar invertido e os outros açúcares e xaropes de açúcares, que contenham, em peso, no estado seco, 50% de frutose (levulose)	
18.01, 18.03, 1804.00.00 e 1805.00.00	Cacau inteiro ou partido, em bruto ou torrado, pasta de cacau, manteiga e gordura de cacau e cacau em pó, sem adição de açúcar	

Posição na TIPI (Capítulos e códigos)	Produto	Exceções
20.09	Sucos (sumos) de fruta (incluindo os mostos de uvas) ou de produtos hortícolas, não fermentados, sem adição de álcool, mesmo com adição de açúcar ou de outros edulcorantes (incluindo de laranja, de uva, de maçã, de pêssego e de maracujá)	
2101.11.10	Café solúvel, mesmo descafeinado	
2209.00.00	Vinagres e seus sucedâneos obtidos a partir do ácido acético, para usos alimentares	
23	Resíduos e desperdícios das indústrias alimentares e alimentos preparados para animais (incluindo farinhas de carne, "torta de soja" e alimentos para gatos e cães, acondicionados para venda a retalho)	

Como se vê, o rol é bastante amplo. Merecem destaque desse catálogo os produtos que representam valores mais vultosos na balança comercial do agronegócio: (i) a venda de carnes para consumo (bovina, suína, ovina, caprina, de aves e de peixes); (ii) de leite e seus derivados; (iii) de legumes e verduras diversas; (iv) frutas; (v) café; (vi) o arroz; (vii) o feijão; (viii) o trigo; (ix) o milho; (x) alguns tipos de açúcares; (xi) sucos; (xii) vinagres; (xiii) e a soja e seus derivados (soja em grãos, farinha de soja, óleo de soja e "torta de soja", que é uma ração para animais).

O terceiro ponto de relevo a ser examinado são as operações que dão direito ao crédito: elas englobam *as aquisições de bens e de insumos de pessoas físicas,* inclusive os recebimentos de cooperados. Mas, não só deles, *também de cerealista* que exerça cumulativamente as atividades de padronizar, armazenar e comercializar os seguintes produtos *in natura:* café, trigo, centeio, cevada, milho, arroz (exceto o descascado e o semibranqueado ou branqueado), sorgo e cacau. Dão direito a crédito, igualmente, as aquisições efetuadas de pessoa jurídica que exerça *cumulativamente as atividades de transporte, resfriamento e venda a granel de leite in natura.* Por fim, também dá crédito *a aquisição de pessoa jurídica que exerça atividade agropecuária e cooperativa de produção agropecuária*, tudo nos termos do art. 8º, § 1º, incisos I a III, da referida Lei nº 10.925/04. Note-se, nesse ponto, que o legislador equiparou o produtor rural pessoa jurídica à pessoa física como gerador do direito ao crédito, não exigindo no art. 8º, § 1º, III, que a pessoa jurídica agropecuária esteja no sistema não-cumulativo de PIS/COFINS para que possa dar crédito, o que é salutar, pois, do contrário, os adquirentes iriam preferir comprar produtos apenas de pessoas físicas. Os únicos requisitos são os de que os bens tenham sido produzidos por pessoa física ou jurídica residente ou domiciliada no País e que os créditos tenham sido gerados no mesmo período de apuração, os quais servirão para deduzir do PIS e da COFINS devidas pela agroindústria em cada período (art. 8º, *caput* e § 2º).

O quarto aspecto que merece atenção é a forma de cálculo desse crédito presumido. O art. 8º, § 3º, estabelece, em primeiro lugar, que *"o montante do crédito a que se referem o caput e o § 1º deste artigo será determinado mediante aplicação, sobre o valor das mencionadas aquisições, de alíquota correspondente a: I – 60% (sessenta por cento) daquela prevista no art. 2º da Lei nº 10.637, de 30 de dezembro de 2002, e no art. 2º da Lei nº 10.833, de 29 de dezembro de 2003, para os produtos de origem animal classificados nos Capítulos 2, 3, 4, exceto leite in natura, 16, e nos códigos 15.01 a 15.06, 1516.10, e as misturas ou preparações de gorduras ou de óleos animais dos códigos 15.17 e 15.18; (...)".*

Como se vê – *e aqui está a prova cabal de que o sistema não é totalmente não-cumulativo e, em não o sendo, se revela parcialmente cumulativo, ao arrepio da ordem constitucional* – o crédito é calculado à razão de 60% das alíquotas do PIS e da COFINS, cujo percentual é projetado sobre o valor das aquisições dos produtos arrolados nesse inciso de pessoas físicas, das cerealistas supramencionadas, de transportadores de venda a granel de leite *in natura* e das sociedades agropecuárias e cooperativas de produção agropecuárias. Como a alíquota do PIS não-cumulativo é de 1,65% e da COFINS não-cumulativa é de 7,6% (totalizando 9,25%), os créditos gerados são de 0,99% e de 4,56%, respectivamente (totalizando, pois, 5,55% de crédito gerado) – *o que significa dizer que 3,7% do valor dessas duas contribuições incidem sem direito ao crédito* (9,25% – 5,55% = 3,7%), praticamente a mesma carga tributária do sistema cumulativo de PIS/COFINS (que é de 3,65%).

Essa regra é aplicável, de acordo com o art. 8º, § 3º, I, "*para os produtos de origem animal*" ali referidos, ou seja, para a venda de carnes bovina, suína, ovina, caprina e de aves para consumo (Capítulo 02), para a venda de carnes de peixes e de crustáceos e moluscos (Capítulo 03), para os produtos envolvendo leite e seus derivados (à exceção do leite *in natura*), ovos e mel natural (Capítulo 04), preparações de carne, de peixes ou de crustáceos, de moluscos ou de outros invertebrados aquáticos, como linguiças e salmões, sardinhas, atuns, caranguejos e camarões em conserva (Capítulo 16), além de produção de banha, sebo e de outras gorduras ou óleos animais (Códigos 15.01 a 15.06, 1516.10, 15.17 e 15.18). E o § 10 complementa: "*para efeito de interpretação do inciso I do § 3º, o direito ao crédito na alíquota de 60% (sessenta por cento) abrange todos os insumos utilizados nos produtos ali referidos*".

Não é só. Revogado o inciso II do § 3º do art. 8º, o inciso subsequente, ou seja, o inciso III, prescreve que o crédito será calculado mediante aplicação de alíquota correspondente a "*35% (trinta e cinco por cento) daquela prevista no art. 2º das Leis nºs. 10.637, de 30 de dezembro de 2002, e 10.833, de 29 de dezembro de 2003, para os demais produtos*". Como se vê, exceção feita aos produtos de origem animal tratados no inciso I e à cadeia do leite *in natura* (veiculada nos incisos IV e V), todos os demais produtos do agronegócio tratados no *caput* do art. 8º, em especial os produtos de origem vegetal, dão direito a crédito de somente 35%. Ora, isso significa que o crédito de PIS nessas hipóteses é de 0,5775% (35% de 1,65%) e de 2,66% de COFINS (35% de 7,6%), totalizando 3,2375% de crédito gerado – resultando, pois, em 6,0125% de carga tributária sem direito ao crédito.

Por fim, os incisos IV e V do dispositivo analisado estabelecem que, para o leite *in natura*, os créditos serão de 50% e de 20%, respectivamente, das alíquotas dessas contribuições, a depender se a empresa adquirente estiver regularmente habilitada ou não em programa governamental definido no art. 9º-A da Lei nº 10.925/04, o denominado "Programa Mais Leite Saudável" – denotando, desse modo, que as alíquotas dos créditos são de 0,825% de PIS e de 3,8% de COFINS, na primeira hipótese (totalizando 4,625%); ou então de 0,33% de PIS e de 1,52% de COFINS, no segundo caso (totalizando meros 1,85% de crédito).

Esse é o panorama do tema, que, como se vê, é intrincado. Mas, como toda complexidade é pouca, a questão não para por aí. Malgrado o art. 8º da Lei nº 10.925/04 tenha passado por inúmeras alterações, *o legislador, não contente, ainda por cima disciplinou em outros veículos legislativos as exceções das exceções*, isto é, os regramentos específicos de créditos presumidos para alguns dos produtos outrora tratados no referido art. 8º dessa lei.

Foi isso o que fez através da Lei nº 12.058/09 (com suas várias modificações), a qual trata de tudo, de FPM – Fundo de Participação dos Municípios à cadeia naval, inclusive de crédito presumido de PIS/COFINS para o agro. Com efeito, no art. 33 desse diploma normativo o legislador estabeleceu que, no caso de produção de carne bovina congelada; de carne ovina ou caprina, fresca, refrigerada ou congelada; de miudezas bovinas comestíveis frescas, refrigeradas ou congeladas; e de ossos, vísceras e sebos bovinos; em todos esses casos, desde que destinados à *"exportação"*, o direito de crédito passa a ser de 50% (cinquenta por cento) das alíquotas de PIS/COFINS, inclusive com possibilidade de utilizar o saldo credor para compensação com outros tributos ou de pedir o ressarcimento em dinheiro. Já no caso de comercialização interna desses produtos o crédito passa para 40% (quarenta por cento) das alíquotas desses tributos, igualmente com possibilidade de compensação ou pedido de restituição (art. 34).

Para a cadeia de carnes suínas, o art. 55 da Lei nº 12.350/10 (que tratava das medidas tributárias envolvendo a realização da Copa das Confederações e da Copa do Mundo no Brasil) estabeleceu que as operações destinadas à exportação de carne suína; miudezas suínas frescas, refrigeradas ou congeladas; miudezas suínas salgadas, secas ou defumadas; e de carnes e miudezas frescas, refrigeradas ou congeladas de aves, igualmente dão direito ao crédito presumido. O valor do crédito presumido nessas hipóteses é de 30% (trinta por cento) das alíquotas do PIS e da COFINS, com possibilidade de compensação com outros tributos ou de pedido de ressarcimento em dinheiro, no caso de existir saldo credor. Na hipótese de venda interna o crédito presumido fica reduzido a 12% (doze por cento) das alíquotas das contribuições (isto é, 12% de 1,65% e de 7,6%, respectivamente), de acordo com o art. 56 da Lei nº 12.350/10, na redação dada pela Lei nº 12.839/13.

O mesmo se passou com outra lei, no caso, a Lei nº 12.865/13. De acordo com o art. 31 desse veículo legislativo, "*a pessoa jurídica sujeita ao regime de apuração não cumulativa da Contribuição para o PIS/Pasep e da Cofins poderá descontar das referidas contribuições, devidas em cada período de apuração, crédito presumido calculado sobre a receita decorrente da venda no mercado interno ou da exportação dos produtos classificados nos códigos 1208.10.00, 15.07, 1517.10.00, 2304.00, 2309.10.00 e 3826.00.00 e de lecitina de soja classificada no código 2923.20.00, todos da Tipi*".

Esses produtos envolvem a farinha de soja (posição 1208.10.00), o óleo de soja (15.07), a margarina (1517.10.00), a "torta de soja" (que é um produto usado como ração animal, posição 2304.00), alimentos para cães ou gatos, acondicionados para venda a retalho (2309.10.00), lecitina de soja (composto fitoterápico, posição 2923.20.00) e o biodiesel (3826.00.00). Veja-se que igualmente aqui a operação pode envolver venda no mercado interno ou para exportação. Os créditos gerados são de 27% no caso de comercialização de farinha de soja, óleo de soja e de "torta de soja"; 10%, na hipótese de comercialização de margarina; 5% para as rações para cães ou gatos, acondicionados para venda a retalho; de 13% para a lecitina de soja; e de 45% no caso do biodiesel.

Dando cabo ao mosaico de complexidades, essas três leis excepcionadoras (Leis n°s. 12.058/09, 12.350/10 e 12.865/13) deixam claro que, a partir das suas respectivas publicações, a esses produtos não mais se aplica o regime de crédito presumido da Lei nº 10.925/04.

Em síntese, a política legislativa adotada hoje em dia, por diversas leis, foi a de fixar dois grandes troncos sobre o tema: (i) de um lado, a desoneração, via suspensão, dos produtos *in natura* comercializados pelos produtores rurais pessoas jurídicas (o que, na prática, se equipara a uma genuína isenção); (ii) de outro, a desoneração, via alíquota 0%, da venda oriunda da transformação ou beneficiamento desses produtos pelas agroindústrias (que também assume efeitos práticos de isenção). A suspensão se aplica de modo exclusivo aos produtores rurais pessoas jurídicas (sociedades agropecuárias), já que, tratando-se de PIS/COFINS, pessoa física não é contribuinte. A alíquota 0% das agroindústrias, por sua vez, permite a manutenção dos créditos presumidos de aquisição (aí sim) de pessoas físicas ou jurídicas, inclusive com ressarcimento em dinheiro.

Tudo isso está sistematizado naquele que vem sendo chamado o "Regulamento" de PIS/COFINS, veiculado pela Instrução Normativa da Receita Federal do Brasil nº 1.911, de 11 de outubro de 2019 (que regulamento não é, evidentemente, por não se tratar de decreto). Essa instrução normativa aglutina nos arts. 489 a 540 os aspectos que versam especificamente sobre PIS/COFINS no agronegócio, abarcando essas leis mencionadas e outras. Eis, então, uma tabela sobre os créditos presumidos de alguns dos principais produtos do agro, construída a partir dessas truncadas normas:

Produto comercializado	Modo de desoneração para o produtor rural pessoa jurídica	Crédito presumido da agroindústria
Carne bovina (exportação)	Suspensão	0,825% de PIS e 3,8% de COFINS
Carne bovina (interno)	Suspensão	0,66% de PIS e 3,04% de COFINS
Carne suína/frango (exportação)	Suspensão	0,495% de PIS e de 2,28% COFINS
Carne suína/frango (interno)	Alíquota 0%	0,198% de PIS e de 0,912% COFINS
Soja	Suspensão	0,445% de PIS e 2,042% de COFINS (farinha, óleo e "torta" de soja) 0,742% de PIS e 3,42% de COFINS (biodiesel)
Milho	Suspensão	0,5775% de PIS e de 2,66% COFINS
Café	Alíquota 0%	0,165% de PIS e 0,76% de COFINS (exportação café não-torrado) 1,32% de PIS e 6,08% de COFINS (café torrado e essências destinadas à exportação)
Cana-de-açúcar	Suspensão	0,5775% de PIS e 2,66% de COFINS
Laranja	Suspensão	0,5775% de PIS e de 2,66% COFINS
Leite	Suspensão	0,825% de PIS e de 3,8% COFINS ("Programa Mais Leite Saudável") 0,33% de PIS e 1,52% de COFINS (demais)

5.4.8 A política de desoneração de PIS/COFINS aplicável à soja, ao milho e ao gado e seus reflexos na tomada de decisão pela constituição ou não de uma PJ, tendo em vista a carga tributária final incidente

Diante das considerações que foram feitas no tópico anterior, percebe-se que o legislador brasileiro, até para equalizar a cadeia de fornecimento de insumos, decidiu desonerar de PIS/COFINS vários produtos comercializados pelos produtores rurais pessoas jurídicas, de tal modo a impedir que as agroindústrias dessem preferência à aquisição de pessoas físicas (que não são tributadas, por não serem contribuintes).

Esse aspecto abre um cenário importante na gestão dos negócios rurais, na medida em que, havendo desoneração de PIS/COFINS para esses produtos, a análise sob a perspectiva comparativa de carga tributária no agro ganha outros contornos. Noutras palavras, no Capítulo II foi visto que a carga tributária de IRPF-atividade rural é de 5,5%, ao passo que das pessoas jurídicas rurais é de 3,08% de IRPJ/CSLL. Se houvesse tributação por PIS/COFINS dos produtos comercializados pelas pessoas jurídicas, sobre os 3,08% de IRPJ/CSLL deveriam ser acrescidos os 3,65% dessas contribuições (para os produtores rurais pessoas jurídicas que apuram seu IRPJ pelo lucro presumido e que, portanto, estão no sistema cumulativo de PIS/COFINS). A carga final, portanto, seria de 6,73% (sem contar, evidentemente, ICMS, Funrural e SENAR). Dada a desoneração concedida, porém, a carga fiscal (comparando-se apenas esses tributos) fica menor na pessoa jurídica do que na pessoa física. Assim, para quem lida, por exemplo, com soja, milho e gado (produtos mais expressivos das *commodities* do agronegócio brasileiro), é importante ter essa informação em mente no processo de tomada de decisão acerca da constituição ou não de uma pessoa jurídica. Não custa reiterar, todavia, que a transformação da atividade de uma pessoa física para uma pessoa jurídica não pode ficar circunscrita a esse ponto.[424]

---

424. Sobre o tema, vide: LOUBET, Leonardo Furtado. "Qual regime tributário é mais vantajoso no agro: ser pessoa física ou pessoa jurídica?". *XVII Congresso Nacional de Estudos Tributários: meio século de tradição*. Coord. Paulo de Barros Carvalho. Org. Priscila de Souza. São Paulo: Noeses, 2021, p. 973/989.

CAPÍTULO 6
AS CONTRIBUIÇÕES PREVIDENCIÁRIAS E O AGRONEGÓCIO

6.1 Panorama constitucional: delimitação das contribuições previdenciárias

O Título VIII da Constituição Federal está organizado debaixo da rubrica "Da Ordem Social", tendo como base, de acordo com o Capítulo I ("Disposição Geral"), art. 193, o primado do trabalho e como objetivo o bem-estar e a justiça sociais. O Capítulo II do Título VIII, por sua vez, cuida "Da Seguridade Social", abrangendo as "Disposições Gerais" (Seção I), "Da Saúde" (Seção II), "Da Previdência Social" (Seção III) e "Da Assistência Social" (Seção IV). Segundo o art. 194, *"a seguridade social compreende um conjunto integrado de ações de iniciativa dos Poderes Públicos e da sociedade, destinadas a assegurar os direitos relativos à saúde, à previdência e à assistência social"*.

O que se pode depreender desse arcabouço normativo, sobretudo dos artigos 194, 195, 196, 201 e 203, é que a Seguridade Social é o gênero que compreende a Saúde, a Previdência Social e a Assistência Social como espécies. Essas são as ações públicas atribuíveis ao Estado brasileiro nessa seara, abarcando as medidas cabíveis para promoção da saúde e para cobertura dos eventos de doença, morte, invalidez, idade avançada, proteção ao desemprego, à família, à maternidade, à infância, à adolescência, à velhice e aos carentes, dentre outros (arts. 196, 201, I a III, e 203, I e II, da CF).

Como se vê, não é pouca coisa. Que a Constituição brasileira é dirigista e fortemente preocupada com valores sociais, isso é quase unânime na doutrina constitucional. Agora, elevar seu grau de eficácia é que é o grande problema, dado que para implementar essas políticas públicas é necessário, obviamente, existir recursos para tanto. E o custeio dos gastos públicos se dá, dentre outras formas, justamente através da tributação.[425]

Como já se viu noutra passagem, o art. 149 da Carta da República prevê que a União pode instituir, *como instrumento de sua atuação nas respectivas áreas,* (i) contribuições sociais, (ii) de intervenção no domínio econômico e (iii) de interesse de categoriais profissionais ou econômicas. E o art. 195 da Constituição, a seu turno, tratando especificamente das contribuições sociais, estabelece que a Seguridade Social será financiada por toda a sociedade, de forma direta e indireta, nos termos da lei, mediante recursos provenientes dos orçamentos da União, dos Estados, do Distrito Federal e dos Municípios, *e das seguintes contribuições sociais:* I – do empregador, da empresa e da entidade a ela equiparada na forma da lei, incidentes sobre: a) a folha de salários e demais rendimentos do trabalho pagos ou creditados, a qualquer título, à pessoa física que lhe preste serviço, mesmo sem vínculo empregatício; b) a receita ou o faturamento; c) e o lucro; II – do trabalhador e dos demais segurados da Previdência Social, podendo ser adotadas alíquotas progressivas de acordo com o valor do salário de contribuição, não incidindo contribuição sobre aposentadoria e pensão concedidas pelo regime geral de Previdência Social

425. "A existência jurídica das contribuições sociais depende da finalidade constitucionalmente definida como sendo a própria desse tipo de exação. E, notadamente as contribuições de que cogita o art. 195 da Carta Magna somente podem existir se e enquanto servirem como fontes de custeio da seguridade social". BALERA, Wagner. *Curso de direito previdenciário*. 5. ed. São Paulo: LTr, 2002, p. 49.

de que trata o art. 201; III – sobre a receita de concursos de prognósticos; IV – e do importador de bens ou serviços do exterior, ou de quem a lei a ele equiparar.

Neste capítulo, voltado que está ao exame das contribuições previdenciárias incidentes sobre o agronegócio, o foco de análise será as faixas de incidência do art. 195, I, "a" e "b", ou seja, as contribuições que recaem sobre a folha de salários e a receita ou faturamento, não sendo relevante para este estudo as contribuições do empregado, de concursos de prognósticos e do importador de bens ou serviços, porque extrapolam o corte metodológico promovido no início. Será examinada, todavia, a hipótese de incidência do art. 195, II, na parte que regulamenta as contribuições *"dos demais segurados da Previdência Social"*, como os produtores rurais pessoas físicas.

Pois bem. Um primeiro aspecto que merece ser esclarecido é que no art. 195 o constituinte não se referiu a esse tributo como "contribuições previdenciárias", mas como "contribuições sociais". Todavia, é inequívoco que boa parte da doutrina e também os Tribunais convencionaram nominar os tributos pagos anteriormente ao INSS como *contribuições previdenciárias,* porque servem para custear a Previdência Social.[426] Acontece que outros tributos igualmente compõem o orçamento da Previdência e nem por isso são chamados de "contribuições previdenciárias". De toda forma, tendo em vista que essa expressão já se tornou arraigada na cultura jurídico-tributária brasileira, optou-se neste trabalho por adotá-la.[427]

Feitos esses registros de ordem terminológica, sempre importantes, é necessário salientar que os empregadores, em especial as empresas, estão obrigados a contribuir à Seguridade Social por intermédio do pagamento de contribuições

---

426. Isso antes da unificação das Secretarias da Receita Previdenciária e da Receita Federal através da Secretaria da Receita Federal do Brasil, promovida pela Lei nº 11.457/07.

427. Alguns autores preferem se referir a esses tributos como "contribuições sociais de Seguridade Social". Vide, por exemplo, José Eduardo Soares de Melo. *Contribuições sociais no sistema tributário.* 4. ed. São Paulo: Malheiros, 2003, p. 131.

previdenciárias calculadas sobre a folha de salários e demais rendimentos do trabalho pagos ou creditados, a qualquer título, à pessoa física que lhe preste serviço, ainda que sem vínculo empregatício. Além disso, há previsão constitucional para que contribuam também sobre a receita ou o faturamento.

A contribuição sobre a folha de salários, sem sombra de dúvidas, é a mais penosa do sistema da perspectiva da Justiça fiscal. *Isto porque essa faixa de incidência não denota manifestação direta de riqueza.* Pelo contrário, da perspectiva do empregador, o pagamento de salários é uma despesa, e não uma receita, de maneira que a imposição tributária sobre essa grandeza briga com a racionalidade do sistema, que aponta no sentido de que o tributo há de corresponder a uma parcela das riquezas do contribuinte – jamais de suas despesas. O critério material da hipótese de incidência, aqui, é "*pagar salários*", tendo por base de cálculo o montante das remunerações pagas, sobre o qual incidirá a alíquota respectiva. Ora, essa materialidade não se amolda aos "fatos-signos presuntivos de riqueza", na expressão sempre lembrada de Alfredo Augusto Becker. Quiçá essa hipótese de incidência seja a única da Carta da República que não signifique um ingresso de recursos ou um incremento patrimonial para o contribuinte.

Ocorre, porém, no que tange ao agronegócio, que há dois outros enunciados prescritivos constitucionais de relevo: os §§ 8º e 9º do art. 195. O primeiro deles dispõe que "*o produtor, o parceiro, o meeiro e o arrendatário rurais e o pescador artesanal, bem como os respectivos cônjuges, que exerçam suas atividades em regime de economia familiar, sem empregados permanentes, contribuirão para a seguridade social mediante a aplicação de uma alíquota sobre o resultado da comercialização da produção e farão jus aos benefícios nos termos da lei*". Já o art. 195, § 9º, na redação que lhe foi dada pela Emenda Constitucional 103/19, estabelece que "*as contribuições sociais previstas no inciso I do* caput *deste artigo poderão ter alíquotas diferenciadas em razão da atividade econômica, da utilização intensiva de mão de obra, do porte da empresa ou da condição estrutural do mercado de trabalho, sendo também autorizada a adoção de bases de cálculo diferenciadas apenas no caso das alíneas 'b' e 'c' do inciso I do* caput".

A partir desses fragmentos normativos, o intérprete é levado a crer que os produtores rurais pessoas físicas que não tenham empregados e que exerçam suas atividades no contexto de uma economia familiar, em vez de contribuírem sobre a folha de salários (que, no caso, é inexistente), têm como base de cálculo o resultado da comercialização de seus produtos. As pessoas jurídicas, por outro lado, a depender da atividade econômica, da utilização intensiva de mão de obra, do seu porte ou das condições do mercado de trabalho, poderão ter base de cálculo ou alíquotas diferenciadas. Isso significa que tanto as pessoas naturais, como as pessoas jurídicas que explorem as atividades do agronegócio podem estar sujeitas a regras distintas, a depender do que dispuser a lei, pois as pessoas físicas não contribuirão sobre a folha de salários e as empresas podem ter seu critério quantitativo (base de cálculo ou alíquota) modificado. Mas, destaque-se desde logo: *a lei só poderá assim proceder se forem respeitados os mandamentos superiores da Constituição*. Como se verá oportunamente, não foi isso que aconteceu.

Enfim, é esse, em singela síntese, o panorama constitucional que envolve a delimitação da competência tributária para instituição de contribuições previdenciárias incidentes sobre o agronegócio. Diante da fixação dessas premissas, já se pode descer um degrau na hierarquia normativa para se verificar de que maneira a lei cuidou dessas questões.

6.2 As contribuições previdenciárias exigidas das empresas do agronegócio e suas inconstitucionalidades

No campo das contribuições previdenciárias que repercutem sobre o agronegócio, há uma distância abissal entre a plataforma constitucional e o tratamento dado pela legislação ordinária. Isso se constata, sobretudo, quanto às contribuições das empresas rurais.

Com efeito, a Constituição Federal estabelece claramente no art. 195, I, "a" e "b", duas bases distintas de incidência para o custeio da Seguridade Social: a folha de salários e a receita ou o faturamento das empresas. São hipóteses diversas através das quais o legislador pode exigir validamente o pagamento de contribuições sociais.

De ordinário, a contribuição instituída com fulcro no art. 195, I, "a", tem por diploma legal básico a Lei Federal nº 8.212/91, que rege as contribuições incidentes sobre a folha de salários das empresas e que eram administradas, antes, pelo INSS – por isso que usualmente conhecidas também por "contribuições do INSS" (até a unificação das Secretarias da Receita Previdenciária e da Receita Federal, fundidas na Secretaria da Receita Federal do Brasil pela Lei nº 11.457/07). Já as contribuições criadas com fundamento no art. 195, I, "b", estão orientadas, na sua essência, pela Lei Complementar nº 07/70 e pelas Leis Federais nºs. 9.715/98, 9.718/98 e 10.637/02, para o PIS, e pela Lei Complementar 70/91 e igualmente pelas Leis Federais nºs. 9.751/98, 9.718/98, além da Lei nº 10.833/03, para a COFINS.

Ocorre que a Lei nº 8.212/91 passou por uma série de transformações legislativas. E essas mudanças também atingiram justamente a tributação incidente sobre as empresas rurais, tanto em relação às agroindústrias, quanto em face dos demais empregadores rurais. De acordo com as regras legais atuais, esses contribuintes estão obrigados a contribuir à Seguridade Social duplamente sobre o resultado da comercialização. E isso, como se verá, não tem sustentação jurídica.

6.2.1 A impossibilidade de sobreposição de incidências de contribuições à Seguridade Social sobre o resultado da produção das empresas rurais, inclusive agroindústrias

Nenhum estudo sério sobre direito tributário, no Brasil, pode começar senão a partir do exame cuidadoso da Constituição Federal. É a Carta da República a norma fundante de todo o arcabouço jurídico. Assim se dá nas mais variadas matérias. No entanto, no que pertine à atividade tributária do Estado, o constituinte foi rigoroso, não deixou espaço para discricionariedade do legislador. Ou bem a lei cumpre o que já está, explícita ou implicitamente, contido na Constituição, ou então a lei que não for assim produzida resvalará para o odioso, porque arbitrário, terreno da inconstitucionalidade. Não há outra forma.

Rememoradas, em rápidas pinceladas, essas noções basilares, a análise percuciente da legislação em vigor causa preocupação. Isso porque as Leis Federais n°s. 8.212/91 e 8.870/94, ao tratarem das contribuições sociais devidas pelas empresas rurais, distanciaram-se das fronteiras da Carta Fundamental.

Não é demais insistir que para as empresas atuantes no mercado interno – deixando-se de lado as importadoras – há três e somente três formas de contribuir à Seguridade Social, de acordo com o art. 195, I, "a" a "c": através da folha de salários, da receita ou faturamento e do lucro. Cada hipótese devidamente apartada uma da outra.[428]

Ao assim proceder, é inequívoco que o constituinte delineou o âmbito de incidência dessas contribuições sociais. Muito embora seja comum ouvir que nas contribuições a Constituição referiu-se a elas apenas pela finalidade a ser atingida, e não por intermédio de suas materialidades, a verdade é que, no que tange às contribuições sociais previstas no art. 195, não foi isso que aconteceu.

Com efeito, as alíneas do inciso I do art. 195 não se restringem à enunciação dos objetivos buscados com a instituição de tais contribuições sociais, muito mais do que isso, esses dispositivos normativos delineiam as próprias materialidades e as bases de cálculo sobre as quais poderão incidir esses

---

428. Sem se esquecer, é claro, da competência residual fixada no art. 195, § 4º, cujo exercício, porém, pressupõe que a lei, ao criar outras fontes destinadas a garantir a manutenção ou expansão da Seguridade Social, respeite o art. 154, I, isto é, que o tributo seja instituído mediante lei complementar e desde que seja não-cumulativo e não tenha fato gerador ou base de cálculo próprios dos discriminados na Constituição.

tributos. Nas palavras de Paulo Ayres Barreto, "*relativamente às* [contribuições] *destinadas à seguridade social, há referência expressa no Texto Constitucional – art. 195, I a IV – às materialidades que especificamente devem ser colhidas pelo legislador ordinário federal para criar contribuições que objetivem financiar a atividade estatal. (...) Noutro dizer, há contribuições cuja materialidade já vem predefinida na outorga da competência*".[429] Também para o Prof. Roque Carrazza "*o quantum da 'contribuição social', para o empregador, deverá, na hipótese, corresponder a um percentual* da folha de salários, *do* faturamento *e do* lucro *(cf. art. 195, I, da CF)*".[430]

Examinando a forma com que o constituinte tratou as contribuições no art. 149, o intérprete perceberá que ali não há relação expressa dos contornos da regra-matriz de incidência. No que toca às contribuições sociais destinadas à Seguridade Social, todavia, não foi essa a técnica legislativa adotada, na medida em que a Constituição esmiuçou no art. 195 os fatos de possível ocorrência que poderiam dar ensejo à instituição desses tributos. Não há como escapar da conclusão, portanto, de que as contribuições veiculadas em lei que sejam destinadas à Seguridade Social haverão de respeitar, inexoravelmente, os limites traçados na norma superior.

Apesar de essas informações estarem à disposição de todos, sobretudo do legislador ordinário, fato é que esses comandos constitucionais não foram respeitados. Isto porque o art. 25 da Lei Federal nº 8.870, de 15 de abril de 1994, estabeleceu que a contribuição à Seguridade Social do empregador pessoa jurídica que se dedique à produção rural, como regra, *passou a ser exigida não mais à razão da folha dos salários pagos aos seus empregados, mas sim em face do resultado da produção*. A Lei nº 10.256, de 09 de julho de 2001, por sua vez,

429. *Contribuições: regime jurídico, destinação e controle.* 2. ed. São Paulo: Noeses, 2011, p. 99/100.

430. *Curso de direito constitucional tributário.* 30. ed. São Paulo: Malheiros, 2015, p. 719 (com destaques no original).

modificou o *caput* do art. 25 da Lei nº 8.870/94, contudo, cuidou-se de mera alteração redacional. Já a Lei nº 13.606, de 09 de janeiro de 2018, modificou as alíquotas incidentes sobre a produção rural desses contribuintes. Eis o teor desse enunciado prescritivo, com seu atual teor normativo:

> *Art. 25. A contribuição devida à seguridade social pelo empregador, pessoa jurídica, que se dedique à produção rural, em substituição à prevista nos incisos I e II do art. 22 da Lei nº 8.212, de 24 de julho de 1991, passa a ser a seguinte:*
>
> *I – 1,7% (um inteiro e sete décimos por cento) da receita bruta proveniente da comercialização da sua produção;*
>
> *II – um décimo por cento da receita bruta proveniente da comercialização de sua produção, para o financiamento da complementação das prestações por acidente de trabalho. (...)*

Pelo que infere desse dispositivo, as empresas rurais, "*em substituição à* [contribuição] *prevista nos incisos I e II do art. 22 da Lei nº 8.212*", estão obrigadas, como regra, ao recolhimento do tributo sobre a receita bruta advinda da comercialização da produção à alíquota de 1,7%, além de 0,1% para fins de SAT (seguro de acidente do trabalho). Ou seja, em vez de arcarem, em princípio, com a exação sobre a folha de salários, como previsto no art. 22, I e II, da Lei nº 8.212/91, veem uma parcela do seu faturamento onerada.

Mas, não foi só em face dos empregadores rurais de uma maneira geral que essa exigência indevida foi feita. Também as agroindústrias, cujo perfil jurídico foi previsto pela Lei Federal nº 10.256/01, estão compelidas a contribuírem à Seguridade Social não sobre sua folha de salários, e sim sobre sua receita bruta. É esse o teor do art. 22-A da Lei nº 8.212/91, introduzido pela Lei nº 10.256/01:

> *Art. 22-A. A contribuição devida pela agroindústria, definida, para os efeitos desta Lei, como sendo o produtor rural pessoa jurídica cuja atividade econômica seja a industrialização de produção própria ou de produção própria e adquirida de terceiros, incidente sobre o valor da receita bruta proveniente da comercialização da*

produção, em substituição às previstas nos incisos I e II do art. 22 desta Lei, é de:

I – 2,5% (dois inteiros e cinco décimos por cento) destinados à Seguridade Social;

II – 0,1% (um décimo por cento) para o financiamento do benefício previsto nos arts. 57 e 58 da Lei 8.213, de 24 de julho de 1991, e daqueles concedidos em razão do grau de incidência de incapacidade para o trabalho decorrente dos riscos ambientais da atividade. (...)

Como se pode notar, tanto as agroindústrias, como os empregadores rurais pessoas jurídicas de uma maneira geral, em virtude das Leis Federais n°s. 8.870/94 e 10.256/01, estão obrigados ao recolhimento da contribuição à Seguridade Social às alíquotas de 2,5% e 1,7%, respectivamente, sobre a receita bruta oriunda da comercialização de sua produção, e não sobre a folha dos salários pagos aos seus empregados.[431] Especificamente para as pessoas jurídicas rurais (sociedades agropecuárias) houve uma alteração nessa regra pela Lei nº 13.606/18, a qual será examinada mais adiante. Para as agroindústrias, porém, nada mudou.

Há diversas perspectivas por intermédio das quais esse tema poderia ser enfrentado, todas elas com o propósito de demonstrar a invalidade dessa exigência. Para fins deste trabalho, crê-se que duas delas são suficientes para evidenciar a incompatibilidade desse regime com o ordenamento constitucional: a violação à isonomia e a impossibilidade de sobreposição de incidências de contribuições de idêntico teor.

Ninguém descura que a isonomia é um valor arraigado ao longo de todos os enunciados constitucionais. Esse foi um vetor importante na construção da Carta da República. Aliás, exatamente por se tratar de uma República é que a ordem jurídica brasileira pressupõe, assim nos atos legislativos, como nos administrativos e também nos judiciais, que o direito à igualdade seja respeitado sempre. Não foi isso que se deu com

431. Essa distorção do sistema produz efeitos também em relação à contribuição ao SENAR, como será visto adiante neste trabalho.

as contribuições previdenciárias das empresas do agronegócio. O legislador, de maneira absolutamente descabida, introduziu no sistema um regramento jurídico discriminatório, apartado, que compromete as empresas rurais apenas pelo fato de explorarem a atividade rural. Noutras palavras, o fator discriminador eleito pela lei assentou-se na circunstância isolada de a empresa dedicar-se à atividade rural, somente isso.

E ao assim dirigir seus comandos prescricionais é inequívoco que o legislador impôs às empresas do agronegócio uma tributação muito mais onerosa do que em relação às empresas urbanas, porquanto, quase sempre, em especial para as médias e grandes empresas, a parcela de 1,7% ou de 2,5% sobre o resultado da comercialização supera demasiadamente o percentual de 20% sobre a folha de salários (a chamada "cota patronal"). Isso fica ainda mais acentuado ao se constatar que, em regra, *as empresas do agronegócio, sobretudo as pessoas jurídicas rurais, não demandam mão de obra em quantidade elevada.*

Ora, não há havia embasamento constitucional para se dispensar tal tratamento jurídico. Nada justifica que as empresas rurais venham a ser tributadas de maneira distinta e mais gravosa do que as empresas urbanas. Aliás, *o próprio legislador, ao classificá-las sujeitas a uma alíquota reduzida para fins de SAT, explicitamente aceitou que as pessoas jurídicas do agronegócio submetem seus empregados a um grau mínimo de risco de acidente do trabalho,* dado que a alíquota menor é a aplicável às empresas que atuam com risco diminuto de acidentes.

Se as empresas do agronegócio são classificadas pela própria lei como oferecedoras de grau mínimo de risco de acidente do trabalho delas não se poderia exigir, paradoxalmente, tributo mais elevado para o custeio da Seguridade Social. Melhor esclarecendo, se a contribuição tem em mira abastecer os cofres públicos com o propósito específico de fazer frente às despesas da Previdência e da Assistência Social, sendo essa sua finalidade, então não poderia o legislador dispensar às empresas rurais e às agroindústrias um tratamento mais gravoso, *pois elas não provocam despesas mais elevadas por parte do Estado que pudessem, eventualmente, justificar tamanha discriminação; pelo contrário.*

Assim colocadas as coisas, é intuitivo concluir que o regime de tributação diferenciado previsto para as empresas do agronegócio é inconstitucional, porque não resiste à perspectiva isonômica. O critério escolhido pelo legislador - explorar ou não a atividade econômica rural - não serve para segregar esses contribuintes, diante do objetivo proposto (custear a Seguridade Social). Pelo princípio da solidariedade, que orienta a instituição das contribuições previdenciárias (art. 195, *caput*, CF), todos estão igualmente obrigados a custear a Seguridade Social. A veiculação de um regramento diferenciado, portanto, só se justificaria se os contribuintes a quem se impôs disciplina jurídica distinta causassem especial despesa ao Poder Público. Não é isso o que acontece. Desse modo, os dispositivos legais que obrigam as empresas rurais a arcar com as contribuições previdenciárias sobre o resultado da produção (receita bruta), e não sobre a folha de salários, são inconstitucionais.[432]

Bastaria dizer isso para se dar por certo que esse modelo é incompatível com o sistema jurídico. Mas, há mais. Esse mecanismo é inválido também porque a Constituição não tolera a sobreposição de incidências de contribuições com a mesma finalidade.

Retornando à base textual, o art. 195, I, "a" e "b", dispõe que das empresas podem ser exigidas contribuições sociais que incidam sobre a folha de salários e sobre a receita ou faturamento. Tanto o tributo instituído com fundamento na alínea

---

432. Bem adverte Lenio Luiz Streck que o jurista deve "assumir uma posição de defesa e suporte da Constituição como fundamento do ordenamento jurídico e expressão de uma ordem de convivência assentada em conteúdos materiais de vida e em um projeto de superação da realidade alcançável com a integração das novas necessidades e a resolução dos conflitos alinhados com os princípios e critérios de compensação constitucionais. Dito de outro modo, em termos jurídicos, nada pode ser se não for constitucionalmente legítimo. O ente só se manifestará se nele for levado a mostrar-se o ser da Constituição, isto porque o ser se dá sempre e somente enquanto ser de um ente, podendo nele ocultar-se. Consequentemente, não há(verá) ente jurídico sem o ser constitucionalizado/constitucionalizante, que nele deve ser mostrado". *Hermenêutica jurídica e(m) crise: uma exploração hermenêutica da construção do direito.* 5. ed. Porto Alegre: Livraria do Advogado, 2004, p. 293/294.

"a", quanto o veiculado com base na alínea "b" têm por pressuposto custear a Seguridade Social. São, pois, contribuições destinadas à Seguridade Social.

Sucede que as Leis n°s. 8.870/94 e 10.256/01, ao compelirem as empresas do agronegócio ao recolhimento sobre distintas base de cálculo (receita bruta) e alíquotas (1,7% e 2,5%), acabaram por extrapolar o fundamento de validade dessas contribuições, criando um insustentável *bis in idem*. Isso porque a receita bruta é a base imponível das contribuições introduzidas com espeque no art. 195, I, "b", e não na alínea "a", como supostamente seria o caso dos tributos de que tratam essas leis. E essa base de cálculo já serviu para instituição do PIS e da COFINS, não sendo admissível, destarte, novas contribuições que incidam sobre a mesma grandeza.

Esse é um aspecto importante do problema. Como destacado no capítulo anterior, o PIS e a COFINS incidem, essencialmente, sobre o "faturamento", assim entendida a "receita bruta", que significa a receita operacional da empresa, isto é, aquela oriunda da venda de mercadorias ou da prestação de serviços. A discussão a respeito do alargamento da base de cálculo, que passou de "faturamento" para a "totalidade das receitas", não tem aplicação aqui, pois não é esse o cerne da controvérsia.

O que é fundamental destacar é que as empresas do agronegócio já são contribuintes de PIS e de COFINS, estando obrigadas, como regra, ao recolhimento dessas contribuições destinadas à Seguridade Social à razão de um percentual incidente sobre sua receita bruta. Assim, sobre o valor da comercialização da produção (base de cálculo), as empresas rurais se submetem à incidência das contribuições sociais destinadas à Seguridade Social denominadas PIS e COFINS.

A partir do momento, todavia, que as Leis Federais n°s. 8.870/94 e 10.256/01, sob o pretexto de "substituírem" as contribuições incidentes sobre a folha de salários, determinam que essas empresas recolham um percentual adicional de 1,7% e de 2,5% sobre a mesma base de cálculo, *há, inequivocamente, uma sobreposição de incidências de contribuições voltadas à Seguridade Social*, o que a Carta da República não admite.

Perceba-se que, a prevalecer a imposição dessas leis, as empresas rurais estarão obrigadas, na prática, ao pagamento de "dois PIS" ou de "duas COFINS". Sim, porque se são contribuintes do PIS e da COFINS, que repercutem sobre a receita bruta, não podem ser submetidas a outra contribuição incidente sobre a receita bruta, sob pena de incontornável *bis in idem*. A competência prevista no art. 195, I, "b", foi exaurida pelo legislador, ao criar o PIS e a COFINS; logo, invocando a competência do art. 195, I, "a", esse mesmo legislador só pode tributar a folha de salários, e não, uma vez mais, a receita bruta dos contribuintes.

Um aspecto sempre discutido no meio acadêmico é se o legislador pode instituir tantas contribuições quantas lhe parecer convenientes, conquanto que lhes dê finalidades distintas. Não há consenso na doutrina, muito embora a tese mais acertada – e, justamente por isso, aceita neste trabalho – pareça ser aquela que se posiciona no sentido de que para cada finalidade apenas uma contribuição há de ser admitida, exceção feita aos casos explicitamente previstos pela Constituição originária.[433] Advogar exegese contrária seria o mesmo que admitir que a Constituição não oferece um sistema de controles; bastaria ao legislador, comodamente, anunciar uma nova finalidade a ser custeada e tudo estaria perdido. Em reflexões aprofundadas – como em todos seus textos – Humberto Ávila enfrenta esse tema, demonstrando, com peculiar habilidade científica, que, de fato, não é válido o expediente de "proliferação" de contribuições sobre a mesma base:

> *Essas considerações demonstram que, apesar de a Constituição não prever expressamente quais os fatos, o Poder Legislativo não poderá escolher qualquer fato como hipótese de incidência da contribuição instituída. O principal limite relaciona-se à peculiaridade*

433. Como, por exemplo, o próprio PIS, o salário-educação e as contribuições ao "Sistema S".

> *das contribuições: sua vinculação à promoção de determinadas finalidades. Se o aspecto distintivo das contribuições é a sua vinculação a finalidades estatais permanentes, a escolha constitucional de determinadas bases de cálculo como fontes de promoção de determinadas finalidades pré-exclui sua utilização para a promoção de outras finalidades. A própria Constituição utiliza, no caso das contribuições sociais para "financiamento" da Seguridade Social, o termo 'fontes', determinando, inclusive, que a lei complementar poderá instituir "outras fontes" destinadas a garantir a manutenção ou expansão da Seguridade Social.* Ao fazê-lo, a Constituição vinculou determinadas bases de cálculo a determinadas finalidades e, por consequência, vedou, indiretamente, a utilização dessas bases como fontes de custeio de outras finalidades.[434]

Se ao legislador não lhe é dado instituir distintas contribuições sobre a mesma base de cálculo, ainda que com finalidades diversas, *com muito mais razão ainda não se pode admitir a sobreposição de contribuições com a mesma finalidade.*

Seria bem frágil essa Constituição se o legislador, com uma penada, pudesse, ao seu alvedrio, instituir tributos epidemicamente, exacerbando a já elevada carga tributária, com a singela saída furtiva nominal, rotulando-os de "contribuições". A toda evidência, uma vez que a contribuição prevista no art. 195, I, "b", já foi instituída (o PIS e a COFINS), não pode haver incidência de outra contribuição com a mesmíssima base de cálculo, como a que se exige das empresas do agronegócio, ainda mais se todas elas têm idêntica finalidade: custear a Seguridade Social. Essas questões não passaram ao largo do olhar atento do eminente Professor Paulo de Barros Carvalho. Em obra na qual o ilustre jurista demonstra a aplicabilidade plena de todas as categorias científicas com que opera, seu posicionamento só vem a avalizar o que aqui se defende. É essa sua manifestação a respeito do tema:

> *Ao discriminar a competência para instituição de contribuições destinadas à seguridade social, o constituinte traçou minuciosamente*

---

434. "Contribuições na Constituição Federal de 1988". *As contribuições no sistema tributário brasileiro.* Coord. Hugo de Brito Machado. São Paulo: Dialética, 2003, p. 323 (sem destaques no original).

os arquétipos das possíveis regras-matrizes de incidência tributária, impondo, ao legislador infraconstitucional, observância a uma série de requisitos.

Dentre as exigências estipuladas para o exercício dessa competência tributária cabe destacar as fontes de custeio autorizadas pelo Texto Maior, às quais deve limitar-se o legislador ordinário da União, bem como as condições necessárias à criação de nova fonte.

(...)

Com tal prescrição, traça o modelo da regra-matriz de incidência das contribuições para a seguridade social, vinculando a atividade do legislador ordinário da União. *Este, no exercício da competência tributária, não pode distanciar-se dos termos constitucionalmente estabelecidos, quer no que diz respeito ao sujeito passivo, quer no tocante à hipótese de incidência ou à base de cálculo.*

(...)

Além disso, o legislador federal, ao descrever a hipótese de incidência e base de cálculo dessas contribuições, deve limitar-se a instituir uma única contribuição para cada situação ali relacionada. (...)

(...)

Por seu turno, a instituição de contribuições não deve seguir critérios diferentes daqueles exigidos para criar impostos. Ora, não é porque o Texto Maior autoriza que o ente federal institua imposto incidente sobre a renda (artigo 153, III), por exemplo, que este poderá percutir sobre o referido fato várias vezes, por meio de impostos diversos. O mesmo ocorre com as contribuições: é vedado à União criar duas contribuições com idênticas hipóteses de incidência e bases de cálculo, pois se assim o fizer, estará tributando duplamente um único fato e, em consequência, ofenderá o princípio constitucional implícito, decorrente da repartição das competências tributárias e que proíbe o *bis in idem. Nesse sentido já se manifestou o E. Supremo Tribunal Federal, consignando a possibilidade de instituição de uma única contribuição para cada base de cálculo.*

Como já observado, o legislador deve limitar-se a instituir uma contribuição para cada situação relacionada no texto constitucional. Em vista disso, quando o artigo 195, I, "b", da Constituição relaciona "receita ou faturamento", deve-se interpretá-lo de acordo com o conectivo escolhido, disjuntor excludente "ou", que claramente impõe alternativas, inviabilizando a exigência simultânea de duas contribuições: uma sobre a receita e outra sobre faturamento. Ao editar a Lei n. 10.256/01, entretanto, o legislador

> da União ignorou referidos limites constitucionais ao exercício da competência tributária e instituiu nova contribuição, exigida das agroindústrias que industrializam matéria-prima própria, elegendo, como base de cálculo, o valor da receita bruta proveniente da comercialização de tais produtos. Desse modo, criou outra contribuição para a seguridade social, cuja materialidade e correspondente base de cálculo já são tributadas por contribuição diversa, também destinada ao financiamento da seguridade social: a COFINS. Configurou-se assim o *bis in idem*, vedado consoante interpretação sistemática do texto constitucional.[435]

A reprodução dessas palavras corrobora, integralmente, a tese de que a Carta da República não admite que se crie mais de uma contribuição sobre idênticas hipóteses de incidência e bases de cálculo, sobretudo quando a finalidade a que estão preordenadas é a mesma. Logo, a sistemática de tributação prevista pelas Leis Federais n°s. 8.870/94 e 10.256/01 é inconstitucional.

Enfim, diante de tudo quanto foi exposto, não pode restar dúvida acerca da impossibilidade de exigência de contribuições à Seguridade Social sobre o resultado da produção das empresas rurais, inclusive agroindústrias, tanto em virtude da violação à isonomia, quanto em face da invalidade da sobreposição de incidências de contribuições de idêntico teor.

---

435. *Direito tributário, linguagem e método*. 8. ed. São Paulo: Noeses, 2021, p. 823/828 (sem destaques no original). No mesmo sentido: "Os produtores rurais pessoas jurídicas, contudo, tiveram a contribuição sobre a folha de salários substituída por uma outra, incidente sobre a sua receita, juntamente com a Cofins, o que produziu grande distorção. A receita desse segmento de contribuintes passou a sofrer com ônus de quase 6% (seis por cento) somente a título de contribuição para a previdência social. Essa nova forma de tributação, incidente apenas e in bis in idem sobre a receita bruta de produtores rurais pessoas jurídicas, é vantajosa para alguns contribuintes, e extremamente desvantajosa para outros. Aqueles contribuintes para os quais a mão-de-obra representa custo significativo em relação à sua receita, no caso, saíram beneficiados com a medida. Todavia, para os contribuintes cuja mão de obra representa custo pequeno em relação à receita, a medida se mostrou deveras onerosa". MACHADO, Hugo de Brito; MACHADO SEGUNDO, Hugo de Brito. "Inconstitucionalidade da contribuição previdenciária dos produtores rurais, instituída pela Lei nº 8.870/94". *Revista dialética de direito tributário* nº 72, p. 98/99. E também: GALDINO, Dirceu; ARZUA, Heron. "Ainda o Funrural e o Incra". *Revista dialética de direito tributário nº* 52, p. 63/64.

6.2.2 O mandamento constitucional de tributação diferenciada em razão da atividade econômica ou de utilização intensiva de mão de obra e o mau uso dessa competência pelo legislador quanto ao regime substitutivo dessas contribuições para as empresas rurais

Na contramão de tudo que foi dito no item anterior, poder-se-ia sustentar que o regramento de tributação diferenciada das empresas do agronegócio teria amparo constitucional, por se tratar de uma atividade econômica diferente. Isso autorizaria a exigência das contribuições adotando-se bases de cálculo e alíquotas distintas das empresas rurais, inclusive as agroindústrias.

Não é assim, contudo. O art. 195, § 9º, da Carta Constitucional, com a redação dada, inicialmente, pela Emenda Constitucional 20/98, depois pela Emenda Constitucional 47/05 e, atualmente, pela Emenda Constitucional 103/19, prevê a possibilidade de as contribuições sociais incidentes sobre a folha de salários, a receita ou o faturamento e o lucro terem *"alíquotas diferenciadas"*, isso *"em razão da atividade econômica, da utilização intensiva de mão de obra, do porte da empresa ou da condição estrutural do mercado de trabalho"*, prevendo o enunciado ainda ser *"também autorizada a adoção de bases de cálculo diferenciadas apenas no caso das alíneas 'b' e 'c' do inciso I do caput"*. Como se pode notar, são 04 (quatro) as condições que autorizam a adoção do regime diferenciado: (i) a atividade econômica desenvolvida; (ii) a utilização intensiva de mão de obra; (iii) o porte da empresa; (iv) ou a condição estrutural do mercado de trabalho. É a partir desse enfoque traçado no art. 195, § 9º, que se deve perquirir se as empresas rurais podem ou não se submeter ao regime diferenciado.

Investigando os pressupostos autorizadores, a começar do último para o primeiro, parece claro que nada justifica a tributação diferenciada das empresas rurais em virtude da "condição estrutural do mercado de trabalho". Não há nenhum aspecto diferenciador no mercado de trabalho dos empregados rurais, ainda mais quanto a sua "condição estrutural" (aliás, mais uma expressão extremamente vaga), que possa abrir espaço à exigência de contribuições sociais de maneira distinta para as empresas do agronegócio. Pelo contrário, esses trabalhadores, por atuarem no setor primário, não causam à Previdência Social qualquer despesa adicional. Não são trabalhadores extremamente qualificados, que ganham salários elevados e, em consequência, que poderiam vir a ser aposentados com rendimentos altos. Nada disso.

O mesmo se diga em relação ao "porte da empresa". Em primeiro lugar, porque esse critério é de validade discutível, na medida em que o porte da empresa não pode servir de fator diferenciador para se tributar os contribuintes, ainda mais em se tratando de folha de salários. Por outro lado, as empresas do agronegócio, sejam pequenas, médias ou grandes, igualmente não costumam demandar grande mão de obra, que provocassem, assim, despesas extraordinárias por parte da Previdência ou da Assistência Social, de tal sorte que esse critério também não é aplicável às empresas rurais.

Em idêntico sentido e pelas mesmas razões, debaixo da rubrica "utilização intensiva de mão de obra" as empresas do agronegócio não se encaixam. Seja na pecuária, extensiva ou não, seja na agricultura ou mesmo nas agroindústrias não há demanda intensa de trabalhadores. Na pecuária porque, mesmo com poucos funcionários, é possível conduzir uma propriedade rural com vasta extensão territorial. Na agricultura, porque a demanda é sazonal, a depender dos períodos de colheita, mas, ainda assim, hoje em dia, quase todas as propriedades se valem de máquinas agrícolas avançadas, como colheitadeiras, nas épocas de safra. E também nas agroindústrias, como no setor sucroalcooleiro, o emprego da mecanização demonstra que não há "utilização intensiva de mão de obra". Portanto, sob esse critério, não se pode tributar as empresas rurais de forma diferenciada.

Sobrerresta a análise da atividade econômica. O art. 195, § 9º, prevê o regime diferenciado "em razão" da atividade econômica. Isso significa que a adoção de uma disciplina jurídica distinta para o cômputo das contribuições deve estar intimamente atrelada à especial despesa provocada por determinado segmento econômico, pois o pressuposto aqui é a atividade econômica em si mesma considerada.

Noutras palavras, o constituinte reformador autorizou a instituição de contribuições à Seguridade Social com bases de cálculo ou alíquotas diferentes pelo fato exclusivo de o contribuinte integrar uma atividade econômica, o que leva à conclusão de que esse sistema diferenciado se justifica em virtude de aquela atividade gerar para a Previdência ou Assistência Social uma despesa também diferente.

Ocorre que as empresas do agronegócio não exploram uma atividade econômica que pudesse ser considerada "diferente", *não, ao menos, para fins de se justificar o regramento tributário diferenciado.* Em poucas palavras: o legislador não é livre para, valendo-se do critério "atividade econômica", aplicar esse modelo sem qualquer justificativa lógica razoável a um segmento de atividade econômica que não apresenta peculiaridades que pudessem levá-lo a uma tributação diferenciada.

A imposição de bases de cálculo ou alíquotas distintas tem por pressuposto lógico, ainda que implícito, que o segmento econômico para o qual será adotado ocasiona aos cofres públicos despesas extraordinárias, específicas, justificando a criação de regras diferentes. As empresas rurais, porém, não trazem aos orçamentos da Seguridade Social esse tipo de gasto especial, de maneira que a circunstância isolada de explorarem a atividade rural, por si só, não supre a exigência constitucional autorizadora da tributação diferenciada em relação a elas.

Portanto, as empresas do agronegócio não se encaixam em nenhuma das condições excepcionais previstas no mandamento constitucional. Em consequência, o regime tributário diferenciado para fins de apuração do critério quantitativo das contribuições à Seguridade Social imposto pela lei não se sustenta em face das empresas rurais, sendo, por isso mesmo, incompatível com o sistema jurídico de direito positivo.

Como se isso não bastasse, malgrado a previsão legal desse mecanismo para as empresas do agronegócio seja inconstitucional, a própria fórmula adotada pelo legislador também se revela inválida, evidenciando duplamente o mau uso dessa competência.

Há um aspecto crucial que não pode ser esquecido: *de acordo com o preceito constitucional vigente ao tempo da edição da lei* (ou seja, no texto da EC 20/98, lembrando que a Lei nº 10.256 é de 2001), o regramento substitutivo consiste na aplicação de alíquotas "*ou*" base de cálculo diferenciadas. O signo linguístico, aqui, é no sentido de que ou um ou outro elemento do critério quantitativo poderá ser modificado; e não ambos ao mesmo tempo. Por isso que a Constituição empregou o conectivo disjuntor excludente "ou".

Não foi assim, contudo, que aconteceu. O art. 25 da Lei nº 8.870/94, ao criar essa regra para as pessoas jurídicas rurais, sequer tinha respaldo no texto da Constituição ao tempo de sua edição (ao prever, à época, a contribuição à ordem de 2,5% sobre a produção). Foi só em 1998, por força da Emenda Constitucional nº 20, que a Constituição passou a admitir essa regra, com a inclusão do § 9º ao art. 195. Isso, por si só, já fulminaria a exigibilidade desse tributo. Não é demais lembrar que a Lei nº 10.256/01 modificou apenas a redação do *caput* do art. 25 da Lei nº 8.870/94, mas a obrigatoriedade de recolhimento sobre a produção já existia desde 1994. O raciocínio não fica prejudicado no que tange à tributação das agroindústrias, em virtude da inclusão do art. 22-A à Lei nº 8.212/91. Embora já houvesse autorização constitucional pela EC 20/98, a lei previu que a contribuição devida à Seguridade Social pelas agroindústrias, em vez de incidir sobre a folha de salários, passou a ser calculada à razão de 2,5% sobre a receita bruta proveniente da comercialização da produção.

Em vez de adotar uma outra alíquota *ou* uma outra base de cálculo, como salienta o art. 195, § 9º, da CF, na sua redação anterior, *o legislador acabou por mesclar as duas situações*, prevendo alíquotas *e* bases de cálculo distintas. Em vez de estarem sujeitas ao pagamento de 20% (alíquota) incidentes sobre a folha de salários (base de cálculo), os empregadores rurais e as agroindústrias submetem-se ao recolhimento de 1,7% e 2,5% (alíquota) sobre sua receita bruta (base de cálculo).

Por isso é que se pode dizer que a tributação prevista para as empresas do agronegócio – ainda que, porventura, venha a ser mais favorável em determinada situação, não importa – não se amolda ao arcabouço constitucional.

O mandamento constitucional permitia que se optasse por uma alíquota diferente ou então por uma base de cálculo distinta. Assim, poderia o legislador, por exemplo, manter a base de cálculo sobre a folha de salários e aplicar uma alíquota diferenciada.

Sucede que as regras jurídicas estampadas nos arts. 25 da Lei nº 8.870/94 e 22-A da Lei nº 8.212/91 extrapolaram o contexto do art. 195, § 9º, da Carta da República. Em sendo assim, essas normas não têm respaldo na Constituição Federal, de sorte que as empresas do agronegócio devem apurar as contribuições à Seguridade Social à alíquota de 20% sobre a folha de salários de seus funcionários, como se dá para as empresas urbanas. E nessa medida as contribuições assumem feição confiscatória, repudiada pelo ordenamento jurídico.[436]

---

436. "A GARANTIA CONSTITUCIONAL DA NÃO CONFISCATORIEDADE. O ordenamento constitucional brasileiro, ao definir o estatuto dos contribuintes, instituiu, em favor dos sujeitos passivos que sofrem a ação fiscal dos entes estatais, expressiva garantia de ordem jurídica que limita, de modo significativo, o poder de tributar de que o Estado se acha investido. Dentre as garantias constitucionais que protegem o contribuinte, destaca-se, em face de seu caráter eminente, aquela que proíbe a utilização do tributo – de qualquer tributo – com efeito confiscatório (CF, art. 150, IV). A Constituição da República, ao consagrar o postulado da não confiscatoriedade, vedou qualquer medida, que, adotada pelo Estado, possa conduzir, no campo da fiscalidade, à injusta apropriação estatal do patrimônio ou dos rendimentos dos contribuintes, comprometendo-lhes, em função da insuportabilidade da carga tributária, o exercício a uma existência digna, ou a prática de atividade profissional lícita, ou, ainda, a regular satisfação de suas necessidades vitais (educação, saúde e habitação, p. ex.). – Conceito de tributação confiscatória: jurisprudência

Poder-se-ia argumentar, porém, que a Emenda Constitucional nº 103, de 12 de novembro de 2019, deu nova disciplina a essa questão, não mais prevendo alíquota *"ou"* base de cálculo diferenciadas, mas sim alíquotas diferenciadas, *"sendo também autorizada a adoção de bases de cálculo diferenciadas"*.

Ocorre que, como já foi visto antes, *norma constitucional posterior não convalida inconstitucionalidade anterior de lei.* Com efeito, quando do julgamento do tema envolvendo o alargamento da base de cálculo de PIS/COFINS de "faturamento" para "todas as receitas" antes da Emenda Constitucional nº 20/98, o próprio Supremo sepultou esse tipo de saída.[437] A compatibilidade da norma se examina com lastro no texto em vigor ao tempo de sua edição. Ora, como a Lei nº 8.870/94 e a Lei nº 10.256/01 são muito anteriores à Emenda Constitucional 103/19, o arcabouço normativo aplicável é o de antes, de tal maneira que as inconstitucionalidades desses diplomas normativos aqui denunciadas não ficam superadas.

---

constitucional do Supremo Tribunal Federal (ADI 2.010-MC/DF, Rel. Min. CELSO DE MELLO, v.g.) e o magistério da doutrina. A questão da insuportabilidade da carga tributária. TRIBUTAÇÃO E OFENSA AO PRINCÍPIO DA PROPORCIONALIDADE. O Poder Público, especialmente em sede de tributação, não pode agir imoderadamente, pois a atividade estatal acha-se essencialmente condicionada pelo princípio da razoabilidade, que traduz limitação material à ação normativa do Poder Legislativo. O Estado não pode legislar abusivamente. A atividade legislativa está necessariamente sujeita à rígida observância de diretriz fundamental, que, encontrando suporte teórico no princípio da proporcionalidade, veda os excessos normativos e as prescrições irrazoáveis do Poder Público. O princípio da proporcionalidade, nesse contexto, acha-se vocacionado a inibir e a neutralizar os abusos do Poder Público no exercício de suas funções, qualificando-se como parâmetro de aferição da própria constitucionalidade material dos atos estatais. A prerrogativa institucional de tributar, que o ordenamento positivo reconhece ao Estado, não lhe outorga o poder de suprimir (ou de inviabilizar) direitos de caráter fundamental constitucionalmente assegurados ao contribuinte. É que este dispõe, nos termos da própria Carta Política, de um sistema de proteção destinado a ampará-lo contra eventuais excessos cometidos pelo poder tributante ou, ainda, contra exigências irrazoáveis veiculadas em diplomas normativos editados pelo Estado". STF, ADI-MC-QO 2.551-MG, Pleno, Rel. Min. Celso de Mello, publ. 20.04.2006, p. 05.

437. Recurso Extraordinário nº 346.084, Pleno, Rel. Min. Ilmar Galvão, Rel. p/ acórdão Min. Marco Aurélio, *DJU* 01.09.2006.

6.2.3 As contribuições ao SAT e as empresas do agronegócio: invalidade da grandeza sobre a qual repercutem

A adoção indevida de um regime jurídico distinto aplicável às empresas do agronegócio no que pertine à apuração das contribuições previdenciárias traz reflexos negativos também, como não poderia deixar de ser, nas contribuições ao SAT. Para os outros contribuintes, o art. 22, incisos I e II, da Lei Federal nº 8.212/91 determina que, além do pagamento de contribuições previdenciárias incidentes à razão de 20% da folha de salários ("cota patronal"), a empresa está obrigada, de igual forma, a recolher contribuições equivalentes a 1%, 2% ou 3% adicionais para o financiamento do benefício previsto nos arts. 57 e 58 da Lei Federal nº 8.213/91, ou seja, o seguro de acidente do trabalho (SAT). Por isso que o SAT pode ser visto como um adicional da contribuição previdenciária sobre a folha de salários.

No caso específico, em vez de a legislação normatizar as contribuições que comporão o orçamento da Seguridade Social em sua inteireza e, a partir disso, no âmbito financeiro, aí sim dividir os recursos conforme as necessidades, o legislador houve por bem segregar um benefício especificamente, fazendo pouco caso das contribuições que já incidem sobre as empresas e compelindo-as ao pagamento de adicionais de contribuições. Nada impede, sob essa ótica, que amanhã ou depois o legislador crie mais um adicional, agora para custear o auxílio-doença, por exemplo, tudo ao largo de qualquer tipo de controle. Como se vê, esse modelo é incompatível com a racionalidade do sistema jurídico.

O SAT é calculado de acordo com o risco de acidente do trabalho (RAT), dividindo-se em graus leve, médio e grave. Assim, a depender de suas atividades, a empresa será classificada em propiciadora de riscos leve, médio ou grave aos seus empregados, obrigando-se ao pagamento de 1%, 2% ou 3% a mais a título de contribuições previdenciárias incidentes sobre a folha de salários, respectivamente.

Acontece que, também aqui, a lei fez uma diferenciação descabida quanto às empresas do agronegócio. E, ao fazê-la, resvalou igualmente para o terreno da inconstitucionalidade, bem ao modo de que o acessório segue a sorte do principal.

A esse respeito é necessário esclarecer, em primeiro lugar, que as pessoas jurídicas que se dedicam ao agronegócio devem ser classificadas, necessariamente, debaixo da alíquota mais baixa, por ter risco de acidente de trabalho considerado leve. É que comparando a atividade rural com as atividades desempenhadas por outros setores, como as metalúrgicas, as petroquímicas e as mineradoras, por exemplo, que podem ser vistas como propiciadoras de elevado grau de risco de acidente de trabalho, é intuitivo concluir que o tipo de trabalho desenvolvido no meio rural não oferece ao empregado riscos acentuados. O único agente que poderia vir a prejudicar a saúde ou a integridade física é a exposição solar, mas o fato isoladamente considerado de o trabalhador desempenhar suas tarefas ao ar livre não pode chegar ao ponto de justificar o enquadramento dessas pessoas jurídicas em outra categoria.

Até aí, a lei acertou. A alíquota da contribuição ao SAT das empresas rurais foi fixada no grau mínimo. Nessa parte, o art. 25, II, da Lei Federal nº 8.870/94 e o art. 22-A, II, da Lei Federal nº 8.212/91 (esse último incluído pela Lei nº 10.256/01) andaram bem ao prescrever que as empresas do agronegócio devem recolher a contribuição ao SAT sob o risco leve. Quanto a isso, nenhuma objeção a ser feita, tendo em vista que essas empresas, de fato, oferecem riscos mínimos de acidente de trabalho aos seus funcionários.

O problema reside na sistemática adotada, ao se estabelecer a incidência à razão de 0,1% (alíquota) sobre a receita bruta (base de cálculo). Com efeito, apesar de o legislador ter corretamente colocado as empresas rurais debaixo da alíquota mínima, *acabou por submetê-las à apuração de acordo com o resultado de sua produção*. E isso, como já destacado, não é compatível com o ordenamento constitucional.

A contribuição instituída com fundamento no art. 195, I, "a", da Carta Constitucional só pode repercutir sobre a folha de salários dos empregados, jamais em relação à receita bruta auferida. Nada justifica que o legislador exija das empresas rurais e das agroindústrias a contribuição para custeio do seguro de acidente de trabalho em face da riqueza movimentada pelo contribuinte, porque uma coisa não guarda relação com a outra.

É bem verdade que a alíquota prevista para esses contribuintes (de 0,1%) é menor do que aquela prevista para os demais (de 1%). Isso pode passar a impressão de que o tratamento dado teria sido mais benéfico, mas não foi. E assim se afirma porque *0,1% incidente sobre a receita bruta da produção rural geralmente é maior que 1% sobre a folha de salários*. Para se chegar a essa conclusão basta fazer uma equação matemática: *sempre que a receita bruta for maior que dez vezes o total da folha de salários já se estará diante de um tributo mais gravoso*. Essa é a realidade para boa parte das médias e grandes empresas do agronegócio produtoras de soja e de gado, por exemplo, atividades nas quais não há uma demanda muito grande de mão de obra, seja por conta da mecanização das atividades do campo (para a soja), seja pelo modo da produção extensiva (para o gado).

Desse modo, assim como se passa com a contribuição previdenciária "regular", o "adicional" do SAT, instituído à razão de 0,1% sobre o resultado da comercialização, não se apresenta válido em face do sistema jurídico, motivo pelo qual só pode ser exigido com base na folha dos salários pagos pelas empresas do agronegócio aos seus empregados.

6.2.4 Um pouco de pragmática jurídica: a forma com que os Tribunais têm enfrentado esse tema

Quando o tema em análise é a contribuição previdenciária incidente sobre a comercialização da produção rural – tanto da pessoa jurídica, quanto da pessoa física – não é exagero dedicar um tópico próprio à análise acerca da forma com que os Tribunais têm enfrentado essa matéria, a começar neste item da perspectiva das pessoas jurídicas. Toda a celeuma remonta ao art. 25 da Lei Federal nº 8.870/94, desde a sua redação originária até o novo arranjo que lhe foi dado pela Lei Federal nº 10.256/01.

O *caput* do art. 25 da Lei nº 8.870/94 dispunha, no seu texto primitivo, que *"a contribuição prevista no art. 22 da Lei nº 8.212, de 24 de julho de 1991, devida à seguridade social pelo empregador, pessoa jurídica, que se dedique à produção rural, passa a ser a seguinte"*, prevendo, então, nos incisos I e II as faixas de 2,5% e 0,1% da receita bruta proveniente da comercialização de sua produção, essa última para o fim específico de SAT. Até aí, como se vê, foi criada uma sistemática diferente desde essa lei para o empregador rural pessoa jurídica, que passou a ser obrigado a recolher sobre a produção, e não sobre a folha de salários, como os demais. Não é demais lembrar que a Lei nº 13.606/18 reduziu a alíquota de 2,5% para 1,7% e que, a partir do exercício de 2019, passou a permitir a tributação sobre a folha de salários apenas para as pessoas jurídicas rurais (tema que será tratado adiante), não para as agroindústrias.

Acontece que o § 2º desse art. 25 – na sua redação originária, note-se bem – estabeleceu que essa regra *"se estende às pessoas jurídicas que se dediquem à produção agroindustrial, quanto à folha de salários de sua parte agrícola, mediante o pagamento da contribuição prevista neste artigo, a ser calculada sobre o valor estimado da produção agrícola própria, considerado seu preço de mercado"*. Pronto, o palco para debates já estava armado: (i) não havia na legislação definição sobre o que vinha a ser "agroindústria" (pois esse conceito normativo só surgiu em 2001, com o advento da Lei nº 10.256); (ii) e a Constituição não previa como base de cálculo possível (como ainda não prevê) o "valor estimado" da produção agrícola.

Por conta disso, a Confederação Nacional da Indústria (CNI) ingressou com uma ação direta de inconstitucionalidade para defender a invalidade dessa sistemática. Ao julgá-la, o Supremo Tribunal Federal, em primeiro lugar, restringiu o conhecimento da ação às agroindústrias, por serem, de alguma forma, empresas industriais, já que, no que toca aos demais empregadores rurais pessoas jurídicas, a CNI não poderia defendê-los, por extrapolar seu âmbito de representatividade em virtude da falta de pertinência temática. *Ou seja, o objeto do julgamento envolveu apenas o § 2º do art. 25, e não o caput.* E por entender que "valor estimado da produção agrícola própria" não era "folha de salários", "faturamento" ou "lucro" (seguindo a redação do art. 195 da CF/88 à época), o Supremo julgou tratar-se de nova fonte de custeio, a qual, no entanto, dependia da edição de lei complementar para tanto. Eis o que constou no acórdão:

> *AÇÃO DIRETA DE INCONSTITUCIONALIDADE. CONTRIBUIÇÃO DEVIDA À SEGURIDADE SOCIAL POR EMPREGADOR, PESSOA JURÍDICA, QUE SE DEDICA À PRODUÇÃO AGRO-INDUSTRIAL (§ 2º DO ART. 25 DA LEI Nº 8.870, DE 15.04.94, QUE ALTEROU O ART. 22 DA LEI Nº 8.212, DE 24.07.91): CRIAÇÃO DE CONTRIBUIÇÃO QUANTO À PARTE AGRÍCOLA DA EMPRESA, TENDO POR BASE DE CÁLCULO O VALOR ESTIMADO DA PRODUÇÃO AGRÍCOLA PRÓPRIA, CONSIDERADO O SEU PREÇO DE MERCADO. DUPLA INCONSTITUCIONALIDADE (CF, art. 195, I E SEU § 4º) PRELIMINAR: PERTINÊNCIA TEMÁTICA.*
>
> *1. Preliminar: ação direta conhecida em parte, quanto ao § 2º do art. 25 da Lei nº 8.870/94; não conhecida quanto ao caput do mesmo artigo, por falta de pertinência temática entre os objetivos da requerente e a matéria impugnada.*
>
> *2. Mérito. O art. 195, I, da Constituição prevê a cobrança de contribuição social dos empregadores, incidentes sobre a folha de salários, o faturamento e o lucro; desta forma, quando o § 2º do art. 25 da Lei nº 8.870/94 cria contribuição social sobre o valor estimado da produção agrícola própria, considerado o seu preço de mercado, é ele inconstitucional porque usa uma base de cálculo não prevista na Lei Maior.*
>
> *3. O § 4º do art. 195 da Constituição prevê que a lei complementar pode instituir outras fontes de receita para a seguridade social; desta forma, quando a Lei nº 8.870/94 serve-se de outras fontes, criando contribuição nova, além das expressamente previstas, é ela inconstitucional, porque é lei ordinária, insuscetível de veicular tal matéria.*

4. Ação direta julgada procedente, por maioria, para declarar a inconstitucionalidade do § 2º da Lei nº 8.870/94.[438]

Diante desse pronunciamento e como a questão da perspectiva dos empregadores rurais pessoas jurídicas não foi dirimida pelo Supremo, os contribuintes continuaram a levar suas pretensões ao Poder Judiciário. E o Tribunal Regional Federal da 4ª Região, em acórdão lapidar, *tirado em incidente de inconstitucionalidade*, acabou por decretar a invalidade dessa forma de tributação, deixando assentado o seguinte:

TRIBUTÁRIO. ARGUIÇÃO DE INCONSTITUCIONALIDADE. ART. 25, CAPUT, INCISOS I E II E § 1º, DA LEI Nº 8.870/94. CONTRIBUIÇÃO À SEGURIDADE SOCIAL SOBRE A PRODUÇÃO RURAL, EQUIVALENTE A FATURAMENTO. SAT. SENAR. EMPREGADOR PESSOA JURÍDICA. COFINS. DUPLA INCONSTITUCIONALIDADE (CF, ART. 195, I E SEU § 4º). BITRIBUTAÇÃO.

1. O STF, ao julgar a ADIn n.º 1103-1/DF, em 18-12-1996, DJU de 25-04-97, na qual a Confederação Nacional da Indústria visava à declaração de inconstitucionalidade do caput e parágrafos do art. 25 da Lei n.º 8.870/94, não conheceu da ação quanto ao caput, "por falta de pertinência temática entre os objetivos da requerente e a matéria impugnada", declarando inconstitucional o § 2º desse dispositivo legal: "sobre o valor estimado da produção agrícola própria, considerado seu preço de mercado", nova fonte de custeio da Seguridade Social não prevista no art. 195, I, somente autorizada pelo art. 195, § 4º, mediante lei complementar, prevista no art. 154, I, da Lei Magna.

2. Na oportunidade, como visto, não foi julgada a inconstitucionalidade do caput e também dos incisos I e II do art. 25 da Lei n.º 8.870/94, estes objeto da presente arguição.

3. A modificação da base de cálculo das contribuições sociais do empregador rural pessoa jurídica para a produção rural foi motivada pelo maior retorno financeiro, pois a contribuição sobre a folha de pagamento, dada a histórica informalidade das relações de trabalho desenvolvidas no meio rural e a mecanização da produção agrícola, não satisfazia a necessária e obrigatória previsão de cobertura total de financiamento da previdência e assistência social do homem do campo.

---

438. ADIn nº 1.103-1, Pleno, Rel. Min. Néri da Silveira, Rel. p/ acórdão Min. Maurício Corrêa, publ. 24.05.1997, p. 15.197.

4. O art. 25, caput, incisos I e II e § 1º da Lei 8.870/94, ao enquadrar o empregador, pessoa jurídica, como contribuinte sobre a receita bruta proveniente da comercialização de sua produção rural, à alíquota de 2,5%, 0,1% para o SAT e 0,25% para o SENAR, contrariou frontalmente os artigos 195, §§ 4º e 8º, da CF/88, ocasionando dupla inconstitucionalidade sob o aspecto material, não se tratando de um simples alargamento da sujeição passiva para atingir contribuinte diverso, mas também bitributação, porque fez incidir novamente o tributo sobre o faturamento, que é previsto no art. 195, § 8º, da Carta Magna.

5. O produtor rural pessoa jurídica é equiparado a empresa, assim como a receita bruta da comercialização da produção rural é equiparada a faturamento, sobre o qual já incide a COFINS (art. 195, I, b), esgotando a possibilidade constitucional de instituição de contribuição, através de lei ordinária, sobre a mesma base de cálculo.

6. O art. 195, § 4º, c/c 154, I, da CF/88 impede a superposição de contribuição à Seguridade Social com mesmo fato gerador. Não se assemelha o caso concreto à admissão constitucional da mesma base de cálculo para a COFINS (art. 195, I), PIS (art. 239), contribuição aos entes de cooperação integrantes do sistema S (art. 240), hipóteses em que a Carta Magna autoriza a superposição tributária sobre fatos geradores símeis, em razão de terem fundamentos de validade diferenciados, possuindo gênese em dispositivos dispersos.

7. Igualmente atingido pela inconstitucionalidade o § 1º do art. 25 da Lei nº 8.870/94, que modificou a base de cálculo da contribuição ao SENAR para 0,1% sobre a produção rural, aumentada para 0,25% pela Lei nº 10.256/2001, subsiste a contribuição nos moldes do art. 3º, I, da Lei n.º 8.315/91, que criou esse serviço, à alíquota de 2,5% sobre a folha de salários.

8. Muito embora entenda o STF que o conceito de faturamento engloba o produto da venda da produção, nos moldes da Lei 8.870/94, há de ser insofismavelmente reconhecida a inconstitucionalidade ventilada porque o art. 195, parágrafo 4º da CF/88 possibilita a genetização de outras fontes de custeio que não aquelas previstas expressamente.

9. Acolhida a arguição de inconstitucionalidade, integralmente, para declarar inconstitucional o art. 25, caput, incisos I e II e § 1º da Lei 8.870/94.[439]

439. Incidente de Inconstitucionalidade na Apelação em Mandado de Segurança nº 1999.71.00.021280-5-RS. Corte Especial, Rel. Des. Álvaro Eduardo Junqueira, j. 19.10.2006.

Diante dessa orientação, o TRF-4, então, continuou decidindo nessa vertente. E a partir de outro caso oriundo daquele Tribunal, a matéria chegou às portas do Supremo. O recurso extraordinário foi distribuído sob o nº 700.922 ao Ministro Marco Aurélio, que entendeu que a questão merece pronunciamento em sede de repercussão geral. Por ocasião do julgamento em sessão virtual dos dias 28 de agosto a 04 de setembro de 2020, o Ministro Marco Aurélio votou pelo desprovimento do recurso da União, tendo proposto a tese no sentido de que "é *inconstitucional a contribuição à seguridade social, a cargo do empregador rural pessoa jurídica, incidente sobre o produto da comercialização da produção, prevista no artigo 25, incisos I e II, da Lei nº 8.870/1994*", no que foi acompanhado pelo Ministro Edson Fachin; divergiu o Ministro Alexandre de Moraes, que deu provimento ao recurso e propôs a tese de que "é *constitucional, à luz dos artigos 195, I, b, e § 4º, e 154, I, da Constituição Federal, o art. 25, I e II, e § 1º, da Lei 8.870/1994, que instituiu as contribuições devidas à seguridade social pelo empregador, pessoa jurídica, que se dedique à produção rural incidente sobre a receita bruta proveniente da comercialização da sua produção*". O Ministro Dias Toffoli pediu vista. Portanto, a exigibilidade ou não da contribuição incidente sobre a produção das pessoas jurídicas rurais deverá ter um pronunciamento definitivo nesse caso paradigmático (tema 651).[440]

Acontece que antes do pronunciamento do TRF-4 e da submissão do tema ao regime de repercussão geral pelo STF, a Lei nº 8.870/94, como já advertido, sofreu alterações pela Lei nº 10.256/01. O *caput* do art. 25 passou a prever que essa contribuição se dá "*em substituição à prevista nos incisos I e II do art. 22 da Lei nº 8.212, de 24 de julho de 1991*" (ou seja, em substituição à contribuição sobre a folha, o que, todavia, não modificou em nada a essência da redação anterior); o § 1º, que cuida da

---

440. Eis o acórdão proferido no âmbito da fixação da repercussão geral: "CONTRIBUIÇÃO – SEGURIDADE SOCIAL – ART. 25, INCISOS I E II, DA LEI Nº 8.870/94 – INCONSTITUCIONALIDADE PROCLAMADA NA ORIGEM – RECURSO EXTRAORDINÁRIO – REPERCUSSÃO GERAL CONFIGURADA. Possui repercussão geral a controvérsia acerca da constitucionalidade do art. 25, incisos I e II, da Lei nº 8.870/94, que instituiu contribuição à seguridade social, a cargo do empregador produtor rural, pessoa jurídica, incidente sobre a receita bruta proveniente da comercialização da produção rural". RE 700.922-RS, Rel. Min. Marco Aurélio, *DJe* 28.05.2013.

contribuição ao SENAR, também ganhou nova redação, majorando de 0,1% para 0,25% a alíquota aplicável (cuja análise será feita adiante neste trabalho); e o § 2º, que foi tido por inconstitucional pelo Supremo na ADIn 1.103, foi revogado. *Logo, no que diz respeito aos empregadores rurais pessoas jurídicas, o dever jurídico de apurar a contribuição sobre a produção não foi objeto de modificação alguma, porque a mensagem normativa prevista no caput do art. 25 da Lei nº 8.870/94 foi mantida e porque a Lei nº 10.256/01 sequer mencionou a base de cálculo e as alíquotas dessa sistemática, arroladas nos seus incisos.* Esse quadro só se altera a partir do exercício de 2019, em virtude da edição da Lei nº 13.606/18, examinada adiante.

Enquanto o c. STF não dá uma resposta definitiva, os Tribunais continuam a julgar a questão. O STJ, com base na sua competência restrita de exame do direito no plano infraconstitucional, vem aceitando esse tipo de mecanismo.[441] E a verdade é que, à exceção do TRF-4,[442] o TRF-1,[443] o TRF-2,[444] o TRF-3[445]

441. EDcl. Ag.Rg. REsp. nº 572.252-RS, 2ª Turma, Rel. Min. Mauro Campbell Marques, *DJe* 05.05.2010; e Ag.Rg. no REsp. nº 1.098.545-RS, 1ª Turma, *DJe* 06.08.2009; REsp. nº 871.852, 1ª Turma, *DJe* 12.05.2008; e REsp. nº 800.307-RS, 1ª Turma, *DJU* 27.09.2007, p. 226; todos da Relatoria do Ministro Luiz Fux.

442. "1- A inconstitucionalidade do art. 25, incisos I e II, da Lei nº 8.870/94 foi reconhecida por este Tribunal, na Arguição de Inconstitucionalidade na AMS nº 1999.71.00.021280-5/RS. 2- É inexigível a contribuição sobre a receita bruta proveniente da comercialização da produção rural, devida pelo empregador rural pessoa jurídica, instituída por esse dispositivo legal. 3- A Lei nº 10.256/2001, ao modificar a redação do caput do art. 25 da Lei nº 8.870/1994, não alterou a essência do dispositivo original". Apelação cível nº 5014739-33.2013.404.7001. 1ª Turma. Rel. Des. Maria de Fátima Freitas Labarrère. j. 22.05.2015.

443. "É legítima a exigência da contribuição previdenciária incidente sobre a receita bruta da comercialização da produção rural devida pela pessoa jurídica prevista no art. 25 da Lei 8.870/94". Apelação cível nº 0003479-39.2014.4.01.3300. 8ª Turma. Rel. Des. Novély Vilanova. *e-DJF1* 18.03.2016. "A extinção da contribuição ao FUNRURAL não afasta a exação prevista na Lei n. 8.870/94, devida pelo empregador rural pessoa jurídica sobre a receita bruta da comercialização de sua produção". Apelação em mandado de segurança nº 0001859-97.2012.4.01.3805. 7ª Turma. Rel. Des. José Amilcar Machado. *e-DJF1* 26.02.2016.

444. "O STF não declarou a inconstitucionalidade do art. 25 da Lei nº 8.870/94 (contribuição do empregador pessoa jurídica sobre sua comercialização rural), razão pela qual é devida a contribuição patronal do produtor rural pessoa jurídica". Apelação cível nº 0011106-47.2010.4.02.5001, 3ª Turma Especializada. Rel. Des. Eugênio Rosa de Araújo, *DJe* 27.07.2015.

445. "A Lei nº 10.256/01 alterou a redação do caput do art. 25 da Lei nº 8.212/92, encontrando fundamento de validade no art. 195, I, 'b', da Constituição, que prevê a

e o TRF-5[446] vêm trilhando o mesmo caminho, ou seja, de que, enquanto não houver um pronunciamento do Supremo, a cobrança está respaldada.

Pelo que se deduz da jurisprudência, são dois os motivos para se convalidar a exigência: (i) a circunstância de o STF não ter pronunciado a inconstitucionalidade do art. 25 da Lei nº 8.870/94; (ii) e o advento da Lei nº 10.256/01, que teria, em certo sentido, reafirmado a forma de apuração desse tributo. Ora, pelos fundamentos declinados, parece claro que ambas as premissas estão erradas, porque o Supremo só não enfrentou a invalidade por questões de índole processual e porque a Lei nº 10.256/01, na sua essência, não inovou em nada no ordenamento jurídico nesse ponto, *pois a base de cálculo e as alíquotas, viciadas desde a Lei nº 8.870/94, estão previstas nos incisos do art. 25 e foram mantidas, não tendo sido objeto da Lei nº 10.256/01,* que se limitou a fazer sutil alteração redacional no *caput* do art. 25, inserindo a expressão *"em substituição"*.

O problema não se resume a isso, contudo. É que a Lei nº 10.256/01, além de fazer essas modificações circunstanciais no art. 25 da Lei nº 8.870/94, também incluiu um art. 22-A à Lei nº 8.212/91, delineando juridicamente a figura da "agroindústria".

---

possibilidade de incidência da exação sobre a receita ou sobre o faturamento. A Lei nº 10.256/01, que não padece de inconstitucionalidade, garantiu a permanência das contribuições devidas pelo empregador rural, seja pessoa física seja pessoa jurídica". Apelação cível nº 0002837-93.2010.4.03.6002, 11ª Turma, Rel. Des. Nino Toldo, *e-DJF3* 11.03.2016. "Conforme a Lei 10.256/01, não há possibilidade de afastar-se a exigência da contribuição previdenciária incidente sobre a receita bruta proveniente da comercialização da produção rural pelo empregador pessoa jurídica, conquanto observado o princípio da anterioridade nonagesimal". Apelação cível nº 0001646-68.2014.4.03.6100, 1ª Turma, Rel. Des. Marcelo Saraiva, *e-DJF3* 28.07.2015.

446. "Na hipótese do art. 25, incisos I e II, da Lei 8870/94, com a redação dada pela Lei 10.256/01, o empregador rural pessoa jurídica deixa de contribuir sobre a folha de salário de seus empregados, passando a contribuir para a Seguridade Social em percentual incidente sobre a receita bruta proveniente da comercialização de sua produção, o que equivale ao faturamento, na forma inscrita no inciso I do art. 195 da CF/88. Logo, não se pode falar em criação de nova fonte de custeio". Apel. Reex. nº 2009.82.00003303101, 2ª Turma, Rel. Des. Ivan Lira de Carvalho, *DJe* 07.01.2016. "Foi instituída contribuição – que não se confunde com a do Funrural – devida pelas empresas produtoras rurais sobre o valor da comercialização de sua produção, por meio da Lei nº 8.870/94, que subsiste até hoje, amparada na redação conferida pela Lei nº 10.256/01". Apelação cível nº 0803989-70.2014.4.05.8000, 3ª Turma, Rel. Des. Cid Marconi, j. 09.09.2015.

Esses contribuintes, de igual forma, estão submetidos à obrigatoriedade de incidência do tributo à razão de 2,5% e 0,1% sobre a produção rural. E por isso também os Tribunais vêm dispensando a mesma solução às agroindústrias.[447] Mais um tema que terá que ser decidido pelo Supremo Tribunal Federal. A Corte Superior selecionou um caso paradigmático (também oriundo do TRF-4), de relatoria do Ministro Dias Toffoli, no qual se debate especificamente a situação das agroindústrias, e em relação a ele adotou o regime de repercussão geral (tema 281).[448]

Os fundamentos pelos quais se acredita ser inconstitucional a exigência de contribuições previdenciárias sobre o resultado da comercialização da produção rural das pessoas jurídicas que se dedicam ao agronegócio, tanto os empregadores rurais pessoas jurídicas, como as agroindústrias, já foram demonstrados neste estudo. E isso não por conta do vício formal (se bem que se trata de um argumento relevante), envolvendo a edição de lei ordinária, em vez de lei complementar, desafiando o mandamento do art. 195, § 4º, da Carta da República. Mas, fundamentalmente, porque essa sistemática agride a lógica da ordem constitucional estabelecida nos demais enunciados prescritivos do art. 195 da Constituição, sobretudo quanto aos limites das fontes de custeio. *E nesse particular o advento da Lei nº 13.606/18 não altera a posição jurídica das agroindústrias, pois tal veículo normativo não criou um regime substitutivo incidente sobre a folha de salários para esses contribuintes,* que continuam tendo que recolher a contribuição, de forma obrigatória, sobre sua receita bruta. Agora, com a palavra o Supremo Tribunal Federal.

---

447. Nesse sentido: TRF-1, Apelação cível nº 0000439-84.2012.4.01.3505-GO, 7ª Turma, Rel. Des. Hercules Fajoses, *e-DJF1* 26.02.2016.

448. "DIREITO TRIBUTÁRIO – CONTRIBUIÇÕES PREVIDENCIÁRIAS. ART. 22-A DA LEI nº 8.212/91. REDAÇÃO CONFERIDA PELA LEI nº 10.256/01. CONTRIBUIÇÃO DEVIDA PELA AGROINDÚSTRIA. PRODUTOR RURAL PESSOA JURÍDICA. (...) EXIGIBILIDADE. EXISTÊNCIA DE REPERCUSSÃO GERAL". RE nº 611.601-RS, Rel. Min. Dias Toffoli, *DJe* 17.06.2010.

6.3 As contribuições previdenciárias dos produtores rurais pessoas físicas e seus problemas

Enfocadas as contribuições a que se sujeitam as pessoas jurídicas do agronegócio, é chegada a hora de examinar as contribuições previdenciárias dos produtores rurais pessoas físicas, tendo em vista as peculiaridades que os cercam. Esse é um aspecto importante deste estudo, pois, ainda hoje, há uma confusão em torno das contribuições devidas pelos produtores rurais à Seguridade Social. Amiúde se fala que o produtor rural contribui para o "Funrural", mas esse sistema não existe mais já há muito tempo, como se verá. Outro ponto de relevo a ser investigado é a forma de custeio a que estão submetidos os produtores rurais, na medida em que a lei colocou os grandes e médios produtores ao lado dos pequenos, o que não tem respaldo jurídico.

Daí por que se deve passar em revista o modelo constitucional previsto para tributação dos produtores rurais pessoas físicas, expor as regras veiculadas na lei para tributação desses contribuintes, demonstrar a extinção do "Funrural", para, finalmente, trazer à tona a incompatibilidade entre o que a Constituição prevê e o que a lei impôs.[449]

6.3.1 O modelo constitucional previsto para tributação dos produtores rurais pessoas físicas

Quando se reflete a respeito da tributação dos produtores rurais pessoas físicas à luz do art. 195 da Carta Constitucional, o intérprete é levado a enquadrá-los apenas em duas hipóteses: como empregadores e na qualidade de "demais segurados da Previdência Social", previstas nos incisos I e II. As demais hipóteses são irrelevantes, uma vez que a tributação sobre as

---

449. Sobre o "Funrural", vide o meticuloso estudo de Fábio Pallaretti Calcini, no qual o autor, apoiado em doutrina e jurisprudência, aponta diversas questões sobre o tema. "Funrural: aspectos constitucionais e legais. Questões atuais". *Direito tributário e os novos horizontes do processo.* Coord. Paulo de Barros Carvalho. São Paulo: Noeses, 2015, p. 473/506.

empresas, a receita de concursos de prognósticos e os importadores extrapolam o universo do produtor rural pessoa física.

Em sendo assim, ao ser submetido à contribuição previdenciária como empregador, do produtor rural pessoa física só se pode exigir o recolhimento sobre a folha de salários, de acordo com o art. 195, I, "a", da Constituição. Sim, porque as pessoas físicas não são sujeitos passivos das contribuições incidentes sobre a receita, o faturamento ou o lucro, arroladas nas alíneas "b" e "c", típicos conceitos aplicáveis apenas às pessoas jurídicas, até mesmo porque, se assim não fosse, as pessoas físicas seriam contribuintes de PIS, de COFINS e de CSLL, coisa que não são.

Bastaria isso para resolver o problema. Mas, o constituinte não se conteve com essa disciplina genérica; pelo contrário, preocupou-se especificamente com a situação do produtor rural. Tanto assim que no art. 195, § 8º, do Texto Constitucional, na redação da Emenda Constitucional 20/98, previu que *"o produtor, o parceiro, o meeiro e o arrendatário rurais e o pescador artesanal, bem como os respectivos cônjuges, que exerçam suas atividades em regime de economia familiar, sem empregados permanentes, contribuirão para a seguridade social mediante a aplicação de uma alíquota sobre o resultado da comercialização da produção e farão jus aos benefícios nos termos da lei"*.

Da análise detida desse enunciado prescritivo, nota-se, em primeiro lugar, que o que importa é enfatizar a figura do produtor rural, na medida em que o parceiro, o meeiro e o arrendatário rurais também o são; não passa, pois, de explicitação de espécies que compõem o gênero "produtor rural".

Contudo, além disso, o cerne da prescrição reside no exercício de atividade rural "em regime de economia familiar", isto é, "sem empregados permanentes". Isso significa que o art. 195, § 8º, da CF só tem aplicabilidade aos produtores rurais pessoas físicas que não tenham empregados permanentes em suas propriedades, pois só assim se estará diante de um regime de economia familiar. Noutras palavras, *somente em relação a esses contribuintes é que a Constituição defere a tributação mediante a aplicação de uma alíquota sobre o resultado da comercialização de sua produção.*

Por outro lado, o produtor rural pessoa natural pode ser compelido também ao recolhimento da contribuição social na faixa de incidência do art. 195, II, que estabelece a possibilidade de exigência do tributo "do trabalhador e dos demais segurados da Previdência Social". No caso, os produtores rurais não serão enquadrados como "trabalhadores", uma vez que não são empregados, mas podem vir a sê-lo como "demais segurados da Previdência Social".

Em suma, o modelo constitucional delineado para tributação dos produtores rurais pessoas físicas aponta no sentido de existir *três distintas possibilidades de enquadramento:* como empregador, como segurado da Previdência Social ou como produtor que exerce sua atividade em regime de economia familiar. Porém, a lei distanciou-se desse esquadro constitucional, dispensando a todos os produtores rurais, indistintamente, o mesmo tratamento jurídico, o que não encontra esteio nas normas de superior hierarquia.

6.3.2 As regras veiculadas na lei para tributação desses contribuintes

A despeito de a Constituição traçar as fronteiras dentro das quais a lei poderia atuar, a verdade é que a Lei Federal nº 8.212/91, igualmente aqui, destoou do que prescreve a Constituição da República.

Ao delimitar as fontes de custeio, o art. 11 da Lei nº 8.212/91 dispõe que o orçamento da Seguridade Social é composto das seguintes receitas: I – receitas da União; II – receitas das contribuições sociais; III – receitas de outras fontes. Já o parágrafo único estabelece que constituem contribuições sociais: a) as das empresas, incidentes sobre a remuneração paga ou creditada aos segurados a seu serviço; b) as dos empregadores domésticos; c) as dos trabalhadores, incidentes sobre o seu salário-de-contribuição; d) as das empresas, incidentes sobre faturamento e lucro; e) e as incidentes sobre a receita de concursos de prognósticos.

Por outro lado, ao indicar os segurados, o art. 12, V, "a", denomina de *contribuinte individual* a pessoa física, proprietária ou não, que explora atividade agropecuária, a qualquer título, em caráter permanente ou temporário, *em área superior a 04 (quatro) módulos fiscais;* ou, quando em área igual ou inferior a 04 (quatro) módulos fiscais ou atividade pesqueira, *com auxílio de empregados ou por intermédio de prepostos.* Trata-se, como se vê, do produtor rural que explora essa atividade econômica não no contexto familiar, mas sim visando ao lucro.

Já o art. 12, VII, classifica como *segurado especial* o pequeno produtor rural, que desempenha suas atividades no bojo de uma estrutura familiar, buscando, em síntese, sua subsistência e de sua família. Tanto assim é que o art. 12, VII, da Lei Federal nº 8.212/91 prevê tratar-se de pessoa que explore a atividade "*individualmente ou em regime de economia familiar*". Em reforço a essa tese o art. 12, § 1º, da Lei 8.212/91 prescreve que "*entende-se como regime de economia familiar a atividade em que o trabalho dos membros da família é indispensável à própria subsistência e ao desenvolvimento socioeconômico do núcleo familiar e é exercido em condições de mútua dependência e colaboração, sem a utilização de empregados permanentes*".

Ao disciplinar a contribuição do produtor rural pessoa física, no entanto, o art. 25 da lei estabelece que tanto o grande e médio produtor, ou seja, aquele que explora essa atividade econômica visando ao lucro, denominado de contribuinte individual (art. 12, V, "a"), como o pequeno produtor rural, isto é, aquele que se organiza no bojo de uma economia familiar visando a sua subsistência, chamado de segurado especial (art. 12, VII), *estão obrigados, como regra, ao recolhimento do tributo sobre o resultado da comercialização de sua produção.* Com efeito, o art. 25 da Lei nº 8.212/91 dispõe que o empregador rural pessoa física e o segurado especial, "em substituição" à contribuição incidente sobre a folha de salários, terão suas contribuições sociais apuradas à razão de 1,2% da receita bruta proveniente da comercialização de sua produção e à alíquota de 0,1% para fins de SAT, conforme a redação dada pela Lei nº 13.606/18.

Preveem ainda os §§ 1º e 2º desse mesmo dispositivo que o segurado especial (pequeno produtor), além da contribuição sobre a produção, poderá, *facultativamente*, contribuir na forma do art. 21, ao passo que o empregador rural (médio e grande produtor) deverá, *obrigatoriamente*, também contribuir na forma do art. 21. O art. 21 da Lei nº 8.212/91 é o que cuida da contribuição do segurado contribuinte individual, estabelecendo que o tributo desses contribuintes será apurado à alíquota de 20% sobre o respectivo salário-de-contribuição. Trata-se da contribuição de quem não é empregado, mas sim pessoa física que desenvolve uma atividade econômica por conta própria.

Fica claro, portanto, que a Lei nº 8.212/91 dispensou a todos os produtores rurais, indistintamente, o mesmo tratamento jurídico, seja grande, médio ou pequeno. Todos eles estão compelidos a pagar a contribuição previdenciária à alíquota de 1,3% sobre o resultado de sua produção (1,2% da contribuição "em substituição" àquela incidente sobre a folha de salários e mais 0,1% a título de SAT). A única diferença é que o grande e o médio produtor rural, além da contribuição como empregadores, estão obrigados ainda a apurar o tributo enquanto contribuintes individuais, à razão de 20% sobre o salário-de-contribuição, como qualquer outro segurado pessoa física que desempenhe uma atividade econômica como empreendedor.

De acordo com o art. 25, § 3º, integram a produção os produtos de origem animal ou vegetal, em estado natural ou submetidos a processos de beneficiamento ou industrialização rudimentar, como os processos de lavagem, limpeza, descaroçamento, descascamento, pasteurização, secagem, fermentação, cozimento, moagem, torrefação e outros, bem como os subprodutos e os resíduos obtidos desses processos, exceto, no caso das sociedades cooperativas, a parcela de produção que não seja objeto de repasse ao cooperado por meio de fixação de preço, ressalva essa incluída pela Lei nº 13.986/20. Já o § 10 preconiza que também integram a receita bruta, além dos valores decorrentes desses processos, dentre outras, as receitas brutas provenientes da comercialização da produção obtida em razão de contrato de parceria ou meação de imóvel rural; de serviços prestados, de equipamentos utilizados e de produtos comercializados no imóvel rural, desde que em atividades turística e de entretenimento desenvolvidas no próprio imóvel, inclusive hospedagem, alimentação, recepção, recreação e taxas de visitação; e o valor de mercado da produção rural dada em pagamento ou que tiver sido trocada por outra, qualquer que seja o motivo ou a finalidade.[450]

Por fim, o art. 30 da Lei Federal nº 8.212/91 prescreve que os empregadores, de uma maneira geral, são obrigados a reter as contribuições sociais devidas por seus empregados, descontando-as da respectiva remuneração. Sobremais, prevê também que as empresas adquirentes de produtos rurais, inclusive cooperativas, ficam obrigadas a reter o valor da contribuição dos empregadores rurais pessoas físicas e dos segurados especiais por ocasião da venda. Como se não bastasse, dispõe igualmente que os contribuintes individuais ficam sujeitos à apuração e ao recolhimento, eles próprios, das contribuições incidentes sobre eles nessa condição.

---

450. Não se pode deixar de registrar outro impropério cometido pela Lei nº 8.212/91, agora com a redação dada pela Lei Federal nº 11.718/08. É que art. 25, § 10, III, ao compelir os contribuintes à submissão do tributo com base na receita bruta, estende esse modelo – que, por si só, já é inconstitucional – também ao setor turístico. Segundo a dicção legal, integra a base de cálculo a receita proveniente de serviços prestados, de equipamentos utilizados e de produtos comercializados no imóvel rural quando desempenhados "em atividades turística e de entretenimento desenvolvidas no próprio imóvel, inclusive hospedagem, alimentação, recepção, recreação e atividades pedagógicas, bem como taxa de visitação e serviços especiais". Ora, não há embasamento constitucional para esse comando normativo. A atividade turística é turismo, pouco importando se realizado na zona urbana ou rural. Trata-se de típica prestação de serviços, em torno da qual não há autorização no sistema para que a contribuição previdenciária seja apurada com base na riqueza movimentada pela pessoa física, e não sobre a folha de salários dos empregados. O empreendedor do turismo rural não é, evidentemente, produtor rural. Logo, esse dispositivo, também por esses motivos, é incompatível com o ordenamento constitucional.

É intuito notar, logo na análise do primeiro instante, o quão díspar é o modelo constitucional e o arcabouço legal fixado pela Lei nº 8.212/91. Antes de demonstrá-lo pormenorizadamente, é importante ressaltar a extinção do regime previdenciário rural, denominado "Funrural", para que as conclusões a que se pretende chegar não fiquem prejudicadas.[451]

6.3.3 Um esclarecimento necessário para compreensão do tema: extinção do "Funrural"

É muito comum, ainda nos dias de hoje, ouvir que os produtores rurais pessoas físicas devem pagar o tal "Funrural". Entretanto, isso é um engano, pois esse sistema previdenciário foi extinto já há muito tempo.

Por ocasião do estudo da contribuição ao INCRA, que será feito no próximo capítulo deste trabalho, será realizado um apanhado histórico da legislação que tratou desse tributo, dadas suas vicissitudes. Mas, lá também será enfocada a legislação que criou o Funrural, tendo em vista que em um determinado momento histórico o Funrural e o INCRA tiveram algum ponto de contato. Em sendo assim, não é o caso, agora, de tratar detidamente da legislação do Funrural.

A despeito disso, para fins de compreensão da contribuição previdenciária devida pelo produtor rural basta salientar que a Lei Federal nº 4.214, de 02 de março de 1963, dispôs sobre o *"Estatuto do Trabalhador Rural"*. Essa lei, na sua origem, criou o *"Fundo de Assistência e Previdência do Trabalhador Rural"*, composto de 1% do valor dos produtos agropecuários colocados à venda pelo produtor, que deveria recolhê-lo ao "Instituto de Aposentadorias e Pensões dos Industriários" (Título IX, "Dos Serviços Sociais", arts. 158 a 160). Foi esse órgão que ficou encarregado pela administração do fundo, obrigando-se a prestar os benefícios ao trabalhador rural.

---

451. Se não fossem suficientes os descalabros da Lei 8.212/91, a Secretaria da Receita Federal editou ainda a vastíssima Instrução Normativa nº 971/09, cuja validade é seriamente discutível, para dizer o mínimo.

Não havia, porém, um regime de previdência específico para o trabalhador rural. Com o Decreto-lei nº 276, de 28 de fevereiro de 1967, esse quadro se alterou. O art. 1º desse decreto-lei modificou a redação dos arts. 158 e 160 da Lei nº 4.214/63, estabelecendo que estava instituído o "Fundo de Assistência e Previdência ao Trabalhador Rural" ("Funrural"), com uma nova roupagem, preordenado ao custeio da prestação de assistência médico-social ao trabalhador rural e seus dependentes, dispondo também que os trabalhadores rurais eram beneficiários, na qualidade de segurados, da "Previdência Social Rural". O Funrural, de acordo com o Decreto-lei nº 276/67, era custeado, dentre outras formas, *pela contribuição de 1% devida pelo produtor sobre o valor da comercialização de seus produtos.*

Adiante, a Lei Complementar nº 11, de 25 de maio de 1971, instituiu o "Programa de Assistência ao Trabalhador Rural" (PRORURAL), administrado pelo Funrural, cujo objetivo era proporcionar ao trabalhador rural os benefícios previdenciários. O art. 15, I, da LC 11/71 elevou de 1% para 2% a alíquota da contribuição devida pelo produtor rural sobre o valor da comercialização de seus produtos.

No entanto, com a Lei Federal nº 7.787, de 30 de junho de 1989, o Funrural deixou de existir. É que o art. 3º, I, previu que a contribuição das empresas *"destinada à Previdência Social"* foi unificada em 20% sobre a folha de salários. Além disso, a lei dispôs claramente também que essa alíquota de 20% sobre a folha de salários abrangia as contribuições para o salário-família, para o salário-maternidade, para o abono rural *"e para o PRORURAL, que ficam suprimidas a partir de 1º de setembro".*

Portanto, desde a Lei nº 7.787/89 o Funrural foi extinto. Para não deixar nenhuma dúvida, o art. 138 da Lei Federal nº 8.213/91 estabeleceu que *"ficam extintos os regimes de Previdência Social instituídos pela Lei Complementar nº 11, de 25 de maio de 1971, e pela Lei nº 6.260, de 6 de novembro de 1975, sendo mantidos, com valor não inferior ao do salário-mínimo, os benefícios concedidos até a vigência desta Lei".*

É incorreto tecnicamente dizer, pois, que os produtores rurais estão submetidos ao "Funrural", na medida em que esse sistema previdenciário não existe mais. O próprio Superior Tribunal de Justiça já pronunciou isso diversas vezes.[452] Os produtores rurais, sobretudo no que diz respeito às contribuições previdenciárias, estão regidos pela Lei nº 8.212/91, de tal modo que é a partir desse diploma normativo que sua situação deve ser encarada. Não se pode deixar de reconhecer, entretanto, que a expressão ficou arraigada entre os produtores rurais e no próprio meio jurídico, sendo adotada também usualmente pelos Tribunais. De todo modo, fica feito o registro terminológico.[453]

6.3.4 A incompatibilidade das regras legais com o modelo constitucional delineado para os produtores rurais pessoas físicas: invalidade da tributação sobre a produção

Como se teve a oportunidade de demonstrar, a Constituição Federal admite o enquadramento do produtor rural em apenas três aspectos: como empregador (art. 195, I, "a"), como segurado da Previdência Social (art. 195, II) e como produtor que desenvolve suas atividades no contexto do regime de economia familiar (art. 195, § 8º).

No entanto, a Lei Federal nº 8.212/91 não respeitou essa estrutura normativa. O problema não está no enquadramento

---

452. A título de ilustração: "A contribuição incidente sobre a comercialização dos produtos adquiridos do produtor rural, na forma do art. 15, I, 'a', da LC 11/71, com destinação ao custeio do regime previdenciário do Pró-Rural, foi extinta pelo art. 138 da Lei 8.213/91, passando, a partir de então, a ser exigida na forma do art. 25 da Lei 8.212/91, com destinação ao custeio da Seguridade Social (...)". REsp. nº 527.754-PR, 1ª Turma, Rel. Min. Denise Arruda, *DJU* 24.04.2006, p. 356.

453. Quando o leigo afirma, portanto, que o produtor rural se sujeita ao "Funrural", antes à alíquota de 2,3%, hoje à alíquota de 1,5% (por força da Lei nº 13.606/18), está, na verdade, se referindo à contribuição que antes era de 2%, atualmente de 1,2%, devida à Previdência Social, prevista no art. 25, I, da Lei nº 8.212/91, à contribuição de 0,1% para fins de SAT, instituída no art. 25, II, da mesma lei, e à contribuição de 0,2% devida ao SENAR, veiculada no art. 3º da Lei nº 10.256/01. A contribuição ao SENAR será investigada no próximo capítulo deste trabalho.

do produtor rural como segurado da Previdência Social (art. 195, II, da CF). Em relação a essa faixa de incidência, o art. 21 da Lei nº 8.212/91 determina que todo aquele que desenvolver uma atividade econômica por conta própria, urbana ou rural, denominado de "contribuinte individual", fica obrigado ao pagamento do tributo à razão de 20% sobre o salário-de-contribuição. Nesse particular, não há óbice algum, todos os contribuintes, urbanos ou rurais, foram colocados debaixo das mesmas regras (o enquadramento dos produtores rurais nessa categoria foi feito pelo art. 12, V, "a").

O problema está na exigência da contribuição do produtor rural sobre o valor da produção, desafiando o art. 195, I, "a", e o art. 195, § 8º, da Constituição. Isso porque, ao determinar no art. 25, I, que não só os segurados especiais (pequenos produtores), como os contribuintes individuais (grandes e médios produtores) deveriam contribuir à Seguridade Social com 2% sobre o valor da comercialização de sua produção (hoje 1,2%), além de 0,1% para fins de SAT, a Lei nº 8.212/91 extrapolou os limites delineados na Carta da República, pois dispensou a ambas as categorias idêntico tratamento jurídico, quando não é isso o que a Constituição ordena.

Ocorre que não há autorização constitucional para se tributar o empregador rural pessoa física adotando-se como base de cálculo o resultado de sua produção. Noutras palavras, a norma do art. 195, § 8º, da Constituição prevê a tributação sobre a produção apenas em relação ao segurado especial, *justamente porque não é empregador e, pois, não tem folha de salários a pagar*, e não o produtor rural pessoa física que seja empregador.

O intuito claro do enunciado constitucional é garantir que todos contribuam à Seguridade Social, de maneira que mesmo o pequeno produtor rural que explore suas atividades em regime de economia familiar, sem auxílio de empregados, esteja obrigado ao custeio dos cofres públicos. A lógica desse preceito é essa, *e não permitir que os médios e grandes produtores rurais sejam gravados à luz do resultado de sua produção, em vez da folha de salários,* como se dá com os demais contribuintes.

Comparando o art. 195, I, "a", ao art. 195, § 8º, é inequívoco que a tributação sobre a produção foi adotada pelo constituinte como exceção, e não como regra. É que no § 8º a Constituição descreve com detalhes quais os contribuintes que não se sujeitam ao modelo usual, a saber: aqueles que exercem a atividade rural no bojo da economia familiar, apenas para subsistência, e não com intuito de lucro. Sob essa perspectiva, apesar de o art. 195, § 8º, da Carta Magna prever a incidência de contribuições previdenciárias sobre o resultado da produção apenas em face dos pequenos produtores e a despeito de a própria Lei Federal nº 8.212/91 distinguir essa situação dos outros produtores rurais – diferenciando-os em segurado especial e contribuinte individual, respectivamente – a verdade é que, quanto à norma que rege a tributação propriamente dita, o legislador andou mal.

Os produtores rurais pessoas físicas – independentemente do vulto da produção – só estavam sujeitos ao recolhimento de contribuições sobre o resultado da comercialização ao tempo do antigo "Funrural". Ocorre que essa forma de custeio, como visto anteriormente, foi extinta. Logo, como ao jurista dogmático o que interessa é o conjunto de normas em vigor, o cotejo a ser realizado deve pautar-se somente pela comparação da Constituição Federal à Lei nº 8.212/91, checando se a lei tem ou não respaldo constitucional.

Sucede que a Lei nº 8.212/91, na parte em que prevê o recolhimento do tributo sobre a produção, não tem amparo da Constituição. O constituinte só autorizou a tributação sobre a produção para os pequenos produtores que exerçam suas atividades no contexto da economia familiar (segurado especial), e não para aqueles que são empregadores e que desenvolvem suas atividades visando ao lucro (contribuinte individual). Perceba-se que o art. 25 da Lei nº 8.212/91 dispõe que o empregador rural pessoa física e o segurado especial deverão recolher o tributo sobre a produção *"em substituição"* – essa foi a expressão adotada pela lei – à contribuição incidente sobre a folha de salários. No entanto, o regime substitutivo foi previsto pelo constituinte apenas para o segurado especial, e não para o empregador rural pessoa física. É por isso que a previsão de recolhimento da contribuição sobre o valor comercializado, para os produtores rurais que sejam empregadores, é inconstitucional.

De acordo com a Lei nº 8.212/91, o contribuinte individual (empregador rural pessoa física) está obrigado a contribuir à Seguridade Social à razão de 1,2% sobre sua produção, à alíquota de 20% sobre o salário-de-contribuição e ainda a reter as contribuições devidas por seus empregados. Seu dever de reter os tributos devidos por seus empregados e de contribuir, ele próprio, com base no salário-de-contribuição não é o foco do problema; a questão é a previsão de contribuir também sobre sua produção, em vez de sobre a folha dos salários pagos aos seus funcionários.

Esse mecanismo cria sérias distorções sistêmicas. O empregador pessoa física que se dedique à atividade urbana contribui à Seguridade Social tomando por parâmetro a folha dos salários pagos aos seus empregados, e não o montante que aufere com sua profissão. Já o empregador pessoa física que explora a atividade rural, *pelo simples fato de dedicar-se à atividade rural*, em vez de também contribuir com base na folha de salários, é submetido a destacar uma parcela de sua riqueza para os cofres públicos a título de contribuição previdenciária. *Seria o mesmo que exigir que um médico ou um advogado, que contam apenas com uma secretária como auxiliar, fossem obrigados a contribuir não sobre o salário pago à secretária, mas sim sobre seus honorários profissionais.* Ora, o que uma coisa tem que ver com a outra? Como se vê, dois pesos e duas medidas. Manifesta violação ao princípio isonômico, dado que não há fator de discrímen justificador para essa diferenciação entre empregadores urbanos e rurais.

Portanto, muito embora o segurado especial, assim entendido o pequeno produtor rural que desenvolve suas atividades no contexto familiar, esteja obrigado ao pagamento de contribuições previdenciárias calculadas sobre o resultado da comercialização de sua produção, a aplicação desse modelo às pessoas físicas produtores rurais de médio e de grande porte, porque empregadores, classificados pela lei como contribuintes individuais, não se ajusta ao arcabouço constitucional.

Em poucas palavras: *a exigência compulsória de contribuições previdenciárias de produtores rurais que extrapolem o regime de economia familiar tendo por base de cálculo sua receita bruta é inválida, tanto à alíquota anterior de 2% (hoje 1,2%), quanto à razão de 0,1% para fins de SAT, devendo o tributo recair apenas sobre a folha de salários.*[454]

6.3.5 O "Funrural", os Tribunais, seus acertos e seus equívocos

Quando da análise da contribuição incidente sobre a produção rural das pessoas jurídicas foi afirmado que esse tema merece um item à parte no que diz respeito à forma com que os Tribunais vêm enxergando essa matéria, e isso da perspectiva tanto das pessoas jurídicas, quanto das pessoas físicas. Pois bem, chegou a hora de passar em revista a jurisprudência que se construiu em torno da exigibilidade da contribuição sobre os produtores rurais pessoas físicas – o tão propalado e controverso "Funrural".

A verdadeira "novela" em que se desenrola o "Funrural" – cujo enredo normativo é tragicômico, tendo em vista

---

454. "O § 8º do artigo 195 da Constituição Federal de 1988 prevê contribuição à Seguridade Social devida apenas pelo produtor rural que exercer sua atividade em regime de economia familiar, não alcançando os produtores rurais empregadores. O inciso I do artigo 195 da Constituição, ao determinar que o faturamento do empregador será a fonte de custeio da Seguridade Social, não dá validade jurídica ao mandamento do artigo 25 da Lei nº 8.840/94, que dispõe que o produtor rural empregador financiará a Seguridade Social através de contribuição incidente sobre a receita bruta da comercialização da sua produção, posto que receita bruta não é igual a faturamento". CARVALHO, Fábio Augusto Junqueira; SILVA, Maria Inês Caldeira Pereira. "Inconstitucionalidade da sujeição passiva do produtor rural empregador à contribuição ao Funrural". *Revista dialética de direito tributário* nº 17, p. 18. Vide também: XAVIER, Alberto. "Inconstitucionalidade da contribuição do empregador rural pessoa física". *Direito do agronegócio: mercado, regulação, tributação e meio ambiente.* Coord. Renato Buranello, André Ricardo Passos de Souza e Ecio Perin Junior. São Paulo: Quartier Latin: 2011, v. I, p. 959/974.

as constantes guinadas por que passou esse assunto, fazendo sarcasmo mesmo do princípio da segurança jurídica – nasce lá nos idos das décadas de 50 e 60, quando embrionariamente se pensou na criação de um sistema de previdência e assistência rurais. Como foi advertido páginas atrás, não é o espaço aqui de tratar da evolução legislativa sobre o assunto, porque isso será feito mais adiante, no estudo da contribuição ao INCRA, por terem essas duas contribuições a mesma raiz normativa. Mas, não se pode deixar de registrar, por incrível que possa parecer, *que passados mais de meio século os produtores rurais brasileiros não tenham ainda a definição de regras claras, perenes e válidas desde o prisma constitucional a respeito dos tributos que devem pagar* – e isso a despeito do recente e apertado julgamento do Supremo Tribunal Federal em um caso envolvendo a matéria, o qual será abordado adiante.

Com relação ao ordenamento jurídico pós-Constituição de 1988, o que ocorreu foi que a Lei Federal nº 8.212/91, que veio a lume para reger as contribuições previdenciárias, estabeleceu na sua redação originária, como regra, a tributação sobre a folha de salários. No seu texto primitivo, a lei não impôs ao produtor rural de porte médio e grande o ônus de arcar com o tributo sobre sua produção, pelo contrário, o art. 25 previa apenas que *"contribui com 3% (três por cento) da receita bruta proveniente da comercialização da sua produção o segurado especial referido no inciso VII do art. 12"*. Até aí, estava certa a lei, criando uma forma de contribuição sobre a produção somente para o segurado especial, que não tem empregados e que, por isso mesmo, não teria como recolher sobre a folha de salários.

Porém, o tal art. 25 da Lei nº 8.212/91 já passou por tantas modificações que fica até difícil para o intérprete identificar qual regramento jurídico valeu em cada um desses períodos – daí a referência ao cenário tragicômico. Houve alterações pela Lei nº 8.398/92, pela Lei nº 8.540/92, pela Lei nº 8.861/94, pela Lei nº 9.528/97, pela Lei nº 10.256/01, pela Lei nº 11.718/08, pela Lei nº 13.606/18 e pela Lei nº 13.986/20. Para piorar, o art. 195 da

Carta da República, que delineia a competência tributária dessa contribuição, passou por modificações das Emendas Constitucionais n°s. 20/98, 42/03, 47/05 e 130/19. Quem sabe não tenha escapado alguma modificação por aí do olhar atento do intérprete, pois é tamanha a colcha de retalhos legislativa que cada pedaço parece ser encomendado pelo Poder Público com o único objetivo de não esclarecer nada mesmo: a impressão que se tem é que o intuito é confundir a cabeça de todos e, com isso, levar adiante a tributação sem qualquer amarra, sem qualquer controle. Feito esse desabafo, no entanto, o fato é que o art. 25 da Lei nº 8.212/91, na sua redação em vigor, prevê que tanto o segurado especial, como o empregador rural pessoa física (portanto, o produtor de porte médio e grande), em vez de recolherem sobre a folha de salários, estão submetidos, como regra, a contribuir sobre a produção rural em 1,2% e 0,1%.

Diante desse quadro caótico é que entra em jogo o papel relevante que a jurisprudência tem de desempenhar. É claro que neste trabalho, que tem viés científico, não se pode fazer uma mera compilação de julgados, porque isso seria empobrecer o texto. O que importa, isso sim, é trazer ao conhecimento do leitor os principais casos discutidos nos Tribunais, os quais orientarão, por certo, a forma através da qual essa matéria passará a ser dirimida.

O primeiro caso de relevo a ser mencionado é o Recurso Extraordinário nº 363.852, que foi relatado pelo Ministro Marco Aurélio. Depois da ADIn nº 1.103 – aquela já mencionada, que declarou a inconstitucionalidade da tributação das agroindústrias na redação originária da Lei Federal nº 8.870/94 e cujo julgamento foi encerrado no final de 1996 – a segunda vez que o Supremo enfrentou o problema da tributação sobre a produção rural foi nesse recurso. O caso originou-se do Estado de Minas Gerais, mas tinha uma peculiaridade: não se tratou de uma ação movida por um produtor rural pessoa física, mas sim por um frigorífico, que teve por objetivo questionar o seu dever legal de reter dos pecuaristas a contribuição incidente sobre a produção rural. Isto é, a ação foi movida pelo adquirente dos bovinos (sem entrar na discussão doutrinária aqui se isso configura responsabilidade ou substituição tributárias), porém, o tema versado foi justamente a tributação dos produtores rurais pessoas físicas.

O julgamento iniciou-se no ano de 2005 e só foi concluído em 2010, tendo o Supremo Tribunal Federal reconhecido a *inconstitucionalidade* dessa modalidade de incidência. Os fundamentos dos votos foram diversos, chamando a atenção a linha argumentativa adotada pelos Ministros Marco Aurélio, Eros Grau e Cezar Peluso. Para o Ministro Marco Aurélio, (i) somente a Constituição pode criar uma exceção ao princípio da unicidade de incidência tributária; (ii) a regra do art. 195, I, "b", na redação da época, já contemplava a exigibilidade sobre o faturamento, de tal sorte que, a incidir o tributo sobre a comercialização rural, o produtor rural pessoa física estaria sujeito a duplo recolhimento, por já ser obrigado a arcar com a COFINS (foi isso o que constou no voto); (iii) a única hipótese constitucional em que o produtor rural pessoa física poderia sofrer a incidência sobre sua produção seria aquela do art. 195, § 8º, ou seja, o produtor que não tem empregados permanentes; (iv) logo, o produtor rural que tem empregados deveria contribuir sobre a folha de salários, e não sobre o resultado da comercialização de seus produtos; (v) o art. 150, II, veda o tratamento desigual entre contribuintes; (vi) quando do julgamento da ADIn nº 1.106, o Supremo deixou assentado que só lei complementar pode criar nova fonte de custeio, respeitados os contornos constitucionais; (vii) e resultado da comercialização rural e faturamento ou receita não são sinônimos. O Ministro Eros Grau, por sua vez, partiu para outra abordagem do tema. De acordo com Sua Excelência, (i) os maiores focos de sonegação, no passado, ocorriam no meio rural, por dificuldades de fiscalização; (ii) a Lei nº 8.212/91 veio a corrigir essa distorção, permitindo a incidência sobre a venda dos produtos, e não sobre a folha de salários, atribuindo ao adquirente o ônus de reter e recolher a contribuição; (iii) o tema em debate não envolveria o que foi fixado pelo Supremo na ADIn nº 1.106; (iv) não haveria afronta ao primado da igualdade, nem haveria exigência constitucional de edição de lei complementar para tratar da matéria; (v) o verdadeiro problema posto estaria na circunstância de que a Lei nº 8.212/91 não previu o fato gerador da obrigação tributária, tendo essa tarefa sido exercida por instrução normativa, daí a inconstitucionalidade; (vi) e, além disso, o art. 195 da Carta Constitucional, no seu texto primitivo, não previa a receita bruta como base de cálculo possível de contribuição previdenciária. O Ministro Cezar Peluso, a seu turno, robusteceu o debate ponderando que (i) se alargou indevidamente a norma constitucional de tributação sobre o resultado da comercialização, prevista apenas para os que não têm empregados permanentes, para *todos* os produtores rurais; (ii) a razão de ser do art. 195, § 8º, deve-se ao fato justamente de que quem não tem empregado permanente não pode recolher sobre a folha de salários, daí por que deve arcar com o tributo sobre sua produção, em vista de sua vulnerabilidade socioeconômica; (iii) se o produtor rural pessoa física tem empregados, ele não entra na exceção constitucional, devendo ser enquadrado na regra, que é a da tributação sobre a folha de salários; (iv) só haveria hipótese para instituição de outra fonte de custeio mediante lei complementar; (v) não se poderia equiparar o resultado da comercialização rural a faturamento ou receita bruta, denotando *bis in idem*; (vi) houve ofensa à isonomia entre os contribuintes rurais e os não rurais, pois esses últimos recolhem apenas sobre a folha de salários, desafiando o princípio da equidade no custeio; (vii) ademais, presente a inconstitucionalidade dessa forma de tributação reconhecida pelo Supremo para as agroindústrias, haveria violação mais grave ainda, porque entre pessoas físicas e pessoas jurídicas criar-se-ia um hiato; (viii) por fim, a aplicação dessa norma seria um desestímulo ao crescimento dos produtores rurais, que, resignados, prefeririam manter-se sem empregados, sob pena de arcarem com o tributo sobre a folha e sobre a produção.

O Tribunal, então, à unanimidade, pronunciou a inconstitucionalidade desse sistema. Como surgiu, em questão de ordem, pedido da União para modulação dos efeitos da decisão, a Corte também enfrentou essa matéria, tendo-a rejeitado, vencida a Ministra Ellen Gracie. O acórdão ficou lavrado da seguinte forma:

> *RECURSO EXTRAORDINÁRIO – PRESSUPOSTO ESPECÍFICO – VIOLÊNCIA À CONSTITUIÇÃO – ANÁLISE – CONCLUSÃO. Porque o Supremo, na análise da violência à Constituição, adota entendimento quanto à matéria de fundo do extraordinário, a conclusão a que chega deságua, conforme sempre sustentou a melhor doutrina – José Carlos Barbosa Moreira –, em provimento ou desprovimento do recurso, sendo impróprias as nomenclaturas conhecimento e não conhecimento. CONTRIBUIÇÃO SOCIAL – COMERCIALIZAÇÃO DE BOVINOS – PRODUTORES RURAIS PESSOAS NATURAIS – SUB-ROGAÇÃO – LEI Nº 8.212/91 – ART. 195, INCISO I, DA CARTA FEDERAL – PERÍODO ANTERIOR À EMENDA CONSTITUCIONAL Nº 20/98 – UNICIDADE DE INCIDÊNCIA – EXCEÇÕES – COFINS E CONTRIBUIÇÃO SOCIAL – PRECEDENTE – INEXISTÊNCIA DE LEI COMPLEMENTAR. Ante o texto constitucional, não subsiste a obrigação tributária sub-rogada do adquirente, presente a venda de bovinos por produtores rurais, pessoas naturais, prevista nos artigos 12, incisos V e VII, 25, incisos I e II, e 30, inciso IV, da Lei nº 8.212/91, com as redações decorrentes das Leis nº 8.540/92 e nº 9.528/97. Aplicação de leis no tempo – considerações.*[455]

O decreto de inconstitucionalidade vem ao encontro das ideias defendidas neste trabalho e, em parte, dos fundamentos jurídicos pelos quais se chegou a essa conclusão. O único reparo que não pode deixar de ser feito – e que, como se vê, ficou constando na ementa do acórdão – diz respeito à premissa adotada de que o produtor rural pessoa física seria contribuinte de COFINS e que, portanto, haveria uma dupla incidência, a qual ficou registrada no voto do Ministro Marco Aurélio e, implicitamente, foi aceita pelo Ministro Cezar Peluso. O produtor rural pessoa física não é contribuinte de COFINS; logo, ele não recolhe COFINS e a contribuição social sobre a produção. Esse enfoque tem cabimento na análise do perfil tributário das pessoas jurídicas rurais, mas não das pessoas físicas. Vai daí que a tese da "dupla incidência" não é

---

455. Recurso extraordinário nº 363.852-MG, Tribunal Pleno, Rel. Min. Marco Aurélio, *DJe* 23.04.2010.

correta, como também não é correta a de que o produtor rural pessoa física submeter-se-ia ao recolhimento sobre a folha de salários *e também* sobre o resultado da produção. Se o que se pretendeu expressar foi que, a prevalecer a regra prevista na lei, o produtor rural seria a única pessoa física que seria contribuinte de uma "espécie" ou "tipo" de COFINS no arcabouço jurídico, aí o raciocínio procede.[456]

Outros argumentos igualmente relevantes foram levantados nos votos, como o problema envolvendo a edição de lei complementar e a equiparação ou não dos conceitos de "resultado da comercialização da produção", de um lado, e "faturamento", "receita bruta" e "receita", de outro. Pela análise que foi feita dos votos proferidos – e basta lê-los para se constatar isso – é equivocado afirmar, como amiúde se faz, inclusive em precedentes jurisprudenciais, que o Supremo teria declarado a inconstitucionalidade *apenas* por conta do vício formal. Na verdade, *os votos dos Ministros analisaram a própria essência da sistemática tributária adotada para o produtor rural, confrontando-a ao art. 195, incisos I e II, e § 8º, da Carta da República.*

456. "Já aqui surge duplicidade contrária à Carta da República, no que, conforme o artigo 25, incisos I e II, da Lei nº 8.212, de 24 de julho de 1991, o produtor rural passou a estar compelido a duplo recolhimento, com a mesma destinação, ou seja, o financiamento da seguridade social – recolher, a partir do disposto no artigo 195, inciso I, alínea 'b', a COFINS e a contribuição prevista no artigo 25. (...) Então, o produtor rural, pessoa natural, fica compelido a satisfazer, de um lado, a contribuição sobre a folha de salários e, de outro, a COFINS, não havendo lugar para ter-se novo ônus, relativamente ao financiamento da seguridade social, isso a partir de valor alusivo à venda de bovinos" (trechos do voto do Ministro Marco Aurélio). "Mas, suposto se admitisse que o resultado da produção rural fosse faturamento (ou receita), ainda assim a exação seria inconstitucional, porque implicaria *bis in idem* vedado, carente de expressa autorização constitucional. É a lição que se extrai do artigo de Brito Machado, transcrito pelo recorrente: (...). Daí, ainda quando admitida a premissa fazendária, 'ter-se-iam duas contribuições com o mesmo fato gerador e a mesma finalidade de custear a seguridade social, em um *bis in idem* que a Constituição não autoriza'. (...) Advirta-se, contudo, que se esse produtor tiver ambição, mínima que seja, e desejar progredir, contratando funcionários e gerando empregos, será *punido* pela incidência mais gravosa, porque, além de pagar a contribuição sobre o resultado da produção (instituída, como mostramos, sem apoio na CF), contribuirá *também* sobre a folha de salários e, em exação de questionável constitucionalidade, sobre o faturamento" (trechos do voto do Ministro Cezar Peluso, com destaques no original).

Delineado esse cenário, os votos dos Ministros Marco Aurélio e Cezar Peluso são convergentes com dois grandes pilares argumentativos defendidos neste trabalho para se reputar essa tributação inválida: (i) o de que a Constituição brasileira só autorizou a tributação sobre o resultado da comercialização rural para quem não tem empregados; (ii) e, por corolário, o de que, ao se estender essa exceção para todos os demais produtores rurais, houve uma ofensa à isonomia, se tomada a situação dos empregadores urbanos (relembre-se do paralelo feito entre o produtor rural pessoa física e os médicos e advogados, por exemplo).[457]

457. "Vale frisar que, no art. 195, tem-se contemplada situação única em que o produtor rural contribui para a seguridade social mediante a aplicação de alíquota sobre o resultado de comercialização da produção, ante o disposto no § 8º do citado art. – a revelar que, em se tratando de produtor, parceiro, meeiro e arrendatários rurais e pescador artesanal, bem como dos respectivos cônjuges que exerçam atividades em regime de economia familiar, sem empregados permanentes, dá-se a contribuição para a seguridade social por meio de aplicação de alíquota sobre o resultado da comercialização da produção. A razão de ser do preceito é única: não se ter, quanto aos nele referidos, a base para a contribuição estabelecida na alínea 'a' do inciso I do art. 195 da Carta, isto é, a folha de salários. Daí a cláusula contida no § 8º em análise '... sem empregados permanentes...'. (...) Cumpre ter presente, até mesmo, a regra do inciso II do art. 150 da Constituição Federal, no que veda instituir tratamento desigual entre contribuintes que se encontrem em situação equivalente" (trechos do voto do Ministro Marco Aurélio). "Em primeiro lugar, salta aos olhos que a contribuição social foi criada de forma teratológica: enxertou-se regra, aplicável exclusivamente às pessoas físicas produtores rurais, sem empregados permanentes (art. 195, § 8º), a quaisquer produtores rurais pessoas físicas, inclusive àqueles – e este é o cerne da controvérsia – que lançam mão da colaboração de empregados. Ora, a contribuição sobre o resultado da comercialização da produção rural do art. 195, § 8º, existe precisamente porque seu destinatário – o produtor rural sem empregados permanentes – não pode, é óbvio, contribuir sobre folha de salários, faturamento ou receita, já que não dispõe de empregados, nem é pessoa jurídica ou entidade a ela equiparada. Logo, é imediata a conclusão de que o sujeito passivo objeto pela parte inicial do art. 25 não se enquadra na exceção do art. 195, § 8º, reservada, em caráter exclusivo, ao segurado especial, que recebe proteção constitucional em vista de sua vulnerabilidade socioeconômica. Não entrando na exceção do art. 195, § 8º, subsume-se o empregador rural pessoa física à regra geral do art. 195, I, que estabelece a contribuição social devida pelo empregador, sobre diferentes bases de cálculo, notadamente a folha de salários – dentre os quais não se encontra, está claro, o 'resultado' ou a 'receita bruta proveniente da comercialização de sua produção'. Essa razão já bastaria ao reconhecimento da inconstitucionalidade da contribuição social. (...) Além disso, sob tal base de cálculo, o empregador rural pessoa física recebe tratamento tributário desfavorável em relação aos contribuintes não rurais, que contribuem apenas sobre as fontes previstas nas

Esse, em princípio, deveria ser o caso paradigmático, que haveria de nortear a construção de uma solução definitiva a respeito. Ocorre, no entanto, que ele não foi exarado no âmbito do controle concentrado, nem sob a égide da repercussão geral. Por conta disso, a Suprema Corte selecionou outro caso, submetendo-o à repercussão geral: trata-se do Recurso Extraordinário nº 596.177, que foi relatado pelo Ministro Ricardo Lewandowski. Esse processo, todavia, diferente daquele anterior, não foi ajuizado pelo adquirente dos produtos comercializados, mas sim por um produtor rural pessoa física. O pano de fundo, a despeito disso, foi o mesmo: a validade ou não do mecanismo tributário diferenciado.

Ao julgar esse recurso, o Supremo pronunciou a inconstitucionalidade do art. 25 da Lei nº 8.212/91, na redação dada pela Lei nº 8.540/92, por votação unânime. Reportando-se em boa parte ao que ficou decidido no RE nº 363.852, o Relator acresceu apenas que essa orientação deve ser aplicada não só naquele caso julgado, mas também aos demais (em virtude da repercussão geral reconhecida), e ainda, que o fato de o acórdão do Tribunal de origem ter deixado consignado que pessoa física não é contribuinte de COFINS em nada alteraria a conclusão, vez que não há autorização constitucional para a base de cálculo adotada na Lei nº 8.212/91, na redação impugnada.[458]

---

alíneas do art. 195, inc. I, o que evidencia ofensa ao princípio da isonomia. Assim, o art. 150, inc. II, da Constituição da República é atingido gravemente, como o é o art. 194, inc. V, que estabelece a equidade na forma de participação no custeio" (trechos do voto do Ministro Cezar Peluso).

458. A ementa ficou assim: "CONSTITUCIONAL. TRIBUTÁRIO. CONTRIBUIÇÃO SOCIAL PREVIDENCIÁRIA. EMPREGADOR RURAL PESSOA FÍSICA. INCIDÊNCIA SOBRE A COMERCIALIZAÇÃO DA PRODUÇÃO. ART. 25 DA LEI 8.212/1991, NA REDAÇÃO DADA PELO ART. 1º DA LEI 8.540/1992. INCONSTITUCIONALIDADE. I – Ofensa ao art. 150, II, da CF em virtude da exigência de dupla contribuição caso o produtor rural seja empregador. II – Necessidade de lei complementar para a instituição de nova fonte de custeio para a seguridade social. III – RE conhecido e provido para reconhecer a inconstitucionalidade do art. 1º da Lei 8.540/1992, aplicando-se aos casos semelhantes o disposto no art. 543-B do CPC". RE 596.177-RS. Tribunal Pleno. *DJe* 29.08.2011. É importante salientar que a União interpôs recurso de embargos de declaração em face do acórdão, tendo o Supremo acolhido, em parte, a pretensão recursal, para o fim de suprimir o trecho da ementa que

Há outras nuanças a serem consideradas. Logo após a conclusão do julgamento do RE 363.852, mas ainda antes da publicação do acórdão, uma entidade de classe representativa do setor de frigoríficos houve por bem promover uma ação direta de inconstitucionalidade, a fim de que o entendimento firmado naquele precedente fosse aplicado na seara do controle concentrado de constitucionalidade. Essa ação foi distribuída sob o nº 4.395 ao Ministro Gilmar Mendes. E tal qual no RE nº 363.852, porém, diferente do que se deu no RE nº 596.177, o pedido foi formulado não por uma entidade representativa dos produtores rurais pessoas físicas, e sim por entidade que congrega os adquirentes dos produtos comercializados, ou seja, os frigoríficos.

O aspecto mais importante da ADIn 4.395 é esse: enquanto os RE's 363.852 e 596.177 enfrentaram o assunto à luz da ordem constitucional em vigor antes da Emenda Constitucional 20/98 e da disciplina dada pela Lei nº 10.256/01 (porque os limites processuais daqueles dois casos eram esses), agora, nessa ação direta, que ainda pende de julgamento, o debate deverá se dar diante do que preveem tanto a EC 20/98, quanto a Lei nº 10.256/01. Daí a relevância do *leading case*.

Vale registrar que no julgamento virtual ocorrido entre os dias 22 a 28 de maio de 2020, os Ministros Gilmar Mendes, Alexandre de Moraes, Cármen *Lúcia, Luiz Fux e Roberto Barroso votaram pela improcedência da ação direta, enquanto que os Ministros Edson Fachin, Rosa Weber, Ricardo Lewandowski, Celso de Mello e Marco Aurélio votaram pela sua procedência, assentando a inconstitucionalidade* da norma (o Ministro Marco Aurélio em maior extensão). O julgamento foi interrompido para aguardar o voto do Ministro Dias Toffoli, que estava de licença médica, estando no aguardo de nova inclusão em

---

fazia referência à inconstitucionalidade material no que pertine à "dupla contribuição", pois essa tese não compôs o voto-condutor. Vide RE-ED nº 596.177-RS, Tribunal Pleno, Rel. Min. Ricardo Lewandowski, *DJe* 18.11.2013. E depois que o tema foi fixado em repercussão geral os Ministros passaram a decidir monocraticamente: vide RE nº 435.693 (Rel. Min. Luiz Fux, *DJe* 29.03.2011); RE-ED nº 541.385 (Rel. Min. Dias Toffoli, *DJe* 25.05.2011); e RE nº 550.057 (Rel. Min. Dias Toffoli, *DJe* 15.08.2011).

pauta. O caso, como se vê, é bastante relevante, tanto assim que há um empate de votos até o momento.

Ocorre que a Suprema Corte havia pinçado outro caso, envolvendo a mesma discussão, porém, tirado de recurso extraordinário, tendo-lhe aplicado a sistemática da repercussão geral. Cuida-se do RE nº 718.874, que foi, inicialmente, distribuído ao Ministro Ricardo Lewandowski e que, após, teve por relator o Ministro Edson Fachin, tendo se originado de acórdão lavrado pelo Tribunal Regional Federal da 4ª Região, que deu pela inconstitucionalidade do art. 25 da Lei nº 8.212/91, mesmo na redação que lhe foi conferida pela Lei nº 10.256/01 e diante da Emenda Constitucional nº 20/98 (tema 669).[459]

A validade da tributação incidente sobre o resultado da comercialização dos produtores rurais pessoas físicas que têm empregados foi sepultada pelo Supremo Tribunal Federal nos RE's 363.852 e 596.177, tomando por parâmetro a ordem jurídica prévia à Emenda Constitucional 20/98 e à Lei 10.256/01, e terá que ser reexaminada na ADIn nº 4.395, que ainda não foi definitivamente julgada. Pelos fundamentos declinados neste estudo, a avaliação que se faz, em nome da coerência, é que a Suprema Corte brasileira deveria dar o mesmo desfecho, *porque a Emenda Constitucional nº 20/98 e a Lei Federal nº 10.256/01 não tiveram o condão de imprimir legitimidade a essa forma de tributação, sobretudo porque uma e outra não infirmam em absolutamente nada os densos argumentos lançados, em especial nos votos dos Ministros Marco Aurélio e Cezar Peluso, os quais foram aceitos nos casos anteriores, à unanimidade, pela Corte.*

Assim se afirma porque o núcleo condutor que levou à conclusão pelo reconhecimento da invalidade dessa sistemática foi

459. Foi esse o acórdão da repercussão geral: "CONSTITUCIONAL. TRIBUTÁRIO. CONTRIBUIÇÃO SOCIAL. EMPREGADOR RURAL PESSOA FÍSICA. RECEITA BRUTA. COMERCIALIZAÇÃO DA PRODUÇÃO. ART. 25 DA LEI 8.212/1991, NA REDAÇÃO DADA PELA LEI 10.256/2001. CONSTITUCIONALIDADE. I – A discussão sobre a constitucionalidade da contribuição a ser recolhida pelo empregador rural pessoa física, prevista no art. 25 da Lei 8.212/1991, com a redação dada pela Lei 10.256/2001, ultrapassa os interesses subjetivos da causa. II – Repercussão geral reconhecida". RE nº 718.874, Rel. Min. Ricardo Lewandowski, *DJe* 11.09.2013.

o art. 195, § 8º, da Carta da República, o qual, como bem observado pelo Ministro Marco Aurélio, foi modificado pela Emenda Constitucional 20/98 apenas para suprimir do texto originário a expressão "garimpeiro" (o que nada tem que ver com a discussão). Desse modo, como, na sua essência, a regra constitucional do art. 195, § 8º, permanece a mesma e como sobre ela o Supremo Tribunal já se manifestou, tendo entendido que "*a contribuição sobre o resultado da comercialização da produção rural do art. 195, § 8º, existe precisamente porque seu destinatário – o produtor rural sem empregados permanentes – não pode, é óbvio, contribuir sobre folha de salários, faturamento ou receita, já que não dispõe de empregados, nem é pessoa jurídica ou entidade a ela equiparada*" e que "*é imediata a conclusão de que o sujeito passivo objeto pela parte inicial do art. 25 não se enquadra na exceção do art. 195, § 8º, reservada, em caráter exclusivo, ao segurado especial*", concluindo que "*não entrando na exceção do art. 195, § 8º, subsume-se o empregador rural pessoa física à regra geral do art. 195, I, que estabelece a contribuição social devida pelo empregador, sobre diferentes bases de cálculo, notadamente a folha de salários*", nas palavras do Ministro Cezar Peluso, não haveria motivo para se deduzir que a interpretação seria diversa.

Também a Lei Federal nº 10.256/01 não tem força jurídica bastante para respaldar a tributação nesse viés, *porque essa lei limitou-se a fazer ajustes redacionais ao caput do art. 25 da Lei Federal nº 8.212/91*, o qual, no entanto, não trata nem da base de cálculo (receita bruta), nem das alíquotas (à época, de 2% e 0,1%), *pois essas grandezas que compõem o critério quantitativo foram disciplinadas nos incisos I e II, e não no caput*. Em poucas palavras: a Lei nº 10.256/01 não modificou em nada esse modelo de tributação, que foi inaugurado com a Lei nº 8.540/92 (julgada inconstitucional pelo Supremo) e que depois recebeu nova redação pela Lei 9.528/97. Como a lógica da lei subsiste a mesma e como essa lógica foi rechaçada pela Suprema Corte, o panorama antes e depois da Emenda Constitucional 20/98 e da Lei 10.256/01 deveria ser idêntico. Aliás, nesse ponto, sequer as Emendas Constitucionais 42/03, 47/05 e, mais recentemente, 103/19 servem como justificativa a dar respaldo à tributação, pelos aspectos já apontados neste texto.

Todavia – causando certa surpresa, não há como negar, àqueles que acompanhavam de perto essa relevante controvérsia – o fato é que o Supremo Tribunal Federal, em sessões de julgamento realizadas nos dias 29 e 30 de março de 2017, deliberou sobre o RE 718.874, aquele caso individual em que foi reconhecida a repercussão geral acerca da constitucionalidade ou não do art. 25 da Lei nº 8.212/91, com a redação que lhe foi dada pela Lei nº 10.256/01, advinda já na vigência da Emenda Constitucional nº 20/98 (tema 669). E, por votação extremamente apertada (por seis votos a cinco), a Suprema Corte acabou provendo o recurso da União, para o fim de reconhecer a validade da contribuição incidente sobre o empregador rural pessoa física, calculada sobre a comercialização de sua produção.[460]

Esse é um desfecho que não deixa de ser inesperado porque, como foi demonstrado antes, o Supremo vinha se posicionando, desde 1996, pela invalidade desse modelo de tributação – embora sob a égide de outras leis e de outro texto da Constituição, é verdade. É claro que os casos anteriores não eram idênticos ao RE 718.874. Contudo, o núcleo da mensagem prescritiva do art. 195, § 8º, da Carta da República – de ontem e de hoje – é o mesmo e o Supremo já havia delimitado seu alcance normativo. E mais, a Lei nº 10.256/01 não modificou em absolutamente nada esse cenário (e nem poderia, por se tratar de tema constitucional), sobretudo porque os incisos I e II do art. 25 da Lei nº 8.212/91 (que cuidam da base de cálculo e da alíquota) não sofreram alteração alguma pela referida Lei nº 10.256/01 – de tal ordem que, na prática, poder-se-ia dizer até mesmo que essa lei era irrelevante ao tema debatido.

Não foi essa a exegese dada pela Suprema Corte, no entanto. O entendimento que prevaleceu foi o de que a EC 20/98

---

460. Votaram pelo provimento do recurso os Ministros Alexandre de Moraes, Luís Roberto Barroso, Luiz Fux, Carmen Lúcia, Dias Toffoli e Gilmar Mendes, vencidos o Relator, Ministro Edson Fachin, e os Ministros Rosa Weber, Ricardo Lewandowski, Marco Aurélio e Celso de Mello.

e a Lei nº 10.256/01 teriam legitimado essa sistemática, tendo sido aprovada naquela assentada, inclusive, a seguinte tese, para fins de repercussão geral: *"é constitucional formal e materialmente a contribuição social do empregador rural pessoa física, instituída pela Lei 10.256/2001, incidente sobre a receita bruta obtida com a comercialização de sua produção"*.

Diante desse cenário, poder-se-ia ter a impressão de que "o caso está encerrado". Não é assim, porém. Ao menos não na totalidade das discussões. Isso porque há ainda uma ação direta de inconstitucionalidade pendente de conclusão de julgamento no Supremo Tribunal Federal: a já mencionada ADIn nº 4.395, com cinco votos para cada lado. Ora, se há uma ação de controle concentrado de constitucionalidade que ainda não foi julgada, a qual questiona a norma como um todo, não se pode dizer, com grau de certeza, que foi posta uma pedra sobre essa matéria. E mais, naquele caso específico discute-se com bastante ênfase se subsiste ou não a regra de sub-rogação atribuível aos adquirentes (inclusive porque a ação foi proposta por entidade de classe representativa dos adquirentes). Naquele caso específico o foco do debate está voltado também ao fato de que, no RE 363.852, o Supremo decretou a inconstitucionalidade do art. 30, IV, da Lei nº 8.212/91, com as redações decorrentes das Leis nº 8.540/92 e 9.528/97, justamente o enunciado que atribui o dever ao adquirente. Na pior das hipóteses, ainda que o "Funrural" fosse constitucional, não se poderia dizer que há para o adquirente um dever legal de sub-rogação.

Havia um derradeiro aspecto do tema que foi levantado pelos produtores, no bojo do qual, todavia, o Supremo também rechaçou a pretensão dos contribuintes. No RE nº 761.263 (tema 723), inicialmente de relatoria do saudoso Ministro Teori Zavascki, posteriormente distribuído ao Ministro Alexandre de Moraes, discutiu-se, em sede de repercussão geral, se há identidade entre "receita bruta" e "resultado da comercialização" sob a ótica dos segurados especiais.[461]

---

461. O acórdão da repercussão geral é o seguinte: "CONSTITUCIONAL. TRIBUTÁRIO. CONTRIBUIÇÃO SOCIAL. SEGURADO ESPECIAL. ART. 195, § 8º, DA

Nesse RE 761.263 o contribuinte debateu o alargamento da base de cálculo, a qual, em vez de ser estabelecida pela lei sobre o "resultado" da comercialização, incidiu sobre a "receita bruta". Não se discutiu a aplicabilidade do art. 195, § 8º, para o segurado especial, nem, muito menos, que ele não deve (e nem pode) recolher a contribuição sobre a folha de salários, pelo fato simples de que esse indivíduo não tem empregados, logo, não paga salários. A única questão trazida foi a base de cálculo em si, na sua nudeza, prevista no art. 195, § 8º, em comparação com aquela estabelecida no art. 25 da Lei nº 8.212/91 (e aqui pouco importam as modificações feitas nesse dispositivo, porquanto o vício remonta à redação originária do preceito).

Enquanto o art. 195, § 8º, da Constituição previu a incidência tributária sobre o "resultado" da comercialização da produção, o art. 25 da Lei nº 8.212/91, na redação de ontem e de hoje, estabelece como base de cálculo a "receita bruta" da comercialização da produção.

Está aí o problema. Mesmo o segurado especial submete-se a uma tributação de forma errada. Isso porque tanto o vernáculo, quanto a linguagem técnica da contabilidade denotam que "resultado" é e só pode ser a sobra, o produto final, a expressão numérica depois de tomados em conta e na conta dois ou mais valores. Trocando em miúdos: há de haver uma equação. Se alguém faz uma operação matemática de adição, o "resultado" será a soma, no mínimo, de dois valores. Se, ao contrário, tratar-se de operação de subtração, o "resultado" será o produto final de um valor menos o outro. O mesmo se aplica à multiplicação e à divisão. Não importa, o "resultado"

CF/88. RESULTADO DA COMERCIALIZAÇÃO DA PRODUÇÃO. ART. 25 DA LEI 8.212/91, DESDE SUA REDAÇÃO ORIGINÁRIA. RECEITA BRUTA. BASE DE CÁLCULO. AUSÊNCIA DE IDENTIDADE. NECESSIDADE DE LEI COMPLEMENTAR. RECONHECIMENTO DA INCONSTITUCIONALIDADE DE DISPOSITIVOS DA LEI 8.212/91. EFEITOS REPRISTINATÓRIOS. Possui repercussão geral a questão atinente à constitucionalidade da contribuição a ser recolhida pelo segurado especial, prevista no art. 25 da Lei 8.212/91, desde a sua redação originária, diante da ausência de identidade de sua base de cálculo (receita bruta) com a prevista no art. 195, § 8º, da Constituição Federal (resultado da comercialização)". RE nº 761.263-SC, Rel. Min. Teori Zavascki, *DJe* 14.05.2014.

estará à direita da equação matemática, representada pelo símbolo "=". Em linguagem formalizada: "x" – "y" = "z".

Não se trata de interpretação literal do Texto Constitucional, nem de invocar argumentos despidos de técnica jurídica. Muito pelo contrário. É porque não há em norma jurídica alguma, construída a partir de um enunciado validamente introduzido por lei em sentido formal e material, regra permitindo equiparar os conceitos de "resultado" e de "receita bruta" que o estudioso se sente encorajado a defender que, de fato, andou mal a lei. E mesmo que houvesse: a grandeza eleita pelo constituinte foi o "resultado", e não a "receita" ou a "receita bruta".

Vai daí que, quando o constituinte adotou como única base de cálculo possível o "resultado" da produção, admitiu a possibilidade de dedução das despesas e dos investimentos necessários para que produção houvesse. O que deveria sofrer incidência desse tributo, portanto, seria a sobra líquida da comercialização, jamais a "receita bruta", isto é, o valor bruto recebido pelo produtor pela venda de seus produtos. Mal comparando (que fique bem claro que isso é só para ilustrar o raciocínio), esse tributo deveria ser uma espécie de "CSLL" do segurado especial, a incidir sobre o "lucro" (no sentido leigo), e não uma modalidade de "COFINS", que repercute sobre a "receita" (também na acepção lassa).

Portanto, essa era uma excelente oportunidade para que a Suprema Corte rechaçasse, a não mais poder, tentativas escusas e useiras e vezeiras do Estado de tentar equiparar conceitos constitucionais distintos. O direito tributário é diferente de outros segmentos normativos, como o direito de família, por exemplo: lá, os contornos são mais rígidos; cá, as regras aplicáveis são mais maleáveis. É o que Teresa Arruda Alvim Wambier, prosaicamente, ilustrou como sendo "normas-lego" e "normas-luva-de-borracha", respectivamente, procurando enfatizar a diferença entre essas regras no que concerne ao eventual rigor ou maleabilidade exegética que se lhes aplica.[462]

462. WAMBIER, Teresa Arruda Alvim. *Recurso especial, recurso extraordinário e ação rescisória*. 2. ed. São Paulo: Ed. RT, 2008, p. 140/141. Não por outra razão o

A partir desse julgamento também a situação jurídica do empregador rural poderia, ainda que reflexamente, vir a ser afetada pelo desfecho do julgamento do caso do segurado especial. Afinal, independente se sua base de cálculo deve ou não ser modificada para folha de salários, a própria base atual, pelos fundamentos apontados, mostra-se descabida.

Apesar de todos esses robustos argumentos, o Supremo Tribunal Federal, na sessão virtual ocorrida entre os dias 03 e 14 de abril de 2020, acabou por rejeitar o pleito do contribuinte, fixando a tese no sentido de que *"é constitucional, formal e materialmente, a contribuição do segurado especial prevista no art. 25 da Lei 8.212/1991"* (tema 723).[463]

Supremo Tribunal Federal há bastante tempo deixou sedimentado o seguinte: "Se é certo que toda interpretação traz em si carga construtiva, não menos correta exsurge a vinculação à ordem jurídico-constitucional. O fenômeno ocorre a partir das normas em vigor, variando de acordo com a formação profissional e humanística do intérprete. No exercício gratificante da arte de interpretar, descabe 'inserir na regra de direito o próprio juízo – por mais sensato que seja – sobre a finalidade que 'conviria' fosse por ela perseguida' – Celso Antônio Bandeira de Mello – em parecer inédito. Sendo o direito uma ciência, o meio justifica o fim, mas não este àquele. (...) O conteúdo político de uma Constituição não é conducente ao desprezo do sentido vernacular das palavras, muito menos ao do técnico, considerados institutos consagrados pelo Direito. Toda ciência pressupõe a adoção de escorreita linguagem, possuindo os institutos, as expressões e os vocábulos que a revelam conceito estabelecido com a passagem do tempo, quer por força de estudos acadêmicos, quer, no caso do Direito, pela atuação dos pretórios". RE nº 166.772-RS, Rel. Min. Marco Aurélio, j. 12.05.1994.

463. "EMENTA: CONSTITUCIONAL. TRIBUTÁRIO. CONTRIBUIÇÃO SOCIAL. SEGURADO ESPECIAL. ARTIGO 195, § 8º, DA CF/1988. RESULTADO DA COMERCIALIZAÇÃO DA PRODUÇÃO. ART. 25 DA LEI 8.212/1991, DESDE SUA REDAÇÃO ORIGINÁRIA. RECEITA BRUTA. BASE DE CÁLCULO. REPERCUSSÃO GERAL RECONHECIDA. 1. Em razão dos vícios de inconstitucionalidade apontados por esta CORTE nos REs 363.852 e 596.177, somente o empregador rural pessoa física foi excluído como sujeito passivo da contribuição previdenciária prevista no artigo 25 da Lei 8.212/1991, de modo que o tributo continuou a existir, com plena vigência e eficácia em relação aos segurados especiais. 2. A base de cálculo compilada no artigo 25, I e II, da Lei 8.212/1991, editado para regulamentar o § 8º do artigo 195 da CF, fixando a alíquota de 3% (três por cento) da receita bruta proveniente da comercialização da produção do produtor rural sem empregados, por observar a base de cálculo que foi definida pelo próprio texto constitucional, é plenamente constitucional em relação ao segurado especial. 3. É absolutamente legítima a previsão, em lei ordinária, da contribuição do segurado especial tendo por base a receita bruta proveniente da comercialização da sua produção. Diferentemente do que sustenta o recorrente, tal exação tem por fundamento constitucional o § 8º, e não o § 4º do art. 195. 4. Recurso extraordinário desprovido, com afirmação de tese

6.3.6 Os problemas não resolvidos quanto ao "Funrural do passado"

De acordo com o que foi demonstrado no *leading case* do RE 718.874, o Supremo Tribunal Federal, por seis votos a cinco, considerou constitucional o "Funrural" a partir da Lei nº 10.256/01.

Esse julgamento daria margem ao aprofundamento do raciocínio crítico sob diversas possibilidades de análise. O primeiro deles seria, por exemplo, a necessidade de modulação de efeitos do julgado, pois se a própria Corte Suprema, em duas oportunidades anteriores, tinha decretado a inconstitucionalidade do tributo (ambas com votações *unânimes*, é bom que se diga), não haveria como ter uma "mudança" de jurisprudência no ano de 2017 (data do julgamento), com efeitos retroativos a 2001 (data da Lei nº 10.256) – até mesmo porque, antes do RE 718.874, os Ministros vinham decidindo inclusive monocraticamente sobre a matéria, reputando inconstitucional o "Funrural".[464] Mormente diante dos arts. 926 e 927 do CPC/15 (já em vigor quando da decisão proferida no RE 718.874), que estabelecem o vetor jurisprudência estável como um dos baluartes da ordem processual brasileira, parece claro que a modulação era imperiosa. Como argumento de reforço havia o art. 24 da Lei nº 13.655/18, que alterou a "Lei de Introdução às Normas do Direito Brasileiro", no sentido de que, na aplicação da norma, deve ser respeitada a jurisprudência da época. A modulação de efeitos, porém, foi explicitamente rejeitada no julgamento dos embargos de declaração interpostos contra o acórdão.[465]

---

segundo a qual 'É constitucional, formal e materialmente, a contribuição social do segurado especial prevista no art. 25 da Lei 8.212/1991'.". RE 761.263, Rel. Min. Alexandre de Moraes. Tribunal Pleno. Publ. 26.06.2020.

464. Por exemplo: RE 435.693 (Rel. Min. Luiz Fux, *DJe* 29.03.2011), RE-ED nº 541.385 (Rel. Min. Dias Toffoli, DJE 25.05.2011) e RE 550.057 (Rel. Min. Dias Toffoli, *DJe* 15.08.2011).

465. Eis o que constou em parte da ementa: "a inexistência de alteração de jurisprudência dominante torna incabível a modulação de efeitos do julgamento". RE-ED 718.874. Rel. Min. Alexandre de Moraes. *DJe* 12.09.2018. Vale registrar que três

Outro aspecto que também poderia ser aprofundado giraria em torno do "novo" conceito de "receita bruta", a partir do que deliberado no referido julgamento. Afinal de contas, o próprio Supremo, nos paradigmáticos casos da ADC nº 01 e no RE 346.084, já havia fixado entendimento de que são sinônimas, da perspectiva jurídica, as expressões "faturamento" e "receita bruta", *contudo, que esses conceitos só se aplicam às pessoas jurídicas.* Ora, diante do pronunciamento tirado no RE 718.874, no sentido de que a *"receita bruta proveniente da comercialização"* da produção rural seria uma *"espécie da base de cálculo receita, autorizada pelo novo texto da EC 20/98"*, tudo isso cai por terra, porque a lei pode passar a tributar qualquer pessoa física (e não somente os produtores rurais) sobre a totalidade de suas "receitas". Ou seja, na esteira do pronunciamento, *pessoa física amanhã ou depois pode tornar-se contribuinte de PIS e de COFINS.*

Um terceiro ponto relevante envolveria o conceito de "resultado da produção", que é o previsto no art. 195, § 8º, da Constituição. O que o constituinte permitiu ser tributado em relação aos produtores rurais (mesmo assim, apenas para aqueles sem empregados, ou seja, os segurados especiais, no que não se enquadram os médios e grandes produtores) foi o "resultado" da produção, o que transmite uma noção de "sobra" de "resultado positivo", tangenciando muito mais o conceito de "renda", do que o de "receita" ou "receita bruta". Porém, também aqui o Supremo entendeu que não haveria problema algum, como se viu páginas atrás.

Um quarto aspecto de análise diria respeito ao art. 195, §§ 12 e 13. Esses dois parágrafos foram incluídos pela Emenda Constitucional nº 42/03, prevendo a possibilidade de eleição de setores da atividade econômica para os quais as contribuições serão não-cumulativas, aplicando-se *"inclusive na hipótese de substituição gradual, total ou parcial, da contribuição*

Ministros entenderam que houve, sim, mudança de jurisprudência, a justificar a modulação: os Ministros Edson Fachin, Rosa Weber e Marco Aurélio.

incidente na forma do inciso I, 'a', pela incidente sobre a receita ou o faturamento". Como se vê, a possibilidade de substituição da tributação sobre a folha de salários pela incidente sobre a receita ou o faturamento só veio com a EC 42/03. Ocorre, no entanto, que a lei na qual se baseou o Supremo para aprovar essa sistemática é de 2001 (Lei nº 10.256/01), de tal ordem que, à época do seu advento, não havia respaldo para esse modelo, resultando na sua inconstitucionalidade na origem.

Um quinto problema que demandaria um viés próprio de reflexão seria a mencionada ADIn nº 4.395. Essa ação direta foi proposta por uma entidade de classe que representa os frigoríficos e que também questiona a validade desse regramento tributário, confrontando a Lei nº 10.256/01 ao arcabouço constitucional. Embora trate do mesmo tema julgado no RE 718.874, essa ADIn não foi apregoada para julgamento conjunto, o que deixa em aberto qual será a posição do Supremo nesse caso, notadamente pela sua atual votação empatada.

Enfim, são vários os ângulos de análise que poderiam ser dissecados a respeito do problemático julgamento proferido no âmbito do RE 718.874, cada um com sua relevância.[466]

Entretanto, como ao fim e ao cabo o Supremo declarou constitucional o tributo, para fins deste estudo interessam 02 (dois) problemas, fundamentalmente, que não foram resolvidos pelo Supremo, os quais ainda podem suscitar muito debate: (i) em primeiro lugar, o advento da Resolução nº 15/2017 do Senado Federal; (ii) e quem deverá arcar com o passivo do "Funrural", se os produtores rurais pessoas físicas ou as empresas adquirentes dos produtos rurais.

Quanto ao primeiro ponto, é importante esclarecer bem o cenário, para a adequada compreensão da controvérsia. Quando o acórdão do RE 718.874 foi publicado, em 27 de

466. Sobre esses diversos problemas, vide: LOUBET, Leonardo Furtado. "O STF, o Funrural e seus desdobramentos na tributação das agroindústrias e das agropecuárias". *Racionalização do sistema tributário – XIV Congresso do IBET.* São Paulo: Noeses, 2017, p. 721/745.

setembro de 2017, a classe política já vinha se movimentando, porque a expectativa do setor era o de que o "Funrural" seria uma vez mais declarado inconstitucional. No referido RE 718.874 o Supremo examinou especificamente os impactos da Lei nº 10.256/01 sobre o tributo, formando a apertada convicção majoritária de que essa lei daria respaldo à exação, no cenário jurídico posto pós-EC 20/98.

Ocorre que a Lei nº 10.256/01 limitou-se a dar nova redação ao *caput* do art. 25 da Lei nº 8.212/91, introduzindo a expressão *"em substituição à contribuição de que tratam os incisos I e II do art. 22"*. Ela não tratou dos incisos, sendo certo que foi nos incisos que foram previstas a base de cálculo e a alíquota diferenciadas aplicáveis aos produtores rurais, incidentes sobre a produção rural, e não sobre a folha de salários. A maioria do Tribunal entendeu que o artigo 25 da Lei nº 8.212/91, declarado inconstitucional pelo próprio Supremo nos RE's 363.852 e 596.177, teria mantido sua *"vigência e eficácia para as demais hipóteses"*. Acontece que a Lei nº 10.256/01, na prática, não alterou, nem convalidou o arcabouço normativo anterior, fazendo mero ajuste redacional. Exatamente por isso o Ministro Marco Aurélio destacou no julgamento que *"apenas para esclarecer ao Plenário – e penso ser esse esclarecimento fundamental – que a Lei nº 10.256/2001, posterior à Emenda Constitucional nº 20/1998, apenas deu nova redação à cabeça do artigo 25. (...) Ora, se declaramos inconstitucionais esses dois incisos, é dado, agora, tê-los como eficazes? Não, a resposta é desenganadamente negativa. (...) Por isso, estamos presos ao que decidido"*.

Pois bem, e qual a questão relevante? Como o Supremo declarara inconstitucional o art. 25 da Lei nº 8.212/91, com a redação dada pelas Leis nºs. 8.540/92 e 9.528/97, as quais disciplinaram justamente a base de cálculo e a alíquota diferenciadas, o Senado Federal, invocando o disposto no art. 52, inciso X, da Carta da República, que insere dentro das competências institucionais do Senado *"suspender a execução, no todo ou em parte, de lei declarada inconstitucional por decisão definitiva do Supremo Tribunal Federal"*, editou a Resolução nº 15, de 12 de setembro de 2017, que, por sua vez, suspende a execução dessas leis, em obediência às decisões anteriores proferidas pelo Supremo.

Noutras palavras, o Supremo Tribunal Federal, em 2010 no RE 363.852 e em 2011 no RE 596.177, declarou inconstitucional o "Funrural" previsto no art. 25 da Lei nº 8.212/91, na redação das Leis nºs. 8.540/92 e 9.528/97 (incluindo aí os incisos que trataram da base de cálculo e da alíquota). Antes desses julgamentos, adveio a Lei nº 10.256/01, que se restringiu a fazer ajuste redacional no *caput* do art. 25. O Supremo, em março de 2017 (acórdão publicado em 27.09.2017), julga constitucional essa lei no RE 718.874. E então o Senado Federal, antes da publicação do acórdão (12.09.2017), promulga a Resolução nº 15, dando cumprimento às decisões tomadas pelo Supremo nos RE's 363.852 e 596.177.

Ou seja, uma confusão só, digna de enredo novelesco. Da perspectiva jurídica, o art. 25 ficou com o *caput,* mas sem seus dois incisos, os quais, reitere-se, tratavam da base de cálculo e da alíquota. Quem consultou o site do Planalto nessa época, que é fonte oficial da legislação em vigor no País, percebeu que por algum tempo nos incisos I e II do art. 25 da Lei nº 8.212/91 foi lançada a expressão *"execução suspensa pela Resolução do Senado Federal nº 15, de 2017"*. Isto é, ficou um tributo sem base de cálculo ou alíquota. E com isso se tentou, dentro dos instrumentos legislativos previstos na própria Carta da República (já que resolução do Senado é veículo normativo competente para suspender a execução de lei inconstitucional), esvaziar o conteúdo jurídico do pronunciamento do Supremo.

Foi só com a vinda da Lei nº 13.606/18 que o inciso I recebeu nova redação, prevendo a incidência do "Funrural" à razão de 1,2%. Vale registrar, aliás, que o inciso II, que versava sobre o adicional de 0,1% de "SAT" (seguro de acidente do trabalho), continuou, em princípio, com sua execução suspensa, porque não foi objeto de alteração da Lei nº 13.606/18.

Assim, a pergunta central que se coloca é a seguinte: a Resolução nº 15/17 do Senado Federal, que suspendeu a execução dos incisos I e II do art. 25 da Lei nº 8.212/91, tem o condão de impedir a exigência do "Funrural" desde 1992 ou 1997 (data das leis julgadas inconstitucionais pelo Supremo em 2010 no RE 363.852 e em 2011 no RE 596.177) até janeiro de 2018 (data da Lei nº 13.606, mas ainda assim apenas quanto ao inciso I), passando ao largo do pronunciamento do Supremo no RE 718.874? Ou, ao menos, da data dos julgamentos (2010 e 2011) em diante? Ou, quem sabe, da data da resolução (setembro de 2017) para frente?

Eis mais um imbróglio que envolve o passado do "Funrural", mas que se arrastará para o futuro. Tanto assim é verdade que essa resolução tem dado margem a inúmeras interpretações, no sentido de que o "Funrural", em razão da Resolução do Senado nº 15/17, é inexigível.

Essa questão chegou a ser levada ao Supremo Tribunal Federal, em sede de embargos de declaração interpostos no RE 718.874 (porque a resolução foi publicada antes da publicação do acórdão). Ao julgá-los, no entanto, constou da ementa do acórdão relatado pelo Ministro Alexandre de Moraes que o Supremo rechaçou a tese, afirmando que "2. *A inexistência de qualquer declaração de inconstitucionalidade incidental pelo Supremo Tribunal Federal no presente julgamento não autoriza a aplicação do artigo 52, X, da Constituição Federal pelo Senado Federal. 3. A Resolução do Senado Federal 15/2017 não se aplica à Lei nº 10.256/2001 e não produz qualquer efeito em relação ao decidido no RE 718.874/RS*".

Foi isso o que constou da ementa, é verdade, mas não foi exatamente isso o que foi debatido no bojo dos embargos declaratórios. Isso porque, ao julgar os recursos (eram oito embargos declaratórios), o Supremo centrou sua análise na questão da modulação ou não dos efeitos da decisão. Apenas o Relator, Ministro Alexandre de Moraes, disse textualmente que a resolução não se aplicava ao caso. O Ministro Edson Fachin afirmou que a alegação de fato novo não pode ser examinada no âmbito de recurso extraordinário e que *"a constitucionalidade dos dispositivos que tiveram a execução suspensa pela resolução senatorial será objeto de debate no julgamento da ADI 4395, Rel. Min. Gilmar Mendes"*, enquanto que o Ministro Luís Roberto Barroso apenas tangenciou o assunto, frisando que *"não vislumbro nem omissão, nem contradição a serem sanadas por esta via, tampouco compreendi a Resolução do CNJ* [*rectius:* do Senado] *como direito superveniente a justificar uma revisita à nossa decisão"*. Os demais Ministros, à exceção da Ministra Rosa Weber e do Ministro Marco Aurélio, não se manifestaram sobre essa relevantíssima questão, tendo se limitado a desprover os recursos, acompanhando o Relator. Vale destacar que o Ministro Marco Aurélio voltou a dizer que os incisos do art. 25 já haviam sido sepultados pelo Supremo antes, exatamente o que a Resolução nº 15/17 veio a dar cumprimento.

O Ministro Alexandre de Moraes, Relator do RE 718.874, recebeu uma petição incidental da União, a qual foi autuada sob a identificação de Pet. nº 8.140, tendo acolhido, monocraticamente, os argumentos trazidos para determinar que fossem retirados do site do Planalto e da Câmara dos Deputados a referência à suspensão do art. 25, II, e 30, IV, da Lei nº 8.212/91 pela Resolução do Senado nº 15/2017, por entender que o objeto do julgamento não ficou tisnado por referida resolução.

Mais um ponto de litígio: no âmbito administrativo, em virtude da Resolução nº 15/17, as autoridades fiscais não têm como aplicar os incisos do art. 25 da Lei nº 8.212/91, porque, objetivamente falando, não cabe à autoridade administrativa aquilatar a constitucionalidade ou não de resolução do Senado, menos ainda mensurar a extensão dos efeitos do referido ato normativo. Eis mais um desdobramento do problema.

Se esse é o pano de fundo quanto à exigibilidade do tributo em si, no que diz respeito a quem deverá arcar com esse passivo a situação não é nada esclarecedora, pelo contrário, as obscuridades aumentam. O nó a ser desatado gira em torno da definição de quem poderá ser cobrado quanto a esse passivo, se os produtores rurais (contribuintes) ou as empresas adquirentes dos produtos (na condição de sub-rogados).

Aqui, a situação tem que ser dividida, porque vai importar, e muito, se houve ou não ação judicial anterior. Com efeito, é do conhecimento público que vários produtores ingressaram com ações judiciais buscando o reconhecimento da inconstitucionalidade do “Funrural”. No entanto, não apenas eles, pois também as empresas adquirentes propuseram ações. Diante desse quadro, para aqueles que têm (ou tinham) ações judiciais, a situação provável é a seguinte: a) se o produtor tem (ou teve) uma liminar que proibia a empresa adquirente de descontar o valor do tributo, o eventual resultado final desfavorável da ação significará que a Receita Federal irá cobrar dele o valor que não foi pago, e não da empresa adquirente, porque, nesse caso, a empresa estava impedida judicialmente de fazer a retenção; b) mas, se quem tem (ou teve) liminar era a empresa adquirente, sem que o valor fosse descontado do produtor não por pedido ou exigência dele, mas sim por uma ação judicial movida pelo adquirente, aí, nessa hipótese, será a empresa que terá que responder pelos valores não recolhidos. Em síntese, arcará com o eventual insucesso da ação judicial aquele que a moveu.

Outra questão relevante diz respeito ao desconto (retenção por sub-rogação) ou não dos valores pela empresa adquirente para os casos em que não há ação judicial nem do produtor, nem do adquirente: a) se a empresa descontou do produtor o “Funrural” do valor da venda e se, por algum motivo, não pagou o tributo, aí essa importância será cobrada exclusivamente da empresa, e não do produtor, já que houve o desconto da quantia do produtor; b) no entanto, se por algum motivo (lembrando, desde que sem ação judicial de um ou de outro) a empresa não descontou o valor do produtor (por exemplo, acreditando que o “Funrural” já estava sepultado), aí esse será o cenário mais complicado a dirimir. Isso porque economicamente o valor é devido pelo produtor (que tem que sofrer o desconto), mas juridicamente é devido pelo adquirente (que tem que descontar e recolher). Se o valor não foi descontado sem ordem judicial proibitiva, o produtor vai dizer que esse é um problema da empresa adquirente, pois cabia a ela descontar. Por outro lado, a empresa adquirente vai sustentar que errou ao deixar de descontar, podendo ser multada por isso, mas que o valor do tributo tem que ser cobrado do produtor, cabendo a ela pagar apenas a multa por não ter feito a retenção. No âmbito administrativo, a normatização da Secretaria da Receita Federal prevê a exigência em face da empresa adquirente, mesmo que não tenha havido a retenção (art. 184, IV e § 7º, da IN 971/09).

Não bastassem todas essas polêmicas, também aqui, no debate envolvendo quem poderá ser autuado quanto ao passivo do "Funrural", a Resolução nº 15/17 do Senado Federal traz reflexos importantes e complexos. É que no referido RE 718.874, no qual o "Funrural" foi declarado constitucional, *não foi discutida a regra de sub-rogação.* Não foi discutida porque a Lei nº 10.256/01, reputada como respaldo para a exigência do tributo (ao dar nova redação ao *caput* do art. 25 da Lei nº 8.212/91), não tratou em nenhum trecho sobre regra de sub-rogação (versado no art. 30, IV, da Lei nº 8.212/91). Ocorre que, como o Supremo decretou a inconstitucionalidade das Leis nºs. 8.540/92 e 9.528/97 nos RE's 363.852 e 596.177, a subsistência dessa norma de retenção no ordenamento jurídico tornou-se prejudicada, pois, repita-se, a Lei nº 10.256/01 nada tratou a respeito, não disciplinando o art. 30 da Lei nº 8.212/91.

Ou seja, a legislação que prevê o dever de descontar (as Leis nºs. 8.540/92 e 9.528/97) foi tida por inconstitucional e a lei posterior (a Lei nº 10.256/01), que o Supremo declarou constitucional, nada falou a respeito, ou seja, não "ressuscitou" o dever de reter. E ainda por cima a Resolução nº 15/17 do Senado Federal suspendeu a execução das leis julgadas inconstitucionais pelo STF nos RE's 363.852 e 596.177. Da forma em que está posta a questão, hoje em dia não há norma alguma prevendo a obrigatoriedade de retenção por sub-rogação.

É exatamente isso o que as empresas adquirentes vêm sustentando no âmbito do Poder Judiciário, com decisões favoráveis. A tese que se coloca é a de que, à míngua de norma expressa determinando a retenção por sub-rogação por parte da empresa adquirente do "Funrural" devido pelo produtor, esse dever é inexigível.

Esse debate vem ganhando corpo no âmbito das empresas adquirentes e das associações representativas. Afinal de contas, as empresas não querem assumir o encargo de ter que recolher o "Funrural", notadamente por conta de todas as polêmicas existentes sobre esse tributo, com mudança de cenários jurisprudenciais e legislativos a cada instante, a cada guinada. Essa exegese, inclusive, já está sendo adotada no âmbito de julgamento colegiado, como se vê de precedente do TRF-3ª Região.[467]

---

467. "DIREITO PROCESSUAL CIVIL E TRIBUTÁRIO. MANDADO DE SEGURANÇA. CERTIDÃO POSITIVA COM EFEITO DE NEGATIVA. PRODUÇÃO RURAL. COMERCIALIZAÇÃO. CONTRIBUIÇÃO PREVIDENCIÁRIA. ARTIGO 1º DA LEI Nº 8.540/92. INCONSTITUCIONALIDADE. EMPRESA ADQUIRENTE, CONSUMIDORA OU CONSIGNATÁRIA OU COOPERATIVA. LEGITIMIDADE. SUB-ROGAÇÃO. INCISO IV DO ARTIGO 30 DA LEI Nº 8.212/91. RETENÇÃO E RECOLHIMENTO. IMPOSSIBILIDADE. SENADO FEDERAL. SUSPENSÃO. RESOLUÇÃO Nº 15/17. (...) 3. A contribuição social devida pelos empregadores rurais, pessoas naturais, sobre a receita bruta proveniente da comercialização de sua produção foi declarada inconstitucional pelo Plenário do Supremo Tribunal Federal, ante a exigência de lei complementar para instituição de nova fonte de custeio à Seguridade Social, 'ex vi' do disposto no artigo 195, § 4º, c/c o artigo 154, I, da CF (RE 363852, Relator: Min. MARCO AURÉLIO, Tribunal Pleno, julgado em 03/02/2010). 4. Posteriormente, houve o Pleno do STF por reafirmar o posicionamento, agora em sede de repercussão geral, ao declarar a inconstitucionalidade do artigo 1º da Lei 8.540/92, 'até que legislação nova, arrimada na Emenda Constitucional nº 20/98, venha a instituir a contribuição' (RE 596177, Relator: Min. RICARDO LEWANDOWSKI, Tribunal Pleno, julgado em 01/08/2011). 5. Nada obstante, o Senado Federal, em face da inconstitucionalidade declarada pelo STF no antecedente RE nº 363.852, houve por bem suspender, com arrimo no artigo 52, inciso X, da CF, a execução do inciso VII do artigo 12 da Lei nº 8.212/91, bem como do artigo 1º da Lei nº 8.540/92, editando a Resolução nº 15/17, publicada no DOU em 13/09/2017 nos seguintes termos: (...). 6. Segue-se assim inarredável a conclusão de que, uma vez suspenso o artigo 1º da Lei nº 8.540/92 pelo Senado Federal, todas as alterações promovidas pelo aludido dispositivo também restaram invalidadas, nestas se incluindo especialmente o inciso IV do artigo 30 da Lei nº 8.212/91, que dispõe: (...) 7. Nessa senda, decorre ainda que, ao retirar do ordenamento jurídico a eficácia da norma que previa a sub-rogação, o Senado Federal também acabou por afastar das pessoas jurídicas, mencionadas pelo inciso IV do artigo 30 da Lei nº 8.212/91 ('a empresa adquirente, consumidora ou consignatária ou a cooperativa'), a obrigação por sub-rogação pela retenção e recolhimento da contribuição previdenciária incidente sobre a produção rural adquirida. 8. Assim sendo, perde relevância a assertiva da apelante ao sustentar que 'A adquirente, por dispor do valor a pagar ao produtor rural por sua produção, simplesmente age como agente de arrecadação, retendo o percentual devido pelo contribuinte para posterior repasse à Previdência Social',

Eis mais um capítulo aberto no litígio envolvendo o "Funrural", que já se arrasta há décadas. Mesmo que o Ministro Alexandre de Moraes tenha determinado em petição incidental (Pet. nº 8.140) que se retirasse a referência no site do Planalto e da Câmara dos Deputados da suspensão do art. 30, IV, da Lei nº 8.212/91 pela Resolução nº 15/17 do Senado Federal, evidentemente que esse tema pode (e deve) voltar à análise, na medida em que a cognição jurisdicional exercida monocraticamente pelo Relator em petição incidental não torna a questão insuscetível a novo exame.

6.4 O "novo Funrural" e suas potenciais vantagens econômicas: tributação sobre a folha de salários

Tudo o que foi visto até aqui diz respeito ao passado do "Funrural". Foram abordagens que procuraram demonstrar os vários problemas que tocam esse tributo, quais foram resolvidos e quais continuam em aberto, trazendo potencialmente desdobramentos para frente.

A intenção neste tópico agora é traçar um divisor de águas, é virar a página, é centrar a análise para as novas regras dessa contribuição, de modo a compreender o "novo Funrural". E para isso é necessário levar em conta os preceitos da Lei Federal nº 13.606, de 09 de janeiro de 2018. Trata-se de diploma legislativo aprovado, como salientado antes, a partir de uma longa costura política envolvendo os representantes do setor e

---

uma vez que a Lei nº 10.256/2001 sequer reproduziu o texto veiculado pelo inciso IV do artigo 30 da Lei nº 8.212/91 e tampouco houve por disciplinar a matéria. 9. Considerando a inexistência de norma que preveja expressamente a sub-rogação, infere-se que a impetrante/apelada encontra-se desobrigada à retenção e recolhimento da contribuição social devida pelo produtor rural, posto que inexistente lei que lhe atribua responsabilidade tributária. Frise-se, tanto na decisão proferida pelo STF como no ato editado pelo Senado Federal não há qualquer ressalva à manutenção do recolhimento por sub-rogação. Depreende-se daí que a ordem legal para tal forma de recolhimento (por sub-rogação) encontra-se sem fundamento de validade, dado que deixou de produzir efeitos a partir da publicação da Resolução nº 15/17 do Senado Federal". TRF-3ª Região. Apelação/remessa necessária nº 0000284-26.2017.4.03.6100/SP. 1ª Turma. Rel. Des. Fed. Wilson Zauhy. *DJe* 11.10.2018.

as autoridades governamentais, de modo a atenuar, na medida do possível, os impactos que a decisão do Supremo Tribunal Federal trouxe para os agentes do agronegócio brasileiro.

Em linhas bem gerais, o que fez essa lei foi o seguinte: (i) permitiu o parcelamento das dívidas do passado, instituindo um "Refis do Funrural" ("PRR – Programa de Regularização Tributária Rural"); (ii) reduziu as alíquotas da contribuição tanto das pessoas físicas, quanto das pessoas jurídicas; (iii) e permitiu, a partir de 2019, a adoção de um regime substitutivo facultativo, passando da incidência sobre a produção rural para a folha de salários dos empregados do produtor. Eis o quadro sintético antes e depois da Lei nº 13.606/18:

	Antes	**Depois**
Alíquota dos produtores pessoas físicas	2% (+ 0,1% SAT + 0,2% SENAR = 2,3%)	1,2% (+ 0,1% SAT + 0,2% SENAR = 1,5%) (a partir de 01.01.2018)
Alíquota dos produtores pessoas jurídicas	2,5% (+ 0,1% SAT + 0,25% SENAR = 2,85%)	1,7% (+ 0,1% SAT + 0,25% SENAR = 2,05%) (a partir de 01.01.2018)
Cálculo do valor no regime normal (tanto para PF's, quanto para PJ's)	Receita bruta da comercialização	Receita bruta da comercialização
Cálculo do valor no regime opcional (tanto para PF's, quanto para PJ's)	Não existia	26,8%, aproximadamente, sobre a folha de salários dos funcionários da fazenda (a partir de 01.01.2019)

Não é objetivo deste texto tratar dos problemas envolvendo o PRR, nem os aspectos envolvendo a redução das alíquotas (o que só foi feito para estimular a adesão ao programa de parcelamento, porque, somando as alíquotas atuais com o parcelamento do PRR, a carga tributária final ficará a mesma da que era antes da Lei nº 13.606/18). O escopo desta parte das reflexões propostas está focado no regime opcional pela folha de salários, o qual está à disposição dos contribuintes (produtores rurais pessoas físicas e também as pessoas jurídicas) desde janeiro de 2019. Não é demais reiterar que *esse modelo substitutivo não foi previsto para as agroindústrias, de tal maneira que a elas continuam se aplicando em tudo e por tudo todos os fundamentos pela inconstitucionalidade da exação.*

Definida essa premissa, o aspecto a ser investigado assenta-se na identificação do cenário a partir do qual se torna *vantajoso economicamente* ao produtor optar pelo regime substitutivo, ou seja, a partir de que critérios essa análise deve ser feita. Ora, examinando a tabela *supra*, parece claro que se trata de uma relação matemática: *sempre que o montante correspondente a 26,8% do total mensal da folha de salários dos funcionários da fazenda for menor que 1,3%* (1,2% de "Funrural" + 0,1% de SAT) *da receita bruta mensal oriunda da produção rural para as pessoas físicas ou 1,8%* (1,7% de "Funrural" + 0,1% de SAT) *para as pessoas jurídicas*, será melhor aderir pela sistemática incidente *sobre a folha de salários.*

Ocorre que essa não é uma análise tão simples assim, de tal sorte que são necessários alguns esclarecimentos adicionais. O primeiro deles concerne aos 26,8% de carga tributária sobre a folha de salários. Trata-se de um desdobramento da "cota patronal" de 20% (art. 22, I, da Lei nº 8.212/91), mais 1% de SAT (art. 22, II, da Lei nº 8.212/91, porque na atividade rural o risco de acidente do trabalho é baixo, devendo aí ser enquadrado) e mais os 5,8% a título de "terceiros" (INCRA, salário-educação, sistema "S" etc.), aplicáveis como regra, a depender do código de enquadramento no FPAS (Fundo da Previdência e Assistência Social).

O segundo – que é relevantíssimo – envolve o registro de que, na atividade rural, *as receitas são sazonais*, variando conforme o tipo de atividade desenvolvida, de modo que não necessariamente o produtor as aufere a cada mês. A tributação pela folha, porém, será mensal, o que deve ser um fator a ser sopesado na hora da decisão. Isso significa que a migração do sistema de cálculo que toma por base a produção rural para a folha de salários deve ter por ponto de partida uma análise da média do passado, como que um "espelho" dos últimos 03 ou 05 anos ao menos, simulando o confronto entre receitas e a folha de salários; e uma projeção para o futuro, no sentido de aquilatar se o produtor espera a manutenção dessa média de receitas e despesas com a folha para o ano vindouro. Isso pode variar se o produtor tem intenção de fazer novos investimentos, como abrir novas áreas produtivas em sua propriedade, ou então passar para a exploração de outras atividades rurais. É importante destacar – daí a imperiosidade de uma avaliação criteriosa – que o produtor deverá optar por um ou outro sistema já no início do ano-calendário, cuja sistemática será aplicável por todo o ano fiscal (art. 25, § 13, da Lei nº 8.212/91 e art. 25, § 7º, da Lei nº 8.870/94, ambos com a redação dada pela Lei nº 13.606/18).

O tipo de atividade desenvolvida é um ponto de relevo a ser considerado. Afinal de contas, algumas atividades, como o segmento de hortifrutigranjeiros ou do café, demandam uma mão de obra mais intensiva, apontando, em princípio, que para essas pode ser mais vantajoso permanecer no sistema anterior. Por outro lado, há atividades, como a soja, o milho e o gado, que não costumam demandar força de trabalho intensiva, motivo pelo qual a tributação pela folha, a depender da avaliação do caso concreto, pode ser mais benéfica.

Nessa perspectiva dois fatores externos devem ser avaliados também: (i) a mecanização da atividade rural; (ii) e a possibilidade de utilização de mão de obra temporária, a qual foi reforçada com a reforma trabalhista. Com efeito, cada vez mais máquinas vêm substituindo o ser humano nos postos de trabalho, e isso não é um fenômeno exclusivamente rural. Não é intenção aqui fazer ponderações de ordem social, a análise está restrita à dinâmica tributária. E o fato é que, com menos mão de obra, menor a folha; e quanto menor a folha, menor a tributação. Da mesma forma, a possibilidade de contratação de mão de obra temporária, restrita aos períodos de plantio e colheita para as lavouras ("contratos de safra") ou para a vacinação e inseminação do gado, igualmente é um aspecto interessante, por permitir uma incidência de carga tributária menor. Aliás, a adoção de uma nova plataforma tributária indica que as autoridades fiscais devem aumentar a fiscalização no âmbito dos contratos de trabalho rural, porque agora o controle da folha de salários dos trabalhadores do campo passará a importar à Secretaria da Receita Federal.

Esse é o cenário, mas não é só. Na balança dessa decisão envolvendo a sistemática da folha de salários ou do resultado da produção há mais um ingrediente que deve ser visto: trata-se do art. 25, § 12º, da Lei nº 8.212/91, com a redação dada pela Lei nº 13.606/18, segundo o qual o "Funrural" sobre a receita bruta não incidirá sobre "*a produção rural destinada ao plantio ou reflorestamento, nem o produto animal destinado à reprodução ou criação pecuária ou granjeira e à utilização como cobaia para fins de pesquisas científicas, quando vendido pelo próprio produtor e por quem a utilize diretamente com essas finalidades e, no caso de produto vegetal, por pessoa ou entidade registrada no Ministério da Agricultura, Pecuária e Abastecimento que se dedique ao comércio de sementes e mudas no País*".

Ou seja, quem lida com venda de mudas de árvores (como eucaliptos, que "estão na moda"), com a cria e recria de gado ou de aves ou quem vende sementes certificadas pelo MAPA não sofre a incidência do "Funrural" sobre a produção, de maneira que essas pessoas, evidentemente, não estão obrigadas a optar pela tributação sobre a folha de salários. Olhando para a exploração rural do produtor como um todo, ele deve *segregar* as receitas das atividades que desenvolve no seu ciclo produtivo, como, por exemplo, a soja e o milho (que sofrem a incidência do "Funrural"), de um lado, e a venda de sementes e mudas e a cria e recria de gado e aves, de outro (não submetidas ao tributo), para ter um panorama mais claro de qual regime jurídico lhe é mais benéfico.

Falando especificamente das atividades de cria e recria de bovinos (venda de bezerros e garrotes), elas não gerarão mais o recolhimento sobre a receita bruta, mas sim apenas a etapa final de venda de boi gordo para o abate em frigoríficos é que sofrerá a incidência *(ou seja, quem faz venda de boi gordo para frigorífico não foi desonerado por essa regra, mas pode optar pelo recolhimento pela folha de salários)*. É bem verdade que a lei, ao usar o termo "produto animal", poderia ter sido mais clara, porém, essa é a exegese aplicável à hipótese. Nesse sentido deve ser compreendido que o art. 25, § 12, da Lei nº 8.212/91, com essa nova redação, configura exceção à regra contida no art. 30, X, "c", da mesma lei, segundo a qual o contribuinte individual que comercializar sua produção com outro contribuinte individual (ambos pessoas físicas) deve recolher a contribuição sobre a receita bruta. O mesmo raciocínio no que pertine ao número de funcionários deve ser exercido quando se está no contexto da pecuária de corte extensiva, a de confinamento ou a leiteira.

Uma última observação sobre esse tema: não se sabe exatamente o motivo – pelo que se diz, porque não havia espaço político para isso – o regime substitutivo da tributação pela folha de salários dos funcionários da fazenda, em vez do cálculo sobre o resultado da produção rural, *não foi previsto para a contribuição ao SENAR*. Isso significa dizer que, em que pese a discussão sobre a constitucionalidade da incidência desse tributo sobre as riquezas dos produtores, algo a ser enfrentado no próximo capítulo (e o que é objeto de caso em repercussão geral no STF – RE 816.830/tema 801, Rel. Min. Dias Toffoli), da perspectiva legal o SENAR continuará sendo exigido sobre a produção. Em síntese, para o produtor que optar recolher o "Funrural" sobre a folha de salários, não poderá ser descontado esse tributo pelos adquirentes na nota de venda do produtor; contudo, o SENAR deverá continuar a ser retido.

Esse, portanto, o pano de fundo do "novo Funrural", cuja principal virtude – assim, pelo menos, se espera – será a de diminuir as complexidades existentes no sistema anterior (que continua em vigor). Afinal, a Lei nº 13.606/18 representou um grande avanço ao criar um regime facultativo entre a folha de salários e o valor da produção rural.

6.5 A inexigibilidade do "Funrural" nas exportações, inclusive indiretas

Uma derradeira questão que não poderia deixar de ser comentada gira em torno da inexigibilidade do "Funrural" nas exportações, inclusive nas exportações indiretas. Trata-se de tema bastante relevante para o agronegócio, haja vista sua vocação para as exportações.

Com efeito, esse tributo não pode ser exigido em relação às receitas de exportação dos contribuintes porque há uma regra de imunidade que assim o proíbe. Não bastasse a invalidade da incidência em si de contribuições previdenciárias sobre o resultado da comercialização (como amplamente demonstrado), o fato é que, a despeito disso, o art. 149, § 2º, I, da Constituição Federal contempla hipótese de imunidade tributária no que tange às exportações.

Esse preceito não se restringe apenas à transação entre o exportador direto e o adquirente situado no exterior, mas abrange também as chamadas exportações indiretas, que são viabilizadas através de empresas exportadoras, que se dedicam especificamente a esse segmento. Assim, o negócio jurídico travado entre a empresa rural e a empresa exportadora, *com fim específico de exportação,* igualmente não pode ser alcançado pelas contribuições previdenciárias exigidas sobre o resultado da comercialização rural.

Não era esse, porém, o entendimento da Receita Federal. Nesse ponto o art. 245 da Instrução Normativa 03/05 da antiga Secretaria da Receita Previdenciária (posteriormente revigorada pela Instrução Normativa nº 971/09), apesar de, acertadamente, ter reconhecido essa imunidade, no § 2º do art. 170 a restringiu, sem qualquer justificativa, ao estabelecer que "*a receita decorrente de comercialização com empresa constituída e em funcionamento no País é considerada receita proveniente do comércio interno e não de exportação, independentemente da destinação que esta dará ao produto*".

Ora, era patente a invalidade dessas instruções normativas, nessa parte, a uma porque nem a Constituição, nem a lei restringiu a imunidade à exportação direta; a duas porque, realmente, a imunidade congrega a exportação como um todo, ou seja, as operações que levem o produto brasileiro ao mercado exterior, de tal sorte que esses veículos secundários extrapolaram seus limites. Além disso, não pode deixar de ser mencionada a Instrução Normativa nº 1.436/13 da Secretaria da Receita Federal do Brasil, que no Anexo II incluiu alguns produtos do agronegócio e que no art. 3º, § 1º, incluiu na base de cálculo, de forma errônea, a receita proveniente de transações com empresas comerciais exportadoras.

Em boa hora o Supremo Tribunal Federal, ao julgar o RE nº 759.244 (tema 674), submetido à sistemática de repercussão geral, afastou essa exigência, reafirmando em sua adequada extensão os contornos da imunidade tributária.[468] Com isso, foi respeitada, inclusive, a jurisprudência firmada pela Corte em caso anterior (RE 606.107, Relatora Ministra Rosa Weber). Curvando-se ao entendimento firmado pelo Supremo, a Receita Federal revogou essa restrição descabida através da Instrução Normativa nº 1.975, de 08 de setembro de 2020.

---

468. "RECURSO EXTRAORDINÁRIO. REPERCUSSÃO GERAL. DIREITO TRIBUTÁRIO. IMUNIDADE TRIBUTÁRIA DAS EXPORTAÇÕES. CONTRIBUIÇÕES PREVIDENCIÁRIAS. RECEITAS DECORRENTES DE EXPORTAÇÃO. EXPORTAÇÃO INDIRETA. TRADING COMPANIES. Art.22-A, Lei n.8.212/1991. 1. O melhor discernimento acerca do alcance da imunidade tributária nas exportações indiretas se realiza a partir da compreensão da natureza objetiva da imunidade, que está a indicar que imune não é o contribuinte, 'mas sim o bem quando exportado', portanto, irrelevante se promovida exportação direta ou indireta. 2. A imunidade tributária prevista no art.149, § 2º, I, da Constituição, alcança a operação de exportação indireta realizada por *trading companies*, portanto, imune ao previsto no art.22-A, da Lei n.8.212/1991. 3. A jurisprudência deste STF (RE 627.815, Pleno, *DJe* 1º/10/2013 e RE 606.107, *DJe* 25/11/2013, ambos rel. Min. Rosa Weber) prestigia o fomento à exportação mediante uma série de desonerações tributárias que conduzem a conclusão da inconstitucionalidade dos §§ 1º e 2º, dos arts. 245 da IN 3/2005 e 170 da IN 971/2009, haja vista que a restrição imposta pela Administração Tributária não ostenta guarida perante à linha jurisprudencial desta Suprema Corte em relação à imunidade tributária prevista no art. 149, § 2º, I, da Constituição. 4. Fixação de tese de julgamento para os fins da sistemática da repercussão geral: 'A norma imunizante contida no inciso I do § 2º do art.149 da Constituição da República alcança as receitas decorrentes de operações indiretas de exportação caracterizadas por haver participação de sociedade exportadora intermediária'. 5. Recurso extraordinário a que se dá provimento". RE 759.244. Rel. Min. Edson Fachin. Tribunal Pleno. Publ. 25.03.2020.

CAPÍTULO 7

OUTRAS CONTRIBUIÇÕES INCIDENTES NO AGRONEGÓCIO

7.1 A contribuição ao INCRA

Em uma pesquisa ampla e profunda sobre a tributação que grava as atividades do agronegócio, obviamente que a análise criteriosa de outras figuras impositivas que sempre permeiam o cotidiano de quem se dedica a esse segmento econômico, como as contribuições ao INCRA e ao SENAR, não poderia faltar. É que o complexo sistema tributário nacional – ou melhor, o complexo emaranhado que o legislador ordinário fez do sistema tributário nacional – sobre prescrever a exigência em relação às operações do agronegócio de tributos "conhecidos", como o IR, a CSLL, o IPI, o ITR, o PIS e a COFINS, além das contribuições previdenciárias, ainda prevê a sujeição a essas contribuições parafiscais.[469]

---

469. A esse respeito, Regina Helena Costa assim se manifesta: "Remarque-se, uma vez mais, a complexidade do sistema tributário, tradicional no Direito Brasileiro, não somente por conta da vasta textura normativa que o emoldura, notadamente em razão da forma federativa do Estado, mas também em razão das numerosas imposições fiscais que contempla". *Praticabilidade e justiça tributária: exequibilidade da lei tributária e direitos do contribuinte*. São Paulo: Malheiros, 2007, p. 246.

Essas contribuições – sem se adentrar, por enquanto, no âmago da sua natureza jurídica – têm sido motivo de inúmeras divergências nos Tribunais, à míngua, quem sabe, da dedicação da doutrina a esse tema, pois são poucos os escritos científicos nesse campo. Uma das missões da ciência jurídica é contribuir para a construção das rotas seguras da jurisprudência; se a ciência se omite, dando pouca atenção ao assunto, é de se esperar que a resposta dos órgãos julgadores seja cambiante, casuística, sem a desejada reflexão serena.

Um exemplo disso é a contribuição ao INCRA. Até outro dia, o Superior Tribunal de Justiça decidia, em larga escala, que esse tributo havia sido extinto desde 1989 ou, ao menos, a partir de 1991 (nem a data do óbito era conhecida); em julgados posteriores, porém, a contribuição ao INCRA "ressuscitou": o mesmo Tribunal, que outrora havia sepultado essa exação, agora a resgata das profundezas para preconizar que ela nunca deixou de existir e que sempre foi exigível, de acordo com o que será examinado adiante. Como se vê, se nem mesmo se sabe, ao certo, se o tributo foi ou não revogado, é porque ele merece – para não dizer *exige* – da ciência uma atenção. A crítica respeitosa não é só ao Superior Tribunal de Justiça, que, em curto tempo histórico, deu soluções completamente antagônicas nessa matéria, mas também à doutrina, que assistiu, imbele, à discussão solta de tão relevante questão.

Não bastasse a controvérsia a respeito da revogação ou não do tributo, suas próprias faixas de incidência não estão claras. Usualmente se prega que a contribuição é devida à alíquota de 0,2% por todos os empregadores, mas vez por outra se defende que alguns contribuintes devem-na à razão de 2,5%. Para completar o caos de incertezas, a definição precisa dos sujeitos passivos é mais um mistério, dado que por longo período se decidiu que somente os sujeitos envolvidos com a atividade rural estavam submetidos à contribuição ao INCRA, mas de uns tempos a esta parte o vetor interpretativo jurisprudencial é o de que também as empresas urbanas são contribuintes, estando, pois, obrigadas ao seu recolhimento.

Não são poucos os desafios. Há que se reconhecer, é verdade, que tudo isso se deve à legislação que tratou dessa contribuição, desde seu nascedouro, um inegável cipoal de normas que se entrecruzam, se separam, voltam a se enlaçar e tornam a se dividir. Porém, esse não é um salvo-conduto para que a ciência tivesse deixado de lado a tormentosa pesquisa da verdadeira metamorfose por que passou essa contribuição em face das constantes variações legislativas; pelo contrário, esse era mais um motivo para que se dedicasse, com detença, ao estudo da matéria.[470]

Com o intuito de promover a sistematização do influxo de normas que disciplinam a contribuição ao INCRA, procurar-se-á examinar, ponto a ponto, cada uma das nuanças desse tributo, de maneira concatenada, bem ao estilo analítico, de modo a repensar esse tema e a proporcionar novas perspectivas cognoscitivas sobre ele. Para isso, no entanto, é indispensável que se promova uma análise histórica da legislação de regência, sem o que não é possível chegar às conclusões a que se pretende.

7.1.1 Do necessário recuo histórico para a compreensão dogmática da contribuição ao INCRA: complexa e intrincada mutação legislativa

Àquele que se propõe examinar qualquer questão jurídica animado na proposta dogmática não convém invocar razões históricas como baliza central de seus argumentos. A Dogmática Jurídica ou Ciência do Direito em sentido estrito preocupa-se com o direito em vigor, não com o direito que já foi, porque não vale mais, nem com o direito que deveria ser, porque não se o conhece, nem muito menos ainda com o

---

470. Nesse contexto não pode deixar de ser registrado o valioso trabalho de Luciano Dias Bicalho Camargos sobre a contribuição ao INCRA, no qual o autor enfrenta o tema com afinco, inclusive se dedicando à contextualização histórica, muito embora, pelo que ficará evidenciado, as conclusões deste trabalho não são as mesmas por ele alcançadas. *Da natureza jurídica das contribuições para o Instituto Nacional de Colonização e Reforma Agrária – INCRA*. São Paulo: MP Editora, 2006.

direito que virá a ser, porque ainda não tem caráter prescritivo. O que interessa à Dogmática Jurídica, como metalinguagem da linguagem do direito posto, é revelar e sistematizar o conjunto de normas em vigor, que orientam prescritivamente a conduta inter-humana, por isso que promove um corte epistemológico no passado e no futuro: o que importa é o presente.

Este trabalho (como destacado no início) tem por pressuposto teórico-metodológico a investigação dogmática. Vai daí que, como seu foco de especulações é o direito em vigor, a recuperação de informações históricas, como neste subitem se pretende fazer, parece não combinar com o objetivo da pesquisa. Em tese, isso está correto. Entretanto, a perquirição dogmática não impede – ao revés, algumas vezes recomenda – que o intérprete faça incursões históricas periféricas, como forma de demonstrar com maior clareza seu ponto de vista, conquanto que não se perca na historicidade do direito, olvidando-se do direito em vigor.[471]

É exatamente com esse espírito que se recuará no tempo, trazendo, apenas no que interessa, a evolução – para não dizer involução – histórica da legislação que se diz regulamentar a contribuição ao INCRA, *na ordem cronológica em que se sucedeu*. O ponto de partida da pesquisa é o direito positivo, mas, no caso específico dessa contribuição, tendo em vista as inúmeras divergências quanto a sua permanência no domínio do sistema jurídico em vigor, não há como examiná-la sem o dado histórico, sobretudo pela forma desorganizada com que o tema foi disciplinado.

---

471. "Há cabimento de enunciados de outras ciências na linguagem da dogmática, desde que não interfiram naquilo que conhecemos por 'modelo do raciocínio da Ciência do Direito em sentido estrito'. Vale dizer, o autor pode, perfeitamente, enriquecer seu discurso descritivo com orações estranhas, desde que o faça a título de observações marginais. Torna-se possível, então, trasladar sentenças da Economia, da Ciência Política, da Sociologia, da *História*, da Antropologia para ajudar no esclarecimento indicativo, para servir de contraste, de pano de fundo, *jamais para fundamentar o modo de ser peculiar do pensamento jurídico*". CARVALHO, Paulo de Barros. *Direito tributário, linguagem e método*. 8. ed. São Paulo: Noeses, 2021, p. 164/165 (sem destaques no original).

A gênese da contribuição ao INCRA está na Lei Federal nº 2.613, de 23 de setembro de 1955. Essa lei, que, segundo sua ementa, *"autoriza a União a criar uma Fundação denominada Serviço Social Rural"*, de fato criou um órgão chamado "SSR – Serviço Social Rural". O SSR, de acordo com o art. 1º, era uma entidade de natureza autárquica, com personalidade jurídica e patrimônio próprios, estando subordinada ao Ministério da Agricultura. Esse órgão tinha por objetivo claro ser um instrumento de *assistencialismo para o trabalhador rural.* Tanto assim que o art. 3º elencava como suas finalidades: I – *a prestação de serviços sociais no meio rural,* visando à melhoria das condições da vida de sua população, sobretudo quanto à alimentação, ao vestuário, à habitação, à saúde, à educação, à assistência sanitária e ao incentivo à atividade produtora; II – a promoção da aprendizagem e do aperfeiçoamento das técnicas de trabalho rural; III – o fomento no meio rural à economia das pequenas propriedades; IV – o incentivo à criação de comunidades, cooperativas ou associações rurais; V – a realização de estudos para conhecimento e divulgação das necessidades sociais e econômicas do homem do campo; VI – e o fornecimento semestralmente aos órgãos da previdência das relações estatísticas sobre a remuneração paga aos trabalhadores rurais.

Como se pode notar, o Serviço Social Rural, como o próprio nome sugere, foi criado para prestar *assistência social ao trabalhador rural,* promovendo a melhoria de suas condições de vida, através de inúmeras competências administrativas. Para custear as atividades desse órgão – *e aqui o enfoque histórico já vai ganhando relevância para os dias atuais* – a Lei Federal nº 2.613/55 criou 03 (três) contribuições. Para facilitar a análise, são os seguintes os enunciados prescritivos sobre elas, *ipsis litteris:*

> *Art. 6º. É devida ao S.S.R. a contribuição de 3% (três por cento) sobre a soma paga mensalmente aos seus empregados pelas pessoas naturais ou jurídicas que exerçam as atividades industriais adiante enumeradas:*
>
> *1 – Indústria do açúcar;*
>
> *2 – Indústria de laticínios;*

3 – Xarqueadas;

4 – Indústria do mate;

5 – Extração de fibras vegetais e descaroçamento de algodão;

6 – Indústria de beneficiamento de café;

7 – Indústria de beneficiamento de arroz;

8 – Extração do sal;

9 – Extração de madeira, resina e lenha;

10 – Matadouros;

11 – Frigoríficos rurais;

12 – Cortumes rurais;

13 – Olaria.

§ 1º. As pessoas naturais ou jurídicas que exerçam as atividades industriais de que trata este artigo deixarão de contribuir para os serviços sociais e de aprendizagem do comércio e da indústria, regulados pelos Decretos-leis ns. 9.853, de 13 de setembro de 1946; 9.403, de 25 de junho de 1946; 4.048, de 22 de janeiro de 1942, modificado pelo decreto-lei nº 4.936, de 7 de novembro de 1942, e nº 8.621, de 10 de janeiro de 1946.

§ 2º. Ficam isentos das obrigações referidas neste artigo as indústrias caseiras, o artezanato bem como as pequenas organizações rurais, de transformação ou beneficiamento de produtos rurais do próprio dono e cujo valor não exceder de Cr$ 200.000,00 (duzentos mil cruzeiros).

§ 3º. As pessoas naturais ou jurídicas que exerçam as atividades industriais enumeradas neste artigo não se eximem de contribuição ainda quando em cooperativas de produção.

§ 4º. A contribuição devida por todos os empregadores aos institutos e caixas de aposentadoria e pensões é acrescida de um adicional de 0,3% (três décimos por cento) sobre o total dos salários pagos e destinados ao Serviço Social Rural, ao qual será diretamente entregue pelos respectivos órgãos arrecadadores.

Art. 7º. As empresas de atividades rurais não enquadradas no art. 6º desta lei contribuirão para o Serviço Social Rural com 1% (um por cento) do montante e da remuneração mensal para os seus empregados.

Parágrafo único. Ficam isentas da contribuição constante esse artigo as pessoas físicas que explorarem propriedades próprias ou de *terceiros, cujo valor venal seja igual ou inferior a Cr$ 200.000,00 (duzentos mil cruzeiros).*

Pelo que se vê, a Lei Federal nº 2.613/55, no art. 6º, *caput,* para custear o SSR, instituiu uma contribuição de 3% incidente sobre a folha de salários para alguns empregadores pessoas físicas ou jurídicas que desempenhavam *"atividades industriais"* arroladas em uma lista. Quem não estava incluído na tal lista, desde que desenvolvesse atividade rural, deveria contribuir ao SSR à alíquota de 1% também incidente sobre a folha de salários, a teor do art. 7º. Já o art. 6º, § 4º, estabeleceu que a contribuição devida por *"todos os empregadores aos institutos e caixas de aposentadoria e pensões"* – portanto, não só os da atividade rural – ficava acrescida de um adicional de 0,3%, que recaía igualmente sobre a folha de salários, adicional esse destinado ao SSR, muito embora não fosse por ele arrecadado.

Posteriormente à Lei Federal nº 2.613/55, foi editada a Lei Delegada nº 11, de 11 de outubro de 1962. Essa lei extinguiu o "Serviço Social Rural" (SSR), que passou a integrar a "Superintendência de Política Agrária" (SUPRA), entidade de natureza autárquica que assumiu todas as atribuições, o patrimônio e o pessoal do SSR e de outros órgãos igualmente extintos (art. 1º). Diferentemente do SSR, a SUPRA tinha por prioridade a reforma agrária; apenas *"em caráter supletivo"* é que deveria se preocupar com as medidas de assistência técnica, financeira, educacional e sanitária dos trabalhadores rurais, tal qual previa o art. 2º. Portanto, esse não era um órgão preordenado à assistência do trabalhador rural, como o SSR, mas sim à reforma agrária. Apesar disso, o produto da arrecadação das contribuições criadas pela Lei Federal nº 2.613/55, incidentes sobre a folha de salários dos empregadores da atividade rural e dos demais empregadores, que servia para custear o SSR, foi destinado à SUPRA (art. 7º, I).

Adiante, é promulgada a Lei Federal nº 4.214, de 02 de março de 1963, que *"dispõe sobre o Estatuto do Trabalhador Rural"*. Essa lei, na sua redação original, previu no Título IX ("Dos

Serviços Sociais"), arts. 158 a 160, que ficava criado o "Fundo de Assistência e Previdência do Trabalhador Rural", constituído de 1% do valor dos produtos agropecuários colocados à venda pelo produtor, que deveria recolhê-lo ao "Instituto de Aposentadorias e Pensões dos Industriários". Esse órgão ficou responsável pela administração do fundo, incumbindo-se de prestar os benefícios estabelecidos em lei ao trabalhador rural e seus dependentes, que eram segurados obrigatórios. Não existia, pois, um regime de previdência específico para o trabalhador rural; muito embora houvesse um "fundo" para lhe prestar assistência, quem gerenciava os recursos era um órgão previdenciário vinculado ao segmento industrial.

Veio à tona, então, o Estatuto da Terra – Lei Federal nº 4.504, de 30 de novembro de 1964 – que modificou radicalmente o que existia até então. *É no Estatuto da Terra que se constatam os problemas iniciais da contribuição ao INCRA.* Isso porque essa lei extingue a SUPRA, revoga a Lei Delegada nº 11/62 e cria dois novos órgãos: o IBRA – Instituto Brasileiro de Reforma Agrária e o INDA – Instituto Nacional do Desenvolvimento Agrário (arts. 22, 37, 74 e 116). O IBRA, dotado de natureza autárquica, tinha por função promover as desapropriações para reforma agrária. Já o INDA, igualmente entidade autárquica, estava vinculado ao Ministério da Agricultura e tinha por finalidade *"promover o desenvolvimento rural nos setores de colonização, da extensão rural e do cooperativismo"*, dentre outras medidas específicas.

É intuitivo perceber que os dois órgãos recém-criados pela lei já nasceram com atribuições parecidas, pois a colonização rural, direta ou indiretamente, guarda relação com a reforma agrária, o que gerava ou poderia gerar conflitos de competência. Tanto assim é que, pouco tempo depois, o art. 14 do Decreto-lei nº 582, de 15 de maio de 1969, cuja análise será feita logo adiante, determinou que fosse criado um grupo especial de trabalho para se reformular os objetivos, a organização e o funcionamento do INDA, *"com o propósito de evitar a duplicação de serviços e dispersão de recursos e assegurar a adequada coordenação de suas atividades com as do IBRA e dos demais órgãos do Ministério da Agricultura"* (art. 14).

Voltando ao Estatuto da Terra, o art. 27 criou um "Fundo Nacional de Reforma Agrária", destinado a fornecer os meios necessários para o financiamento da reforma agrária e dos órgãos incumbidos de sua execução, dentre eles, o IBRA. Esse fundo compunha o patrimônio do IBRA e era constituído de diversas fontes de receita, *aí não incluídas, no entanto, as contribuições criadas pela Lei Federal nº 2.613/55*. Logo, o Estatuto da Terra não previu que essas contribuições serviriam para custear a reforma agrária.

Com a extinção da SUPRA, prescrita no art. 116, ficou estabelecido que seriam incorporados ao IBRA e ao INDA, *"para todos os efeitos legais, jurídicos e patrimoniais, os serviços, atribuições e bens patrimoniais, na forma do disposto nesta Lei"*. Assim, o que havia sido unificado com a Lei Delegada nº 11/62 na SUPRA, por força da Lei Federal nº 4.504/64 foi desmembrado entre o IBRA e o INDA. Entretanto, o art. 117 do Estatuto da Terra, especificamente quanto às contribuições, previu que o produto de sua arrecadação seria transferido ao INDA, a quem cabia as atribuições relativas à extensão rural, à razão de 50% (inciso I); e *"ao órgão do Serviço Social da Previdência que atenderá aos trabalhadores rurais caberão as demais atribuições e cinquenta por cento da arrecadação. Enquanto não for criado esse órgão, suas atribuições serão da competência da autarquia referida no inciso I"* (inciso II).

Portanto, o art. 117, I e II, do Estatuto da Terra em nenhum momento vinculava a receita das contribuições instituídas pela Lei Federal nº 2.613/55 ao IBRA, órgão responsável pela reforma agrária. Pelo contrário, estabeleceu-se que essas contribuições serviriam para custear o INDA, cujas atribuições envolviam a assistência ao trabalhador rural, bem como o "órgão do Serviço Social da Previdência" que ainda seria criado, isto é, a entidade que iria reger um sistema previdenciário específico para os trabalhadores rurais. Até que fosse criado esse órgão, todas as atribuições e o produto arrecadado ficavam com o INDA.

Perceba-se que o Estatuto da Terra não altera a regra-matriz de incidência das contribuições da Lei nº 2.613/55, como a base de cálculo, a sujeição passiva ou mesmo a alíquota, apenas disciplina a distribuição do produto arrecadado. Assim, *as contribuições da Lei nº 2.613/55 denotavam, até ali, um perfil assistencialista e previdenciário, não guardando relação alguma com a reforma agrária.*

Outro diploma normativo importante que interferiu no perfil da contribuição que posteriormente foi destinada ao INCRA foi a Lei Federal nº 4.863, de 28 de novembro de 1965. Essa lei prescreveu no art. 35 que as contribuições arrecadadas pelos Institutos de Aposentadoria e Pensões das empresas a eles vinculadas e que eram destinadas a outras entidades ou fundos – como o Instituto Nacional do Desenvolvimento Agrário (INDA) – teriam, daí em diante, o mesmo regime jurídico das contribuições de Previdência, inclusive a mesma base de cálculo, ou seja, a folha de salários, compondo *"uma taxa única de 28%"*. O objetivo claro foi a padronização dessas contribuições, de modo que todas elas fossem orientadas de maneira uniforme. O art. 35, § 2º, VIII, previu que desses 28% incidentes sobre a folha de salários, 0,4% caberiam ao INDA.

Contudo, apesar de uniformizar a apuração dessas contribuições, bem como a respectiva partilha, o art. 35, § 5º, dispôs que a parte do produto arrecadado da contribuição que tocava ao INDA *"não prejudica o disposto no item II, do art. 117, da Lei nº 4.504, de 30 de novembro de 1964"*. Em poucas palavras: em relação às contribuições criadas pela Lei Federal nº 2.613/55, que pertenciam ao Serviço Social Rural, extinto pela Lei Delegada 11/62 ao criar a SUPRA, que por sua vez foi também extinta pela Lei Federal nº 4.504/64, que a seu turno distribuiu o produto arrecadado dessas contribuições em 50% para o INDA e 50% para um órgão previdenciário rural que ainda não havia sido criado, diante do que previu a Lei Federal nº 4.863/65 tiveram sua alíquota limitada a 0,4%, mas apenas em relação ao INDA, e não ao órgão previdenciário rural a ser instituído.

Ato contínuo, a Lei Federal nº 5.097, de 02 de setembro de 1966, veicula uma remissão e uma anistia indistintamente no que toca a essas contribuições, dispondo no art. 1º que *"são considerados extintos os débitos fiscais decorrentes da aplicação dos arts. 6º e 7º da Lei nº 2.613, de 23 de setembro de 1955, nos exercícios anteriores ao de 1966"*. Logo em seguida, como que em um ato de arrependimento, é editado o Decreto-lei nº 58, de 21 de novembro de 1966, para "esclarecer" que os efeitos da Lei nº 5.097/66 não abrangem o art. 6º, § 4º, da Lei 2.613/55, vale dizer, a remissão e a anistia previstas restringiram-se às contribuições devidas apenas pelos sujeitos envolvidos com a atividade rural (art. 6º, *caput*, e art. 7º da Lei nº 2.613/55), não englobando o adicional devido por todos os empregadores, inclusive as empresas urbanas (art. 6º, § 4º, da Lei nº 2.613/55).

Mas, o Decreto-lei nº 58/66 é importante para o assunto aqui tratado também porque no art. 3º estabeleceu que a contribuição prevista no art. 7º da Lei Federal nº 2.613/55 passaria, a partir do exercício financeiro de 1967, a ser calculada *"na base de 1% (um por cento) do salário-mínimo regional anual, para cada módulo atribuído ao respectivo imóvel rural"*, desde que o sujeito passivo fosse contribuinte do ITR. Relembre-se que a contribuição do art. 7º da Lei nº 2.613/55 era devida por quem explorava a atividade rural, captando os contribuintes não incluídos na lista do art. 6º da mesma lei ("atividades industriais"), e era apurada à alíquota de 1% incidente sobre a folha de salários.

Assim, das 03 contribuições criadas pela Lei nº 2.613/55, aquela prevista no art. 7º, que incidia à razão de 1% sobre a folha de salários, com o art. 3º do DL 58/66 tem sua base de cálculo modificada, passando a ser apurada à época a partir de 1% do salário mínimo regional anual para cada módulo rural, mas isso para quem também fosse contribuinte de ITR. Além disso, essa contribuição, em conformidade com o art. 3º, § 2º, passa a ser recolhida conjuntamente com o imposto territorial rural, pelo IBRA.

Advém, então, o Decreto-lei nº 276, de 28 de fevereiro de 1967, instrumento normativo igualmente relevante para a compreensão dessa intrincada sucessão de normas. O art. 1º desse decreto-lei altera a redação dos arts. 158 e 160 da Lei Federal nº 4.214/63 ("Estatuto do Trabalhador Rural"), prevendo que fica criado o Fundo de Assistência e Previdência ao Trabalhador Rural ("FUNRURAL"), que é destinado ao custeio da prestação de assistência médico-social ao trabalhador rural e seus dependentes. Além disso, previu-se que os trabalhadores rurais são beneficiários, na qualidade de segurados, da "Previdência Social Rural", enfim instituída.

O DL 276/67 dispôs que o FUNRURAL seria custeado pela contribuição de 1% devida pelo produtor sobre o valor da comercialização de seus produtos (que não importa ao estudo da contribuição ao INCRA), bem como pela *"contribuição a que se refere o art. 117, item II, da Lei 4.504, de 30 de novembro de 1964"* (essa sim relevante). Recorde-se que o art. 117 do Estatuto da Terra previa que as contribuições da Lei nº 2.613/55 seriam rateadas em 50% para cada um entre o INDA (inciso I) e o *"órgão do Serviço Social da Previdência que atenderá aos trabalhadores rurais"* (inciso II). A partir do momento em que o art. 1º Decreto-lei nº 276/67 altera o art. 158 da Lei nº 4.214/63 e se remete ao art. 117, II, da Lei nº 4.504/64, fica claro que o FUNRURAL é o "órgão do Serviço Social da Previdência" responsável pelo atendimento dos trabalhadores rurais. E justamente por isso parte do produto arrecadado com as contribuições criadas pela Lei nº 2.613/55 ficou destinada ao FUNRURAL, entidade de caráter previdenciário, que nada tinha que ver com a reforma agrária, tanto assim é que sua receita era arrecadada pelo antigo INPS – Instituto Nacional de Previdência Social (art. 3º, DL 276/67).

Todavia, com a edição do Decreto-lei nº 582, de 15 de maio de 1969, tudo isso é alterado. Para melhor visualização, eis o que estabeleceu o Decreto-lei nº 582/69 nos arts. 6º, 7º e 9º, na parte que interessa ao estudo:

> *Art. 6º. As contribuições criadas pela Lei nº 2.613, de 23 de setembro de 1955, com as modificações introduzidas pela Lei nº 4.863, de*

29 de novembro de 1965, serão devidas ao IBRA, ao FUNRURAL e ao INDA nas seguintes proporções:

I – ao Instituto Brasileiro de Reforma Agrária (IBRA);

1) as contribuições a que se refere a Lei nº 2.613, de 23 de setembro de 1955 no caput de seus artigos 6º e 7º, cuja arrecadação será feita pelo próprio IBRA;

2) 25% (vinte e cinco por cento) da receita resultante da arrecadação, pelo INPS, da contribuição fixada na Lei nº 4.863, de 29 de novembro de 1965, em seu artigo 35, § 2º, item VIII.

II – ao Fundo de Assistência ao Trabalhador Rural (FUNRURAL): 50% (cinquenta por cento) da receita resultante da arrecadação, pelo INPS, da contribuição fixada no art. 35, § 2º, item VIII, da Lei nº 4.863, de 29 de novembro de 1965;

III – ao Instituto Nacional de Desenvolvimento Agrário (INDA) caberão 25% (vinte e cinco por cento) da receita resultante da arrecadação, pelo INPS, da contribuição estipulada na Lei nº 4.863, de 29 de novembro de 1965, em seu art. 35, § 2º, item VIII.

Art. 7º. Ficam transferidas para o Instituto Brasileiro de Reforma Agrária as atribuições referentes à colonização, buscando-se ampliar a participação da iniciativa privada na execução do respectivo programa.

(...)

Art. 9º. O Fundo Nacional de Reforma Agrária de que trata o artigo 27 da Lei nº 4.504, de 30 de novembro de 1964, será constituído das seguintes fontes de recurso:

(...)

II – contribuições criadas pela Lei nº 2.613, de 23 de setembro de 1955, com as modificações introduzidas pela Lei nº 5.097, de 2 de setembro de 1966, e pelo Decreto-lei nº 58, de 21 de novembro de 1966, na forma estabelecida no presente Decreto-lei.

(...)

A partir desses enunciados prescritivos, algumas conclusões podem ser tiradas. Em primeiro lugar, o art. 6º do Decreto-lei 582/69, ao distribuir as contribuições da Lei nº 2.613/55, com suas alterações, entre o IBRA, o FUNRURAL e o INDA, refere-se à alíquota de 0,4% até então destinada ao INDA pelo art. 35, § 2º, VIII, da Lei nº 4.863/65, como sendo aquele adicional do art. 6º, § 4º, da Lei nº 2.613/55, em sua redação primitiva, que era devido por todos os empregadores à alíquota de 0,3% e que teria sido majorado para 0,4%. Contudo, a Lei nº 4.863/65, em nenhum momento, dá a entender que aquela alíquota específica de 0,4% cabível ao INDA era o mesmo tributo previsto no art. 6º, § 4º, da Lei 2.613/55, porém de forma majorada de 0,3% para 0,4%, até mesmo porque ao INDA cabia metade do produto arrecadado com todas as contribuições da Lei 2.613/55, por força do art. 117, I, da Lei nº 4.504/64 (Estatuto da Terra).

Por outro lado, a partir do DL 582/69, o IBRA, inegavelmente, se fortaleceu, sendo o destinatário exclusivo das contribuições previstas no *caput* dos arts. 6º e 7º da Lei nº 2.613/55, isto é, *das contribuições devidas por quem explorava as atividades rurais:* 3% sobre a folha de salários dos contribuintes que desenvolviam "atividades industriais rurais" tipificadas em lista e 1% sobre a folha de salários para os que não estivessem incluídos nessa lista, desde que não fossem contribuintes de ITR, ou então à razão de 1% do salário mínimo regional anual por módulo rural para esses mesmos sujeitos (não incluídos na lista) que fossem contribuintes de ITR (art. 7º da Lei 2.613/55 c/c art. 3º do DL 58/66). Em virtude das modificações introduzidas pelo Decreto-lei 582/69, essas contribuições de 3% e 1% passam a integrar o "Fundo Nacional de Reforma Agrária" (art. 9º, II), que compunha o patrimônio do IBRA e que até então o Estatuto da Terra não as vinculava a esse fundo.

Além disso, ao IBRA foi destinado também 0,1% do adicional devido por todos os empregadores sobre a folha de salários (25% de 0,4%), isso em se entendendo que, de fato, o art. 35, § 2º, VIII, da Lei 4.863/65 alterou o art. 6º, § 4º, da Lei 2.613/55. Já o FUNRURAL tem destinado 0,2% desse mesmo adicional (50% de 0,4%), enquanto que o INDA também recebe 0,1% nessa faixa de incidência específica (25% de 0,4%). As contribuições incidentes sobre os "adicionais" eram todas elas arrecadadas pelo INPS.

A última alteração de relevo promovida pelo Decreto-lei nº 582/69 – que amiúde passa despercebida – é que o art. 7º *transferiu ao IBRA a incumbência de cuidar da colonização rural*, o que era, até então, de responsabilidade do INDA. Esse é um dado importante, como será visto no momento oportuno. Por ora, no entanto, pode-se dizer que essas contribuições ganham nova finalidade, *passando a custear a reforma agrária, mas não somente ela*, pois o IBRA ficou incumbido pelo Decreto-lei 582/69 de também se dedicar à colonização rural.

É nesse contexto histórico que é criado o INCRA. Com efeito, o Decreto-lei nº 1.110, de 09 de julho de 1970, cria o Instituto Nacional de Colonização e Reforma Agrária (INCRA), entidade autárquica que, quando de seu aparecimento, estava vinculada ao Ministério da Agricultura (art. 1º). De acordo com o art. 2º, passaram ao INCRA todos os direitos, competência, atribuições e responsabilidades do Instituto Brasileiro de Reforma Agrária (IBRA), do Instituto Nacional de Desenvolvimento Agrário (INDA) e do Grupo Executivo da Reforma Agrária (GERA), que ficaram extintos.

Como se pode notar de todos esses diplomas normativos, as atribuições do Serviço Social Rural (SSR) foram passadas para a Superintendência de Política Agrária (SUPRA), tendo sido parte de suas competências dividida, posteriormente, entre o Instituto Brasileiro de Reforma Agrária (IBRA) e o Instituto Nacional de Desenvolvimento Agrário (INDA), que por sua vez foram unificados no Instituto Nacional de Colonização e Reforma Agrária (INCRA). Logo, com o Decreto-lei nº 1.110/70, que cria o INCRA, várias atribuições ficam fundidas, inclusive as do INDA, ou seja, *de promoção do desenvolvimento rural*, de modo que ao INCRA não competia apenas executar os programas de reforma agrária.

Especificamente quanto às contribuições, o Decreto-lei 1.110/70 nada dispôs a respeito. Contudo, como estabeleceu que todos os *"direitos, competência, atribuições e responsabilidades"* do IBRA e do INDA tinham sido transferidos ao INCRA, pode-se deduzir que os tributos que lhes cabiam foram também passados ao novo órgão. Note-se, porém, que o Decreto-lei nº 1.110/70 não altera o percentual de 0,2% incidente sobre a folha de salários de todos os empregadores destinada ao FUNRURAL em virtude do art. 6º, II, do Decreto-lei nº 582/69, de maneira que a contribuição que lhe era devida não sofre nenhuma interferência com esse diploma normativo.

Surge, então, o Decreto-lei nº 1.146, de 31 de dezembro de 1970, que, de acordo com sua ementa, *"consolida os dispositivos sobre as contribuições criadas pela Lei número 2.613, de 23 de setembro de 1955 e dá outras providências"*. Esse decreto-lei, dada a relevância de seus enunciados para a exata compreensão do tema em estudo, também merece transcrição de seus principais dispositivos, *in verbis:*

> *Art. 1º. As contribuições criadas pela Lei nº 2.613, de 23 de setembro de 1955, mantidas nos termos deste Decreto-Lei, são devidas de acôrdo com o art. 6º do Decreto-Lei nº 582, de 15 de maio de 1969, e com o art. 2º do Decreto-Lei nº 1.110, de 9 de julho de 1970:*
>
> *I – Ao Instituto Nacional de Colonização e Reforma Agrária - INCRA:*
>
> *1 – as contribuições de que tratam os artigos 2º e 5º deste Decreto-Lei;*
>
> *2 – 50% (cinquenta por cento) da receita resultante da contribuição de que trata o art. 3º deste Decreto-lei.*
>
> *II – Ao Fundo de Assistência do Trabalhador Rural – FUNRURAL, 50% (cinquenta por cento) da receita resultante da contribuição de que trata o art. 3º deste Decreto-lei.*
>
> *Art. 2º. A contribuição instituída no caput do artigo 6º da Lei nº 2.613, de 23 de setembro de 1955, é reduzida para 2,5% (dois e meio por cento), a partir de 1º de janeiro de 1971, sendo devida sobre a soma da folha mensal dos salários de contribuição previdenciária dos seus empregados pelas pessoas naturais e jurídicas, inclusive cooperativa, que exerçam as atividades abaixo enumeradas:*
>
> *I – indústria de cana-de-açúcar;*
>
> *II – indústria de laticínios;*
>
> *III – Indústria de beneficiamento de chá e de mate;*
>
> *IV – Indústria da uva;*
>
> *V – Indústria de extração e beneficiamento de fibras vegetais e de descaroçamento de algodão;*

VI – Indústria de beneficiamento de cereais;

VII – Indústria de beneficiamento de café;

VIII – Indústria de extração de madeira para serraria, de resina, lenha e carvão vegetal;

IX – Matadouros ou abatedouros de animais de quaisquer espécies e charqueadas.

§ 1º. Os contribuintes de que trata este artigo estão dispensados das contribuições para os Serviços Sociais da Indústria (SESI) ou do Comércio (SESC) e Serviços Nacionais de Aprendizagem Industrial (SENAI) ou do Comércio (SENAC), estabelecidas na respectiva legislação.

§ 2º. As pessoas naturais ou jurídicas cujas atividades, previstas no artigo 6º da Lei nº 2.613, de 23 de setembro de 1955, não foram incluídas neste artigo, estão sujeitas a partir de 1º de janeiro de 1971, às contribuições para as entidades referidas no parágrafo anterior, na forma da respectiva legislação.

§ 3º. Ficam isentos das obrigações referidas neste artigo as indústrias caseiras, o artesanato, bem como as pequenas instalações rurais de transformação ou beneficiamento de produtos do próprio dono e cujo valor não exceder de oitenta salários-mínimos regionais mensais.

Art. 3º. É mantido o adicional de 0,4% (quatro décimos por cento) à contribuição previdenciária das empresas, instituído no § 4º do artigo 6º da Lei nº 2.613, de 23 de setembro de 1955, com a modificação do artigo 35, § 2º, item VIII, da Lei número 4.863, de 29 de novembro de 1965.

Art. 4º. Cabe ao Instituto Nacional de Previdência Social – INPS arrecadar as contribuições de que tratam os artigos 2º e 3º deste Decreto-Lei, nos termos do artigo 35 da Lei 4.863, de 29 de novembro de 1965, com as modificações da legislação posterior.

§ 1º. Pela prestação dos serviços de que trata este artigo, o Instituto Nacional de Previdência Social será retribuído com percentagem calculada sobre o custo real do serviço.

§ 2º. A arrecadação da contribuição prevista no artigo 2º deste Decreto-Lei, relativa aos meses anteriores a dezembro de 1970, inclusive, remanesce com o INCRA.

Art. 5º. É mantida a contribuição de 1% (um por cento), instituída no artigo 7º da Lei nº 2.613, de 23 de setembro de 1955, com a alteração do artigo 3º do Decreto-Lei número 58, de 21 de novembro de 1966, sendo devida apenas pelos exercentes de atividades rurais em imóvel sujeito ao Imposto Territorial Rural.

§ 1º. A contribuição é calculada na base de 1% (um por cento) do salário-mínimo regional anual para cada módulo, atribuído ao respectivo imóvel rural de conformidade com o inciso III do artigo 4º da Lei nº 4.504, de 30 de novembro de 1964.

§ 2º. A contribuição é lançada e arrecadada conjuntamente com o Impôsto Territorial Rural, pelo INCRA, que baixará as normas necessárias de execução.

§ 3º. São isentos da contribuição os proprietários de imóveis rurais:

a) de área igual ou inferior a um (1) módulo;

b) e os classificados pelo INCRA como empresa rural, nos têrmos do artigo 4º, item VI, da Lei número 4.504, de 30 de novembro de 1964.

§ 4º. (Revogado pela Lei nº 5.868, de 1972).

§ 5º. Os contribuintes nas condições do artigo 1º da Lei nº 5.360, de 23 de novembro de 1967, continuam gozando das deduções aí previstas dentro dos prazos estabelecidos de conformidade com a mesma Lei.

(...)

Art. 11. São revogados os artigos 6º e 7º da Lei nº 2.613, de 23 de setembro de 1955, e o artigo 3º do Decreto-Lei nº 58, de 21 de novembro de 1966, ressalvados seus efeitos mantidos nos termos deste Decreto-Lei.

A transcrição foi longa, mas necessária. *É que o Decreto-lei nº 1.146/70 é o veículo normativo em que se embasa o INCRA para defender a exigência da contribuição a ele, em tese, devida.* Tanto assim é que o DL 1.146/70, no seu art. 11, revogou os arts. 6º e 7º da Lei nº 2.613/55, justamente a lei que introduziu, na sua origem, essas contribuições, mantendo seus efeitos, todavia, com seu novo regramento jurídico.

Pelo que se pôde perceber, o Decreto-lei 1.146/70 destinou ao INCRA 03 (três) contribuições: (i) a contribuição originariamente instituída pelo art. 6º, *caput*, da Lei nº 2.613/55, que outrora era devida por alguns sujeitos de direito que desempenhavam "atividades industriais rurais" descritas em lista à razão de 3% sobre a folha de salários, mas que com o art. 2º do DL 1.146/70 é reduzida para 2,5% pelos exercentes de certas atividades arroladas em outra lista; (ii) a contribuição que foi criada pelo art.

7º da Lei 2.613/55, que, com as modificações posteriores, era exigível dos outros contribuintes que desempenhavam atividades rurais não descritas na tal lista à alíquota de 1% sobre a folha de salários, se não contribuinte de ITR, ou de 1% sobre o salário mínimo regional por módulo rural, se contribuinte do ITR, que com as alterações do DL 1.146/70 passam a ser devidas *"apenas pelos exercentes de atividades rurais em imóvel sujeito ao Imposto Territorial Rural"*; (iii) e o adicional instituído em face da folha de salários de todos os empregadores, que foi veiculado pelo art. 6º, § 4º, da Lei 2.613/55, inicialmente à razão de 0,3% e, após, à alíquota de 0,4%, sendo o INCRA destinatário de 0,2% do produto arrecadado (50% de 0,4%).[472]

Foi dada à publicidade, posteriormente, a Lei Complementar nº 11, de 25 de maio de 1971, que *"institui o Programa de Assistência ao Trabalhador Rural, e dá outras providências"*, como previsto em sua ementa. O art. 1º, *caput*, dessa lei instituiu o "Programa de Assistência ao Trabalhador Rural" (PRORURAL), enquanto que o § 1º estabeleceu que *"ao Fundo de Assistência ao Trabalhador Rural – FUNRURAL – diretamente subordinado ao Ministro do Trabalho e Previdência Social e ao qual é atribuída personalidade jurídica de natureza autárquica, caberá a execução do Programa de Assistência ao Trabalhador Rural, na forma do que dispuser o Regulamento desta Lei Complementar"*. O PRORURAL tinha por escopo propiciar ao trabalhador rural benefícios previdenciários, como aposentadoria por velhice ou por invalidez, a concessão de pensão, o pagamento de auxílio-funeral ou os serviços de saúde (art. 2º). Na parte que interessa ao estudo, a Lei Complementar nº 11/71 prescreveu literalmente o seguinte sobre as contribuições:

> *Art. 15. Os recursos para o custeio do Programa de Assistência ao Trabalhador Rural provirão das seguintes fontes:*
>
> *I – da contribuição de 2% (dois por cento) devida pelo produtor sobre o valor comercial dos produtos rurais, e recolhida:*

---

472. Os 0,2% remanescentes permaneceram com o FUNRURAL, como previsto no art. 1º, II, do DL 1.146/70.

a) pelo adquirente, consignatário ou cooperativa, que ficam sub-rogados, para esse fim, em todas as obrigações do produtor;

b) pelo produtor, quando ele próprio industrializar seus produtos, vendê-los, no varejo, diretamente ao consumidor.

II – da contribuição de que trata o art. 3º do Decreto-lei nº 1.146, de 31 de dezembro de 1970, a qual fica elevada para 2,6% (dois e seis décimos por cento), cabendo 2,4% (dois e quatro décimos por cento) ao FUNRURAL.

O art. 15, II, da LC 11/71, portanto, para custear o PRORURAL elevou o "adicional" da contribuição devida por todos os empregadores, até então exigível à razão de 0,4%, para 2,6%, vinculando textualmente 2,4% ao FUNRURAL *e silenciando sobre a destinação dos 0,2% restantes.*

Anos mais tarde, foi editado o Decreto-lei nº 1.989, de 28 de dezembro de 1982, dispondo que a contribuição a que se referia o art. 5º do Decreto-lei nº 1.146/70, isto é, a contribuição devida ao INCRA pelos exercentes de atividades rurais em imóvel sujeito ao ITR, passou a ser fixada em 21% do valor de referência regional para cada módulo rural.

De outra parte, a Lei Federal nº 7.231, de 23 de outubro de 1984, *retira do INCRA a atribuição a respeito do desenvolvimento rural,* transferindo-a ao Ministério da Agricultura, o que, como se verá, é um dado relevantíssimo.[473]

Finalmente, a Lei Federal nº 7.787, de 30 de junho de 1989, estabeleceu no art. 3º, I, que a contribuição das empresas *"destinada à Previdência Social"*, incidente sobre a folha de salários, ficou consolidada em 20% sobre o total das remunerações pagas ou creditadas, a qualquer título, no decorrer do mês, aos segurados empregados. Já o art. 3º, § 1º, previu que a alíquota de que trata o inciso I abrange as contribuições para o salário-família, para o salário-maternidade, para

---

473. "Art. 1º. Passam à competência do Ministério da Agricultura as atividades relacionadas com o desenvolvimento rural, atualmente atribuídas ao Instituto Nacional de Colonização e Reforma Agrária – INCRA, no campo do cooperativismo, associativismo rural e eletrificação rural".

o abono rural "*e para o PRORURAL, que ficam suprimidas a partir de 1º de setembro*".

Por outro lado, a Lei Federal nº 8.315, de 23 de dezembro de 1991, ao criar o SENAR, dispôs que a contribuição de 1% que incidia sobre os exercentes de atividades rurais em imóvel sujeito ao ITR passou para o SENAR, embora arrecadada pelo INCRA.[474] Porém, como adiante será visto, desde antes o INCRA deixou de arrecadar essa contribuição, que não lhe dizia mais respeito.

Em suma, é esse o complexo arcabouço que congrega o emaranhado de normas que interessam à compreensão e à sistematização da contribuição ao INCRA. Como já havia sido advertido, o que houve foi um vai-e-vem de competências que prejudica o entendimento da matéria. Justamente por isso é que esse perpassar histórico se fez necessário.

7.1.2 As faixas de incidência da contribuição destinada ao INCRA previstas na legislação infraconstitucional e sua invalidade diante do sistema jurídico

É impressionante a falta de sistematização dos diplomas normativos que trataram da contribuição ao INCRA, a forma desorganizada com que o político cuidou dessa matéria. Diante de tudo que se viu, parece ter ficado suficientemente claro que a compreensão desse tributo pressupõe um exame detido da legislação da perspectiva histórica, que transformou essa contribuição ao longo dos anos. Se está claro que o entendimento sobre o assunto passa por um enfoque histórico, a legislação respectiva nada tem de clara, de simples, pelo contrário, é evidente que o conjunto normativo foi sendo remendado com o transcurso do tempo.

---

474. "Art. 3º Constituem rendas do SENAR: (...) VII – contribuição prevista no art. 1º do Decreto-Lei nº 1.989, de 28 de dezembro de 1982, combinado com o art. 5º do Decreto-Lei nº 1.146, de 31 de dezembro de 1970, que continuará sendo recolhida pelo Instituto Nacional de Colonização e Reforma Agrária (Incra); (...)".

Por esse motivo que a contribuição ao INCRA é tema tormentoso. Contudo, depois de separados os principais dispositivos que versam sobre ela, que tocam de perto os critérios da regra-matriz de incidência tributária, já se revela possível ao estudioso lançar as bases do seu pensamento, para lograr surpreender o panorama atual das faixas de incidência dessa contribuição.

A primeira delas envolve a contribuição exigida à alíquota de 2,5%. A partir dos enunciados prescritivos do art. 2º do Decreto-lei nº 1.146, de 31 de dezembro de 1970, pode-se dizer que a regra-matriz do tributo nessa vertente é a seguinte:

Hipótese de Incidência		**Consequente normativo**	
Critério material	pagar salários aos seus empregados	**Sujeito ativo**	INCRA
Critério espacial	qualquer ponto do território nacional	**Sujeito passivo**	pessoas físicas e jurídicas que exerçam as atividades industriais arroladas no art. 2º do DL 1.146/70
Critério temporal	no momento em que o salário torna-se devido	**Base de cálculo**	soma da folha mensal de salários
		Alíquota	2,5%

É essa a norma-padrão de incidência da contribuição ao INCRA em uma de suas vertentes, conforme a legislação infraconstitucional. A análise percuciente sobre essa regra-matriz será feita logo adiante. Importante registrar desde logo, porém, que essa contribuição à razão de 2,5% é muito pouco debatida, passando ao largo das discussões acadêmicas e dos próprios embates judiciais.[475]

---

475. Vale lembrar que, de acordo com o art. 4º do Decreto-lei nº 1.146/70, embora destinada ao INCRA, essa contribuição era arrecadada pelo antigo INPS, posteriormente transformado em INSS, cuja competência foi, por sua vez, repassada à União Federal, por intermédio da Secretaria da Receita Federal do Brasil, em virtude das inovações da Lei Federal nº 11.457/07 (art. 3º, § 6º), na modalidade de sujeição ativa auxiliar. Na sujeição ativa auxiliar, diferente do que se dá na parafiscalidade, um terceiro arrecada o tributo, mas não fica para si com o produto arrecadado; repassa-o ao ente competente.

De outra parte, a segunda modalidade em que o INCRA se ampara para exigir dos atores do agronegócio – aliás, não só deles – a contribuição que entende devida à alíquota de 0,2% decorre dos enunciados prescritivos do art. 6º, § 4º, da Lei Federal nº 2.613, de 23 de setembro de 1955; do art. 35, § 2º, VIII, da Lei Federal nº 4.863, de 29 de novembro de 1965; e do art. 3º do Decreto-lei nº 1.146, de 31 de dezembro de 1970, tendo a seguinte regra-matriz:

Hipótese de Incidência		**Consequente normativo**	
Critério material	pagar salários aos seus empregados	**Sujeito ativo**	INCRA[430]
Critério espacial	qualquer ponto do território nacional	**Sujeito passivo**	todas as pessoas jurídicas que sejam empregadores
Critério temporal	no momento em que o salário torna-se devido	**Base de cálculo**	soma da folha mensal de salários
		Alíquota	0,2%

Esse o arquétipo da contribuição ao INCRA à alíquota de 0,2%. Essa estrutura normativa é a que tem causado maiores divergências na doutrina e na jurisprudência, sendo certo que é em torno dela que o Superior Tribunal de Justiça pronunciou, em um primeiro momento, que a contribuição ao INCRA estaria extinta, para, posteriormente, modificar o entendimento e decidir ser devida, como será visto no tempo oportuno.[476]

Já a terceira das três contribuições originariamente criadas pela Lei Federal nº 2.613/55, com a redação dada pelos arts. 5º do Decreto-lei 1.146/70 e 1º do Decreto-lei nº 1.989/82, ou seja, a contribuição devida pelos exercentes de atividades rurais em imóvel sujeito ao ITR à razão de 21% do valor de referência regional para cada módulo rural, em virtude das

476. Igualmente aqui, a despeito de ser destinada ao INCRA, o art. 4º do Decreto-lei nº 1.146/70 estabeleceu ao antigo INPS a incumbência de arrecadar essa contribuição. O INPS foi transformado em INSS, sendo certo que a arrecadação desse tributo atualmente está a cargo União Federal, por intermédio da Secretaria da Receita Federal do Brasil, nos termos da Lei Federal nº 11.457/07 (art. 3º, § 6º).

modificações das Leis Federais nºs. 8.315/91 e 8.847/94, foi transferida para o SENAR e não é arrecadada pelo INCRA, motivo pelo qual não será examinada neste tópico, mas no item dedicado especificamente a esse órgão.

Logo, depois de transcorrido todo o percurso histórico, o que se conclui é que a legislação infraconstitucional prevê serem devidas ao INCRA essas duas modalidades de incidência de contribuição. *Isso não significa, evidentemente, que esse tributo seja compatível com o sistema jurídico em vigor*, recomendando, pois, uma investigação criteriosa a respeito de sua validade em face da ordem constitucional atual.

São essas duas faixas de incidência, portanto, que devem ser examinadas neste trabalho em relação ao INCRA. Os problemas de cada uma delas serão vistos em apartado, em itens abertos especificamente às questões controversas que apresentam. Entretanto, *há aspectos comuns a ambas que põem em xeque sua validade diante da ordem jurídica vigente*, razão por que se tentará demonstrar, de maneira conjunta, os fundamentos que levam à conclusão de que a contribuição ao INCRA, nas duas modalidades apontadas anteriormente, é inexigível, por não ter sido recepcionada pela Carta da República de 1988.

7.1.2.1 Da "natureza jurídica possível" de uma contribuição que custeie a reforma agrária e a colonização no plano constitucional

Já ficou demonstrado neste estudo que o sistema tributário nacional não se hospeda na plataforma das leis, ao revés, ele reside no altiplano constitucional, de lá irradiando todos os seus efeitos e o seu tom de organicidade. Isso significa que qualquer questão jurídico-tributária – qualquer uma mesmo – deve começar a ser solucionada, necessariamente, a partir dessa premissa, ou seja, de que há um *sistema constitucional tributário brasileiro*. Para responder aos questionamentos que o exame da contribuição ao INCRA provoca não é diferente. Sua sistematização deve iniciar-se na meditação demorada da ordem constitucional instituída com a Constituição Federal de 1988.[477]

Quando se fala em "contribuição", o hermeneuta deve precaver seu espírito para as ciladas que a legislação ordinária vai armando. Infelizmente, tornou-se lugar comum nos dias de hoje batizar determinada figura tributária com a alcunha de "contribuição", como se isso tivesse o condão de transformar o joio em trigo, na certeza de que esse expediente a blindaria do ferramental teórico que a ciência disponibiliza. Mas, não é o nome empregado que revela a natureza e o regime jurídico aplicáveis à determinada obrigação de pagar uma quantia em dinheiro aos cofres públicos; isso é irrelevante. O que importa é o seu enquadramento no conjunto normativo, que dita, inexoravelmente, a qual categoria jurídica se encaixa e a qual regime jurídico se submete.[478]

Por outro lado, não é demais lembrar também que a nova ordem constitucional, a partir da sua entrada em vigor, funciona como um "filtro": a legislação pretérita só é admitida, continuando a irradiar seus efeitos, se for compatível com o novo sistema; se não for, perderá seu fundamento de validade.

---

477. Geraldo Ataliba, em lição memorável, teve a felicidade de assim se manifestar: "Por sistema constitucional tributário entende-se o conjunto de princípios constitucionais que informa o quadro orgânico de normas fundamentais e gerais do direito tributário, vigentes em determinado país. Se 'sistema é um conjunto ordenado de elementos segundo uma perspectiva unitária', o sistema constitucional tributário brasileiro é o conjunto ordenado das normas constitucionais que tratam da matéria tributária, matéria esta tomada como princípio de relação que as unifica. (...) Em matéria tributária – ou, melhor dizendo, em matéria de fixação de competência tributária e formas de seu exercício – a nossa Constituição não foi genérica e sintética. Ao contrário, foi particularizada e abundante, não deixando margem – jurídica – para grandes desenvolvimentos e integração pela legislação ordinária e, menos ainda, pelos costumes, pela construção ou outras formas. Não ficou o legislador constituinte brasileiro só nas matérias mais essenciais, nem foi indeterminado em nenhuma disposição". *Sistema constitucional tributário brasileiro*. São Paulo: Revista dos Tribunais, 1968, p. 08/15.

478. Isso decorre das categorias da própria Teoria Geral do Direito. No entanto, o Código Tributário Nacional explicita essa imposição insuperável, prescrevendo no art. 4º, I, que a natureza jurídica específica do tributo é determinada pelo fato gerador da respectiva obrigação, sendo irrelevantes para qualificá-la a denominação e demais características formais adotadas pela lei.

Isso é comezinho em direito constitucional. É o que se denomina *princípio da recepção*.[479] Embora esse seja um pressuposto operativo de funcionamento do direito positivo de todos conhecido, convém recordá-lo quando o tema discutido é a contribuição ao INCRA, *na medida em que a legislação de regência é toda anterior à Constituição de 1988.*

Pois bem. O art. 149 da Carta Constitucional é o núcleo prescritivo que serve de norma de competência para instituição de contribuições. De acordo com sua fraseologia, compete exclusivamente à União instituir contribuições sociais, de intervenção no domínio econômico e de interesse das categorias profissionais ou econômicas, como instrumento da sua atuação nas respectivas áreas. São três, portanto, as modalidades de contribuições. É sobre essa premissa que o raciocínio deve se desenvolver.

Para se avaliar se a contribuição ao INCRA é ou não válida, a questão que se coloca aqui é qual a "natureza jurídica possível" de uma contribuição que custeie a reforma agrária e a colonização no âmbito constitucional, deixando-se de lado, por um instante, a legislação ordinária, para fixar os olhos apenas no ordenamento constitucional.[480] Isso porque cabe ao intérprete, antes de tudo, delinear se é possível ou não a criação de uma contribuição para custear a reforma agrária e a colonização e, em seguida, se isso for possível, concluir em qual das subespécies de contribuição admitidas pela Constituição se encaixaria. Somente depois de percorrido esse trajeto é que deve avaliar a legislação infraconstitucional, verificando se é ou não compatível com as normas de superior hierarquia.

Há uma série de enunciados constitucionais que guardam relação com o tema da reforma agrária. No plano mais

---

479. TEMER, Michel. *Elementos de direito constitucional.* 24. ed. São Paulo: Malheiros, 2014, p. 40.

480. O destaque entre aspas da expressão "natureza jurídica possível" tem por intuito evidenciar que não se quer dizer com isso que haveria um sentido ontológico unívoco nas palavras, até mesmo porque se está no universo da linguagem; mas sim que o objetivo é investigar em qual subespécie de contribuição prescrita na Constituição poder-se-ia encaixar um tributo voltado ao custeio da reforma agrária e da colonização.

abstrato, o art. 1º, III, da CF/88 elenca como fundamento da República Federativa do Brasil a dignidade da pessoa humana, e o art. 3º, I a III, estabelece como objetivos fundamentais da República a construção de uma sociedade livre, justa e solidária; garantir o desenvolvimento nacional; e erradicar a pobreza e a marginalização e *reduzir as desigualdades sociais* e regionais. Não há dúvida de que existiu, por parte do constituinte, uma preocupação muito forte com o aspecto social.

Tanto assim é que, ao tratar especificamente da propriedade, o constituinte não a colocou ao largo desse contexto, isto é, a propriedade não recebeu da ordem constitucional uma proteção absoluta, como se fosse uma categoria jurídica à parte. Pelo contrário, o art. 5º, XXIII, prescreve que a propriedade atenderá a sua *função social.* Logo, por mais que a noção de propriedade na sua origem romana e no próprio universo do Código Civil de 1916 denotasse um caráter individual, privatista, a Constituição de 1988 atrelou o uso e o gozo da propriedade ao atendimento de sua *função social.*

No âmbito da "Política Agrícola e Fundiária e da Reforma Agrária", o art. 184 da Carta Constitucional, por sua vez, dispõe, especificamente em relação às propriedades rurais, competir à União desapropriar *"por interesse social"*, para fins de reforma agrária, *"o imóvel rural que não esteja cumprindo sua função social".* Já o art. 186 preconiza que a função social é cumprida quando a propriedade rural atende, simultaneamente, segundo critérios e graus de exigência estabelecidos em lei, aos seguintes requisitos: I – aproveitamento racional e adequado; II – utilização adequada dos recursos naturais disponíveis e preservação do meio ambiente; III – *observância das disposições que regulam as relações de trabalho;* IV – e exploração que favoreça o bem-estar dos proprietários *e dos trabalhadores.*

Mais uma vez, a preocupação com o dado "social" é acentuada. Não bastasse o art. 5º, XXIII, estatuir que a propriedade deverá atender a sua "função social", os arts. 184 e 186 também preveem que a propriedade rural deve cumprir com sua "função social", assim entendida aquela que, por exemplo, observa as disposições que regulam as relações de trabalho e a que favoreça o bem-estar dos trabalhadores, sob pena de, em não as cumprindo, estar sujeita à desapropriação "por interesse social", para fins de reforma agrária.

Ora, diante desse arcabouço normativo fica demonstrado que a Constituição Federal aponta, claramente, *no sentido de que a atuação da União no âmbito da reforma agrária envolve um "interesse social", vale dizer, a proteção de um direito social.* Trata-se de um agir concreto da Administração Pública que tem por finalidade despojar o antigo proprietário, que não cumpre com a função social do imóvel rural, promovendo o assentamento de outro ou outros em seu lugar, para que a cumpram.

As competências conferidas à União pelo art. 184 do Texto Constitucional foram a de fiscalizar os imóveis rurais, a fim de averiguar se atendem ou não à função social da propriedade, e, em relação àqueles que a desatendem, a realização da reforma agrária, que por sua vez pressupõe retirar o antigo proprietário, indenizando-o, e assentar as famílias carentes no local.

Parece inequívoco que quando a União intervém radicalmente dessa maneira, desapropriando um imóvel rural, o faz na defesa de um interesse social, agindo em prol da sociedade e buscando reduzir as desigualdades sociais. Ocorre que, para isso tudo, é necessário ter recursos. Desse modo, quase que instantaneamente vem à mente do jurista dedicado às coisas do direito tributário a indagação sobre se é possível ou não a instituição de algum tributo com o objetivo de custear essa atividade, isto é, a reforma agrária.

A resposta é que sim. É a típica hipótese de contribuição, um tributo cuja receita é vinculada a uma finalidade preordenada constitucionalmente. Noutras palavras, nos exatos termos do art. 149 da Constituição, a União pode instituir contribuição nessas hipóteses *"como instrumento de sua atuação nas respectivas áreas"*. Para fazer frente ao agir da União, diretamente ou por seus órgãos descentralizados, isto é, para custear os atos administrativos fiscalizatórios a respeito do atendimento ou não da função social das propriedades e o pagamento de indenizações aos proprietários que a descumpram, bem como os gastos com a promoção dos assentamentos, a União pode instituir uma contribuição, de forma a viabilizar essa atividade. Destarte, no que diz respeito ao primeiro dos problemas colocados, a conclusão a que se chega é de que é possível a instituição de uma contribuição para custear a reforma agrária e a colonização.[481]

Na sequência do raciocínio, a próxima etapa é desvendar em qual das modalidades se encaixaria uma contribuição como essa. Das três subespécies previstas no art. 149 da Constituição, descarta-se, desde logo, aquela que envolve o interesse de categorias profissionais ou econômicas, porque a reforma agrária não tem relação alguma com a fiscalização de profissões.

Já em relação à tese de que a contribuição para custeio da reforma agrária poderia ser vista como uma contribuição de intervenção no domínio econômico (CIDE), apesar das opiniões em contrário, essa não parece ser a exegese mais acertada em torno do tema. Para defender essa contribuição como interventiva, Luciano Dias Bicalho Camargos sustenta o seguinte:

> *Sob a égide da Constituição de 1988, esse entendimento somente se fortalece em face dos princípios da função social da propriedade e da diminuição das desigualdades sociais.*
>
> *Não pode ser negado que a política nacional de reforma agrária é instrumento de intervenção no domínio econômico, uma vez que objetiva a erradicação da miséria, segundo o preceituado no § 1º do art. 1º da Lei nº 4.504/64.*

---

481. Humberto Ávila entende que o constituinte exauriu as subespécies de contribuições no bojo do Texto Constitucional, de tal modo que a criação de qualquer outra dependeria do exercício da competência residual. "Contribuições na Constituição Federal de 1988". *As contribuições no sistema tributário brasileiro.* Coord. Hugo de Brito Machado. São Paulo: Dialética, 2003, p. 320/321. Tem posicionamento distinto, contudo, admitindo a criação de novas contribuições, desde que seja respeitada a norma de competência do art. 149, Paulo Ayres Barreto. *Contribuições: regime jurídico, destinação e controle.* 2. ed. São Paulo: Noeses, 2011, p. 97/117. Assim também pensa Fabiana Del Padre Tomé. "Contribuições para a Seguridade Social incidentes sobre o faturamento e o lucro". *Curso de iniciação em direito tributário.* Coord. Aires F. Barreto e Eduardo Domingos Bottallo. São Paulo: Dialética, 2004, p. 194.

> *O Programa Nacional de Reforma Agrária, custeado pelas contribuições ao INCRA, implica a atuação interventiva do Estado sem precedente. Representa o programa de inclusão jamais enfrentado no histórico das políticas públicas levadas a efeito no País, porquanto, além do emprego imediato da mão de obra descartada pelo imediatismo da industrialização, encerra a capacitação de seus agentes em um contexto assistencial que os qualifica para integrar o processo produtivo do qual foram demitidos e sem o qual restariam à margem de qualquer presente ou futuro.*
>
> *Assim, depreende-se o caráter intervencionista da contribuição devida ao INCRA, uma vez que o mencionado tributo é utilizado no fomento da reforma agrária que está sendo realizada no País.*[482]

Ocorre que, no contexto aberto da academia, os argumentos apresentados não resistem a uma análise mais detida, sem embargo do respeito merecido ao jurista. Isso porque o fato de a contribuição servir, em tese, para o custeio da reforma agrária não a transforma, *ipso facto,* em contribuição de intervenção no domínio econômico. Noutras palavras, a promoção da reforma agrária não está inserida no âmbito de intervenção no domínio econômico, mas sim no plano social, de tal modo que a contribuição criada para esse fim não pode ser vista como uma CIDE.

Perceba-se que é justamente porque a Constituição elenca como objetivos a defesa da *"função social da propriedade, a diminuição das desigualdades sociais e a erradicação da miséria"* que os atos concretos praticados pela União Federal nesse sentido devem ser vistos como defesa do interesse social, e não atos intervenientes no mercado econômico. Vale dizer, a União intervém não para regular atividades dos agentes econômicos em defesa do consumidor ou para garantir a livre circulação de riquezas, por exemplo, mas para assegurar o cumprimento de um direito social. Por isso que não se pode afirmar que o programa de reforma agrária, suportado pelas

482. *Da natureza jurídica das contribuições para o Instituto Nacional de Colonização e Reforma Agrária – INCRA.* São Paulo: MP Editora, 2006, p. 326/327.

contribuições ao INCRA, seja uma atuação interventiva do Estado no domínio econômico.

Tácio Lacerda Gama, em alentado estudo sobre as contribuições de intervenção no domínio econômico, teve a oportunidade de demonstrar que a instituição de um tributo com esse perfil tem por pressuposto servir como instrumento para a atuação do Estado, seja como agente normativo, seja como agente participativo, nas atividades de produção, circulação de bens e prestação de serviços para o mercado. Confira-se:

> *Contribuições de intervenção no domínio econômico são tributos, espécie do gênero contribuições especiais, instituídas com o propósito de custear a intervenção da União no domínio econômico. Observa-se que a finalidade do tributo é posta como elemento do seu conceito; logo, não se pode estudar a competência para a instituição desses tributos, sem analisar sua destinação.*
>
> *Ao menos que se destinem a ser instrumento de custeio da ação do Estado no domínio econômico, não se configurará contribuição interventiva. Esse é o elemento que evidencia a natureza, o regime jurídico e, com efeito, os critérios para aferição da validade destes tributos.*
>
> *Para analisar a finalidade que enseja a instituição das contribuições interventivas, é necessário voltar a atenção para os enunciados contidos no Título VII da Constituição Federal. Em especial, devem-se analisar aqueles que prescrevem 'os princípios gerais da atividade econômica'.*
>
> *(...)*
>
> *Os enunciados constitucionais que disciplinam a intervenção no domínio econômico integram a competência para edição de contribuições interventivas. Na criação desses tributos, devem ser respeitados todos os enunciados que delimitam o que é e como deverá ser feita a intervenção. Se a intervenção do Estado na economia for inconstitucional o tributo seguirá a mesma sorte.*
>
> *(...)*
>
> *Não se pode falar em intervenção estatal sem definir sobre o que o Estado intervirá. Definir o conceito de "domínio econômico" é delimitar o campo das relações sociais sobre o qual o Estado poderá atuar.*
>
> *(...)*
>
> *Conceitua-se "domínio econômico" como estrato de linguagem descritiva das relações sociais, diretamente relacionadas a atividades*

de produção, circulação de bens e prestação de serviços para o mercado.

(...)

Além da linguagem descritiva de fatos sociais, para que se possa falar em domínio econômico é preciso fazer a referência à produção de riqueza. Daí o terceiro e último critério referir-se à produção e circulação de bens e prestação de serviços para o mercado. *Esse terceiro critério serve para separar os fatos sociais desenvolvidos no domínio econômico, dos demais fatos sociais de natureza não econômica, como os fatos morais, religiosos, políticos, por exemplo.*

(...)

Analisando o tipo de atuação do Estado no "domínio econômico", é possível distinguir duas grandes competências estatais para nele influir: ação normativa *e* ação participativa. *Na primeira, o Estado edita normas e fiscaliza o seu cumprimento. Na segunda, atua como agente econômico, produzindo e fazendo circular bens ou prestando serviços.*[483]

Não era preciso dizer mais, para dizer melhor. De fato, só há que se cogitar de intervenção no domínio econômico quando o Estado assume uma ação normativa, regulando o mercado, ou uma ação participativa, atuando como agente econômico, e mais, isso tudo no bojo de atividades de produção de riqueza, de circulação de bens ou de prestação de serviços para o mercado. Somente nessas hipóteses é que está autorizada a criação de uma CIDE. Qualquer tributo que não esteja inserido nesse contexto econômico não será, evidentemente, uma contribuição de intervenção no domínio econômico. Portanto, a contribuição ao INCRA, porque não envolve atividades de *"produção de riqueza, de circulação de bens ou de prestação de serviços para o mercado"*, não é uma CIDE.[484]

---

483. *Contribuição de intervenção no domínio econômico.* São Paulo: Quartier Latin, 2003, p. 225/239 (com destaques no original).

484. José Eduardo Soares de Melo esclarece que "as *contribuições interventivas* têm por âmbito o *domínio econômico*, cujo conceito não é de fácil compreensão e delimitação, devendo ser examinadas na Constituição Federal as inúmeras ingerências do Estado na esfera econômica – abrangendo (a) os serviços públicos, (b) o poder de polícia, (c) as obras públicas, (d) as atividades monopolizadas, (e) a excepcional exploração direta da atividade econômica, (f) a regulação da economia – contrapostas

Registre-se, por outro lado, que não é pelo fato de o Capítulo III, que versa sobre a "Política Agrícola e Fundiária e da Reforma Agrária", e, sobretudo, o art. 184 estarem inseridos no Título VII, que trata "Da Ordem Econômica e Financeira", que se pode deduzir, instantaneamente, que os atos do Poder Público Federal em relação à reforma agrária seriam intervenção no domínio econômico, autorizando, portanto, a instituição de uma CIDE.

É que não é a topografia do enunciado que lhe confere sua natureza e seu regime jurídicos. Noutro giro verbal, não é o capítulo ou o título em que talhado determinado dispositivo que dita seu regramento próprio. Aliás, como bem observado por José Eduardo Soares de Melo, *"o elemento topográfico é de todo irrelevante para a caracterização de um instituto jurídico, ou o tipo tributário".*[485] Desta feita, a circunstância isolada de o art. 184 ter sido inscrito no título que cuida da ordem econômica não significa, por si só, que a competência ali prevista é de intervenção no domínio econômico.

Como se procurou demonstrar anteriormente, a reforma agrária é feita empunhando-se a bandeira de um *"interesse social"*, pois a desapropriação, nesses casos, pressupõe o descumprimento da *"função social"* da propriedade. Não há qualquer intervenção no domínio econômico nisso, no sentido de se disciplinar relações econômicas no âmbito do mercado. Muito pelo contrário, o que há, isso sim, é a proteção de um

---

às situações em que se outorga a liberdade para a atuação dos particulares". *Contribuições sociais no sistema tributário*. 4. ed. São Paulo: Malheiros, 2003, p. 102 (com destaques no original). Analisando especificamente a contribuição ao INCRA, Dirceu Galdino e Heron Arzua assim se manifestam: "Acrescente-se ainda que faltam pressupostos constitucionais para que a contribuição do Incra seja rotulada como de intervenção no domínio econômico, porquanto ela não preenche os requisitos do art. 173 da CF/88, que limita a atuação estatal nessa intervenção. É que a reforma agrária não é caso de intervenção no domínio econômico, visto como não se trata de dominação de mercados, eliminação de concorrência e aumento arbitrário de lucros, mas sim de tentativa de solução de problema social". "Ainda o Funrural e o Incra". *Revista dialética de direito tributário* nº 52, p. 65.

485. *Contribuições sociais no sistema tributário*. 4. ed. São Paulo: Malheiros, 2003, p. 86.

interesse social da coletividade, com o propósito específico de se reduzir as desigualdades.

É por esse motivo que se pode afirmar que a contribuição deferida pela Carta Constitucional a ser instituída para custear a reforma agrária e a colonização é, necessariamente, uma contribuição social, sendo essa sua única "natureza jurídica possível". Não há outra forma.

Esse é o panorama constitucional do tema. Agora sim, alicerçadas essas premissas, pode-se descer um degrau para vasculhar a pertinência da legislação ordinária com seus fundamentos de superior hierarquia. O enfoque há que ter por parâmetros (i) que a Constituição autoriza criação de contribuição para custear a reforma agrária e a colonização; (ii) e que a contribuição assim instituída será uma contribuição social, e não uma CIDE.

7.1.2.2 *Da inexistência de contribuição criada no âmbito da legislação ordinária com o propósito específico de custear a reforma agrária e a colonização*

Definidas essas premissas e recuperando-se as informações históricas a respeito da legislação respectiva, pode-se afirmar a esta altura, sem medo de errar, o seguinte: *jamais foi criada uma contribuição – seja de que caráter for – para custeio específico da reforma agrária.*

O que aconteceu foi que, na sua gênese, a Lei Federal nº 2.613/55 instituiu contribuições destinadas a custear um órgão de assistência para os trabalhadores rurais, o Serviço Social Rural (SSR) – tanto assim que incidente sobre a folha de salários. Com o tempo, essas contribuições foram sendo deturpadas, com incontáveis modificações, o que comprometeu sua pureza jurídica. Dentre outras alterações, essas contribuições tiveram seu produto arrecadado destinado a órgãos encarregados de promover a reforma agrária.

Contudo, o estudioso pode se debruçar sobre os textos do direito positivo, de hoje ou do passado, no plano legal ou infralegal, que não encontrará enunciados que delineiem *a norma jurídica da contribuição criada para custear especificamente a reforma agrária*, com todos seus critérios da regra-matriz de incidência tributária, da hipótese e do consequente. Não há. O que se deu foi a criação de contribuições com claro perfil social, assistencial, que tinham esse propósito e que, depois, acriteriosamente, foram passadas para um órgão cuja atribuição é a reforma agrária – o que é bem diferente do que dizer que foi instituída uma contribuição específica para custear a reforma agrária.

Em franca análise, não há lei instituindo uma contribuição para o custeio da reforma agrária. Há, sim, leis que instituíram contribuições para o custeio da assistência ao trabalhador rural, que por sua vez tiveram, em momento posterior, o produto arrecadado vinculado a um órgão concebido para realizar a reforma agrária. *Houve, portanto, a mudança da destinação da receita, somente isso.*

Agora, daí a dizer que a substituição do órgão destinatário dos recursos – que antes era o SSR e depois se tornou o INCRA – causaria mudança nos aspectos intranormativo (da regra-matriz de incidência tributária) e internormativo (da competência tributária) vai uma distância grande. Não é pelo fato de ter sido criado o INCRA e de que o produto arrecadado com contribuições já existentes antes de sua concepção ter-lhe sido destinado que se está autorizado a afirmar que as contribuições de nítido cunho assistencialista tornaram-se contribuições de intervenção no domínio econômico ou mesmo contribuições sociais criadas para sustentar a reforma agrária. Como as modificações no sistema jurídico limitaram-se, na sua essência, a alterar o destinatário do produto arrecadado, aquelas contribuições, criadas com outra finalidade, mas cujas bases textuais de materialidade, de sujeição passiva, de base de cálculo e de alíquota continuam em vigor, foram abruptamente canalizadas para outro setor, comprometendo sua organização sintática e semântica.

E é exatamente por isso que o tema é complexo, de difícil compreensão. Contribuições com determinado perfil foram impensadamente vinculadas a um órgão com outro tipo de atribuição. Essa metamorfose imposta pelo legislador em nada contribui com a segurança jurídica, pelo contrário, dá margem a uma série de dúvidas e de questionamentos, sobretudo quanto à sujeição passiva, isto é, ao universo de sujeitos que estão obrigados a suportar essa contribuição.

Com isso, não se quer dizer que essas contribuições não têm seu produto arrecadado vinculado ao INCRA, não é isso. *O que se defende é que o fato de esses tributos terem seu produto arrecadado destinado ao INCRA não os transforma em contribuições "criadas" para custeio da reforma agrária.*

Desta feita, pode-se dizer que não há na legislação em vigor uma contribuição pensada para custear a reforma agrária e a colonização. O que se deu foi o aproveitamento de uma contribuição que já existia, cujo pressuposto era a prestação de serviços sociais aos trabalhadores rurais, que foi passada para um órgão criado posteriormente com a atribuição de promover a reforma agrária e a colonização. É justamente aí que está a explicação de tantos problemas que envolvem a contribuição ao INCRA.

Ocorre que não se transita livremente de um lado para outro. Se as contribuições foram instituídas originariamente para servir de anteparo às ações públicas de assistência ao trabalhador rural, recaindo, exatamente por isso, sobre o montante pago pelos sujeitos do agronegócio a título de folha de salários, a mera alteração do destinatário dessas verbas, sem as devidas adaptações legislativas, enfraquece a sustentabilidade do tributo no arcabouço jurídico. Essa afirmação ganha corpo ainda mais diante do fato de que a legislação de regência é anterior à atual ordem constitucional, e mais, que a Constituição de 1988 delineou um novo perfil de competências para exigibilidade de contribuições.

7.1.2.3 Não recepção da contribuição exigida pelo INCRA pela ordem jurídica em vigor: impossibilidade de tributação incidente sobre a folha de salários se não houver autorização constitucional

Como se teve a oportunidade de demonstrar, a Carta da República em vigor admite a instituição de contribuições servis ao custeio da reforma agrária e da colonização. A contribuição criada com esse objetivo será, necessariamente, uma contribuição social. Logo, o problema não está no plano constitucional, que comporta um tributo com essa finalidade, e sim na compatibilidade da legislação ordinária, que é anterior à Constituição de 1988, com a ordem jurídica vigente. Como não houve a instituição de uma contribuição estruturada a custear a reforma agrária e a colonização, o que deve ser investigado é se o tributo instituído para outra finalidade e posteriormente incorporado pelo INCRA se amolda ou não às normas em vigor prescritas pela Constituição Federal.

Após inúmeras modificações, o estrato de linguagem jurídico-prescritivo que regulamenta a contribuição ao INCRA, na sua "versão final", estabelece que as pessoas físicas e jurídicas que exerçam as atividades industriais arroladas no art. 2º do DL 1.146/70 estão obrigadas a arcar com esse tributo à alíquota de 2,5% incidente em face da *"soma da folha mensal de salários"* e que todas as pessoas jurídicas que sejam empregadoras igualmente estão obrigadas a suportar essa exação, porém à alíquota de 0,2%, que recai também sobre a *"soma da folha mensal de salários"* (art. 6º, § 4º, Lei Federal nº 2.613/55, c/c art. 35, § 2º, VIII, Lei Federal nº 4.863/65, c/c art. 3º DL 1.146/70).

Como se pode notar, não há dúvidas de que a contribuição ao INCRA, em suas duas faixas de incidência, tem por base de cálculo a "folha de salários". O que interessa agora, pois, é enfocar a base de cálculo, a grandeza prevista na legislação, testando seu fundamento de validade. Ou seja, o que importa, neste momento, é averiguar se a Constituição de 1988 admitiu ou não que os contribuintes fossem compelidos a pagar um tributo que grava a folha de salários sob o propósito de custeio da reforma agrária.

A partir de um exame detido do arcabouço constitucional, a conclusão a que se chega é que não. Com efeito, partindo do pressuposto que há um sistema constitucional tributário, integrado com o sistema constitucional geral, para responder a uma questão como essa o intérprete deve vasculhar os enunciados elevados à maior hierarquia do sistema, para de lá sacar suas respostas. *E as hipóteses em que o constituinte deferiu a tributação sobre a folha de salários estão todas elas previstas no corpo do Texto Constitucional, direta ou indiretamente, nesse rol não estando incluída uma contribuição para custeio da reforma agrária.*

O art. 149, *caput*, da Carta da República, que é o dispositivo aglutinador da competência para instituição de contribuições, ao nominar suas subespécies, adjudica-lhes, ao mesmo tempo, suas respectivas finalidades, estabelecendo que a União atuará na área social, como interventora no domínio econômico ou regulando o interesse de categorias profissionais. Até aí, no entanto, não há nenhuma menção à base de cálculo a ser utilizada.

Ocorre que o § 2º, inciso III, do mesmo art. 149, todavia, delineia as grandezas sobre as quais as contribuições sociais e as de intervenção no domínio econômico poderão recair, dispondo que poderão ter alíquotas *ad valorem* (alínea "a") ou específica (alínea "b"). As alíquotas *ad valorem* só poderão incidir sobre o *faturamento*, a *receita bruta* ou o *valor da operação* e, no caso de importação, o *valor aduaneiro*, ao passo que as alíquotas específicas terão por base a *unidade de medida adotada*.

Logo, no bojo do art. 149, § 2º, III, as bases de cálculo previstas para contribuições sociais e de intervenção no domínio econômico não abrangem a folha de salários, mas sim o faturamento (já que a receita bruta, o valor da operação ou o valor aduaneiro nada mais são do que diferentes formas de se apurar o faturamento) ou então a unidade de medida adotada, cujo valor a pagar é resultado da multiplicação de alíquota específica com essa unidade de medida (como ocorre com a

CIDE-combustíveis). De um modo ou de outro, entretanto, o fato é que o art. 149 da CF/88 não autoriza a tributação a título de contribuições sociais sobre a folha de salários.

Somente o art. 195 do Texto Político é que dá esteio à tributação incidente sobre a folha de salários. O art. 195, I, "a", prevê a exigência de contribuições sociais do empregador, da empresa e da entidade a ela equiparada na forma da lei, incidentes sobre a *folha de salários* e demais rendimentos do trabalho pagos ou creditados, a qualquer título, à pessoa física que lhe preste serviço, mesmo sem vínculo empregatício.

Sucede que as contribuições sociais a que alude o art. 195 são *contribuições previdenciárias,* isto é, são tributos que se destinam ao custeio da Seguridade Social. E a reforma agrária não faz parte da Seguridade Social, uma vez que não envolve os direitos relativos à saúde, à previdência e à assistência social, como preceitua o art. 194 da Constituição. Desse modo, o que se percebe é que a tributação sobre a folha de salários foi prevista pelo constituinte para custear a Seguridade Social, como explicitamente tipificado no art. 195, I, "a". Em assim sendo, a contribuição ao INCRA, porque extrapola o universo da Seguridade Social, não pode ser exigida sobre a folha de salários.

É bem verdade que há outros tributos que incidem sobre a folha de salários, não apenas as contribuições previdenciárias. Sucede que em relação a eles houve expressa ressalva do constituinte. O art. 240 da Carta Magna estabelece que *"ficam ressalvadas do disposto no art. 195 as atuais contribuições compulsórias dos empregadores sobre a folha de salários, destinadas às entidades privadas de serviço social e de formação profissional vinculadas ao sistema sindical"*.

As contribuições mencionadas no art. 240 são as chamadas contribuições ao "Sistema S", integrando o SENAC, SENAI, SESI e SESC.[486] A não ser que se advogue a tese de *normas constitucionais inconstitucionais* (Otto Bachoff) – com

486. O SENAR também integra o "Sistema S", mas foi instituído posteriormente, como se verá adiante.

o que não se concorda neste trabalho – como o art. 240 pôs à parte a possibilidade de exigência de contribuições ao "Sistema S" sobre a folha de salários, então não há nenhuma objeção a ser feita; pelo contrário, isso reforça que a folha de salários só pode ser eleita como base de cálculo nos casos previstos constitucionalmente.

O mesmo se dá com o salário-educação e com o FGTS. Esses tributos, previstos, respectivamente, nos arts. 212, § 5º, e 7º, III, da Constituição Federal, igualmente incidem sobre a folha de salários. Em relação a ambos, o constituinte, ainda que implicitamente, admitiu o gravame em face da folha de salários, até mesmo porque nessas duas contribuições há referência a um liame de trabalho, já que a primeira envolve o "salário"-educação e a outra decorre do fundo de garantia por "tempo de serviço". Nesses dois casos, a relação jurídica de trabalho entre empregador e empregado é presumida, implícita, algo bem diferente do que acontece com a contribuição ao INCRA, na medida em que entre o vínculo empregatício existente entre empregador e empregado, gerador da folha de salários, e o custeio da reforma agrária não há relação alguma.

No âmbito doutrinário, a par da tripartição das contribuições entre sociais, de intervenção no domínio econômico e de interesse de categorias profissionais, costuma-se ainda subdividir as contribuições sociais em *contribuições sociais gerais* e *contribuições sociais destinadas à Seguridade Social* (ou contribuições previdenciárias).[487] No plexo das contribuições sociais gerais, enquadram-se o FGTS, o salário-educação, o PIS/PASEP e as contribuições ao "Sistema S"; no âmbito das contribuições sociais destinadas à Seguridade Social estão a COFINS e a CSLL, além das contribuições incidentes sobre a folha de salários.[488]

---

487. Nesse sentido: DERZI, Misabel. "Contribuição para o FINSOCIAL". *Revista de direito tributário* 55/198.

488. Vide MELO, José Eduardo Soares. *Contribuições sociais no sistema tributário*. 4. ed. São Paulo: Malheiros, 2003, *passim*. Esse também é o entendimento do Supremo Tribunal Federal, conforme clássico precedente da lavra do Exm.º Sr. Min. Carlos Velloso em torno da classificação das espécies tributárias. RE nº 148.754-2,

A contribuição ao INCRA encaixa-se como uma contribuição social geral. No entanto, como não há ressalva alguma na Constituição Federal a esse respeito, esse tributo não pode ter por base de cálculo a folha de salários, porquanto essa grandeza só é possível de ser onerada em se tratando de contribuições previdenciárias, de salário-educação, de FGTS ou de contribuições ao "Sistema S". E nesse catálogo não foi contemplada a contribuição ao INCRA.

Em poucas palavras: o INCRA não integra a Seguridade Social, o "Sistema S" ou mesmo o salário-educação ou o FGTS. Logo, a legislação desse tributo, na forma em que foi editada, não foi recepcionada pela Carta Constitucional de 1988 e, em consequência, sua exigência, nas suas duas vertentes (às alíquotas de 2,5% e de 0,2%) é inválida.

7.1.2.4 Da invalidade da base de cálculo exigida diante da destinação pretendida: ausência de relação entre folha de salários e reforma agrária

A invalidade da contribuição ao INCRA não se resume à falta de autorização constitucional para se tributar a folha de salários. Sua incompatibilidade com o ordenamento em vigor extrapola essa perspectiva. É que, mesmo que se admitisse que não há vedação constitucional para tributação da folha de salários, o que não é correto, ainda assim a grandeza eleita – a folha de salários – não guarda relação alguma com os fins pretendidos, vale dizer, a reforma agrária, e, nessa medida, a base de cálculo igualmente é inválida.

O tema da base de cálculo é dos mais relevantes. No passado, Alfredo Augusto Becker, em ato corajoso dotado de ineditismo, conseguiu demonstrar à comunidade jurídica, através de uma linguagem dura, a importância incomensurável da base de cálculo, que não poderia ser deixada de lado, à sombra da glorificação do "fato gerador". Tanto assim que

---

Pleno, Rel. Min. Carlos Velloso, Rel. p/ acórdão Min. Francisco Rezek, *DJU* 04.03.1994, p. 3.290.

sustentava que o critério objetivo e jurídico para determinação da natureza jurídica do tributo *"é o da* base de cálculo *(base imponível). Este, sempre e necessariamente, é o* único *elemento que confere o* gênero *jurídico do tributo".*[489]

Vai daí que no atual estágio da evolução científica, o intérprete não pode prescindir de reflexões em torno da base de cálculo, sobretudo quando o tema tratado é o das contribuições. Exatamente porque a contribuição é um tributo que tem por pressuposto lógico a destinação do produto arrecadado a uma dada finalidade é que o hermeneuta deve também se preocupar com a *origem do produto arrecadado,* isto é, com a base de cálculo.

Há de existir um mínimo de relação entre a base de cálculo escolhida pelo legislador e a finalidade prevista com o tributo. Isso porque é a base de cálculo que dita os parâmetros da obrigação tributária, de tal modo que a destinação pretendida com a contribuição não pode ser um elemento absolutamente alheio à estrutura interna da regra-matriz de incidência tributária. A todo sentir, brigaria com a racionalidade do sistema imaginar, por exemplo, uma contribuição de interesse de categorias profissionais que incidisse sobre a propriedade imobiliária desses profissionais. Por isso que não há como aceitar a escolha aleatória da base de cálculo, desprendida completamente da finalidade a que a contribuição está preordenada a custear.

---

489. *Teoria geral do direito tributário.* 3. ed. São Paulo: Lejus, 2002, p. 373 (com destaques no original). O clássico jurisconsulto continua seu raciocínio da seguinte forma: "Noutras palavras, ao se investigar o gênero jurídico do tributo, não interessa saber quais os elementos que compõem o pressuposto material ou quais as suas decorrências necessárias, nem importa encontrar qual o mais importante daqueles elementos ou decorrências. Basta verificar a base de cálculo: a natureza desta conferirá, sempre e necessariamente, o gênero jurídico do tributo. (...) O critério de investigação da natureza jurídica do tributo que se demonstrará ser o único verdadeiramente objetivo e jurídico parte da *base de cálculo* para chegar ao conceito do tributo. Este só poderá ter uma única base de cálculo". *Op. cit.*, p. 373 (com destaques no original). O Prof. Paulo de Barros Carvalho, embora enalteça a lição de Becker, adota postura conciliadora a sua teoria, entendendo que o que marca a natureza do tributo é o binômio hipótese de incidência/base de cálculo. Vide *Curso de direito tributário.* 32. ed. São Paulo: Noeses, 2022, p. 55.

As contribuições devem ser desmistificadas. Relembrando uma lição de Sacha Calmon Navarro Coêlho, as contribuições devem ser vistas ora como tributos vinculados (como, por exemplo, a contribuição paga pelo empregado), ora como tributos não vinculados, enquadrando-se como impostos especiais, afetados, finalísticos, como se dá com as contribuições pagas pelas empresas.[490] Essa proposta científica, que concilia a teoria dos tributos vinculados e não vinculados com o tema das contribuições, é a que foi adotada neste trabalho, de tal sorte que suas proposições devem render frutos.

A contribuição ao INCRA exigida dos empregadores sobre a folha de salários tem o típico contorno de imposto. Um imposto com destinação. Portanto, a grandeza sobre a qual recai deve guardar relação, ainda que indireta, com sua destinação. *Sucede que entre a folha de salários (base de cálculo) e a reforma agrária (destinação pretendida) não há relação alguma, nem mesmo indireta.*

Com efeito, o valor pago pelo empregador ao seu empregado, seja urbano ou mesmo rural, não tem sintonia, nem de longe, com os atos administrativos que a União tem que praticar para promover a reforma agrária. É preciso repensar esse tema. Insista-se: o fato de alguém pagar folha de salários aos seus funcionários não tem nada que ver com os atos necessários à realização da reforma agrária e da colonização.[491] Como já destacado por ocasião do exame das contribuições previdenciárias, a tributação da folha de salários é uma distorção do sistema, porque, salvo melhor juízo, é a única hipótese prevista em que o contribuinte paga um tributo não sobre um elemento patrimonial positivo, como a receita, o lucro ou mesmo

490. *Curso de direito tributário brasileiro.* 13. ed. Rio de Janeiro: Forense, 2014, p. 387.

491. "A interpretação conforme a Constituição de toda e qualquer norma do ordenamento tem uma correlação lógica na proibição, que há que se estimar implícita, de qualquer construção interpretativa ou dogmática que conclua em um resultado direta ou indiretamente contraditório com valores constitucionais". ENTERRÍA, Eduardo García; TOMÁS-RAMÓN, Fernández. *Curso de direito administrativo.* Trad. Arnaldo Setti. São Paulo: Ed. RT, 1990, p. 144.

a propriedade imobiliária, mas sim sobre uma *despesa*, pois o pagamento de salários, para o empregador, é uma despesa. É um tributo que incide sobre uma despesa.

Seja como for, a exigência de tributos sobre a folha de salários tem por pressuposto, ainda que implícito, um benefício a ser dado ao trabalhador pelo Poder Público. Na contribuição ao INCRA não é isso o que acontece. O fato de o empregador pagar salários aos seus empregados é totalmente desvinculado a qualquer contrapartida estatal, ainda que indireta, a ser dada ao empregador ou ao empregado. Não há relação alguma. A exigência recai sobre a folha de salários, mas os recursos têm por destinação atos a serem praticados para implementar a reforma agrária, não tocando o empregador ou o empregado. Recuperando o exemplo citado, é praticamente a mesma coisa que exigir dos advogados a contribuição à OAB calculada com base no valor de seus imóveis.

Diante disso, porque há uma ausência absoluta de relação entre a base de cálculo eleita e a destinação pretendida com o tributo, a exigência da contribuição ao INCRA calculada em face da folha de salários, tendo por pressuposto o custeio da reforma agrária, não se compagina com o ordenamento constitucional, razão por que, também por esse motivo, é inválida. Afinal de contas, *"ao fisco o que é do fisco, mas só o que é dele"*.[492]

7.1.2.5 *Ainda sobre a invalidade da base de cálculo: absoluto descompasso entre a receita arrecadada hoje e a despesa a ser desembolsada no futuro, via TDA's*

Um último aspecto que precisa ser considerado em torno da contribuição ao INCRA diz respeito a outro viés pelo qual a base de cálculo do tributo deve ser encarada: trata-se do absoluto descompasso entre as receitas arrecadadas e a finalidade para a qual está preordenada.

492. BORGES, José Souto Maior. "Princípio da segurança jurídica na criação e aplicação do tributo". *Revista de direito tributário* nº 63, p. 209.

Com efeito, independentemente das diversas teorias que se queira construir em torno da contribuição ao INCRA – se pode ou não ser criada, em qual espécie se enquadra etc. – ninguém nega que o perfil jurídico das contribuições, inequivocamente, é marcado pela criação do tributo com o fim específico de carrear recursos para o custeio de uma dada finalidade prevista no sistema jurídico. Quanto a isso, não há controvérsia. É da essência da contribuição a destinação do produto arrecadado a um fim preordenado pelo direito positivo.

Justamente por isso que a contribuição ao INCRA merece ser repensada também sob outra perspectiva, perspectiva essa que tem passado despercebida pela doutrina especializada. É que o art. 184 da Constituição Federal estabelece claramente que compete à União desapropriar por interesse social, para fins de reforma agrária, o imóvel rural que não esteja cumprindo sua função social, *"mediante prévia e justa indenização em títulos da dívida agrária, com cláusula de preservação do valor real, resgatáveis no prazo de até vinte anos, a partir do segundo ano de sua emissão"*.

Ora, pelo que se pode notar, a reforma agrária não é realizada através do desembolso de recursos públicos de imediato, ao menos não em sua boa parte; pelo contrário, somente o valor das benfeitorias é que deve ser indenizado em dinheiro ao proprietário (art. 184, § 1º, CF). O valor da terra nua, porém, é "indenizado" através de títulos públicos, denominados "TDA's" (títulos da dívida agrária), cujo resgate pode ocorrer em até 20 (vinte) anos.

Isso significa que o Poder Público não tem despesas de imediato para justificar a exigência da contribuição, ao menos não na sua integralidade, pois, reitere-se, o Estado só tem um efetivo "desembolso" a partir do momento em que a TDA é resgatada. *Em poucas palavras: arrecada-se hoje para pagar só no futuro, em até vinte anos(!).*

Em sendo assim, parece claro que (i) uma vez que a contribuição tem por pressuposto custear uma dada atividade estatal prevista juridicamente; (ii) que a contribuição, exatamente por isso, não pode ter fins arrecadatórios, senão aqueles necessários à cobertura da despesa; (iii) em consequência, que a base de cálculo da contribuição deve dimensionar a despesa prevista para o desempenho daquela atividade estatal; (iv) no caso da reforma agrária, que somente parte dos gastos é efetivamente desembolsada de imediato, dado que somente as benfeitorias são pagas em dinheiro, ao passo que o valor da terra é "indenizado" através de um título público com prazo de resgate de até vinte anos; (v) *então*, a contribuição exigida pelo INCRA só deve ter por base o orçamento das indenizações em dinheiro a serem pagas no curso do exercício financeiro.

Note-se que a contribuição, evidentemente, não tem por causa custear o órgão em si mesmo considerado, isto é, os gastos da autarquia enquanto sujeito de direitos, tais como pagamento dos funcionários e outras rubricas. É claro que não. O objetivo da contribuição é custear *as atividades realizadas pelo órgão*, que, na hipótese, é a reforma agrária. Porém, como nem a União, nem o INCRA têm um desembolso imediato para promover a reforma agrária na sua totalidade, então a contribuição só pode dimensionar as despesas públicas com o pagamento das indenizações em dinheiro.

Poder-se-ia argumentar que não haveria como fazer esse cálculo. Isso não é verdade. O INCRA, como qualquer outro órgão governamental, tem um orçamento definido na lei orçamentária. Logo, é, sim, possível ter um parâmetro do valor das indenizações em dinheiro que serão desembolsadas no exercício financeiro seguinte. Tanto assim é que o art. 184, § 4º, da Constituição estabelece que "*o orçamento fixará anualmente o volume total de títulos da dívida agrária, assim como o montante de recursos para atender ao programa de reforma agrária no exercício*". Eis a prova inquestionável de que o INCRA conhece, evidentemente, o orçamento para o exercício seguinte. E isso não apenas em relação ao volume total de TDA's emitidas, mas também "ao montante de recursos para atender ao programa de reforma agrária no exercício", na dicção do art. 184, § 4º.

Não se pode aceitar, portanto, assim, a ouvidos moucos, que o INCRA exija tributos nominados de "contribuições" como se impostos fossem. Há de haver uma correspondência lógica entre o total de recursos desembolsados com as indenizações em dinheiro, previsto na lei orçamentária, e, em contrapartida, o volume total de contribuições arrecadadas. A contribuição – frise-se bem – só pode dimensionar o *custo* das atividades desenvolvidas pelo órgão, porque é para isso que ela é instituída.

E nem se argumente que a contribuição deveria abranger também a importância correspondente aos valores das TDA's a serem pagas pelo Poder Público. Isso é uma falácia. *Se esses títulos podem ser pagos em até duas décadas, é clarividente que não justificam a exigibilidade de contribuições para custeá-los, devendo essas despesas futuras ser incluídas, oportunamente, no orçamento geral do Poder Público.*

Portanto, em relação à contribuição ao INCRA, deve ficar claro também que, malgrado a Constituição admita a instituição desse tributo, também é a própria Constituição que induz à conclusão de que *a grandeza deve dimensionar apenas as despesas públicas que serão gastas no exercício financeiro seguinte com indenizações em dinheiro de benfeitorias úteis e necessárias dos imóveis desapropriados para fins de reforma agrária.* Qualquer equação que fuja dessa fórmula será inconstitucional, na medida em que não se pode criar uma contribuição e arrecadar os recursos respectivos hoje em face de uma despesa que só será desembolsada em um futuro distante.

7.1.3 Fundamentos adicionais que levam à conclusão da invalidade da contribuição ao INCRA específica que recai à alíquota de 2,5% sobre alguns sujeitos de direito que exercem "atividades industriais rurais" arroladas em lista

Até aqui, o que se procurou fazer foi a demonstração dos fundamentos comuns que levam à conclusão de que a contribuição ao INCRA, nas suas duas modalidades, é incompatível com o sistema jurídico, não sendo, pois, exigível. Perpassada essa trajetória, é chegado o momento de se pontuar os problemas específicos que a contribuição exigida à razão de 2,5% de alguns sujeitos de direito que exercem "atividades industriais rurais" arroladas em lista apresenta, cuidando detidamente dessa faixa de incidência, a fim de se evidenciar que, *também por outros motivos*, além dos já apontados, essa contribuição não se sustenta.

É curioso notar que essa modalidade de contribuição é muito pouco comentada e pouco aparece em precedentes jurisprudenciais. Se é pouco encontrada na jurisprudência, é sinal que nem mesmo o INCRA tem se valido com frequência desse tributo, pois, caso contrário, com certeza, os contribuintes o questionariam em juízo. Nem por isso, porém, pode-se imaginar que esse tributo foi extinto, (i) seja porque não há nenhum dispositivo legal expresso que possa levar à conclusão de que a contribuição de 2,5% foi revogada, diferentemente do que se dá com a contribuição de 0,2%; (ii) seja porque, se o tributo tivesse sido extinto, a toda evidência o INCRA não o cobraria judicialmente, apesar, reitere-se, de serem poucos os precedentes em torno dessa faixa de incidência.[493]

Ao contrário do que aconteceu com a contribuição de 0,2%, o tributo exigido pelo INCRA à alíquota de 2,5% não sofreu grandes transformações ao longo do tempo na sua composição interna, apenas quanto à destinação do produto arrecadado. Em linhas gerais, esse tributo, que nasceu com o art. 6º da Lei Federal nº 2.613/55, teve preservada sua redação pelo art. 2º do Decreto-lei nº 1.146/70, que é o preceito legal que norteia essa contribuição atualmente.

O art. 2º do DL 1.146/70 estabelece que a contribuição instituída no art. 6º da Lei nº 2.613/55 ficou reduzida para 2,5%, sendo devida sobre a *soma da folha mensal dos salários* dos seus empregados pelas *pessoas naturais e jurídicas*, inclusive

493. O INCRA ou o INSS, que era responsável pela arrecadação desse tributo até tempos atrás, ou mesmo a União Federal, por intermédio da Secretaria da Receita Federal do Brasil, que ficou incumbida da arrecadação dessa contribuição.

cooperativa, que exerçam as atividades de: I – *indústria* de cana-de-açúcar; II – *indústria* de laticínios; III – *indústria* de beneficiamento de chá e de mate; IV – *indústria* da uva; V – *indústria* de extração e beneficiamento de fibras vegetais e de descaroçamento de algodão; VI – *indústria* de beneficiamento de cereais; VII – *indústria* de beneficiamento de café; VIII – *indústria* de extração de madeira para serraria, de resina, lenha e carvão vegetal; IX – matadouros ou abatedouros de animais de quaisquer espécies e charqueadas.[494]

Pelo que se pode notar, o critério material da hipótese de incidência é “pagar salários aos seus empregados”, tendo por base de cálculo a “soma da folha mensal de salários”, por alíquota 2,5% e por sujeitos passivos as pessoas naturais e jurídicas que exerçam essas “atividades industriais rurais” arroladas na lista do art. 2º do DL 1.146/70. Em suma, essas pessoas estariam obrigadas a pagar uma contribuição diferente para o INCRA, arcando-a sob o montante de 2,5% da folha de salários de seus empregados, diferentemente do que acontece com os demais contribuintes, que a suportam à razão de 0,2% da folha de salários.

Sucede que, como adiante será visto, ainda que a contribuição ao INCRA tivesse sido recepcionada, não há autorização constitucional para essa discriminação, sendo certo que nada justifica a cobrança de um tributo de maneira disforme, além do que, após a criação do SENAR, essa contribuição deixou de ser exigível.

7.1.3.1 Ausência de fator de discrímen compatível com a ordem constitucional

Após a promulgação da Constituição Federal de 1988, hoje em dia já não mais se questiona a aplicação do princípio da igualdade nas relações tributárias. Sobre decorrer

---

494. Vale registrar que o art. 2º, §§ 1º e 2º, do DL 1.146/70 prescreveu que esses contribuintes estão desobrigados a pagar as contribuições ao SESI, ao SESC, ao SENAI e ao SENAC e que os sujeitos que desenvolviam atividades previstas originariamente no art. 6º da Lei nº 2.613/55, mas não contempladas no rol do art. 2º do DL 1.146/70, devem se sujeitar às contribuições a essas entidades do “Sistema S”.

diretamente do regime republicano e do Estado Democrático de Direito, o primado da isonomia está contemplado no enunciado do art. 5º, como vetor geral, e mais, também no art. 150, II, como norma voltada especificamente à atividade tributária. O respeito à isonomia, portanto, é um imperativo lógico do sistema. Assim, na sua competência legislativa, como nas suas atribuições administrativas, o agir do Estado só é válido *se* e *somente se* observar a isonomia. E respeitar a isonomia significa, seguindo a teoria clássica, tratar os iguais, na medida de suas igualdades, e os desiguais, na medida de suas diferenças.[495] Para traçar critérios jurídicos que permitam distinguir os "iguais" e os "diferentes", o intérprete há de ter por base que o fator de discrímen deve ser compatível com o objetivo buscado: entre o fator diferenciador da lei e seu intuito há de existir uma correlação lógica.[496] Somente assim a diferenciação da lei entre pessoas ou regimes jurídicos se sustenta da perspectiva constitucional.

Ora, a discriminação feita pelo art. 2º do Decreto-lei nº 1.146/70, "elegendo", sem qualquer critério, alguns contribuintes que se submetem a uma alíquota mais elevada para fins de contribuição ao INCRA, em detrimento dos demais, que a suportam em percentual menor, é absolutamente inconstitucional e, portanto, não foi recebida pela Carta da República de 1988.

Com efeito, não há nada que justifique que aquelas pessoas físicas ou jurídicas que desempenham "atividades industriais rurais" possam ser gravadas de maneira mais onerosa. *O fato de alguém se dedicar, por exemplo, à exploração de atividade econômica de uma usina sucroalcooleira, de um laticínio, de uma indústria de beneficiamento de café ou mesmo de um frigorífico nada tem que ver, evidentemente, com os atos administrativos da União para realização da reforma agrária.*

---

495. BARBOSA, Rui. *Oração aos moços*. São Paulo: Martin Claret, 2003, p. 20.

496. BANDEIRA DE MELLO, Celso Antônio. *Conteúdo jurídico do princípio da igualdade*. 3. ed. São Paulo: Malheiros, 1997, p. 37.

Noutras palavras, essas e as demais atividades listadas no art. 2º do DL 1.146/70 não provocam qualquer custo adicional ao Poder Público que motivasse o estabelecimento de uma alíquota mais alta. Pelo contrário, tais atividades pressupõem produtividade, induzem ao fomento da economia rural, pois só há indústria de beneficiamento de cereais ou de café se houver alguém plantando essas culturas. Daí poder-se afirmar que é também graças a essas indústrias rurais que a propriedade rural observa sua "função social", afastando-se do contexto de uma propriedade improdutiva, obsoleta.

Em assim sendo, parece ficar claro que não há correlação lógica entre o fator diferenciador da lei e sua finalidade. A circunstância isoladamente considerada de alguém se dedicar às atividades industriais rurais capituladas no art. 2º do DL 1.146/70 (fator discriminador) não justifica o objetivo buscado com a norma (exigência de tributo mais elevado para fins de promoção da reforma agrária).

A experiência tem demonstrado que a desapropriação para fins de reforma agrária, em boa parte dos casos, tem acontecido nas grandes propriedades de terra supostamente destinadas à pecuária, mas que, entretanto, têm baixíssima produtividade, têm rebanho reduzido. Esses proprietários, que não usufruem a terra e que, portanto, não cumprem com sua função social, esses sim têm demandado uma atuação mais firme do INCRA. E é interessante observar que no rol dos contribuintes sujeitos à contribuição mais elevada não se encontram os pecuaristas, o que só vem a reforçar a inconstitucionalidade da discriminação levada a efeito pelo legislador.

Somente se poderia admitir a instituição de alíquotas diferentes se determinados contribuintes provocassem uma atuação especial do Poder Público, demandando mais recursos, de tal modo que as contribuições em relação a eles poderiam ser mais gravosas. Não é isso o que ocorre com as "atividades industriais rurais" descritas no rol do art. 2º do DL 1.146/70. Um laticínio, uma indústria de beneficiamento de café, um frigorífico ou uma usina sucroalcooleira não exigem da União uma ação diferente no âmbito da reforma agrária.

Destarte, a contribuição destinada ao INCRA à alíquota de 2,5% por parte dos contribuintes que exercem as "atividades industriais rurais" tipificadas no art. 2º do Decreto-Lei nº 1.146/70 é inconstitucional, não tendo sido recepcionada pela Constituição Federal de 1988, por violação da isonomia, porquanto não há correlação lógica entre o fator de discrímen e o fim pretendido com a diferenciação.

7.1.3.2 Inexigibilidade da contribuição ao INCRA nessa modalidade após a criação do SENAR

A invalidade da contribuição ao INCRA à razão de 2,5% não se limita aos aspectos abordados; também por outros motivos ela é inexigível.

Sobre isso é importante lembrar que essa faixa de incidência adveio da contribuição prevista no art. 6º, *caput,* da Lei Federal nº 2.613/55, que recaía sobre a folha de salários de diversos contribuintes que exerciam atividades industriais rurais arroladas em lista à alíquota de 3%, tendo por objetivo custear o SSR (Serviço Social Rural), órgão cuja finalidade era a prestação de serviços sociais aos trabalhadores rurais, como alimentação, vestuário, habitação, saúde, educação e assistência sanitária. O SSR foi transformado na SUPRA (Superintendência de Política Agrária), que por sua vez desmembrou-se no IBRA (Instituto Brasileiro de Reforma Agrária) e no INDA (Instituto Nacional de Desenvolvimento Agrário), sendo esses órgãos, posteriormente, sucedidos pelo INCRA (Instituto Nacional de Colonização e Reforma Agrária).

O INCRA, desde o seu nascedouro, jamais teve por competência apenas a execução da reforma agrária, como usualmente se pensa. Pelo contrário, como sucedeu ao INDA, que tinha por missão *"promover o desenvolvimento rural"*, o INCRA assumiu o ônus de também prestar assistência ao trabalhador rural, diante do que estabelecia o Decreto-lei nº 1.110/70, que criou o órgão. Por essas razões que a contribuição instituída pelo art. 6º, *caput,* da Lei Federal nº 2.613/55 foi a ele destinada. E o que fez o Decreto-lei nº 1.146/70 foi manter esse tributo com o INCRA, apenas reduzindo a alíquota de 3% para 2,5% e somente modificando pontualmente o rol de alguns dos contribuintes.

Um outro aspecto relevante a ser colocado em destaque é que a inclusão no polo passivo da relação obrigacional desse tributo, tanto em face do que prescrevia o art. 6º, § 1º, da Lei Federal nº 2.613/55, à época de sua gênese, quanto diante do que estabelecia o art. 2º, § 1º, do Decreto-lei nº 1.146/70, em seu novo regramento jurídico, desobrigava os contribuintes ao custeio dos serviços sociais e de aprendizagem do comércio e da indústria, como o SESI, o SESC, o SENAI e o SENAC.

Feita essa rápida digressão, fica demonstrado que o INCRA tinha como atribuição também prestar assistência ao trabalhador rural, tanto assim que lhe foi canalizada a antiga contribuição para custeio do SSR, o que, inclusive, dispensava seus contribuintes da obrigatoriedade do recolhimento das contribuições destinadas aos órgãos de assistência aos trabalhadores da indústria e do comércio.

Ocorre que a Lei Federal nº 7.231/84 – bem posterior, portanto, a esses diplomas normativos – suprimiu do INCRA essa atribuição de prestar assistência ao trabalhador rural, advinda desde que sucedeu ao INDA, transferindo-a ao Ministério da Agricultura. Ora, a partir do momento em que desaparece o motivo, a causa de ter sido vinculada ao INCRA a receita da contribuição, fica patente que o tributo deixou de ter sua razão de existir, sendo, a partir daí, inexigível. Noutras palavras, como se trata de contribuição, que é um tributo que tem por pressuposto lógico a destinação do produto arrecadado ligada ao custeio de uma finalidade específica, desaparecendo essa finalidade, então o tributo perde seu móvel, tornando-se incompatível com o ordenamento jurídico, que só autoriza sua exigência se houver um fim predeterminado. Em sendo assim, é plenamente factível a conclusão de que a contribuição exigida pelo INCRA à alíquota de 2,5% deixou de ser válida desde 1984, quando a finalidade que a justificava foi transferida para o Ministério da Agricultura.

Por outro lado, o mesmo raciocínio se aplica também a partir da criação do SENAR. Não é o caso, ainda, de se tratar detidamente da contribuição exigida por esse órgão; isso será feito logo mais adiante. Porém, é inexorável demonstrar, desde já, que a contribuição de 2,5% exigida pelo INCRA perdeu sua sustentação jurídica a partir do momento em que o SENAR passou a ser competente para cobrança de idêntico tributo.

Essa contribuição outrora deferida ao INCRA incidia à alíquota de 2,5% sobre a folha de salários das *agroindústrias,* tais como a indústria de beneficiamento de chá, de mate, de cereais, de café e de fibras vegetais, tendo por pressuposto a assistência ao trabalhador rural. Já o SENAR, concebido com amparo no art. 62 do ADCT (Ato das Disposições Constitucionais Transitórias), foi criado com o objetivo de organizar, administrar e executar em todo o território nacional o ensino da formação profissional rural e a *promoção social do trabalhador rural,* de acordo com o art. 1º da Lei Federal nº 8.315/91. Por essa razão lhe foi atribuída a competência, inicialmente, para exigir contribuição de 2,5% sobre a folha de salários das *agroindústrias,* das agropecuárias, das empresas extrativistas vegetais e animais, das cooperativas rurais e dos sindicatos patronais rurais.

Como se infere da comparação desses dois preceitos normativos, a contribuição ao SENAR veio a ser instituída com as mesmas características da contribuição exigida anteriormente pelo INCRA, pois (i) incide sobre a folha de salários (ii) de contribuintes que se dedicam à agroindústria (iii) à alíquota de 2,5%, (iv) tendo por pressuposto a assistência ao trabalhador rural. Perceba-se que essa contribuição colhe a agroindústria como gênero, compreendendo, desse modo, as espécies de atividades das agroindústrias arroladas no art. 2º do Decreto-lei nº 1.146/70. Logo, é inequívoco que, a despeito de preceito normativo expresso, a contribuição de 2,5% devida anteriormente ao INCRA foi revogada, ainda que implicitamente, a partir da instituição da contribuição exigida pelo SENAR.

Portanto, por todos esses motivos, pode-se afirmar que essa contribuição de 2,5% incidente sobre a folha de salários de algumas agroindústrias tipificadas no art. 2º do Decreto-lei nº 1.146/70 deixou de existir a partir do momento em que a Lei Federal nº 7.231/84 retirou do INCRA a competência para prestar assistência ao trabalhador rural ou, ao menos, desde o instante em que foi criada a contribuição ao SENAR pela Lei Federal nº 8.315/91.[497]

---

497. Nesse sentido é o posicionamento do Tribunal Regional Federal da 1ª Região: "(...) 2. A contribuição criada para custeio do SENAR está nos moldes da contribuição destinada ao INCRA, exigida com fundamento no art. 2º, do Decreto-Lei 1.146/70 (originariamente prevista na Lei 2.613/55, art. 6º, caput), apenas com a ampliação dos sujeitos passivos. 3. O recolhimento da contribuição de 2,5% ao INCRA é indevido a partir do advento da Lei 8.315/1991, que criou o SENAR, tendo em vista a impossibilidade de dúplice exigência de contribuições destinadas à mesma finalidade: formação profissional e promoção social do trabalhador rural. (...)". Apelação Cível nº 0009614-11.1998.4.01.3500-GO. 7ª Turma Suplementar. Rel. Juiz Federal Carlos Eduardo Castro Martins. *E-DFJ1* 26.10.2012, p. 577. Também há precedentes nessa vertente no âmbito do Tribunal Regional Federal da 4ª Região: "6- A contribuição de 2,5% prevista no art. 6º, caput, da Lei nº 2.613/55, destinada ao SSR e finalmente atribuída ao INCRA pelos Decretos-Leis nº 582/69 e nº 1.146/70, foi recepcionada pela Constituição Federal de 1988 como de interesse de categoria profissional, conforme o disposto no art. 149 da Carta Maior. 7- O art. 62 do ADCT previu a criação de novo SENAR nos mesmos moldes do SENAI e do SENAC. 8- A Lei nº 8.315/91 revogou tacitamente a contribuição ao INCRA, de interesse de categoria profissional, por regular inteiramente a matéria, com a mesma finalidade, base de cálculo, alíquota e contribuintes, substitutiva das contribuições devidas ao sistema 'S', SESI/SENAI e SESC/SENAC. 8- A contribuição de 2,5% sobre a folha de salários, prevista no art. 6º, caput, da Lei nº 2.613/55 e art. 2º do Decreto-Lei nº 1.146/70 não mais é devida ao INCRA, a partir da vigência da Lei nº 8.315/91, que criou idêntica contribuição devida ao SENAR, serviço do Sistema 'S'". APELREEX nº 2004.72.12.001399-0. 1ª Turma. Rel. Des. Maria de Fátima Freitas Labarrère. *DJe* 06.10.2011. Apesar da clareza disso tudo, o c. Superior Tribunal de Justiça, operando com a premissa equivocada de que a contribuição ao INCRA é uma contribuição de intervenção no domínio econômico (CIDE), vem respaldando a possibilidade de dupla incidência para o INCRA e para o SENAR à razão de 2,5%: "(...) 2. A jurisprudência do Superior Tribunal de Justiça firmou o entendimento de que é possível a cobrança da contribuição devida ao INCRA de 2,5% sobre a folha mensal dos salários de contribuição previdenciária dos empregados simultaneamente à cobrança da contribuição devida ao SENAR de 2,5% sobre o montante da remuneração paga a todos os empregados, uma vez que as contribuições têm natureza jurídica e destinação distintas. (...)". Ag. Rg. EDcl. REsp. nº 1.517.542-RS, 2ª Turma, Rel. Min. Humberto Martins. *Dje* 26.05.2015. Por conta disso, os Tribunais, nos precedentes posteriores, vieram se alinhando a esse equivocado entendimento. TRF-3: "(...) O percentual de 2,5% cobrado com base no art. 6º, caput, da Lei nº 2.613/55 c/c o art. 2º, do Decreto-lei nº 1.146/70, não foi revogado pela contribuição instituída pela Lei nº 8.315/91, destinada ao SENAR e podem ser cobradas concomitantemente, por possuírem natureza e destinação diversas. (...)". AMS nº 0009671-67.2005.4.03.6106, 4ª Turma, Rel. Des. Marli Ferreira. *e-DJF3* 22.01.2015. TRF-5: "(....)

7.1.4 Exame específico da contribuição ao INCRA incidente à alíquota de 0,2% sobre todos os empregadores e seu idêntico desfecho

Somente a análise demorada, percuciente e serena dos enunciados do direito positivo dá segurança para que o intérprete construa suas proposições descritivas. Por mais intrincado que seja um tema, por mais defeituoso que seja o texto produzido pelo legislador, o sistema jurídico sempre propiciará as respostas necessárias, porque, embora sintaticamente fechado, é semanticamente aberto, colhendo ainda os estímulos que a pragmática vai impondo. Basta saber encontrar os caminhos, no silêncio, à custa de muito esforço, no mais das vezes. O jurista não é um leitor, não é um mero espectador passivo do produto legislado; pelo contrário, é um agente que se coloca diante do conjunto normativo de forma ativa, crítica, munido das bases técnico-teóricas necessárias para organizar a ordem jurídica, procurando conceder-lhe seu arranjo escalonado, a fim de que esses fragmentos do direito positivo possam granjear, verdadeiramente, *o status de sistema.*

Com a contribuição ao INCRA não é diferente. Tamanha foi a bagunça (com o perdão da palavra inapropriada), tamanha foi a sucessão acriteriosa de diplomas normativos ao longo do tempo, que fica difícil organizar seu arcabouço normativo. E isso acarreta exegeses cambiantes no seio da jurisprudência, afugentando até mesmo quem se disponha a estudar o tema. Porém, essa é uma tarefa que não pode ser deixada de lado. É justamente nessas horas que o cientista deve se sentir motivado a desatar os problemas que o direito positivo apresenta. Para alcançar o êxito na sua empreitada, as técnicas hermenêuticas são fundamentais. Foi com esse propósito que se procurou fazer uma varredura histórica nos textos normativos, a

---

3. (...) As contribuições ao INCRA e ao SENAR têm natureza jurídica e destinação diversas, não tendo a instituição da segunda afetado a exigibilidade da primeira". Apelação cível nº 0011342-07.2013.4.05.8300. 3ª Turma. Rel. Des. Élio Wanderley de Siqueira Filho. *DJe* 14.10.2014.

fim de que fossem encontrados os preceitos legais que disciplinam esse tributo no âmbito de inferior hierarquia. Superado o exame histórico e separadas as normas que regem a contribuição ao INCRA, aí sim o estudioso já tem condições de realizar a investigação comparativa entre as normas inferiores e aquelas que devem lhes servir de fundamento, colocadas no plano constitucional, firme na convicção dogmática.

Com essas palavras, o que se intenta deixar claro é que a contribuição ao INCRA é um capítulo do direito tributário que merece mais atenção da comunidade jurídica. São poucos os estudos a esse respeito. Com certeza é graças a isso que se nota uma oscilação tão grande na jurisprudência do Superior Tribunal de Justiça, que vai de um extremo ao outro em curto intervalo histórico, sobretudo quanto à contribuição exigida à alíquota de 0,2%, deixando assentado, em um primeiro momento, que essa contribuição estaria extinta, e mais, que, de todo modo, não poderia ser exigida das empresas urbanas, mas, pouco tempo depois, desdiz tudo que havia dito e pronuncia que essa contribuição jamais deixou de existir e que pode, sim, ser cobrada de empresas urbanas.

Crê-se que já foram demonstrados neste estudo os fundamentos jurídicos que induzem à assertiva de que a contribuição ao INCRA, em suas duas modalidades, não foi recebida pela Carta Constitucional em vigor. Também já restaram evidenciados os motivos peculiares pelos quais a contribuição de 2,5% é inexigível. Doravante o enfoque será em torno da contribuição específica de 0,2%, que recai sobre todos os empregadores, urbanos ou rurais, que é a que tem provocado maiores discussões. E, como se verá, o desfecho do raciocínio é idêntico ao que se expôs anteriormente: esse tributo, sobre não ter sido recepcionado pela ordem constitucional, é igualmente inexigível a partir da perspectiva da própria legislação ordinária.

7.1.4.1 Morte incerta: a polêmica em torno da revogação do adicional de 0,2% exigido pelo INCRA

A contribuição ao INCRA, em especial em relação à faixa de incidência de 0,2%, é o que se pode chamar de um tributo *incômodo*. As empresas urbanas veem essa exação como um tributo completamente alheio a sua realidade, pois não atuam no setor rural. Portanto, defendem que não teriam nada que ver com reforma agrária e, em consequência, não poderiam ser compelidas a pagar essa contribuição. Já boa parte dos empregadores rurais enxerga esse tributo como algo maléfico, ruim, pois serve para custear um órgão que tem por missão justamente despojar os produtores rurais de suas fazendas, de tal modo que seria o mesmo que municiar o inimigo.

Essas considerações de ordem metajurídica, mas verdadeiras, servem para delinear o cenário que se instaurou em torno do assunto. Ambas as classes de empregadores – urbanos e rurais – sempre questionaram a contribuição ao INCRA, com os mais diversos fundamentos. E o Superior Tribunal de Justiça, nesse contexto, se viu obrigado a dirimir esses conflitos, respondendo se esse tributo era ou não compatível com o sistema jurídico.

Em linhas gerais, foram principalmente dois os argumentos utilizados por empregadores rurais e urbanos, respectivamente: (i) que a contribuição ao INCRA teria sido extinta; (ii) e, especificamente no que toca às empresas urbanas, que já contribuem ao INSS, não podendo haver superposição contributiva com o recolhimento também da contribuição ao INCRA.

A começar pela primeira tese, o que sustentaram os contribuintes foi que a Lei Federal nº 7.787/89 suprimiu a contribuição ao FUNRURAL, a qual compreendia a contribuição ao INCRA, de sorte que o tributo estaria extinto. O Superior Tribunal de Justiça, ao examinar essa questão, deu razão aos contribuintes, ao menos em um primeiro momento. De acordo com inúmeros precedentes, a contribuição devida ao INCRA à alíquota de 0,2%, prevista no art. 3º do Decreto-lei nº 1.146/70, foi alterada pelo art. 15, II, da Lei Complementar nº 11/71, que elevou o tributo à razão de 2,6%, cabendo 2,4% ao FUNRURAL, para fins de custeio do PRORURAL. Como o art. 3º, § 1º, da Lei Federal nº 7.787/89 suprimiu a contribuição ao PRORURAL e como o PRORURAL englobava a contribuição ao INCRA, então a contribuição de 0,2% exigida pelo INCRA estaria extinta.[498]

Até aí, não havia divergência de que a contribuição ao INCRA havia sido suprimida pela legislação. A polêmica que permanecia dizia respeito apenas à *data do óbito* dessa contribuição. É que alguns Ministros entendiam que a extinção desse tributo não havia se dado com o art. 3º, § 1º, da Lei Federal nº 7.787/89, mas sim em virtude do art. 138 da Lei Federal nº 8.213/91, que acabou, definitivamente, com o sistema de previdência rural, unificando-o no âmbito de uma só legislação, a cargo do INSS. Em assim sendo, como a contribuição ao INCRA estaria inserida no bojo do PRORURAL, isso significava que, de fato, esse tributo não poderia mais ser exigido. Perceba-se que não havia, até então, divergência no Superior Tribunal de Justiça quanto à *morte* desse tributo, a única controvérsia remanescente era a data em que essa contribuição deixou a vida normativa e passou para a eternidade da história do direito.

Todavia, para surpresa de todos – *sobretudo dos contribuintes* – o Superior Tribunal de Justiça, contrariando sua missão maior que lhe foi confiada em nome da segurança jurídica, de ser o órgão de cúpula do Poder Judiciário quanto à

---

498. Esse entendimento, inclusive, havia sido pronunciado no âmbito da 1ª Seção, o que indica que era pacífico, como se pode notar do seguinte aresto: "TRIBUTÁRIO. AGRAVO DE INSTRUMENTO. AGRAVO REGIMENTAL. CONTRIBUIÇÃO PARA O INCRA. EXTINÇÃO. LEI Nº 7.787/89. PRINCÍPIO DA NON REFORMATIO IN PEJUS. 1. Em assentada de 10.08.2005, a Primeira Seção desta Corte, ao apreciar os Embargos de Divergência no Recurso Especial nº 503.287/PR, da relatoria do Ministro João Otávio de Noronha, modificou o posicionamento até então prevalecente acerca da matéria e homogeneizou o entendimento de que a contribuição destinada ao INCRA, incidente sobre a folha de salários no percentual de 0,2%, foi elidida pelo art. 3º, § 1º, da Lei nº 7.787/89, e não com a edição da Lei nº 8.212/91. 2. A modificação do decisum com o escopo de torná-lo parelho à jurisprudência agora firmada infringiria o princípio da non reformatio in pejus, pelo que há de ser mantido. 3. Embargos de declaração rejeitados". EDcl no AgRg no Ag 696.437/SC, 2ª Turma, Rel. Ministro Castro Meira, *DJ* 05.04.2006, p. 176.

unificação da interpretação da legislação infraconstitucional, *"mudou de posição"*.[499]

E assim o fez, ao que parece, a partir da entrega, à guisa de memoriais, da tese de doutoramento do Procurador do INCRA, Dr. Luciano Dias Bicalho Camargos, que, em trabalho praticamente pioneiro e valioso, dedicou-se a fundo no estudo do tema. Ao menos é isso o que consta no voto da Exm.ª Sr.ª Ministra Eliana Calmon no *leading case*, os Embargos de Divergência no Recurso Especial nº 770.451-SC, cujo julgamento foi encerrado no dia 27 de setembro de 2006, tendo Relator para o acórdão o Ministro Castro Meira, dado que o julgamento não foi unânime. O principal argumento apresentado pelo jurista para convencer o STJ sobre a não revogação da contribuição ao INCRA foi que a contribuição de 0,2% jamais teve caráter previdenciário, não fazendo parte do orçamento da Seguridade Social, mas sim da autarquia responsável pela reforma agrária, caracterizando-se como contribuição de intervenção no domínio econômico, de modo que não poderia ter sido revogada pela legislação previdenciária que unificou as formas de custeio da Previdência.[500]

A tese prosperou. E com base nisso, o Superior Tribunal de Justiça, depois de anos a fio decidindo que a contribuição ao INCRA tinha sido extinta em 1989 ou em 1991, mudou de entendimento. Assim, a contribuição ao INCRA, qual *fênix*, ressurgiu das cinzas e revigorou sua força jurídica, passando a ser exigida de todos os contribuintes.

Realmente, a alegação de que a contribuição ao INCRA teria caráter previdenciário não se justificativa. Esse tributo,

---

499. Paulo de Barros Carvalho adverte sobre a segurança jurídica que "desde logo se vê que sem atinarmos para aquilo que se passa na instância pragmática, pouco poderemos falar acerca dos valores que o sistema consagra para manter a atividade jurídico-tributária dentro de padrões de respeito para com o direito dos administrados garantindo-lhes conquistas seculares". "O princípio da segurança jurídica em matéria tributária". *Revista de direito tributário* nº 61, p. 87.

500. Esse trabalho foi publicado posteriormente. Vide: *Da natureza jurídica das contribuições para o Instituto Nacional de Colonização e Reforma Agrária – INCRA*. São Paulo: MP Editora, 2006.

à época, de acordo com a legislação, não integrava os orçamentos da Previdência e tinha por intuito custear a promoção da reforma agrária no Brasil. Desse modo, o argumento apresentado, sob essa perspectiva, era e é correto.

Mas, apesar de esse argumento estar correto, um outro aspecto de relevo deixou de ser examinado pelo Superior Tribunal de Justiça, aspecto esse que reafirma o entendimento anterior de que esse tributo foi extinto pela legislação. É que o art. 15, II, da Lei Complementar nº 11/71 avocou e consolidou a contribuição prevista no art. 3º do Decreto-lei nº 1.146/70, canalizando-a inteiramente ao PRORURAL e nada dispondo sobre o INCRA, preceituando que o PRORURAL seria custeado pela contribuição de que trata o art. 3º do Decreto-lei nº 1.146/70, a qual ficou elevada para 2,6%, cabendo 2,4% ao FUNRURAL.

O enunciado estabelece que os recursos para o custeio do PRORURAL provirão *"da contribuição de que trata o art. 3º do DL 1.146/70"*. Reafirme-se: *"da contribuição do art. 3º"*. Não é de parte da contribuição. Não é de um percentual da contribuição. Os recursos advinham *"da contribuição do art. 3º"*, o que significa dizer que esse tributo foi transferido inteiramente ao PRORURAL pela Lei Complementar nº 11/71. A contribuição do art. 3º do DL 1.146/70 era um único tributo: tratava-se de um "adicional" de 0,4% incidente sobre a folha de salários, o qual, em virtude de norma de caráter financeiro, era distribuído em 0,2% para o INCRA e 0,2% para o FUNRURAL. O que fez o art. 15, II, da LC 11/71 *foi destinar essa contribuição, toda ela, ao custeio do PRORURAL.*

Reside exatamente aqui o ponto nuclear da questão: a contribuição do art. 3º do DL 1.146/70, embora gerida pelo FUNRURAL, que era a entidade autárquica responsável por executar aquela política pública, *era destinada e tinha por objetivo o custeio do PRORURAL,* enquanto programa governamental voltado a garantir os benefícios do trabalhador rural. E como o art. 3º, § 1º, da Lei Federal nº 7.787/89 estabeleceu que *"a alíquota de que trata o inciso I* (de 20% sobre a folha de salários) *abrange as contribuições para o salário-família, para o salário-maternidade, para o abono anual e para o PRORURAL, que ficam suprimidas a partir de 1º de setembro, assim como a contribuição básica para a Previdência Social"*, a conclusão a que se chega é a de que esse tributo era devido ao PRORURAL, tendo sido, de fato, extinto. Não fosse assim e o art. 3º, § 1º, dessa lei não teria estabelecido que a contribuição "para o PRORURAL" estava suprimida.

Poder-se-ia argumentar, no entanto, que o art. 15, II, da LC 11/71 teria se limitado a elevar a alíquota devida ao FUNRURAL, passando de 0,2% para 2,4%, mantendo inalterado o percentual de 0,2% devido ao INCRA, de tal maneira que a parte que cabia ao INCRA não teria sofrido qualquer alteração pela legislação e, por isso mesmo, não teria sido revogada.

Esse raciocínio, todavia, é improcedente. Muito embora, realmente, o art. 15, II, da LC 11/71 tenha elevado para 2,6% o percentual da contribuição do art. 3º do DL 1.146/70, destinando textualmente 2,4% para o FUNRURAL, *nada dispôs sobre os 0,2% restantes.* O legislador em nenhum momento previu que os 0,2% remanescentes eram devidos ao INCRA, como explicitamente dispunha a legislação anterior. Pelo contrário, de maneira expressa, destinou inteiramente os recursos da contribuição do art. 3º do DL 1.146/70 ao PRORURAL, dispondo que 2,4% estavam vinculados ao FUNRURAL, mas silenciando sobre os outros 0,2%. Quisesse o legislador manter os 0,2% com o INCRA o teria feito expressamente, como, aliás, a legislação sobre esse assunto sempre fez.

Daí a razão por que não se pode partir da premissa de que na dicção do art. 15, II, da Lei Complementar nº 11/71 estaria mantida incólume, *implicitamente*, a contribuição ao INCRA à alíquota de 0,2%. Não há nenhuma referência ao INCRA nesse dispositivo. Ao revés, o que há – isso sim – é menção ao PRORURAL. O cenário que se tem, pois, é que dispositivos legais anteriores (art. 6º, § 4º, da Lei nº 2.613/55; art. 35, § 2º, VIII, da Lei nº 4.863/65; art. 6º, I e III, do DL 582/69; e art. 1º, I e II, do DL 1.146/70) sempre atribuíram expressamente o tributo ao INCRA ou aos órgãos que lhe antecederam (SSR, IBRA e

INDA). O art. 15, II, da LC 11/71, entretanto, ao dar novo tratamento jurídico a esse tributo, nada dispôs sobre o INCRA.

Destarte, é equivocado presumir que, implicitamente, a Lei Complementar 11/71 teria mantido a contribuição de 0,2% ao INCRA. Isso não existe no direito tributário. Não existe tributação com base em analogia ou na "implicitude" da lei. No atual estágio do avanço da ciência jurídica, já não mais se admite a figura da *mens legislatoris,* nem mesmo da *mens legis.* Esses são expedientes fictícios criados pela doutrina no passado que não mais se sustentam. Não existe nem "vontade do legislador", nem "vontade da lei". O que há, isso sim, é a construção de normas jurídicas pelo intérprete a partir dos enunciados prescritivos do direito positivo. O hermeneuta deve interpretar o sistema inteligentemente, mas não pode presumir o que o legislador quis dizer; não lhe é dado abandonar a base textual dos enunciados do sistema jurídico.

Isso tudo ganha maior impacto no sistema constitucional tributário brasileiro. Por força dos princípios constitucionais da segurança jurídica, da estrita legalidade e da tipicidade cerrada, ou a lei estabelece, claramente, os aspectos da hipótese de incidência e os contornos da obrigação tributária, *inclusive quanto aos sujeitos da relação jurídica,* ou o tributo é inexigível.

Portanto, para que o raciocínio aqui defendido fique bem claro: de fato, a contribuição ao INCRA, durante o tempo em que vigorou, não tinha cunho previdenciário, de modo que é incorreto dizer que a legislação previdenciária – seja a Lei nº 7.787/89, seja a Lei nº 8.213/91 – a teria revogado. A partir de um exame minucioso dos escalões do direito positivo, o que se conclui é que essa contribuição de 0,2% exigida pelo INCRA deixou de existir, na verdade, a partir da edição da Lei Complementar nº 11/71, que a transferiu, inteiramente, ao PRORURAL, sendo certo que a contribuição destinada ao PRORURAL – essa sim – foi suprimida pela Lei Federal nº 7.787/89.

7.1.4.2 Definição dos sujeitos passivos: exigibilidade ou não da contribuição de empresas urbanas

Outra celeuma que diz de perto com a contribuição ao INCRA de 0,2% é a exigibilidade ou não do tributo em face das empresas urbanas. Amiúde se sustenta que as empresas urbanas, porque não atuam no segmento rural, não podem ser compelidas a arcar com essa exação, já que o órgão responsável pela reforma agrária não guarda nenhuma relação com a atividade por elas desenvolvidas. Pautadas pelo critério da *referibilidade* é que aduzem que esse tributo não pode colhê-las no rol dos sujeitos passivos.[501]

Essa polêmica é a prova cabal do quão é inadequada a legislação que trata da contribuição ao INCRA. Como esse tributo foi criado, originariamente, para custear um órgão de assistência ao trabalhador rural – o SSR – denotando, à época de sua instituição, caráter previdenciário, a mudança pura e simples da destinação do produto arrecadado para uma autarquia responsável pela reforma agrária, sem as devidas adaptações legislativas, provoca um sentimento de injustiça naqueles submetidos à regra, pois, da perspectiva leiga, causa espécie, realmente, que uma empresa urbana seja obrigada a custear a reforma agrária.[502]

Mas, o jurista dogmático deve preocupar-se com o rigor científico para tirar suas conclusões, e não propriamente com especulações de ordem metajurídica, que são valiosas, porém que escapam ao seu objeto de análise.

---

501. Perceba-se que essa discussão só se dá quanto à contribuição de 0,2%, pois a outra, exigida à razão de 2,5%, segundo a prescrição legal, só incide sobre sujeitos de direito que exercem "atividades industriais rurais" previstas em lista, em cujo rol não se encontram as empresas urbanas.

502. Parece inequívoco que, quando de sua criação, essa contribuição tinha evidente caráter previdenciário. O Superior Tribunal de Justiça, no entanto, equivocadamente, tem pronunciado que "a contribuição ao INCRA, desde sua concepção, caracteriza-se como contribuição especial de intervenção no domínio econômico, sendo classificada doutrinariamente como contribuição especial atípica". Ag.Rg. nos EDcl. no REsp. nº 991.214/PE, Rel. Min. Humberto Martins, 2ª Turma. *DJU* 16.05.2008.

Desse modo, o que importa é averiguar se a contribuição ao INCRA exigida à alíquota de 0,2% pode ou não ser cobrada das empresas urbanas do ponto de vista estritamente jurídico. O tema está inserido no tormentoso capítulo da sujeição passiva, ou seja, no estabelecimento de quais sujeitos de direito podem ser incluídos em um dos polos da relação jurídica obrigacional, de quem se exige a conduta de pagar tributos.

A resposta a esse questionamento só é possível a partir da definição da natureza e do regime jurídico aplicáveis a esse tributo. Noutras palavras, para saber se empresas urbanas devem ou não se sujeitar à contribuição ao INCRA, é necessário, antes, definir de que tipo de contribuição se trata, pois as consequências jurídicas são distintas, conforme o caso. Neste trabalho, já ficou demonstrado que essa contribuição é social, mas há algo mais a ser reforçado, diante do posicionamento adotado pelo e. STJ.

Como dito, há três e somente três espécies de contribuições, de acordo com o art. 149 da Constituição Federal: as sociais, as de intervenção no domínio econômico e as de interesse de categorias profissionais. As sociais são subdivididas, de acordo com a doutrina e com a jurisprudência, em sociais gerais e sociais previdenciárias. A fixação dessa premissa é fundamental para solução do problema.

Invertendo a ordem, as contribuições de interesse de categorias profissionais não podem captar outros sujeitos de direito que não sejam os profissionais inseridos nas respectivas categorias. Seria incorreto supor que as contribuições devidas à OAB, ao CRM ou ao CRMV, por exemplo, pudessem ser exigidas de pessoas que não sejam advogados, médicos ou médicos veterinários. Por tais razões, os sujeitos passivos desses tributos, necessariamente, devem ser os profissionais inscritos nos respectivos conselhos de classe ou enquadrados nas respectivas categorias econômicas.[503]

---

503. "Exige-se a contribuição em prol da categoria, de seu interesse, em benefício dos que a compõem". BARRETO, Paulo Ayres. *Contribuições: regime jurídico, destinação e controle*. 2. ed. São Paulo: Noeses, 2011, p. 117.

Já as contribuições de intervenção no domínio econômico, de idêntica maneira, têm por pressuposto a ligação, a *referibilidade* entre os atos intervenientes do Poder Público e o grupo determinado ou determinável que se submete a eles. Só se pode aceitar que uma CIDE incida em face daqueles sujeitos que provocam uma especial intervenção do Estado no campo econômico. Por isso que Tácio Lacerda Gama sustenta que "*o sujeito passivo das contribuições interventivas deve ser escolhido entre os integrantes do setor da economia sujeito à intervenção. Atribuir o encargo destas contribuições a sujeitos não referidos à intervenção estatal constitui violação à norma de competência, por contrariar os enunciados qualificadores do 'sujeito passivo possível'*".[504] O próprio Supremo Tribunal Federal já deixou assentado que a CIDE só tolera inclusão na sujeição passiva dos envolvidos na intervenção do Poder Público.[505]

É justamente aqui que se assenta a contradição no raciocínio do STJ, que o levou a "mudar de posição": de acordo com o entendimento prevalecente, a contribuição ao INCRA seria uma CIDE. Os argumentos principais que levaram o Tribunal a modificar a exegese dada ao tema podem ser pinçados de trechos do voto da Ministra Eliana Calmon, *in verbis:*

> *Considerando-se tais alinhamentos principiológicos e, ainda, a finalidade programática da Constituição, vemos que ela enuncia, no art. 170, como fundamentos da "Ordem Econômica" a valorização do trabalho humano e da livre iniciativa; como seu objetivo assegurar a todos existência digna, conforme os ditames da justiça*

---

504. *Contribuição de intervenção no domínio econômico.* São Paulo: Quartier Latin, 2003, p. 216. Pensa da mesma maneira Paulo Ayres Barreto. *Contribuições: regime jurídico, destinação e controle.* 2. ed. São Paulo: Noeses, 2011, p. 112. Por isso que o raciocínio de Luciano Dias Bicalho Camargos, ao defender que a contribuição ao INCRA teria natureza de CIDE, padece de contradição, nessa parte, na medida em que se esse tributo for CIDE não pode abarcar todos os empregadores. *Da natureza jurídica das contribuições para o Instituto Nacional de Colonização e Reforma Agrária – INCRA.* São Paulo: MP Editora, 2006, p. 323/327. E é também por isso que a jurisprudência do STJ, quanto a esse aspecto, é incorreta.

505. RE 218.061-5/SP, Rel. Min. Carlos Velloso, *DJU* 08.09.2000; RE 265.721-2/SP, Rel. Min. Sepúlveda Pertence, DJU 09.06.2000; RE 276.541-4/SP, Rel. Min. Moreira Alves, *DJU* 06.10.2000.

social e, como seus princípios, dentre outros, a função social da propriedade, a diminuição das desigualdades regionais e sociais e a busca do pleno emprego.

Assim, para atender aos ditames da justiça social, não se pode compreender como uma propriedade rural na forma de latifúndio improdutivo (ou seja, que não esteja atendendo à sua função social) possa permanecer intacta enquanto os reclames sociais decorrentes da dignidade da pessoa humana, da diminuição das desigualdades regionais de um país com proporções continentais e da busca do pleno emprego estejam plenamente desatendidos. Daí a previsão constitucional de intervenção na ordem econômica, inclusive mediante a implementação de contribuições de intervenção no domínio econômico, na forma do seu art. 149.

(...)

Conquanto o Supremo Tribunal Federal ainda não tenha se pronunciado especificamente sobre a natureza jurídica da contribuição devida ao INCRA, resta claro que, através da contribuição em tela, a autarquia promove o equilíbrio na seara do domínio econômico e, consequentemente, a justiça social, ao garantir a função social da propriedade e promover a redução das desigualdades regionais e sociais, sendo desinfluente o fato de que o sujeito ativo da exação (as empresas urbanas e algumas agroindustriais) não se beneficie diretamente da arrecadação, até porque, como assinalado, a Corte Maior considerou que a inexistência de uma referibilidade direta não desnatura as CIDEs. Trata-se, pois, de CONTRIBUIÇÃO DE INTERVENÇÃO NO DOMÍNIO ECONÔMICO, classificada doutrinariamente como CONTRIBUIÇÃO ESPECIAL ATÍPICA (art. 149 da CF/88).

(...)

3. CONCLUSÕES

(...)

3) As CIDE's afetam toda a sociedade e obedecem ao princípio da solidariedade e da capacidade contributiva, refletindo políticas econômicas de governo. Por isso, não podem ser utilizadas como forma de atendimento ao interesse de grupos de operadores econômicos.[506]

506. Embargos de Divergência em Recurso Especial nº 770.451-SC. 1ª Seção. Rel. p/ acórdão Min. Castro Meira. publ. *DJ* 11.06.2007, p. 258. Posteriormente, foi aprovada uma súmula sobre isso (Súmula 516).

Pelo que se pode perceber, o critério que prevaleceu, ainda que não confessado, foi o topológico: como a reforma agrária está inserida no Título que cuida "Da Ordem Econômica", as atividades ali previstas encaixar-se-iam nesse conceito, de modo que qualquer atividade estatal nesse sentido seria "intervenção no domínio econômico".

Essa tese não vinga pelos motivos já expostos anteriormente. A todo sentir não é o local onde foi inserido o enunciado no texto que lhe timbrará seu regime jurídico. Ademais, se o escopo é desapropriar áreas que não estejam cumprindo sua "função social", então não há que se falar em intervenção no domínio econômico, sobretudo porque a União, aqui, em nada regula o mercado. Daí a contradição: se fosse CIDE, a ingerência no domínio econômico seria fundamental. Não é disso que se trata a contribuição ao INCRA. Por outro lado, acaso fosse CIDE, a referibilidade deveria, sim, estar presente, pois somente nessas hipóteses o tributo está autorizado. Registre-se que o propalado princípio da solidariedade é aplicável à Seguridade Social; como o STJ entende que a contribuição ao INCRA não é contribuição social, então não poderia invocar esse adágio. Portanto, os argumentos levantados no âmbito do STJ para "mudar de posição" não se sustentam, já que a contribuição ao INCRA, de fato, não é uma contribuição de intervenção no domínio econômico.

A grande questão que se coloca, por outro lado, diz respeito à definição da sujeição passiva nas contribuições sociais. Neste trabalho já se teve a oportunidade de demonstrar que (i) é possível a instituição de uma contribuição para custeio da reforma agrária; (ii) e que uma contribuição com esse propósito será, necessariamente, uma contribuição social. Contudo, o problema é definir quem pode ser arrolado como contribuinte desse tipo tributário.

O insuperável Geraldo Ataliba, naquela que é a clássica de suas clássicas obras, defendeu com vigor que nos tributos vinculados a uma atividade estatal há de estar presente, inexoravelmente, a *referibilidade,* que pode ser direta (ou imediata) ou indireta (ou mediata).[507]

Para Geraldo Ataliba a contribuição – qualquer contribuição – tinha por pressuposto o que chamava de *elemento intermediário.* Tanto assim que, referindo-se especificamente às contribuições sociais, sustentava que, mesmo em relação a elas, esse elemento intermediário deveria estar presente, defendendo que *"o arquétipo básico da contribuição deve ser respeitado: a base deve repousar no elemento intermediário (pois, contribuição não é imposto e não é taxa); é imprescindível circunscrever-se, na lei, explícita ou implicitamente, um círculo especial de contribuintes e reconhecer-se atividade estatal a eles referida indiretamente. Assim, ter-se-á um mínimo de elementos, para configuração da contribuição".*[508]

A doutrina de Geraldo Ataliba a respeito dos critérios para se promover a classificação das espécies tributárias sempre foi – e continuará sendo – prestigiada pela comunidade jurídica. Ninguém há de negar sua valiosa contribuição para o desenvolvimento da Dogmática Tributária no Brasil. Entretanto, de uns tempos a esta parte alguns setores, assim da doutrina, que da jurisprudência, têm se manifestado, muitas das vezes nas entrelinhas, sem dizê-lo explicitamente, que suas lições teriam caído no que se pode chamar de "desuso". Quem assim entende sustenta que sua classificação não esgota o repertório das possibilidades classificatórias do sistema jurídico, razão por que

507. "Assim, conforme a referibilidade (evitamos falar em 'relacionamento', para afastar o risco de se supor que se trate de relação jurídica) – ou modo de conexão entre o aspecto material e o pessoal – seja direta ou indireta, teremos taxa ou contribuição. Em outras palavras: segundo a atuação estatal, posta no núcleo da h.i., esteja referida direta ou indiretamente ao obrigado, poderemos discernir a taxa da contribuição. (...) Nas contribuições, pelo contrário, não basta a atuação estatal. Só há contribuição quando, entre a atuação estatal e o obrigado, a lei coloca um termo intermediário, que estabelece a referibilidade entre a própria atuação e o obrigado. Daí o distinguir-se a taxa da contribuição pelo caráter (direto ou indireto) da referibilidade entre a atuação e o obrigado. (...) O ponto de toque está pois – no que concerne à distinção entre taxa e contribuição – no modo de a atuação estatal referir-se ao obrigado". *Hipótese de incidência tributária.* 6. ed. São Paulo: Malheiros, 2002, p. 146/147.

508. *Hipótese de incidência tributária.* 6. ed. São Paulo: Malheiros, 2002, p. 194.

se haveria de reconhecer que existiriam mais duas espécies tributárias (os empréstimos compulsórios e as contribuições), e mais, que as contribuições parafiscais do art. 149 da Constituição não têm por pressuposto a vinculação, a referibilidade, quer direta, quer indireta em face do obrigado.

Não é o caso de se expor aqui os motivos pelos quais se acredita que a classificação tripartite das espécies tributárias empunhada por Geraldo Ataliba é a mais adequada e sustentável logicamente – sem que isso signifique cair em contradição com o estudo das contribuições. Isso já foi mencionado neste trabalho. O que interessa destacar – isso sim – é que o exame das contribuições do art. 149 só vem a reafirmar que a tese de Ataliba estava correta, ao menos – ousa-se dizer – em parte, diante do modelo prescrito pelo Texto Magno em 1988.

É que tanto as contribuições de interesse de categorias profissionais, quanto aquelas que servem para custear a intervenção no domínio econômico só podem colher como sujeitos passivos indivíduos que guardem relação com a *"atuação da União nas respectivas áreas"*, na dicção do art. 149 da Carta Constitucional. Em ambas as hipóteses, o pressuposto para instituição do tributo é um conjunto de atos fiscalizatórios do Estado, seja no âmbito de categorias regulamentadas, seja no mercado econômico, de tal ordem que se justifica a criação de um tributo que venha a custear esses atos específicos, diante da peculiar despesa gerada. Há que se reconhecer, portanto, que existe uma *"atividade estatal a eles referida"*, nas palavras de Ataliba, ainda que indiretamente.

A única ressalva que se faz diz respeito às contribuições sociais, e ainda assim, em apenas uma de suas subespécies. É que o art. 195, *caput*, da CF/88 estabelece que *"a seguridade social será financiada por toda a sociedade"*. Isso levou a jurisprudência a se orientar no sentido de que todas as pessoas, físicas ou jurídicas, conquanto que manifestem capacidade contributiva, podem ser eleitas como sujeitos passivos da contribuição devida à Seguridade Social.[509] Trata-se, pois, de ressalva expressa lançada pelo constituinte, que dá base ao princípio da solidariedade, não havendo aqui referibilidade alguma.[510]

Agora, em relação às chamadas contribuições sociais gerais, não há qualquer indicador de que a União possa, a pretexto de instituir um tributo com esse perfil, arrolar qualquer indivíduo como contribuinte. Noutras palavras, malgrado o art. 149 da Constituição prescreva que a União tem competência para instituir contribuições sociais como instrumento de sua atuação nessa área específica, nem por isso está o intérprete autorizado a deduzir que, *ipso facto*, qualquer um possa ser colocado como contribuinte.

Não é porque se está diante de uma contribuição social que a amplitude legislativa foge a qualquer controle. O leque de eleição dos sujeitos passivos possíveis não é uma carta branca dada ao legislador. A única ressalva a essa assertiva explicitamente colocada pelo constituinte envolveu as "contribuições sociais à Seguridade Social", sendo certo que daí não se pode pretender estendê-la às "contribuições sociais gerais", que deve seguir a mesma lógica das contribuições interventivas e de interesse de categorias profissionais.

Com isso tudo, o que se busca dizer é que nas chamadas "contribuições sociais gerais" não há existe fundamento constitucional para se modificar o entendimento de que *entre*

509. Como, inclusive, já reconheceu o Supremo Tribunal Federal (RE 150.764).

510. Geraldo Ataliba julga que, mesmo nesses casos, haveria uma referibilidade indireta. Confira-se: "quando, porém, a lei quer socorrer os destituídos, os desamparados, os miseráveis, sem correlação lógica com nenhuma atividade, categoria ou setor social, nesses casos, cria-se uma dificuldade especial, na definição dos sujeitos passivos, para o legislador. Por impossível, não pode exigir o tributo dos beneficiários da ação estatal. Daí a circunstância de se reconhecer ter cabimento, na teoria das contribuições, elaborada no plano financeiro, estender o círculo dos sujeitos passivos às pessoas indiretamente relacionadas com a ação estatal pela contribuição suportada". *Hipótese de incidência tributária.* 6. ed. São Paulo: Malheiros, 2002, p. 205. Há que se reconhecer, porém, que nessas hipóteses não há qualquer referibilidade, nem mesmo indireta, com aquele que assume o encargo de pagar o tributo, pois a atuação estatal não é realizada em seu favor, direta ou indiretamente, mas sim de terceiro.

o fim buscado com a contribuição e os sujeitos passivos escolhidos para custeá-la deve haver correlação lógica. Somente os sujeitos de direito que estejam envolvidos, de alguma forma, com a atuação estatal é que podem ser compelidos a suportá-la, através do pagamento da contribuição. Essa exegese tem sua sustentabilidade jurídica garantida no denso estudo empreendido por Paulo Ayres Barreto:

> *Muito se discute se a vantagem ou potencial benefício são traços característicos das contribuições. As posições variam desde a simples refutação, passando pela consideração de que se trata de aspecto acidental, chegando à sua aceitação como dado fundamental em toda e qualquer contribuição.*
>
> *(...)*
>
> *Filiamo-nos a essa terceira corrente. Com efeito, as prescrições constitucionais que se voltam para a espécie tributária contribuições permitem-nos inferir ser a vantagem ou especial benefício traço característico nas contribuições.*
>
> *Registre-se que, como tivemos a oportunidade de verificar, as contribuições tributárias, na grande maioria dos ordenamentos jurídicos, já são prescritivamente desenhadas como tributos devidos em razão de benefícios individuais ou de grupos derivados, da realização de obras públicas ou de atividades especiais do Estado. Com essa acepção foram as contribuições, em nosso entendimento, introduzidas no direito positivo brasileiro, num primeiro momento, sendo, ainda com esse conteúdo de significação, incorporada à Constituição Federal em vigor. Trata-se de conceito incorporado, e não transformado, na visão que defendemos sobre os conceitos constitucionais.*
>
> *(...)*
>
> *A etimologia do vocábulo "contribuição" não há de ser desprezada. A contribuição em matéria tributária haverá sempre de referir a parte a que está sujeito o cidadão, para a formação de fundos necessários ao custeio de determinada(s) despesa(s). Deflui do próprio signo a noção de parte que cabe a cada um em certa despesa ou encargo comum. Se a contribuição for de natureza tributária, a despesa a ser rateada será pública.*
>
> *De outra parte, a atividade estatal deverá se voltar para o grupo de pessoas instado a contribuir para o órgão, fundo ou despesa. Configura requisito essencial na contribuição a noção de parcialidade em relação à coletividade. Assim, é traço característico das*

> *contribuições, a existência de um grupo econômico ou social para o qual se volta ou se dirige a finalidade constitucional autorizadora de sua instituição.*
>
> *Há que se verificar uma vantagem ou benefício que vincule aquele que suporte o custo ou despesa (contribuinte), em relação à atividade a ser desenvolvida pelo Estado que o gera.*[511]

Como se vê, para Paulo Ayres Barreto só se estará diante de contribuição instituída validamente se houver uma vinculação entre o grupo atingido com o tributo e a atuação do Estado, inclusive nas hipóteses de contribuições sociais "gerais" – as quais o autor denomina de específicas, porque são destinadas a um fim social especificamente determinado.[512] Seu pensamento segue a trilha do mestre Geraldo Ataliba quanto à referibilidade. Independentemente da discussão em torno da aplicação ou não desse entendimento às contribuições sociais voltadas ao custeio da Seguridade Social, em relação às demais contribuições, *sobretudo às contribuições sociais gerais,* o raciocínio é procedente e é, por isso mesmo, aplicável em tudo e por tudo também em face delas.

Pois bem, fixadas essas premissas, a solução do problema envolvendo a sujeição ou não de empresas urbanas à contribuição de 0,2% exigida pelo INCRA já se revela possível. A contribuição ao INCRA não é uma contribuição de intervenção no domínio econômico, nem de interesse de categorias profissionais: é uma contribuição social. Porque a reforma agrária não se insere na tríade de atribuições a que se denomina "Seguridade Social" – a saúde, a previdência e a assistência social, como prescrito no art. 194 da CF – então a contribuição ao INCRA não é uma contribuição social destinada à Seguridade Social. Em consequência, a contribuição ao INCRA só pode ser vista como uma contribuição social geral.

---

511. *Contribuições: regime jurídico, destinação e controle.* 2. ed. São Paulo: Noeses, 2011, p. 115/118 (sem destaques no original).

512. *Contribuições: regime jurídico, destinação e controle.* 2. ed. São Paulo: Noeses, 2011, p. 100.

E como contribuição social geral – à míngua de regra excepcionadora, como acontece com a contribuição social de Seguridade Social e com aquelas explicitamente incorporadas no Texto Constitucional (arts. 212, § 5º, 239 e 240) – a contribuição ao INCRA, assim como se dá com as demais, só pode abarcar como sujeitos passivos a suportá-la aqueles que guardem correlação lógica com o fim pretendido, isto é, com a reforma agrária. A promoção da reforma agrária é algo que está diretamente ligado com aqueles que exercem suas atividades no campo, tanto assim que seu pressuposto básico é o desatendimento da *"função social da propriedade rural"*. Logo, não se pode admitir que empresas urbanas, que estão completamente alheias à realidade rural, sejam chamadas a custear a reforma agrária.

Isso significa que os sujeitos passivos da contribuição ao INCRA haverão de ser, necessariamente, os proprietários de imóveis rurais. É no universo rural que a União é chamada a intervir, diretamente ou através de seus órgãos descentralizados, para corrigir distorções em torno do mau uso da terra, cuja prescrição constitucional exige que seja utilizada no contexto da "função social da propriedade", isso tudo em nome de um direito social. Portanto, se o que justifica a intervenção estatal é a classe dos proprietários rurais é ela e somente ela – desde que respeitadas todas as normas de competência delineadas na Constituição – que pode ser elencada como sujeito passivo da contribuição.[513]

---

513. "A consideração sistemática do texto constitucional – mormente levando-se em conta a própria evolução legislativa – parece autorizar afirmação no sentido de que a Constituição adotou e acolheu, realmente, pelo menos certas indicações da doutrina universal das contribuições, como aquela no sentido de que a *contribuição é uma prestação pecuniária exigida de pessoas que causam despesa especial ou recebem benefício especial de uma atuação estatal*, relacionando-se, assim, com tal atividade estatal, de modo direto ou indireto. Em outras palavras, o texto constitucional encampa peculiaridade consistente na circunscrição dos sujeitos passivos (contribuintes) ao círculo das pessoas que: a) recebem 'especial' benefício da ação estatal; ou b) exigem tal ação causando ao estado 'especial' despesa. O sujeito passivo será, assim: a) o beneficiário de algum efeito da ação estatal; ou b) seu provocador, porque solicita, ou porque, de algum modo, desenvolve atividade que a exige ou requer. (...) O que parece de total evidência é que a lei não poderá – sob pena de

Poder-se-ia argumentar que nem todo produtor rural faz mau uso de sua propriedade, de maneira que não seria correto colocar o grupo como um todo na condição de obrigado. Acontece que também nem toda empresa de um determinado setor provoca desequilíbrio econômico e, apesar disso, todas as pessoas jurídicas, que integram certo segmento econômico, são sujeitos passivos da CIDE, por exemplo. A referibilidade aqui diz respeito ao só fato de pertencer a um setor da sociedade que acarreta, que provoca a atuação estatal. Desse modo, se a reforma agrária está diretamente ligada ao bom atendimento da função social das propriedades rurais, então serão os proprietários rurais – e não as demais pessoas – que devem arcar com esse tributo. Note-se bem, contudo: dizer que os proprietários rurais podem ser eleitos como sujeitos passivos da contribuição ao INCRA nada tem que ver, evidentemente, com eventual seleção da base de cálculo tomando por conta o valor da propriedade.

Perceba-se que esse argumento não tem relação alguma com a tese sustentada pelo INCRA, que, de resto, foi sufragada pelo Superior Tribunal de Justiça. O que defendia o INCRA – corretamente, diga-se de passagem – é que a contribuição por ele exigida não tem caráter previdenciário, de tal modo que não se haveria que falar em "superposição contributiva", como vinha dizendo o STJ, para afastar sua exigibilidade. A vinculação à "previdência urbana", realmente, não era motivo para se repelir o tributo, justamente porque, em primeiro lugar, a contribuição ao INCRA não tem caráter previdenciário, mas, se assim fosse, se se tratasse de contribuição social destinada à Seguridade Social, então não haveria empecilho

---

inconstitucionalidade – estabelecer encargos dessa natureza para os integrantes de uma coletividade, retirando-a de outra, sem que haja correlação entre ambas ou entre elas e a atividade sustentada pelos recursos assim auferidos. Nem pode impor contribuição a uma espécie ou faixa de pessoas, para ocorrer a despesa com outra categoria, sem a evidente presença de nítida correlação entre contribuintes e beneficiários, destinatários da atividade ou organismo assim custeado. Essa é nossa convicção já há muito tempo". ATALIBA, Geraldo; LIMA GONÇALVES, José Artur. "Contribuição – empresa urbana não é contribuinte do Funrural". *Revista de direito tributário* nº 54, p. 187 (com destaques no original).

algum para exigi-la de empresas urbanas, tendo em vista o princípio da solidariedade. Isso, todavia, não confere sustentação ao tributo, porque não é esse o foco do debate.

Portanto, a conclusão a que se chega é a de que, por todos esses motivos elencados, a contribuição ao INCRA não pode abranger contribuintes que tenham como atividade preponderante atos econômicos urbanos na classe dos sujeitos passivos.[514]

7.1.5 O julgamento realizado pelo Supremo Tribunal Federal envolvendo o Tema 495: a intrincada contribuição ao INCRA não foi adequadamente desvendada

Contrariando tudo o que foi sustentado nas páginas anteriores, o Supremo Tribunal Federal, ao julgar o RE 630.898/RS, fixou tese no sentido de que a polêmica contribuição ao INCRA é compatível com a Constituição da República, mesmo após a Emenda Constitucional 33/01. Por maioria, a Corte, vencidos os Ministros Marco Aurélio, Rosa Weber, Ricardo Lewandowski e Edson Fachin, decidiu que *"é constitucional a contribuição de intervenção no domínio econômico destinada ao INCRA devida pelas empresas urbanas e rurais, inclusive após o advento da EC nº 33/2001"* (tema 495).[515] Com essa decisão poder-se-ia esperar que os aspectos nucleares dessa contribuição foram enfrentados para se cravar pela sua constitucionalidade. Não foi assim, contudo.

A contribuição ao INCRA já causou muitos embates na jurisprudência. Curiosamente, ela pouco foi debatida na

---

514. "A 'Contribuição ao INCRA', tomando como vetor a orientação do STF (ADIN-MC nº 2.256), foi recepcionada como Contribuição Social 'Geral' (art. 149 da CF/88, primeira parte), destinada a custear a atividade social da reforma agrária, constitucionalmente prevista (programa), não se tratando de contribuição de seguridade social (previdência, assistência ou saúde)". TRF-1ª Região. AC 2005.34.00.016396-2-DF. 7ª Turma. Rel. Des. Fed. Luciano Tolentino Amaral. *e-DJF1* 12.06.2009, p. 245. Logo, sendo contribuição social geral, há de haver referibilidade, não alçando empresas urbanas.

515. RE 630.898/RS. Tribunal Pleno. Rel. Min. Dias Toffoli. j. 08.04.2021. *DJe* 11.05.2021.

doutrina, como visto. E não deixa de ser motivo de crítica que o Supremo tenha levado mais de 32 (trinta e dois) anos, se tomada a Constituição de 1988, para decidir, em 08 de abril de 2021, que um tributo exigido ao longo de todo esse período se ajusta à Carta Constitucional. O zigue-zague da jurisprudência por décadas revela, no mínimo, um forte grau de incerteza nas manifestações dos Tribunais.

O Supremo restringiu a análise do tema a três aspectos – como, inclusive, constou nos votos dos Ministros Dias Toffoli e Alexandre de Moraes. O primeiro deles envolvendo a natureza jurídica dessa contribuição; o segundo em torno da exigência ou não de referibilidade entre o pressuposto para cobrança do tributo e seus sujeitos passivos; e o terceiro sobre a subsistência dessa contribuição com o advento da EC 33/01. Seguindo o voto-condutor do Relator, Ministro Dias Toffoli, o Supremo entendeu que a contribuição ao INCRA tem natureza de CIDE – contribuição de intervenção no domínio econômico, de tal ordem que não se exige referibilidade entre o tributo e os sujeitos passivos. Além disso, o Tribunal, diante do precedente fixado no caso da contribuição ao SEBRAE (RE 603.624 – tema 325), julgou que o rol de bases de cálculo do artigo 149 da Constituição é meramente exemplificativo. Com isso, a contribuição ao INCRA encaixa-se ao perfil exigido pela Constituição, entendeu o Supremo.

Nos comentários trazidos a seguir a intenção será examinar a forma com que o STF dirimiu os três pontos mencionados nos votos, bem como as questões relevantes que ficaram sem resposta, que ficaram em aberto, as quais, por isso mesmo, podem reabrir no futuro essa discussão.

7.1.5.1 Sobre o entendimento de que a contribuição ao INCRA teria natureza de CIDE

A contribuição ao INCRA é um verdadeiro desafio à inteligência. Embora seu valor possa não representar expressão econômica de maior relevo para os empregadores – estando escondida, *em uma de suas faixas de incidência*, à razão de

0,2% dos 5,8% devidos aos "terceiros" sobre a folha de salários – seu enquadramento jurídico exige um esforço considerável do intérprete. E isso devido a dois fatores, basicamente. O primeiro deles é o de que a Carta Constitucional não contempla, com clareza, a possibilidade de instituição de uma contribuição que possa custear a reforma agrária e a colonização. O segundo gira em torno da circunstância de que toda a legislação que disciplina esse tributo é anterior à Constituição de 1988, sendo imperiosa a análise histórica para compreendê-la, constatando-se a partir daí que o legislador jamais criou verdadeiramente uma contribuição para fazer frente às despesas com reforma agrária e colonização, tendo *aproveitado* exação anterior para alterar a destinação do produto arrecadado.

Para o STJ e agora para o Supremo está autorizada uma contribuição com o propósito de custear as despesas de reforma agrária, destinada ao INCRA, a qual segue a lógica de uma contribuição de intervenção no domínio econômico. Porém, *essa exegese é equivocada, como foi detidamente demonstrado – e isso reflete de forma decisiva em todo o desdobramento do raciocínio a partir daí,* inclusive no que tange às bases de cálculo e aos sujeitos passivos eleitos para arcar com esse tributo. Como reconheceu o Ministro Alexandre de Moraes no julgado aqui examinado, *"este é o tópico mais elementar a ser resolvido neste julgamento, já que sua solução irá repercutir nas demais questões a serem analisadas".*

Não se discute que a Carta tratou, em diversos enunciados, direta ou indiretamente, sobre o tema da reforma agrária (arts. 1º, III, 3º, I a III, 5º, XXIII, 184 e 186). Diante desse arcabouço parece claro que a Constituição aponta no sentido de que *a atuação da União no âmbito da reforma agrária envolve um "interesse social",* vale dizer, *a proteção de um direito social.* Trata-se de um agir concreto da Administração Pública que tem por finalidade despojar o antigo proprietário, que não cumpre com a função social do imóvel rural, promovendo o assentamento de outro ou outros em seu lugar, para que a cumpram. Quando a União intervém radicalmente dessa maneira, desapropriando um imóvel rural, *o faz na defesa de um interesse social,* agindo em prol da sociedade e buscando reduzir as desigualdades sociais.

Ocorre que, para isso tudo, é necessário ter recursos. Desse modo, quase que instantaneamente vem à mente do jurista dedicado às questões do direito tributário a indagação sobre a possibilidade de se instituir um tributo para custear essa atividade, isto é, a reforma agrária. *A resposta é sim,* como foi visto ao longo do estudo. É a típica hipótese da contribuição, um tributo cuja receita é vinculada a uma finalidade preordenada constitucionalmente. Para fazer frente ao agir da União, diretamente ou por seus órgãos descentralizados, isto é, para custear os atos administrativos fiscalizatórios a respeito do atendimento ou não da função social das propriedades e o pagamento de indenizações aos proprietários que a descumpram, bem como os gastos com a promoção dos assentamentos, a União pode instituir uma contribuição, de forma a viabilizar essa atividade.

Dizer que é possível criar uma contribuição para o custeio da reforma agrária implica, em passo adiante, averiguar em qual das subespécies do art. 149 ela pode ser enquadrada. O problema está – como entenderam STJ e especificamente o Supremo no RE 630.898 – no enquadramento da contribuição ao INCRA como uma CIDE.

Quando o Relator, Ministro Dias Toffoli, inicia a fundamentação de seu voto, ele faz questão de dizer que, diferentemente do que vinha entendendo a Corte ao julgar a contribuição ao INCRA em conjunto com o FUNRURAL, que *"parece que o mais acertado, porém, é enquadrar a contribuição ao INCRA como uma contribuição de intervenção no domínio econômico, com caráter extrafiscal".* Adiante Sua Excelência afirma que *"não se pode negar que a política nacional de reforma agrária é instrumento de intervenção no domínio econômico".* E em outro trecho, o Ministro, de forma contraditória – com todo respeito – acaba reconhecendo que *"trata-se de contribuição especialmente destinada a concretizar objetivos de atuação positiva do Estado estampados nos arts. 170, III e VII, e 184 da Constituição de 1988, consistentes na promoção da reforma agrária e da colonização, com vistas a assegurar o exercício da função social da propriedade e a diminuir desigualdades regionais e sociais".*

Ora, mas é justamente porque a contribuição está destinada a promover a reforma agrária e a colonização, com o intuito de "*assegurar o exercício da função social da propriedade e a diminuir desigualdades regionais e sociais*", que não se pode dizer que se está diante de uma genuína CIDE. *A promoção da reforma agrária não está inserida no âmbito de intervenção no domínio econômico, mas sim no plano social,* de tal modo que a contribuição criada para esse fim não pode ser vista como uma CIDE. Só há que se cogitar de intervenção no domínio econômico quando o Estado assume uma ação normativa, regulando o mercado, ou uma ação participativa, atuando como agente econômico, e mais, isso tudo no bojo de atividades de produção de riqueza, de circulação de bens ou de prestação de serviços para o mercado. Somente nessas hipóteses é que está autorizada a criação de uma CIDE. Qualquer tributo que não esteja inserido nesse contexto econômico não será, evidentemente, uma contribuição de intervenção no domínio econômico. Portanto, a contribuição ao INCRA, porque não envolve atividades de produção de riqueza, de circulação de bens ou de prestação de serviços para o mercado, não é uma CIDE.

Reitere-se que não é pelo fato de o Capítulo III, que versa sobre a "Política Agrícola e Fundiária e da Reforma Agrária", e, sobretudo, o art. 184 estarem inseridos no Título VII, que trata "Da Ordem Econômica e Financeira", que se pode deduzir, instantaneamente, que os atos do Poder Público Federal em relação à reforma agrária seriam intervenção no domínio econômico, autorizando, portanto, a instituição de uma CIDE. Afinal de contas, *não é a topografia do enunciado que lhe confere sua natureza e seu regime jurídicos*. Noutro giro verbal, não é o capítulo ou o título em que talhado determinado dispositivo que dita seu regramento próprio. A circunstância isolada de o art. 184 ter sido inscrito no título que cuida da ordem econômica não significa, por si só, que a competência ali prevista é de intervenção no domínio econômico. A reforma agrária é feita sob o pálio da defesa de um "interesse social", pois a desapropriação, nesses casos, pressupõe o descumprimento da "função social" da propriedade. Não há qualquer intervenção no domínio econômico nisso, no sentido de se disciplinar relações econômicas no âmbito do mercado. Muito pelo contrário, o que há, isso sim, é a proteção de um interesse social da coletividade, com o propósito específico de se reduzir as desigualdades. A contribuição ao INCRA, portanto, deve ser vista como uma contribuição social geral, por tudo o quanto foi exposto antes.

7.1.5.2 A inquestionável influência histórica dificultou a compreensão da matéria e o Supremo deixou assentado que em CIDE não é necessário ter referibilidade

Se há um tributo que carrega consigo uma impressionante complexidade histórica, sem dúvida esse tributo é a contribuição ao INCRA. Esse aspecto histórico refletiu, de forma decisiva, no julgamento do RE 630.898. Tanto o Ministro Dias Toffoli, quanto o Ministro Alexandre de Moraes se viram obrigados a detalhar o enredo histórico que envolve a gênese da contribuição para justificá-la como constitucional, o que não é comum em julgados da Corte quando o tema tratado é a compatibilidade ou não da norma em vigor com a Carta da República.

Não vem ao caso aqui relembrar toda a sucessão de normas que envolveu a contribuição ao INCRA. Mas, para os fins de análise dos votos, é importante voltar a dizer, firmemente, *que jamais o legislador criou uma contribuição específica para custear as despesas com reforma agrária e colonização.* Por isso que a contribuição ao INCRA causa tanta confusão, tendo sido misturada com o FUNRURAL, com o SENAR e com outras, gerando incertezas até sobre sua revogação ou não. O que houve foi uma *mudança da destinação da receita,* a bem de se ver. Daí a se dizer que há no ordenamento jurídico brasileiro uma contribuição que tenha sido lapidada com os contornos específicos para custear despesas com reforma agrária e colonização, entretanto, há uma distância abissal.

E em que medida isso se reflete no debate aqui proposto? Ora, tendo em vista que todos esses diplomas normativos supracitados, em especial o Decreto-lei nº 1.146/70, se aproveitaram de uma contribuição que na sua origem tinha sido instituída com viés social e assistencialista, a qual, em dado momento histórico, passou a incidir sobre a folha de salários (porque era uma contribuição para custeio social), parece claro que não há como encaixar o quadrado no redondo, ou seja, que não dá para compatibilizar, sem maiores problemas, essa contribuição ao regramento instituído pela Carta de 1988, menos ainda para se dizer que se trata de uma CIDE. E pelas mesmíssimas razões não dá para defender também, como fez o Supremo, que as bases de cálculo do art. 149 da Constituição seriam meramente exemplificativas, como se o Texto Constitucional fosse apenas recomendações ao legislador.

Em poucas palavras: toda a legislação que disciplina esse tributo é anterior à Constituição em vigor, o que, por si só, já reivindica redobrado cuidado na análise de sua recepção ou não pelo atual sistema. *A contribuição ao INCRA,* pelos motivos já elencados, *não foi recepcionada,* porque os preceitos da legislação anterior não se amoldam ao caráter de contribuição social geral, a única hipótese em que seria possível pensar-se em uma contribuição para custear reforma agrária, *sobretudo porque não há referibilidade alguma entre o pressuposto para sua cobrança* (gastos com desapropriação de imóveis rurais que não cumprem sua função social) *e o fato gerador eleito pela lei* (o empregador, rural ou urbano, que paga salários a seus empregados). Que relação há entre uma coisa e outra?

O Supremo, para convalidar tal contribuição, enquadrou-a como uma CIDE, como se essa fosse a chave-mestra para abrir qualquer cofre. No julgamento o Ministro Alexandre de Moraes apresentou como argumento para aceitar o enquadramento como CIDE – em certo sentido um argumento inovador e questionável – que "*ao contrário do que tem sido sustentado por parcela da doutrina, as CIDE´s* não são arquétipos de origem necessariamente setorial, isto é, incidentes apenas sobre determinados mercados". Para Sua Excelência, *"o verdadeiro desígnio desta categoria tributária não remete apenas à proteção da capacidade regulatória de um determinado mercado, mas ao equilíbrio do modo de produção econômico como um todo. É por isso que, diferentemente do que geralmente acontece com outras espécies de contribuições – como as para seguridade social ou as corporativas – a exigibilidade das contribuições de intervenção no domínio econômico não está associada a uma noção de comutatividade ou referibilidade".*

A exortação é preocupante, porque, a seguir-se esse raciocínio, caberá CIDE para qualquer tipo de situação. A elasticidade interpretativa dada às hipóteses de instituição de contribuições de intervenção no domínio econômico, se não incidentes *"apenas sobre determinados mercados"*, comportaria sua exigência sobre fatos dos mais diversos, tudo sob a justificativa de *"equilíbrio do modo de produção econômico como um todo"*. E se na CIDE não se exige referibilidade, o desdobramento disso é dar contornos muito largos ao que vem a ser "intervenção no domínio econômico". Qualquer cidadão – e a contribuição ao INCRA está aí para comprovar, pois até mesmo uma pessoa física que pague o salário de um colaborador apenas se sujeita a ela, mesmo sem saber – pode ser chamado a contribuir para o *equilíbrio do mercado*. Parece um passo muito longo o que foi dado. Daí o porquê todos aqueles que se dedicam ao estudo ou a atividades profissionais envolvendo CIDE's devem se preocupar com o pronunciamento do Supremo no caso INCRA.

7.1.5.3 Duas questões não enfrentadas pelo Supremo: a incidência à razão de 2,5% sobre a folha de salários das agroindústrias e a cobrança hoje, para pagamento em até 20 anos

Duas relevantes questões abordadas nesta obra não foram enfrentadas pelo Supremo, permitindo, pois, novas discussões no futuro. A primeira delas é a de que a incidência julgada pela Corte envolve apenas uma das faixas possíveis previstas na legislação, a saber, aquela que repercute à razão de 0,2% sobre a folha de salários de todos os empregadores, urbanos ou rurais, compondo o monte que ficou conhecido no jargão jurídico como contribuição dos "terceiros" (que totaliza 5,8% da folha e que integra também o salário-educação e as contribuições ao sistema "S"). No entanto, a contribuição de 2,5% sobre a folha de salários de alguns sujeitos de direito que exercem "atividades industriais rurais" arroladas em lista não foi objeto do julgamento.

E assim se afirma porque os arts. 6º da Lei nº 2.613/55 e 2º do Decreto-lei nº 1.146/70 estabelecem que sobre a folha de salários das agroindústrias (como laticínios, frigoríficos, usinas sucroalcooleiras, de extração de madeira e outras) é exigida uma contribuição destinada ao INCRA calculada sobre 2,5% dessa base de cálculo. Por tudo quanto foi visto, essa contribuição não se revela compatível com a ordem em vigor seja porque não há fator de discrímen compatível com a Carta Constitucional (já que a exploração, por exemplo, de uma indústria de beneficiamento de café não tem nada que ver com gastos com reforma agrária), seja, fundamentalmente, porque desde a criação do SENAR pela Lei nº 8.315/91 a contribuição ao INCRA nessa faixa tornou-se insubsistente, perdendo seu pretenso fundamento de validade, porque a competência administrativa de dar assistência ao trabalhador rural passou ao SENAR (aqui a contribuição ao INCRA e ao SENAR, mais uma vez, se misturando). *Ocorre que a situação desses contribuintes não foi objeto do julgamento do Supremo no RE 630.898,* de maneira que os questionamentos sobre essa faixa de incidência específica remanescem.

E também não foi objeto de análise da Corte no caso paradigmático outro aspecto bastante relevante em se tratando de contribuição ao INCRA, igualmente tratado antes: o absoluto e gritante descompasso – que ainda não foi ouvido pela doutrina, por consequência, menos ainda pela jurisprudência – entre o mote da exigência (custeio das despesas com reforma agrária) e o emprego desses recursos (pagamento das indenizações, de acordo com o art. 184 da Constituição, via TDA's – títulos de dívida agrária em até vinte anos!). Ora, é evidente que a análise orçamentária e financeira das receitas e despesas desse órgão devem ser examinadas com detença. Afinal de contas, o Poder Público não tem despesas de imediato para justificar a exigência dessa contribuição, porquanto o Estado só tem um efetivo "desembolso" quando a TDA é resgatada, o que pode ocorrer em até vinte anos. Em síntese, arrecada-se hoje para pagar só em um futuro distante. Esse relevantíssimo aspecto envolvendo a contribuição ao INCRA também não foi examinado pelo Supremo.

Desse modo, não resta dúvida de que o Supremo, ao julgar o RE 630.898, no qual declarou a constitucionalidade da contribuição ao INCRA, equivocou-se naquilo que examinou e deixou em aberto aspectos relevantes que giram em torno desse tributo.

7.2 A contribuição ao SENAR

Perpassados todos os aspectos que guardam relação com a contribuição ao INCRA, é chegado o momento de se examinar a contribuição ao SENAR, outro tributo que repercute nas atividades econômicas dos agentes que integram o agronegócio.

Se na contribuição ao INCRA o que se dá é uma dificuldade tremenda de enquadramento da exação no arcabouço constitucional e de compreensão dos diplomas normativos que se sucederam no plano legal, com a contribuição ao SENAR – para satisfação do estudioso e em homenagem ao primado da segurança jurídica – não é isso que acontece. Diferentemente do INCRA, há expressa previsão constitucional sobre o SENAR, sendo certo que a quantidade de veículos normativos que regram a contribuição arrecadada por esse órgão é bem menor, como se verá.

No entanto, não se pode deixar de registrar que, tal qual constatado em relação à contribuição ao INCRA, são poucos os estudos encontradiços no que pertine à contribuição devida ao SENAR. Isso, inegavelmente, dificulta a pesquisa, mas, ao mesmo tempo, motiva o pesquisador a enfrentar o tema, que não pode passar ao largo das reflexões acadêmicas.

7.2.1 O fundamento de validade da contribuição ao SENAR e seu enquadramento jurídico

O constituinte preocupou-se explicitamente com a criação de um órgão que cuidasse da assistência ao trabalhador rural, como já se dava com os trabalhadores da indústria e do comércio. Por essa razão, fez inscrever no art. 62 do Ato das Disposições Constitucionais Transitórias (ADCT) que *"a lei criará o Serviço Nacional de Aprendizagem Rural (SENAR) nos moldes da legislação relativa ao Serviço Nacional de Aprendizagem Industrial (SENAI) e ao Serviço Nacional de Aprendizagem do Comércio (SENAC), sem prejuízo das atribuições dos órgãos públicos que atuam na área"*.

Pelo que se pode notar, houve referência direta na Carta Constitucional ao Serviço Nacional de Aprendizagem Rural (SENAR). Contudo, o constituinte não se limitou a prever a instituição desse órgão, fez mais, ressalvou a competência dos órgãos públicos que atuam na área. O constituinte, mesmo que indiretamente, admitiu a instituição de uma contribuição para custear o SENAR, tendo em vista que em relação ao SENAI e ao SENAC é isso o que ocorre, embora suas naturezas jurídicas não sejam idênticas.

Destarte, uma vez que o SENAR tem embasamento constitucional, fica assegurada a possibilidade de seu custeio. Em consequência, se lhe é aplicável o regime jurídico do art. 240 da Constituição Federal, segundo o qual *"ficam ressalvadas do disposto no art. 195 as atuais contribuições compulsórias dos empregadores sobre a folha de salários, destinadas às entidades privadas de serviço social e de formação profissional vinculadas ao sistema sindical"*.

Pois bem, fixadas essas premissas, então é o caso de buscar o adequado enquadramento jurídico da contribuição ao SENAR. A norma de competência construída a partir do art.

149 do Texto da República leva o exegeta a afirmar que só há três modalidades de contribuições. É dentro desse esquadro que a contribuição ao SENAR deve ser refletida.

Não se trata de contribuição de intervenção no domínio econômico (CIDE). A contribuição ao SENAR não tem por intuito uma ação normativa do Estado, regulando o mercado, nem muito menos uma ação participativa, como agente econômico, porque não se está diante de atividades de produção de riqueza, de circulação de bens ou de prestação de serviços para o mercado. Logo, a contribuição ao SENAR não é uma CIDE.

Poder-se-ia imaginar ser a contribuição ao SENAR uma contribuição social, não de Seguridade Social, porquanto não envolve ações no campo da saúde, da previdência ou da assistência social, mas uma contribuição social geral, na medida em que tem por pressuposto financiar a formação profissional dos trabalhadores rurais. Como a dignidade humana, os valores sociais do trabalho, a redução das desigualdades sociais e regionais e a educação são garantias constitucionais, a contribuição ao SENAR, que busca servir de instrumento à qualificação do trabalhador rural, seria uma contribuição social geral.

Sucede que as contribuições sociais gerais têm por traço marcante recair sobre a coletividade que tenha relação com a atuação estatal, pois são ferramentas que garantem as políticas públicas concernentes à concretização dos direitos assegurados constitucionalmente a toda a sociedade, e não a uma determinada classe ou grupo de beneficiados, como os trabalhadores rurais.

Em virtude disso é que se está autorizado a sustentar que a contribuição ao SENAR enquadra-se como contribuição de interesse de categorias profissionais ou econômicas. Embora usualmente se diga que a contribuição ao SENAR seria uma contribuição social, *a análise do seu objetivo primordial permite afirmar que ela se alinha muito mais com o perfil de contribuição de categorias profissionais ou econômicas do que com uma contribuição social propriamente dita.* Parece claro que a qualificação profissional dos trabalhadores rurais interessa aos empregadores rurais, e não a quem não faz parte dessa classe (ao menos não diretamente). Muito embora os empregadores rurais não sejam os fruidores diretos, pessoalmente, dos serviços em si prestados pelo SENAR, a qualificação profissional das pessoas que lhes prestam serviços realizada por esse órgão traz um ganho a eles. Por isso o regramento de contribuição de categoria profissional ou econômica. Ademais, como lembra Paulo Ayres Barreto, nesse tipo de contribuição a ênfase é dada no vocábulo "interesse": a contribuição deve se reverter em prol do interesse, do *benefício* trazido às categorias econômicas.[516]

Há um ponto relevante que deve ser destacado quanto a isso. Amiúde se diz que as contribuições ao "Sistema S" seriam contribuições sociais, inclusive porque *todos os empregadores*, ao pagarem salários a seus empregados, são sujeitos passivos desses tributos. Não vem ao caso aqui examinar se esse raciocínio é correto ou não. O que importa destacar sob o ângulo do SENAR é que, especificamente em relação a essa contribuição, *apenas os produtores rurais são contribuintes*. Portanto, o próprio legislador circunscreveu o universo de incidência à classe dos produtores rurais. E é por isso que se defende que a contribuição ao SENAR, independentemente do enquadramento das demais contribuições do "Sistema S", é uma contribuição de interesse de categoria econômica, sendo esse seu enquadramento jurídico e sendo-lhe aplicável, pois, esse regime.

7.2.2 A missão institucional do SENAR e o fundamento lógico das contribuições a ele destinadas

A contribuição devida ao SENAR não é um fim em si mesmo. Pelo contrário, esse tributo só se justifica na medida em que o SENAR, de fato, cumpra sua missão institucional, propiciando a qualificação profissional dos trabalhadores rurais.

516. *Contribuições: regime jurídico, destinação e controle*. 2. ed. São Paulo: Noeses, 2011, p. 117.

O veículo normativo que instituiu o Serviço Nacional de Aprendizagem Rural (SENAR) foi a Lei Federal nº 8.315, de 23 de dezembro de 1991. Essa lei, que, segundo sua ementa, *"dispõe sobre a criação do Serviço Nacional de Aprendizagem Rural (Senar) nos termos do art. 62 do Ato das Disposições Constitucionais Transitórias"*, previu em seu texto, em poucos dispositivos, a competência, a composição e as fontes de custeio do órgão. O art. 1º da Lei nº 8.315/91 estabelece que o objetivo do SENAR é *"organizar, administrar e executar em todo o território nacional o ensino da formação profissional rural e a promoção social do trabalhador rural, em centros instalados e mantidos pela instituição ou sob forma de cooperação, dirigida aos trabalhadores rurais"*. O art. 2º do Decreto Federal nº 566, de 10 de junho de 1992, que introduziu o regulamento do SENAR, ostenta idêntica carga prescritiva, com os ajustes do Decreto Federal nº 9.274, de 01 de fevereiro de 2018.

De acordo com o que se pode notar do enunciado normativo transcrito, ao SENAR cabe organizar, administrar e executar o ensino da formação profissional rural em todo o País e assegurar a promoção social do trabalhador rural. É preciso registrar, entretanto, que nem na Lei Federal nº 8.315/91, nem no Decreto Federal nº 566/92, está descrito, claramente, de que forma o SENAR atingirá esses objetivos. O que há, sobretudo no Regulamento, são dispositivos que cuidam da composição e da organização interna do órgão, mas não propriamente os mecanismos que norteiam o ensino da formação profissional rural e a promoção social do trabalhador rural.

Apesar disso, a despeito do vazio normativo quanto a esses aspectos relevantes, não se pode perder de vista que a exigência de contribuições só se justifica na medida em que o órgão destinatário execute suas funções institucionais. Noutras palavras, a competência deferida ao SENAR de exigir o pagamento de contribuições está umbilicalmente atrelada ao seu dever de aplicar, de fato, esses recursos inteiramente na consecução de seus objetivos. É esse o fundamento lógico dos tributos que lhe foram confiados. Se assim não fizer, haverá desvio de competência e a exação será inválida.[517]

7.2.3 Delineamento das regras-matrizes das contribuições destinadas ao SENAR: suas hipóteses de incidência, suas bases de cálculo, suas alíquotas e seus sujeitos passivos

Examinado o fundamento de validade da contribuição destinada ao SENAR e o seu respectivo enquadramento jurídico, bem como as atribuições institucionais desse órgão e a necessidade de aplicação dos recursos auferidos nessas finalidades, é chegado o momento de descer um degrau na hierarquia do sistema, a fim de delinear e investigar as regras-matrizes das distintas faixas de incidência das contribuições que lhe foram destinadas. Foram três, inicialmente, as modalidades de contribuições previstas em lei ao SENAR: duas foram contempladas na Lei nº 8.315/91 e outra na Lei nº 8.540/92. O art. 3º, I e VII, da Lei Federal nº 8.315/91, ao tratar do tema, trouxe consigo a seguinte redação sobre as fontes de custeio:

> *Art. 3º. Constituem rendas do Senar:*
>
> *I – contribuição mensal compulsória, a ser recolhida à Previdência Social, de 2,5% (dois e meio por cento) sobre o montante da remuneração paga a todos os empregados pelas pessoas jurídicas de direito privado, ou a elas equiparadas, que exerçam atividades:*
>
> *a) agroindustriais;*
>
> *b) agropecuárias;*
>
> *c) extrativistas vegetais e animais;*
>
> *d) cooperativas rurais;*
>
> *e) sindicatos patronais rurais;*

517. Sobre as consequências jurídicas que a desvinculação no plano fático da receita arrecadada com a contribuição e sua aplicação nas finalidades institucionais dos órgãos executantes pode acarretar, vide Paulo Ayres Barreto. *Contribuições: regime jurídico, destinação e controle*. 2. ed. São Paulo: Noeses, 2011, p. 172/173.

(...)

VII – contribuição prevista no art. 1º do Decreto-lei nº 1.989, de 28 de dezembro de 1982, combinado com o art. 5º do Decreto-lei nº 1.146, de 31 de dezembro de 1970, que continuará sendo recolhida pelo Instituto Nacional de Colonização e Reforma Agrária (Incra).

Esse dispositivo específico previu que ao SENAR são devidas duas contribuições: uma sobre a folha de salários das pessoas jurídicas do agronegócio à razão de 2,5% e outra prevista nos arts. 5º e 1º dos Decretos-lei nºs. 1.146/70 e 1.989/82, respectivamente, que recai sobre um percentual do valor de referência regional para cada módulo fiscal do imóvel rural, como será visto oportunamente. Já o art. 2º da Lei Federal nº 8.540, de 22 de dezembro de 1992, cuidou da contribuição ao SENAR devida pelos produtores rurais pessoas físicas da seguinte forma, *in verbis:*

Art. 2º. A contribuição da pessoa física de que trata a alínea 'a' do inciso V do art. 12 da Lei nº 8.212, de 24 de julho de 1991, para o Serviço Nacional de Aprendizagem Rural (Senar), criado pela Lei nº 8.315, de 23 de dezembro de 1991, é de um décimo por cento incidente sobre a receita bruta proveniente da comercialização da sua produção.

Parágrafo único. As disposições contidas no inciso I do art. 3º da Lei nº 8.315, de 23 de dezembro de 1991, não se aplicam à pessoa física de que trata a alínea "a" do inciso V do art. 12 da Lei nº 8.212, de 24 de julho de 1991.

Essa lei posterior, ao se referir ao disposto no art. 12, inciso V, alínea "a", da Lei Federal nº 8.212/91, introduziu no sistema jurídico a obrigatoriedade de também os produtores rurais pessoas físicas contribuírem para o SENAR, determinando o recolhimento do tributo à proporção de 0,1% sobre a receita bruta proveniente da comercialização de sua produção, dispensando-os do pagamento da contribuição incidente sobre a folha de salários, prevista no art. 3º, I, da Lei Federal nº 8.315/91. Porém, a Lei Federal nº 10.256, de 09 de julho de 2001, elevou a alíquota da contribuição dos produtores rurais pessoas físicas de 0,1% para 0,2% (art. 3º).

Em linhas gerais, são essas as faixas de incidência das contribuições devidas ao SENAR pelas pessoas físicas e jurídicas que se dedicam ao agronegócio. Vale a pena, pois, averiguá-las detida e separadamente, perquirindo suas respectivas regras-matrizes, em especial quanto a suas hipóteses de incidência, suas bases de cálculo, suas alíquotas e seus sujeitos passivos, a fim de concluir se encontram ou não sustentação na estrutura normativa brasileira.

7.2.3.1 A contribuição incidente à razão de 2,5% sobre a folha de salários das pessoas jurídicas do agronegócio e a invalidade da contribuição exigida das agroindústrias e dos demais empregadores rurais pessoas jurídicas sobre a produção

O art. 3º, I, da Lei Federal nº 8.315/91, como dito, estabelece que as pessoas jurídicas envolvidas no agronegócio contribuirão ao SENAR à razão de 2,5% sobre a folha de salários de seus empregados. Essa contribuição é similar àquela prevista no art. 6º, *caput,* da Lei Federal nº 2.613/55, com as modificações introduzidas pelo art. 2º do Decreto-lei nº 1.146/70, outrora devida ao INCRA, motivo pelo qual os Tribunais têm entendido, com acerto, que a contribuição ao SENAR veio a substituí-la, consoante julgados citados anteriormente.

Desde o prisma constitucional, não há incompatibilidade alguma no fato de essa contribuição incidir sobre a folha de salários, justamente porque as contribuições devidas ao "Sistema S", do qual o SENAR faz parte, a teor do art. 62 do ADCT, devem incidir sobre a folha de salários, na esteira do que prescreve o art. 240 da Carta Magna – embora o enquadramento constitucional da contribuição a ele devida não esteja atrelada ao raciocínio desenvolvido para as demais contribuições do "Sistema S', como foi visto.

Assim, a materialidade dessa contribuição é *"pagar salários aos seus empregados"*, nos moldes do que se passa com as contribuições previdenciárias. O critério espacial é do tipo genérico, incidindo em qualquer ponto do território nacional. E o critério temporal da hipótese de incidência indica que o fato previsto na norma geral e abstrata se aperfeiçoa no momento em que o salário se torna devido. No consequente normativo, a base de cálculo congrega o *"montante da remuneração paga a todos os empregados"*, ao passo que a alíquota é de 2,5%.

Os pontos de relevo iniciais dessa contribuição envolvem os sujeitos da relação jurídico-tributária, ativo e passivo. É que, muito embora devida ao SENAR, essa exação era recolhida ao INSS. Tanto assim é que o art. 3º, § 3º, da Lei nº 8.315/91 dispõe que a arrecadação da contribuição *"será feita juntamente com a Previdência Social e o seu produto será posto, de imediato, à disposição do Senar"*. O art. 14 do Decreto Federal nº 566/92, na sua redação originária, reforça esse entendimento, estabelecendo que a arrecadação desse tributo será feita pelo INSS, *"em conjunto com o recolhimento das contribuições para a Seguridade Social"*.

Ocorre que com a Lei Federal nº 11.457/07, que incorporou a competência administrativo-tributária do INSS à União, por intermédio da Secretaria da Receita Federal do Brasil e da Procuradoria-Geral da Fazenda Nacional, abrangendo, inclusive, a teor do art. 3º, as chamadas contribuições devidas a *"terceiros"*, a contribuição ao SENAR passou a ser cobrada e administrada pela União Federal, através da figura jurídica denominada sujeição ativa auxiliar. Em virtude das modificações introduzidas no Decreto nº 566/92 pelo Decreto nº 9.274/18 o art. 14 foi alterado para contemplar essa adaptação, prevendo que a arrecadação será feita pela Receita Federal. Mas, o sujeito ativo do tributo continua sendo o SENAR, pois é ele o credor da obrigação e a quem são destinados os recursos angariados.

No que pertine à sujeição passiva, é importante destacar que essa contribuição de 2,5% sobre a folha de salários só colhe as pessoas jurídicas como contribuintes. No entanto, *não são todas as pessoas jurídicas* que são sujeitos passivos da contribuição ao SENAR (o que justifica o enquadramento da contribuição como de interesse de categoria econômica).

De acordo com a prescrição do art. 3º, I, "a" a "e", da Lei nº 8.315/91, esse tributo só é devido pelas *pessoas jurídicas que exerçam atividades agroindustriais, agropecuárias, extrativistas vegetais e animais, cooperativas rurais e sindicatos patronais rurais.*

Aqui, portanto, há clara vinculação do tributo devido ao órgão encarregado de qualificação profissional do trabalhador rural com os agentes que atuam nesse segmento econômico. Não incide sobre empresas urbanas. Basta notar que esses contribuintes (as pessoas jurídicas do agro) não estão obrigados a recolher as contribuições ao SENAI e ao SENAC (art. 3º, § 1º). Todavia, estabeleceu-se que as pessoas jurídicas que exerçam concomitantemente outras atividades não relacionadas no rol legislativo continuarão a contribuir para as outras entidades de formação profissional nas atividades que lhes correspondam especificamente, como o SENAI e o SENAC (art. 3º, § 2º).

Por outro lado, ao separar as pessoas jurídicas do agronegócio, o legislador o fez de maneira ampla, com um leque extenso, albergando todo aquele que atue no setor rural. A mensagem normativa é no sentido de que as agroindústrias são contribuintes do SENAR. Note-se que, diferentemente do que ocorria com a contribuição ao INCRA, não há descrição de quais atividades agroindustriais se submetem ao tributo. *O legislador estruturou sua técnica redacional captando o contribuinte pelo gênero (agroindústria) e não pelas espécies (indústria de cana-de-açúcar, de laticínios, de beneficiamento de grãos ou frigoríficos), como fez à época da legislação ao INCRA.* Porém, prescreveu que o tributo só incidirá sobre o montante da remuneração paga aos empregados da agroindústria que atuem exclusivamente na produção primária de origem animal e vegetal (art. 3º, § 4º), isto é, o cálculo há de ser feito tomando-se por parâmetro o número de funcionários envolvidos, realmente, com a atividade agroindustrial. É isso o que estabelece a Lei nº 8.315/91.

Do mesmo modo, essa contribuição recai também sobre as pessoas jurídicas agropecuárias e extrativistas vegetais e animais. Logo, não apenas as empresas rurais que industrializam a produção própria ou adquirida de terceiros (agroindústrias) estão sujeitas à contribuição, mas também aquelas que se limitam à atividade eminentemente primária, dedicando-se à agricultura, à pecuária, ou a qualquer outra de extração vegetal e animal. Pessoas jurídicas que explorem a pecuária e a agricultura deverão, portanto, segundo a Lei nº 8.315/91, contribuir ao SENAR à razão de 2,5% sobre a folha de salários de seus funcionários. O mesmo se diga em face das pessoas jurídicas tenham por intuito econômico a extração vegetal e animal. Não pode deixar de ser registrado, no entanto, que o legislador não especificou o que vem a ser "extração vegetal e animal", mas do conjunto normativo pode-se depreender que por essa expressão linguística há de se compreender qualquer processo rudimentar que tenha por desígnio a exploração dos recursos naturais da fauna ou da flora, como a extração da madeira, por exemplo.

A contribuição ao SENAR compreende também as cooperativas rurais e os sindicatos patronais rurais. Perceba-se que não é qualquer tipo de cooperativa que está sujeita à contribuição a esse órgão, mas apenas as "cooperativas rurais", vale dizer, aquelas que têm no seu estatuto social a prestação de serviços aos seus associados nesse segmento econômico. De idêntica maneira, não são todos os sindicatos rurais que estão obrigados ao recolhimento da contribuição ao SENAR, mas apenas os sindicatos *patronais* rurais, não abrangendo, pois, os sindicatos dos empregados.

Em reescrita reduzida, a regra-matriz da contribuição devida ao SENAR nessa modalidade pode ser assim sintetizada:

Hipótese de Incidência		Consequente normativo	
Critério material	pagar salários aos seus empregados	**Sujeito ativo**	SENAR
Critério espacial	qualquer ponto do território nacional	**Sujeito passivo**	Pessoas jurídicas que exerçam as atividades agroindustriais, agropecuárias, extrativistas vegetais e animais, cooperativas rurais e sindicatos patronais rurais
Critério temporal	no momento em que o salário se torna devido	**Base de cálculo**	soma da folha mensal de salários
		Alíquota	2,5%

Esse o cenário da questão, *tal qual prevista na Lei Federal nº 8.315/91*. Entretanto, leis posteriores pretenderam modificar o regramento jurídico aplicável às agroindústrias e aos demais empregadores rurais. E assim o fizeram. Mas, de maneira inválida.

A Lei Federal nº 8.870, de 15 de abril de 1994 – que, segundo sua ementa, *"altera dispositivos das Leis nºs. 8.212 e 8.213, de 24 de julho de 1991"*, leis essas que, como se sabe, cuidam das contribuições previdenciárias devidas à Seguridade Social – realmente modificou no art. 25, *caput*, a disciplina de recolhimento das contribuições previdenciárias dos empregadores rurais pessoas jurídicas.

No entanto, no art. 25, § 1º, estabeleceu que a contribuição de 2,5% sobre a folha de salários prevista no art. 3º, I, da Lei nº 8.315/91 *"não se aplica ao empregador de que trata este artigo, que contribuirá com o adicional de um décimo por cento da receita bruta, proveniente da venda de mercadorias de produção própria, destinado ao Serviço Nacional de Aprendizagem Rural (Senar)"*.

A Lei nº 8.870/94, a pretexto de introduzir alterações na legislação que versa sobre contribuições previdenciárias, não poderia, de forma alguma, modificar a contribuição devida ao SENAR, ainda mais para transmudar a base de cálculo desse tributo, como se verá em seguida.

Não foi só. Em momento posterior, a Lei Federal nº 10.256, de 09 de julho de 2001, no art. 1º introduziu um art. 22-A à Lei nº 8.212/91, regrando a situação das agroindústrias, e no art. 2º alterou o texto do art. 25 da Lei nº 8.870/94, que trata dos empregadores rurais pessoas jurídicas. De acordo com as inovações da Lei Federal nº 10.256/01, ambas as classes de contribuintes – as agroindústrias e o *"empregador, pessoa jurídica, que se dedique à produção rural"* – ficaram obrigados a contribuir ao SENAR à proporção de 0,25% da receita bruta proveniente da venda de mercadorias de sua produção.

Em poucas palavras: a contribuição ao SENAR, que, nos termos do art. 3º, I, da Lei nº 8.315/91, *era de 2,5% sobre a folha de salários das pessoas jurídicas do agronegócio,* passou a ser, como previsto pelos arts. 22-A, § 5º, da Lei nº 8.212/91, e 25, § 1º, da Lei nº 8.870/94, com as alterações da Lei nº 10.256/01, *de 0,25% sobre o resultado da comercialização da produção das agroindústrias e dos demais empregadores rurais pessoas jurídicas.*

Ora, as modificações inseridas por essas leis simplesmente esvaziam, em boa parte, o conteúdo normativo do art. 3º, I, da Lei nº 8.315/91, podendo-se concluir que, em tese, esse dispositivo teria sido derrogado. Isso porque do rol de pessoas jurídicas ali descritas (agroindústrias, agropecuárias, extrativistas vegetais e animais, cooperativas rurais e sindicatos patronais rurais), as agroindústrias e o *"empregador, pessoa jurídica, que se dedique à produção rural",* na dicção da lei, compreenderiam, praticamente, todos aqueles contribuintes, pois todos são "empregadores que se dedicam à produção rural". Quiçá apenas os sindicatos patronais rurais ficariam de fora desse espectro lasso. Raciocínio semelhante poderia ser desenvolvido para as cooperativas rurais, embora elas também sejam empregadores que estão envolvidas com a produção rural. Logo, a contribuição ao SENAR sobre a folha de salários praticamente teria deixado de existir no universo jurídico.

Mas, a tributação brasileira não está à disposição da maleabilidade do legislador, a seu bel-prazer. Há mandamentos superiores que vinculam a atividade legislativa, ainda mais no campo tributário. Por isso que o intérprete jamais pode se esquecer do sistema constitucional tributário encravado na Carta da República.[518]

Nutre-se neste trabalho a convicção, com toda sua força de juridicidade, de que *a Constituição do Brasil não admite a tributação pelo "Sistema S" que não seja sobre a folha de salários*. É sobre essa grandeza que os tributos exigidos pelas entidades encarregadas da formação profissional dos trabalhadores devem incidir. Não há outra possibilidade.

Com efeito, o art. 240 da Constituição Federal prevê, explicitamente, que as contribuições compulsórias dos empregadores destinadas às entidades privadas de serviço social e de formação profissional vinculadas ao sistema sindical repercutem sobre a "folha de salários". Não se tolerou, pois, que as entidades do "Sistema S" pudessem tributar os empregadores tomando por base a riqueza por eles gerada.

E nem poderia ser diferente. Uma vez que a contribuição a essas entidades tem por intuito custear a formação e a qualificação profissional dos trabalhadores, *obviamente que a exação deve recair sobre uma parcela dos salários pagos aos*

518. "A Constituição não é um simples ideário. Não é apenas uma expressão de anseios, de aspirações, de propósitos. É a transformação de um ideário, é a conversão de anseios e aspirações em regras impositivas. Em comandos. Em preceitos obrigatórios para todos: órgãos do Poder e cidadãos. Como se sabe, as normas jurídicas não são conselhos, opinamentos, sugestões. São determinações. O traço característico do Direito é precisamente o de ser disciplina obrigatória de condutas. Daí que, por meio das regras jurídicas, não se pede, não se exorta, não se alvitra. A feição específica da prescrição jurídica é a imposição, a exigência. (...) Este conjunto de proposições que vimos enunciando parecerá um repertório de obviedades. Timbramos em proclamar estas noções curiais porque frequentemente são descuradas no exame das situações concretas". BANDEIRA DE MELLO, Celso Antônio. "Eficácia das normas constitucionais sobre justiça social". *Revista de direito público* nº 57/58, p. 236/237.

empregados, e não sobre o faturamento ou o lucro do empregador. O regime jurídico da contribuição norteia-se pela finalidade preordenada com os recursos arrecadados. Se a finalidade constitucional é a "formação profissional dos trabalhadores", obviamente que o tributo deve colher como fator mensurador uma medida dos "salários pagos aos trabalhadores".

A base de cálculo da contribuição – isso já foi dito neste trabalho por ocasião da análise da contribuição ao INCRA – não é e nem pode ser aleatória, desprendida do figurino do tributo. Não. A base de cálculo da contribuição deve guardar relação com a destinação pretendida com essa espécie tributária, sob pena de, sob a capa de "contribuição", ter-se um imposto não autorizado constitucionalmente. O *nomen iuris* "contribuição" não é uma palavra mágica que serve de escudo do controle rigoroso que o sistema jurídico impõe. Desta feita, não sobrerresta dúvida de que a base de cálculo da contribuição deve ter relação com sua finalidade.

No caso da contribuição exigida pelo SENAR, se o escopo desse órgão é organizar e executar o ensino da formação profissional rural e a promoção social do trabalhador rural, a grandeza em torno da qual repercutirá o tributo deve ter por parâmetro essa destinação, ou seja, a formação profissional dos trabalhadores rurais. Isso se dá através da folha dos salários pagos pelos empregadores rurais aos seus empregados. E não, obviamente, com base na comercialização da produção rural (faturamento).[519]

---

519. Vale lembrar a esse respeito a decisão de vanguarda do e. TRF-4ª Região, que declarou a inconstitucionalidade da tributação sobre a produção não só em face das contribuições previdenciárias, mas também em relação ao SENAR. INAMS nº 1999.71.00.021280-5-CE. Rel. Des. Álvaro Eduardo Junqueira. j. 19.10.2006. De fato, somente com amparo na Constituição é que a tributação pode ser levada a cabo. Sobre isso, há um precedente lapidar do e. STF: "TRIBUTO – RELAÇÃO JURÍDICA ESTADO/CONTRIBUINTE – PEDRA DE TOQUE. No embate diário Estado/contribuinte, a Carta Política da República exsurge com insuplantável valia, no que, em prol do segundo, impõe parâmetros a serem respeitados pelo primeiro". RE 200.972-PR, 2ª Turma, Rel. Min. Marco Aurélio, j. 29.11.1996.

Portanto, a exigência da contribuição ao SENAR com base no resultado da comercialização da produção rural das pessoas jurídicas à alíquota de 0,25% não tem esteio jurídico. O tributo deve incidir à razão de 2,5% sobre a folha de salários, como previsto no art. 3º, I, da Lei Federal nº 8.315/91.

7.2.3.2 A contribuição do produtor rural pessoa física: fixação da sujeição passiva e a incompatibilidade da base de cálculo eleita com o ordenamento constitucional

O diploma normativo que instituiu o SENAR e as contribuições que lhe cabem – a Lei Federal nº 8.315/91 – não previu, explicitamente, que o produtor rural pessoa física também contribuiria com o órgão. Esse dever só surgiu com a Lei Federal nº 8.540/92, que previu no art. 2º que a contribuição da pessoa física ao SENAR seria de 0,1% sobre a receita bruta da comercialização de sua produção. O art. 2º, parágrafo único, por sua vez, estabeleceu que à pessoa física não se aplica a obrigatoriedade de recolhimento sobre a folha de salários de 2,5%, prevista no art. 3º, I, da Lei nº 8.315/91.

Com base nesse preceito legal, foi editado o Decreto Federal nº 790, de 31 de março de 1993, que alterou substancialmente o Regulamento do SENAR, veiculado pelo Decreto Federal nº 566/92. Em virtude das modificações, ficou prescrito no art. 11, II, do Regulamento que o SENAR teria por fonte de custeio também a contribuição de 0,1% incidente sobre a receita bruta proveniente da comercialização da produção da pessoa física, proprietário ou não, que explora atividade agropecuária ou pesqueira, em caráter permanente ou temporário, diretamente ou por intermédio de prepostos e com auxílio de empregados, utilizados a qualquer título, ainda que de forma não contínua. O art. 11, § 2º, estabeleceu que se considera receita bruta o valor recebido ou creditado pela comercialização da produção, assim entendida a operação de venda ou consignação. Já o § 3º preceituou que integram a produção os produtos de origem animal ou vegetal, em estado natural ou submetidos a processo de beneficiamento ou industrialização rudimentar, como os processos de lavagem, limpeza, descaroçamento, pasteurização, descascamento, lenhamento, secagem, cozimento, moagem, torrefação, dentre outros, bem como os subprodutos e os resíduos obtidos através desses processos. *O § 4º exclui da base de cálculo, porém, o produto vegetal destinado ao plantio e ao reflorestamento e o produto animal destinado à reprodução ou criação pecuária ou granjeira, quando vendidos entre contribuintes, bem como o produto animal utilizado como cobaia para fins de pesquisas científicas.* Portanto, *não há incidência de SENAR nessas operações.* Por fim, o § 5º determinou que a contribuição ao SENAR fosse recolhida pelo adquirente dos produtos, consignatário ou cooperativa, que ficam sub-rogados, para esse fim, nas obrigações do produtor, ou diretamente pelo produtor, quando ele próprio vender seus produtos no varejo ao consumidor ou a adquirente domiciliado no exterior.

O art. 6º da Lei Federal nº 9.528/97, por sua vez, modificou a sujeição passiva da contribuição nessa modalidade para albergar não só o empregador rural pessoa física, tipificado no art. 12, V, "a", da Lei 8.212/91, mas também o segurado especial, arrolado no art. 12, VII, da mesma lei, mantendo, no entanto, a alíquota de 0,1%. No entanto, a Lei Federal nº 10.256/01, no art. 3º, imprimiu nova redação ao art. 6º da Lei nº 9.528/97, com o fito de elevar a alíquota da contribuição devida pelo empregador rural pessoa física e pelo segurado especial de 0,1% para 0,2%, incidente sobre sua produção.

Vale destacar que os produtores rurais pessoas físicas, incluídos por essas leis como sujeitos passivos da contribuição ao SENAR, nessa faixa de incidência, são aqueles descritos no art. 12, V, "a", e VII, da Lei Federal nº 8.212/91. E esses dispositivos da Lei nº 8.212/91, com as modificações da Lei Federal nº 11.718/08, têm a seguinte base textual em vigor:

> *Art. 12. São segurados obrigatórios da Previdência Social as seguintes pessoas físicas:*
>
> *(...)*
>
> *V – como contribuinte individual:*

> *a) a pessoa física, proprietária ou não, que explora atividade agropecuária, a qualquer título, em caráter permanente ou temporário, em área superior a 4 (quatro) módulos fiscais; ou, quando em área igual ou inferior a 4 (quatro) módulos fiscais ou atividade pesqueira, com auxílio de empregados ou por intermédio de prepostos; ou ainda nas hipóteses dos §§ 10 e 11 deste artigo;*
>
> *(...)*
>
> *VII – como segurado especial: a pessoa física residente no imóvel rural ou em aglomerado urbano ou rural próximo a ele que, individualmente ou em regime de economia familiar, ainda que com o auxílio eventual de terceiros a título de mútua colaboração, na condição de:*
>
> *a) produtor, seja proprietário, usufrutuário, possuidor, assentado, parceiro ou meeiro outorgados, comodatário ou arrendatário rurais, que explore atividade:*
>
> *1. agropecuária em área de até 4 (quatro) módulos fiscais; ou*
>
> *2. de seringueiro ou extrativista vegetal que exerça suas atividades nos termos do inciso XII do caput do art. 2º da Lei nº 9.985, de 18 de julho de 2000, e faça dessas atividades o principal meio de vida;*
>
> *b) pescador artesanal ou a este assemelhado, que faça da pesca profissão habitual ou principal meio de vida; e*
>
> *c) cônjuge ou companheiro, bem como filho maior de 16 (dezesseis) anos de idade ou a este equiparado, do segurado de que tratam as alíneas a e b deste inciso, que, comprovadamente, trabalhem com o grupo familiar respectivo.*

A transcrição desses enunciados normativos foi importante. A exposição dessas regras demonstra, a toda evidência, o quão absurda é a pretensão de se tributar o segurado especial para fins de custeio do SENAR. A contribuição devida ao SENAR tem por pressuposto lógico-jurídico a arrecadação de recursos para servir de instrumento à formação dos trabalhadores rurais. *Ora, se o segurado especial é o pequeno produtor rural, que sobrevive de sua atividade sem o auxílio de empregados ou prepostos, mas apenas de seu próprio suor e de sua família, como é possível atribuir-lhe a obrigatoriedade de custear um órgão que tem por intuito formar os trabalhadores rurais?*

O segurado especial não pode ser contribuinte do SENAR, mas sim deve ser o beneficiário dos serviços prestados pelo SENAR. É inquestionável que o segurado especial não manifesta capacidade contributiva para ser incluído no polo passivo dessa contribuição. De todo modo, do ponto de vista estritamente dogmático, o próprio art. 240 da Constituição Federal afasta a possibilidade de se tributar pelo "Sistema S" quem não seja "empregador". Se o segurado especial não é empregador, não pode ser contribuinte da contribuição ao SENAR. Logo, a exigência desse tributo em relação a ele é inconstitucional.[520]

A questão não se resume a isso, todavia. Também no que diz respeito à contribuição incidente sobre o contribuinte individual a técnica legislativa apresenta problemas. É que, de acordo com a atual redação do art. 12, V, "a", da Lei nº 8.212/91, os produtores rurais que explorem a agropecuária em área superior a 04 (quatro) módulos fiscais serão, necessariamente, contribuintes individuais, tenham ou não empregados. Ocorre que se, porventura, o indivíduo não tiver empregados rurais também não poderá ser compelido a contribuir ao SENAR.

Que fique bem claro o que aqui se defende: *só poderá ser incluído como sujeito passivo da contribuição ao SENAR o produtor rural pessoa física que for "empregador rural"*. Por isso é incompatível com o sistema jurídico a cobrança do tributo em face do segurado especial, bem como do contribuinte individual que não tenha empregados.

Não bastassem esses defeitos na eleição dos sujeitos passivos, igualmente a base de cálculo da contribuição ao SENAR devida pelos produtores rurais pessoas físicas, na forma em que foi prevista pela legislação em vigor, não se sustenta.

---

520. "Como princípio de justiça individual, o princípio da capacidade contributiva ajusta-se às condições individuais do contribuinte. Não é um princípio coletivo ou utilitarista. Não pergunta pela capacidade contributiva de grupos sociais. *Há agricultores pobres e ricos, há agricultores e trabalhadores de alta renda.* O fato de pertencer a um determinado grupo nada expressa sobre a capacidade contributiva individual". TIPKE, Klaus; YAMASHITA, Douglas. *Justiça fiscal e princípio da capacidade contributiva.* São Paulo: Malheiros, 2002, p. 31 (sem destaques no original).

A esse respeito basta invocar o que foi dito no tópico anterior por ocasião do exame da tributação das pessoas jurídicas para se chegar a um idêntico desfecho: a contribuição ao SENAR, por força do que estabelece o art. 240 da CF/88, só pode incidir sobre a "folha de salários", e não sobre a riqueza gerada pelos produtores rurais pessoas físicas, como o resultado da comercialização de sua produção.[521]

Perceba-se – esse é um dado relevante – que a autorização constitucional para que o produtor rural contribuísse com base no resultado da comercialização de sua produção ficou circunscrita à contribuição devida à Seguridade Social (e ainda assim com campo de aplicação diminuto), que com o SENAR não se mistura. De fato, o art. 195, § 8º, da Constituição da República, ao admitir que fosse exigida do produtor rural a contribuição incidente sobre sua produção, assim o fez para aqueles *"que exerçam suas atividades em regime de economia familiar, sem empregados permanentes"*, e mais, no bojo da contribuição devida à Seguridade Social, e não para o SENAR.

O regramento previdenciário e suas respectivas formas de custeio não se confundem com a contribuição parafiscal devida a uma entidade privada cuja missão é a formação profissional de trabalhadores. O enquadramento jurídico daquele tributo é um; do SENAR, outro. Se lá ao constituinte pareceu importante criar uma forma alternativa de participação do produtor rural que não tem empregados, garantindo-lhe os respectivos

---

521. A respeito de tributos que sob a capa de nomenclaturas diversas têm, na verdade, outra natureza, Paulo de Barros Carvalho esclarece o seguinte: "Nota-se, pelo que foi dito até aqui, *a inaptidão da hipótese para, sozinha, dizer qualquer coisa de definitivamente valiosa sobre a composição intrínseca do fato colhido pela incidência* (como pretendeu fazê-lo o art. 4º do CTN), sobre sugerir a necessidade premente de consultarmos sempre a base de cálculo, se o objetivo é conhecer a natureza jurídica da exação. (...) Tenho para mim que tais indícios sejam muito significativos, oferecendo pista segura para reforçar aquilo que, intuitivamente, a doutrina e a jurisprudência já vêm afirmando de maneira reiterada: *sempre que houver descompasso entre a hipótese de incidência firmada pelo legislador e a base de cálculo por ele escolhida, esta última há de prevalecer, orientando o intérprete no sentido de determinar a autêntica 'natureza' do tributo"*. "Base de cálculo como fato jurídico e a taxa de classificação de produtos vegetais". *Revista dialética de direito tributário* nº 37, p. 123/124 (com destaques no original).

benefícios previdenciários, nem por isso o legislador está livre para estender essa sistemática diferenciada, que para aquele caso se justifica, aos demais tipos de contribuição, ainda mais em se tratando de uma contribuição cujo pressuposto é a formação profissional de trabalhadores rurais, presumindo-se, portanto, que somente os empregadores rurais são contribuintes e que o tributo será calculado com base no valor da folha de salários. É isso que dá introduzir regras que se destinam a disciplinar a contribuição ao SENAR em leis que tratam de contribuições previdenciárias.[522]

Em suma, só é válida a contribuição ao SENAR exigida dos produtores rurais pessoas físicas que forem empregadores, sendo certo que o tributo deve incidir sobre a folha de salários dos funcionários, e não sobre o resultado da produção.[523]

7.2.3.3 Os reflexos das alterações promovidas pela Lei Federal nº 13.606/18

Depois que o Supremo Tribunal Federal julgou constitucional o "Funrural" no RE 718.874, o sistema jurídico foi alterado em razão da aprovação da Lei Federal nº 13.606/18, a qual, como foi visto, teve por objetivos instituir um programa de parcelamento, reduzir as alíquotas do tributo e criar uma sistemática alternativa de recolhimento, permitindo a opção pela folha de salários. Embora essa lei tenha tido por finalidade principal fixar novas regras no âmbito do "Funrural", a

522. O Prof. Roque Antonio Carrazza, com a clareza de raciocínio que lhe marca, demonstra com proficiência que não é pelo fato de o tributo ser arrecadado por outra entidade que o regramento jurídico que se lhe aplica torna-se mutável. São essas suas palavras: "Os direitos dos contribuintes, *in casu*, não naufragaram pelo simples deslocamento legal da sujeição ativa da taxa. Generalizando, temos, deste modo, que o tributo – ainda que o leigo passe a nomeá-lo de 'contribuição parafiscal' – não muda de regime jurídico quando seu sujeito ativo não coincide com a pessoa política que o criou. Igualmente, os contribuintes não ficam desassistidos de proteção jurídica porque ocorreu a 'parafiscalidade'". *Curso de direito constitucional tributário*. 30. ed. São Paulo: Malheiros, 2015, p. 675.

523. Justamente a análise dessa questão está submetida ao regime de repercussão geral no Supremo Tribunal Federal no RE 816.830, de relatoria do Ministro Dias Toffoli (Tema 801).

verdade é que, com relação ao SENAR, ela traz alguns desdobramentos também.

O primeiro deles – e isso foi dito por ocasião da análise dos reflexos dessa lei ao "Funrural" – gira em torno da constatação de que a regra substitutiva de opção pela folha de salários, ao invés da receita bruta dos produtores, *não foi prevista para a contribuição ao SENAR*. Com efeito, os artigos 14 e 15 da Lei nº 13.606/18, ao alterarem os artigos 25 das Leis nºs. 8.212/91 (para as pessoas físicas) e 8.870/94 (para as pessoas jurídicas), previram que o produtor, pessoa física ou jurídica, *"poderá optar por contribuir na forma prevista no caput deste artigo* [isto é, sobre a receita bruta] *ou na forma dos incisos I e II do caput do art. 22"* [da Lei nº 8.212/91, ou seja, sobre a folha de salários]. Noutras palavras, apesar de essas alterações mencionarem a opção por contribuir *"na forma prevista no caput deste artigo"*, cujo preceito contempla nas suas alíneas o "Funrural" (inciso I) e o SAT (inciso II), a opção dada foi a de contribuir de acordo com o que está previsto no artigo 22, I e II, da Lei nº 8.212/91, que, por sua vez, é a norma que prevê a contribuição devida a título de "cota patronal" devida à Seguridade Social (pagamento sobre a folha de salários).

Para deixar o raciocínio mais claro: o art. 22 da Lei nº 8.212/91 é a regra para os empregadores pessoas físicas ou jurídicas, prevendo a lei que a contribuição a cargo da empresa ou do empregador a ela equiparada, *"destinada à Seguridade Social"*, será de 20% sobre a folha de salários e de mais 1% a 3% para o SAT (Seguro de Acidente de Trabalho). O art. 25 da Lei nº 8.212/91, na redação dada pela Lei nº 10.256/01 (para as pessoas físicas), e o art. 25 da Lei nº 8.870/94, também com a redação dada pela Lei nº 10.256/01 (para as pessoas jurídicas), preveem que a contribuição do empregador rural pessoa física e jurídica, *"em substituição à contribuição de que tratam os incisos I e II do art. 22, (...) destinada à Seguridade Social"*, será de 1,2% a título de contribuição social ("Funrural") e de 0,1% de SAT para o produtor rural pessoa física e de 1,7% de contribuição social ("Funrural") e de 0,1% de SAT para o produtor rural pessoa jurídica.

Foi no bojo desses dispositivos (arts. 25 das Leis nºs. 8.212/91 e 8.870/94) que foi incluída a regra opcional da folha de salários pela Lei nº 13.606/18. Note-se que tais comandos normativos não versam sobre o SENAR, mas sim sobre a contribuição social devida à Seguridade Social pelo produtor rural pessoa física e jurídica. Portanto, não houve previsão na Lei nº 13.606/18 de regra opcional de recolhimento sobre a folha de salários no que tange à contribuição ao SENAR.[524]

A outra questão trazida pela Lei nº 13.606/18 diz respeito à regra de retenção do SENAR por parte dos adquirentes, na condição de sub-rogados. Nem a Lei nº 8.315/91, nem as leis que alteraram as bases de incidência do SENAR previram a obrigatoriedade de que os adquirentes dos produtos rurais fizessem a retenção do SENAR por ocasião das aquisições, tornando-se sub-rogados na obrigação legal de recolhimento desse tributo. O próprio art. 30, IV, da Lei nº 8.212/91 (que previa a regra de retenção, depois foi reputado inconstitucional no 363.852 e por último teve sua redação mantida nos sites oficiais da legislação brasileira por determinação do Ministro Alexandre de Moraes na Pet. nº 8.140) limita-se às contribuições *"devidas à Seguridade Social"*, no que o SENAR não se encaixa.

Ou seja, no âmbito de lei jamais existiu, até então, norma expressa determinando que os adquirentes deveriam reter dos produtores rurais os valores devidos a título de SENAR, tornando-se eles, os adquirentes, sub-rogados nas obrigações respectivas. Esse dever estava apenas no art. 11, § 5º, do Decreto nº 566/92, que regulamentou o SENAR. Ora, como decreto não

524. Nada obstante, há solução de consulta da Receita Federal admitindo que o SENAR seja recolhido sobre a folha de salários: "Assunto: Contribuições Sociais Previdenciárias PRODUTOR RURAL PESSOA JURÍDICA. OPÇÃO. FOLHA DE PAGAMENTO. SENAR. BASE DE CÁLCULO. ALÍQUOTA. O empregador, pessoa jurídica, que se dedicar à produção rural e optar por contribuir na forma dos incisos I e II do caput do art. 22 da Lei nº 8.212, de 1991, deverá recolher, a título de contribuição destinada ao Serviço Nacional de Aprendizagem Rural (Senar), o equivalente a 2,5% (dois e meio por cento) do total de remuneração de segurados, não sendo exigível o adicional sobre a receita bruta previsto no § 1º do art. 25 da Lei nº 8.870, de 1994". Solução de Consulta COSIT nº 53, de 23 de junho de 2020. DOU 25.06.2020, Seção I, p. 67.

pode criar deveres de forma inaugural, havia até então um vácuo legislativo, tornando insubsistentes as autuações de SENAR voltadas contra os adquirentes. Foi só com a Lei nº 13.606/18 que se positivou no plano legal essa incumbência atribuível ao adquirente, por força do art. 16, que introduziu um parágrafo único ao art. 6º da Lei nº 9.528/97, agora sim para tornar impositivas a retenção e a responsabilidade do adquirente.[525]

7.2.3.4 A inexigibilidade de contribuição ao SENAR sobre as receitas de exportação

O desvirtuamento que se fez nas faixas de incidência da contribuição ao SENAR – modificando-as da folha de salários para o resultado da comercialização – dá bem a nota de que outros desdobramentos injustificáveis acabam por surgir. Um deles, bastante relevante, é a inexigibilidade da contribuição ao SENAR sobre as receitas de exportação.

Isso não se sustenta porque a contribuição que lhe cabe só pode incidir, validamente, sobre a folha de salários. O SENAR não tem (ou não pode ter) fins arrecadatórios, senão recolher os tributos necessários ao desenvolvimento de suas atividades institucionais. Parece claro que entre as receitas de exportação dos produtos rurais e a entidade parafiscal responsável pelo desenvolvimento dos trabalhadores rurais não

---

525. O tema é polêmico na jurisprudência: "EMENTA: TRIBUTÁRIO. MANDADO DE SEGURANÇA. CONTRIBUIÇÃO SENAR. ADQUIRENTE DA PRODUÇÃO RURAL. SUBSTITUIÇÃO TRIBUTÁRIA. 1. A impetrante não está obrigada à retenção e subsequente recolhimento da contribuição destinada ao SENAR, por ocasião da aquisição de produção rural de empregador rural pessoa física. 2. Não existe previsão legal para o regime de substituição tributária, o qual foi fixado por ato normativo infralegal (art. 11, § 5º, a, do Decreto nº 566/92)". Tribunal Regional Federal da 4ª Região. Apelação nº 5010347-09.2016.4.04.7110. 1ª Turma. Rel. Des. Alexandre Rossato da Silva Ávila. j. 27.04.2018. "CONTRIBUIÇÃO AO SENAR. SUBROGAÇÃO. Tratando-se de contribuição para outras entidades ou fundos que tem a mesma base de incidência das contribuições previdenciárias, a sub-rogação da contribuição ao SENAR na pessoa do adquirente de produtos de pessoas físicas tem amparo no art. 30, IV, e 94, parágrafo único, da Lei 8.212, de 1991, combinado com o art. 6º da Lei 9.528, de 1997 e no Decreto 790, de 1993, art. 11, § 5º, a". Conselho Administrativo de Recursos Fiscais. Processo nº 10314.728321/2015-87. Acórdão nº 2301-005.268. 3ª Câmara. 1ª Turma Ordinária. Rel. Cons. Marcelo Freitas de Souza Costa. j. 09.05.2018.

há relação alguma. Sobremais, não se pode esquecer que as exportações são imunes (art. 149, § 2º, I, CF).

Vem sustentando o SENAR, todavia, que estaria autorizado a cobrar a contribuição sobre receitas de exportação com base na "Nota COSIT 312/07" da Secretaria da Receita Federal. Não é preciso dizer muito para demonstrar que "nota" alguma ou instrumento inferior que o equivalha pode embasar a atividade tributária, sobrepondo-se à Constituição. O raciocínio desenvolvido nesse ato administrativo é singelo: como o constituinte restringiu a imunidade às contribuições sociais e às contribuições de intervenção no domínio econômico, e como a contribuição ao SENAR é de interesse de categoria profissional, então a imunidade não se aplicaria em face desse tributo.

Com o devido respeito, a Constituição não previu a imunidade para contribuições de interesse de categorias profissionais ou econômicas justamente porque essas contribuições não podem incidir sobre a riqueza dos contribuintes, isto é, suas receitas. É essa, e não outra, a explicação. Uma interpretação sistematizada da Constituição aponta claramente nesse sentido. Talvez o Fisco tenha se equivocado na sua interpretação por desconhecer essas categorias jurídico-normativas. A referência na tal "Nota Cosit 312/07" de que "é suficiente ler os dispositivos e dele extrair a informação, que naturalmente deflui", no sentido de que "a isenção a que se refere o inciso I do § 2º do art. 149 da Constituição não lhes alcança", é claro sinal disso, já que ler não é interpretar e porque a Constituição não comporta "isenção". Esse mesmo raciocínio simplório também tem sido empregado no CARF, motivo pelo qual fica sujeito a essa consideração crítica, que desconsidera a organicidade do sistema.[526]

526. "CONTRIBUIÇÃO AO SENAR. COMERCIALIZAÇÃO DESTINADA AO EXTERIOR, INCLUSIVE VIA TRADING. IMUNIDADE. INAPLICABILIDADE. A imunidade prevista no §2º do art. 149 da Constituição Federal apenas abrange as contribuições sociais e as destinadas à intervenção no domínio econômico, ainda que a exportação seja realizada via terceiros tradings, não se estendendo, no entanto, ao SENAR, por se tratar de contribuição de interesse das categorias profissionais ou econômicas". Processo nº 18088.000711/2009-73. Acórdão nº 9202-007.578. 2ª Turma. Rel. Cons.ª Elaine Cristina Monteiro e Silva Vieira. publ. 08.10.2019.

7.2.3.5 A contribuição do SENAR que recai sobre o valor da propriedade rural: inexigibilidade por parte da CNA e seu flagrante descompasso com o sistema jurídico

Por derradeiro, cabe examinar a contribuição devida, em tese, ao SENAR, que incide sobre o valor da propriedade rural. O art. 3º, VII, da Lei Federal nº 8.315/91 estabelece ser de competência do SENAR a *"contribuição prevista no art. 1º do Decreto-lei nº 1.989, de 28 de dezembro de 1982, combinado com o art. 5º do Decreto-lei nº 1.146, de 31 de dezembro de 1970, que continuará sendo recolhida pelo Instituto Nacional de Colonização e Reforma Agrária (Incra)"*.

Para compreender melhor essa contribuição, é necessário regressar ao enfoque histórico, rapidamente. Esse tributo advém, na sua gênese, do disposto no art. 7º da Lei Federal nº 2.613/55, que estabelecia que a contribuição devida ao SSR pelas pessoas jurídicas agroindustriais não enquadradas na lista do art. 6º seria de 1% sobre a folha de salários. Dita contribuição, todavia, teve seu regime jurídico modificado pelo Decreto-lei nº 58/66, que no art. 3º prescreveu que a exação passaria a ser calculada *"na base de 1% (um por cento) do salário-mínimo regional anual, para cada módulo atribuído ao respectivo imóvel rural"*, mas desde que o sujeito passivo fosse contribuinte do ITR. Pelo que se nota a partir daí uma contribuição que era apurada sobre a folha de salários passou a sê-lo à razão de um percentual incidente sobre a propriedade, tanto assim que era recolhida juntamente com o imposto territorial rural.

Em virtude do Decreto-lei nº 582/69, esse tributo passou a ser devido ao IBRA, incidindo à razão de 1% sobre a folha de salários dos contribuintes que desenvolviam "atividades industriais rurais" não incluídas em lista, desde que não fossem contribuintes de ITR, ou então à razão de 1% do salário mínimo regional anual por módulo rural para esses mesmos sujeitos (não incluídos na lista) que fossem contribuintes de ITR (art. 7º da Lei 2.613/55 c/c art. 3º do DL 58/66).

O art. 5º do Decreto-lei nº 1.146/70, no entanto, afastou, definitivamente, a possibilidade de essa contribuição ser apurada com base na folha de salários, determinando que o tributo seria devido *"apenas pelos exercentes de atividades rurais em imóvel sujeito ao Imposto Territorial Rural"*. Seu critério quantitativo indicava que a contribuição era calculada à base de 1% do salário-mínimo regional anual para cada módulo atribuído ao imóvel rural. Por fim, estabeleceu esse diploma normativo que a exação seria lançada e arrecada pelo INCRA, juntamente com o ITR.

Finalmente, o art. 1º do Decreto-lei nº 1.989/82 estatuiu que a contribuição a que se referia o art. 5º do Decreto-lei nº 1.146/70, isto é, a contribuição devida ao INCRA pelos exercentes de atividades rurais em imóvel sujeito ao ITR, passou a ser fixada em 21% do valor de referência regional para cada módulo fiscal atribuído ao respectivo imóvel rural, sendo devida, igualmente, *"apenas pelos exercentes de atividades rurais em imóvel sujeito ao Imposto sobre a Propriedade Territorial Rural (ITR)"*, de acordo com o art. 1º, § 1º, do DL 1.989/82, sendo lançada e arrecadada pelo INCRA juntamente com o ITR. Todavia, previu-se uma isenção aos proprietários, titulares de domínio útil ou possuidores, a qualquer título, de imóveis rurais (i) de área até 03 (três) módulos fiscais que apresentem grau de utilização da terra igual ou superior a 30% e (ii) classificados como minifúndios ou como empresa rural, nos termos da legislação vigente (art. 1º, § 3º, do DL 1.989/82).

Desse modo, o valor dessa contribuição passa a ser apurado à razão de 21% do valor de referência regional por módulo fiscal (21% x valor de referência regional x número de módulos fiscais).

Importante registrar, no que tange ao critério quantitativo, que o valor de referência regional (VRR) significa, é claro, que é variável de região para região. O Decreto Federal nº 75.679, de 29 de abril de 1975, dividiu o País em 22 regiões e sub-regiões. Isso com o objetivo de fixar *"novos níveis de salário-mínimo para todo o território nacional"*. E a Lei Federal nº 8.178, 01 de março de 1991, por sua vez, ao estabelecer *"regras sobre preços e salários"*, dispôs no art. 21 que o maior valor de referência (MVR) seria convertido em cruzeiros, de acordo com essas regiões e sub-regiões.

Por outro lado, como previsto nos arts. 4º e 5º do Decreto Federal nº 84.685, de 06 de maio de 1980, o módulo fiscal é fixado pelo INCRA, por Município, em hectares, levando em conta o tipo de exploração predominante na sua região (pecuária, agricultura, silvicultura), bem como a renda obtida no tipo de exploração predominante, dentre outros fatores. O número de módulos fiscais de cada imóvel rural é obtido dividindo-se sua área aproveitável total pelo módulo fiscal do Município.

Assim, para se chegar ao valor da obrigação tributária multiplica-se 21% sobre o valor de referência regional, a depender da região em que estiver o imóvel, multiplicando-se o resultado pelo número de módulos fiscais da propriedade rural. É esse tributo que foi transferido ao SENAR pelo art. 3º, VII, da Lei Federal nº 8.315/91.

Quanto ao órgão arrecadador, o art. 1º da Lei Federal nº 8.022/90 estabeleceu que ficou transferida à Secretaria da Receita Federal a competência de administração de todas receitas arrecadadas pelo INCRA, inclusive quanto às atividades de tributação, arrecadação, fiscalização e cadastramento. O art. 3º, VII, da Lei nº 8.315/91, (que é posterior à Lei nº 8.022/90), porém, prescreveu que a contribuição em análise seria recolhida pelo INCRA.

Ocorre que desde a Lei nº 8.022/90, todo o sistema de arrecadação já vinha sendo desempenhado pela Secretaria da Receita Federal e com ela permaneceu, abrangendo também a contribuição ao SENAR nesse período. Tanto assim que o art. 24, II, da Lei Federal nº 8.847/94 deixou assentado que *"a competência de administração das seguintes receitas, atualmente arrecadadas pela Secretaria da Receita Federal por força do art. 1º da Lei nº 8.022, de 12 de abril de 1990, cessará em 31 de dezembro de 1996: (...) II – contribuição ao Serviço Nacional de Aprendizagem Rural (Senar), prevista no item VII do art. 3º da Lei nº 8.315, de 23 de dezembro de 1991"*. Portanto, na prática quem vinha arrecadando esse tributo era a Receita Federal, situação que perdurou até 31 de dezembro de 1996.

O prazo de administração desse tributo a cargo da Receita Federal expirou-se. E, desde então, o órgão que vinha promovendo os lançamentos e efetuando as cobranças dessa contribuição era a Confederação Nacional da Agricultura (CNA). Todavia, o fazia indevidamente. Com efeito, tanto a outrora contribuição à CNA, quanto a contribuição ao SENAR na modalidade de incidência que se analisa neste tópico eram arrecadadas pela Receita Federal. Ambas, porém, tinham pressupostos distintos. E as duas deixaram de ser exigidas pela Receita Federal, em virtude da expressa previsão contida na Lei Federal nº 8.847/94 supracitada (art. 24, I e II).

No que diz respeito à exigibilidade da contribuição que lhe cabia, a CNA, valendo-se da norma tipificada no art. 17, II, da Lei Federal nº 9.393/93 (legislação do ITR), firmou convênio com a Secretaria da Receita Federal, passando a exigir, ela própria, sua contribuição sindical. Quanto à contribuição ao SENAR prevista no art. 3º, VII, da Lei nº 8.315/91, contudo, *não havia qualquer embasamento legal para que a CNA promovesse o lançamento do tributo e efetuasse sua cobrança e arrecadação.*

Não é demais lembrar que em relação à contribuição prevista no art. 5º do DL 1.146/70, com a redação que lhe foi dada pelo art. 1º do DL 1.989/82, sempre se previu que era o INCRA o órgão responsável pelo lançamento e arrecadação. Tanto assim que o art. 3º, VII, da Lei nº 8.315/91, ao destinar o produto arrecadado com essa contribuição ao SENAR, continuou a prever que o recolhimento seria feito pelo INCRA. O fato é, porém, que em razão da legislação anterior (Lei Federal nº 8.022/90), que já havia cometido à Receita Federal a sistemática de cobrança de todos os tributos arrecadados pelo INCRA, essa contribuição ao SENAR, na prática, era exigida pela Receita Federal – sem embargo da discutível validade desse procedimento, na medida em que a lei posterior (Lei nº 8.315/91) atribuiu ao INCRA, e não à Receita Federal, a cobrança desse tributo.

Com o esgotamento da competência dada à Receita Federal para efetuar a cobrança tanto da contribuição à CNA, quanto ao SENAR, com data final prevista para o dia 31 de dezembro de 1996, em virtude do art. 24, I e II, da Lei Federal nº 8.847/94, essa contribuição ao SENAR ficou "abandonada". Assim, só havia três possibilidades: (i) ou essa contribuição continuava sendo recolhida pela Receita Federal, enquanto órgão representante da União, que é o sujeito competente para legislar sobre esse tributo; (ii) ou sua administração voltava ao INCRA, como, aliás, previsto expressamente no art. 3º, VII, da Lei nº 8.315/91; (iii) ou então o próprio SENAR, enquanto sujeito ativo da obrigação tributária, diretamente assumia esse encargo, efetuando o lançamento e promovendo a arrecadação de dita contribuição.

Nenhuma das três possibilidades se concretizou. Pelo contrário, desde aquela época, ao que consta, quem efetuava a cobrança desse tributo era a CNA, juntamente com o lançamento da contribuição sindical que lhe competia.

Sucede que a CNA não recebeu da lei capacidade tributária ativa ou mesmo sujeição ativa auxiliar para exigir essa contribuição devida ao SENAR. Noutras palavras, não há dispositivo legal algum que possa embasar os atos praticados pela CNA a esse respeito. O fato de que a CNA era competente para arrecadar a contribuição que lhe cabia em nada supria, evidentemente, a falta de dispositivo legal para efetuar a cobrança da contribuição ao SENAR, pois são tributos distintos. E órgãos distintos. Parece ser desnecessário dizer que o SENAR é órgão dotado de personalidade jurídica própria, ou seja, é um sujeito de direitos, como se deflui do art. 1º da Lei nº 8.315/91 e como está proclamado solenemente no art. 1º do seu Regulamento, introduzido pelo Decreto nº 566/92.

Por mais que vasculhe, o intérprete não encontra um fundamento legal para justificar que a CNA efetuasse o lançamento e promovesse a arrecadação dessa contribuição devida ao SENAR. Muito embora, segundo informações disponíveis à época na rede mundial de computadores, a CNA destinasse ao SENAR o produto arrecadado, isso não era suficiente para transpor a falta de base legal para esse procedimento.

Ao que parece, a CNA baseava-se na previsão legal de que *"o SENAR será organizado e administrado pela Confederação Nacional da Agricultura"* para realizar o lançamento desse tributo (art. 2º, Lei nº 8.315/91). Ocorre que o fato de o SENAR ser "organizado e administrado" pela CNA não retira sua personalidade jurídica; logo, é o SENAR, e ninguém mais, à míngua de disposição legal, que deveria efetuar o lançamento de seus tributos e promover a cobrança respectiva, inclusive judicialmente, se necessário.

Destarte, não tinha a CNA competência administrativa para promover o lançamento da contribuição prevista no art. 3º, VII, da Lei Federal nº 8.315/91 e devida ao SENAR e nem muito menos legitimidade processual para buscar a satisfação desse direito em juízo.

Esse estado de coisas se altera a partir do momento em que, em razão da chamada "Reforma Trabalhista" (Lei nº 13.467/17), a contribuição à CNA perde seu caráter tributário (algo que será objeto de breves comentários no próximo tópico). A partir do momento em que a CNA deixa de deter capacidade tributária ativa para exigir sua própria contribuição, a contribuição ao SENAR aqui examinada acaba por ficar mais prejudicada ainda.

A fragilidade desse tributo se revela mais evidente pelo fato de que o Decreto Federal nº 9.274/18 (portanto, posterior à "Reforma Trabalhista"), ao alterar o texto do art. 14 do Decreto Federal nº 566/92 (Regulamento do SENAR), estabeleceu que a contribuição devida ao SENAR pelas agroindústrias, produtores rurais pessoas jurídicas e produtores rurais pessoas físicas passaria a ser arrecadada pela Receita Federal (como já vinha ocorrendo mesmo), sendo que a contribuição objeto de análise neste item *"será feita pelo Instituto Nacional de Colonização e Reforma Agrária – Incra, ou por órgão ou entidade designado pelo Poder Executivo"*, prevendo o dispositivo ainda que será *"em conjunto com o recolhimento das contribuições para a*

Seguridade Social e do Imposto sobre a Propriedade Territorial Rural". Ora, não se tem notícia de que, junto com as contribuições para a Seguridade Social, a Receita venha cobrando essa contribuição ao SENAR. E o mesmo se diga no que toca ao INCRA, que, ao que se tem conhecimento, não faz, ele próprio, cobrança tributária alguma. São os resquícios da truncada legislação de antanho sendo percebidos ainda hoje em dia.

Mas, não é só. Independentemente dos problemas observados na sujeição ativa da relação jurídico-tributária, há defeitos também no critério quantitativo, impeditivos à sustentabilidade desse tributo, dado o descompasso existente entre essa contribuição atribuída ao SENAR e o sistema jurídico em vigor.

Isso porque essa contribuição, na forma em que prevista no último formato legislativo, passou a ser apurada com base no valor da propriedade rural. E isso, obviamente, não é compatível com o regime jurídico das contribuições do "Sistema S", do qual o SENAR faz parte. Ao determinar que a exação seja fixada em 21% do valor de referência regional para cada módulo fiscal atribuído ao respectivo imóvel rural, *o legislador elegeu como critério mensurador da contribuição uma porcentagem sobre o valor presumido da propriedade rural, o que o ordenamento não admite.*

A todo sentir, o SENAR não tem competência para tributar a propriedade imobiliária rural, ainda que a pretexto de se valer de uma "contribuição". O art. 153, VI, da Constituição Federal é claro ao estabelecer que a propriedade de imóveis rurais foi incluída na competência exclusiva da União para tributá-la a título de imposto. E o art. 240 da Carta da República, por sua vez, também indicou claramente que as entidades privadas de formação profissional só receberam competência para tributar a folha de salários. Logo, a contribuição ao SENAR que pretende gravar a propriedade imobiliária rural é desprovida de fundamento jurídico.

Reitere-se o que foi dito linhas atrás, no sentido de que a base de cálculo da contribuição destinada ao custeio da qualificação profissional dos trabalhadores há de medir, necessariamente, a folha de salário paga pelo empregador aos seus empregados, não tendo relação alguma com o valor da propriedade de seu imóvel rural. Desta feita, a contribuição prevista no art. 5º do Decreto-lei nº 1.146/70, revigorada pelo Decreto-lei nº 1.989/82 e transportada ao SENAR pelo art. 3º, VII, da Lei Federal nº 8.315/91, não encontra guarida no sistema jurídico introduzido pela Constituição Federal de 1988, de tal modo que esse tributo é inválido. Já passou da hora de advir uma revogação expressa dessa pretensa faixa de incidência.

7.3 A contribuição à CNA perdeu sua natureza tributária

Outro tributo até então de inegável interesse para o agronegócio era a contribuição à CNA – Confederação da Agricultura e Pecuária do Brasil. Na primeira edição desta obra dedicou-se um tópico específico para análise minudente dessa exigência, demonstrando-se que ela ostentava natureza tributária e que tinha respaldo na Constituição Federal, a despeito das observações críticas que foram feitas. Seu embasamento legal decorria, sobretudo, do art. 578 da CLT – Consolidação das Leis do Trabalho.

Acontece, todavia, que com o advento da assim denominada "Reforma Trabalhista", veiculada pela Lei Federal nº 13.467, de 13 de julho de 2017, por uma decisão política o legislador alterou o enunciado do art. 578, passando a estabelecer que "*as contribuições devidas aos sindicatos pelos participantes das categorias econômicas ou profissionais ou das profissões liberais representadas pelas referidas entidades serão, sob a denominação de contribuição sindical, pagas, recolhidas e aplicadas na forma estabelecida neste Capítulo, desde que prévia e expressamente autorizadas*". Como se vê, o que antes era compulsório – daí seu caráter tributário – ficou condicionado à autorização prévia e expressa do indivíduo.

Também o art. 579 da CLT, com a nova redação, passou a prever que "*o desconto da contribuição sindical está condicionado à autorização prévia e expressa dos que participarem de uma determinada categoria econômica ou profissional, ou de uma profissão liberal, em favor do sindicato representativo da mesma categoria ou profissão ou, inexistindo este, na conformidade do disposto no art. 591 desta Consolidação".* A contribuição de categoria econômica ou profissional antes regida pela CLT, nessa ordem de ideias, passou a ser facultativa.

Isso significa que, com a alteração do sistema de direito positivo, a contribuição à CNA deixou de ter natureza tributária, não justificando mais sua análise no bojo de um texto que se propõe a reunir a tributação federal incidente no agronegócio. A própria CNA reconheceu que a contribuição perdeu sua característica tributária, como divulgado em seu site. Portanto, todas as ponderações que foram feitas sobre a contribuição à CNA foram suprimidas nesta edição do livro, razão pela qual, para os casos anteriores a essa modificação, remete-se o leitor ao exame que foi desenvolvido na primeira edição desta obra.

REFERÊNCIAS

ABBAGNANO, Nicola. *Dicionário de filosofia.* São Paulo: Martins Fontes, 2007.

ALVES-MAZZOTTI, Alda Judith; GEWANDSZNAJDER, Fernando. *O método nas ciências naturais e sociais: pesquisa quantitativa e qualitativa.* 2. ed. São Paulo: Thomson, 1999.

AMARO, Luciano. *Direito tributário brasileiro.* 21. ed. São Paulo: Saraiva, 2016.

_______. "Conceito e classificação dos tributos". *Revista de direito tributário* nº 55. São Paulo: Malheiros, p. 239/296.

_______. "Imposto de renda: regime jurídico". *Curso de direito tributário.* 8. ed. Coord. Ives Gandra da Silva Martins. São Paulo: Saraiva, 2001.

ANDRADE, Eduardo. *Imposto sobre a renda e proventos de qualquer natureza: a lógica como ferramenta jurídica delimitando conceitos, demonstrando as arquiteturas da incidência e revelando as ideologias contidas no discurso jurídico do imposto.* Dissertação de Mestrado. São Paulo: Pontifícia Universidade Católica de São Paulo, 2006.

ANDRADE FILHO, Edmar Oliveira. *Manual do imposto de renda das pessoas jurídicas:* lucro real. São Paulo: Atlas, 2000.

ARAUJO, Clarice von Oertzen. *Semiótica do direito.* São Paulo: Quartier Latin, 2005.

ATALIBA, Geraldo. "Conflitos entre ICM, ISS e IPI". *Revista de direito tributário nº 07-08*. São Paulo: Malheiros, p. 105/131.

_______. "Hipótese de incidência e classificação dos tributos". *VI Curso de especialização em direito tributário: aulas e debates*. São Paulo: Resenha Tributária, 1978.

_______. *Hipótese de incidência tributária*. 6. ed. São Paulo: Malheiros, 2002.

_______. "IPI – hipótese de incidência". *Estudos e pareceres de direito tributário*. São Paulo: Ed. RT, 1978, v. I.

_______. "PIS – natureza de imposto". *Estudos e pareceres de direito tributário*. São Paulo: Ed. RT, 1978, v. II.

_______. "Lei complementar em matéria tributária". *Revista de direito tributário* nº 48. São Paulo: Malheiros, p. 84/106.

_______. "Princípios constitucionais do processo e procedimento em matéria tributária". *Revista de direito tributário* nº 46. São Paulo: Malheiros, p. 118/132.

_______. *República e Constituição*. 2. ed. São Paulo: Malheiros, 2001.

_______. *Sistema constitucional tributário brasileiro*. São Paulo: Ed. RT, 1968.

_______; GIARDINO, Cléber. "Hipótese de incidência do IPI". *Revista de direito tributário* nº 37. São Paulo: Malheiros, p. 147/151.

_______; LIMA GONÇALVES, José Artur. "Contribuição – empresa urbana não é contribuinte de Funrural". *Revista de direito tributário* nº 54. São Paulo: Malheiros, out-dez. 1990, p. 147/151.

ÁVILA, Humberto. *Teoria dos princípios: da definição à aplicação dos princípios jurídicos*. 20. ed. São Paulo: Malheiros, 2021.

_______. *Constituição, liberdade e interpretação*. 2. ed. São Paulo: Malheiros, 2021.

_______. *Teoria da igualdade tributária.* 4. ed. São Paulo: Malheiros, 2021.

_______. *Teoria da segurança jurídica.* 5. ed. São Paulo: Malheiros, 2019.

_______. *Competências tributárias: um ensaio sobre a sua compatibilidade com as noções de tipo e conceito.* São Paulo: Malheiros, 2018.

_______. *Sistema constitucional tributário.* 5. ed. São Paulo: Saraiva, 2012.

_______. "Contribuições na Constituição Federal de 1988". *As contribuições no sistema tributário brasileiro.* Coord. Hugo de Brito Machado. São Paulo: Dialética, 2003.

_______. "Argumento jurídica e a imunidade do livro eletrônico". *Revista da faculdade de direito da UFRGS* v. 19, 2001, p. 177/178.

BALEEIRO, Aliomar. *Direito tributário brasileiro.* 13. ed. Atual. Misabel Abreu Machado Derzi. Rio de Janeiro: Forense, 2015.

BALERA, Wagner. *Curso de direito previdenciário.* 5. ed. São Paulo: LTr, 2002.

BANDEIRA DE MELLO, Celso Antônio. *Curso de direito administrativo.* 32. ed. São Paulo: Malheiros, 2015.

_______. *Conteúdo jurídico do princípio da igualdade.* 3. ed. São Paulo: Malheiros, 1997.

_______. "Introdução". *Elementos de direito tributário:* notas taquigráficas do III Curso de Especialização em Direito Tributário, realizado pela Pontifícia Universidade Católica de São Paulo. Coord. Geraldo Ataliba. São Paulo: Ed. RT, 1978.

_______. "Imposto sobre a renda – Depósitos bancários – Sinais exteriores de riqueza". *Revista de direito tributário* nº 23-24.

_______. "Eficácia das normas constitucionais sobre justiça social". *Revista de direito tributário* nº 57-58. São Paulo: Malheiros, p. 233/256.

BANDEIRA DE MELLO, Oswaldo Aranha. *Princípios gerais de direito administrativo*. 2. ed. Rio de Janeiro: Forense, 1979, v. I.

BARBOSA, Rui. *Oração aos moços*. São Paulo: Martin Claret, 2003.

BARRETO, Aires Fernandino. *Curso de direito tributário municipal*. São Paulo: Saraiva, 2009.

_______. "A nova COFINS: primeiros apontamentos". *Revista dialética de direito tributário* nº 103.

_______. "Aplicação do princípio da progressividade". *Justiça Tributária:* 1º Congresso Internacional de Direito Tributário. São Paulo: Max Limonad, 1998.

_______. "Imposto predial e territorial urbano – IPTU". *Curso de direito tributário*. Coord. Ives Gandra da Silva Martins. 8. ed. São Paulo: Saraiva, 2001.

_______. "Imposto sobre a propriedade imobiliária". *Revista de direito tributário* nº 58. São Paulo: Malheiros, p. 227/241.

BARRETO, Paulo Ayres. *Imposto sobre a renda e preços de transferência*. São Paulo: Dialética, 2001.

_______. *Contribuições:* regime jurídico, destinação e controle. 2. ed. São Paulo: Noeses, 2011.

_______. "Preço de transferência e o princípio '*arm's lenght*': evolução e aproximação da OCDE". *Novo RIR: aspectos jurídicos relevantes do regulamento do imposto de renda 2018*. Coord. Jimir Doniak Jr. São Paulo: Quartier Latin, 2019.

BARRETO, Luís Roberto. "Razoabilidade e isonomia no direito brasileiro". *Temas de direito constitucional*. Rio de Janeiro: Renovar, 2001.

BARROSO FILHO, Wilson. *Base de cálculo do imposto sobre a renda da pessoa jurídica tributada pelo lucro real: análise à luz da teoria da regra-matriz de incidência.* Tese de Doutorado. São Paulo: Pontifícia Universidade Católica de São Paulo, 2002.

BECHO, Renato Lopes. *Elementos de direito cooperativo.* São Paulo: Dialética, 2002.

_______. *Tributação das cooperativas.* 3. ed. São Paulo: Dialética, 2005.

BECKER, Alfredo Augusto. *Teoria geral do direito tributário.* 3. ed. São Paulo: Lejus, 2002.

BENTO, Marcelo Guaritá Borges. "Aspectos controvertidos no ganho de capital decorrente da alienação de imóveis rurais". *XVIII Congresso Nacional de Estudos Tributários: meio século de tradição.* Coord. Paulo de Barros Carvalho. Org. Priscila de Souza. São Paulo: Noeses, 2021.

_______. "ITR e algumas questões controvertidas". *A tributação no agronegócio.* Coord. Luiz Henrique Nery Massara, Marcelo Hugo de Oliveira Campos e Paulo Honório de Castro Júnior. Belo Horizonte: Casa do Direito, 2020.

_______. "Funrural: questões pós-julgamento do RE nº 718.874/RS". *Agronegócio, tributação e questões internacionais.* Coord. Heleno Taveira Torres e Jimir Doniak Jr. São Paulo: Quartier Latin, 2019.

_______; BORGES, Manuel Eduardo Cruvinel Machado. "Contribuição ao SENAR: questões controversas". *Agronegócio, tributação e questões internacionais.* Coord. Heleno Taveira Torres e Jimir Doniak Jr. São Paulo: Quartier Latin, 2021.

_______; BORGES, Manuel Eduardo Cruvinel Machado. "Deduções de despesas e investimentos da atividade rural e os impactos do LCDPR". *Controvérsias atuais no agronegócio.* Org. Rodolfo Rebouças, Paulo Honório de Castro Júnior, Nereida Horta, Thales Falek e Gabriel Hercos. São Paulo: Editora Dialética, v. I, 2021.

BIANCO, João Francisco; SILVA, Fabiana Carsoni Alves da. O PCI e o PECEX: as listas necessárias à aplicação dos métodos e os ajustes voltados a corrigir distorções. *Manual de preço de transferência BEPS, Brasil & OCDE.* Coord. Leonardo Freitas de Moraes e Castro e Francisco Lisboa Moreira. São Paulo: Quartier Latin, 2018, v. I.

BOBBIO, Norberto. *Teoria da norma jurídica.* 2. ed. Trad. Fenando Pavan Baptista e Ariani Bueno Sudatti. São Paulo: Edipro, 2003.

_______. *O positivismo jurídico: lições de filosofia do direito.* Trad. Márcio Pugliesi, Edson Bini e Carlos E. Rodrigues. São Paulo: Ícone, 1995.

BOLDRIN, Larissa Cássia Favaro. *A regra-matriz do imposto sobre a propriedade territorial rural.* Dissertação de Mestrado. São Paulo: Pontifícia Universidade Católica de São Paulo, 2005.

BORGES, José Souto Maior. *Ciência feliz.* São Paulo: Quartier Latin, 2007.

_______. *Lei complementar tributária.* São Paulo: Ed. RT, 1975.

_______. *Obrigação tributária: uma introdução metodológica.* São Paulo: Saraiva, 1984.

_______. "Princípio da segurança jurídica na criação e aplicação do tributo". *Revista de direito tributário* nº 63. São Paulo: Malheiros, p. 206/210.

BORGES, Manuel Eduardo Cruvinel Machado. ITR e o SIPT – Sistema de Preço de Terras: aspectos legais e limites. *Imposto sobre a propriedade territorial rural à luz da jurisprudência do Conselho Administrativo de Recursos Fiscais.* Coord. Pedro Anan Jr. e Marcelo Magalhães Peixoto. São Paulo: MP Editora, 2015, v. II.

BOTTALLO, Eduardo Domingos. *Fundamentos do IPI:* imposto sobre produtos industrializados. São Paulo: Ed. RT, 2002.

_______. "Tributação, ecologia e meio ambiente". *Revista de direito tributário* nº 78. São Paulo: Malheiros, p. 69/73.

BRAGHETTA, Daniela de Andrade. *Tributação no comércio eletrônico à luz da teoria comunicacional do direito.* São Paulo: Quartier Latin, 2003.

BUENO, Francisco de Godoy. *Contratos agrários agroindustriais: análise à luz da teoria dos contratos atípicos.* São Paulo: Almedina, 2017.

BURANELLO, Renato. *Manual do direito do agronegócio.* 2. ed. São Paulo: Saraiva, 2018.

_______. "Autonomia didática do direito do agronegócio". *Direito do agronegócio: mercado, regulação, tributação e meio ambiente.* Coord. Renato Buranello, André Ricardo Passos de Souza e Ecio Perin Junior. São Paulo: Quartier Latin, 2011, v. I, p. 25/40.

CALCINI, Fábio Pallaretti. IRPJ/CSLL. "Depreciação incentivada acelerada e prejuízos fiscais na atividade rural". *Revista dialética de direito tributário* nº 211. São Paulo: Dialética, abr. 2013, p. 42/56.

_______. "Funrural: aspectos constitucionais e legais. Questões atuais". *Direito tributário e os novos horizontes do processo.* Coord. Paulo de Barros Carvalho. São Paulo: Noeses, 2015, p. 473/506.

_______. "As regras de preços de transferência: PCI e PECEX. Aplicação para o agronegócio ("commodities"). Algumas ponderações". *Agronegócio, tributação e questões internacionais.* Coord. Heleno Taveira Torres e Jimir Doniak Jr. São Paulo: Quartier Latin, 2019.

_______. "O conceito de agroindústria e suas repercussões no âmbito tributário". *A tributação no agronegócio.* Coord. Luiz Henrique Nery Massara, Marcelo Hugo de Oliveira Campos e Paulo Honório de Castro Júnior. Belo Horizonte: Casa do Direito, 2020.

_______. "Efeitos fiscais para os contratos agrários de parceria e arrendamento". Disponível em: https://www.conjur.com.br/2017-ago-25/direito-agronegocio-efeitos-fiscais-contratos-agrarios-parceria-arrendamento

_______. "Aplicação da Lei 9.393/96 quanto ao ganho de capital de imóvel rural no lucro real". Disponível em: https://www.conjur.com.br/2019-jul-12/direito-agronegocio-aplicacao-lei-939396-quanto-ganho-capital-imovel-rural.

CAMARGOS, Luciano Dias Bicalho. *O imposto territorial rural e a função social da propriedade*. Belo Horizonte: Del Rey, 2001.

_______. *Da natureza jurídica das contribuições para o Instituto Nacional de Colonização e Reforma Agrária – INCRA*. São Paulo: MP Editora, 2006.

CAMPILONGO, Celso Fernandes. *Política, sistema jurídico e decisão judicial*. São Paulo: Max Limonad, 2002.

CAMPOS, Dejalma. *Do imposto sobre a propriedade territorial rural*. São Paulo: Atlas, 1993.

CAMPOS, Fortunato Bassani. "Imposto de renda: pessoas jurídicas". *Curso de direito tributário*. 8. ed. Coord. Ives Gandra da Silva Martins. São Paulo: Saraiva, 2001.

CANTO, Gilberto de Ulhôa. "ICM – não cumulatividade – abatimento constitucional". *Revista de direito tributário* nº 29-30. São Paulo: Malheiros, 197/208.

CARNELUTTI, Francesco. *Metodologia do direito*. Trad. Frederico A. Paschoal. Campinas: Bookseller, 2002.

CARRAZZA, Roque Antonio. *Curso de direito constitucional tributário*. 30. ed. São Paulo: Malheiros, 2015.

_______. *Imposto sobre a renda: perfil constitucional e temas específicos*. São Paulo: Malheiros, 2005.

_______. *ICMS*. 17. ed. São Paulo: Malheiros, 2015.

_______. *O regulamento no direito tributário brasileiro*. São Paulo: Ed. RT, 1981.

_______. "Imunidade, Isenção e Não Incidência". *Curso de iniciação em direito tributário.* Coord. Aires Barreto e Eduardo Domingos Bottallo. São Paulo: Dialética, 2004.

CARVALHO, Paulo de Barros. *Curso de direito tributário.* 32. ed. São Paulo: Noeses, 2022.

_______. *Direito tributário: fundamentos jurídicos da incidência.* 10. ed. São Paulo: Saraiva, 2015.

_______. *Direito tributário, linguagem e método.* 8. ed. São Paulo: Noeses, 2021.

_______. *Derivação e positivação no direito tributário.* São Paulo: Noeses, 2013, v. II.

_______. *Teoria da norma tributária.* 4. ed. São Paulo: Max Limonad, 2002.

_______. "Aproveitamento de crédito presumido decorrente de receitas de exportação previsto na Lei nº 9.363/96 e os produtos isentos, submetidos à alíquota zero, NT ou não sujeitos à tributação pelo IPI". *Aspectos polêmicos do agronegócio: uma visão através do contencioso.* Coord. Elias Marques de Medeiros Neto. São Paulo: Castro Lopes, 2013, p. 25/51.

_______. "Imunidades tributárias". *Revista de direito tributário* nº 27-28. São Paulo: Malheiros, 1984.

_______. "O direito positivo como sistema homogêneo de enunciados deônticos". *Revista de direito tributário* nº 45. São Paulo: Malheiros, p. 32/36.

_______. "O princípio da segurança jurídica em matéria tributária". *Revista de direito tributário* nº 61. São Paulo: Malheiros, p. 74/90.

_______. "Base de cálculo como fato jurídico e a taxa de classificação de produtos vegetais". *Revista dialética de direito tributário* nº 37. São Paulo: Dialética, out. 1998, p. 118/143.

CARVALHO, Cristiano. "O IPI e a industrialização por encomenda". *IPI* – aspectos jurídicos relevantes. Coord. Marcelo Magalhães Peixoto. São Paulo: Quartier Latin, 2003.

CARVALHO, Fábio Augusto Junqueira; SILVA, Maria Inês Caldeira Pereira. *IRPJ: teoria e prática jurídica*. 2. ed. São Paulo: Dialética, 2000.

______. "Inconstitucionalidade da sujeição passiva do produtor rural empregador à contribuição ao Funrural". *Revista dialética de direito tributário* nº 17. São Paulo: Dialética, p. 07/18.

COÊLHO, Sacha Calmon Navarro. *Curso de direito tributário brasileiro*. 13. ed. Rio de Janeiro: Forense, 2014.

______. *Teoria geral do tributo, da interpretação e da exoneração tributária*. 3. ed. São Paulo: Dialética, 2003.

______. *Contribuições no direito brasileiro: seus problemas e soluções*. São Paulo: Quartier Latin, 2007.

______. "As contribuições especiais no direito tributário brasileiro". *Justiça Tributária: 1º Congresso Internacional de Direito Tributário – IBET*. São Paulo: Max Limonad, 1998.

COIMBRA, Marcelo de Aguiar. "Fundamentos constitucionais da justiça fiscal no campo: em defesa da tríade liberdade econômica, capacidade contributiva e preservação do meio ambiente". *Tributação no agronegócio*. Coord. Eduardo de Carvalho Borges. São Paulo: Quartier Latin, 2005.

COPI, Irving M. *Introdução à lógica*. Trad. Álvaro Cabral. São Paulo: Mestre Jou, 2004.

COSTA, Alcides Jorge. *ICM na Constituição e na lei complementar*. São Paulo: Resenha Tributária, 1978.

COSTA, Mário Luiz Oliveira. *Setor sucroalcooleiro: da rígida intervenção ao livre mercado*. São Paulo: Método, 2003.

COSTA, Regina Helena. *Princípio da capacidade contributiva*. 4. ed. São Paulo: Malheiros, 2012.

_______. *Praticabilidade e justiça tributária: exequibilidade da lei tributária e direitos do contribuinte*. São Paulo: Malheiros, 2007.

_______. "Tributação, ecologia e meio ambiente". *Revista de direito tributário* nº 78. São Paulo: Malheiros, p. 73/79.

DERZI, Misabel. "Contribuição para o Finsocial". *Revista de direito tributário* nº 55. São Paulo: Malheiros, p. 196/205.

DIAS, Karem Jureidini; PIGNATARI, Leonardo Thomaz. "Sub-rogação no Funrural: a ressurreição de uma norma 'morta'?". *Controvérsias atuais no agronegócio*. Org. Rodolfo Rebouças, Paulo Honório de Castro Júnior, Nereida Horta, Thales Falek e Gabriel Hercos. São Paulo: Editora Dialética, v. I, 2021.

DIDIER Jr., Fredie. *Curso de direito processual civil*. 11. ed. Salvador: Jus Podivm, 2016, v. II.

DINIZ, Maria Helena. *Conceito de norma jurídica como problema de essência*. 4. ed. São Paulo: Saraiva, 2003.

_______. *Compêndio de introdução à ciência do direito*. 25. ed. São Paulo: Saraiva, 2014.

_______. *Dicionário jurídico*. São Paulo: Saraiva, 1998, v. IV.

_______. *Tratado teórico e prático dos contratos*. 4. ed. São Paulo: Saraiva, 2002, v. II.

_______. *Curso de direito civil brasileiro*. 30. ed. São Paulo: Saraiva, 2015, v. IV.

DOMINGO, Luiz Roberto. "O ITR e o lançamento de ofício com base no SIPT". *Direito tributário e os novos horizontes do processo*. Coord. Paulo de Barros Carvalho: São Paulo: Noeses, 2015, p. 817/831.

DONIAK Jr, Jimir. "O Renovabio e sua tributação". *Agronegócio, tributação e questões internacionais*. Coord. Heleno Taveira Torres e Jimir Doniak Jr. São Paulo: Quartier Latin, 2021.

ECHAVE, Delia Teresa; URQUIJO, María Eugenia; GUIBOURG, Ricardo A. *Lógica, propósicion y norma.* 4. ed. Buenos Aires: Depalma, 1995.

ELALI, André. *Comentários ao Código Tributário Nacional.* Coord. Marcelo Magalhães Peixoto e Rodrigo Santos Masset Lacombe. São Paulo: MP Editora, 2005.

ENGISCH, Karl. *Introdução ao pensamento jurídico.* Trad. Baptista Machado. 10. ed. Lisboa: Fundação Calouste Gulbenkian, 2004.

ENTERRÍA, Eduardo García; TOMÁS-RAMÓN, Fernández. *Curso de direito administrativo.* Trad. Arnaldo Setti. São Paulo: Ed. RT, 1990.

FALEK, Thales Saldanha; CUNHA, Gabriel Hercos. "Discussões acerca da base de cálculo do ITR". *Agronegócio, tributação e questões internacionais.* Coord. Heleno Taveira Torres e Jimir Doniak Jr. São Paulo: Quartier Latin, 2021.

FAJERSZTAJN, Bruno; SANTOS, Ramon Tomazela. "O controle de preços de transferência nas exportações de commodities e o método do preço sob cotação na exportação (PECEX)". *Revista fórum de direito tributário – RFDT.* Belo Horizonte, v. 14, n. 84, p. 95/122, nov/dez 2016.

FERNANDES, Andressa Guimarães Torquato. "Transparência das regras de preço de transferência para commodities". *Transparência fiscal em desenvolvimento: homenagem ao Professor Isaias Coelho.* Coord. Eurico Marcos Diniz de Santi et al. São Paulo: Fiscosoft, 2013.

FERRAGUT, Maria Rita. *Presunções no direito tributário.* 2. ed. São Paulo: Quartier Latin, 2005.

FERRAZ JR., Tercio Sampaio. *Introdução ao estudo do direito:* técnica, decisão, dominação. 2. ed. São Paulo: Atlas, 1994.

_______. *Conceito de sistema no direito.* São Paulo: Ed. RT, 1976.

_______. *A ciência do direito.* 2. ed. São Paulo: Atlas, 1980.

_______. *A norma jurídica*. Coord. Sérgio Ferraz: Rio de Janeiro: Freitas Bastos, 1980.

_______. "Segurança jurídica e normas gerais tributárias". *Revista de direito tributário* nº 17/18. São Paulo: Malheiros, p. 51/56.

_______. "Equiparação. CTN – art. 51". *Caderno de direito tributário e finanças públicas nº 28*. São Paulo: Ed. RT, p. 09/14.

FERREIRA, Aurélio Buarque de Holanda. *Novo dicionário da língua portuguesa*. 2. ed. Rio de Janeiro: Nova Fronteira, 1986.

FRANCISCO, José Antônio; PELLEGRINA, Marcello Jorge. "O imposto sobre a propriedade territorial rural". *Curso de direito tributário*. Coord. Ives Gandra da Silva Martins. 8. ed. São Paulo: Saraiva, 2001.

GADAMER, Hans-Georg. *Verdade e método I: traços fundamentais de uma hermenêutica filosófica*. Trad. Flávio Paulo Meurer. 6. ed. Petrópolis: Vozes, 2004.

GALDINO, Dirceu; ARZUA, Heron. "Ainda o Funrural e o Incra". *Revista dialética de direito tributário* nº 52. São Paulo: Dialética, p. 60/70.

GALHARDO, Luciana Rosanova. "Brasil, OCDE e os reflexos tributários para a legislação de preços de transferência". Disponível em: https://www.jota.info/opiniao-e-analise/colunas/coluna-da-abdf/brasil-ocde-e-os-reflexos-tributarios-para-a-legislacao-de-precos-de-transferencia-03022020

GAMA, Tácio Lacerda. *Contribuições de intervenção no domínio econômico*. São Paulo: Quartier Latin, 2003.

_______. *Competência tributária: fundamentos para uma teoria da nulidade*. 2. ed. São Paulo: Noeses, 2011.

_______. "A descaracterização dos contratos de parceria rural na jurisprudência do CARF". *Agronegócio, tributação e questões internacionais*. Coord. Heleno Taveira Torres e Jimir Doniak Jr. São Paulo: Quartier Latin, 2021.

GIARDINO, Cleber. "Conflitos entre imposto sobre produtos industrializados e imposto sobre operações relativas à circulação de mercadorias". *Revista de direito tributário* nº 13-14. São Paulo: Malheiros, p. 137/144.

GONÇALVES, Renato Lacerda de Lima. "A tributação pelo IPI de embalagens destinadas ao acondicionamento de produtos alimentícios essenciais". *Tributação no agronegócio*. Coord. Eduardo de Carvalho Borges. São Paulo: Quartier Latin, 2005.

GORDILLO, Agustin. *Princípios gerais de direito público*. Trad. Marco Aurélio Greco. São Paulo: Ed. RT, 1977.

GRAU, Eros Roberto. *A ordem econômica na Constituição de 1988*. 4. ed. São Paulo: Malheiros, 1998.

_______. "Notas sobre os conceitos jurídicos". *Revista de direito público* nº 74. São Paulo: Malheiros, p. 216/221.

GUASTINI, Ricardo. *Das fontes às normas*. Trad. Edson Bini. São Paulo: Quartier Latin, 2005.

HALAH, Lucas Issa. *Tributação da renda no agronegócio*. São Paulo: Quartier Latin, 2018.

HARET, Florence. *Tributação no agronegócio*. 2. ed. São Paulo: IDEA, 2016.

_______. "Considerações sobre a não cumulatividade do PIS/COFINS nas diferentes atividades no agronegócio". *Agronegócio, tributação e questões internacionais*. Coord. Heleno Taveira Torres e Jimir Doniak Jr. São Paulo: Quartier Latin, 2019.

_______. "O arquétipo constitucional do ITR na compreensão da exclusão das áreas verdes da área tributável". *Agronegócio, tributação e questões internacionais*. Coord. Heleno Taveira Torres e Jimir Doniak Jr. São Paulo: Quartier Latin, 2021.

HART, Herbert L. A. *O conceito de direito*. 3. ed. Lisboa: Fundação Calouste Gulbenkian, 2001.

ICHIHARA, Yoshiaki. "A desapropriação e as implicações com o imposto de renda". *Revista de direito tributário* nº 45. São Paulo: Malheiros, p. 238/242.

IVO, Gabriel. "A incidência da norma jurídica: o cerco da linguagem". *Revista de direito tributário* nº 79. São Paulo: Malheiros, p. 187/197.

KELSEN, Hans. *Teoria geral do direito e do Estado.* Trad. Luís Carlos Borges. São Paulo: Martins Fontes, 2000.

_______. *Teoria pura do direito.* 5. ed. Trad. João Baptista Machado. Coimbra: Armênio Amado Editor, 1979.

_______. *Que es la teoría pura del derecho?* México: Fontamara, 1993.

_______. *Teoria geral das normas.* Trad. José Florentino Duarte. Porto Alegre: Sergio Antonio Fabris Editor, 1986.

LARENZ, Karl. *Metodologia da ciência do direito.* Trad. José Lamego. 3. ed. Lisboa: Fundação Calouste Gulbenkian, 1997.

LEITE, Geilson Salomão. *Do imposto territorial rural – ITR.* São Paulo: Max Limonad, 1996.

LIMA GONÇALVES, José Artur. *Imposto sobre a renda: pressupostos constitucionais*. São Paulo: Malheiros, 2002.

LOUBET, Leonardo Furtado. "A contribuição ao INCRA e o Supremo Tribunal Federal: análise crítica do RE 630.898/RS e as questões que permanecem em aberto". *Contribuições: evolução jurisprudencial no CARF, STJ e STF.* Coord. Marcelo Magalhães Peixoto, Leonardo Ogassawara de Araújo Branco e Michell Przepiorka. São Paulo: MP Editora, 2022.

_______. "Qual regime tributário é mais vantajoso no agro: ser pessoa física ou pessoa jurídica?". *XVIII Congresso Nacional de Estudos Tributários: meio século de tradição.* Coord. Paulo de Barros Carvalho. Org. Priscila de Souza. São Paulo: Noeses, 2021.

_______. "Preços de transferência na exportação de *commodities* do agronegócio: uma abordagem analítica". *Controvérsias atuais no agronegócio*. Org. Rodolfo Rebouças, Paulo Honório de Castro Júnior, Nereida Horta, Thales Falek e Gabriel Hercos. São Paulo: Editora Dialética, v. I, 2021.

_______. "Regime especial de exportação de *commodities* agrícolas para fins de controle do ICMS e suas inconsistências normativas: práticas abusivas em MS e MT e que ameaçam se espalhar Brasil afora". *Agronegócio, tributação e questões internacionais*. Coord. Heleno Taveira Torres e Jimir Doniak Jr. São Paulo: Quartier Latin, v. II, 2021.

_______. "Comentários ao art. 113 do Código Tributário Nacional". *Código Tributário Nacional interpretado*. Org. Costa Machado. Coord. Mary Elbe Queiroz. São Paulo: Portal das Revistas Jurídicas, 2021.

_______. "As flagrantes inconstitucionalidades do "Fundersul" e do "Fethab": o Supremo precisa pôr um freio nesses mecanismos paralelos de arrecadação". *XVII Congresso Nacional de Estudos Tributários: texto e contexto*. Coord. Paulo de Barros Carvalho. Org. Priscila de Souza. São Paulo: Noeses, 2020.

_______. "A 'municipalização' do ITR e seus problemas". *A tributação no agronegócio*. Coord. Luiz Henrique Nery Massara, Marcelo Hugo de Oliveira Campos e Paulo Honório de Castro Júnior. Belo Horizonte: Casa do Direito, 2020.

_______. "Crédito presumido de PIS/COFINS na cadeia do agronegócio: um regramento específico para cada produto". *XVI Congresso Nacional de Estudos Tributários: constructivismo lógico-semântico e os diálogos entre teoria e prática*. Coord. Paulo de Barros Carvalho. Org. Priscila de Souza. São Paulo: Noeses, 2019.

_______. "Tributação do agronegócio: uma abordagem sistematizada". *Agronegócio, tributação e questões internacionais*. Coord. Heleno Taveira Torres e Jimir Doniak Jr. São Paulo: Quartier Latin, 2019.

_______. "O novo 'RIR' e seus reflexos no IRPF da atividade rural". *Novo RIR – aspectos jurídicos relevantes do Regulamento do Imposto de Renda 2018*. Coord. Jimir Doniak Jr. São Paulo: Quartier Latin, 2019.

_______. "Critérios científicos para demarcação da tributação do agronegócio: seu isolamento temático e sua abertura interdisciplinar". *Agronegócio, direito e a interdisciplinaridade do setor*. Coord. Pedro Puttini Mendes. 2. ed. Londrina: Thoth, 2019.

_______. "Funrural: problemas não resolvidos pelo STF e as projeções envolvendo as mudanças para tributação pela folha de salários". *Revista de direito tributário contemporâneo* nº 16. São Paulo: Ed. RT, 2019, p. 91/109.

_______. "O STF, o Funrural e seus desdobramentos na tributação das agroindústrias e das agropecuárias". *XIV Congresso Nacional de Estudos Tributários: racionalização do sistema tributário*. Coord. Paulo de Barros Carvalho. Org. Priscila de Souza. São Paulo: Noeses, 2017.

_______. "Não cumulatividade de PIS/COFINS e restrições de créditos na atividade rural". *Fundamentos do PIS e da COFINS e o regime jurídico da não cumulatividade*. Coord. Marcelo Magalhães Peixoto. São Paulo: MP Editora, 2007.

_______. "Comentários aos arts. 1º e 2º da Lei do Simples Nacional". *Comentários à Lei do Supersimples*. Org. Halley Henares Neto. São Paulo: Quartier Latin, 2007.

_______. "Lei Federal nº 10.833/03: a nova regra-matriz de incidência da COFINS e a violação ao princípio da anterioridade nonagesimal". *PIS/COFINS:* questões atuais e polêmicas. Coord. Marcelo Magalhães Peixoto e Octavio Campos Fischer. São Paulo: MP Editora, 2005.

_______; LOUBET, Luciano Furtado. "A natureza jurídica da COSIP – contribuição para custeio do serviço de iluminação pública". *Revista tributária e de finanças públicas nº 56*. São Paulo: Ed. RT, 2004, p. 194/211.

_______; McNAUGTHON, Charles William. "A prova na percussão tributária". *Processo administrativo tributário: federal e estadual*. Org. Marcelo Viana Salomão e Aldo de Paulo Junior. São Paulo: MP Editora, 2005.

LUHMANN, Niklas. *A nova teoria dos sistemas.* Org. Clarissa Eckert Baeta Neves e Eva Machado Barbosa Samios. Porto Alegre: UFRGS, 1997.

_______. *El derecho de la sociedad.* Trad. Javier Torres Naffarrete. México: Universidad Iberoamericana, 2002.

_______. "The coding of the legal system". *State, law, and economy as autopoietic systems: regulation and autonomy in a new perspective.* org. Gunther Teubner e Alberto Febbrajo. Milão: Dott. A. Giuffrè Editore, 1992.

LUNARDELLI, Pedro Guilherme Accorsi. "PIS e COFINS – defensivos agropecuários – extensão do regime de alíquota zero previsto no inciso II do art. 1º da Lei Ordinária Federal nº 10.925, de 2004". *Controvérsias atuais no agronegócio*. Org. Rodolfo Rebouças, Paulo Honório de Castro Júnior, Nereida Horta, Thales Falek e Gabriel Hercos. São Paulo: Editora Dialética, v. I, 2021.

MACHADO, Hugo de Brito. *Curso de direito tributário.* 37. ed. São Paulo: Malheiros, 2016.

_______. "Virtudes e defeitos da não cumulatividade no sistema tributário brasileiro". *O princípio da não cumulatividade.* Coord. Ives Gandra da Silva Martins. São Paulo: Ed. RT, 2004 (Pesquisas tributárias. Nova série: 10).

_______. "Vigência e aplicação da legislação tributária". *Revista de direito tributário nº* 55. São Paulo: Malheiros, p. 226/238.

_______; MACHADO SEGUNDO, Hugo de Brito. "Inconstitucionalidade da contribuição previdenciária dos produtores rurais, instituída pela Lei nº 8.870/94". *Revista dialética de direito tributário nº* 72. São Paulo: Dialética, p. 94/105.

MACHADO, Paulo Coelho. *Parceria pecuária: seus contratos e modalidades, inclusive o FICA de Mato Grosso.* São Paulo: Saraiva, 1972.

MARCONDES, Danilo. *Filosofia analítica (Coleção Filosofia passo a passo)*. Rio de Janeiro: Zahar, 2004.

MARION, José Carlos. *Contabilidade rural*. 8. ed. São Paulo: Atlas, 2007.

MARQUES, Márcio Severo. *Classificação constitucional dos tributos*. São Paulo: Max Limonad, 2000.

MARTINS, Ives Gandra da Silva. "As contribuições no sistema tributário brasileiro". *As contribuições no sistema tributário brasileiro*. Coord. Hugo de Brito Machado. São Paulo: Dialética, 2003.

_______. "Funrural: julgamento pelo STF e Resolução do Senado nº 15". *Agronegócio, tributação e questões internacionais*. Coord. Heleno Taveira Torres e Jimir Doniak Jr. São Paulo: Quartier Latin, 2019.

MAXIMILIANO, Carlos. *Hermenêutica e aplicação do direito*. 9. ed. Rio de Janeiro: Forense, 1980.

McNAUGHTON, Charles William. *A regra-matriz de incidência tributária e a teoria das classes*. Trabalho de conclusão de curso. São Paulo: PUC/COGEAE, 2005. Obra inédita.

MELO, José Eduardo Soares. *IPTU e ITR: teoria e prática*. São Paulo: Dialética, 2015.

_______. *Contribuições sociais no sistema tributário*. 4. ed. São Paulo: Malheiros, 2003.

_______. "Local da incidência tributária". *Revista de direito tributário* nº 67. São Paulo: Malheiros, set. 95, p. 323/338.

_______. "O imposto sobre produtos industrializados (IPI)". *Curso de iniciação em direito tributário*. Coord. Aires F. Barreto e Eduardo Domingos Bottallo. São Paulo: Dialética, 2004.

_______. "IPI". *Curso de direito tributário*. Coord. Ives Gandra da Silva Martins. 8. ed. São Paulo: Saraiva, 2001.

______; LIPPO, Luiz Francisco. "IPI". *A não cumulatividade tributária: ICMS, IPI, ISS, PIS e COFINS*. 2. ed. São Paulo: Dialética, 2004.

MELO, Marcelo Peres Carvalho Lemos. "Imposto territorial rural – alterações". *Agronegócio, tributação e questões internacionais*. Coord. Heleno Taveira Torres e Jimir Doniak Jr. São Paulo: Quartier Latin, 2019.

MINATEL, José Antônio. *Conteúdo do conceito de receita e regime jurídico para sua tributação*. São Paulo: MP Editora, 2005.

NEDER, Marcos Vinícius; JUNQUEIRA, Lavínia Moraes de Almeida Nogueira. "Análise dos critérios para aplicação dos métodos de preços de transferência PCI e PECEX nas operações com *commodities*". *Tributos e preços de transferência*. Coord. Luís Eduardo Schoueri. São Paulo: Dialética, 2013, v. IV.

NEVES, Luís Fernando de Souza. "Apontamentos sobre o ITR e sua progressividade". *Curso de especialização em direito tributário: estudos analíticos em homenagem a Paulo de Barros Carvalho*. Coord. Eurico Marcos Diniz de Santi. Rio de Janeiro: Forense, 2005.

NOGUEIRA, Ruy Barbosa. *Curso de direito tributário*. 9. ed. São Paulo: Saraiva, 1989.

OLIVEIRA, Júlio Maria. "A Constituição, a lei e o regulamento do IPI – hipóteses de conflito". *IPI* – aspectos jurídicos relevantes. Coord. Marcelo Magalhães Peixoto. São Paulo: Quartier Latin, 2003.

OLIVEIRA, Ricardo Mariz. *Fundamentos do imposto de renda*. São Paulo: Quartier Latin, 2008.

______. "Os métodos PIC e PECEX: mais um caso de confronto entre a lei e instrução normativa? O conceito de commodities. O prêmio e suas vicissitudes (observações iniciais)". *Tributos e preços de transferência*. Coord. Luís Eduardo Schoueri. São Paulo: Dialética, 2013, v. IV.

PEREIRA, Caio Mário da Silva. *Instituições de direito civil.* 18. ed. Rev. e atual. Carlos Edison do Rêgo Monteiro Filho. Rio de Janeiro: Forense, 2003, v. IV.

PONTES DE MIRANDA, Francisco Cavalcanti. *Comentários à Constituição de 1967 com a Emenda nº 01 de 1969.* 2. ed. São Paulo: Ed. RT, 1970, t. III.

_______. *Sistema de ciência positiva do direito.* 2. ed. Rio de Janeiro: Borsoi, 1972, t. I (Introdução à ciência do direito).

_______. *Tratado de direito privado.* Atual. Vilson Rodrigues Alves. Campinas: Bookseller, 1999, t. I (Parte Geral).

QUEIROZ, João Eduardo Lopes. "Direito do agronegócio: é possível a sua existência autônoma?". *Direito do agronegócio.* Coord. Márcia Walquíria Batista dos Santos e João Eduardo Lopes Queiroz. Belo Horizonte: Fórum, 2005.

QUEIROZ, Mary Elbe. *Imposto sobre a renda e proventos de qualquer natureza.* São Paulo: Manole, 2004.

REALE, Miguel. *Filosofia do direito.* 16. ed. São Paulo: Saraiva, 1994.

RIZZARDO, Arnaldo. *Contratos.* 2. ed. Rio de Janeiro: Forense, 2002.

ROBLES, Gregorio. *O direito como texto: quatro estudos de teoria comunicacional do direito.* São Paulo: Manole, 2005.

ROCHA, Sérgio André. *Tributação internacional.* São Paulo: Quartier Latin, 2013.

_______. "Modelos de regulação jurídica, preços de transferência e os novos métodos PIC e PECEX". *Revista de direito tributário atual* nº 28. São Paulo: Dialética/IBDT, 2012.

RODRIGUES, Marcelo de Carvalho. "A vedação imposta às cooperativas, na apropriação de crédito presumido de PIS/COFINS na aquisição de insumos de pessoas físicas e cooperados". *Tributação no agronegócio.* Coord. Eduardo de Carvalho Borges. São Paulo: Quartier Latin, 2005.

ROSS, Alf. *Direito e justiça*. Trad. Edson Bini. São Paulo: Edipro, 2003.

RUSSELL, Bertrand. *Introdução à filosofia matemática*. Trad. Maria Luiza X. de A. Borges. Rio de Janeiro: Zahar, 2007.

SANTI, Eurico Marcos Diniz. "As classificações no sistema tributário brasileiro". *Justiça Tributária:* 1º Congresso Internacional de Direito Tributário – IBET. São Paulo: Max Limonad, 1998.

_______ (Org.). *Curso de direito tributário e finanças públicas:* do fato à norma, da realidade ao conceito jurídico. São Paulo: Saraiva, 2008.

_______ (Org.). *Tributação das empresas*. São Paulo: Quartier Latin, 2006.

SCHOUERI, Luís Eduardo. *Curso de direito tributário*. 9. ed. São Paulo: Saraiva, 2019.

_______. *Preços de transferência no direito tributário brasileiro*. 3. ed. São Paulo: Dialética, 2013.

_______. "Considerações sobre o princípio *arm's lenght* e os *secret comparables*". *Direito tributário: homenagem a Paulo de Barros Carvalho*. Coord. Luís Eduardo Schoueri. São Paulo: Quartier Latin, 2008.

_______; GALDINO, Guilherme. "PCI e PECEX: o sexto método brasileiro à luz da prática internacional". *Manual de preço de transferência BEPS, Brasil & OCDE*. Coord. Leonardo Freitas de Moraes e Castro e Francisco Lisboa Moreira. São Paulo: Quartier Latin, 2018, v. I.

SILVEIRA, Rodrigo Maito da. "A preservação ambiental e a tributação da propriedade rural". *Direito do agronegócio: mercado, regulação, tributação e meio ambiente*. Coord. Renato Buranello, André Ricardo Passos de Souza e Ecio Perin Junior. São Paulo: Quartier Latin, 2011, v. II, p. 839/861.

SOUSA, Rubens Gomes; ATALIBA, Geraldo; CARVALHO, Paulo de Barros. *Comentários ao Código Tributário Nacional: parte geral*. São Paulo: Ed. RT, 1975.

SOUZA, André Ricardo Passos de. "Aspectos tributários da parceria rural diante das recentes alterações ao Estatuto da Terra". *Direito do agronegócio: mercado, regulação, tributação e meio ambiente*. Coord. Renato Buranello, André Ricardo Passos de Souza e Ecio Perin Junior. São Paulo: Quartier Latin, 2011, v. I, p. 773/789.

_______; STICCA, Ralph Melles. "Aspectos de tributação da produção, industrialização e comercialização agropecuária no Brasil". *Direito do agronegócio: mercado, regulação, tributação e meio ambiente*. Coord. Renato Buranello, André Ricardo Passos de Souza e Ecio Perin Junior. São Paulo: Quartier Latin, 2011, v. I, p. 739/772.

STRECK, Lenio Luiz. *Hermenêutica jurídica e(m) crise: uma exploração hermenêutica da construção do direito*. 5. ed. Porto Alegre: Livraria do Advogado, 2004.

TAMARINDO, Ubirajara Garcia Ferreira; PIGATTO, Gessuir. *Tributação no agronegócio: uma análise geral dos principais tributos incidentes*. Leme: JH Mizuno, 2018.

TAYLOR, Jill Bolte. "Vi meu cérebro morrendo". *Revista Veja*. Edição 2089. publ. 03.12.2008, p. 17/20.

TEMER, Michel. *Elementos de direito constitucional*. 24. ed. São Paulo: Malheiros, 2014.

TIPKE, Klaus; YAMASHITA, Douglas. *Justiça fiscal e princípio da capacidade contributiva*. São Paulo: Malheiros, 2002.

TOLEDO, José Eduardo Tellini. *O imposto sobre produtos industrializados: incidência tributária e princípios constitucionais*. São Paulo: Quartier Latin, 2006.

TOMÉ, Fabiana Del Padre. "Contribuições para a Seguridade Social incidentes sobre o faturamento e o lucro". *Curso de iniciação em direito tributário*. Coord. Aires F. Barreto e Eduardo Domingos Bottallo. São Paulo: Dialética, 2004.

_______. "O ônus/dever da prova no processo administrativo tributário". *Segurança jurídica na tributação e no Estado de Direito*. São Paulo: Noeses, 2009.

TORRES, Heleno Taveira. *Direito tributário internacional: planejamento e operações transnacionais*. São Paulo: Revista dos Tribunais, 2001.

_______. Os incentivos fiscais do ICMS não podem se converter em adicionais de impostos: o caso do Fethab. *A tributação no agronegócio*. Coord. Luiz Henrique Nery Massara, Marcelo Hugo de Oliveira Campos e Paulo Honório de Castro Júnior. Belo Horizonte: Casa do Direito, 2020.

_______. "Integração vertical no cooperativismo brasileiro e o Funrural". *Agronegócio, tributação e questões internacionais*. Coord. Heleno Taveira Torres e Jimir Doniak Jr. São Paulo: Quartier Latin, 2021.

_______; CATÃO, Marcos André Vinhas (Org.). *Tributação no setor de petróleo*. São Paulo: Quartier Latin, 2005.

TORRES, Ricardo Lobo. *Curso de direito financeiro e tributário*. 4. ed. Rio de Janeiro: Renovar, 1997.

_______. "O IPI e o princípio da seletividade". *Revista dialética de direito tributário* nº 18. São Paulo: Dialética, p. 94/102.

TOSELLI, Luís Henrique Marotti. "O ITR após a Emenda Constitucional 42/03. O ITR foi municipalizado?". *Imposto sobre a propriedade territorial rural à luz da jurisprudência do Conselho de Recursos Fiscais*. Coord. Pedro Anan Jr. e Marcelo Magalhães Peixoto. São Paulo: MP Editora, 2015, v. II, p. 243.

TROIANELLI, Gabriel Lacerda. "ITR ou IPTU? Critérios para a definição da competência para tributar a propriedade".

Tributação no agronegócio. Coord. Eduardo de Carvalho Borges. São Paulo: Quartier Latin, 2005.

TUBINO, Rogério de Miranda. "PIS/COFINS – análise da possibilidade de as aquisições de produtos oriundos da atividade rural, efetuadas de pessoas físicas e cooperativas, integrarem a base de cálculo na apuração do crédito presumido de IPI, instituído como forma de ressarcimento do PIS e da COFINS – aplicação da taxa SELIC". *Tributação no agronegócio*. Coord. Eduardo de Carvalho Borges. São Paulo: Quartier Latin, 2005.

VALVERDE, Gustavo Sampaio. *Coisa julgada em matéria tributária*. São Paulo: Quartier Latin, 2004.

VERGUEIRO, Guilherme von Müller Lessa. "Os limites da progressividade do imposto sobre a propriedade territorial rural". *Tributação no agronegócio*. Coord. Eduardo de Carvalho Borges. São Paulo: Quartier Latin, 2005.

VIEIRA, José Roberto. "Crédito de IPI relativo a operações anteriores beneficiadas: maiô completo ou completa nudez?". *Curso de especialização em direito tributário:* estudos analíticos em homenagem a Paulo de Barros Carvalho. Coord. Eurico Marcos Diniz de Santi. Rio de Janeiro: Forense, 2005.

VILANOVA, Lourival. *As estruturas lógicas e o sistema do direito positivo*. São Paulo: Ed. RT, 1977.

_______. "Sobre o conceito do direito". *Escritos jurídicos e filosóficos*. São Paulo: Axis Mundi-IBET, 2003, v. I.

_______. "Fundamentos do Estado de Direito". *Escritos jurídicos e filosóficos*. São Paulo: Axis Mundi-IBET, 2003, v. I.

_______. *Causalidade e relação no direito*. 4. ed. São Paulo: Ed. RT, 2000.

_______. *Lógica jurídica*. São Paulo: José Bushatsky, 1976.

VILELA, Renata Andrade. "O direito à apropriação de crédito presumido de contribuição ao PIS e de COFINS por cerealistas". *A tributação no agronegócio*. Coord. Luiz Henrique

Nery Massara, Marcelo Hugo de Oliveira Campos e Paulo Honório de Castro Júnior. Belo Horizonte: Casa do Direito, 2020.

XAVIER, Alberto. *Os princípios da legalidade e da tipicidade da tributação*. São Paulo: Ed. RT, 1978.

_______. "Inconstitucionalidade da contribuição do empregador rural pessoa física". *Direito do agronegócio:* mercado, regulação, tributação e meio ambiente. Coord. Renato Buranello, André Ricardo Passos de Souza e Ecio Perin Junior. São Paulo: Quartier Latin, 2011, v. I, p. 959/974.

WAMBIER, Teresa Arruda Alvim. *Recurso especial, recurso extraordinário e ação rescisória*. 2. ed. São Paulo: Ed. RT, 2008.

WARAT, Luís Alberto. *O direito e sua linguagem*. 2. versão. Porto Alegre: Sérgio Antônio Fabris Editor, 1984.

ZIBETTI, Darcy Walmor; BARROSO, Lucas Abreu (Org.). *Agroindústria: uma análise no contexto socioeconômico e jurídico brasileiro*. São Paulo: Ed. Universitária do Direito, 2009.

_______; QUERUBINI, Albenir. "A pesca e a aquicultura como atividade agrária segundo o direito agrário brasileiro". *UMAU. 14 Congreso Mundial de Derecho Agrário: Fuentes, Política Agrária y desarrollo rural, Justicia Agrária y paz social.* Enrique Napoleón Ulate Chacón (comp.). San José, Costa Rica: Editorial Jurídica Continental, 2016.